山东省高校教学改革研究项目研究成果

地方应用型高校创新创业教育体系深化研究（下册）

地方应用型高校创新创业教育体系深化研究课题组 编

西南财经大学出版社
Southwestern University of Finance & Economics Press
中国·成都

图书在版编目(CIP)数据

地方应用型高校创新创业教育体系深化研究(上、下册)/地方应用型高校创新创业教育体系深化研究课题组编. —成都:西南财经大学出版社,2017.12

ISBN 978-7-5504-3261-1

Ⅰ.①地… Ⅱ.①地… Ⅲ.①地方高校—创造教育—研究—中国
Ⅳ.①G640

中国版本图书馆 CIP 数据核字(2017)第 267244 号

地方应用型高校创新创业教育体系深化研究(上、下册)

地方应用型高校创新创业教育体系深化研究课题组　编

责任编辑:李　才

助理编辑:王青杰

封面设计:何东琳设计工作室

责任印制:朱曼丽

出版发行	西南财经大学出版社(四川省成都市光华村街 55 号)
网　　址	http://www.bookcj.com
电子邮件	bookcj@foxmail.com
邮政编码	610074
电　　话	028-87353785　87352368
照　　排	四川胜翔数码印务设计有限公司
印　　刷	四川五洲彩印有限责任公司
成品尺寸	185mm×260mm
印　　张	40
字　　数	855 千字
版　　次	2018 年 1 月第 1 版
印　　次	2018 年 1 月第 1 次印刷
书　　号	ISBN 978-7-5504-3261-1
定　　价	198.00 元(上、下册)

前言

QIANYAN

2015年，“地方应用型高校创新创业教育体系深化研究”被批准为山东省本科高校教学改革研究项目。课题组成员在课题负责人的带领下，集团队研究之优势，在经过充分论证的课题设计框架下，围绕地方应用型高校创新创业教育体系的构建，对过去已有成果进行梳理、整合和重构。在完善创新和创业基础教育体系、构建创新创业实践教学平台，实现创新创业实践全面“落地”方面开展了大量的工作。通过近两年的探索和实践，我们课题组在地方应用型高校创新创业教育和教育体系的构建方面取得了大量的理论研究成果和实践成果。尤其是在研究过程中，我们不断总结、取长补短，先后采取“走出去”“请进来”的办法，在学习一些兄弟院校关于创新创业教育成功经验的同时，及时聘请有关专家学者对中期的研究成果进行论证，促使我们在地方应用型高校创新创业教育中不断前行。为了不断总结经验并及时查漏补缺，我们课题组决定组织编写本书。本书分上、下两册对前期取得的研究成果分别按照理论研究成果和实践成果进行总结。上册为创新创业教育理论成果，下册为创新创业教育实践成果。在创新创业教育理论成果中，课题组组织具有扎实的创新创业理论和实践能力的教师对自2012年以来编写并出版的包括《创业基础》在内的创新创业教育七部系列教材进行修订完善，课题组成员亲自撰写或指导学生撰写创新创业教育研究论文二十八篇，建设创新创业精品课程七门；被批准包括教育部校企合作协同育人、山东省教育科学规划、山东省教学改革研究项目等有关创新创业类立项课题五项。在取得的实践成果中，课题组在2015—2017年指导学生进行创新创业竞赛并获得省级以上奖励五百余项，通过创新创业训练入住学校孵化基地的项目和实体公司十九个，课题研究取得了预期的效果。同时，我们认为课题研究的最大目的是推进高校的创新创业教育、助力在校生综合素质的提升。通过高校创新创业教育的研究，应该说受益最大的是在校大学生。这从取得的实践成果——无论是取得的竞赛奖项还是注册的实体公司，特别是建立的“创新创业实验班”都可以明显地看出，同学们的综合素质得到了很大的提升，为他们顺利走向社会提供了很大的帮助，同时也足以证明我们课题研究的实际价值和意义。两册书中收录的创新创业教育理论成果和实践成果只是课题组成员围绕课题的研究框架取得的阶段性成果，课题有结题，但研究无止境，我们课题组成员有信心和决心在国家加快实施创新驱动战略、全面深化高校创新创业教育改革的号召下，在我国大众创业、万众创新的热潮中，我们会继续结合课题的研究不断深化总结和提炼，拿出更高水平的研究成果，让高校的创新创业教育真正落到实处。

课题负责人：郑晓燕

2017 年 12 月

目录

MULU

第一部分　2015—2017 年学生参加科技文化竞赛的部分获奖情况

第二部分　2015—2017 年部分学生参加创新创业训练的项目情况

第三部分　近年来学生创业注册公司情况

第四部分　近年来学生创新创业教育实践成果

第一部分

2015—2017年学生参加科技文化竞赛的部分获奖情况

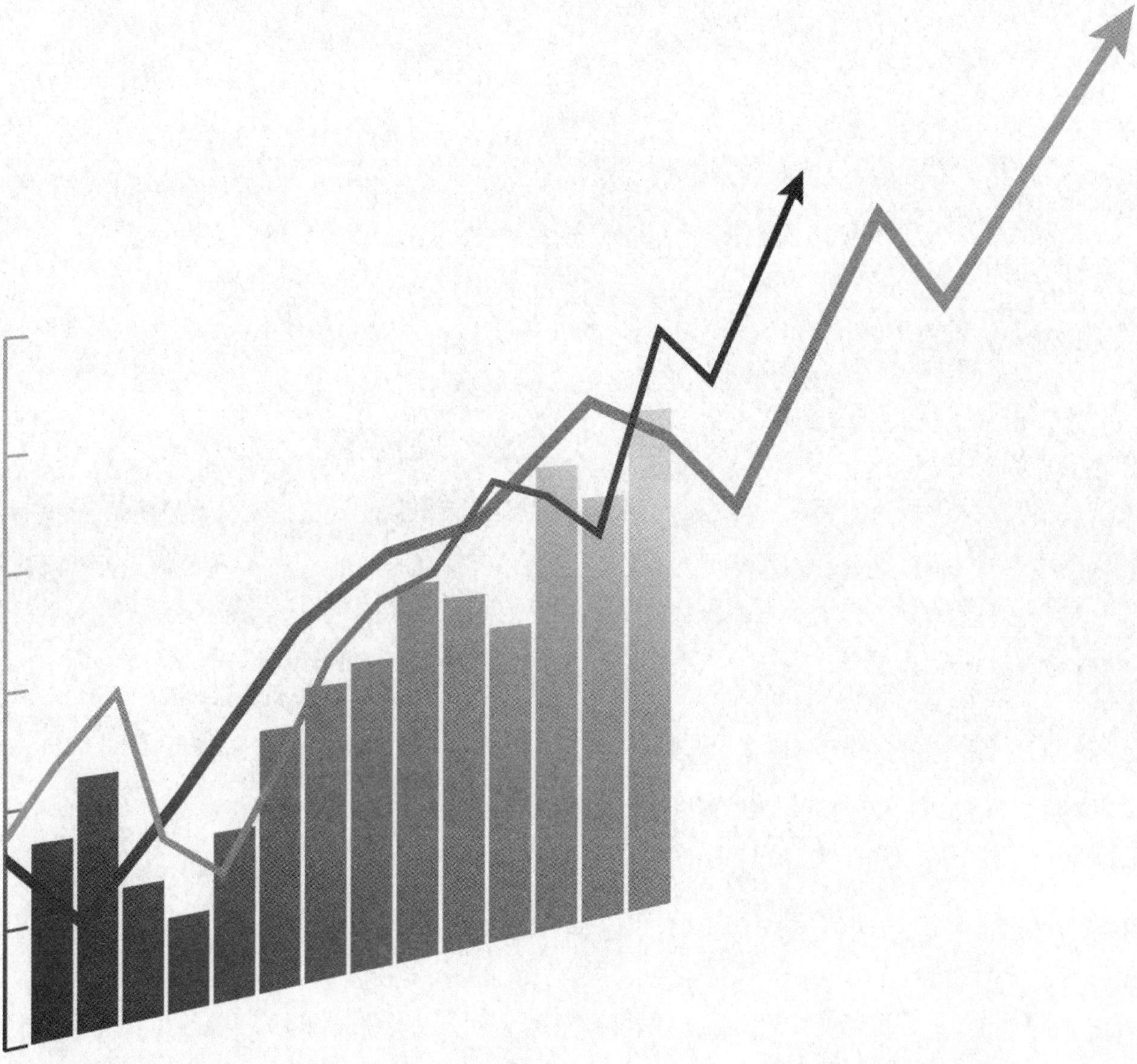

2015—2017 年学生参加科技文化竞赛的部分获奖情况统计表

序号	竞赛项目	获奖项目名称	获奖类别	参赛学生序号	学生姓名	学号	学生专业
1	全国大学生电子商务“创新、创意及创业”挑战赛	“微而有信 宠爱有家”宠物微信平台策划案	国家三等奖	1	张厚凯	201401803008	工商管理
				2	张哲	201401803022	工商管理
				3	贾小林	201401803003	工商管理
				4	耿燕男	201401803031	工商管理
2	全国大学生电子商务“创新、创意及创业”挑战赛	法与你同行－聚法网	国家三等奖	1	刘思奇	201421803043	工商管理
				2	汪凯	201421803055	工商管理
				3	薛召	201421803029	工商管理
				4	徐晓彤	201421803014	工商管理
3	全国高校商业精英挑战赛商业信息化创新创业竞赛山东选拔赛暨第九届山东省电子商务专业大赛	“e”他乡 咫尺百味 美食文化餐厅	省级一等奖	1	陈文文	201301801017	国际经济与贸易
				2	沙信慧	201301804030	市场营销
				3	刘永恒	201301804017	市场营销
				4	王泽	201200502015	工商管理
				5	张林强	201301803044	工商管理
4	全国高校商业精英挑战赛商业信息化创新创业竞赛山东选拔赛暨第九届山东省电子商务专业大赛	大学生活帮你理	省级一等奖	1	王悦迪	201381801007	国际经济与贸易
				2	李婷婷	201301801031	国际经济与贸易
				3	张学臣	201301802041	会计学
				4	朱利娟	201301801036	国际经济与贸易
5	全国高校商业精英挑战赛商业信息化创新创业竞赛山东选拔赛暨第九届山东省电子商务专业大赛	“新视界”立体导航	省级二等奖	1	毕雪	201301801012	国际经济与贸易
				2	刘丽	201301801030	国际经济与贸易
				3	巩雪	201301802037	会计学
				4	王昭	201301801003	国际经济与贸易
				5	房家林	201301801017	国际经济与贸易

续表

序号	竞赛项目	获奖项目名称	获奖类别	参赛学生序号	学生姓名	学号	学生专业
6	全国高校商业精英挑战赛商业信息化创新创业竞赛山东选拔赛暨第九届山东省电子商务专业大赛	俺家的土产杂粮	省级三等奖	1	韩鑫	201301803008	工商管理
				2	阎贝贝	201301803030	工商管理
				3	林秋萍	201301803026	工商管理
				4	崔红燕	201301803045	工商管理
				5	宋立伟	201301803041	工商管理
7	第五届 POCIB 全国大学生外贸从业能力大赛	德州学院经济管理学院一队	团体国家二等奖	1	高洁	201301801010	国际经济与贸易
				2	安雯	201301006026	国际经济与贸易
				3	陈军仿	201381801013	国际经济与贸易
				4	陈如月	201301801023	国际经济与贸易
				5	陈文文	201381801017	国际经济与贸易
				6	程鼎	201301701096	国际经济与贸易
				7	房家林	201301801017	国际经济与贸易
				8	郭毅	201301801026	国际经济与贸易
				9	李敏	201301201047	国际经济与贸易
				10	李婷婷	201301801031	国际经济与贸易
				11	李雯雯	201301801052	国际经济与贸易
				12	牟怡文	201301801029	国际经济与贸易
				13	尚媛媛	201301801005	国际经济与贸易
				14	石桦	201301801016	国际经济与贸易
				15	谭雪莹	201301801008	国际经济与贸易
				16	王顺顺	201381801008	国际经济与贸易
				17	于翠凤	201301801054	国际经济与贸易
				18	张朋波	201301801002	国际经济与贸易
				19	张瑶	201301801051	国际经济与贸易
				20	赵张欣	201301801044	国际经济与贸易
			国家一等奖	1	李雯雯	201301801052	国际经济与贸易
			国家二等奖	1	陈文文	201381801017	国际经济与贸易
			国家二等奖	1	于翠凤	201301801054	国际经济与贸易
			国家三等奖	1	陈如月	201301801023	国际经济与贸易
			国家三等奖	1	李敏	201301201047	国际经济与贸易
			国家三等奖	1	张瑶	201301801051	国际经济与贸易
			国家三等奖	1	牟怡文	201301801029	国际经济与贸易
			国家三等奖	1	赵张欣	201301801044	国际经济与贸易
			国家三等奖	1	尚媛媛	201301801005	国际经济与贸易
			国家三等奖	1	谭雪莹	201301801008	国际经济与贸易
			国家三等奖	1	石桦	201301801016	国际经济与贸易
			国家三等奖	1	李婷婷	201301801031	国际经济与贸易

续表

序号	竞赛项目	获奖项目名称	获奖类别	参赛学生序号	学生姓名	学号	学生专业
8	第五届 POCIB 全国大学生外贸从业能力大赛	德州学院经济管理学院二队	团体国家二等奖	1	李媛媛	201301801001	国际经济与贸易
				2	毕雪	201301801012	国际经济与贸易
				3	楚倩	201301801043	国际经济与贸易
				4	董媛	201301801041	国际经济与贸易
				5	高瑞婕	201301801046	国际经济与贸易
				6	姜虹宇	201301801006	国际经济与贸易
				7	李娜	201301801050	国际经济与贸易
				8	綦小伟	201301801028	国际经济与贸易
				9	孙显帮	201301801018	国际经济与贸易
				10	王伟	201301801015	国际经济与贸易
				11	王悦迪	201381801007	国际经济与贸易
				12	谢欣	201381801001	国际经济与贸易
				13	杨安娜	201301801027	国际经济与贸易
				14	杨文婷	201301801019	国际经济与贸易
				15	杨潇楠	201301801020	国际经济与贸易
				16	姚美娇	201301801053	国际经济与贸易
				17	张晨	201381801016	国际经济与贸易
				18	张少博	201301804043	国际经济与贸易
				19	朱利娟	201301801036	国际经济与贸易
				20	朱秀清	201301801049	国际经济与贸易
			国家一等奖	1	姚美娇	201301801053	国际经济与贸易
			国家二等奖	1	杨文婷	201301801019	国际经济与贸易
			国家二等奖	1	李媛媛	201301801001	国际经济与贸易
			国家二等奖	1	楚倩	201301801043	国际经济与贸易
			国家三等奖	1	李娜	201301801050	国际经济与贸易
			国家三等奖	1	綦小伟	201301801028	国际经济与贸易
			国家三等奖	1	张晨	201381801016	国际经济与贸易
			国家三等奖	1	朱利娟	201301801036	国际经济与贸易
			国家三等奖	1	杨安娜	201301801027	国际经济与贸易
			国家三等奖	1	张少博	201301804043	国际经济与贸易

续表

序号	竞赛项目	获奖项目名称	获奖类别	参赛学生序号	学生姓名	学号	学生专业
9	第五届 POCIB 全国大学生外贸从业能力大赛	德州学院经济管理学院三队	团体国家二等奖	1	宋鑫	201301801035	国际经济与贸易
				2	蔡善玲	201381801010	国际经济与贸易
				3	程宪明	201301801032	国际经济与贸易
				4	董云淞	201301605016	国际经济与贸易
				5	贾梦新	201311807027	国际经济与贸易
				6	李春凤	201381801012	国际经济与贸易
				7	梁永金	201300901044	国际经济与贸易
				8	刘丽	201301801030	国际经济与贸易
				9	罗文霞	201311807029	国际经济与贸易
				10	孟薇	201381801002	国际经济与贸易
				11	祁丽萌	201301801033	国际经济与贸易
				12	王福东	201301801014	国际经济与贸易
				13	王瑞	201301801025	国际经济与贸易
				14	王稣稣	201301801037	国际经济与贸易
				15	王雅锋	201311807048	国际经济与贸易
				16	王颖	201301801009	国际经济与贸易
				17	王昭	201301801003	国际经济与贸易
				18	殷嘉婕	201311807009	国际经济与贸易
				19	张丛丰	201301801013	国际经济与贸易
				20	朱芳芳	201301801040	国际经济与贸易
			国家二等奖	1	王稣稣	201301801037	国际经济与贸易
			国家三等奖	1	蔡善玲	201381801010	国际经济与贸易
			国家三等奖	1	李春凤	201381801012	国际经济与贸易
10	全国高校商业精英挑战赛流通业经营模拟竞赛暨第二届海峡两岸大学生流通业经营模拟大赛大陆总决赛	德院经管 V 联盟	国家一等奖	1	舒冠宁	201201802092	会计学
				2	朱春晓	201301805025	经济统计学
				3	王迪	201301805008	经济统计学
				4	杨鹏飞	201401802078	会计学
				5	刘子琨	201401803035	工商管理
				6	张少博	201301804043	国际经济与贸易

续表

序号	竞赛项目	获奖项目名称	获奖类别	参赛学生序号	学生姓名	学号	学生专业
11	全国高校商业精英挑战赛流通业经营模拟竞赛暨第二届海峡两岸大学生流通业经营模拟大赛大陆总决赛	运筹唯我队	国家二等奖	1	徐勤	201301801011	国际经济与贸易
				2	张朋波	201301801002	国际经济与贸易
				3	周雯	201301803009	工商管理
				4	李雅	201301803023	工商管理
				5	史新晓	201301804044	市场营销
				6	徐笑利	201301804031	市场营销
12	全国高校商业精英挑战赛流通业经营模拟竞赛暨第二届海峡两岸大学生流通业经营模拟大赛大陆总决赛	破晓队	国家二等奖	1	宗程程	201301805020	经济统计学
				2	刘田田	201301805028	经济统计学
				3	庄艳	201301805005	经济统计学
				4	申建云	201301802047	会计学
				5	杨兆祥	201301301066	体育教育
				6	陈锐	201401802039	会计学
13	全国高校商业精英挑战赛流通业经营模拟竞赛暨第二届海峡两岸大学生流通业经营模拟大赛大陆总决赛	Boss	国家二等奖	1	李浩然	201301805017	经济统计学
				2	杨帅	201301805015	经济统计学
				3	张伟立	201301805022	经济统计学
				4	叶文文	201301805014	经济统计学
				5	关海山	201301805019	经济统计学
				6	孙登玺	201301805010	经济统计学
14	全国商科院校技能大赛财会专业竞赛	德州学院经济管理学院一队	省级二等奖	1	崔迪	201301802036	会计学
				2	刘金明	201301802019	会计学
				3	赵迎雪	201301802020	会计学
15	全国商科院校技能大赛财会专业竞赛	德州学院经济管理学院二队	省级二等奖	1	张学臣	201301802041	会计学
				2	台晓婷	201301801022	会计学
				3	王家艳	201381802003	会计学
16	全国商科院校技能大赛财会专业竞赛	德州学院经济管理学院三队	省级三等奖	1	石晓庆	201381802001	会计学
				2	王宁	201301802005	会计学
				3	闫学磊	201301201040	会计学
17	全国商科院校技能大赛财会专业竞赛	德州学院经济管理学院四队	省级三等奖	1	袁健	201301802035	会计学
				2	李娜	201300904015	会计学
				3	张强	201301802009	会计学
18	全国大学生电子商务“创新、创意及创业”挑战赛山东省赛	e-类人新媒体云志商业策划书	省级特等奖	1	常英男	201201802067	会计学
				2	王霞	201201803020	工商管理
				3	吴海月	201301103014	生物系统工程
				4	王海波	201201003038	网络工程

续表

序号	竞赛项目	获奖项目名称	获奖类别	参赛学生序号	学生姓名	学号	学生专业
19	全国大学生电子商务“创新、创意及创业”挑战赛山东省赛	“微而有信 宠爱有家”宠物微信平台策划案	省级一等奖	1	张厚凯	201401803008	工商管理
				2	张哲	201401803022	工商管理
				3	贾小林	201401803003	工商管理
				4	耿燕男	201401803031	工商管理
20	全国大学生电子商务“创新、创意及创业”挑战赛山东省赛	法与你同行－聚法网	省级一等奖	1	刘思奇	201421803043	工商管理
				2	汪凯	201421803055	工商管理
				3	薛召	201421803029	工商管理
				4	徐晓彤	201421803014	工商管理
21	全国大学生电子商务“创新、创意及创业”挑战赛山东省赛	大学生活帮你理	省级二等奖	1	王悦迪	201381801007	国际经济与贸易
				2	张学臣	201301802041	会计学
				3	李婷婷	201301801031	国际经济与贸易
				4	朱利娟	201301801036	国际经济与贸易
22	全国大学生电子商务“创新、创意及创业”挑战赛山东省赛	E_study	省级二等奖	1	邵红梅	201301804004	市场营销
				2	傅金秀	201301804029	市场营销
				3	朱成强	201301803031	工商管理
				4	黄腾达	201301802058	会计学
23	全国大学生电子商务“创新、创意及创业”挑战赛山东省赛	E家惠网络平台策划案	省级二等奖	1	韩鑫	201301803008	工商管理
				2	阎贝贝	201301803030	工商管理
				3	林秋萍	201301803026	工商管理
				4	崔红燕	201301803045	工商管理
				5	宋立伟	201301803041	工商管理
24	全国大学生电子商务“创新、创意及创业”挑战赛山东省赛	e他乡（Eat香）咫尺百味	省级三等奖	1	沙信慧	201301804030	市场营销
				2	陈文文	201381801017	国际经济与贸易
				3	刘永恒	201301804017	市场营销
				4	王泽	201200502015	工商管理
				5	张林强	201301803044	工商管理
25	全国大学生电子商务“创新、创意及创业”挑战赛山东省赛	Let´s购海外代购策划书	省级三等奖	1	马晓琳	201201802078	会计学
				2	刘笑源	201201802013	会计学
				3	王雪鸽	201311806084	会计
				4	刘雨	201411807055	会计
				5	封向宇	201411807030	会计

续表

序号	竞赛项目	获奖项目名称	获奖类别	参赛学生序号	学生姓名	学号	学生专业
26	全国大学生电子商务“创新、创意及创业”挑战赛山东省赛	简易得-智能零售服务中心创业计划书	省级三等奖	1	崔俊涛	201301102012	生物技术
				2	孙文玉	201401104029	食品质量与安全
				3	刘珂	201401104024	食品质量与安全
				4	初星妤	201411808012	国际经济与贸易
27	全国大学生电子商务“创新、创意及创业”挑战赛山东省赛	香氛传播者	省级三等奖	1	王冰崧	201101803084	工商管理
				2	张瑞凤	201401803002	工商管理
				3	郑磊	201101803001	工商管理
				4	梁亚欣	201401803020	工商管理
				5	韩乐	201401803011	工商管理
28	首届山东省“互联网+”大学生创新创业大赛	“迷醉奢华，魂驰梦香”——梅斯塔桑电子商务公司	省级银奖	1	王冰崧	201101803084	工商管理
				2	刘如意	201481805037	市场营销
				3	刘文慧	201400401067	汉语言文学
				4	陈文文	201381801017	国际经济与贸易
				5	张辉	201100701021	数学与应用数学
29	首届山东省“互联网+”大学生创新创业大赛	储存时间，相互导游	省级铜奖	1	朱春晓	201301805025	经济统计学
				2	王迪	201301805008	经济统计学
				3	宗程程	201301805020	经济统计学
				4	杨鹏飞	201401802078	会计学
30	全国大学生电子商务“创新、创意及创业”挑战赛	“绿E之景”创意盆景创业策划书	国家三等奖	1	牟欣	201301803024	工商管理
				2	李雅	201301803023	工商管理
				3	刘妍	201301803012	工商管理
				4	代京妮	201301803025	工商管理
				5	鞠方腾	201301803029	工商管理
31	全国大学生电子商务“创新、创意及创业”挑战赛	“Baby line 玩网”儿童闲置玩具租赁与衣物交易平台	国家三等奖	1	李赣	201301802016	会计学
				2	徐长志	201481805030	市场营销
				3	房豪	201401802010	会计学
				4	张瑞	201531905039	市场营销
				5	颜烁	201401802025	会计学
32	全国大学生电子商务“创新、创意及创业”挑战赛	微旅行　信天游——天游大学生微信平台营销策划案	国家三等奖	1	刘如意	201481805037	市场营销
				2	马振昭	201401804021	市场营销
				3	李欣	201401804009	市场营销
				4	郭谦	201411807067	会计
				5	乔列帆	201301805002	经济统计学

续表

序号	竞赛项目	获奖项目名称	获奖类别	参赛学生序号	学生姓名	学号	学生专业
33	第四届全国高校商业精英挑战赛“浩方杯”商业信息化创新创业竞赛	触懂	国家一等奖	1	潘逸明	201531906022	国际经济与贸易
				2	张红星	201531906047	国际经济与贸易
				3	张友慧	201531906049	国际经济与贸易
				4	谭雪莹	201301801008	国际经济与贸易
34	第四届全国高校商业精英挑战赛“浩方杯”商业信息化创新创业竞赛	为伊“筹”得人憔悴	国家二等奖	1	陈锐	201401802039	会计学
				2	田娜	201401802037	会计学
				3	李薇	201401802040	会计学
				4	付景珊	201501904009	市场营销
35	第四届全国高校商业精英挑战赛“浩方杯”商业信息化创新创业竞赛	乐活 e 起 go	国家三等奖	1	刘子琨	201401803035	工商管理
				2	王悦迪	201381801007	国际经济与贸易
				3	杨鹏飞	201401802078	会计学
				4	孙园媛	201401801011	国际经济与贸易
				5	徐乐铭	201401802012	会计学
36	第四届全国高校商业精英挑战赛“浩方杯”商业信息化创新创业竞赛	e 游学	国家三等奖	1	戚宏彬	201531906023	国际经济与贸易
				2	高洁	201301801010	国际经济与贸易
				3	赵京彤	201511908061	国际经济与贸易
				4	徐莹莹	201501901022	国际经济与贸易
37	POCIB 全国大学生外贸从业能力大赛	德州学院经济管理学院一队	国家团体三等奖	1	曹国玉	201411808036	国际经济与贸易
				2	段贞贞	201411808027	国际经济与贸易
				3	杨陈阳	201411808034	国际经济与贸易
				4	鲁纪萍	201411808003	国际经济与贸易
				5	初星妤	201411808012	国际经济与贸易
				6	徐小英	201411808038	国际经济与贸易
				7	孙静	201411808002	国际经济与贸易
				8	郭凌宇	201411808023	国际经济与贸易
				9	李源慧	201411808047	国际经济与贸易
				10	赵倩	201411808048	国际经济与贸易
				11	徐卓	201411808025	国际经济与贸易
				12	于静	201411808019	国际经济与贸易
				13	商晓楠	201411808017	国际经济与贸易
				14	张艳娜	201411808021	国际经济与贸易
				15	李冰	201411808020	国际经济与贸易
				16	王歆语	201411808016	国际经济与贸易
				17	赵雪	201411808001	国际经济与贸易

续表

序号	竞赛项目	获奖项目名称	获奖类别	参赛学生序号	学生姓名	学号	学生专业
37	POCIB全国大学生外贸从业能力大赛	德州学院经济管理学院一队	国家团体三等奖	18	李曼	201411808022	国际经济与贸易
				19	邓祥翠	201411808040	国际经济与贸易
				20	张静	201411808018	国际经济与贸易
			个人三等奖	1	初星好	201411808012	国际经济与贸易
			个人三等奖	1	王歆语	201411808016	国际经济与贸易
38	POCIB全国大学生外贸从业能力大赛	德州学院经济管理学院二队	国家团体三等奖	1	魏泽轩	201511908048	国际经济与贸易
				2	黄一峰	201511908012	国际经济与贸易
				3	刘甜甜	201511908024	国际经济与贸易
				4	闫雪	201511908054	国际经济与贸易
				5	赵京彤	201511908061	国际经济与贸易
				6	王雪	201511908044	国际经济与贸易
				7	陈婧婧	201511908003	国际经济与贸易
				8	张红星	201531906047	国际经济与贸易
				9	王新华	201501901007	国际经济与贸易
				10	戚宏彬	201531906023	国际经济与贸易
				11	鞠娜	201501901001	国际经济与贸易
				12	徐莹莹	201501901022	国际经济与贸易
				13	李雪	201501901015	国际经济与贸易
				14	赵静璇	201411808007	国际经济与贸易
				15	高敏	201411808014	国际经济与贸易
				16	李洋	201411808030	国际经济与贸易
				17	张明慧	201411808031	国际经济与贸易
				18	汲广英	201411808026	国际经济与贸易
				19	王欢欢	201411808006	国际经济与贸易
				20	李宝玺	201411808039	国际经济与贸易
			个人二等奖	1	闫雪	201511908054	国际经济与贸易
39	POCIB全国大学生外贸从业能力大赛	德州学院经济管理学院一队	国家团体二等奖	1	韩笑	201401801026	国际经济与贸易
				2	何书霄	201401801018	国际经济与贸易
				3	黄宁	201401801044	国际经济与贸易
				4	李国荣	201401801029	国际经济与贸易
				5	李玉秀	201401801030	国际经济与贸易
				6	刘钧	201401801038	国际经济与贸易
				7	门金月	201481806023	国际经济与贸易
				8	曲怡	201401801039	国际经济与贸易

续表

序号	竞赛项目	获奖项目名称	获奖类别	参赛学生序号	学生姓名	学号	学生专业
39	POCIB 全国大学生外贸从业能力大赛	德州学院经济管理学院一队	国家团体二等奖	9	邵杰	201401801032	国际经济与贸易
				10	王倩	201481806037	国际经济与贸易
				11	王伟	201401801014	国际经济与贸易
				12	王颖	201481806014	国际经济与贸易
				13	吴玉玲	201401801024	国际经济与贸易
				14	武刚	201401801008	国际经济与贸易
				15	徐亚迪	201401801035	国际经济与贸易
				16	颜廷硕	201401801013	国际经济与贸易
				17	燕梅霞	201481806009	国际经济与贸易
				18	杨梓艺	201401801007	国际经济与贸易
				19	张雪	201401801022	国际经济与贸易
				20	赵杉	201401801033	国际经济与贸易
			个人三等奖	1	韩笑	201401801026	国际经济与贸易
			个人三等奖	1	曲怡	201401801039	国际经济与贸易
			个人三等奖	1	武刚	201401801008	国际经济与贸易
			个人三等奖	1	徐亚迪	201401801035	国际经济与贸易
			个人三等奖	1	赵杉	201401801033	国际经济与贸易
40	POCIB 全国大学生外贸从业能力大赛	德州学院经济管理学院二队	国家团体二等奖	1	陈道云	201481806022	国际经济与贸易
				2	陈停	201401801042	国际经济与贸易
				3	崔晶	201401801034	国际经济与贸易
				4	高官清	201401801041	国际经济与贸易
				5	高云	201481806020	国际经济与贸易
				6	黄蕾	201401801021	国际经济与贸易
				7	李红	201481806008	国际经济与贸易
				8	李人杰	201481806002	国际经济与贸易
				9	李新玉	201481806010	国际经济与贸易
				10	林晓	201401801003	国际经济与贸易
				11	苗广明	201481806026	国际经济与贸易
				12	尚秀红	201481806035	国际经济与贸易
				13	郗童欣	201401801028	国际经济与贸易
				14	徐雅倩	201401801047	国际经济与贸易
				15	杨霞飞	201481806005	国际经济与贸易
				16	于雪	201481806017	国际经济与贸易
				17	张慧鑫	201401801002	国际经济与贸易

续表

序号	竞赛项目	获奖项目名称	获奖类别	参赛学生序号	学生姓名	学号	学生专业
40	POCIB全国大学生外贸从业能力大赛	德州学院经济管理学院二队	国家团体二等奖	18	张晓	201401801040	国际经济与贸易
				19	郑怀艳	201401801016	国际经济与贸易
				20	郑爽	201401801017	国际经济与贸易
			个人三等奖	1	高云	201481806020	国际经济与贸易
			个人三等奖	1	黄蕾	201401801021	国际经济与贸易
			个人三等奖	1	李新玉	201481806010	国际经济与贸易
			个人三等奖	1	郗童欣	201401801028	国际经济与贸易
			个人三等奖	1	于雪	201481806017	国际经济与贸易
41	POCIB全国大学生外贸从业能力大赛	德州学院经济管理学院三队	国家团体一等奖	1	杜娟	201401801005	国际经济与贸易
				2	范君	201381801011	国际经济与贸易
				3	高俊	201301801021	国际经济与贸易
				4	葛翠翠	201481806034	国际经济与贸易
				5	管晶晶	201381801018	国际经济与贸易
				6	黑雨萌	201401801001	国际经济与贸易
				7	侯亚东	201401801037	国际经济与贸易
				8	刘方姝	201481806019	国际经济与贸易
				9	刘加兰	201481806006	国际经济与贸易
				10	刘晓丹	201481806040	国际经济与贸易
				11	逯敏慧	201301801048	国际经济与贸易
				12	任若雪	201400303048	国际经济与贸易
				13	索志伟	201401801023	国际经济与贸易
				14	王如月	201481806004	国际经济与贸易
				15	王心妮	201481806033	国际经济与贸易
				16	吴双辰	201301801047	国际经济与贸易
				17	杨艳霞	201481806030	国际经济与贸易
				18	于筱	201481806015	国际经济与贸易
				19	张传风	201481806003	国际经济与贸易
				20	周紫璇	201301801038	国际经济与贸易
			个人二等奖	1	范君	201381801011	国际经济与贸易
			个人二等奖	1	管晶晶	201381801018	国际经济与贸易
			个人三等奖	1	杜娟	201401801005	国际经济与贸易
			个人三等奖	1	黑雨萌	201401801001	国际经济与贸易
			个人三等奖	1	侯亚东	201401801037	国际经济与贸易
			个人三等奖	1	刘方姝	201481806019	国际经济与贸易

续表

序号	竞赛项目	获奖项目名称	获奖类别	参赛学生序号	学生姓名	学号	学生专业
41	POCIB 全国大学生外贸从业能力大赛	德州学院经济管理学院三队	个人三等奖	1	刘加兰	201481806006	国际经济与贸易
			个人三等奖	1	任若雪	201400303048	国际经济与贸易
			个人三等奖	1	索志伟	201401801023	国际经济与贸易
			个人三等奖	1	吴双辰	201301801047	国际经济与贸易
			个人三等奖	1	张传风	201481806003	国际经济与贸易
42	全国高校商业精英挑战赛"国泰安杯"流通业创新实践竞赛	流通业经营模拟大赛	国家二等奖	1	王耀通	201401802084	会计学
				2	付宇	201401802054	会计学
				3	刘赞鹏	201401203022	会计学
				4	徐乐铭	201401802012	会计学
				5	张风华	201401802041	会计学
				6	王连科	201400302025	法学
43	全国高校商业精英挑战赛"国泰安杯"流通业创新实践竞赛	流通业经营模拟大赛	国家二等奖	1	曹晋源	201501903001	工商管理
				2	王增颖	201511907088	会计
				3	黄晓红	201511907032	会计
				4	张希雅	201511907104	会计
				5	裴庆贞	201501902045	会计学
44	全国高校商业精英挑战赛"国泰安杯"流通业创新实践竞赛	流通业经营模拟大赛	国家二等奖	1	林立翔	201531905013	市场营销
				2	李超	201501903008	工商管理
				3	田伟华	201501902057	会计学
				4	张邺之	201511907110	会计
				5	刁贵彬	201531906004	国际经济与贸易
				6	吕佳铭	201511907064	会计
45	全国高校商业精英挑战赛"国泰安杯"流通业创新实践竞赛	流通业经营模拟大赛	国家二等奖	1	杨鹏飞	201401802078	会计学
				2	王悦迪	201381801007	国际经济与贸易
				3	庄蓓瑾	201401007006	信息管理与信息系统
				4	杨洪明	201501904047	市场营销
				5	宋钰	201531905029	市场营销
				6	曹新宇	201381001007	计算机科学与技术
46	全国高校商业精英挑战赛"国泰安杯"流通业创新实践竞赛	流通业经营模拟大赛	国家二等奖	1	王欣欣	201521903063	工商管理
				2	陈锐	201401802039	会计学
				3	王桦琳	201301804037	市场营销
				4	杨帅	201301805015	经济统计学
				5	王晓亮	201501903017	工商管理

续表

序号	竞赛项目	获奖项目名称	获奖类别	参赛学生序号	学生姓名	学号	学生专业
47	全国高校商业精英挑战赛“国泰安杯”流通业创新实践竞赛	流通业经营模拟大赛	国家三等奖	1	梅淑云	201401804033	市场营销
				2	芮雪	201501901004	国际经济与贸易
				3	王德松	201531905033	市场营销
				4	张瑞	201531905039	市场营销
				5	刘毅	201531905018	市场营销
				6	程安东	201501902008	会计学
48	全国高校商业精英挑战赛“国泰安杯”流通业创新实践竞赛	营销模拟决策大赛	国家一等奖	1	徐长志	201481805030	市场营销
				2	房豪	201401802010	会计学
				3	徐勤	201301801011	国际经济与贸易
				4	王福东	201301801014	国际经济与贸易
				5	沙信慧	201301804030	市场营销
				6	李鹏飞	201531905008	市场营销
49	全国高校商业精英挑战赛“国泰安杯”流通业创新实践竞赛	营销模拟决策大赛	国家一等奖	1	林立翔	201531905013	市场营销
				2	李超	201501903008	工商管理
				3	田伟华	201501902057	会计学
				4	张邺之	201511907110	会计
				5	刁贵彬	201531906004	国际经济与贸易
				6	吕佳铭	201511907064	会计
50	全国高校商业精英挑战赛“国泰安杯”流通业创新实践竞赛	营销模拟决策大赛	国家二等奖	1	杨鹏飞	201401802078	会计学
				2	王悦迪	201381801007	国际经济与贸易
				3	庄蓓瑾	201401007006	信息管理与信息系统
				4	杨洪明	201501904047	市场营销
				5	宋钰	201531905029	市场营销
				6	曹新宇	201381001007	计算机科学与技术
51	全国高校商业精英挑战赛“国泰安杯”流通业创新实践竞赛	营销模拟决策大赛	国家三等奖	1	王欣欣	201521903063	工商管理
				2	陈锐	201401802039	会计学
				3	王桦琳	201301804037	市场营销
				4	杨帅	201301805015	经济统计学
				5	王晓亮	201501903017	工商管理
52	2016年全国高校商业精英挑战赛“科云杯”财会职业能力竞赛（国赛）	德州学院经济管理学院一队	省级团体一等奖	1	李霞	201401802049	会计学
				2	宋爱真	201401802074	会计学
				3	孙婷婷	201401802036	会计学

续表

序号	竞赛项目	获奖项目名称	获奖类别	参赛学生序号	学生姓名	学号	学生专业
53	2016年全国高校商业精英挑战赛“科云杯”财会职业能力竞赛（国赛）	德州学院经济管理学院二队	省级团体一等奖	1	房豪	201401802010	会计学
				2	李金荣	201401802033	会计学
				3	王昕	201401802013	会计学
54	2016年全国高校商业精英挑战赛“科云杯”财会职业能力竞赛（国赛）	德州学院经济管理学院三队	省级团体二等奖	1	杨鹏飞	201401802078	会计学
				2	刘琪	201501901017	国际经济与贸易
				3	徐锈	201401802015	会计学
55	社科奖第七届全国高校市场营销大赛	营销模拟决策大赛二队	国家三等奖	1	李浩然	201301805017	经济统计学
				2	乔列帆	201301805002	经济统计学
				3	张伟立	201301805022	经济统计学
				4	沙信慧	201301804030	市场营销
				5	郝雪梦	201301804038	市场营销
56	社科奖第七届全国高校市场营销大赛	营销模拟决策大赛四队	国家三等奖	1	杨俊杰	201301804009	市场营销
				2	刘永恒	201301804017	市场营销
				3	王桦琳	201301804037	市场营销
				4	周强	201301804005	市场营销
57	全国大学生电子商务“创新、创意及创业”挑战赛（省赛）	“绿E之景”创意盆景创业策划书	省级一等奖	1	牟欣	201301803024	工商管理
				2	李雅	201301803023	工商管理
				3	刘妍	201301803012	工商管理
				4	代京妮	201301803025	工商管理
				5	鞠方腾	201301803029	工商管理
58	全国大学生电子商务“创新、创意及创业”挑战赛（省赛）	“Baby line玩网”儿童闲置玩具租赁与衣物交易平台	省级一等奖	1	李赣	201301802016	会计学
				2	徐长志	201481805030	市场营销
				3	房豪	201401802010	会计学
				4	张瑞	201531905039	市场营销
				5	颜烁	201401802025	会计学
59	全国大学生电子商务“创新、创意及创业”挑战赛（省赛）	微旅行 信天游——天游大学生微信平台营销策划案	省级一等奖	1	刘如意	201481805037	市场营销
				2	马振昭	201401804021	市场营销
				3	李欣	201401804009	市场营销
				4	郭谦	201411807067	会计
				5	乔列帆	201301805002	经济统计学
60	全国大学生电子商务“创新、创意及创业”挑战赛（省赛）	好朋友 就要“友来往”创业计划书	省级二等奖	1	陈锐	201401802039	会计学
				2	田娜	201401802037	会计学
				3	李薇	201401802040	会计学
				4	付景珊	201501904009	市场营销

续表

序号	竞赛项目	获奖项目名称	获奖类别	参赛学生序号	学生姓名	学号	学生专业
61	全国大学生电子商务“创新、创意及创业”挑战赛（省赛）	青春有我——e益生辉健康服务平台创业策划案	省级二等奖	1	刘一璞	201401803028	工商管理
				2	朱梦露	201401803012	工商管理
				3	郑爽	201401801017	国际经济与贸易
				4	张春叶	201401803015	工商管理
				5	李政	201411809013	国际经济与贸易
62	全国大学生电子商务“创新、创意及创业”挑战赛（省赛）	“速来帮”手机应用软件商业策划书	省级二等奖	1	庞超	201401005001	会计学
				2	孙瑞	201401005054	会计学
				3	刘磊	201481010032	计算机科学与技术
				4	程通	201401003015	网络工程
63	全国大学生电子商务“创新、创意及创业”挑战赛（省赛）	水果巴巴（水果派送平台）创业策划书	省级三等奖	1	张倩颖	201501902082	会计学
				2	谢季泇	201503301107	体育教育
				3	程安东	201501902008	会计学
				4	张安娜	201501902075	会计学
				5	韩宗美	201501902017	会计学
64	全国大学生电子商务“创新、创意及创业”挑战赛（省赛）	“e帮到底”互助网创业策划书	省级三等奖	1	李超	201501903008	工商管理
				2	孙文倩	201501902055	会计学
				3	赵瑶	201501903022	工商管理
				4	肖蓓蓓	201531906034	国际经济与贸易
65	全国大学生电子商务“创新、创意及创业”挑战赛（省赛）	“千金逸发”APP商业策划书	省级三等奖	1	李梦圆	201401802050	会计学
				2	贾小雷	201401802053	会计学
				3	路用荣	201401802052	会计学
				4	于学杰	201401802051	会计学
66	全国大学生电子商务“创新、创意及创业”挑战赛（省赛）	e路相随——智能社区服务养老平台创业计划书	省级三等奖	1	吴玉玲	201401801024	国际经济与贸易
				2	杨梓艺	201401801007	国际经济与贸易
				3	韩笑	201401801026	国际经济与贸易
				4	杨艳霞	201481806030	国际经济与贸易
				5	崔晶	201401801034	国际经济与贸易
67	“创青春”海尔山东省大学生创业大赛（省赛）	德州梅斯塔桑电子商务有限责任公司	银奖	1	王冰崧	201101803084	工商管理
				2	刘如意	201481805037	市场营销
				3	袁钦雨	201481805001	市场营销
				4	郭谦	201411807067	会计
				5	连芳霞	201481806007	国际经济与贸易

续表

序号	竞赛项目	获奖项目名称	获奖类别	参赛学生序号	学生姓名	学号	学生专业
68	“创青春”海尔山东省大学生创业大赛（省赛）	“速来帮”手机应用软件商务策划书	铜奖	1	庞超	201401005001	会计学
				2	孙瑞	201401005054	会计学
				3	伏晨	201401005037	会计学
				4	杨俊	201401001026	计算机科学与技术
				5	马欢欢	201401005063	会计学
				6	程通	201401003015	网络工程
				7	刘磊	201481010032	计算机科学与技术
69	“创青春”海尔山东省大学生创业大赛（省赛）	“驴友时间银行”策划案	铜奖	1	朱春晓	201301805025	经济统计学
				2	王欣欣	201521903063	工商管理
				3	宗程程	201301805020	经济统计学
				4	刘田田	201301805028	经济统计学
				5	庄艳	201301805005	经济统计学
				6	刘通	201301502018	能源与动力工程
				7	逯慧岳	201301804034	市场营销
70	第四届全国高校商业精英挑战赛“浩方杯”商业信息化创新创业竞赛（省赛）	为伊“筹”得人憔悴	省级一等奖	1	陈锐	201401802039	会计学
				2	田娜	201401802037	会计学
				3	李薇	201401802040	会计学
				4	付景珊	201501904009	市场营销
71	第四届全国高校商业精英挑战赛“浩方杯”商业信息化创新创业竞赛（省赛）	乐活 e 起 go	省级一等奖	1	刘子琨	201401803035	工商管理
				2	王悦迪	201381801007	国际经济与贸易
				3	杨鹏飞	201401802078	会计学
				4	孙园媛	201401801011	国际经济与贸易
				5	徐乐铭	201401802012	会计学
72	第四届全国高校商业精英挑战赛“浩方杯”商业信息化创新创业竞赛（省赛）	e 游学	省级一等奖	1	戚宏彬	201531906023	国际经济与贸易
				2	高洁	201301801010	国际经济与贸易
				3	赵京彤	201511908061	国际经济与贸易
				4	徐莹莹	201501901022	国际经济与贸易
73	第四届全国高校商业精英挑战赛“浩方杯”商业信息化创新创业竞赛（省赛）	触懂	省级二等奖	1	潘逸明	201531906022	国际经济与贸易
				2	张红星	201531906047	国际经济与贸易
				3	张友慧	201531906049	国际经济与贸易
				4	谭雪莹	201301801008	国际经济与贸易

续表

序号	竞赛项目	获奖项目名称	获奖类别	参赛学生序号	学生姓名	学号	学生专业
74	第四届全国高校商业精英挑战赛“浩方杯”商业信息化创新创业竞赛（省赛）	“嗖”易购购物系统创业计划书	省级二等奖	1	徐长志	201481805030	市场营销
				2	房豪	201401802010	会计学
				3	颜烁	201401802025	会计学
				4	沙信慧	201301804030	市场营销
				5	白秀如	201411807061	会计
75	第四届全国高校商业精英挑战赛“浩方杯”商业信息化创新创业竞赛（省赛）	悠客	省级二等奖	1	闫昭楠	201501901023	国际经济与贸易
				2	于丽丽	201531906043	国际经济与贸易
				3	刘琪	201501901017	国际经济与贸易
				4	芮雪	201501901004	国际经济与贸易
76	第四届全国高校商业精英挑战赛“浩方杯”商业信息化创新创业竞赛（省赛）	纤丽美	省级三等奖	1	王欣欣	201521903063	工商管理
				2	朱利娟	201301801036	国际经济与贸易
				3	王晓亮	201501903017	工商管理
				4	庄蓓瑾	201401007006	信息管理与信息系统
				5	李金洪	201381801005	国际经济与贸易
77	第四届全国高校商业精英挑战赛“浩方杯”商业信息化创新创业竞赛（省赛）	E 帮到底	省级三等奖	1	王新华	201501901007	国际经济与贸易
				2	于帅	201531906044	国际经济与贸易
				3	鞠娜	201501901001	国际经济与贸易
				4	张莹	201501901011	国际经济与贸易
78	第七届齐鲁大学生创业计划竞赛	95 易点	省级三等奖	1	许嘉琪	201400401071	汉语言文学
				2	刘小茹	201401903006	音乐学（幼儿教育方向）
				3	蔺甜甜	201500403023	新闻学
				4	孙静雨	201502001015	学前教育
				5	雒拯宇	201401301038	体育教育
				6	李维康	201400603021	日语
				7	徐勤	201301801011	国际经济与贸易
				8	李赣	201301802016	会计学
				9	于航	201301802025	会计学
				10	王学委	201500403046	新闻学
79	第七届齐鲁大学生创业计划竞赛	桃你欢心	省级三等奖	1	韩明霞	201531906009	国际经济与贸易
				2	滕丽萍	201531906030	国际经济与贸易
				3	张紫婵	201501901013	国际经济与贸易
				4	孙文浩	201501902053	会计学

续表

序号	竞赛项目	获奖项目名称	获奖类别	参赛学生序号	学生姓名	学号	学生专业
80	第十二届全国大学生“新道杯”沙盘模拟经营大赛山东省总决赛	德州学院经济管理学院一队	省级二等奖	1	杨鹏飞	201401802078	会计学
				2	张林强	201301803044	工商管理
				3	王悦迪	201381801007	国际经济与贸易
				4	沈文琦	201401602002	会计学
				5	林立翔	201531905013	市场营销
81	第十二届全国大学生“新道杯”沙盘模拟经营大赛山东省总决赛	德州学院经济管理学院二队	省级三等奖	1	王睿	201401802011	会计学
				2	崔婷婷	201401802076	会计学
				3	田伟华	201501902057	会计学
				4	周兴昊	201501902091	会计学
				5	董念宗	201501902009	会计学
82	第十二届全国大学生“新道杯”沙盘模拟经营大赛山东省总决赛	德州学院经济管理学院三队	省级三等奖	1	李梦圆	201401802050	会计学
				2	史萌琳	201401802021	会计学
				3	宗晓	201401802035	会计学
				4	赵宁	201401802059	会计学
				5	徐锈	201401802015	会计学
83	第十二届全国大学生“新道杯”沙盘模拟经营大赛山东省总决赛	德州学院经济管理学院四队	省级三等奖	1	刘子琨	201401803035	工商管理
				2	陈锐	201401802039	会计学
				3	刘一璞	201401803028	工商管理
				4	付宇	201401802054	会计学
				5	颜烁	201401802025	会计学
84	“建行杯”第二届山东省“互联网+”大学生创新创业大赛	馥耕天然米	省级铜奖	1	王冰崧	201101803084	工商管理
				2	刘如意	201481805037	市场营销
				3	洪光学	201501902018	会计学
				4	蔺婉如	201511908021	国际经济与贸易
				5	李欣	201401804009	市场营销
85	第十一届山东省电子商务专业大赛	e网打尽识假打假全方位服务平台	省级一等奖	1	张邺之	201511907110	会计
				2	吕佳铭	201511907064	会计
				3	付景珊	201501904009	市场营销
				4	林立翔	201531905013	市场营销
				5	张慧	201601900306	市场营销

续表

序号	竞赛项目	获奖项目名称	获奖类别	参赛学生序号	学生姓名	学号	学生专业
86	第十一届山东省电子商务专业大赛	“老有所 e”一体化医养结合养老平台	省级一等奖	1	刘子琨	201401803035	工商管理
				2	赵文杰	201601900254	会计学
				3	张安娜	201501902075	会计学
				4	姜洋洋	201511908013	国际经济与贸易
				5	马文军	201531905022	市场营销
87	第十一届山东省电子商务专业大赛	奇艺棉麻生活馆	省级一等奖	1	史运雪	201531906025	国际经济与贸易
				2	冯淑红	201531906007	国际经济与贸易
				3	刘米佳	201531906017	国际经济与贸易
				4	张文帝	201501902083	会计学
				5	邱新民	201631900020	国际经济与贸易
88	第十一届山东省电子商务专业大赛	爱派	省级一等奖	1	芮雪	201501901004	国际经济与贸易
				2	刘琪	201501901017	国际经济与贸易
				3	于丽丽	201531906043	国际经济与贸易
				4	杨冉苒	201531906042	国际经济与贸易
				5	王荣珊	201631900031	国际经济与贸易
89	第十一届山东省电子商务专业大赛	追蓝	省级一等奖	1	刘婷	201511908025	国际经济与贸易
				2	刘甜甜	201511908024	国际经济与贸易
				3	刘海明	201511908022	国际经济与贸易
				4	黄一峰	201511908012	国际经济与贸易
				5	吕晓琳	201511908028	国际经济与贸易
				6	冯超月	201511908005	国际经济与贸易
89	第十一届山东省电子商务专业大赛	“我信”短信打假平台	省级二等奖	1	闫雪	201511908054	国际经济与贸易
				2	孙越	201501901019	国际经济与贸易
				3	肖蓓蓓	201531906034	国际经济与贸易
				4	张玉洁	201611900292	国际经济与贸易
				5	孟洁	201611900029	国际经济与贸易
91	第十一届山东省电子商务专业大赛	行无忧 APP	省级二等奖	1	王新华	201501901007	国际经济与贸易
				2	鞠娜	201501901001	国际经济与贸易
				3	张莹	201501901011	国际经济与贸易
				4	封常洁	201601900029	国际经济与贸易
				5	崔桂婕	201601900026	国际经济与贸易

续表

序号	竞赛项目	获奖项目名称	获奖类别	参赛学生序号	学生姓名	学号	学生专业
92	第十一届山东省电子商务专业大赛	优校	省级三等奖	1	赵京彤	201511908061	国际经济与贸易
				2	戚宏彬	201531906023	国际经济与贸易
				3	徐莹莹	201501901022	国际经济与贸易
				4	周峙宇	201631900042	国际经济与贸易
				5	孟琼	201631900019	国际经济与贸易
93	“融易孵·浩方杯”全国高校商业精英挑战赛商业信息化创新创业竞赛	e网打尽识假打假全方位服务平台	国家一等奖	1	张邺之	201511907110	会计
				2	吕佳铭	201511907064	会计
				3	付景珊	201501904009	市场营销
				4	张慧	201601900306	市场营销
				5	林立翔	201531905013	市场营销
94	“融易孵·浩方杯”全国高校商业精英挑战赛商业信息化创新创业竞赛	奇艺棉麻生活馆	国家一等奖	1	史运雪	201531906025	国际经济与贸易
				2	冯淑红	201531906007	国际经济与贸易
				3	刘米佳	201531906017	国际经济与贸易
				4	张文帝	201501902083	会计学
				5	邱新民	201631900020	国际经济与贸易
95	“融易孵·浩方杯”全国高校商业精英挑战赛商业信息化创新创业竞赛	“老有所e”一体化医养结合养老平台	国家二等奖	1	刘子琨	201401803035	工商管理
				2	赵文杰	201601900254	会计学
				3	张安娜	201501902075	会计学
				4	姜洋洋	201511908013	国际经济与贸易
				5	马文军	201531905022	市场营销
96	“融易孵·浩方杯”全国高校商业精英挑战赛商业信息化创新创业竞赛	爱派	国家二等奖	1	芮雪	201501901004	国际经济与贸易
				2	刘琪	201501901017	国际经济与贸易
				3	于丽丽	201531906043	国际经济与贸易
				4	杨冉苒	201531906042	国际经济与贸易
				5	王荣珊	201631900031	国际经济与贸易
97	“融易孵·浩方杯”全国高校商业精英挑战赛商业信息化创新创业竞赛	追蓝	国家二等奖	1	刘婷	201511908025	国际经济与贸易
				2	刘甜甜	201511908024	国际经济与贸易
				3	刘海明	201511908022	国际经济与贸易
				4	黄一峰	201511908012	国际经济与贸易
				5	吕晓琳	201511908028	国际经济与贸易
				6	冯超月	201511908005	国际经济与贸易

续表

序号	竞赛项目	获奖项目名称	获奖类别	参赛学生序号	学生姓名	学号	学生专业
98	"融易孵·浩方杯"全国高校商业精英挑战赛商业信息化创新创业竞赛	"我信"短信打假平台	国家三等奖	1	闫雪	201511908054	国际经济与贸易
				2	孙越	201501901019	国际经济与贸易
				3	肖蓓蓓	201531906034	国际经济与贸易
				4	张玉洁	201611900292	国际经济与贸易
				5	孟洁	201611900029	国际经济与贸易
99	"融易孵·浩方杯"全国高校商业精英挑战赛商业信息化创新创业竞赛	行无忧 APP	国家三等奖	1	王新华	201501901007	国际经济与贸易
				2	鞠娜	201501901001	国际经济与贸易
				3	张莹	201501901011	国际经济与贸易
				4	封常洁	201601900029	国际经济与贸易
				5	崔桂婕	201601900026	国际经济与贸易
100	POCIB 全国大学生外贸从业能力大赛（2017 春季赛）	德州学院经济管理学院一队	国家二等奖	1	曾会会	201501901025	国际经济与贸易
				2	程亚珍	201501901014	国际经济与贸易
				3	冯淑红	201531906007	国际经济与贸易
				4	刘宝泽	201501901003	国际经济与贸易
				5	刘米佳	201531906017	国际经济与贸易
				6	刘琪	201501901017	国际经济与贸易
				7	芮雪	201501901004	国际经济与贸易
				8	史运雪	201531906025	国际经济与贸易
				9	孙新瑞	201501901018	国际经济与贸易
				10	孙越	201501901019	国际经济与贸易
				11	王倩	201501901005	国际经济与贸易
				12	王晓	201501901006	国际经济与贸易
				13	薛娜	201531906040	国际经济与贸易
				14	闫昭楠	201501901023	国际经济与贸易
				15	杨丽丽	201501901008	国际经济与贸易
				16	杨冉苒	201531906042	国际经济与贸易
				17	于丽丽	201531906043	国际经济与贸易
				18	张莹	201501901011	国际经济与贸易
				19	张玉洁	201501901012	国际经济与贸易
				20	张紫婵	201501901013	国际经济与贸易

续表

序号	竞赛项目	获奖项目名称	获奖类别	参赛学生序号	学生姓名	学号	学生专业
101	POCIB 全国大学生外贸从业能力大赛（2017 春季赛）	德州学院经济管理学院二队	国家二等奖	1	程振宇	201531906003	国际经济与贸易
				2	丁佳珏	201531906005	国际经济与贸易
				3	韩明霞	201531906009	国际经济与贸易
				4	李美杰	201531906013	国际经济与贸易
				5	刘明堃	201501901016	国际经济与贸易
				6	吕艺	201531906020	国际经济与贸易
				7	尚灵洁	201531906024	国际经济与贸易
				8	隋延安	201531906026	国际经济与贸易
				9	邰培丽	201531906029	国际经济与贸易
				10	滕丽萍	201531906030	国际经济与贸易
				11	王双双	201531906033	国际经济与贸易
				12	吴庆荣	201501901020	国际经济与贸易
				13	肖蓓蓓	201531906034	国际经济与贸易
				14	修雪霞	201531906035	国际经济与贸易
				15	徐玲利	201531906037	国际经济与贸易
				16	徐樱洁	201531906039	国际经济与贸易
				17	杨芳	201531906041	国际经济与贸易
				18	于帅	201531906044	国际经济与贸易
				19	周昊东	201531906051	国际经济与贸易
				20	周倩	201531906053	国际经济与贸易
102	POCIB 全国大学生外贸从业能力大赛（2017 春季赛）	德州学院经济管理学院三队	国家三等奖	1	曹娜娜	201481806036	国际经济与贸易
				2	曹如玮	201531906001	国际经济与贸易
				3	范文静	201531906006	国际经济与贸易
				4	耿晓红	201531906008	国际经济与贸易
				5	黄雅军	201531906010	国际经济与贸易
				6	纪福来	201531906011	国际经济与贸易
				7	李静	201531906012	国际经济与贸易
				8	李润洁	201531906015	国际经济与贸易
				9	李文娟	201481806024	国际经济与贸易
				10	刘田田	201531906018	国际经济与贸易
				11	刘婷婷	201481806039	国际经济与贸易
				12	孙明明	201531906027	国际经济与贸易
				13	孙悦	201531906028	国际经济与贸易
				14	王继成	201531906031	国际经济与贸易

续表

序号	竞赛项目	获奖项目名称	获奖类别	参赛学生序号	学生姓名	学号	学生专业
102	POCIB 全国大学生外贸从业能力大赛（2017 春季赛）	德州学院经济管理学院三队	国家三等奖	15	王双双	201531906033	国际经济与贸易
				16	许吉好	201531906038	国际经济与贸易
				17	张航	201531906046	国际经济与贸易
				18	张建茹	201531906048	国际经济与贸易
				19	张友慧	201531906049	国际经济与贸易
				20	周东凤	201531906050	国际经济与贸易
103	POCIB 全国大学生外贸从业能力大赛（2017 春季赛）	德州学院经济管理学院四队	国家三等奖	1	程楚楚	201511908004	国际经济与贸易
				2	冯慧	201511908006	国际经济与贸易
				3	付霞	201511908007	国际经济与贸易
				4	韩洋洋	201511908011	国际经济与贸易
				5	姜洋洋	201511908013	国际经济与贸易
				6	李敏	201511908015	国际经济与贸易
				7	李瑶	201511908018	国际经济与贸易
				8	梁伟丽	201511908020	国际经济与贸易
				9	蔺婉如	201511908021	国际经济与贸易
				10	刘海明	201511908022	国际经济与贸易
				11	刘婷	201511908025	国际经济与贸易
				12	刘亚林	201511908026	国际经济与贸易
				13	倪梅	201511908032	国际经济与贸易
				14	曲文静	201511908035	国际经济与贸易
				15	王江欣	201511908039	国际经济与贸易
				16	王晓凡	201511908042	国际经济与贸易
				17	王玉梅	201511908046	国际经济与贸易
				18	徐巧慧	201511908052	国际经济与贸易
				19	徐冉	201511908053	国际经济与贸易
				20	于文杰	201511908057	国际经济与贸易
104	POCIB 全国大学生外贸从业能力大赛（2017 春季赛）	德州学院经济管理学院五队	国家三等奖	1	白杰	201511908001	国际经济与贸易
				2	曹宇	201511908002	国际经济与贸易
				3	冯超月	201511908005	国际经济与贸易
				4	高伟	201401801010	国际经济与贸易
				5	高欣	201511908008	国际经济与贸易
				6	李晓晨	201511908016	国际经济与贸易
				7	李秀花	201511908017	国际经济与贸易
				8	刘敏	201401801015	国际经济与贸易

续表

序号	竞赛项目	获奖项目名称	获奖类别	参赛学生序号	学生姓名	学号	学生专业
104	POCIB 全国大学生外贸从业能力大赛（2017 春季赛）	德州学院经济管理学院五队	国家三等奖	9	刘铭楷	201511908023	国际经济与贸易
				10	刘翔宇	201401801043	国际经济与贸易
				11	刘莹莹	201511908027	国际经济与贸易
				12	罗万娜	201511908029	国际经济与贸易
				13	吕晓琳	201511908028	国际经济与贸易
				14	孟晓君	201511908031	国际经济与贸易
104	POCIB 全国大学生外贸从业能力大赛（2017 春季赛）	德州学院经济管理学院五队	国家三等奖	15	宋海斌	201511908037	国际经济与贸易
				16	孙秀梅	201481806018	国际经济与贸易
				17	王丕凯	201401801012	国际经济与贸易
				18	徐淑燕	201481806038	国际经济与贸易
				19	杨冉冉	201531906042	国际经济与贸易
				20	张文慧	201481806001	国际经济与贸易
105	第八届社科奖全国高校市场营销大赛全国总决赛	柠檬 cc	国家三等奖	1	王晓亮	201501903017	工商管理
				2	王硕	201501904039	市场营销
				3	杨鹏飞	201401802078	会计学
				4	宋钰	201531905029	市场营销
				5	张晓敏	201531905040	市场营销
106	第八届社科奖全国高校市场营销大赛全国总决赛	销售善展	单项一等奖	1	卓枫	201621900203	会计学
				2	徐明乾	201621900177	会计学
				3	郭梦燕	201621900114	会计学
				4	赵南	201621900194	会计学
				5	徐长志	201481805030	会计学
107	第九届山东省大学生科技节创新创业沙盘模拟经营大赛（本科组）暨第十三届全国大学生“新道杯”沙盘模拟经营大赛山东省总决赛	德州学院经济管理学院一队	省级特等奖	1	杨鹏飞	201401802078	会计学
				2	刘一璞	201401803028	工商管理
				3	刘子琨	201401803035	工商管理
				4	朱梦露	201401803012	工商管理
				5	赵硕	201611900151	会计
108	第九届山东省大学生科技节创新创业沙盘模拟经营大赛（本科组）暨第十三届全国大学生“新道杯”沙盘模拟经营大赛山东省总决赛	德州学院经济管理学院二队	省级三等奖	1	周兴昊	201501902091	会计学
				2	程安东	201501902008	会计学
				3	王一璠	201601900123	会计学
				4	陈雯晶	201501203003	会计学
				5	曲文聪	201501902046	会计学

续表

序号	竞赛项目	获奖项目名称	获奖类别	参赛学生序号	学生姓名	学号	学生专业
109	第九届山东省大学生科技节创新创业沙盘模拟经营大赛（本科组）暨第十三届全国大学生“新道杯”沙盘模拟经营大赛山东省总决赛	德州学院经济管理学院三队	省级三等奖	1	王睿妍	201601900218	会计学
				2	王晓晴	201631900033	国际经济与贸易
				3	任勇	201601900010	工商管理
				4	房嘉琳	201631900004	国际经济与贸易
				5	王诚鑫	201601900296	市场营销
110	第九届山东省大学生科技节创新创业沙盘模拟经营大赛（本科组）暨第十三届全国大学生“新道杯”沙盘模拟经营大赛山东省总决赛	德州学院经济管理学院四队	省级三等奖	1	孙延杰	201601900294	市场营销
				2	高健珉	201601900264	市场营销
				3	孙凯祥	201601900293	市场营销
				4	李慧	201631900008	国际经济与贸易
				5	蔡昌	201601900260	市场营销
111	第七届全国大学生市场调查与分析大赛山东省分赛	关于现代人海外游学情况市场调查报告	省级三等奖	1	戚宏彬	201531906023	国际经济与贸易
				2	赵京彤	201511908061	国际经济与贸易
				3	徐莹莹	201501901022	国际经济与贸易
112	2017 年全国高校商业精英挑战赛流通业经营模拟竞赛	Athena	国家一等奖	1	杨鹏飞	201401802078	会计学
				2	季泓旭	201611900130	会计学
				3	刘西科	201501904022	市场营销
				4	马奔	201601900038	国际经济与贸易
				5	陈雯晶	201501203003	会计学
				6	王硕	201501904039	市场营销
113	2017 年全国高校商业精英挑战赛流通业经营模拟竞赛	阿菠萝公司	国家一等奖	1	林立翔	201531905013	市场营销
				2	马文军	201531905022	市场营销
				3	刘毅	201531905018	市场营销
				4	封常洁	201601900029	国际经济与贸易
				5	赵泽慧	201501902089	会计学
				6	秦永浩	201531905027	市场营销
114	2017 年全国高校商业精英挑战赛流通业经营模拟竞赛	战神	国家一等奖	1	王睿妍	201601900218	会计学
				2	王诚鑫	201601900296	市场营销
				3	任勇	201601900010	工商管理
				4	李明立	201601900002	工商管理
				5	田文博	201401004074	会计学
				6	汤淞	201600800273	会计学

续表

序号	竞赛项目	获奖项目名称	获奖类别	参赛学生序号	学生姓名	学号	学生专业
115	2017年全国高校商业精英挑战赛流通业经营模拟竞赛	尖刀	国家一等奖	1	王晓亮	201501903017	工商管理
				2	刘玉秀	201501902041	会计学
				3	赵硕	201611900151	会计
				4	孙文倩	201501902055	会计学
				5	王允亭	201531905035	市场营销
				6	王亚琪	201601900300	市场营销
116	2017年全国高校商业精英挑战赛流通业经营模拟竞赛	德州兴隆股份有限公司	国家二等奖	1	韩月	201601900173	会计学
				2	王松丽	201601900220	会计学
				3	张宝山	201631900079	市场营销
				4	王潇	201601900122	会计学
				5	王晓慧	201602000033	小学教育
				6	曹优	201601900159	会计学
117	2017年全国高校商业精英挑战赛流通业经营模拟竞赛	志合营销公司	国家二等奖	1	殷明伟	201501902072	会计学
				2	赵彤彤	201500303050	会计学
				3	曲文聪	201501902046	会计学
				4	王菁菁	201501902058	会计学
				5	刘福杰	201501903010	工商管理
				6	张宁	201501902081	会计学
118	2017年全国高校商业精英挑战赛流通业经营模拟竞赛	非常大师	国家二等奖	1	李鹏飞	201531905008	市场营销
				2	李欣钢	201531905011	市场营销
				3	程安东	201501902008	会计学
				4	高会颖	201501902012	会计学
				5	王新华	201501901007	国际经济与贸易
				6	徐珍	201501103042	生物工程
119	2017年全国高校商业精英挑战赛流通业经营模拟竞赛	筑梦营销公司	国家三等奖	1	张坤	201601900240	会计学
				2	齐志儒	201601900202	会计学
				3	卢艺方	201601900195	会计学
				4	孙依依	201601900207	会计学
				5	张溪	201601900246	会计学
				6	李甜甜	201631900012	国际经济与贸易

续表

序号	竞赛项目	获奖项目名称	获奖类别	参赛学生序号	学生姓名	学号	学生专业
120	2017年全国高校商业精英挑战赛流通业经营模拟竞赛	齐得隆咚呛	国家三等奖	1	房嘉琳	201631900004	国际经济与贸易
				2	郑奇	201601900062	国际经济与贸易
				3	孙凯祥	201601900293	市场营销
				4	高健珉	201601900264	市场营销
				5	孙梦	201601900043	国际经济与贸易
				6	甄梅	201601900154	会计学
121	2017年全国高校商业精英挑战赛流通业经营模拟竞赛	大陆公司	国家三等奖	1	马金凤	201601900039	国际经济与贸易
				2	吴晓雨	201631900074	市场营销
				3	孟小淞	201601900040	国际经济与贸易
				4	刘萌	201631900062	市场营销
				5	姬苏会	201631900053	市场营销
				6	杨昕	201631900077	市场营销
122	2017年全国高校商业精英挑战赛营销模拟决策竞赛	Athena	国家一等奖	1	杨鹏飞	201401802078	会计学
				2	张志慧	201611900145	会计学
				3	林晋超	201531905012	市场营销
				4	孙志豪	201531905024	市场营销
				5	王亚琪	201601900300	市场营销
				6	吕楠森	201611900095	会计学
123	2017年全国高校商业精英挑战赛营销模拟决策竞赛	非常大师	国家一等奖	1	程安东	201501902008	会计学
				2	李鹏飞	201531905008	市场营销
				3	张晓敏	201531905040	市场营销
				4	周兴昊	201501902091	会计学
				5	范士赏	201501902011	会计学
				6	徐珍	201501103042	生物工程
124	2017年全国高校商业精英挑战赛营销模拟决策竞赛	华腾营销公司	国家二等奖	1	付霞	201511908007	国际经济与贸易
				2	徐巧慧	201511908052	国际经济与贸易
				3	王允亭	201531905035	国际经济与贸易
				4	曲文静	201511908035	国际经济与贸易
				5	程楚楚	201511908004	国际经济与贸易
				6	韩洋洋	201511908011	国际经济与贸易

续表

序号	竞赛项目	获奖项目名称	获奖类别	参赛学生序号	学生姓名	学号	学生专业
125	2017年全国高校商业精英挑战赛营销模拟决策竞赛	战神	国家二等奖	1	王睿妍	201601900218	会计学
				2	王诚鑫	201601900296	市场营销
				3	任勇	201601900010	工商管理
				4	李慧	201631900008	国际经济与贸易
				5	刘文	201601900283	市场营销
				6	张志伟	201601900024	工商管理
126	2017年全国高校商业精英挑战赛营销模拟决策竞赛	齐得隆咚呛	国家二等奖	1	房嘉琳	201631900004	国际经济与贸易
				2	郑奇	201601900062	国际经济与贸易
				3	孙凯祥	201601900293	市场营销
				4	高健珉	201601900264	市场营销
				5	孙梦	201601900043	国际经济与贸易
				6	甄梅	201601900154	会计学
127	2017年全国高校商业精英挑战赛营销模拟决策竞赛	五洲贸易公司	国家二等奖	1	纪福来	201531906011	国际经济与贸易
				2	许吉好	201531906038	国际经济与贸易
				3	周东凤	201531906050	国际经济与贸易
				4	李静	201531906012	国际经济与贸易
				5	俞银银	201531906045	国际经济与贸易
				6	张航	201531609046	国际经济与贸易
128	2017年全国高校商业精英挑战赛营销模拟决策竞赛	凯瑞国际贸易有限公司	国家三等奖	1	高仲成	201531905004	市场营销
				2	隋晓光	201531905030	市场营销
				3	刘琪	201531905015	市场营销
				4	刘艳丽	201501904024	市场营销
				5	莫伟	201531905025	市场营销
				6	王佟	201501904040	市场营销
129	2017年全国高校商业精英挑战赛“信达杯”商务谈判竞赛	蜜雪冰城加盟谈判	国家级二等奖	1	王新华	201501901007	国际经济与贸易
				2	张莹	201501901011	国际经济与贸易
				3	鞠娜	201501901001	国际经济与贸易
				4	耿晓红	201531906008	国际经济与贸易
				5	刘琪	201504901017	国际经济与贸易

续表

序号	竞赛项目	获奖项目名称	获奖类别	参赛学生序号	学生姓名	学号	学生专业
130	2017年全国高校商业精英挑战赛“信达杯”商务谈判竞赛	关于加盟德州扒鸡有限公司谈判介绍	国家级二等奖	1	闫雪	201511908054	国际经济与贸易
				2	滕丽萍	201531906030	国际经济与贸易
				3	丁佳钰	201531906005	国际经济与贸易
				4	韩明霞	201531906009	国际经济与贸易
				5	陈婧婧	201511908003	国际经济与贸易
				6	吕晓林	201511908028	国际经济与贸易
131	2017年全国高校商业精英挑战赛“信达杯”商务谈判竞赛	智联e创	国家三等奖	1	徐莹莹	201501901022	国际经济与贸易
				2	冯淑红	201531906007	国际经济与贸易
				3	史运雪	201531906025	国际经济与贸易
				4	戚宏彬	201531906023	国际经济与贸易
				5	赵京彤	201511908061	国际经济与贸易
				6	杨冉苒	201531906042	国际经济与贸易
132	2017年山东省“福思特杯”大学生会计税务技能大赛	德州学院专科队	省级三等奖	1	王芳芳	201511907080	会计
				2	张希雅	201511907104	会计
				3	张硕	201511907102	会计
				4	常蒙蒙	201511907006	会计
				5	赵燕丽	201511907114	会计
133	2017年第十一届“新道杯”全国大学生会计信息化技能大赛	德州学院一队	省级二等奖	1	张宵东	201511907105	会计
				2	张洋洋	201511907109	会计
				3	刘菲菲	201511907053	会计
				4	李月月	201511907049	会计
134	2017年第十一届“新道杯”全国大学生会计信息化技能大赛	德州学院二队	省级三等奖	1	王芳芳	201511907080	会计
				2	张硕	201511907102	会计
				3	张希雅	201511907104	会计
				4	赵燕丽	201511907114	会计

续表

序号	竞赛项目	获奖项目名称	获奖类别	参赛学生序号	学生姓名	学号	学生专业
135	2017 年全国高校商业精英挑战赛“会计乐杯”财会职业能力竞赛全国总决赛个人赛	个人知识赛	省级一等奖	1	张硕	201511907102	会计
			省级一等奖	2	刘菲菲	201511907053	会计
			省级二等奖	3	王芳芳	201511907080	会计
			省级二等奖	4	张希雅	201511907104	会计
			省级二等奖	5	马梅玉	201511907065	会计
			省级二等奖	6	孙明明	201531906027	会计学
			省级二等奖	7	常蒙蒙	201511907006	会计
			省级二等奖	8	张宵东	201511907105	会计
			省级二等奖	9	焦书琦	201601900083	会计学
			省级二等奖	10	谭庆楠	201511907075	会计
			省级三等奖	11	李彦	201511907047	会计
			省级三等奖	12	季秀洁	201511907034	会计
			省级三等奖	13	翟佳斌	201601900139	会计学
			省级三等奖	14	赵荣霞	201601900152	会计学
			省级三等奖	15	耿晓红	201531906008	会计学
			省级三等奖	16	段慧涵	201511907017	会计学
			省级三等奖	17	房嘉琳	201631900004	会计学
			省级三等奖	18	张洋洋	201511907109	会计
136	2017 年全国高校商业精英挑战赛“会计乐杯”财会职业能力竞赛全国总决赛团体赛	德州学院本科一队	省级二等奖	1	赵荣霞	201601900152	会计学
				2	侯亚	201601900079	会计学
				3	王文玲	201601900121	会计学
137	2017 年全国高校商业精英挑战赛“会计乐杯”财会职业能力竞赛全国总决赛团体赛	德州学院本科二队	省级一等奖	1	徐敏	201601900131	会计学
				2	贺志浩	201601900078	会计学
				3	马淑梅	201601900103	会计学

续表

序号	竞赛项目	获奖项目名称	获奖类别	参赛学生序号	学生姓名	学号	学生专业
138	2017年全国高校商业精英挑战赛“会计乐杯”财会职业能力竞赛全国总决赛团体赛	德州学院专科一队	省级一等奖	1	常蒙蒙	201511907006	会计
				2	张洋洋	201511907109	会计
				3	张宵东	201511907105	会计
	2017年全国高校商业精英挑战赛“会计乐杯”财会职业能力竞赛全国总决赛团体赛	德州学院专科二队	省级一等奖	1	王芳芳	201511907080	会计
				2	张硕	201511907102	会计
				3	张希雅	201511907104	会计
139	2017年山东省“福思特杯”大学生会计税务技能大赛	德州学院本科队	省级三等奖	1	王美洁	201721900164	会计学
				2	邵晴晴	201721900166	会计学
				3	张露露	201721900170	会计学
				4	王玉寒	201721900157	会计学
				5	李玉会	201721900200	会计学
140	2017年全国大学生电子商务“创新、创意及创业”挑战赛（省赛）	微水果 信兄弟——水果兄弟微信平台营销策划案	省级二等奖	1	吕佳铭	201511907064	会计
				2	李欣钢	201531905011	市场营销
				3	陈丽梅	201501902005	会计学
				4	姜洋洋	201511908013	国际经济与贸易
				5	赵文杰	201601900254	会计学
141	2017年全国大学生电子商务“创新、创意及创业”挑战赛（省赛）	e校通	省级三等奖	1	洪光学	201501902018	会计学
				2	韩宗美	201501902017	会计学
				3	路鹏	201601900099	会计学
				4	田伟华	201501902057	会计学
				5	蔺婉如	201511908021	国际经济与贸易
142	2017年全国大学生电子商务“创新、创意及创业”挑战赛（国赛）	优简新生活	国家级三等奖	1	刘子琨	201401803035	工商管理
				2	刘一璞	201401803028	工商管理
				3	朱梦露	201401803012	工商管理
				4	王晓亮	201501903017	工商管理
				5	高琳	201501904010	市场营销

续表

序号	竞赛项目	获奖项目名称	获奖类别	参赛学生序号	学生姓名	学号	学生专业
143	2017 年全国大学生电子商务“创新、创意及创业”挑战赛（国赛）	老村掌——基于新农村建设电商平台创业策划书	国家级三等奖	1	李超	201501903008	工商管理
				2	孙文倩	201501902055	会计学
				3	黄晓红	201511907032	会计
				4	刘飞辉	201631900060	市场营销
				5	安淑琳	201601900157	会计学
144	第三届山东省“互联网+”创新创业大赛	e美：致力于你美的不足	铜奖	1	王冰崧	201101803084	工商管理
				2	刘子琨	201401803035	工商管理
				3	张溪	201601900246	会计学

2015—2017年学生参加科技文化竞赛的部分获奖证书

2015年学生参加科技文化竞赛的部分获奖证书

全国大学生电子商务“创新、创意及创业”挑战赛

第二届海峡两岸大学生流通业经营模拟大赛大陆总决赛

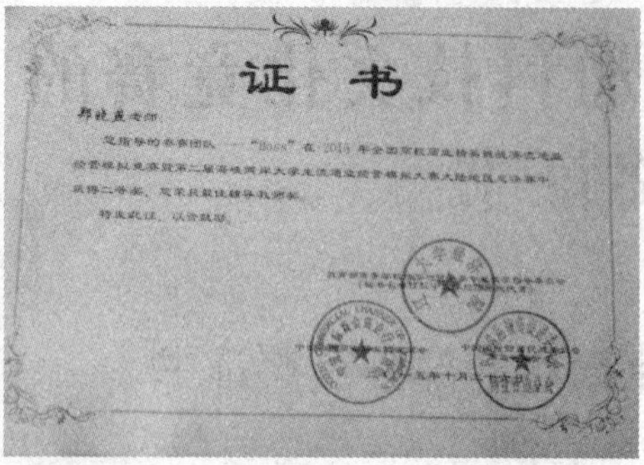

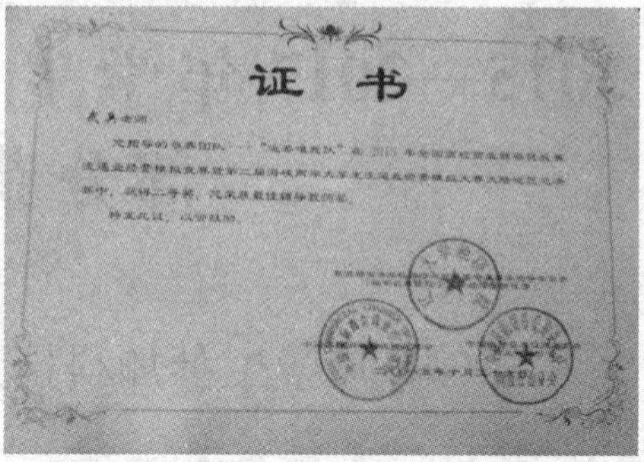

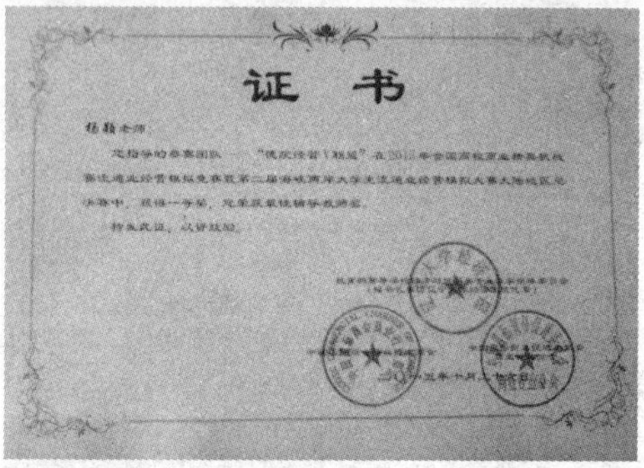

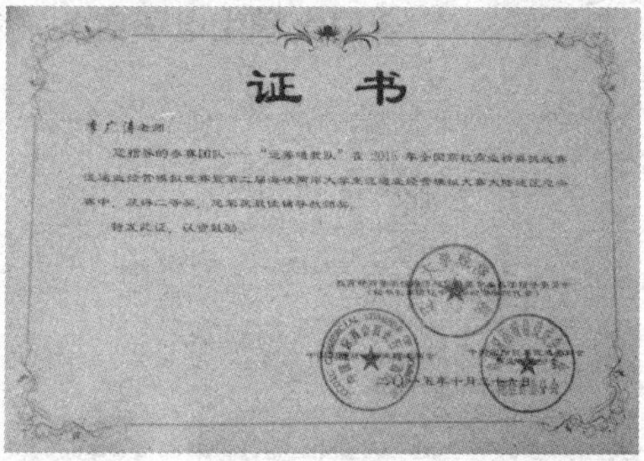

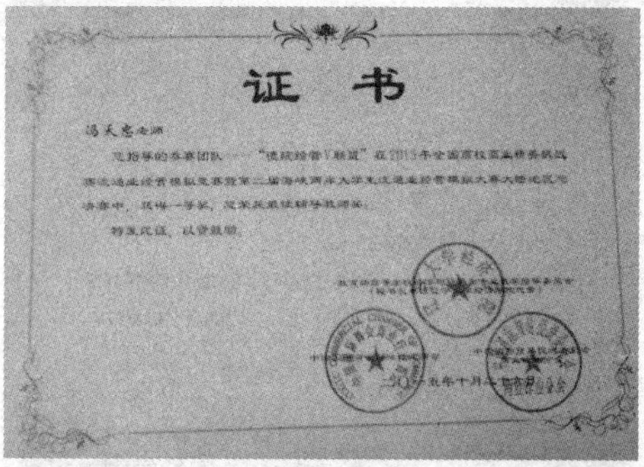

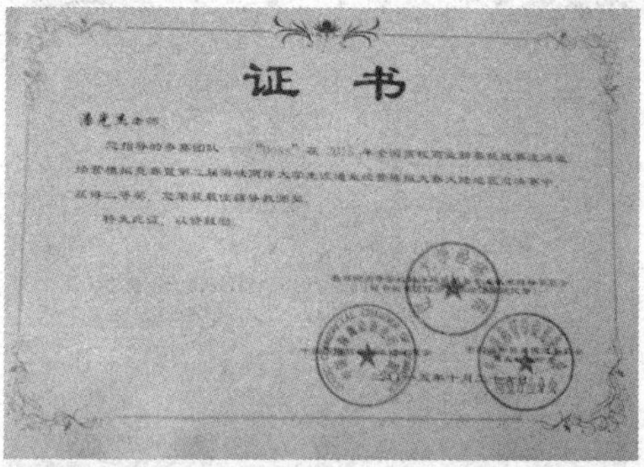

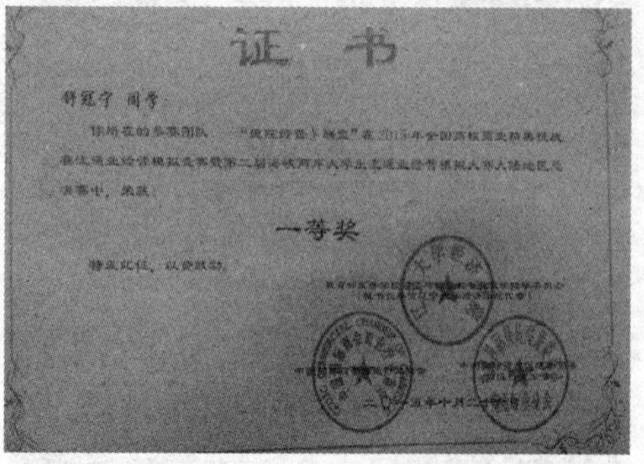

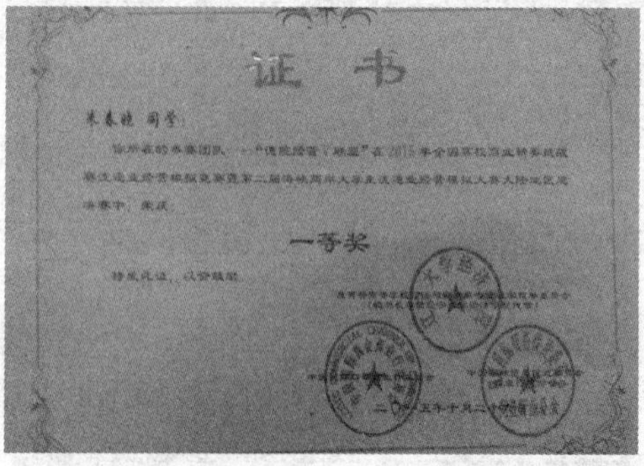

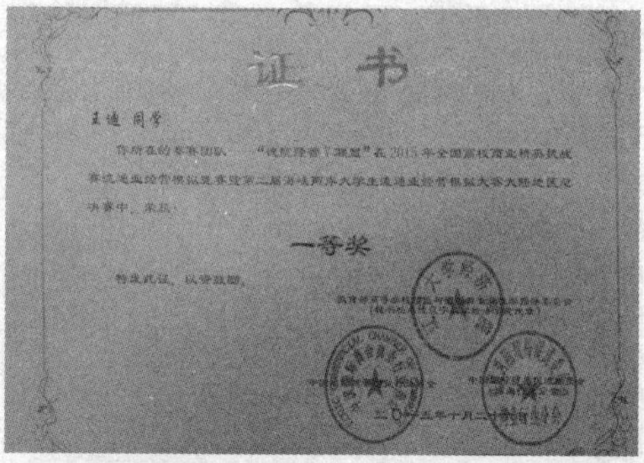
证 书
一等奖

证 书
一等奖

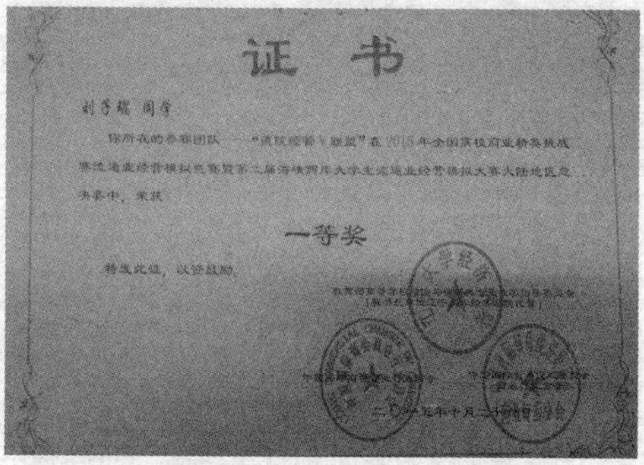
证 书
一等奖

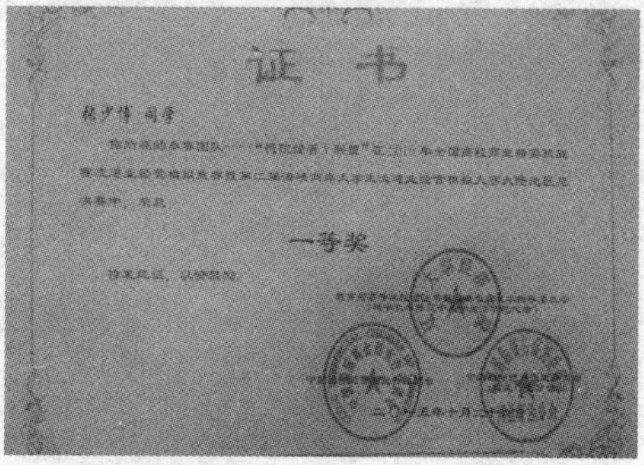
证 书
一等奖

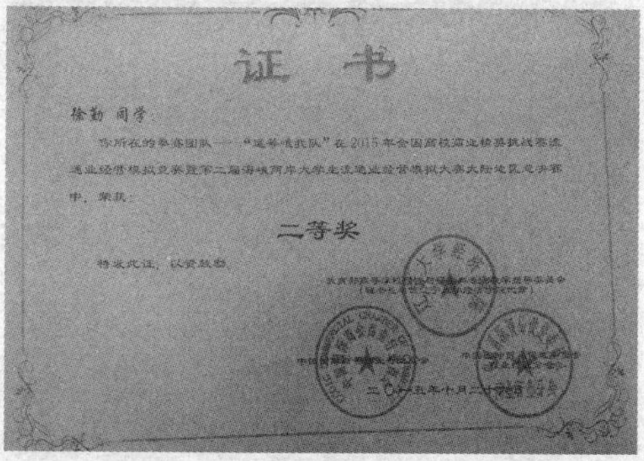
证 书
二等奖

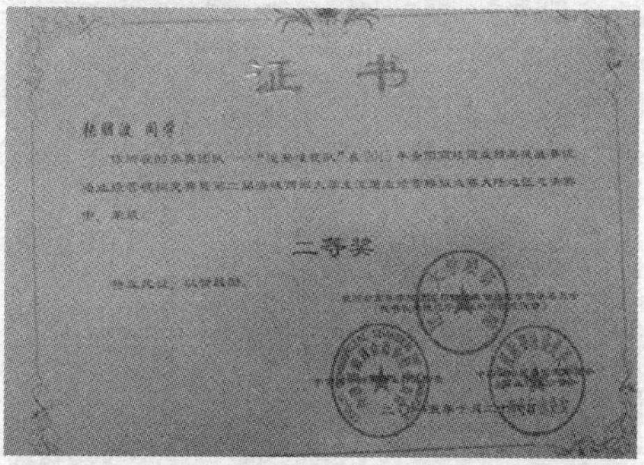
证 书
二等奖

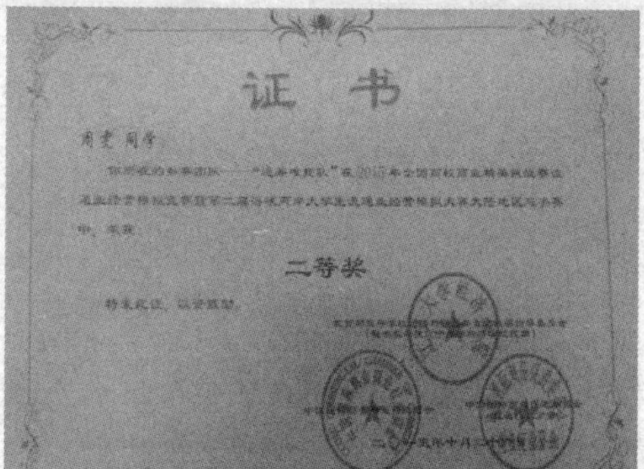
证 书
二等奖

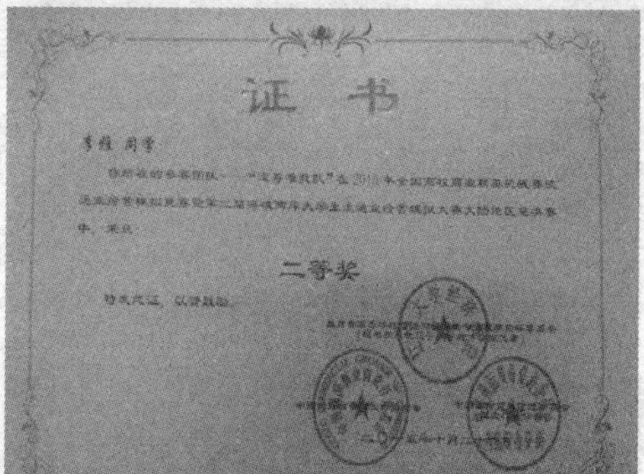
证 书
二等奖

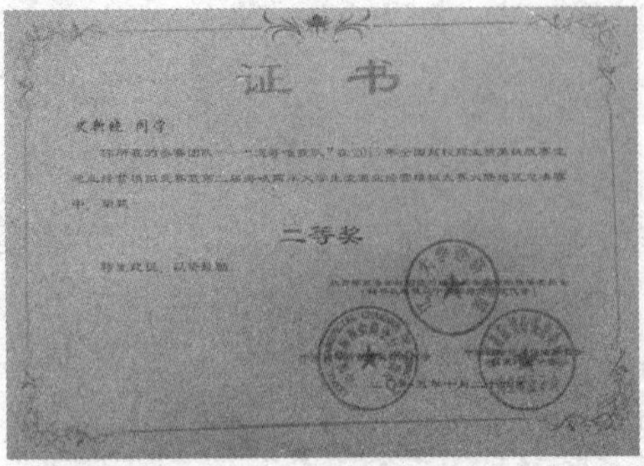
证 书
二等奖

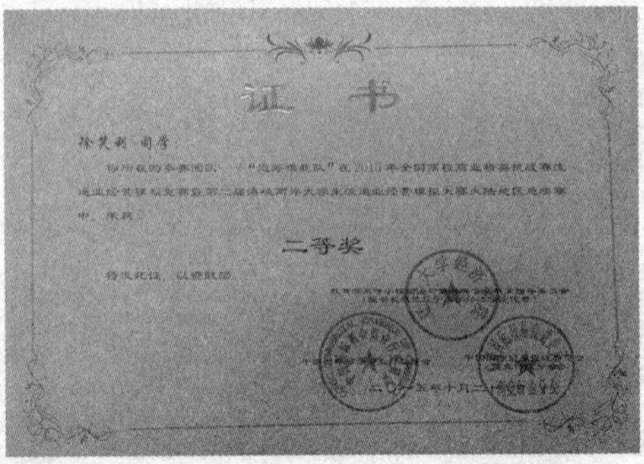
证 书
二等奖

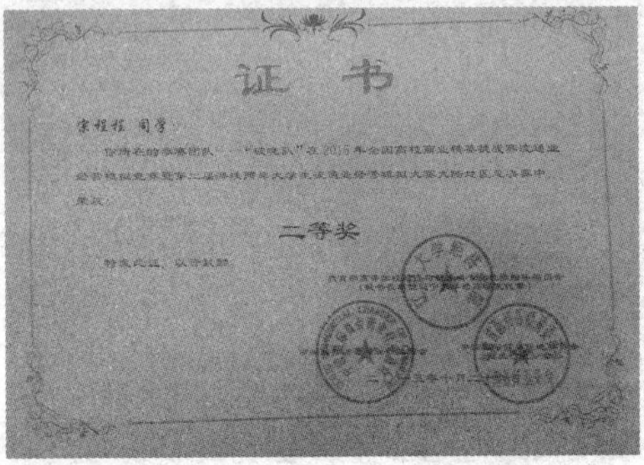
证 书
二等奖

证 书
二等奖

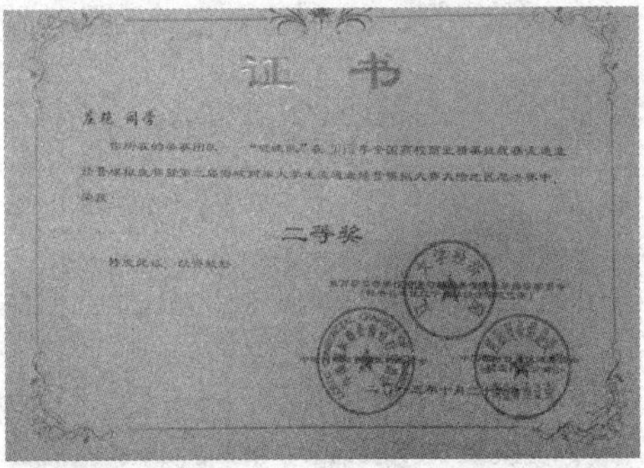
证 书
二等奖

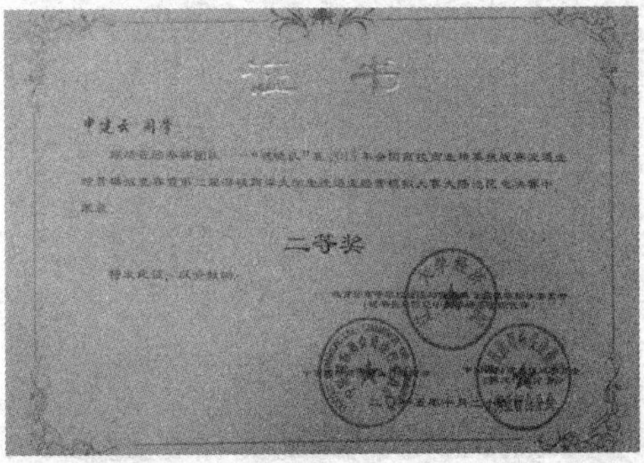
证 书
二等奖

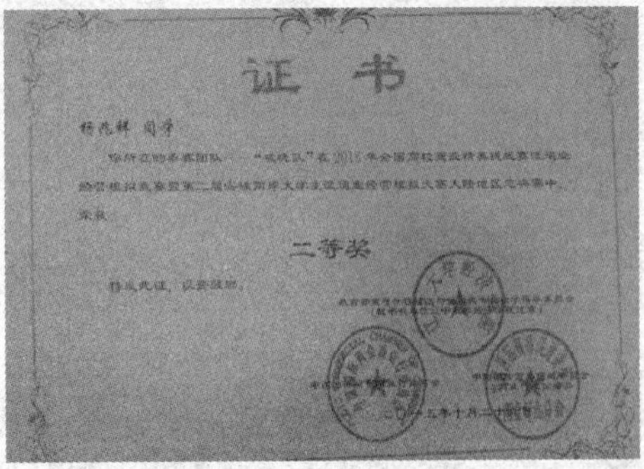
证 书
二等奖

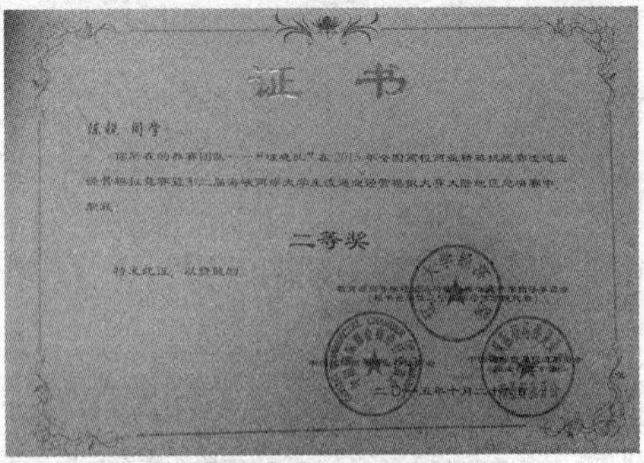
证 书
二等奖

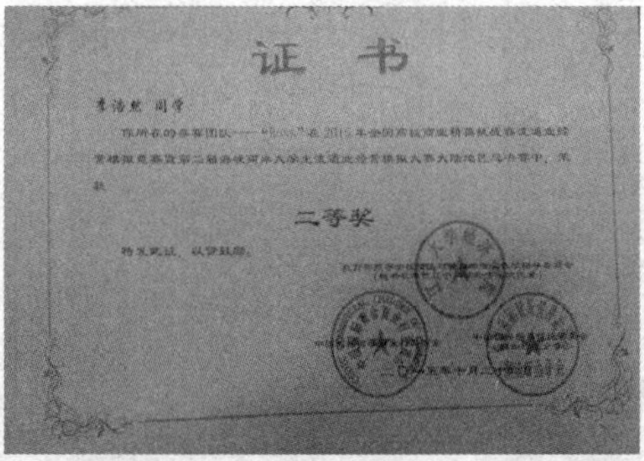

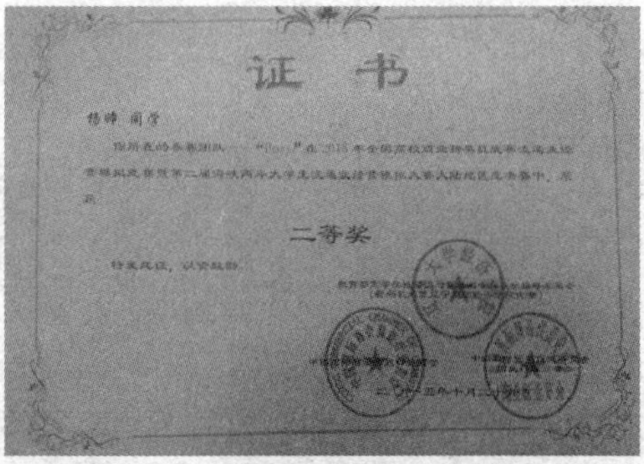

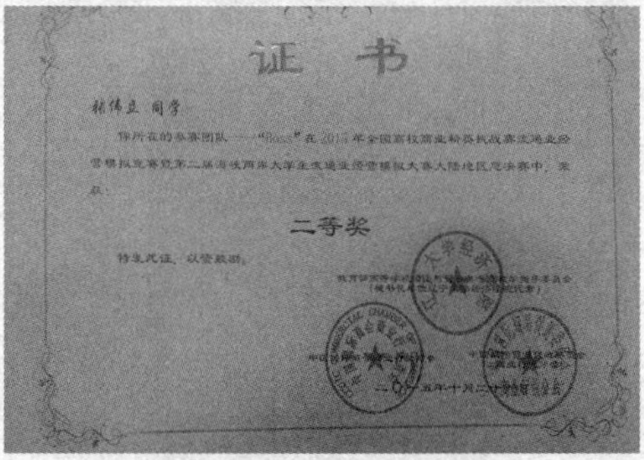

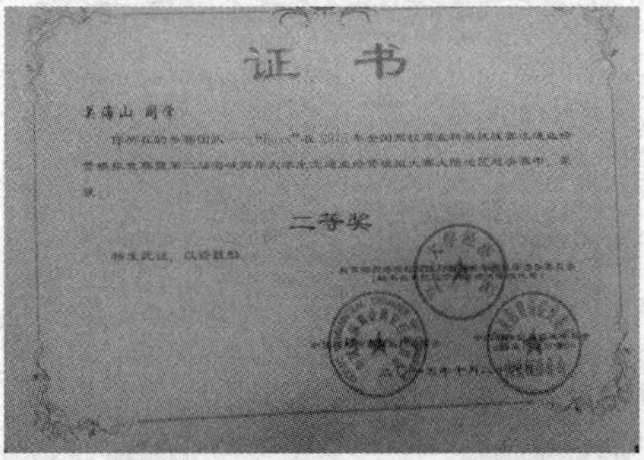

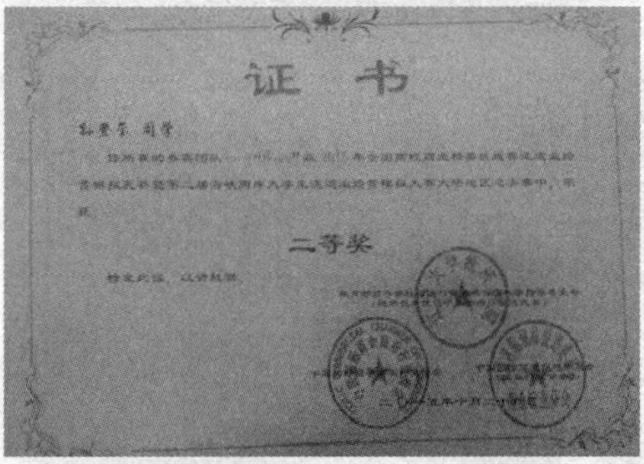

第五届 POCIB 全国大学生外贸从业能力大赛

荣誉证书
POCIB
全国大学生外贸从业能力大赛
个人三等奖
李春风
德州学院经济管理学院三队
中国国际贸易学会
全国外经贸职业教育教学指导委员会

荣誉证书
POCIB
全国大学生外贸从业能力大赛
个人三等奖
蔡善玲
德州学院经济管理学院三队
中国国际贸易学会
全国外经贸职业教育教学指导委员会

荣誉证书
POCIB
全国大学生外贸从业能力大赛
个人二等奖
王稣稣
德州学院经济管理学院三队
中国国际贸易学会
全国外经贸职业教育教学指导委员会

荣誉证书
CERTIFICATE OF HONOR
POCIB 全国大学生外贸从业能力大赛
团体二等奖
德州学院经济管理学院一队
指导老师：毛丽君
中国国际贸易学会
全国外经贸职业教育教学指导委员会

荣誉证书
CERTIFICATE OF HONOR
POCIB
全国大学生外贸从业能力大赛
指导老师二等奖
毛丽君
德州学院经济管理学院一队
中国国际贸易学会
全国外经贸职业教育教学指导委员会

荣誉证书
POCIB
全国大学生外贸从业能力大赛
个人一等奖
李雯雯
德州学院经济管理学院一队
中国国际贸易学会
全国外经贸职业教育教学指导委员会

荣誉证书
POCIB
全国大学生外贸从业能力大赛
个人二等奖
陈文文
德州学院经济管理学院一队
中国国际贸易学会
全国外经贸职业教育教学指导委员会

荣誉证书
POCIB
全国大学生外贸从业能力大赛
个人二等奖
于翠凤
德州学院经济管理学院一队
中国国际贸易学会
全国外经贸职业教育教学指导委员会

荣誉证书
POCIB
全国大学生外贸从业能力大赛
个人三等奖
李敏
德州学院经济管理学院一队
中国国际贸易学会
全国外经贸职业教育教学指导委员会

荣誉证书
POCIB
全国大学生外贸从业能力大赛
个人三等奖
张瑶
德州学院经济管理学院一队
中国国际贸易学会
全国外经贸职业教育教学指导委员会

荣誉证书
POCIB
全国大学生外贸从业能力大赛
个人三等奖
谭雪莹
德州学院经济管理学院一队
中国国际贸易学会
全国外经贸职业教育教学指导委员会

荣誉证书
POCIB
全国大学生外贸从业能力大赛
个人三等奖
尚媛媛
德州学院经济管理学院一队
中国国际贸易学会
全国外经贸职业教育教学指导委员会

荣誉证书
POCIB
全国大学生外贸从业能力大赛
个人三等奖
陈如月
德州学院经济管理学院一队
中国国际贸易学会
全国外经贸职业教育教学指导委员会

荣誉证书
CERTIFICATE OF HONOR
POCIB
全国大学生外贸从业能力大赛
2015-2016赛季（秋季赛）
个人三等奖
李婷婷
德州学院经济管理学院一队
中国国际贸易学会
全国外经贸职业教育教学指导委员会

荣誉证书
CERTIFICATE OF HONOR
POCIB
全国大学生外贸从业能力大赛
2015-2016赛季（秋季赛）
个人三等奖
车怡文
德州学院经济管理学院一队
中国国际贸易学会
全国外经贸职业教育教学指导委员会

荣誉证书
CERTIFICATE OF HONOR
POCIB
全国大学生外贸从业能力大赛
2015-2016赛季（秋季赛）
个人三等奖
石桦
德州学院经济管理学院一队
中国国际贸易学会
全国外经贸职业教育教学指导委员会

荣誉证书
CERTIFICATE OF HONOR
POCIB
全国大学生外贸从业能力大赛
2015-2016赛季（秋季赛）
个人三等奖
赵张欣
德州学院经济管理学院一队
中国国际贸易学会
全国外经贸职业教育教学指导委员会

荣誉证书
CERTIFICATE OF HONOR
POCIB 全国大学生外贸从业能力大赛
2015-2016赛季（秋季赛）
团体二等奖
德州学院经济管理学院二队
指导老师：韩大平
中国国际贸易学会
全国外经贸职业教育教学指导委员会

荣誉证书
CERTIFICATE OF HONOR
POCIB
全国大学生外贸从业能力大赛
2015-2016赛季（秋季赛）
指导老师二等奖
韩大平
德州学院经济管理学院二队
中国国际贸易学会
全国外经贸职业教育教学指导委员会

荣誉证书
CERTIFICATE OF HONOR
POCIB
全国大学生外贸从业能力大赛
2015-2016赛季（秋季赛）
个人一等奖
姚美娇
德州学院经济管理学院二队
中国国际贸易学会
全国外经贸职业教育教学指导委员会

荣誉证书
CERTIFICATE OF HONOR
POCIB
全国大学生外贸从业能力大赛
2015-2016赛季（秋季赛）
个人二等奖
杨文婷
德州学院经济管理学院二队
中国国际贸易学会
全国外经贸职业教育教学指导委员会

荣誉证书
CERTIFICATE OF HONOR
POCIB
全国大学生外贸从业能力大赛
2015-2016赛季（秋季赛）
个人二等奖
李媛媛
德州学院经济管理学院二队
中国国际贸易学会
全国外经贸职业教育教学指导委员会

荣誉证书
CERTIFICATE OF HONOR
POCIB
全国大学生外贸从业能力大赛
2015-2016赛季（秋季赛）
个人二等奖
楚倩
德州学院经济管理学院二队
中国国际贸易学会
全国外经贸职业教育教学指导委员会

荣誉证书
CERTIFICATE OF HONOR
POCIB
全国大学生外贸从业能力大赛
2015-2016赛季（秋季赛）
个人三等奖
李娜
德州学院经济管理学院二队
中国国际贸易学会
全国外经贸职业教育教学指导委员会

荣誉证书
CERTIFICATE OF HONOR
POCIB
全国大学生外贸从业能力大赛
2015-2016赛季（秋季赛）
个人三等奖
綦小伟
德州学院经济管理学院二队
中国国际贸易学会
全国外经贸职业教育教学指导委员会

荣誉证书
CERTIFICATE OF HONOR
POCIB
全国大学生外贸从业能力大赛
2015-2016赛季（秋季赛）
个人三等奖
张晨
德州学院经济管理学院二队
中国国际贸易学会
全国外经贸职业教育教学指导委员会

荣誉证书
CERTIFICATE OF HONOR
POCIB
全国大学生外贸从业能力大赛
2015-2016赛季（秋季赛）
个人三等奖
朱利娟
德州学院经济管理学院二队
中国国际贸易学会
全国外经贸职业教育教学指导委员会

荣誉证书
CERTIFICATE OF HONOR
POCIB
全国大学生外贸从业能力大赛
个人三等奖
杨安娜
中国国际贸易学会
全国外经贸职业教育教学指导委员会

荣誉证书
CERTIFICATE OF HONOR
POCIB
全国大学生外贸从业能力大赛
个人三等奖
张少博
中国国际贸易学会
全国外经贸职业教育教学指导委员会

2016 年学生参加科技文化竞赛的部分获奖证书

全国大学生电子商务“创新、创意及创业”挑战赛

获奖证书

德州学院　《绿E之景创意盆景创业计划书》

该作品荣获第六届全国大学生电子商务“创新、创意及创业”挑战赛全国总决赛

三等奖

特发此证，以资鼓励。

团队成员：牟欣　李雅　刘妍　代京妮　鞠方腾

指导老师：肖凤华　杨娟

编号：GS061632603

获奖证书

德州学院　“Baby line 玩网”儿童闲置玩具租赁与衣物交易平台

该作品荣获第六届全国大学生电子商务“创新、创意及创业”挑战赛全国总决赛

三等奖

特发此证，以资鼓励。

团队成员：李赣　徐长志　房豪　张瑞　颜烁

指导老师：张燕

编号：GS061632403

获奖证书

德州学院　微银行 信天游—天游大学生微信平台营销策划案

该作品荣获第六届全国大学生电子商务“创新、创意及创业”挑战赛全国总决赛

三等奖

特发此证，以资鼓励。

团队成员：刘如意　马振昭　李欣　郭谦　乔列帆

指导老师：潘光杰　肖凤华

编号：GS061632503

全国高校商业精英挑战赛“国泰安杯”流通业创新实践竞赛

证　书

德州学院：

在 2016 年全国高校商业精英挑战赛“国泰安杯”流通业创新实践竞赛暨第三届海峡两岸大学生流通业创新实践大赛大陆地区决赛中，获得

最佳院校组织奖

特发此证，以资鼓励。

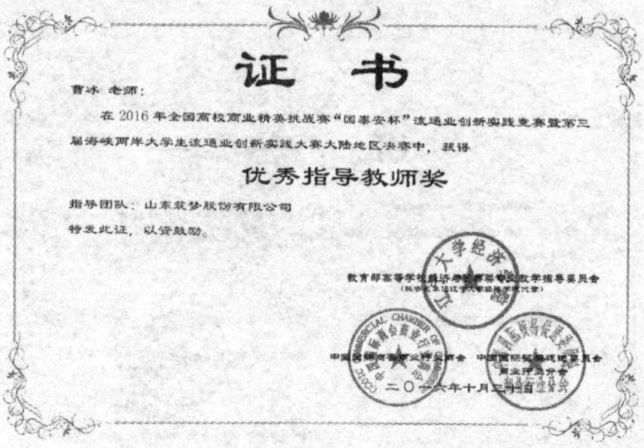

证　书

曹冰 老师：

在 2016 年全国高校商业精英挑战赛“国泰安杯”流通业创新实践竞赛暨第三届海峡两岸大学生流通业创新实践大赛大陆地区决赛中，获得

优秀指导教师奖

指导团队：山东筑梦股份有限公司

特发此证，以资鼓励。

证 书

冯天虎 老师：

在 2016 年全国高校商业精英挑战赛“国泰安杯”流通业创新实践竞赛暨第三届海峡两岸大学生流通业创新实践大赛大陆地区决赛中，获得

优秀指导教师奖

指导团队：杰士尼玩具有限公司

特发此证，以资鼓励。

教育部高等学校经济与贸易类专业教学指导委员会
（秘书处单位辽宁大学经济学院代章）

中国国际商会商业行业商会　中国国际贸易促进委员会商业行业分会

二〇一六年十月三十日

证 书

姜英华 老师：

在 2016 年全国高校商业精英挑战赛“国泰安杯”流通业创新实践竞赛暨第三届海峡两岸大学生流通业创新实践大赛大陆地区决赛中，获得

优秀指导教师奖

指导团队：万晟商贸有限公司

特发此证，以资鼓励。

教育部高等学校经济与贸易类专业教学指导委员会
（秘书处单位辽宁大学经济学院代章）

中国国际商会商业行业商会　中国国际贸易促进委员会商业行业分会

二〇一六年十月三十日

证 书

付宇 同学：

你所在的团队“通宇有限公司”在 2016 年全国高校商业精英挑战赛“国泰安杯”流通业创新实践竞赛暨第三届海峡两岸大学生流通业经营模拟大赛大陆地区决赛中，获得

二等奖

特发此证，以资鼓励。

教育部高等学校经济与贸易类专业教学指导委员会
（秘书处单位辽宁大学经济学院代章）

中国国际商会商业行业商会　中国国际贸易促进委员会商业行业分会

二〇一六年十月三十日

证 书

李广涛 老师：

在 2016 年全国高校商业精英挑战赛“国泰安杯”流通业创新实践竞赛暨第四届海峡两岸大学生营销模拟决策大赛大陆地区决赛中，获得

优秀指导教师奖

指导团队：万晟商贸有限公司

特发此证，以资鼓励。

教育部高等学校经济与贸易类专业教学指导委员会
（秘书处单位辽宁大学经济学院代章）

中国国际商会商业行业商会　中国国际贸易促进委员会商业行业分会

二〇一六年十月二十九日

证 书

潘光杰 老师：

在 2016 年全国高校商业精英挑战赛“国泰安杯”流通业创新实践竞赛暨第三届海峡两岸大学生流通业创新实践大赛大陆地区决赛中，获得

优秀指导教师奖

指导团队：拓梦者有限公司

特发此证，以资鼓励。

教育部高等学校经济与贸易类专业教学指导委员会
（秘书处单位辽宁大学经济学院代章）

中国国际商会商业行业商会　中国国际贸易促进委员会商业行业分会

二〇一六年十月三十日

证 书

姚秀丽 老师：

在 2016 年全国高校商业精英挑战赛“国泰安杯”流通业创新实践竞赛暨第三届海峡两岸大学生流通业创新实践大赛大陆地区决赛中，获得

优秀指导教师奖

指导团队：拓梦者有限公司

特发此证，以资鼓励。

教育部高等学校经济与贸易类专业教学指导委员会
（秘书处单位辽宁大学经济学院代章）

中国国际商会商业行业商会　中国国际贸易促进委员会商业行业分会

二〇一六年十月三十日

证 书

刘赞鹏 同学：

你所在的团队“通宇有限公司”在 2016 年全国高校商业精英挑战赛“国泰安杯”流通业创新实践竞赛暨第三届海峡两岸大学生流通业经营模拟大赛大陆地区决赛中，获得

二等奖

特发此证，以资鼓励。

教育部高等学校经济与贸易类专业教学指导委员会
（秘书处单位辽宁大学经济学院代章）

中国国际商会商业行业商会　中国国际贸易促进委员会商业行业分会

二〇一六年十月三十日

证 书

徐乐铭 同学：

你所在的团队“通宇有限公司”在 2016 年全国高校商业精英挑战赛“国泰安杯”流通业创新实践竞赛暨第三届海峡两岸大学生流通业经营模拟大赛大陆地区决赛中，获得

二等奖

特发此证，以资鼓励。

教育部高等学校经济与贸易类专业教学指导委员会
（秘书处单位辽宁大学经济学院代章）

中国国际商会商业行业商会　中国国际贸易促进委员会商业行业分会

二〇一六年十月三十日

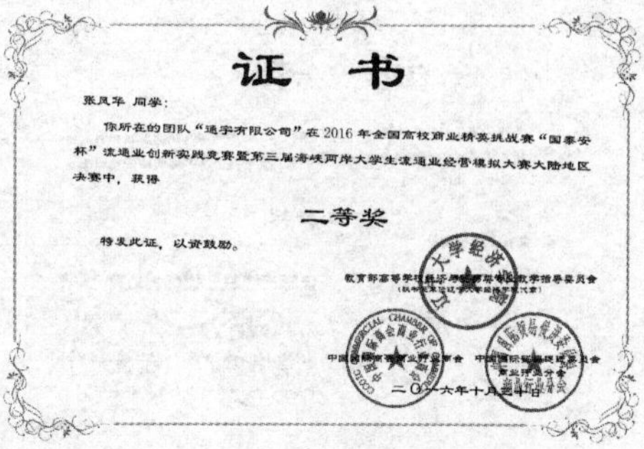

证　书

张凤华 同学：

你所在的团队“通宇有限公司”在2016年全国高校商业精英挑战赛“国泰安杯”流通业创新实践竞赛暨第三届海峡两岸大学生流通业经营模拟大赛大陆地区决赛中，获得

二等奖

特发此证，以资鼓励。

教育部高等学校经济与贸易类专业教学指导委员会
（秘书处单位辽宁大学经济学院代章）

中国国际商会商业行业商会　中国国际贸易促进委员会商业行业分会

二〇一六年十月三十日

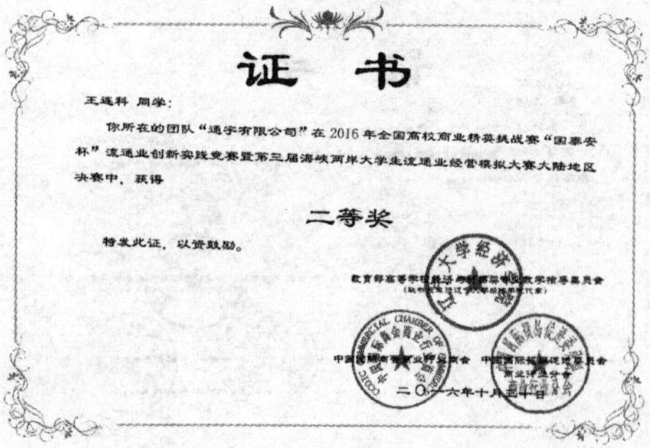

证　书

王逸科 同学：

你所在的团队“通宇有限公司”在2016年全国高校商业精英挑战赛“国泰安杯”流通业创新实践竞赛暨第三届海峡两岸大学生流通业经营模拟大赛大陆地区决赛中，获得

二等奖

特发此证，以资鼓励。

教育部高等学校经济与贸易类专业教学指导委员会
（秘书处单位辽宁大学经济学院代章）

中国国际商会商业行业商会　中国国际贸易促进委员会商业行业分会

二〇一六年十月三十日

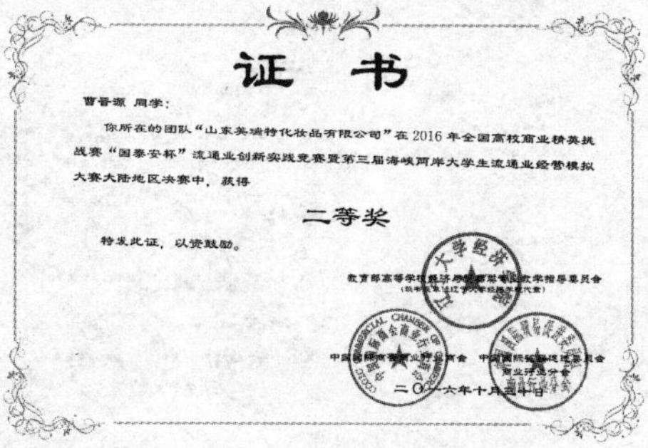

证　书

曹晋源 同学：

你所在的团队“山东美瑞特化妆品有限公司”在2016年全国高校商业精英挑战赛“国泰安杯”流通业创新实践竞赛暨第三届海峡两岸大学生流通业经营模拟大赛大陆地区决赛中，获得

二等奖

特发此证，以资鼓励。

教育部高等学校经济与贸易类专业教学指导委员会
（秘书处单位辽宁大学经济学院代章）

中国国际商会商业行业商会　中国国际贸易促进委员会商业行业分会

二〇一六年十月三十日

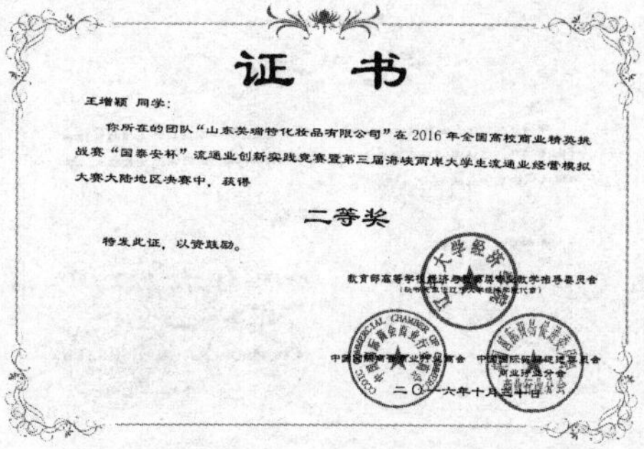

证　书

王增颖 同学：

你所在的团队“山东美瑞特化妆品有限公司”在2016年全国高校商业精英挑战赛“国泰安杯”流通业创新实践竞赛暨第三届海峡两岸大学生流通业经营模拟大赛大陆地区决赛中，获得

二等奖

特发此证，以资鼓励。

教育部高等学校经济与贸易类专业教学指导委员会
（秘书处单位辽宁大学经济学院代章）

中国国际商会商业行业商会　中国国际贸易促进委员会商业行业分会

二〇一六年十月三十日

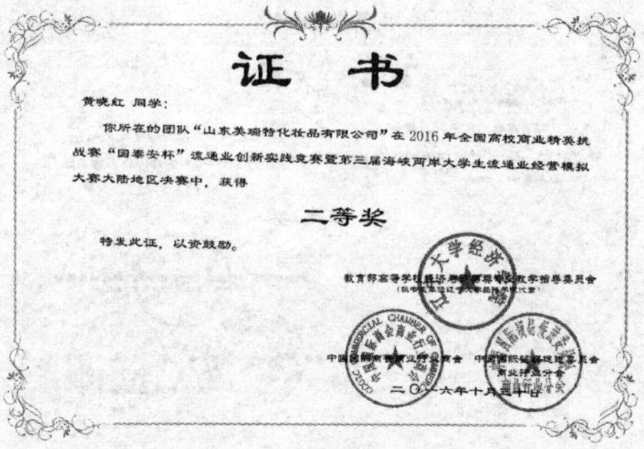

证　书

黄晓红 同学：

你所在的团队“山东美瑞特化妆品有限公司”在2016年全国高校商业精英挑战赛“国泰安杯”流通业创新实践竞赛暨第三届海峡两岸大学生流通业经营模拟大赛大陆地区决赛中，获得

二等奖

特发此证，以资鼓励。

教育部高等学校经济与贸易类专业教学指导委员会
（秘书处单位辽宁大学经济学院代章）

中国国际商会商业行业商会　中国国际贸易促进委员会商业行业分会

二〇一六年十月三十日

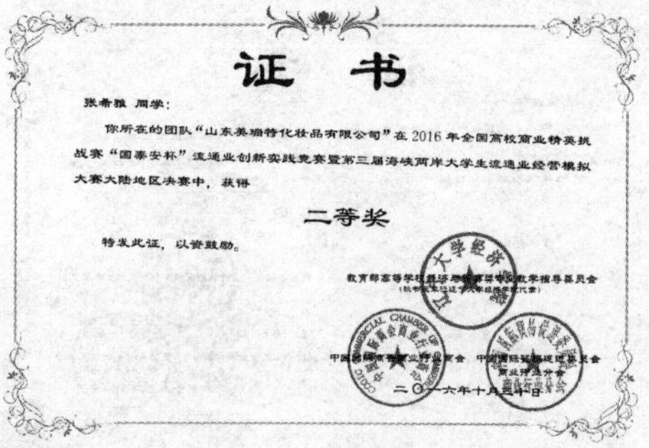

证　书

张希雅 同学：

你所在的团队“山东美瑞特化妆品有限公司”在2016年全国高校商业精英挑战赛“国泰安杯”流通业创新实践竞赛暨第三届海峡两岸大学生流通业经营模拟大赛大陆地区决赛中，获得

二等奖

特发此证，以资鼓励。

教育部高等学校经济与贸易类专业教学指导委员会
（秘书处单位辽宁大学经济学院代章）

中国国际商会商业行业商会　中国国际贸易促进委员会商业行业分会

二〇一六年十月三十日

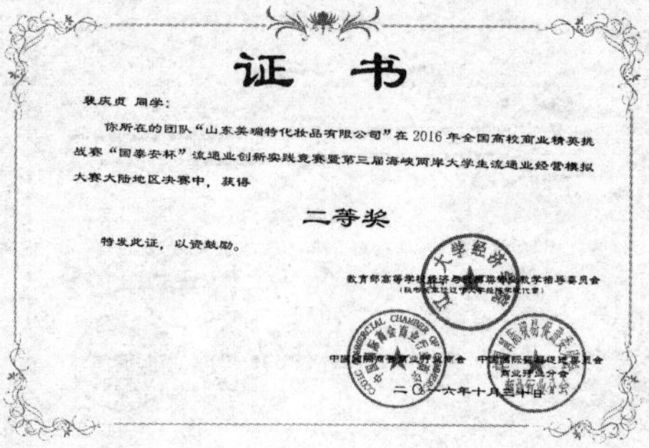

证　书

裴庆贞 同学：

你所在的团队“山东美瑞特化妆品有限公司”在2016年全国高校商业精英挑战赛“国泰安杯”流通业创新实践竞赛暨第三届海峡两岸大学生流通业经营模拟大赛大陆地区决赛中，获得

二等奖

特发此证，以资鼓励。

教育部高等学校经济与贸易类专业教学指导委员会
（秘书处单位辽宁大学经济学院代章）

中国国际商会商业行业商会　中国国际贸易促进委员会商业行业分会

二〇一六年十月三十日

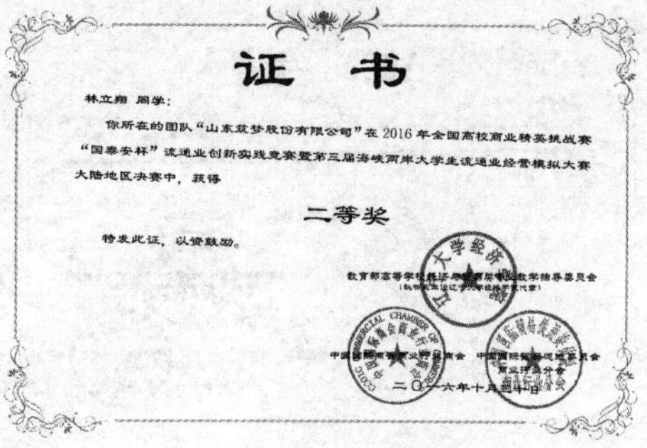

证　书

林立翔 同学：

你所在的团队“山东筑梦股份有限公司”在2016年全国高校商业精英挑战赛“国泰安杯”流通业创新实践竞赛暨第三届海峡两岸大学生流通业经营模拟大赛大陆地区决赛中，获得

二等奖

特发此证，以资鼓励。

教育部高等学校经济与贸易类专业教学指导委员会
（秘书处单位辽宁大学经济学院代章）

中国国际商会商业行业商会　中国国际贸易促进委员会商业行业分会

二〇一六年十月三十日

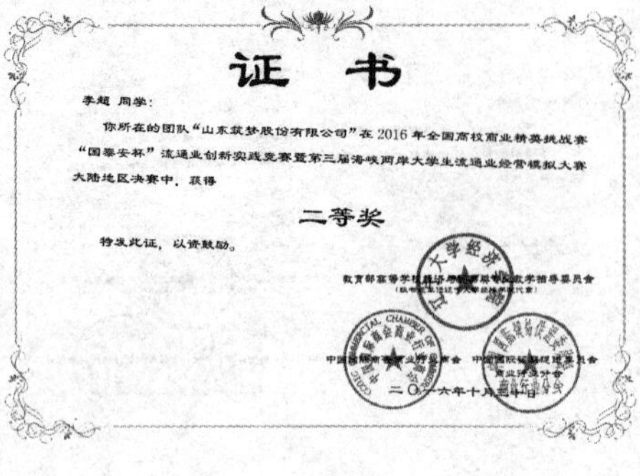
证　书

李超 同学：

你所在的团队“山东筑梦股份有限公司”在2016年全国高校商业精英挑战赛“国泰安杯”流通业创新实践竞赛暨第三届海峡两岸大学生流通业经营模拟大赛大陆地区决赛中，获得

二等奖

特发此证，以资鼓励。

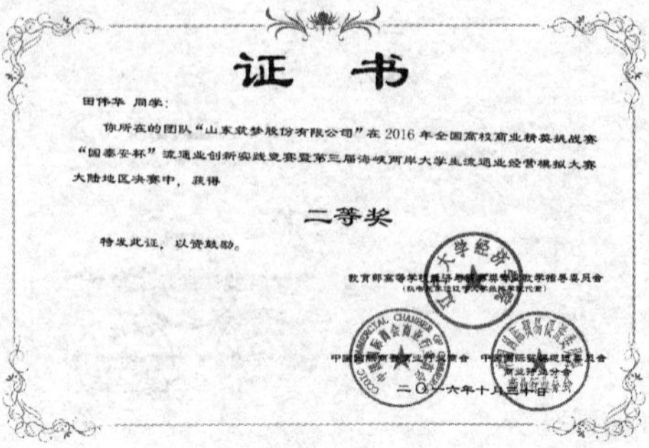
证　书

田伟华 同学：

你所在的团队“山东筑梦股份有限公司”在2016年全国高校商业精英挑战赛“国泰安杯”流通业创新实践竞赛暨第三届海峡两岸大学生流通业经营模拟大赛大陆地区决赛中，获得

二等奖

特发此证，以资鼓励。

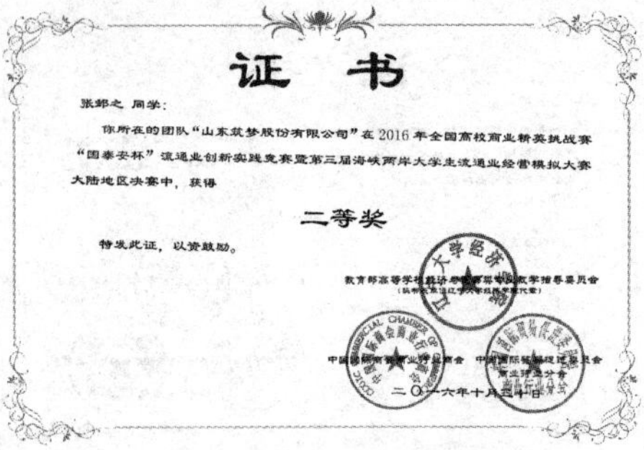
证　书

张邹之 同学：

你所在的团队“山东筑梦股份有限公司”在2016年全国高校商业精英挑战赛“国泰安杯”流通业创新实践竞赛暨第三届海峡两岸大学生流通业经营模拟大赛大陆地区决赛中，获得

二等奖

特发此证，以资鼓励。

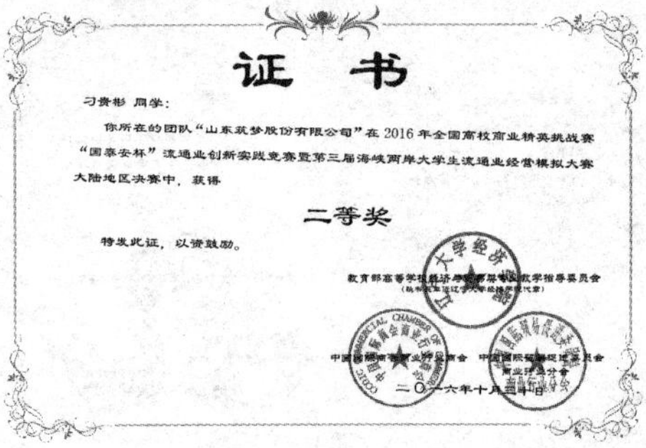
证　书

刁贵彬 同学：

你所在的团队“山东筑梦股份有限公司”在2016年全国高校商业精英挑战赛“国泰安杯”流通业创新实践竞赛暨第三届海峡两岸大学生流通业经营模拟大赛大陆地区决赛中，获得

二等奖

特发此证，以资鼓励。

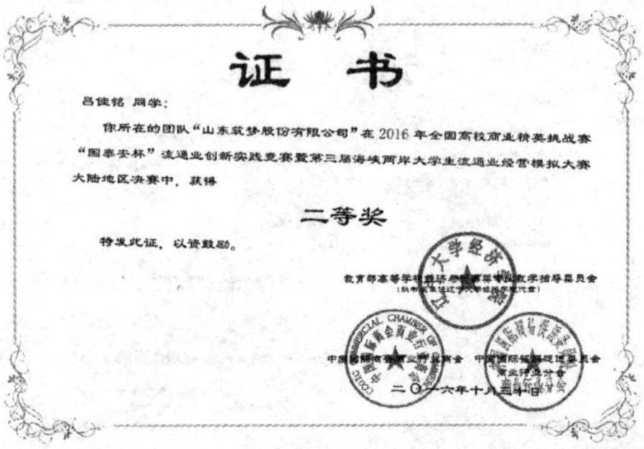
证　书

吕佳铭 同学：

你所在的团队“山东筑梦股份有限公司”在2016年全国高校商业精英挑战赛“国泰安杯”流通业创新实践竞赛暨第三届海峡两岸大学生流通业经营模拟大赛大陆地区决赛中，获得

二等奖

特发此证，以资鼓励。

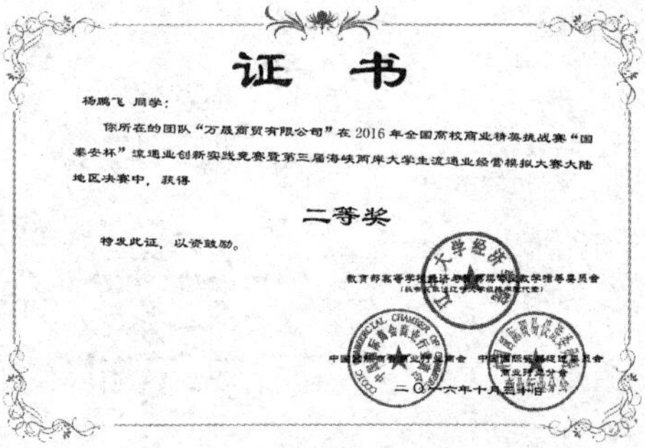
证　书

杨鹏飞 同学：

你所在的团队“万晟商贸有限公司”在2016年全国高校商业精英挑战赛“国泰安杯”流通业创新实践竞赛暨第三届海峡两岸大学生流通业经营模拟大赛大陆地区决赛中，获得

二等奖

特发此证，以资鼓励。

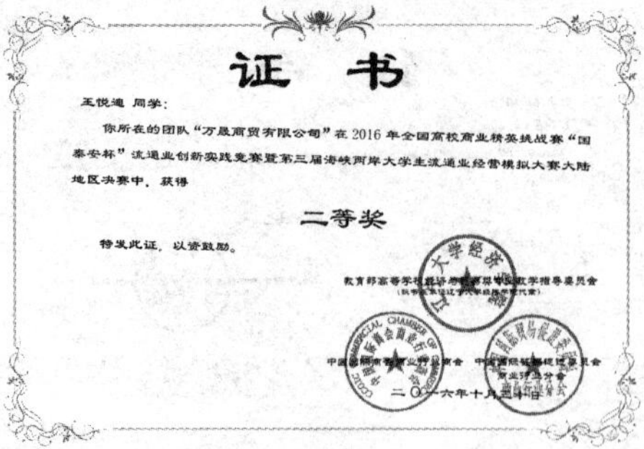
证　书

王悦迪 同学：

你所在的团队“万晟商贸有限公司”在2016年全国高校商业精英挑战赛“国泰安杯”流通业创新实践竞赛暨第三届海峡两岸大学生流通业经营模拟大赛大陆地区决赛中，获得

二等奖

特发此证，以资鼓励。

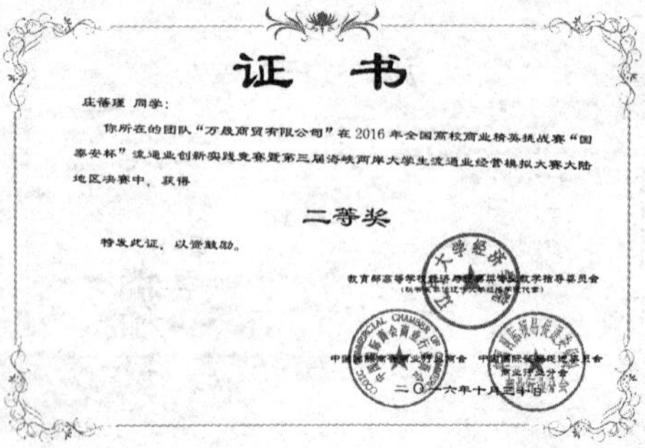
证　书

庄蓓瑾 同学：

你所在的团队“万晟商贸有限公司”在2016年全国高校商业精英挑战赛“国泰安杯”流通业创新实践竞赛暨第三届海峡两岸大学生流通业经营模拟大赛大陆地区决赛中，获得

二等奖

特发此证，以资鼓励。

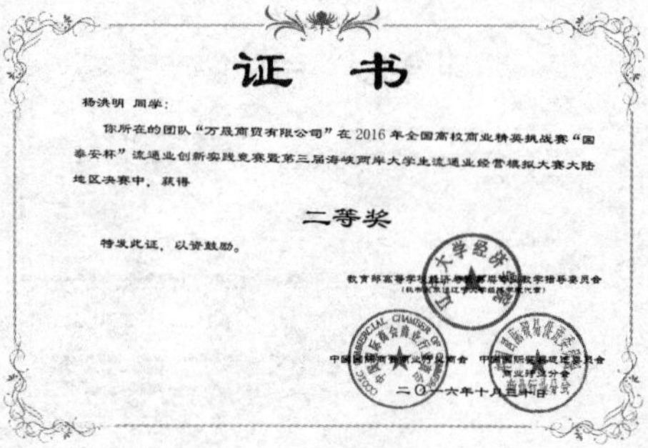

证　书

杨洪明 同学：

你所在的团队“万晟商贸有限公司”在2016年全国高校商业精英挑战赛“国泰安杯”流通业创新实践竞赛暨第三届海峡两岸大学生流通业经营模拟大赛大陆地区决赛中，获得

二等奖

特发此证，以资鼓励。

教育部高等学校经济与贸易类专业教学指导委员会

中国国际商会商业行业商会　中国国际贸易促进委员会商业行业分会

二〇一六年十月

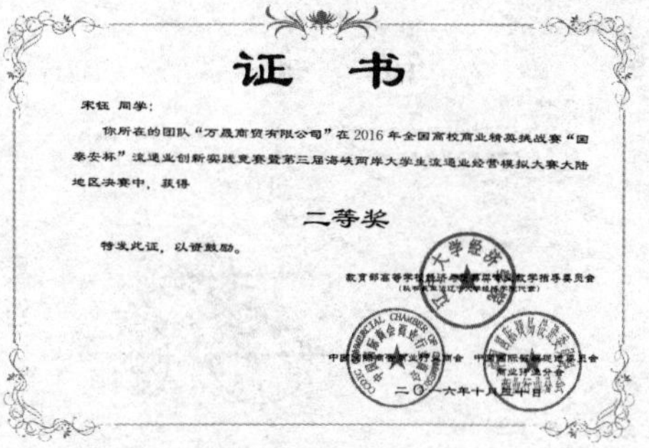

证　书

宋钰 同学：

你所在的团队“万晟商贸有限公司”在2016年全国高校商业精英挑战赛“国泰安杯”流通业创新实践竞赛暨第三届海峡两岸大学生流通业经营模拟大赛大陆地区决赛中，获得

二等奖

特发此证，以资鼓励。

教育部高等学校经济与贸易类专业教学指导委员会

中国国际商会商业行业商会　中国国际贸易促进委员会商业行业分会

二〇一六年十月

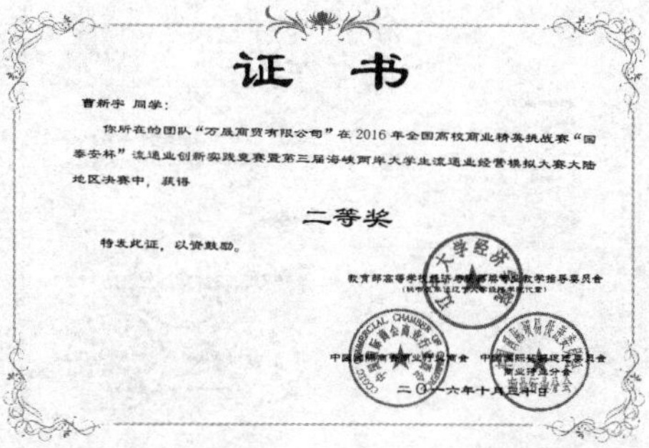

证　书

曹新宇 同学：

你所在的团队“万晟商贸有限公司”在2016年全国高校商业精英挑战赛“国泰安杯”流通业创新实践竞赛暨第三届海峡两岸大学生流通业经营模拟大赛大陆地区决赛中，获得

二等奖

特发此证，以资鼓励。

教育部高等学校经济与贸易类专业教学指导委员会

中国国际商会商业行业商会　中国国际贸易促进委员会商业行业分会

二〇一六年十月

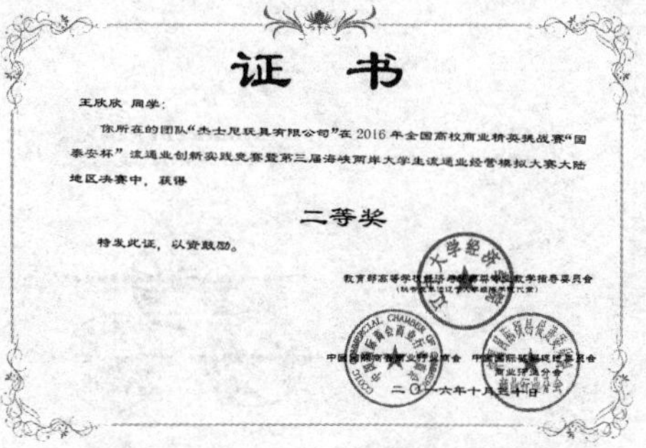

证　书

王欣欣 同学：

你所在的团队“杰士尼玩具有限公司”在2016年全国高校商业精英挑战赛“国泰安杯”流通业创新实践竞赛暨第三届海峡两岸大学生流通业经营模拟大赛大陆地区决赛中，获得

二等奖

特发此证，以资鼓励。

教育部高等学校经济与贸易类专业教学指导委员会

中国国际商会商业行业商会　中国国际贸易促进委员会商业行业分会

二〇一六年十月

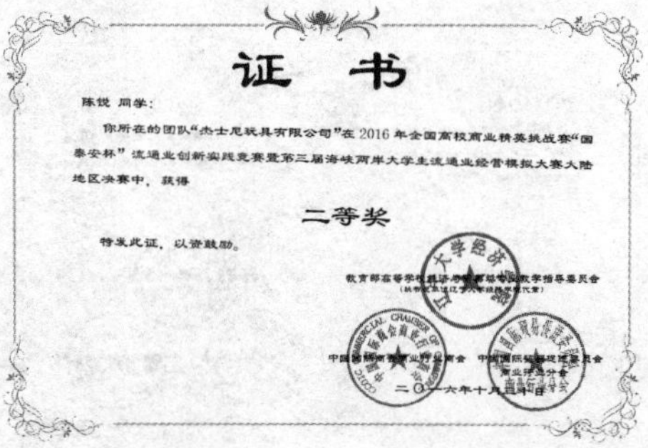

证　书

陈悦 同学：

你所在的团队“杰士尼玩具有限公司”在2016年全国高校商业精英挑战赛“国泰安杯”流通业创新实践竞赛暨第三届海峡两岸大学生流通业经营模拟大赛大陆地区决赛中，获得

二等奖

特发此证，以资鼓励。

教育部高等学校经济与贸易类专业教学指导委员会

中国国际商会商业行业商会　中国国际贸易促进委员会商业行业分会

二〇一六年十月

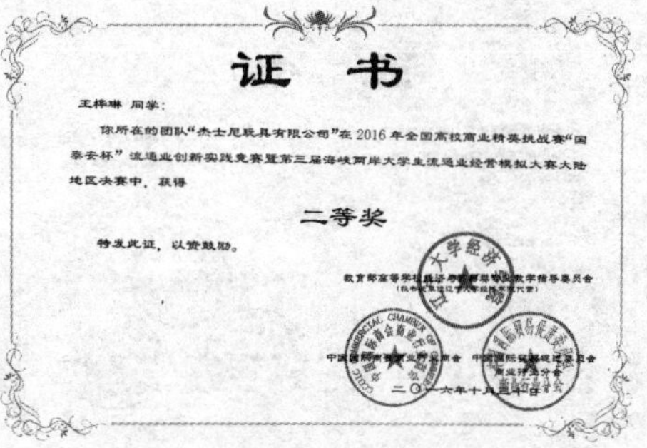

证　书

王梓琳 同学：

你所在的团队“杰士尼玩具有限公司”在2016年全国高校商业精英挑战赛“国泰安杯”流通业创新实践竞赛暨第三届海峡两岸大学生流通业经营模拟大赛大陆地区决赛中，获得

二等奖

特发此证，以资鼓励。

教育部高等学校经济与贸易类专业教学指导委员会

中国国际商会商业行业商会　中国国际贸易促进委员会商业行业分会

二〇一六年十月

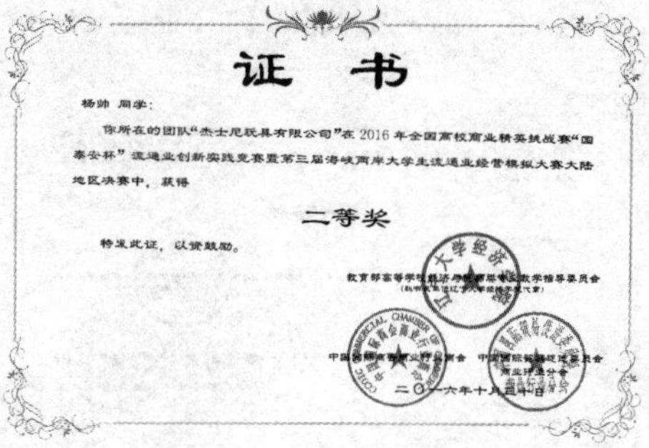

证　书

杨帅 同学：

你所在的团队“杰士尼玩具有限公司”在2016年全国高校商业精英挑战赛“国泰安杯”流通业创新实践竞赛暨第三届海峡两岸大学生流通业经营模拟大赛大陆地区决赛中，获得

二等奖

特发此证，以资鼓励。

教育部高等学校经济与贸易类专业教学指导委员会

中国国际商会商业行业商会　中国国际贸易促进委员会商业行业分会

二〇一六年十月

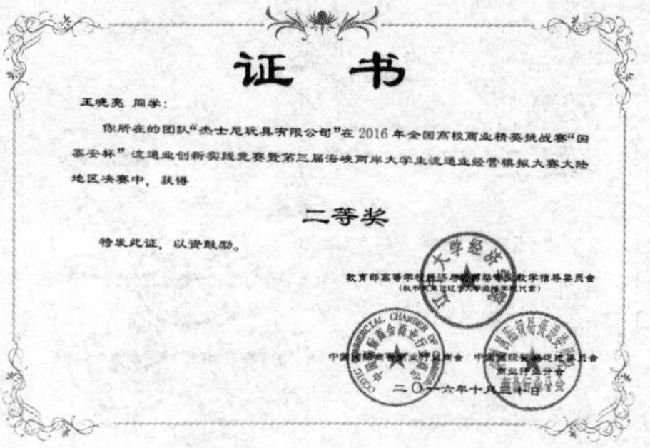

证　书

王晓亮 同学：

你所在的团队“杰士尼玩具有限公司”在2016年全国高校商业精英挑战赛“国泰安杯”流通业创新实践竞赛暨第三届海峡两岸大学生流通业经营模拟大赛大陆地区决赛中，获得

二等奖

特发此证，以资鼓励。

教育部高等学校经济与贸易类专业教学指导委员会

中国国际商会商业行业商会　中国国际贸易促进委员会商业行业分会

二〇一六年十月

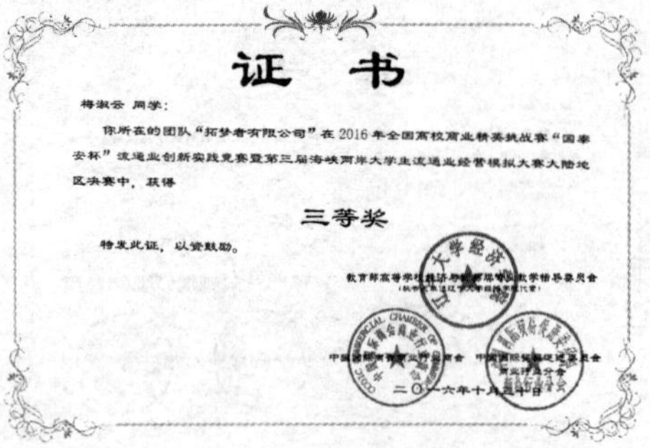

证 书

梅淑云 同学:

你所在的团队"拓梦者有限公司"在2016年全国高校商业精英挑战赛"国泰安杯"流通业创新实践竞赛暨第三届海峡两岸大学生流通业经营模拟大赛大陆地区决赛中，获得

三等奖

特发此证，以资鼓励。

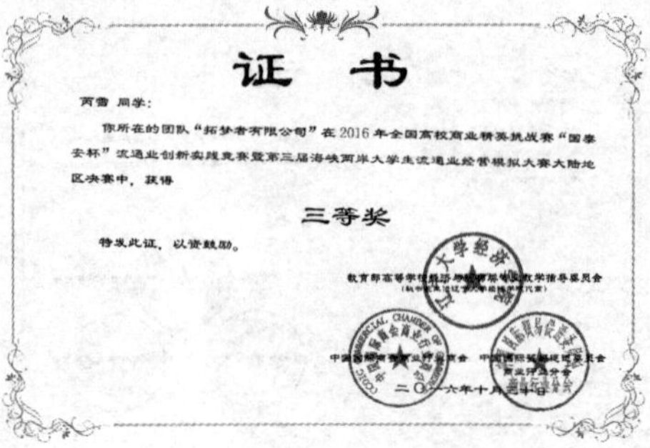

证 书

芮雪 同学:

你所在的团队"拓梦者有限公司"在2016年全国高校商业精英挑战赛"国泰安杯"流通业创新实践竞赛暨第三届海峡两岸大学生流通业经营模拟大赛大陆地区决赛中，获得

三等奖

特发此证，以资鼓励。

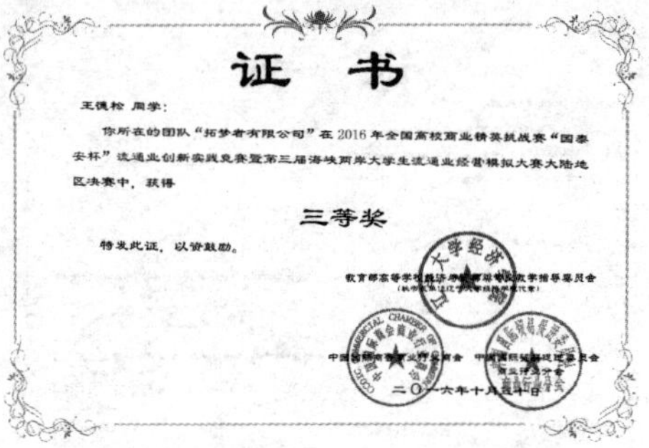

证 书

王佩柃 同学:

你所在的团队"拓梦者有限公司"在2016年全国高校商业精英挑战赛"国泰安杯"流通业创新实践竞赛暨第三届海峡两岸大学生流通业经营模拟大赛大陆地区决赛中，获得

三等奖

特发此证，以资鼓励。

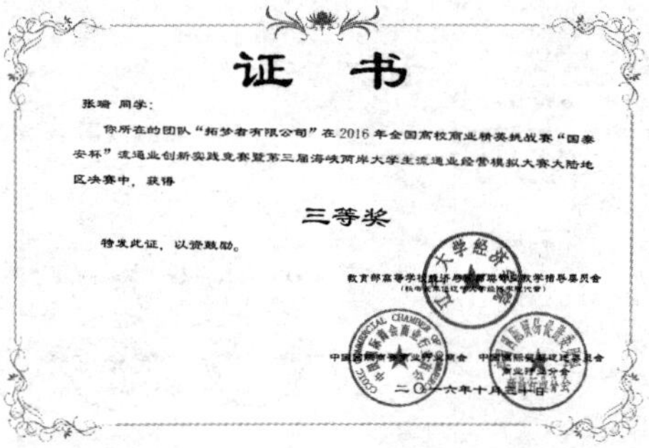

证 书

张瑜 同学:

你所在的团队"拓梦者有限公司"在2016年全国高校商业精英挑战赛"国泰安杯"流通业创新实践竞赛暨第三届海峡两岸大学生流通业经营模拟大赛大陆地区决赛中，获得

三等奖

特发此证，以资鼓励。

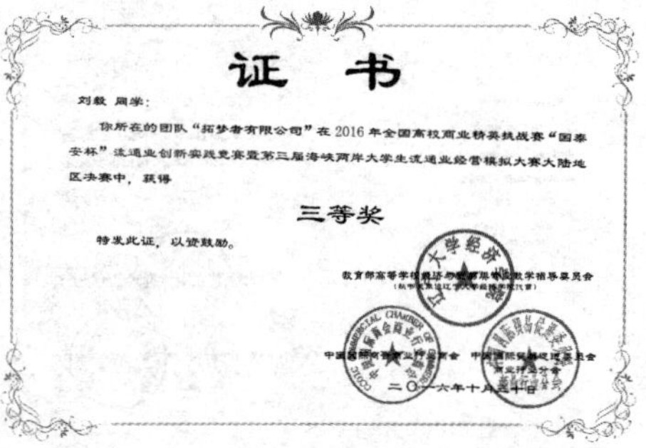

证 书

刘毅 同学:

你所在的团队"拓梦者有限公司"在2016年全国高校商业精英挑战赛"国泰安杯"流通业创新实践竞赛暨第三届海峡两岸大学生流通业经营模拟大赛大陆地区决赛中，获得

三等奖

特发此证，以资鼓励。

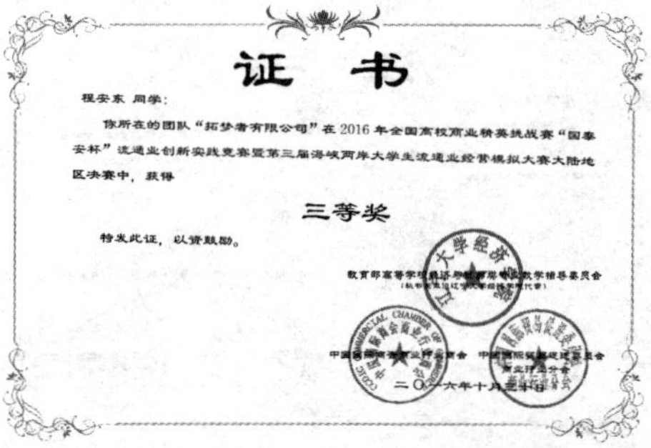

证 书

程安东 同学:

你所在的团队"拓梦者有限公司"在2016年全国高校商业精英挑战赛"国泰安杯"流通业创新实践竞赛暨第三届海峡两岸大学生流通业经营模拟大赛大陆地区决赛中，获得

三等奖

特发此证，以资鼓励。

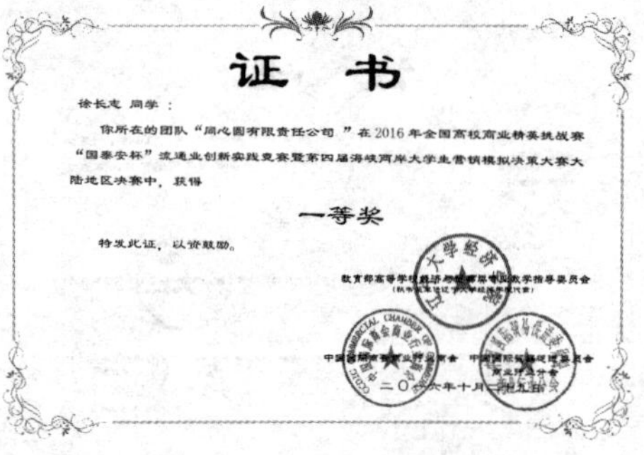

证 书

徐长志 同学：

你所在的团队"同心圆有限责任公司"在2016年全国高校商业精英挑战赛"国泰安杯"流通业创新实践竞赛暨第四届海峡两岸大学生营销模拟决策大赛大陆地区决赛中，获得

一等奖

特发此证，以资鼓励。

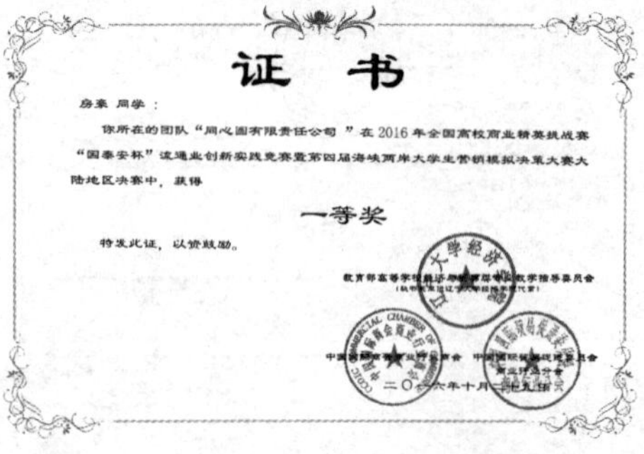

证 书

房豪 同学：

你所在的团队"同心圆有限责任公司"在2016年全国高校商业精英挑战赛"国泰安杯"流通业创新实践竞赛暨第四届海峡两岸大学生营销模拟决策大赛大陆地区决赛中，获得

一等奖

特发此证，以资鼓励。

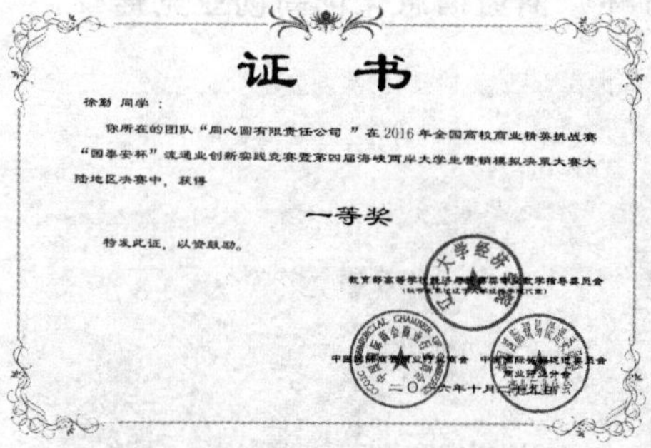
证　书
徐勐 同学：
你所在的团队“同心圆有限责任公司”在2016年全国高校商业精英挑战赛“国泰安杯”流通业创新实践竞赛暨第四届海峡两岸大学生营销模拟决策大赛大陆地区决赛中，获得
一等奖
特发此证，以资鼓励。

证　书
王福东 同学：
你所在的团队“同心圆有限责任公司”在2016年全国高校商业精英挑战赛“国泰安杯”流通业创新实践竞赛暨第四届海峡两岸大学生营销模拟决策大赛大陆地区决赛中，获得
一等奖
特发此证，以资鼓励。

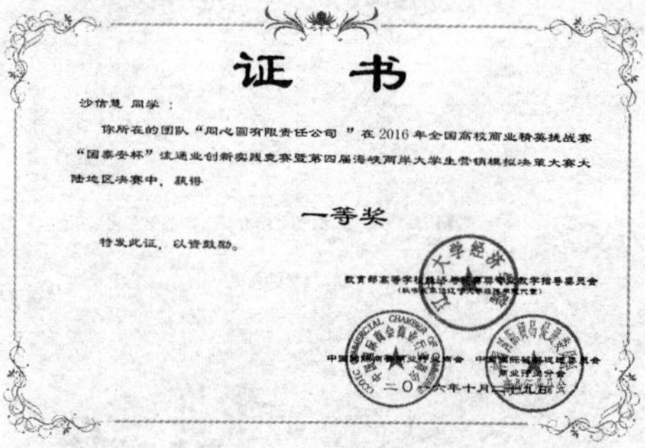
证　书
沙信慧 同学：
你所在的团队“同心圆有限责任公司”在2016年全国高校商业精英挑战赛“国泰安杯”流通业创新实践竞赛暨第四届海峡两岸大学生营销模拟决策大赛大陆地区决赛中，获得
一等奖
特发此证，以资鼓励。

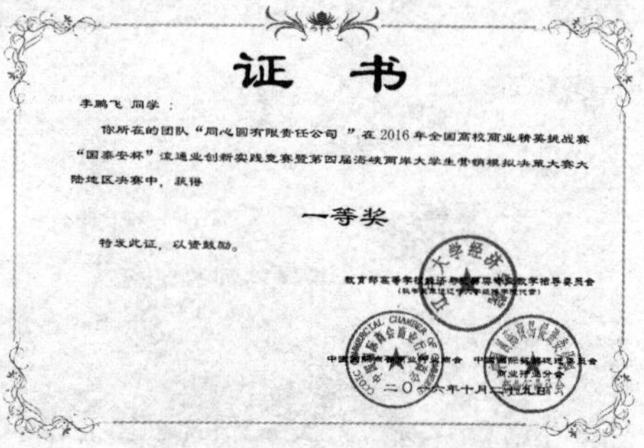
证　书
李鹏飞 同学：
你所在的团队“同心圆有限责任公司”在2016年全国高校商业精英挑战赛“国泰安杯”流通业创新实践竞赛暨第四届海峡两岸大学生营销模拟决策大赛大陆地区决赛中，获得
一等奖
特发此证，以资鼓励。

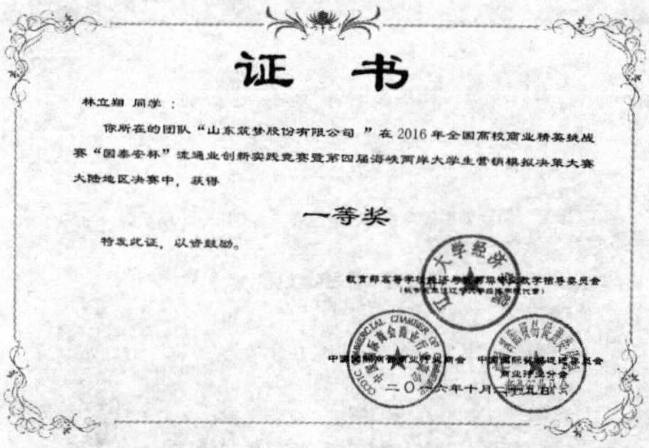
证　书
林立翔 同学：
你所在的团队“山东筑梦股份有限公司”在2016年全国高校商业精英挑战赛“国泰安杯”流通业创新实践竞赛暨第四届海峡两岸大学生营销模拟决策大赛大陆地区决赛中，获得
一等奖
特发此证，以资鼓励。

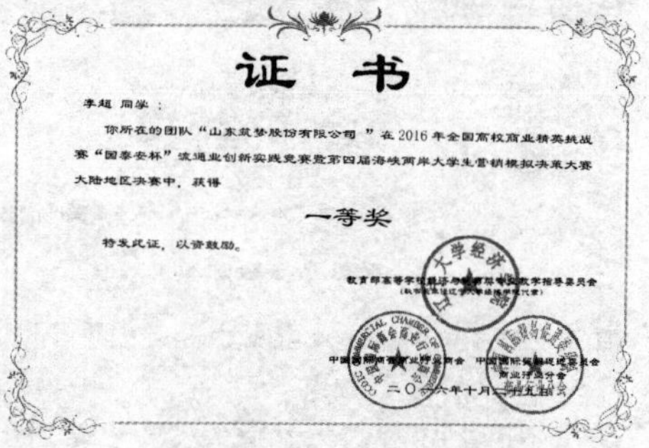
证　书
李超 同学：
你所在的团队“山东筑梦股份有限公司”在2016年全国高校商业精英挑战赛“国泰安杯”流通业创新实践竞赛暨第四届海峡两岸大学生营销模拟决策大赛大陆地区决赛中，获得
一等奖
特发此证，以资鼓励。

第四届全国高校商业精英挑战赛“浩方杯”商业信息化创新创业竞赛

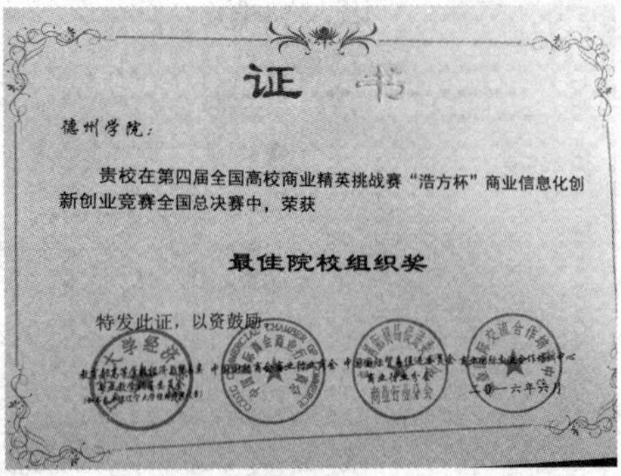
证 书

德州学院：

贵校在第四届全国高校商业精英挑战赛“浩方杯”商业信息化创新创业竞赛全国总决赛中，荣获

最佳院校组织奖

特发此证，以资鼓励。

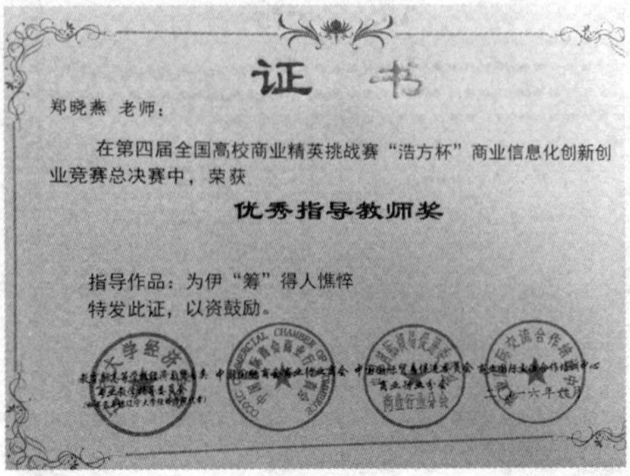
证 书

郑晓燕 老师：

在第四届全国高校商业精英挑战赛“浩方杯”商业信息化创新创业竞赛总决赛中，荣获

优秀指导教师奖

指导作品：为伊“筹”得人憔悴

特发此证，以资鼓励。

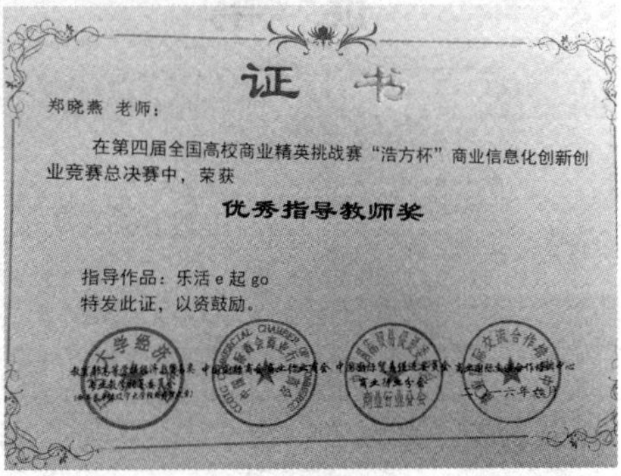
证 书

郑晓燕 老师：

在第四届全国高校商业精英挑战赛“浩方杯”商业信息化创新创业竞赛总决赛中，荣获

优秀指导教师奖

指导作品：乐活 e 起 go

特发此证，以资鼓励。

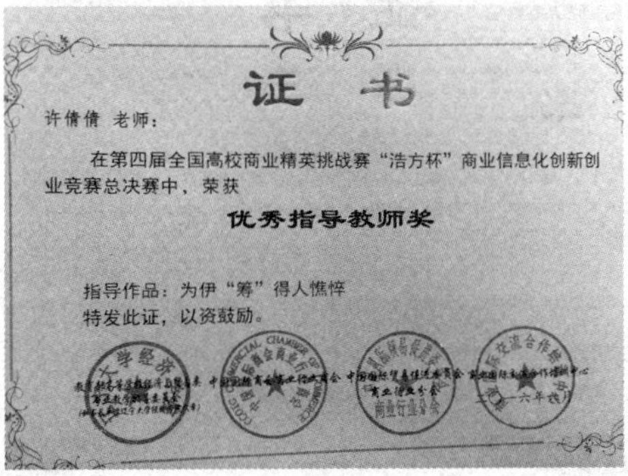
证 书

许倩倩 老师：

在第四届全国高校商业精英挑战赛“浩方杯”商业信息化创新创业竞赛总决赛中，荣获

优秀指导教师奖

指导作品：为伊“筹”得人憔悴

特发此证，以资鼓励。

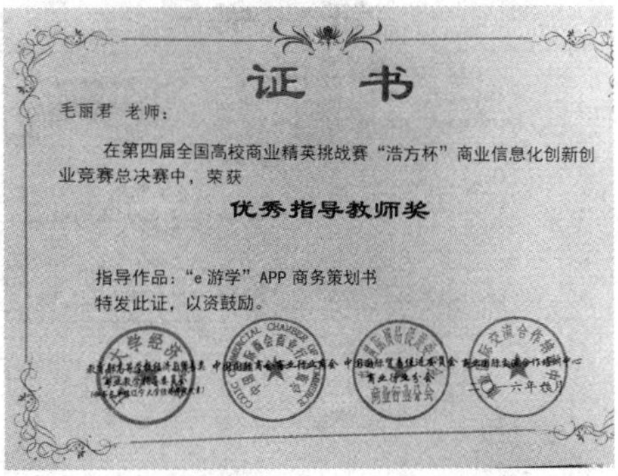
证 书

毛丽君 老师：

在第四届全国高校商业精英挑战赛“浩方杯”商业信息化创新创业竞赛总决赛中，荣获

优秀指导教师奖

指导作品：“e 游学”APP 商务策划书

特发此证，以资鼓励。

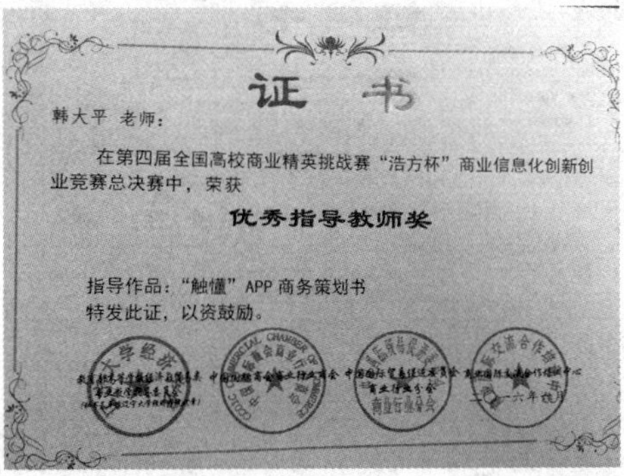
证 书

韩大平 老师：

在第四届全国高校商业精英挑战赛“浩方杯”商业信息化创新创业竞赛总决赛中，荣获

优秀指导教师奖

指导作品：“触懂”APP 商务策划书

特发此证，以资鼓励。

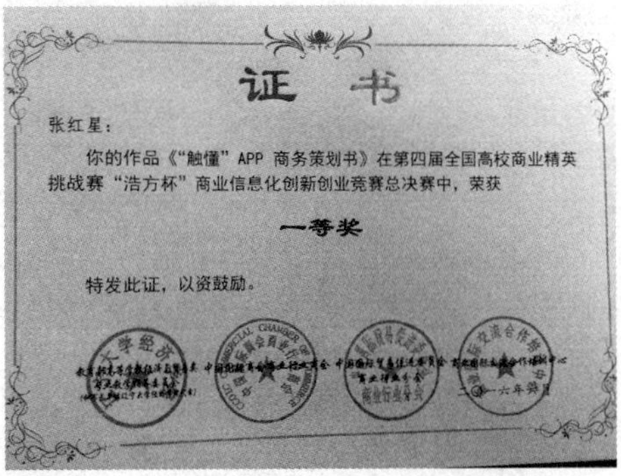
证 书

张红星：

你的作品《“触懂”APP 商务策划书》在第四届全国高校商业精英挑战赛“浩方杯”商业信息化创新创业竞赛总决赛中，荣获

一等奖

特发此证，以资鼓励。

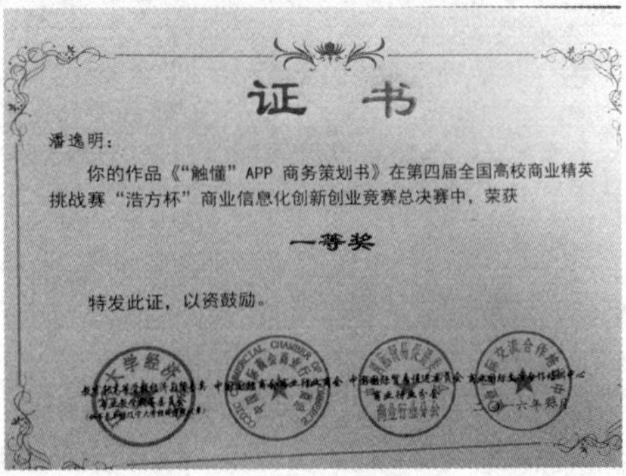
证 书

潘逸明：

你的作品《“触懂”APP 商务策划书》在第四届全国高校商业精英挑战赛“浩方杯”商业信息化创新创业竞赛总决赛中，荣获

一等奖

特发此证，以资鼓励。

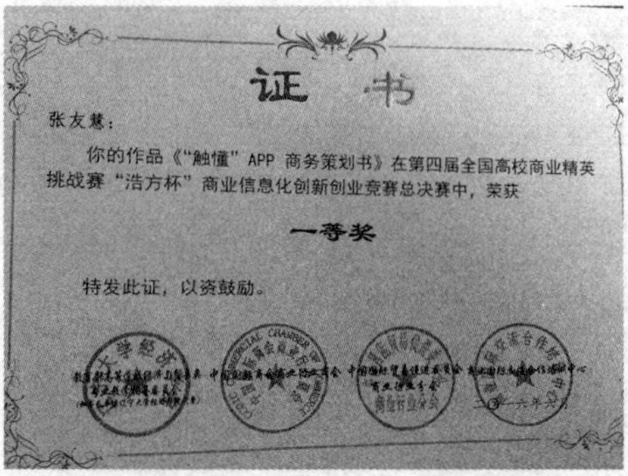
证　书
张友慧：
你的作品《"触懂" APP 商务策划书》在第四届全国高校商业精英挑战赛"浩方杯"商业信息化创新创业竞赛总决赛中，荣获
一等奖
特发此证，以资鼓励。

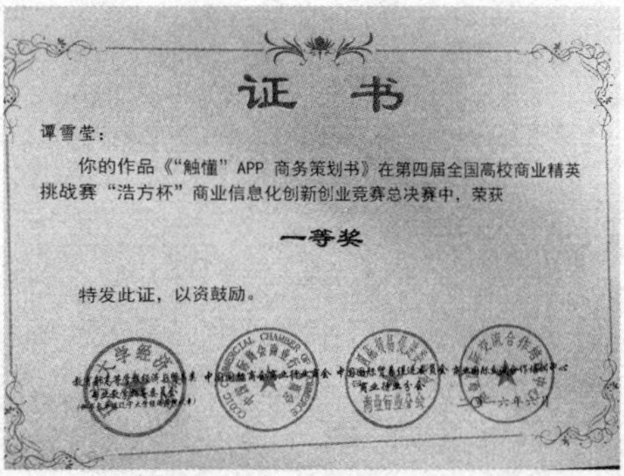
证　书
谭雪莹：
你的作品《"触懂" APP 商务策划书》在第四届全国高校商业精英挑战赛"浩方杯"商业信息化创新创业竞赛总决赛中，荣获
一等奖
特发此证，以资鼓励。

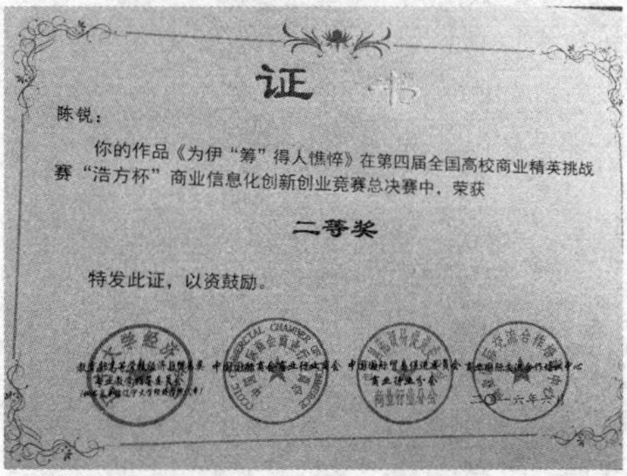
证　书
陈锐：
你的作品《为伊"筹"得人憔悴》在第四届全国高校商业精英挑战赛"浩方杯"商业信息化创新创业竞赛总决赛中，荣获
二等奖
特发此证，以资鼓励。

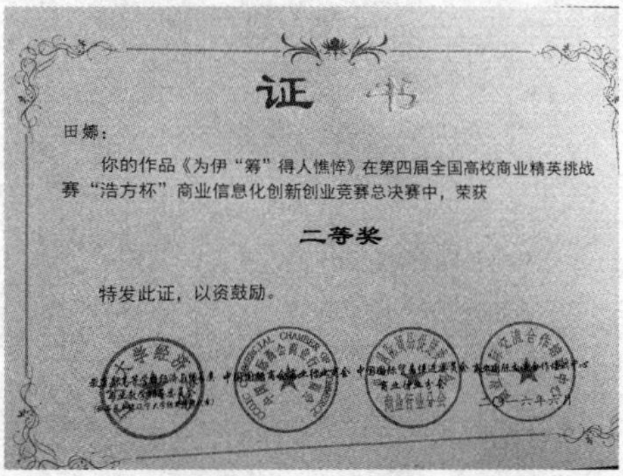
证　书
田娣：
你的作品《为伊"筹"得人憔悴》在第四届全国高校商业精英挑战赛"浩方杯"商业信息化创新创业竞赛总决赛中，荣获
二等奖
特发此证，以资鼓励。

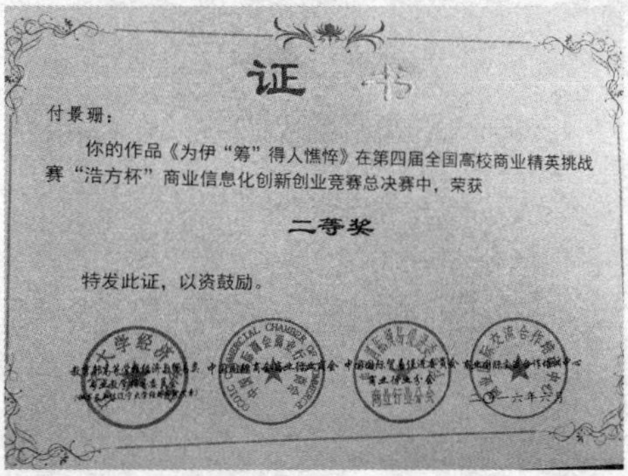
证　书
付景瑚：
你的作品《为伊"筹"得人憔悴》在第四届全国高校商业精英挑战赛"浩方杯"商业信息化创新创业竞赛总决赛中，荣获
二等奖
特发此证，以资鼓励。

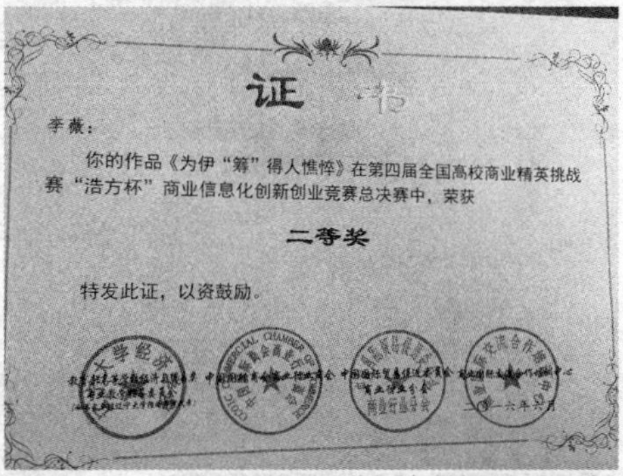
证　书
李薇：
你的作品《为伊"筹"得人憔悴》在第四届全国高校商业精英挑战赛"浩方杯"商业信息化创新创业竞赛总决赛中，荣获
二等奖
特发此证，以资鼓励。

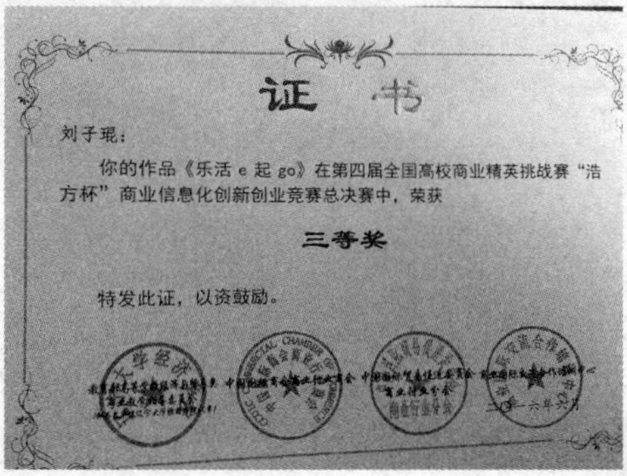
证　书
刘子琨：
你的作品《乐活 e 起 go》在第四届全国高校商业精英挑战赛"浩方杯"商业信息化创新创业竞赛总决赛中，荣获
三等奖
特发此证，以资鼓励。

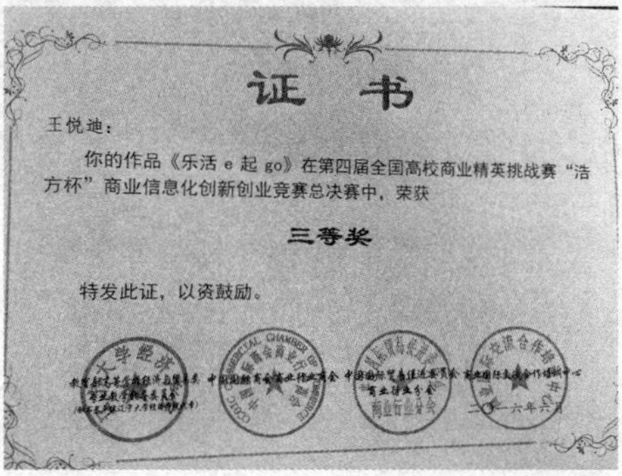
证　书
王悦迪：
你的作品《乐活 e 起 go》在第四届全国高校商业精英挑战赛"浩方杯"商业信息化创新创业竞赛总决赛中，荣获
三等奖
特发此证，以资鼓励。

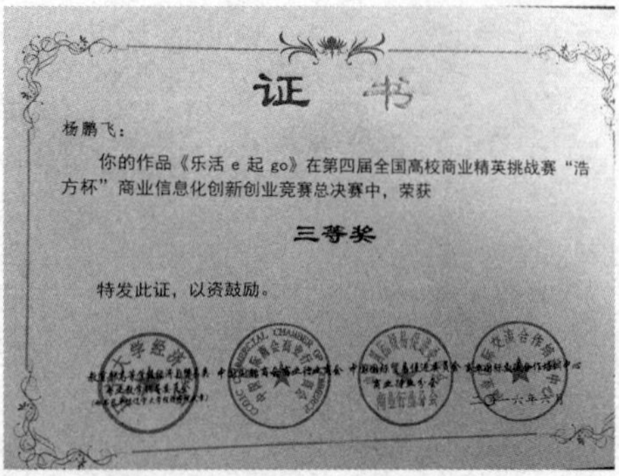
证 书

杨鹏飞：

你的作品《乐活 e 起 go》在第四届全国高校商业精英挑战赛“浩方杯”商业信息化创新创业竞赛总决赛中，荣获

三等奖

特发此证，以资鼓励。

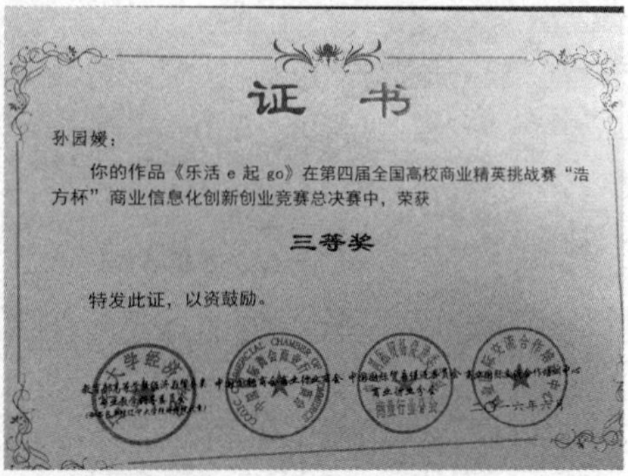
证 书

孙园媛：

你的作品《乐活 e 起 go》在第四届全国高校商业精英挑战赛“浩方杯”商业信息化创新创业竞赛总决赛中，荣获

三等奖

特发此证，以资鼓励。

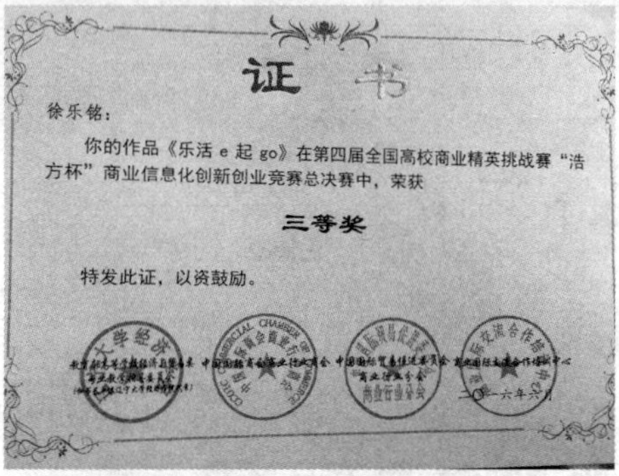
证 书

徐乐铭：

你的作品《乐活 e 起 go》在第四届全国高校商业精英挑战赛“浩方杯”商业信息化创新创业竞赛总决赛中，荣获

三等奖

特发此证，以资鼓励。

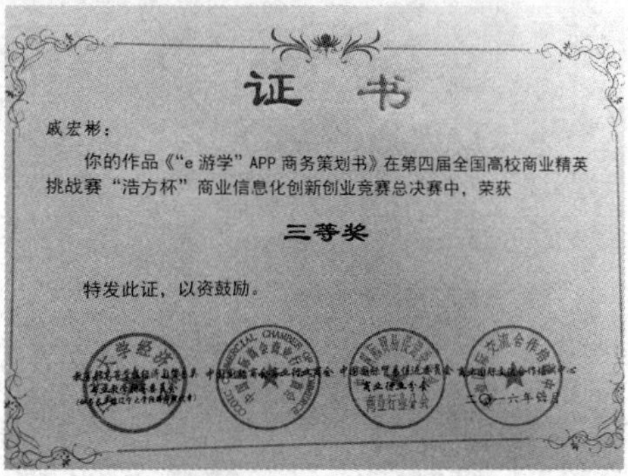
证 书

戚宏彬：

你的作品《“e 游学”APP 商务策划书》在第四届全国高校商业精英挑战赛“浩方杯”商业信息化创新创业竞赛总决赛中，荣获

三等奖

特发此证，以资鼓励。

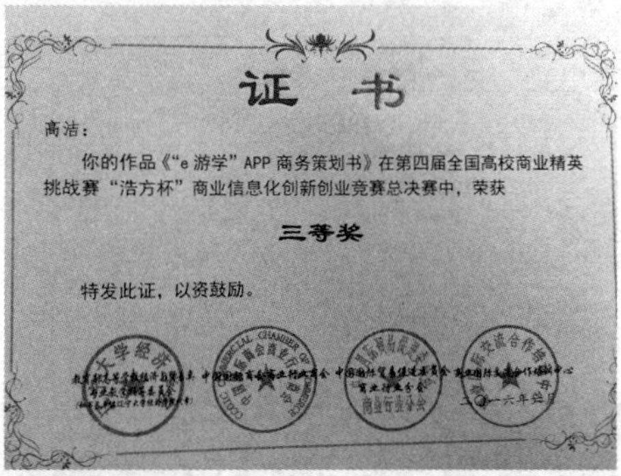
证 书

高洁：

你的作品《“e 游学”APP 商务策划书》在第四届全国高校商业精英挑战赛“浩方杯”商业信息化创新创业竞赛总决赛中，荣获

三等奖

特发此证，以资鼓励。

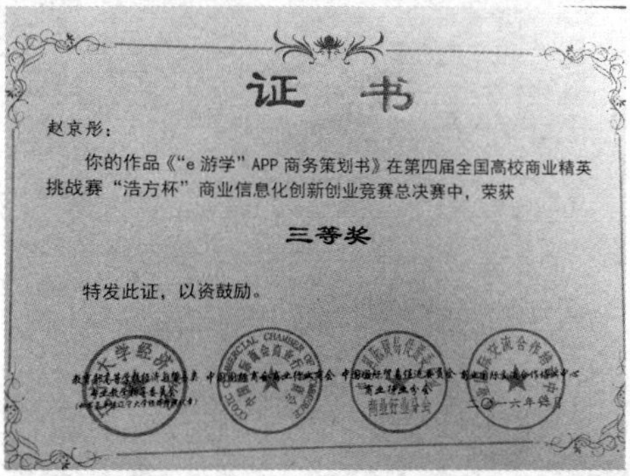
证 书

赵京彤：

你的作品《“e 游学”APP 商务策划书》在第四届全国高校商业精英挑战赛“浩方杯”商业信息化创新创业竞赛总决赛中，荣获

三等奖

特发此证，以资鼓励。

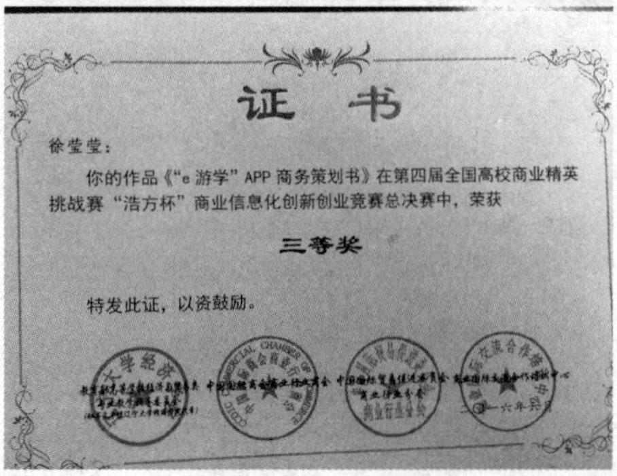
证 书

徐莹莹：

你的作品《“e 游学”APP 商务策划书》在第四届全国高校商业精英挑战赛“浩方杯”商业信息化创新创业竞赛总决赛中，荣获

三等奖

特发此证，以资鼓励。

POCIB 全国大学生外贸从业能力大赛

荣誉证书
CERTIFICATE OF HONOR
POCIB 全国大学生外贸从业能力大赛
2016-2017赛季（秋季赛）
团体二等奖
德州学院经济管理学院
指导老师：韩大平
中国国际贸易学会
全国外经贸职业教育教学指导委员会

荣誉证书
CERTIFICATE OF HONOR
POCIB
全国大学生外贸从业能力大赛
2016-2017赛季（秋季赛）
指导老师二等奖
郑晓燕
德州学院经济管理学院
中国国际贸易学会
全国外经贸职业教育教学指导委员会

荣誉证书
CERTIFICATE OF HONOR
POCIB
全国大学生外贸从业能力大赛
2016-2017赛季（秋季赛）
指导老师二等奖
韩大平
德州学院经济管理学院
中国国际贸易学会
全国外经贸职业教育教学指导委员会

荣誉证书
CERTIFICATE OF HONOR
POCIB
全国大学生外贸从业能力大赛
2016-2017赛季（秋季赛）
指导老师一等奖
毛丽君
德州学院经济管理学院
中国国际贸易学会
全国外经贸职业教育教学指导委员会

荣誉证书
CERTIFICATE OF HONOR
POCIB
全国大学生外贸从业能力大赛
2016-2017赛季（秋季赛）
个人二等奖
范君
德州学院经济管理学院
中国国际贸易学会
全国外经贸职业教育教学指导委员会

荣誉证书
CERTIFICATE OF HONOR
POCIB
全国大学生外贸从业能力大赛
2016-2017赛季（秋季赛）
个人二等奖
管晶晶
德州学院经济管理学院
中国国际贸易学会
全国外经贸职业教育教学指导委员会

荣誉证书
CERTIFICATE OF HONOR
POCIB
全国大学生外贸从业能力大赛
2016-2017赛季（秋季赛）
个人三等奖
韩笑
德州学院经济管理学院
中国国际贸易学会
全国外经贸职业教育教学指导委员会

荣誉证书
CERTIFICATE OF HONOR
POCIB
全国大学生外贸从业能力大赛
2016-2017赛季（秋季赛）
个人三等奖
曲怡
德州学院经济管理学院
中国国际贸易学会
全国外经贸职业教育教学指导委员会

荣誉证书
CERTIFICATE OF HONOR
POCIB
全国大学生外贸从业能力大赛
2016-2017赛季（秋季赛）
个人三等奖
武刚
德州学院经济管理学院
中国国际贸易学会
全国外经贸职业教育教学指导委员会

荣誉证书
CERTIFICATE OF HONOR
POCIB
全国大学生外贸从业能力大赛
2016-2017赛季（秋季赛）
个人三等奖
赵杉
德州学院经济管理学院
中国国际贸易学会
全国外经贸职业教育教学指导委员会

荣誉证书
CERTIFICATE OF HONOR
POCIB
全国大学生外贸从业能力大赛
2016-2017赛季（秋季赛）
个人三等奖
徐亚迪
德州学院经济管理学院
中国国际贸易学会
全国外经贸职业教育教学指导委员会

荣誉证书
CERTIFICATE OF HONOR
POCIB
全国大学生外贸从业能力大赛
2016-2017赛季（秋季赛）
个人三等奖
黄蕾
德州学院经济管理学院
中国国际贸易学会
全国外经贸职业教育教学指导委员会

荣誉证书
CERTIFICATE OF HONOR
POCIB
全国大学生外贸从业能力大赛
2016-2017赛季（秋季赛）
个人三等奖
高云
德州学院经济管理学院
中国国际贸易学会
全国外经贸职业教育教学指导委员会

荣誉证书
CERTIFICATE OF HONOR
POCIB
全国大学生外贸从业能力大赛
2016-2017赛季（秋季赛）
个人三等奖
李新玉
德州学院经济管理学院
中国国际贸易学会
全国外经贸职业教育教学指导委员会

荣誉证书
CERTIFICATE OF HONOR
POCIB
全国大学生外贸从业能力大赛
2016-2017赛季（秋季赛）
个人三等奖
于雪
德州学院经济管理学院
中国国际贸易学会
全国外经贸职业教育教学指导委员会

荣誉证书
CERTIFICATE OF HONOR
POCIB
全国大学生外贸从业能力大赛
2016-2017赛季（秋季赛）
个人三等奖
郗童欣
德州学院经济管理学院
中国国际贸易学会
全国外经贸职业教育教学指导委员会

荣誉证书
CERTIFICATE OF HONOR
POCIB
全国大学生外贸从业能力大赛
2016-2017赛季（秋季赛）
个人三等奖
杜娟
德州学院经济管理学院
中国国际贸易学会
全国外经贸职业教育教学指导委员会

荣誉证书
CERTIFICATE OF HONOR
POCIB
全国大学生外贸从业能力大赛
2016-2017赛季（秋季赛）
个人三等奖
刘加兰
德州学院经济管理学院
中国国际贸易学会
全国外经贸职业教育教学指导委员会

荣誉证书
CERTIFICATE OF HONOR
POCIB
全国大学生外贸从业能力大赛
2016-2017赛季（秋季赛）
个人三等奖
吴双辰
德州学院经济管理学院
中国国际贸易学会
全国外经贸职业教育教学指导委员会

荣誉证书
CERTIFICATE OF HONOR
POCIB
全国大学生外贸从业能力大赛
2016-2017赛季（秋季赛）
个人三等奖
侯亚东
德州学院经济管理学院
中国国际贸易学会
全国外经贸职业教育教学指导委员会

荣誉证书
CERTIFICATE OF HONOR
POCIB
全国大学生外贸从业能力大赛
2016-2017赛季（秋季赛）
个人三等奖
任若雪
德州学院经济管理学院
中国国际贸易学会
全国外经贸职业教育教学指导委员会

荣誉证书
CERTIFICATE OF HONOR
POCIB
全国大学生外贸从业能力大赛
2016-2017赛季（秋季赛）
个人三等奖
刘方姝
德州学院经济管理学院
中国国际贸易学会
全国外经贸职业教育教学指导委员会

荣誉证书
CERTIFICATE OF HONOR
POCIB
全国大学生外贸从业能力大赛
2016-2017赛季（秋季赛）
个人三等奖
黑雨萌
德州学院经济管理学院
中国国际贸易学会
全国外经贸职业教育教学指导委员会

荣誉证书
CERTIFICATE OF HONOR
POCIB
全国大学生外贸从业能力大赛
2016-2017赛季（秋季赛）
个人三等奖
张传风
德州学院经济管理学院
中国国际贸易学会
全国外经贸职业教育教学指导委员会

荣誉证书
CERTIFICATE OF HONOR
POCIB
全国大学生外贸从业能力大赛
2016-2017赛季（秋季赛）
个人三等奖
索志伟
德州学院经济管理学院
中国国际贸易学会
全国外经贸职业教育教学指导委员会

社科奖第七届全国高校市场营销大赛

第七届 社科奖
获奖证书
冯天忠
实践教学创新奖
证书编号：CMASKJ2016-140
颁发时间：2016年5月26日

第七届 社科奖
获奖证书
冯天忠　武兵　教师
三等奖
证书编号：CMASKJ2016-191
颁发时间：2016年5月26日

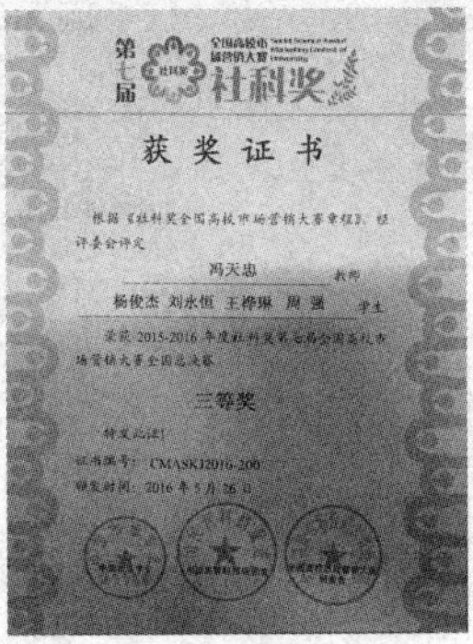
第七届 社科奖
获奖证书
冯天忠　教师
三等奖
证书编号：CMASKJ2016-200
颁发时间：2016年5月26日

2017 年学生参加科技文化竞赛的部分获奖证书

POCIB 全国大学生外贸从业能力大赛（2017 春季赛）

荣誉证书
CERTIFICATE OF HONOR
POCIB
全国大学生外贸从业能力大赛
2016–2017赛季（春季赛）
个人三等奖
张文慧
德州学院经济管理学院
中国国际贸易学会
全国外经贸职业教育教学指导委员会

荣誉证书
CERTIFICATE OF HONOR
POCIB
全国大学生外贸从业能力大赛
2016–2017赛季（春季赛）
个人三等奖
孙秀梅
德州学院经济管理学院
中国国际贸易学会
全国外经贸职业教育教学指导委员会

荣誉证书
CERTIFICATE OF HONOR
POCIB
全国大学生外贸从业能力大赛
2016–2017赛季（春季赛）
个人三等奖
刘敏
德州学院经济管理学院
中国国际贸易学会
全国外经贸职业教育教学指导委员会

荣誉证书
CERTIFICATE OF HONOR
POCIB
全国大学生外贸从业能力大赛
2016–2017赛季（春季赛）
个人三等奖
杨冉冉
德州学院经济管理学院
中国国际贸易学会
全国外经贸职业教育教学指导委员会

荣誉证书
CERTIFICATE OF HONOR
POCIB
全国大学生外贸从业能力大赛
2016–2017赛季（春季赛）
个人三等奖
杨冉苒
德州学院经济管理学院
中国国际贸易学会
全国外经贸职业教育教学指导委员会

荣誉证书
CERTIFICATE OF HONOR
POCIB
全国大学生外贸从业能力大赛
2016–2017赛季（春季赛）
个人三等奖
张玉洁
德州学院经济管理学院
中国国际贸易学会
全国外经贸职业教育教学指导委员会

荣誉证书
CERTIFICATE OF HONOR
POCIB
全国大学生外贸从业能力大赛
2016–2017赛季（春季赛）
个人三等奖
芮雪
德州学院经济管理学院
中国国际贸易学会
全国外经贸职业教育教学指导委员会

荣誉证书
CERTIFICATE OF HONOR
POCIB
全国大学生外贸从业能力大赛
2016–2017赛季（春季赛）
个人三等奖
张紫婵
德州学院经济管理学院
中国国际贸易学会
全国外经贸职业教育教学指导委员会

荣誉证书
CERTIFICATE OF HONOR
POCIB
全国大学生外贸从业能力大赛
2016–2017赛季（春季赛）
个人三等奖
孙越
德州学院经济管理学院
中国国际贸易学会
全国外经贸职业教育教学指导委员会

荣誉证书
CERTIFICATE OF HONOR
POCIB
全国大学生外贸从业能力大赛
2016–2017赛季（春季赛）
个人三等奖
王倩
德州学院经济管理学院
中国国际贸易学会
全国外经贸职业教育教学指导委员会

荣誉证书
CERTIFICATE OF HONOR
POCIB
全国大学生外贸从业能力大赛
2016–2017赛季（春季赛）
个人三等奖
刘米佳
德州学院经济管理学院
中国国际贸易学会
全国外经贸职业教育教学指导委员会

荣誉证书
CERTIFICATE OF HONOR
POCIB
全国大学生外贸从业能力大赛
2016–2017赛季（春季赛）
个人三等奖
刘琪
德州学院经济管理学院
中国国际贸易学会
全国外经贸职业教育教学指导委员会

荣誉证书
CERTIFICATE OF HONOR
POCIB
全国大学生外贸从业能力大赛
2016–2017赛季（春季赛）
个人三等奖
周昊东
德州学院经济管理学院
中国国际贸易学会
全国外经贸职业教育教学指导委员会

荣誉证书
CERTIFICATE OF HONOR
POCIB
全国大学生外贸从业能力大赛
2016–2017赛季（春季赛）
个人三等奖
滕丽萍
德州学院经济管理学院
中国国际贸易学会
全国外经贸职业教育教学指导委员会

荣誉证书
CERTIFICATE OF HONOR
POCIB
全国大学生外贸从业能力大赛
2016–2017赛季（春季赛）
个人三等奖
徐玲利
德州学院经济管理学院
中国国际贸易学会
全国外经贸职业教育教学指导委员会

荣誉证书
CERTIFICATE OF HONOR
POCIB
全国大学生外贸从业能力大赛
2016–2017赛季（春季赛）
个人三等奖
隋延安
德州学院经济管理学院
中国国际贸易学会
全国外经贸职业教育教学指导委员会

荣誉证书
CERTIFICATE OF HONOR
POCIB
全国大学生外贸从业能力大赛
2016-2017赛季（春季赛）
个人三等奖
纪福来
德州学院经济管理学院
中国国际贸易学会
全国外经贸职业教育教学指导委员会

荣誉证书
CERTIFICATE OF HONOR
POCIB
全国大学生外贸从业能力大赛
2016-2017赛季（春季赛）
个人三等奖
蔺婉如
德州学院经济管理学院
中国国际贸易学会
全国外经贸职业教育教学指导委员会

第八届社科奖全国高校市场营销大赛全国总决赛

第八届 社科奖
获奖证书
根据《社科奖全国高校市场营销大赛章程》，经评委会评定
冯天忠 武兵 教师
王晓亮 王硕 宋钰 张晓敏 杨鹏飞 同学
荣获2016-2017年度社科奖第八届全国高校市场营销大赛全国总决赛
三等奖
特发此证！
证书编号：CMASKJ2017-305
颁发时间：2017年6月5日

第八届 社科奖
获奖证书
根据《社科奖全国高校市场营销大赛章程》，经评委会评定
曹冰 教师
卓枫 徐长志 赵南 徐明乾 郭梦燕 同学
荣获2016-2017年度社科奖第八届全国高校市场营销大赛单项赛
一等奖
特发此证！
颁发时间：2017年6月5日

第十一届山东省电子商务专业大赛

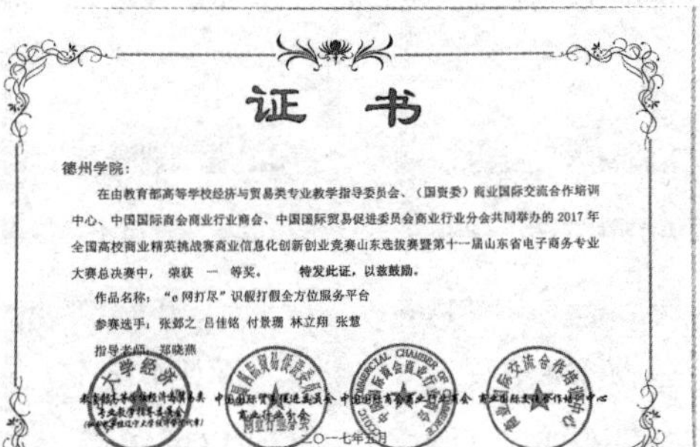
证书
德州学院：
在由教育部高等学校经济与贸易类专业教学指导委员会、（国资委）商业国际交流合作培训中心、中国国际商会商业行业商会、中国国际贸易促进委员会商业行业分会共同举办的2017年全国高校商业精英挑战赛商业信息化创新创业竞赛山东选拔赛暨第十一届山东省电子商务专业大赛总决赛中，荣获 一 等奖。 特发此证，以兹鼓励。
作品名称：“e网打尽”识假打假全方位服务平台
参赛选手：张郯之 吕佳铭 付景珊 林立翔 张慧
指导老师：郑晓燕
二〇一七年五月

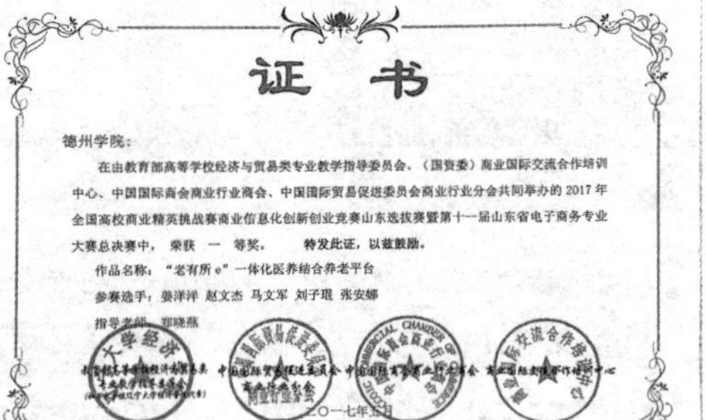
证书
德州学院：
在由教育部高等学校经济与贸易类专业教学指导委员会、（国资委）商业国际交流合作培训中心、中国国际商会商业行业商会、中国国际贸易促进委员会商业行业分会共同举办的2017年全国高校商业精英挑战赛商业信息化创新创业竞赛山东选拔赛暨第十一届山东省电子商务专业大赛总决赛中，荣获 一 等奖。 特发此证，以兹鼓励。
作品名称：“老有所e”一体化医养结合养老平台
参赛选手：姜洋洋 赵文杰 马文军 刘子琨 张安娜
指导老师：郑晓燕
二〇一七年五月

证　书

德州学院：

在由教育部高等学校经济与贸易类专业教学指导委员会、（国资委）商业国际交流合作培训中心、中国国际商会商业行业商会、中国国际贸易促进委员会商业行业分会共同举办的2017年全国高校商业精英挑战赛商业信息化创新创业竞赛山东选拔赛暨第十一届山东省电子商务专业大赛总决赛中，荣获　一　等奖。　　特发此证，以兹鼓励。

作品名称：奇艺棉麻生活馆

参赛选手：史运雪　冯淑红　刘米佳　邱新民　张文帝

指导老师：毛丽君

二〇一七年五月

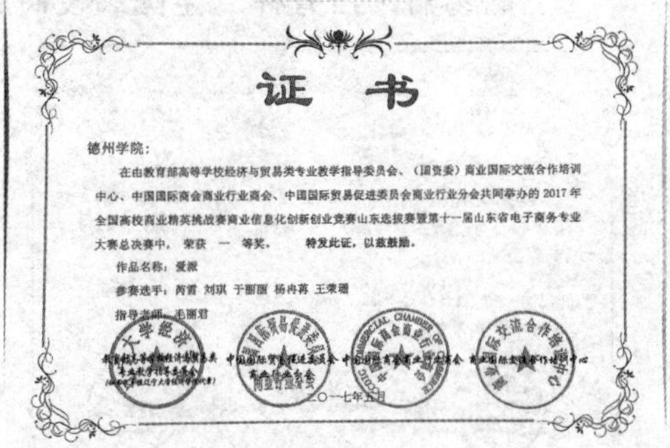

证　书

德州学院：

在由教育部高等学校经济与贸易类专业教学指导委员会、（国资委）商业国际交流合作培训中心、中国国际商会商业行业商会、中国国际贸易促进委员会商业行业分会共同举办的2017年全国高校商业精英挑战赛商业信息化创新创业竞赛山东选拔赛暨第十一届山东省电子商务专业大赛总决赛中，荣获　一　等奖。　　特发此证，以兹鼓励。

作品名称：爱派

参赛选手：芮雪　刘琪　于丽丽　杨冉苒　王荣珊

指导老师：毛丽君

二〇一七年五月

证　书

德州学院：

在由教育部高等学校经济与贸易类专业教学指导委员会、（国资委）商业国际交流合作培训中心、中国国际商会商业行业商会、中国国际贸易促进委员会商业行业分会共同举办的2017年全国高校商业精英挑战赛商业信息化创新创业竞赛山东选拔赛暨第十一届山东省电子商务专业大赛总决赛中，荣获　一　等奖。　　特发此证，以兹鼓励。

作品名称：追蓝

参赛选手：刘婷　刘甜甜　刘海明　黄一峰　吕晓琳　冯超月

指导老师：韩大平

二〇一七年五月

证　书

德州学院：

在由教育部高等学校经济与贸易类专业教学指导委员会、（国资委）商业国际交流合作培训中心、中国国际商会商业行业商会、中国国际贸易促进委员会商业行业分会共同举办的2017年全国高校商业精英挑战赛商业信息化创新创业竞赛山东选拔赛暨第十一届山东省电子商务专业大赛总决赛中，荣获　二　等奖。　　特发此证，以兹鼓励。

作品名称：“我信”短信打假平台

参赛选手：闫蕾　孙越　肖蓓蓓　张玉洁　孟洁

指导老师：毛丽君

二〇一七年五月

证　书

德州学院：

在由教育部高等学校经济与贸易类专业教学指导委员会、（国资委）商业国际交流合作培训中心、中国国际商会商业行业商会、中国国际贸易促进委员会商业行业分会共同举办的2017年全国高校商业精英挑战赛商业信息化创新创业竞赛山东选拔赛暨第十一届山东省电子商务专业大赛总决赛中，荣获　二　等奖。　　特发此证，以兹鼓励。

作品名称：行无忧APP

参赛选手：王新华　鞠娜　张莹　崔桂婕　封常洁

指导老师：韩大平

二〇一七年五月

证　书

德州学院：

在由教育部高等学校经济与贸易类专业教学指导委员会、（国资委）商业国际交流合作培训中心、中国国际商会商业行业商会、中国国际贸易促进委员会商业行业分会共同举办的2017年全国高校商业精英挑战赛商业信息化创新创业竞赛山东选拔赛暨第十一届山东省电子商务专业大赛总决赛中，荣获　三　等奖。　　特发此证，以兹鼓励。

作品名称：优校

参赛选手：赵京彤　戚宏彬　徐莹莹　孟琼　周崎宇

指导老师：韩大平

二〇一七年五月

“融易孵·浩方杯”全国高校商业精英挑战赛商业信息化创新创业竞赛

证 书

德州学院的参赛作品《“e网打尽”识假打假服务平台》荣获第五届全国高校商业精英挑战赛“融易孵·浩方杯”商业信息化创新创业竞赛一等奖。

团队学生成员：张邦之、吕佳铭、付景珊、林立翔、张慧

优秀指导教师：郑晓燕

证 书

德州学院的参赛作品《奇艺棉麻生活馆》荣获第五届全国高校商业精英挑战赛“融易孵·浩方杯”商业信息化创新创业竞赛一等奖。

团队学生成员：史运雪、冯淑红、刘米佳、张文帝、邱新民

优秀指导教师：毛丽君

证 书

德州学院的参赛作品《“老有所e”养老平台》荣获第五届全国高校商业精英挑战赛“融易孵·浩方杯”商业信息化创新创业竞赛二等奖。

团队学生成员：刘子琨、赵文杰、姜洋洋、张安娜、马文军

优秀指导教师：郑晓燕

证 书

德州学院的参赛作品《爱派》荣获第五届全国高校商业精英挑战赛“融易孵·浩方杯”商业信息化创新创业竞赛二等奖。

团队学生成员：芮雪、刘琪、于丽丽、杨冉苒、王荣珊

优秀指导教师：毛丽君

证 书

德州学院的参赛作品《追蓝》荣获第五届全国高校商业精英挑战赛“融易孵·浩方杯”商业信息化创新创业竞赛二等奖。

团队学生成员：刘婷、冯超月、吕晓琳、刘海明、刘甜甜

优秀指导教师：韩大平

证 书

德州学院的参赛作品《“我信”短信打假平台》荣获第五届全国高校商业精英挑战赛“融易孵·浩方杯”商业信息化创新创业竞赛三等奖。

团队学生成员：闫雪、孙越、肖蓓蓓、张玉洁、孟洁

优秀指导教师：毛丽君

证 书

德州学院的参赛作品《行无忧》荣获第五届全国高校商业精英挑战赛“融易孵·浩方杯”商业信息化创新创业竞赛三等奖。

团队学生成员：王新华、张莹、鞠娜、崔桂婕、封常洁

优秀指导教师：韩大平

第九届山东省大学生科技节创新创业沙盘模拟经营大赛（本科组）
暨第十三届全国大学生“新道杯”沙盘模拟经营大赛山东省总决赛

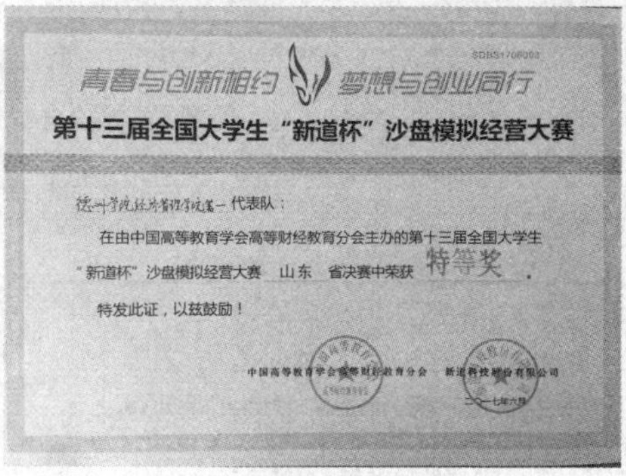

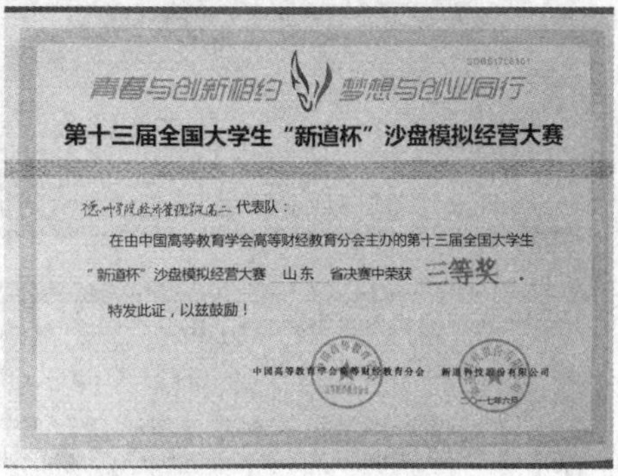

青春与创新相约 梦想与创业同行
第十三届全国大学生“新道杯”沙盘模拟经营大赛
德州学院经济管理学院第三代表队：
在由中国高等教育学会高等财经教育分会主办的第十三届全国大学生“新道杯”沙盘模拟经营大赛 山东 省决赛中荣获 三等奖 。
特发此证，以兹鼓励！
中国高等教育学会高等财经教育分会 新道科技股份有限公司
二〇一七年六月

青春与创新相约 梦想与创业同行
第十三届全国大学生“新道杯”沙盘模拟经营大赛
德州学院经济管理学院第四代表队：
在由中国高等教育学会高等财经教育分会主办的第十三届全国大学生“新道杯”沙盘模拟经营大赛 山东 省决赛中荣获 三等奖 。
特发此证，以兹鼓励！
中国高等教育学会高等财经教育分会 新道科技股份有限公司
二〇一七年六月

SDBT1706078
青春与创新相约 梦想与创业同行
第十三届全国大学生“新道杯”沙盘模拟经营大赛
裴玉红 老师所指导的德州学院经济管理学院第一代表队：
在由中国高等教育学会高等财经教育分会主办的第十三届全国大学生“新道杯”沙盘模拟经营大赛 山东 省决赛中荣获 特等奖 。
特发此证，以兹鼓励！
中国高等教育学会高等财经教育分会 新道科技股份有限公司
二〇一七年六月

SDBT1706079
青春与创新相约 梦想与创业同行
第十三届全国大学生“新道杯”沙盘模拟经营大赛
姜英华 老师所指导的德州学院经济管理学院第一代表队：
在由中国高等教育学会高等财经教育分会主办的第十三届全国大学生“新道杯”沙盘模拟经营大赛 山东 省决赛中荣获 特等奖 。
特发此证，以兹鼓励！
中国高等教育学会高等财经教育分会 新道科技股份有限公司
二〇一七年六月

SDBT1706080
青春与创新相约 梦想与创业同行
第十三届全国大学生“新道杯”沙盘模拟经营大赛
姜英华 老师所指导的德州学院经济管理学院第二代表队：
在由中国高等教育学会高等财经教育分会主办的第十三届全国大学生“新道杯”沙盘模拟经营大赛 山东 省决赛中荣获 三等奖 。
特发此证，以兹鼓励！
中国高等教育学会高等财经教育分会 新道科技股份有限公司
二〇一七年六月

SDBT1706081
青春与创新相约 梦想与创业同行
第十三届全国大学生“新道杯”沙盘模拟经营大赛
孙志胜 老师所指导的德州学院经济管理学院第二代表队：
在由中国高等教育学会高等财经教育分会主办的第十三届全国大学生“新道杯”沙盘模拟经营大赛 山东 省决赛中荣获 三等奖 。
特发此证，以兹鼓励！
中国高等教育学会高等财经教育分会 新道科技股份有限公司
二〇一七年六月

SDBT1706082
青春与创新相约 梦想与创业同行
第十三届全国大学生“新道杯”沙盘模拟经营大赛
张冬华 老师所指导的德州学院经济管理学院第三代表队：
在由中国高等教育学会高等财经教育分会主办的第十三届全国大学生“新道杯”沙盘模拟经营大赛 山东 省决赛中荣获 三等奖 。
特发此证，以兹鼓励！
中国高等教育学会高等财经教育分会 新道科技股份有限公司
二〇一七年六月

SDBT1706223
青春与创新相约 梦想与创业同行
第十三届全国大学生“新道杯”沙盘模拟经营大赛
王杰志 老师所指导的德州学院经济管理学院第三代表队：
在由中国高等教育学会高等财经教育分会主办的第十三届全国大学生“新道杯”沙盘模拟经营大赛 山东 省决赛中荣获 三等奖 。
特发此证，以兹鼓励！
中国高等教育学会高等财经教育分会 新道科技股份有限公司
二〇一七年六月

SDBT1706083

青春与创新相约 梦想与创业同行

第十三届全国大学生“新道杯”沙盘模拟经营大赛

刘庆敏 老师所指导的德州学院经济管理学院第四代表队：

在由中国高等教育学会高等财经教育分会主办的第十三届全国大学生“新道杯”沙盘模拟经营大赛 山东 省决赛中荣获 三等奖。

特发此证，以兹鼓励！

中国高等教育学会高等财经教育分会 新道科技股份有限公司

二〇一七年六月

SDBX 1706089

青春与创新相约 梦想与创业同行

第十三届全国大学生“新道杯”沙盘模拟经营大赛

杨鹏飞 同学：

在由中国高等教育学会高等财经教育分会主办的第十三届全国大学生“新道杯”沙盘模拟经营大赛 山东 省决赛中荣获 特等奖。

特发此证，以兹鼓励！

中国高等教育学会高等财经教育分会 新道科技股份有限公司

二〇一七年六月

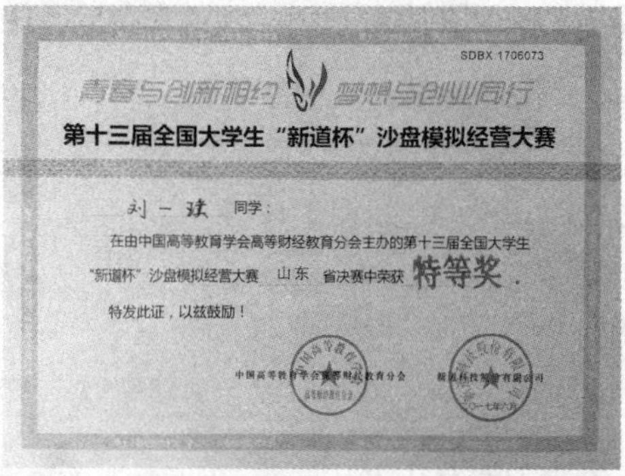
SDBX 1706073

青春与创新相约 梦想与创业同行

第十三届全国大学生“新道杯”沙盘模拟经营大赛

刘一建 同学：

在由中国高等教育学会高等财经教育分会主办的第十三届全国大学生“新道杯”沙盘模拟经营大赛 山东 省决赛中荣获 特等奖。

特发此证，以兹鼓励！

中国高等教育学会高等财经教育分会 新道科技股份有限公司

二〇一七年六月

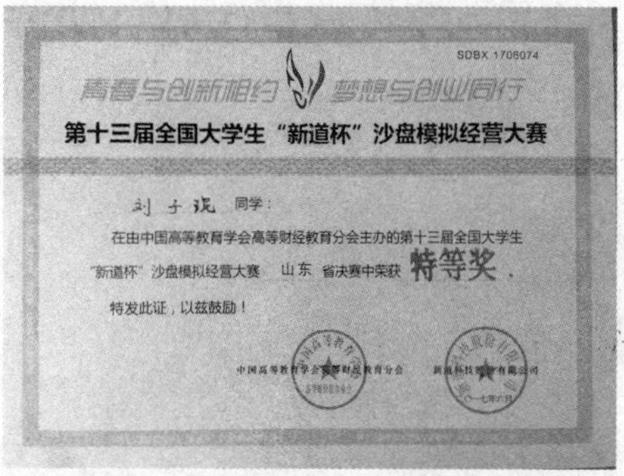
SDBX 1706074

青春与创新相约 梦想与创业同行

第十三届全国大学生“新道杯”沙盘模拟经营大赛

刘子琨 同学：

在由中国高等教育学会高等财经教育分会主办的第十三届全国大学生“新道杯”沙盘模拟经营大赛 山东 省决赛中荣获 特等奖。

特发此证，以兹鼓励！

中国高等教育学会高等财经教育分会 新道科技股份有限公司

二〇一七年六月

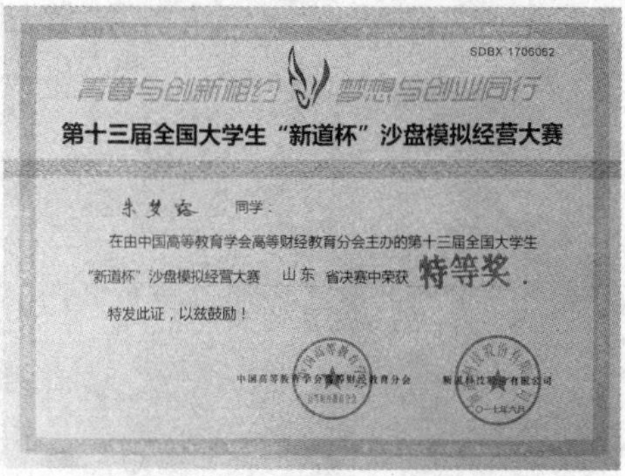
SDBX 1706062

青春与创新相约 梦想与创业同行

第十三届全国大学生“新道杯”沙盘模拟经营大赛

朱梦露 同学：

在由中国高等教育学会高等财经教育分会主办的第十三届全国大学生“新道杯”沙盘模拟经营大赛 山东 省决赛中荣获 特等奖。

特发此证，以兹鼓励！

中国高等教育学会高等财经教育分会 新道科技股份有限公司

二〇一七年六月

SDBX 1706077

青春与创新相约 梦想与创业同行

第十三届全国大学生“新道杯”沙盘模拟经营大赛

赵硕 同学：

在由中国高等教育学会高等财经教育分会主办的第十三届全国大学生“新道杯”沙盘模拟经营大赛 山东 省决赛中荣获 特等奖。

特发此证，以兹鼓励！

中国高等教育学会高等财经教育分会 新道科技股份有限公司

二〇一七年六月

SDBX 1706113

青春与创新相约 梦想与创业同行

第十三届全国大学生“新道杯”沙盘模拟经营大赛

周兴昊 同学：

在由中国高等教育学会高等财经教育分会主办的第十三届全国大学生“新道杯”沙盘模拟经营大赛 山东 省决赛中荣获 三等奖。

特发此证，以兹鼓励！

中国高等教育学会高等财经教育分会 新道科技股份有限公司

二〇一七年六月

SDBX 1706199

青春与创新相约 梦想与创业同行

第十三届全国大学生“新道杯”沙盘模拟经营大赛

程安东 同学：

在由中国高等教育学会高等财经教育分会主办的第十三届全国大学生“新道杯”沙盘模拟经营大赛 山东 省决赛中荣获 三等奖。

特发此证，以兹鼓励！

中国高等教育学会高等财经教育分会 新道科技股份有限公司

二〇一七年六月

SDBX 1706092
青春与创新相约 梦想与创业同行
第十三届全国大学生“新道杯”沙盘模拟经营大赛
王一璐 同学：
在由中国高等教育学会高等财经教育分会主办的第十三届全国大学生“新道杯”沙盘模拟经营大赛 山东 省决赛中荣获 三等奖。
特发此证，以兹鼓励！
中国高等教育学会高等财经教育分会 新道科技股份有限公司
二〇一七年六月

SDBX 1706127
青春与创新相约 梦想与创业同行
第十三届全国大学生“新道杯”沙盘模拟经营大赛
陈雯晶 同学：
在由中国高等教育学会高等财经教育分会主办的第十三届全国大学生“新道杯”沙盘模拟经营大赛 山东 省决赛中荣获 三等奖。
特发此证，以兹鼓励！
中国高等教育学会高等财经教育分会 新道科技股份有限公司
二〇一七年六月

SDBX 1706193
青春与创新相约 梦想与创业同行
第十三届全国大学生“新道杯”沙盘模拟经营大赛
曲文聪 同学：
在由中国高等教育学会高等财经教育分会主办的第十三届全国大学生“新道杯”沙盘模拟经营大赛 山东 省决赛中荣获 三等奖。
特发此证，以兹鼓励！
中国高等教育学会高等财经教育分会 新道科技股份有限公司
二〇一七年六月

SDBX 1706100
青春与创新相约 梦想与创业同行
第十三届全国大学生“新道杯”沙盘模拟经营大赛
王睿妍 同学：
在由中国高等教育学会高等财经教育分会主办的第十三届全国大学生“新道杯”沙盘模拟经营大赛 山东 省决赛中荣获 三等奖。
特发此证，以兹鼓励！
中国高等教育学会高等财经教育分会 新道科技股份有限公司
二〇一七年六月

SDBX 1706170
青春与创新相约 梦想与创业同行
第十三届全国大学生“新道杯”沙盘模拟经营大赛
王晓晴 同学：
在由中国高等教育学会高等财经教育分会主办的第十三届全国大学生“新道杯”沙盘模拟经营大赛 山东 省决赛中荣获 三等奖。
特发此证，以兹鼓励！
中国高等教育学会高等财经教育分会 新道科技股份有限公司
二〇一七年六月

SDBX 1706592
青春与创新相约 梦想与创业同行
第十三届全国大学生“新道杯”沙盘模拟经营大赛
房嘉琳 同学：
在由中国高等教育学会高等财经教育分会主办的第十三届全国大学生“新道杯”沙盘模拟经营大赛 山东 省决赛中荣获 三等奖。
特发此证，以兹鼓励！
中国高等教育学会高等财经教育分会 新道科技股份有限公司
二〇一七年六月

SDBX 1706101
青春与创新相约 梦想与创业同行
第十三届全国大学生“新道杯”沙盘模拟经营大赛
王诚鑫 同学：
在由中国高等教育学会高等财经教育分会主办的第十三届全国大学生“新道杯”沙盘模拟经营大赛 山东 省决赛中荣获 三等奖。
特发此证，以兹鼓励！
中国高等教育学会高等财经教育分会 新道科技股份有限公司
二〇一七年六月

SDBX 1706200
青春与创新相约 梦想与创业同行
第十三届全国大学生“新道杯”沙盘模拟经营大赛
任勇 同学：
在由中国高等教育学会高等财经教育分会主办的第十三届全国大学生“新道杯”沙盘模拟经营大赛 山东 省决赛中荣获 三等奖。
特发此证，以兹鼓励！
中国高等教育学会高等财经教育分会 新道科技股份有限公司
二〇一七年六月

SDBX 1706180
青春与创新相约 梦想与创业同行
第十三届全国大学生“新道杯”沙盘模拟经营大赛
孙廷杰　同学：
在由中国高等教育学会高等财经教育分会主办的第十三届全国大学生“新道杯”沙盘模拟经营大赛　山东　省决赛中荣获三等奖．
特发此证，以兹鼓励！
中国高等教育学会高等财经教育分会　新道科技股份有限公司

SDBX 1706168
青春与创新相约 梦想与创业同行
第十三届全国大学生“新道杯”沙盘模拟经营大赛
高徒胀　同学：
在由中国高等教育学会高等财经教育分会主办的第十三届全国大学生“新道杯”沙盘模拟经营大赛　山东　省决赛中荣获三等奖．
特发此证，以兹鼓励！
中国高等教育学会高等财经教育分会　新道科技股份有限公司

SDBX 1706163
青春与创新相约 梦想与创业同行
第十三届全国大学生“新道杯”沙盘模拟经营大赛
孙凯祥　同学：
在由中国高等教育学会高等财经教育分会主办的第十三届全国大学生“新道杯”沙盘模拟经营大赛　山东　省决赛中荣获三等奖．
特发此证，以兹鼓励！
中国高等教育学会高等财经教育分会　新道科技股份有限公司

SDBX 1706175
青春与创新相约 梦想与创业同行
第十三届全国大学生“新道杯”沙盘模拟经营大赛
李慧　同学：
在由中国高等教育学会高等财经教育分会主办的第十三届全国大学生“新道杯”沙盘模拟经营大赛　山东　省决赛中荣获三等奖．
特发此证，以兹鼓励！
中国高等教育学会高等财经教育分会　新道科技股份有限公司

SDBX 1706102
青春与创新相约 梦想与创业同行
第十三届全国大学生“新道杯”沙盘模拟经营大赛
蔡晶　同学：
在由中国高等教育学会高等财经教育分会主办的第十三届全国大学生“新道杯”沙盘模拟经营大赛　山东　省决赛中荣获三等奖．
特发此证，以兹鼓励！
中国高等教育学会高等财经教育分会　新道科技股份有限公司

第七届全国大学生市场调查与分析大赛山东省分赛

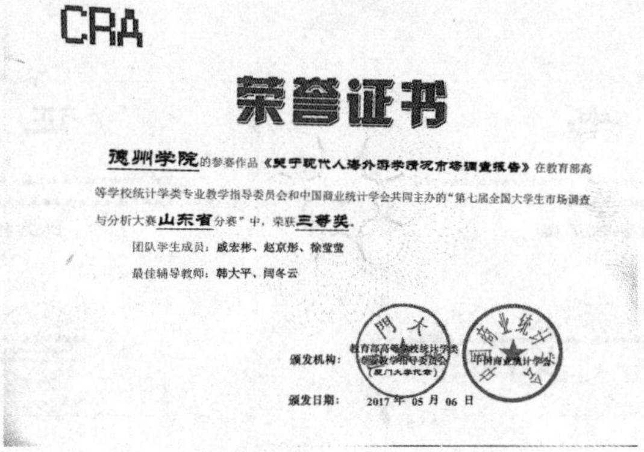
CRA

荣誉证书

德州学院的参赛作品《关于现代人海外游学情况市场调查报告》在教育部高等学校统计学类专业教学指导委员会和中国商业统计学会共同主办的“第七届全国大学生市场调查与分析大赛山东省分赛”中，荣获三等奖。

团队学生成员：戚宏彬、赵京彤、徐莹莹

最佳辅导教师：韩大平、阎冬云

颁发机构：教育部高等学校统计学类专业教学指导委员会（厦门大学代章）　中国商业统计学会

颁发日期：2017年05月06日

2017年全国高校商业经营挑战赛流通业经营模拟大赛

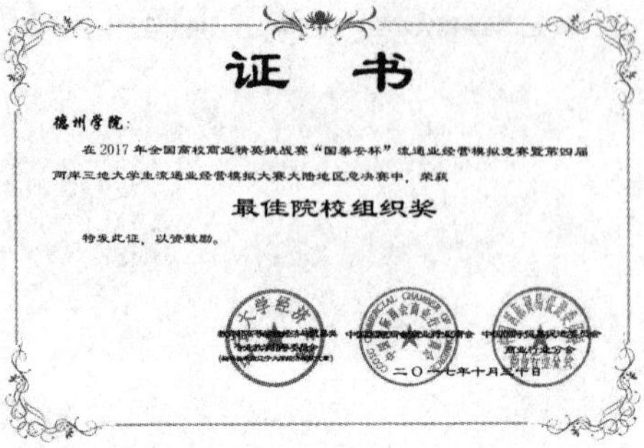

证　书

德州学院：

在2017年全国高校商业精英挑战赛“国泰安杯”流通业经营模拟竞赛暨第四届两岸三地大学生流通业经营模拟大赛大陆地区总决赛中，荣获

最佳院校组织奖

特发此证，以资鼓励。

二〇一七年十月三十日

证　书

刘爱敏 老师：

在2017年全国高校商业精英挑战赛“国泰安杯”流通业经营模拟竞赛暨第四届两岸三地大学生流通业经营模拟大赛大陆地区总决赛中，荣获

优秀指导教师奖

指导团队：阿波罗公司

特发此证，以资鼓励。

二〇一七年十月三十日

证　书

丁晓莉 老师：

在2017年全国高校商业精英挑战赛“国泰安杯”流通业经营模拟竞赛暨第四届两岸三地大学生流通业经营模拟大赛大陆地区总决赛中，荣获

优秀指导教师奖

指导团队：大陆公司

特发此证，以资鼓励。

二〇一七年十月三十日

证　书

冯天忠 老师：

在2017年全国高校商业精英挑战赛“国泰安杯”流通业经营模拟竞赛暨第四届两岸三地大学生流通业经营模拟大赛大陆地区总决赛中，荣获

优秀指导教师奖

指导团队：Athena

特发此证，以资鼓励。

二〇一七年十月三十日

证　书

武兵 老师：

在2017年全国高校商业精英挑战赛“国泰安杯”流通业经营模拟竞赛暨第四届两岸三地大学生流通业经营模拟大赛大陆地区总决赛中，荣获

优秀指导教师奖

指导团队：Athena

特发此证，以资鼓励。

二〇一七年十月三十日

证　书

杨颖 老师：

在2017年全国高校商业精英挑战赛“国泰安杯”流通业经营模拟竞赛暨第四届两岸三地大学生流通业经营模拟大赛大陆地区总决赛中，荣获

优秀指导教师奖

指导团队：战神

特发此证，以资鼓励。

二〇一七年十月三十日

证　书

郑建峰 老师：

在2017年全国高校商业精英挑战赛“国泰安杯”流通业经营模拟竞赛暨第四届两岸三地大学生流通业经营模拟大赛大陆地区总决赛中，荣获

优秀指导教师奖

指导团队：战神

特发此证，以资鼓励。

二〇一七年十月三十日

证　书

武兵 老师：

在2017年全国高校商业精英挑战赛“国泰安杯”流通业经营模拟竞赛暨第四届两岸三地大学生流通业经营模拟大赛大陆地区总决赛中，荣获

优秀指导教师奖

指导团队：尖刀

特发此证，以资鼓励。

二〇一七年十月三十日

证　书

杨颖 老师：

在2017年全国高校商业精英挑战赛“国泰安杯”流通业经营模拟竞赛暨第四届两岸三地大学生流通业经营模拟大赛大陆地区总决赛中，荣获

优秀指导教师奖

指导团队：尖刀

特发此证，以资鼓励。

二〇一七年十月二十日

证　书

汤志强 老师：

在2017年全国高校商业精英挑战赛“国泰安杯”流通业经营模拟竞赛暨第四届两岸三地大学生流通业经营模拟大赛大陆地区总决赛中，荣获

优秀指导教师奖

指导团队：德州兴隆股份有限公司

特发此证，以资鼓励。

二〇一七年十月二十日

证　书

郑锋 老师：

在2017年全国高校商业精英挑战赛“国泰安杯”流通业经营模拟竞赛暨第四届两岸三地大学生流通业经营模拟大赛大陆地区总决赛中，荣获

优秀指导教师奖

指导团队：志合营销公司

特发此证，以资鼓励。

二〇一七年十月二十日

证　书

曹冰 老师：

在2017年全国高校商业精英挑战赛“国泰安杯”流通业经营模拟竞赛暨第四届两岸三地大学生流通业经营模拟大赛大陆地区总决赛中，荣获

优秀指导教师奖

指导团队：志合营销公司

特发此证，以资鼓励。

二〇一七年十月二十日

证　书

李朝晖 老师：

在2017年全国高校商业精英挑战赛“国泰安杯”流通业经营模拟竞赛暨第四届两岸三地大学生流通业经营模拟大赛大陆地区总决赛中，荣获

优秀指导教师奖

指导团队：非常大师

特发此证，以资鼓励。

二〇一七年十月二十日

证　书

曹冰 老师：

在2017年全国高校商业精英挑战赛“国泰安杯”流通业经营模拟竞赛暨第四届两岸三地大学生流通业经营模拟大赛大陆地区总决赛中，荣获

优秀指导教师奖

指导团队：非常大师

特发此证，以资鼓励。

二〇一七年十月二十日

证　书

冯天忠 老师：

在2017年全国高校商业精英挑战赛“国泰安杯”流通业经营模拟竞赛暨第四届两岸三地大学生流通业经营模拟大赛大陆地区总决赛中，荣获

优秀指导教师奖

指导团队：筑梦营销公司

特发此证，以资鼓励。

二〇一七年十月二十日

证　书

魏秀丽 老师：

在2017年全国高校商业精英挑战赛“国泰安杯”流通业经营模拟竞赛暨第四届两岸三地大学生流通业经营模拟大赛大陆地区总决赛中，荣获

优秀指导教师奖

指导团队：齐德隆咚呛

特发此证，以资鼓励。

二〇一七年十月二十日

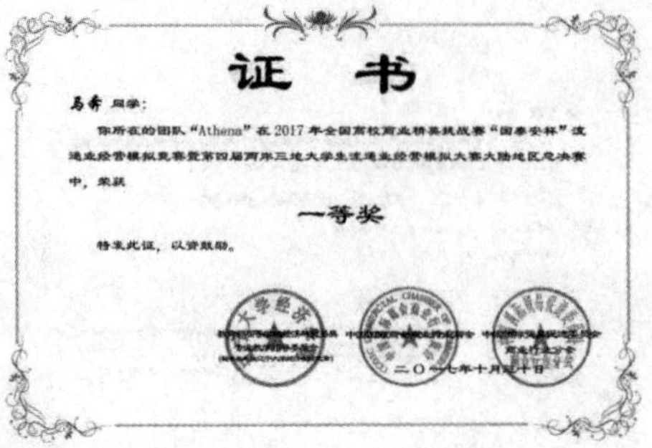

证 书

马乔 同学：

你所在的团队"Athena"在2017年全国高校商业精英挑战赛"国泰安杯"流通业经营模拟竞赛暨第四届两岸三地大学生流通业经营模拟大赛大陆地区总决赛中，荣获

一等奖

特发此证，以资鼓励。

二〇一七年十月三十日

证 书

杨鹏飞 同学：

你所在的团队"Athena"在2017年全国高校商业精英挑战赛"国泰安杯"流通业经营模拟竞赛暨第四届两岸三地大学生流通业经营模拟大赛大陆地区总决赛中，荣获

一等奖

特发此证，以资鼓励。

二〇一七年十月三十日

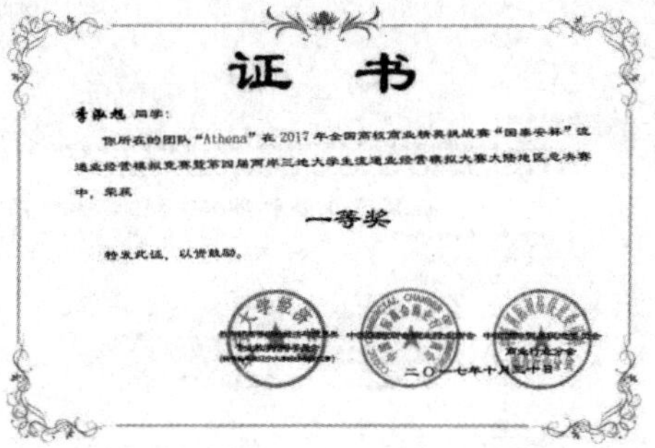

证 书

李泓旭 同学：

你所在的团队"Athena"在2017年全国高校商业精英挑战赛"国泰安杯"流通业经营模拟竞赛暨第四届两岸三地大学生流通业经营模拟大赛大陆地区总决赛中，荣获

一等奖

特发此证，以资鼓励。

二〇一七年十月三十日

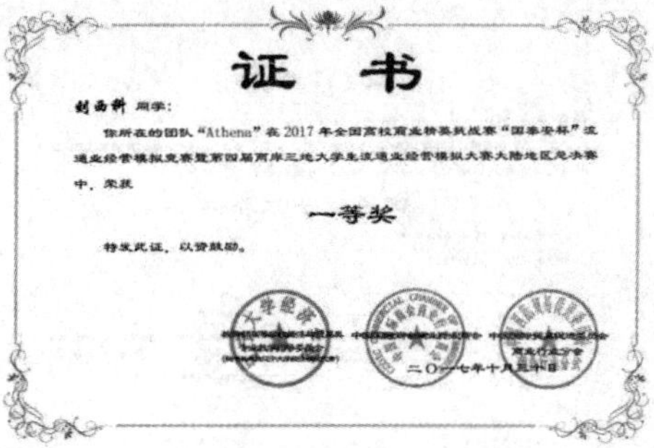

证 书

刘西轩 同学：

你所在的团队"Athena"在2017年全国高校商业精英挑战赛"国泰安杯"流通业经营模拟竞赛暨第四届两岸三地大学生流通业经营模拟大赛大陆地区总决赛中，荣获

一等奖

特发此证，以资鼓励。

二〇一七年十月三十日

证 书

陈雯晶 同学：

你所在的团队"Athena"在2017年全国高校商业精英挑战赛"国泰安杯"流通业经营模拟竞赛暨第四届两岸三地大学生流通业经营模拟大赛大陆地区总决赛中，荣获

一等奖

特发此证，以资鼓励。

二〇一七年十月三十日

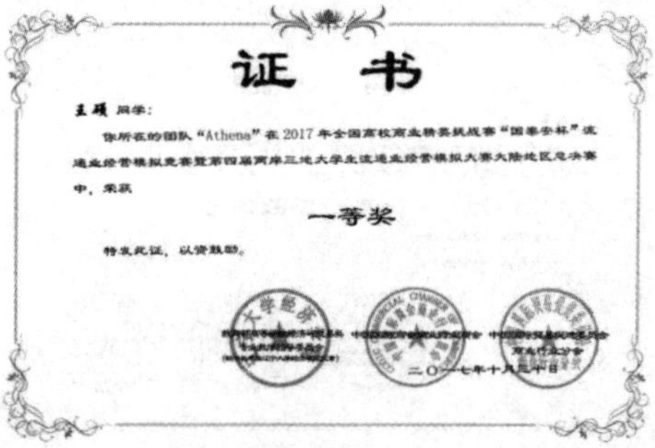

证 书

王硕 同学：

你所在的团队"Athena"在2017年全国高校商业精英挑战赛"国泰安杯"流通业经营模拟竞赛暨第四届两岸三地大学生流通业经营模拟大赛大陆地区总决赛中，荣获

一等奖

特发此证，以资鼓励。

二〇一七年十月三十日

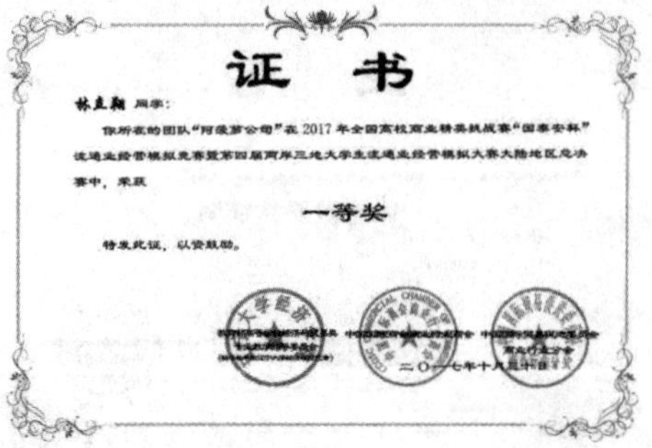

证 书

林立翔 同学：

你所在的团队"阿波罗公司"在2017年全国高校商业精英挑战赛"国泰安杯"流通业经营模拟竞赛暨第四届两岸三地大学生流通业经营模拟大赛大陆地区总决赛中，荣获

一等奖

特发此证，以资鼓励。

二〇一七年十月三十日

证 书

马文军 同学：

你所在的团队"阿波罗公司"在2017年全国高校商业精英挑战赛"国泰安杯"流通业经营模拟竞赛暨第四届两岸三地大学生流通业经营模拟大赛大陆地区总决赛中，荣获

一等奖

特发此证，以资鼓励。

二〇一七年十月三十日

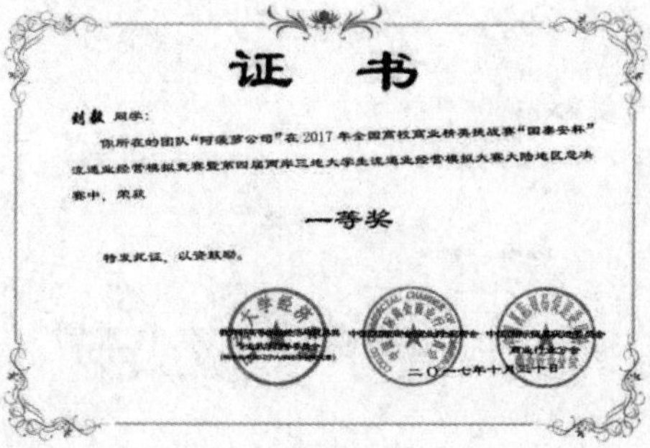

证 书

刘毅 同学：

你所在的团队"阿波萝公司"在2017年全国高校商业精英挑战赛"国泰安杯"流通业经营模拟竞赛暨第四届两岸三地大学生流通业经营模拟大赛大陆地区总决赛中，荣获

一等奖

特发此证，以资鼓励。

二〇一七年十月三十日

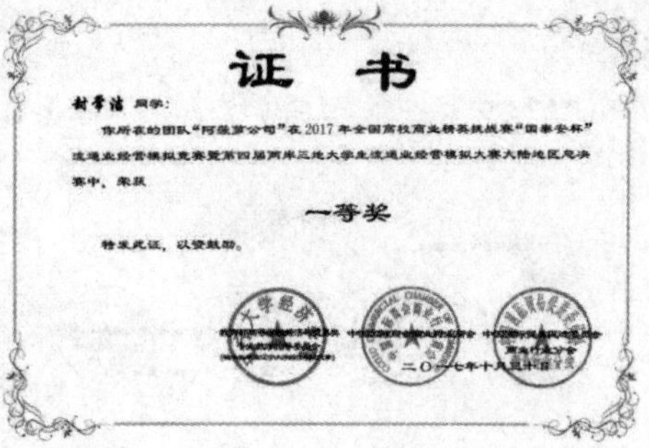

证 书

谢学浩 同学：

你所在的团队"阿波萝公司"在2017年全国高校商业精英挑战赛"国泰安杯"流通业经营模拟竞赛暨第四届两岸三地大学生流通业经营模拟大赛大陆地区总决赛中，荣获

一等奖

特发此证，以资鼓励。

二〇一七年十月三十日

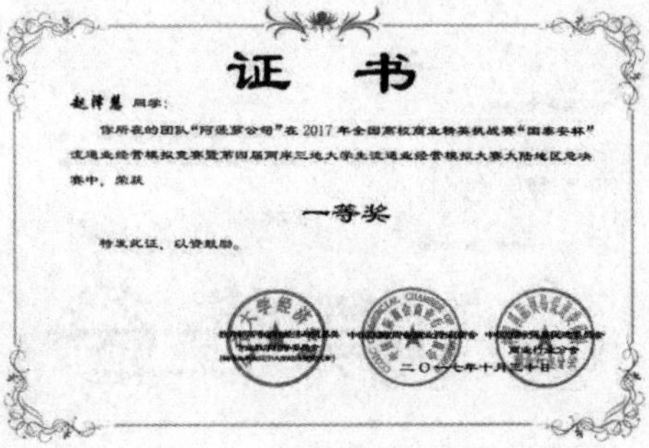

证 书

赵泽慧 同学：

你所在的团队"阿波萝公司"在2017年全国高校商业精英挑战赛"国泰安杯"流通业经营模拟竞赛暨第四届两岸三地大学生流通业经营模拟大赛大陆地区总决赛中，荣获

一等奖

特发此证，以资鼓励。

二〇一七年十月三十日

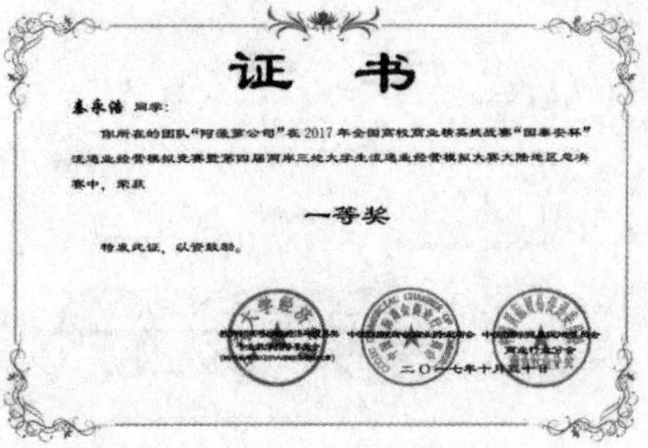

证 书

秦永浩 同学：

你所在的团队"阿波萝公司"在2017年全国高校商业精英挑战赛"国泰安杯"流通业经营模拟竞赛暨第四届两岸三地大学生流通业经营模拟大赛大陆地区总决赛中，荣获

一等奖

特发此证，以资鼓励。

二〇一七年十月三十日

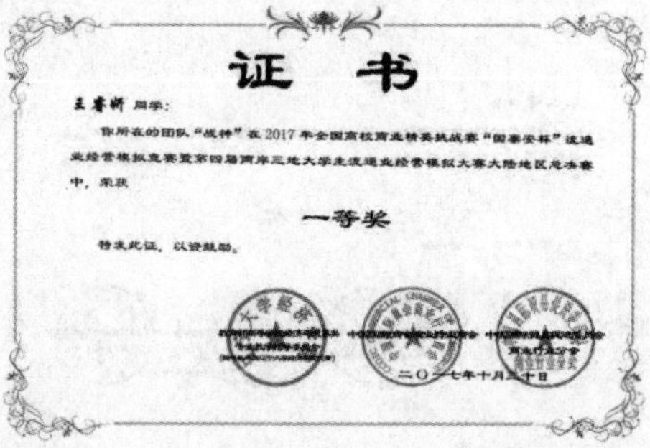

证 书

王睿昕 同学：

你所在的团队"战神"在2017年全国高校商业精英挑战赛"国泰安杯"流通业经营模拟竞赛暨第四届两岸三地大学生流通业经营模拟大赛大陆地区总决赛中，荣获

一等奖

特发此证，以资鼓励。

二〇一七年十月三十日

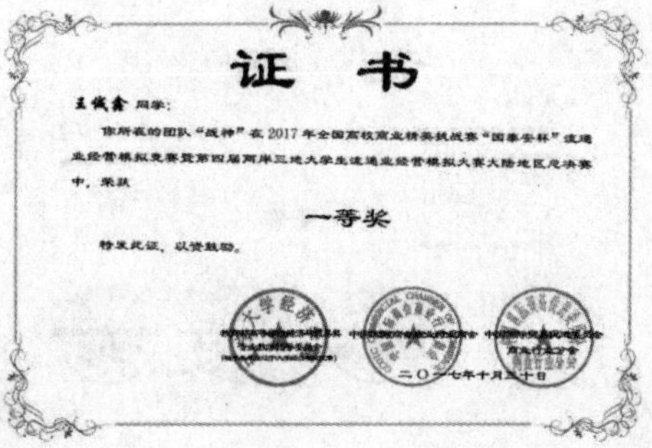

证 书

王俄鑫 同学：

你所在的团队"战神"在2017年全国高校商业精英挑战赛"国泰安杯"流通业经营模拟竞赛暨第四届两岸三地大学生流通业经营模拟大赛大陆地区总决赛中，荣获

一等奖

特发此证，以资鼓励。

二〇一七年十月三十日

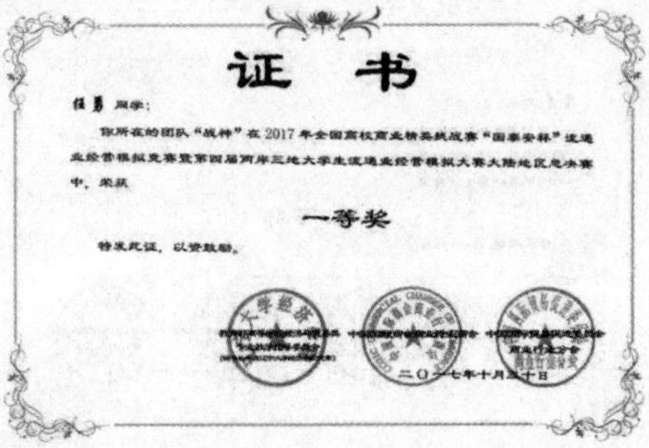

证 书

任勇 同学：

你所在的团队"战神"在2017年全国高校商业精英挑战赛"国泰安杯"流通业经营模拟竞赛暨第四届两岸三地大学生流通业经营模拟大赛大陆地区总决赛中，荣获

一等奖

特发此证，以资鼓励。

二〇一七年十月三十日

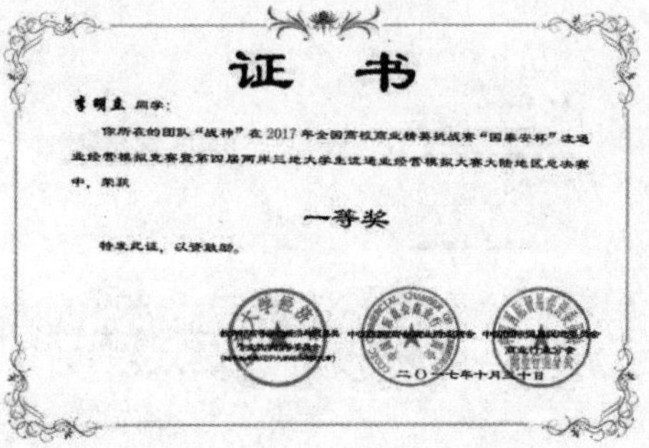

证 书

李明杰 同学：

你所在的团队"战神"在2017年全国高校商业精英挑战赛"国泰安杯"流通业经营模拟竞赛暨第四届两岸三地大学生流通业经营模拟大赛大陆地区总决赛中，荣获

一等奖

特发此证，以资鼓励。

二〇一七年十月三十日

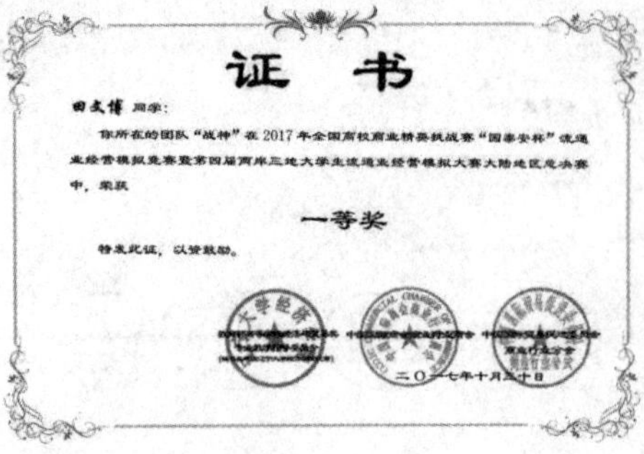
证书

田文博 同学：

你所在的团队“战神”在2017年全国高校商业精英挑战赛“国泰安杯”流通业经营模拟竞赛暨第四届两岸三地大学生流通业经营模拟大赛大陆地区总决赛中，荣获

一等奖

特发此证，以资鼓励。

二〇一七年十月三十日

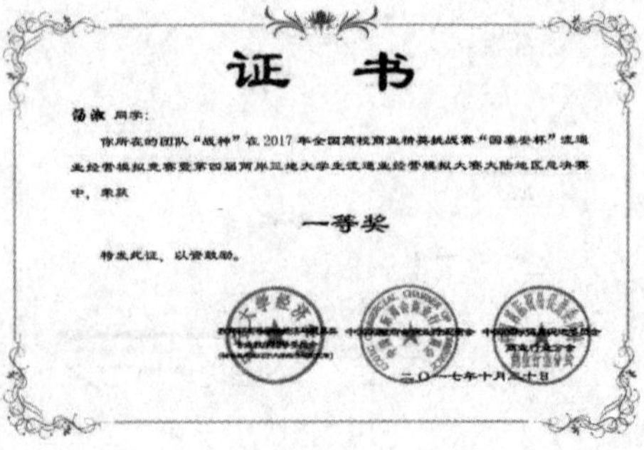
证书

汤泳 同学：

你所在的团队“战神”在2017年全国高校商业精英挑战赛“国泰安杯”流通业经营模拟竞赛暨第四届两岸三地大学生流通业经营模拟大赛大陆地区总决赛中，荣获

一等奖

特发此证，以资鼓励。

二〇一七年十月三十日

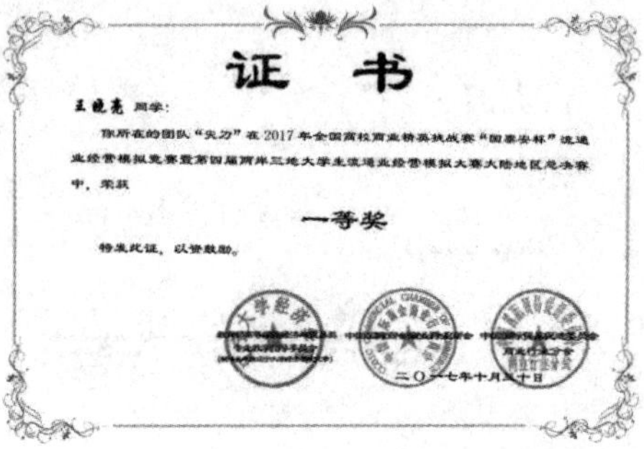
证书

王晓亮 同学：

你所在的团队“实力”在2017年全国高校商业精英挑战赛“国泰安杯”流通业经营模拟竞赛暨第四届两岸三地大学生流通业经营模拟大赛大陆地区总决赛中，荣获

一等奖

特发此证，以资鼓励。

二〇一七年十月三十日

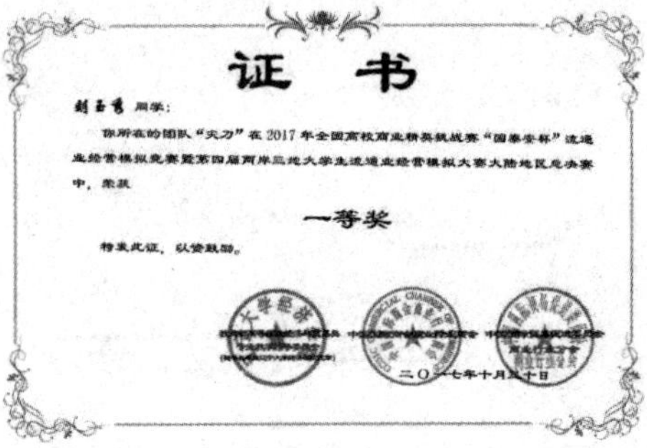
证书

刘玉秀 同学：

你所在的团队“实力”在2017年全国高校商业精英挑战赛“国泰安杯”流通业经营模拟竞赛暨第四届两岸三地大学生流通业经营模拟大赛大陆地区总决赛中，荣获

一等奖

特发此证，以资鼓励。

二〇一七年十月三十日

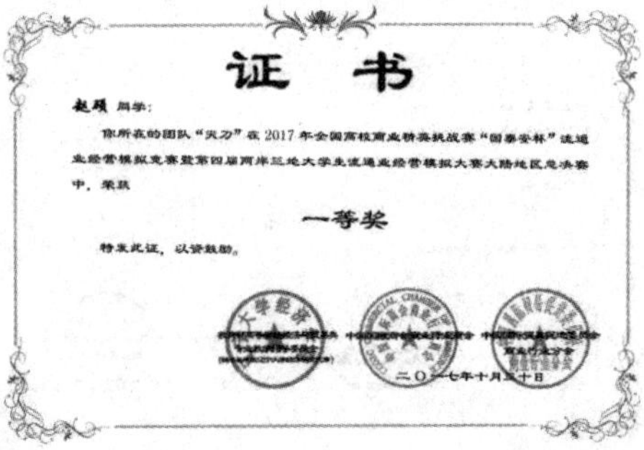
证书

赵硕 同学：

你所在的团队“实力”在2017年全国高校商业精英挑战赛“国泰安杯”流通业经营模拟竞赛暨第四届两岸三地大学生流通业经营模拟大赛大陆地区总决赛中，荣获

一等奖

特发此证，以资鼓励。

二〇一七年十月三十日

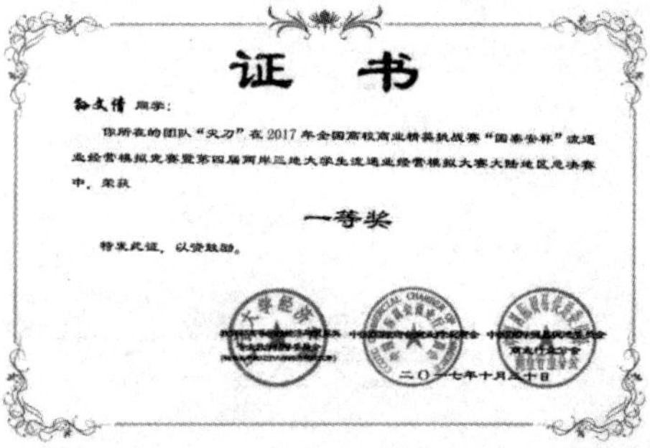
证书

孙文倩 同学：

你所在的团队“实力”在2017年全国高校商业精英挑战赛“国泰安杯”流通业经营模拟竞赛暨第四届两岸三地大学生流通业经营模拟大赛大陆地区总决赛中，荣获

一等奖

特发此证，以资鼓励。

二〇一七年十月三十日

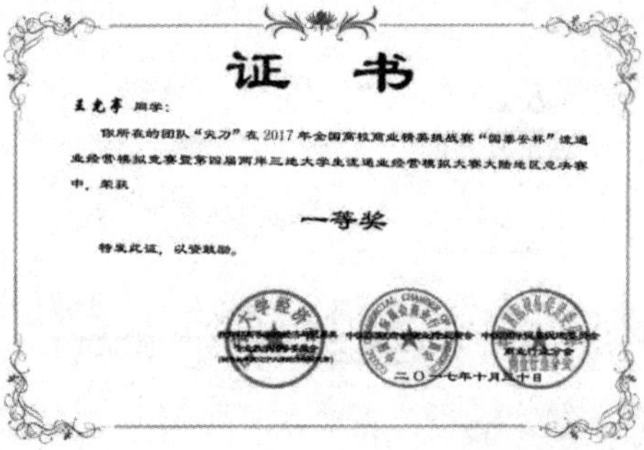
证书

王光亭 同学：

你所在的团队“实力”在2017年全国高校商业精英挑战赛“国泰安杯”流通业经营模拟竞赛暨第四届两岸三地大学生流通业经营模拟大赛大陆地区总决赛中，荣获

一等奖

特发此证，以资鼓励。

二〇一七年十月三十日

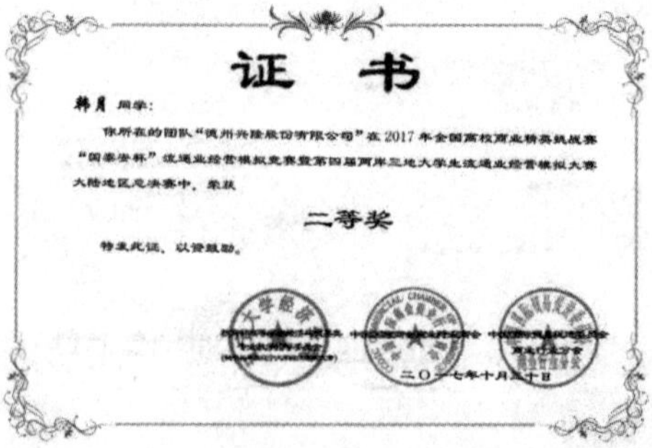
证书

韩月 同学：

你所在的团队“沧州兴隆股份有限公司”在2017年全国高校商业精英挑战赛“国泰安杯”流通业经营模拟竞赛暨第四届两岸三地大学生流通业经营模拟大赛大陆地区总决赛中，荣获

二等奖

特发此证，以资鼓励。

二〇一七年十月三十日

证 书

徐珍 同学：

你所在的团队"非常大师"在2017年全国高校商业精英挑战赛"国泰安杯"流通业经营模拟竞赛暨第四届两岸三地大学生流通业经营模拟大赛大陆地区总决赛中，荣获

二等奖

特发此证，以资鼓励。

二〇一七年十月三十日

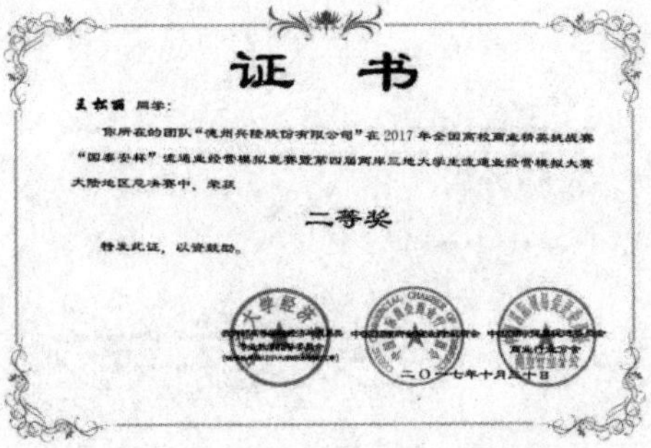
证 书

王秋丽 同学：

你所在的团队"德州兴隆股份有限公司"在2017年全国高校商业精英挑战赛"国泰安杯"流通业经营模拟竞赛暨第四届两岸三地大学生流通业经营模拟大赛大陆地区总决赛中，荣获

二等奖

特发此证，以资鼓励。

二〇一七年十月三十日

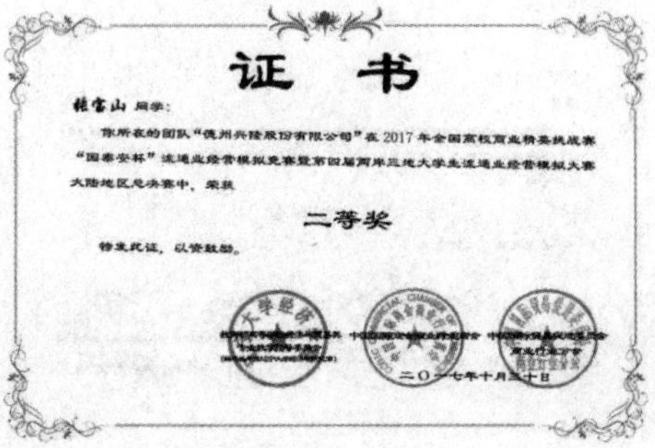
证 书

韩宝山 同学：

你所在的团队"德州兴隆股份有限公司"在2017年全国高校商业精英挑战赛"国泰安杯"流通业经营模拟竞赛暨第四届两岸三地大学生流通业经营模拟大赛大陆地区总决赛中，荣获

二等奖

特发此证，以资鼓励。

二〇一七年十月三十日

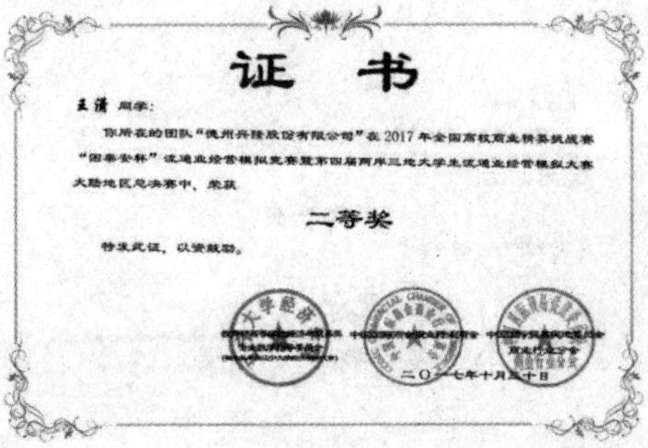
证 书

王清 同学：

你所在的团队"德州兴隆股份有限公司"在2017年全国高校商业精英挑战赛"国泰安杯"流通业经营模拟竞赛暨第四届两岸三地大学生流通业经营模拟大赛大陆地区总决赛中，荣获

二等奖

特发此证，以资鼓励。

二〇一七年十月三十日

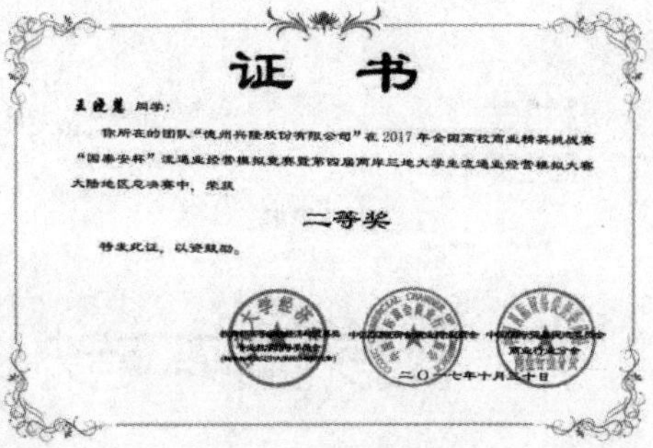
证 书

王晓慧 同学：

你所在的团队"德州兴隆股份有限公司"在2017年全国高校商业精英挑战赛"国泰安杯"流通业经营模拟竞赛暨第四届两岸三地大学生流通业经营模拟大赛大陆地区总决赛中，荣获

二等奖

特发此证，以资鼓励。

二〇一七年十月三十日

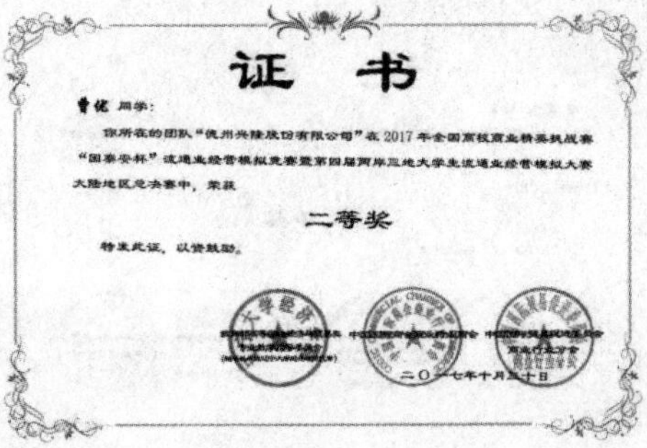
证 书

曹悦 同学：

你所在的团队"德州兴隆股份有限公司"在2017年全国高校商业精英挑战赛"国泰安杯"流通业经营模拟竞赛暨第四届两岸三地大学生流通业经营模拟大赛大陆地区总决赛中，荣获

二等奖

特发此证，以资鼓励。

二〇一七年十月三十日

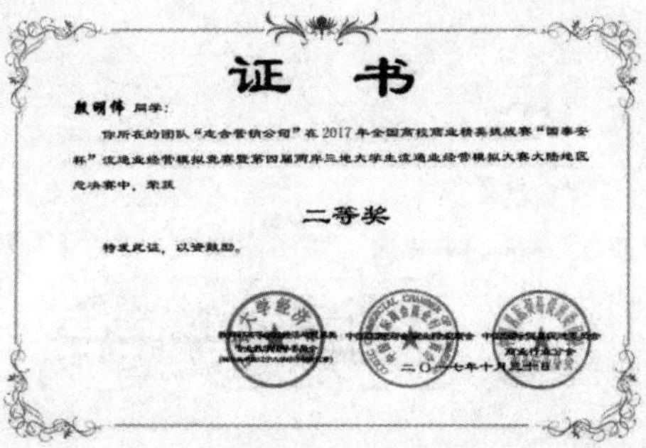
证 书

魏明伟 同学：

你所在的团队"走合营销公司"在2017年全国高校商业精英挑战赛"国泰安杯"流通业经营模拟竞赛暨第四届两岸三地大学生流通业经营模拟大赛大陆地区总决赛中，荣获

二等奖

特发此证，以资鼓励。

二〇一七年十月三十日

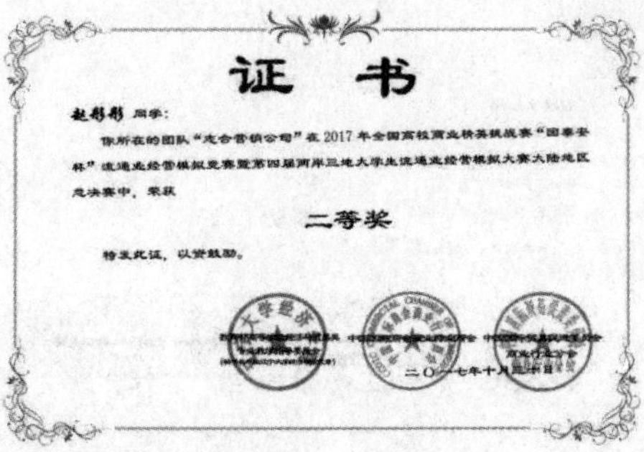
证 书

赵彤彤 同学：

你所在的团队"走合营销公司"在2017年全国高校商业精英挑战赛"国泰安杯"流通业经营模拟竞赛暨第四届两岸三地大学生流通业经营模拟大赛大陆地区总决赛中，荣获

二等奖

特发此证，以资鼓励。

二〇一七年十月三十日

证　书

曲文聪 同学：

你所在的团队“志合营销公司”在2017年全国高校商业精英挑战赛“国泰安杯”流通业经营模拟竞赛暨第四届两岸三地大学生流通业经营模拟大赛大陆地区总决赛中，荣获

二等奖

特发此证，以资鼓励。

二〇一七年十月三十日

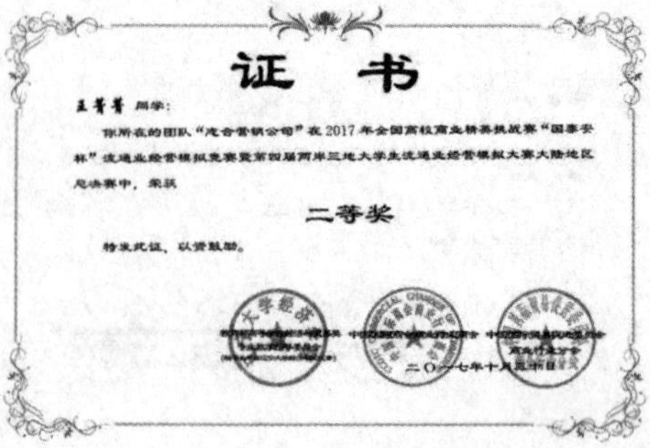

证　书

王菁菁 同学：

你所在的团队“志合营销公司”在2017年全国高校商业精英挑战赛“国泰安杯”流通业经营模拟竞赛暨第四届两岸三地大学生流通业经营模拟大赛大陆地区总决赛中，荣获

二等奖

特发此证，以资鼓励。

二〇一七年十月三十日

证　书

刘福东 同学：

你所在的团队“志合营销公司”在2017年全国高校商业精英挑战赛“国泰安杯”流通业经营模拟竞赛暨第四届两岸三地大学生流通业经营模拟大赛大陆地区总决赛中，荣获

二等奖

特发此证，以资鼓励。

二〇一七年十月三十日

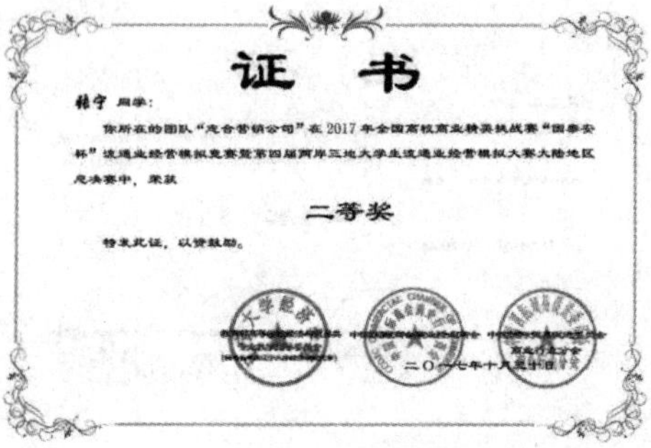

证　书

韩宁 同学：

你所在的团队“志合营销公司”在2017年全国高校商业精英挑战赛“国泰安杯”流通业经营模拟竞赛暨第四届两岸三地大学生流通业经营模拟大赛大陆地区总决赛中，荣获

二等奖

特发此证，以资鼓励。

二〇一七年十月三十日

证　书

李鹏飞 同学：

你所在的团队“非常大师”在2017年全国高校商业精英挑战赛“国泰安杯”流通业经营模拟竞赛暨第四届两岸三地大学生流通业经营模拟大赛大陆地区总决赛中，荣获

二等奖

特发此证，以资鼓励。

二〇一七年十月三十日

证　书

李欣钢 同学：

你所在的团队“非常大师”在2017年全国高校商业精英挑战赛“国泰安杯”流通业经营模拟竞赛暨第四届两岸三地大学生流通业经营模拟大赛大陆地区总决赛中，荣获

二等奖

特发此证，以资鼓励。

二〇一七年十月三十日

证　书

程荣东 同学：

你所在的团队“非常大师”在2017年全国高校商业精英挑战赛“国泰安杯”流通业经营模拟竞赛暨第四届两岸三地大学生流通业经营模拟大赛大陆地区总决赛中，荣获

二等奖

特发此证，以资鼓励。

二〇一七年十月三十日

证　书

高金颖 同学：

你所在的团队“非常大师”在2017年全国高校商业精英挑战赛“国泰安杯”流通业经营模拟竞赛暨第四届两岸三地大学生流通业经营模拟大赛大陆地区总决赛中，荣获

二等奖

特发此证，以资鼓励。

二〇一七年十月三十日

证　书

王新华 同学：

你所在的团队“非常大师”在2017年全国高校商业精英挑战赛“国泰安杯”流通业经营模拟竞赛暨第四届两岸三地大学生流通业经营模拟大赛大陆地区总决赛中，荣获

二等奖

特发此证，以资鼓励。

二〇一七年十月三十日

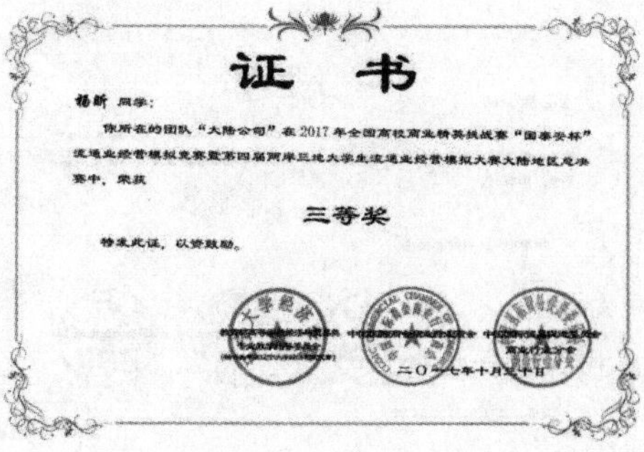

证　书

杨昕 同学：

你所在的团队“大陆公司”在2017年全国高校商业精英挑战赛“国泰安杯”流通业经营模拟竞赛暨第四届两岸三地大学生流通业经营模拟大赛大陆地区总决赛中，荣获

三等奖

特发此证，以资鼓励。

二〇一七年十月三十日

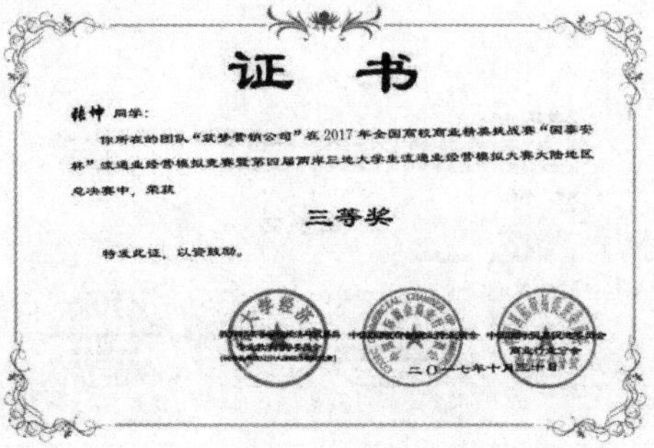

证　书

张坤 同学：

你所在的团队“筑梦营销公司”在2017年全国高校商业精英挑战赛“国泰安杯”流通业经营模拟竞赛暨第四届两岸三地大学生流通业经营模拟大赛大陆地区总决赛中，荣获

三等奖

特发此证，以资鼓励。

二〇一七年十月三十日

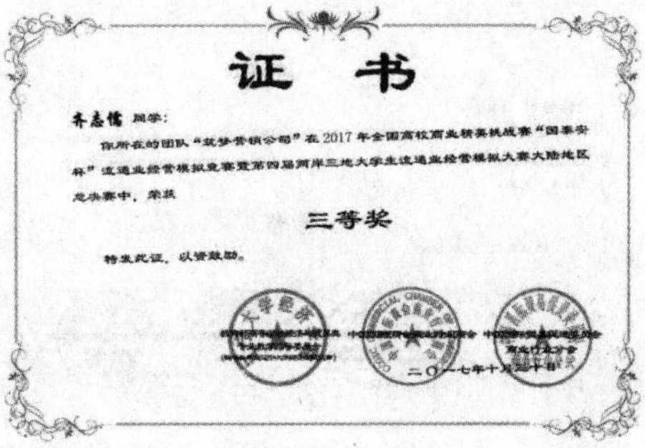

证　书

齐嘉惠 同学：

你所在的团队“筑梦营销公司”在2017年全国高校商业精英挑战赛“国泰安杯”流通业经营模拟竞赛暨第四届两岸三地大学生流通业经营模拟大赛大陆地区总决赛中，荣获

三等奖

特发此证，以资鼓励。

二〇一七年十月三十日

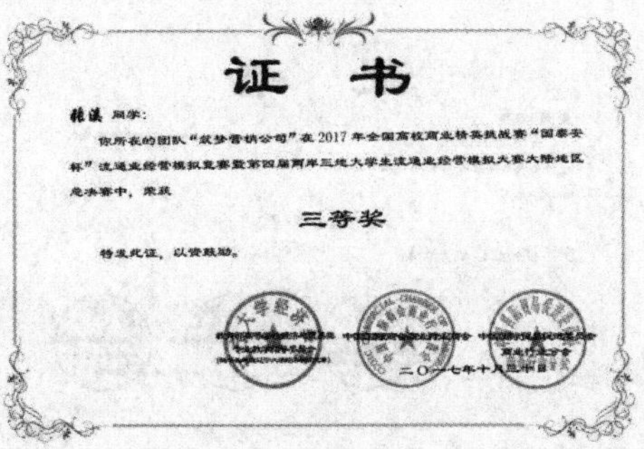

证　书

韩溪 同学：

你所在的团队“筑梦营销公司”在2017年全国高校商业精英挑战赛“国泰安杯”流通业经营模拟竞赛暨第四届两岸三地大学生流通业经营模拟大赛大陆地区总决赛中，荣获

三等奖

特发此证，以资鼓励。

二〇一七年十月三十日

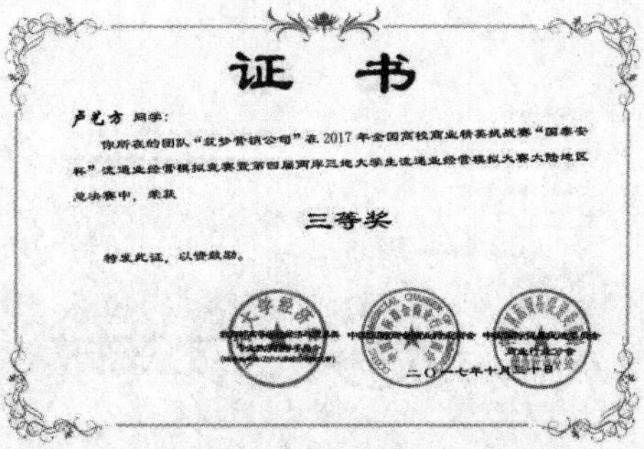

证　书

卢艺方 同学：

你所在的团队“筑梦营销公司”在2017年全国高校商业精英挑战赛“国泰安杯”流通业经营模拟竞赛暨第四届两岸三地大学生流通业经营模拟大赛大陆地区总决赛中，荣获

三等奖

特发此证，以资鼓励。

二〇一七年十月三十日

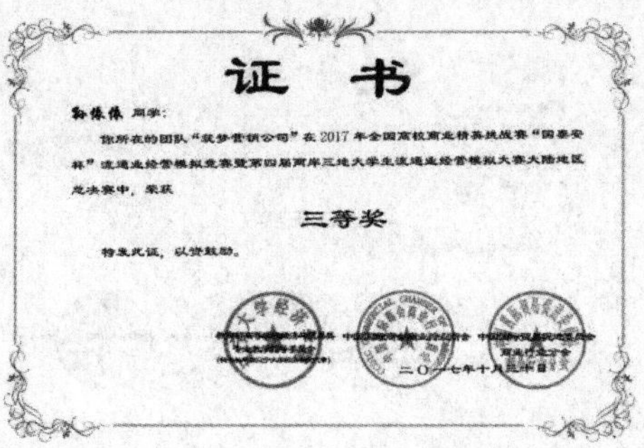

证　书

孙佳佳 同学：

你所在的团队“筑梦营销公司”在2017年全国高校商业精英挑战赛“国泰安杯”流通业经营模拟竞赛暨第四届两岸三地大学生流通业经营模拟大赛大陆地区总决赛中，荣获

三等奖

特发此证，以资鼓励。

二〇一七年十月三十日

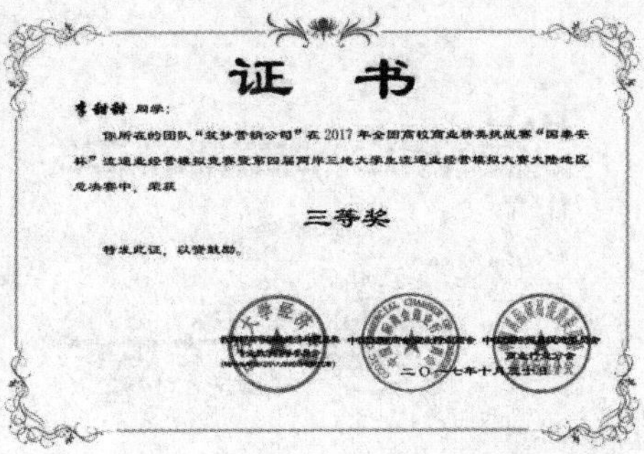

证　书

李甜甜 同学：

你所在的团队“筑梦营销公司”在2017年全国高校商业精英挑战赛“国泰安杯”流通业经营模拟竞赛暨第四届两岸三地大学生流通业经营模拟大赛大陆地区总决赛中，荣获

三等奖

特发此证，以资鼓励。

二〇一七年十月三十日

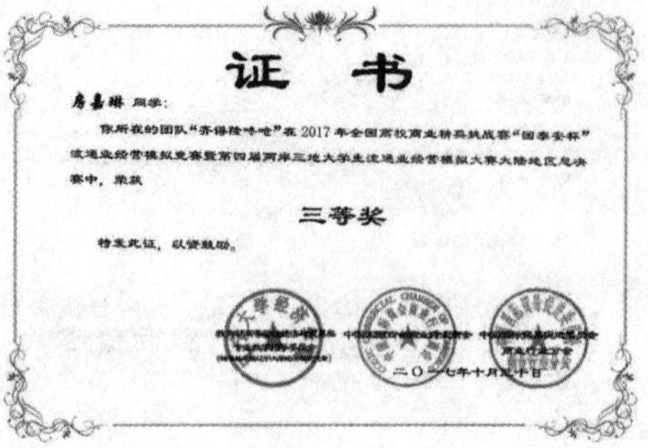

证　书

房嘉琳 同学：

你所在的团队"齐得隆咚呛"在2017年全国高校商业精英挑战赛"国泰安杯"流通业经营模拟竞赛暨第四届两岸三地大学生流通业经营模拟大赛大陆地区总决赛中，荣获

三等奖

特发此证，以资鼓励。

二〇一七年十月三十日

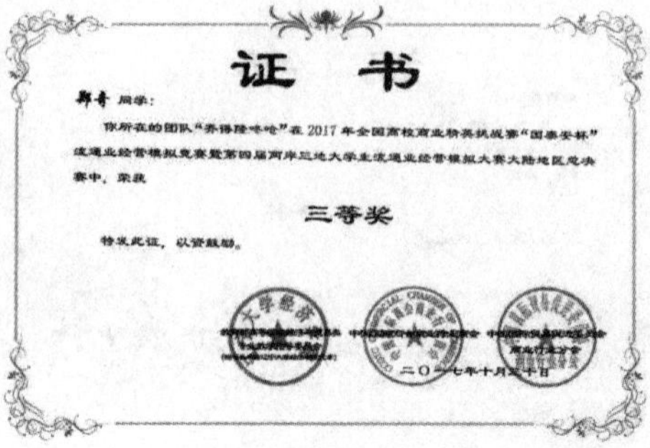

证　书

郑奇 同学：

你所在的团队"齐得隆咚呛"在2017年全国高校商业精英挑战赛"国泰安杯"流通业经营模拟竞赛暨第四届两岸三地大学生流通业经营模拟大赛大陆地区总决赛中，荣获

三等奖

特发此证，以资鼓励。

二〇一七年十月三十日

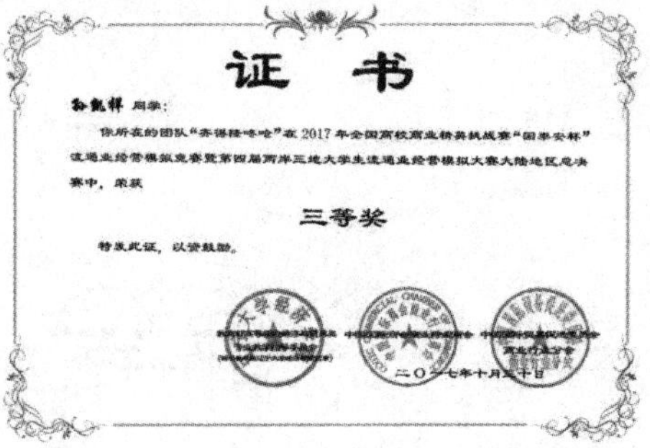

证　书

孙凯祥 同学：

你所在的团队"齐得隆咚呛"在2017年全国高校商业精英挑战赛"国泰安杯"流通业经营模拟竞赛暨第四届两岸三地大学生流通业经营模拟大赛大陆地区总决赛中，荣获

三等奖

特发此证，以资鼓励。

二〇一七年十月三十日

证　书

高婕琅 同学：

你所在的团队"齐得隆咚呛"在2017年全国高校商业精英挑战赛"国泰安杯"流通业经营模拟竞赛暨第四届两岸三地大学生流通业经营模拟大赛大陆地区总决赛中，荣获

三等奖

特发此证，以资鼓励。

二〇一七年十月三十日

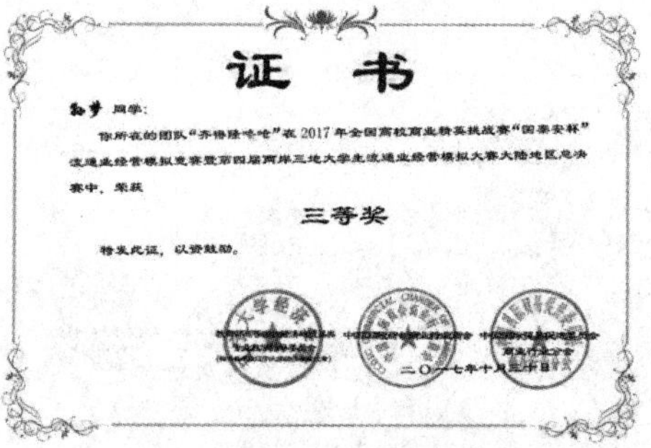

证　书

孙梦 同学：

你所在的团队"齐得隆咚呛"在2017年全国高校商业精英挑战赛"国泰安杯"流通业经营模拟竞赛暨第四届两岸三地大学生流通业经营模拟大赛大陆地区总决赛中，荣获

三等奖

特发此证，以资鼓励。

二〇一七年十月三十日

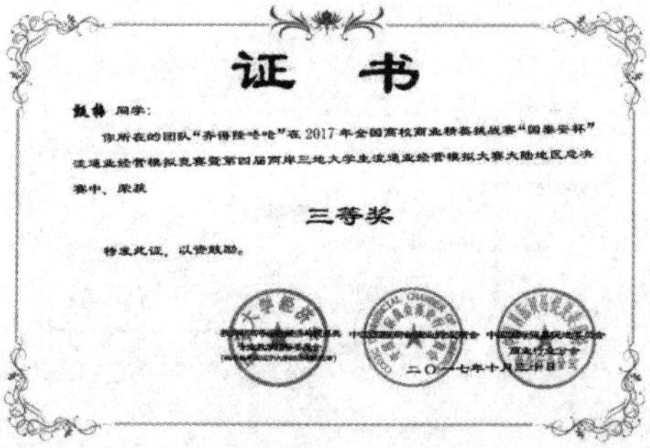

证　书

甄梅 同学：

你所在的团队"齐得隆咚呛"在2017年全国高校商业精英挑战赛"国泰安杯"流通业经营模拟竞赛暨第四届两岸三地大学生流通业经营模拟大赛大陆地区总决赛中，荣获

三等奖

特发此证，以资鼓励。

二〇一七年十月三十日

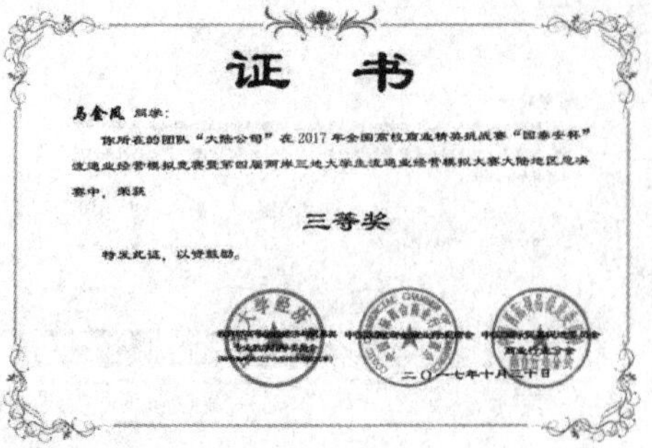

证　书

马金凤 同学：

你所在的团队"大陆公司"在2017年全国高校商业精英挑战赛"国泰安杯"流通业经营模拟竞赛暨第四届两岸三地大学生流通业经营模拟大赛大陆地区总决赛中，荣获

三等奖

特发此证，以资鼓励。

二〇一七年十月三十日

证　书

吴晓雨 同学：

你所在的团队"大陆公司"在2017年全国高校商业精英挑战赛"国泰安杯"流通业经营模拟竞赛暨第四届两岸三地大学生流通业经营模拟大赛大陆地区总决赛中，荣获

三等奖

特发此证，以资鼓励。

二〇一七年十月三十日

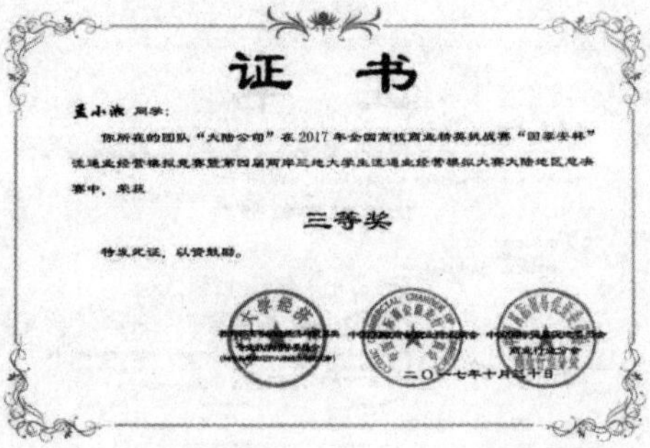
证　书

孟小淞 同学：

你所在的团队"大陆公司"在2017年全国高校商业精英挑战赛"国泰安杯"流通业经营模拟竞赛暨第四届两岸三地大学生流通业经营模拟大赛大陆地区总决赛中，荣获

三等奖

特发此证，以资鼓励。

二〇一七年十月三十日

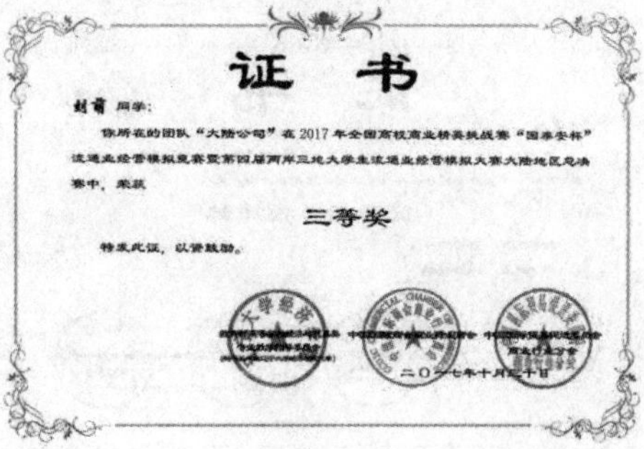
证　书

封蕾 同学：

你所在的团队"大陆公司"在2017年全国高校商业精英挑战赛"国泰安杯"流通业经营模拟竞赛暨第四届两岸三地大学生流通业经营模拟大赛大陆地区总决赛中，荣获

三等奖

特发此证，以资鼓励。

二〇一七年十月三十日

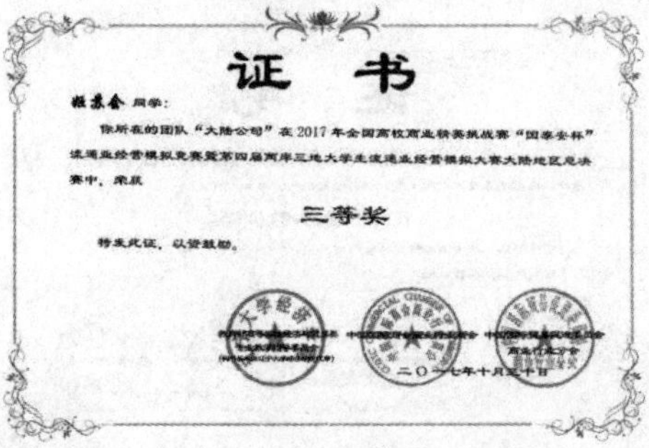
证　书

魏东鑫 同学：

你所在的团队"大陆公司"在2017年全国高校商业精英挑战赛"国泰安杯"流通业经营模拟竞赛暨第四届两岸三地大学生流通业经营模拟大赛大陆地区总决赛中，荣获

三等奖

特发此证，以资鼓励。

二〇一七年十月三十日

2017年全国高校商业精英挑战赛营销模拟决策竞赛

证　书

德州学院：

在2017年全国高校商业精英挑战赛"国泰安杯"营销模拟决策竞赛暨第五届两岸三地大学生营销模拟决策大赛大陆地区总决赛中，荣获

最佳院校组织奖

特发此证，以资鼓励。

二〇一七年十月三十日

证　书

杨颖 老师：

在2017年全国高校商业精英挑战赛"国泰安杯"营销模拟决策竞赛暨第五届两岸三地大学生营销模拟决策大赛大陆地区总决赛中，荣获

优秀指导教师奖

指导团队：战神

特发此证，以资鼓励。

二〇一七年十月三十日

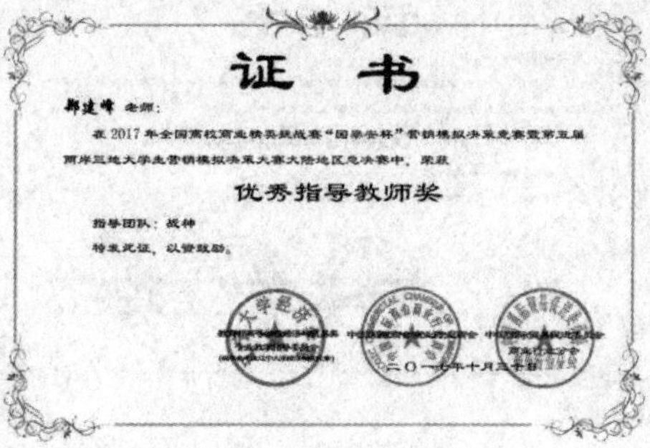
证　书

郑建峰 老师：

在2017年全国高校商业精英挑战赛"国泰安杯"营销模拟决策竞赛暨第五届两岸三地大学生营销模拟决策大赛大陆地区总决赛中，荣获

优秀指导教师奖

指导团队：战神

特发此证，以资鼓励。

二〇一七年十月三十日

证　书

王彬 老师：

在2017年全国高校商业精英挑战赛"国泰安杯"营销模拟决策竞赛暨第五届两岸三地大学生营销模拟决策大赛大陆地区总决赛中，荣获

优秀指导教师奖

指导团队：华鹏营销公司

特发此证，以资鼓励。

二〇一七年十月三十日

证 书

姚秀丽 老师：

在2017年全国高校商业精英挑战赛“国泰安杯”营销模拟决策竞赛暨第五届两岸三地大学生营销模拟决策大赛大陆地区总决赛中，荣获

优秀指导教师奖

指导团队：赤锡陵咔咔

特发此证，以资鼓励。

二〇一七年十月三十日

证 书

潘光杰 老师：

在2017年全国高校商业精英挑战赛“国泰安杯”营销模拟决策竞赛暨第五届两岸三地大学生营销模拟决策大赛大陆地区总决赛中，荣获

优秀指导教师奖

指导团队：Athena

特发此证，以资鼓励。

二〇一七年十月三十日

证 书

丁晓莉 老师：

在2017年全国高校商业精英挑战赛“国泰安杯”营销模拟决策竞赛暨第五届两岸三地大学生营销模拟决策大赛大陆地区总决赛中，荣获

优秀指导教师奖

指导团队：亚洲贸易公司

特发此证，以资鼓励。

二〇一七年十月三十日

证 书

卜庆娟 老师：

在2017年全国高校商业精英挑战赛“国泰安杯”营销模拟决策竞赛暨第五届两岸三地大学生营销模拟决策大赛大陆地区总决赛中，荣获

优秀指导教师奖

指导团队：凯瑞国际贸易有限公司

特发此证，以资鼓励。

二〇一七年十月三十日

证 书

李朝晖 老师：

在2017年全国高校商业精英挑战赛“国泰安杯”营销模拟决策竞赛暨第五届两岸三地大学生营销模拟决策大赛大陆地区总决赛中，荣获

优秀指导教师奖

指导团队：凯瑞国际贸易有限公司

特发此证，以资鼓励。

二〇一七年十月三十日

证 书

冯天嘉 老师：

在2017年全国高校商业精英挑战赛“国泰安杯”营销模拟决策竞赛暨第五届两岸三地大学生营销模拟决策大赛大陆地区总决赛中，荣获

优秀指导教师奖

指导团队：Athena

特发此证，以资鼓励。

二〇一七年十月三十日

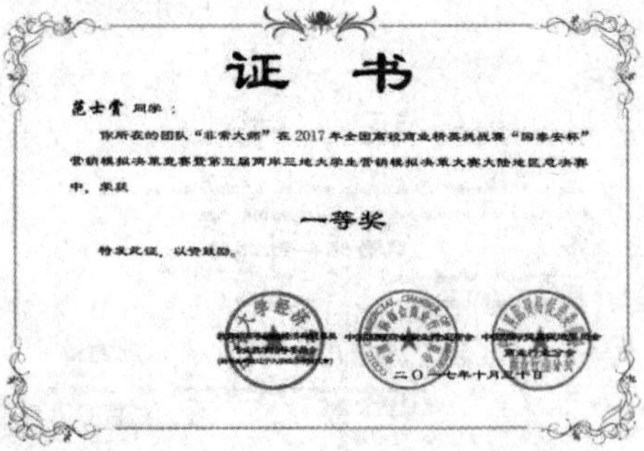

证 书

范士贵 同学：

你所在的团队“非常大师”在2017年全国高校商业精英挑战赛“国泰安杯”营销模拟决策竞赛暨第五届两岸三地大学生营销模拟决策大赛大陆地区总决赛中，荣获

一等奖

特发此证，以资鼓励。

二〇一七年十月三十日

证 书

曾冰 老师：

在2017年全国高校商业精英挑战赛“国泰安杯”营销模拟决策竞赛暨第五届两岸三地大学生营销模拟决策大赛大陆地区总决赛中，荣获

优秀指导教师奖

指导团队：非常大师

特发此证，以资鼓励。

二〇一七年十月三十日

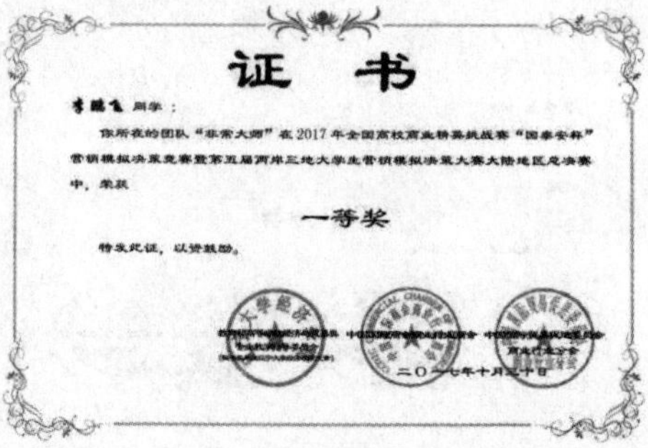
证　书

李鹏飞 同学：

你所在的团队“非常大师”在2017年全国高校商业精英挑战赛“国泰安杯”营销模拟决策竞赛暨第五届两岸三地大学生营销模拟决策大赛大陆地区总决赛中，荣获

一等奖

特发此证，以资鼓励。

二〇一七年十月三十日

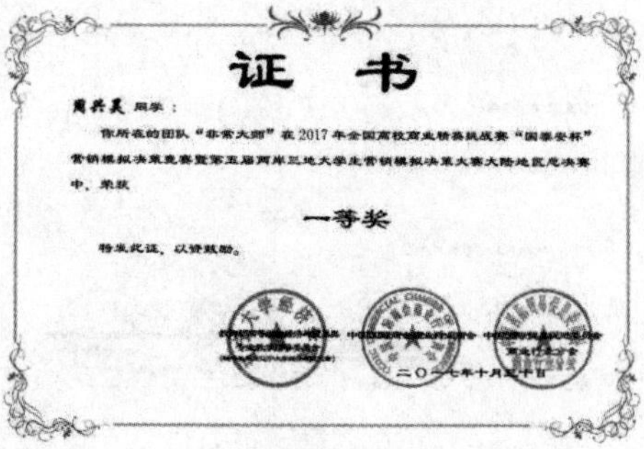
证　书

周兴昊 同学：

你所在的团队“非常大师”在2017年全国高校商业精英挑战赛“国泰安杯”营销模拟决策竞赛暨第五届两岸三地大学生营销模拟决策大赛大陆地区总决赛中，荣获

一等奖

特发此证，以资鼓励。

二〇一七年十月三十日

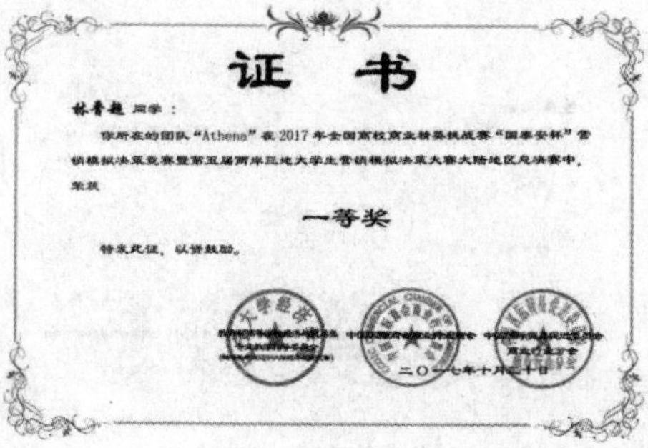
证　书

林青越 同学：

你所在的团队“Athena”在2017年全国高校商业精英挑战赛“国泰安杯”营销模拟决策竞赛暨第五届两岸三地大学生营销模拟决策大赛大陆地区总决赛中，荣获

一等奖

特发此证，以资鼓励。

二〇一七年十月三十日

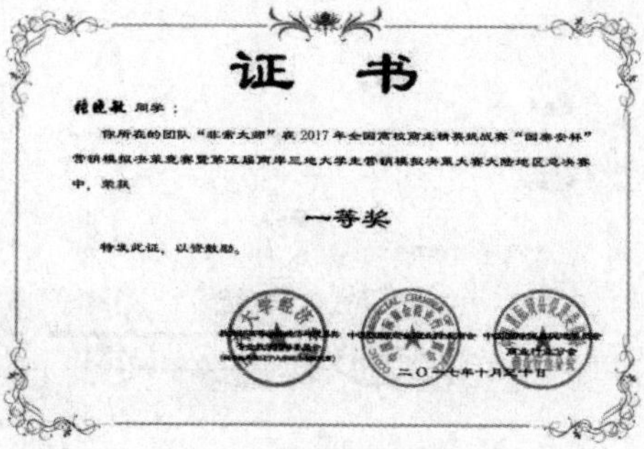
证　书

韩晓敏 同学：

你所在的团队“非常大师”在2017年全国高校商业精英挑战赛“国泰安杯”营销模拟决策竞赛暨第五届两岸三地大学生营销模拟决策大赛大陆地区总决赛中，荣获

一等奖

特发此证，以资鼓励。

二〇一七年十月三十日

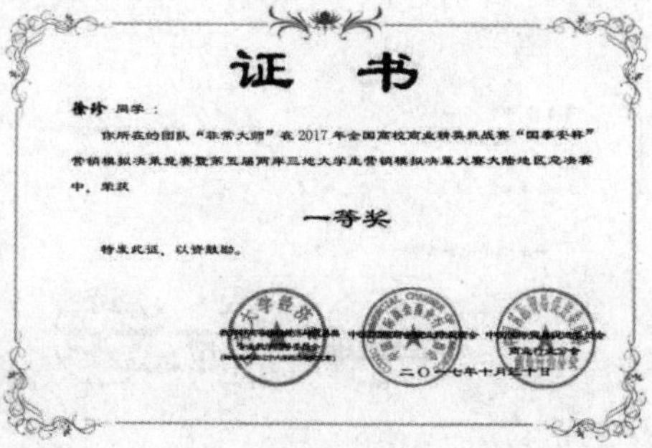
证　书

徐玲 同学：

你所在的团队“非常大师”在2017年全国高校商业精英挑战赛“国泰安杯”营销模拟决策竞赛暨第五届两岸三地大学生营销模拟决策大赛大陆地区总决赛中，荣获

一等奖

特发此证，以资鼓励。

二〇一七年十月三十日

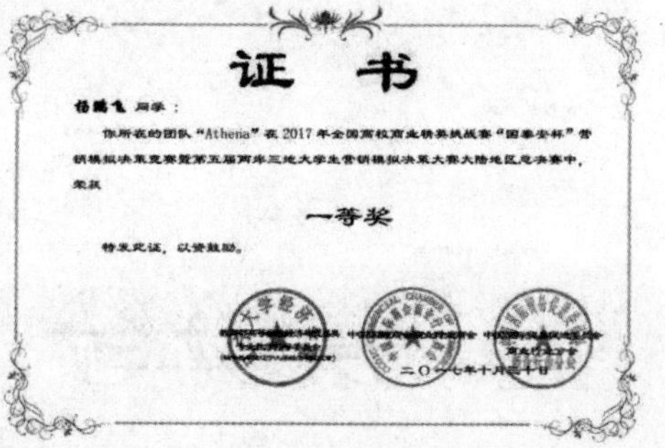
证　书

杨鹏飞 同学：

你所在的团队“Athena”在2017年全国高校商业精英挑战赛“国泰安杯”营销模拟决策竞赛暨第五届两岸三地大学生营销模拟决策大赛大陆地区总决赛中，荣获

一等奖

特发此证，以资鼓励。

二〇一七年十月三十日

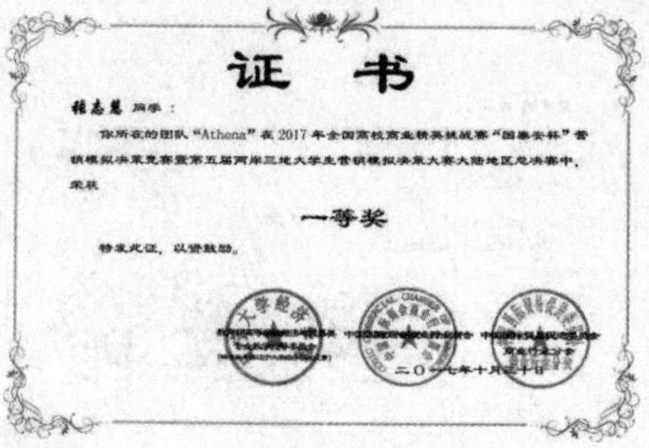
证　书

韩志慧 同学：

你所在的团队“Athena”在2017年全国高校商业精英挑战赛“国泰安杯”营销模拟决策竞赛暨第五届两岸三地大学生营销模拟决策大赛大陆地区总决赛中，荣获

一等奖

特发此证，以资鼓励。

二〇一七年十月三十日

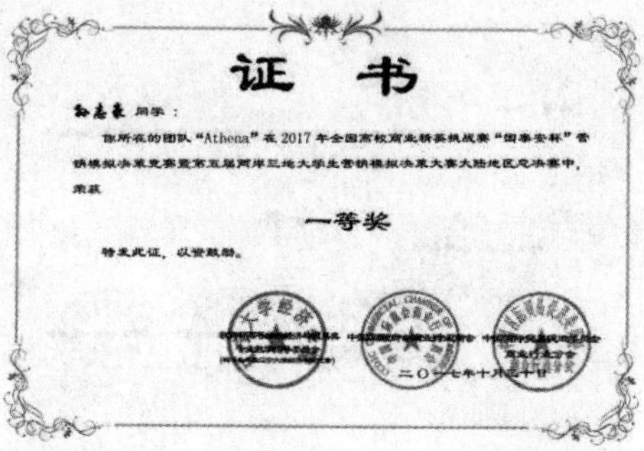
证　书

孙志豪 同学：

你所在的团队“Athena”在2017年全国高校商业精英挑战赛“国泰安杯”营销模拟决策竞赛暨第五届两岸三地大学生营销模拟决策大赛大陆地区总决赛中，荣获

一等奖

特发此证，以资鼓励。

二〇一七年十月三十日

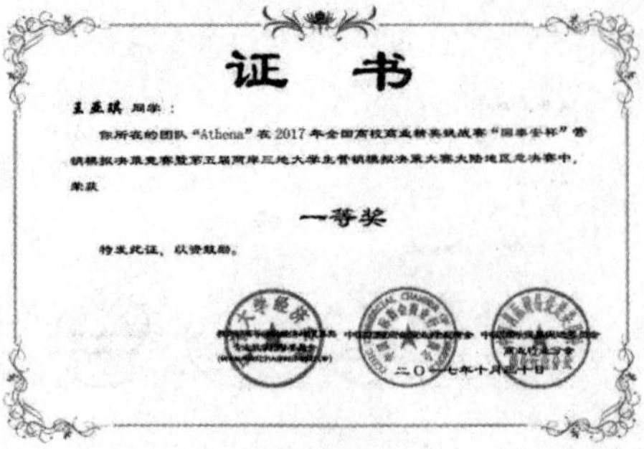
证　书

王亚琪 同学：

你所在的团队"Athena"在2017年全国高校商业精英挑战赛"国泰安杯"营销模拟决策竞赛暨第五届两岸三地大学生营销模拟决策大赛大陆地区总决赛中，荣获

一等奖

特发此证，以资鼓励。

二〇一七年十月三十日

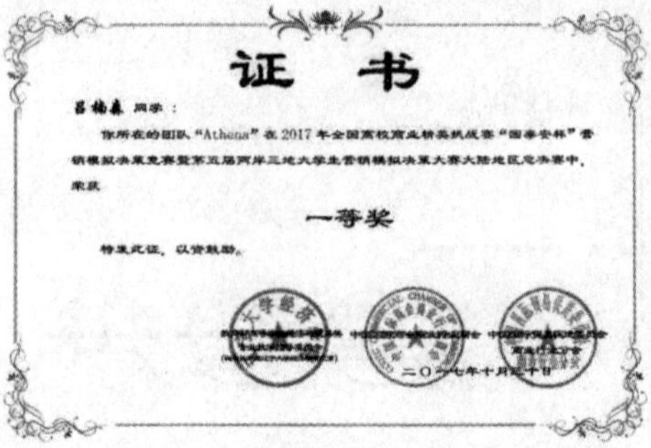
证　书

吕楠森 同学：

你所在的团队"Athena"在2017年全国高校商业精英挑战赛"国泰安杯"营销模拟决策竞赛暨第五届两岸三地大学生营销模拟决策大赛大陆地区总决赛中，荣获

一等奖

特发此证，以资鼓励。

二〇一七年十月三十日

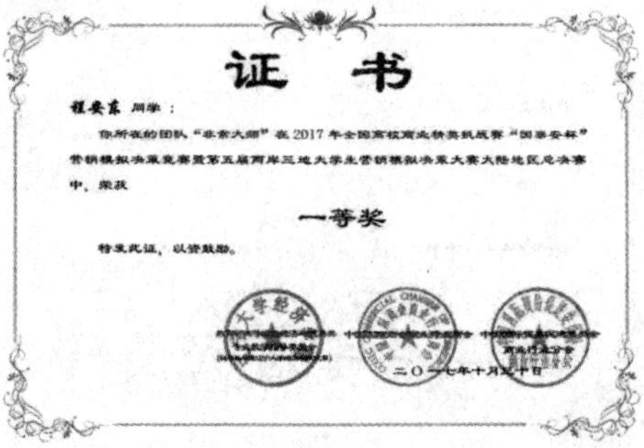
证　书

程安东 同学：

你所在的团队"非常大师"在2017年全国高校商业精英挑战赛"国泰安杯"营销模拟决策竞赛暨第五届两岸三地大学生营销模拟决策大赛大陆地区总决赛中，荣获

一等奖

特发此证，以资鼓励。

二〇一七年十月三十日

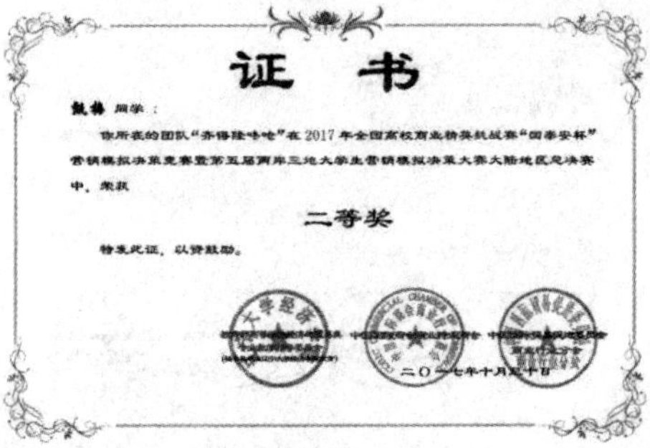
证　书

魏赫 同学：

你所在的团队"亦得隆咕吃"在2017年全国高校商业精英挑战赛"国泰安杯"营销模拟决策竞赛暨第五届两岸三地大学生营销模拟决策大赛大陆地区总决赛中，荣获

二等奖

特发此证，以资鼓励。

二〇一七年十月三十日

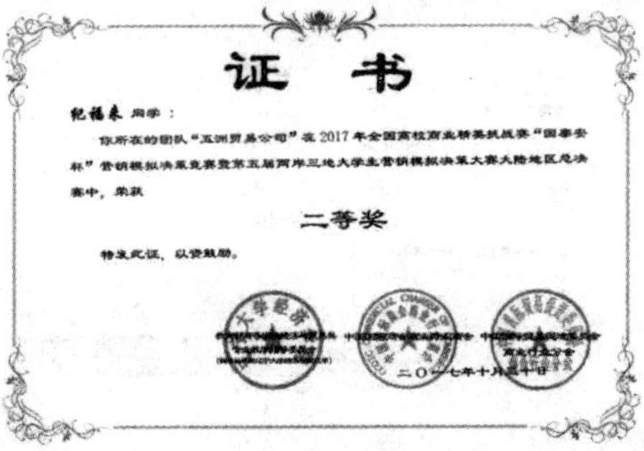
证　书

纪福来 同学：

你所在的团队"五洲贸易公司"在2017年全国高校商业精英挑战赛"国泰安杯"营销模拟决策竞赛暨第五届两岸三地大学生营销模拟决策大赛大陆地区总决赛中，荣获

二等奖

特发此证，以资鼓励。

二〇一七年十月三十日

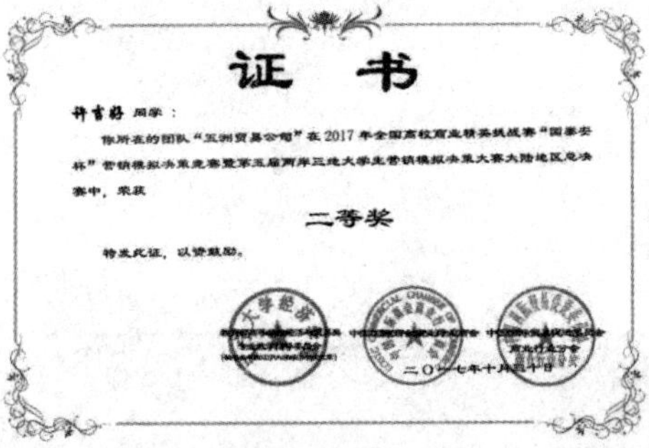
证　书

许言婷 同学：

你所在的团队"五洲贸易公司"在2017年全国高校商业精英挑战赛"国泰安杯"营销模拟决策竞赛暨第五届两岸三地大学生营销模拟决策大赛大陆地区总决赛中，荣获

二等奖

特发此证，以资鼓励。

二〇一七年十月三十日

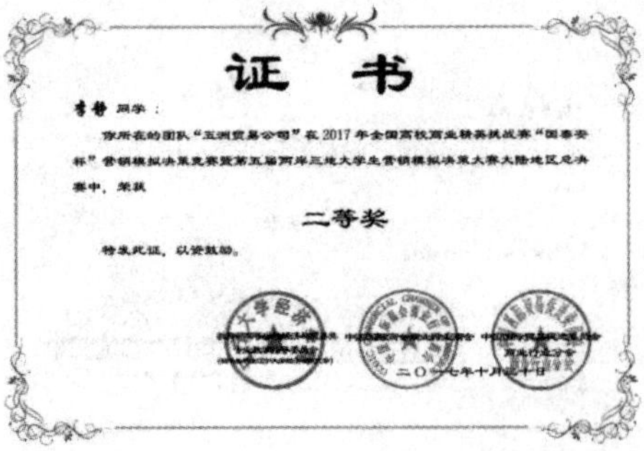
证　书

李静 同学：

你所在的团队"五洲贸易公司"在2017年全国高校商业精英挑战赛"国泰安杯"营销模拟决策竞赛暨第五届两岸三地大学生营销模拟决策大赛大陆地区总决赛中，荣获

二等奖

特发此证，以资鼓励。

二〇一七年十月三十日

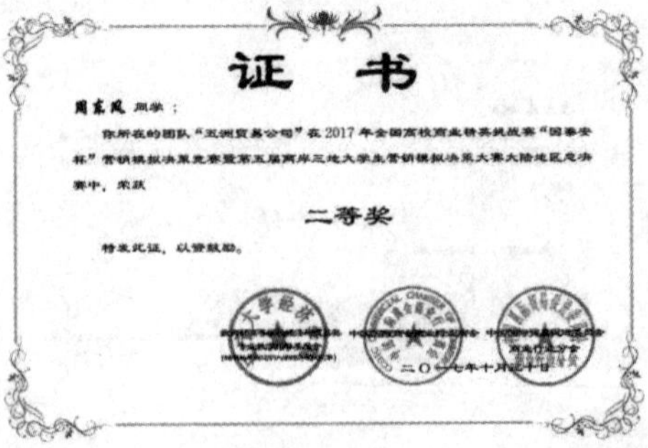
证　书

周东风 同学：

你所在的团队"五洲贸易公司"在2017年全国高校商业精英挑战赛"国泰安杯"营销模拟决策竞赛暨第五届两岸三地大学生营销模拟决策大赛大陆地区总决赛中，荣获

二等奖

特发此证，以资鼓励。

二〇一七年十月三十日

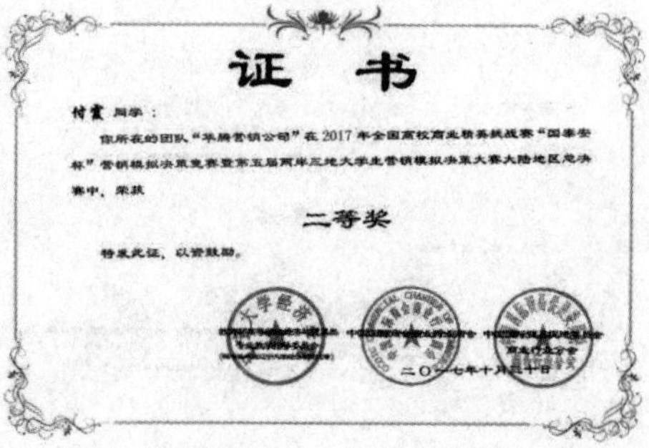
证　书
付蕾 同学：
你所在的团队"华腾营销公司"在2017年全国高校商业精英挑战赛"国泰安杯"营销模拟决策竞赛暨第五届两岸三地大学生营销模拟决策大赛大陆地区总决赛中，荣获
二等奖
特发此证，以资鼓励。
二〇一七年十月三十日

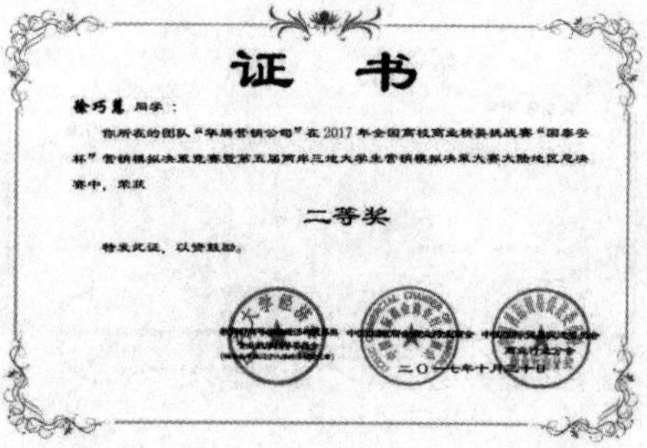
证　书
徐巧慧 同学：
你所在的团队"华腾营销公司"在2017年全国高校商业精英挑战赛"国泰安杯"营销模拟决策竞赛暨第五届两岸三地大学生营销模拟决策大赛大陆地区总决赛中，荣获
二等奖
特发此证，以资鼓励。
二〇一七年十月三十日

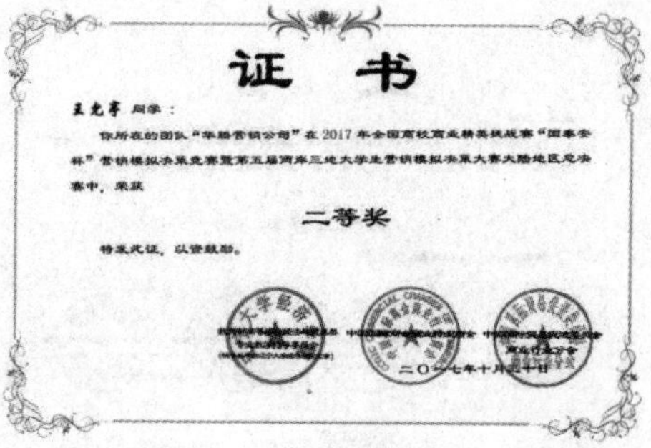
证　书
王光亭 同学：
你所在的团队"华腾营销公司"在2017年全国高校商业精英挑战赛"国泰安杯"营销模拟决策竞赛暨第五届两岸三地大学生营销模拟决策大赛大陆地区总决赛中，荣获
二等奖
特发此证，以资鼓励。
二〇一七年十月三十日

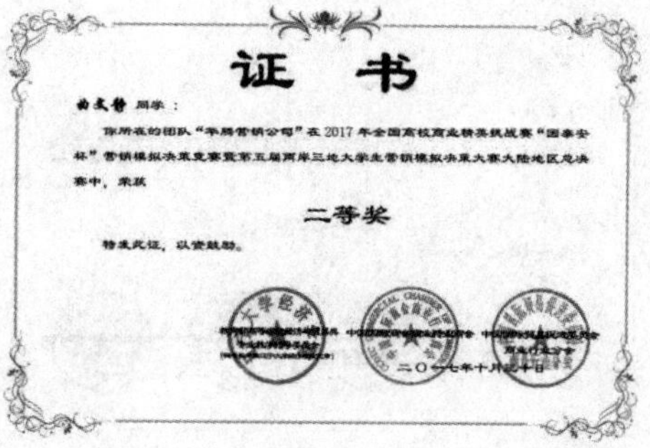
证　书
曲文静 同学：
你所在的团队"华腾营销公司"在2017年全国高校商业精英挑战赛"国泰安杯"营销模拟决策竞赛暨第五届两岸三地大学生营销模拟决策大赛大陆地区总决赛中，荣获
二等奖
特发此证，以资鼓励。
二〇一七年十月三十日

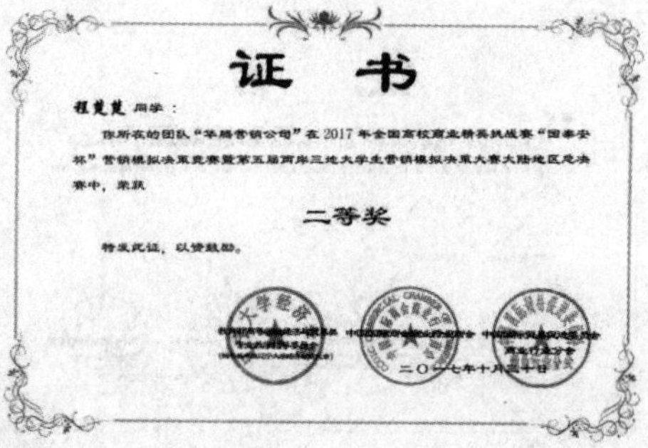
证　书
程莹莹 同学：
你所在的团队"华腾营销公司"在2017年全国高校商业精英挑战赛"国泰安杯"营销模拟决策竞赛暨第五届两岸三地大学生营销模拟决策大赛大陆地区总决赛中，荣获
二等奖
特发此证，以资鼓励。
二〇一七年十月三十日

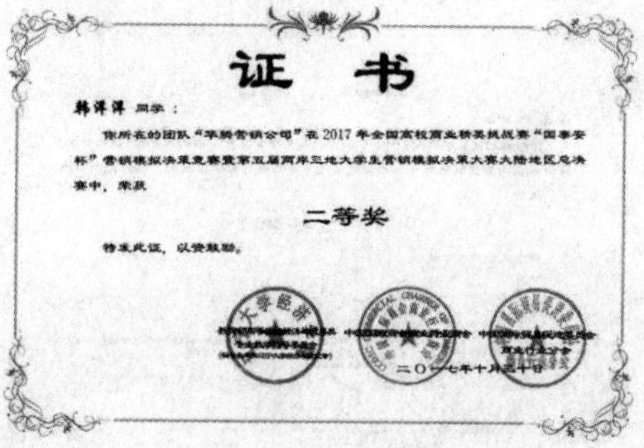
证　书
韩泽洋 同学：
你所在的团队"华腾营销公司"在2017年全国高校商业精英挑战赛"国泰安杯"营销模拟决策竞赛暨第五届两岸三地大学生营销模拟决策大赛大陆地区总决赛中，荣获
二等奖
特发此证，以资鼓励。
二〇一七年十月三十日

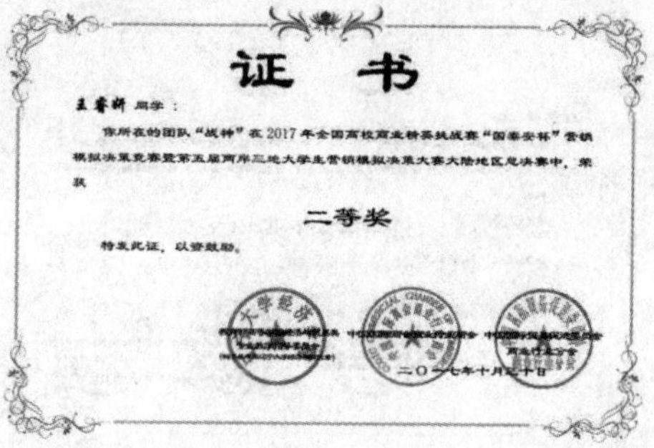
证　书
王馨妍 同学：
你所在的团队"战神"在2017年全国高校商业精英挑战赛"国泰安杯"营销模拟决策竞赛暨第五届两岸三地大学生营销模拟决策大赛大陆地区总决赛中，荣获
二等奖
特发此证，以资鼓励。
二〇一七年十月三十日

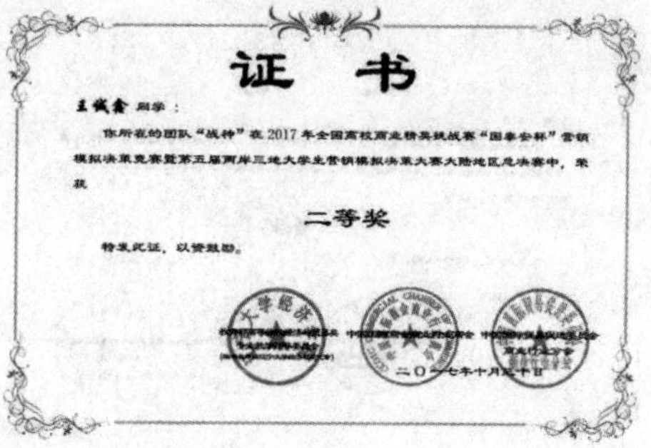
证　书
王钱鑫 同学：
你所在的团队"战神"在2017年全国高校商业精英挑战赛"国泰安杯"营销模拟决策竞赛暨第五届两岸三地大学生营销模拟决策大赛大陆地区总决赛中，荣获
二等奖
特发此证，以资鼓励。
二〇一七年十月三十日

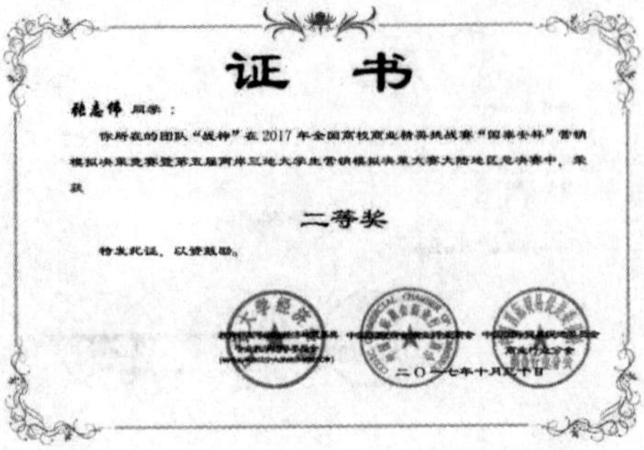

证 书

张志伟 同学：

你所在的团队“战神”在2017年全国高校商业精英挑战赛“国泰安杯”营销模拟决策竞赛暨第五届两岸三地大学生营销模拟决策大赛大陆地区总决赛中，荣获

二等奖

特发此证，以资鼓励。

[redacted]

二〇一七年十月三十日

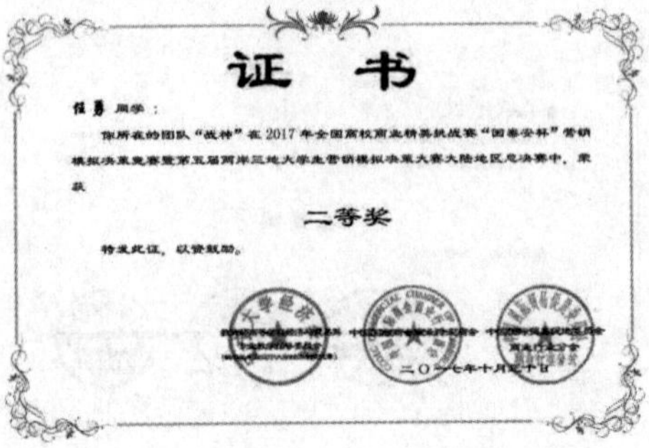

证 书

任勇 同学：

你所在的团队“战神”在2017年全国高校商业精英挑战赛“国泰安杯”营销模拟决策竞赛暨第五届两岸三地大学生营销模拟决策大赛大陆地区总决赛中，荣获

二等奖

特发此证，以资鼓励。

[redacted]

二〇一七年十月三十日

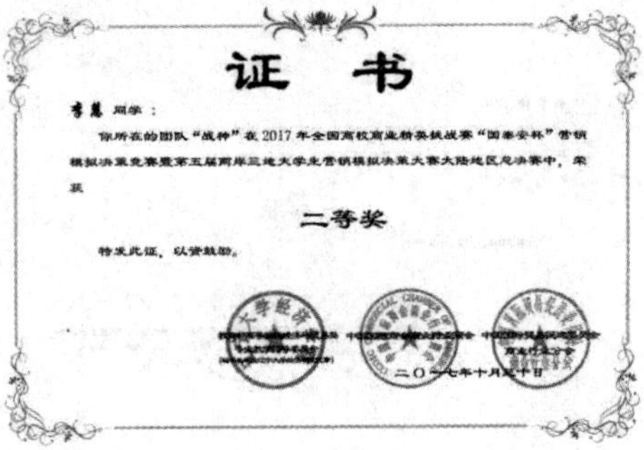

证 书

李慧 同学：

你所在的团队“战神”在2017年全国高校商业精英挑战赛“国泰安杯”营销模拟决策竞赛暨第五届两岸三地大学生营销模拟决策大赛大陆地区总决赛中，荣获

二等奖

特发此证，以资鼓励。

[redacted]

二〇一七年十月三十日

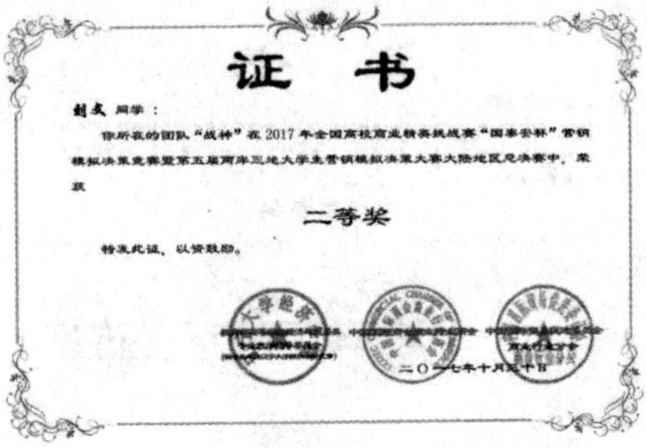

证 书

刘文 同学：

你所在的团队“战神”在2017年全国高校商业精英挑战赛“国泰安杯”营销模拟决策竞赛暨第五届两岸三地大学生营销模拟决策大赛大陆地区总决赛中，荣获

二等奖

特发此证，以资鼓励。

[redacted]

二〇一七年十月三十日

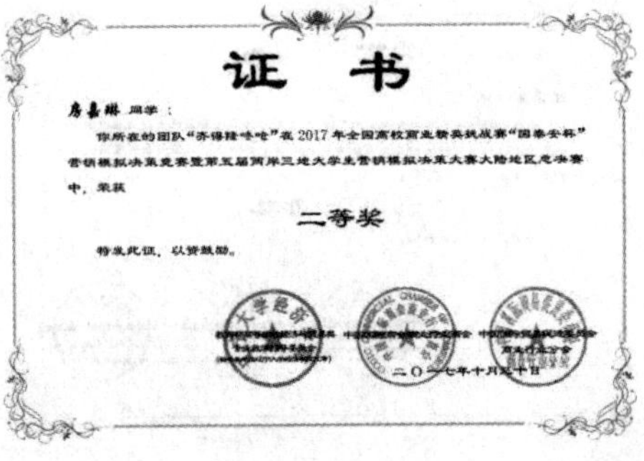

证 书

房嘉琳 同学：

你所在的团队“齐得隆咚呛”在2017年全国高校商业精英挑战赛“国泰安杯”营销模拟决策竞赛暨第五届两岸三地大学生营销模拟决策大赛大陆地区总决赛中，荣获

二等奖

特发此证，以资鼓励。

[redacted]

二〇一七年十月三十日

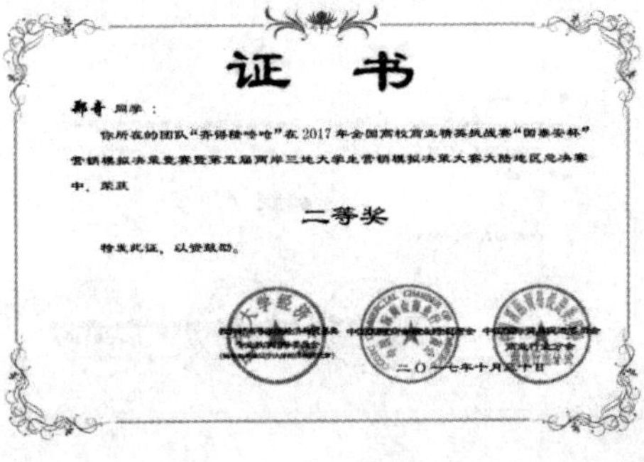

证 书

郑奇 同学：

你所在的团队“齐得隆咚呛”在2017年全国高校商业精英挑战赛“国泰安杯”营销模拟决策竞赛暨第五届两岸三地大学生营销模拟决策大赛大陆地区总决赛中，荣获

二等奖

特发此证，以资鼓励。

[redacted]

二〇一七年十月三十日

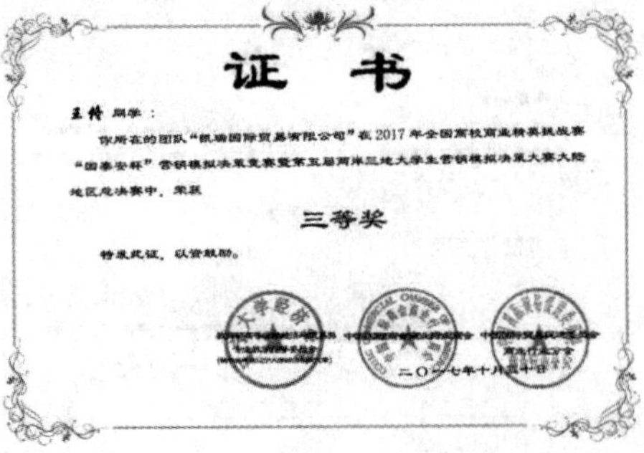

证 书

王倚 同学：

你所在的团队“凯瑞国际贸易有限公司”在2017年全国高校商业精英挑战赛“国泰安杯”营销模拟决策竞赛暨第五届两岸三地大学生营销模拟决策大赛大陆地区总决赛中，荣获

三等奖

特发此证，以资鼓励。

[redacted]

二〇一七年十月三十日

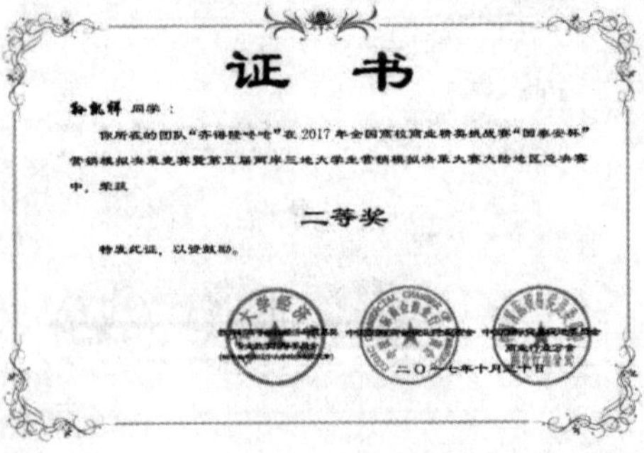

证 书

孙凯祥 同学：

你所在的团队“齐得隆咚呛”在2017年全国高校商业精英挑战赛“国泰安杯”营销模拟决策竞赛暨第五届两岸三地大学生营销模拟决策大赛大陆地区总决赛中，荣获

二等奖

特发此证，以资鼓励。

[redacted]

二〇一七年十月三十日

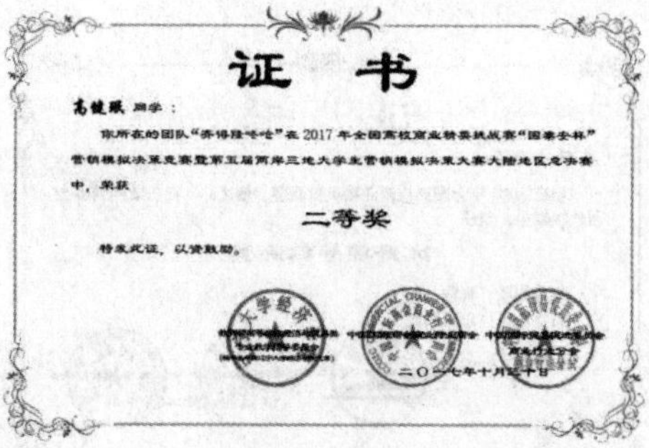

证　书

高健琛 同学：

你所在的团队“齐得隆咚呛”在2017年全国高校商业精英挑战赛“国泰安杯”营销模拟决策竞赛暨第五届两岸三地大学生营销模拟决策大赛大陆地区总决赛中，荣获

二等奖

特发此证，以资鼓励。

二〇一七年十月三十日

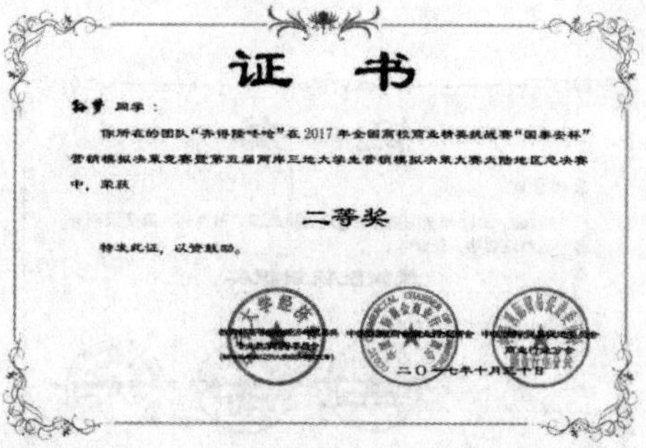

证　书

孙梦 同学：

你所在的团队“齐得隆咚呛”在2017年全国高校商业精英挑战赛“国泰安杯”营销模拟决策竞赛暨第五届两岸三地大学生营销模拟决策大赛大陆地区总决赛中，荣获

二等奖

特发此证，以资鼓励。

二〇一七年十月三十日

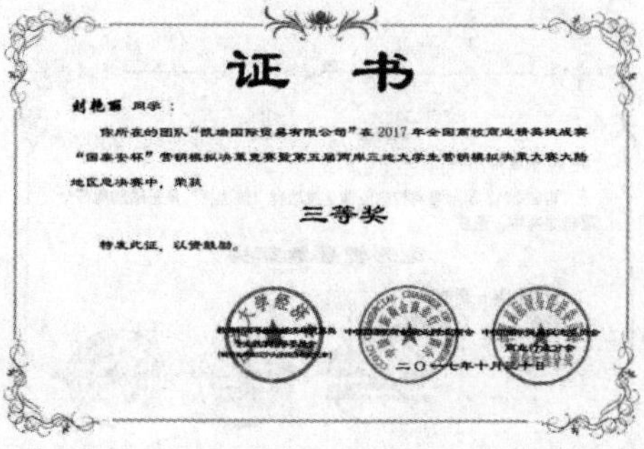

证　书

刘艳丽 同学：

你所在的团队“凯瑞国际贸易有限公司”在2017年全国高校商业精英挑战赛“国泰安杯”营销模拟决策竞赛暨第五届两岸三地大学生营销模拟决策大赛大陆地区总决赛中，荣获

三等奖

特发此证，以资鼓励。

二〇一七年十月三十日

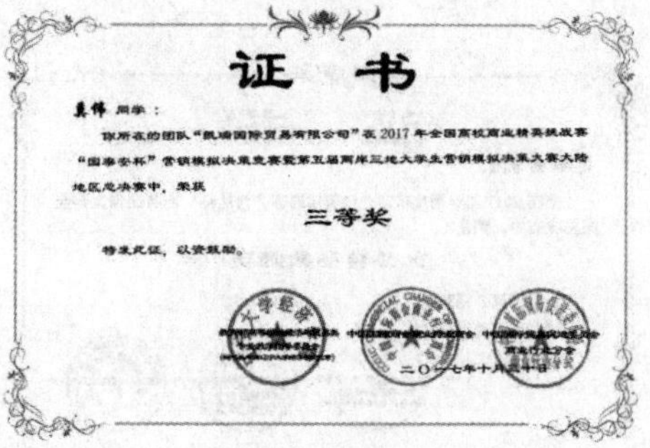

证　书

袁伟 同学：

你所在的团队“凯瑞国际贸易有限公司”在2017年全国高校商业精英挑战赛“国泰安杯”营销模拟决策竞赛暨第五届两岸三地大学生营销模拟决策大赛大陆地区总决赛中，荣获

三等奖

特发此证，以资鼓励。

二〇一七年十月三十日

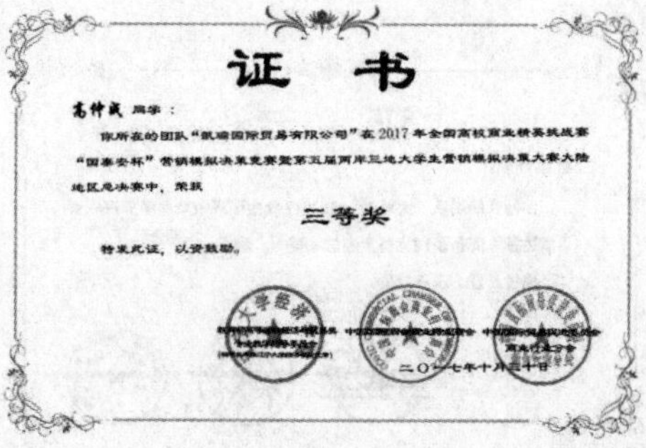

证　书

高仲威 同学：

你所在的团队“凯瑞国际贸易有限公司”在2017年全国高校商业精英挑战赛“国泰安杯”营销模拟决策竞赛暨第五届两岸三地大学生营销模拟决策大赛大陆地区总决赛中，荣获

三等奖

特发此证，以资鼓励。

二〇一七年十月三十日

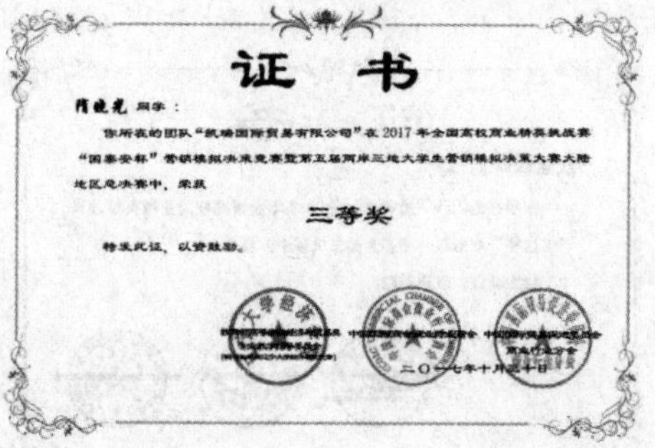

证　书

闫晓光 同学：

你所在的团队“凯瑞国际贸易有限公司”在2017年全国高校商业精英挑战赛“国泰安杯”营销模拟决策竞赛暨第五届两岸三地大学生营销模拟决策大赛大陆地区总决赛中，荣获

三等奖

特发此证，以资鼓励。

二〇一七年十月三十日

证　书

刘琪 同学：

你所在的团队“凯瑞国际贸易有限公司”在2017年全国高校商业精英挑战赛“国泰安杯”营销模拟决策竞赛暨第五届两岸三地大学生营销模拟决策大赛大陆地区总决赛中，荣获

三等奖

特发此证，以资鼓励。

二〇一七年十月三十日

2017 年全国高校商业精英挑战赛“信达杯”商务谈判竞赛

证 书

德州学院：

贵校在 2017 年全国高校商业精英挑战赛“信达杯”商务谈判竞赛全国总决赛中，荣获

最佳院校组织奖

特发此证，以资鼓励。

二〇一七年十二月十一日

证 书

毛丽君老师：

您在 2017 年全国高校商业精英挑战赛“信达杯”商务谈判竞赛全国总决赛中，荣获

优秀辅导教师奖

指导团队：智联 e 创

特发此证，以资鼓励。

二〇一七年十二月十一日

证 书

毛丽君老师：

您在 2017 年全国高校商业精英挑战赛“信达杯”商务谈判竞赛全国总决赛中，荣获

优秀辅导教师奖

指导团队：语意队

特发此证，以资鼓励。

二〇一七年十二月十一日

证 书

韩大平老师：

您在 2017 年全国高校商业精英挑战赛“信达杯”商务谈判竞赛全国总决赛中，荣获

优秀辅导教师奖

指导团队：勇敢者

特发此证，以资鼓励。

二〇一七年十二月十一日

证 书

耿晓红同学：

你所在的团队“勇敢者”在 2017 年全国高校商业精英挑战赛“信达杯”商务谈判竞赛全国总决赛中，荣获二等奖。

特发此证，以资鼓励。

二〇一七年十二月十一日

证 书

封琪同学：

你所在的团队“勇敢者”在 2017 年全国高校商业精英挑战赛“信达杯”商务谈判竞赛全国总决赛中，荣获二等奖。

特发此证，以资鼓励。

二〇一七年十二月十一日

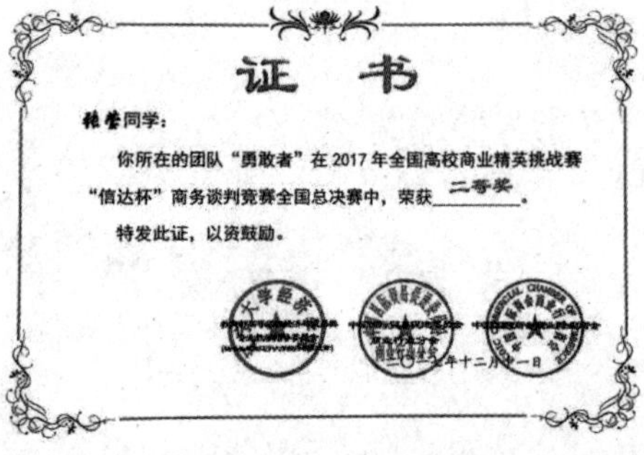

证 书

张莹同学：

你所在的团队“勇敢者”在 2017 年全国高校商业精英挑战赛“信达杯”商务谈判竞赛全国总决赛中，荣获二等奖。

特发此证，以资鼓励。

二〇一七年十二月十一日

证 书

鞠婷同学：

你所在的团队“勇敢者”在 2017 年全国高校商业精英挑战赛“信达杯”商务谈判竞赛全国总决赛中，荣获二等奖。

特发此证，以资鼓励。

二〇一七年十二月十一日

证　书

王新华同学：

你所在的团队“勇敢者”在 2017 年全国高校商业精英挑战赛“信达杯”商务谈判竞赛全国总决赛中，荣获二等奖。

特发此证，以资鼓励。

证　书

韩明霞同学：

你所在的团队“语意队”在 2017 年全国高校商业精英挑战赛“信达杯”商务谈判竞赛全国总决赛中，荣获二等奖。

特发此证，以资鼓励。

证　书

吕晓琳同学：

你所在的团队“语意队”在 2017 年全国高校商业精英挑战赛“信达杯”商务谈判竞赛全国总决赛中，荣获二等奖。

特发此证，以资鼓励。

证　书

滕丽萍同学：

你所在的团队“语意队”在 2017 年全国高校商业精英挑战赛“信达杯”商务谈判竞赛全国总决赛中，荣获二等奖。

特发此证，以资鼓励。

证　书

陈婧婧同学：

你所在的团队“语意队”在 2017 年全国高校商业精英挑战赛“信达杯”商务谈判竞赛全国总决赛中，荣获二等奖。

特发此证，以资鼓励。

证　书

丁佳铭同学：

你所在的团队“语意队”在 2017 年全国高校商业精英挑战赛“信达杯”商务谈判竞赛全国总决赛中，荣获二等奖。

特发此证，以资鼓励。

证　书

闫雪同学：

你所在的团队“语意队”在 2017 年全国高校商业精英挑战赛“信达杯”商务谈判竞赛全国总决赛中，荣获二等奖。

特发此证，以资鼓励。

证　书

杨舟菁同学：

你所在的团队“智联 e 创”在 2017 年全国高校商业精英挑战赛“信达杯”商务谈判竞赛全国总决赛中，荣获三等奖。

特发此证，以资鼓励。

证　书

冯淑红同学：

你所在的团队“智联 e 创”在 2017 年全国高校商业精英挑战赛“信达杯”商务谈判竞赛全国总决赛中，荣获三等奖。

特发此证，以资鼓励。

证　书

文远雪同学：

你所在的团队“智联 e 创”在 2017 年全国高校商业精英挑战赛“信达杯”商务谈判竞赛全国总决赛中，荣获三等奖。

特发此证，以资鼓励。

证　书

徐莹莹同学：

你所在的团队“智联 e 创”在 2017 年全国高校商业精英挑战赛“信达杯”商务谈判竞赛全国总决赛中，荣获三等奖。

特发此证，以资鼓励。

证　书

戚宏彬同学：

你所在的团队“智联 e 创”在 2017 年全国高校商业精英挑战赛“信达杯”商务谈判竞赛全国总决赛中，荣获三等奖。

特发此证，以资鼓励。

2017 年第十一届“新道杯”全国大学生会计信息化技能大赛

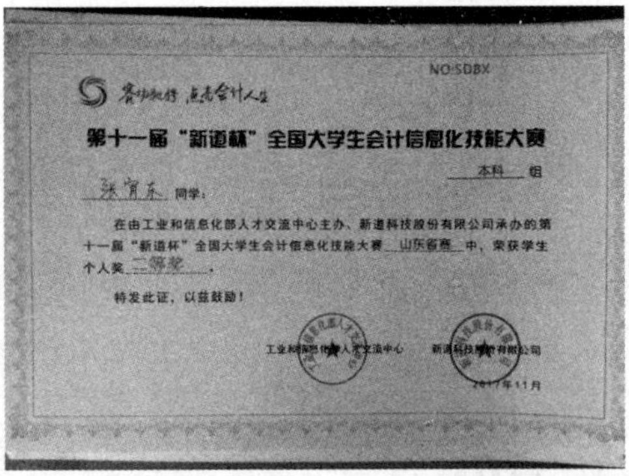

NO:SDBX

第十一届“新道杯”全国大学生会计信息化技能大赛

本科 组

同学：

在由工业和信息化部人才交流中心主办、新道科技股份有限公司承办的第十一届“新道杯”全国大学生会计信息化技能大赛 山东省赛 中，荣获学生个人奖 二等奖 。

特发此证，以兹鼓励！

工业和信息化部人才交流中心　新道科技股份有限公司

2017年11月

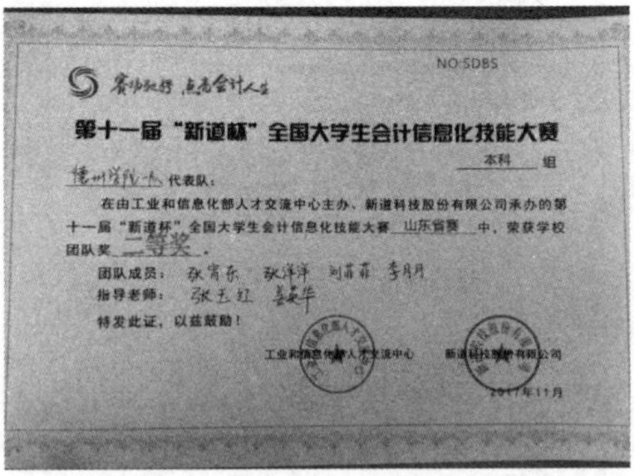

NO:SDBS

第十一届“新道杯”全国大学生会计信息化技能大赛

本科 组

代表队：

在由工业和信息化部人才交流中心主办、新道科技股份有限公司承办的第十一届“新道杯”全国大学生会计信息化技能大赛 山东省赛 中，荣获学校团队奖 二等奖 。

团队成员：

指导老师：

特发此证，以兹鼓励！

工业和信息化部人才交流中心　新道科技股份有限公司

2017年11月

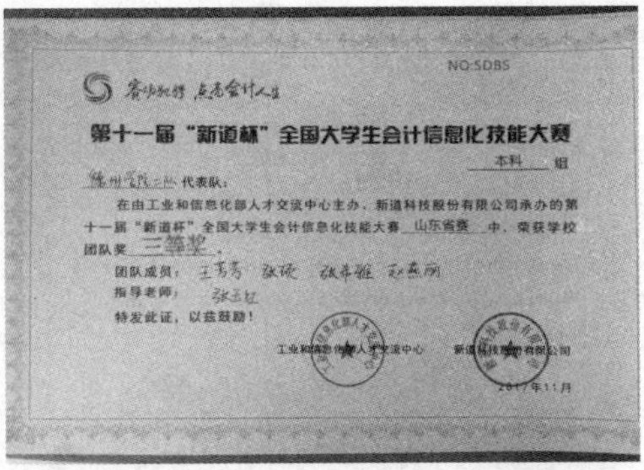
NO:SDBS
赛场知行 点亮会计人生
第十一届"新道杯"全国大学生会计信息化技能大赛
本科 组
代表队：
在由工业和信息化部人才交流中心主办，新道科技股份有限公司承办的第十一届"新道杯"全国大学生会计信息化技能大赛 山东省赛 中，荣获学校团队奖 三等奖 。
团队成员：王芳芳 张硕 张希雅 赵燕丽
指导老师：张玉红
特发此证，以兹鼓励！
工业和信息化部人才交流中心
新道科技股份有限公司
2017年11月

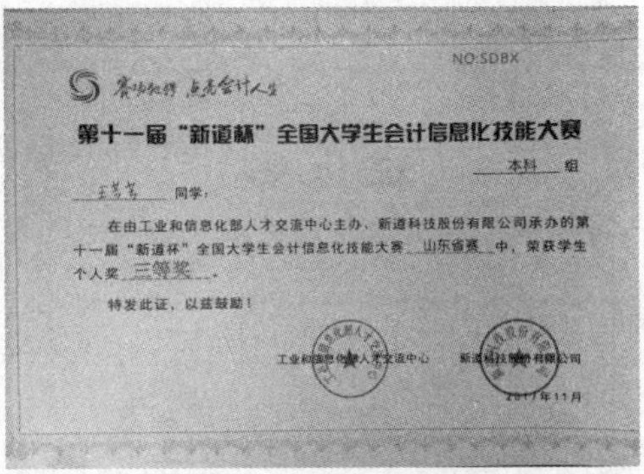
NO:SDBX
赛场知行 点亮会计人生
第十一届"新道杯"全国大学生会计信息化技能大赛
本科 组
王芳芳 同学：
在由工业和信息化部人才交流中心主办，新道科技股份有限公司承办的第十一届"新道杯"全国大学生会计信息化技能大赛 山东省赛 中，荣获学生个人奖 三等奖 。
特发此证，以兹鼓励！
工业和信息化部人才交流中心
新道科技股份有限公司
2017年11月

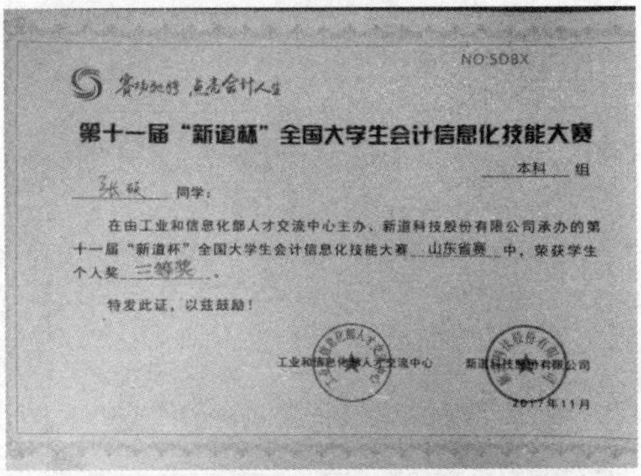
NO:SDBX
赛场知行 点亮会计人生
第十一届"新道杯"全国大学生会计信息化技能大赛
本科 组
张硕 同学：
在由工业和信息化部人才交流中心主办，新道科技股份有限公司承办的第十一届"新道杯"全国大学生会计信息化技能大赛 山东省赛 中，荣获学生个人奖 三等奖 。
特发此证，以兹鼓励！
工业和信息化部人才交流中心
新道科技股份有限公司
2017年11月

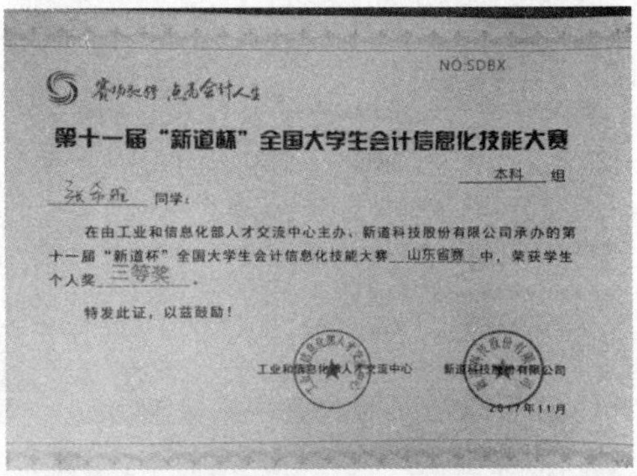
NO:SDBX
赛场知行 点亮会计人生
第十一届"新道杯"全国大学生会计信息化技能大赛
本科 组
张希雅 同学：
在由工业和信息化部人才交流中心主办，新道科技股份有限公司承办的第十一届"新道杯"全国大学生会计信息化技能大赛 山东省赛 中，荣获学生个人奖 三等奖 。
特发此证，以兹鼓励！
工业和信息化部人才交流中心
新道科技股份有限公司
2017年11月

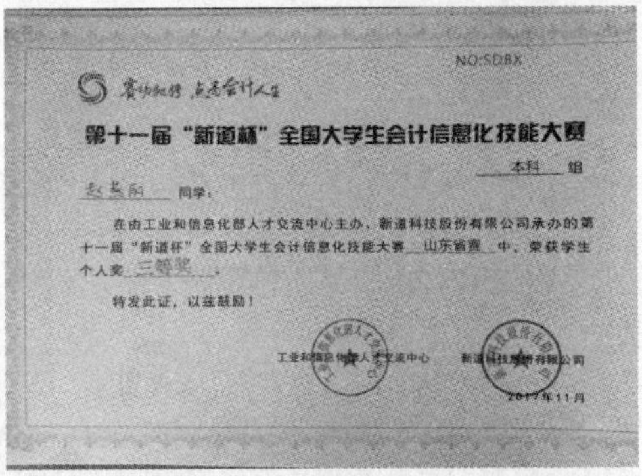
NO:SDBX
赛场知行 点亮会计人生
第十一届"新道杯"全国大学生会计信息化技能大赛
本科 组
赵燕丽 同学：
在由工业和信息化部人才交流中心主办，新道科技股份有限公司承办的第十一届"新道杯"全国大学生会计信息化技能大赛 山东省赛 中，荣获学生个人奖 三等奖 。
特发此证，以兹鼓励！
工业和信息化部人才交流中心
新道科技股份有限公司
2017年11月

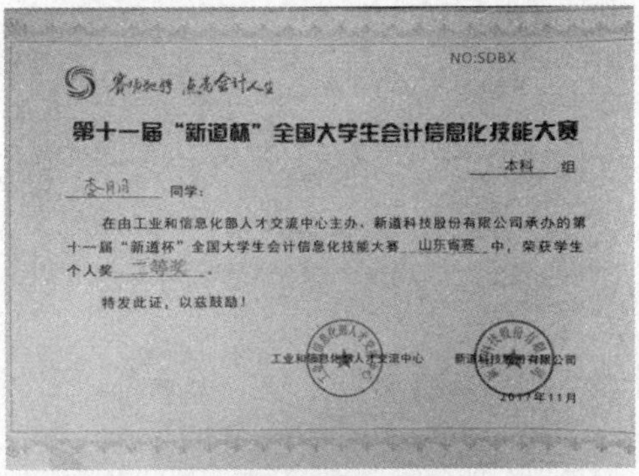
NO:SDBX
赛场知行 点亮会计人生
第十一届"新道杯"全国大学生会计信息化技能大赛
本科 组
李月月 同学：
在由工业和信息化部人才交流中心主办，新道科技股份有限公司承办的第十一届"新道杯"全国大学生会计信息化技能大赛 山东省赛 中，荣获学生个人奖 二等奖 。
特发此证，以兹鼓励！
工业和信息化部人才交流中心
新道科技股份有限公司
2017年11月

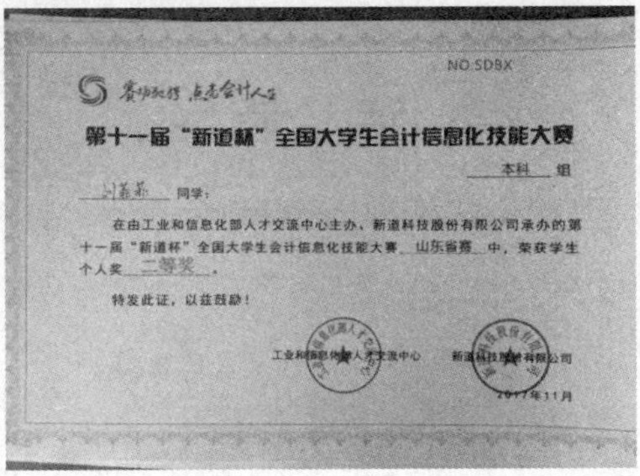
NO:SDBX
赛场知行 点亮会计人生
第十一届"新道杯"全国大学生会计信息化技能大赛
本科 组
同学：
在由工业和信息化部人才交流中心主办，新道科技股份有限公司承办的第十一届"新道杯"全国大学生会计信息化技能大赛 山东省赛 中，荣获学生个人奖 二等奖 。
特发此证，以兹鼓励！
工业和信息化部人才交流中心
新道科技股份有限公司
2017年11月

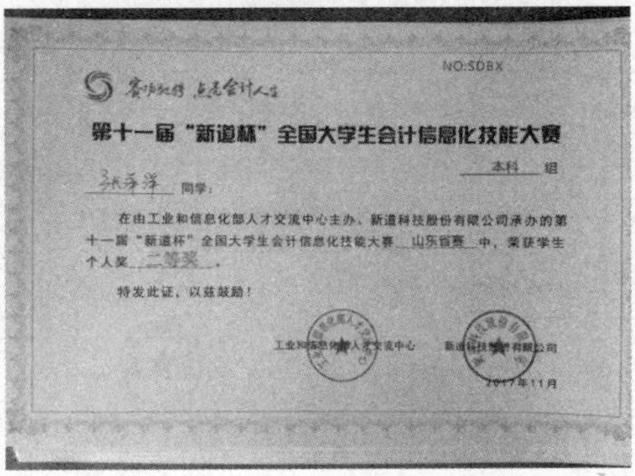
NO:SDBX
赛场知行 点亮会计人生
第十一届"新道杯"全国大学生会计信息化技能大赛
本科 组
同学：
在由工业和信息化部人才交流中心主办，新道科技股份有限公司承办的第十一届"新道杯"全国大学生会计信息化技能大赛 山东省赛 中，荣获学生个人奖 二等奖 。
特发此证，以兹鼓励！
工业和信息化部人才交流中心
新道科技股份有限公司
2017年11月

2017 年全国高校商业精英挑战赛“会计乐杯”财会职业能力竞赛个人赛

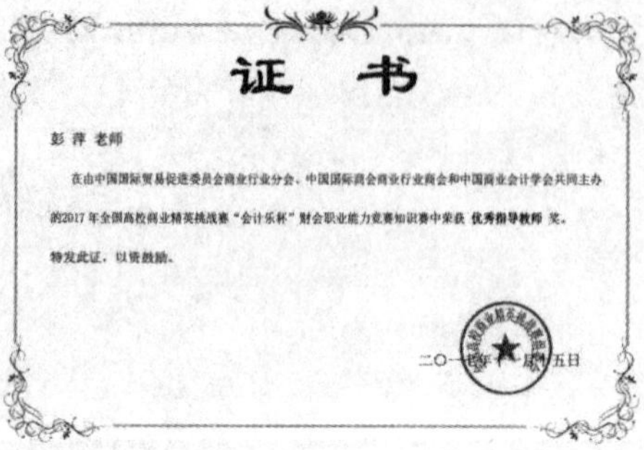

证　书

彭 萍 老师

在由中国国际贸易促进委员会商业行业分会、中国国际商会商业行业商会和中国商业会计学会共同主办的2017 年全国高校商业精英挑战赛“会计乐杯”财会职业能力竞赛知识赛中荣获 优秀指导教师 奖。

特发此证，以资鼓励。

二〇一七年十一月五日

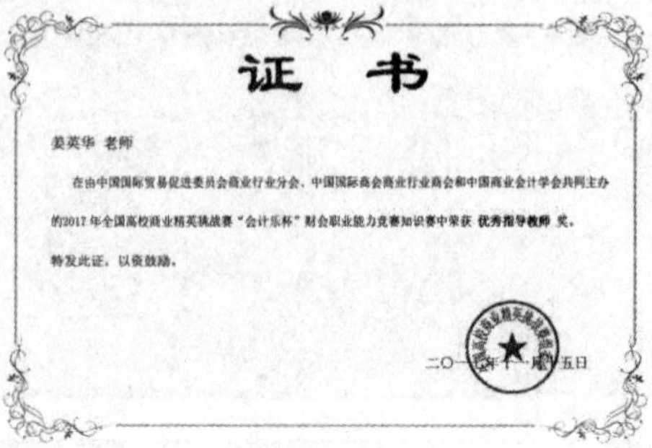

证　书

姜英华 老师

在由中国国际贸易促进委员会商业行业分会、中国国际商会商业行业商会和中国商业会计学会共同主办的2017 年全国高校商业精英挑战赛“会计乐杯”财会职业能力竞赛知识赛中荣获 优秀指导教师 奖。

特发此证，以资鼓励。

二〇一七年十一月五日

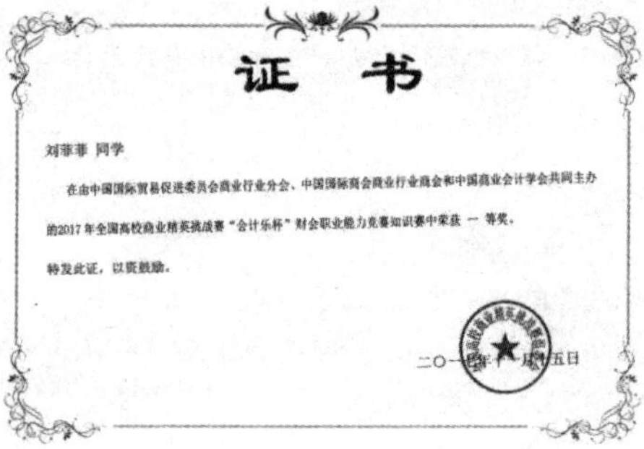

证　书

刘菲菲 同学

在由中国国际贸易促进委员会商业行业分会、中国国际商会商业行业商会和中国商业会计学会共同主办的2017 年全国高校商业精英挑战赛“会计乐杯”财会职业能力竞赛知识赛中荣获 一 等奖。

特发此证，以资鼓励。

二〇一七年十一月五日

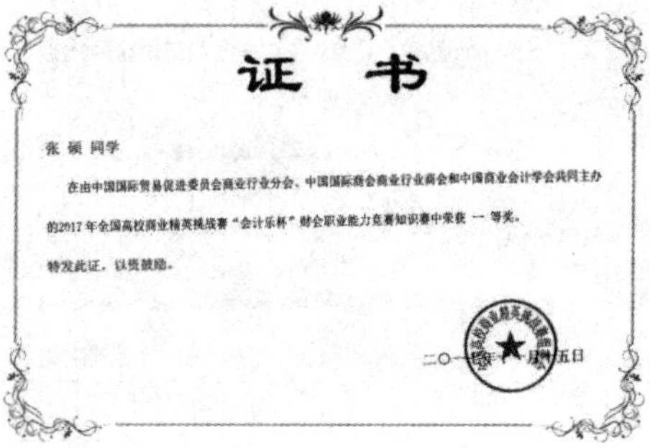

证　书

张 硕 同学

在由中国国际贸易促进委员会商业行业分会、中国国际商会商业行业商会和中国商业会计学会共同主办的2017 年全国高校商业精英挑战赛“会计乐杯”财会职业能力竞赛知识赛中荣获 一 等奖。

特发此证，以资鼓励。

二〇一七年十一月五日

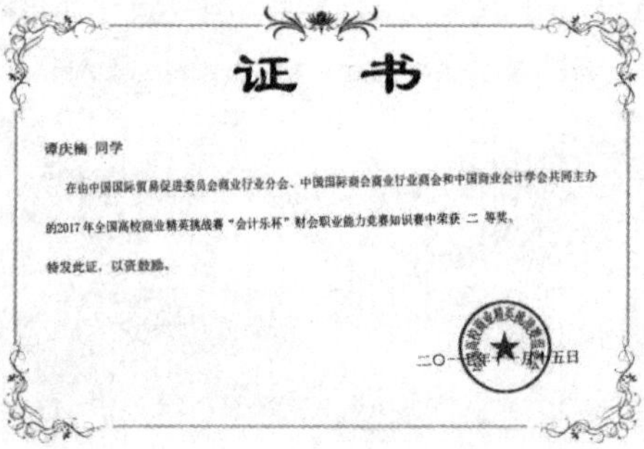

证　书

谭庆楠 同学

在由中国国际贸易促进委员会商业行业分会、中国国际商会商业行业商会和中国商业会计学会共同主办的2017 年全国高校商业精英挑战赛“会计乐杯”财会职业能力竞赛知识赛中荣获 二 等奖。

特发此证，以资鼓励。

二〇一七年十一月五日

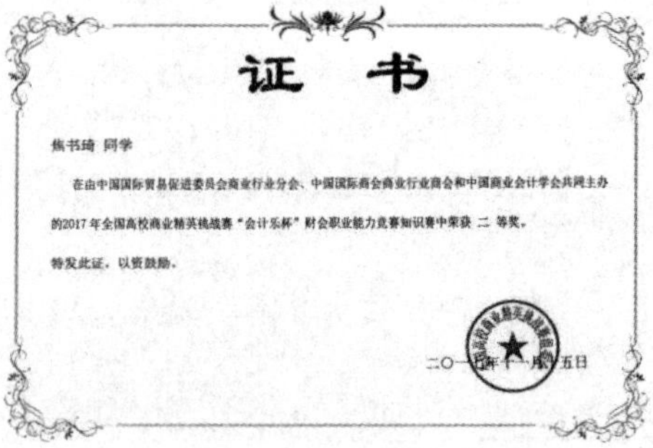

证　书

焦书琦 同学

在由中国国际贸易促进委员会商业行业分会、中国国际商会商业行业商会和中国商业会计学会共同主办的2017 年全国高校商业精英挑战赛“会计乐杯”财会职业能力竞赛知识赛中荣获 二 等奖。

特发此证，以资鼓励。

二〇一七年十一月五日

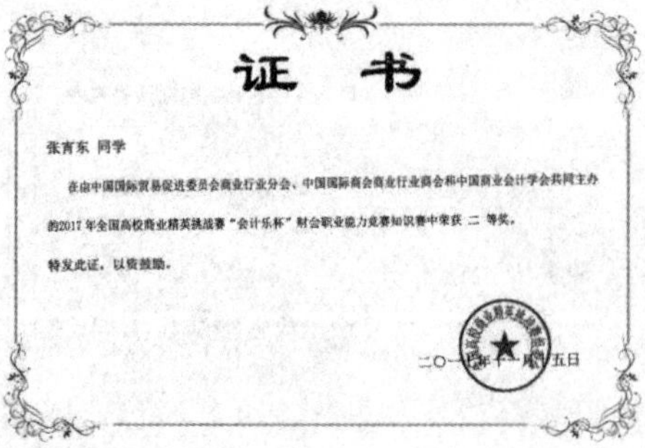

证　书

张吉东 同学

在由中国国际贸易促进委员会商业行业分会、中国国际商会商业行业商会和中国商业会计学会共同主办的2017 年全国高校商业精英挑战赛“会计乐杯”财会职业能力竞赛知识赛中荣获 二 等奖。

特发此证，以资鼓励。

二〇一七年十一月五日

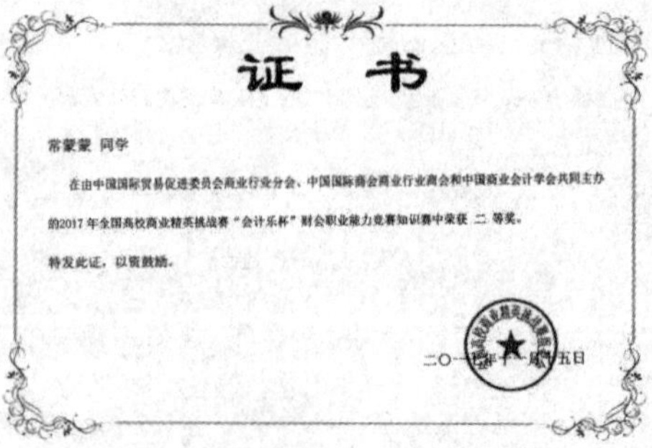

证　书

常蒙蒙 同学

在由中国国际贸易促进委员会商业行业分会、中国国际商会商业行业商会和中国商业会计学会共同主办的2017 年全国高校商业精英挑战赛“会计乐杯”财会职业能力竞赛知识赛中荣获 二 等奖。

特发此证，以资鼓励。

二〇一七年十一月五日

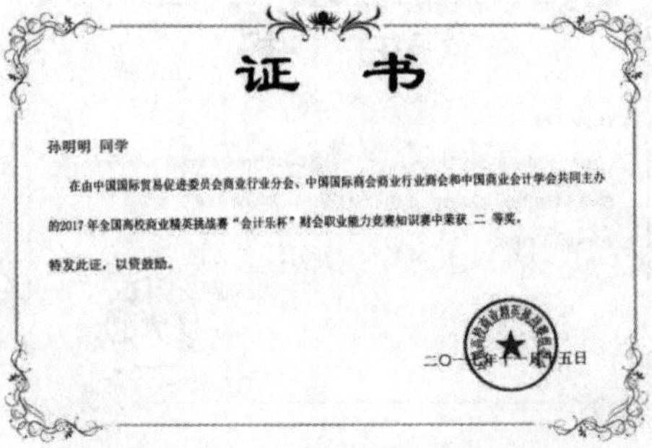

证 书

孙明明 同学

在由中国国际贸易促进委员会商业行业分会、中国国际商会商业行业商会和中国商业会计学会共同主办的2017年全国高校商业精英挑战赛“会计乐杯”财会职业能力竞赛知识赛中荣获 二 等奖。

特发此证，以资鼓励。

二〇一七年十一月五日

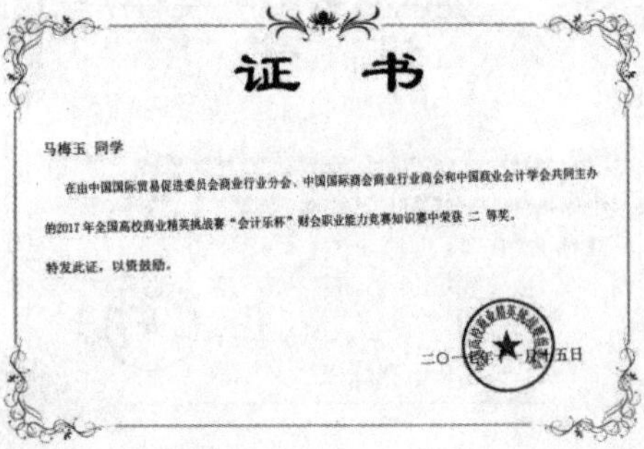

证 书

马梅玉 同学

在由中国国际贸易促进委员会商业行业分会、中国国际商会商业行业商会和中国商业会计学会共同主办的2017年全国高校商业精英挑战赛“会计乐杯”财会职业能力竞赛知识赛中荣获 二 等奖。

特发此证，以资鼓励。

二〇一七年十一月五日

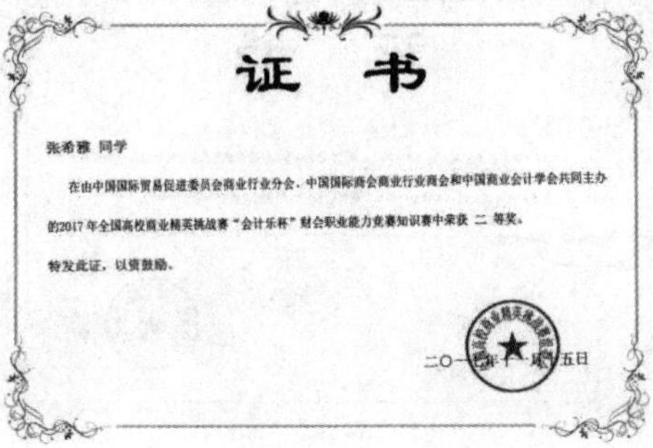

证 书

张希雅 同学

在由中国国际贸易促进委员会商业行业分会、中国国际商会商业行业商会和中国商业会计学会共同主办的2017年全国高校商业精英挑战赛“会计乐杯”财会职业能力竞赛知识赛中荣获 二 等奖。

特发此证，以资鼓励。

二〇一七年十一月五日

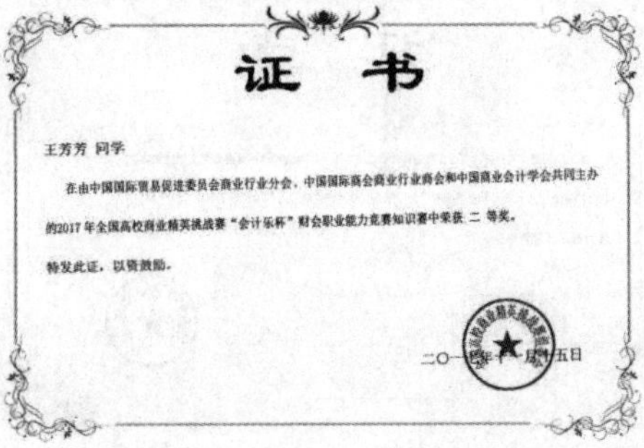

证 书

王芳芳 同学

在由中国国际贸易促进委员会商业行业分会、中国国际商会商业行业商会和中国商业会计学会共同主办的2017年全国高校商业精英挑战赛“会计乐杯”财会职业能力竞赛知识赛中荣获 二 等奖。

特发此证，以资鼓励。

二〇一七年十一月五日

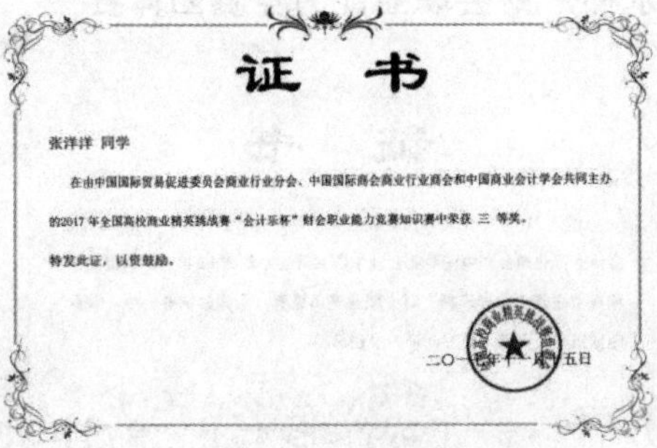

证 书

张洋洋 同学

在由中国国际贸易促进委员会商业行业分会、中国国际商会商业行业商会和中国商业会计学会共同主办的2017年全国高校商业精英挑战赛“会计乐杯”财会职业能力竞赛知识赛中荣获 三 等奖。

特发此证，以资鼓励。

二〇一七年十一月五日

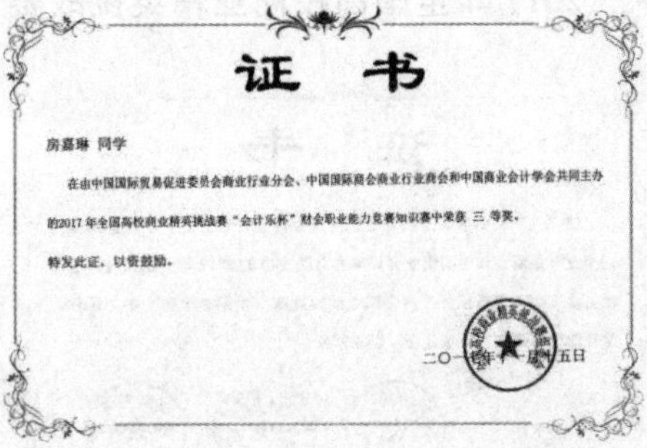

证 书

房嘉琳 同学

在由中国国际贸易促进委员会商业行业分会、中国国际商会商业行业商会和中国商业会计学会共同主办的2017年全国高校商业精英挑战赛“会计乐杯”财会职业能力竞赛知识赛中荣获 三 等奖。

特发此证，以资鼓励。

二〇一七年十一月五日

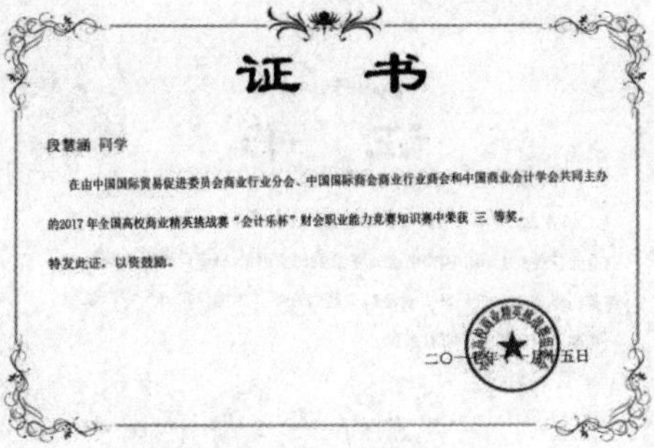

证 书

段慧涵 同学

在由中国国际贸易促进委员会商业行业分会、中国国际商会商业行业商会和中国商业会计学会共同主办的2017年全国高校商业精英挑战赛“会计乐杯”财会职业能力竞赛知识赛中荣获 三 等奖。

特发此证，以资鼓励。

二〇一七年十一月五日

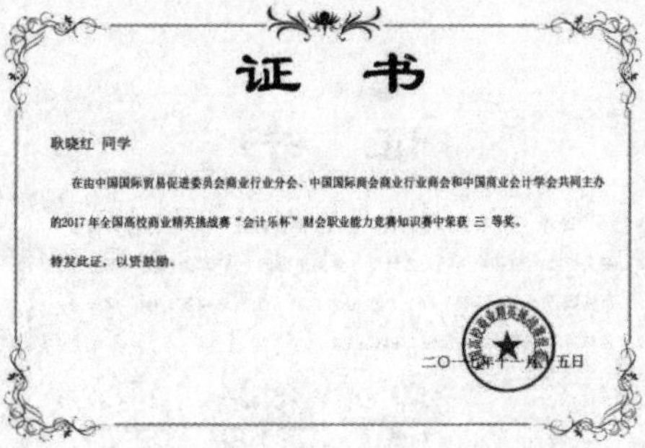

证 书

耿晓红 同学

在由中国国际贸易促进委员会商业行业分会、中国国际商会商业行业商会和中国商业会计学会共同主办的2017年全国高校商业精英挑战赛“会计乐杯”财会职业能力竞赛知识赛中荣获 三 等奖。

特发此证，以资鼓励。

二〇一七年十一月五日

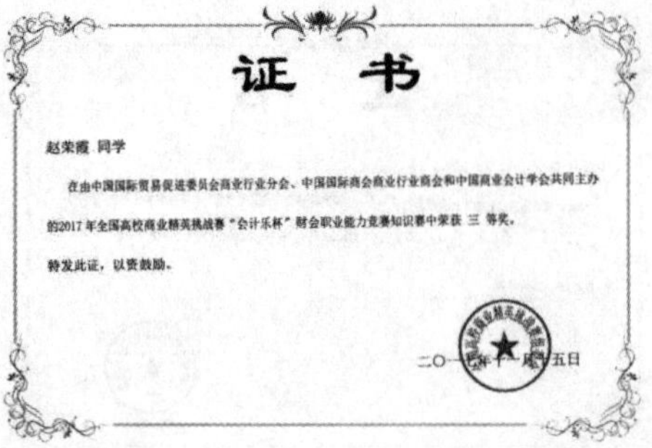
证 书

赵荣霞 同学

在由中国国际贸易促进委员会商业行业分会、中国国际商会商业行业商会和中国商业会计学会共同主办的2017年全国高校商业精英挑战赛“会计乐杯”财会职业能力竞赛知识赛中荣获 三 等奖。

特发此证，以资鼓励。

二〇一七年十一月十五日

证 书

翟佳斌 同学

在由中国国际贸易促进委员会商业行业分会、中国国际商会商业行业商会和中国商业会计学会共同主办的2017年全国高校商业精英挑战赛“会计乐杯”财会职业能力竞赛知识赛中荣获 三 等奖。

特发此证，以资鼓励。

二〇一七年十一月十五日

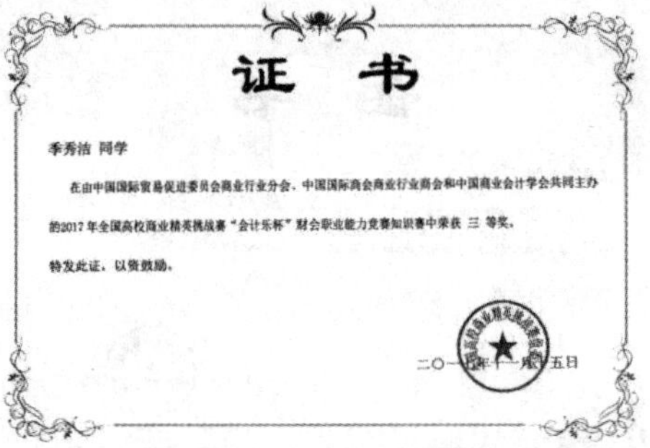
证 书

李秀洁 同学

在由中国国际贸易促进委员会商业行业分会、中国国际商会商业行业商会和中国商业会计学会共同主办的2017年全国高校商业精英挑战赛“会计乐杯”财会职业能力竞赛知识赛中荣获 三 等奖。

特发此证，以资鼓励。

二〇一七年十一月十五日

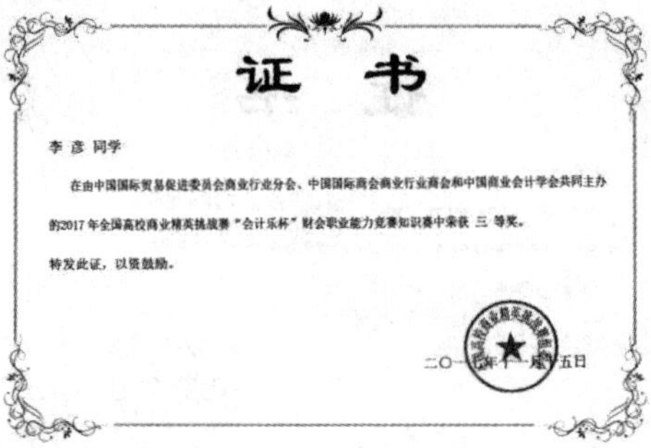
证 书

李彦 同学

在由中国国际贸易促进委员会商业行业分会、中国国际商会商业行业商会和中国商业会计学会共同主办的2017年全国高校商业精英挑战赛“会计乐杯”财会职业能力竞赛知识赛中荣获 三 等奖。

特发此证，以资鼓励。

二〇一七年十一月十五日

2017 年全国高校商业精英挑战赛“会计乐杯”财会职业能力竞赛团体赛

证 书

姜英华 在中国国际贸易促进委员会商业行业分会、中国国际商会商业行业商会和中国商业会计学会共同主办的2017年全国高校商业精英挑战赛“会计乐杯”财会职业能力竞赛（全国总决赛）中，荣获最佳辅导教师奖，特发此证，以兹鼓励。

二〇一七年十二月二日

证 书

张玉红 在中国国际贸易促进委员会商业行业分会、中国国际商会商业行业商会和中国商业会计学会共同主办的2017年全国高校商业精英挑战赛“会计乐杯”财会职业能力竞赛（全国总决赛）中，荣获最佳辅导教师奖，特发此证，以兹鼓励。

二〇一七年十二月二日

证 书

彭萍 在中国国际贸易促进委员会商业行业分会、中国国际商会商业行业商会和中国商业会计学会共同主办的2017年全国高校商业精英挑战赛“会计乐杯”财会职业能力竞赛（全国总决赛）中，荣获最佳辅导教师奖，特发此证，以兹鼓励。

二〇一七年十二月二日

证 书

张宵东 在中国国际贸易促进委员会商业行业分会、中国国际商会商业行业商会和中国商业会计学会共同主办的2017年全国高校商业精英挑战赛“会计乐杯”财会职业能力竞赛（全国总决赛）中，荣获一等奖，特发此证，以兹鼓励。

二〇一七年十二月二日

证　书

常蒙蒙　在中国国际贸易促进委员会商业行业分会、中国国际商会商业行业商会和中国商业会计学会共同主办的2017年全国高校商业精英挑战赛“会计乐杯”财会职业能力竞赛（全国总决赛）中，荣获一等奖，特发此证，以兹鼓励。

证　书

张洋洋　在中国国际贸易促进委员会商业行业分会、中国国际商会商业行业商会和中国商业会计学会共同主办的2017年全国高校商业精英挑战赛“会计乐杯”财会职业能力竞赛（全国总决赛）中，荣获一等奖，特发此证，以兹鼓励。

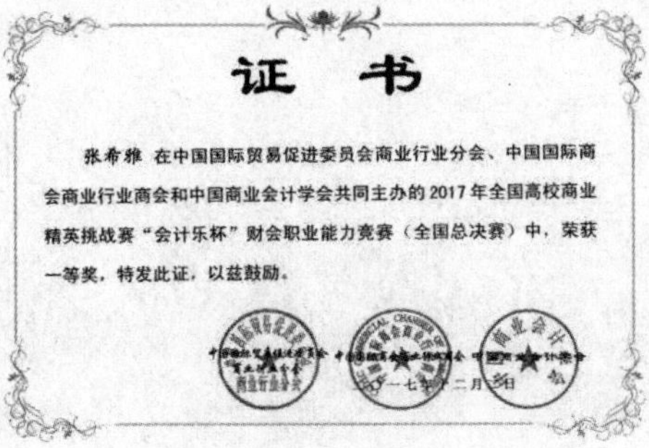

证　书

张希雅　在中国国际贸易促进委员会商业行业分会、中国国际商会商业行业商会和中国商业会计学会共同主办的2017年全国高校商业精英挑战赛“会计乐杯”财会职业能力竞赛（全国总决赛）中，荣获一等奖，特发此证，以兹鼓励。

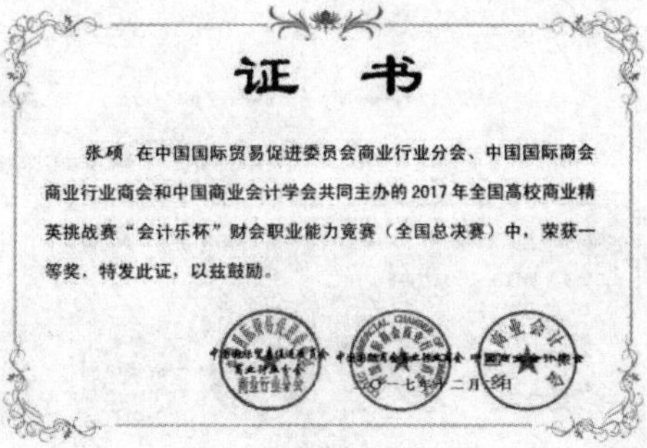

证　书

张硕　在中国国际贸易促进委员会商业行业分会、中国国际商会商业行业商会和中国商业会计学会共同主办的2017年全国高校商业精英挑战赛“会计乐杯”财会职业能力竞赛（全国总决赛）中，荣获一等奖，特发此证，以兹鼓励。

证　书

王芳芳　在中国国际贸易促进委员会商业行业分会、中国国际商会商业行业商会和中国商业会计学会共同主办的2017年全国高校商业精英挑战赛“会计乐杯”财会职业能力竞赛（全国总决赛）中，荣获一等奖，特发此证，以兹鼓励。

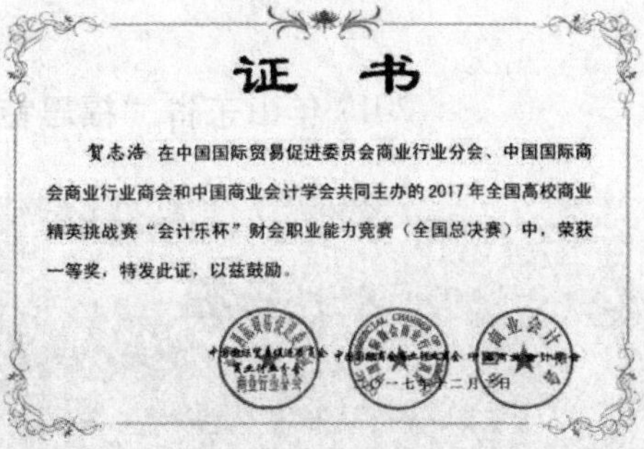

证　书

贺志浩　在中国国际贸易促进委员会商业行业分会、中国国际商会商业行业商会和中国商业会计学会共同主办的2017年全国高校商业精英挑战赛“会计乐杯”财会职业能力竞赛（全国总决赛）中，荣获一等奖，特发此证，以兹鼓励。

证　书

徐敏　在中国国际贸易促进委员会商业行业分会、中国国际商会商业行业商会和中国商业会计学会共同主办的2017年全国高校商业精英挑战赛“会计乐杯”财会职业能力竞赛（全国总决赛）中，荣获一等奖，特发此证，以兹鼓励。

证　书

马淑梅　在中国国际贸易促进委员会商业行业分会、中国国际商会商业行业商会和中国商业会计学会共同主办的2017年全国高校商业精英挑战赛“会计乐杯”财会职业能力竞赛（全国总决赛）中，荣获一等奖，特发此证，以兹鼓励。

证 书

侯亚 在中国国际贸易促进委员会商业行业分会、中国国际商会商业行业商会和中国商业会计学会共同主办的2017年全国高校商业精英挑战赛“会计乐杯”财会职业能力竞赛（全国总决赛）中，荣获二等奖，特发此证，以兹鼓励。

二〇一七年十二月 日

证 书

赵荣霞 在中国国际贸易促进委员会商业行业分会、中国国际商会商业行业商会和中国商业会计学会共同主办的2017年全国高校商业精英挑战赛“会计乐杯”财会职业能力竞赛（全国总决赛）中，荣获二等奖，特发此证，以兹鼓励。

二〇一七年十二月 日

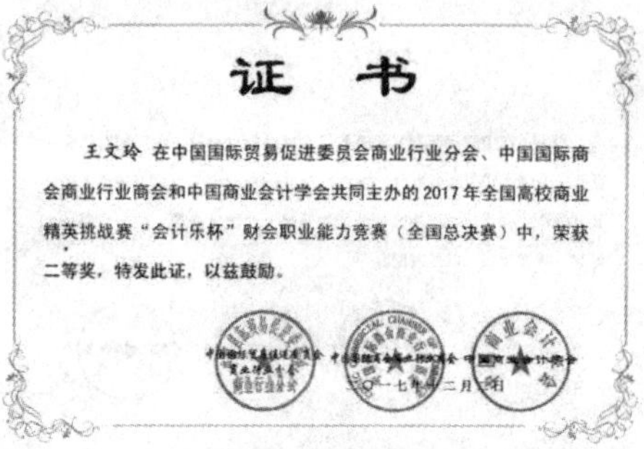
证 书

王文玲 在中国国际贸易促进委员会商业行业分会、中国国际商会商业行业商会和中国商业会计学会共同主办的2017年全国高校商业精英挑战赛“会计乐杯”财会职业能力竞赛（全国总决赛）中，荣获二等奖，特发此证，以兹鼓励。

二〇一七年十二月 日

2017 年山东省“福思特杯”大学生会计税务技能大赛

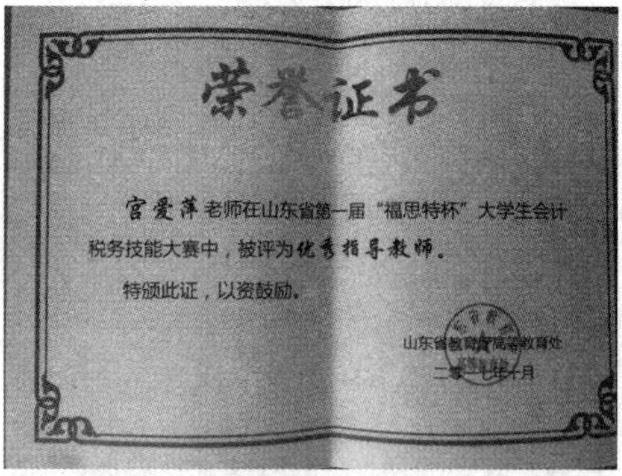
荣誉证书

宫爱萍老师在山东省第一届“福思特杯”大学生会计税务技能大赛中，被评为优秀指导教师。

特颁此证，以资鼓励。

山东省教育厅高等教育处

二〇一七年十月

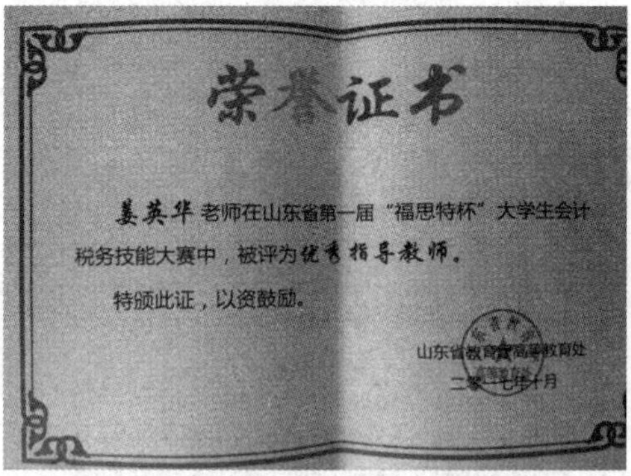
荣誉证书

姜英华老师在山东省第一届“福思特杯”大学生会计税务技能大赛中，被评为优秀指导教师。

特颁此证，以资鼓励。

山东省教育厅高等教育处

二〇一七年十月

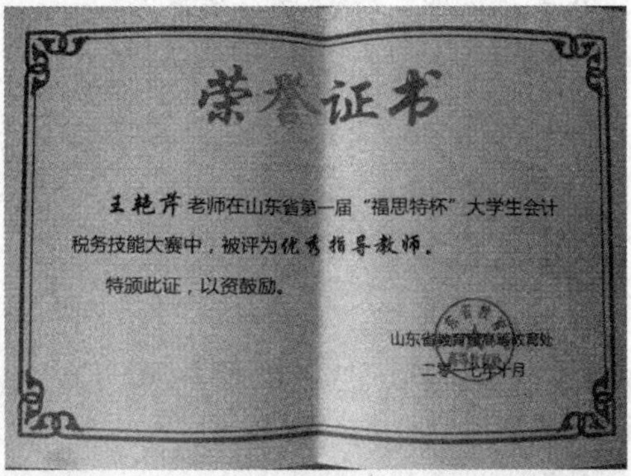

荣誉证书

王艳芹老师在山东省第一届“福思特杯”大学生会计税务技能大赛中，被评为优秀指导教师。

特颁此证，以资鼓励。

山东省教育厅高等教育处
二零一七年十月

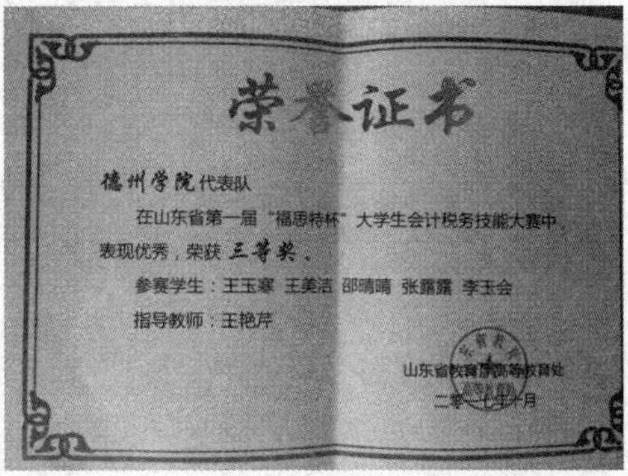

荣誉证书

德州学院代表队

在山东省第一届“福思特杯”大学生会计税务技能大赛中，表现优秀，荣获三等奖。

参赛学生：王玉寒 王美洁 邵晴晴 张露露 李玉会

指导教师：王艳芹

山东省教育厅高等教育处
二零一七年十月

荣誉证书

德州学院代表队

在山东省第一届“福思特杯”大学生会计税务技能大赛中，表现优秀，荣获三等奖。

参赛学生：王芳芳 张希雅 张硕 常蒙蒙 赵燕丽

指导教师：姜英华 宫爱萍

山东省教育厅高等教育处
二零一七年十月

2017年全国大学生电子商务“创新、创意及创业”挑战赛（国赛）

三创赛

获奖证书

Sky-梦之翼

贵团队的作品荣获第七届全国大学生电子商务“创新、创意及创业”挑战赛总决赛

三等奖

特发此证，以资鼓励。

团队成员：刘子瑶、刘一璞、朱梦露、王晓亮、高琳
指导老师：肖凤华
证书编号：GS071502219

全国大学生电子商务“创新、创意及创业”挑战赛竞赛组织委员会

三创赛

获奖证书

威斯联盟

贵团队的作品荣获第七届全国大学生电子商务“创新、创意及创业”挑战赛总决赛

三等奖

特发此证，以资鼓励。

团队成员：李超、孙文倩、黄晓红、刘飞辉、安淑琳
指导老师：张燕、侯向东
证书编号：GS071502203

全国大学生电子商务“创新、创意及创业”挑战赛竞赛组织委员会

2017 年全国大学生电子商务“创新、创意及创业”挑战赛（省赛）

第三届山东省“互联网+”创新创业大赛

2015—2017年教师指导学生参加科技文化竞赛的部分获奖作品

2015年教师指导学生参加科技文化竞赛获奖作品

获得山东省特等奖、国家一等奖作品

第五届全国大学生创新、创意、创业大赛——e-类人新媒体云志商业策划书

团队名称：智盟

参赛队员：常英男　王霞　关海月　王海波

指导教师：张　燕

摘　要

e-类人新媒体云志是e-类人工作室基于自身网站和APP的基础上对外展示“80后”“90后”情怀的“窗口”。如今互联网进入到新媒体传播的2.0时代，而当下社会又有着庞大的思想文化需求，使得e-类人新媒体云志应运而生。它融合了时事评论、诗歌文章、原创音乐、背包客极限运动等潮流时尚、名人专访等，并且自身兼备网站和APP，通过活动策划招募推广商，采用自主研发的“网志联动”模式，带动线下粉丝参与，完成体现我们情怀和当下道德所趋的大型活动，完成道德思想和商品的双重营销。除了网志联动模式，e-类人新媒体云志另辟蹊径开发了其他三条生产线，其中之一便是备受关注的“作家经纪人”。作家经纪人在e-类人新媒体云志全国性的首次试水，也将是文坛的一次巨大变革，为作家和编辑出版领域做出了创新性尝试。生产线还包括工作室自身的“明星编辑企划”和“乐库管理员”——将后台的编辑推出至台前，也贴合了“更加关注个体与群体存在性”的e-类人新媒体云志理念；乐库管理的生产线的不断完善，也为原创音乐领域注入了新的活力。

占领了手机客户端市场，即在当下的拇指经济中占据了有利先导地位，因此工作室的推广方案主要围绕的是APP，利用新媒体进行推广。

“我们不打广告，我们只是情怀的后继者，浮躁社会的思考员，关注个体与群体存在性的一类人。”我们承诺，e-类人新媒体云志终身免费，而且不含广告！作为一项商业策划案，我们的盈利方式采用的是活动推广，但是我们出具的活动方案是契合当下社会情感诉求，并且具有极大的正能量。我们的活动方案，首先呈现的是情怀，在展示当下“80后”“90后”的个性与共性的同时，获得一定的赞助上的品牌推广。这种推广形式，极大提高了品牌价值，也在无形中为社会注入了较为纯净的正能量。

为了让推广合作商直观地看到自己的收益，e-类人新媒体云志还构建了e-类人新媒体云志推广价值评估模型，用科学的手段使得效益可见化，同时也突出了“云志”的特点。

“更真实，更深沉，更丰富，更鲜活，更关注个体与群体的存在性。

有你的声音，有你的态度，有你不荒废、不僵硬的思维。

不要标签，不要归类，我们是一类人，你呢?”

关键词：移动电子商务；e-类人新媒体云志；免费；不含广告；推广价值评估模型

一、背景介绍

【“互联网+”政策的支持】利用互联网和信息技术改进自身行业并非太新的概念，在诸多开放性行业中已有了相应实践。而近日从政府和产业层面热议的“互联网+”，有两个维度的重要更新——“从分散到集群”“从提速到创新”。我们决定将点状的一般创业改进成为面状网络化的高级集成行业，即新媒体商业云志，运用大数据分析，使得自己的商品更加具有创新性和先进性。

【电子杂志发展趋势】据调查目前我国电子杂志市场仍处于快速发展阶段，市场还未成熟，仍有巨大的成长空间。目前我国电子杂志内容同质化严重，呈现出年轻化、娱乐化趋势，形式大于内容，质量总体不佳，且阅读模式较单一，在一定程度上会使杂志庸俗、让读者疲倦，难以形成稳定的读者群。而当前在日益成熟稳重的电子杂志市场上要想吸引更多的读者，不仅要在内容上取胜，还应该更加关注读者的需求，注重电子杂志的柔性化服务、阅读体验、人文情怀等方面。

【移动4G时代】4G时代的到来和普及以及智能手机惊人的发展速度，必将加速互联网向移动互联网的转变和革新。移动终端逐渐取代PC设备，成为用户之间新的沟通桥梁，成为学习、交流、服务的新载体。

【新媒体云志应运而生】快节奏的生活、速食时代的到来使得越来越多的人没有太多时间去翻看一本书，而空闲时间都留给了手中的智能手机。而我们工作室致力于将传统的杂志阅读变得有声有色，引领电子杂志的新潮流。e-类人工作室拥有自己的门户网站，是展示工作室的风采和对外宣传的窗口，是一个综合性的电子商务网站。e-类人新媒体云志工作室以引导方便快捷、健康绿色的时尚阅读潮流为宗旨，追求形式与内容的创新，推出了方便快捷的手机APP。用户只需下载一个APP即能看到精美生动的电子杂志，在节能减排的同时，使生活更便捷。

【活色生香的新媒体云志】新媒体云志不同于实体杂志的电子版，更不同于IBOOK。它作为APP形式的电子杂志，是一种非常好的媒体表现形式，兼具了平面与移动互联网两者的特点，且融入了图像、文字、声音、视频、游戏等多种元素来呈现给读者，此外，还有超链接、及时互动等网络元素，是一种很享受的阅读方式。新媒体不同于传统媒体的被动受众，而是可以面向更加细分的受众，个性化突出，并且受众选择性增多，表现形式多种多样，信息发布与更新也更加实时，互动性与参与性强，易调动受众的积极性。

二、前景介绍及规划

(一) 前景介绍

1. 市场情况

【新媒体云志的未来市场优势】移动新媒体云志处于刚刚起步阶段，还没有形成市场规模和市场体制，存在着极大的市场机会。在“听”方面，目前阿里巴巴集团下的“虾米”音乐打破过去许多音乐网站提供免费下载服务的模式，开始实行下载收费方案。只因音乐人原创版权费用越来越高，并且版权方面的保护与法规越来越明细，而中国唱吧、酷我等K歌客户端的下载一直很火爆，说明中国百姓中渴望自己的歌声被大众听到的群体特别庞大。由此我们电子杂志创新地开辟了独立音乐版块。在诗歌方面，现代诗歌依附于歌、现代诗歌日渐没落。在人文情怀方面，我们的理念是无标签、不归类，契合一类人的感情需求，展示一类人特色，让世界客观认识这一类人。我们的网站和APP处于刚刚起步阶段，还没有形成市场规模和市场体制，市场尚处于待开发状态，存在着极大的市场机会。所以我们的进入将能够迅速获得市场优势。

【本工作室独树一帜】本工作室的特色在于创新启用作家经纪人制度。生产线将培养的人才和培养人才过程中的多方产物作为产品。我们采用的模式不同于国内现阶段出现的一种“一半是出版商，一半是经纪人”的模式，而是完全经纪人模式。乐库管理员有商演或发片意向的将其推荐至RM独立音乐厂牌，利用平台人脉资源，吸纳不同工种的制作人对该音乐人进行培养。工作室自身编辑的明星企划，将编辑从幕后推至台前，放大其个性，将其培养成有辨识度和群众基础的特色编辑。在人才队伍建设方面，我们拟挑选不同领域的优秀人才在内容模块按不同工作日开设专栏保证编辑队伍中人才的多样性，广泛吸纳人才。在品牌树立方面，我们力争做出工作室的特色，打造e-类人品牌。

2. 效益可见性：经济建模

【传统推广】传统的广告推广效果难以衡量。主要的推广渠道有地铁广告、传单广告等，这些推广的效果往往不尽如人意。

【线上推广】因为投资互联网广告具有可衡量的曝光次数、位置，于是越来越多的广告和推广选择此项途径。

据国内知名第三方互联网及营销机构——艾瑞咨询2013年的数据显示，2013年互联网广告增长47%，远高于整个广告行业均值18%（如图1-1所示）。

广告营销界有一个由百货业之父约翰·沃纳梅克提出的“哥德巴赫猜想”——“我知道我的广告费有一半浪费了，但遗憾的是，我不知道是哪一半被浪费了。”

对e-类人新媒体云志来说，我们没有广告，有的只是各种一对一个性定制的活动推广计划，并且为了让我们的投资者和项目合作者清晰地了解自己的付出如何获得收益，以

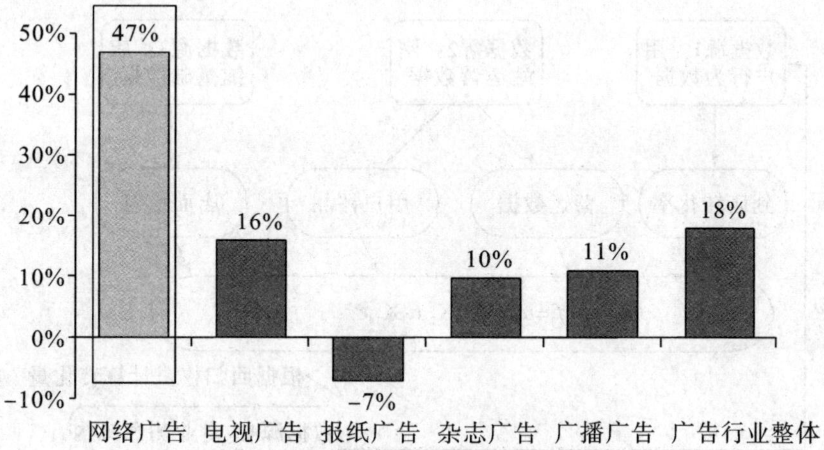

图 1-1 2013 年各媒体广告的增长率

及 e-类人新媒体云志的曝光会对推广投资商效益增长有多大影响，我们建立了 e-类人新媒体云志推广价值评估模型。

【推广模型】推广模型概念以消费习惯为依据。具体如图 1-2 所示。

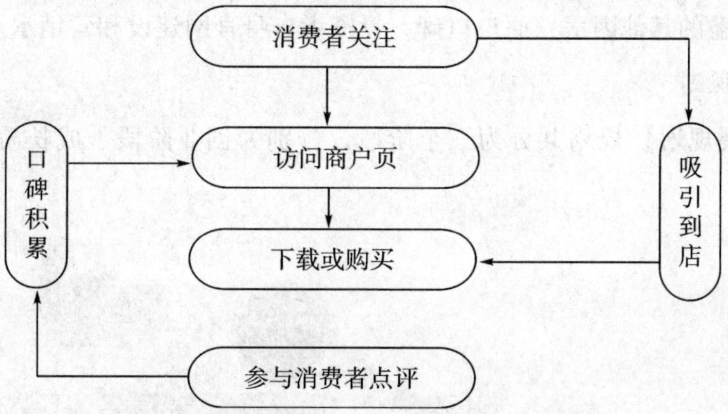

图 1-2 推广模型流程图

消费者关注：衡量核心指标是商户曝光量，即 e-类人新媒体云志活动页面的点击次数。

吸引到店：核心衡量指标是到店转化率，“店”既包括线上商店，也包括线下实体店。

推广模型可计算 ROI（Return On Investment，投资报酬率），模型公式为：

推广投放收益=商户曝光量×到店转化率×单次消费金额

商户曝光量：e-类人新媒体云志活动页点击数，直观可统计。

单次消费金额：线上加线下消费总金额除以消费人数，直观可统计。

到店转化率：就 e-类人新媒体云志的活动参与人数的行为数据进行统计分析可求得。

为了较精确地得到店转化率的实际数，我们建立了到店转化率测算过程，如图 1-3 所示。

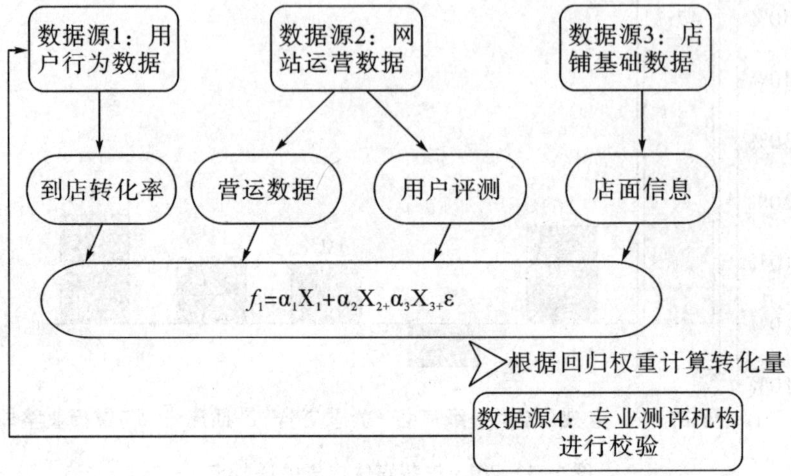

图 1-3　到店转化率测算过程

其最终输出的结论部分的数据源，采用的是 e-类人新媒体云志内部运营数据挖掘。

我们通过不同来源的数据，着力展现结果的代表性，同时利用数据统计及分析方式，使得最终数据结果更为客观、真实。

影响投资收益的其他因素：商户口碑、投资者自身官网建设和营销水平等。

（二）前景规划

【工作室发展规划】规划共分为三个阶段，分别为创业阶段、成长阶段、成熟阶段，如图 1-4 所示。

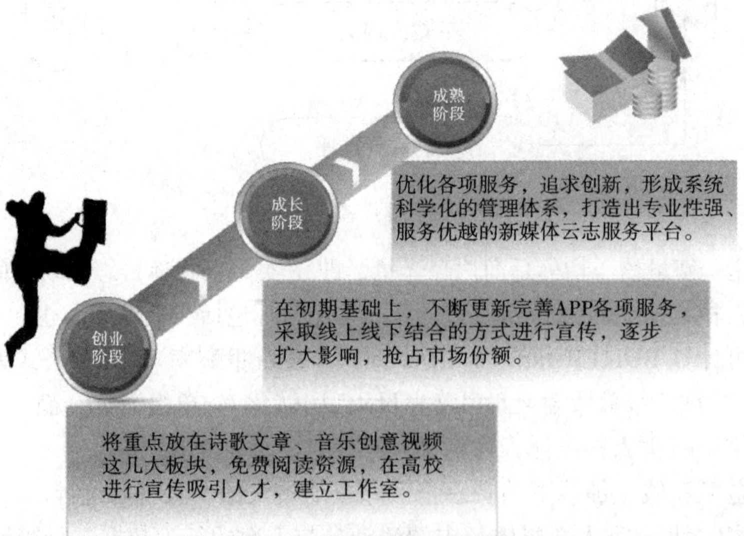

图 1-4　工作室发展规划

（1）创业阶段：工作室主要将目标放在诗歌文章、音乐、视频创意、专业采访这几大版块上，为网民们及时提供最新的免费阅读资源，另外充分把握高校资源，有选择地在各大高校进行宣传，以吸引更多的年轻人加入工作室，他们可以结合自身的兴趣爱好，参与到工作室的各大版块创作中。

（2）成长阶段：工作室将不断完善 APP 各项服务（APP 下载量、推广方式、内容授权、服务项目等），并且始终坚持以客户需求为导向，根据市场变化及时更新，提供新的创新服务。预计在电子杂志市场上将占据 50%以上的市场份额，使其在影视、歌坛等受人关注的版块中形成一定的影响力和号召力，吸引更多人的关注。

（3）成熟阶段：工作室将优化各项服务，追求创新，形成系统的科学化的管理体系，将 APP 发展成为一个专业性强、内容新颖丰富的 oto 电子杂志生活休闲娱乐平台，打造出真正的“无标签 不归类”品牌。

【推广规划】

近期发展计划：在 A 大学推广试用。

（1）管理结构和规模发展：在 A 大学成立工作室，以 A 大学为服务和人力资源依托进行服务研发和占有市场规划。

（2）研发、生产与营销推广：利用核心服务进行升级门户网站 APP，透过品牌企划的开发程序，开发设计服务。

（3）品牌塑造的初期宣传：展开平面和网络推广宣传，让手机用户了解服务内容并产生使用兴趣。具体做法包括：①去校外拉赞助挂条幅，让更多的同学了解到这款手机客户端。②把 APP 的详细讲解做成名片的形式，在餐厅或校门口等人多的地方进行发放让更多的人了解这款软件。通过整合人脉资源把大一大二的学生聚集在一间阶梯教室里进行 APP 宣传，把服务逐一介绍给同学们听，让同学们产生兴趣，让到场的每位同学扫描二维码下载。③把 APP 主要功能及详细介绍印刷在小饰品上作为礼品发放，印上二维码供同学们扫描下载。上面注明具体时间和地点，凡是安装的用户都可以免费抽奖一次。

远期发展计划：以 A 大学工作室为起点，在山东省发起大规模宣传。

（1）管理结构和规模：以 A 大学工作室为起点，在山东省大规模宣传，接受一些有建设性的意见或建议。完善管理层，负责日常事务管理。使 e-类人工作室成为研发和服务等为一体的 APP。

（2）研发、生产与营销：针对消费者的反馈，进行系列服务的研发，以满足不同消费群的需求。伴随着公司的发展，研发的重点在于服务的多样性和公司规范性，将客户在使用过程中提出的意见和建议反馈到开发部，细化、丰富功能，改良现有的服务，延续服务的生命周期，更好地满足客户的需求，保持现有的市场份额。根据中国 APP 市场及社会文化的变迁，研发相应系列的服务，完善服务细节，对各部门进行全方位的服务保障和服务支撑。

三、体系及运营

（一）工作室简介

e-类人工作室，融合了互联网终端和手机移动终端，主要定位于“80后”和“90后”，是一家致力于为用户提供诗歌文章、最新资讯、影视推荐、音乐、活动等特色服务的新媒体云志服务平台。服务平台主要是由网站和APP移动客户端两大部分构成，工作室主推APP，通过APP的各大版块为用户免费推送精彩内容，用户可以随时随地在线浏览、下载、参与互动评论等活动。另外工作室还采取了“明星企划”“乐库管理员”“作家经纪人”“网志联动”四条柔性生产线的模式，为广大用户提供个性化特色服务，使用户可以获得更好的阅读体验。

（二）产品体系（如图1-5所示）

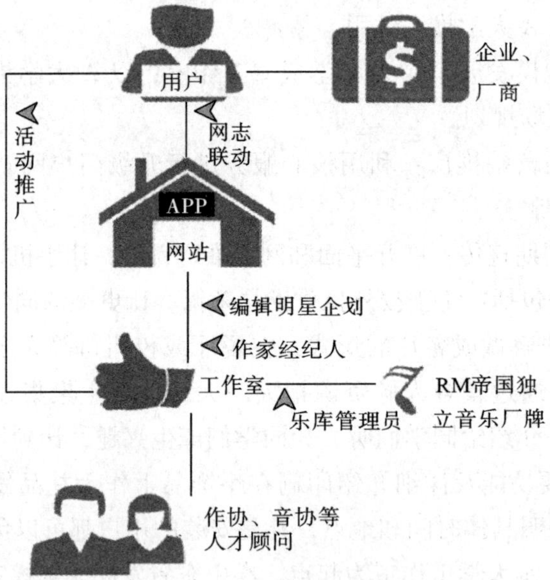

图1-5 产品体系图

e-类人体系主要是由网站和APP两大部分构成，其中网站主要是辅助APP的推广工作。用户无论是通过网站还是手机APP客户端均可以免费在线浏览或者下载专属内容。二者具有互补性，可以满足用户阅读方式的多样化需求。“编辑明星企划”“作家经纪人”“乐库管理员”“网志联动”四条生产线，均以工作室提供的服务为核心，通过开展活动、及时互动交流等特色服务活动将工作室、用户与企业商家三者联系起来，形成一个完整的服务体系。整个服务流程都是以e-类人的情感需求为切入点，关注群体与个体存在的e-类人，突显人文情怀。

1. 网站介绍

e-类人工作室拥有自己的门户网站，是集素履—诗歌文章、回声—时事评论、森罗—影视推荐、音乐、采访、活动推广、在线咨询、原创音乐诗歌下载、文学爱好者交流、原创新歌文章发布等为一体的综合性电子商务网站。网站还是展示工作室风采的平台，同时也是对外宣传的窗口（http://211.64.32.83/eclass/index.php），网站页面如图 1-6 所示。

图 1-6　e-类人工作室网站

e-类人网站风格以简洁为主，色彩舒缓，比较便于向用户展示工作室风采与对外宣传。

其主要版块有图片轮播、内容推荐、最新文章资讯、工作室简介、视频推荐、工作室宣传视频、网站页角还设友情链接、APP 下载二维码等。幻灯片展示我们的活动和产品推荐，内容推荐主要是我们工作室的热门的文章，视频推荐主要是我们的活动或者宣传视频。

2. APP 应用介绍（如图 1-7 所示）

图 1-7　e-类人 APP

【功能设置】

启动界面的设置：实时更新杂志动态滚动图片、文字。

APP 首页显示的设置：首页共设有素履、回声、彳亍、听暖、森罗、活着、花事七个版块，并分别配有各版块相应的最热门图片、视频与文字等。

设置“可订阅”功能：用户能自主选择打开 APP 后可显示在自己手机上的版块；“两个固定订阅版块”为用户必选版块，分别为诗歌文章、时事评论；“两个自主订阅版块”户用可自选，分别为音乐、采访。

设置“更新提醒声音”功能：用户在更新提醒里可选择自己关注的一个版块并从各类可选声音中设置自己所喜爱的提醒声音类型。

设置“互动”版块：互动版块可以使用户直接与编辑团队进行沟通交流甚至吐槽。用专题形式结合时政热点、节假日潮流，内容以符合目标读者阅读兴趣的生活方式、精神享受及生活需求为主，并配以精美图片。

设置“分享”和“收藏”选项：APP 里的内容可以分享到其他软件，亦可个人收藏。

可内嵌视频、音频：APP 界面呈现的视频为内嵌视频，使杂志内容充实、真实、有趣。内嵌视频的实现可以让用户更方便快捷地浏览到目的内容，并且各视频一目了然，使用户观看更有选择性。

3. 生产线介绍

为产品找创意点，不应只是着眼竞争对手来做策略定位，更重要的是要在产品与其使用者之间发展一种强有力的联结关系，而且经得起时间考验。我们工作室因为年龄优势和开阔的思维可以辨别出这种关系的本质与核心是什么，从而能通过单独定制的生产线对其进行巩固。

本工作室在创业初期经过多方讨论、假设与分析，制定了四条完整的生产线（见图 1-8）。这四条生产线将培养的人才和培养人才过程中的多方产物作为产品，比如原创音乐部分的歌手和歌曲，诗歌文章部分的作家诗人和他们的作品，以及本工作室着手推出的明星编辑等。

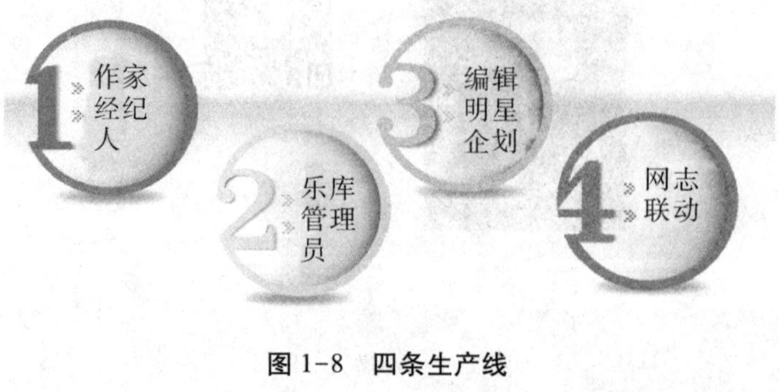

图 1-8　四条生产线

本工作室在作家经纪人生产线上做出了大胆的尝试。我们启用作家经纪人制度，成为在当下出版市场中最先试水的一批人。我们希望能够情怀、市场两手抓，在传统作家写作与市场需求复杂的博弈中获得双赢。

本生产线的流程如图 1-9 所示。

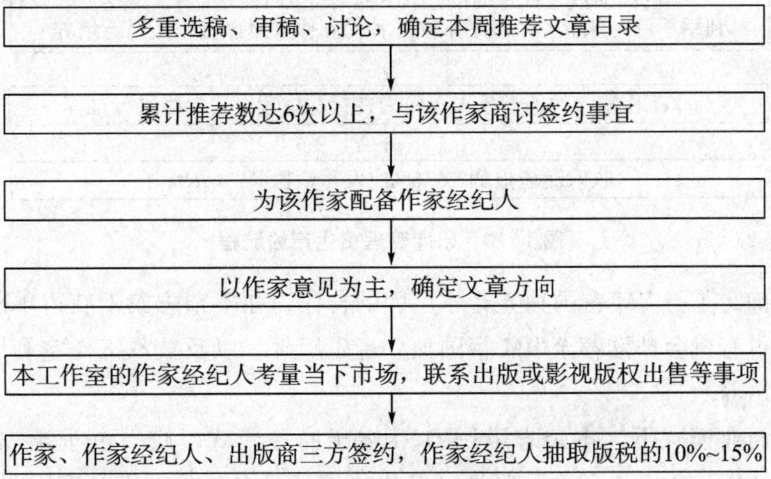

图 1-9　作家经纪人生产线流程

当下，在多数发达国家，文学作为大众类出版物市场中重要的一类，其作者一般都有专业经纪人。在欧美，约 80%的大众图书都是通过经纪人来代理的。海外大牌经纪人往往凭几页纸，就能索要数百万美元版税，其中最为知名的例子便是《哈利·波特》。而在国内，作家都是自己出面和出版方商谈各种合作事宜，无论是为读者熟悉的知名作家，还是刚刚踏上文学之路的新作者。莫言、贾平凹、陈忠实、毕飞宇、池莉等知名作家，无一例外不得不自己打理与出版社之间的事宜。近几年随着出版业市场化的进程，国内逐渐出现了一种“一半是出版商，一半是经纪人”的模式，例如长期与韩寒、安妮宝贝等人合作的路金波，郭敬明的《最小说》团队等。接近外国性质的作家经纪人却始终呈现空缺状态。

因此，本工作室基于当下国情，决定在“作家经纪人”这条道路上进行探索。本工作室作家经纪人在工作中也坚持一定原则：作家与作家经纪人双方合作，但互不干涉对方的工作，作家专心写作，经纪人则负责为其推广；双方互相尊重对方的原则，不违背对方的意志，在此基础上，经纪人利用本身的能力及作家的作品获取利益，而作家则为其提供产品来源。

乐库管理员生产线流程如图 1-10 所示。

多重选稿、审稿、讨论，确定本周推荐歌曲目录

↓

累计推荐数达20次以上，与该音乐人沟通其发展意向

↓

有商演或发片意向的，将其推荐至RM独立音乐厂牌
利用平台人脉资源，吸纳不同工种的制作人对该音乐人进行培养

↓

与本工作室签约的音乐人，每周在标题位置设置专栏进行推荐

↓

收取商演报酬2%~6%或发片销售额2%~6%

图 1-10　乐库管理员生产线流程

首先我们确定了与 RM 帝国独立音乐厂牌的合作，在本杂志旗下获得单次月推最高奖项金额多次即可有机会被推荐至 RM 帝国独立音乐厂牌，以及被本工作室利用平台和多重人脉资源进行培养。

在互联网商业模式下，本杂志采用 O2O 电子商务模式，旗下电子杂志 APP 及网站 BBS 区为原创词作、曲作、音乐后期等 staff 提供交流平台，且本平台实行双向签约机制，同时启用信用评级，不成为本站会员则无法享受高音质下载服务。由此在保证双方知识产权不受侵犯的基础上，保证了作品的独立性与完整性。值得申明的是，本平台承诺不收任何中介费用，我们的收益仅来源于活动推广和商演发片的抽成。

编辑明星企划生产线流程如图 1-11 所示。

保证编辑队伍中人才的多样性，广泛吸纳人才

↓

挑选不同领域的优秀人才在内容模块按不同工作日开设专栏

↓

将编辑从幕后推至台前，放大其个性，将其培养成有辨识度和群众基础的特色编辑，完成自己本职工作之余将其艺人化，通过其多重社会角色的转换，以不同的方式和角度观察社会，与“80后”“90后”这一群体产生感情共鸣

↓

每周在标题位置设置专栏进行推荐

↓

以采访、摄影、城市日记等形式，重点展示“80后”“90后”情怀，突显本杂志的基调特色

↓

整理成册，联系出版，工作室收取版税10%

图 1-11　编辑明星企划生产线流程

网志联动生产线流程如图 1-12 所示。

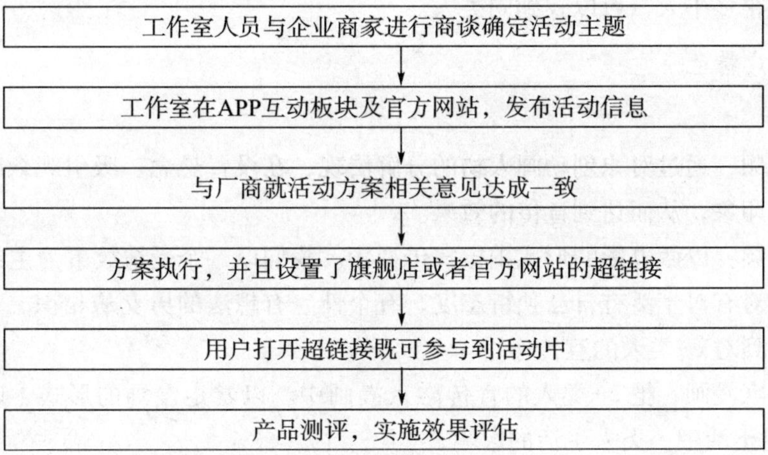

图 1-12　网志联动生产线流程

工作室人员与企业商家进行商谈确定活动主题。工作室在 APP 互动版块及官方网站发布活动信息，出具活动方案，活动内容形式多为微文章、微视频、原创歌曲等其他形式；与厂商意见达成一致后实施活动方案，并且设置旗舰店或者官方网站的超链接。用户打开超链接后既可参与到活动中又可以浏览相关主页。最后利用我们的 e-类人收益模型进行项目测评和运营数据挖掘，实施效果评估，突出体现了我们的大数据云志特点。

四、项目特色

（一）APP 特色

1. 针对性强

e-类人，契合了一类人的感情需求，展示一类人特色，让世界客观认识这一类人。我们的目标人群为“80 后”“90 后”，不同年龄段的用户对 e-类人新媒体云志的接受程度不尽相同。通过调查我们了解到在有使用欲望的人群中，年龄主要集中在 15~35 岁。这一群体可以作为市场开发阶段的重点对象。我们把人群集中这一现象命名为“中间年龄层强势现象”。由于这一年龄段相对于 20 岁前人群来说有自己的思维空间，时间支配及活动方式选择也更自由，而相对于 35 岁后人群的思维方式固化程度较低，更易于接受新鲜事物。

2. 人文情怀

e-类人旨在彰显年轻一族的生活、构建非主流中的主流文化。目前，“80 后”“90 后”中很多人被贴上了各种标签、被归为各种类别。但他们并不想被贴上所谓“80 后”“90 后”的标签，他们更想要创造并拥有属于自己的 DIY 贴纸，不想要做批量生产的货品，不想要统一的性能与说明书。同时他们渴望世人能看到他们与众不同的一面。e-类人新媒体云志的诉求点刚好契合了这类人的情感需求，在这里他们可以创造属于自己的贴纸，可以发现很多牛人，可以找到同类人。

（二）推广特色

1. 线上

①动画视频：通过对原创动画人物的分解展现，在设置悬念、吸引观众眼球的同时给观众留下深刻印象，从而达到宣传的效果。

②宣传视频：以微电影的形式拍摄宣传视频。我们以一个爱情故事为主线，e-类人为平台，作为一对有对生活有自己独特态度、有个性、有想法的男女从相识、相知、相恋的媒介，从而起到对e-类人的宣传作用。

③系列幽默漫画：把e-类人的宣传融入漫画中。以暴走漫画的形式、诙谐的语言来表现e-类人对生活中一类人生活的影响。

④最小说与微小说：以e-类人工作室的灵感的获得、团队的组成、历经的困难等为背景，以免费小说的形式发表在各大贴吧、论坛等，起到宣传的作用。

⑤设置网上交流互动平台（现已建立e-类人工作室百度贴吧、腾讯QQ交流群、移动飞信交流群），供文学音乐主流与非主流爱好者们交流创作经验，还可以上传创作过程中遇到的问题，大家一起讨论解决。

2. 线下

①加强对大学生、白领人群的宣传推广，整合资源，利用社会及人脉关系网推广，进入社区、写字楼、会所等进行推广。

②借势宣传，通过大型公司的年会、表彰会、大学的迎新晚会、汇报演出或大学生社团、协会、俱乐部、交流中心的例会、比赛、活动等宣传APP。

（三）盈利特色

e-类人工作室，采取网站与手机客户端相结合的运营模式，是一家以“80后”和“90后”的个性需求为导向，为用户提供音乐、诗歌文章、时事评论等特色内容的移动运营商。作家经纪人、乐库管理员、编辑明星企划、网志联动四条特色生产线将服务过程中的多方产物作为产品，并且与使用者之间建立强有力的联结关系，可以更好地满足用户多方面的个性化需求，使用户获得良好的阅读体验。

【赢利点】

（1）网页首页歌曲、文章的推广。

网站首页设有每日推荐、每周推荐等首推内容，各内容随时更新，用户可以根据自己需要随时在线浏览或者免费下载专题内容，参与互动活动，以增加访客量，提高点击率，从而有可能被更多人关注。从e-类人走红的网红，对e-类人也当然会起到宣传作用。

（2）征文比赛邀名企赞助。

e-类人定期或不定期举行大型征文比赛，邀名企赞助，并以其名称命名为“＊＊杯”征文比赛等。征文比赛不仅是我们的一种盈利方式，更是一种鼓励文学创作者、提高本杂志知名度的有效途径。

（3）吸引推广投资商。

e-类人点击量和浏览量较大的情况下，进行网络活动推广宣传。我们与投资商商定创新性活动方案，其向本网站支付相应的推广费。e-类人前期知名度低，点击量和浏览量也相对较少，所以我们推广费的收取采取低价渗透的策略，逐渐使 e-类人被人们所接纳并熟知。

（4）服务功能收费。

e-类人的盈利点之一就是电子杂志的在线浏览要消耗手机流量，而流量又是移动公司以收费的方式为消费者提供流量。所以，本网站可以凭借大流量从移动电信运营商那里收取费用，分得相应的一杯羹。从而达到获得收益的目的。

（5）其他产品内容，如慈善活动、一元夺宝活动（如图 1-13 所示）等。

此类产品内容主要指通过名人或名企的注资或社会募捐来筹集款项并兴办文艺会演等。文艺会演演员可以邀草根明星友情演出，特别是有慈善形象大使身份的艺人，或邀受捐者参演。在得到社会各界人士募捐的同时，不管是对 e-类人还是对募捐者都会起到宣传作用，从而实现双赢。

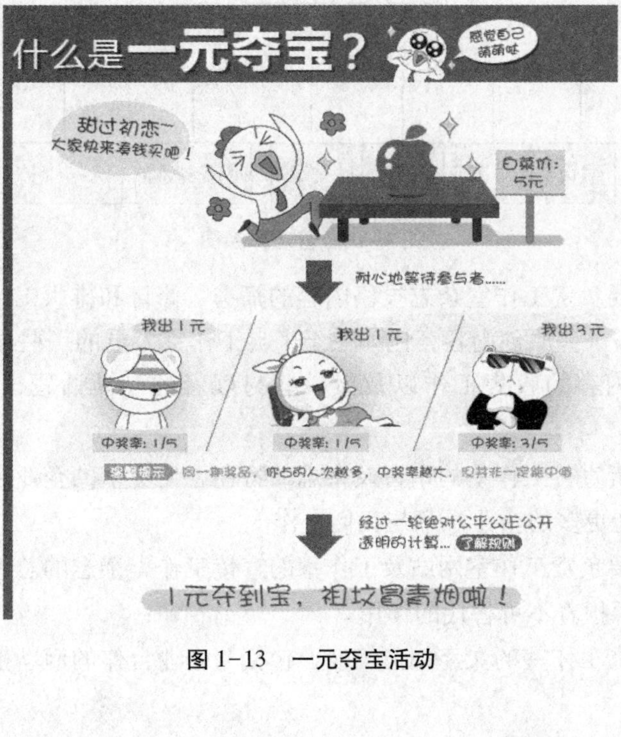

图 1-13　一元夺宝活动

五、团队及管理体系

（一）创业团队

本工作室初期的主要成员分别来自德州学院经济管理学院、信息管理学院和生命科学学院，全体成员均参与了工作室初期的立意和创意构思。本工作室的成员查阅了大量的资料并了解了一些电子杂志平台发行商的运营模式、盈利模式等信息，并且充分认识到了工作室成立初期的困难。我们工作室的成员有会计专业、工商管理专业、计算机专业等，对市场有一定的认识，同时在营销方面也能做得更好一些。

工作室初期比较重视良好的信誉和正确的经营理念，同时积累一些资源。中长期目标是能做到像很多做得好的电子杂志平台发行商一样，拥有稳定的用户群、固定的资金收入和传统媒体及企业的合作，争取在更短的时间内让更多的企业认可我们，给我们工作室投资。

（二）管理体系（见图 1–14）

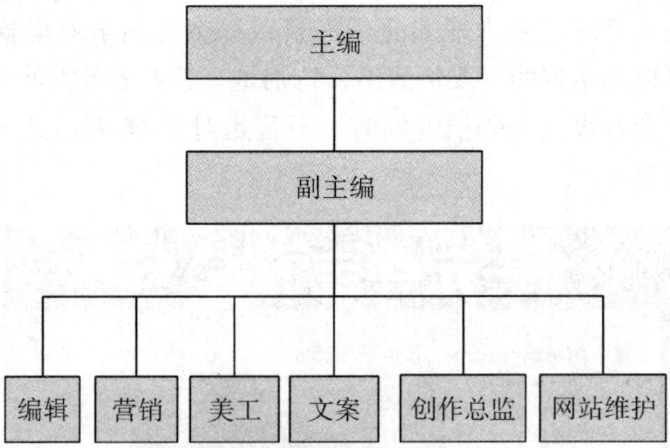

图 1–14　管理体系图

（1）编辑：主要负责工作室杂志投稿内容的筛选、修订和排版工作，另外，也需要在杂志社的部分栏目写一些原创内容，比如关于来自工作室人员的一些思考等，在编辑工作之外还需要做一些内容的收集工作以及做一些与读者的互动话题，以提升杂志的可阅读性。

（2）营销：负责宣传工作室的宗旨及杂志的特色，使更多的企业了解工作室的情况及以后的发展前景，让更多的企业愿意与我们合作。

（3）美工：主要负责工作室网站及工作室的宣传工作，杂志的总体设计也是由美工来完成，其在工作室承担着不可替代的作用。

（4）文案：负责工作室的文字创意策略，包括与企业合作的活动推广创意等。

（5）创作总监：主要负责电子杂志的主题创意、活动推广创意以及整个工作室的策划。另外，手机 APP 的信息推送和模块，也由创作总监提出并对其进行任务的分配。

（6）网站维护：网站维护人员需要做的工作是定期对网站的栏目内容进行调整、信息发布和对网站后台进行管理。

六、市场调查

（一）宏观环境分析

1. 市场环境

现代的社会是数字化、智能化、网络化的时代，传统的纸质传媒已经不能够满足人们的阅读需求了。作为 Web 2.0 时代的产物，电子杂志拥有丰富的多媒体技术，集声音、文字、图像、影视于一体，能够给读者带来强烈的视听感受及全新的体验。当前随着互联网多媒体技术的不断革新，电子杂志也在不断地进行创新。除了常见的网络平台之外，越来越多的电子杂志正在借助手机、PDA、iPod 等移动终端通信设备发行。利用移动通信设备发行电子杂志，既方便快捷，又绿色环保，这逐渐成了喜爱电子杂志的网民们的新选择。近年来国家出台了一系列鼓励文化产业发展的政策，为文化市场繁荣发展带来了市场先机。

2. 经济环境

我国 GDP 呈持续高速增长态势，人均 GDP 增长在 10%左右，经济发展状况良好，国内经济的健康发展对“80”“90 后”消费水平有显著影响。随着我国经济的不断发展，社会整体经济水平的提高，人民收入的不断增长，在人民吃饱穿暖的前提下，应不断追求更高的物质和精神方面的享受。

3. 社会文化环境

快节奏的生活使得越来越多的人没有太多的时间去翻看一本书、订阅一些报刊，空闲时间都留给了手中的智能手机。人们想从枯燥紧张的生活中放松解脱出来，释放压力。

4. 技术环境

随着宽带、4G 的出现和普及，光纤传导信息量巨大、速度快，人们已进入信息爆炸时代，网络已成为人们生活必不可少的一部分。

多媒体云志技术的日渐成熟，很大程度上拓展了其应用领域，开发成本也不断地下降，效果更加真实。

（二）调查问卷

为了更好地了解市场，对消费者、产品定位与竞争优势进行分析，工作室进行了问卷调查。问卷形式主要采取实地调查采访与网上问卷调查相结合的方式，调查对象主要是大学生和工作白领。调查问卷一共发放了300份，收回有效的问卷240份。

（三）SWOT分析

1. 优势

（1）内容新颖精致。杂志内容编排精致、选题新颖，打破了传统电子杂志的局限。工作室始终以用户需求为导向，更具柔性、灵活性和创新性，满足用户多样化的阅读需求，突显人文情怀。

（2）用户群体庞大。用户定位群专一并具有针对性，主要面向对象是“80后”和“90后”，这一群体思维活跃，接受新事物能力强，现有用户及潜在用户数量群体庞大。

（3）运营独特创新。工作室抓住互联网和大数据时代的发展机遇，创新性地提出了新媒体云志的概念及作家经纪人、编辑明星企划、网志联动等生产线，更具独特性和创新性，引领新媒体云志发展的时代潮流。

（4）务实的经营团队。公司室创作人员均是来自不同领域方面的专业创新性人才，对于千变万化的现状，不急躁、不浮躁，富有团队精神，脚踏实地开发、制作、营销我们的产品。

2. 劣势

（1）缺乏资金和技术。工作室创作人员都是学生，资金方面比较匮乏，缺乏专业的APP开发技术，并且在网站维护、APP后期服务完善方面都需要大量资金和技术支持。

（2）缺乏经验。工作室人员都是学生，并且首次提出了作家经纪人、编辑明星企划等生产线，没有可以借鉴的运营管理经验，存在一定的风险性。

3. 机会

（1）大背景环境优势。新媒体迅速发展，智能手机的普及，国家政策支持，各个地方政府对文化产业的支持，并出台了一系列优惠政策。

（2）阅读观念的转变。随着互联网技术的进步，越来越多的消费者更青睐健康、绿色、时尚潮流的电子杂志。

（3）技术日新月异。技术的发展与进步成为电子杂志制作的基本条件，技术的更新意味着电子杂志制作的日益完善。

4. 威胁

（1）受众对电子杂志信任度不高。目前多数电子杂志重形式轻内容，广告多，并且只有少部分是免费的，使众多用户对电子杂志失去信心，影响了电子杂志的整体形象。

（2）更多竞争对手的出现。由于电子杂志制作门槛低，盈利空间又比较大，加之越来越多的传统纸质媒体转向电子杂志行业，加大了竞争的激烈程度。

（四）STP 战略（见图 1-15）

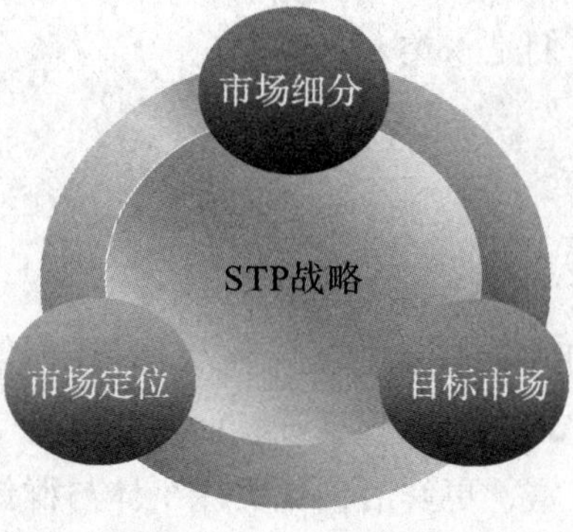

图 1-15　STP 战略

1. 市场细分

根据工作室自身特点、优势以及目标顾客需求的差异性，并依据市场细分的有效标志：可区分性、可测量性、可进入性和可盈利性，我们对消费者市场进行划分，明确市场带给我们的机会成本的大小。

根据调查，传统电子杂志行业大多是按照内容分类的，并且是面向所有读者，主要是为读者提供生活资讯、旅游资讯、汽车资讯等，很少有专一的针对某一类群体、按照读者的兴趣圈进行分类的。

e-类人新媒体云志工作室突破传统的分类方式，按照读者的兴趣圈分类，主要分为音乐创作版块、诗歌文章版块、采访励志版块、时事评论版块等，然后再针对每一版块提供一系列的柔性化服务。

我们以用户年龄段为依据划分为：“80 后”“90 后”。

2. 市场选择

在中国“80 后”和“90 后”的年轻人是构成电子杂志阅读者的主力军，并且他们思维活跃，想法新颖，很多兴趣爱好很相近，但他们却被贴上了各种标签，如新新人类、愤青一族等，e-类人电子杂志的诉求点刚好契合了这类人的情感需求。为此我们的目标人群为“80 后”“90 后”的年轻人，以他们的需求点为契机，进行电子杂志内容的更新与创作。

3. 市场定位

在这里你可以放下生活工作的压力，不用在意别人给你贴的任何标签诸如“愤青一族”“拜金一族”等，在这里你可以有更加真实的一面，更加丰富地表现自己，发展你在诗歌、音乐创作方面的兴趣爱好，在这里你也可以针对当代的时事和众多的热点话题与众多志同道合之人分享你的声音、你的态度、你的思维。

更真实，更深沉，更丰富，更鲜活，更关注个体与群体的存在性。

有你的声音，有你的态度，有你不荒废、不僵硬的思维。

不要标签，不要归类，我们是一类人，你呢?

七、营销策略

（一）产品策略

为彰显年轻一族生活，构建非主流中的主流文化，让你创造属于自己的DIY贴纸，发现牛人，找到同类，e-类人APP设置了素履、回声、彳亍、森罗、活着、花事等版块，让内容更真实，更深沉，更丰富，更鲜活，更关注个体与群体的存在性。这里可以有你的声音，有你的态度，有你不荒废、不僵硬的思维。我们倡导灵性与知性并重、时尚健康的休闲娱乐生活方式，更多的突显人文情怀。

1. 素履（即诗歌和文章）

心有所向，即使穿着朴素的草鞋也可往此处前行，即为素履。用朴实无华、清白自守的处事态度面对心中向往的事物。但凡心里所向往的，穿着素净的鞋子往此处去；生命就像一家旅店，用一叶苇片即可以渡过。引申义：用朴实无华、清白自守的处事态度面对心中所向往的事物，生活中所遇到的人就如同在旅店中遇到的客人般萍水相逢，要拥有一种芦苇随波而航的平稳心态来对待它。

素履版块又分为：小说、影评书评、动漫推荐及各类主题原创文章分栏目阅读（见图1-16）。用户可以根据自己的喜好选自己喜欢的主题页面，系统则会根据用户喜欢的类型自动筛选并推荐用户喜欢的类型。

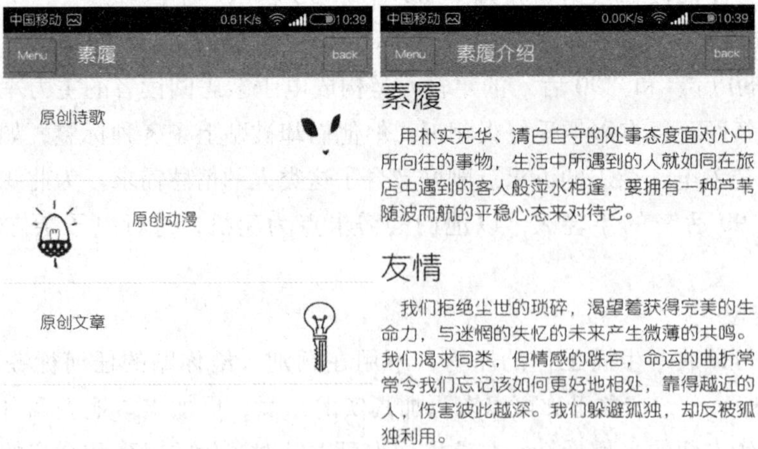

图1-16 素履版块

文学爱好者只要有自己对生活的态度就可以把自己对生活的感悟等发表在各类栏目上。该版块由于选取的稿子风格属于“严肃文学”“先锋派文学”类型，这类文章本身就是作者在观察、反思、刻画、强烈的表达意识等之下所作，大多关注生存状态和内核性。即便这类文学在当今信息爆炸、娱乐至死的喧嚣社会里很少有人关注，我们杂志与这些写作者们仍然认为这类文学有其存在的必要性和必然性，并努力尝试将其与现在年轻人的生活相连接。

2. 回声（即时事评论）

所谓“回声”，是指在社会事实已发生、已存在的状态下，本杂志以及稿件作者本人对其所持有的态度、观点，然后用户可对当下发生的时事要闻、娱乐新闻进行点评、议论、吐槽等方式发表自己的独到见解。在这里你可畅所欲言，可犀利、可尖锐、可刻薄，这是年轻群体中的一部分人对社会的回应与发声。另外用户也可以用摄影摄像设备记录下自己身边的一些或不可思议或难以理解的人或事，编辑内容上传到互动版块（见图 1-17）。

图 1-17　回声版块

3. 彳亍（即专访推荐）

采访对象：背包客、音乐人、乐手、开卡车的画家、农民诗人、创业者等各行各业有特色、有个性的人。让用户了解别人的生活空间与思维方式，了解生活在不同于自己生活圈的人以及别人的价值观与世界观，或是探究名人的成才路与艰辛史（见图 1-18）。

图 1-18　彳亍版块

目前工作室已采访到摇滚乐队霜冻前夜的前主唱苗苗。霜冻前夜成立于 2004 年，他们的作品多以寒冷与黑暗为主题，在主唱撕裂的声线中，召唤着人们踏入冷酷幽怨的冰封之地。几个充满梦想的年轻人走到了一起，他们对自由的向往，对梦想的执着，让他们在这个纷繁复杂的社会中书写着自己的路。他们厌倦虚伪，厌倦伪装，厌倦欺骗，厌倦那些自私的人，于是他们决定用自己的音乐来刻写生命中的这些片段。霜冻前夜，如同在这个冷盒子般的城市下燃烧的一团叛逆的火焰！他们对生活有自己的态度，活出了自己的个性，契合了 e-类人的精神与理念，是 e-类人的代表。我们还将推出更多有自己态度、有自己声音的 e-类人代表。

4. 听暖（即原创音乐）

用户依托杂志本身的文学性筛选出的优质诗歌，联络相对优秀的曲作者，推荐音乐人和一些演出资讯，实现用户与用户之间的沟通与交流。鉴于很多有自己独特思想、有个性的艺术家对作品风格的认识有不同的见解或苦于没有伯乐的降临，本电子杂志则提供这一平台使“马”展示自己可以跑千里的实力，同时也可以吸引到认识马的伯乐（见图 1-19）。

图 1-19　听暖版块

5. 森罗（即影视/书籍推荐）

经典之所以成为经典，在于其所传递出的与人类普遍命运、终极关怀、人文思想所共通的精神价值。经典是价值认同的一种方式，更是民族认同的一种文化符号与标志。经典是屹立于我们面前的一座座精神宝库，等待着那些对它心有灵犀的人去发现与挖掘。

由于受到互联网的影响，人们的阅读习惯发生了很大的变化，很多经典被遗落在角落里，加之当前众多电子杂志推出的内容同质化、娱乐化、低俗化严重，更加剧了经典的没落，不能满足年轻者寻求心灵慰藉的需求。为此工作室设立森罗版块，着重推荐经典名著，像《百年孤独》《呼啸山庄》《悲惨世界》等中外名著。推荐形式一：工作室直接提供免费电子版阅读资源。形式二：工作室提供免费的翻拍电影、视频、广播剧或者音乐剧等，以满足用户多样化的需求。

另外，影视推荐方面，对于能够在网上免费观看的电影设置影视超链接，用户打开超链接可以直接观看；对于新拍的在影院上映的电影设置购票超链接，通过优质影评获取免单资格。除了推荐电影本身内容之外，工作室编辑人员将会根据每期用户浏览状况，设置不同的话题专栏，用户可以对自己感兴趣的话题发表评论。

森罗版块实行权限开放，工作室人员定期更新版块内容，用户可以在线浏览、下载版块内容，对版块内容进行评论。同时用户可以注册一个账号，设置自己的圈子，在圈子内发表自己制作的特色微电影或者推荐优秀电影，与工作室人员或者其他用户在线交流，分享自己的感想（见图 1-20）。

图 1-20　森罗版块

6. 活着（即编辑随时更新版块）

“活着”必然关乎人生的各个方面如生存状态、价值观、人生态度、生活理念等。工作室的每一个编辑都有自己独特的人生观、价值观，每一个人都有自己的专属版块，在专属版块内刊登的是编辑个人的优质稿件、图片、音频或者视频等，以便与更多的人分享、交流自己的人生态度、生活态度等。

版块权限不开放，用户可以在线评论、下载内容，工作室人员可以根据用户浏览和下载情况，适时调整版块内容，一方面可以使版块内容与时俱进，更具灵活性、丰富性，另一方面可以实现用户与用户之间的沟通交流，用户与平台工作室人员的互动交流与反馈，使用户获得更好的阅读体验，体现出更多的人文关怀（见图 1-21）。

7. 花事（即实时互动版块）

在实时互动版块，工作室设置了《话题》《活动》《分享》《百宝箱》四个栏目。版块实行权限开放，一方面用户有权参与每一栏目的信息发布、信息评论等，可以与众多用户在线交流，实现心灵与心灵之间的碰撞。另一方面也可以实现用户与工作室人员的双向沟通，使用户获得更好的阅读体验。

(1)《话题》栏目。工作室人员会根据当前的时事热点问题，或者“80 后”和“90 后”都热衷的其他问题，定期发一些“话题”活动，比如“你最喜爱的编辑”“你理想中的人生”等。在这里你可以畅所欲言，可以实现用户与用户、用户与创作人员的在线交流。

图 1-21　活着版块

（2）《活动》栏目。工作室将定期开展一些活动，一方面是工作室内部的活动，比如团队招募、文章诗歌征稿等；另一方面是工作室与其他单位合作的一些活动，比如与大型游戏公司联合创办的“原创编曲大赛”，为更多的人提供参赛信息，吸引更多的人关注参与。

（3）《分享》栏目。“素履、回声、在路上、听暖、森罗、活着”六大版块的内容，均代表的是杂志社的态度和价值取向。用户可以对其任意版块的内容发表自己的见解，也可以与其他用户之间、各个编辑之间进行沟通与交流，寻求心灵上的碰撞。另外用户可以在此版块编辑形如【#“关键词”#标题】进行发表，内容和形式不限，我们会挑选有价值的在 1~6 版块进行推荐。

（4）《百宝箱》栏目。首先是用户可以对工作室 APP 各大版块内容、用户体验等方面，提出自己的建议，工作室会采纳好的建议，从而不断完善工作室的各项服务。工作室也会从中抽取幸运用户，发送奖品或者赠送积分。一方面可以使用户感受到共同参与工作室运营的独特体验，另一方面可以更好地完善工作室 APP 的各项服务。另外，工作室还会在百宝箱内提供一些“独创音乐”“特色期刊”“创意表情包”等智慧宝囊，吸引用户进行淘宝（见图 1-22）。

图 1-22　花事版块

（二）价格策略——免费

目前，无论是专业网络电子杂志，还是手机移动客户端推行的电子杂志，只有少部分的阅读内容是免费的，而大部分是需要付费的，并且内容杂乱，趋于同质化，这样往往会造成很大一部分阅读者的流失。为了吸引更多的阅读者，激发他们的兴趣，让他们成为杂志的忠实关注者，并且考虑到 APP 手机移动客户端服务内容还处于不断更新完善的过程中，为了发挥自身优势，占领市场先机，云志将始终推行价格免费策略。用户只要打开手机 APP，浏览音乐、诗歌文章、采访等版块时，轻轻一点即可免费下载或者在线浏览你喜欢的内容。

（三）推广策略

APP 推广策略主要通过线上宣传、线下宣传与活动推广相结合的方式（见图 1-23）。

1. 线上推广

APP 作为一种第三方参与活动的形式，参与到互联网商业各大活动中，为此依托网络平台进行推广是尤为重要的一部分。以下是结合内容各方面特色而提出的几条具有针对性和可行性的推广方法。

【网站推广】

我们建有自己的特色网站，在网站首页有 APP 的特色专栏，包括 APP 的应用介绍、下载地址、二维码等，浏览网站的网民可以点击超链接直接下载 APP 手机客户端。

图 1-23 APP 推广策略

【各大搜索引擎】

搜索引擎是许多网友查询网上信息和在网上冲浪的第一去处，因此在搜索引擎中注册“e-类人新媒体云志 APP”是推广和宣传的首选方法。通过搜索引擎优化、关键词竞价排名等方式在百度、搜狗等大型搜索引擎网站上获得一个好的排名对提高本 APP 的知名度大有帮助。

【借助热门的社交网站宣传】

通过在具有较高人气的信息分享型网站，如人人网、开心网、新浪、腾讯等建立自己的公共主页，发表一些新创作的音乐、视频等供人们休闲娱乐，从中吸引大量点击量。另外将各大版块放在主页上或在主页上提供快速链接，网友可以把对某个感兴趣的版块的信息不断分享给更多的人，吸引更多的人关注 e-类人新媒体云志 APP。

【微信宣传】

策划组将制作的二维码、微信公众号宣传图片放置在网站、论坛、博客、微博、社交网站等进行线上推广。还可将二维码印制在宣传海报上，用新推出的活动内容吸引用户主动参与扫描识别关注“e-类人新媒体云志 APP”的公共账号。另外，用户首次扫描账号的有机会获得发表文章的机会以及享受更多优质服务。

【博客、邮件推广】

e-类人电子杂志将建立自己的微博，定期在微博里发布一些新的文章，推荐一些新服务等，并设置分享，以吸引更多的人关注。

请访问者填写他们的电子邮件地址，建立邮件列表，定期向用户发送 APP 新服务、新活动内容，鼓励用户参与，这是与用户保持联系、建立信任、发展品牌及建立长期关系的最好方法之一。

2. 活动推广

活动名称为“让梦想起航——寻求最真实的自己”。

每个人的成长背后都有一个动听的故事，每个人都有自己独特的见解和思维，每个人都有一个属于自己的标签，寻求最真实的自己，与人分享你的故事。

工作室将不定期举办投稿征集活动，限定名额，投稿内容可以是自己创作的诗歌文章、音乐或制作的创意视频等。然后实行网上投票的方式，根据票数选出“最受欢迎作品”“最佳创意视频”，给作者发送一定的奖金，分别为500~1 000元不等。比赛信息的发布，主要通过官网、海报、微信、微博进行宣传，以吸引更多的人关注。

3. 线下推广

①加强对大学生、白领人群的宣传推广，整合资源，利用社会及人脉关系网销售或进入社区、写字楼、会所等进行宣传。

②借势宣传，通过大型公司的年会、表彰会或大学的迎新晚会、汇报演出等宣传e-类人 APP。

（四）渠道策略

（1）中国移动公司。手机移动终端的使用始终离不开网络，而网民上网需要大量流量的支持。为此我们向移动公司推送 APP 免费服务，让移动公司向客户推送 APP，从中获取更多利润，工作室从中抽取提成。

（2）手机开发商。现在手机功能更新飞快，一款好的手机不仅要有好的质量，而且应有好的功能软件。为此我们与开发商合作，将 APP 安装在手机自带的软件中，使客户用起来更方便、快捷。

八、财务报表及财务分析

（一）资本结构与规模

公司的注册资本为85万，注册资本结构如表1-1所示。

表1-1 注册资本表

编制单位：e-类人工作室　　单位：元

主体	比例	金额
银行贷款	41.2%	350 000
自有资产	58.8%	500 000
总计	100%	850 000

（二）预计利润表（5年）（见表1-2）

表1-2 工作室预计利润表

编制单位：一类人工作室 单位：元

项目	第一年	第二年	第三年	第四年	第五年
收入	405 680	630 000	1 000 000	1 300 000	1 766 000
减：成本	260 000	350 000	450 000	685 000	830 000
税金及附加	25 000	32 000	37 500	131 600	163 000
销售费用	87 000	110 000	190 000	116 000	120 000
管理费用	26 000	46 970	57 200	45 000	47 000
财务费用	18 900	18 900	18 900	18 900	18 900
资产减值损失	4 800	9 700	11 300	17 800	20 080
利润	−7 920	62 430	235 100	401 705	567 020
所得税	0	2 725. 5	11 755	20 085. 25	28 351
净利润	−7 920	59 704. 5	223 345	381 619. 75	538 669

注：短期贷款6个月~1年（含1年）5. 31%（2010年）

中长期贷款1~3年（含3年）5. 4% （2010年）

（三）重要报表数据提示

五年销售收入（元）：405 680、630 000、1 000 000、1 300 000、1 766 000

五年净利润（元）：−7 920、59 704. 5、223 345、381 619. 75、538 669

由此可得，达到正现金流所需时间为25个月。

九、投资收益分析

主要设备：公司的电脑、桌椅、监听耳机、手绘板、马克笔等设备，合作单位、个人及运营资金能够按时到位，不会影响工作室正常运营。

初始投资概算和日常营业现金流量预测分析见表1-3和表1-4。

表1-3 初始投资概算

编制单位：一类人工作室 单位：元

项目	初始期间
固定资产	100 000
营业费用（租金/年）	50 000
前期宣传推广	54 000

表1-3(续)

项目	初始期间
劳务费用	156 000
其他费用	45 000
存货	45 000
合计	450 000

表 1-4　　日常营业现金流量预测分析

编制单位：一类人工作室　　单位：元

项目	第一年	第二年	第三年	第四年	第五年
营业收入	405 680	630 000	1 000 000	1 300 000	1 766 000
固定资产	100 000	0	0	0	0
营业成本	260 000	350 000	450 000	685 000	830 000
流动资金投资	45 000	45 000	45 000	45 000	45 000
营业税金及附加	25 000	32 000	37 500	131 600	163 000

十、投资风险分析

（一）投资净现值（NPV）

$$NPV = \sum_{t=1}^{n} (CI - CO)_t (1 + i)^{-t}$$

NPV = 131.1（万元）

预测 2010—2014 年，5 年的现金净流量（CI-CO）=（-24 320、23 000、467 500、438 400、728 000），银行长期借款（5 年期）利率为 5.4%。考虑到目前资金成本较低，以及资金的机会成本和投资的风险性等因素，此时，NPV = 131.1（万元），远大于零。计算期内盈利能力很好，投资方案可行。

（二）报酬率（IRR）

即净现值=0 时的收益率

$$NPV = \sum_{t=1}^{n} (CI - CO)_t (1 + IRR)^{-t} = 0$$

IRR = 30%

预测 2015—2019 年，5 年的现金净流量（CI-CO）=（-24 320、23 000、467 500、438 400、728 000）。内含报酬率达到 30%，远大于资金成本率 12%，利润率较高。而且，前 5 年内市场增长性很好。工作室对销售收入的提高和降低最为敏感，经营成本次之。在变化±10%范围内，内含报酬率仍然高达20%~40%，说明能承担风险，具有一定可靠性。

（三）投资回收期（IRP）

回收期=累计净现值出现正值年数-1+（未收回现金/当年现值）

一般认为回收期短的较好。

经过严密的计算得出本工作室的回收期为三四年，与专家预测的3~4年一致，完全符合投资的需要。

十一、风险策略

在这个瞬息万变的时代，网络已经成为人们必不可少的一种获取资源的途径。在人们完全可以通过互联网来了解外面的世界的时候，这对电子杂志平台发行商是一种机遇，也是一种挑战。

我们要做的不仅仅是打造自己的网站，开发自己的APP，还要布置防火墙等避免使其遭到黑客或者电脑高手的攻击，确保我们工作室的网站的安全运营。人们现在的生活已经离不开网络，这也给我们利用网络进行品牌的宣传提供了便利。机遇存在的同时也存在着一定的风险，在网络如此便捷和开放的背景下，其背后一定存在着某种危险的势力蠢蠢欲动。首先我们要做的就是安全上网，给自己的电脑安装相应的杀毒软件和防护软件，不去浏览或点击来源不明的网站，尽量不在网站填写自己的姓名、密码等重要的信息，以防别人窃取。其次在网上不要轻易与人交易，不轻易相信来自网上的信息。最后就是做好网站的备份工作，做更多的补救措施包括重要信息的备份。

参考文献

[1] 刘佩华. 营销心理学［M］. 北京：机械工业出版社，2008.
[2] 滕宝红. 市场份额拓展与管理［M］. 北京：人民邮电出版社，2008.
[3] 弗兰克·布拉德利. 战略营销［M］. 文瑜，译. 北京：华夏出版社，2009.
[4] 科特勒·凯勒. 营销管理［M］. 王永贵，等，译. 上海：上海人民出版社，2009.
[5] 罗宾斯，等. 管理学原理［M］. 王蕴诗，译. 2版. 广州：华南理工大学出版社，2008.
[6] 周三多. 管理学［M］. 3版. 北京：高等教育出版社，2010.
[7] 刘永泽. 中级财务会计［M］. 2版. 大连：东北财经大学出版社，2009.
[8] 郑光贵. 国际贸易理论与实务［M］. 北京：中国人民大学出版社，2008.
[9] 丹尼斯. 网上零售理论与实务［M］. 北京：中国物资出版社，2008.
[10] 冯英健. 网络营销基础与实践［M］. 2版. 北京：清华大学出版社，2004.

2016 年教师指导学生参加科技文化竞赛获奖作品

获得山东省特等奖、国家三等奖作品

第六届全国大学生电子商务
“创新、创意、创业”挑战赛

green E 绿e之景

——“绿 E 之景”创意盆景创业计划书

团队名称：绿色畅想队

参赛队员：牟欣　刘妍　李雅　代京妮　鞠方腾

指导教师：肖凤华

摘 要

近20年来，中国经济以9%的年平均增长率持续增长。虽然如此，但是资源和环境问题也一度制约着经济的发展。自2003年以来，我国已经注意到环境问题的严重性，并着手予以解决，然而经济发展与环境保护的种种冲突却使这一问题的解决状况不容乐观。2013年，"雾霾"入选年度关键词，环境污染话题成为国民关注的焦点。官方媒体宣布，接下来五年中国政府将投入近3 000亿美元用于治理空气污染，这显示了政府对生态环境问题的重视。

基于当前资源和环境现状，"绿E之景"创意盆景训练项目应运而生。我们认为，若只依赖传统的实体店经营将无法实现产销平衡，不利于当前花卉盆景行业的进一步发展，因此本项目组决定开辟新的销售渠道——电子商务平台。随着互联网技术的不断发展，电子商务备受关注，使用电子商务推广产品已是大势所趋，相信网络销售将给创业者带来更大的收益。

"绿E之景"创意盆景项目采用供销一体化的经营方式，在主推"多肉"盆景的基础上，计划推出以下特色产品："果核"水果盆景、"私人订制"盆景、"children"盆景系列。

除了产品本身的特色外，项目的目标人群涉及范围广，可以满足更多顾客的需求；并根据不同的经营方式选择不同的运营模式，让顾客的购物之旅更加舒心；同时，"绿E之景"项目组给顾客提供优质全面的售后服务，例如，教授种植经验、提供各种种植配套设施等。

盆景作为一种观赏性的艺术品，具有重要的商品价值。一方面，它能够净化空气、寄托情感、寓教于乐、愉悦身心；另一方面，其品种优良、造型独特、价格合理，具有审美价值和艺术感，得到越来越多的人认可。

此外，现如今的盆景市场虽然已经商品化但却充斥着许多廉价的低端商品，没有得到深入的发展。盆景市场蕴藏着巨大的发展潜力，在这一行业需要我们付出更多的努力，希望"绿E之景"创意盆景训练项目组能够创造出自己的品牌，让盆景这一行业为更多的人所熟知，更好地为人们服务。

关键词：盆景；项目；环境；商业价值

一、项目背景

随着经济的飞速发展，人们走进了以互联网消费为主的新时代。十二届全国人大三次会议上，李克强总理在政府工作报告中首次提出“互联网+”行动计划。他指出“站在‘互联网+’的风口上顺势而为，会使中国经济飞起来。”他的一席话点燃了股市的激情，也带给我们无限启发。我们要利用“互联网+”时代下的发展机会和电子信息版块创新经济产业，为电商的发展贡献一分力量。

与此同时，经济的高速发展也带来了严重的环境问题。柴静的大型纪录片《穹顶之下》在震撼着我们心灵的同时，也引发了人们的思考。图 1-24 是 2015 年 1 月 12 日空气污染最严重的前 10 名城市的空气质量状况统计，据此可知生活中空气污染空前严重。我们应该怎样处理环境与健康之间的关系，怎样改善环境质量、减少污染对我们生活的危害呢？盆景作为一种实用而又美观的绿色植物，能够有效地净化空气、美化环境，还能吸收一些电子产品释放的辐射，进而减少污染对人们生活环境的危害。

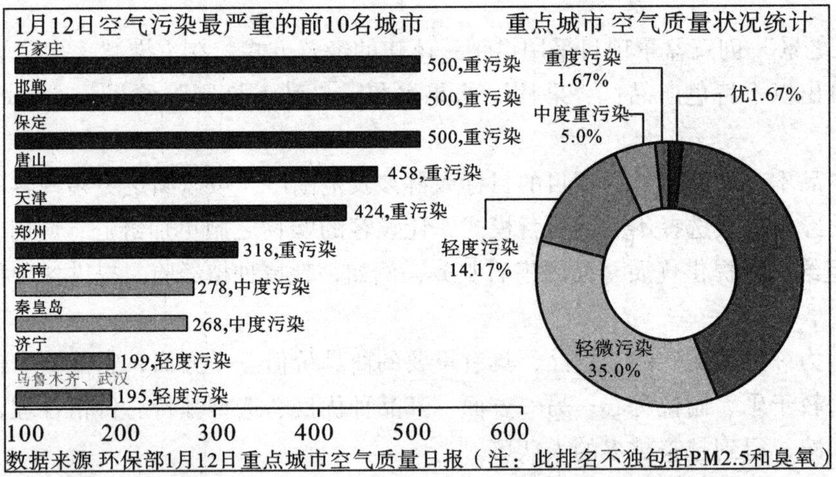

图 1-24

目前人们对绿色植物的需求量不断增加，但快节奏的生活导致我们无暇照顾盆景植物，而且在技术领域传统盆景的生产方式也制约着盆景行业的发展。

因此，面对这样的市场状况我们致力于打破传统盆景销售渠道的瓶颈。一方面加强产品方面的创新，提供品种齐全、各具特色的产品，以便给顾客提供更多的选择空间；另一方面与相关供应商合作建立直销模式，降低中间运营费用，使我们的产品更加物美价廉。

二、市场分析

（一）市场调查

1. 调查目的

为了确保此次项目的可操作性，以及数据的真实性，我们小组成员采用问卷调查及走访德州市区的花卉市场来采集信息。通过本次市场调研，我们不仅得到了有效的数据，也为接下来项目计划的实施提供了可靠的依据。

2. 调查方法和调查对象

（1）调查方法

本次调研主要采取访谈法和问卷法。访谈法采用结构式访谈和无结构式访谈两种方式对被调查者进行调查；问卷法采用网上访问式问卷和送发式问卷相结合的方式进行调查。

（2）调查对象

学生、上班族、老年人

①网上调查问卷。共收集回 379 份，不合格的问卷数为 1 份，有效率为 99.73%。其中包括男士 182 人，女士 197 人。

②访谈法调查。共访谈了 43 人，其中学生 13 人，上班族 24 人，老年人 6 人，有效率为 100%。

3. 市场调查内容分析

（1）购买意愿调查（见表 1-5）

表 1-5　　消费者购买意愿调查

调查结果	比例
会	63.85%
不会	13.46%
看情况	22.69%

通过市场调查分析可知：在被调查的消费者中有 63.85%的人会选择购买盆景，而有 22.69%的人则是看情况购买，相对来说只有 13.46%的人不会购买盆景。综合以上信息可以看出绝大多数的人愿意去购买盆景，说明盆景的当前市场空间很大；而少数人属于看情况再买，处于观望态度，更加说明盆景在市场潜力方面有较大的开拓空间。

（2）购买盆景的原因

通过图 1-25 我们可以了解到，绝大多数的人会将购买的盆景用作装饰；其次是以健康养生为目的来购买盆景；再就是根据自己的爱好购买盆景。综合以上信息，我们可以得出一个基本的结论：一方面人们购买盆景多用于装饰自己周围的环境，另一方面就是人们更加注重盆景的绿色养生功能。所以在生产和制定营销策略时要注重环境装饰和绿色养生这两大方面。

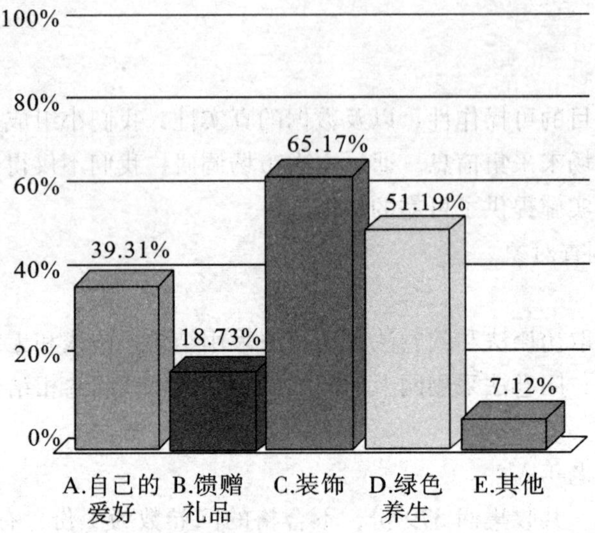

图 1-25　消费者购买原因调查

（3）盆景的尺寸大小

在被调查的人群中，有 44.85%的人选择小型的盆景，其次是 34.83%的人选择中型的盆景。迷你型和大型的盆景也在调查中占有比例，但总体规模较小（见图 1-26）。所以，我们可以在生产时根据调查数据的反馈和市场容量大小，有所倾向地生产不同数量类型的盆景，以达到资源的有效利用。

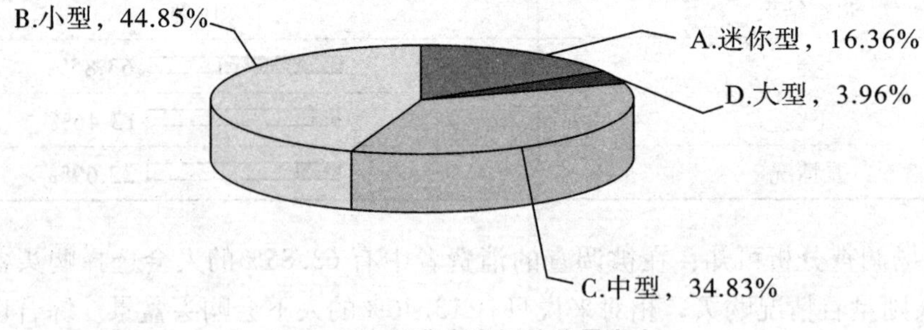

图 1-26　消费者喜好的盆景大小

（4）盆景购买价位分析

从图 1-27 中我们可以看出消费者对盆景价位的接受区间以及程度，41.2%的被调查者对 30 元以下的盆景产品的接受程度最高；30～80 元的消费区间的接受程度则略低于 30 元以下的区间，占 38%的比例；而 80～150 元的区间以及 150 元以上的消费区间则有较低的占有率。所以我们得出的结论是：30 元以下的盆景产品更容易被消费者所接受。

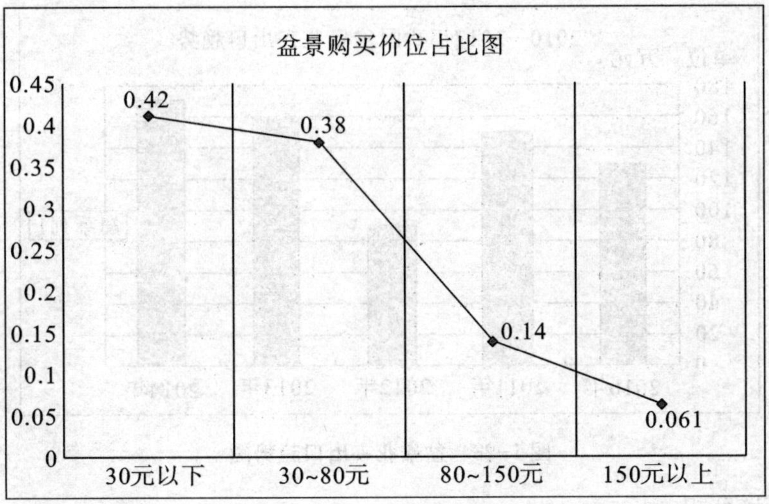

图 1-27　盆景购买价格

（二）PEST 环境分析

1. 政治环境分析

2015 年 3 月 5 日，李克强总理在《政府工作报告》中首次提出制订“互联网+”行动计划，并正式确立其为国家战略。目前互联网已经逐渐跳出一个行业的范畴，成为国民经济的一大新引擎，而其背后的这个“+”，则可以简单地解读为传统的各行各业（淘宝=互联网+零售业，生鲜电商=互联网+农业……）相结合，互相依附，互利发展。

同时，2010 年出台的《教育部关于大力推进高等学校创新创业教育和大学生自主创业工作的意见》（教办［2010］3 号）和 2011 年 3 月出台的《关于实施山东省大学生创业引领计划的意见》都明确提出鼓励和支持大学生创业。

2. 经济环境分析

近年来，随着我国经济的持续繁荣，人们的享受型消费不断增加，恩格尔系数也不断减小，从 2013 年的 31. 2%降到 2014 年的 31%，2015 年进一步下降到 30. 6%。同时随着市场体制的逐步健全，中国企业开始大规模地进入国际市场，市场交易额也随之高速增长，因此盆景花卉行业也开始进入国际市场。近 5 年来，我国花卉盆景进出口稳步增长，据《中国海关咨询网》统计，2009 年进出口总额为 0. 76 亿美元，2014 年为 1. 75 亿美元，5 年间增长了约 1. 3 倍（如图 1-28）。

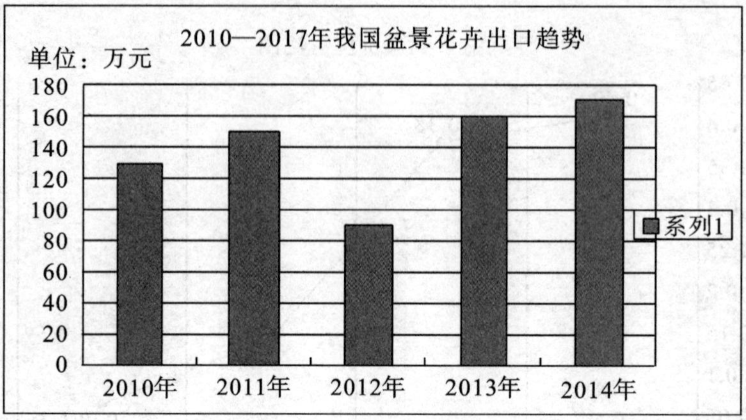

图 1-28　盆景花卉出口趋势图

3. 社会环境分析

当今消费者的生活方式和产品消费更加追求“天然”和“健康”，重视旅游和休闲的价值，更崇尚自然产品，因而盆景花卉等产业应运而生；而且盆景蕴藏着深厚的历史文化气息，含而不露，再造想象；据有关数据显示，中、日两国盆景行业发展并驾齐驱，同处于世界领先地位，日本已成为中国盆景出口最强劲的对手，使我国盆景行业面临一定的社会压力。

4. 技术环境分析

盆景植物的培育需要一定的技术条件，“如何让植物生长得更好”成为盆景公司培育植物的关键因素。当前科学技术日新月异，盆景的栽培技术也需要不断加强。日常生活中我们要栽培盆景，就需要选择适合栽培盆景的环境条件；要想把栽培的盆景培育得枝繁叶茂，就要熟悉盆景不同的生态习性，要在温度、光照、水分、土壤、肥料、防病虫害等方面做到位。

（三）行业分析

随着现代农村种植结构的不断调整，一些地方经济产业可以考虑从事盆景的制作生产。如果政府或一些相关的事业机构能积极主动地去开拓这一行业，带动热爱盆景业的人们，那么这一行业就会得到更大的发展。

同时，绿色健康的生活常态越来越受到人们的推崇。盆景产业的发展带来的不仅仅是一个行业的进步，也同时体现了消费者对生活的自然、健康的追求。

1. 前景分析

《2014—2018 年中国盆景市场需求与投资规划分析报告》中指出盆景行业具有广阔的发展前景。2003—2012 年，我国盆景的平均价格整体呈上升趋势，例如，从 2003 年的 10 多元/盆，至 2012 年的 50 多元/盆，若按此变化速度保守估计，2017 年价格将达到百元/

盆（当然也看盆景的类型）。中国盆景在长期的发展演变中，消费量迅猛增长，加上中国已融入世界经济，盆景的外贸出口量也在大幅度增加。同时盆景还具有保值性，特别是近年来新造型、新创意的不断出现，使人们对这一行业更加关注。

2. 行业现状

如果用行业生命周期来反映目前盆景行业所处的阶段，可以用一条位于以销售收入为纵轴，以时间为横轴的坐标中的 S 形曲线来表示。而此行业目前位于 S 形曲线的成长期。在这一阶段，大量新顾客涌入，消费需求增长迅速，顾客对产品逐渐熟悉，经验曲线和规模经济的效应使价格下降，分销渠道也变得成熟起来。但是由于行业进入的门槛不高，在此阶段来自潜在竞争者的威胁最大（见图 1-29）。

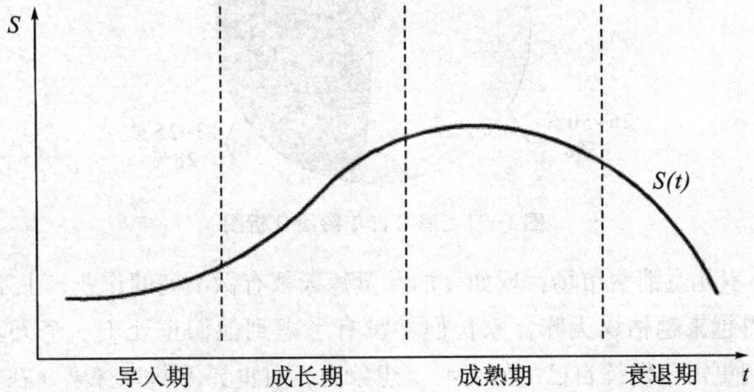

图 1-29　行业生命周期图

3. 行业预测及其优势

盆景行业一直是世界范围内很具活力的产业。在世界经济形势普遍都不景气的大背景下，花卉盆景业却始终保持着增长势头，且盆景行业每年的增长率都保持在 12%~20%，没有过多的落差，市场增长率相对稳定，成为目前世界农业最具活力的产业之一。图 1-30 是盆景行业从 2011—2016 年行业发展的增长率趋势。

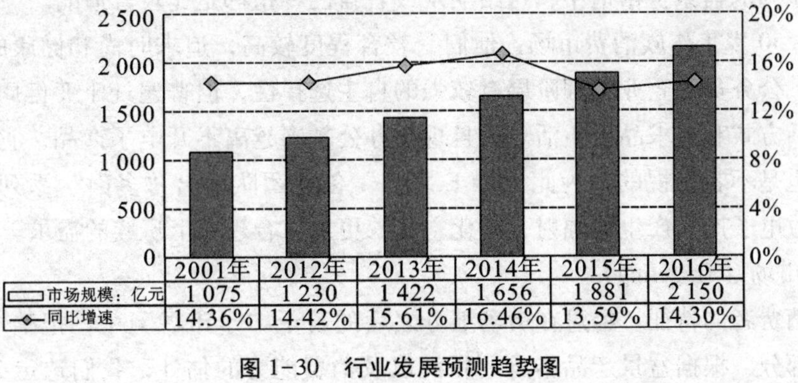

图 1-30　行业发展预测趋势图

（四）目标市场分析

1. 市场细分（Segmentation）

依据产品经营特性，我们主要从消费者群体这一方面对我们的市场以及主营产品做出定位，主要有以下几类（见图 1-31）：

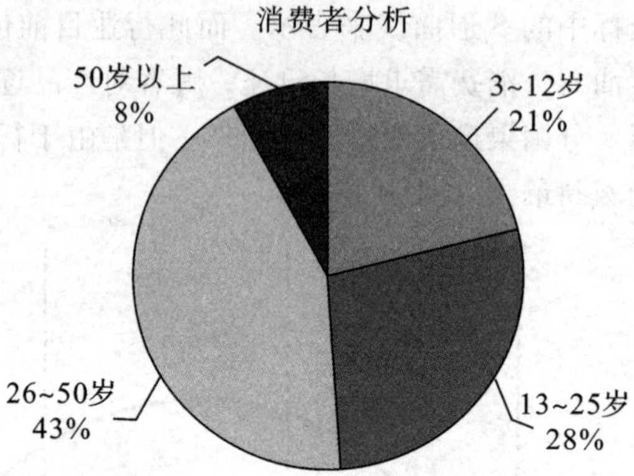

图 1-31 消费者年龄段分析图

（1）3~12 岁儿童消费市场：现如今的儿童每天都有做不完的作业，上不完的辅导班，他们的童年变得越来越枯燥无味，家长们并没有考虑到他们正处于一个天真烂漫的年龄段。而此时他们更需要发挥自己的好奇心、想象力，对世界不断地探索，在儿时的想象中茁壮成长。在这种形势下，本项目组决定培育出售“children”系列盆景，让小朋友们通过观察植物的成长过程，进一步激发他们的想象力，在玩耍中学习。

（2）13~25 岁青少年消费市场：这一阶段的消费者主要是学生党，他们的经济来源基本来自父母，没有过多的额外收入。学生是紧跟时代潮流的一个群体，同时同学之间友谊深厚，难免会互送礼物，什么礼物省钱又可以很好地表达自己的心意呢？针对这一阶段的消费群体，“绿 E 之景”创业团队着重推出了“果核”水果系列以及“私人订制”系列盆景，这两个系列的盆景价格适中，送给朋友或者自己种植都是比较合适的。

（3）26~50 岁工作族消费市场：他们受教育程度较高，追求时尚和健康的生活方式。大多数白领、公务员和企业管理阶层有较强的自主选择性，但普遍处于亚健康状态，迫切需要改善生活方式和追求品质生活。而且现在办公越来越离不开电子产品，它每天对人们健康的伤害也是不容忽视的。为此“绿 E 之景”创业团队推出“多肉”系列盆景，它能够有效地吸收电子产品产生的辐射、净化空气，更加符合现在上班族的需求。

2. 目标市场（Targeting）

我们按消费者的特征，经过在市场细分之后的若干“子市场”中，把整个潜在市场，细分成若干部分，根据盆景产品本身的特性以及消费能力的估计，我们选定 20 岁以上的消费者作为我们经营战略的目标市场。因为当前人们受教育程度高，追求时尚消费，而大学生市场和上班族的消费具有明显的导向性，而且市场消费领域比较集中，有较强的自主选择性，能带来最佳营销机会与最大经济效益。

3. 市场定位（Positioning）

俗话说入市需谨慎，企业必须对产品或服务进行准确的市场定位，使产品或服务具有企业自身的特色，树立良好的品牌形象，以更好地赢得顾客的青睐。“绿 E 之景”从网络营销特色出发，迎合消费者需求，将盆景产品从下列三种类型进行定位：

（1）环境友好型定位

随着现代社会生产力的飞速发展，环境污染问题日益严重，尤其是室内装修造成的室内二次污染、电子产品产生的辐射，时刻威胁着我们的身体健康。本项目成功研发的荣誉产品——“果核”水果系列和“多肉”系列生态盆景，使人们可以在欣赏生态美景的同时，呼吸到森林瀑布般的鲜活空气。

（2）品牌定位

我们努力将自己的团队打造成拥有高品质、高服务、高信誉的三高印象的团队。

高信誉：“绿 E 之景”创意盆景非常注重自身的信誉，承诺所有的产品均可以七天无理由退货，问题产品一律免费更换。

高品质：“绿 E 之景”创意盆景提供高品质的产品，充分满足消费者的需求。

高服务：“绿 E 之景”创意盆景提供系统性的全方位服务，为消费者购买产品提供更多的便捷。

（3）避强定位

我们此次项目是大学生创业的实践活动，由于自身条件的限制我们不采用自己开实体店的传统渠道来营销。这样不仅可以省去开实体店的一系列的成本，也减少了来自周围店铺的竞争压力。

（4）健康生活

（五）竞争者分析

1. 竞争环境分析

“绿 E 之景”创新项目是一个连接供应商和顾客的第三方中介，其主要服务范围是以德州市为中心的周边地区。

一方面，通过问卷以及实地走访调查，我们发现各大高校、市区、居民区附近，以及流动人口较多的地方都有经营盆景的商家，并且他们也经营鲜花、绢花、干花、水晶花、纸花。另一方面，以网上销售为主的盆景商店，通过淘宝这个平台能全面衡量全国各销售卖点，市场覆盖范围大，有很强的竞争力。

2. 竞争对手分析

我们项目的竞争对手主要为盆景实体店和盆景淘宝店铺，具体的优劣势分析见表 1-6。

表 1-6　竞争对手分析

比较对象 / 比较项目	盆景实体店	盆景淘宝店铺	“绿 E 之景”
产品类型	优势：地方市场稳定，顾客来源稳定。 劣势：产品类型不多并且产品缺乏新意，销售模式过于单一。	优势：经营范围广，产品充足覆盖实力强大。 劣势：产品运输包装存在很大的问题。	优势：作为第三方平台，方便供应商和顾客的联系。 劣势：自己没有生产能力。
结论	总的来说，“绿 E 之景”创意盆景项目团队突破传统的盆景实体店的运营方式，创新性地将自己作为连接供应商和顾客的桥梁，来搭建自己的第三方平台。特色的营销方法、独特的产品设计，使经营更加时尚化。		

三、项目简介

（一）项目介绍

1. 项目名称及宗旨

（1）项目名称：“绿 E 之景”创意盆景创新创业训练方案

本项目取名“绿 E 之景”，“绿”是本项目最核心的创意理念，它象征生命力、活力、健康、环保。“E”取自英文单词 electronic（电子），是指本项目的产品借助这种平台进行运营。“景”突出该项目组主要经营的是盆景产品。

（2）项目宗旨

项目宗旨：让绿色与您相约，让健康与您相随

项目口号：让绿色衬托生活之美，让人们更好地呼吸新鲜空气

项目 logo（见图 1-32）：

图 1-32　项目 logo

项目描述：“绿 E 之景”创意盆景创新创业训练项目通过建立自己的平台，销售迷你盆景，将顾客和供应商联系起来，真正实现供销的统一。

“绿 E 之景”以环保为主线，主打多肉植物，销售各类迷你小盆景。“绿 E 之景”创意盆景寄托了人们对美好环境的渴望：想要呼吸新鲜空气，来一盆小盆景；长时间使用电脑，摆一盆小盆景。在你赏心悦目的同时，为家人的健康多一份关心，为我们的环保和经济发展事业贡献一分力量。

本项目主要推出以下系列产品：

主打款：“多肉”系列盆景

主要特色：“果核”水果系列盆景、“私人订制”系列盆景、“Children”系列盆景

2. 项目概况

项目名称：“绿 E 之景”创意盆景创业训练方案

项目类型：创业训练项目

项目组地址：德州市

3. 供应商简介

项目创业初期，项目组人员走访各地，选择了德州市开发区各大花卉市场并与其签订了供货协议，保证项目组在选择植物时有更加广阔的选择空间，也综合考虑各大供应商的特色，保证产品的物美价廉。图 1-33、图 1-34 及图 1-35 分别是我们与部分供货商签订的供货协议以及供货市场及供货商实拍图。

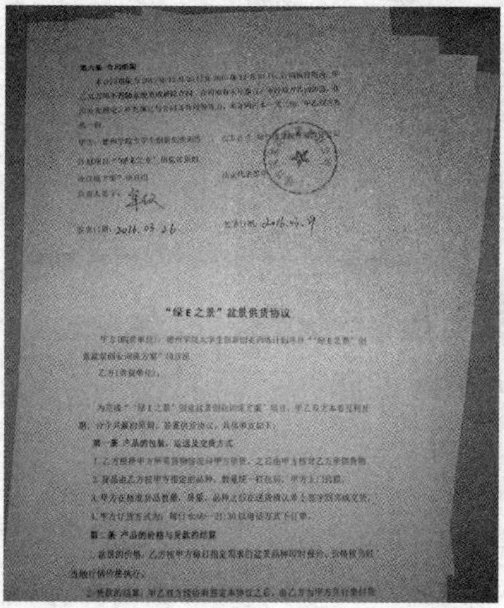

“绿E之景”盆景供货协议

第一条 产品的包装、运送及交换方式

第二条 产品的价格与货款的结算

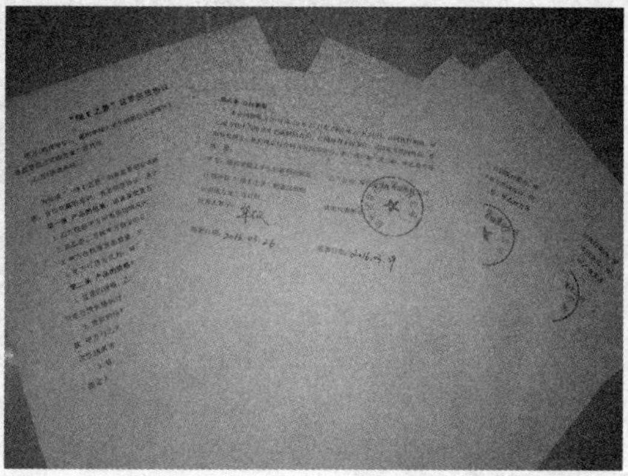

图 1-33 供货协议图

图 1-34　供货市场实拍图

图 1-35　供货商内部实拍

(二) 项目运营平台及模式

1. 项目运营平台

(1) 微信平台合作运营

本项目创立初期，由于自身实力不足，知名度不高，主要采取与德州知名微信平台合作的方式，力求覆盖德州周边地区，着力打造一个“顾客放心，用着舒心”、服务与盈利于一体的第三方平台。

我们在【果果菜农场】微信平台上，专门设有一个经管学院多肉馆的版块，顾客可以通过“查询微信【果果菜农场】公众号—关注—下单—进入经管学院多肉植物馆”，在那里可以看到我们种类丰富的多肉小盆景，不仅仅是多肉，还会有很多惊喜。在微信公众号中我们不仅展示我们的产品，还有相关盆景种植技术的详细介绍。如果顾客有购买需求，可以通过微信达成交易，我们会尽可能地为顾客提供便捷。图 1-36 和图 1-37 是【果果菜农场】的微信公众号的二维码和顾客浏览选择的界面。

图 1-36 微信店铺二维码

图 1-37 微信公众号界面

①支付方式

支付方式采用支付宝、微信支付以及 qq 钱包均可，周边地区也可以采用货到付款。

②发货方式

我们项目组运营人员负责发货，可以减少中间环节的费用，节省运营成本，也使产品在运输过程中的安全与质量问题得到保障。

（2）微店运营

随着我们项目的进一步运作，我们的销售范围不仅仅限于德州地区。我们推出了微店的运营模式。微店是一种主动式的营销模式，顾客可以通过搜索进入我们的店铺，第一时间了解产品详情，进而选购自己喜爱的商品。此外，顾客也可以通过手机扫描二维码，收藏我们的店铺，及时接收到本店推送的消息，让顾客了解本店的最新动态。图 1-38 是我们的微店首页以及二维码截图。

图 1-38　微店主页

①支付方式

随着多种支付方式的发展，消费者越来越注重网络安全以及对自身利益的保护。“绿E之景”创意盆景项目组网上运营模式主要采用商家和卖家之间第三方的支付模式，即与阿里巴巴公司的支付宝合作，例如信用卡支付、支付宝余额、一卡通、网银支付、财付通、网上银行。具体的网络交易流程见图 1-39。

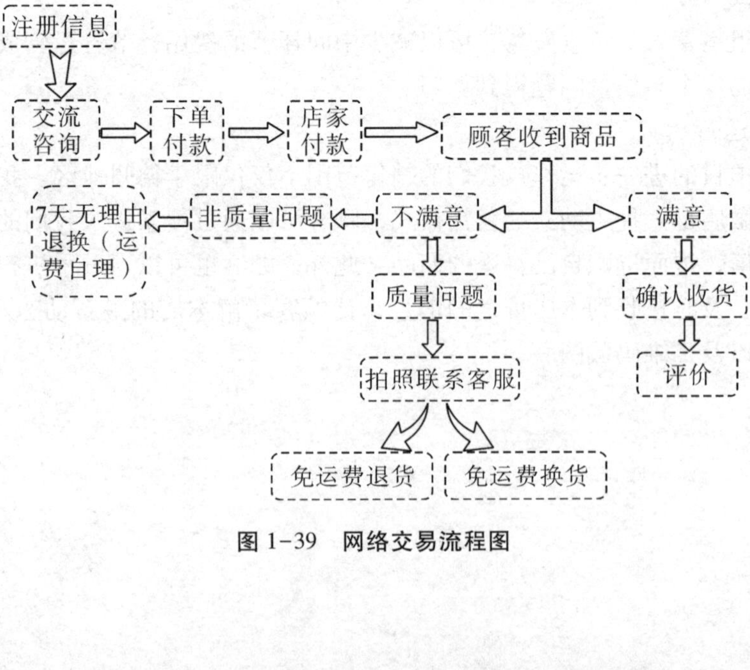

图 1-39　网络交易流程图

②发货方式

我们采取物流发货的方式，从包装到发货全程监管，完全保护消费者的利益，防止在发货过程中造成产品的损伤，力求顾客可以收到满意的产品，提高我们产品的知名度，增加客户的数量。

(3) 淘宝店运营

淘宝作为一个知名的网络购物平台，仅 2015 年“双十一”一天的交易额就达到 912 亿元，这个交易数字对于中国的互联网行业来说已俨然成为一个新的神话。所以，淘宝平台将作为项目的另一种运营模式。在淘宝，我们拥有自己的店面主页（见图 1-40），顾客可以通过浏览网页信息来查询本项目经营的产品，如果顾客有购买产品的需求，可以通过网络平台与我们进行交易，不仅极大地节省了时间，也为顾客们提供了更加便捷的服务。

图 1-40 淘宝店主页

2. B2B2C 多用户商城运营模式

B2B2C 把“供应商→经销商→消费者”各个产业链紧密连接在一起。整个供应链是一个从创造增值到价值变现的过程，把从分销到终端零售的资源进行全面整合。本项目微信平台、微店和淘宝店将直接充当卖方角色，直接与消费者面对面，使更多的资金投入到技术和产品创新上，最终让广大消费者获益。

此模式的创新性在于：它为所有的消费者提供了新的电子交易规则。该平台颠覆了传统的电子商务模式，将商家与单个客户的不同需求完全地整合在一个平台上。B2B2C 既省去了当当卓越式 B2C 的库存和物流，又拥有淘宝易趣式 C2C 所欠缺的盈利能力。

（三）项目数据库管理系统

作为一个联系供应商和消费者的第三方平台，我们项目的主要特色是拥有自己的数据库管理系统。该数据库包括第三方销售平台信息发布和在线交易系统的业务流程图、数据流程图以及数据库信息表。

1. 平台业务流程图

供应商将商品信息发布到第三方销售平台，我们及时将信息展示给顾客供其选择，如果顾客有心仪的产品，可通过我们的平台提交订单，我们在接受之后将订单信息及时反馈给供应商。供应商在接到订单后及时发货，并将物流信息传送到我们平台供顾客查询。顾客收到产品之后，若无其他质量问题，则在平台上确认收货。若对产品不满意，在填写退款单之后，可以和我平台进行协商退货（见图 1-41）。

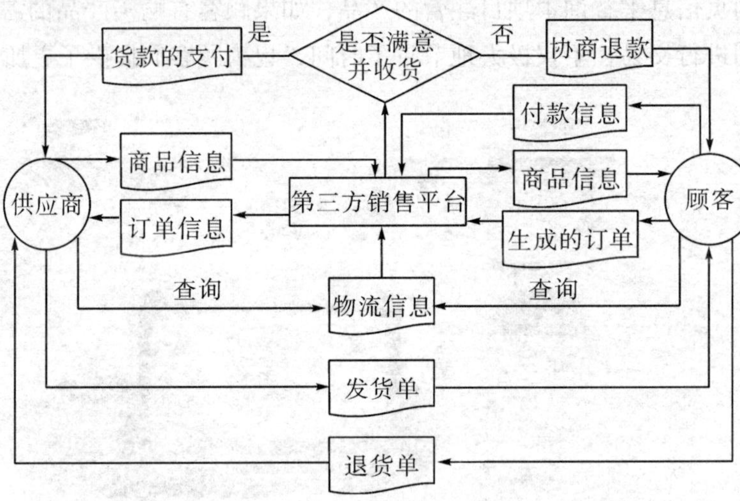

图 1-41　项目业务流程图

2. 平台数据流程图

数据流程图是业务流程图详细化的描述，主要展示了我们作为第三方平台在供应商和顾客之间是如何搭建的。该数据流程图主要包括五个数据处理过程，分别是商品信息发布、订货支付处理、发布物流信息、确认收货和退货处理，通过这五个处理过程，可以真正地将供应商和顾客密切联系在一起（见图 1-42）。

3. 项目数据库信息

在五大信息发布过程中，P1 商品信息发布和 P2 订货支付处理是主要的信息处理过程。针对这两个信息处理过程我们为其建立了两个数据库（见图 1-43 和图 1-44），在各总数据库中包含了各相对应的子数据库，以便信息查询和管理。

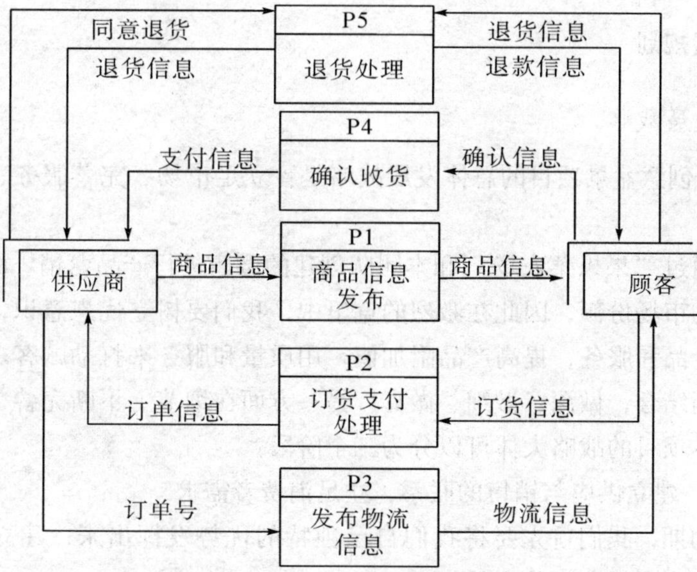

图 1-42　项目数据流程图

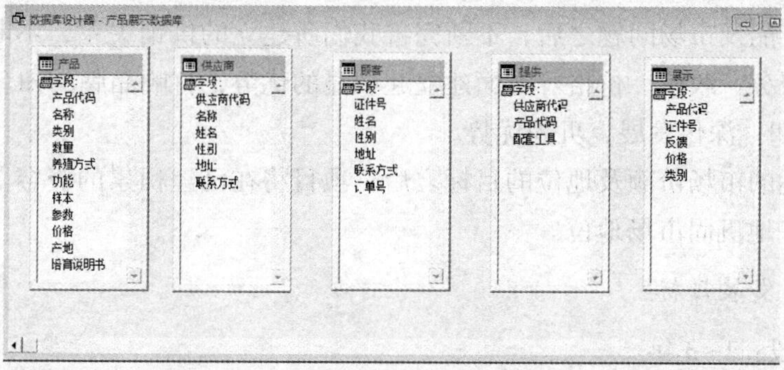

图 1-43　1 号图数据库

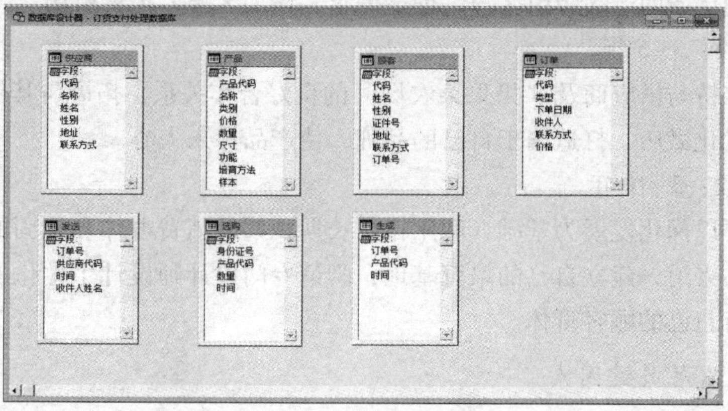

图 1-44　2 号图数据库

四、项目发展规划

（一）项目发展战略

“绿 E 之景”创意盆景项目的总体发展战略是：立足市场、完善服务、优化产品、满意大众。

本项目主要通过“果果菜农场”和本团队创建的微店进行产品营销。由于项目初步成立，还没有稳定的市场份额，因此在激烈的竞争中，我们要树立忧患意识，努力求生存谋发展，不断完善产品和服务，提高产品附加值，用质量和服务来打动顾客。一方面我们要将心意与创意不断结合，做深、做细、做真；另一方面在细节上不断完善，体现我们的用心。综上所述，本项目的战略大体可以分为三个阶段：

1. 发展初期：建立供应与销售的联系，立足消费者需求

在项目建立初期，我们首先要将我们自己独特的优势发挥出来，建立好供与销的关系，同时让更多的人了解我们的产品。

2. 发展中期：建立自己的品牌，树立竞争优势

在解决了产品及市场问题之后，不断完善我们所建立的供销关系，不断完善微店。在资源、渠道、服务、政策、价格等方面建立起明显的优势，打响品牌的知名度。

3. 发展后期：深化发展，巩固优势

在实现上述的市场份额及地位的目标之后，项目将在已经积累的资金及资源优势基础上稳扎稳打更好地巩固市场地位。

（二）项目发展目标

1. 第一阶段：1~3 年

该阶段要做好与供应商以及与“果果菜农场”的合作关系，宣传微店的产品，以发展顾客为中心，用优质的产品吸引客户，创造需求，增加客源，扩大市场。

2. 第二阶段：3~5 年

该阶段要维持与供应商及“果果菜农场”的良好合作关系，拓展与其他网上销售平台的合作，不断优化微店、打造属于自己的品牌，使产品深入人心。

3. 第三阶段：5~10 年

该阶段主要以深化发展为基础，利用自己长期积累的消费群体和稳固的市场体系，发展多种网络交易渠道；建立自己的培育基地，聘请专门设计师设计个性化的产品供顾客选择，使我们拥有自己的顾客群体。

（三）项目发展关键因素

本项目发展的关键因素有三个方面：

1. 相关权威机构的认可

“绿 E 之景”创意盆景项目立足当前的环境问题，以满足大众需求、净化空气、美化环境为目标。但是由于项目产品比较新颖，也许会带来其他企业的盲目跟风，因此能得到正规的权威机构的认可将会对我们的发展有很大的帮助。

2. 高质量的产品，完善的服务

本项目提供的盆景经过专业人员培育，在追求美观的同时，将技术和创新完美地结合起来。并且对于购买项目产品的顾客，我们也会提供优质的售后服务，定期传授养护经验，让顾客做一个合格的养花人。

3. 建立广泛的消费群体

本项目根据不同群体的消费需求打造出各具特色的产品，以获得消费者的认可，从而提高知名度，拥有更广泛的消费群体。

（四）项目优化

（1）项目初期举办各种活动来扩大自身的知名度和影响力，开辟市场，使之占有更大的市场份额，实现更大的利润收益。

（2）项目秉承优质的服务，以诚实守信作为经营原则，与客户建立长期合作关系。

（3）强化风险管理，加强管理能力，对产品实行分类管理、定期检查。

（4）实施积极的成本控制管理，在不影响产品质量的前提下提高生产效率，实现利润最大化。

（5）随着项目规模的扩大，实力增强，引进先进的种植技术，开发新的产品、拓展相关业务。

（6）关注项目组织内部架构搭建，留有名额空间，吸引更多优秀人才。我们会对员工进行盆景知识的培训，熟悉工作程序，提高工作效率。

五、产品及战略

（一）产品分析

“绿 E 之景”创意盆景项目致力于打造“净化空气、美化环境”的中小型盆景。因此，本项目小组推出了以下几种系列的盆景：

1. 多肉系列

此系列的盆景为前期主打的品种，不仅容易种植，而且种类齐全，无须花费很长的时间去打理，解决了一些人无暇照顾的困扰。

（1）多肉植物（景天科）

图 1-45

静夜（见图 1-45）

【品种】：景天科石莲花属　夏型种

【产品说明】：日照充分的时候，叶尖会变红。夏季高温要遮阴。对药物比较敏感，缺少光线会使叶片松散。

【功能】：吸甲醛　防辐射　美观

【种植方式】：扦插，分株。

【适宜环境】：10~30℃

熊童子（见图 1-46）

【品种】：景天科银波锦属　春秋型种

【产品说明】：宜温暖干燥和阳光充足、通风良好的环境，忌严冷和过分潮湿。

【功能】：吸甲醛　防辐射　净化空气

【种植方式】：扦插，分株。

【适宜环境】：15~25℃

图 1-46

图 1-47

天使之泪（见图 1-47）

【品种】：景天科景天属　冬型种

【产品说明】：要接受充足的日照叶色才会艳丽，株型才会更加紧实美观，群生活。

【功能】：吸甲醛　防辐射　净化空气　美观

【种植方式】：扦插，分株

【适宜环境】：15~25℃

子持莲华（见图 1-48）

【品种】：景天科瓦松属　夏型种

【产品说明】：夏季为生长旺盛季节，生长速度较快，较耐寒。开花后母株死亡。

【功能】：吸甲醛　防辐射　净化空气　美观

【种植方式】：分株。

【适宜环境】：5~25℃

图 1-48

（2）多肉植物（百合科）

图 1-49

玻璃兰（见图 1-49）

【品种】：百合科十二卷属　冬型种

【产品说明】：喜凉爽的半阴环境，耐干旱，不耐寒，忌高温潮湿和烈日暴晒，适迷你组合栽培。

【功能】：吸甲醛　防辐射　净化空气　美观

【种植方式】：扦插，分株。

【适宜环境】：15~30℃

玉露（见图 1-50）

图 1-50

【品种】：百合科十二卷属冬型种

【产品说明】：喜凉爽的半阴环境，增加空气湿度后非常透亮。耐干旱，不耐寒，忌烈日暴晒，适迷你组合栽培。

【功能】：吸甲醛　防辐射　净化空气　美观

【种植方式】：扦插，分株。

【适宜环境】：15~30℃

图 1-51

波露（见图 1-51）

【品种】：百合科元宝掌属　春秋型种

【产品说明】：喜温和干燥阳光充足环境，耐干旱和半阴，不耐水湿和暴晒，宜肥沃，疏松的壤土。

【功能】：吸甲醛　防辐射　净化空气　美观

【种植方式】：扦插，分株。

【适宜环境】：15~25℃

（3）多肉植物（清新白瓷）（见图 1-52）

多肉花盆　多肉植物盆栽　白色小瓷盆　简约　清新　迷你盆景

【功能】：吸甲醛　防辐射　净化空气　美观

【种植方式】：扦插，分株。

【适宜环境】：15~25℃

图 1-52

（4）多肉植物（韩式田园）（见图 1-53）

多肉花盆　韩国陶瓷花盆　盆栽花卉盆景迷你花　创意（Zakka）小花盆批发

图 1-53

注：以上几种多肉植物仅供参考，更多“多肉宝宝”以店铺为准。

2.“果核”水果系列

“果核”水果盆景是用二次回收的水果核培育而成，且可修剪成消费者喜欢的造型。这种盆景既节约了资源，又可以起到美化环境的功效，同时其制作成本低，不会造成很大的成本负担。

（1）龙眼盆景（见图 1-54）

图 1-54

【产品说明】：喜温和干燥阳光充足环境，耐干旱和半阴，不耐暴晒，宜肥沃、疏松排水比较畅通的土壤。

【功能】：吸甲醛　净化空气　美观

【种植方式】：种子栽培，分株。

【适宜环境】：15~25℃

(2) 柠檬盆景（见图 1-55）

【产品说明】：喜凉爽的半阴环境，以及疏松肥沃的土壤。比较不耐干旱，不耐寒，忌烈日暴晒，适迷你组合栽培。

【功能】：吸甲醛　防辐射　净化空气　美观

【种植方式】：种子栽培，扦插，分株。

【适宜环境】：10~25℃

图 1-55

图 1-56

(3) 柚子盆景（见图 1-56）

【产品说明】：宜温暖干燥和阳光充足、通风良好的环境，忌严冷和过分潮湿。适迷你组合栽培。

【功能】：吸甲醛　防辐射　净化空气　美观

【种植方式】：扦插，分株。

【适宜环境】：10~30℃

(4) 芒果盆景（见图 1-57）

【产品说明】：喜凉爽的半阴环境，增加空气湿度后非常透亮。耐干旱，不耐寒，忌烈日暴晒，适迷你组合栽培。

【功能】：吸甲醛　防辐射　净化空气　美观

【种植方式】：扦插，分株。

【适宜环境】：15~30℃

图 1-57

图 1-58

(5) 火龙果（见图 1-58）

【产品说明】：宜温暖干燥和阳光充足、通风良好的环境，忌严冷和过分潮湿。适迷你组合栽培。

【功能】：吸甲醛　防辐射　净化空气　美观

【种植方式】：种子栽培，扦插，分株。

【适宜环境】：20~30℃

3.“私人订制”系列

(1) 幸福海藻生态瓶（见图 1-59）

创意新奇生态瓶！这是一款神奇、创意、环保的礼品！marimo 幸福海藻球生态瓶用于店铺装饰、家居装饰、办公桌面摆设，是送给 TA 创意健康的礼物！

图 1-59

Marimo 是生长于日本北海道的淡水藻类，它是阿寒湖的一种天然纪念物，具有神秘的色彩并且生命力十分顽强，相传可以带给人们幸福。

（2）DIY 迷你植物花——十二星座系列（见图 1-60）

大地万物中，每种生物都蕴藏着不同的性质，或强或弱的磁场，这些能量也或多或少地影响着人们。我们根据 12 星座的个性基因，借着植物不同的特性、外观、气味以及成长的变化，找出与消费者个人最为速配的盆景。

图 1-60

（3）每种星座都有属于自己的星座物语——星座花朵(见图 1-61)

生命如花，花开一季，花期相似，但花儿总有不同。“绿 E 之景”项目组后期推出的星座花朵，代表着不同消费者最独特的气质，可表达他们不同的情感和愿望。

见图 1-61

4.“Children”系列

“Children”盆景系列专为小朋友设计（见图 1-62）。孩子们正处在一个对世界充满好奇的时期，此系列盆景可以培养他们动手动脑的能力。其植物盆景的培养器皿多为日常用品，如废弃易拉罐、塑料瓶、透明玻璃器皿、具有防辐射小盆栽陶瓷纸袋等。小朋友们可以通过自己动手以及观察植物的生长过程，从而在玩耍中体会知识的乐趣。

图 1-62

（二）VIP 会员管理制度

1. 会员卡

（1）申办条件

①一次性购物满 50 元，即可免费申请办理店铺会员卡。

②充值 30 元即可获得尊享会员。会员中心页面见图 1-63。（仅供“果果菜农场”微信使用）

（2）办卡手续

①“绿 E 之景”后台检测到消费者账号、昵称、购满条件后，消费者即可通过客服领取会员卡一张。

②在线充值即可开通会员。（仅供“果果菜农场”微信使用）

③每人限办卡一张，重复无效。

（3）使用范围

“果果菜农场”微信店铺、“绿 E 之景”微店、淘宝网店。

图 1-63 “果果菜农场”会员中心

（4）会员卡享受待遇

①享受专属产品消费权、新产品优先消费权和消费积分以及储值功能。

②享受会员专区产品低价且充值送现金。

③定期接收产品推送消息，如“绿 E 之景”交流群、新品上市、特价优惠、种植经验、特色活动等。

④会员进店可享受代金券优惠活动：每位顾客单笔消费满 58 元立减 5 元，单笔满 98 元立减 10 元，单笔满 168 元立减 20 元，单笔满 238 元立减 30 元（见图 1-64）。

图 1-64　网店代金券

（5）积分

消费者用手机购买产品会获得相应的积分，每消费 1 元即可累积积分 1 分。积分可以全年兑换产品。

消费者用积分数可兑换积分对应产品，兑换后仍有积分但尚不够兑换其他产品的分数，则扣除兑换积分后继续保留余下积分（积分全年有效）。每逢店庆、春节、中秋等法定节日，会员来店消费会有更多惊喜。

2. 会员活动

“绿 E 之景”项目组联合供应商、合作商将会每年定期举办会员活动，在会员活动期间，会员可以享受到购买产品的最低价格。同时，会员还可以在客服交流中，交流种植经验等。

下面以我们的其中一个年度会员活动——园景会为例进行简要的介绍。

（1）目的：为树立市场上首个客户会员组织的市场标杆，通过持续性的销售，保持项目销售人气，提高客户对本项目产品的认知，提升项目市场竞争力；进一步提升客户品牌忠诚度。

（2）活动方式：

①每年 3 月 12 日举行“最美园景天下”活动，期间，淘宝、微店推出 5 元无门槛代金券；

②每年 8 月份举行儿童盆景绘画展、手工 DIY 交流活动，每位会员顾客每邀请好友加入“绿 E 之景”群聊，将获得惊喜大红包一份；

③每年 11~12 月份举行会员感恩回馈活动（活动贯穿整月）。

3. 附则

（1）会员卡的最终解释权归本项目所有。

（2）凡违反本规定，一经发现，我们将予以取消其会员资格。

（三）产品服务

现在顾客在选购商品时，不仅仅关注产品的实际应用，还更加看重销售方在同一行业内的服务质量。所以我们在给顾客提供高质量产品的同时还应向顾客提供高水平的服务。我们的产品服务宗旨为：用真诚的服务，为您解答所有疑问，让您享受愉快的旅程。

1. 售前服务

项目与“果果菜农场”合作，而且开设有微信店铺，顾客可以浏览我们店铺的产品。我们也会详细地介绍各个系列的盆景以及各种盆景的培育方式等。另外，我们会开通电话专线，如果顾客有购买项目盆景的需求或者有什么疑问可以直接拨打我们的客服电话，以便在充分了解我们项目产品的前提下，做出合理的选择，进行正确的选购。

2. 售中服务

顾客对自己满意的盆景进行选购之后，我们的服务人员会先用卷筒纸缠绕几圈，再用报纸包外面，最后放纸箱，纸箱里面放泡沫块或报纸等填充物确保盆景不会滚动，不会损伤，然后把盆景的性能和种植说明书放入，以及会给顾客附带种植这个盆景所需要的一些小工具或者肥料等，让顾客买得放心。

3. 售后服务

顾客在接收盆景之后，可以将盆景的生长情况告诉我们，若出现一些自己不能解决的问题，我们会第一时间告诉顾客解决的方法，使之能够不被问题所困扰。

（四）推广策略

1. 4PS 营销组合策略（见图 1-65）

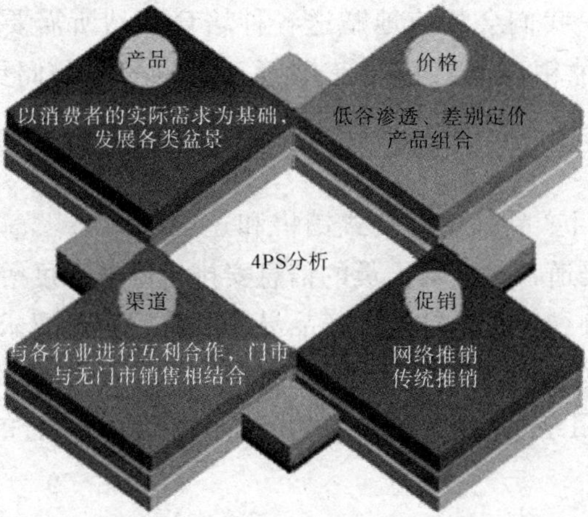

图 1-65　4PS 分析

（1）产品策略

“绿 E 之景”项目组提供多种各类盆景供顾客选择。

①“多肉”系列：多种类，多样式，满足更多需求。

②“果核”水果系列：突出资源的循环利用以及环境的保护。

③“私人订制”系列：迎合大众，独具一格的盆景。

④“Children”系列：针对小朋友的成长及喜好而设计。

（2）价格策略

目前，大多数消费者对价格比较敏感。价格不仅影响到消费者对产品的需求，同时也影响到产品在本行业内的竞争，合理的价格策略成为项目强有力的竞争优势。因此，本项目主要走中低端市场，采用低价渗透和差别定价方式。

①低价渗透

“果核”水果系列，以及“Children”系列均采用低价渗透的方式，虽然利润微少，但可以阻止竞争者进入，从而帮助“绿E之景”创业项目组在短时间内吸引顾客，使产品尽可能在市场中占有一席之地，提高市场占有率。

②差别定价

“多肉”及“私人订制”这两个系列的产品种类和样式较多，产品的制作成本与制作过程的复杂程度不同。例如，在“多肉”系列中，我们可以根据顾客不同的喜好，为他们挑选称心的产品；同样，在“私人订制”系列中，随着顾客的需求、条件的增多，我们会专门为其设计不同的风格、样式。因此，“绿E之景”项目组会根据最终产品采取差别定价的方式。

③组合产品策略

针对不同时期的不同产品，“绿E之景”项目组推出组合产品策略即产品买一送一。凡顾客购买本店产品的，我们会相应地赠送各种培育产品所需要的小部件，例如：小喷壶，小包的缓释肥，各种精巧的特色小花盆等，让顾客朋友们更放心地去购买我们的产品。

（3）渠道策略

①“绿E之景”项目产品采用直接式销售和短渠道策略。直接式销售策略，我们可以极大限度地控制销售渠道，包括对人员的信息安排、服务态度等，让消费者直接面向我们的产品，保质保量地进行消费。针对本产品易损、售后服务要求高的特点，采用短渠道策略更容易使消费者接受。

②“绿E之景”项目组运用淘宝店、微信店铺和微店相结合的销售渠道。

（4）营销推广策略

①网络宣传

随着互联网的飞速发展，各种交流平台也层出不穷，网络宣传更加不能忽视，项目组会在微博、微信、qq、飞信、MSN、聊天室等各种网络平台进行推广宣传。通过网络，我们实现了提供24小时在线服务，随时随地为顾客提供信息、解答疑问。顾客也可以及时地将意见信息反馈给我们。

一是微信宣传。近几年，微信的广泛使用使其不仅仅成了朋友和亲人交流的平台，它也是人们获得知识和信息的渠道。

微信宣传上，一方面小组成员通过自己的朋友圈分享“绿 E 之景”的资讯，使其得到更好的宣传和推广；另一方面，通过搜索“绿 E 之景”公众号添加关注，可以及时关注推送信息，我们也会定期通过公众号发红包、玩游戏答题送话费来增加活跃度。

二是 qq 营销宣传。腾讯 qq 当前发展稳定，有大量人群在使用特别是在校学生，因此在 qq 上营销会使产品得到迅速传播。

三是微博宣传。现如今，在微博上进行宣传、销售产品的公司也越来越多，并形成了一定的规模。正因如此“绿 E 之景”项目组决定在微博上进行宣传，让更多的消费者了解认识我们的产品。

四是限时折扣。“绿 E 之景”产品采取限时折扣的促销策略，对于热卖的产品采取限时打折，一方面可以调动消费者的购买积极性，增加销售量；另一方面也是对项目产品的一种侧面宣传。

②电台宣传

现在拥有私家车的人越来越多，很多开车的人都会听调频广播，运用电台进行宣传不仅节省成本，而且可以涉及更广的范围。

③社会公益

为了树立良好的项目产品形象，“绿 E 之景”项目组会进行各种公益活动，初步定为两项。一是项目组将自己培育的一系列的“Children”盆景运送到一些幼儿园，为孩子们的童年添一抹绿色，同时使他们在观察植物的生长过程中学到知识。二是免费送给敬老院的老人们，给他们带去快乐，祝福他们能够安享晚年。

④传统营销策略

第一，人员促销。人员促销是最传统、最常用，同时也是最有效的促销手段。因此我们要提高促销人员的职业素质，使他们对项目以及项目产品要有很好的了解，还要提高他们与顾客交流沟通的技能。

人员推销：项目组会制作精美的宣传单页，通过由宣传人员定期在消费者密集的场所发放，让更多的人了解我们项目的产品，扩大消费人群。

超市柜台盆景展示：大型超市是人员密集的地方，人员流动量较大。所以和大型超市的各个柜台进行合作来展示项目不同品种的盆景，吸引更多的潜在用户的购买兴趣，同时为超市增加了活力。

第二，营业推广。发放宣传单以及赞助各种企业产品专场，与不同行业进行广泛接触。

六、财务计划

（一）资金来源

项目注册资本为 12 万元，有两种来源方式：金融机构长期借款金额 7 万元（金融机构长期借款 5 年，利率 5.25%，到期还本付息），项目小组投资资金 5 万元，比例分别为 58.33%、41.67%（见表 1-7）。

表 1-7 资金来源表

资金来源 / 初期资金规模	自有资金投资	金融机构借款
金额	5 万元	7 万元
比例	41.67%	58.33%

“绿 E 之景”创业项目组由 5 人组建，全体筹资 5 万元。根据大学生创业项目申请无偿创业资助对大学生可享有的政策，企业注册资本最低限额一律降低为 3 万元，无偿创业资助金额提高到 5 万元；外加 7 万元的贷款（贷款期限为 5 年，年利率为 5.25%）。

（二）成本明细

本项目预计费用的明细表如表 1-8 所示。

表 1-8 预计费用明细表 单位：元

启动资金需要	第一年	第二年	第三年	第四年	第五年
办公用品及配套设施	5 000	0	0	0	0
店铺设计开发	2 000	0	0	0	0
产品入驻费用	200	300	400	600	600
网店保证金	1 000	0	0	0	0
网店装修费用	1 000	500	500	600	800
网费	1 200	1 200	1 300	1 300	1 300
水电费用（年）	1 500	1 550	1 600	1 700	1 750
员工工资	20 000	25 000	33 000	46 500	65 000
市场推广费	30 000	25 800	26 000	26 000	27 000
维护费	2 000	2 100	2 150	2 280	2 450
其他费用	800	860	865	920	1 000
合计	64 700	57 310	65 815	79 900	99 900

注：因从事网店经营，所以首次开店需缴纳保证金及店铺设计费用；因由校方提供办公场所，所以第一年时只需置办部分办公用品及配套设施，以后就可减少此费用；由于第一年初创，应加大宣传推广力度，之后几年宣传力度可稍微降低，宣传费用也相对减少，但推广仍属重中之重；随着当前经济的快速发展，物价上涨，所以各项费用及员工工资呈直线上升的趋势。

（三）预计收入

“绿 E 之景”项目产品由于刚进入市场，知名度较低，交易量小，从而会导致项目入不敷出，但随着交易数及宣传力度的增加，项目运营进入成熟期，各种系列的销售价格在不同时期也有不同的体现，虽说交易量有涨有跌，但销售额总体上仍是上升的趋势，利润也会不断地增加（见图 1-66 和图 1-67）。

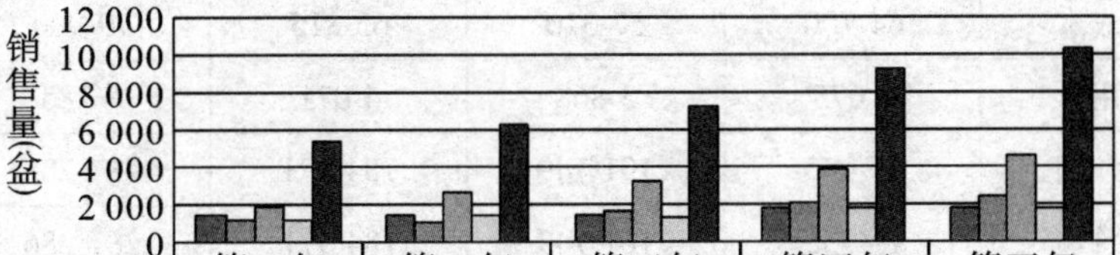

	第一年	第二年	第三年	第四年	第五年
多肉系列	1 250	1 300	1 260	1 805	1 780
“果核”水果系列	1 100	1 000	1 500	2 020	2 300
“私人订制”系列	1 800	2 600	3 200	3 800	4 500
“children”系列	1 096	1 300	1 210	1 546	1 636
合计	5 246	6 200	7 170	9 171	10 216

图 1-66 项目预计销售量

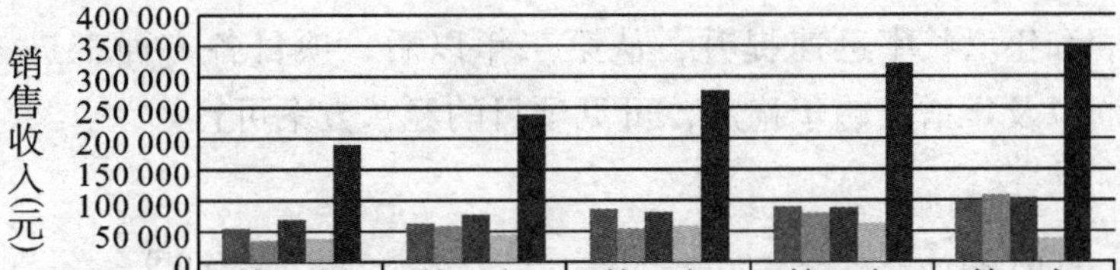

	第一年	第二年	第三年	第四年	第五年
多肉系列	53 210	63 070	85 867	88 805	101 780
“果核”水果系列	32 330	58 000	54 080	79 020	106 300
“私人订制”系列	6 700	7 438	20 202	8 880	10 450
“children”系列	3 689	4 297	5 821	6 154	9 636
合计	95 929	132 805	165 970	282 859	328 166

图 1-67 项目预计销售收入

注：在预计销售收入中，假设业务时间都为一年以内，“果核”水果系列销售均价约 30 元；多肉系列销售均价约 30 元，“私人定制”系列的销售均价约 50 元，“Children”系列的销售均价约 25 元。通过预算可以看出，多种系列的组合销售方式更有利于产品扩大市场占有率，满足不同的消费者需求，获得更高的利润。

（四）财务分析

1. 预计利润表（见表 1-9）

表 1-9 预计利润表 单位：元

项目	第一年	第二年	第三年	第四年	第五年
一、营业收入	95 929	132 805	165 970	282 859	328 166
减：营业成本	64 700	57 310	65 815	79 900	99 900
财务费用	3 675	3 868	4 071	4 285	4 507
二、营业利润	11 455	101 749	184 971	287 286	332 109
三、利润总额	11 455	101 749	184 971	287 286	332 109
减：所得税费用	0	25 437	33 743	41 822	48 027
四、净利润	11 455	76 312	151 228	245 464	284 082

以 5 年为限，从图 1-68 可以看出本项目收入和年净利润呈不断增长趋势，年增长率在第一年到第二年间呈直线增长的趋势，以后三年年增长率骤减并呈稳定增长的趋势。第一年，为了在市场中增加项目的知名度，投入费用较多，因此年净利润相对要少；从第二年，“绿 E 之景”创业项目的市场知名度打开，产品销量集聚增加，项目运营进入固定轨道，年净利润和年增长率迅速提升，从第三年以后，项目各方面都进入成熟期，营业收入、年净利润以及年增长趋于稳定，可见项目的经营方案可行。

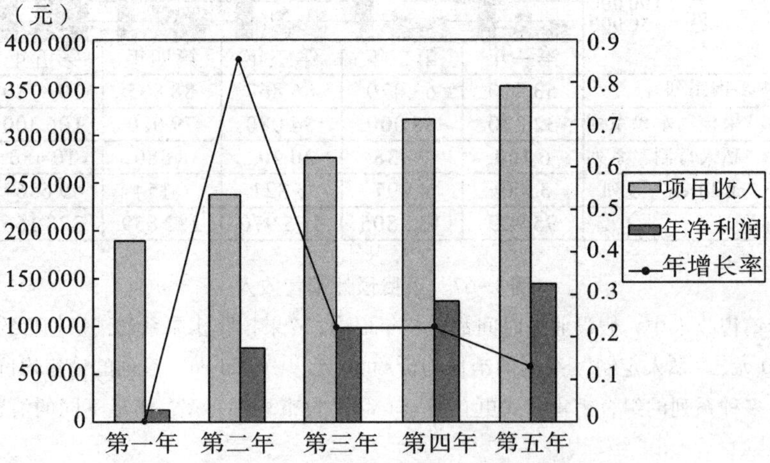

图 1-68 前五年项目收入、净利率及年增长率预计趋势

2. 投资可行性分析

（1）投资净现值

$$NPV=\frac{NCF_1}{(1+r)^1}+\frac{NCF_2}{(1+r)^2}+\cdots+\frac{NCF_n}{(1+r)^n}-C$$

$$=304\ 605.865-220\ 000$$

$$=84\ 605.865\text{（元）}$$

银行长期借款（5年期）利率为5.25%。考虑到目前资金成本较低，以及资金的机会成本和投资的风险性等因素，r取12%（下同），以5年为期限，NPV为84 605.865元，远大于零。计算期内盈利能力很好，投资方案可行。

（2）现值指数

根据现值指数计算公式如下：

$$PI=\left[\frac{NCF_1}{(1+R)^1}+\frac{NCF_2}{(1+R)^2}+\cdots+\frac{NCF_N}{(1+R)^N}\right]\Big/C$$

$$=304\ 605.865/220\ 000$$

$$=1.38$$

以5年为限，该投资项目的现值指数大于1，表明该投资项目的投资报酬率远高于预计的贴现率，该项目可以接受，投资方案可行。

总结分析：

通过调查分析，“绿E之景”创意盆景创业项目市场需求量大，开发潜能深，符合未来的市场趋势、走向。以上就是我们投资预测的利润表，从表中我们可以看出未来五年成本费用呈递增趋势，这主要是我们初期要扩大销售量，需要加大我们的品牌宣传力度并在其他方面投入更多资金所致。这也是为项目以后更好地发展奠定基础。根据我们预测的利润表，未来五年中，第一年净利润相对较少，主要是因为项目成立初期需要投入大量的资金进行建设，成本费用高，且产品刚刚投入市场，人们需要慢慢接受创意盆景这种新产品，因此销量低，从而也导致销售利润不高。从第二年开始利润额就有了大幅度提高，项目慢慢步入正轨。第三年开始，我们的市场已经趋于平稳，这是因为我们具有了一定的消费市场。之后我们会针对不同的市场情况，进行各部分的微整，以更好地符合市场发展。

就目前而言，税收在微店方面尚不健全，但本店具有较强的法律纳税意识，一定会按时足额缴纳税款，这在利润表中都有所体现。

我们对“绿E之景”项目的创意很有信心，相信按照我们的发展战略进行，“绿E之景”创意盆景项目一定会有很好的发展前途。

七、风险及其防范

（一）市场风险

当前花卉盆景企业普遍规模小，布局分散，规模效益差。尤其是中国盆景在国际市场上占据的份额不大。“绿 E 之景”创意盆景项目的发展必须对产品市场，尤其是中长期未来市场有充分的预测和把握，否则经过长期生产的产品，有可能失去竞争力，带来很大风险。

防范措施：针对当前市场进行大量的调查研究和分析，“绿 E 之景”创业项目要形成对未来市场的预测和把握。在宏观方面，要把握中国的盆景现状和发展趋势；在微观方面，要分析某一地区、某一品种、某一盆景形式和结构的未来适应程度和范围。

（二）管理风险

管理风险来自管理环节和生产过程，有来自人事管理、劳动管理、生产管理、设备管理、销售市场等管理环节，又有来自原料采购、生产加工、日常养护和造型、产品包装、市场开发、售后服务等生产经营过程。

防范措施包括：在该项目的运营过程中，我们必须熟知资源取得、原料防疫、经营运输、产品检疫、经营许可等方面的规定，并在管理中推行。同时还要建立并实施一套完整、科学、高效的管理体系或制度，才能从根本上降低来自各个管理环节和经营过程的风险。

（三）成本费用风险

每个产品在市场上都会有成本费用风险，本产品这方面的风险主要包括：成本预算不合理、审核不严，影响成本控制效果；消耗加大，增加成本支出；盲目制定价格，导致产品无销量、结构恶化，项目产品形象下降等；费用支出不合理，导致资源浪费、资产流失；费用控制措施不力，影响项目组效益。

防范措施包括：“绿 E 之景”项目小组要找好长期的合作伙伴，在各种条件合理的情况下使双方的利润得到最大化；努力做好内部控制，在采购到销售的过程中，减少中间各环节的不必要支出，使项目的各种成本、费用达到最小值，这样也能使消费者减少一些不必要的费用，营造良好的形象。

（四）财务风险

项目产生财务风险的因素中既有外部环境因素也有项目自身的因素。

1. 外部环境因素

项目财务活动是处于一定的环境之中，并受一些环境的制约，包括国民经济整体的形势及行业景气度，国家信贷以及外汇等政策的调整，银行利率及汇率的波动，通货膨胀程度等。项目的资金管理环境的变化是难以预见和难以改变的，这必然影响到项目的财务活动。

内部因素包括：项目初期的财务管理基础薄弱，缺乏市场观念和对外部环境变化的应变能力。另外，项目建立初期，没有成熟的财务管理和监督机制作为借鉴，可能致使内部财务关系混乱。

2. 防范措施

（1）建立财务管理风险识辨系统。

（2）建立有效的风险处理机制，增强抗险能力。

（3）完善风险管理机制，健全内部控制制度。

（五）信用风险

随着网络的发展，电子商务已经成为人们从事商务活动的新模式。与传统商品交易方式相比，电子商务的优势明显。但由于网络信息本身具有虚拟性和不稳定性，电子商务信息易被修改、毁坏与丢失，加之参与电子商务的主体诚信问题及网络技术发展的局限，使得电子商务信息的真实性与安全性难以得到保障。因此，电子商务与传统的商品交易方式相比对信用风险管理的要求更高。如何取得并维持顾客的信任是电子商务成功的关键所在，欲发展电子商务必须先加强电子商务中的信用风险管理制度建设，建立社会信用保障体系。

八、"绿 E 之景"平台搭建

流程图分别见图 1-69、图 1-70、图 1-71 和图 1-72。

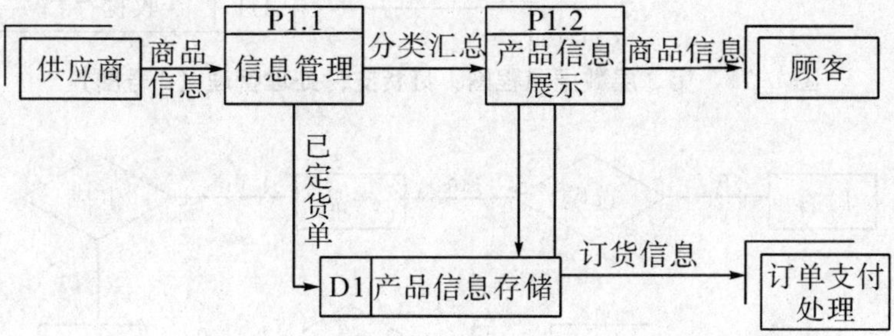

图 1-69　第 1 层数据流程图：商品信息发布管理图（1 号图）

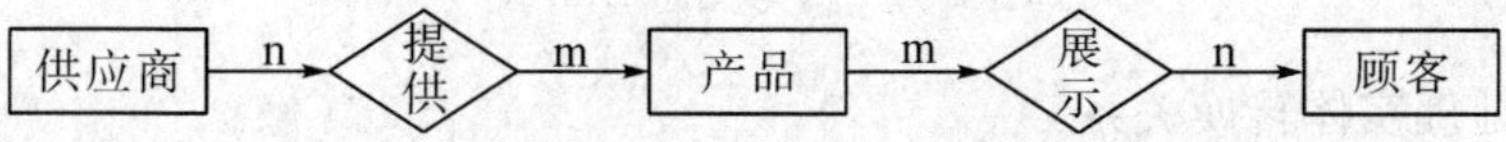

图 1-70　1 号图总 E-R 图

商品信息发布实体转换关系：

供应商（供应商代码，名称，姓名，性别，地址，联系方式）

产品（产品代码，名称，类别，数量，价格，产地，功能，培育方法，样本，尺寸）

顾客（证件号，姓名，性别，地址，联系方式，订单号）

联系转换关系：

提供（供应商代码，产品代码，配套工具）

展示（产品代码，证件号，价格，类别，反馈）

合并关系：

供应商（供应商代码，名称，姓名，性别，地址，联系方式）

产品（产品代码，名称，类别，数量，价格，产地，培育方法，功能，样本，尺寸）

顾客（证件号，姓名，性别，地址，联系方式，订单号）

提供（供应商代码，产品代码，配套工具）

展示（产品代码，证件号，价格，类别，反馈）

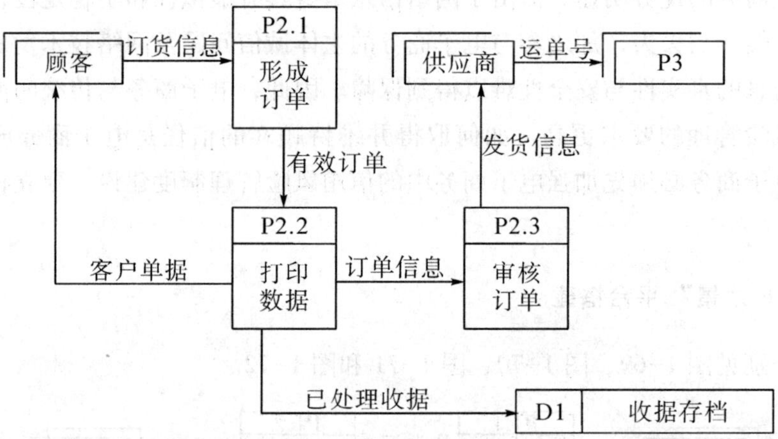

图 1-71　第 2 层数据流程图：订货支付处理管理（2 号图）

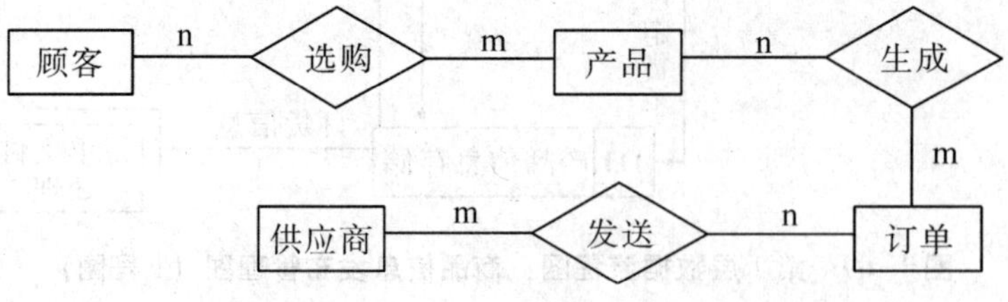

图 1-72　2 号图总 E-R 图

订货支付处理实体转换关系：

供应商（供应商代码，名称，姓名，性别，地址，联系方式）

产品（产品代码，名称，类别，数量，价格，尺寸，样本，功能，培育方法，产地）
顾客（证件号，姓名，性别，地址，联系方式，订单号）
订单（订单号，类型，下单时间，收件人，联系方式，价格）
联系转换关系：
选购（证件号，产品代码，数量，时间）
生成（订单号，产品代码，时间）
发送（订单号，供应商代码，时间，收件人姓名）
合并关系：
供应商（供应商代码，名称，姓名，性别，地址，联系方式）
产品（产品代码，名称，类别，数量，价格，尺寸，样本，功能，培育方法，产地）
顾客（证件号，姓名，性别，地址，联系方式，订单号）
订单（订单号，类型，下单时间，收件人，联系方式，价格）
选购（证件号，产品代码，数量，时间）
生成（订单号，产品代码，时间）
发送（订单号，供应商代码，时间，收件人姓名）

参考文献

[1] 刘佩华. 营销心理学［M］. 北京：机械工业出版社，2008.
[2] 吴健安. 市场营销学［M］. 4版. 北京：高等教育出版社，2011.
[3] 弗兰克·布拉德利. 战略营销［M］. 文瑜，译. 北京：华夏出版社，2009.
[4] 科特勒·凯勒. 营销管理［M］. 王永贵，等，译. 上海：上海人民出版社，2009.
[5] 王化成. 财务管理学［M］. 6版. 北京：中国人民大学出版社，2012.
[6] 周三多，陈传明，鲁明泓. 管理学［M］. 5版. 上海：复旦大学出版社，2013.
[7] 陈小川. 会计学原理［M］. 长沙：湖南师范大学出版社，2014.
[8] 李世杰，刘全文. 市场调查与预测［M］. 2版. 北京：清华大学出版社，2011.
[9] 劳帼龄. 电子商务［M］. 北京：电子工业出版社，2003.
[10] 周曙东. 电子商务概论［M］. 南京：东南大学出版社，2002.
[11] 安淑芝. 电子商务应用基础与实训［M］. 北京：清华大学出版社，2010.

2017 年教师指导学生参加科技竞赛部分获奖作品

获得山东省一等奖、国家一等奖作品

2017 年（第十一届）
山东省电子商务大赛创业策划书

e网打尽

“e 网打尽”创业项目策划书

团队名称：以梦为马

团队成员：张郯之　吕佳铭　付景珊　林立翔　张慧

指导教师：郑晓燕

摘 要

电子商务时代到来的同时假货横行，打假难度加大，社会公众深受假冒伪劣产品毒害；在校大学生由于生活经验不足，更是常受到假冒产品的困扰；目前我国只有国家工商局一家机构有专门打假职责，覆盖面不够；民间虽有人参与打假，但由于操作难度大，所以参与人员只是个别人；打假除了要有政府和法律支持外，很重要的一点就是靠社会合力；受中央电视台“3.15”晚会启发，怎样才能从源头处治理假货问题成为我们思考的一个方向，假货不打，国无宁日，我们以梦为马团队基于此策划并打造了“e 网打尽”创业项目。

“e 网打尽”是一个以在校大学生志愿打假队伍为主体，意在协助政府解决假货出现带来的一系列问题的服务平台，从帮助在校大学生打假做起，打击大学生身边的假冒伪劣产品，致力于解决如何识别、确认、减少假货等问题。项目服务于各个阶层的社会人群，实行“高校—政府—社会—企业”多方共赢的合作模式，形成多管齐下、全民合力打假的局面。“e 网打尽”创业项目主要围绕打假志愿帮、假货验证帮、社会交流帮、正品买卖帮、公益回馈帮等项目版块来协助政府的打假工作。组织建立大学生志愿打假队，由政府总指挥，大学生志愿打假队协助政府的打假工作。该项目于 2016 年 5 月被批准加入学校创业孵化基地，并已得到工商部门的认可以及政府有关部门的支持。

“e 网打尽”创业项目第一步将从德州高校打假做起，逐渐扩大高校数量以及范围；第二步将目标扩大至社会普通民众；第三步我们将逐渐推广至全国，集合各方力量、各种途径协助政府来保障人们的消费安全。

“e 网打尽”创业项目主要是以改变当前中国假货横行的社会现状，引导中国经济健康发展为目的，凝聚社会合力，致力于打造协助政府打假工作的专业化、专家化的市场公众服务平台。

关键词：大学生；识假打假；服务平台

一、项目背景

(一) 中国假货猖獗

电子商务到来的同时假货横行，一些商家为了谋求短期经济利益不顾一切。来自权威部门的一项调查表明，中国企业每年由于假、冒、伪、劣产品造成的损失达 2 000 亿元。互联网交易中假货猖獗现象尤为严重且假货数量呈逐年增加趋势。以国内最大的电商网站——淘宝网为例，每日在线商品数量达 8 亿件，而国家质检总局通过抽查发布数据，淘宝网正品率仅为 37.25%。

虽然电子商务发展如此迅速，但针对如何帮助大家识别、确认、打假、维权、减少直至消除假货问题这一方面的运营平台并不多。因此，我们以梦为马团队顺势推出“e 网打尽”创业项目，与电子商务相结合，用户可通过登录网站，下载 APP，搜索官方微博、微信公众号，进行二维码扫描，qq 群等来添加订阅号和使用。我们的项目平台以通过集合各方力量、各种途径获取假货信息协助政府的打假工作，捣毁造假窝点，以帮助大家识别、确认、打假、维权、减少直至消除假货问题为目的，服务各个阶层的社会人群。

“e 网打尽”的创意源泉来自于我国假货猖狂的现状。我国目前的经济发展迅速，但假货横行且数量呈逐年上升趋势，不利于人民群众生活质量的提高和社会稳定以及诚信建设。项目研究的主攻内容和运行目的是改变当前中国假货横行的现状，引导中国经济健康发展。

(二) 中国社会热点

打假应该从“嘴治”走向“法治”。2017 年，伴随着全国两会的开幕，打假的呼吁声越来越高，政府、各界人士纷纷站出来呼吁人们抵制“假货”，让制假者无利可图。自 2017 年 3 月 7 日阿里巴巴集团董事局主席马云发表的微博“像抓酒驾那样打假”的呼吁一出，在京参加全国两会的人大代表、政协委员持续展开讨论。大家一致认为，假货是社会问题，要像打击酒驾一样打击假冒伪劣犯罪。

“打假一定要依靠法治和合力!”近日，杨禹在央视《热点快评》栏目题为“打击假冒：依靠法治 依靠合力”一期节目中提出，在打击假冒有关的体制机制创新中，有两个关键，一是要依靠法治，二是要形成合力。

苏宁云商董事长，已经第 15 次进京参会的政协委员张近东在接受记者采访时表示：“假货是社会问题，应该全社会共同参与。”

“e 网打尽”识假打假服务平台在此基础上发展起来，融合政企校打假模式与短信打假，论坛打假，APP、网站、微博、微信公众号、QQ 等平台打假于一体，切实做到让全社会人民都能参与到打假当中。

二、项目介绍

（一）项目简介

“e网打尽”创业项目主要是以改变当前中国假货横行的社会现状、引导中国经济健康发展为目的，致力于解决如何识别、确认、减少假货等问题。项目服务于各个阶层的社会人群，以在校大学生志愿打假队伍为主体，主要围绕打假志愿帮、假货验证帮、社会交流帮、正品买卖帮、公益回馈帮等项目版块来协助政府的打假工作，并实行“高校—政府—社会—企业”多方共赢的合作模式，全民合力打假。该平台已得到工商部门的认可，APP已在部分高校试运行，效果良好。我们终将协助政府一起打造专业化、专家化的市场公众平台来保障人们的消费安全。

（二）项目特色

据了解，目前国内只有一家官方打假网站——“全国打假网”。它的主要特色是分专栏进行打假信息回馈。民众可以在打假网上进行维权举报，政府在网站上更新打假工作动态，项目功能比较单一。与“全国打假网”相比，我们的“e网打尽”识假打假服务平台弥补了官方打假网站——“全国打假网”的一些不足。

本项目的主要特色体现在5个创新点上：

（1）打假队伍覆盖面广。本项目以在校大学生志愿打假队伍为打假主体，队伍面广、规模大。

（2）实行“高校—政府—社会—企业”多方共赢的合作模式。政、企、校合作打假，更容易形成全民打假合力，方便协助政府打假，解决假货问题。

（3）本项目致力于制作全国独一无二的假货地图，为政府打假和老百姓识假提供借鉴。

（4）建立因售假而影响的信用体系数据库，以杜绝再次售假情况的出现。

（5）本项目的公益性。项目致力于公益慈善。

“e网打尽”创业项目有以下5个特点：

（1）综合性：“e网打尽”是一个全民打假、汇集全国假货信息的平台，实行多方共赢的合作模式，后期将绘制全国独一无二的假货地图。

（2）灵活性：对于造假商户，我们在政府等有关部门的帮助下将给予一定的惩罚措施，待整改后对其进行二次考察，整改合格后推出一系列优惠制度。并且经过假货信息汇集，改变当下许多以盈利为目的的打假行为。

（3）规范性：平台公示的每一条信息都是经过严格筛选的，杜绝虚假信息随意发布。

（4）隐私性：保证信息提供者的隐私安全，防止被举报者的恶意报复，让大家在打假过程中没有后顾之忧。

（5）民众性：信息发布后网民可进行评论，可发送举报邮件至平台“假货举报箱”进行举报。

（三）平台介绍

本项目的 LOGO 如图 1-73 所示。

图 1-73 “e 网打尽”创业项目 LOGO

“e 网打尽”创业项目资讯平台采取直接与间接相结合的渠道策略。消费者可以通过搜索识假打假微信企业公众号、进行二维码扫描来添加订阅号，也可以搜索我们的识假打假 APP、识假打假网站、识假打假微博公众平台、识假打假微信企业公众号及交流群、识假打假 qq 群等进行使用。我们“e 网打尽”创业项目下设以下平台，进行项目宣传、运行、交流。

1. 建立识假打假 APP

用户可下载“e 网打尽”APP（见图 1-74），进行注册登录。用户可在假货验证帮、正品买卖帮、假货验证帮、在线交流帮、公益回馈帮中进行信息查询，订阅相关版块的内容推送，还可以在在线交流帮版块进行投稿举报等。

图 1-74 “e 网打尽”APP

2. 建立微信平台的官方企业公共账号及微信交流群

我们会建立“e 网打尽”官方企业宣传公共账号（见图 1-75），进行公共账号的建设，完善账号信息，凸显自身优势，定期向关注的用户推送关于识假打假的文章，不定期分享关于“e 网打尽”用户反馈的讯息，事后对分享内容的反响进行整理分析，不断改进创新。

图 1-75 “e 网打尽”微信公众号

3. 建立“e 网打尽”官方网站（见图 1-76）

图 1-76 “e 网打尽”官方网站

4. 建立识假打假微博公众平台（见图 1-77）

图 1-77 “e 网打尽”官方微博

用户可登录微博公众平台，进行文章查看及订阅。该微博账号会对关注的粉丝进行识假打假文章推送，用户可对于购买假冒伪劣的亲身经历进行讨论。

5. 建立 qq 交流群（见图 1-78）

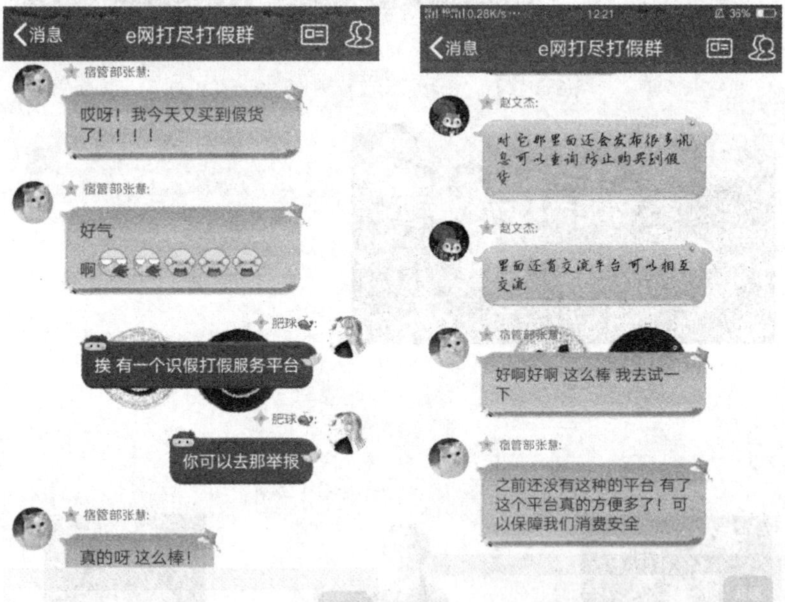

图 1-78 “e 网打尽”QQ 交流群

目前国内只有一家官方打假网站——“全国打假网”，并且此打假网站项目功能较为单一。我们的“e 网打尽”识假打假服务平台弥补了官方打假网站——“全国打假网”的不足。与其相比，我们“e 网打尽”识假打假服务平台功能齐全，针对性强，主要体现在五大模块。

打假志愿帮：

（1）招募全国范围内的在校大学生志愿者组成当地志愿打假队伍，协助政府并且由政府主持打假行动，对可疑造假窝点进行明察暗访，直至确定假货信息并协助政府打假工作捣毁造假窝点。

（2）各地的志愿打假队伍由政府部门成员来担任我们打假分队的总负责人。打假分队第二层负责人由当地大学生志愿者中的学生干部等有威信的人担任，主要进行行动指挥，对反映的问题及时查看和应对。

假货验证帮：

（1）实行“高校—政府—社会—企业”多方共赢的合作打假模式，通过政、企、校合作，形成打假合力，更易方便协助政府打假，解决假货问题。

（2）与执法部门进行合作，将有疑虑的产品提交至有关部门及生产产品的正规生产厂家进行检验，确定商品真伪，若确定是假货，则可依法、及时、准确、有效地对有关商家做出处理。

（3）通过大数据智能化打假、信息可追溯性、一品一码等有效利用大数据进行分析、汇集整合。

（4）可在“e网打尽”APP、网站、论坛、微信、微博公众平台举报，发送邮件至“假货举报箱”，也可以通过短信发送消息到“e网打尽”的后台进行举报，我们平台会派专门的工作人员对民众发布的可利用信息进行分类整合。

（5）后期，我们将汇总数据，致力于绘制全国假货地图，为政府打假及开展打假工作提供借鉴。全国假货地图是基于网友举报、权利人投诉、大数据测算与实地调查等信息，然后由我们平台汇集综合这些信息，绘制而成的。这张全国假货地图能够充分展现线下假货的分布情况，并注明了重点区域、类目等信息，是一份重要的打假资料。当平台发展到一定时期并初具规模时，我们将会提供给政府相关部门、企业等，确保打假落到实处，形成打假组合拳。

正品买卖帮：

（1）对于信用值良好的商家进行鼓励政策，可以在“e网打尽”进行线上销售，保证正品。

（2）对于二次登上黑名单的卖家建立因售假而影响的信用体系数据库，“e网打尽”平台上会有商家个人数据记录。当历史纪录达到危险值时，平台会进行倡导拒绝购买推送。对于造假商户，我们在政府等有关部门的帮助下，将给予一定的惩罚措施，商待整改后对其进行二次考察，整改合格后推出一系列优惠制度，并且经过假货信息汇集，改变当下许多以盈利为目的的打假行为。

公益回馈帮：

（1）平台将会把每年净利润的10%回馈贫困山区。

（2）对于极为贫困地区生产的优质产品，我们将免费提供正品产品交易平台。

（3）对于信用等级较高的商家，我们将会以真真森林种树活动来代其为社会环境贡献自己的一分力量。

注意事项：真真森林用能量能培养虚拟大树，真真森林种树有什么用？

该活动的具体流程如下：在“e 网打尽”平台上，首期“信用账户”被设计为一款“真真森林”公益行动。对于在我们平台上信誉等级较高的商家，我们将会在真真森林种植以商家名字命名的树，然后商家通过自己的信誉加分，为社会环境献出自己的力量。这棵树长大后，公益组织、环保企业等真真生态伙伴们，可以“买走”用户的“树”，而在现实某个地域种下一棵实体的树。除此之外，我们平台也会定期举办植树活动，商家也可以根据我们平台上的公告时间参与进来。信用账户可以让人们感知到可持续行为的成就感。通过商家或个体商户自己在平台上的信用值，既可以为自己赢得商业利润，又可以实现自己的公益梦想。

社会交流帮：

（1）平台上开设“假货举报箱”，人们可发送举报邮件至邮箱进行直接举报。

（2）在平台网站开设论坛，人们可在论坛上交流假货信息、正品信息。也可以对“e 网打尽”平台提出合理化建议，我们将酌情采纳。

（3）民众可以在我们平台的微信公众号后台留言，也可以关注“e 网打尽”项目的微博和 QQ 交流群，发表个人观点。

三、市场分析

（一）PEST 环境分析

1. 政治经济环境分析

2017 年 3 月 22 日国务院发布《关于新形势下加强打击侵犯知识产权和制售假冒伪劣商品工作的意见》。该文件对于电子商务领域侵犯知识产权和制售假冒伪劣商品尤为关注，提出建立电子商务平台企业向执法监管部门提供执法办案相关数据信息制度，加强政企协作，用好用活数据信息资源，为开展执法工作提供支撑。近几年，随着假货的猖獗，政府对假货的关注度不断加强。在今年两会时，人大代表更是提出将造假像酒驾一样写进法律。近年来，政府开展了打假联合行动，实施了“打假冒，保名优”工程，深入开展“清柜台”活动和创建“购物放心一条街”活动。

随着中国经济的发展，中国在商品质量方面暴露出来的问题越来越多。在经济发展的过程中，由于自身的不完备、不发达、不先进，必须要通过模仿来推动经济的发展。我国由于生产力水平低导致了产品的成本高而收益小，生产者为缩小成本和获得暴利而造假。来自权威部门的一项调查表明，中国企业每年由于假、冒、伪、劣产品造成的损失达 2 000 亿元。因此，怎样才能从源头处治理假货问题成为一个极为重要的问题。我们旨在通过e网打尽创业项目，最大程度改变当前中国假货横行的现状，引导中国经济健康发展。

2. 社会技术环境分析

着眼于中国经济的发展，生产者抓住了现阶段消费者的心理弱点：收入不高，爱慕虚荣，对奢侈品的渴求以及对自身消费水平的无奈促使消费者知假买假，从侧面助长了假货泛滥。并且据调查统计，大部分购买到假货的消费者不会进行投诉，而是选择“隐忍”。e网打尽创业项目为消费者提供“假货举报箱”，通过大学生打假志愿队伍实地明察暗访、政企校合作的多方共赢合作模式、提供动态数据等方式来协助政府做好打假工作，实现社会合力打假。

从20世纪90年代以来，网络技术发展迅猛，特别是分类搜索引擎的普及。在信息全球化的今天，我们团队也感受到了时代发展的压力。以改变中国目前的假货现状为出发点，一方面，做好版权保护，防止核心技术被窃取；另一方面，时刻关注市场上同类产品的动态，做好学习与观察，防止自己被时代淘汰。

（二）行业分析

1. 前景分析

目前中国市场上只有一家专门打假网站——全国打假网，且项目的功能单一，相对来说，项目发展的竞争力较小。随着人们对于消费者维权意识的不断提高以及国家对假货问题的越来越重视，在一项关于“网购假货存在的根本原因”的调查中，37.1%的用户认为主要责任在于平台不作为，任由假货滋生。

由此可见，中国网民对网购的态度正在走向成熟化。要想从根本上解决网购假货的顽疾，仅靠单一的治理商家店铺方式打击假货存在一定难度，还需要从平台机制和监管监督方面做出更多改变。“e网打尽”创业项目在推行全民合力打假模式，通过政企校合作打假、建立大学生志愿打假队伍和因售假而影响的信用体系数据库等模式，集合各方力量和各种途径，协助政府打假，可以说这一行业潜力巨大。

2. 行业发展现状

近年来，从当前网购分析现状了解到，我国居民消费步入快速转型升级的重要阶段，打假行业迎来黄金发展时期。目前中国市场上仅有“全国打假网”这一家打假网站，e网打尽创业项目的竞争压力小，且充分利用大学生打假志愿团队，队伍面广，规模大，随着队伍发展的势头强劲，将会不断壮大。与此同时，电子商务迅猛发展，进入规模性发展阶段，对经济社会生活的影响不断增大，正成为我国经济发展的新引擎。

（三）市场调查

1. 调查目的

在项目推广的初始阶段，本团队对本校大学生及周围群众展开调查，再逐渐扩大范围，对市区展开大范围调查。进行市场调查的目的是了解群众通过网购购买到假货时如何处理，担心和注重哪些因素，对假货的态度；是否希望有一家专门打击假货的网站，群众怎样参与打假，以及对“e网打尽”的接受程度、意见及看法。团队通过统计调查数据，从而制定、调整“e网打尽”创业项目的具体项目、经营发展战略及风险防范措施。

2. 调查方法

（1）问卷式调查。根据调查目的，拟定调查提纲，采用调查问卷的形式进行调查。访问对象主要为各地的大型商场、超市的消费者（购物者）。调查问卷主要分为两种：一种是采访式，主要是针对经常购物的人；另一种是被调查者的填写问卷式，主要是针对普通消费者，在访谈的过程中记录和录音，在整理分析基础上得出调查结果。

（2）进行网络聊天调查采访。随机抽取一部分人员在网络上通过社交软件聊天来了解情况。

（3）收集与本项目密切相关的资料。通过对比先前的数据来开展调查。

3. 调查结果及分析

（1）网购的频率：学生等18~30岁的群众网购较多，30~50岁的人网购次之，50岁以上的人网购较少。

（2）对于网购中购买到假货的接受程度：大部分人都表示难以接受。

（3）对“e网打尽”的喜爱程度：大部分人都表示期待“e网打尽”的发展，一部分人表示可以接受，另有一部分人表示喜爱程度一般，很少人表示无所谓。

通过调查可以得出：在调查的过程中，有58%的顾客表示很期待e网打尽创业项目；有22%的顾客表示可以接受，只有12%的顾客对此表示一般，还有8%的顾客对此表示无所谓。由此可见，市场对于我们的项目认可度还是非常高的，顾客对其期待程度高。

调查不同年龄段对e网打尽创业项目的喜爱程度（如图1-79所示）：

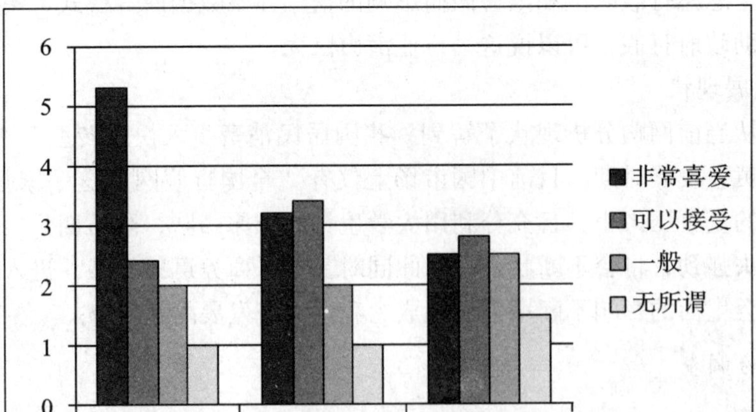

图1-79　不同年龄段对e网打尽创业项目的喜爱程度

通过调查可以得出：在对本产品表示喜爱的人中，对我们的呼声最高的是18~30岁的青年群众，其次是31~50岁的中年人，然后是50岁以上的中老年群体。由此可见，项目推广上市后将会深受广大群众的欢迎，有着良好的发展前景。

关于社会公众对成立专门打击假货的网站的看法，通过问卷调查分析可得：社会公众对专门打击假货的平台十分期待（见图1-80）。由此可以得出，该项目的市场潜力大，实施的可行性高，我们以梦为马团队将会集合各方力量、各种途径协助政府来保障人们的消费安全。

你对成立一个专门打击假货的网站有什么看法...(填空题)

答案
要有法可依，要严格，严谨
很好
普及化
行
支持
最好有政府背景
支持
打假只靠一个网站还是不够的
支持 有必要！
我支持这种做法

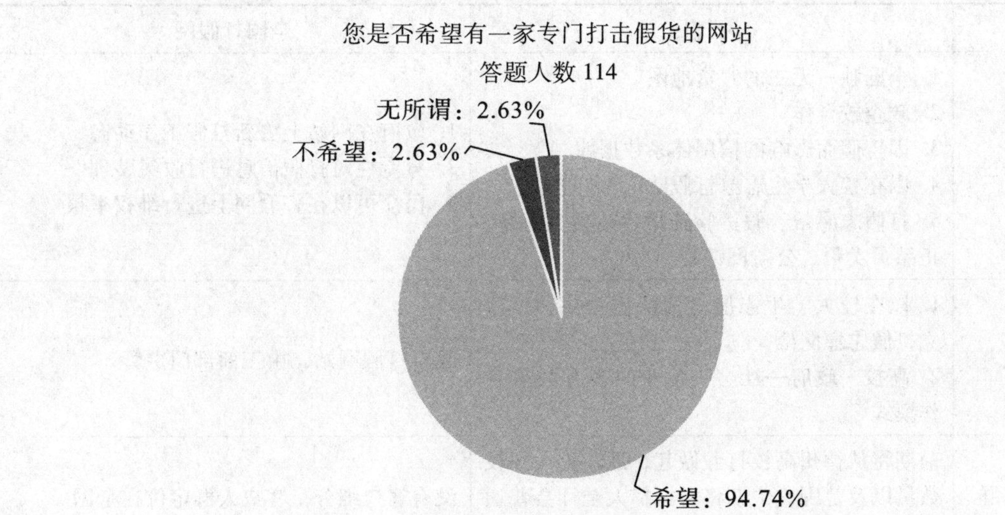

图1-80　社会公众对成立专门打击假货网站的看法

关于买到假货时，大部分人采取的态度，通过调查问卷可得：大部分消费者会选择找商家理论或者认为无所谓，仅有小部分消费者会向有关部门举报（见图1-81）。“e网打尽”创业项目将提供在线交流帮，用户可发送举报邮件，为用户提供交流举报平台。

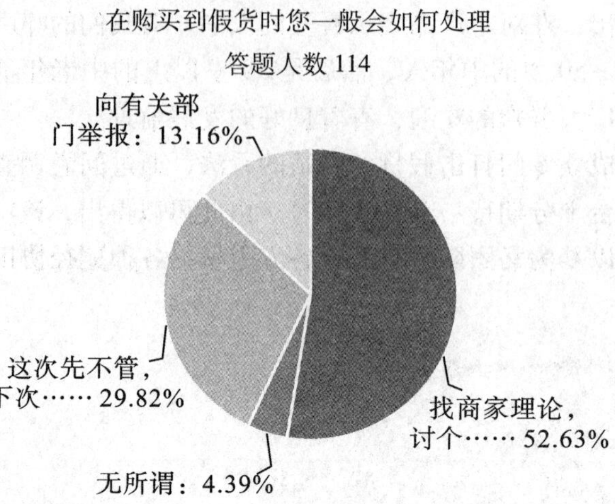

图 1-81 社会公众对买到假货时的态度

（四）竞争者分析

“e 网打尽”项目平台的主要竞争者为全国打假网，我们分别从两者的主要特色、模式、客户人群、范围及规模、资金问题、市场潜力方面进行了比较分析，具体分析情况见表 1-10。

表 1-10 “e 网打尽”与全国打假网的比较

	e 网打尽	全国打假网
主要特色	1. 全国独一无二的假货地图 2. 政企校合作 3. 因售假而影响的信用体系数据库 4. 以在校大学生志愿打假队伍为打假主体 5. 打假志愿帮、假货验证帮、社会交流帮、正品买卖帮、公益回馈帮	1. 政府在网站上更新打假工作动态 2. 分专栏对打假信息进行收集整理 3. 民众可以在打假网上进行维权举报
模式	1. 以在校大学生志愿打假队伍为主体，建立打假志愿队伍 2. 高校—政府—社会—企业的多方共赢合作模式	政府打假网站，由工商部门主管
客户人群	前期将从德州高校打假做起，逐渐扩大高校数量以及范围；中期将目标扩大至社会普通民众；后期我们将逐渐推广至全国	没有客户细分，客户人群定位在全国
范围及规模	以在校大学生志愿打假队伍为主体，规模大，涉及范围广；已得到政府有关部门支持	针对全国范围；规模大

表1-10(续)

	e网打尽	全国打假网
资金问题	主要通过政府扶持、企业投资、团队自筹和银行贷款获得资金	资金影响较小
市场潜力	采用多方共赢的合作模式，社会合力，以大学生为主体全民打假；规模大，涉及范围广；已得到政府支持，市场潜力大。	模式单一，潜力相比于e网打尽创业项目潜力较小

（五）SWOT分析

根据对“e网打尽”项目的综合评估，我们进行了SWOT分析，具体见表1-11。

表1-11 “e网打尽”SWOT分析

优势（S）	劣势（W）
S1：以在校大学生志愿打假队伍为主体，协助政府的打假工作，规模大，涉及范围广，已得到政府以及有关部门、企业、社会公众的有力支持。 S2：实行“高校—政府—社会—企业”多方共赢的合作模式，范围覆盖面广。 S3：市场假货数量众多，社会对专业打假机构的需求大，具有公益附加值，本平台专业性强，识假打假的方式方法明确，对社会影响更为广泛。 S4：集中全国假货地图、因售假而影响的信用体系数据库，为有关政府部门、企业、社会公众提供动态数据。 S5：职业打假人“争议”大于“意义”，相较于职业打假，以大学生为主流的打假志愿队覆盖面广、规模大，队伍在不断壮大。	W1：一旦有不良信息或恶意留言等内容没有及时删除，将对于平台形象有所影响，容易使公众产生摇摆心理，产生怀疑和不信任。 W2：前期平台推广难度大，平台推广需要一定的财力、人力、物力，资金是一个大问题。 W3：初期经验不足，新兴事物认可程度低，需要时间被接受。 W4：容易被大企业盗用复制。
机会（O）	**威胁（T）**
O1：物品种类繁多，涉及领域广泛，内容多且假货杂乱。 O2：据了解，目前国内只有一家官方打假网站——“全国打假网”，项目的功能单一，并且目前中国的专业打假网站甚少，“e网打尽”项目市场潜力巨大。互联网将会成为企业开拓市场必不可少的工具。	T1：建立初始，点击率低，访问量少。 T2：网站维护以及维护和更新网站的费用问题都会成为网站发展的威胁。 T3：当各商户投入的资金并没有达到预期目标时，易产生放弃心理

（六）STP战略分析

1. 市场细分

从以上可以看出，“e网打尽”在进行市场细分时，充分考虑了地区经济发展的特征，从市场特征、消费水平、用户心理以及行为、假货数量等方面进行了详细的分类，针对不同的城市，开发不同的市场，设置不同的专区，对应不同的顾客群体（具体见表1-12）。

表1-12　“e网打尽”的市场细分

“e网打尽”市场细分	例如	市场特征	消费水平	心理、行为	假货数量
一线城市	北京、上海、深圳、广州等	品牌多为国际、国内知名品牌，具有极高的知名度，消费量很大，消费水平高；经济水平高，收入多	高	成熟	少
二线城市	济南、青岛、杭州等	商场多为国内、当地知名的商场，具有较高的知名度，消费量比较大；竞争相对缓和；消费水平比较高，生活节奏也较快，对价格较为敏感；品牌忠诚度不高	较高	较成熟	较少
三线城市	德州、泰安、海口等	商场多为当地的商场，在当地具有较高的知名度，消费量受着当地经济的制约；竞争程度低；消费水平一般，对价格比较敏感；人们收入较少	低	不成熟	多

2. 确定目标市场

根据对各细分市场的分析，我们了解到三线城市呈现出经济发展水平越来越高的趋势，因此这个市场的未来发展空间会越来越大。我们的目标市场涵盖战略采用差异市场营销。目标市场首先选择三线城市以及18~50岁的社会购买力高的人群，并在其他方面都加以相应的改变，以适应市场的需要。

3. 市场定位

（1）实行“高校—政府—社会—企业”多方共赢的合作模式

e网打尽创业项目在中国现有的打假网站——“全国打假网”的基础上，打造了一个全新的识假打假模式。在“全国打假网”上，设有专业后台人员为公众解决提出的问题和验证假货信息，而“e网打尽”平台打破了这一局面，实行“高校—政府—社会—企业”多方共赢的合作模式，以在校大学生为主体设立打假志愿帮，协助政府的打假工作。

（2）提供假货信息汇集服务协助政府的打假工作

“全国打假网”平台会定期更新各地打假动态，但没有后台人员对网民维权举报的信息做到及时回应。而“e网打尽”注意到了这一不足，从各个渠道获取假货信息进行整合汇集，绘制出独一无二的全国假货地图，建立因售假而影响的信用体系数据库等，为政府提供动态数据，协助政府的打假工作。

（3）安全打造消费者举报、维权最快捷方便的路线。

“e网打尽”平台属于政府支持的官方平台，不会存在虚假信息、恶意广告等不良现象的出现，消费者可以放心使用本平台。此外，“e 网打尽”平台与互联网技术结合在一起，在当今这个“互联网+”的新时代，本平台无疑是消费者举报、维权最快捷方便的不二选择。

（4）从高校打假做起，逐渐扩大高校数量、扩大到社会公众

“e 网打尽”创业项目第一步从高校打假做起，逐渐扩大高校数量，第二步将打假目标扩大到社会公众，后期推广至全国。我们从打击大学生身边的假冒伪劣产品做起，帮助在校大学生识假打假，市场广阔，项目实施可行度较高。

四、营销策略

（一）产品策略

1. 产品品牌

（1）新产品开发战略

平台名称：“e 网打尽”，取自“一网打尽”的谐音。其中，“e”代表互联网，“e 网打尽”则表明我们的决心。

任何一款新产品的开发都有其目的所在。“e 网打尽”创业项目的开发目的在于解决假货问题，让互联网平台更加安全、平稳并有效地保护消费者的权益。“e 网打尽”创业项目通过设置“开关”来识别假冒伪劣事件，并联合有关部门对平台公示的商家依法惩治，从而从根源上减少假货数量。

（2）差异化战略

“e 网打尽”创业项目有着自己的特色。它与一般的 APP 相比更具有时代性和进步性，实施起来难度也相对较低。而且我们是通过与政府、企业、高校、社会合作的多方共赢合作模式进行的，这种新型的创业模式是目前市场上少有的，从某种程度上来讲，也大大减少了政府和社会的打假压力。

（二）价格策略

价格通常是影响交易成败的重要因素，同时又是市场营销组合中最难以确定的因素。企业定价的最终目标是促进销售，获取利润。这要求企业既要考虑成本的补偿，又要考虑消费者对价格的接受能力，从而使定价策略具有买卖双方双向决策的特征。此外，价格是市场营销组合中最灵活的因素，它可以对市场做出灵敏的反映。

公司根据自身状况及市场需求，将采取浮动定价，在制定一般收费标准的同时，根据消费者的个人需要和特色服务采取与之配套的额外服务收费。综合消费者各个阶段的特点，我们制定了三种策略。

（1）初期价格策略：我们在初期制定能为消费者所接受的较低的价格，以打开前期消费市场，使用户数量得到一定增加。

（2）中期价格策略：中期，随着用户数量的逐步增多，需求量增大，用户的消费水平也将逐步提高，我们也会随之调整价格。

（3）后期价格策略：后期用户数量的增长趋于稳定，我们制定的价格也将趋于稳定。

（三）渠道策略

1. 线上渠道

（1）基础上线

各大手机厂商市场、第三方应用商店、大平台、PC 下载站、手机 WAP 站、收录站、移动互联网应用推荐媒体等基本可以覆盖 Android 版本发布渠道，推广的第一步是要上线，这是最基础的。

（2）运营商渠道推广

中国移动、中国电信和中国联通的用户基数较大，可以以合作的方式将产品预装到运营商商店，如果是好的产品，还可以得到其补助和扶植。

（3）交易用户

换量赚差价。所谓换量就是你中有我，我中有你，采取互推的方式进行，将用户利用率达到最高。

（4）第三方商店

由于进入早，用户积累多，第三方商店成了很多 APP 流量入口。全国有近百家第三方应用商店。各应用市场规则不一，如何与应用市场负责人沟通，积累经验与技巧至关重要。资金充足的情况下，可以投放一些广告位及推荐等。

（5）手机厂商商店

大厂家都在自己品牌的手机里预装商店，如联想乐商店、HTC 市场、魅族市场等。渠道部门需要较多运营专员来跟手机厂商商店接触。

（6）积分墙推广

“积分墙”是在一个应用内展示各种积分任务（下载安装推荐的优质应用、注册、填表等），以供用户完成任务获得积分的页面。用户在嵌入积分墙的应用内完成任务，该应用的开发者就能得到相应的收入。

（7）社交平台推广

目前主流的智能手机社交平台，潜在用户明确，能很快地进行产品的推广。这类推广基本采用合作分成方式，合作方法多样。业内公司有腾讯、新浪等。

2. 线下渠道

（1）利用宣传册进行宣传

这种宣传方式最适合服务性的平台，可以针对平台服务的群体进行宣传，比如可以到一些学校和居住人群较为密集的小区进行派发。

（2）把平台的标志制成其他产品

比如可以把网站的标志印在一些包装盒、包装袋里面，然后赠送给一些便利店、饭店等小市场，宣传效果比印宣传单更形象直观。

（3）参加一些交流活动

参加诸如移动互联网大会等行业内大型会议，让我们的产品被更多的人所熟知，这些当然包括潜在的目标客户群体。在交流会上，和众多的人士进行交流，去参加的时候要多带些相关业务、网址的名片出席，活动期间要积极主动出击，和在场的人士互相发送，以增加公司和产品的知名度。

（4）校园宣传为主

首要的任务是要提高产品的知有率，即尽可能让所有人都知道这个产品。重点以大学生为主，在学校张贴宣传画，向宿舍派送精美小折页等产品宣传资料，做好终端的宣传及建设。

（5）电梯广告

电梯属于密闭空间，信号差，人们一般不会看手机，看到我们的产品项目或许会感兴趣。

（6）“摇一摇”周边

通过摇一摇周边，可有效连接线下用户，与消费者建立沟通，提升消费者体验：摇一摇获取水果兄弟公众平台服务及优惠；摇一摇参与互动；精准营销信息推送。

（7）赞助活动

赞助活动在各个学校以及部分商家都会有一定的需求，我们可以用赞助的方式通过联络人员对我们的产品进行推广。

（8）促进当地商家推广

跟商家进行合作，在他们帮助我们进行推广的同时，我们也可以在网络上给他们进行宣传，通过互利的方式，谋求更深一步的合作。

3. 新媒体营销

（1）内容策划

内容策划前需做好受众定位，分析得出核心用户特征，坚持原创内容的产出，在内容更新上保持一天三条左右有趣的内容。抓住当周或当天的热点跟进。

（2）微博推广

①内容：将产品拟人化，讲故事，定位微博特性，坚持原创内容的产出。在微博上抓住当周或当天的热点跟进，保持一定的持续创新力；

②互动：关注业内相关微博账号，保持互动，提高品牌曝光率；

③活动：必要时可以策划活动，进行微博转发等。

（3）微信推广

①内容定位：结合产品做内容聚合推荐，内容不一定要多，但一定要精并且符合微信号的定位。

②种子用户积累：初期可以给定个 KPI 指标，500 个粉丝一个门槛，种子用户可以通过同事好友，合作伙伴推荐，微博引流，官网引流等。

③小号积累：开通微信小号，每天导入目标客户群。

④小号导大号：通过小号的粉丝积累推荐微信公众号，将粉丝导入到微信公众号。

⑤微信互推：当粉丝量达到一定预期后，可以加入一些微信互推群。

（四）促销策略

1. 优惠策略

（1）通过网络制作电子贺卡、推荐信等，发邮箱及 BBS 帖子，围绕当地的主流网站发布信息，将项目的名字、地址、电话、标语、口号、服务内容进行宣传。

（2）建立自己的网站，主要介绍自己的服务项目等。

（3）通过广播宣传、小区拜访等活动配合网络宣传进行。

（4）公共关系策略：公共关系是建立企业良好形象的必要条件，也是企业屹立不倒的基本要求。通过采集信息、调查、民意测验等形式，搜集公众意见、建议、愿望等，借此向公众传播企业营销信息，扩大企业知晓面，为企业营销活动提供便利。另外，我们也可以在 APP 的首页做有关公益宣传的页面，来提高我们公司的形象并扩大知名度。

2. 客户推广策略

（1）网站优化推广策略

网站推广从优化网页开始。根据“e 网打尽”项目的功能及自身的技术、资金实力，我们将从五个方面进行网站的优化。第一，架构优化：结构优化，电子商务运行环境优化等。第二，页面优化：页面布局，页面设计优化。第三，导航设计：导航的方便性，导航的文字优化及各项服务的链接介绍等。第四，链接整理：对网站的内外链接进行处理。第五，标签优化设计：对相关标签进行优化设计。我们力求在最大程度上完善网站的模块分布，实现信息的及时更新发布，加强网站优化，提高网站知名度。

（2）APP 推广策略

由于“e 网打尽”为一个专业打假平台，因此 APP 推广则成为营销策略中不可忽视的一个环节。结合本平台特色，我们提出以下项目推广方法：

第一，添加 APP 标题（title）。将社会合力、打假、信息汇集平台等关键词添加为 APP 主要标题。标题将出现在搜索结果页面的链接上，吸引搜索者点击“e 网打尽”打假网的链接。

第二，与相关网站 APP 做友情链接。加强网站盟友的联系与他们合作，方便顾客同时消费，也可增加客源。

第三，到各大搜索引擎中注册、登记。搜索引擎是一个进行信息检索和查询的专门网站，是许多网友查询网上信息和在网上进行冲浪的第一去处，所以我们可以到网易（www.nease.net）、搜狐（www.sohu. com.cn）、经济网（www.cei.gov.cn）、若比邻（www.robot.com.cn）、中国野虎（cn.yahoo.com）等国内的网站填表注册，以便我们的潜在客户群能够在引擎中查到我们所注册的“e 网打尽”打假网。

第四，请求互换链接。寻找一些与“e 网打尽”——打假网内容互补的站点并向对方要求互换链接。

第五，将网站提交到主要的导航网站检索目录。将“e 网打尽”提交到现存主要的网站检索目录中。

第六，建立邮件列表，定期向用户发送邮件或其他信息。这是与客户保持联系、建立信任及长期关系的最好方法之一。请“e 网打尽”的访问者填写他们的电子邮件地址，从而收取“e 网打尽”发送的邮件。

五、企业运营

（一）企业运营模式

政府部门主要负责：①项目整体建设、运营工作的监管。②选取打假分队总负责人。③给予本项目支持。

企业主要负责：①配合“e 网打尽”项目的进行。②不造假，保证正品，维护平台上自己的信用数据体系。③经营“真真森林”里以自己名字种植的树。④对公众有疑问的产品进行专业检测。

高校团队主要负责：①绘制全国打假地图，建立因售假而影响的信用体系数据库系统开发。②与各高校的大学生志愿者沟通，鼓励他们参与到我们的项目之中，组建志愿打假团队。③日常管理运营。④“e 网打尽”项目及正品商家的营销推广。⑤致力于慈善公益，净利润 10%回馈贫困山区。⑥整理假货信息，为政府提供动态数据。

社会公众主要负责：购买到假货时及时进行举报，维护自己合法权益。

（二）企业管理组织结构

初期组织结构采取直线制。公司所有权与经营权分离，实行总经理负责制。总经理下设营销副总经理、技术副总经理、财务副总经理，下属市场调研部、技术部、财务部、人事部、客服部、网站运营部 6 个部门（见图 1-82）。

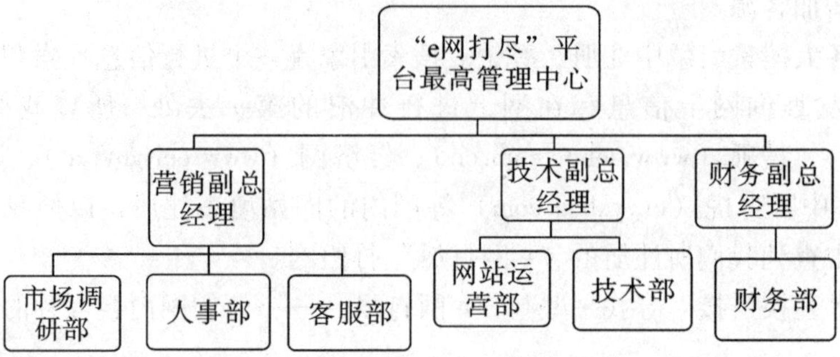

图 1-82 "e 网打尽"企业组织结构

(1) 技术部：主要负责网站开发、系统开发和系统维护，绘制全国假货地图，建立因售假而影响的信用体系数据库。

(2) 市场调研部：对平台上举报者所提供的信息进行实地调研，对正品买家的信用度进行实地考察。

(3) 财务部：主要负责资金调度、内部职工工资的结算等。

(4) 人事部：管理企业内部职工，负责制定岗位定员和职工定额，与大学生志愿者签订协议，协助公司管理者制定内部公司管理的规章制度，与政府、企业、社会公众、高校进行沟通交流。

(5) 客服部：主要负责对平台信息进行筛选，对网民在平台论坛上发表的言论进行整合，对后台人们提出的问题进行耐心解答。

(6) 网站运营部：主要负责网站、APP 等平台的运作和营销，安排内容、活动和用户分析。

(三) 企业管理制度

1. 具体内容

(1) 人力资源管理制度：员工守则及行为规范、岗位职责（或岗位说明书）、考勤制度、招聘制度、人事档案管理制度、离职制度、企业管理培训制度、人员调动管理制度、奖惩制度、福利管理制度、工资管理制度、绩效考核制度等。

(2) 安全管理制度：后台人员值勤制度、事故管理制度、危险物品安全管理制度等。

(3) 财务管理制度：资金预结算制度、资金管理制度、现金管理制度、财务审批制度、财务盘点制度、审计制度、固定资产管理制度、出纳管理规范、会计档案管理、统计管理制度等。

(4) 行政管理制度：会议管理制度、文件管理制度、信息、邮件、函电收发制度、档案管理制度、出差管理制度、车辆管理制度、保密制度、环境卫生管理制度、值班制度、办公用品管理制度等。

（5）物资管理制度：仓库管理制度、招标采购管理制度、物料消耗定额管理制度、物资库存量管理制度、采购物资价格管理办法。

（6）生产管理制度：车间管理制度、设备管理制度、生产调度制度等。

（7）销售管理制度：合同签订制度、产品发运计划、组织回笼资金制度、正品销售信息反馈制度。

（8）质量管理制度：质量信息管理、质量审核制度、产品质量档案及原始记录管理。

2. 制度制定时应注意的问题

（1）规范性：根据“e网打尽”项目发展的需要而进行相对稳定的制度设置和动态的调整。在项目的发展过程中，应注重项目的行业性质、产业特征、团队人员素质、项目环境等。

（2）层次性：管理是有层次性的，制定项目管理制度也要有层次性。通常的管理制度可以分为责权利制度、岗位职能制度和作业基础制度三个层次。

（3）适应性：制定制度要结合项目管理的实际，学习国际上先进的理论，结合我国的国情，适应我国先进的文化。

（4）有效性：制度的制定是为了项目管理的效率，而非简单地制约员工。管理制度必须在社会规范、国际标准、人性化尊重之间取得一个平衡。

3. 管理方法

（1）公开信息来源，确保资源权威性；同时保护举报人隐私。

（2）建立良好的企业形象，提高信誉度。

（3）运行中注意建立商家信用体系数据库，同时进行广告监测系统的运用。

（4）坚持“e网打尽”举报方式的便利性，为消费者提供更好的服务。

（5）建立论坛，充分了解消费者的需求和主要动向。

4. 注意事项

（1）平台由专业人员定期维护，谨防信息、客源被盗；

（2）定期进行系统维护，避免有系统瘫痪等情况出现；

（3）对提供线索的人采取绝对保密制度，进行分类保存和管理。

六、发展战略及盈利模式

（一）前期（1~2年）

1. 市场规模

近几年，中国电子商务迅猛发展，同时涌现出的商品质量问题也不容小觑，且缺乏专业鉴别假货及举报的平台。因此，我们项目前期将工作重心放在在校大学生身上，通过在校内的宣传，逐步开拓市场。另外，我们也对德州市的社会公众进行宣传。

2. 业务模式和资金投入

前期网络业务以平台特色吸引客户，通过诚信和优质服务来赢得顾客信赖，提升平台影响力，打造知名品牌。在资金运作方面，主要投入在广告费用和网站运营维护以及专业服务工作人员的培训上。因此可以预见的是，在前期一两年中收入与支出大体相抵甚至亏损，但后期将会有较大的盈利。

3. 盈利来源

前期网络业务以吸引客户、打造品牌为目标，主要以政府扶持、投资人投资、团队人员自筹及银行贷款来获取资金。但由于前期设备的投入、人员培训、宣传投资等方面的原因，在这个阶段总体而言盈利相对较少。主要盈利来源于产品正品销售抽成，商家加盟费，信息推送费用，流量、下载量、浏览量等费用。

（二）中期（2~3 年）

1. 市场规模

中期的市场将以德州市为辐射点，向山东省二、三线城市拓展并在各市场间建立网络联系，进行总部统一管理，主要针对社会上 30~50 岁的购买力高的人士进行市场开拓，同时，随着知名度的提高，项目负责人员至少增加至四人，以应对客户增多的情况，其余所需人员可以是大学生志愿者团队。

2. 业务模式和资金投入

中期业务以组织打假活动、免增值模式和内容营销为主。前期的发展，吸引了一定数量的顾客，并提升了知名度，为中期的发展奠定了基础，而中期业务也已经形成了一定的规模，基本步入正轨，项目将开始获取更大利润。在资金投入上项目运营基本稳定，可以适当减少宣传费用支出，用于提高工作人员素质、工资以及培训费等。

3. 盈利来源

通过前期的宣传经营，市场趋于稳定，网站点击率会稳步提升，平台首页悬挂广告、精准图文推送、店铺推广等这些是我们中期主要盈利所在。随着品牌知名度不断提高大量正品商家将会积极加盟本平台，这也将成为项目中期的主要盈利。

（三）成熟期（3~5 年）

1. 市场规模

成熟期网络将覆盖全国，重心放在全国更多的二、三线城市。

2. 业务模式和资金投入

成熟期的市场将发展至全国，绘制全国独一无二的假货地图，建立因售假而影响的信用体系数据库，形成“高校—企业—政府—社会”多方共赢的合作模式来协助政府的打假工作，项目运营逐渐顺利，业务模式将秉承中期。

3. 盈利来源

此期间网络建设运营进入成熟期，并且我平台占据了一定的市场份额，与政府之间的合作将更加密切。此期间盈利来源于借取第三方数据，产品交易性费用，广告、服务等。

七、财务分析

财务分析是以会计核算和报表资料及其他相关资料为依据，采用一系列专门的分析技术和方法，对企业等经济组织进行分析与评价的经济管理活动。通过财务分析，可以了解本项目的财务状况及经营成果，发现项目经营活动中存在的问题，为提高经济效益指明方向，也可以帮助项目投资者做出更加科学合理的投资决策。

（一）盈利来源明细

本项目的盈利来源主要包括服务收费、广告收费及其他收费，具体各项的收费情况分别见表1-13、表1-14和表1-15。

表1-13 服务收费

收费项目	单价
正品销售抽成	5%/件
商家加盟费用	500元/年

表1-14 广告收费

收费项目	单价
平台首页悬挂广告	50元/天
互动营销广告	500元/次
精准图文、推荐式、悬挂式等广告	2 000元/月
信息推送费用	100元/次
店铺推广费用	300元/次/月

表1-15 其他收费

收费项目	单价
借取第三方数据	20 000元/年
产品交易性费用	1 000元/年
内容营销	100元/次
流量、下载量、浏览量费用	
免增值模式	10元/月

（二）资金来源

为保证“e 网打尽”创业项目的持续运营，我们共筹集注册资本 30 万，其中包括自有资金投资 10 万元，投资人投资 5 万，政府扶持大学生创业基金 10 万，银行贷款 5 万元（贷款期限为 5 年，年利率为 6.15%）。

注册资本结构如表 1-16 所示。

表 1-16 资金来源结构表

资金来源 / 初期资金规模	自有资金投资	投资人投资	政府扶持大学生创业基金	银行贷款
金额	10 万元	5 万元	10 万元	5 万元
比例	33.3%	16.7%	33.3%	16.7%

注：银行一年期借款，利率 4.35%

（三）预计营业成本

预计营业成本主要包括以下几类（具体见表 1-17）：

（1）“e 网打尽”项目建立初期软件开发设计需要投入大量资金，以后每年只需花费一定的服务器租赁费和网站维修费。

（2）由于项目建立初期知名度较小，所以前期广告宣传费用投入较多，但在软件正式投入市场使用 2~3 年后宣传力度可逐渐降低，广告宣传费用随之减少。

（3）经过几年的宣传，项目知名度明显提高，越来越多的用户注册使用，项目销售额迅猛增长，员工工资在此过程中也迅速增长。

（4）本平台招纳下岗失业人群，为提高其服务水平对其进行培训会产生一定的培训费用。

（5）其他费用包括电脑、设备维修费、办公费、电话费等。

表 1-17 预计营业成本 单位：元

项目	第一年	第二年	第三年	第四年	第五年
宣传推广费用	50 000	45 000	40 000	35 000	28 000
办公用品费用	800	600	500	400	200
设备购买租赁费用	2 000	1 500	1 300	800	400
平台维护费用（APP、网站等平台）	40 000	30 000	25 000	15 000	10 000
员工培训费用	4 500	4 600	4 700	4 800	4 900
员工工资及福利	60 000	75 000	85 000	95 000	110 000
域名注册	320	320	320	320	320
搜索引擎	7 200	7 000	6 300	5 400	3 600

表1-17(续)

项目	第一年	第二年	第三年	第四年	第五年
网费	720	720	720	720	720
服务器租赁	5 800	5 800	5 800	5 800	5 800
其他费用	3 000	2 000	1 500	1 200	600
合计	208 340	172 540	171 140	164 440	164 540

（四）预计营业收入（见表1-18）

表1-18 **预计营业收入** 单位：元

项目		第一年	第二年	第三年	第四年	第五年
服务收费	正品销售抽成	600	1 000	2 000	2 000	3 000
	商家加盟费用	15 000	35 000	50 000	60 000	90 000
广告收费	平台首页悬挂广告	2 500	10 000	15 000	16 000	18 000
	互动营销广告	1 000	6 000	7 000	75 000	9 000
	精准文字图片广告营销、推荐式广告、悬挂广告	8 000	12 000	18 000	20 000	24 000
	信息推送费用	4 000	12 000	17 000	19 000	26 000
	店铺推广费用	3 000	9 000	12 000	13 000	15 000
其他收费	借取第三方数据	60 000	80 000	120 000	140 000	160 000
	产品交易性费用	2 000	8 000	10 000	12 000	14 000
	内容营销	400	800	1 000	1 100	1 300
	流量、下载量、浏览量费用	2 000	3 000	4 000	4 500	6 000
	免增值模式	600	5 000	10 000	15 000	30 000
总计		99 100	181 800	266 000	377 600	396 300

（五）预计利润（见表1-19）

表1-19 **预计利润** 单位：元

	第一年	第二年	第三年	第四年	第五年
一、营业收入	99 100	181 800	266 000	377 600	396 300
减：营业成本	208 340	172 540	171 140	164 440	164 540
财务费用	2 175	2 175	2 175	2 175	2 175
二、营业利润	−111 415	7 085	92 685	210 985	229 585
减：所得税费用	—	1 417	18 537	42 197	45 917
四、净利润	−111 415	5 668	74 148	168 788	183 668

（1）表中营业收入是根据战略规划的目标所计算出来的。

（2）此处所得税以25%计提。

通过对以上图表的分析，可知未来五年的销售收入及净利润呈直线上升的趋势，并且销售收入增长，平台发展潜力巨大。

（六）投资收益及分析

1. 投资净现值

$$NPV=\frac{NCF_1}{(1+r)^1}+\frac{NCF_2}{(1+r)^2}+\cdots+\frac{NCF_n}{(1+r)^n}-C$$

$$=144\ 013.95-80\ 000$$

$$=64\ 013.95\text{（元）}$$

银行短期借款（1年期）利率为4.35%。考虑到目前资金成本较低，以及资金的机会成本和投资的风险性等因素，i取12%（下同），以5年为期限，NPV为64 013.95元，远大于零。计算期内盈利能力很好，投资方案可行。

2. 现值指数

根据现值指数计算公式如下：

$$PI=\left[\frac{NCF_1}{(1+R)^1}+\frac{NCF_2}{(1+R)^2}+\cdots+\frac{NCF_N}{(1+R)^N}\right]\Big/C$$

$$=144\ 013.95/80\ 000$$

$$=1.90$$

以5年为限，该投资项目的现值指数大于1，表明该投资项目的投资报酬率远高于预计的贴现率，该项目可以接受，投资方案可行。

3. 投资收益总结分析

通过调查分析，证明其市场的需求量大，开发潜能深，符合未来的市场趋势、走向。

我们初期要扩大销售量，需要加大我们的品牌宣传力度。根据我们预测的利润表，未来五年中，第一年净利润相对少，从第二年开始利润额就有了大幅度提高。主要是我们加大了对营销的支出，营销策略发挥了应有的作用。第三年开始，我们的市场已经趋于平稳，有了相对稳定的客源。因此在以后的经营中我们要贯彻我们的价格策略，以更好地满足市场发展的需要。

就目前而言，税收在APP、网站等方面尚不健全，但我们具有较强的纳税意识，一定会按时足额缴纳税款，这在利润表中都有所体现。

我们对我们的创意很有信心，相信在以后按照我们的策略进行，我们的项目一定会有很好的发展前途。

八、风险及其防范

（一）项目推广风险

项目开发完成后的推广初期，具有一定的风险性的产品上市，由于缺乏知名度，推广时间如果把握不准确，可能会造成产品的投资收益受损。

对应策略：突出产品亮点，吸引用户的眼球，在众多的产品项目展现自己的独特风采。

（二）市场风险

由于市场份额不确定，技术更新换代的速度越来越快，市场竞争激烈，若在前期没有做出相应的规避风险的措施，“e 网打尽”创业项目可能会面临被市场淘汰的风险。

对应策略：应对市场风险最好的方法是未雨绸缪，在其潜在的危机出现前制定出有效的规避风险的措施，以有效地解决或是遏止其风险。

（三）财务风险

项目在发展的初期阶段，生产规模较小，置利不够，对资金需求量迅速膨胀，能否及时获得后续资金的支持将直接关系到我们的成长壮大。目前，在运营前期，为打开市场，我们的项目需要让利给用户，可能会面临暂时性的亏损。而在业务开展过程中，为解决各种风险带来的问题，加大宣传，开拓市场，需要投入大量资金。随着经营规模的扩大，对资金需求迅速膨胀，获得后续资金的支持将会异常困难。还有开发经营环节流动资金的占用所带来的风险也是不容忽视的，在这一时期，可能会出现资不抵债的情况，面临财务风险。

对应策略：①降低成本，采用精简架构方式。②借鉴前期运营经验，分析财务状况。③调整财务风险防范中的内在关系。

（四）管理风险

e 网打尽创业项目的工作人员缺乏创业经验和宣传推广的经验，使得运营时风险增大，决策制定困难。而且平台建设和宣传推广都需要先进的开发技术和宣传推广技术多方面的人才。

应对策略：①从长期来看，应当塑造良好的项目文化，建立合理的奖惩机制，提高工作团队的进取心和活力，营造和谐上进的工作氛围，加强项目凝聚力和创造力。②与政府、各地高校、企业沟通，充分利用大学生志愿者团队和企业、政府的后台力量，保障正常运营。

（五）法律风险

项目开发时经验较缺乏，需要从各个领域收集大量信息，也需要借鉴其他成熟产品的经验，在此过程中难免牵涉到侵权等法律问题；本产品的功能、技术和创意等可能会被不法分子模仿和窃取，对本产品利益造成损害。

应对策略：强化保密技术，积极进行专利申请，懂得用法律武器保护产品及团队的合法权益，不给不法分子留可乘之机。

（六）信用风险

现今网上欺诈行为愈演愈烈。调查显示，只有5%的人对电子商务完全信任。网络欺诈不仅使平台和消费者在经济上蒙受重大损失，使市场陷入混乱，也同样可能给我们带来信用风险。

应对策略：①针对维权成本过高的问题，建立消费者权益足额保障机制，更好地提高网上打假的可信赖度；②建立完善的会员信用机制，对不守信用的会员进行限制入网交流等制裁。

（七）网络风险

e网打尽创业项目主要面临的网络安全风险包括内部网络安全风险和外部网络安全风险两大方面。

（1）内部网络安全风险：产品在研发中的数据和现实中总是存在差异，这会造成实际情况与预估的反差。

应对策略：①提高团队的技术水平，并且定期进行培训，以保证与市场的前沿技术并行，给用户提供最新颖的体验。②采用丰富的营销策略和手段，努力提高消费者对本产品的认识水平，从而消除消费者的疑虑。

（2）外部网络安全风险主要包括：计算机硬件设施、网络操作系统、网络通信、数据、保密信息（主要是网站注册会员个人信息）等遭到病毒及黑客等的攻击。

应对策略：主要是通过加强网络维护，增强网络维护团队建设和及时更新维护设施，将这些可能出现的问题扼杀在萌芽中。

参考文献

[1] 威尔逊. 美味欺诈——食品造假与打假的历史 [M]. 北京：生活·读书·新知三联书店，2010.

[2] 罗宾斯. 管理学原理 [M]. 2版. 广州：华南理工大学出版社，2008.

[3] 刘永泽. 中级财务会计 [M]. 2版. 大连：东北财经大学出版社，2009.

[4] 周三多. 管理学 [M]. 3版. 北京：高等教育出版社，2010.

[5] 郑光贵. 国际贸易理论与实务 [M]. 北京：中国人民大学出版社，2008.

[6] 马克昌. 经济犯罪新论 [M]. 武汉：武汉大学出版社，1999.

[7] 赵秉志. 生产、销售伪劣商品罪 [M]. 北京：人民公安大学出版社，2003.

[8] 周道鸾，单长宗，张泗汉. 刑法的修改与适用 [M]. 北京：人民法院出版社，1997.

[9] 欧阳涛. 生产、销售假冒伪劣产品犯罪剖析及对策 [M]. 北京：中国政法大学出版社，1994.

[10] 金其高. 食品药品安全犯罪 [M]. 2 版. 北京：中国公安大学出版社，2012.

[11] 涂龙科. 生产、销售伪劣产品罪专题整理 [M]. 北京：中国人民公安大学出版社，2010.

[12] 李迎丰. 打击假冒伪劣需要法制与德治相结合 [J]. 求是，2002 (23).

[13] 彭凤莲. 刑事政策的精神：惩治犯罪与促进社会发展的统一 [J]. 法学杂志，2012 (6).

[14] 吕文震. 假冒伪劣商品市场交易的博弈分析——兼论“打假”之对策 [J]. 南京航空航天大学学报（社会科学版），2006 (1).

[15] 杨悦. 浅谈生产、销售假药、劣药违法行为的认定 [J]. 中国药事，2008 (8).

[16] 王文硕. 公安部详解严打假冒伪劣犯罪十大典型案例 [N]. 人民公安报，2012-07-18 (02).

[17] 吴硕. 打假，一场持久战 [J]. 观察与思考，2001 (1).

[18] 吴旭东. 关于我国假冒伪劣商品的经济分析 [J]. 东北财经大学学报，2002 (1).

[19] 林贵庆. 试论假冒伪劣商品的成因、严重危害及根治的对策措施建议 [J]. 云南财经大学学报（社会科学版），2003 (3).

[20] 郭立新. 论生产、销售伪劣产品罪的几个争议问题 [J]. 法学评论，2001 (1).

[21] 王文. 我国假冒伪劣商品的成因及对策 [J]. 江西电力职业技术学院学报，2003，16 (1).

[22] 白石. 浅析当前打击食品药品犯罪的难点及对策 [J]. 吉林公安高等专科学报，2013 (6).

获得山东省一等奖、国家二等奖作品

2017 年（第十一届）
山东省电子商务专业大赛创业策划书

老有所e

“老有所 e”创业项目策划书

团队名称：随处可栖

团队成员：刘子琨　赵文杰　张安娜　马文军　姜洋洋

指导教师：郑晓燕

摘 要

孔子云：“老有所养，幼有所教，贫有所依，难有所助，鳏寡孤独废疾者皆有所养。”随着中国经济的发展，人民生活水平的不断提高，老龄化形势严峻，空巢老人数量日益增多。我国老年人问题逐渐成为社会所关注的热点，对于肩负“承上启下”重任的我们来说，赡养老人已经成为一个亟待解决的问题。

“老有所 e”创业团队所在的经管学院从 2004 年开始参加敬老院志愿服务，至今已持续 13 年。志愿服务过程中我们给老人带去很多温馨欢乐，但同时也发现了敬老院等养老服务中心存在服务不够到位、老人心理诉求无法解决等问题。另外，子女生活压力加大，传统的“养儿防老”正在逐步走向解体，家庭养老也面临重重困难。

团队首先在更新 2015 年“乐活 e 起 go”微信公众号的基础上运作“老有所 e”项目。项目主要利用 APP、微信公众平台等开设生活日常需求版块、智能版块、时间银行版块、家政服务护理版块、心理健康疏导版块、休闲娱乐版块、信息交流分享版块。同时，项目运营过程中招纳失业及病残人员，为其提供教育培训，同时解决下岗失业人群再就业的问题，另外与大学生志愿服务相结合为之提供实践机会。另外，我们项目团队后期会将利润的 10%投放社会等一系列措施也凸显了项目公益性。

“老有所 e”创业项目前期的顾客定位是德州地区的老年人，与德州市内的养老院、社区服务中心进行合作，走进老年人的生活，建立起项目市场；中期目标是保证项目正常使用运营，并逐步把项目推广到德州地区的每一个家庭。后期我们将提高用户活跃度，扩大用户群，定期进行 APP 更新，根据用户、运营数据分析及意见反馈循环推广改进。项目开发完成后，其推广初期具有一定的风险性。我们将突出项目亮点，做好市场定位，进行策略规划进行突破，并逐步将项目推广到全省乃至全国。

“老有所 e”创业项目希望可以帮助解决老人各方面诉求，有效改善空巢老人内心孤独的境况，使老人们过好晚年生活，促进社会稳定和谐发展。

关键词：“老有所 e”；空巢老人；公益

一、项目介绍

（一）项目背景

1. 社会背景

进入21世纪，我国迎来了人口迅速老龄化的时代。2017年3月6日，中国国务院公布了《“十三五”国家老龄事业发展和养老体系建设规划》。规划提出，预计到2020年，全国60岁以上老年人口将增加到2.55亿人左右，占总人口比重提升到17.8%左右，老龄化形势严峻；高龄老年人将增加到2 900万人左右，独居和空巢老年人将增加到1.18亿人左右，老年抚养比将提高到28%左右（见图1-83）。

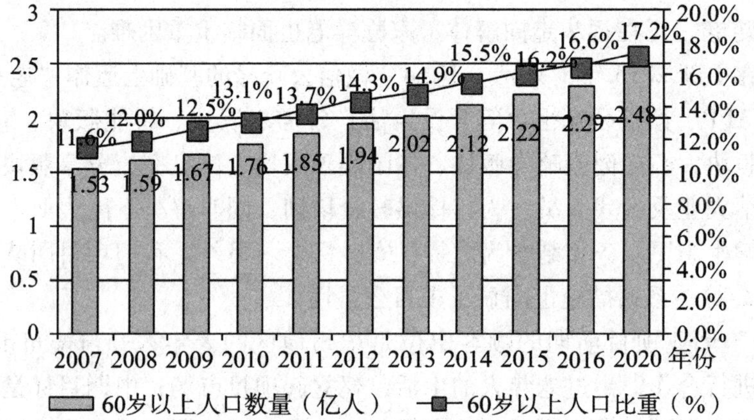

图1-83 我国近几年60岁以上人口的数量及比重

同时，我国人口老龄化速度加快，预计到2033年，我国60岁以上人口将突破4亿，占总人口的30%，其增长速度为每年5%。而空巢老人家庭比例将达到90%，这意味着届时将有超过2亿的空巢老人。汹涌而来的白发浪潮对我国养老福利事业造成了极大的压力，使尚未形成完善体系的我国养老服务面临着严峻的挑战和考验。

2. 团队背景

“老有所e”创业项目团队所在学院从2004年开始，已经持续13年参加敬老院、养老服务中心的志愿服务，陪老人聊天、帮老人整理房间、与老人一起娱乐等，为他们带去了亲情和温馨，并多次被评为德州市优秀志愿团队。

团队在服务老人的过程中，发现敬老院、养老服务中心虽然在一定程度上解决了老人的生活居住问题，却仍然存在服务不够到位、老人心理诉求难以解决等问题。例如生活用品购买不及时、休闲娱乐方式单一、老人的心理健康不受重视、服务护理不够细致等。因此我们开发“老有所e”APP、微信公众平台、网站等，为老人提供生活需求、休闲娱乐、心理健康、家政服务等方面的服务。

3. 项目背景

“老有所 e”创业项目充分借鉴 2015 年我们学院在校大学生组织策划的“乐活 e 起 go”项目经验，在更新 2015 年“乐活 e 起 go”微信公众号的基础上开发功能更加齐全的“老有所 e”APP 及微信公众平台等，积极为老年人提供各种养老服务，从而推动家庭和谐、社区和谐、社会和谐，构建社会养老服务新体系。

（二）项目介绍

“老有所 e”官方网站如图 1-84 所示。

图 1-84 “老有所 e”官方网站

“老有所 e” APP 如图 1-85 所示。

图 1-85 “老有所 e” APP

“老有所 e” 微信公众平台如图 1-86 所示。

图 1-86 “老有所 e” 微信公众平台

1. 项目简介

“老有所 e” 创业项目是基于中国空巢老人数量持续增加的现状，在已运行的 “乐活 e 起 go” 项目基础上进行创新和改进的，专注为空巢老人提供贴心舒适、便捷、安全的现代新型养老模式。

我们团队首先对已有养老服务模式进行了广泛调研，并在更新 2015 年 “乐活 e 起 go”

项目的基础上利用“老有所e”APP、网站等平台开设日常生活需求、智能版块、时间银行、家政服务护理、心理健康疏导、休闲娱乐、信息交流分享七大版块，“老有所e”APP、智能手环、微小保实现全线链接，及时获取老人的需求并第一时间解决问题和提供服务，同时为下岗失业人群提供再就业的机会，并与高校大学生志愿服务协会等进行合作。利润的10%投放社会等也凸显了项目公益性。

我们的项目前期在走访众多养老机构、发放大量调查问卷的基础上，充分了解老人的内在需求，聆听老人的真实感受，弥补和解决已有的养老模式服务体系存在的诸多漏洞，竭力成为为老年人提供贴心舒适、便捷、安全、健康服务的现代养老APP，力争做到让老人安心，子女放心。

2. 七大版块

(1) 日常生活需求版块

此版块集民之所需，主要为老人提供餐饮、生活必需品及家电家具等日常生活需求用品。

①与实体店商家进行合作，APP专设商品信息模块，老人可通过APP界面选择所需要的商品等并进行购买也可以通过子女购买模式由子女为父母购买商品。本项目支持网上购物、下订单，老人和子女有一方支付即可。

②针对无法快速使用APP和发送购买请求且子女较忙的老人，我们开设了智能版块，老人可购买我们提供的“老有所e”智能手环和微小保。“老有所e”智能手环、微小保与APP后台实现链接，用户只需发送语音消息、一键输出等个人请求，后台工作人员将会借助APP信息数据库获取老人发送的信息，并进行信息分辨和信息筛选，缩小老人对商品的需求范围，精准定位老人需要的商品。后台发送语音回复老人筛选好的商品，待老人同意后，将联系实体商家，送货上门。根据老人的需求类别，选择相应的服务商，生成工单、派单，系统通知服务商家。

③以最快的速度帮助他们完成日常生活用品的购买，以全球定位系统集合数据就近定点及时送货上门。

④饮食方面，老人在第一次注册使用APP后，我们会让子女将父母的身体状况、禁忌食物等输入进去，当老人使用APP叫餐时，后台会自动删除老人禁忌的食品，合理搭配饮食，将适合老人、对老人有益的食物首选推送，做到让老人吃得安心。

⑤此外，加盟商将根据老人的身体状况和喜好定做老年人专用餐具等各种日常生活用品，切实方便老人的生活。

(2) 智能版块

据调查，目前智能手环的潜在客户是2亿中国年轻人及1.5亿的中国老年人或准老年人。针对老年人不会使用智能机、操作APP的现实问题，在项目运营中，我们将智能硬件与项目进行链接组合，打好组合拳，从而为老人带来精准服务。

①“老有所 e”智能手环末端内置与手机连接的 3.5 毫米插头，实现手环与“老有所 e”APP 之间的关联。老人的运动检测数据记录及分析、睡眠时间与质量、摄入食物健康指数及膳食记录等数据分析将鲜明直观地反馈到“老有所 e”APP，帮助老人子女、家人了解老人的生活状况，必要时联系 APP 工作人员、服务人员制定出健康服务标准并由我们的专门护理人员进行一对一服务。微小保还内置语音提醒、照明等功能，十分方便老人使用。

②用户在 APP 购物环节可通过智能手环、微小保直接发送语音消息，后台工作人员获取消息后通过 APP 信息数据库进行语音识别、信息分辨和信息筛选，确定老人的商品需求，并发送语音进行确认。

③智能手环、微小保（如图 1-87 所示）还可以实现老人的精准定位，定位信息与 APP 关联，如若出现紧急情况，老人将通过发送语音进行呼叫救助，APP 后台专门人员将立即根据定位信息进行救护。子女也可以在 APP 上通过智能手环和微小保监测获知老人的具体情况。

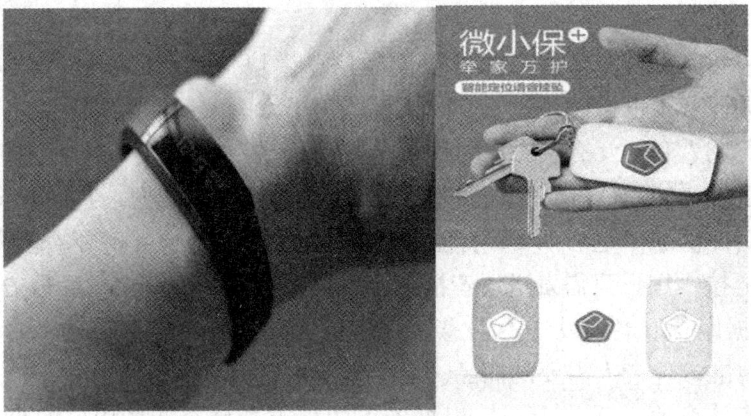

图 1-87　智能手环与微小保

（3）时间银行版块

此版块将时间和公益挂钩，倡导用户积极利用闲暇时间帮助身边有需要的人，把帮助所付出的时间以虚拟货币化的形式储存起来。让年轻人、中老年人以及身体健康的老人利用闲暇时间为“空巢老人”提供必要服务。

“老有所 e”APP 后台有专人负责日常管理和协调任务，凡是愿意添加时间银行的 APP 用户只需前来登记。

①版块的用户分为两类，一类是出租自己时间的人，另一类是租赁别人时间的人。凡是愿意添加时间银行的人只需前来登记注册，将自己的时间保存在时间银行，需要帮助时便可和时间银行联系，由银行管理员安排联络，用别的客户存储的时间帮助解决自己暂时的困难。

②“老有所 e”APP 后台有专人负责日常管理和协调任务。这些服务提供者的服务时

间及信息可由街道、社区有关部门记载下来，当他们需要服务的时候可提取自己累计的服务时间以获得其他服务人员的照料。

③每个社区有自有的社区公告、社区信息并通过"老有所e"APP进行公示。每个社区可以指定一个管理员，管理员可以掌握本社区的所有互助公益情况，掌握社区的时间银行账目，掌握社区邀约、应约动态，同时可以修改社区信息、公告，举报违规会员和违规邀约。

（4）家政服务护理版块

由专门的护理人员进行护理服务，根据老人所在地点分为敬老院、社区养老服务中心、居家照料；根据老人的身体状况、自理能力也做具体细分。

服务人员的组成包括：①招纳具有家政服务护理行业工作经验的人群组成家政服务护理班，照料老人生活，提供居家护理服务。我们会优先采用拥有照顾老人经验的人员，对于新人，我们将进行免费培训持证上岗，提高服务水平。②每周末将有大学生志愿者、社会义工前来参加社会实践，帮助和照顾老人，做家政服务及护理。

护理服务：主要根据每位老人身体条件所处的级别来对应不同的服务内容，具体见表1-20。

表1-20 护理服务内容

级别	身体条件	服务内容
自理级	1. 年龄在60岁以上 2. 无慢性疾病，身体健康 3. 日常生活完全能自理 4. 思维、判断、沟通能力正常	1. 每天打扫卫生 2. 每天送开水到房间 3. 定期更换并清洁床上用品 4. 整理抽屉、衣柜、床头柜等
介助级	1. 年龄60岁以上 2. 各种慢性疾病（传染病、精神病除外），如高血压、心脏病、糖尿病等稳定期 3. 年龄偏大（80岁以上） 4. 意识清醒、大小便可自理，能独立行走 5. 有正常的思维、判断、沟通能力	1. 完全自理服务全部项目 2. 清洗衣物（手洗除外）、日用品及用具如毛巾、水杯等 3. 修剪指甲、胡须，理发 4. 端送洗脚水、洗脸水，并帮助洗脸洗头洗脚等 5. 送饭到房间 6. 配药、定期测量血压和心率等
介护级	1. 日常生活需要协助方能完成如穿衣、梳洗等 2. 能独立进食，身体有残疾能借助器械独立进行户外活动 3. 大小便可自控 4. 位置移动需部分协助 5. 健忘，沟通判断能力弱	1. 介助级服务全部项目 2. 协助起卧 3. 帮助老人如厕并擦洗 4. 协助穿脱衣服、鞋袜 5. 监督服药 6. 洗脸、洗脚、洗澡 7. 协助老人吃饭、喝水、服药 8. 定期擦洗身体

智能服务：APP、微信公众平台、官方网站后台编辑群发短信，将天气情况、保健护理、疾病预防、政府养老政策、吃药提醒等发送给老人。微小保设备还将实现照明功能。智能手环记录日常生活中的锻炼、睡眠、饮食等实时数据，并与“老有所e”APP同步，指导老人的健康生活。

(5) 心理健康疏导版块

传统的健康观是“无病即健康”，现代医学的健康观是整体健康，“健康不仅是躯体没有疾病，还要具备心理健康、社会适应良好的状态”。“老有所e”创业项目注重老人的心理健康及疏导，主要通过聘请专业的心理疏导师、对口专业实习大学生和青年志愿者与老人进行沟通交流娱乐，从侧面了解老人的心理健康状况，若有问题则给予陪同外出等切实有效的疏导来帮助老人缓解内心的孤单寂寞等不良情绪。

我们平台还配备有专业的空巢老人生活指导员，“指导员”主要由中年妇女担任，通过专业培训取证后上岗，她们定期打电话问候老人，定期访问老人住处，陪老人谈心，还负责教授老年人一些保健知识。

(6) 休闲娱乐版块

精神方面的需求已经成为“新时期”养老的重要特征。“老有所e”创业项目开设休闲娱乐版块帮助老人们培养兴趣爱好，扩大交际圈，建立和加入各种文体娱乐活动，从而充实自己的精神文化生活。

①在敬老院、社区等地建立老年人的娱乐活动场所，定期举办关于老年人的活动，并与相关机构合作，聘请专业人员教老人棋类、乐器类、老年人舞蹈等，待时机成熟时，我们将会选拔一些表现突出的老人，带领他们参加比赛，丰富他们的生活。

②我们延续“乐活e起go”项目，会派专职人员联系全国范围内的知名教授或专业讲师来“老有所e”为大家讲“亲情”课。我们鼓励平日里比较繁忙的上班族带着自己的父母亲来参加我们的授课，并给予一定的优惠。

亲情互动是我们的一个专项活动，主要是通过组织参加游戏，让学员自身从心里真正意识到存在的问题，提升道德素养和情感素养。我们也会根据报名情况，定期推出一系列的亲子互动游戏来促进子女与父母之间感情的沟通。

(7) 信息交流分享版块

“老有所e”APP开设专门版块对心理、健康、运动、营养等方面的知识进行分享并有工作人员悉心指导。同时，互动娱乐、图片视频分享可以让子女及其家人在APP上看到，拉近与老人的距离。本版块还专设问题反馈，加强与用户的交流，不断完善项目。

①在APP、微信公众平台建立健康知识库：不同疾病人群的营养指导、康复指导、运动指导、心理指导等。

②在老人允许的情况下，我们会将老人的日常生活以照片、视频、文章的形式进行记录并推送至APP平台的信息交流分享版块，供老人子女及其他老人欣赏查看并进行点赞、

留言、转发等。

③APP 还设互动娱乐模块，老人及子女们可通过语音、视频、图片、文字等多种形式进行沟通交流，增进大家的感情。

④子女和老人还可以对我们的平台进行问题反馈，与我们平台的工作人员互相交流。

（三）运行模式

连锁经营，连带发展，以网络为媒介是我们主要的运营模式，在全国开展连锁化的“老有所 e”创业项目，是我们项目深入发展的重要战略之一。随着 APP 用户量的不断壮大，“老有所 e”会宣传、吸引一些企业家投资支持我们的公益事业，还将会继续推广和加深我们的项目。

现在是电子商务的时代，我们仅仅单纯地通过地区宣传是得不到更好发展的，因此，我们主要通过 APP、网站与微信公众号，将“老有所 e”项目与网络进行对接，以网络为媒介帮助老人获取更多服务。

二、市场分析

（一）市场调查

1. 调查目的

随着社会老龄化程度的加深，空巢老人越来越多，已经成为一个不容忽视的社会问题。本次社会调查本着让调查群体积极参与其中、调查数据真实可靠、调查结果充分反映调查者问题看法的目的，对此项调查结果进行全面的分析。以下为本次社会调查的具体目的：

（1）明确老人的生活现状以及生活各方面的需求，为“老有所 e”项目进行精准定位；

（2）该 APP 的开发是否有市场前景，为确立“老有所 e”创业项目在市场上的目标定位；

（3）了解老人对此养老 APP 的需求程度，以及与其他已有平台相比的优缺点，调查分析其他平台的营销策略与推广方式。

2. 调查范围和对象

问卷发放范围包括德州市市民、德州学院学生家长，通过从侧面调查分析社会上对空巢老人现状的了解与看法，另外还去敬老院进行志愿服务，以询问聊天的方式直接了解老人的真实想法。我们以实际调查的形式面向老年人以及社会群众发放问卷 1 800 份，收回 1 460 份；在 QQ、人人、微信、微博等网络应用软件中共发放了 2 000 份电子版调查问卷，实际收到的回应有 1 740 份。这些问卷实际发放与实际收回的对应比例是比较可观的，由此得出的数据也是非常具有代表性的。我们进行问卷收回后对调查情况做出了数据分析。

3. 调查方式

问卷的调查方式包括书面问卷和网络问卷，网络问卷主要是利用QQ、微信、人人、微博等进行。书面问卷虽然不太方便且成本投入高，但是回收较为及时且便于对重要情况进行统计。

网络问卷的优点有：

①提高效率，减少调查工作量。利用QQ、微信、人人、微博等网络交流软件无须印刷，无须人工分派问卷，节省了成本。②调查范围更广，调查更加全面。由于是在网上答卷，没有空间和时间限制，回答我们答卷的人数在不断增加。我们发放了2 000份电子版调查问卷，最后总计收到回应的有1 740份，调查相当成功（如图1-88所示）。③数据统计便捷。我们专门设计了调查数据统计页面，对调查数据进行自动更新、跟踪统计，主要有人数统计、占同类选项百分比统计等。

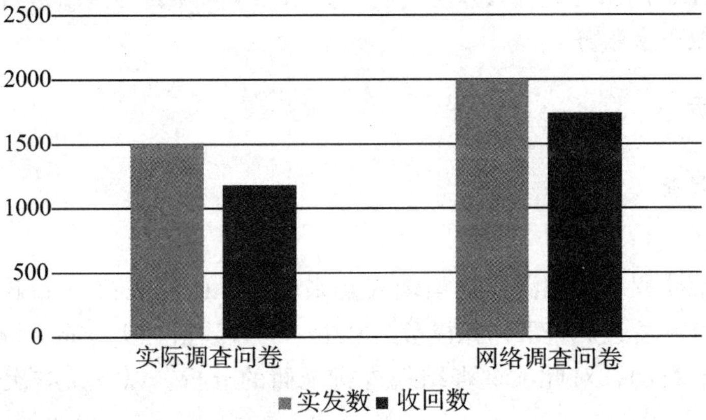

图1-88 调查问卷的回收情况

4. 调查内容

(1) 针对我们将要开发的“老有所e”一体化医养结合养老服务平台，我们对此平台所应开设的版块、功能做出的调查结果如图1-89所示。

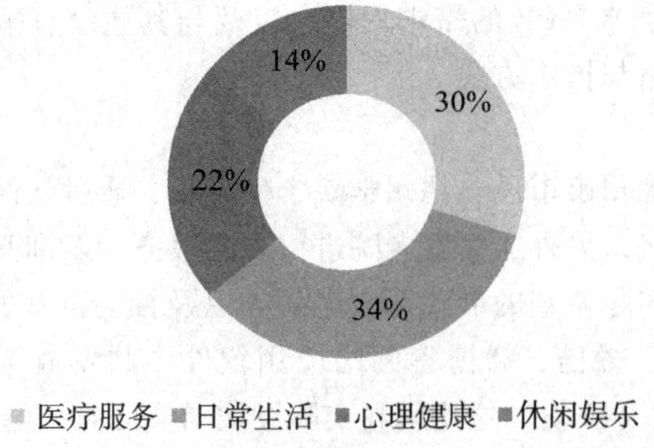

图1-89 对该平台所应开设的版块、功能的调查

（2）我们本着向老年人、空巢老人提供精准好服务和贴心舒适、便捷、安全、健康服务的现代养老模式的宗旨，向社会群体做出平台支持度调查。调查结果如图 1-90 所示。

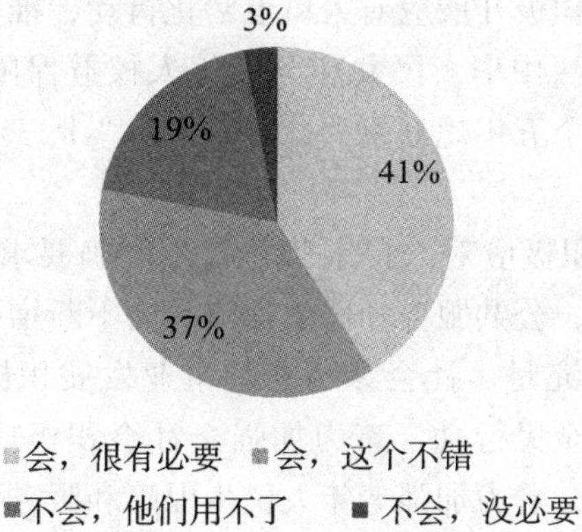

图 1-90 对该平台的支持度调查

（3）通过市场调查，我们发现当下空巢老人面临的问题有很多，调查分析如图 1-91 所示。

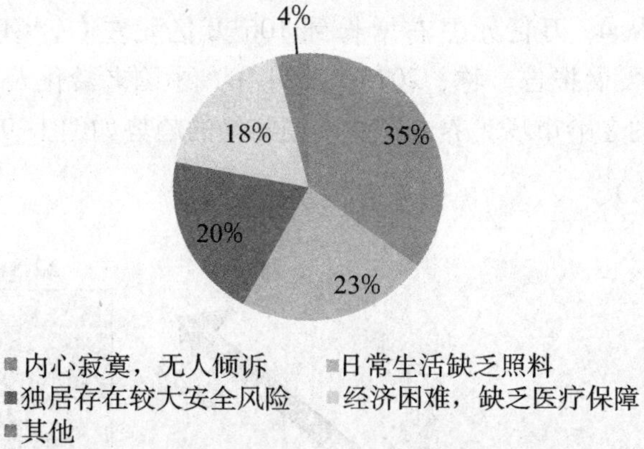

图 1-91 关于空巢老人所面临问题的调查

（4）综合分析我们收回的调查问卷的结果，空巢老人的现状亟待解决。我们的平台适应社会发展需求，能够有效帮助缓解老龄化严峻和空巢老人数量愈来愈多的现状，发展前景广阔。

（二）PEST 分析

1. 政治环境分析

2017 年 3 月 6 日，国务院近日公布《“十三五”国家老龄事业发展和养老体系建设规划》。规划提出，预计到 2020 年，全国 60 岁以上老年人口将增加到 2. 55 亿人左右，占总人口比重提升到 17. 8%左右；高龄老年人将增加到 2 900 万人左右，独居和空巢老年人将增加到1.18亿人左右，老年抚养比将提高到28%左右；用于老年人的社会保障支出将持续增长；农村实际居住人口老龄化程度可能进一步加深。党中央、国务院高度重视老龄事业发展和养老体系建设，为积极开展应对人口老龄化行动，推动老龄事业全面协调可持续发展，健全养老体系，根据《中华人民共和国老年人权益保障法》和《中华人民共和国国民经济和社会发展第十三个五年规划纲要》，制定了“十三五”国家老龄事业发展和养老体系建设规划。

“十三五”规划纲要对积极应对人口老龄化提出明确要求。经济社会平稳健康发展，供给侧结构性改革加快推进，公共服务和民生保障能力不断增强，科技创新成果加快推广应用，劳动年龄人口仍较为充足，社会参与老龄事业发展积极性不断提高。坚持党委领导、政府主导、社会参与、全民行动，着力加强全社会积极应对人口老龄化的各方面工作，着力完善老龄政策制度，着力加强老年人民生保障和服务供给，着力发挥老年人积极作用，着力改善老龄事业发展和养老体系建设支撑条件，确保全体老年人共享全面建成小康社会新成果。

2. 经济环境分析

据中国老龄化科学研究中心调查显示，我国城市中42.8%的老年人拥有储蓄存款，中国老年人消费潜力将从45万亿元左右增长到106万亿元左右，GDP比例从8%增长到33%。《中国老龄产业发展报告》称，2025—2034年，中国老龄化人口将突破3亿和4亿，中国将拥有全球最大的老龄市场。养老产业市场容量的趋势如图1-92所示。

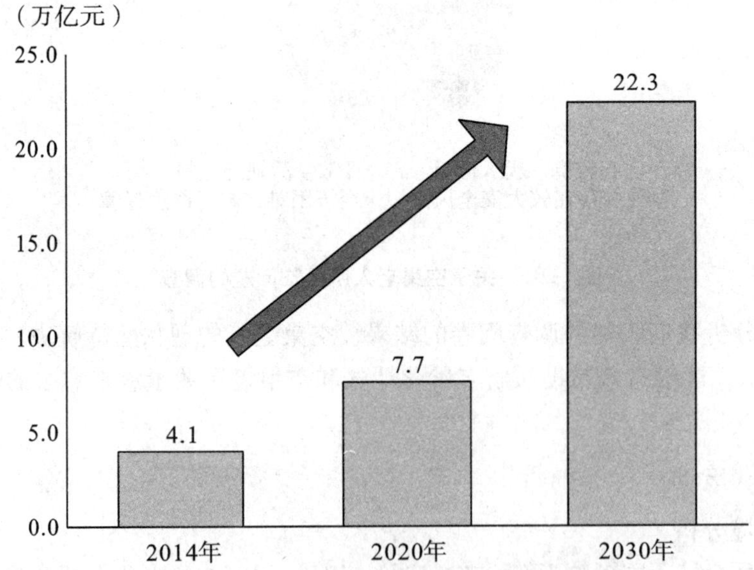

图1-92 我国养老产业市场容量

2017 年，养老改革被再次提及。会议强调，要推动养老保险制度改革，加快出台养老保险制度改革方案。虽然只是简单的一句话，但意味着此前我国在采取调整基本养老保险费率等措施后，未来养老保险制度改革将由点及面全方位开启。

2017 年 2 月，国务院办公厅印发的《关于全面放开养老服务市场提升养老服务质量的若干意见》提出，推进“互联网+”养老服务创新，建立医养结合绿色通道，促进老年产品用品升级；到 2020 年，养老服务市场全面放开，供给结构更加合理，养老服务政策法规体系、行业质量标准体系进一步完善，养老服务业成为促进经济社会发展的新动能。

3. 社会环境分析

随着我国老年人口基数大、老年人口数量增长速度快及人口老龄化趋势的加剧，空巢老人数量持续增加，养老服务相对滞后，空巢老人养老产业成为社会关注的热点，是社会发展的必然产业，但空巢老人的养老产业社会普及率差、“未富先老”人口老龄化与社会经济发展水平不相适应，养老方式与实际需求不匹配。家庭养老、机构养老和社区居家养老是我国三种基本的养老模式，这三种养老模式分布占比约为 96∶1∶3。

家庭养老模式是传统养老模式，机构养老是指由专门在城市各社区建立养老护理服务中心的养老机构（福利院、养老院、老年公寓等）将老人集中起来，进行全方位照顾，但不能满足众多其他需求的老年人。随着生活水平和医疗水平的提高，人口寿命延长，人口老龄化加剧及高龄化问题日益突出，家庭规模小型化、家庭结构改变，人们对大家庭概念日益淡漠，家庭养老功能逐渐弱化，造成了普遍空巢老人现象。

在《中国人口老龄化发展趋势预测研究报告》中可以了解到，自 2001 年起，我国已正式进入到快速老龄化阶段；未来 20 年，老龄人口的年均增长速度将超过 3%；到 2050 年，中国的老龄人口总量将超过 4 亿人，老龄化水平将超过 30%。

（三）SWOT 分析

1. S（优势）

（1）用户需求广泛，为产品开发提供广阔的市场空间。

（2）我们的“老有所 e”APP 项目包含日常生活需求版块、智能版块、时间银行、家政服务护理版块、心理健康疏导版块、休闲娱乐版块、信息交流分享版块，切实考虑老人的需求从而提供有效服务。

（3）我们与饮食、生活用品行业、娱乐休闲场所、物流配送机构以及运营中的网站、APP 进行合作，减少项目运营阻力。同时，可以借鉴已有平台创新完善我们的项目。

（4）利用家庭物联网产品“微小保”和智能手环实现老人定位、身体监测、一键呼救、语音通信等功能。

（5）另外，我们与劳务市场进行沟通合作，招募下岗失业人群并培训，持证上岗。吸纳大学生志愿者、医疗志愿者等参与实践，还会将利润的 30% 投入社会公益事业，凸显项目公益性。

2. W（劣势）

（1）在项目开发初期，资金不足，发展可能比较缓慢。

（2）空巢老人问题越来越受到重视，有关老人服务的网站、APP 等平台也应运而生，对我们新项目的发展运营具有很强的竞争力。

（3）作为初级阶段的创新团体，经验仍然不足，在面对突发情况时可能无法迅速给出最佳解决方案。

（4）发展初期，不能全方位满足客户需求。

（5）服务对象是老人，对我们在校学生来说，项目运营过程中难度比较大。

（6）项目发展前期，APP 知名度不够。

3. O（机会）

长期来看，由于中国自身服务业发展程度较低，老人家庭观念强和未富先老等特点，不能照搬发达国家的养老服务模式。但随着我国老年人人口不断上升和家庭观念转变，养老市场潜力巨大。

（1）我们可以与大型企业、机构合作，获得相应的加盟费、投资额，补充到项目的发展中来。

（2）政府相关政策支持。

（3）当规模发展壮大，可以影响政府，对其产生重视。

（4）当今社会老龄化愈加严重，空巢老人问题亟待解决，社会环境有利。

（5）顺应社会发展趋势，对社会发展有利，市场广阔。

（6）产品品牌清晰化。

（7）APP 用户范围广，发展前景好。

（8）发展成熟以后，将会获得更多的注册、投资。

4. T（威胁）

（1）现在运营中的养老服务机构，相比之下，他们更有经验、更加专业，我们稍有不慎就会面临淘汰风险。

（2）我们的项目由于特色突出，运营优势明显，容易被大公司模仿。

（四）STP 分析

1. 市场细分

市场细分的目的在于发现每一个可能的市场机会，从一系列细分中选出最适合企业经营的市场，通过对空巢老人市场的全面调查，根据消费者的不同地域把市场细分为城镇空巢老人、农村空巢老人两大市场。

（1）城镇空巢老人与农村空巢老人在生活来源方面有着很大的区别，具体表现如图

1-93 所示。

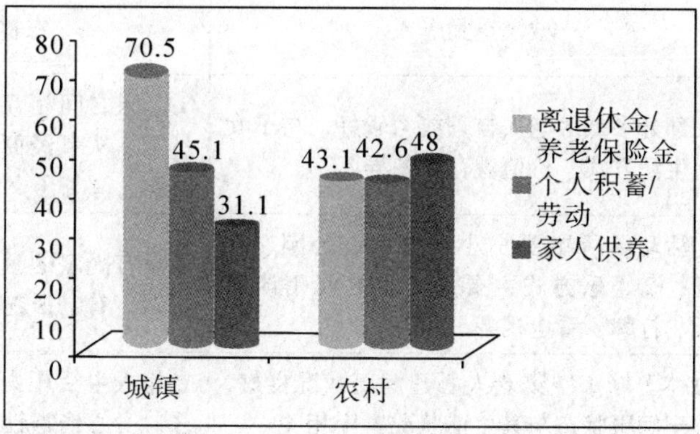

图 1-93　城镇与农村空巢老人生活来源的区别

（2）城镇和农村 60 岁及以上老人分别占城镇和农村总人口的比重有一定的差异性，具体调查结果如图 1-94 所示。

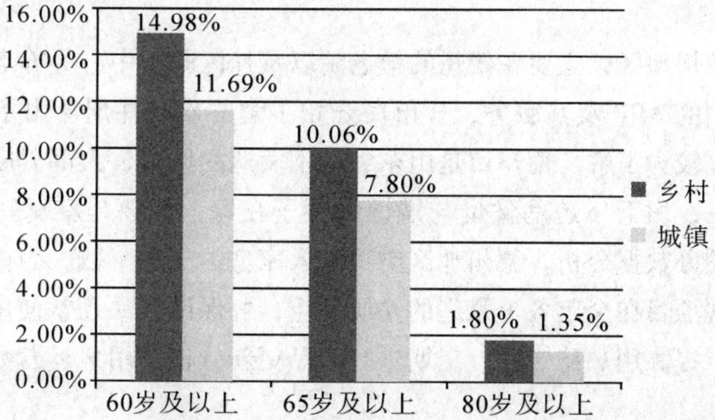

图 1-94　城镇和农村老人分别占城镇和农村总人口的比重

（3）城镇空巢老人和农村空巢老人在生活状况、生活照料与子女关系等方面有着明显的差异，具体见表 1-21。

表 1-21　城镇空巢老人与农村空巢老人的不同

群体 角度	城镇空巢老人	农村空巢老人
生活状况	①生活开支整体上处于中低等水平，日常生活开支经济压力相对较小；②生活来源以企事业单位退休金为主	①生活开支主要在生活必需品和医疗上，开支较小；②经济开源依赖子女；③享有低保、扶贫及新型农村合作医疗等优势

表1-21（续）

群体 角度	城镇空巢老人	农村空巢老人
生活照料与子女关系	大部分中低龄老人自理能力较好，与子女的生活方式、价值观存在差异。	①老人之间相互照料，子女常年外出打工、从事经商，老人帮忙照顾孙子孙女；②与子女联系很少
休闲娱乐方式	①活动场所主要是小区楼下、公园、广场；②娱乐方式主要是老人之间闲谈聊天、打牌、看电视等	①没有固定的活动场所；②主要通过聊天、看电视进行娱乐
心理健康状况	总体上城市空巢老人心理健康状况良好，心理健康状态与其生活状况紧密相关	老年人生活压力较大，孤独感相对较强，身心伤害较大
生活存在的问题	①对子女产生情感依赖；②社区提供的服务较少；③物质生活尚有不足；④医疗费用花销大，医疗保障不足	①经济压力大；②医疗设备差，费用高；③生活照料基本由自己完成

2. 目标市场选择

前期选择在德州地区，主要在德州的敬老院以及社区服务中心等养老机构建立产品市场，宣传推广我们的 APP 及其服务，让市民开始了解并参与注册。由于我们团队所属德州，对德州的情况较为了解。德州市是山东省较不发达的城市，大部分家庭里有工作能力的子女都外出务工，留下年迈的父母与懵懂的孩子在家，孤独与寂寞时常缠绕在他们身边。据德州市老龄办数据分析，德州地区空巢老人家庭占比过半数，因此前期选择在德州市；中期逐步实现项目在全市各个家庭的注册使用，并保证产品正常使用运营；后期推广至全省甚至全国，提高用户稳定性，定期进行产品更新，根据用户运营数据分析及意见反馈循环推广改进。

3. 市场定位

“老有所 e”创业项目立足于社会现实，精准定位老人的需求。

（1）全方位：“老有所 e”创业项目加强服务种类覆盖率，为用户、投资商提供多方选择，全方位地满足商家与客户的需求。

（2）高品质：“老有所 e”坚持以“创新、体验、服务”为主打，细心挑选每一位加盟商家，精心考究每一处货源，杜绝不利于用户的一切可能性的出现。

（3）高质量服务：增强客户对“老有所 e”创业项目的服务满意度，致力于打造商家与客户之间的高质量服务。

（五）竞争者分析

1. 竞争对手分析

面对市场上其他养老平台，我们的“老有所e”创业项目存在明显优势。表1-22为社村通、爱家养老APP、安康通与“老有所e”创业项目的比较。

表1-22

项目	服务类别	平台特色	重点项目	操作
社村通	居家关怀、远程健康操控	通过智能感知设备实现老人信息及状态监测	实现一键呼救	居家养老，以社区为依托
安康通	医疗	养老套餐，一步到位	社区养老	老人难以操作
爱家养老	医疗健康、养老	互联网居家养老，上门服务	互联网居家养老，上门服务	以社区为单位的养老平台，非个人单独使用
“老有所e”APP	产品消费、送货上门、家庭护理、健康疏导	①切实考虑老人生活及心理诉求；②与敬老院、养老服务中心等进行合作，充当中间桥梁；③兼具公益性	日常生活需求版块、智能硬件服务、心理健康疏导版块、家政服务护理版块	①可居家使用也可在敬老院等机构使用，会使用智能手机的老人可自主操作APP；②可通过智能手环、微小保快速求；③子女、机构工作人员操作方便

2. 竞争优势分析

“老有所e”创业项目本身的优势体现在：①版块丰富，满足老人多样化需求；②与劳务市场沟通合作，吸纳人力资源；③立足现状，适应社会环境；④技术突破满足平台发展的需要；⑤对老人提供切实服务，容易被消费者接受。

我们会根据用户需要，不断完善我们的产品，真正地为用户所着想。在这个注重服务的时代，用户不仅注重商品质量的好与坏，还更加注重服务。我们会全心全意地为用户服务，经常进行市场调查，以更好地了解用户的需求以及用户对我们的意见，尽我们最大的努力，为用户提供精致的服务。

三、营销策略

（一）4P营销组合

当今社会，随着中国经济的稳定发展，人民生活水平的不断提高，老龄化的形势愈加严峻，空巢老人的数量在日益增长，我国老年人问题逐渐成为社会所关注的热点问题。为帮助缓解老龄化严重的现状，针对空巢老人及中老年人群体，我们提出了“老有所e”创业项目，为老人提供智能化养老服务。

1. 产品策略

（1）产品定位：我们的项目是基于当今社会空巢老人数量急速增长的现状，将用户定位在空巢老人、老年人、即将步入老年人行列的中老年人，是一款专为老年人开发的养老 APP。

（2）新产品开发战略：任何一款新产品的开发都有其目的所在，“老有所 e”创业项目的开发目的在于解决当前空巢老人越来越多，老人幸福感缺失、生活困难等问题，为老人提供养老服务帮助他们过好晚年生活。

（3）差异化战略：“老有所 e”创业项目有着自己的特色，它与已有的养老项目相比，面向的人群更加广泛，服务更加精准全面，开设版块更为细致明确，还具有社会公益性，在运营项目中为社会公益做出贡献。

2. 价格策略

价格通常是影响交易成败的重要因素，同时又是市场营销组合中最难以确定的因素。企业定价的目标是促进销售，获取利润。这要求企业既要考虑成本的补偿，又要考虑消费者对价格的接受能力，因而定价策略具有买卖双方双向决策的特征。此外，价格还是市场营销组合中最灵活的因素，可以对市场做出灵敏反应。

我们根据自身状况及市场需求，将采取浮动定价，在制定一般收费标准的同时，根据消费者的个人需要和特色服务采取与之配套的额外服务收费。

（1）初期价格策略：目前我们已经走过软件投放初期，我们通过引进价格较低的商品，提供护理服务，打开前期用户消费市场，使用户数量得到一定的增加。

（2）中期价格策略：软件处于投放中期，用户逐步增多，需求量增大，注册量、使用量随之增加，同时，对商品和服务的要求也越来越高，我们随之引进价格较高的商品、开展讲座、娱乐活动，满足老人的各色需求。平台进入正常运营期后，我们将开发更多版块并收取会员费。

（3）后期价格策略：在软件投放后期，用户数量的增长趋于稳定，这时候就要保证商品的多样化和更新速度，项目费用趋于稳定。

3. 渠道策略

“老有所 e”创业项目采取直接与间接相结合的渠道策略，消费者可以通过应用商店下载、快传、APP、直接搜索官方网站、搜索微信公众号、扫描二维码关注等方式进入平台，再进行注册成为“老有所 e”用户。另外，我们会为我们的应用注册微博账号，与消费者、用户进行互动；借助新闻媒体、电台广播对我们的项目进行宣传，吸引用户；将应用消息发送至网络平台，通过新浪科技、腾讯科技等这样的平台发布软文，增加宣传力度。本平台的 APP、微信公众号及 QQ 交流群分别见图 1-95、图 1-96 和图 1-97。

图 1-95 “老有所 e” APP　　图 1-96 “老有所 e” 微信公众号　　图 1-97 “老有所 e” QQ 交流群

（1）引入覆盖期

引入期一般是指新产品上线，此阶段的特征是：用户对新产品的概念陌生，对产品功能、特点及优势等有充分的新鲜感，渠道策略应侧重新产品的解释说明。

这一时期首先需要应用录入，将“老有所 e”项目上架到所有电子市场、应用商店、下载平台、下载站等，应用录入的数量越多越好，尽可能地覆盖所有上架渠道。其次，在产品发布时与应用市场组织首发活动，例如机锋市场、N 多市场、安智市场等，继而，转向一些媒体传播和社会化网络宣传，提高自己的产品曝光率。进而搜集用户意见，改进自己的产品，培养自己第一批天使用户。最后，其中最主要渠道就是电子市场。传统的门户广告投放方式并不适用于移动应用，其转化率低于 3%。要想提高广告的转化率就必须找准目标人群。显然，目标人群高度集中的地方就是电子市场，第一是用户集中，第二是安装应用方便。根据数据分析发现，应用市场的激活率达到 50%左右，而单纯 web 端、论坛下载安装包形式的激活率不到 20%，特别是 IOS 应用，低于 10%。

（2）深度成长期

成长期是“老有所 e”创业项目整个生命周期最重要的阶段，必须在这个阶段迅速占领市场，取得先入为主的优势，否则就很有可能被成群的后来者淹没在茫茫的跟风大军中。这一阶段适合的组合策略：首先，对产品进行大规模、密集的媒体传播和社会化网络宣传，尽可能提高产品的曝光率；其次就是通过商务合作和砸钱进行付费推广，收获大量用户；最后，在获得大量用户的同时，引导用户产生好口碑，维护口碑。当下有很多创业型或者个人开发者，并且大多数 APP 还没开始盈利，大家都抱着一个先吸引用户再赚钱的心态。在这种情况下，大量的付费推广是比较明智的选择。

产品推广最重要的一点就是把握自己的节奏，在产品出现负面影响时要减少产品推广力度，在产品出现好口碑后，要加大推广力度。简单来说就是顺势而为。

4. 促销策略

由于我们的目标群体是老年人，所以在促销方面，我们主要通过收音机广播、电视广告等老年人常接触的媒体宣传我们的项目，同时也通过微博、网站等发布项目信息，把我们的名称、项目介绍、版块服务、联系方式等信息都宣传出去。

（二）推广策略

搜索引擎推广：通过登录免费分类目录、搜索引擎优化、关键词广告等。

电子邮件推广：通过发布电子刊物、会员通讯、电子邮件广告，提高用户的准确度，增强与用户的联系。

资源合作推广：通过网站交换链接、交换广告、内容合作、用户资源合作等方式，在具有类似目标网站之间实现互相推广的目的。

信息发布推广：将我们项目的网站推广信息发布在其他潜在用户可能访问的网站上，利用用户在这些网站获取信息的机会实现网站推广的目的。

网络广告推广：通过关键词广告、横幅广告、分类广告、赞助式广告等。

人员推广：人员推广是最常用、最有效、最直接的促销手段之一，人员推广是通过推销人员深入中间商或者消费者进行直接的宣传介绍活动，使其采取购买行为的促销方式。公司会安排人员专门介绍APP，亲切热情地为消费者进行服务讲解，以提高他们对我们产品的认知度。详细地说明“老有所e”使用方法及一系列优惠措施，并且手把手指导消费者安装系统进行扫码购物，推广我们的产品。

（三）平台管理策略

在进入稳定发展期后，我们主要采取以下几点做法：

（1）公开信息来源，确保资源的权威性；

（2）建立良好的企业形象，提高网络平台信誉度；

（3）应用广告监测系统；

（4）坚持网络交易平台的便利性，为消费者提供更好的服务；

（5）建立留言板和网络聊天功能，充分了解访客的需求和主要动向；

（6）APP、网站、微信公众号由专业人员定期维护，谨防信息、客源被盗，定期进行系统杀毒维护，避免系统瘫痪等情况的出现，对注册客户的信息采取绝对保密制度，进行分类保存和管理，平台的服务人员均持证上岗，并对客户做好定期回访和跟踪服务。

四、公司战略及盈利模式

（一）前期

首先，我们在前期将目标市场立足于德州及周边地区。顾客定位是德州及周边地区的老年人，并注重顾客资源的开发。另外，积极面向发达城市宣传产品并提供专门优质的服务，从而建立起产品市场，向市民进行产品宣传。借助广告、媒体等进行宣传，通过宣传吸引用户，在APP使用过程中把用户留住，让用户注册交费，提高用户黏度，长期使用。

前期项目平台的业务主要以吸引商家品牌入驻、吸引消费者注册及打响平台知名度作为主要目标。在维持原有基础的情况下，与饮食业、医疗保健机构、保险公司、娱乐休闲场所合作、物流配送机构合作，为它们提供客户，获取加盟费和中介费；收取其他网站、APP 的广告宣传费用；收取投资方的投资。

在向目标市场推广的过程中，积极进行 APP 维护升级、改进意见反馈总结，并根据不同地区和不同时期进行分析。与此同时，为了宣传和形成认知，需要相关政府部门的配合。另外，根据城市的不同档次以及各目标市场消费水平进行差别定价。

（二）中期

通过前期对平台的宣传运营，“老有所 e”创业项目已趋于稳定，并拥有了一大批注册用户，APP 已经获得一定的关注量和使用量。中期我们保证产品正常使用运营，并逐步向华北大中城市推进，争取把产品逐步推广到全国。根据运营状况，阶段性跳转优化产品。在这个过程中，随着使用者越来越多，平台的知名度也越来越高，入驻的商家也逐渐增多，投资合作费用量大，我们将继续利用报纸、广告、微博微信 QQ、电台媒体等推广给更多适用该 APP 的老年人。并且，由于用户的数量不断增加，对我们平台的服务需求越来越多，缴纳服务费用、购买产品等消费量越来越大，我们将做好平台服务，提高服务水平和开设创新型服务，力争让用户满意。

由于前期的投入已经补上，中级阶段的主要费用已经不是特别巨大，随着我们平台的盈利越来越多，所以，我们平台的中期阶段盈利已经达到了一定的规模。

（三）后期

短期和中期目标实现后，我们将把产品投入到全国，扩大用户群，定期进行产品更新，并利用 APP 的各种资源开展公益活动为老人带来切实的帮助，愉悦他们的身心，同时还能帮助老人与子女加强联系交流，提高用户的活跃度。根据用户、运营数据分析及意见反馈循环推广改进。

此阶段的平台运营已进入成熟期，并且“老有所 e”创业项目已经占据了一定的市场份额，平台入驻的商户数量增多，消费者查询关注及注册数量不断增加，平台盈利不断提高，知名度也越来越高。商家给企业的运营费也越来越多，平台广告费用、商家运营投资费都将会成为平台的主要收入来源。平台的产品消费收入也将会给平台带来一笔可观的利润。

五、财务分析

企业由团队 5 人组建，为保证“老有所 e”创业平台的持续运营，本平台计划筹集注册资本 40 万，其中包括团队自筹资金 20 万元，政府扶持大学生创业基金为 10 万元，银行贷款 10 万元（贷款期限为 5 年，年利率为 4.35%）。资本来源结构见表 1-23。

表 1-23 资金来源结构表 单位：元

主体	比例	金额（元）
自有资本	50%	200 000
银行贷款	30%	100 000
政府扶持大学生创业基金	20%	100 000
合计	100%	400 000

注：金融机构一年期借款，利率 4.35%。

（一）盈利来源

本项目的盈利来源主要包括加盟费用、广告费用、服务费用及其他费用。具体分别见表 1-24、表 1-25、表 1-26 和表 1-27。

表 1-24 加盟费用

收费项目	单价（元）
餐饮行业	500/月
生活用品行业	600/月
智能硬件行业	1 000/月

注：具体按合作时间递减

表 1-25 广告费用

收费项目	单价（元）
平台首页悬挂广告	70/天
互动营销广告	600/次
信息推送费用	150/次
店铺推广费用	300/次（每月）
精准文字图片广告营销、推荐式广告	2 000/月
运营商家产品推广	60/天

表 1-26 服务费用

收费项目	单价（元）
订餐、送货上门	5/次
家政服务护理	平均 50/时

表 1-27　　其他费用

收费项目	单价（元）
借取第三方数据	20 000/年
产品交易性费用	1 000/年
内容营销	100/次
流量、下载量、浏览量费用	200/月
免增值模式	10/月
活动报名费用	280/人

（二）预计营业成本（见表 1-28）

（1）由于本项目主要是进行网上服务，所以初期办公场所只需要一个 50 平方米的场地，费用不高。

（2）“老有所 e”项目建立初期软件开发设计需要投入大量资金，以后每年只需花费一定的服务器租赁费和网站维修费。

（3）由于项目建立初期知名度不高，所以前期广告宣传费用投入会较多，但在软件正式投入市场使用 2~3 年后宣传力度可逐渐降低，广告宣传费用随之减少。

（4）经过几年的宣传，项目知名度明显提高，越来越多的用户注册使用，项目销售额迅猛增长，员工工资在此过程中也迅速增长。

（5）本平台拟招纳一些下岗失业人群，为提高其服务水平对其进行培训会产生一定的培训费用。

其他费用包括电脑、设备维修费、办公费、电话费等。

表 1-28　　预计营业成本　　单位：元

项目＼年份	2017 年	2018 年	2019 年	2020 年	2021 年
办公用品及配套设施	10 000	8 000	5 000	2 000	500
APP 设计、开发费用	45 000	40 000	30 000	20 000	10 000
服务器租赁	6 000	6 000	5 000	5 000	5 000
开通网站域名注册费	2 000	2 000	2 000	2 000	2 000
搜索引擎	7 200	7 000	6 500	5 000	2 000
网费	720	720	720	720	720
广告宣传费	50 000	20 000	15 000	10 000	4 500
工作人员培训费	36 000	30 000	25 000	10 000	5 000
专家授课费用	10 000	12 000	15 000	12 000	5 000
工资薪酬	180 000	200 000	220 000	250 000	260 000
水电费及其他	1 000	1 500	2 000	2 500	2 600
合计	347 920	327 220	326 220	319 220	295 520

（三）预计营业收入（见表1-29）

表1-29　　预计营业收入　　单位：元

项目		第一年	第二年	第三年	第四年	第五年
加盟费用	餐饮行业	5 000	6 000	8 000	10 000	26 000
	生活用品行业	10 000	15 000	20 000	25 000	50 000
	智能硬件行业	12 000	14 000	15 000	16 000	18 000
广告费用	平台首页悬挂广告	5 000	8 000	12 000	15 000	20 000
	互动营销广告	1 200	5 000	6 000	8 000	10 000
	信息推送费用	5 000	6 000	8 000	10 000	12 000
	店铺推广费用	3 600	5 000	6 000	10 000	12 000
	精准文字图片广告营销、推荐式广告	25 000	28 000	30 000	35 000	50 000
	运营商家产品推广	18 000	25 000	28 000	50 000	80 000
服务费用	订餐、送货上门	10 000	20 000	30 000	50 000	80 000
	家政服务护理	65 000	70 000	75 000	80 000	100 000
其他费用	借取第三方数据	15 000	18 000	20 000	23 000	25 000
	产品交易性费用	1 000	15 000	2 000	2 500	3 000
	内容营销	1 200	1 500	2 000	2 200	2 500
	流量、下载量、浏览量费用	2 500	3 000	5 000	8 000	12 000
	免增值模式	1 500	3 000	5 000	8 000	12 000
	活动报名费用	50 000	100 000	120 000	150 000	200 000
总计		231 000	342 500	392 000	502 700	712 500

（四）预计利润（见表1-30）

表1-30　　预计利润　　单位：元

项目	2017年	2018年	2019年	2020年	2021年
营业收入	231 000	342 500	392 000	502 700	712 500
减：营业成本	347 920	327 220	326 220	319 220	295 520
财务费用	4 350	4 350	4 350	4 350	4 350
营业利润	-121 270	10 930	61 430	179 130	412 630
减：所得税费用	0	2 732.5	15 357.5	44 782.5	103 157.5
净利润	-121 270	8 197.5	46 072.5	134 347.5	309 472.5

（1）表中营业收入是根据战略规划的目标计算出来的。

(2) 此处所得税以25%计提。

备注：本项目的主要利润来源包括商家加盟、广告收入、用户注册、用户消费、资金沉淀等。由于软件刚开始投入市场，只能吸引少量的商家用户，所以前两年收入较少。到第三年，随着知名度的提高以及点击注册量的增多，我们的毛利润会不断增加，可以收回前期的成本，扭亏为盈。此外，预计五年后除了偿还银行贷款外，公司营业净利润也将大幅增长。

通过对以上图表的分析，可知未来五年的销售收入及销售净利润呈直线上升的趋势，并且销售收入增长，平台发展潜力巨大。

六、投资收益与风险分析

(一) 投资净现值

$$NPV=\frac{NCF_1}{(1+r)^1}+\frac{NCF_2}{(1+r)^2}+\cdots+\frac{NCF_n}{(1+r)^n}-C$$
$$=144\ 013.95-80\ 000$$
$$=64\ 013.95\text{（元）}$$

银行短期借款（1年期）利率为4.35%。考虑到目前资金成本较低，以及资金的机会成本和投资的风险性等因素，i取12%（下同），以5年为期限，NPV为64 013.95元，远大于零。计算期内盈利能力很好，投资方案可行。

(二) 现值指数

根据现值指数计算公式如下：

$$PI=\left[\frac{NCF_1}{(1+R)^1}+\frac{NCF_2}{(1+R)^2}+\cdots+\frac{NCF_N}{(1+R)^N}\right]\Big/C$$
$$=144\ 013.95/80\ 000$$
$$=1.80$$

以5年为限，该投资项目的现值指数大于1，表明该投资项目的投资报酬率远高于预定的贴现率，该项目可以接受，投资方案可行。

总结分析：

通过调查分析过后，证明其市场的需求量大，开发潜能深，符合未来的市场趋势和走向。以上就是我们投资预测的财务报表，从财务报表中我们可以读到很多信息。

从成本明细表可知，未来五年成本费用呈递增趋势，这主要是我们初期要扩大销售量，需要加大我们的品牌宣传力度及需要在其他方面投入更多资金所致。这也是为企业以后更好的发展奠定基础。根据我们预测的利润表，未来五年中，第一年净利润相对较少，从第二年开始利润额就有了大幅度提高。主要是我们加大了对营销的支出，营销策略发挥了应有的作用。第三年开始，我们的市场已经趋于平稳，有了相对稳定的客源。因此在以后的经营中我们要贯彻我们的价格策略，以更好地满足市场发展的需要。

从现金流量表中可知，现金及现金等价物净增额第一年到第二年有所下降，这是因为我们要还银行贷款，还有企业刚刚发展初期盈利也比较少等因素造成的。从第三年开始就有了大幅度上升，这是因为我们市场稳定，收入逐渐上升。

我们对我们的创意很有信心，相信在以后按照我们的策略进行，我们的项目一定会有很好的发展前途的。

七、风险分析以及防范措施

（一）项目推广风险

项目开发的时间如果把握得不够准确，亦会造成产品的投资收益受损。APP 产品不可见，开发的进展以及软件的质量是否符合要求，难以度量。

应对策略：突出产品的亮点，能够吸引用户的眼球，在众多的产品项目中有自己独特的风采。设立监督制度，项目开发中任何较大的决定，都必须有主要的技术环节甚至是用户参与进行的，在该项目中项目监督由项目开发中的质量监督组来实施。

（二）市场风险

市场上任何一个新产品的进入，消费者都会持有一些怀疑心理。出于对该产品的不了解，不太会完全相信并购买该产品。这就可能造成在产品刚进入市场时无人问津的局面。消费者由于生活习惯等，对于了解、接受新产品都需要一定的时间，但短期内必定存在一定的市场风险。

防范措施：

对于来自消费方的犹豫和抵制，我们在产品进入前期阶段时，需要做好市场调研工作，全面了解消费者情况，如消费者的承受力等以确定当前发展方向，选定一个目标市场为突破口，制定相应的营销策略，由此打开市场，然后再逐步推入整个市场领域。

（三）法律风险

我们在本项目的开发过程中，由于经验较缺乏，需要从各个领域收集大量信息，也需要借鉴其他成熟项目的经验，在此过程中，难免牵涉到侵权等法律问题；另外，本项目的功能、技术、创意等可能会被不法分子模仿或窃取，对本项目的利益造成损害。在委托开发 APP 合同关系中，运营者与开发者之间常因对于 APP 开发要求、标准约定不明，导致双方对于 APP 开发成果发生争议。

应对策略：

强化保密技术，及时申请专利，用法律武器保护产品及团队的合法权益，不给不法分子留有可乘之机。项目内部完善业务流程和规章制度，工作人员加强对相关政策、法律法规等的深刻了解。APP 运营者与开发者签订开发合同时，应当对 APP 开发中的主要技术细节和要求以书面的形式加以明确，或另行签订明确的软件需求书。

（四）经营风险

项目的经营风险与财务风险是相互依存的。一个项目的存在必然会出现一定的经营风险，财务风险也会随之而来。当项目的决策人员和管理人员在经营管理中出现失误时，将会导致项目盈利水平变化。项目运营前期市场开拓阻力较大，客户资源较少，不利于业务的开展；诚信方面处理不当或服务水平差以及平台更新不及时等都会导致用户活跃度不高甚至用户量减少。

防范措施：

加大宣传力度，利用各种渠道进行宣传；注重产品的创新，挖掘客户的需求变化并适时推出新服务；明确客户群，做好战略定位；稳抓本地区的市场，突出自己的竞争优势，以全面化、高标准、高质量等特点吸引顾客。做好自己项目开发的保密性，尽可能规避利益冲突。

（五）技术风险

1. 网络安全

主要包括计算机硬件设施、网络操作系统、网络通信、数据、保密信息（主要是用户登录本产品的隐私信息）等遭到病毒及黑客等的攻击。

应对策略：主要是通过加强网络维护，其中包括网络维护团队建设和计算机等电子设施的及时更新。

2. 项目与团队

项目在研发中的数据和现实总是存在差异的，这就会造成实际情况与预估的反差。可能产品本身存在一些 bug，都是无法避免的。另外，目前市场竞争的激烈和市场的成熟度不足，可能导致应用开发项目的恶性竞争风险。

应对策略：第一，提高团队的技术水平，并且定期进行培训，以保证与市场的前沿技术并行，给用户提供最新颖的体验。第二，采用丰富的营销策略和手段，努力提高消费者对本产品的认识水平，建立示范工程，从而消除消费者的疑虑。

参考文献

［1］国务院．“十三五”国家老龄事业发展和养老体系建设规划［R/OL］．（2017-03-06）．www.gov.CN/zhengce/content/2017-03/06/content_5173930.htm.

［2］新华社．国务院关于积极推进“互联网+”行动的指导意见［R/OL］．（2015-07

-04). news.xinhuanet.com/politics/2015-07/04/c_1115815944.htm.

［3］工业和信息化部，民政部，国家卫生计生委. 智慧健康养老产业发展行动计划（2017-2020 年）［R/OL］.（2017-02-06）http://www.miit.gov.cn/n1146285/n1146352/n3054355/n3057643/n3057649/c5489620/content.html.

［4］国务院办公厅. 关于推进医疗卫生与养老服务相结合的指导意见［R/OL］.（2015-11-20）http://www.gov.cn/zhengce/content/2015-11/20/content_10328.htm.

［5］老龄蓝皮书：中国老龄产业发展报告［R/OL］.（2016-10-27）http://www.chinairn.com/news/20161027/165143741.shtml.

［6］中华人民共和国国民经济和社会发展第十三个五年规划纲要［R/OL］.（2016-03-17）http://news.xinhuanet.com/politics/2016lh/2016-03/17/c_1118366322.htm.

［7］国务院办公厅. 国务院办公厅关于全面放开养老服务市场提升养老服务质量的若干意见［R/OL］.（2016-12-23）http://www.mca.gov.cn/article/zwgk/mzyw/201612/20161200002746.shtml.

［8］中国人口老龄化发展趋势预测研究报告［R/OL］.（2006-02-24）http://www.china.com.cn/chinese/news/1134589.htm.

［9］于翠杰，郭雅静. 生活在此处--社交网络与赋能研究报告［R/OL］.（2017-02-14）http://www.cssn.cn/zx/bwyc/201702/t20170214_3414548.shtml.

［10］黄成明. 数据化管理：洞悉零售及电子商务运营［M］. 北京：电子工业出版社，2014.

［11］菲利普·科特勒. 营销管理［M］. 13 版. 卢泰宏，等，译. 北京：中国人民大学出版社，2009.

［12］卢泰宏，杨晓燕. 消费者行为——决定购买的内在动机［M］. 北京：中国人民大学出版社，2015.

［13］卢泰宏，周懿瑾. 消费者行为学：中国消费者透视［M］. 2 版. 北京：中国人民大学出版社，2015.

［14］贾俊平，何晓群，金勇进. 统计学［M］. 5 版. 北京：中国人民大学出版社，2015.

［15］诺曼·布拉德伯恩，等. 问卷设计手册［M］. 赵锋，译. 重庆：重庆大学出版社，2011.

［16］周曙东. 电子商务概论［M］. 4 版. 南京：东南大学出版社，2015.

［17］安淑芝. 电子商务应用基础与实训［M］. 北京：清华大学出版社，2010.

［18］孟韬，毕克贵. 营销策划——方法、技巧与文案［M］. 北京：机械工业出版社，2008.

第二部分

2015—2017年部分学生参加创新创业训练的项目情况

2015—2017 年教师指导学生参加的部分创新创业训练项目

项目名称	项目负责人姓名	项目其他成员信息	指导教师	项目简介（200 字以内）
家用水回收循环系统营销策划方案	林秋萍	阎贝 201301803030； 杜雪 201301803016； 韩鑫 201301803008	于志毅	项目为针对美国 ReFlow 公司新推出的家用水回收循环系统的营销策划方案。该系统可将用于洗澡或日常清洁用途的清洁废水回收利用，可以用于冲洗马桶、花园浇水及洗车等。项目前期可进行市场调研和产品推广，进而创建自主创新高新技术企业。该项目的实行对于缓解当前大学生就业压力，积极鼓励大学生自主创业，节约水资源，具有十分重要的意义。
e-类人新媒体云志 APP	常英男	王霞 201201803020； 胡云华 201101801044	张燕	如今互联网已进入新媒体传播 2.0 时代，而当下社会庞大的思想文化需求使得 e-类人新媒体云志应运而生。它融合了时事评论、诗歌文章、原创音乐、背包客极限运动、名人专访等，并且自身兼备网站和 APP，通过活动策划招募推广商，采用自主研发的“网志联动”模式，带动线下粉丝参与，完成体现我们情怀和当下道德所趋的大型活动，完成道德思想和商品的双重营销。另外，它在着重推广“80 后”“90 后”情怀的同时，独创四条生产线进行盈利，推广价值评估模型使得推广上的收益可见化。

项目名称	项目负责人姓名	项目其他成员信息	指导教师	项目简介（200字以内）
“绿E之景”创意盆景创业训练方案	牟欣	代京 201301803025； 鞠芳 201301803029； 李雅 201301803023； 刘妍 201301803012	肖凤华	“绿E之景”创意盆景创业训练的主要内容有：①产品及服务设计，设计该项目的产品及服务；②电子商务平台设计，完成该项目的电子商务平台。③网络营销模式和市场推广设计，完成该项目的网络营销模式和市场推广计划；④企业运营、盈利模式及财务目标设计，完成该项目的企业运营、盈利模式及财务计划；⑤风险防范机制、实际操作过程与实际运营管理设计，完成该项目的风险防范机制、实际操作过程计划，并模拟实际运营管理。
基于微信微尚的智慧校园建设	史新晓	王文 201300804037； 陈富 201301804046； 杨帅 201301805015； 李茵 201301805009	冯天忠	以微信微尚为基础的电子商务平台不仅能加强学生的联系与交流，还可以提高大学生的购物效率，降低购物成本，同时能够促进现代科技成果与校园文化的融合，对于引导学生认识并利用新的科学技术服务于生活，服务于学校，建设和谐校园具有很强的现实意义。
“分享折扣每一天”——网络价格折扣营销公司	陈锐	李娟 201301803040； 柴慧 201301003031； 张蓉 201300601073	李亭	商家为吸引顾客，往往采用打折的营销手段。目前的折扣活动环节繁琐，用户体验有待提高。本项目以区域性网络营销为产业链条中的核心，借助微博、微信等社交传播平台，通过分享的方式来获得商家的折扣优惠，让折扣步骤更方便、安全，使得折扣充满乐趣，提升用户体验。我们希望通过“分享折扣”这一创业训练项目的实施，在提升创业实践技能的同时，可以摸索出一种新型的营销模式，让人们更加舒心地享受折扣的过程，在快乐的分享中获得实惠。

项目名称	项目负责人姓名	项目其他成员信息	指导教师	项目简介（200字以内）
室内公共场所全面禁烟调查分析——以山东省为例	胡景涛	田润泽 201311806022 高诗蕊 201311806016 李赣 201301802016 于航 201301802025	姜英华	项目结合了2013年以来的调查结果，以山东省为例，针对室内公共场所全面禁烟的问题展开持续调查，通过调查得出结论并对降低室内二手烟危害提出一系列的建议，最终提交调研报告。本调查的创新之处在于：第一，如何在考虑吸烟者尊严的前提下，更好地完成公共场所禁烟；第二，建议将违反室内公共场所禁烟规定的行为纳入个人考评体系，提出系统地操作方法。此项活动积极而有意义，有助于建设良好公共环境、构建和谐社会。
基于信息融合的食品质量安全风险评估模型设计和构建	周君蔚	尹凯丽 201381801009； 于存瑞 201481806021； 于文涛 201401803010	许倩倩	本项目通过应用BP神经网络和支持向量机方法，同时利用DS证据理论易于处理不确定性问题的特点，建立起一个新的信息融合评估模型。该方法兼顾三者的优势，结合我国对食品质量安全风险的分级标准，通过对食品质量安全相关数据的实证分析，验证该模型的可行性和有效性。
基于公平关切的农产品供应链的产品安全及其渠道稳定性研究	朱梦露	李霞 201401802049， 高晗 201401803006， 杨帅 201301805015， 孙登玺 201301805010	李亭	本项目将行为经济学这一前沿理论引入到农产品供应链的研究当中，重点分析了“公平关切”在其决策过程中的具体表现与影响方式。将公平关切引入农产品供应链并从经济学视角提出解决农产品安全问题和渠道稳定的对策与途径，既是崭新的机遇，又是严峻的挑战。利用前沿的研究方法，并将新兴的经济学理论应用到现实问题中，体现了交叉学科相互渗透、相互影响的研究特点，往往会起到一加一大于二的效果，也有利于我们从多个视角了解农产品供应链运营的特点，使得我们对于问题的分析更为全面、更加深入。

项目名称	项目负责人姓名	项目其他成员信息	指导教师	项目简介（200字以内）
紫薯深加工技术研究	杨洪明	成员 1/201501904039，成员 2/201501904009，成员 3/201531905013，成员 4/201531905039	郑建峰	（1）紫薯深加工产品的开发：开发即食的旅行装紫薯条、紫薯泡面、紫薯饮料等产品。（2）紫薯花青素的提取：在前人研究的基础上，通过单因素、多因素分析比较微波法提取、溶剂提取和热蒸萃取等比较先进的提取技术提高效率，再选择利用薄板层析、柱层析进行纯化，寻找一条可用于工厂化生产、效益优良的紫薯花青素生产提取技术路线和方法。
“e网打尽”识假打假全方位服务平台	吕佳铭	张邺 201511907110，赵文杰 201601900254，李超/201501903008，张慧/201601600306	郑晓燕	“e网打尽”识假打假全方位服务平台项目是一个意在解决假货问题的全方位专业平台，致力于如何识别、确认、减少假货直至实现消除假货的目的。在调研中，该平台已得到政府有关部门的支持，再加上应用后台专业技术团队并发动社会力量以高标准精准汇集假货信息，制作假货企业黑名单。我们的项目以“e网打尽APP”为基础平台，综合运用“短信打假、打假小分队、真真森林、公益服务、假货地图”等模块，打造专业化、专家化的市场公众平台来保障人们的消费安全。
“一号通天下，处处VIP”手机号码超级会员通——“一号通”APP	史运雪	冯淑红/201531906007，刘米佳/201531906017，邱新民/201631900020，张文帝/201631900020	毛丽君	人们钱包里总有一厚摞卡：会员卡、航空VIP卡、银行卡、健身卡、加油卡……不但消费者不方便，企业制作卡的成本也不低，造成很大浪费。我们有意构建一种通过绑定手机号码建立的VIP统一服务平台，即“一号通”APP。消费者只需记住自己的电话号码就可畅通无阻，且在每个加盟企业消费的积分可以通用。这不仅为消费者提供了便利，也有助于企业增强客户黏性和价值感知。平台还可针对这一群高价值客户，进行大数据分析，促进资源整合和互换，实现跨行业、跨平台的精准营销。

项目名称	项目负责人姓名	项目其他成员信息	指导教师	项目简介（200字以内）
云书	王新华	鞠娜/201501901001，张莹/201501901011，封常洁/201601900029，崔桂婕/201601900026	韩大平	说明书是产品的名片，是售后产品与顾客交流的桥梁，“云书”APP以电子版说明书来代替纸质版说明书，它涉及各领域的产品说明，为消费者方便读懂各种说明书而设计。“云书”APP具有绿色环保、安全可靠、个性“电台”和多重书格等特色，用户通过“云书”可以获取最为完整有效的产品说明书信息，解决了传统的说明书查看不方便、不易保存、信息不全面等缺点，因此本项目具有可行性和很强的实用性。
“友来往”APP创业训练方案	陈锐	田娜 201401802037，李薇 201401802040，付景珊 201501904009	姜英华	“友来往”APP是一款将社交与网购相结合的导购软件，配有“友来有网”网络平台，营运方式集B2C、O2O、C2C等为一体，并进行一定创新。本创业训练方案具体内容包括：“友来往”APP及“友来有网”网络平台设计、APP项目运营市场环境调查计划、项目营销策略设计、项目推广模式设计、财务目标及风险预测。本项目旨在锻炼学生的团队协作、资源整合及实践操作技能，初步形成创业的完整思维和运营管理能力。
优简新生活创业训练方案	王晓亮	刘子琨/201401803035，刘一璞/201401803028，高 琳/201501904010，王 硕/201501904039	肖凤华	大量购买具有重复功效的日用品往往造成资源浪费，优简新生活创业训练方案以符合大众家庭的功效多元化的产品为载体搭建大学生创业训练平台，致力于解决家庭囤积过多功效相同产品的问题，让消费者从根本上享受“优简新生活”。内容包括：①产品及服务设计；②微信店铺设计；③网络营销模式和市场推广设计；④微信公众号推广运营、盈利模式及财务目标设计；⑤风险防范机制、实际操作过程与实际运营管理设计。

项目名称	项目负责人姓名	项目其他成员信息	指导教师	项目简介（200 字以内）
职来职往大学生兼职 APP	李慧	孙楠/201631900025，孙文晶/201601900044，魏荷/201601900049，付丽君/201601900030	许倩倩	职来职往 APP 是一款专门为大学生量身打造的诚信兼职 APP。我们采用双向评价的方法让数据更加真实可靠，改变传统兼职供求方式的不足，免去中介费用。更重要的是，我们通过后台数据分析为大学生提供私人订制般的精准兼职推荐服务，向大学生推荐更适合自己的兼职工作，降低大学生的选择成本，并为今后更高效地求职或创业提供实践经验。此外，该 APP 加入了步步跟踪显示功能，保证兼职安全，同时，开辟了兼职朋友圈，用户可分享兼职的心得和感受。
“微体”科技——综合性体育交友平台	程安东	张安娜 201501902075，赵泽慧 201501902089，李丰华 201501006010	张燕，侯向东	信息与科技时代让你我的距离不断地缩短，但是网络利用不当造成了现在社会感情的咫尺天涯，网络通信缩短了你我的距离，但并没让你我变得更亲近。户外体育运动中交友便是解决这一问题的绝佳之道。我们针对此问题设想构建“微体”综合性体育交友平台，通过我们平台的功能吸引人们更多地走出家门参与到户外运动中去，更方便地交到志趣相投的朋友，更好地强健体魄、陶冶情操。同时内设体育用品专门销售平台，结合体育运动，更好助推体育经济发展。“微体科技”在信息时代，依然让你我同在！
聘学兼优	张紫婵	李雪/201501901015，王倩/201501901005，吕亚男 201631900017 贺佳宁 201611900015 周峙宇 201631900042 孟琼 201631900019 郑奇 201601900062 马奔 201601900038 闫晓雨 201601900051 尹亚洁 201601900054 汪彩玉 201601900045 孟小淞 201601900040 于垆玥 201601900055	靳琳，闫冬云	本项目为专门针对德州学院大学生的一个校园兼职平台，是连接德州市用人单位和德院学生的一个桥梁。项目目标是让我校学生的专业知识学习得以实践化，以实践需求推进德院的课堂教学改革，为学生进入社会积累有效的工作经验。本平台涉及多个领域及各个行业。顾客资源真实可靠，经过严格的考察，确保学生的权益不会受到侵犯。分版块经营如寒暑假工作、专业实习等，最终实现多元化经营，以兼职促进专业知识的学习，以专业知识服从地方经济的主要发展方向。

注：自 2015—2017 年我校获批国家大学生创新创业训练计划项目 164 项，以上为教师指导学生顺利结题的部分项目。

大学生创新创业训练计划项目
部分结题报告书

德州学院
大学生创新创业训练项目结题报告书

项目名称：e-类人新媒体云志 APP

项目编号：201510448001

项目负责人：常英男

专业年级：2012 会计学本科

所在学院：经济管理学院

起止年月：2014 年 11 月—2016 年 11 月

指导教师：张 燕

教师电话：13884680356

E - mail：dzxyjgxzy@ 126. com

填表日期：2016 年 11 月 2 日

一、基本情况

项目名称	e-类人新媒体云志 APP				项目类别	创新训练□ 创业训练☑ 创业实践□
成果形式	竞赛获奖			立项时间	2015 年 6 月 30 日	
结题时间	2016　年　11　月　1　日					
项目主要研究人员	序号	姓名	学号	专业年级	所在学院	项目分工
	1	常英男	201201802067	12 会计学	经济管理学院	对内统筹全局、对外联系沟通
	2	王霞	201201803020	12 工商管理	经济管理学院	策划、财务
	3	胡云华	201101801044	11 国际贸易	经济管理学院	编辑校对、版块更新
	4	吴海月	201201103014	12 生物工程	生命科学学院	技术分析、网络维护

二、项目执行情况简介

1. 项目的目的

（1）在情怀方面，此项目致力于“以新媒体及新的营销推广模式为文学领域本该占有重要市场份额的严肃文学、先锋派文学的发展起到积极的推动作用”。

（2）在舆论思想方面，此项目致力于积极引导社会的年轻族群“关注社会民众的生存与生活状态，坚持个性发展的同时理智发声，在大众文化愈发娱乐化、浮躁化的今天深入思考自身与外界，尊重社会公德等”。

（3）在市场营销方面，此项目以切实有效的产业发展链条，连接并拉动相关领域经济的发展，让相对保守的类型文学以鲜活的形式重新焕发生机，从而填补市场空白或缺失，获得相应的市场效益。

2. 项目成果和重要观点

项目成果：

（1）e-类人新媒体云志商业策划书获第五届全国大学生电子商务“创新、创意及创业”挑战赛山东赛区决赛特等奖

（2）e-类人新媒体云志商业策划书获第五届全国大学生电子商务“创新、创意及创业”总决赛国家一等奖

（3）e-类人新媒体云志商业策划书获第五届全国大学生电子商务“创新、创意及创业”总决赛最佳创新奖

（4）网站域名已经申请，网站电脑版和微信版正在测试过程中。

重要观点：

如今互联网已进入新媒体传播 2.0 时代，而当下社会庞大的思想文化需求使得 e-类人新媒体云志

应运而生。它融合了时事评论、诗歌文章、原创音乐、背包客极限运动、名人专访等，并且自身兼备网站和 APP，通过活动策划招募推广商，采用自主研发的“网志联动”模式，带动线下粉丝参与，完成体现我们情怀和当下道德所趋的大型活动，完成道德思想和商品的双重营销。另外，它在着重推广“80 后”“90 后”情怀的同时，独创四条生产线进行盈利，推广价值评估模型使得推广上的收益可见化。

3. 创新特色

“双端系统”—— e-类人新媒体云志是 e-类人工作室基于自身网站和 APP 对外展示“80 后”“90 后”情怀的窗口。它融合了时事评论、诗歌文章、原创音乐、背包客极限运动、名人专访等内容，形式丰富，并且独具特色。通过活动策划招募推广商，采用自主研发的“网志联动”模式，带动线下粉丝参与，完成体现我们情怀和当下道德所趋的大型活动，完成道德思想和商品的双重营销。除了网志联动模式，e-类人新媒体云志另辟蹊径开发了其他三条生产线，其中之一便是备受关注的“作家经纪人”。

4. 实践意义和社会影响

（1）顺应国家支持文化产业发展、扶持大学生自主创业的大趋势；

（2）以创新又稳定的经营模式将文学领域的弱势类型带入市场化经营，不仅为文学领域的发展注入新鲜血液，也为市场经济发展制造了新的经济增长点；

（3）为有相关才能却无处施展的年轻人提供更多参与进来的机会；

（4）将社会群体的基本生存状态以相对集中的形式展现出来，吸引年轻人对社会基本存在性的关注，将个体与社会群体相连接，增加双方的互动与理解。

5. 财务执行

通过本项目的初期建设，基本的花费主要为办公用品费，网站设计和微信版设计正在进行中，尚未支付。

6. 研究报告

研究报告为《e 类人新媒体云志商业策划书》，获得奖励和认可。

7. 过程记录

2014 年进行调研，2015 年年初完成《e 类人新媒体云志商业策划书》的初稿，经过多次修改，在 2015 年 5 月获得“三创赛”省级特等奖，2015 年 8 月获得“三创赛”国家一等奖。

三、研究总结报告

1. 预定计划执行总结

本项目从 2014 年 11 月开始执行创业训练计划。根据预定的计划，首先进行的是创意的设计，项目组成员主要通过查询资料研究新媒体发展趋势、了解电子杂志市场行情以及使用网络和智能手机的主要人群来逐步确定项目方向。其次通过对大学生们近一个月的访谈和问卷调研，对大学生的阅读内容及该市场群体有了深入的了解，形成了 e-类人新媒体的概念设计，进而完成了商业计划书，并在 2015 年的“三创赛”获得省级特等奖，随后于 2015 年 8 月以 e 类人新媒体商业策划案获得 2015 年第五届大学生“创新、创意、创业”网络商务大赛国家一等奖，基本完成预定目标。目前正在利用核心服务进行升级门户网站 APP，通过品牌企划的开发程序，开发设计服务，利用网络和手机终端进行网站以及 APP 的宣传，同时加大传统宣传的力度。通过本项目的执行，既锻炼了学生的对市场的判断能力，又提高了学生的实务水平以及对创业的认识。

2. 项目主要成绩和收获

2015 年先后获得“三创赛”省级特等奖和国家一等奖各一项。

3. 项目的不足、困难和建议

项目的不足、困难：

本项目在执行过程中，由于成员的计算机技术比较欠缺，对网站设计的认识和准备不足，导致了对网站设计需要的工期过于乐观。在实际的网站设计过程中，网站的功能设计和嵌入等遇到了困难，以及和网站设计公司沟通也出现问题，比如在网站功能的设计上出现了一些分歧，而且开始预想的一些功能在设计上也出现了小问题。这些因素致使原来预定的工期延长。由于后来增加了微信手机版客户端的设计，网站内容和功能不断增加，使项目比预定的正式运行时间大大延后了，目前微信版正在设计中。

项目建设的建议：

第一，项目的前期准备非常重要，要对产品、服务以及渠道进行深入的研究和考察。第二，业务的工期控制要明确，人员的组成和分工要清晰。第三，经费预算上要实际考察，注重与其他公司的合作与沟通。

4. 需要深入研究的问题

（1）项目由教师和学生组成团队来运作，后期项目的执行如何做到既能使学生得到训练，又不影响他们的学业。

（2）项目组的学生毕业以后如何继续运营的问题。

四、经费使用情况

经费合计 5 000 元，其中，学校配套资助 5 000 元，学院（所）配套资助 元，其他经费 元。

经费支出情况：

办公用品费 990 元

网站设计开发等费用正在进行中尚未支付。

五、学院评审意见

本课题研究利用云志推广价值模型使得投资收益具有直观可见的特点，加之云志本身的新媒体传播特性，使得云志的盈利模式独特且创新，在当下的拇指经济时代非常具有可行性。而APP的研发和推广需要综合利用经济管理技术和其他专业知识，结合数值方法，并掌握一定编程和网络知识才可以完成。因此，本课题对学生来说，是综合利用计算机、数值分析方法解决专业实际问题的一次极好的锻炼，是本科阶段专业知识的一次升华，对学生具有适度的挑战性。同意该项目结项。

专家组组长（签章）：

16年　12月　22日

六、学校创新创业训练计划领导小组审核意见

达到预期要求，准予结项。

负责人（签章）：

16年　12月　25日

德州学院
大学生创新创业训练项目结题报告书

项目名称：我的流动厨房（自由我“煮”义）

项目编号：201310448050

项目负责人：全永睿

专业年级：2011 会计学本科

所在学院：经济管理学院

起止年月：2013 年 6 月—2016 年 10 月

指导教师：闫冬云

教师电话：13969209817

E - mail：1319977015@ qq. com

填表日期：2016 年 11 月 10 日

一、基本情况

<table>
<tr><td colspan="2">项目名称</td><td colspan="3">我的流动厨房（自由我“煮”义）</td><td>项目类别</td><td>创新训练□
创业训练☑
创业实践□</td></tr>
<tr><td colspan="2">成果形式</td><td colspan="2">竞赛获奖</td><td>立项时间</td><td colspan="2">2013 年 6 月 30 日</td></tr>
<tr><td colspan="2">结题时间</td><td colspan="5">2016 年 11 月 10 日</td></tr>
<tr><td rowspan="7">项目主要研究人员</td><td>序号</td><td>姓名</td><td>学号</td><td>专业年级</td><td>所在学院</td><td>项目分工</td></tr>
<tr><td>1</td><td>全永睿</td><td>201101802141</td><td>2011 会计</td><td>经济管理学院</td><td>项目策划管理</td></tr>
<tr><td>2</td><td>周璇</td><td>201201801015</td><td>2012 国贸</td><td>经济管理学院</td><td>项目运行管理</td></tr>
<tr><td>3</td><td>宋勇勇</td><td>201201803042</td><td>2012 市营</td><td>经济管理学院</td><td>市场调研</td></tr>
<tr><td>4</td><td>舒冠宁</td><td>201201802092</td><td>2012 会本</td><td>经济管理学院</td><td>可行性分析</td></tr>
<tr><td>5</td><td>张帅</td><td>201201004039</td><td>2012 计算机科学与技术</td><td>信息管理学院</td><td>网站管理</td></tr>
<tr><td>6</td><td>石晓庆</td><td>201201802032</td><td>2012 会本</td><td>经济管理学院</td><td>财务管理</td></tr>
</table>

二、项目执行情况简介

1. 项目的目的和意义

项目实施的目的：

DIY 创意厨房意在为目标群体提供一个展示个人厨艺、增进朋友感情的场所。所以在这里，做饭不再是简单的劳动，而是一种分享，一种自我展示，一种交流合作。另外，该项目还可以让参加的学生通过实践活动，开阔视野，同时培养学生的创业能力。

项目实施的意义：

（1）有利于提高大学生的创业能力，缓解大学生就业难的问题。统计数据表明，越来越多的大学生开始自主创业。在近 5 年中，大学毕业生自主创业的比例高达 60%，且经营范围之广十分惊人。大学生自主创业的过程虽然往往十分简单，但行为上却涉及政策法规、计算机网络技术、电子支付等诸多环节。项目组的老师可以通过该项目指导学生熟悉政策法规，了解创业渠道，掌握支付、沟通、人际交流等环节，有利于从多个方面提高创业能力，缓解大学生就业难的现状。

（2）繁荣电子商务，推动中国电子商务的发展。一方面，大学生在进行创业之前，不论想要涉足哪个行业，在什么载体上运行，都需要对中国的电子商务环境有深刻且专业的认识。此外，在网站的日常运营过程中，学生店主必须对整个电子商务流程了如指掌、娴熟操作，如采购、定价、营销、物流、支付、售后和相应的管理。另一方面，大学生在毕业后将成为中国市场的主要参与者，或为实体经营者，或为电子商务消费者，不管是哪一类，都将为中国经济发展注入充沛的活力元素，进而推动中国电子商务的发展。

2. 项目成果和重要观点

项目成果：2014 年 3 月撰写的“我的流动厨房（自由我“煮”义）创业计划书获得 2014 年第四届全国大学生“创新、创意、创业”网络商务挑战赛山东赛区二等奖。

重要观点：本项目主要是以自我参与制作食品为特色，价格低廉，提倡动手 DIY，绿色无污染的健康的生活方式是本项目的主要宗旨。本项目分立网络宣传组、进货组、营销组、管理组和会计组，利用网络订单和实体店经营模式相结合的方式完成整个业务流程。实施本项目，旨在培养高素质的实用型商务专业人才，强化学生的交易过程一体化意识，了解“开店—营销—交易—配送”的完整过程，通过实践，开阔视野，灵活地运用专业知识，进一步提升大学生的创业能力。

3. 创新特色

（1）满足目标群体的社交需求以及追求“个性化”餐饮的需求，摆脱传统的餐饮观念，自己动手，个性烹饪，单设料理，环境独立安全，自由健康，提供放心原材料，倡导绿色生活理念，并同时设有心墙及成果展，增进学生之间的交流，提供让大学生提升个人沟通能力的空间场所。

（2）采用特色合作模式，以网上宣传下单和实体店运营结合的方式操作实施。主要是在当今大学生中倡导一种 DIY 的动手实践理念和绿色环保的生活方式。

（3）利用博客推广、微博推广、友情链接、视频推广等方式，运用 c2c 模式进行销售。

4. 实践意义和社会影响

实践意义：

（1）提高学生对市场的认识能力，通过对消费群体的调研，能够对消费市场有清楚的认识。

（2）提高学生对公司的认识，通过注册公司让学生了解公司的建立过程，使其对建立公司的流程有清晰的认识。

（3）提高学生对商家的认识，通过招商和项目运行商家谈判，提高学生的实践能力。

社会影响：通过本项目的初期建设，让学生对企业运营及创业过程有个清晰的认识，同时使企业对学生能力的提高也有了认识渠道。

5. 财务执行

通过本项目的初期建设，基本的花费主要包括办公用品 3 000 元，复印打印费 2 000 元，网站设计费 1 500 元，场地租金 3 000 元，其他费用 2 500 元。除了学校支持的资金外，还自筹资金用于网站的开发和建设，基本达到本项目的训练目标。

6. 研究报告

研究报告为《我的流动厨房（自由我“煮”义）》。

7. 过程记录

《“我的流动厨房（自由我“煮”义）创业计划书》2014 年 5 月获国家“三创赛”省级二等奖。

三、研究总结报告

1. 预定计划执行总结

从2013年6月开始执行创业训练计划，根据预定的计划进行。

（1）2013年6月前完成了调研工作：分析市场需求，确定网店产品的种类、价格和推广手段。

（2）2013年12月前完成了本项目网站宣传的前期准备，包括：网页制作，确定宣传模式，准备相关网络视频等宣传材料，做好物流准备、货源准备、支付方式和店面建设工作。

（3）2014年4月，根据运营情况，完成“我的流动厨房（自由我“煮”义）”创业计划书，并获得2014年第四届全国大学生“创新、创意、创业”网络商务挑战赛山东赛区二等奖；2015年根据指导本项目的实际需要，作为指导老师，我参与的“基于创业精神与创业能力培养的高校创业教育模式研究”研究报告获山东省教育科学研究优秀成果三等奖。

（4）2015年3月完成实体店运营的前期准备：做好店面选址、租金谈判、物流准备、货源练习及支付方式等工作。

（5）2015年6月至2015年11月做好实体店与学校餐厅的合作谈判工作，完成实体店布置、货源准备、针对特定消费群体的重点宣传，以及店面管理经验学习和售后保障体系。

2. 项目主要成绩和收获

2014年该项目的创业计划获得“三创赛”省级二等奖一项。

2015年该项目相关的研究报告获2015年山东省教育科学研究优秀成果三等奖。

3. 项目的不足、困难和建议

项目的不足、困难：

本项目在执行过程中，由于成员在经济学和管理学方面有一定的知识储备，保障了前期工作的顺利进行，但在项目后期的执行过程中由于缺乏营销和生产经营方面的专业人才，在实体店运营过程中出现不少问题和障碍；加上本团队计算机方面的专业技术较为薄弱，对网站功能设计的认识和准备不足，因此网站宣传未能达到预期效果，同时实体运营的支出费用（包括场地租用费用、设施购置费用、人员工资费用等超出预算较多）使该项目比预定的正式运行时间大大延后。

项目建设的建议：

第一，项目的准备和调研非常重要，项目组要对产品、服务，以及渠道进行深入的研究和考察。第二，业务的工期控制要明确，人员的组成和分工要清晰。第三，经费预算上要实际考察，注重与其他公司的合作与沟通。

4. 需要深入研究的问题

（1）学业和项目的冲突问题：如何保证项目顺利实施和不影响项目组成员的学业是今后需深入研究的课题。

（2）学生毕业以后如何继续保持项目的顺利运营也是在实践过程中存在的问题。

四、经费使用情况

经费合计12 000元，其中，学校配套资助10 000元，学院（所）配套资助　0元，其他自筹经费2 000元。

经费支出情况：

1. 办公费：　3 000元　　2. 复印打印：2 000元　3. 网站设计：1 500元

4. 场地租金：3 000元　　5. 其他费用：2 500元

五、学院评审意见

该项目结合当今流行的 DIY 时尚动手理念，旨在为特定目标消费群体——在校大学生提供展示个人厨艺的平台。提倡动手 DIY，倡导绿色无污染的健康的生活方式是本项目的主要宗旨，采用网络宣传、下单与实体店经营的特色合作模式，利用博客、微博、微信等推广方式，运用 c2c 模式进行销售，有利于进一步推动在校大学生所组建的“团队式”自主创业模式的健康发展。同时，进一步提高了在校大学生的创业思维和能力，使学生得到了实际的训练，达到了创业训练的目标。同意该项目结项。

专家组组长（签章）：

16年　12月　22日

六、学校创新创业训练计划领导小组审核意见

达到预期要求，准予结项。

负责人（签章）：

16年　12月　25日

德州学院
大学生创新创业训练项目结题报告书

项 目 名 称：大数据时代 RFID 辅助控制食品质量应用项目

项 目 编 号：201410448015

项目负责人：宋　鑫

专 业 年 级：2013 级国际经济与贸易

所 在 学 院：经济管理学院

起 止 年 月：2014 年 12 月—2016 年 10 月

指 导 教 师：毛丽君

教 师 电 话：18553425515

E　－　mail：23760199@ qq. com

填 表 日 期：2016 年 11 月 2 日

一、基本情况

<table>
<tr><td colspan="2">项目名称</td><td colspan="3">大数据时代 RFID 辅助控制食品质量的应用项目</td><td>项目类别</td><td>创新训练☑
创业训练☐
创业实践☐</td></tr>
<tr><td colspan="2">成果形式</td><td colspan="2">竞赛获奖</td><td>立项时间</td><td colspan="2">2014 年 12 月</td></tr>
<tr><td colspan="2">结题时间</td><td colspan="5">2016 年 11 月 2 日</td></tr>
<tr><td rowspan="6">项目主要研究人员</td><td>序号</td><td>姓名</td><td>学号</td><td>专业年级</td><td>所在学院</td><td>项目分工</td></tr>
<tr><td>1</td><td>宋鑫</td><td>201301801035</td><td>2013 级国际经济与贸易专业</td><td>经济管理学院</td><td>总负责</td></tr>
<tr><td>2</td><td>高瑞捷</td><td>201301801046</td><td>2013 级国际经济与贸易专业</td><td>经济管理学院</td><td>协调组织、制定并完善策划书</td></tr>
<tr><td>3</td><td>杨安娜</td><td>201301801027</td><td>2013 级国际经济与贸易专业</td><td>经济管理学院</td><td>材料汇总、市场调查</td></tr>
<tr><td>4</td><td>孟薇</td><td>201381801002</td><td>2013 级国际经济与贸易专业</td><td>经济管理学院</td><td>市场调查、数据分析</td></tr>
<tr><td>5</td><td>陈文文</td><td>201381801017</td><td>2013 级国际经济与贸易专业</td><td>经济管理学院</td><td>网页设计制作</td></tr>
</table>

二、项目执行情况简介

1. 项目的目的和意义

随着时代的发展，人们对食品安全及合理膳食的关注度越来越高，但是人们往往很难准确地了解到食品的相关信息，同时对于营养搭配也是知之甚少，而快节奏的生活也使其很难抽出大量的时间去了解这方面信息。因此我们结合 RFID 技术与智能手机技术，推出了一种食品信息提醒与合理膳食建议的推送服务。

2. 项目成果的主要内容及重要观点

项目成果：以本项目为核心内容撰写的《RFID 智能冰箱管家——养生、营养均衡服务电子商务策划书》获得 2016 年山东省物联网创造力大赛省级一等奖。

重要观点：通过 RFID 智能扫描获取基本的产品信息，冰箱内的微电脑会将食品的信息进行收集、分析、整理后发送至消费者移动终端设备，所包含的信息如产品的保质期、生产厂商、营养建议、相关菜谱等。一方面，提醒消费者冰箱内相关食品的保质期；另一方面总结消费者的饮食结构，针对其饮食结构，根据营养专家的建议对消费者进行反馈，从而改善消费者的饮食结构。

3. 项目特色：

（1）多厂商联合为消费者提供服务，形成一条产业链，是服务业的新形势。

（2）将 RFID 应用于食品服务业，是 RFID 的新尝试。在食品服务当中从来没有 RFID 的涉足，本项目本着方便大众的原则，将 RFID 与冰箱结合，加强了人们对冰箱中食物储量的可控性，人们在日益加快的生活、工作节奏当中，抽出很少的时间通过浏览手机便可以知晓冰箱中的食物信息，免去了不必要的麻烦。

（3）根据具体情况进行营养建议，产品更具针对性。根据自身的情况，可以进行个性化的设置。冰箱的主人可以实时了解到自己的冰箱中少了什么必需品，有哪些食品将要过期变质，从而根据自己的需要实时对冰箱中的食物进行替换补充，使自己的生活不会因为缺少喜欢的食物或者是必需的食物而丧失乐趣。同时可以更加便捷，既维护了健康又节省了时间。

项目创新：

（1）生产者会适量生产该产品，并将该产品推向市场。在外观方面也秉持着短小精悍的特点，不会占用冰箱过多的空间，而链接电脑也采用了集成模式与冰箱融为一体，通过触摸屏幕可以直接对冰箱进行操作和设定。

（2）消费者会在其支付能力范围内购买该产品，并在日常生活中使用该产品，逐渐开始了解自己冰箱内的食品信息，关注食品搭配、均衡的膳食营养等，同时，消费者也会根据自身的实际情况，适当地到健身馆进行锻炼等，会更好地感受到高科技给自己带来的新变化。

（3）该项目前期阶段，产品销量不会很高，因为消费者对新产品的接受都有一个过程，随着我们产品的推广以及大数据时代的发展，产品可以逐渐被人们接受，成为主流，进而提升人们的生活质量和品质，维护人们的身体健康。

4. 实践意义和社会影响

实践意义：

（1）提高学生对市场的认识能力，通过对市场的调研，使其对消费市场有更清楚的认识。

（2）提高学生的实践能力，增强了学生对物联网的认知，学习到了 APP 的制作和维护过程。

社会影响：

通过本项目的初期建设，让学生对企业运营、创业过程有了清晰的认识，同时也使企业对学生能力的提高有了认识渠道。

5. 财务执行

通过本项目的初期建设，基本的花费主要包括市场调查和办公用品。

6. 团队合作

团队的具体分工如下：宋鑫进行了市场调查，了解人们所需；杨安娜同学学习了 APP 的制作以及维护流程；高瑞捷同学进行了财务分析制订出了财务计划；孟薇同学收集了产品市场的相关信息；陈文文同学负责冰箱电脑互联技术以及实施。

7. 研究报告

研究报告为《大数据时代 RFID 辅助控制食品质量的应用项目》，获得了山东省物联网创造力大赛三等奖。

8. 过程记录

2013 年进行产品设计，2014 年年初，经过多次修改，完成产品初稿，2015 年 8 月去苏州工业园区调研，2015 年 9 月去北京邮电大学科技园参观学习，进行调研，2016 年 8 月获得“征途杯”第三届山东省物联网创造力大赛一等奖。

三、研究总结报告

1. 预定计划执行总结

从 2013 年 4 月开始执行创业训练计划，根据预定的计划进行，首先进行的是创意的设计，对目前使用的冰箱的结构、性能进行深入了解，第二步大进行市场的调研工作，经过近一个月的访谈和问卷调研，对冰箱的相关缺点不足以及优点有了深入的了解，形成了自己的创意，形成了冰箱与电脑以及手机连接的结构，2014 年新学期初确定了基本设计方案。2015 年 8 月去苏州工业园区参观调研，苏州工业园区在生态环境、社会发展、体制创新 3 大类指标中排名第一，科技创新和经济发展指标分列二、三位，经过此次参观调研，使我们对该项目的实施有了更详细的计划和安排。2015 年 9 月到北京邮电大学科技园参观学习，大学科技园是国家自主创新体系的重要组成部分，是高新技术产业的创新示范基地，在扶植学生创业、协助其就业方面负有重要责任，工作人员向我们介绍了创业培训、项目管理、设计指导、技术支持等内容，使我们的专业素养得到了提高。2016 年 8 月，以本项目为核心的《RFID 智能冰箱管家——养生、营养均衡服务电子商务策划书》，在山东省物联网创造力大赛中获得一奖。通过本项目的执行，既锻炼了学生的对市场的判断能力，提高了学生的实务水平，以及对创新创业的认识。

2. 项目主要成绩和收获

以本项目为核心内容撰写的《RFID 智能冰箱管家——养生、营养均衡服务电子商务策划书》，获得“征途杯”第三届山东省物联网创造力大赛一等奖。

3. 项目的不足、困难和建议

项目的不足、困难：

本项目在执行过程中，由于所有成员都来自经管学院，缺乏计算机方面的专业人才，导致在产品的设计过程中困难重重；在学习技术应用的过程中，与公司在冰箱智能的设计上也出现了分歧，沟通并不顺利，使原来预定的工期延长。

项目建设的建议：

第一，项目的前期准备非常重要，要对产品、服务以及渠道进行深入的研究和考察。第二，业务的工期控制要明确，人员的组成和分工要清晰。第三，经费预算上要实际考察，注重与其他公司的合作与沟通。

4. 需要深入研究的问题

（1）项目由教师和学生组成团队来运作，后期项目的执行如何做到既能使学生得到训练，又不影响他们的学业。

（2）冰箱难以由专业的厂家和人员进行操作，制作过程麻烦。

四、经费使用情况

经费合计 10 000 元，其中，学校配套资助 10 000 元，学院（所）配套资助 元，其他经费 元。

经费支出情况：

市场调研：7 092 元

办公用品：890 元

五、学院评审意见

本项目选题有创新点，并能够切合实际，对食品安全与合理膳食问题进行调查汇总，结合 RFID 技术与智能手机技术，推出一种食品信息提醒与合理膳食建议的推送服务。项目负责人及成员在指导老师的指导下，分工明确，相互配合良好，体现了良好的素质和团队协作精神。项目成果为省级竞赛一等奖，达到了结项要求。

专家组组长（签章）：

16年 12月 22 日

六、学校创新创业训练计划领导小组审核意见

达到预期要求，准予结项。

负责人（签章）：

16 年 12月 25 日

德州学院
大学生创新创业训练项目结题报告书

项目名称：“绿 E 之景”创意盆景创业训练方案

项目编号：201510448003

项目负责人：牟　欣

专业年级：13 工商管理

所在学院：经济管理学院

起止年月：2015 年 5 月—2016 年 11 月

指导教师：肖凤华

教师电话：13969230929

E - mail：xfhxx@ 126. com

填表日期：2016 年 11 月 6 日

一、基本情况

<table>
<tr><td colspan="2">项目名称</td><td colspan="3">“绿 E 之景”创意盆景创业训练方案</td><td>项目类别</td><td>创新训练☐
创业训练☑
创业实践☐</td></tr>
<tr><td colspan="2">成果形式</td><td colspan="3">竞赛获奖</td><td>立项时间</td><td>2015 年 5 月 5 日</td></tr>
<tr><td colspan="2">结题时间</td><td colspan="5">2016　年　11　月　10　日</td></tr>
<tr><td rowspan="6">项目主要研究人员</td><td>序号</td><td>姓名</td><td>学号</td><td>专业年级</td><td>所在学院</td><td>项目分工</td></tr>
<tr><td>1</td><td>牟欣</td><td>201301803024</td><td>2013 工商管理</td><td>经济管理学院</td><td>项目负责人</td></tr>
<tr><td>2</td><td>代京妮</td><td>201301803025</td><td>2013 工商管理</td><td>经济管理学院</td><td>市场调研问卷设计</td></tr>
<tr><td>3</td><td>鞠芳腾</td><td>201301803029</td><td>2013 工商管理</td><td>经济管理学院</td><td>市场调研时间</td></tr>
<tr><td>4</td><td>李雅</td><td>201301803023</td><td>2013 工商管理</td><td>经济管理学院</td><td>营销实践训练</td></tr>
<tr><td>5</td><td>刘妍</td><td>201301803012</td><td>2013 工商管理</td><td>经济管理学院</td><td>营销实践训练</td></tr>
</table>

二、项目执行情况简介

1. 项目的目的和意义

近年来，中国经济持续增长，但是资源和环境问题也为经济发展造成了巨大的障碍。如何维护好子孙生活的一片净土，成为了现代人以及政府思考的重要问题。基于当前资源环境现状，“绿 E 之景”创意盆景训练项目应运而生，该项目开辟电子商务平台销售平台，以绿色环保小盆景为载体搭建大学生创业训练平台，训练大学生电子商务应用能力，提高其实践动手能力。

2. 项目成果和重要观点

项目成果：

（1）2016 年 5 月“绿 E 之景”创意盆景创业策划书获全国大学生电子商务“创新、创意及创业”挑战赛校赛特等奖；

（2）2016 年 6 月“绿 E 之景”创意盆景创业策划书获全国大学生电子商务“创新、创意及创业”挑战赛省赛一等奖；

（3）2016 年 7 月“绿 E 之景”创意盆景创业策划书获全国大学生电子商务“创新、创意及创业”挑战赛国赛三等奖；

重要观点：

“绿 E 之景”创意盆景创业训练项目首先设计了一款绿色产品，并进行了一系列绿色服务设计；其次“绿 E 之景”创意盆景创业训练项目设计了电子商务平台，并进行了网络营销模式和市场推广设计；第三，“绿 E 之景”创意盆景创业训练项目进行了企业运营、盈利模式及财务目标设计，完成该项目的企业运营、盈利模式及财务计划；最后，“绿 E 之景”创意盆景创业训练项目组成员设计了风险防范机制，并进行了实际操作与实际运营管理。

3. 创新特色

“绿 E 之景”创意盆景创业训练项目以绿植小盆景为载体，进行了线上营销实际运营实训，实践了该项目在淘宝平台、微信店铺和第三方网络平台的实际营销训练，对项目组成员及训练了其线上不同网络平台的营销运营，又锻炼学生处理线下问题的能力，如与物流公司谈判包装破损问题，与供应商谈判供应价格等，基本实现了大学生创业训练项目的目标。

4. 实践意义和社会影响

通过本项目的建设，对大学生来讲，实践意义体现在：

（1）提高学生的对市场认识能力，通过绿植小盆景的市场调研及供应调研，能够供方市场和消费市场有清楚的认识。

（2）提高学生对网络销售平台的认识，让学生了解掌握淘宝平台、微信店铺和第三方网络平台不同的运营模式。

（3）提高学生的线下谈判能力，让学生和商家谈判，提高学生的实践能力。

社会影响：

通过本项目的初期建设，让学生对企业运营及创业过程有了清晰的认识，同时也使企业对学生能力的提高也有了认识渠道。

5. 财务执行

通过本项目的初期建设，支付劳务费 1 200 元。

后续经费支出正在计算统计中。

6. 研究报告

研究报告包括：《“绿 E 之景”创意盆景创业计划书》《德州学院大学生创新创业训练项目结题报告书》。

7. 过程记录

2015 年 5 月进行调研，探讨该项目的可行性；2015 年 6—12 月初完成绿植小盆景在淘宝平台、微信店铺和第三方网络平台实际销售运营；在 2016 年 1—8 月参加第六届全国大学生电子商务“创新、创意、创业”挑战赛获得校赛特等奖、省赛一等奖、国赛三等奖，并完成该项目最终报告的撰写。

三、研究总结报告

1. 预定计划执行总结

本项目从2015年5月开始执行创业训练计划，根据预定的计划进行，分阶段进行如下训练：(1)“绿E之景”创意盆景创业训练产品及服务设计，设计该项目的产品及服务；(2)“绿E之景”创意盆景创业训练电子商务平台设计，完成该项目的电子商务平台。(3)“绿E之景”创意盆景创业训练网络营销模式和市场推广设计，完成该项目的网络营销模式和市场推广计划；(4)“绿E之景”创意盆景创业训练企业运营、盈利模式及财务目标设计，完成该项目的企业运营、盈利模式及财务计划；(5)“绿E之景”创意盆景创业训练风险防范机制、实际操作过程与实际运营管理设计，完成该项目的风险防范机制、实际操作过程计划，并模拟实际运营管理。截至2016年10月，分阶段进行的各项目训练基本完成，通过本项目的执行，既锻炼了学生网络营销不同平台的实际操作能力，对市场的判断能力以及线下谈判能力，提高了学生对创业的认识。

2. 项目主要成绩和收获

撰写的报告《“绿E之景”创意盆景创业策划书》获得2016年全国大学生电子商务“创新、创意及创业”挑战赛校赛特等奖、省赛一等奖、国赛三等奖，并建成了淘宝网店、微信店铺基于第三方销售平台的的合作平台。

3. 项目的不足、困难和建议

项目的不足、困难：

本项目在执行过程中，由于所有成员都来自经管学院，缺少了供应商和网络销售平台的参与，所有项目运营过程阶段问题都需要项目组成员自己解决，在技术上遇到了一些困难，线下的谈判也有挫折；其次在经费的投入上，尽管未超出了国家创业训练预算。但是经费的制肘也使得项目组成员无法进行更大力度的市场宣传。

项目建设的建议：

(1) 项目的先期准备非常重要，要对产品和服务，以及渠道进行详细研究和考察；

(2) 经费预算上要实际考察，注意与其他公司的合作与沟通。

4. 需要深入研究的问题

(1) 项目由教师和学生组成团队来运作，因学生毕业等原因项目运营可持续非常困难。

(2) 学生创业训练项目资金有限，获取自筹资金比较困难，只能在有限的区域内做一些小型项目，对于培养学生开阔的视野不利。

四、经费使用情况

经费合计 10 000 元，其中，学校配套资助 10 000 元，学院（所）配套资助 0 元，其他经费 0 元。
经费支出情况： 劳务费 1200 元；后续经费使用正在整理报销中。

五、学院评审意见

该项目以绿植小盆景线上营销作为项目的核心业务，尝试进行了淘宝店铺、微信店铺和与第三方网上运营平台合作营销三种方式，不断解决线上营销和线下营销所产生的各种问题。项目组成员在执行过程中不断修正原来设计，既提高了学生的创业思维和能力，又有实际的创业训练，本项目执行过程中达到了创业训练目标，同意该项目结项。

专家组组长（签章）：

16 年 12 月 22 日

六、学校创新创业训练计划领导小组审核意见

达到预期要求，准予结项。

负责人（签章）：

16 年 12 月 25 日

第三部分

近年来学生创业注册公司情况

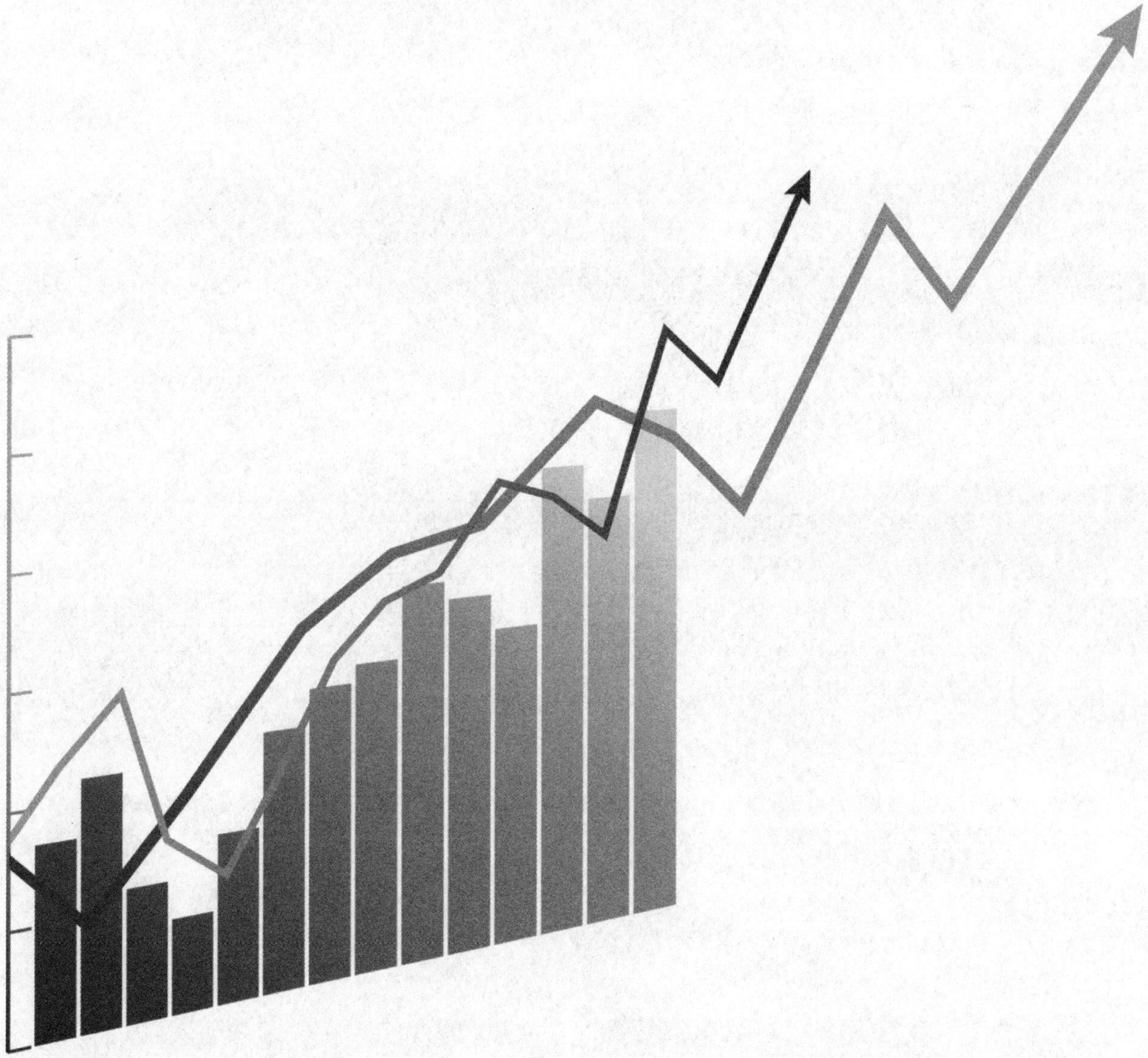

学生创业成立的公司统计表

序号	名称	成立日期	注册地	法定代表人	备注
1	德州梅斯塔电子商务有限公司	2014年5月9日	山东省德州市德城区大学路德州学院创业孵化基地1001室	王冰崧	
2	德州我爱团计算机信息技术有限公司	2014年7月16日	山东省德州市德城区共青团路聚源小区1号楼门市1—2层1号	王泽	
3	德州东鼎酒业有限公司	2014年7月30日	山东省德州市德城区运达物流园A3区03-2	马子涵	
4	德州尚雅餐饮有限公司	2014年12月31日	山东省德州市德城区天衢中路丽晶大厦1层1号	呼海洋	
5	德州浅蓝广告有限公司	2015年2月5日	山东省德州市德城区新华办事处陶瓷大市场B区93号二楼	韩峰	
6	德州世邦房产经纪有限公司	2015年3月4日	山东省德州市德城区天衢办事处湖滨北路嘉馨园小区9号楼6号门市	豆国松	
7	德州国商国际旅行社有限公司学苑营业部	2015年4月1日	山东省德州市德城区广川办事处大学西路566号德州学院院内德贤路23号楼	刘振东	
8	泰安市泰山区聚点音乐餐厅	2015年4月13日	泰安市迎胜路北首路东	沙莹莹	
9	德州悦艺教育咨询有限公司	2015年4月27日	山东省德州市德城区广川街道办事处天华锦绣园东沿街16号	邓月月	
10	德州烨霖食品有限公司	2015年5月21日	山东省德州市德城区广川街道办事处大学西路566号德州学院大学生创业孵化基地一层	武刚	
11	德州展源信息技术有限公司	2015年6月5日	山东省德州市德城区广川街道办事处大学西路566号德州学院大学生创业孵化基地一层7号	初鹏飞	

续表

序号	名称	成立日期	注册地	法定代表人	备注
12	德州营梦摄影有限公司	2015年6月23日	山东省德州市德城区广川街道办事处大学西路566号德州学院大学生创业孵化基地一层8号	陈文文	
13	德州智土农业科技有限公司	2015年10月17日	山东省德州市德城区广川街道办事处大学西路566号德州学院大学生创业孵化基地6号	王伟成	
14	济南茉胡电子有限公司	2015年10月17日	山东省济南市历城区华信路19—4号503室	郝敏敏	
15	上海瓦奢艺术有限公司	2015年11月23日	上海奉贤区金钱公路228号1幢1044室	顾加雄	
16	德州锐途信息技术有限公司	2015年12月1日	山东省德州市德城区广川街道办事处大学西路566号德州学院大学生创业孵化基地6号	韩海港	
17	临沂珂宝行汽车销售有限公司	2016年1月13日	山东省临沂市岚山区柳青街道柳青苑社区D区24号3单元501室	张善珂	
18	德州华文教育咨询有限公司	2016年5月16日	山东省德州市德城区广川街道办事处湖滨中大道909号皇明文化大厦13楼东侧北区1388室	毕舫堋	
19	德州市德城区华映广告工作室	2016年12月16日	山东省德州市德城区湖滨北路温泉小区9号楼1号营业房三楼	崔华峰	

学生在校期间创业成立的公司的营业执照

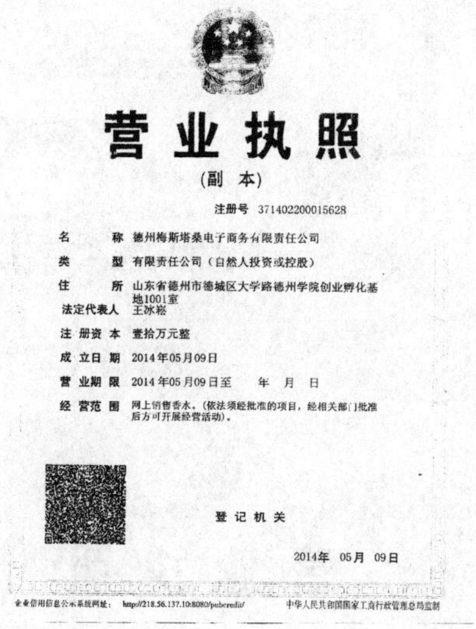
营业执照
(副　本)
注册号 371402200015628
名　　称　德州梅斯塔桑电子商务有限责任公司
类　　型　有限责任公司（自然人投资或控股）
住　　所　山东省德州市德城区大学路德州学院创业孵化基地1001室
法定代表人　王冰崧
注册资本　壹拾万元整
成立日期　2014年05月09日
营业期限　2014年05月09日至　　年　月　日
经营范围　网上销售香水。(依法须经批准的项目，经相关部门批准后方可开展经营活动)。
登记机关
2014年　05月　09日

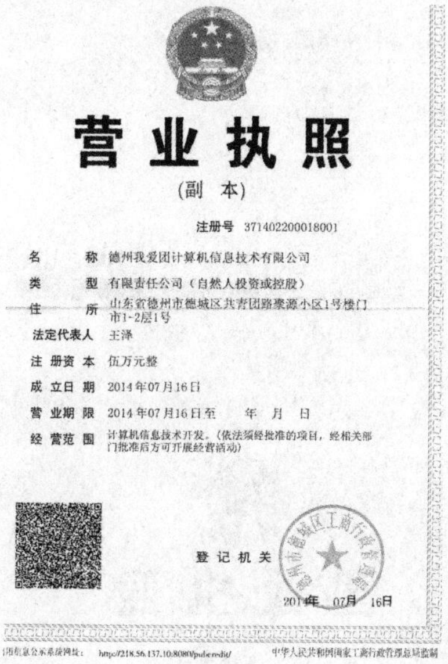
营业执照
(副　本)
注册号 371402200018001
名　　称　德州我爱团计算机信息技术有限公司
类　　型　有限责任公司（自然人投资或控股）
住　　所　山东省德州市德城区共青团路豪源小区1号楼门市1-2层1号
法定代表人　王泽
注册资本　伍万元整
成立日期　2014年07月16日
营业期限　2014年07月16日至　　年　月　日
经营范围　计算机信息技术开发。(依法须经批准的项目，经相关部门批准后方可开展经营活动)
登记机关
2014年　07月　16日

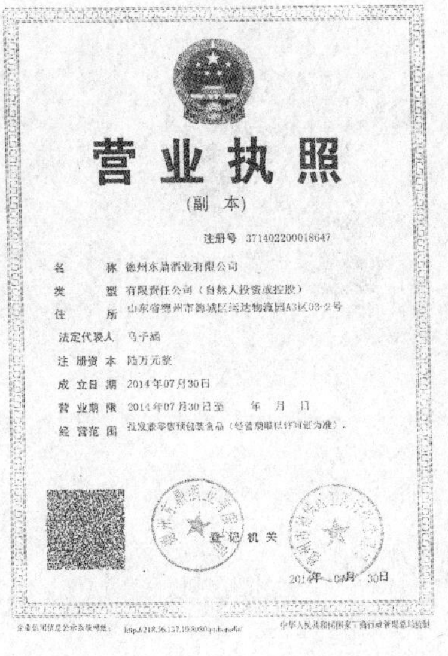
营业执照
(副　本)
注册号 371402200018647
名　　称　德州东鼎酒业有限公司
类　　型　有限责任公司（自然人投资或控股）
住　　所　山东省德州市德城区运达物流园A3区03-2号
法定代表人　马子涵
注册资本　陆万元整
成立日期　2014年07月30日
营业期限　2014年07月30日至　　年　月　日
经营范围　[illegible]（经营期限以许可证为准）。
登记机关
2014年　07月　30日

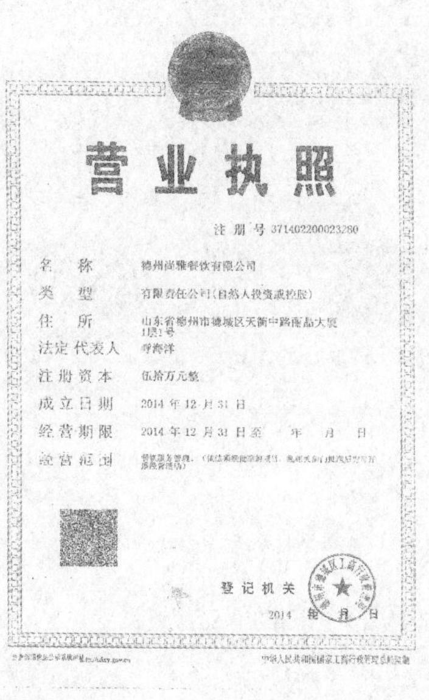
营业执照
注册号 371402200023280
名　　称　德州尚雅餐饮有限公司
类　　型　有限责任公司(自然人投资或控股)
住　　所　山东省德州市德城区天衢中路藤岛大厦1层1号
法定代表人　呼海洋
注册资本　伍拾万元整
成立日期　2014年12月31日
经营期限　2014年12月31日至　　年　月　日
经营范围　[illegible]
登记机关
2014

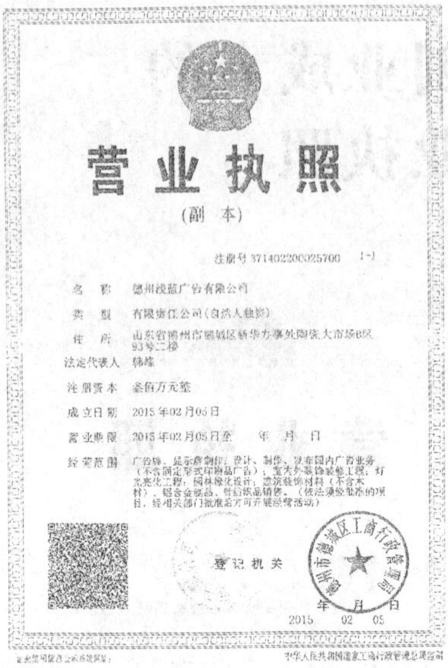
营业执照
（副 本）
注册号 371402200025700 1-1
名 称 德州浅蓝广告有限公司
类 型 有限责任公司（自然人独资）
住 所 山东省德州市德城区新华办事处陶瓷大市场B区93号二楼
法定代表人 韩峰
注册资本 叁佰万元整
成立日期 2015年02月05日
营业期限 2015年02月05日至 年 月 日
经营范围 广告牌、显示屏制作；设计、制作、发布国内广告业务（不含固定形式印刷品广告）；室内外装饰装修工程；灯光亮化工程；园林绿化设计；建筑装饰材料（不含木材）、铝合金制品、针纺织品销售。（依法须经批准的项目，经相关部门批准后方可开展经营活动）
登记机关
2015 年 02 月 05 日
中华人民共和国国家工商行政管理总局监制

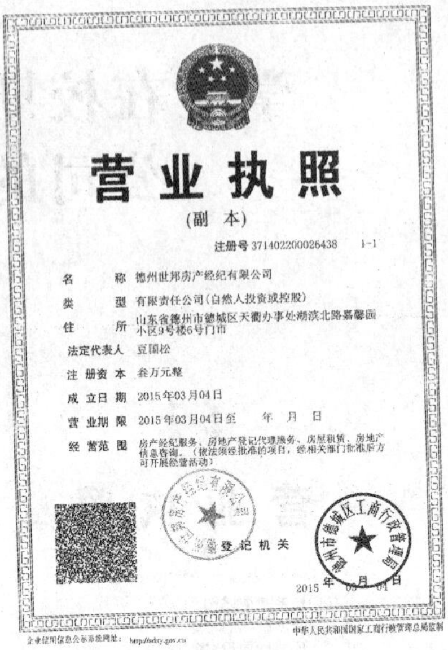
营业执照
（副 本）
注册号 371402200026438 1-1
名 称 德州世邦房产经纪有限公司
类 型 有限责任公司（自然人投资或控股）
住 所 山东省德州市德城区天衢办事处湖滨北路嘉馨园小区9号楼6号门市
法定代表人 豆国松
注册资本 叁万元整
成立日期 2015年03月04日
营业期限 2015年03月04日至 年 月 日
经营范围 房产经纪服务、房地产登记代理服务、房屋租赁、房地产信息咨询。（依法须经批准的项目，经相关部门批准后方可开展经营活动）
登记机关
2015 年 03 月 04 日
企业信用信息公示系统网址：http://sdxy.gov.cn
中华人民共和国国家工商行政管理总局监制

营业执照
（副 本）
1-1
注册号 371402300007805
名 称 德州国商国际旅行社有限公司学苑营业部
类 型 有限责任公司分公司（自然人投资或控股）
营业场所 山东省德州市德城区广川办事处大学西路566号德州学院内德贤路23号楼
负 责 人 刘振东
成立日期 2015年04月01日
营业期限 2015年04月01日至 年 月 日
经营范围 接收总公司委托联系业务（依法须经批准的项目，经相关部门批准后方可开展经营活动）
登记机关
2015年 月 日
中华人民共和国国家工商行政管理总局监制

营业执照
（副 本）
注册号 371402200028099 1-1
名 称 德州悦艺教育咨询有限公司
类 型 有限责任公司（自然人独资）
住 所 山东省德州市德城区广川街道办事处天华锦绣园东沿街16号
法定代表人 邓月月
注册资本 壹拾万元整
成立日期 2015年04月07日
营业期限 2015年04月07日至 年 月 日
经营范围 教育咨询服务（不含教育培训及招生）、企业管理咨询服务、会议及展览服务、市场营销策划；办公用品、文体用品、百货用品销售；广告设计、制作、发布及代理（不含固定形式的印刷品广告）。（依法须经批准的项目，经相关部门批准后方可开展经营活动）。
登记机关
2015 年 04 月 07 日
企业信用信息公示系统网址：http://sdxy.gov.cn
中华人民共和国国家工商行政管理总局监制

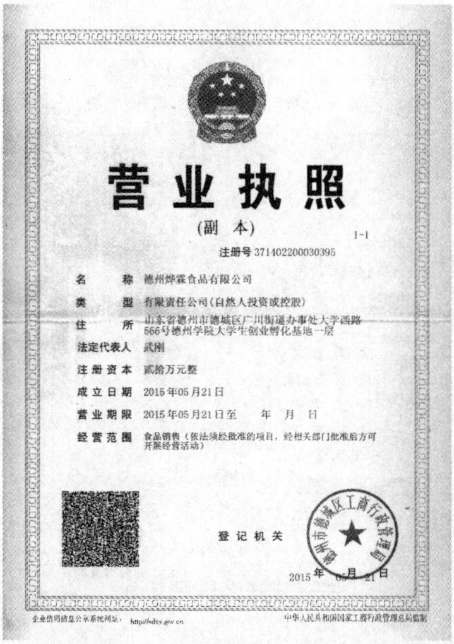

营业执照

（副本）

1-1

注册号 371402200030395

名　　称　德州烨霖食品有限公司

类　　型　有限责任公司(自然人投资或控股)

住　　所　山东省德州市德城区广川街道办事处大学西路566号德州学院大学生创业孵化基地一层

法定代表人　武刚

注册资本　贰拾万元整

成立日期　2015年05月21日

营业期限　2015年05月21日至　　年　月　日

经营范围　食品销售（依法须经批准的项目，经相关部门批准后方可开展经营活动）

登记机关

2015年　06月　21日

企业信用信息公示系统网址：　http://sdxy.gov.cn　　中华人民共和国国家工商行政管理总局监制

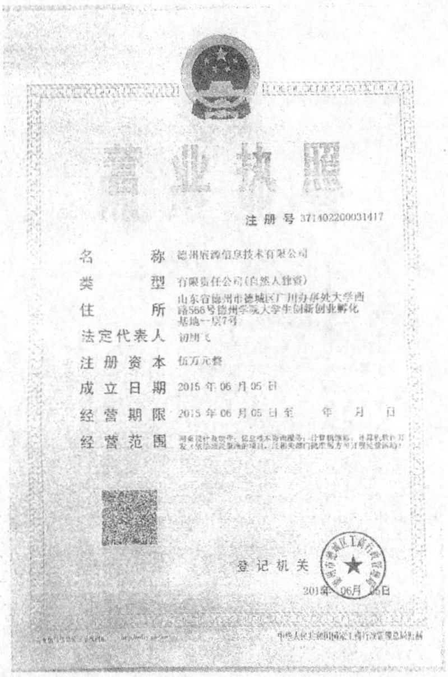

营业执照

注册号 371402200031417

名　　称　德州[illegible]信息技术有限公司

类　　型　有限责任公司(自然人独资)

住　　所　山东省德州市德城区广川办事处大学西路566号德州学院大学生创新创业孵化基地一层7号

法定代表人　初明飞

注册资本　伍万元整

成立日期　2015年06月05日

经营期限　2015年06月05日至　　年　月　日

经营范围　[illegible]

登记机关

2015年　06月　05日

中华人民共和国国家工商行政管理总局监制

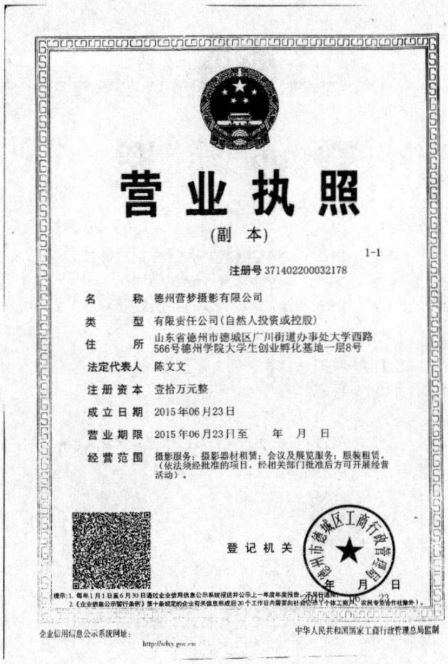

营业执照

（副本）

1-1

注册号 371402200032178

名　　称　德州营梦摄影有限公司

类　　型　有限责任公司(自然人投资或控股)

住　　所　山东省德州市德城区广川街道办事处大学西路566号德州学院大学生创业孵化基地一层8号

法定代表人　陈文文

注册资本　壹拾万元整

成立日期　2015年06月23日

营业期限　2015年06月23日至　　年　月　日

经营范围　摄影服务；摄影器材租赁；会议及展览服务；服装租赁。（依法须经批准的项目，经相关部门批准后方可开展经营活动）。

登记机关

年　月　23日

企业信用信息公示系统网址：　http://sdxy.gov.cn　　中华人民共和国国家工商行政管理总局监制

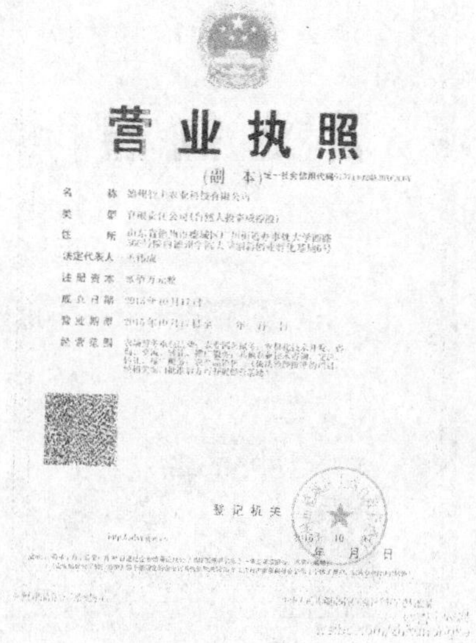

营业执照

（副本）

名　　称　[illegible]

类　　型　有限责任公司(自然人投资或控股)

住　　所　[illegible]

法定代表人　[illegible]

注册资本　[illegible]

成立日期　[illegible]

营业期限　[illegible]

经营范围　[illegible]

登记机关

年　月　日

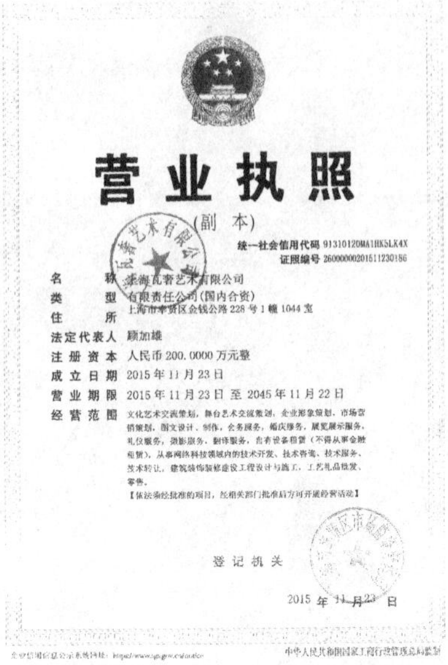

营业执照

(副 本)

统一社会信用代码 91310120MA1HK5LK4X

证照编号 26000000201511230156

名　　称 上海瓦奢艺术有限公司

类　　型 有限责任公司(国内合资)

住　　所 上海市奉贤区金钱公路228号1幢1044室

法定代表人 顾加雄

注册资本 人民币200.0000万元整

成立日期 2015年11月23日

营业期限 2015年11月23日 至 2045年11月22日

经营范围 文化艺术交流策划，舞台艺术交流策划，企业形象策划，市场营销策划，图文设计、制作，会务服务，婚庆服务，展览展示服务，礼仪服务，摄影服务，翻译服务，自有设备租赁（不得从事金融租赁），从事网络科技领域内的技术开发、技术咨询、技术服务、技术转让，建筑装饰装修建设工程设计与施工，工艺礼品批发、零售。

【依法须经批准的项目，经相关部门批准后方可开展经营活动】

登记机关

2015年11月23日

中华人民共和国国家工商行政管理总局监制

营业执照

统一社会信用代码 91371402MA3C1EMK0Y

名　　称 山东锐途信息技术有限公司

类　　型 有限责任公司(自然人投资或控股)

住　　所 山东省德州市德城区广川街道办事处大学西路566号院内德州学院大学生创新创业孵化基地6号

法定代表人 韩海港

注册资本 叁佰万元整

成立日期 2015年12月01日

经营期限 2015年12月01日至　年　月　日

经营范围 计算机软硬件研发、销售及技术推广、技术咨询、技术服务；网页设计制作；设计、制作、代理、发布国内广告（不含固定形式印刷品广告）；企业营销策划。（依法须经批准的项目，经相关部门批准后方可开展经营活动）

登记机关

2015年12月01日

中华人民共和国国家工商行政管理总局监制

营业执照

(副 本)

1-1

统一社会信用代码 91371302MA3C5FTB6N

名　称 临沂珂宝行汽车销售有限公司

类　型 有限责任公司(自然人独资)

住　所 山东省临沂市兰山区柳青街道柳青苑社区D区24号3单元501室

法定代表人 张善珂

注册资本 伍拾万元整

成立日期 2016年01月13日

营业期限 2016年01月13日至2036年01月12日

经营范围 批发零售：汽车及配件、汽车饰具、办公用品；汽车销售信息咨询；二手车交易；货物及技术进出口。（依法须经批准的项目，经相关部门批准后方可开展经营活动）

http://sdxy.gov.cn

登记机关

2016年01月13日

企业信用信息公示系统网址：

中华人民共和国国家工商行政管理总局监制

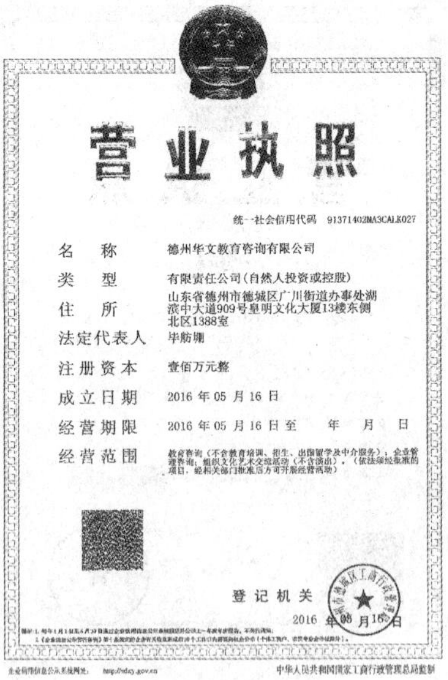

营业执照

统一社会信用代码 91371402MA3CALK027

名　　称 德州华文教育咨询有限公司

类　　型 有限责任公司(自然人投资或控股)

住　　所 山东省德州市德城区广川街道办事处湖滨中大道909号皇明文化大厦13楼东侧北区1388室

法定代表人 毕舫珊

注册资本 壹佰万元整

成立日期 2016年05月16日

经营期限 2016年05月16日至　年　月　日

经营范围 教育咨询（不含教育培训、招生、出国留学及中介服务）；企业管理咨询；组织文化艺术交流活动（不含演出）。（依法须经批准的项目，经相关部门批准后方可开展经营活动）

登记机关

2016年05月16日

企业信用信息公示系统网址： http://sdxy.gov.cn

中华人民共和国国家工商行政管理总局监制

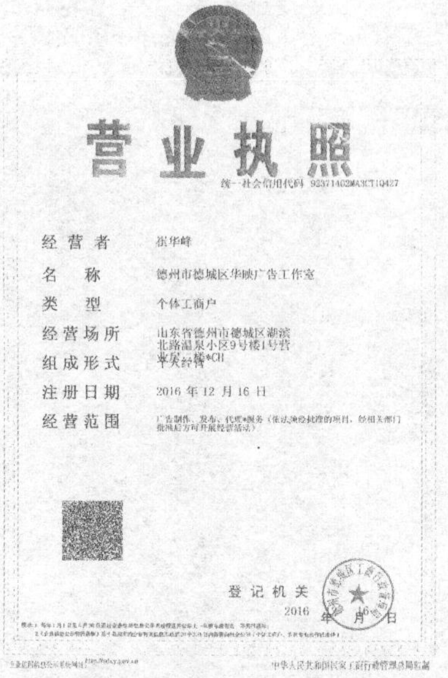

营业执照

统一社会信用代码 92371402MA3CT1Q427

经营者	崔华峰
名称	德州市德城区华映广告工作室
类型	个体工商户
经营场所	山东省德州市德城区湖滨北路温泉小区9号楼1号营业房一楼*C11
组成形式	个人经营
注册日期	2016年12月16日
经营范围	广告制作、发布、代理*服务（依法须经批准的项目，经相关部门批准后方可开展经营活动）

登记机关

2016年 月16日

中华人民共和国国家工商行政管理总局监制

第四部分

近年来学生创新创业教育实践成果

部分创新创业教育实践成果

创新创业实践基地成立揭牌

指导创新创业实验班学生生产实践

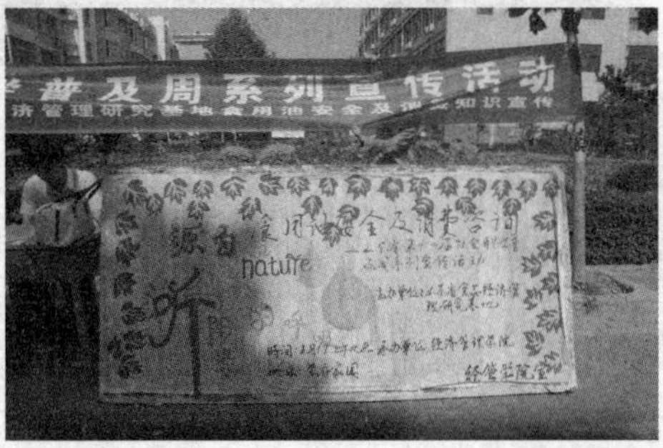

创新创业实验班学生在成立的公司进行营销训练

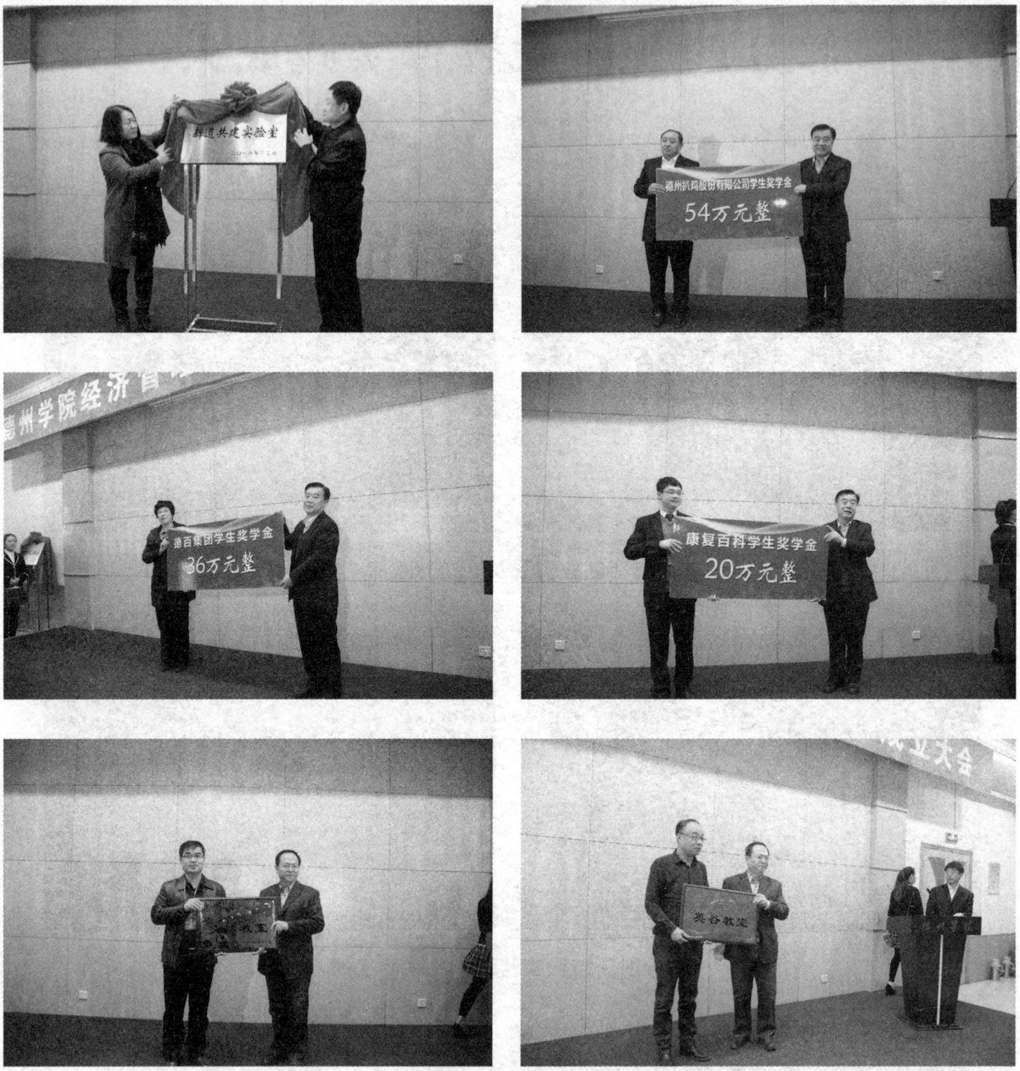

在校企合作协同育人中促进创新创业教育实践平台建设

“三创赛”校内选拔赛

教师带领学生参加商业精英挑战赛
商业信息化创新创业竞赛

电子商务竞赛校内选拔赛

教师带领学生参加电子商务竞赛

教师带领学生参加沙盘模拟竞赛

教师带领学生参加外贸跟单竞赛

教师指导学生参加电子商务竞赛获一等奖　学生参加山东省电子商务大赛获得三项一等奖

学生参加全国商业精英挑战赛获一等奖　学生积极参加电子商务专业竞赛总决赛

参加山东省商业精英挑战赛创新创业竞赛并获得好成绩

经管学院与阿里巴巴合作培训创新创业实践教师

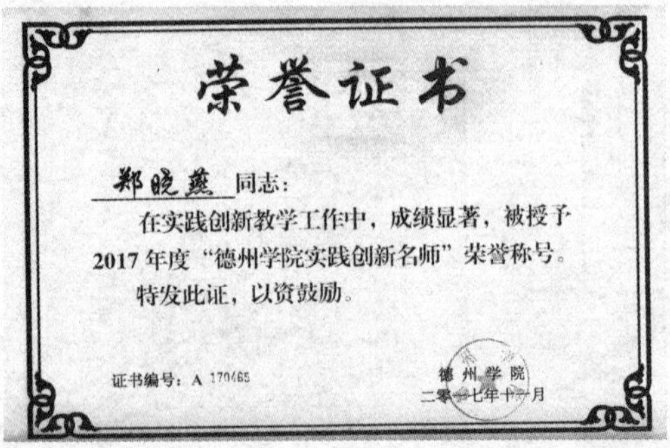
荣誉证书

郑晓燕 同志：

在实践创新教学工作中，成绩显著，被授予2017年度“德州学院实践创新名师”荣誉称号。

特发此证，以资鼓励。

证书编号：A 170465

德州学院
二零一七年十一月

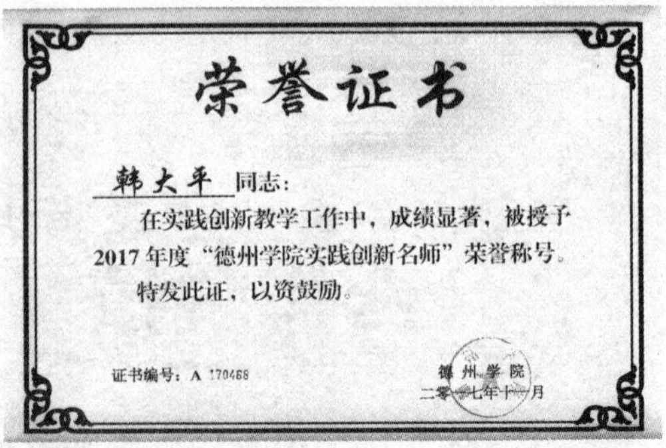
荣誉证书

韩大平 同志：

在实践创新教学工作中，成绩显著，被授予2017年度“德州学院实践创新名师”荣誉称号。

特发此证，以资鼓励。

证书编号：A 170468

德州学院
二零一七年十一月

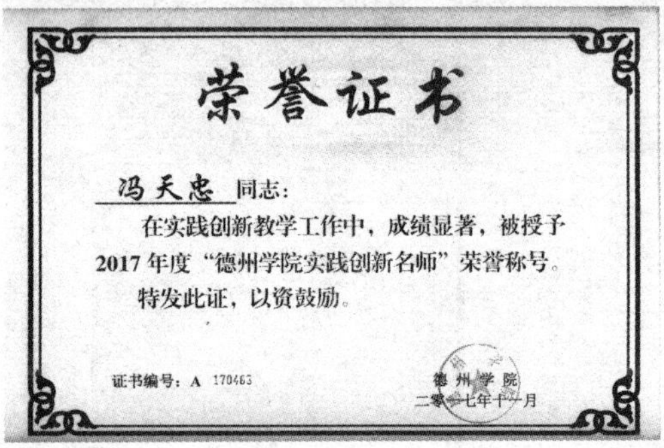
荣誉证书

冯天忠 同志：

在实践创新教学工作中，成绩显著，被授予2017年度“德州学院实践创新名师”荣誉称号。

特发此证，以资鼓励。

证书编号：A 170463

德州学院
二零一七年十一月

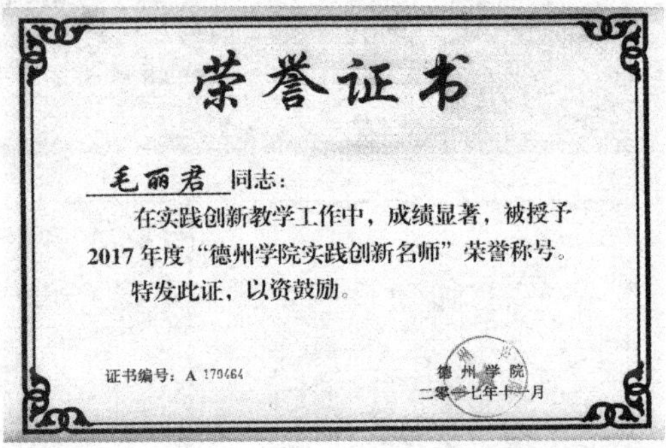
荣誉证书

毛丽君 同志：

在实践创新教学工作中，成绩显著，被授予2017年度“德州学院实践创新名师”荣誉称号。

特发此证，以资鼓励。

证书编号：A 170464

德州学院
二零一七年十一月

荣誉证书

郑晓燕 同志

在实践创新教学工作中成绩显著，被授予2015年度“德州学院实践创新名师”荣誉称号。

特发此证，以资鼓励。

证书编号：A [illegible]

德州学院
2015年5月

荣誉证书

郑晓燕 同志：

在实践创新教学工作中成绩显著，被授予2015年度“德州学院实践创新名师”荣誉称号。

特发此证，以资鼓励。

证书编号：A 160020

德州学院
二〇一六年三月

荣誉证书

冯天忠 同志

在实践创新教学工作中成绩显著，被授予2015年度“德州学院实践创新名师”荣誉称号。

特发此证，以资鼓励。

证书编号：A [illegible]

德州学院
2015年5月

荣誉证书

冯天忠 同志：

在实践创新教学工作中成绩显著，被授予2015年度“德州学院实践创新名师”荣誉称号。

特发此证，以资鼓励。

证书编号：A 160003

德州学院
二〇一六年三月

部分教师获得“实践创新名师”称号

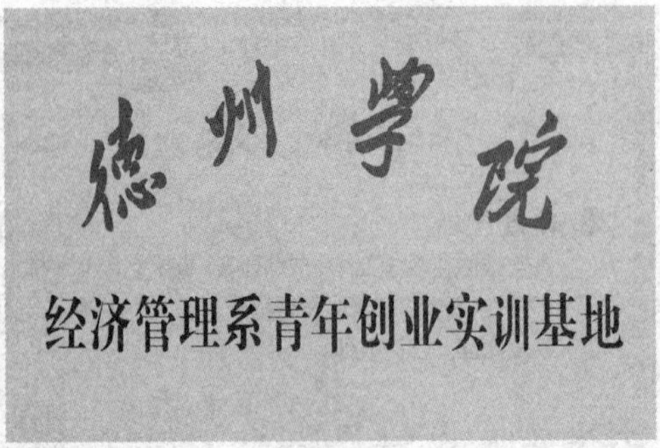

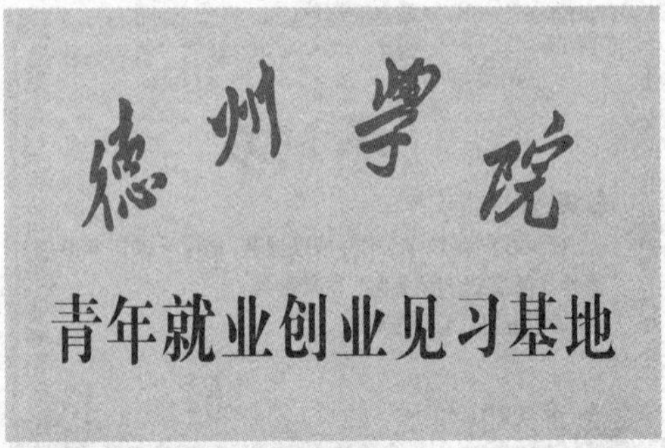

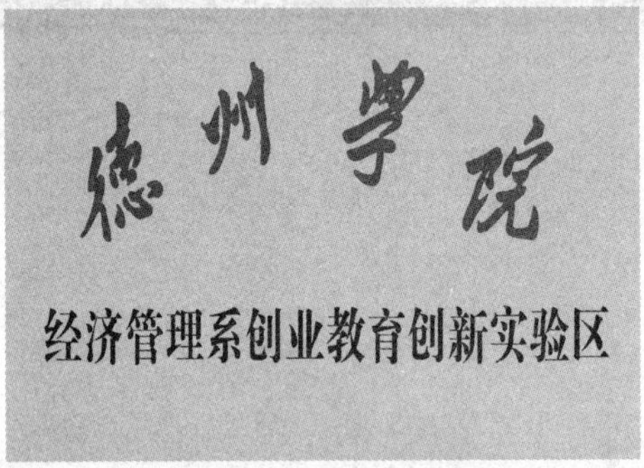

VBSE创新型人才培养虚拟仿真实训室

VBSE创新型人才培训虚拟仿真实训室

先后搭建的创新创业实践平台

编号：LHBX2016010

德州学院与山东智博教育科技有限公司
校企合作协议书

国际经济与贸易专业（春季高考本科 跨境电子商务方向）

联合培养项目

二〇一六年三月

1

先后搭建的创新创业实践平台

编号：LHBX 2017001

德州学院　青岛英谷教育科技股份有限公司

会计学专业（金融会计方向）

校企共建专业

技术开发及相关服务合作协议

甲方：德州学院

乙方：青岛英谷教育科技股份有限公司

为贯彻落实《国务院关于加快培育和发展战略性新兴产业的决定》（国发[2010] 32 号）文件，促进山东省金融和相关人才教育事业的发展，适应我省对金融行业的迫切需求，推动高校的应用型本科特色名校建设，促进高校课程体系改革，加强高校教师队伍培养，提高人才培养质量，经甲乙双方友好、平等协商，达成以下校企共建专业协议。

一、项目名称

会计学专业（金融会计方向）校企共建专业技术开发及相关服务合作协议，以下简称“金融会计专业方向”。

二、合作形式

采取甲方招生；乙方进行教材、教辅、实验平台、在线平台等教改体系研发及相关的培训等服务；甲乙双方联合制定技术开发及相关服务方案、共同承担教学任务的方式进行专业共建合作。

三、双方权利和义务

（一）甲方权利和义务：

1

先后搭建的创新创业实践平台

合同登记编号：

市场营销专业（网络营销方向）

校企合作协议书

项目名称：市场营销（网络营销方向）校企合作项目

学校(甲方)：德州学院

企业(乙方)：济南文华管理咨询有限公司

签订地点：德州学院

签订日期：2015 年 4 月 21 日

有效期限：2015 年 4 月 21 日　至 2024 年 7 月 31 日

第1页　共8页

先后搭建的创新创业实践平台

近年来经管类专业创业成功的部分学生

创业成功回馈母校的会计学专业学生李君

带领农民创业致富的大学生村官严庆玲

在化妆品医学美容行业成功创业的
工商管理专业的学生王冰崧

培训证明

兹有张辰同志（身份证号：370785199502101239）参加了我中心2017年第21期食品、药品安全培训课程，经考核合格，特发此证。

德州市德城区电大培训中心
二零一七年3月12日

在跨境电商领域创业的国际贸易专业
学生张辰

在稀土复合材料领域创业的国际贸易专业的
学生康鲍

张浩

CEO

创业演讲。2014年10月，创立融美科技，2015年5月份，融美科技上海分公司成立，2015年10月20日，张浩代表融美科技接受了CCTV“赢在品牌”节目的专题采访。2015年一年累计销售额突破1000万。融美科技市场占有率达到30%，稳居市场前三名。

在校期间开始创业的国际贸易专业学生张浩

难忘军旅岁月 50 再续战友情谊

一军一师三团六八年
安陆籍战友入伍五十周年纪念册

湖北·安陆

2017.10

表 1-1 西北各省(自治区)重要矿产预测汇总研究人员

省(自治区)	最终报告人员名单(2013年6月验收)
新疆	冯京、杨在峰、徐仕琪、田江涛、李凤鸣、周刚、王磊、彭湘萍、高永峰、高鹏、涂其军、张维州、邓洪涛、王君良、屈迅、庄道泽、杨万志、兰险、李凤林、韩晓明、郑玉洁、舍建忠、赵同阳、朱志新、刘振涛、邓洪涛、徐永波、段新力、孙卫东、周军、李延清、邱曼
青海	杨生德、吴正寿、赵呈祥、赵俊伟、郝伟杰、易平乾、马生龙、马彦青、陈文林、穆一清、郭贵恩、李青林、张永胜、甘艳辉、赵志飞、贺领兄、刘宝山、路超
甘肃	余超、牛卯胜、童晓华、王方成、刘土改、张发荣、李绪善、蒋文、刘元平、冯备战、王洋、牛海平、刘强、王强国、李克存、宋秉田、卫治国、田继孝、何智祖、李少雄、张丹青、刘晓婷、杨俊章、王聪燕、谢小青、刘莉、何媛
陕西	郭立宏、陈艳、李静、张满社、张省举、张开盾、王满仓、张云峰、张银龙、白小鸟
宁夏	艾宁、孟方、毛自力、王成、王振藩

第二节 矿产预测工作方法流程

一、技术思路

全国矿产资源潜力预测评价工作总体技术思路为：以成矿系列理论为指导，加强区域成矿规律研究，加强与成矿有关的基础地质研究工作，最大限度地深入分析地质构造的成矿信息，以Ⅲ级成矿区(带)为单元，深入全面总结主要矿产的成矿类型，研究以成矿系列为核心内容的区域成矿规律，选择矿床式作为矿产预测类型；全面利用物探、化探、自然重砂、遥感所显示的地质找矿信息；运用体现地质成矿规律内涵的预测技术，全面全过程应用GIS技术，在Ⅳ、Ⅴ级成矿区内圈定预测区基础上，实现分省、全国资源潜力预测评价(资料截止时间为2005年底)。

西北地区矿产预测的技术路线为：坚持"统一组织、统一思路、统一方法、统一标准、统一进度"的原则，充分利用地质构造、综合信息、成矿规律研究工作成果，全面解析区域地质构造，主要控矿因素，物探、化探、遥感、自然重砂等综合信息，矿化特征，以Ⅲ级成矿区带为单元，研究矿产预测类型和评价模型，确定预测要素，建立预测模型，圈定预测区，汇总预测资源量，提出重要矿产勘查部署建议。

二、工作流程

应用已有地质工作积累的资料(地、矿、物化遥和有关科研成果)，在分析工作区的地质背景、研究总结成矿规律、划分成矿区(带)、建立区域(或矿田、矿床)成矿模式或矿床成矿模型的基础上，运用矿床模型综合地质信息预测方法，进行矿产预测要素信息提取与综合，建立区域评价预测模型和找矿模型。根据相似类比原则和"求异"理论，圈定不同类别的预测区，估算资源量，划定资源量级别，并提出地质找矿工作部署建议及未来矿产开发基地预测；编制预测成果图及成果报告(图1-1)。

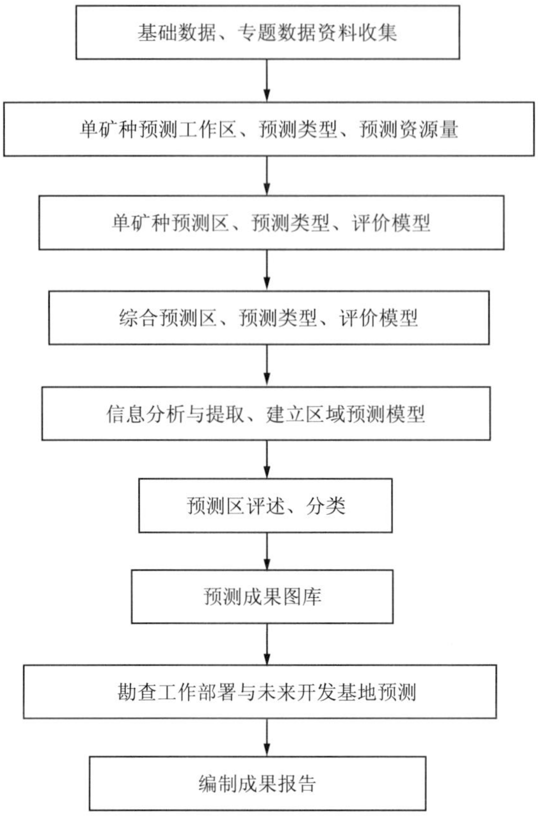

图 1-1 西北地区矿产预测工作流程图

三、工作方法

本次矿产预测评价技术方法是以成矿系列理论为指导，以矿床模型综合地质信息预测方法体系为主要方法，辅以地球化学方法和磁法等资源潜力评价方法。矿床模型综合地质信息预测方法的核心是以陈毓川等原创的成矿系列理论为指导，将成矿作用与一定的地质环境/构造演化阶段结合起来；利用地质调查长期积累的多专业勘查信息编制区域综合信息建造构造预测图；使用计算机信息技术，进行成矿信息提取与挖掘，建立区域评价模型，圈定最小预测区，使用地质参数法定量估算未发现的潜在资源量。

1. 矿产预测类型及预测方法类型划分

1)矿产预测类型划分

矿产预测类型是为了进行区域矿产预测，根据相同的矿产预测要素以及成矿地质条件，对矿产划分的类型。矿产预测类型是开展矿产预测工作的基本单元，凡是在同一地质作用下形成的，成矿要素和预测要素基本一致，可以在同一张预测底图上完成预测工作的矿床、矿点和矿化线索可以归为同一矿产预测类型。同一矿种存在多种矿产预测类型，不同矿种组合可能为同一类型，同一成因类型可能有多种类型，不同成因类型组合可能为同一类型。

2)预测方法类型划分

矿产预测方法类型是为了进行区域矿产预测，按照矿产预测方法的不同要求而划分的矿产类型。根据成矿地质特征而划分为沉积型、火山型、侵入岩体型、变质型、综合内生型、层控内生型6种矿产预

测方法类型；采用相应的沉积建造构造图、火山岩性岩相图、侵入岩浆构造图、变质建造构造图、（综合）建造构造图、含矿岩层（综合）建造构造图等进行预测要素表达。不同预测方法类型，其地质构造底图内容不同、预测方法不同。

沉积型：凡是空间上严格受沉积建造和沉积构造控制的矿产类型，包括全部沉积矿产、部分海底火山喷发沉积矿产、喷流沉积型矿产、部分空间上找不到侵入体具体空间位置的层控改造型矿产。

侵入岩体型：凡是空间上严格与侵入岩体相关的矿产类型，包括矽卡岩型、斑岩型、岩浆型矿产，还包括严格受侵入体热流体空间影响范围控制的高温热液矿床。

变质型：凡是空间上严格受变质建造和构造控制的矿产类型。

火山岩型：凡是空间上严格受火山岩性岩相构造控制的矿产类型。

层控内生型：空间上受沉积建造与构造控制，同时又受侵入岩浆作用控制的矿产类型。

综合内生型：沉积/变质/火山建造与侵入岩浆作用、构造作用等综合地质作用控制以及不能判别确切成矿地质体的矿产类型。

2. 典型矿床预测要素及预测模型概念

典型矿床预测要素是指用于预测的地质、矿产、物探、化探、遥感、自然重砂等要素。依据典型矿床所在位置区域地质资料，区域物、化、遥、自然重砂异常特征分析资料，以及典型矿床外围或矿田范围内矿产资料，建立模型区预测模型。

按照矿产预测类型，选择典型矿床，编制预测要素图和预测要素表，资料来源是矿床矿区地质矿产图及矿区物化遥资料，按照“数据模型”统一岩石地层单位、建造类型及岩性，规范侵入岩岩性、归并自然岩石组合和岩石系列，利用矿区物化探原始数据和成果资料，分析地物化遥与矿体（带）内在关系，总结预测要素。

在预测要素图基础上，从构造环境、含矿地层、控矿构造、矿体标志、蚀变标志、磁法标志、重力标志、矿区地球化学标志、地表找矿标志总结建模，建立预测模型表。并以典型矿床预测要素中地质矿产剖面图为底图，叠加矿区物化探数据剖面，反映预测要素及其特征与矿体的关系，编制典型矿床预测模型图。

3. 区域预测要素及区域预测模型概念

区域预测要素是指用于预测工作区的地质、矿产、物探、化探、遥感、自然重砂等要素。通过叠加区域成矿规律研究，将典型矿床预测模型转换形成区域预测模型。

在预测工作区各专题编图图库基础上，开展矿床（点）与地质、物化探的关系分析，进行变量提取、组合变量，进一步总结预测要素和预测要素级别，编制区域预测要素图和预测要素表。参照“数据模型”建立区域成矿预测模型，从构造环境、含矿地层、控矿构造、矿体标志、蚀变标志、磁法标志、重力标志、矿区地球化学标志、找矿标志总结建模，建立预测模型表。

在建立区域预测模型时，注意典型矿床预测要素和区域预测要素之间、宏观信息与微观信息之间、区域信息与局部信息之间、直接信息与间接信息之间的因果关系，实现直接信息向间接信息、局部信息向区域信息、微观信息向宏观信息的信息形式的转化。单矿种区域预测模型图，一般利用地质矿产图剖面图，叠加物化探数据剖面，反映矿产及其与地质、物化探的关系。

4. 预测区圈定与优选

1）预测单元划分（预测区圈定）

利用成矿必要条件的综合信息地质单元叠加，即必要要素叠加圈定预测区，预测要素叠加要考虑必要条件和部分重要条件。

预测要素要在区域上信息对称，考虑覆盖区与非覆盖区的要素选择，应用相交、合并、相减和它们的组合关系，确定预测要素叠加方案。对于要素叠加产生的碎斑，用网格化归并碎斑，根据归并碎斑圈定

最小单元。圈定出最小单元后,根据地质特征将其合并,圈定最小预测区。

2)模型单元选择

总体选择研究程度相对高,找矿信息明显,具有较可靠资源储量的单元为模型单元。模型单元本身的自变量和因变量之间具有良好的因果关系。MRAS 中提供了数量化理论Ⅲ和数量化理论Ⅳ进行数学模型计算和人工交互式选择模型,本次预测多采用了人工选择模型单元。

具体选择原则是:选择大、中、小型等规模的代表性矿床为模型;根据矿床的勘探或详查资料详细程度,选择研究程度高的单元,使模型单元的选择大多数具有一定的可靠性;对于工作程度低的模型单元过少,选择有代表性矿点作为模型区研究。

3)预测变量组合赋值

在预测模型的指导下,从预测底图及相关专业图件上逐一提取与成矿关系密切的要素图层。选择区内代表性矿床(含典型矿床)为模型单元,确定各图层与矿产的关系及其变量赋值意义,对各预测要素图层形成的数字化变量进行变量取值,将模型单元与预测区关联。

定性变量:当变量存在对成矿有利时,赋值为 1;不存在时赋值为 0。如深大断裂最佳半径距离为小于 2km,赋值为 1,大于 2km,赋值为 0。

定量变量:赋实际值,例如:查明储量、平均品位、矿化强度等。某构造长度为 25km,就赋值为 25。

对每一预测区求出成矿有利度,根据有利度对其进行赋值。

4)最小预测区优选

应用特征分析方法,将预测单元与模型单元的各种特征进行类比,并据此圈定出有利成矿的预测区,计算因素权重和成矿有利度,采用特征分析(在 MRAS 中实现)或相似系数统计方法进行最小预测区优选圈定。优选结果表示:红色为成矿有利区 A 级、绿色为 B 级、蓝色为 C 级。

5)预测区的分级

按照成矿条件的有利程度,预测依据是否充分,矿化强度、成矿信息浓缩程度、资源潜力大小、自然地理条件等因素,通过优选划分出 A、B、C 3 个级别。

5. 资源量估算

本次潜力评价资源量预测主要采用了体积法,即将控制区有代表性的单位体积内矿产资源的平均含量估计值外推到评价区的体积范围,估计评价区的矿产资源量的方法。本次成矿地质体地质参数体积法是基于矿床模型综合地质信息预测方法中的定量预测方法之一,该方法针对传统的体积法的计算精度问题、估算对象问题等进行了改进,使其更适合于中、大比例尺度的预测评价,适用范围也扩展到内生金属矿产。

典型矿床深部及外围预测,根据建立的典型矿床预测模型,在典型矿床预测底图和勘探线剖面上,圈定查明区、外围预测范围和深部预测深度。统计有关参数:矿体长度、最大厚度、平均厚度、最大延深、矿石体重值、平均品位、平均倾角、查明储量,计算查明区体积和体积含矿率,预测矿带外围和深部资源量。

工作区预测资源量,选择典型矿床所在的最小预测区为模型区,计算其含矿系数。统计最小预测区有关参数:含矿地质体厚度、单斜、向斜或背斜构造、面积、深度和含矿地质体面积参数,计算模型区与预测区的相似系数,对各最小预测区进行资源量估算,最小预测区预测资源量之和为工作区预测资源量。并对预测工作区进行评述。

矿产预测过程中,针对磁性矿产采用了磁测资料定量预测,对化探异常特征明显的部分有色金属矿产用化探资料进行了预测。

6. 成果汇总

西北地区重要矿产资源潜力成果汇总包括资料性汇总和研究性汇总两方面。资料性汇总主要是在

省级预测成果的基础上，进行矿产预测成果资料和资源量估算的数据复核和汇总，建立西北矿产预测空间数据库；研究性汇总是对省级预测成果的深化与提高，主要是对在开展西北地区矿产资源预测和汇总工作中遇到的疑难问题的综合研究，按成矿带、归并后的矿产预测评价模型进行汇总，形成大区级矿产资源潜力评价成果。具体工作内容包括基础资料整理与完善、矿产预测重大疑难问题研究、矿产预测类型研究、矿产预测模型汇总、综合预测区圈定与预测资源量汇总和矿产勘查工作部署与未来勘查基地预测。

基础资料整理与完善：对省级矿产预测模型与预测要素图编制、预测区圈定、预测要素变量的构置与选择、预测区优选、资源量估算等进行校核、纠错、补充、完善，为大区汇总奠定基础。

矿产预测重大疑难问题研究：西北地区地质工作程度差异较大，特别是有色金属矿种（组），在预测过程中存在大量的信息不对称问题、知识和数据驱动不协调问题。因此，以Ⅲ级成矿带为单位，在综合研究地质构造、矿产、物探、化探、遥感、自然重砂等预测信息的基础上，通过预测模型（典型矿床预测模型、区域预测模型）和预测要素的汇总总结、模型区与预测区关联等研究，完善矿产预测工作流程和方法。综合研究预测工作区、矿产预测类型、预测要素及预测成果，特别是跨省的Ⅲ级成矿带区域成矿联系、资源潜力，重点解决Ⅲ级成矿带内跨省预测工作区的衔接对比问题，完成统一方法和标准下的预测区优选、分类和排序。

矿产预测类型研究汇总：根据西北地区各省级矿产预测类型划分结果，总结不同矿种（组）矿产预测类型的分布特征及其成矿地质背景和成矿特征。根据全国统一标准，对西北地区的矿产预测类型进行统计、分析和归并。按照空间和时间排序，编制矿产预测类型谱系表，重点反映成矿时代和所属成矿区（带）以及主要预测要素。

矿产预测模型汇总：在各省预测模型（典型矿床、区域）的基础上，参照全国矿产预测汇总组确定的81个预测评价模型进行对应研究与归并。形成西北地区的预测要素描述性模型及图件，建立预测模型汇总数据库。

综合预测区圈定与预测资源量汇总：根据预测区优选与定量预测结果，结合单矿种预测类型预测区的空间分布特征，圈定综合预测区，圈定时满足最小面积最大含矿率原则。根据区域成矿地质背景、综合信息标志等，综合分析资源潜力，将综合预测区划分为A、B、C 3类。统计汇总西北地区23个矿种（组）查明资源量和预测资源量，分析查明资源量比例。以黑色金属、有色金属、贵金属、稀有-稀土金属和非金属矿产的分类方法，对预测矿种进行归类，按预测深度、级别、可利用性、矿产预测类型等对各矿种预测资源量进行统计，分析资源潜力与找矿方向。

矿产勘查工作部署与未来勘查基地预测：在Ⅲ级成矿带预测成果研究的基础上，针对西北地区省级单矿种（组）预测工作区预测结果，按统一的标准和方法，从整个西北地区的角度对找矿远景区进行优选、分类和排序，划定找矿远景区，确定级别，并明确其找矿方向及主攻矿种、矿床类型。开展勘查工作部署研究，提出区调、物探、化探、矿产勘查等工作区范围、工作内容等部署方案。编制西北矿产勘查工作部署建议图（1∶150万）。对勘查工作有望形成矿产开发基地的规模、产能等进行预测。

第三节 西北地区成矿区（带）划分

成矿单元是成矿意义上的地质单元，是以一定地质构造遗迹为标志划分的用以阐明矿产分布的空间范围，通常划分4级：Ⅰ级——成矿域，Ⅱ级——成矿省，Ⅲ级——成矿区（带），Ⅳ级——成矿亚区（带）。

将全国计划项目徐志刚等（2008）划分的Ⅲ级单元[即成矿区（带）]移植于西安地质调查中心徐学义等编制的“西北地区地质图（1∶100万）”上，修正划分界线，最终又利用本项目成矿地质背景课题王永和等新编制的“西北大地构造相图（1∶150万）”进行了再次修订，个别名称也随着界线的调整作了修

订，编号基本沿用徐志刚等(2008)编号方法，例如，Ⅲ-20 河西走廊成矿带，Ⅲ-21 北祁连成矿带，Ⅲ-22 中祁连成矿带，Ⅲ-23 南祁连成矿带。西北地区涉及 4 个成矿域、10 个成矿省、41 个成矿区(带)(表 1-2，图 1-2)。

表 1-2　西北地区成矿省和成矿区(带)一览表

Ⅱ级成矿省	Ⅲ级成矿区(带)
阿尔泰成矿省	Ⅲ-1 北阿尔泰成矿带；Ⅲ-2 南阿尔泰成矿带
准噶尔-伊犁成矿省	Ⅲ-3 准噶尔北缘成矿带；Ⅲ-4 唐巴勒-卡拉麦里成矿带；Ⅲ-5 准噶尔盆地成矿区；Ⅲ-6 准噶尔南缘成矿带；Ⅲ-7 吐哈盆地成矿带；Ⅲ-8 觉罗塔格-黑鹰山成矿带；Ⅲ-9 伊犁北缘成矿带；Ⅲ-10 伊犁成矿带；Ⅲ-11 伊犁南缘-中天山-旱山成矿带；Ⅲ-14 金窝子-公婆泉-东七一山成矿带
塔里木成矿省	Ⅲ-12 塔里木板块北缘成矿带；Ⅲ-13 塔里木陆块北缘隆起成矿带；Ⅲ-15 敦煌成矿区；Ⅲ-16 塔里木盆地成矿区；Ⅲ-17 铁克里克成矿带；Ⅲ-19 阿尔金成矿带
祁连成矿省	Ⅲ-20 河西走廊成矿带；Ⅲ-21 北祁连成矿带；Ⅲ-22 中祁连成矿带；Ⅲ-23 南祁连成矿带
昆仑成矿省	Ⅲ-24 柴达木北缘成矿带；Ⅲ-25 柴达木盆地成矿区；Ⅲ-26 东昆仑成矿带；Ⅲ-27 西昆仑成矿带
巴颜喀拉-松潘成矿省	Ⅲ-29 喀拉米兰(阿尼玛卿)成矿带；Ⅲ-30 北巴颜喀拉-马尔康成矿带；Ⅲ-31 南巴颜喀拉-雅江成矿带
喀喇昆仑-三江成矿省	Ⅲ-32 义敦-香格里拉成矿带；Ⅲ-33 金沙江成矿带；Ⅲ-36 昌都-普洱成矿带；Ⅲ-35 喀喇昆仑-羌北成矿带
华北成矿省	Ⅲ-18 阿拉善成矿带；Ⅲ-59 鄂尔多斯西缘成矿带；Ⅲ-60 鄂尔多斯成矿区；Ⅲ-61 山西成矿带；Ⅲ-63 华北陆块南缘成矿带
秦岭成矿省	Ⅲ-66A 北秦岭成矿带；Ⅲ-66B 南秦岭成矿带东段；Ⅲ-28 南秦岭成矿带西段
扬子成矿省	Ⅲ-73 龙门山-大巴山成矿带

第四节　矿产预测类型谱系

矿产预测评价模型是在矿床成因类型和工业类型的基础上，为本次矿产资源潜力预测评价服务而划分的矿床类型，是全国性的类型划分，能够反映预测矿种的主要预测要素。在全国矿产预测评价模型(81 种)的基础上，考虑构造环境、含矿建造的差异，总结和划分西北地区的预测类型 57 个，建立了西北地区重要矿产预测类型谱系(表 1-3)。

第五节　本书编写分工及致谢

本书第一章由董福辰、姜寒冰、谭文娟编写，第二章至第六章由肖朝阳、谭文娟、王静雅编写，第七章由董福辰编写，全书由董福辰统稿。

对全国矿产资源潜力评价学术委员会和西北地区矿产资源潜力评价项目负责人李文渊的指导，成矿地质背景课题负责人王永和、成矿规律课题负责人杨合群、物探信息应用课题负责人刘宽厚和冯治汉、化探重砂信息应用课题负责人李宝强、遥感信息应用课题负责人李健强、信息综合集成课题负责人李林及综合管理人谢群的协作，尤其是西北五省(自治区)矿产资源潜力评价项目及矿产课题成员系统地对几十年来海量地质勘查资料的总结归纳，提取有用信息开展矿产预测工作，表示衷心感谢！

续表 1 - 3

编号	省（自治区）	省级矿产预测类型	成矿时代	所属成矿区(带)	主要预测要素	全国评价模型	矿种	典型矿床
10	新疆	沙尔布拉克式破碎蚀变岩型金矿	早石炭世	Ⅲ-3 北准噶尔（沟弧带）铜、镍、钼、金、铁、稀土、煤、膨润土、萤石成矿带	晶岩屑凝灰岩-凝灰质砂岩含矿建造，北西西向或近南北向断裂带及韧性剪切带控矿，中酸性侵入岩，金单元素异常或金、砷、锑、汞组合异常，带状分布的铁染及羟基异常	破碎蚀变岩型金矿	金	沙尔布拉克金矿、布尔克斯台金矿、阔真阔拉金矿
11	新疆	宝山式海相火山岩型铁矿	早泥盆世	Ⅲ-4 唐巴勒-卡拉麦里（复合沟弧带）铬、铜、钼、金、铁、锰、锡、钨、汞、铀、铍、石墨、石棉、水晶、明矾石、煤、石油、天然气、油页岩、膨润土、硫铁矿成矿带	弧间盆地，基性火山岩建造赋矿，正磁异常，高重力异常与高磁异常属同源异常，铁锰累加化探异常	海相火山喷发沉积型铁铜硫矿	铁	宝山铁矿、阿克塔斯铁矿
12	新疆	和什托洛盖式沉积型铁矿	早侏罗世	Ⅲ-4 唐巴勒-卡拉麦里（复合沟弧带）铬、铜、钼、金、铁、锰、锡、钨、汞、铀、铍、石墨、石棉、水晶、明矾石、煤、石油、天然气、油页岩、膨润土、硫铁矿成矿带	山前凹陷，湖沼相含煤碎屑沉积岩建造，砂岩、砂质泥岩、泥岩互层薄层铁质砂岩、铁质泥岩，中酸性花岗岩类侵入，地表褐铁矿化较为发育	沉积型铁矿	铁	和什托洛盖铁矿
13	新疆	阿尔木强式热液型铜矿	晚石炭世	Ⅲ-4 唐巴勒-卡拉麦里（复合沟弧带）铬、铜、钼、金、铁、锰、锡、钨、汞、铀、铍、石墨、石棉、水晶、明矾石、煤、石油、天然气、油页岩、膨润土、硫铁矿成矿带	中酸性花岗类侵入岩建造，北东向断裂构造，以铜为主的化探异常，存在较为明显的正磁化极异常	与中酸性、酸性浅成或超浅成侵入岩有关的斑岩型铜钼金银矿	铜	阿尔木强铜矿
14	新疆	包古图式斑岩型铜矿	早泥盆世	Ⅲ-4 唐巴勒-卡拉麦里（复合沟弧带）铬、铜、钼、金、铁、锰、锡、钨、汞、铀、铍、石墨、石棉、水晶、明矾石、煤、石油、天然气、油页岩、膨润土、硫铁矿成矿带	中酸性花岗（闪长）斑岩侵入岩建造，北西向断裂构造（组）及岩体内外接触带	与中酸性、酸性浅成或超浅成侵入岩有关的斑岩型铜钼金银矿	铜、钼、银	包古图铜金矿
15	新疆	齐依求式海相火山岩型金矿	晚石炭世	Ⅲ-4 唐巴勒-卡拉麦里（复合沟弧带）铬、铜、钼、金、铁、锰、锡、钨、汞、铀、铍、石墨、石棉、水晶、明矾石、煤、石油、天然气、油页岩、膨润土、硫铁矿成矿带	火山-沉积盆地，中酸性火山沉积岩建造，断裂构造转折部位和断层的交会接合部位，金、砷、汞异常	次火山热液型金银矿	金、硫	齐依求Ⅰ号金矿、淖毛湖金、黄铁矿
16	新疆	双泉式破碎蚀变岩型金矿	石炭纪	Ⅲ-4 唐巴勒-卡拉麦里（复合沟弧带）铬、铜、钼、金、铁、锰、锡、钨、汞、铀、铍、石墨、石棉、水晶、明矾石、煤、石油、天然气、油页岩、膨润土、硫铁矿成矿带	区域性的北西-南东向深大断裂控制矿带分布，次级分支断裂与火山岩、沉积岩、侵入岩的复合构造控制矿床的产出，海相火山岩建造、海相火山沉积岩建造控矿，区域低变质作用，Au-Sb-As-Hg组合异常，异常套合较好，Au异常形成内、中、外浓度分带，北西向大型线状构造附近、线状与线状构造交会带、线状与环状构造交切带，有中等以上的线带状铁化、泥化等羟基异常，毒砂及自然金等重砂异常	破碎蚀变岩型金矿	金	双泉金矿、野马泉金矿、大洪山金矿、双峰山金矿

续表 1-3

编号	省（自治区）	省级矿产预测类型	成矿时代	所属成矿区（带）	主要预测要素	全国评价模型	矿种	典型矿床
17	新疆	萨惹什克式石英脉型锡矿	晚石炭世	Ⅲ-4 唐巴勒-卡拉麦里（复合沟弧带）铬、铜、钼、金、铁、锰、锡、钨、汞、铀、铍、石墨、石棉、水晶、明矾石、煤、石油、天然气、油页岩、膨润土、硫铁矿成矿带	黑云母花岗岩、碱质花岗岩、花岗斑岩建造，北西西向深大断裂与北东向和北西向断裂交会，Sn、Bi、W、Pb、F、As 化探异常，锡元素三级浓度分带，浓集中心明显，重砂异常	与花岗岩体有关的大脉、细脉带、网脉（浸染）型锡（钼）矿床	锡	萨惹什克锡矿
18	新疆	苏云河式斑岩型钼矿	石炭纪、二叠纪	Ⅲ-4 唐巴勒-卡拉麦里（复合沟弧带）铬、铜、钼、金、铁、锰、锡、钨、汞、铀、铍、石墨、石棉、水晶、明矾石、煤、石油、天然气、油页岩、膨润土、硫铁矿成矿带	泥盆系巴尔鲁克组火山碎屑沉积岩建造，赋矿岩体为二长花岗斑岩、闪长岩，与板块俯冲有关的古火山机构旁侧断裂构造有关，有明显的 Cu、Mo 组合化探异常，白钨矿自然重砂异常	与中酸性、酸性浅成或超浅成侵入岩有关的斑岩型钼矿	钼	苏云河钼矿
19	新疆	萨尔托海式蛇绿岩型铬矿	石炭纪	Ⅲ-4 唐巴勒-卡拉麦里（复合沟弧带）铬、铜、钼、金、铁、锰、锡、钨、汞、铀、铍、石墨、石棉、水晶、明矾石、煤、石油、天然气、油页岩、膨润土、硫铁矿成矿带	偏基性方辉橄榄岩-纯橄榄岩，含矿相带色调总体偏浅，北东向区域性大断裂（具推覆性质）及其次同向同性大断裂	与超基性岩有关的侵入岩体型铬矿	铬	萨尔托海铬铁矿、唐巴勒铬铁矿、清水铬铁矿
20	新疆	大黄山式沉积型铁矿	早侏罗世	Ⅲ-5 准噶尔盆地（中央地块）石油、天然气、煤、金、铜、铁、铅、锌、铀、盐类、膨润土成矿区	湖泊-沼泽相沉积盆地，湖沼相含煤碎屑沉积建造，砂岩、砂质泥岩、泥岩互层薄层铁质砂岩、铁质泥岩，中酸性花岗岩类侵入，地表可见褐铁矿化较为发育，羟基三级、铁染三级异常	沉积型铁矿	铁	大黄山铁矿
21	新疆	玛纳斯式现代盐湖型钾盐矿	第四纪	Ⅲ-5 准噶尔盆地（中央地块）石油、天然气、煤、金、铜、铁、铅、锌、铀、盐类、膨润土成矿区	断（凹）陷盆地，现代内陆盐湖，第四系全新统湖积层及化学沉积建造，干涸盐湖，河流尾间	现代盐湖型钾盐	钾、硼	玛纳斯钾盐矿
22	新疆	查汗萨拉式破碎蚀变岩型金矿	晚石炭世	Ⅲ-6 准噶尔南缘（复合岛弧带）铜、钼、金、钨、铁、铬、锰、稀有金属、铂、高岭土、硫铁矿、膨润土、重晶石、透闪石玉、滑石、硼、叶蜡石、沸石、石墨、红柱石、泥炭、盐类成矿带	中基性—中酸性花岗岩类侵入岩，北西向断裂构造（破碎）带，交会部位赋矿，石英细网脉发育，Au 元素异常，金、孔雀石重砂异常	破碎蚀变岩型金矿	金、锑	查汗萨拉金锑矿
23	新疆	索尔巴斯陶式陆相火山岩型金（伴生银）矿	早石炭世	Ⅲ-6 准噶尔南缘（复合岛弧带）铜、钼、金、钨、铁、铬、锰、稀有金属、铂、高岭土、硫铁矿、膨润土、重晶石、透闪石玉、滑石、硼、叶蜡石、沸石、石墨、红柱石、泥炭、盐类成矿带	中基性—中酸性花岗岩类侵入岩活动断裂与火山通道-火山角砾岩带复合控矿，良好的 Hg、Au、As 异常	次火山热液型金银矿	金（伴生银）	索尔巴斯陶金（伴生银）矿
24	新疆	西西尔塔格式海相火山岩型硼矿	晚石炭世	Ⅲ-6 准噶尔南缘（复合岛弧带）铜、钼、金、钨、铁、铬、锰、稀有金属、铂、高岭土、硫铁矿、膨润土、重晶石、透闪石玉、滑石、硼、叶蜡石、沸石、石墨、红柱石、泥炭、盐类成矿带	弧后裂陷盆地，火山岩-火山碎屑岩建造，北西向次级断裂带是主要的赋矿构造，以 B 为主的化探异常	镁质碳酸盐型菱镁矿	菱镁矿	西西尔塔格硼矿

续表 1-3

编号	省（自治区）	省级矿产预测类型	成矿时代	所属成矿区(带)	主要预测要素	全国评价模型	矿种	典型矿床
25	甘肃	狼娃山式海相火山岩型铁矿	华力西中期	Ⅲ-8觉罗塔格-黑鹰山铜、镍、铁、金、银、钼、钨、石膏、硅灰石、膨润土、煤成矿带	酸性火山碎屑熔岩-硅质岩-大理岩建造，赋矿含铁火山碎屑-沉积岩，二长花岗岩及次火山岩-闪长岩、闪长玢岩，东西向断裂及各级断裂裂隙、节理，重磁弱异常	矽卡岩型铁铜硫(钼金银)矿	铁	狼娃山铁矿
26	甘肃	红尖兵山式矽卡岩(云英岩)-石英脉型钨矿	华力西期	Ⅲ-8觉罗塔格-黑鹰山铜、镍、铁、金、银、钼、钨、石膏、硅灰石、膨润土、煤成矿带	硅质泥岩-硅质岩建造，火山岩沉积建造，二长花岗岩岩株和长英质岩脉，北东向断裂破碎带，赋矿二长花岗岩岩株，W、Mo、Sn、Be化探异常	与花岗岩体有关的大脉、细脉带、网脉(浸染)型锡(钼)矿床	钨	红尖兵山钨矿
27	新疆	雅满苏式海相火山岩型铁矿	早石炭世	Ⅲ-8觉罗塔格-黑鹰山铜、镍、铁、金、银、钼、钨、石膏、硅灰石、膨润土、煤成矿带	裂陷槽(陆缘裂谷)，双峰式玄武质-流纹质岩火山岩建造，主矿体产于古火山机构中心附近的火山喷发不整合面之上，具矽卡岩化蚀变矿化带和磁铁矿化，区域重力高、磁力高	海相火山喷发沉积型铁铜硫矿	铁	雅满苏铁矿、百灵山铁矿、白山泉铁矿、红云滩铁矿、赤龙峰铁矿、库姆塔格、鱼峰铁矿、铁岭1号铁矿
28	新疆	小热泉子式海相火山岩型铜矿	早石炭世	Ⅲ-8觉罗塔格-黑鹰山铜、镍、铁、金、银、钼、钨、石膏、硅灰石、膨润土、煤成矿带	海相火山-沉积盆地(裂谷或裂陷槽)，双峰式玄武质-英安质岩火山岩系，区域性大断裂，地表氯铜矿、孔雀石、胆矾等发育，近东西向重力梯度带上叠加南北向重力变化区，高磁异常带与背景磁场的过渡带，主成矿元素Cu、Pb、Zn均具有较强的异常，具有良好的共生组合关系	海相火山岩型铜锌(银铅金)矿VHMS	铜、铅、锌、硫	小热泉子铜矿
29	新疆	黄土坡式海相火山岩型铜矿	早泥盆世	Ⅲ-8觉罗塔格-黑鹰山铜、镍、铁、金、银、钼、钨、石膏、硅灰石、膨润土、煤成矿带	复合岛弧，中深-浅海环境，火山岩偏基性赋矿为中性—酸性火山岩建造火山机构的重力高边部的梯度带，区域航磁负场区，区域化探的Cu及Pb、Zn等元素异常	海相火山岩型铜锌(银铅金)矿VHMS	铜、铅、锌、银、金	黄土坡铜锌矿
30	新疆	黄山式基性—超基性岩型铜镍矿	早二叠世	Ⅲ-8觉罗塔格-黑鹰山铜、镍、铁、金、银、钼、钨、石膏、硅灰石、膨润土、煤成矿带	基性—超基性杂岩，超基性岩相控矿，重、磁异常，化探有明显的Cu、Ni、Co、Cr组合异常，异常套合较好，具有明显的共生组合关系	基性—超基性岩型铜镍(银铬)矿	铜、镍、银、硫	黄山东铜镍矿、图拉尔根铜镍矿
31	新疆	土屋式斑岩型铜矿	晚石炭世	Ⅲ-8觉罗塔格-黑鹰山铜、镍、铁、金、银、钼、钨、石膏、硅灰石、膨润土、煤成矿带	中性—基性火山熔岩、火山碎屑-正常碎屑岩建造，斜长花岗斑岩、闪长玢岩复合岩体，韧-脆性断裂，近东西向重力梯度带、磁力高值叠加的南北向磁场变化区和局部磁力高，区域化探Cu、Mo、Ni、Co、Hg、Au、Fe_2O_3等元素(化合物)的高背景带及局部异常	与中酸性、酸性浅成或超浅成侵入岩有关的斑岩型铜钼金银矿	铜、钼、银	土屋-延东铜矿

续表 1-3

编号	省（自治区）	省级矿产预测类型	成矿时代	所属成矿区(带)	主要预测要素	全国评价模型	矿种	典型矿床
32	新疆	石英滩式陆相火山岩型金矿	早二叠世	Ⅲ-8 觉罗塔格-黑鹰山铜、镍、铁、金、银、钼、钨、石膏、硅灰石、膨润土、煤成矿带	二叠纪陆相火山盆地，石英滩古火山机构边缘，康古尔塔格韧性剪切带，安山岩和安山质火山岩，环状和放射状断裂带及破碎带，负磁异常中的局部弱异常，成矿部位高电阻率	次火山热液型金银矿	金、银	石英滩金银矿、哈尔拉金银矿
33	新疆	康古尔式破碎蚀变岩型金矿	晚石炭世	Ⅲ-8 觉罗塔格-黑鹰山铜、镍、铁、金、银、钼、钨、石膏、硅灰石、膨润土、煤成矿带	火山岩-火山碎屑岩建造，含矿中酸性火山碎屑岩及火山熔岩，受韧性剪切带的控制，Au 异常二级浓度带和 Au、Cu、Pb、Zn、Ag、As 综合叠加异常	破碎蚀变岩型金矿	金	康古尔金矿、天木金矿
34	新疆	白山式斑岩型钼矿	早三叠世	Ⅲ-8 觉罗塔格-黑鹰山铜、镍、铁、金、银、钼、钨、石膏、硅灰石、膨润土、煤成矿带	浅成中酸性侵入体，岩体与火山-碎屑岩内外接触带，Mo 元素异常地段	与中酸性、酸性浅成或超浅成侵入岩有关的斑岩型钼矿	钼	白山钼矿东戈壁钼矿
35	新疆	维权式矽卡岩型银矿	早石炭世	Ⅲ-8 觉罗塔格-黑鹰山铜、镍、铁、金、银、钼、钨、石膏、硅灰石、膨润土、煤成矿带	斜长花岗斑岩、闪长玢岩，砂岩、凝灰质岩屑砂岩、沉凝灰岩等，受破碎带及次级裂隙控制，高极化、低阻、高磁异常特征，化探异常显示 Ag、Cu、Pb、Zn、As 等综合异常	矽卡岩型铅锌银(铜铁)矿	银	维权银矿
36	新疆	北达巴特式斑岩型铜矿	早二叠世	Ⅲ-9 伊犁微板块北东缘(复合岛弧带)金、银、铀、钼、铅、锌、铁、钨、锡、磷、石墨、沸石、珍珠岩、水晶、宝石、煤成矿带	火山沉积构造、侵入岩构造与北西向断裂构造组合，中酸性侵入岩(斑岩)建造及矽卡岩变质建造，石榴子石矽卡岩、花岗闪长斑岩含矿，以 Cu、Pb、Zn、Ag 元素为主的化探异常	与中酸性、酸性浅成或超浅成侵入岩有关的斑岩型铜钼金银矿	铜、钼	北达巴特铜矿、喇嘛苏铜钼矿、莱里斯高尔铜钼矿
37	新疆	库尔尕生式碳酸盐岩-细碎屑岩型铅锌矿	晚泥盆世	Ⅲ-9 伊犁微板块北东缘(复合岛弧带)金、银、铀、钼、铅、锌、铁、钨、锡、磷、石墨、沸石、珍珠岩、水晶、宝石、煤成矿带	以火山沉积构造为主，北西向、北西西向断裂构造组合，滨海相-浅海相火山碎屑沉积建造，Pb 元素化探异常	碳酸盐岩-细碎屑岩型铅锌银矿 SEDEX	铅、锌	库尔尕生铅锌矿
38	新疆	萨日达拉式破碎蚀变岩型金矿	晚石炭世	Ⅲ-9 伊犁微板块北东缘(复合岛弧带)金、银、铀、钼、铅、锌、铁、钨、锡、磷、石墨、沸石、珍珠岩、水晶、宝石、煤成矿带	细碎屑岩夹碳酸盐岩建造，近东西向韧脆性断裂破碎岩带赋矿，二长花岗岩，Au 地球化学异常，铁染(化)、黄钾铁钒二级梯度以上，羟基二级以上	破碎蚀变岩型金矿	金	萨日达拉金矿、望峰金矿
39	新疆	阿希式陆相火山岩型金矿	早石炭世	Ⅲ-9 伊犁微板块北东缘(复合岛弧带)金、银、铀、钼、铅、锌、铁、钨、锡、磷、石墨、沸石、珍珠岩、水晶、宝石、煤成矿带	陆相火山熔岩-火山碎屑岩建造，近南北向火山构造凹陷带内的破火山口环状断裂，化探 Au-Ag-Hg-Cd-Cu-Pb-Zn 等组合异常，遥感近东西与北西向线性构造及交会处，线性构造与环形构造交会处，羟基异常叠加铁染异常	次火山热液型金银矿	金、银	阿希金银矿、恰布坎卓它金银矿、京西部拉克金银矿、山区林场金银矿

续表 1-3

编号	省（自治区）	省级矿产预测类型	成矿时代	所属成矿区(带)	主要预测要素	全国评价模型	矿种	典型矿床
40	新疆	祖鲁洪式石英脉型钨矿	早石炭世	Ⅲ-9 伊犁微板块北东缘(复合岛弧带)金、银、铀、钼、铅、锌、铁、钨、锡、磷、石墨、沸石、珍珠岩、水晶、宝石、煤成矿带	中酸性花岗类侵入岩，东西、北北西向大断裂和褶皱构造，W、Sn、Bi、F、Li 异常	矽卡岩-云英岩型钨锡萤石(银钼)矿	钨、锡	祖鲁洪钨矿
41	新疆	吐拉苏式海相沉积型磷矿	早寒武世	Ⅲ-9 伊犁微板块北东缘(复合岛弧带)金、银、铀、钼、铅、锌、铁、钨、锡、磷、石墨、沸石、珍珠岩、水晶、宝石、煤成矿带	浅海-滨海陆源碎屑沉积和碳酸盐沉积建造，P 元素化探异常，铁染三级浓度以上，羟基三级以上浓度与地质成矿有利部位相互叠加	沉积磷稀土矿	磷	吐拉苏磷矿
42	新疆	查岗诺尔式海相火山岩型铁矿	早石炭世	Ⅲ-10 伊犁(中央地块及裂谷带)铁、锰、铜、铅、锌、金、钨、铀、煤、油气、硫铁矿、白云岩、石英岩成矿带	海相火山岩、火山-沉积建造，以火山为主的复合构造，高强度磁异常	海相火山喷发沉积型铁铜硫矿	铁	式可布台铁矿、查岗诺尔铁矿、备战铁矿、松湖铁矿、智博铁矿、萨海铁矿、尼新塔格铁矿
43	新疆	群吉式斑岩型铜矿	早二叠世	Ⅲ-10 伊犁(中央地块及裂谷带)铁、锰、铜、铅、锌、金、钨、铀、煤、油气、硫铁矿、白云岩、石英岩成矿带	钙碱性小斑岩体，赋矿岩石为石英钠长斑岩，岩体两侧的断裂带，近东西向、北西西向断裂构造，Cu 单元素化探异常	与中酸性、酸性浅成或超浅成侵入岩有关的斑岩型铜钼金银矿	铜、钼	群吉铜矿、玉希莫勒盖铜金矿、红石沟铜矿
44	新疆	伊什基里克式破碎蚀变岩型金矿	早石炭世	Ⅲ-10 伊犁(中央地块及裂谷带)铁、锰、铜、铅、锌、金、钨、铀、煤、油气、硫铁矿、白云岩、石英岩成矿带	海相火山碎屑沉积建造，火山构造、侵入岩构造、近东西向、北西西向断裂构造组合，化探 Au 元素异常	破碎蚀变岩型金矿	金	尔戈带金矿
45	新疆	大恩别列式矽卡岩型钨矿	石炭纪	Ⅲ-10 伊犁(中央地块及裂谷带)铁、锰、铜、铅、锌、金、钨、铀、煤、油气、硫铁矿、白云岩、石英岩成矿带	中酸性花岗岩类侵入岩，绢云母石英片岩-结晶灰岩夹石英岩建造，北西向断裂构造，存在 W、Sn、Bi 化探异常	矽卡岩-云英岩型钨锡萤石(银钼)矿	钨	大恩别列钨矿
46	新疆	昭苏式海相沉积型锰矿	早石炭世	Ⅲ-10 伊犁(中央地块及裂谷带)铁、锰、铜、铅、锌、金、钨、铀、煤、油气、硫铁矿、白云岩、石英岩成矿带	火山-沉积盆地，海相碳酸盐岩建造，中酸性小侵入体，Mn 元素化探异常，浓集中心明显	沉积型锰矿	锰	加曼台锰矿
47	新疆	宋官疃式热液型重晶石矿	早石炭世	Ⅲ-10 伊犁(中央地块及裂谷带)铁、锰、铜、铅、锌、金、钨、铀、煤、油气、硫铁矿、白云岩、石英岩成矿带	二长花岗岩，赋矿安山玢岩与凝灰岩接触带，受地层层位控制，重晶石重砂异常	岩浆热液有关的脉状热液型重晶石矿	重晶石	卡山奇重晶石矿、阿登套矿
48	新疆	莫托萨拉式海相火山岩型铁锰矿	早石炭世	Ⅲ-11 伊犁南缘-中天山-旱山铁、铜、镍、金、锰、铅、锌、白云母成矿带	走滑拉分盆地的洼地，滨浅海相碎屑岩夹碳酸盐岩沉积建造，低缓的磁异常	海相火山喷发沉积型铁铜硫矿	铁、锰	莫托萨拉铁锰矿

续表 1-3

编号	省（自治区）	省级矿产预测类型	成矿时代	所属成矿区（带）	主要预测要素	全国评价模型	矿种	典型矿床
49	新疆	天湖式沉积变质型铁矿	青白口纪	Ⅲ-11伊犁南缘-中天山-旱山铁、铜、镍、金、锰、铅、锌、白云母成矿带	变质火山岩、碎屑岩、碳酸盐岩建造，航磁异常	沉积变质型铁硫矿	铁	天湖铁矿、帕尔岗铁矿
50	新疆	阿拉塔格式矽卡岩型铁矿	中元古代	Ⅲ-11伊犁南缘-中天山-旱山铁、铜、镍、金、锰、铅、锌、白云母成矿带	浅变质—中等变质的片岩和大理岩，花岗岩，接触带矽卡岩，高磁异常	矽卡岩型铁铜硫（钼金银）矿	铁	阿拉塔格铁矿
51	新疆	尾亚式岩浆型铁矿	中三叠世	Ⅲ-11伊犁南缘-中天山-旱山铁、铜、镍、金、锰、铅、锌、白云母成矿带	碱性辉长岩建造，高磁、重力异常	基性岩浆岩型铁铬（铜镍银）矿	铁	尾亚铁矿
52	新疆	彩霞山式碳酸盐岩-细碎屑岩型铅锌矿	蓟县纪	Ⅲ-11伊犁南缘-中天山-旱山铁、铜、镍、金、锰、铅、锌、白云母成矿带	浅海相碎屑岩-碳酸盐岩建造，沉积变质作用，中酸性侵入岩浆活动，以Pb-Zn-Ag-As-Sb为主的化探组合异常	碳酸盐岩-细碎屑岩型铅锌银矿 SEDEX	铅、锌、银、硫	彩霞山、玉西铅锌矿
53	新疆	小白石头式矽卡岩型钨矿	早石炭世	Ⅲ-11伊犁南缘-中天山-旱山铁、铜、镍、金、锰、铅、锌、白云母成矿带	中粒黑云母花岗岩体，结晶灰岩，接触带矽卡岩，W、Sn化探异常	矽卡岩-云英岩型钨锡萤石（银钼）矿	钨	小白石头钨矿
54	新疆	菁布拉克式基性—超基性岩型镍矿	早石炭世	Ⅲ-11伊犁南缘-中天山-旱山铁、铜、镍、金、锰、铅、锌、白云母成矿带	深大断裂旁侧，基性—超基性杂岩，主要为橄榄辉长岩、辉石橄榄岩、次闪石化辉石岩、闪长岩，重、磁异常，极化率高，电阻率低	基性—超基性岩型铜镍（银铬）矿	铜、镍	菁布拉克铜镍矿
55	新疆	卡瓦布拉克式蛇绿岩型铬矿	晚石炭世	Ⅲ-11伊犁南缘-中天山-旱山铁、铜、镍、金、锰、铅、锌、白云母成矿带	偏基性方辉橄榄岩-纯橄榄岩，含矿相带色调总体偏浅，北东向区域性大断裂（具推覆性质）及其次同向同性大断裂	与超基性岩有关的侵入岩体型铬矿	铬	卡瓦布拉克铬铁矿
56	新疆	巴音沟式岩浆热液型萤石矿	晚二叠世	Ⅲ-11伊犁南缘-中天山-旱山铁、铜、镍、金、锰、铅、锌、白云母成矿带	花岗岩-花岗斑岩建造，碎屑岩-碳酸盐岩建造，北东向断裂	岩浆热液充填型萤石矿	萤石	巴音沟萤石矿
57	甘肃	南金山式海相火山岩型金矿	印支早期	Ⅲ-12塔里木板块北缘（复合沟弧带）铁、钛、锰、铜、镍、钼、铅、锌、锡、金、锑、稀有金属、稀土元素、菱镁矿、铝土矿、石墨、硅灰石、红柱石、白云母、石油、天然气、煤、硫铁矿、盐类、玉石、蛇纹岩、泥炭成矿带	火山碎屑沉积岩和火山碎屑岩建造，英云闪长岩、二长花岗岩，近东西向、北东向两组深大断裂，Au、Ag化探异常	次火山热液型金银矿	金、银	金山金矿
58	甘肃	明锡山式石英脉型锡矿	华力西晚期	Ⅲ-12塔里木板块北缘（复合沟弧带）铁、钛、锰、铜、镍、钼、铅、锌、锡、金、锑、稀有金属、稀土元素、菱镁矿、铝土矿、石墨、硅灰石、红柱石、白云母、石油、天然气、煤、硫铁矿、盐类、玉石、蛇纹岩、泥炭成矿带	赋矿地层，石英闪长岩、黑云母二长斑状花岗岩和二云花岗岩，东向挤压破碎带	与花岗岩体有关的大脉、细脉带、网脉（浸染）型锡（钼）矿	锡	明锡山锡矿床

续表 1-3

编号	省（自治区）	省级矿产预测类型	成矿时代	所属成矿区（带）	主要预测要素	全国评价模型	矿种	典型矿床
59	新疆	大红山式岩浆热液型铁矿	晚石炭世	Ⅲ-12 塔里木板块北缘（复合沟弧带）铁、钛、锰、铜、镍、钼、铅、锌、锡、金、锑、稀有金属、稀土元素、菱镁矿、铝土矿、石墨、硅灰石、红柱石、白云母、石油、天然气、煤、硫铁矿、盐类、玉石、蛇纹岩、泥炭成矿带	陆缘盆地，赋矿为千枚岩-片岩-变质砂岩-大理岩建造，中性—酸性深成侵入岩，区域复合断裂构造，重力异常区以及重力梯度带，航磁高值异常，遥感解译铁染、线性构造	矽卡岩型铁铜硫（钼金银）矿	铁	大红山铁矿、老虎台铁矿
60	新疆	瓦吉尔塔格式岩浆型铁矿	早二叠世	Ⅲ-12 塔里木板块北缘（复合沟弧带）铁、钛、锰、铜、镍、钼、铅、锌、锡、金、锑、稀有金属、稀土元素、菱镁矿、铝土矿、石墨、硅灰石、红柱石、白云母、石油、天然气、煤、硫铁矿、盐类、玉石、蛇纹岩、泥炭成矿带	基性—超基性岩体，北东向断裂构造、侵入岩构造、沉积构造，含矿岩性中—粗粒辉长岩，Fe、Mn 化探异常区，重、磁异常	基性岩浆岩型铁铬（铜镍银）矿	铁	瓦吉尔塔格铁矿、普昌铁矿
61	新疆	阿依里式沉积型铝土矿	晚石炭世	Ⅲ-12 塔里木板块北缘（复合沟弧带）铁、钛、锰、铜、镍、钼、铅、锌、锡、金、锑、稀有金属、稀土元素、菱镁矿、铝土矿、石墨、硅灰石、红柱石、白云母、石油、天然气、煤、硫铁矿、盐类、玉石、蛇纹岩、泥炭成矿带	海相沉积含碎屑的碳酸盐岩建造，风化淋滤与沉积作用、古风化壳的喀斯特岩溶洼地及溶洞	沉积一水硬铝石型铝土矿	铝土矿	乌什县阿依里铝土矿
62	新疆	彩华沟式海相火山岩型铜矿	早泥盆世	Ⅲ-12 塔里木板块北缘（复合沟弧带）铁、钛、锰、铜、镍、钼、铅、锌、锡、金、锑、稀有金属、稀土元素、菱镁矿、铝土矿、石墨、硅灰石、红柱石、白云母、石油、天然气、煤、硫铁矿、盐类、玉石、蛇纹岩、泥炭成矿带	海相火山-碎屑岩建造，火山沉积盆地及断裂构造，Cu、Pb、Zn、As、Sb 异常	海相火山岩型铜锌（银铅金）矿 VHMS	铜、银、硫	彩华沟铜矿、可可乃克铜矿、柳树沟铜矿
63	新疆	天宇式基性—超基性岩型铜镍矿	早二叠世	Ⅲ-12 塔里木板块北缘（复合沟弧带）铁、钛、锰、铜、镍、钼、铅、锌、锡、金、锑、稀有金属、稀土元素、菱镁矿、铝土矿、石墨、硅灰石、红柱石、白云母、石油、天然气、煤、硫铁矿、盐类、玉石、蛇纹岩、泥炭成矿带	基性—超基性复式岩体，区域性深断裂的次级断裂，Cu、Ni、Co 异常，并伴有 Fe、V、Ti、Cr、Mn 等元素异常，高磁、高重力、高极化率、低电阻率异常	基性—超基性岩型铜镍（银铬）矿	铜、镍	天宇铜镍矿、菁布拉克铜镍矿
64	新疆	萨热克式砂岩型铜矿	上新世	Ⅲ-12 塔里木板块北缘（复合沟弧带）铁、钛、锰、铜、镍、钼、铅、锌、锡、金、锑、稀有金属、稀土元素、菱镁矿、铝土矿、石墨、硅灰石、红柱石、白云母、石油、天然气、煤、硫铁矿、盐类、玉石、蛇纹岩、泥炭成矿带	陆缘盆地，砾岩-长石石英砂岩建造，Cu 化探异常	砂岩型铜（银）矿	铜	萨热克铜矿

续表 1-3

编号	省（自治区）	省级矿产预测类型	成矿时代	所属成矿区(带)	主要预测要素	全国评价模型	矿种	典型矿床
65	新疆	牙门沙拉式矽卡岩型铅锌矿	长城纪	Ⅲ-12 塔里木板块北缘(复合沟弧带)铁、钛、锰、铜、镍、钼、铅、锌、锡、金、锑、稀有金属、稀土元素、菱镁矿、铝土矿、石墨、硅灰石、红柱石、白云母、石油、天然气、煤、硫铁矿、盐类、玉石、蛇纹岩、泥炭成矿带	海相钙质碎屑岩-碳酸盐岩沉积建造，闪长岩、二长花岗岩、黑云母花岗岩及石炭纪花岗闪长岩、黑云母花岗岩，北西向、北东向、近东西向次级断裂，岩体与大理岩化灰岩的外接触带附近	矽卡岩型铅锌银(铜铁)矿	铅、锌	牙门沙拉铅锌矿
66	新疆	觉东式碳酸盐岩型铅锌矿	早志留世、中泥盆世、晚石炭世	Ⅲ-12 塔里木板块北缘(复合沟弧带)铁、钛、锰、铜、镍、钼、铅、锌、锡、金、锑、稀有金属、稀土元素、菱镁矿、铝土矿、石墨、硅灰石、红柱石、白云母、石油、天然气、煤、硫铁矿、盐类、玉石、蛇纹岩、泥炭成矿带	浅海相碳酸盐岩-细碎屑岩建造，北西向断裂构造，Pb、Zn 化探异常	碳酸盐岩-细碎屑岩型铅锌银矿 SEDEX	铅、锌	觉东铅锌矿、霍什布拉克铅锌矿、沙里塔什铅锌矿
67	新疆	乌拉根式砂砾岩型铅锌矿	中新世	Ⅲ-12 塔里木板块北缘(复合沟弧带)铁、钛、锰、铜、镍、钼、铅、锌、锡、金、锑、稀有金属、稀土元素、菱镁矿、铝土矿、石墨、硅灰石、红柱石、白云母、石油、天然气、煤、硫铁矿、盐类、玉石、蛇纹岩、泥炭成矿带	碎屑岩与碳酸盐岩交接部位，褶皱断裂构造，Pb、Zn、Ag 化探异常	砂砾岩型铅锌银矿	铅、锌	乌拉根铅锌矿
68	新疆	马庄山式陆相火山岩型金矿	早石炭世	Ⅲ-12 塔里木板块北缘(复合沟弧带)铁、钛、锰、铜、镍、钼、铅、锌、锡、金、锑、稀有金属、稀土元素、菱镁矿、铝土矿、石墨、硅灰石、红柱石、白云母、石油、天然气、煤、硫铁矿、盐类、玉石、蛇纹岩、泥炭成矿带	赋矿地层中酸性—酸性次火山岩、火山岩，控矿构造深大断裂次级断裂，Au、Ag 及相关元素化探异常	次火山热液型金银矿	金	马庄山金矿
69	新疆	大山口式破碎蚀变岩型金矿	晚石炭世	Ⅲ-12 塔里木板块北缘(复合沟弧带)铁、钛、锰、铜、镍、钼、铅、锌、锡、金、锑、稀有金属、稀土元素、菱镁矿、铝土矿、石墨、硅灰石、红柱石、白云母、石油、天然气、煤、硫铁矿、盐类、玉石、蛇纹岩、泥炭成矿带	海相碎屑岩-碳酸盐岩建造，北西向断裂和断裂破碎带，硅化、绢云母化等蚀变，Au 化探异常	破碎蚀变岩型金矿	金	阿沙洼依金矿、大山口金矿
70	新疆	萨瓦亚尔顿式沉积建造型金(锑)矿金矿	中泥盆世	Ⅲ-12 塔里木板块北缘(复合沟弧带)铁、钛、锰、铜、镍、钼、铅、锌、锡、金、锑、稀有金属、稀土元素、菱镁矿、铝土矿、石墨、硅灰石、红柱石、白云母、石油、天然气、煤、硫铁矿、盐类、玉石、蛇纹岩、泥炭成矿带	变质碎屑岩-碳酸盐岩建造，断裂构造及韧性剪切带，Au 化探异常	变质碎屑岩地层中热液型金矿	金、锑	萨瓦亚尔顿锑矿、梧南锑矿、喜迎锑矿、卡拉脚古牙锑矿

续表 1-3

编号	省（自治区）	省级矿产预测类型	成矿时代	所属成矿区(带)	主要预测要素	全国评价模型	矿种	典型矿床
71	新疆	忠宝式矽卡岩型钨矿	晚石炭世	Ⅲ-12 塔里木板块北缘(复合沟弧带)铁、钛、锰、铜、镍、钼、铅、锌、锡、金、锑、稀有金属、稀土元素、菱镁矿、铝土矿、石墨、硅灰石、红柱石、白云母、石油、天然气、煤、硫铁矿、盐类、玉石、蛇纹岩、泥炭成矿带	沉积变质碎屑岩+碳酸盐岩，正长花岗岩，北西向断裂构造，W、Sn、Bi、F、Mn 化探异常	矽卡岩-云英岩型钨锡萤石(银钼)矿	钨	忠宝钨矿
72	新疆	波孜果尔式岩浆型稀土矿	晚二叠世	Ⅲ-12 塔里木板块北缘(复合沟弧带)铁、钛、锰、铜、镍、钼、铅、锌、锡、金、锑、稀有金属、稀土元素、菱镁矿、铝土矿、石墨、硅灰石、红柱石、白云母、石油、天然气、煤、硫铁矿、盐类、玉石、蛇纹岩、泥炭成矿带	绿片岩-钠长绢云石英、片岩建造、大理岩变质建造，正长花岗岩，近东西向断裂构造，La、Y、Nb、Zr、F 化探异常，放射性异常	岩浆型稀土矿	稀土	拜城县波孜果尔稀土铌钽矿
73	新疆	东盐湖式现代盐湖型钾盐矿	第四纪	Ⅲ-12 塔里木板块北缘(复合沟弧带)铁、钛、锰、铜、镍、钼、铅、锌、锡、金、锑、稀有金属、稀土元素、菱镁矿、铝土矿、石墨、硅灰石、红柱石、白云母、石油、天然气、煤、硫铁矿、盐类、玉石、蛇纹岩、泥炭成矿带	全新统湖相化学沉积建造，封闭的现代盐湖，盐湖化学沉积盐类和碎屑沉积	现代盐湖型钾盐	钾盐	东盐湖钾盐矿、裤子山硝酸钠(钾)矿床、大洼地钾硝石矿、乌勇布拉克硝酸钾矿
74	新疆	开孜维克式海相火山岩型锰矿	早泥盆世	Ⅲ-12 塔里木板块北缘(复合沟弧带)铁、钛、锰、铜、镍、钼、铅、锌、锡、金、锑、稀有金属、稀土元素、菱镁矿、铝土矿、石墨、硅灰石、红柱石、白云母、石油、天然气、煤、硫铁矿、盐类、玉石、蛇纹岩、泥炭成矿带	海相硅质岩-碳酸盐岩建造，Mn 化探异常，航磁异常	沉积型锰矿	锰	卡郎古尔第二锰矿、开孜维克铁锰矿
75	新疆	铁列克式层控热液型萤石矿	早二叠世	Ⅲ-12 塔里木板块北缘(复合沟弧带)铁、钛、锰、铜、镍、钼、铅、锌、锡、金、锑、稀有金属、稀土元素、菱镁矿、铝土矿、石墨、硅灰石、红柱石、白云母、石油、天然气、煤、硫铁矿、盐类、玉石、蛇纹岩、泥炭成矿带	碳酸盐岩-碎屑岩沉积建造，碳酸盐岩建造赋矿	沉积改造型萤石矿	萤石	铁列克萤石矿
76	新疆	哈勒哈特式沉积变质型菱镁矿	中泥盆世	Ⅲ-12 塔里木板块北缘(复合沟弧带)铁、钛、锰、铜、镍、钼、铅、锌、锡、金、锑、稀有金属、稀土元素、菱镁矿、铝土矿、石墨、硅灰石、红柱石、白云母、石油、天然气、煤、硫铁矿、盐类、玉石、蛇纹岩、泥炭成矿带	碳酸盐岩沉积建造、区域变质作用、区域重力场的布格低异常	镁质碳酸盐岩型菱镁矿	菱镁矿	哈勒哈特菱镁矿、尖山菱镁矿

续表 1-3

编号	省（自治区）	省级矿产预测类型	成矿时代	所属成矿区（带）	主要预测要素	全国评价模型	矿种	典型矿床
77	新疆	阿尔登可夕式热液型重晶石矿	早—中志留世	Ⅲ-12 塔里木板块北缘（复合沟弧带）铁、钛、锰、铜、镍、钼、铅、锌、锡、金、锑、稀有金属、稀土元素、菱镁矿、铝土矿、石墨、硅灰石、红柱石、白云母、石油、天然气、煤、硫铁矿、盐类、玉石、蛇纹岩、泥炭成矿带	海相沉积盆地（滨海-浅海盆地），海相碳酸盐岩建造，中酸性侵入岩，自然重砂异常	岩浆热液有关的脉状热液型重晶石矿	重晶石	阿尔登可夕重晶石矿
78	新疆	库鲁克塞式沉积变质型铁矿	古元古代	Ⅲ-13 塔里木陆块北缘隆起（地块）铜、镍、金、稀有金属、稀土元素、铀、锡、锶、汞、蛭石、磷、石墨、煤、盐类、重晶石、宝石成矿带	碎屑岩-碳酸盐岩建造、中基性火山-沉积建造，区域低绿片岩相-角闪岩相变质作用，航磁异常，铁染、羟基异常区	沉积变质型铁硫矿	铁	库鲁克塞铁矿
79	新疆	兴地塔格式基性—超基性岩型铜镍矿	青白口纪	Ⅲ-13 塔里木陆块北缘隆起（地块）铜、镍、金、稀有金属、稀土元素、铀、锡、锶、汞、蛭石、磷、石墨、煤、盐类、重晶石、宝石成矿带	基性—超基性杂岩，断裂次一级断裂，Cu、Ni 化探异常，磁异常与重力高值区	基性—超基性岩型铜镍（银铬）矿	铜、镍	兴地铜镍矿、鲍纹布拉克铜矿
80	新疆	双峰岭式破碎蚀变岩型金矿	晚古生代	Ⅲ-13 塔里木陆块北缘隆起（地块）铜、镍、金、稀有金属、稀土元素、铀、锡、锶、汞、蛭石、磷、石墨、煤、盐类、重晶石、宝石成矿带	碎屑岩-火山碎屑岩沉积建造，花岗岩、花岗闪长岩、闪长岩、钠长斑岩，近东西向、北东向断层、断裂破碎带，Au、As、Sb 化探异常，Au 自然重砂异常，铁染、羟基异常叠加	破碎蚀变岩型金矿	金	永红山金矿、双峰岭金矿
81	新疆	且干布拉克式海相沉积型磷矿	青白口纪	Ⅲ-13 塔里木陆块北缘隆起（地块）铜、镍、金、稀有金属、稀土元素、铀、锡、锶、汞、蛭石、磷、石墨、煤、盐类、重晶石、宝石成矿带	浅海-滨海相沉积盆地，浅海相沉积细碎屑岩-碳酸盐岩建造，含磷泥质岩、硅质岩和白云质碳酸盐岩沉积，P 化探异常，含矿地层中羟基异常较发育	沉积型磷矿	磷	且干布拉克磷矿、苏盖提布拉克磷矿、木穹库杜克磷矿
82	新疆	塔提克布拉克式层控热液型萤石矿	晚二叠世	Ⅲ-13 塔里木陆块北缘隆起（地块）铜、镍、金、稀有金属、稀土元素、铀、锡、锶、汞、蛭石、磷、石墨、煤、盐类、重晶石、宝石成矿带	浅海相-陆缘碳酸盐岩建造，灰岩、含燧石灰岩地层赋矿，次级张性和张扭性断裂，构造破碎带和岩性控矿，萤石重砂异常	沉积改造型萤石矿	萤石	塔提克布拉克-宏宇萤石矿
83	甘肃	公婆泉式斑岩型铜矿	华力西期	Ⅲ-14 金窝子-公婆泉-东七一山铜、金、钨、锡、铷成矿带	海相火山-沉积建造，酸性侵入岩建造、次火山岩，石英闪长斑岩、花岗闪长斑岩、二长花岗岩，侵入、火山构造、沉积复合构造，Cu、Pb、Zn、Ag、Sb、Hg、Cd 化探异常，遥感异常	与中酸性、酸性浅成或超浅成侵入岩有关的斑岩型铜钼金银矿	铜	公婆泉铜矿
84	甘肃	金窝子式岩浆热液型金矿	印支期	Ⅲ-14 金窝子-公婆泉-东七一山铜、金、钨、锡、铷成矿带	火山-沉积岩建造，华力西期黑云母二长花岗岩，北东向、北北西向断裂构造，岩体内和围岩接触带，Au、Ag、As、Sb 等单元素异常	与侵入岩有关的热液型金矿	金	金窝子金矿
85	甘肃	方山口式沉积变质型磷矿	早寒武世	Ⅲ-14 金窝子-公婆泉-东七一山铜、金、钨、锡、铷成矿带	含磷硅质岩-粉砂质板岩-千枚岩建造，自然重砂磷灰石异常	沉积变质型磷矿	磷	方山口磷矿

续表 1-3

编号	省（自治区）	省级矿产预测类型	成矿时代	所属成矿区（带）	主要预测要素	全国评价模型	矿种	典型矿床
86	新疆	磁海式海相火山岩型铁矿	早二叠世	Ⅲ-14 金窝子-公婆泉-东七一山铜、金、钨、锡、铷成矿带	陆相火山岩建造，闪长岩-辉长岩-辉绿岩，侵入岩构造及褶皱构造，磁异常	海相火山喷发沉积型铁铜硫矿	铁	磁海铁矿
87	新疆	坡北式基性—超基性岩型铜镍矿	中二叠世	Ⅲ-14 金窝子-公婆泉-东七一山铜、金、钨、锡、铷成矿带	基性—超基性杂岩体，深大断裂，赋矿岩石辉橄岩、橄榄岩、纯橄岩、橄长岩、橄榄辉长岩、辉长岩，铜镍组合化探异常，重、磁异常，遥感环形构造	基性—超基性岩型铜镍（银铬）矿	铜、镍	坡十铜镍矿、红石山铜镍矿
88	新疆	红十井式破碎蚀变岩型金矿	晚石炭世	Ⅲ-14 金窝子-公婆泉-东七一山铜、金、钨、锡、铷成矿带	凝灰质砂岩、凝灰质板岩、玄武岩、糜棱岩及碎裂岩，深大断裂带及韧性剪切带，Au、As、Sb、Hg 地球化学异常组合，遥感羟基异常	破碎蚀变岩型金矿	金	红十井金矿
89	新疆	平台山式海相沉积型磷矿	早寒武世	Ⅲ-14 金窝子-公婆泉-东七一山铜、金、钨、锡、铷成矿带	浅海相沉积细碎屑岩-碳酸盐岩建造，硅质岩-碳酸盐岩地层赋矿，P、V 元素化探异常	沉积型磷矿	磷	平台山磷矿
90	新疆	大水式海相沉积型锰矿	早寒武世	Ⅲ-14 金窝子-公婆泉-东七一山铜、金、钨、锡、铷成矿带	海相碎屑岩、硅质岩沉积建造，含锰硅质岩，Mn 化探异常，软锰矿重砂异常	沉积型锰矿	锰	大水钴锰矿
91	甘肃	红山式沉积变质型铁矿	青白口纪晚期	Ⅲ-15 敦煌（地块）铁、铜、镍、金、银、钨、锶、铅、锌、砷、锰、钒、铀、磷、芒硝成矿区	低绿片岩相浅变质岩系，主要岩性有绿泥绢云片岩、含铁石英岩、黑云石英片岩、石英砂岩，复式向斜之次级背斜，酸性侵入岩，局部磁异常高值区	沉积变质型铁硫矿	铁	红山铁矿
92	甘肃	古堡泉式热液型铁矿	华力西中晚期	Ⅲ-15 敦煌（地块）铁、铜、镍、金、银、钨、锶、铅、锌、砷、锰、钒、铀、磷、芒硝成矿区	海相碎屑岩夹碳酸盐岩建造，辉绿岩，断裂和侵入岩构造裂隙，正磁异常	矽卡岩型铁铜硫（钼金银）矿	铁	古堡泉铁矿
93	甘肃	花牛山式矽卡岩型铅锌矿	奥陶纪	Ⅲ-15 敦煌（地块）铁、铜、镍、金、银、钨、锶、铅、锌、砷、锰、钒、铀、磷、芒硝成矿区	变质沉积岩建造，斑状二长岩、正长花岗岩，北西西—近东西向断裂破碎带，接触带矽卡岩，Cu-Pb-As-Mn-Sn-Zn 组合异常	矽卡岩型铅锌银（铜铁）矿	铜、铅、锌	辉铜山铜矿、花牛山铅锌矿
94	甘肃	黑山式岩浆型铜镍矿	加里东中期	Ⅲ-15 敦煌（地块）铁、铜、镍、金、银、钨、锶、铅、锌、砷、锰、钒、铀、磷、芒硝成矿区	基性—超基性岩体，角闪橄榄岩、辉岩橄榄岩、辉长岩、角闪辉长岩，区域性断裂带，Cu、Ni 元素异常	基性—超基性岩型铜镍（银铬）矿	铜、镍	黑山岩铜镍矿
95	甘肃	白山堂式斑岩型铜矿	华力西中晚期	Ⅲ-15 敦煌（地块）铁、铜、镍、金、银、钨、锶、铅、锌、砷、锰、钒、铀、磷、芒硝成矿区	碎屑岩建造-灰岩-安山岩-流纹岩建造，酸性火山岩-流纹斑岩，北西向背斜北翼及断裂构造，流纹斑岩体及其外接触带浅变质围岩赋矿，Cu-Pb-Zn-As 组合异常	与中酸性、酸性浅成或超浅成侵入岩有关的斑岩型铜钼金银矿	铜	白山堂铜矿
96	甘肃	掉石沟式沉积-改造型铅锌矿	华力西期	Ⅲ-15 敦煌（地块）铁、铜、镍、金、银、钨、锶、铅、锌、砷、锰、钒、铀、磷、芒硝成矿区	浅海-半深海砂泥岩-碳酸盐岩-基性火山岩建造和变质岩建造，斜长变粒岩夹大理岩、斜长石英片岩赋矿，Pb、Zn、Ag 化探异常	碳酸盐岩-细碎屑岩型铅锌银矿 SEDEX	铅、锌	掉石沟铅锌矿

续表 1-3

编号	省（自治区）	省级矿产预测类型	成矿时代	所属成矿区（带）	主要预测要素	全国评价模型	矿种	典型矿床
97	甘肃	新老金厂式破碎蚀变岩型金矿	华力西期、燕山期	Ⅲ-15 敦煌（地块）铁、铜、镍、金、银、钨、锶、铅、锌、砷、锰、钒、铀、磷、芒硝成矿区	石英片岩、二云片岩及花岗岩、石英闪长岩，北西西向断裂构造，复式花岗岩，Au、As、Ag、Bp、Mo 元素异常	与侵入岩有关的热液型金矿	金	新金厂金矿、小西弓金矿
98	甘肃	南泉式热液型银矿	华力西中晚期	Ⅲ-15 敦煌（地块）铁、铜、镍、金、银、钨、锶、铅、锌、砷、锰、钒、铀、磷、芒硝成矿区	硅化角砾状结晶灰岩、结晶灰岩、泥砂质板岩，压扭性断裂及次一级断裂，中性—酸性侵入岩，Au、Ag、Pb、Zn 元素异常	矽卡岩型铅锌银（铜铁）矿	银	南泉银金矿
99	甘肃	玉山式矽卡岩（云英岩）-石英脉型钨矿	华力西中晚期、燕山中期	Ⅲ-15 敦煌（地块）铁、铜、镍、金、银、钨、锶、铅、锌、砷、锰、钒、铀、磷、芒硝成矿区	中性—酸性侵入岩及基性辉长岩，裂隙、断层破碎带，矽卡岩-云英岩化带，W 化探异常与 W 自然重砂异常	矽卡岩-云英岩型钨锡萤石（铍钼）矿	钨	玉山钨矿、小独山钨矿
100	甘肃	大红山式沉积改造型锰矿	震旦纪、早寒武世	Ⅲ-15 敦煌（地块）铁、铜、镍、金、银、钨、锶、铅、锌、砷、锰、钒、铀、磷、芒硝成矿区	海相含锰碳酸盐岩-硅质泥质岩建造，断裂及褶皱构造	沉积型锰矿	锰	大红山锰矿、玉石山锰矿
101	甘肃	西湖式现代盐湖型硼矿	第四纪全新世	Ⅲ-15 敦煌（地块）铁、铜、镍、金、银、钨、锶、铅、锌、砷、锰、钒、铀、磷、芒硝成矿区	断（凹）陷盆地，现代内陆盐湖，第四系全新统湖积层及化学沉积建造	现代盐湖型硼矿	硼	西湖（西洋水）硼矿点
102	甘肃	神螺山式热液充填型萤石矿	华力西中期	Ⅲ-15 敦煌（地块）铁、铜、镍、金、银、钨、锶、铅、锌、砷、锰、钒、铀、磷、芒硝成矿区	砾岩-砂岩-酸性火山岩-灰岩建造，赋矿为砾岩、砂岩、灰岩，复背斜的次一级构造，F 元素异常	岩浆热液充填型萤石矿	萤石	神螺山萤石矿
103	甘肃	四道红山式热液交代型菱镁矿	华力西中期	Ⅲ-15 敦煌（地块）铁、铜、镍、金、银、钨、锶、铅、锌、砷、锰、钒、铀、磷、芒硝成矿区	白云石大理岩建造，断裂构造，中酸性脉岩，向斜的核部	镁质碳酸盐岩型菱镁矿	菱镁矿	四道红山菱镁矿
104	甘肃	双鹰山式热液充填型重晶石矿	华力西期	Ⅲ-15 敦煌（地块）铁、铜、镍、金、银、钨、锶、铅、锌、砷、锰、钒、铀、磷、芒硝成矿区	砂岩、砾岩建造，花岗细晶岩脉，层位构造控矿	与岩浆热液有关的脉状热液型重晶石矿	重晶石	双鹰山重晶石矿
105	新疆	滴水式砂岩型铜矿	上新统（世）	Ⅲ-16 塔里木盆地（中央地块）石油、天然气、煤、铀、铅、锌、铁、钒、钛、盐类（钾盐）、砂金成矿区	沉积盆地咸水湖陆棚区，沉积建造以砂岩建造为主，褶皱构造，铜化探异常，遥感影像	砂岩型铜（银）矿	铜	滴水铜矿、康村铜矿、库拜铜矿
106	新疆	罗布泊式现代盐湖型钾盐矿	第四纪	Ⅲ-16 塔里木盆地（中央地块）石油、天然气、煤、铀、铅、锌、铁、钒、钛、盐类（钾盐）、砂金成矿区	全新统湖相化学沉积建造，封闭的现代盐湖，盐湖化学沉积盐类和碎屑沉积	现代盐湖型钾盐	钾盐	腾龙钾盐矿
107	新疆	杜瓦式海相沉积型锰矿	早寒武世	Ⅲ-16 塔里木盆地（中央地块）石油、天然气、煤、铀、铅、锌、铁、钒、钛、盐类（钾盐）、砂金成矿区	浅海相火山-碎屑岩含矿建造，灰黑色含锰灰岩	沉积型锰矿	锰	杜瓦锰矿

续表 1-3

编号	省（自治区）	省级矿产预测类型	成矿时代	所属成矿区(带)	主要预测要素	全国评价模型	矿种	典型矿床
108	新疆	硫磺山式自然硫型硫矿	中泥盆世	Ⅲ-16 塔里木盆地(中央地块)石油、天然气、煤、铀、铅、锌、铁、钒、钛、盐类(钾盐)、砂金成矿区	碳酸盐岩-硫酸盐岩建造,北西向断裂及其次级断裂造成地层及油气藏破裂,含矿层位石膏岩含油气黏土岩白云质灰岩	沉积型自然硫矿	硫	塔格拉克硫矿、玉力群硫矿
109	新疆	布穹式沉积变质型铁矿	古元古代	Ⅲ-17 铁克里克(陆缘地块)铁、金、铅、锌、水晶、煤、石膏、自然硫、重晶石成矿带	浅变质陆缘碎屑沉积建造,陆源碎屑岩夹中酸性火山岩及碳酸盐岩,航磁异常,铁染、羟基异常	沉积变质型铁硫矿	铁	布穹铁矿
110	新疆	卡兰古式海相火山岩型铅锌矿	中泥盆世	Ⅲ-17 铁克里克(陆缘地块)铁、金、铅、锌、水晶、煤、石膏、自然硫、重晶石成矿带	陆棚浅海相碎屑岩和碳酸盐岩建造,赋矿岩石为灰质白云岩、角砾状灰质白云岩,次一级褶皱转折端或构造变动强烈处,古含水层,Pb-Zn-Ag-Cd-Pb-Zn 元素组合异常	海相火山岩型铜锌(银铅金)矿 VHMS	铅、锌、银	卡兰古铅锌矿、塔木铅锌矿
111	甘肃	东大山式沉积变质型铁矿	蓟县纪	Ⅲ-18 阿拉善(隆起)铜、镍、铂、铁、稀土元素、磷、石墨、芒硝、盐类成矿带	海相铁硅质建造,磁异常	沉积变质型铁硫矿	铁	红柳峡铁矿
112	甘肃	板凳沟式岩浆型铁矿	加里东晚期	Ⅲ-18 阿拉善(隆起)铜、镍、铂、铁、稀土元素、磷、石墨、芒硝、盐类成矿带	碳酸盐岩-碎屑岩-火山岩建造,超基性—基性侵入体,由角闪岩、闪长岩组成,角闪岩为成矿母岩,北西向断裂、褶皱构造,角闪岩体内的裂隙为成矿构造,磁异常	基性岩浆岩型铁铬(铜镍银)矿	铁	板凳沟磁铁矿
113	甘肃	金川式岩浆型铜矿	中-新元古代	Ⅲ-18 阿拉善(隆起)铜、镍、铂、铁、稀土元素、磷、石墨、芒硝、盐类成矿带	超镁铁岩建造,纯橄榄岩、含辉橄榄岩和二辉橄榄岩等组合,赋矿纯橄岩、含辉橄榄岩、二辉橄榄岩,航磁异常正负相伴,重力高,Cu、Ni、Co、Au、Ag、Mn、Mo、V、La 等元素异常	基性—超基性岩型铜镍(银铬)矿	铜、镍、银、硫	金川铜镍矿
114	甘肃	马房子沟式沉积变质型磷矿	晚震旦世	Ⅲ-18 阿拉善(隆起)铜、镍、铂、铁、稀土元素、磷、石墨、芒硝、盐类成矿带	砾岩-石英砂岩-磷质岩-灰岩建造	沉积变质型磷矿	磷	马房子沟磷矿
115	甘肃	七坝泉式热液充填型萤石矿	华力西晚期	Ⅲ-18 阿拉善(隆起)铜、镍、铂、铁、稀土元素、磷、石墨、芒硝、盐类成矿带	变质碎屑岩建造,基性侵入岩,南北背斜及断裂构造,赋矿母岩为斜长片麻岩,F 元素异常	岩浆热液充填型萤石矿	萤石	七坝泉萤石矿
116	新疆	喀拉大湾式海相火山岩型铁矿	早石炭世	Ⅲ-19 阿尔金(陆缘地块)铁、铅、锌、铜、金、银、镍、钒、钛、铬、稀有金属、稀土元素、石棉、玉石、白云母、白云岩、石英岩、盐类成矿带	浅变质海相碎屑岩夹碳酸盐岩、火山碎屑岩建造,上叠火山盆地,深大断裂,磁异常,遥感羟基异常	海相火山喷发沉积型铁铜硫矿	铁、钼	英格布拉克铁矿、喀拉大湾铁(钼)矿

续表 1-3

编号	省（自治区）	省级矿产预测类型	成矿时代	所属成矿区（带）	主要预测要素	全国评价模型	矿种	典型矿床
117	新疆	迪木那里克式沉积变质型铁矿	中奥陶世	Ⅲ-19 阿尔金（陆缘地块）铁、铅、锌、铜、金、银、镍、钒、钛、铬、稀有金属、稀土元素、石棉、玉石、白云母、白云岩、石英岩、盐类成矿带	类复理石岩建造-碎屑岩-碳酸盐岩建造-中基性火山岩建造，航磁异常的正磁异常范围	沉积变质型铁硫矿	铁	迪木那里克铁矿、苏巴里克铁矿
118	新疆	卡特里西式海相火山岩型铜矿	早石炭世、长城纪	Ⅲ-19 阿尔金（陆缘地块）铁、铅、锌、铜、金、银、镍、钒、钛、铬、稀有金属、稀土元素、石棉、玉石、白云母、白云岩、石英岩、盐类成矿带	双峰式火山岩-碎屑岩-碳酸盐岩建造，火山构造-变形变质构造-线状构造-侵入岩构造，铜化探异常	海相火山岩型铜锌（银铅金）矿 VHMS	铜、铅、锌、银	拉配泉铜矿
119	新疆	喀拉达坂式海相火山岩型铅锌矿	晚寒武世	Ⅲ-19 阿尔金（陆缘地块）铁、铅、锌、铜、金、银、镍、钒、钛、铬、稀有金属、稀土元素、石棉、玉石、白云母、白云岩、石英岩、盐类成矿带	玄武岩-安山岩-流纹岩建造，赋矿岩性为深灰色绢云绿泥千枚岩夹灰黑色千枚岩，局部夹玄武岩-石英岩-含化石灰岩-硅化大理岩，区域性断裂，Pb、Zn、Cu综合异常	海相火山岩型铜锌（银铅金）矿 VHMS	铅、锌、银、硫	喀拉达坂铅锌矿
120	新疆	祥云式破碎蚀变岩型金矿	长城纪	Ⅲ-19 阿尔金（陆缘地块）铁、铅、锌、铜、金、银、镍、钒、钛、铬、稀有金属、稀土元素、石棉、玉石、白云母、白云岩、石英岩、盐类成矿带	浅海相沉积的碳酸盐岩-火山岩-细碎屑岩-浅绿色变质岩建造，硅化-碳酸盐化-黄铁矿化为主的构造破碎蚀变带，断裂控制的杂色构造破碎岩，Au、Sb、Hg、As 等元素组合异常	破碎蚀变岩型金矿	金	祥云金矿
121	新疆	乌苏硝式现代盐湖型钾盐矿	第四纪	Ⅲ-19 阿尔金（陆缘地块）铁、铅、锌、铜、金、银、镍、钒、钛、铬、稀有金属、稀土元素、石棉、玉石、白云母、白云岩、石英岩、盐类成矿带	全新统湖相化学沉积建造，封闭的现代盐湖，盐湖化学沉积盐类和碎屑沉积	现代盐湖型钾盐	钾、硼	乌苏硝钾盐矿
122	新疆	秦布拉克式基性—超基性岩型镍矿	早石炭世	Ⅲ-19 阿尔金（陆缘地块）铁、铅、锌、铜、金、银、镍、钒、钛、铬、稀有金属、稀土元素、石棉、玉石、白云母、白云岩、石英岩、盐类成矿带	深大断裂旁侧，基性—超基性杂岩，重、磁异常	基性—超基性岩型铜镍（银铬）矿	镍	秦布拉克镍矿
123	宁夏	照壁山式沉积改造型铁矿	石炭纪	Ⅲ-20 河西走廊铁、锰、萤石、盐类、凹凸棒石、石油成矿带	海相碎屑岩-碳酸盐岩，赋矿页岩、砂岩	沉积型铁矿	铁	照壁山铁矿
124	宁夏	香山式砂岩型铜矿	泥盆纪、石炭纪	Ⅲ-20 河西走廊铁、锰、萤石、盐类、凹凸棒石、石油成矿带	红色碎屑岩灰岩、泥岩含膏盐建造，赋矿砂岩、灰岩，化探异常	砂岩型铜（银）矿	铜	腰岘子铜矿
125	宁夏	土窑式热液型铜矿	奥陶纪	Ⅲ-20 河西走廊铁、锰、萤石、盐类、凹凸棒石、石油成矿带	硅质岩、粉砂岩、板岩建造，断裂构造，热液活动，化探异常	与中酸性、酸性浅成或超浅成侵入岩有关的斑岩型铜钼金银矿	铜	土窑铜矿
126	宁夏	金场子式微细浸染型金矿	泥盆纪	Ⅲ-20 河西走廊铁、锰、萤石、盐类、凹凸棒石、石油成矿带	碎屑岩-碳酸盐岩含膏盐建造，近东西向断裂或褶皱构造，闪长玢岩、斑状石英闪长岩，Au、Cu、Ag、Pb、Zn、As、Sb、Hg 元素异常	与侵入岩有关的热液型金矿	金、银	金场子金矿

续表 1－3

编号	省(自治区)	省级矿产预测类型	成矿时代	所属成矿区(带)	主要预测要素	全国评价模型	矿种	典型矿床
149	青海	红沟式海相火山岩型铜(锌银铅金硫)矿	中寒武世,早、晚奥陶世	Ⅲ－21 北祁连铜、铅、锌、铁、铬、金、银、硫铁矿、石棉成矿带	中寒武统、上(下)奥陶统火山碎屑岩-熔岩建造及次火山岩建造,古火山机构,化探 Cu、Pb、Zn、Au 异常	海相火山岩型铜锌(银铅金)矿 VHMS	铜、锌、银、铅、金、硫	红沟铜矿
150	青海	浪力克式海相火山岩型铜矿	古生代	Ⅲ－21 北祁连铜、铅、锌、铁、铬、金、银、硫铁矿、石棉成矿带	阴沟群火山岩组中性—中基性次火山岩及火山岩建造,走向北西—南东断裂构造、火山通道	海相火山岩型铜锌(银铅金)矿 VHMS	铜	浪力克铜矿
151	青海	尕大坂式海相火山岩型铅锌矿	中寒武世	Ⅲ－21 北祁连铜、铅、锌、铁、铬、金、银、硫铁矿、石棉成矿带	中寒武统黑茨沟组海相基性—酸性火山岩(双峰式火山岩组合),古火山穹隆,磁异常等值线正负异常转换部位,化探 Pb－Zn－Cu－Ni－Ag－Cd 组合异常	海相火山岩型铜锌(银铅金)矿 VHMS	铅、锌	尕大坂铅锌矿
152	青海	西山梁式海相火山岩型金矿	中寒武世	Ⅲ－21 北祁连铜、铅、锌、铁、铬、金、银、硫铁矿、石棉成矿带	中寒武统黑茨沟组中基性—酸性火山岩-火山碎屑岩建造,化探 Au－As－Cu－Ni 组合异常	次火山热液型金银矿	金	西山梁金矿
153	青海	清水沟式海相火山岩沉积型锰矿	中寒武世	Ⅲ－21 北祁连铜、铅、锌、铁、铬、金、银、硫铁矿、石棉成矿带	海相火山岩含铁锰石英岩建造,重砂铜、铅、铬、锰、重晶石矿物组合	沉积型锰矿	锰	清水沟锰矿
154	青海	香子沟式海相火山岩型硫铁矿	中寒武世	Ⅲ－21 北祁连铜、铅、锌、铁、铬、金、银、硫铁矿、石棉成矿带	中寒武世基性火山熔岩,重砂铜(硫)锡、铅、锌、钨、砷、萤石、重晶石矿物组合	海相火山岩型铜锌(银铅金)矿 VHMS	硫	香子沟硫铁矿
155	青海	玉石沟式蛇绿岩型铬矿	加里东期	Ⅲ－21 北祁连铜、铅、锌、铁、铬、金、银、硫铁矿、石棉成矿带	蛇绿岩带镁质超基性岩体,磁异常,化探异常,重砂异常	与超基性岩有关的侵入岩体型铬矿	铬	玉石沟铬矿
156	青海	草大坂式热液型菱镁矿	加里东期	Ⅲ－21 北祁连铜、铅、锌、铁、铬、金、银、硫铁矿、石棉成矿带	大型镁质基性—超基性岩带,断裂带,化探异常,磁异常,重力异常,重砂异常	镁质碳酸盐岩型菱镁矿	菱镁矿	草大坂式菱镁矿
157	青海	郭米寺式海相火山岩型铅锌(银)矿	中寒武世	Ⅲ－21 北祁连铜、铅、锌、铁、铬、金、银、硫铁矿、石棉成矿带	中寒武统黑茨沟组海相基性—酸性火山岩,古火山穹隆,磁异常等值线正负异常转换部位,化探 Pb－Zn－Cu－Ni－Ag－Cd 组合异常	海相火山岩型铜锌(银铅金)矿 VHMS	铅、锌、银	郭米寺铜铅锌(银)矿
158	青海	小东索式热液型重晶石矿	加里东期	Ⅲ－21 北祁连铜、铅、锌、铁、铬、金、银、硫铁矿、石棉成矿带	加里东期侵入于前寒武纪变质岩地层内岩浆岩,近东西向断裂构造,磁异常	与岩浆热液有关的脉状热液型重晶石矿	重晶石	小东索型重晶石矿
159	甘肃	镜铁山式沉积变质型铁矿	蓟县纪	Ⅲ－21 北祁连铜、铅、锌、铁、铬、金、银、硫铁矿、石棉成矿带	裂陷海盆,碎屑岩-碳酸盐岩建造,向斜构造或单斜构造	海相火山喷发沉积型铁铜硫矿	铁、铜	镜铁山铁矿
160	甘肃	石硐沟式热液型	晚奥陶世	Ⅲ－22 中祁连金、硫、重晶石、磷成矿带	角砾状硅化灰岩,花岗闪长岩,断裂的交会位置,Pb－Zn－Ag－Au－Cd－W－Bi－Mo－As 元素组合异常	矽卡岩型铅锌银(铜铁)矿	银	石硐沟银矿床

续表 1-3

编号	省（自治区）	省级矿产预测类型	成矿时代	所属成矿区（带）	主要预测要素	全国评价模型	矿种	典型矿床
161	甘肃	塔尔沟式矽卡岩（云英岩）-石英脉型钨矿	晚奥陶世	Ⅲ-22 中祁连金、硫、重晶石、磷成矿带	二云母片岩夹斜长角闪岩、白云质大理岩-大理岩建造，二长花岗岩、花岗岩体，区域性北西向断裂次级断裂、裂隙，W-Sn-Bi 组合异常，重砂异常	矽卡岩-云英岩型钨锡萤石（银钼）矿	钨	塔尔沟钨矿
162	甘肃	罗家峡式岩浆型磷矿	晚古生代	Ⅲ-22 中祁连金、硫、重晶石、磷成矿带	中性、中性偏基性深成侵入岩，闪长岩为含矿岩体，岩体顶部、边部及其接触带赋矿，北北东—南北向断裂构造，磁异常	岩浆型磷矿	磷	罗家峡式磷矿
163	甘肃	先明峡式沉积变质型磷矿	长城纪	Ⅲ-22 中祁连金、硫、重晶石、磷成矿带	含磷硅质板岩-千枚岩-灰岩建造，含矿建造为含磷硅质板岩-含磷碳质板岩-磷块岩	沉积变质型磷矿	磷	先明峡磷矿
164	甘肃	硫磺山式沉积型自然硫矿	第四纪全新世	Ⅲ-22 中祁连金、硫、重晶石、磷成矿带	第四纪地壳深部岩浆活动，北西向断裂带和次级裂隙带	沉积型自然硫矿	硫	硫磺山硫矿
165	青海	祁连夏拉河岩浆型稀土矿	新元古代、中元古代	Ⅲ-22 中祁连金、硫、重晶石、磷成矿带	新元古代变质侵入体、砂泥质-碳酸盐岩建造，P-La-Y-Ag-Ba-Cd-Fe_2O_3 组合化探异常	沉积型磷稀土矿	稀土、磷	上庄铁磷稀土矿
166	青海	大黑山式矽卡岩-云英岩型钨矿	加里东期	Ⅲ-22 中祁连金、硫、重晶石、磷成矿带	泥钙质碎屑岩、碳酸盐岩建造及加里东中期花岗岩，云英岩化、矽卡岩化、硅化，钨化探异常	矽卡岩-云英岩型钨锡萤石（银钼）矿	钨	大黑山钨矿
167	青海	龙门式矽卡岩-云英岩型钨矿	加里东期	Ⅲ-22 中祁连金、硫、重晶石、磷成矿带	加里东期二长花岗岩及巴龙贡噶尔组碳酸盐岩建造，硅化，萤石化、云英岩化，化探钨异常	矽卡岩-云英岩型钨锡萤石（银钼）矿	钨	龙门钨矿
168	青海	上加克式矽卡岩型硫铁矿	晚奥陶世	Ⅲ-22 中祁连金、硫、重晶石、磷成矿带	古元古代湟源群东岔沟组碳酸盐岩建造，晚奥陶世岩浆岩，重砂硫、铅、砷、锡、金矿物组合	矽卡岩型硫铁矿	硫	上加克硫铁矿、青龙滩硫铁矿
169	青海	元石山式岩浆型镍矿	加里东期	Ⅲ-22 中祁连金、硫、重晶石、磷成矿带	加里东早-中期超基性岩，Cr-Ni-Co-Au-V-Fe_2O_3-MgO 组合化探异常	基性—超基性岩型铜镍（银铬）矿	镍	元石山镍矿
170	青海	花石掌式热液型萤石矿	加里东期	Ⅲ-22 中祁连金、硫、重晶石、磷成矿带	加里东期二长花岗岩、钾长花岗岩，断裂构造，F 化探异常，重砂萤石异常	岩浆热液充填型萤石矿	萤石	花石掌萤石矿
171	甘肃	黑刺沟式破碎蚀变岩型金矿	泥盆纪	Ⅲ-23 南祁连金、镍、稀土元素、煤、磷成矿带	浅海碎屑沉积建造，石英二长闪长岩，北西向构造破碎带及次一级的共扼断裂破碎带，Au-Mo-As-Sb 元素组合异常	破碎蚀变岩型金矿	金	黑刺沟金矿
172	甘肃	大道尔吉式岩浆型铬铁矿	加里东期	Ⅲ-23 南祁连金、镍、稀土元素、煤、磷成矿带	蛇绿混杂岩带，蛇绿岩建造，纯橄岩、含辉纯橄岩，北西向断裂构造，高磁异常，重力异常梯度带，剩余重力异常明显，Cr、Ti、Ni、V、Mn、Fe、Co 等铁族元素组合富集，铬铁矿重砂异常	基性岩浆岩型铁铬（铜镍银）矿	铬	大道尔吉铬铁矿

续表 1-3

编号	省（自治区）	省级矿产预测类型	成矿时代	所属成矿区（带）	主要预测要素	全国评价模型	矿种	典型矿床
173	甘肃	小苏干湖式现代盐湖型钾盐矿	第四纪	Ⅲ-23 南祁连金、镍、稀土元素、煤、磷成矿带	现代内陆盐湖，第四系全新统湖积层及化学沉积建造	现代盐湖型钾盐	钾盐	苏干湖钾盐矿
174	甘肃	别盖式热液交代型菱镁矿	加里东中期	Ⅲ-23 南祁连金、镍、稀土元素、煤、磷成矿带	白云质大理岩夹云母钙质片岩、白云质灰岩建造，赋矿为白云石大岩，复背斜	镁质碳酸盐型菱镁矿	菱镁矿	别盖菱镁矿
175	青海	赛坝沟式破碎蚀变岩型金矿	加里东—华力西期	Ⅲ-23 南祁连金、镍、稀土元素、煤、磷成矿带	滩间山群火山岩建造，加里东期及华力西期花岗岩，断裂构造，化探 Au、As、Sb 组合异常	破碎蚀变岩型金矿	金	赛坝沟金矿
176	青海	尼旦沟式海相火山岩型金矿	加里东末期、华力西期	Ⅲ-23 南祁连金、镍、稀土元素、煤、磷成矿带	晚寒武世中基性火山岩（玄武岩、玄武安山岩、安山岩），断裂构造，花岗闪长岩-石英闪长岩，化探 Au、As、Cu、Ni 组合异常	破碎蚀变岩型金矿	金	尼旦沟金矿
177	青海	黑沟峡式沉积变质型磷矿	中元古代	Ⅲ-23 南祁连金、镍、稀土元素、煤、磷成矿带	长城系、蓟县系碎屑岩、碳酸盐岩段，化探 P 异常，自然重砂磷灰石异常	沉积变质型磷矿	磷	黑沟峡磷矿
178	青海	上庄式岩浆型磷矿	加里东期	Ⅲ-23 南祁连金、镍、稀土元素、煤、磷成矿带	偏碱性超基性杂岩体，北西向穿壳断裂带，磁异常，化探 P 异常	岩浆型磷矿	磷	上庄铁磷稀土矿
179	青海	拉水峡式岩浆型铜镍矿	晚寒武世	Ⅲ-23 南祁连金、镍、稀土元素、煤、磷成矿带	寒武纪铁质基性—超基性杂岩，地球物理异常（重力高、磁力高、极化率高和电阻率低），化探 Cu、Ni 异常	基性—超基性岩型铜镍（银铬）矿	铜、镍	拉水峡岩浆型铜镍矿
180	甘肃	龙得岗式斑岩型铜矿	印支期	Ⅲ-24 柴达木北缘铅、锌、锰、铬、金、白云母成矿带	火山-沉积岩建造，英云闪长斑岩，北北西—南北—北北东—弧形弯曲断裂带及北北东向断裂，Cu、W 化探异常	与中酸性、酸性浅成或超浅成侵入岩有关的斑岩型铜钼金银矿	铜	龙得岗铜矿
181	青海	苏干湖西-锡铁山绿梁山式海相火山岩型铜矿	古生代	Ⅲ-24 柴达木北缘铅、锌、锰、铬、金、白云母成矿带	滩间山群火山岩组英安岩、安山岩夹砂岩建造，重力推断沉积盆地，推断寒武系-奥陶系地层，化探 Cu-Au-Co-Ni-Mo 组合异常，遥感解译色要素（绢云母化、硅化）、带要素（滩间山地层），铜矿产地	海相火山岩型铜锌（银铅金）矿 VHMS	铜	绿梁山铜矿
182	青海	锡铁山式海相火山岩型铅锌（铜银硫）矿	加里东期	Ⅲ-24 柴达木北缘铅、锌、锰、铬、金、白云母成矿带	滩间山群下部两岩性组合的黑色含碳绿泥石英绢云片岩、绢云石英片岩、大理岩或其接触带，北西—南东向主干断裂逆断裂，重力异常，重力推断沉积盆地，化探 Pb-Zn-Ag-Cr-Cd 组合异常，铅锌矿产地	海相火山岩型铜锌（银铅金）矿 VHMS	铅、锌	锡铁山铅锌矿床

续表 1-3

编号	省（自治区）	省级矿产预测类型	成矿时代	所属成矿区（带）	主要预测要素	全国评价模型	矿种	典型矿床
183	青海	沙柳河式海相火山岩型铅锌铜（银）矿	古元古代	Ⅲ-24 柴达木北缘铅、锌、锰、铬、金、白云母成矿带	古元古代金水口岩群，碳酸盐岩、安山质凝灰岩、中基性火山岩（近火山口的岩石组合），东西向断裂，磁异常，重力推断元古界地层，重力推断盆地，推断断裂构造，化探 Pb-Zn-Cd-Ag-Cr 组合异常，锌铜（银）矿产地	海相火山岩型铜锌（银铅金）矿 VHMS	铅、锌、铜、银	沙柳河铅锌矿
184	青海	哈莉哈德山式海相火山沉积型锰矿	晚奥陶世	Ⅲ-24 柴达木北缘铅、锌、锰、铬、金、白云母成矿带	火山-沉积岩，化探 Mn、Co、Cr、Cu、Li、Ni、W 组合异常，重砂锰-铋-铬-钼-铜-钨-锡族矿物组合异常	沉积型锰矿	锰	哈莉哈德山锰矿
185	青海	滩间山式破碎蚀变岩型金矿	蓟县纪—加里东期	Ⅲ-24 柴达木北缘铅、锌、锰、铬、金、白云母成矿带	含矿建造为中元古代蓟县纪沉积含金岩系（大理岩-变质砂岩-千枚岩），成矿岩体以花岗闪长斑岩、斜长细晶岩为主，其次为闪长玢岩，此外有石英脉、碳酸岩脉等，北西向区域性断裂，磁法推断中酸性岩体，重力推断断裂构造，推断沉积盆地，推断中酸性岩体，化探 Au 元素异常，Au-Cu-As-Mo 组合异常，金矿产地	破碎蚀变岩型金矿	金	滩间山金矿
186	青海	牛鼻子梁式岩浆型铜镍矿	加里东期	Ⅲ-24 柴达木北缘铅、锌、锰、铬、金、白云母成矿带	加里东期超镁铁质基性—超基性杂岩，区域深断裂及其派生的次级断裂，物探超基性岩和含矿超基性岩引起的强磁异常、高激电异常，引起低电阻率异常，铜镍矿产地	基性—超基性岩型铜镍（银铬）矿	铜、镍	牛鼻子梁铜镍矿
187	青海	锡铁山式热液型重晶石矿	华力西期	Ⅲ-24 柴达木北缘铅、锌、锰、铬、金、白云母成矿带	滩间山群上部火山岩夹片岩段，北西向断裂构造和派生的北北西、北西西向次级裂隙构造，化探 Ba 元素异常，重砂重晶石矿物异常，重晶石矿产地	与岩浆热液有关的脉状热液型重晶石矿	重晶石	锡铁山重晶石矿
188	青海	察尔汗式现代盐湖型钾锂硼矿	第四纪	Ⅲ-25 柴达木盆地（地块）锂、硼、钾、钠、镁、盐类、石膏、石油、天然气成矿区	第四纪现代盐湖沉积	现代盐湖型钾盐	钾、锂、硼	察尔汗钾矿、大浪滩钾矿
189	青海	南翼山式地下卤水型钾锂硼盐	新近纪	Ⅲ-25 柴达木盆地（地块）锂、硼、钾、钠、镁、盐类、石膏、石油、天然气成矿区	新生代沉积盆地、含矿建造	地下卤水型钾盐	钾、锂、硼	南翼山钾矿
190	青海	肯德可克式矽卡岩型铁（硫）多金属矿	中、晚三叠世	Ⅲ-26 东昆仑（造山带）铁、铅、锌、铜、钴、金、钨、锡、钒、钛、盐类成矿带	寒武纪—奥陶纪滩间山群、石炭纪大干沟组及缔敖苏组碳酸盐岩，印支-燕山期闪长岩、花岗闪长岩，磁法 100～500nT 等值线圈定的范围，化探 Cu、Pb、Zn、CaO 异常	矽卡岩型铁铜硫（钼金银）矿	铁、硫	肯德可克铁多金属矿、尕林格铁矿、野马泉铁多金属矿、牛苦头铁多金属矿

续表 1-3

编号	省（自治区）	省级矿产预测类型	成矿时代	所属成矿区（带）	主要预测要素	全国评价模型	矿种	典型矿床
191	青海	白石崖式矽卡岩型铁矿	中、晚三叠世	Ⅲ-26 东昆仑（造山带）铁、铅、锌、铜、钴、金、钨、锡、钒、钛、盐类矿带	绵敖苏组碳酸盐岩建造，印支-燕山期石英正长斑岩、钠长霏细斑岩、闪长玢岩岩石组合，Bi、Sn、Zn、Cd 化探异常，重砂铁、锰、铋、钼族矿物异常	矽卡岩型铁铜硫（钼金银）矿	铁	白石崖铁矿
192	青海	五一河式矽卡岩型锡矿	燕山期	Ⅲ-26 东昆仑（造山带）铁、铅、锌、铜、钴、金、钨、锡、钒、钛、盐类矿带	晚石炭统缔敖苏组碳酸盐岩建造，早侏罗纪钾长花岗岩、二长花岗岩，东西向断裂，1∶5 万磁法异常，Cu-Ag-Pb-Zn-Sn 元素组合化探异常	矽卡岩-云英岩型钨锡萤石（银钼）矿	锡	五一河（铜）锡矿
193	青海	小卧龙式矽卡岩型锡矿	印支期	Ⅲ-26 东昆仑（造山带）铁、铅、锌、铜、钴、金、钨、锡、钒、钛、盐类矿带	奥陶纪祁曼塔格群碎屑岩和碳酸盐岩，印支期酸性侵入岩，重力推断的中酸性体，Cu、Sn、Bi 元素化探异常，激电异常，1∶5 万磁法异常	矽卡岩-云英岩型钨锡萤石（银钼）矿	锡	小卧龙（铁）锡矿
194	青海	日龙沟式矽卡岩型锡矿	印支期	Ⅲ-26 东昆仑（造山带）铁、铅、锌、铜、钴、金、钨、锡、钒、钛、盐类矿带	中二叠统切吉组碎屑岩建造、碳酸盐岩建造，印支期闪长岩、闪长玢岩、花岗岩，东西向构造，Sn-Zn-Pb-Mn 组合化探异常，磁法、电法异常	矽卡岩-云英岩型钨锡萤石（银钼）矿	锡	日龙沟锡多金属矿
195	青海	祁曼塔格卡尔却卡式矽卡岩型铜、钼矿	晚三叠世	Ⅲ-26 东昆仑（造山带）铁、铅、锌、铜、钴、金、钨、锡、钒、钛、盐类矿带	祁曼塔格群碳酸盐岩建造，印支期花岗闪长岩，Cu-Ag-Hg-Mo-W 组合化探异常，磁法异常	矽卡岩型铜铅锌（银钼）矿	铜、钼	卡而却卡铜（钼）矿
196	青海	四角羊沟式矽卡岩型铅锌（硫）矿	印支期	Ⅲ-26 东昆仑（造山带）铁、铅、锌、铜、钴、金、钨、锡、钒、钛、盐类矿带	石炭纪缔敖苏组生物屑亮晶碳酸盐岩建造，印支期二长花岗岩，Cu、Mo、Ag、Sn 化探异常，1∶5 万磁法异常	矽卡岩型铅锌银（铜铁）矿	铅、锌、硫	四角羊铅锌（硫）矿
197	青海	什多龙式矽卡岩型铜铅锌银矿	印支期	Ⅲ-26 东昆仑（造山带）铁、铅、锌、铜、钴、金、钨、锡、钒、钛、盐类矿带	石炭纪大干沟组碳酸盐岩建造，砂岩建造，千枚状板岩建造，印支期花岗闪长岩，W-Bi-Nb-Ag-Sn-Cu-Cd-Pb 组合化探异常，1∶5 万磁法异常	矽卡岩型铅锌银（铜铁）矿	铜、铅、锌、银	什多龙铜矿
198	青海	铜峪沟式海相火山岩型铜铅锌（银）矿	二叠纪	Ⅲ-26 东昆仑（造山带）铁、铅、锌、铜、钴、金、钨、锡、钒、钛、盐类矿带	中二叠世切吉组钙碱系列火山岩建造，生物碳酸盐岩建造和（不）含蛇绿岩碎片的浊积岩建造，Cu-Sn-Ag-As-Bi 组合化探异常，1∶5 万磁法异常，遥感环要素、带要素	海相火山岩型铜锌（银铅金）矿 VHMS	铜、铅、锌、银	铜峪沟铜矿
199	青海	布尔汗布达山督冷沟式海相火山岩型铜矿	元古代	Ⅲ-26 东昆仑（造山带）铁、铅、锌、铜、钴、金、钨、锡、钒、钛、盐类矿带	中上元古界碳酸盐岩建造、海相火山岩建造，Ni-Cu-Cr 组合化探异常，1∶5 万磁法异常、电法异常，重砂锡、锌、铜矿物异常	海相火山岩型铜锌（银铅金）矿 VHMS	铜	督冷沟铜矿

续表 1-3

编号	省(自治区)	省级矿产预测类型	成矿时代	所属成矿区(带)	主要预测要素	全国评价模型	矿种	典型矿床
200	青海	都兰-鄂拉山地区加当根式斑岩型铜矿	印支期	Ⅲ-26 东昆仑(造山带)铁、铅、锌、铜、钴、金、钨、锡、钒、钛、盐类矿带	印支期花岗闪长岩、斑状花岗闪长岩,Cu、Ag、Au、As 化探异常	与中酸性、酸性浅成或超浅成侵入岩有关的斑岩型铜钼金银矿	铜、钼、金、银	加当根铜矿
201	青海	祁曼塔格乌兰乌珠尔式斑岩型铜锡矿	早三叠世	Ⅲ-26 东昆仑(造山带)铁、铅、锌、铜、钴、金、钨、锡、钒、钛、盐类矿带	华力西期—印支期花岗斑岩,Cu-Pb-Zn-As-Sn-W-Ag-Be-Li 组合化探异常,电法异常	与中酸性、酸性浅成或超浅成侵入岩有关的斑岩型铜钼金银矿	铜、锡	乌兰乌珠尔铜矿
202	青海	热水式斑岩型钼矿	华力西期	Ⅲ-26 东昆仑(造山带)铁、铅、锌、铜、钴、金、钨、锡、钒、钛、盐类矿带	华力西期的花岗岩体,岩体原生裂隙带,岩体内构造发育地段,钼铅矿、方铅矿、辉钼矿、孔雀石、磁铁矿等重砂异常	与中酸性、酸性浅成或超浅成侵入岩有关的斑岩型钼矿	钼	热水(铜)钼矿
203	青海	清水河式沉积变质型铁矿	中元古界	Ⅲ-26 东昆仑(造山带)铁、铅、锌、铜、钴、金、钨、锡、钒、钛、盐类矿带	赋矿地层、控矿构造、变质作用、航磁异常	沉积变质型铁硫矿	铁	清水河铁矿
204	青海	磁铁山-埃青德勒斯特岩浆型稀土矿	华力西期	Ⅲ-26 东昆仑(造山带)铁、铅、锌、铜、钴、金、钨、锡、钒、钛、盐类矿带	印支中晚期—燕山早期中酸性岩浆岩,化探 La、Y、Nb、P 等元素异常,重力与航磁推测基性、超基性岩体及深大断裂,遥感环形、线形构造	岩浆型稀土矿	稀土	
205	青海	鄂拉山式陆相火山岩型铅锌(银)矿	印支期	Ⅲ-26 东昆仑(造山带)铁、铅、锌、铜、钴、金、钨、锡、钒、钛、盐类矿带	晚三叠世鄂拉山组陆相火山岩沉积建造,Pb-Bi-Mo-Ag-W 异常组合,重砂钼锡金铜铅异常,磁电异常	次火山热液型金银(铅锌)矿	铅、锌、银	鄂拉山口铅锌矿
206	青海	五龙沟式破碎蚀变岩型金矿	印支期	Ⅲ-26 东昆仑(造山带)铁、铅、锌、铜、钴、金、钨、锡、钒、钛、盐类矿带	金水口岩群、丘吉东沟组、祁曼塔格群变质岩建造,北西西向、北西向、北北西向破碎蚀变带,化探 Au-As-Sb 组合异常	破碎蚀变岩型金矿	金	五龙沟金矿
207	青海	索拉沟地区海相火山岩型铅锌矿	中三叠世	Ⅲ-26 东昆仑(造山带)铁、铅、锌、铜、钴、金、钨、锡、钒、钛、盐类矿带	中三叠统希里可特组、下三叠统洪水川组火山碎屑岩建造、北东向断裂,Pb-Ag-Cd-Mo-W 组合化探异常	海相火山岩型铜锌(银铅金)矿 VHMS	铅、锌	
208	青海	五雪峰-扎日尕那矽卡岩-云英岩型钨矿	印支期	Ⅲ-26 东昆仑(造山带)铁、铅、锌、铜、钴、金、钨、锡、钒、钛、盐类矿带	清水河组、昌马河组、甘德组、纳赤台群碳酸盐岩建造,华力西期、燕山期二长花岗岩体、花岗闪长岩体,北西及北北西向裂隙,W、Sn、Bi 化探异常	矽卡岩-云英岩型钨锡萤石(银钼)矿	钨	

续表 1－3

编号	省（自治区）	省级矿产预测类型	成矿时代	所属成矿区(带)	主要预测要素	全国评价模型	矿种	典型矿床
209	青海	大格勒式热液型萤石	印支期	Ⅲ－26 东昆仑(造山带)铁、铅、锌、铜、钴、金、钨、锡、钒、钛、盐类矿带	印支期钾长花岗岩，北西向、北北西向张扭性、张性断裂，F 化探异常，重砂萤石、锡石、铅族矿物、铁族矿物、钼族矿物、自然金异常	岩浆热液充填型萤石矿	萤石	大格勒沟萤石矿
210	青海	裕龙沟式岩浆型镍矿	寒武纪	Ⅲ－26 东昆仑(造山带)铁、铅、锌、铜、钴、金、钨、锡、钒、钛、盐类矿带	寒武纪铁质基性—超基性杂岩，地球物理异常(重力高、磁力高、极化率高和电阻率低)，Ni 化探异常	基性—超基性岩型铜镍(银铬)矿	铜、镍	裕龙沟镍矿
211	青海	尕科合式热液型砷银矿	三叠纪	Ⅲ－26 东昆仑(造山带)铁、铅、锌、铜、钴、金、钨、锡、钒、钛、盐类矿带	下三叠统隆务河群与中三叠统古浪堤组，岩体主要为石英闪长岩、花岗斑岩，物探地层和岩体均无磁性，As 化探异常		砷、银	尕科合砷银矿
212	新疆	蟠龙峰式矽卡岩型铁矿	晚三叠世	Ⅲ－26 东昆仑(造山带)铁、铅、锌、铜、钴、金、钨、锡、钒、钛、盐类矿带	大理岩、片岩、片麻岩等中-深变质岩建造，二长花岗岩及花岗闪长岩，赋矿岩石为接触交代变质的矽卡岩，Fe－Cu－Pb－Zn－Ag－Cd 组合异常，中-大比例尺的强磁异常，铁矿物重砂异常	矽卡岩型铁铜硫(钼金银)矿	铁	蟠龙峰铁矿
213	新疆	维宝式碳酸盐岩-细碎屑岩型铅锌矿	蓟县纪	Ⅲ－26 东昆仑(造山带)铁、铅、锌、铜、钴、金、钨、锡、钒、钛、盐类矿带	碳酸盐岩、碎屑岩建造，矽卡岩化碳酸盐岩地层，Pb、Zn、Cu、Ag 化探异常	碳酸盐岩-细碎屑岩型铅锌银矿 SEDEX	铅、锌、银	维宝铅锌矿
214	新疆	克孜勒萨依式破碎蚀变岩型金矿	晚二叠世	Ⅲ－26 东昆仑(造山带)铁、铅、锌、铜、钴、金、钨、锡、钒、钛、盐类矿带	大断裂及其次一级断裂组，中(酸)性岩浆岩，含矿建造为闪长岩＋花岗闪长岩＋凝灰质粉砂岩＋砂岩，含有闪长岩或花岗闪长岩等中酸性岩的构造角砾岩，区域化探金异常的三级浓度带内带范围区或 As 异常范围内	破碎蚀变岩型金矿	金	克孜勒萨依金矿
215	新疆	白干湖式矽卡岩型钨矿	志留纪	Ⅲ－26 东昆仑(造山带)铁、铅、锌、铜、钴、金、钨、锡、钒、钛、盐类矿带	二云石英片岩、绿泥绢云石英片岩、变质石英砂岩夹变玄武岩、砂板岩、大理岩建造，中酸性岩浆岩，深大断裂次级断裂，W、Sn 异常	矽卡岩-云英岩型钨锡萤石(银钼)矿	钨、锡	柯可卡尔德钨矿
216	新疆	乌依塔什式海相火山岩型铜矿	晚石炭世	Ⅲ－27 西昆仑北部(地块及裂谷带)铁、铜、铅、锌、钼、硫铁矿、水晶、白云母、玉石、石棉成矿带	火山沉积建造，含矿为火山熔岩，沉积层状构造，单环磁异常，Cu 化探异常	海相火山岩型铜锌(银铅金)矿 VHMS	铜、硫	上其汗铜矿、乌依塔什铜矿
217	新疆	盖孜特克里曼苏式砂岩型铜矿	中泥盆世	Ⅲ－27 西昆仑北部(地块及裂谷带)铁、铜、铅、锌、钼、硫铁矿、水晶、白云母、玉石、石棉成矿带	紫红色铁质砂岩、铁质细砂岩、灰色石英细砂岩、灰白色砂岩，矿体均赋存于灰白色砂岩中，北西向断裂与北东向断裂交会处，Cu、Sb、Au 化探异常	砂岩型铜(银)矿	铜	盖孜特克里曼苏铜矿
218	新疆	卡拉玛式热液型铜矿	志留纪	Ⅲ－27 西昆仑北部(地块及裂谷带)铁、铜、铅、锌、钼、硫铁矿、水晶、白云母、玉石、石棉成矿带	黑云斜长片岩、云母石英片岩、白云岩建造，北西向褶皱构造、区域性断裂构造，花岗岩，Cu 化探异常	与中酸性、酸性浅成或超浅成侵入岩有关的斑岩型铜钼金银矿	铜	卡拉玛铜矿

续表 1-3

编号	省（自治区）	省级矿产预测类型	成矿时代	所属成矿区（带）	主要预测要素	全国评价模型	矿种	典型矿床
219	新疆	木吉式破碎蚀变岩型金矿	中泥盆世	Ⅲ-27 西昆仑北部（地块及裂谷带）铁、铜、铅、锌、钼、硫铁矿、水晶、白云母、玉石、石棉成矿带	碎屑岩-碳酸盐岩建造，复背斜翼部断裂之间的大型韧性剪切带，中酸性—碱性喷发或侵入岩，基性—超基性脉岩，Au-As-Cu-Sb-Hg-Au 元素组合异常	破碎蚀变岩型金矿	金	木吉金矿
220	甘肃	美仁式矽卡岩型铁矿	燕山早期	Ⅲ-28 西秦岭铅、锌、铜（铁）、金、汞、锑成矿带	中酸性构造岩浆岩带，中酸性侵入体外接触带透辉石类矽卡岩、大理岩及层间破碎带，磁异常	矽卡岩型铁铜硫（钼金银）矿	铁	美仁磁铁矿
221	甘肃	黑拉式沉积型铁矿	华力西早期	Ⅲ-28 西秦岭铅、锌、铜（铁）、金、汞、锑成矿带	滨浅海局限性台地边缘盆地，海相碎屑岩夹铁质砂岩沉积建造，沉积构造，铁质石英砂岩建造	沉积型铁矿	铁	黑拉赤铁矿
222	甘肃	查居式沉积再造型铁矿	华力西期末	Ⅲ-28 西秦岭铅、锌、铜（铁）、金、汞、锑成矿带	边缘滨-浅海碳酸盐岩、磷铁台地，海相碎屑岩、碳酸盐岩沉积建造，沉积构造、顺层断裂构造，磁异常	沉积型铁矿	铁	洛大（查居）菱铁-赤铁矿
223	甘肃	包家沟式淋滤型铁矿	燕山—喜山期	Ⅲ-28 西秦岭铅、锌、铜（铁）、金、汞、锑成矿带	碳酸盐岩、硅质细碎屑岩建造，风化淋滤，张性断裂构造和碳酸盐岩溶洞，褐铁矿化露头	沉积型铁矿	铁	包家沟褐铁矿
224	甘肃	厂坝式沉积-改造型铅锌矿	华力西晚期	Ⅲ-28 西秦岭铅、锌、铜（铁）、金、汞、锑成矿带	碳酸盐岩-碎屑岩沉积建造，赋矿云母石英片岩、大理岩、石英岩、白云岩，大型脆性逆冲断裂带中逆冲剪切构造，控矿为同生断裂及滞留洼地，Pb、Zn、Cu、Ba 化探异常	碳酸盐岩-细碎屑岩型铅锌银矿 SEDEX	铅、锌	厂坝铅锌矿
225	甘肃	邓家山式沉积-改造型铅锌矿	泥盆纪	Ⅲ-28 西秦岭铅、锌、铜（铁）、金、汞、锑成矿带	碳酸盐岩和碎屑岩建造，赋矿于碳酸盐岩层，背斜和层位，Pb、Zn、Ag 化探异常	碳酸盐岩-细碎屑岩型铅锌银矿 SEDEX	铅、锌	邓家山铅锌矿
226	甘肃	代家庄式沉积-改造型铅锌矿	泥盆纪	Ⅲ-28 西秦岭铅、锌、铜（铁）、金、汞、锑成矿带	碳酸盐岩和碎屑岩建造，赋矿于碳酸盐岩层，背斜和层位，Pb、Zn、Ag 化探异常	层控碳酸盐岩型铅锌银矿（MVT）	铅、锌	代家庄铅锌矿
227	甘肃	下拉地式海相火山岩型铅锌矿	下石炭世晚期	Ⅲ-28 西秦岭铅、锌、铜（铁）、金、汞、锑成矿带	浅海环境中沉积的夹有基性火山岩、黏土岩的不纯碳酸盐岩建造，构造裂隙，赋矿块状、条带状白云岩，Pb、Zn 化探异常	海相火山岩型铜锌（银铅金）矿 VHMS	铅、锌	下拉地铅锌矿
228	甘肃	李坝式岩浆热液型金矿	燕山早期	Ⅲ-28 西秦岭铅、锌、铜（铁）、金、汞、锑成矿带	绢云绿泥石板岩、变石英砂岩、变粉砂岩建造，北西向断裂破碎带，酸性复式岩体外接触带，Au、As、Sb、Ag、Pb 综合异常	与侵入岩有关的热液型金矿	金	李坝金矿
229	甘肃	柴家庄式破碎蚀变岩型金矿	印支期末—燕山早期	Ⅲ-28 西秦岭铅、锌、铜（铁）、金、汞、锑成矿带	变质建造，中酸性侵入体，北北东向、北北西向断裂破碎带，赋矿酸性—基性"双峰式"变质火山岩（斜长角闪片岩），中酸性侵入体外接触蚀变带，Au-Ag-Cu-Zn-Mo-Bi-Sn-W 元素组合异常	与侵入岩有关的热液型金矿	金	柴家庄金矿

续表 1-3

编号	省（自治区）	省级矿产预测类型	成矿时代	所属成矿区(带)	主要预测要素	全国评价模型	矿种	典型矿床
230	甘肃	大店沟式破碎蚀变岩型金矿	印支期末	Ⅲ-28 西秦岭铅、锌、铜(铁)、金、汞、锑成矿带	变质建造，中酸性侵入体，北北东向、北北西向断裂破碎带，赋矿酸性—基性“双峰式”变质火山岩(斜长角闪片岩)，中酸性侵入体外接触蚀变带，Au-Ag-Cu-Zn-Mo-Bi-Sn-W 元素组合异常	与侵入岩有关的热液型金矿	金	大店沟金矿
231	甘肃	鹿儿坝式破碎蚀变岩型金矿	燕山期枣子沟；印支期末—燕山早期鹿儿坝	Ⅲ-28 西秦岭铅、锌、铜(铁)、金、汞、锑成矿带	长英砂岩、粉砂岩及粉砂质板岩，近东西向次级压扭性断裂，花岗闪长玢岩脉，Au-Ag-As-Hg-Sb 组合异常	破碎蚀变岩型金矿	金	鹿儿坝金矿
232	甘肃	拉尔玛式微细浸染型(卡林型)金矿	燕山中早期和喜山早期	Ⅲ-28 西秦岭铅、锌、铜(铁)、金、汞、锑成矿带	含硅质粉砂质板岩、含碳绢云母粉砂质板岩、碳质板岩，背斜构造，中酸性岩脉，Au-Hg-As-Sb-Ag-Li 组合异常	沉积建造型金矿	金	拉尔玛金矿
233	甘肃	坪定式微细浸染型(卡林型)金矿	印支期末	Ⅲ-28 西秦岭铅、锌、铜(铁)、金、汞、锑成矿带	凝灰质板岩和含碳质钙质板岩、泥质白云质生物灰岩，近东西向断裂，花岗闪长岩脉，Au-Hg-As-Sb-Ag-Li 组合异常	沉积建造型金矿	金	坪定金矿
234	甘肃	大桥式微细浸染型(卡林型)金矿	印支期末—燕山期	Ⅲ-28 西秦岭铅、锌、铜(铁)、金、汞、锑成矿带	硅质灰岩、碎屑岩、碳酸盐岩、浊积岩建造，中酸性侵入岩及脉岩，北东向和北西向区域性断裂及次级断裂裂隙，Au、Ag、As、Hg、Sb 异常	沉积建造型金矿	金	大桥金矿
235	甘肃	赛日欠式热液型	燕山晚期或喜山早期	Ⅲ-28 西秦岭铅、锌、铜(铁)、金、汞、锑成矿带	碎裂化、片理化的灰岩-泥质岩建造，复式背斜、北东东向挤压破碎带，岩浆沿其空间侵入形成脉岩群，Pb、Zn、Ag 元素化探异常	矽卡岩型铅锌银(铜铁)矿	银	赛日欠银多金属矿
236	甘肃	温泉式斑岩型	印支期	Ⅲ-28 西秦岭铅、锌、铜(铁)、金、汞、锑成矿带	中粒斑状二长花岗岩、细粒斑状二长花岗岩，北西西向、北北东向断裂构造，韧性逆冲剪切带，Mo、Cu、Ag、As、Bi 化探异常	与中酸性、酸性浅成或超浅成侵入岩有关的斑岩型钼矿	钼	温泉钼矿
237	甘肃	柳梢沟式热液型	印支期	Ⅲ-28 西秦岭铅、锌、铜(铁)、金、汞、锑成矿带	变质中基性—酸性火山岩建造，断裂构造，花岗岩-花岗闪长岩，Au-Ag-As-Sb-Hg-Pb-Zn-Cd-Mo 组合异常	矽卡岩型铅锌银(铜铁)矿	银	柳梢沟银多金属矿
238	甘肃	雪花山式石英脉型钨矿	中泥盆世	Ⅲ-28 西秦岭铅、锌、铜(铁)、金、汞、锑成矿带	浅海相碳酸盐岩-碎屑岩建造，北西向断裂带及次级断裂，岩体的内外接触带，Ag、Cu、Zn、Sn、Bi 化探异常	与花岗岩体有关的大脉、细脉带、网脉(浸染)型锡(钼)矿床	钨、锡	雪花山钨锡矿床

续表 1－3

编号	省（自治区）	省级矿产预测类型	成矿时代	所属成矿区（带）	主要预测要素	全国评价模型	矿种	典型矿床
239	甘肃	崖湾式碳酸盐岩中热液型锑矿	印支—燕山期	Ⅲ－28 西秦岭铅、锌、铜（铁）、金、汞、锑成矿带	赋存于灰岩与板岩的层间断裂中，花岗闪长岩岩体，As－Au－Sb－Pb－Cu－Sn 组合异常	碳酸盐岩中热液型锑矿	锑	崖湾锑矿
240	甘肃	卡加沙格式岩浆热液型	燕山晚期	Ⅲ－28 西秦岭铅、锌、铜（铁）、金、汞、锑成矿带	浅海陆源碎屑岩夹碳酸盐岩，闪长岩，断褶带的复背斜、断裂带，赋矿接触交代变质带	热液型黄铁矿	硫	卡加沙格硫铁矿
241	甘肃	金临式热液充填型重晶石矿	印支期	Ⅲ－28 西秦岭铅、锌、铜（铁）、金、汞、锑成矿带	砂岩、灰岩、千枚岩建造，赋矿薄层灰岩夹砂岩，次级褶皱裂隙带，闪长玢岩，Ba 元素异常	与岩浆热液有关的脉状热液型重晶石矿	重晶石	金临重晶石矿
242	青海	老藏沟式陆相火山岩型铅锌银（锡硫）矿	印支期	Ⅲ－28 西秦岭铅、锌、铜（铁）、金、汞、锑成矿带	华日组与日闹热组：安山岩、安山质火山角砾岩、次火山岩、隐蔽爆发角砾岩，中心式喷发的火山机构，磁异常，Pb、Zn 元素化探异常	次火山热液型金银（铅锌）矿	铅、锌、银、锡、硫	老藏沟铅锌矿
243	青海	同仁地区恰冬式海相火山沉积型铜（铅锌银）矿	印支期	Ⅲ－28 西秦岭铅、锌、铜（铁）、金、汞、锑成矿带	早－中三叠世隆务河组砂岩、粉砂岩、凝灰质板岩、凝灰质砂岩、大理岩、安山岩，Cu 元素化探异常，Cu－Au－As－Ag 组合异常	海相火山沉积岩型铜（银金）矿 SEDEX	铜、铅、锌、银	恰冬铜矿
244	青海	同仁地区双朋喜式矽卡岩型金铜（铁）矿	印支期	Ⅲ－28 西秦岭铅、锌、铜（铁）、金、汞、锑成矿带	早二叠世果可山组、早－中三叠世隆务河组及中三叠世古浪堤组大理岩、薄层灰岩、泥钙质板岩等，印支期花岗闪长岩、斑状花岗闪长岩、似斑状二长花岗岩、闪长岩，矽卡岩化、角岩化、硅化等，磁异常，Cu、Au 元素化探异常	矽卡岩型铜铅锌（银钼）矿	金、铜、铁	双朋喜铜矿
245	青海	瓦勒根式破碎蚀变岩型金锑（砷）矿	燕山期	Ⅲ－28 西秦岭铅、锌、铜（铁）、金、汞、锑成矿带	隆务河组和古浪堤组长石砂岩、长石杂砂岩，粉砂质、泥钙质板岩及结晶灰岩，印支晚期—燕山期石英闪长岩、石英斑岩、花岗闪长岩、花岗斑岩，北西向及近东西向断裂构造，蚀变硅化、黄铁矿化、辉锑矿化、毒砂矿化、绢云母化、碳酸盐化，磁法推断断裂构造，Au 元素化探异常，Au－As－Sb 组合异常	破碎蚀变岩型金矿	金、锑、砷	瓦勒根金矿
246	青海	德尔尼式海相火山岩型铜（硫）矿	二叠纪	Ⅲ－29 喀拉米兰－阿尼玛卿（复合沟弧带）铜、锌、金、银、铂、石棉、石墨、煤、蛇纹岩、盐类成矿带	中二叠世马尔争组结晶灰岩、泥灰岩、中基性火山岩、碎屑岩等，岩体为辉橄岩、橄榄岩、蛇纹岩，物探磁异常，电法具高极化率特征，Cu 化探异常	海相火山岩型铜锌（银铅金）矿 VHMS	铜、硫	德尔尼铜矿
247	新疆	卡特里西式海相火山岩型铜锌矿	早石炭世	Ⅲ－29 喀拉米兰－阿尼玛卿（复合沟弧带）铜、锌、金、银、铂、石棉、石墨、煤、蛇纹岩、盐类成矿带	双峰式火山岩－碎屑岩－碳酸盐岩建造，火山构造－变形变质构造－线状构造－侵入岩构造，Cu 化探异常	海相火山岩型铜锌（银铅金）矿 VHMS	铜、锌	卡特里西铜锌矿

续表 1-3

编号	省（自治区）	省级矿产预测类型	成矿时代	所属成矿区（带）	主要预测要素	全国评价模型	矿种	典型矿床
266	新疆	赞坎式沉积变质型铁矿	中元古代	Ⅲ-35 喀喇昆仑-羌北（弧后/前陆盆地）铁、金、石膏成矿带	变质碎屑岩、双峰式火山岩、硅铁建造，北西—近东西向断裂及其次生断裂带内形成的沉积构造和侵入岩构造，重力梯度带，航磁异常，遥感解释线形构造与线形构造、线形构造与环形构造等交会部位	沉积变质型铁硫矿	铁	赞坎铁矿
267	新疆	切列克其式沉积型铁矿	早志留世	Ⅲ-35 喀喇昆仑-羌北（弧后/前陆盆地）铁、金、石膏成矿带	碎屑岩夹碳酸盐岩建造，浅变质岩系，碎屑岩与碳酸盐岩的过渡带、侵入岩与地层外接触带附近，层控线状构造，Fe、Mn 中高异常、弱 Cu 异常	沉积型铁矿	铁	切列克其铁矿、黑黑孜站干铁矿
268	新疆	宝塔山式碳酸盐岩-细碎屑岩型铅锌矿	晚白垩世	Ⅲ-35 喀喇昆仑-羌北（弧后/前陆盆地）铁、金、石膏成矿带	海相沉积碳酸盐岩-碎屑岩建造，Pb、Zn、Hg 化探异常区	碳酸盐岩-细碎屑岩型铅锌银矿 SEDEX	铅、锌	宝塔山铅锌矿
269	青海	开心岭式海相火山-沉积型铁锌矿	中二叠世	Ⅲ-36 昌都-普洱（地块/造山带）铜、铅、锌、银、金、铁、汞、锑、石膏、菱镁矿、盐类成矿带	诺日巴尕日保组砂岩-石灰岩-玄武安山岩建造，航磁异常分布范围（大于 200nT），推断的与铁矿有关的甲类航磁异常，重力异常，重砂铁铜锌族矿物异常，Zn、Cu 元素化探异常，遥感推断的二叠纪地层	海相火山岩型铜锌（银铅金）矿 VHMS	铁、锌	开心岭铁锌矿
270	青海	开心岭-杂多黑牛山式海相火山岩型铜矿	早-中二叠世	Ⅲ-36 昌都-普洱（地块/造山带）铜、铅、锌、银、金、铁、汞、锑、石膏、菱镁矿、盐类成矿带	早二叠世诺日巴尕日保组沉积建造，遥感解译的二叠纪地层，航磁推断的二叠纪地层，重力推断的沉积盆地和基底凹陷，地球化学以 Cu 元素异常为主，Ag、Pb、Fe、Zn 元素异常，重砂铜锌铅族矿物异常，铜矿产地	相火山岩型铜锌（银铅金）矿 VHMS	铜	黑牛山铜矿
271	青海	沱沱河—然者涌地区纳日贡玛式斑岩型铜钼硫矿	喜马拉雅期	Ⅲ-36 昌都-普洱（地块/造山带）铜、铅、锌、银、金、铁、汞、锑、石膏、菱镁矿、盐类成矿带	新生代古近纪花岗斑岩，重力、磁法推断侵入体，地球化学 Cu-Ag-W-Bi 组合异常，遥感解译环形构造，铜钼矿产地	与中酸性、酸性浅成或超浅成侵入岩有关的斑岩型铜钼金银矿	铜、钼、硫	纳日贡玛铜矿
272	青海	东莫扎抓式碳酸盐岩型铅锌银矿	石炭纪、二叠纪、三叠纪	Ⅲ-36 昌都-普洱（地块/造山带）铜、铅、锌、银、金、铁、汞、锑、石膏、菱镁矿、盐类成矿带	早石炭世杂多群、早二叠世尕笛考组、晚三叠世甲丕拉组和波里拉组灰岩建造，断裂构造，围岩蚀变硅化、碳酸盐化等，磁法异常，Pb-Zn-Ag 组合异常，重砂异常	层控碳酸盐岩型铅锌银矿（MVT）	铅、锌、银	东莫扎抓铅锌矿、茶曲帕查铅锌矿
273	青海	巴那能—东巴地区岩浆型稀土矿	新生代古近纪	Ⅲ-36 昌都-普洱（地块/造山带）铜、铅、锌、银、金、铁、汞、锑、石膏、菱镁矿、盐类成矿带	新生代古近纪沱沱河组火山岩段，含矿喜山期辉石正长斑岩，开心岭-杂多-景洪岛弧带、昌都-兰坪双向弧后前陆盆地，重力、航磁：推测基性、超基性岩体及深大断裂，地球化学以 La、Y、Nb、P 等元素异常为主，遥感线、环形构造，浅色调与暖色调团块状影像体交界	岩浆型稀土矿	稀土	

续表 1-3

编号	省（自治区）	省级矿产预测类型	成矿时代	所属成矿区（带）	主要预测要素	全国评价模型	矿种	典型矿床
274	青海	解嘎式热液型铅锌银矿	侏罗纪	Ⅲ-36 昌都-普洱（地块/造山带）铜、铅、锌、银、金、铁、汞、锑、石膏、菱镁矿、盐类成矿带	中侏罗统雁石坪群海相碎屑岩建造，铅锌银矿产地，地球化学特征 Hg-Ag-Sb 组合异常，自然重砂铅锌银矿物异常，地球物理推断断裂构造，遥感羟基、铁染异常套合	与中酸性岩浆热液有关的银铅锌矿	铅、锌、银	解嘎铅锌银矿
275	宁夏	王全口式沉积型铁矿	青白口纪	Ⅲ-59 鄂尔多斯西缘（陆缘坳褶带）铁、铅、锌、磷、石膏、芒硝成矿带	海相碎屑岩建造，赋矿石英砂砾岩、粉砂岩-泥岩、铁质岩建造、硅质泥岩-硅质岩	沉积型铁矿	铁	王全口铁矿
276	宁夏	牛头沟式破碎蚀变岩-石英脉型	贺兰山群	Ⅲ-59 鄂尔多斯西缘（陆缘坳褶带）铁、铅、锌、磷、石膏、芒硝成矿带	片麻岩类、混合岩类建造，断裂构造，断层破碎带中有强烈硅化、黄铁矿化、褐铁矿化、绢云母化和绿泥石化，辉绿岩脉、石英脉，Au、Ag、Cu、Zn 元素异常	蚀变破碎岩型金银矿	金	牛头沟金矿
277	甘肃	孝义克俄式古风化壳沉积型铝矿	晚石炭世	Ⅲ-59 鄂尔多斯西缘（陆缘坳褶带）铁、铅、锌、磷、石膏、芒硝成矿带	黏土岩、铝土岩（矿）铁质岩类建造，古风化壳，剩余重力异常	沉积一水硬铝石型铝土矿床	铝土矿	大台子铝土矿
278	宁夏	辛集式沉积型磷矿	寒武纪	Ⅲ-59 鄂尔多斯西缘（陆缘坳褶带）铁、铅、锌、磷、石膏、芒硝成矿带	海相碎屑岩-碳酸盐岩含磷建造，地层层位控矿	沉积磷稀土矿	磷	苏峪口磷矿
279	陕西	口镇式沉积型铁矿	石炭纪、早中二叠世	Ⅲ-60 鄂尔多斯（盆地）铀、油气煤盐类成矿区（Mz;Kz）	湖滨相含煤建造，奥陶系灰岩古侵蚀面	沉积型铁矿	铁	口镇铁矿
280	陕西	三眼桥式沉积型硫铁矿	石炭纪	Ⅲ-60 鄂尔多斯（盆地）铀、油气煤盐类成矿区（Mz;Kz）	含煤碎屑岩建造，不整合界线	黄铁矿沉积型硫矿	硫	三眼桥硫铁矿
281	陕西	阳山庄式热液型磁铁矿	太古代	Ⅲ-61 山西（断隆）铁、铝土矿、石膏、煤、煤层气成矿带	太古代混合岩化深变质岩系，北东向裂隙构造，航磁正高值异常	沉积变质型铁硫矿	铁	阳山庄铁矿
282	陕西	天桥则式沉积型铝土矿	石炭纪	Ⅲ-61 山西（断隆）铁、铝土矿、石膏、煤、煤层气成矿带	碳酸盐岩台地，不整合地质界线，黏土岩、铝土矿类组合	沉积一水硬铝石型铝土矿床	铝土矿	天桥则铝土矿
283	陕西	木龙沟式矽卡岩型磁铁矿	燕山期	Ⅲ-63 华北陆块南缘（小秦岭）铁、铜、金、钼、钨、铅、锌、铝土矿、硫铁矿、萤石、煤成矿带	中酸性岩浆活动地带，闪长岩、花岗闪长岩，碳酸盐岩建造，压扭性断裂，高磁异常	矽卡岩型铁铜硫（钼金银）矿	铁	木龙沟铁矿
284	陕西	南沟式火山碎屑岩型铅锌矿	中新元古代	Ⅲ-63 华北陆块南缘（小秦岭）铁、铜、金、钼、钨、铅、锌、铝土矿、硫铁矿、萤石、煤成矿带	中基性火山熔岩建造夹碎屑岩、碳酸盐岩建造，近东西—北西西向断裂，Pb、Zn 化探异常	海相火山岩型铜锌（银铅金）矿 VHMS	铅、锌	南沟铅锌矿
285	陕西	桐峪 Q8 式石英脉型金矿	晚燕山期	Ⅲ-63 华北陆块南缘（小秦岭）铁、铜、金、钼、钨、铅、锌、铝土矿、硫铁矿、萤石、煤成矿带	黑云斜长片麻岩变质建造、角闪斜长片麻岩变质建造，近东西向的大型脆韧性剪切构造，大型复背斜，花岗岩及各类中基性岩脉，Au、Pb 单元素化探异常	绿岩建造型金矿	金	桐峪金矿

续表 1-3

编号	省（自治区）	省级矿产预测类型	成矿时代	所属成矿区（带）	主要预测要素	全国评价模型	矿种	典型矿床
308	陕西	惠家沟式微细浸染型金矿	中泥盆世	Ⅲ-66B南秦岭金、铅、锌、铁、汞、锑、稀有金属、稀土元素、钒、蓝石棉、重晶石成矿带	滨海沉积建造，复背斜与近东西向脆韧性断裂，Au、As、Hg、Sb化探异常，遥感解译的色斑、绢云母化、硅化	沉积建造型金矿	金	惠家沟金矿
309	陕西	金龙山式微细浸染型金矿	印支期	Ⅲ-66B南秦岭金、铅、锌、铁、汞、锑、稀有金属、稀土元素、钒、蓝石棉、重晶石成矿带	赋矿地层薄层灰岩、粉砂质页岩建造，东西向韧性剪切变形构造和北东向、北西向断裂构造，Au、As、Hg、Sb化探异常	沉积建造型金矿	金	金龙山金矿
310	陕西	夏家店式热液型金矿	印支期	Ⅲ-66B南秦岭金、铅、锌、铁、汞、锑、稀有金属、稀土元素、钒、蓝石棉、重晶石成矿带	黑色岩系，暗紫色硅质岩、灰黑色硅质板岩、灰质白云岩建造，断裂带及次级断裂，Au、As、Hg、Sb化探异常	沉积建造型金矿	金	夏家店金矿
311	陕西	马鞍桥式构造蚀变岩型金矿	燕山期	Ⅲ-66B南秦岭金、铅、锌、铁、汞、锑、稀有金属、稀土元素、钒、蓝石棉、重晶石成矿带	千枚岩变质建造，酸性岩体，近东西向韧脆性剪切带，Au化探异常	变碎屑岩地层中热液型金矿	金	马鞍桥金矿
312	陕西	恒口式砂金矿	第四纪	Ⅲ-66B南秦岭金、铅、锌、铁、汞、锑、稀有金属、稀土元素、钒、蓝石棉、重晶石成矿带	现代河流、第四纪冲洪积层，Au化探异常	砂金矿	金	恒口金矿
313	陕西	大兴式热液型银矿	华力西—印支期	Ⅲ-66B南秦岭金、铅、锌、铁、汞、锑、稀有金属、稀土元素、钒、蓝石棉、重晶石成矿带	中酸性火山岩-沉积岩建造，赋矿于变泥质粉砂岩、凝灰质粉砂岩、含砾变石英角斑质凝灰岩、白云岩、含铁泥砂质白云岩、硅化石英片岩，背斜核部东西向轴面劈理带，Pb、Au、Ag、Hg化探异常，黄铁矿矿物自然重砂异常	与中酸性岩浆热液有关的脉状银金铜矿	银	大兴银金矿
314	陕西	银洞子式沉积型银矿	中泥盆世	Ⅲ-66B南秦岭金、铅、锌、铁、汞、锑、稀有金属、稀土元素、钒、蓝石棉、重晶石成矿带	浅深海-半深海相，碳质千枚岩、千枚岩夹铁白云绢云结晶灰岩建造，北东向同生断裂，Ag、Pb、Zn化探异常，铅矿物自然重砂异常	碳酸盐岩-细碎屑岩型铅锌银矿 SEDEX	银	银洞子银矿
315	陕西	西坡岭锑矿	燕山期	Ⅲ-66B南秦岭金、铅、锌、铁、汞、锑、稀有金属、稀土元素、钒、蓝石棉、重晶石成矿带	碎屑岩-碳酸盐岩建造，受层位控制、断层及裂隙控制，Sb化探异常	碳酸盐岩中热液型锑矿	锑	西坡岭汞锑矿
316	陕西	青铜沟锑矿	燕山期	Ⅲ-66B南秦岭金、铅、锌、铁、汞、锑、稀有金属、稀土元素、钒、蓝石棉、重晶石成矿带	盆地边缘半封闭的潟湖环境，白云岩、少量黏土质白云岩建造，复式背斜与断裂复合部位次级断层破碎带，Hg、Sb、Ba、Pb、Zn化探异常，辰砂、辉锑矿自然重砂异常，重力异常低缓区、磁异常低缓区或负异常区	碳酸盐岩中热液型锑矿	锑	青铜沟汞锑矿

续表 1-3

编号	省（自治区）	省级矿产预测类型	成矿时代	所属成矿区（带）	主要预测要素	全国评价模型	矿种	典型矿床
317	陕西	桂林沟式热液脉型钼矿	燕山期	Ⅲ-66B 南秦岭金、铅、锌、铁、汞、锑、稀有金属、稀土元素、钒、蓝石棉、重晶石成矿带	碎屑岩-碳酸盐岩建造，燕山期二长花岗岩，钾长花岗岩，侵入体接触带及断裂节理，矽卡岩赋矿，重力推断断裂，Mo 元素异常，辉钼矿自然重砂异常，铁染异常	与岩浆热液作用有关的脉型钼矿	钼	桂林沟钼矿
318	陕西	胡家沟式沉积型磷矿	寒武纪	Ⅲ-66B 南秦岭金、铅、锌、铁、汞、锑、稀有金属、稀土元素、钒、蓝石棉、重晶石成矿带	浅海陆棚环境，海相碎屑岩-碳酸盐岩含磷建造，单斜构造	沉积磷稀土矿	磷	胡家沟磷矿
319	陕西	月西式沉积变质型硫铁矿	华力西期	Ⅲ-66B 南秦岭金、铅、锌、铁、汞、锑、稀有金属、稀土元素、钒、蓝石棉、重晶石成矿带	浅海陆棚相，粉砂岩、变泥钙质石英细砂岩含矿建造，断裂的次级北西西向断层，剩余重力异常、布格重力异常	沉积变质型铁硫矿	硫	月西硫铁矿
320	陕西	水坪式海相沉积岩型重晶石矿	晚震旦世—早寒武世	Ⅲ-66B 南秦岭金、铅、锌、铁、汞、锑、稀有金属、稀土元素、钒、蓝石棉、重晶石成矿带	缺氧的深海-半深海环境，碳硅质岩、碳酸盐岩建造，赋矿于碳硅质岩建造层位，重磁异常，Ba 化探异常，重晶石单矿物异常	沉积型层状重晶石矿	重晶石	水坪重晶石矿
321	陕西	石梯式海相沉积岩型重晶石矿	晚震旦世—早寒武世	Ⅲ-66B 南秦岭金、铅、锌、铁、汞、锑、稀有金属、稀土元素、钒、蓝石棉、重晶石成矿带	缺氧的深海-半深海环境，碳硅质岩建造层位，负磁异常，Ba 化探异常，重晶石单矿物异常	沉积型层状重晶石矿	重晶石	石梯重晶石矿
322	陕西	大西沟式沉积型铁重晶石矿	泥盆纪	Ⅲ-66B 南秦岭金、铅、锌、铁、汞、锑、稀有金属、稀土元素、钒、蓝石棉、重晶石成矿带	碎屑岩-碳酸盐岩含铁建造，磁异常	沉积型铁矿	铁、重晶石	大西沟铁矿、西沟重晶石矿
323	陕西	毕机沟式岩浆型磁铁矿	晋宁—加里东期	Ⅲ-73 龙门山-大巴山（陆缘坳陷）铁、铜、铅、铅、锰、钒、磷、硫、重晶石、铝土矿成矿带	基性岩带侵入岩中穹隆构造，赋矿基性辉长岩，高磁异常	基性岩浆岩型铁铬（铜镍银）矿	铁	毕机沟铁矿
324	陕西	渔洞子沉积变质型磁铁矿	新太古代	Ⅲ-73 龙门山-大巴山（陆缘坳陷）铁、铜、铅、铅、锰、钒、磷、硫、重晶石、铝土矿成矿带	以斜长角闪岩为主，夹绿泥斜长片岩、石英斜长片岩、大理岩及磁铁石英岩建造，航、地磁异常	沉积变质型铁硫矿	铁	略阳县鱼洞子铁矿
325	陕西	关坪式沉积型铝土矿	二叠纪	Ⅲ-73 龙门山-大巴山（陆缘坳陷）铁、铜、铅、铅、锰、钒、磷、硫、重晶石、铝土矿成矿带	古风化壳	沉积一水硬铝石型铝土矿床	铝土矿	西乡关坪铝土矿
326	陕西	煎茶岭式破碎蚀变岩型金矿	华力西—印支期	Ⅲ-73 龙门山-大巴山（陆缘坳陷）铁、铜、铅、铅、锰、钒、磷、硫、重晶石、铝土矿成矿带	超基性岩体，纯橄榄岩、斜方辉橄岩、辉石岩，压扭性逆断层，Au 化探异常、重砂异常	破碎蚀变岩型金矿	金	煎茶岭金矿
327	陕西	李家沟式构造蚀变岩型金矿	印支—燕山期	Ⅲ-73 龙门山-大巴山（陆缘坳陷）铁、铜、铅、铅、锰、钒、磷、硫、重晶石、铝土矿成矿带	硅质白云岩建造，东西向断裂带及剪切裂隙组，Au、Ag 化探异常、Au 重砂异常	与侵入岩有关的热液型金矿	金	李家沟金矿
328	陕西	铧厂沟式构造蚀变岩型金矿	华力西—印支期	Ⅲ-73 龙门山-大巴山（陆缘坳陷）铁、铜、铅、铅、锰、钒、磷、硫、重晶石、铝土矿成矿带	硅化变质石英砂岩、蚀变细碧岩、凝灰质绢云千枚岩，近东西向韧性剪切带，Au 化探异常、重砂异常	构造蚀变岩型金矿	金	铧厂沟金矿
329	陕西	东沟坝式海相火山岩型金银矿	印支—燕山期	Ⅲ-73 龙门山-大巴山（陆缘坳陷）铁、铜、铅、铅、锰、钒、磷、硫、重晶石、铝土矿成矿带	凝灰含英角斑岩、含集块角斑岩变质建造，近东西向压扭性断裂带，Au、Ag 化探异常、Au 重砂异常	海相火山岩型金银矿	金	东沟坝金银矿

续表 1-3

编号	省（自治区）	省级矿产预测类型	成矿时代	所属成矿区（带）	主要预测要素	全国评价模型	矿种	典型矿床
330	陕西	铜厂式海相火山-侵入改造型铜矿	华力西—印支期	Ⅲ-73 龙门山-大巴山（陆缘坳陷）铁、铜、铅、铅、锰、钒、磷、硫、重晶石、铝土矿成矿带	海相沉积，变玄武岩、安山岩、基性火山岩、石英角斑岩及凝灰岩、细碧质-石英角斑质凝灰岩、火山角砾岩建造，中酸性岩浆侵入，区域性复合断裂，Cu 化探异常	海相火山岩型铜锌（银铅金）矿 VHMS	铜	铜厂铜矿
331	陕西	马元式碳酸盐岩型铅锌矿	晚震旦世	Ⅲ-73 龙门山-大巴山（陆缘坳陷）铁、铜、铅、铅、锰、钒、磷、硫、重晶石、铝土矿成矿带	陆缘浅海台地环境，碳酸盐岩建造，白云岩、断裂构造角砾岩带，Pb、Zn 化探异常、铅矿物重砂异常	层控碳酸盐岩型铅锌银矿（MVT）	铅、锌	马元楠木树铅锌矿
332	陕西	九子沟式岩浆型磷矿	早古生代	Ⅲ-73 龙门山-大巴山（陆缘坳陷）铁、铜、铅、铅、锰、钒、磷、硫、重晶石、铝土矿成矿带	超基性—碱性杂岩体，岩体受断裂带控制，矿体严格受岩体控制，化探异常，环形构造	岩浆型磷矿	磷	九子沟磷矿
333	陕西	天台山式沉积型磷锰矿	寒武纪	Ⅲ-73 龙门山-大巴山（陆缘坳陷）铁、铜、铅、铅、锰、钒、磷、硫、重晶石、铝土矿成矿带	深陆棚环境，细碎屑、碳质细碎屑-硅质、白云质灰岩建造，赋矿于石英片岩或千枚状碳质板岩、硅质灰岩、含锰泥板岩、泥灰岩，Mn 元素异常	沉积磷稀土矿	磷、锰	天台山磷矿
334	陕西	何家岩式沉积型磷矿	震旦纪	Ⅲ-73 龙门山-大巴山（陆缘坳陷）铁、铜、铅、铅、锰、钒、磷、硫、重晶石、铝土矿成矿带	陆缘海湾-浅海环境，碎屑岩-碳酸盐岩含磷建造，层位及向斜构造	沉积磷稀土矿	磷	何家岩磷矿
335	陕西	二里坝式热液型硫铁矿	加里东—燕山期	Ⅲ-73 龙门山-大巴山（陆缘坳陷）铁、铜、铅、铅、锰、钒、磷、硫、重晶石、铝土矿成矿带	变质火山岩，少量凝灰质砂岩、板岩、含铁石英岩建造，玄武质火山熔岩构造，重磁异常	热液型黄铁矿	硫	二里坝硫铁矿
336	陕西	黎家营式海相沉积型锰矿	早震旦世	Ⅲ-73 龙门山-大巴山（陆缘坳陷）铁、铜、铅、铅、锰、钒、磷、硫、重晶石、铝土矿成矿带	大陆斜坡相，细碎屑岩、细碎屑岩-硅质灰岩建造，赋矿含锰硅质灰岩、钙质绢云板岩夹含锰硅质灰岩、碳质板岩、千枚状板岩、钙质板岩及黏板岩含矿建造	沉积型锰矿	锰	黎家营锰矿
337	陕西	屈家山式海相沉积型锰矿	早震旦世	Ⅲ-73 龙门山-大巴山（陆缘坳陷）铁、铜、铅、铅、锰、钒、磷、硫、重晶石、铝土矿成矿带	深陆棚相，钙质页岩建造，紫红色钙质页岩赋矿	沉积型锰矿	锰	屈家山锰矿
338	陕西	煎茶岭式超基性镍硫化物型镍（钴）矿	新元古代	Ⅲ-73 龙门山-大巴山（陆缘坳陷）铁、铜、铅、铅、锰、钒、磷、硫、重晶石、铝土矿成矿带	超基性岩体，复式背斜及次级褶皱和近东西向主断裂及其旁侧次级断裂交会复合，Ni、Co、Cu、S 化探异常、磁异常	基性—超基性岩型铜镍（银铬）矿	镍	煎茶岭镍（钴）矿
339	陕西	余家山式基性铜-镍硫化物型镍铜（钴）矿	新元古代	Ⅲ-73 龙门山-大巴山（陆缘坳陷）铁、铜、铅、铅、锰、钒、磷、硫、重晶石、铝土矿成矿带	黑云斜长变粒岩、中基性火山岩建造，基性岩体，辉石苏长岩、辉斑橄榄苏长岩赋矿，北东向断裂，Cu、Ni、Co 化探异常，重磁异常，遥感影像	基性—超基性岩型铜镍（银铬）矿	镍	余家山铜镍（钴）矿
340	陕西	楼房沟式超基性岩浆型铬铁矿	泥盆纪	Ⅲ-73 龙门山-大巴山（陆缘坳陷）铁、铜、铅、铅、锰、钒、磷、硫、重晶石、铝土矿成矿带	富镁-超镁质超基性岩体，橄榄岩、辉长岩、席状基性岩墙和基性熔岩以及海相沉积物构成的“三位一体”岩体组合，深大断裂派生的北西西和南西西分支断裂交叉部位，自然重砂异常	基性岩浆岩型铁铬（铜镍银）矿	铬	楼房沟铬矿

续表 1-3

编号	省（自治区）	省级矿产预测类型	成矿时代	所属成矿区（带）	主要预测要素	全国评价模型	矿种	典型矿床
341	甘肃	筏子坝式海相火山岩型铜矿	蓟县纪	Ⅲ-73 龙门山-大巴山（陆缘坳陷）铁、铜、铅、铅、锰、钒、磷、硫、重晶石、铝土矿成矿带	绿帘绿泥片岩、绢云石英片岩建造，裂隙式多中心喷发的古火山机构，中性、基性、酸性海底火山喷发熔岩、火山碎屑岩、正常流纹岩及过渡性岩石，线性构造、半环形构造	海相火山岩型铜锌（银铅金）矿 VHMS	铜	筏子坝铜矿
342	甘肃	阳山式破碎蚀变岩型金矿	印支期末—燕山早期	Ⅲ-73 龙门山-大巴山（陆缘坳陷）铁、铜、铅、铅、锰、钒、磷、硫、重晶石、铝土矿成矿带	细碎屑岩、泥岩、碳酸盐岩沉积建造，近北东向大型逆断层带及其次级断裂、节理裂隙带，蚀变斜长花岗斑岩脉，Au 单元素异常	破碎蚀变岩型金矿	金	阳山安坝金矿
343	甘肃	口头坝式变质热液型金矿	加里东期和燕山期	Ⅲ-73 龙门山-大巴山（陆缘坳陷）铁、铜、铅、铅、锰、钒、磷、硫、重晶石、铝土矿成矿带	海相火山岩-细碎屑沉积岩建造，赋矿含碳质砂质板岩、含碳质绢云板岩，中-酸性脉岩，北东向断裂破碎带，Au 化探异常	变碎屑岩地层中热液型金矿	金	口头坝金矿
344	甘肃	碧口式砂矿型砂金矿	第四纪	Ⅲ-73 龙门山-大巴山（陆缘坳陷）铁、铜、铅、铅、锰、钒、磷、硫、重晶石、铝土矿成矿带	现代河流、第四纪冲洪积层，Au 化探异常	砂金矿	金	碧口砂金矿
345	甘肃	沟岭子式沉积改造型锰矿	震旦纪	Ⅲ-73 龙门山-大巴山（陆缘坳陷）铁、铜、铅、铅、锰、钒、磷、硫、重晶石、铝土矿成矿带	含铁锰细碎屑岩-碳酸盐岩建造，假整合面，Mn、Co、Cr、V、Ni、Cu、P 综合异常	沉积型锰矿	锰	沟岭子锰矿
346	甘肃	东风沟式沉积变质型重晶石矿	加里东期	Ⅲ-73 龙门山-大巴山（陆缘坳陷）铁、铜、铅、铅、锰、钒、磷、硫、重晶石、铝土矿成矿带	硅质、含碳质粉砂岩建造，背斜及次一级背、向斜构造，断裂构造，Ba 元素地球化学异常	沉积型层状重晶石矿	重晶石	东风沟重晶石矿

第二章　黑色金属矿产

第一节　铁

一、矿产预测类型划分

西北地区57个铁矿预测区中，沉积变质型15个，占26%；沉积型16个，占28%；海相火山岩型10个，占18%；接触交代-热液型11个，占19%；岩浆型5个，占9%（表2-1，图2-1，图2-2）。

表2-1　西北地区铁矿预测区矿产预测类型统计表

序号	预测区名称	所处成矿单元	矿产预测类型	矿床式	预测评价模型	预测方法类型
1	新疆阿巴宫-蒙库铁矿预测区	Ⅲ-2	海相火山岩型	蒙库式	海相火山喷发沉积型铁铜硫矿	火山岩型
2	新疆乔夏哈拉-老山口预测区	Ⅲ-3	接触交代-热液型		基性岩浆岩铁铬(铜镍银)矿	复合内生型
3	新疆淖毛湖铁矿预测区	Ⅲ-4	海相火山岩型	宝山式	海相火山喷发沉积型铁铜硫矿	火山岩型
4	新疆和什托洛盖-铁厂沟铁矿预测区	Ⅲ-4	海相火山岩型		海相火山喷发沉积型铁铜硫矿	火山岩型
5	新疆阿克塔斯-阿拉山口铁矿预测区	Ⅲ-4	接触交代-热液型		矽卡岩型铁铜硫(钼金银)矿	复合内生型
6	新疆硫磺沟-大黄山铁矿预测区	Ⅲ-5	沉积型	大黄山式	沉积型铁矿	沉积型
7	新疆甘肃阿齐山-雅满苏-红石山铁矿预测区	Ⅲ-8	海相火山岩型	雅满苏式	海相火山喷发沉积型铁铜硫矿	火山岩型
8	新疆式可布台-查岗诺尔铁矿预测区	Ⅲ-10	海相火山岩型	查岗诺尔式	海相火山喷发沉积型铁铜硫矿	火山岩型
9	新疆伊什基里克铁矿预测区	Ⅲ-10	海相火山岩型		海相火山喷发沉积型铁铜硫矿	火山岩型
10	新疆莫托萨拉-库米什铁矿预测区	Ⅲ-11	海相火山岩型	莫托沙拉式	海相火山喷发沉积型铁铜硫矿	火山岩型
11	新疆梧桐沟-天湖铁矿预测区	Ⅲ-11	沉积变质型	天湖式	沉积变质型铁硫矿	变质型
12	新疆大红山岩浆铁矿预测区	Ⅲ-12	接触交代-热液型	大红山式	矽卡岩型铁铜硫(钼金银)矿	复合内生型
13	新疆老虎台-黑英山铁矿预测区	Ⅲ-12	接触交代-热液型	老虎台式	矽卡岩型铁铜硫(钼金银)矿	侵入岩体型
14	新疆额尔宾山铁矿预测区	Ⅲ-12	沉积型		沉积型铁矿	沉积型
15	新疆普昌-瓦吉尔塔格铁矿预测区	Ⅲ-13	岩浆型	瓦吉尔塔格式	基性岩浆岩铁铬(铜镍银)矿	侵入岩体型
16	新疆兴地-库鲁克塞铁矿预测区	Ⅲ-13	沉积变质型	库鲁克塞式	沉积变质型铁硫矿	变质型

续表 2-1

序号	预测区名称	所处成矿单元	矿产预测类型	矿床式	预测评价模型	预测方法类型
17	新疆北山铁矿预测区	Ⅲ-15	海相火山岩型	磁海式	海相火山喷发沉积型铁铜硫矿	火山岩型
18	甘肃七角井子铁矿预测区	Ⅲ-15	沉积变质型	红山式	沉积变质型铁硫矿	变质型
19	甘肃五峰山铁矿预测区	Ⅲ-15	接触交代-热液型	古堡泉式	矽卡岩型铁铜硫(钼金银)矿	侵入岩体型
20	甘肃古堡泉铁矿预测区	Ⅲ-15	接触交代-热液型	古堡泉式	矽卡岩型铁铜硫(钼金银)矿	侵入岩体型
21	甘肃肃北红柳沟铁矿预测区	Ⅲ-15	沉积变质型	东大山式	沉积变质型铁硫矿	变质型
22	甘肃四道红山-石板泉铁矿预测区	Ⅲ-15	接触交代-热液型	古堡泉式	矽卡岩型铁铜硫(钼金银)矿	侵入岩体型
23	新疆布穹-洛浦铁矿预测区	Ⅲ-17	沉积变质型	布穹式	沉积变质型铁硫矿	变质型
24	甘肃窑泉铁矿预测区	Ⅲ-18	岩浆型	板凳沟式	基性岩浆岩铁铬(铜镍银)矿	侵入岩体型
25	甘肃宽湾井-红泉铁矿预测区	Ⅲ-18	沉积变质型	东大山式	沉积变质型铁硫矿	变质型
26	新疆迪木那里克-苏巴里克铁矿预测区	Ⅲ-19	沉积变质型	迪木拉里克式	沉积变质型铁硫矿	变质型
27	新疆巴什考贡-英格布拉克铁矿预测区	Ⅲ-19	海相火山岩型	喀拉大湾式	海相火山喷发沉积型铁铜硫矿	火山岩型
28	宁夏卫宁北山铁矿预测区	Ⅲ-20	沉积型	照壁山式	沉积型铁矿	沉积型
29	宁夏香山-烟筒山铁矿预测区	Ⅲ-20	沉积型	照壁山式	沉积型铁矿	沉积型
30	甘肃镜铁山铁矿预测区	Ⅲ-21	沉积变质型	镜铁山式	沉积变质型铁硫矿	变质型
31	青海北祁连海相火山-铁矿预测区	Ⅲ-21	沉积型	小沙龙式	海相火山喷发沉积型铁铜硫矿	沉积型
32	甘肃向前山-栏门石铁矿预测区	Ⅲ-21	海相火山岩型	栏门石式	海相火山喷发沉积型铁铜硫矿	火山岩型
33	甘肃阿克塞红柳沟-长草沟铁矿预测区	Ⅲ-22	沉积变质型	镜铁山式	沉积变质型铁硫矿	变质型
34	甘肃铁成沟铁矿预测区	Ⅲ-22	沉积变质型	镜铁山式	沉积变质型铁硫矿	变质型
35	甘肃高家深沟铁矿预测区	Ⅲ-22	岩浆型	板凳沟式	基性岩浆岩铁铬(铜镍银)矿	侵入岩体型
36	甘肃张家川县陈家庙铁矿预测区	Ⅲ-22	沉积变质型	陈家庙式	沉积变质型铁硫矿	变质型
37	新青祁漫塔格铁矿预测区	Ⅲ-26	接触交代-热液型	肯德可克式	矽卡岩型铁铜硫(钼金银)矿	侵入岩体型
38	青海格尔木-都兰铁矿预测区	Ⅲ-26	沉积变质型	清水河式	沉积变质型铁硫矿	变质型
39	青海都兰白石崖铁矿预测区	Ⅲ-26	接触交代-热液型	白石崖式	矽卡岩型铁铜硫(钼金银)矿	侵入岩体型
40	甘肃查居-柴马山铁矿预测区	Ⅲ-28	沉积型	查居式	沉积型铁矿	沉积型
41	甘肃夏河县平山-藏布山铁矿预测区	Ⅲ-28	接触交代-热液型	美仁式	矽卡岩型铁铜硫(钼金银)矿	岩浆型
42	甘肃迭部县黑拉-武都区角弓铁矿预测区	Ⅲ-28	沉积型	黑拉式	沉积型铁矿	沉积型
43	甘肃陇南市迷坝-三滩铁矿预测区	Ⅲ-28	沉积型	包家沟式	沉积型铁矿	沉积型
44	老红山-角弓淋滤型铁矿预测区	Ⅲ-28	沉积型	包家沟式	沉积型铁矿	沉积型
45	青海玉树地区铁矿预测区	Ⅲ-33	沉积型	赵卡隆式	海相火山喷发沉积型铁铜硫矿	沉积型
46	新疆切列克其-赞坎-黑黑孜占干铁矿预测区	Ⅲ-35	沉积变质型	赞坎式	沉积变质型铁硫矿	变质型

续表 2-1

序号	预测区名称	所处成矿单元	矿产预测类型	矿床式	预测评价模型	预测方法类型
47	青海小唐古铁矿预测区	Ⅲ-35	沉积型	小唐古拉式	海相火山喷发沉积型铁铜硫矿	沉积型
48	青海沱沱河铁矿预测区	Ⅲ-36	沉积型	开心岭式	海相火山喷发沉积型铁铜硫矿	沉积型
49	宁夏贺兰山北段铁矿预测区	Ⅲ-59	沉积型	王全口式	沉积型铁矿	沉积型
50	宁夏贺兰山中段铁矿预测区	Ⅲ-59	沉积型	王全口式	沉积型铁矿	沉积型
51	陕西淳化-三原铁矿预测区	Ⅲ-60	沉积型	口镇式	沉积型铁矿	沉积型
52	陕西韩城-蒲城铁矿预测区	Ⅲ-61	沉积变质型	阳山庄式	沉积变质型铁硫矿	变质型
53	陕西华县-丹凤县磁铁矿预测区	Ⅲ-63	接触交代-热液型	木龙沟式	矽卡岩型铁铜硫(钼金银)矿	侵入岩体型
54	陕西板房子-赵川铁矿预测区	Ⅲ-66B	沉积型	大西沟式	沉积型铁矿	沉积型
55	陕西紫阳-镇坪钒钛磁铁矿预测区	Ⅲ-66B	岩浆型	毕机沟式	基性岩浆岩铁铬(铜镍银)矿	侵入岩体型
56	陕西宁强-略阳铁矿预测区	Ⅲ-73	沉积变质型	鱼洞子式	沉积变质型铁硫矿	变质型
57	陕西洋县-石泉钒钛磁铁矿预测区	Ⅲ-73	岩浆型	毕机沟式	基性岩浆岩铁铬(铜镍银)矿	侵入岩体型

二、预测要素及预测模型

1. 沉积变质型

1)赞坎铁矿

西昆仑塔什库尔干县赞坎铁矿找矿标志主要有以下几个方面:①磁铁矿(化)体露头是最直接的找矿标志,矿(化)体从远处看为黑色、黑灰色,近看呈酱褐色;②霏细岩与片岩接触带中及霏细岩边缘褐铁矿化附近多伴生有原生磁铁矿,可指导寻找磁铁矿。西昆仑塔什库尔干地区赞坎铁矿预测要素见表 2-2。

塔什库尔干县赞坎式沉积变质型铁矿区域预测要素见表 2-3。

2)红山铁矿

甘肃北山红山铁矿找矿标志如下。①地层层位:蓟县系平头山组第四岩组浅变质细碎屑岩(绢云绿泥千枚岩)夹石英砂岩是最直接的找矿标志,只要它出露,就有可能找到铁矿层;震旦系洗肠井群米黄色大理岩层可作为间接找矿标志,只要它出露,与其呈不整合接触的浅变质细碎屑岩中就有可能找到铁矿层或铁矿化。②蚀变:赋矿岩系阳起石化、透闪石化、透辉石化发育地段,是矿体产出部位的一种特征性宏观蚀变标志。③灰紫色碧玉岩团块、硅质条带和某些隐爆角砾岩的发现,对发现铁矿层具有一定的指示意义。④航磁异常:区域上,1∶5 万 ΔT 航磁异常呈带状有规律地分布,带状航磁异常与赋矿岩系空间相耦合,异常形态与区域地层褶皱构造形迹一致,延伸稳定,ΔT 值大于 200nT 的高磁异常区是该类型铁矿最直接的区域地球物理找矿标志。红山式铁矿地质-地球物理综合信息预测模型见图 2-3 和表 2-4。

3)鱼洞子铁矿

陕西略阳县鱼洞子铁矿预测要素见表 2-5。

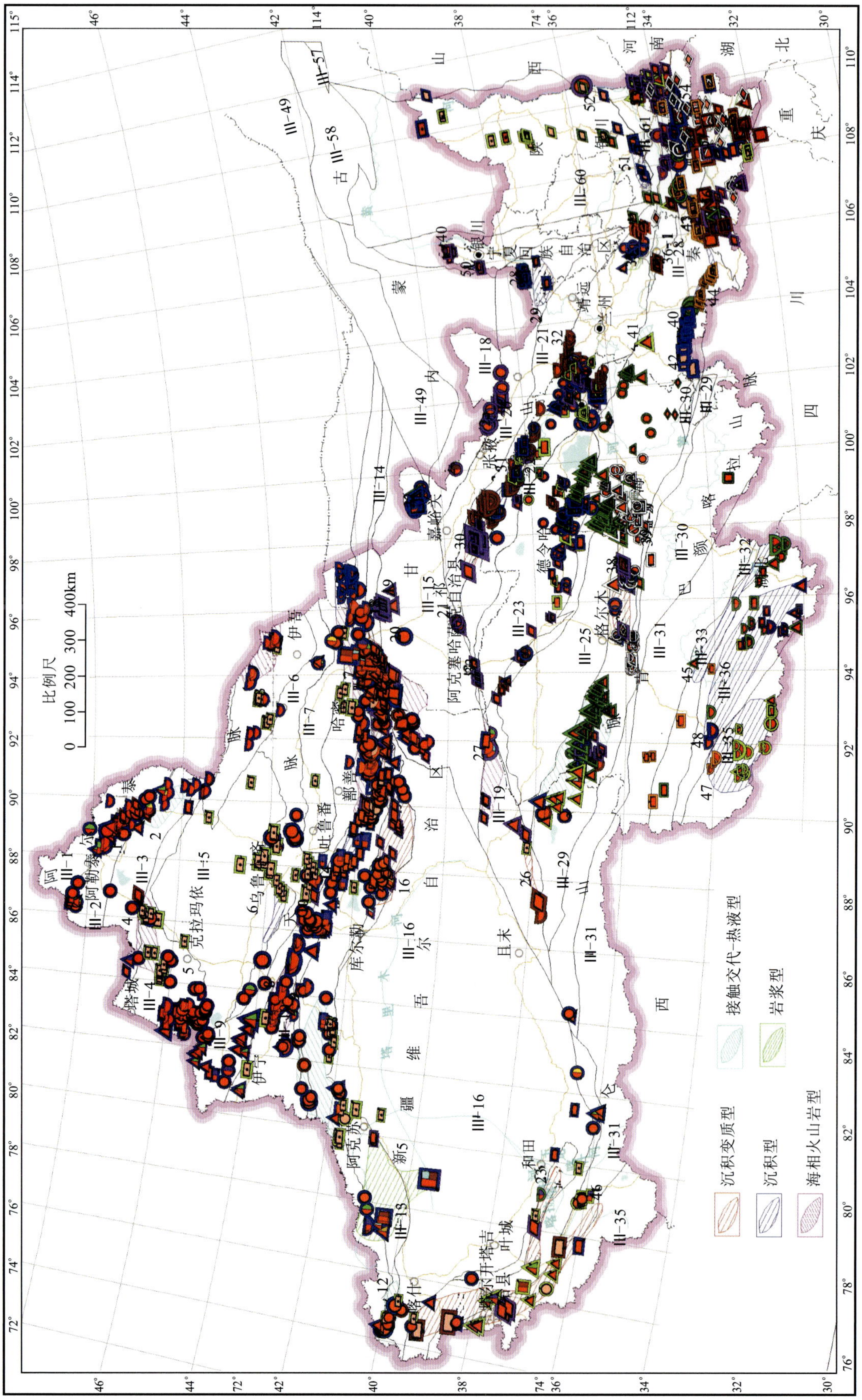

图 2-1　西北地区铁矿预测区分布图[成矿区(带)编号见表1-2]

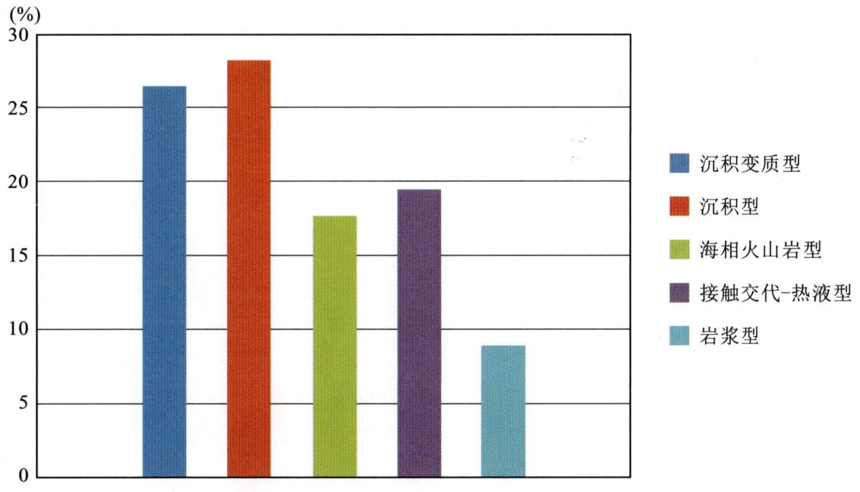

图 2-2　西北地区铁矿预测区矿产预测类型统计

表 2-2　新疆塔什库尔干县赞坎沉积变质型铁矿床预测要素表

预测要素		描述内容	要素分类
特征描述		沉积变质型磁铁矿床	
地质环境	岩石类型	主要为黑云母石英片岩、二云母片岩、绢云母石英片岩、黑云母片岩、角闪石黑云母石英片岩、绿泥石片岩	必要
	岩石结构	粒状变晶结构、鳞片变晶结构、碎裂结构	重要
	成矿时代	早元古代(在与本群相当的变质岩系获得:锆石 U-Pb 和全岩 Rb-Sr 等时线 2700～2130Ma)	重要
	成矿环境	赋矿地层为古元古界布伦阔勒岩群 a 段(沉积于早元古代浅海-半深海过渡区,后期发生变质,成矿后岩浆岩侵入加富或破坏)	必要
	构造背景	塔什库尔干古陆块	必要
矿床特征	矿物组合	金属矿物主要为磁铁矿、磁赤铁矿、赤铁矿、黄铁矿、黄铜矿;脉石矿物为石英、更钠长石、角闪石、阳起石、黑云母	必要
	结构构造	自形-半自形结构、粒状变晶结构、他形变晶结构;浸染状构造、块状构造、条带状构造	次要
	蚀变作用	大理岩化、阳起石化、绿泥石化、绢云母化	重要
	控矿条件	受地层控制,铁矿石产于布伦阔勒岩群 a 段。 受构造控制,铁矿石产于碎裂岩中。 受岩浆岩控制,铁矿产于岩体与地层接触部位,处于岩体的边缘。 受变质作用控制,铁矿产出地层均发生区域变质作用,变质相为角闪岩相	必要
	风化作用	磁铁矿一般出露地表形成转石,黄铁矿风化形成黄钾铁钒	次要
地球物理特征	磁异常	为弱磁性—磁性铁矿石,磁异常与矿区内矿体的分布相对应,异常下限为 5000nT	重要

表 2－3　新疆塔什库尔干县赞坎式沉积变质型铁矿区域预测要素表

区域预测要素		描述内容	要素分类
区域成矿地质环境	大地构造位置	塔里木南缘隆起，西藏-三江造山系巴颜喀拉地块塔什库尔干-甜水海地块	必要
	主要控矿构造	受北西—近东西康西瓦断裂及其次生断裂带控制，其内形成的沉积构造和侵入岩构造是本区主要的控矿构造	必要
	主要赋矿地层	下志留统温泉沟群，古元古界喀拉喀什群	必要
	控矿沉积建造	古元古界喀拉喀什群角闪岩相变质陆源碎屑岩双峰式火山岩建造、古元古界布伦阔勒岩群硅铁建造和泥盆系海相沉积细碎屑岩-碳酸盐岩建造	必要
	控矿侵入岩	早古生代基性—超基性杂岩、石英二长闪长岩等	必要
	区域变质作用及建造	古元古界喀拉喀什群为区域动力热流变质，以角闪岩相为主，区域变质程度中等，主要以绿片岩相变质建造为主，其次有少量的角闪岩相变质建造等	必要
区域成矿地质特征	含矿地层及建造	具有拉张裂谷特征的沉积环境，即古元古界喀拉喀什群角闪岩相变质陆源碎屑岩双峰式火山岩建造、古元古界布伦阔勒岩群硅铁建造	必要
	有利变质岩	顶板岩石类型为低绿片岩相的片岩组合和大理岩，底板为绿片岩相至角闪岩相的片岩、片麻岩组合	必要
	成矿时代	成矿时期古元古代、后期热液改造加富	次要
	沉积盆地	海相沉积盆地及沉积构造	次要
	蚀变作用	铁矿带广泛发育矽卡岩化、阳起石化、绿泥石化、绢云母化	次要
	矿床式	矿床式主要有布穹沉积变质型铁矿、赞坎沉积变质型铁矿（赞坎铁矿、老并铁矿等）	重要
物探、化探、遥感、自然重砂特征	重力异常	分布在重力梯度带上，局部的剩余重力异常高，剩余重力异常值 1～3mg/s · m	重要
	磁异常	分布于磁异常北侧梯度带，异常值（化极）大于 200nT 的剩余航磁异常分布区，与铁矿化有关的航磁异常点	重要
	化探异常	1∶20 万铁元素异常：有浓度分带现象存在	次要
	遥感异常	遥感解译线形构造与线形构造、线形构造与环形构造等交会部位	次要
	重砂异常	个别矿点集中分布区的下坡地段存在磁铁矿、赤铁矿重砂异常	次要

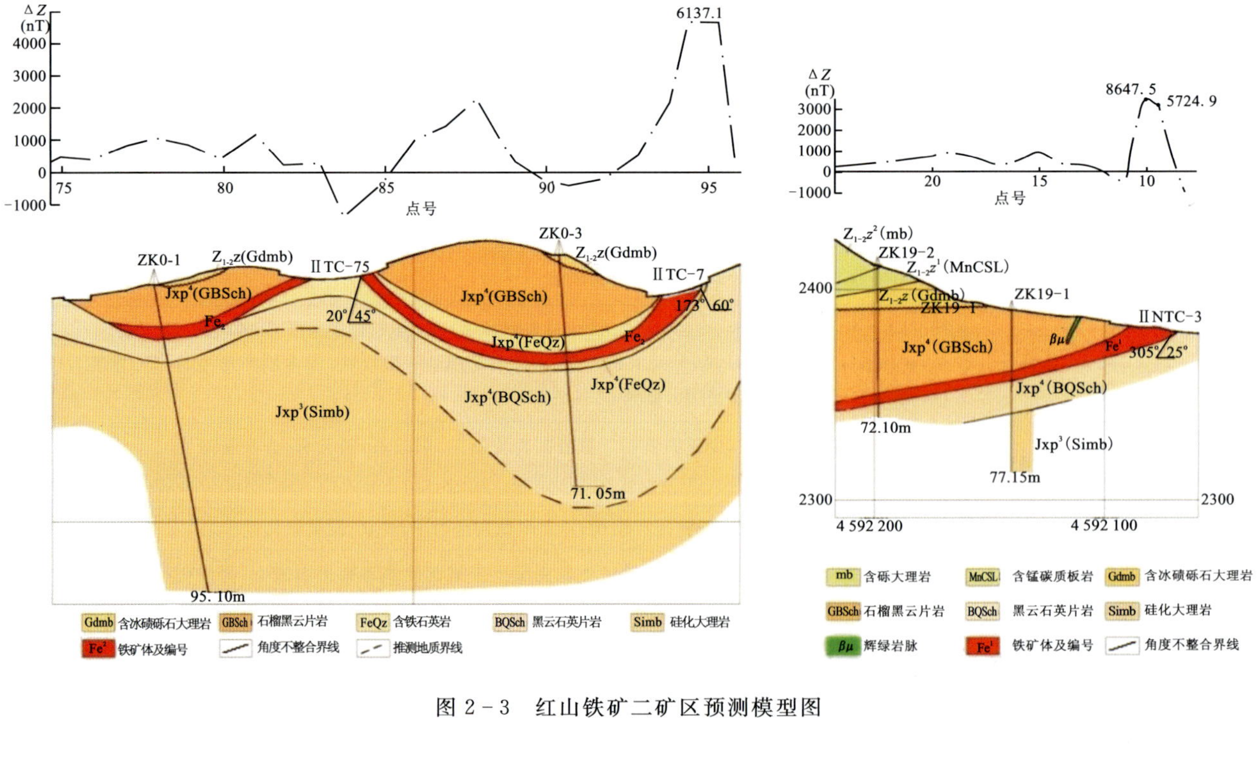

图 2－3　红山铁矿二矿区预测模型图

表 2-4 红山式铁矿综合信息找矿要素表

标志分类		信息显示
地质标志	地层	蓟县系平头山组上部碎屑岩夹中基性火山岩段
	岩性	绿云绿泥千枚岩、石英岩、石英砂岩、变安山玄武岩、白云岩
	构造环境	滨-浅海裂陷海盆环境
	地层时代	中元古代蓟县纪
	沉积建造	浅变质细碎屑岩夹硅质岩和少量中基性火山岩
	岩浆岩	中基性火山作用——含铁热卤水提供者
	矿体特征	层状、似层状
	矿石矿物组合	磁铁矿、赤铁矿
	变质作用与围岩蚀变	区域热动力变质，含铁岩系磁铁矿化、镜铁矿化、围岩透闪石化、透辉石化、阳起石化
	成矿作用类型	热水沉积层控型
地球物理特征	航磁异常	带状高磁异常（$\Delta T>200nT$）
	地磁异常	狭窄带状高磁异常（$\Delta T>800nT$），与地层同步弯曲变形
	放射性	γ 能谱异常和航磁异常重合区
	重力异常	微具布格重力正异常

表 2-5 略阳鱼洞子铁矿床预测要素表

预测要素		描述内容	要素分类
地质环境	成矿时代	新太古代	必要
	大地构造位置	摩天岭古陆块碧口-陈家坝洋岛弧盆地	必要
	成矿环境	火山活动中心地带	必要
	含矿地层	新太古界鱼洞子群第四亚群下岩组	必要
	岩石类型	以斜长角闪岩为主，夹绿泥斜长片岩、石英斜长片岩、大理岩及磁铁石英岩	重要
	岩石结构构造	不等粒花岗变晶结构，片麻状-似条带状构造	
矿床特征	矿体特征	按空间分布，可划分为南、中、北 3 个矿带，共有矿体 49 个，其中长度大于 1000m 者 6 个，矿体长 1078～2680m，厚 1～13.8m。矿体普遍呈层状—似层状，以多层产出为特征，走向 300°～330°，倾向北东，倾角 65°～75°	重要
	矿物组合	金属矿物主要为磁铁矿，少量黄铁矿。脉石矿物为石英、阳起石、黑云母，含少量绿泥石、角闪石等	必要
	ΔT 结构构造	中-细粒不等粒花岗变晶结构，压碎结构；以条带状构造为主，块状、浸染状构造次之	
	控矿条件	初始成矿受火山喷发旋回控制，磁铁矿体呈夹层产于第四旋回海相火山岩中，受层位控制。受区域变质作用混合岩化，形成磁铁石英岩类型矿体	必要
地球物理特征	磁测异常	航、地磁异常反映一致，断续长 6km，宽 0.2～1.6km，分为 3 条平行的带，中带异常最好，ΔZ 强度为 2000～6000nT，异常形态复杂，南陡北缓，伴有负值，$\Delta Z_{max}=-805nT$	必要

鱼洞子式沉积变质型铁矿区域预测要素见表 2－6。

表 2－6 宁强-略阳鱼洞子式沉积变质型铁矿区域预测要素表

区域预测要素		描述内容	要素分类
区域成矿背景	成矿时代	新太古代	必要
	大地构造位置	摩天岭古陆块的碧口-陈家坝洋岛弧盆地	必要
	含矿地层	鱼洞子群第四亚群下岩组	必要
	沉积建造	海相火山沉积磁铁石英岩建造	必要
区域成矿地质特征	已知矿床	鱼洞子海相火山沉积变质磁钛石英岩型铁矿床，可划分北、中、南 3 个矿带，其中北矿带长 3400m，有 9 个矿体，主矿体 1 个，控制斜深 160m；中矿带断续长 5200m，有 23 个矿体，主矿体 4 个，控制斜深 100～500m；南矿带长 2600m，有 15 个矿体，主矿体 1 个，控制斜深 100～635m。矿体呈层状、似层状，倾向 210°～240°，倾角 65°～75°。全区 47 个矿体中，主矿体 6 个，主矿体长度 1078～2680m，平均厚度 1～13.8m，获得 C＋D 级矿石储量 10 290×10^4t	重要
	矿石矿物成分	金属矿物主要为磁铁矿，少量黄铁矿；脉石矿物主要为石英、阳起石、黑云母，少量绿泥石、角闪石	必要
	矿石结构构造	中细粒不等粒花岗变晶结构、压碎结构；以片麻状-似条带状构造为主，块状、浸染状次之	
	控矿条件	初始成矿受火山喷发旋回控制，磁铁矿体呈夹层产于第四旋回海相火山岩中，受层位控制。区域变质作用混合岩化形成磁铁石英岩型矿体	必要
地球物理特征	磁测异常	磁法异常与成矿地质体吻合好	必要

2. 海相火山型

1)查岗诺尔铁矿

新疆和静县查岗诺尔海相火山岩型铁矿床预测要素及模型见表 2－7 和图 2－4。

表 2－7 新疆和静县查岗诺尔海相火山岩型铁矿床预测要素表

预测要素		描述内容	要素分类
特征描述		火山喷溢沉积-热液加富的海相火山岩型铁矿床	
地质环境	成矿区(带)	阿吾拉勒(裂谷带)铁、金、铜、铅、锌、煤、硫铁矿、重晶石矿带(Ⅳ－10－①)	必要
	含矿建造	下石炭统大哈拉军山组中酸性火山-碎屑岩建造，主要岩性为安山质火山碎屑凝灰岩及大理岩、钠长斑岩质火山凝灰岩、石榴石矽卡岩等	必要
	成矿时代	早石炭世	必要
	成矿环境	火山活动中心地带；赋矿地层为下石炭统大哈拉军山组第三亚组	必要
	构造环境	阿吾拉勒石炭纪裂陷槽(陆缘裂谷)，查岗诺尔-智博破火口、查岗诺尔火山机构	重要
矿床特征	矿物组合	金属矿物主要为磁铁矿，其次为假象赤铁矿、赤铁矿、黄铁矿、黄铜矿等；脉石矿物以石榴石、阳起石为主，其次为绿帘石、透闪石等	重要
	蚀变作用	主要为绿帘-阳起石化、石榴石化，其次为钠长石化、钙化、黄铁矿化、绿泥石化，绢云母化、高岭土化及碳酸盐化等	重要
	控矿条件	受基底断裂及火山机构控制；磁铁矿体沿近南北—北东向环形断裂和火山喷发层间界面分布	重要
	风化作用	磁铁矿一般出露地表形成转石；黄铁矿等硫化物矿石风化形成黄钾铁钒	次要

续表 2－7

预测要素		描述内容	要素分类
特征描述		火山喷溢沉积—热液加富的海相火山岩型铁矿床	
地球物理特征	磁异常平面特征	矿区异常以正值为主，正负极值超过±25 000nT。异常可分为低缓异常及高磁异常两类。高磁异常主要分布在穹隆两侧的高山区及穹隆北东端的高山区。总体特征是高强度(大于 5000nT)	重要
	磁测剖面特征	M3 高磁异常极大值约 3638nT，异常宽度(半极值宽度)约 300m，曲线左支较缓，右支较陡，磁异常总体表现为南缓北陡，右翼负值异常明显，为斜磁化向南倾斜的板状体	重要
	物探找矿标志	大哈拉军山组强磁异常区是寻找铁矿的主要标志	重要

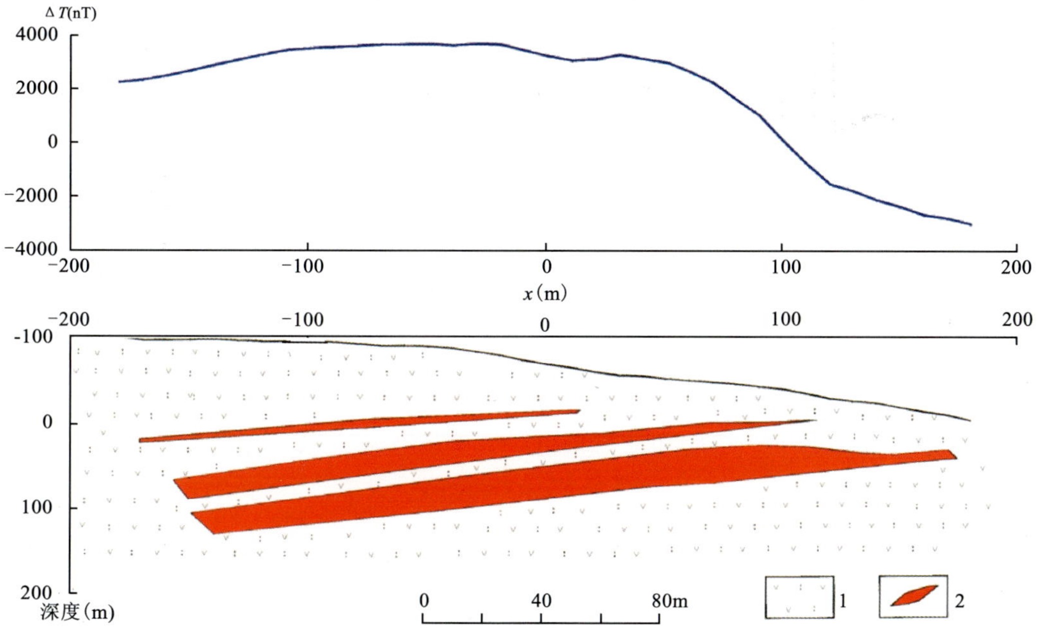

图 2－4　新疆和静县查岗诺尔海相火山岩型铁矿床预测模型图

1. 安山质火山碎屑凝灰岩；2. 矿体

阿吾拉勒一带查岗诺尔式海相火山岩型铁矿区域预测要素见表 2－8。

表 2－8　新疆阿吾拉勒一带查岗诺尔式海相火山岩型铁矿区域预测要素表

区域预测要素		描述内容	要素分类
区域成矿地质环境	大地构造位置	伊犁微板块阿吾拉勒-伊什基里克石炭纪裂隙谷北带(阿吾拉勒)	必要
	主要控矿构造	以火山为主的复合构造，包括火山构造、沉积构造和侵入岩构造	必要
	主要赋矿地层	以下石炭统大哈拉军山组为主，其次为上石炭统伊什基里克组	重要
	控矿沉积建造	以海相火山岩建造为主，其次为海相火山-沉积建造	重要
	控矿侵入岩	晚石炭世—中二叠世二长花岗岩、石英闪长岩	重要
	区域变质作用及建造	区域变质程度较低，多属低绿片岩相的单项变质	次要
区域成矿地质特征	区域成矿类型和成矿期	①石炭纪海相火山岩型铁矿床；②早二叠世岩浆热液型 Fe(Cu、Pb、Zn)矿床；③早石炭世沉积岩型 Fe 矿床	必要

续表 2－8

区域预测要素			描述内容	要素分类
区域成矿地质特征	海相火山岩型铁矿	含矿建造	石炭纪双峰式火山岩建造	重要
		含矿岩体	火山盆地、古火山机构	必要
		矿石建造	以磁铁矿-赤铁矿-黄铁矿建造为主	重要
		围岩蚀变	广泛发育矽卡岩化、绿泥石化等	必要
		矿床类型	主要有海相火山喷溢-沉积型(式可布台、松湖)；海相火山矿浆喷溢-沉积改造型(备战、智博、查岗诺尔)；火山-次火山热液交代型(铁木里克、吐尔根Ⅰ号)	必要
	岩浆热液型铁矿	侵入岩体	早二叠世二长花岗岩-花岗闪长岩	必要
		含矿部位	断裂和侵入体构造裂隙	必要
		矿石建造	赤铁矿-磁铁矿-镜铁矿-黄铜矿建造	重要
		围岩蚀变	硅化、角岩化、绢云母化、绿泥石化、碳酸盐化等	重要
	沉积型铁矿	矿床式	以岩浆热液型为主	重要
		含矿建造	早石炭世碳酸盐岩建造	必要
		沉积环境	海相沉积盆地(浅-滨海盆地)	必要
		矿石建造	以菱铁矿为主	重要
		矿床式	主要为海相沉积型	必要

2)小沙龙铁矿

小沙龙铁矿床预测要素见表 2－9。

表 2－9　小沙龙火山-沉积型铁矿床预测要素表

预测要素		描述内容
成矿时代		O_1
大地构造		秦祁昆造山系北祁连弧盆系走廊南山岛弧
沉积建造/沉积作用	地层分区	北祁连地层分区
	岩石地层单位	下奥陶统阴沟群(O_1Y)：阴沟群早期浅海相裂隙式喷发堆积，晚期碎屑岩发育，具复理石沉积特征，为浅海潮坪低能环境产物，为一套海相沉积的碎屑岩及火山岩建造
	成矿时代	早奥陶世
	蚀变特征	弱的围岩蚀变：绿泥石化、硅化、绢云母化和碳酸盐化等
	沉积建造类型	类复理石碎屑岩建造
构造	成矿后构造	褶皱、断裂均不发育，见有小的平移断层和逆断层
成矿特征	矿体形态	层状及少数似层状、透镜状，有的矿体具明显的分叉和沿走向尖灭的现象
	矿体规模	以小沙龙矿区矿体规模为最大，其次为下清水矿区，小沙龙矿区较大矿体有 4 个，长 122.2～370m；下清水矿区有较大矿体 5 个，长 142～260m
	矿石矿物成分	矿石的金属矿物组成为磁铁矿、赤铁矿、菱铁矿、磁赤铁矿、褐铁矿、黄铁矿等；脉石矿物有绿泥石、次闪石、直闪石、石英、黑云母、绢云母、黏土、碳酸盐、铁白云石、镁铁白云石、碳质等
	矿石矿物组合	磁铁矿-菱铁矿-赤铁矿
	成矿期次划分	铁矿石中金属矿物的形成分为两个成矿期：火山一沉积作用期、热液改造期
	蚀变矿物组合	绿泥石化、硅化、绢云母化和碳酸盐化
	矿床有益组分	MnO 为 0.66%，NiO 为 0.02%，V 为 0.01%，Zn 为 0.01%
	矿床有害组分	S 为 0.24%，P 为 0.42%
磁测资料	铁磁性矿体磁场特征	磁异常强度大、梯度陡，正负异常伴生，异常分布范围与铁矿产出部位大体一致。矿区一带的磁异常全部由各种类型的铁矿引起，磁异常范围一般与矿体边界相一致，磁异常是该区明显的地球物理标志

3)赵卡隆铁矿

赵卡隆铁矿床预测要素见表2-10。

表2-10　赵卡隆式海相火山沉积型铁矿预测要素表

预测要素	描述内容	要素分类
成矿建造	晚三叠世巴塘群、浊积岩建造、火山岩建造与碳酸盐岩建造	必要
成矿断层	东西向断裂	重要
成矿褶皱	北西向向斜	次要
矿产地	矿产地、矿床规模	重要
矿化信息	矿化、矿化强度	重要
蚀变作用	碳酸盐化、黄铁矿化、绢云母化、硅化、重晶石化	次要
地磁异常	甲、乙类异常	次要
航磁火山岩	三叠纪火山岩	次要
重力推断沉积盆地	沉积盆地范围	次要
化探异常	水系沉积物 Pb、Zn、Ag、Cd 异常	重要
遥感铁染异常	铁染异常范围	次要

3. 海相沉积型

1)契列克其铁矿

契列克其菱铁矿找矿标志主要有以下几个方面:①褐铁矿铁帽是原生菱铁矿在表生作用下的产物,可以指导寻找原生菱铁矿;②从含矿层位来讲,岩相变化大、碳酸盐岩与碎屑岩过渡部位,且产在碳酸盐岩中,碳酸盐岩不是纯的,而是以沉积碳酸盐岩为主,混有泥、砂和碳质的堆积,上述特征是寻找同类矿床的重要部位;③矿体与大理岩之间往往存在铁白云岩,因此铁白云岩也可以作为找矿标志,当发现有铁白云岩时,沿倾向、走向可能有菱铁矿存在。铁白云岩在地表氧化后变为深黄褐色,其预测要素见表2-11。

表2-11　新疆塔什库尔干县契列克其菱铁矿预测要素表

预测要素		描述内容	要素分类
特征描述		沉积改造型菱铁矿	
地质环境	岩石类型	原岩为陆缘碎屑岩夹含石英、泥质碳酸盐岩,后期变质形成中-浅变质的片岩及含石英、白云母大理岩,大理岩	必要
	岩石结构	粒状变晶结构	次要
	成矿时代	早志留世	次要
	成矿环境	浅海相海浸沉积环境,赋矿地层为下志留统中-浅变质岩系	重要
	构造背景	华南板块、羌塘微板块、阿克赛钦古生代的陆缘盆地,近陆一侧	次要
矿床特征	矿物组合	金属矿物以菱铁矿、褐铁矿为主,其次为黄铁矿、黄铜矿,以及孔雀石、铜蓝;非金属矿物有铁白云石、石英、白云母、石墨等	重要
	结构构造	自形-半自形结构;层状、块状及条带状或纹层状构造	次要
	蚀变作用	褐铁矿化、绿泥石化、绢云母化、硅化、碳酸盐化	次要

续表 2-11

预测要素		描述内容	要素分类
特征描述		沉积改造型菱铁矿	
矿床特征	控矿条件	浅海相海浸沉积系列底部和下部；碎屑岩与碳酸盐岩的过渡带；侵入岩与地层外接触带附近；层控线状构造	必要
	风化作用	褐铁矿(化)体(层)、局部具孔雀石化等铜矿化	次要
地球化学特征	化探异常	Fe_2O_3 中高异常，弱铜异常	次要
地球物理特征	重力异常	矿区尺度上的负重力背景场中的弱重力剩余异常	次要

契列克其一带契列克其式(契列克其、黑黑孜站干)海相沉积型铁矿区域预测要素见表 2-12。

表 2-12　新疆契列克其一带海相沉积型铁矿区域预测要素表

区域预测要素		描述内容	要素分类
区域成矿地质环境	大地构造位置	塔里木南缘隆起	必要
	主要控矿构造	受北西—近东西向康西瓦断裂及其次生断裂带控制，其内形成的沉积构造和侵入岩构造是本区主要的控矿构造	必要
	主要赋矿地层	下志留统温泉沟群	必要
	控矿沉积建造	主要为泥盆系海相沉积细碎屑岩-碳酸盐岩建造	必要
	控矿侵入岩	早古生代基性—超基性杂岩、石英二长闪长岩等	必要
	区域变质作用及建造	主要以绿片岩相变质建造为主	必要
区域成矿地质特征	区域成矿类型和成矿期	①与中晚泥盆世有关的海相沉积型 Fe(Mn、Cu、W、Pb、Zn)矿床；②与晚二叠世基性杂岩体有关的岩浆型 Fe、V、Ti 矿床；③与华力西期中酸性侵入岩有关的接触交代型 Fe(Cu、Au、Pb、Zn)矿床	必要
	含矿地层及建造	志留纪—泥盆纪海相沉积细碎屑岩-碳酸盐岩建造	必要
	成矿时代	早中志留世	必要
	沉积盆地	海相沉积盆地及沉积构造	必要
	有利变质岩	岩石类型为中、浅变质碎屑岩(绢云母、绿泥石板岩)和碳酸盐岩及片岩建造	必要
	矿石矿物	矿石以菱铁矿为主，有少量褐铁矿、黄铜矿、方铅矿等	重要
	蚀变作用	铁矿带广泛发育绿泥石化、绢云母化、硅化和碳酸盐化	次要
	矿床式	主要为契列克其海相沉积型铁矿(契列克其铁矿、黑黑孜站干铁矿)	重要
物探、化探、遥感、自然重砂特征	重力异常	分布在重力梯度带上	重要
		局部的剩余重力异常高或附近，剩余重力异常值 1～3mg/s · m	重要
	磁异常	分布于磁异常北侧梯度带，异常值(化极)大于 200nT 的剩余航磁异常分布区	重要
		与铁矿化有关的航磁异常点	重要
	化探异常	1∶20 万铁元素异常：个别模型区内有浓度分带现象存在	次要
	遥感异常	遥感解译线形构造与线形构造、线形构造与环形构造等交会部位	次要
	重砂异常	个别矿点集中分布区的下坡地段存在磁铁矿、赤铁矿重砂异常	次要

2)大西沟铁矿

柞水县大西沟铁矿预测要素分类见表 2-13。

表 2－13 柞水县大西沟沉积型铁矿床预测要素表

预测要素		描述内容	要素分类
地质环境	成矿时代	中晚泥盆世	必要
	大地构造位置	南秦岭弧盆系刘岭前陆盆地	必要
	沉积建造	海相黏土质碎屑岩-碳酸盐岩含铁建造	必要
	岩石类型	青石垭组下段为绢云千枚岩、泥灰岩、菱铁千枚岩；上段为硅质板岩、砂质板岩、泥灰岩	必要
矿床特征	矿体特征	矿体呈层状，层位稳定，与围岩呈渐变过渡关系，矿体规模大者长达 2km，小者百余米，厚十余米至数十米。由 6 号、7 号主矿体以及数十个小矿体组成，TFe 平均品位 28.01%	必要
	矿石矿物	金属矿物主要为菱铁矿，其次为磁铁矿；脉石矿物以绢云母、石英为主，其次为绿泥石、重晶石	重要
	矿石结构	半自形-他形变余砂状结构、鳞片变晶结构等	
	矿石构造	条带状、致密状、浸染状构造	
	控矿条件	海相沉积盆地控矿，中上泥盆统青石垭组	必要
	风化特征	菱铁矿出露地表风化形成褐铁矿	次要
地球物理特征	磁测异常	围岩平均磁化强度小于 100×10^{-6}Cgsm，矿石为 30 000$\times10^{-6}$ Cgsm，异常与大西沟铁矿矿体有关	必要

4. 岩浆型

1)瓦吉里塔格铁矿

巴楚县瓦吉里塔格铁矿主要找矿标志如下。①岩性标志：矿石与岩性的关系密切，辉石岩内 TFe 含量高，TiO_2、V_2O_5 含量也高，而辉长岩、橄榄岩含量低。②地貌标志：地形凸起的残丘 TFe 含量高，因为含铁高的岩石抗风化能力稍强，易形成残丘。③地球物理标志：在高精度磁测时可以获得磁异常，根据磁异常可以解译出矿床的形态、产状与规模，而本矿区磁异常负值常为矿致异常，多为隐伏矿体产出部位。矿床预测要素见表 2－14，预测模型见图 2－5。

表 2－14 新疆巴楚县瓦吉里塔格铁矿床预测要素表(据新疆地质矿产局，2010 年修改)

预测要素		描述内容	要素分类
特征描述		晚期岩浆分异-贯入型	
地质环境	岩石类型	以镁铁质-超镁铁质岩体为主，次有正长闪长岩体、角闪正长岩体、霓霞正长岩体、霞石橄榄玢岩、碳酸岩体、金伯利岩体	必要
	岩石结构	半自形、中—粗粒结构，半自形不等粒结构、似斑状结构	重要
	成矿时代	石炭纪	重要
	成矿环境	含矿母岩侵入上泥盆统陆源碎屑岩中	必要
	构造背景	塔里木中央地块西北缘的巴楚隆起	重要
矿床特征	矿物组合	金属矿物为磁铁矿和钛铁矿。脉石矿物为普通辉石、斜长石、角闪石、黑云母等	重要
	结构构造	半自形粒状结构、针状结构，以浸染状构造为主，其次为条带状、似斑状、块状构造	次要
	蚀变作用	硅化、透闪石化、钠长石化	重要
	控矿条件	古地块边缘的拉张断裂控制矿体产出铁镁质-超铁镁质岩体	必要
	风化特征	钒钛磁铁矿一般出露地表形成转石，地形多凸起形成残丘	重要
地球物理特征	磁异常	负磁异常为矿致异常	重要

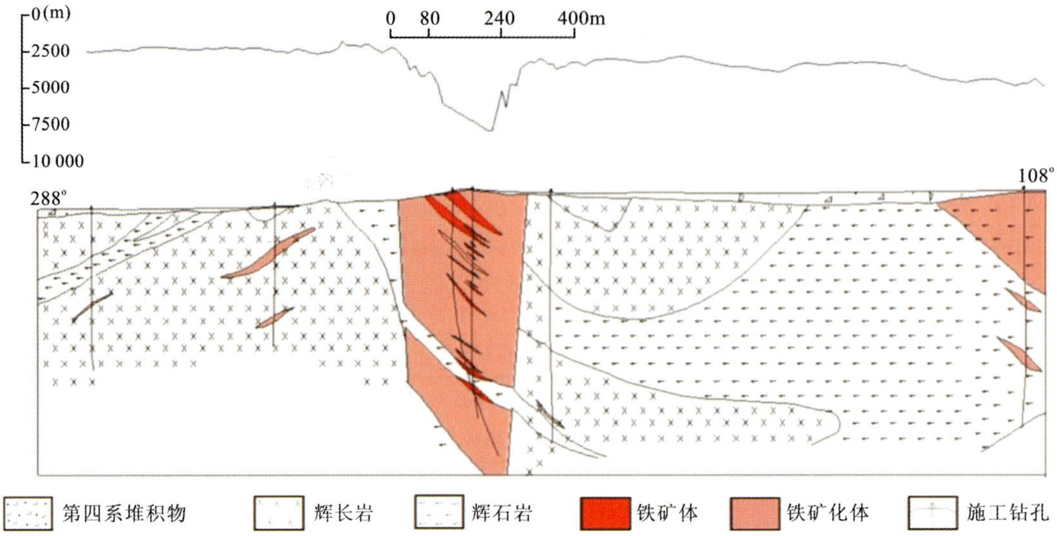

图 2-5　新疆巴楚县瓦吉里塔格铁矿床预测模型图(据新疆地质矿产局,2010 年修改)

2)毕机沟铁矿

毕机沟铁矿预测要素见表 2-15。

表 2-15　陕西省洋县毕机沟岩浆型铁矿床预测要素表

预测要素		描述内容	要素分类
地质环境	成矿时代	晋宁期—加里东期	必要
	大地构造位置	米仓山-大巴山基底逆冲带汉南岩浆弧(Ⅵ_2^{2-1})	必要
	成矿环境	矿床赋存于毕机沟基性岩带侵入岩中穹隆构造部位,赋矿岩石为辉长岩,其次为苏长岩、橄榄辉长岩	必要
	构造背景	汉南岩浆侵入构造,构造线由近东西向急转为南东向	必要
	岩石类型	基性岩体中辉长岩约占 80%,其次为苏长岩、橄榄辉长岩等	必要
	岩石结构构造	粒状及柱状变晶结构,块状构造	次要
矿床特征	矿体特征	共由大小不等 144 个矿体组成,其中以 1 号、2 号、22 号矿体规模最大。矿体倾向北东 30°～50°,倾角 50°～75°。1 号矿体长 642m,厚 2.94～47.8m,矿体呈透镜状;2 号矿体长 1060m,厚 14～27.2m,矿体呈板状体;22 号矿体长 960m,厚 1～21.86m,矿体呈板状体	重要
	矿物组合	以磁铁矿、钛铁矿为主,其次为黄铁矿、磁黄铁矿、黄铜矿、假象赤铁矿、白钛矿、镍黄铁矿、褐铁矿等	次要
	伴生矿产	钛、钒	次要
	矿石结构构造	海绵陨铁结构,浸染状构造	次要
	蚀变作用	黝帘石化、纤闪石化、滑石化、绢云母化、碳酸盐化、蛇纹石化等	重要
	控矿条件	受侵入穹隆构造和基性、超基性岩控制,矿体受构造线控制由近东西向急转为南东向	必要
	风化特征	磁铁矿风化后多为风化球	必要
地球物理特征	磁异常	高磁异常	重要

5. 接触交代型

1)阿拉塔格铁矿

阿拉塔格铁矿预测要素见表 2-16。

表 2－16　阿拉塔格式矽卡岩型铁矿床预测要素表

预测要素		描述内容	要素分类
特征描述		钙质硅酸盐接触变质岩中磁铁矿	
地质环境	岩石类型	主要为块状大理岩、矽卡岩、绿帘石石榴透辉角岩、绿帘石透辉角岩及角闪花岗岩、黑云母花岗岩等酸性岩体	必要
	成矿时代	华力西中期	重要
	成矿环境	侵入体和碳酸盐化接触带	必要
	构造背景	星星峡-卡瓦布拉克中间地块，阿拉塔格复背斜南翼，盐湖背斜背翼	重要
矿床特征	矿物组合	金属矿物主要为磁铁矿；其次为赤铁矿，微量磁黄铁矿、针铁矿、白铁矿、黄铁矿、黄铜矿及闪锌矿等；脉石矿物为方解石、石榴石、透辉石、绿帘石、绿泥石	必要
	蚀变作用	主要为矽卡岩化、角岩化、钠长石化、绿帘石化、绿泥石化及后期碳酸盐化	重要
	控矿条件	受背斜构造及层间破碎带或构造破碎带控制，磁铁矿体沿花岗岩体与碳酸盐岩的接触带分布	重要
	风化特征	矿体出露地表形成转石及硫、铁矿化带	重要
地球物理特征	重力异常	布格重力异常等值线总体呈近东西向椭圆形	次要
	航磁异常	航磁异常强度不高，但有一定分布范围，并与剩余布格重力异常套合好	次要
	高精度磁测	磁铁矿具高磁特征，高磁异常与矿区矿体的分布相对应	重要
区域化探特征	化探异常	Fe、Mo、B、Pb、As、Th、Sb 等中低温热液元素异常	重要

2)肯德可克铁矿

肯德可克铁铅锌(钴、金、铋)矿床预测要素见表 2－17，预测模型见图 2－6。

表 2－17　肯德可克矽卡岩型铁多金属矿床预测要素表

预测要素		描述内容	要素分类
成矿时代与环境	成矿时期	T_3—J_1	必要
	大地构造位置	祁曼塔格结合带	必要
沉积建造/沉积作用	沉积地层时代	∈—O、石炭纪	必要
	地层分区	东昆仑地层分区，柴达木南缘地区小区	必要
	岩石地层单位	滩间山群(∈Ot)、大干沟组(C_1dg)、缔敖苏组(C_2d)	必要
	岩石类型	大干沟组为复成分砂岩、粉砂岩，滩间山群为碳酸盐岩夹硅质岩，缔敖苏组为碳酸盐岩	必要
	沉积建造类型	硅质团块-条带碳酸盐岩建造、生物屑泥晶灰岩建造、白云质灰岩-白云岩建造、硅质泥岩-硅质岩建造	次要
岩浆建造/岩浆作用	岩石名称	黄灰色钠长霏细斑岩、肉红色石英正长斑岩	必要
	侵入岩时代	T_3—J_1	必要
	侵入岩埋深	800m	重要
	侵入岩体下延深度	1000m	重要
	岩体形态	印支—燕山期肉红色石英正长斑岩、灰色钠长霏细斑岩等呈小岩株状，脉岩以深灰色闪长玢岩为主	重要
	岩浆构造旋回	印支旋回	次要
成矿构造	褶皱构造	石拐子组、大干沟组、缔敖苏组地层组成近东西向向斜-肯德可克向斜	重要
	断裂构造	断裂构造发育，以东西向、北东向、北北西向断裂组为主，东西向断裂及地层间不整合面控制矿体就位及矿体形态、产状等	必要

续表 2 - 17

预测要素		描述内容	要素分类
成矿特征	矿体形态	矿体形态多呈似层状、透镜状、扁豆状	必要
	矿体埋深	80m	重要
	矿体产状	矿体产状与地层产状基本一致，矿体走向基本为东西向。南矿带矿体倾向南，倾角一般为 20°～30°；北矿带矿体倾向北，倾角一般为 30°～40°，个别达 56°	必要
	矿体规模	规模最大矿体为 58 号，长 1650m，最厚 113.02m，最小矿体为 128 号矿体，长 100m，最厚仅 0.15m，全区长 100m 的矿体 112 个，占矿体总数的 77%	必要
	矿带形态	横向上分南北两个矿带。其中磁铁矿石、锌铁矿石、铅矿石、铁硫矿石、锌矿石主要分布于南矿带；硫铁矿石、铜矿石分布于北矿带	必要
	蚀变带规模	围岩蚀变大致分 3 个带，由下往上为钙镁橄榄石矽卡岩带，石榴石透辉石矽卡岩带，绿泥石化、碳酸盐化带。石榴石透辉石矽卡岩与磁铁矿成矿密切	必要
	蚀变矿物组合	蚀变矿物组合为钙镁橄榄石、透辉石、钙铁石榴石、方解石等以及绿泥石、符山石、金云母、阳起石等	重要
	矿石矿物组合	矿石矿物有磁铁矿、磁黄铁矿、闪锌矿、方铅矿、黄铁矿、黄铜矿、辉铋矿、毒砂、辉钼矿、自然铋、方钴矿、辉砷镍矿、自然金等	重要
	矿床共(伴)生组分	共生组分有铅、锌、铜、硫；伴生组分有镉、银、金、钴、铋	重要
	成矿期次划分	矿床的形成主要经历了矽卡岩、热液及表生 3 个成矿期，成矿以前两期为主。矽卡岩期以细粒磁铁矿的大量生成及含水硅酸盐矿物——绿泥石、符山石、金云母、阳起石等的生成为标志；热液期以形成粗粒磁铁矿和大量的金属硫化物(磁黄铁矿、黄铁矿、方铅矿、闪锌矿、黄铜矿等)的形成为标志；表生期仅在近地表矿体产生少量赤铁矿、褐铁矿、铜蓝、孔雀石、白铅矿等氧化矿物	重要
地球物理特征	侵入岩体磁场特征	矿区花岗岩类磁性微弱，没有形成较强的磁异常，闪长岩类磁性中等，引起的磁异常强度也不高，一般数十纳特，最大数百纳特。曲线呈锯齿状	重要
	铁磁性矿体磁场特征	地磁异常分南北两条带，南异常带：异常长近 3000m，宽约 100～600m。异常梯度陡，强度大，极大值 8000nT。含矿带与磁法 500～1000nT 等值线圈定的范围相一致。北异常带地表为第四系覆盖。异常平面形态呈椭圆状，长轴走向近 115°，异常范围较小。异常梯度陡，强度最大 5000nT。有负异常伴生	必要
	矿体磁化强度	4000×0.01A/m	重要
	重力异常	在 1∶100 万布格重力异常平面图上矿床位于由南向北迅速增加的重力梯级带上。梯度每千米达(4～8)$\times10^{-5}m/s^2$	次要

3)木龙沟铁矿

木龙沟铁矿预测要素见表 2 - 18。

6. 陆相火山型

磁海铁矿预测要素见表 2 - 19，预测模型见图 2 - 7。

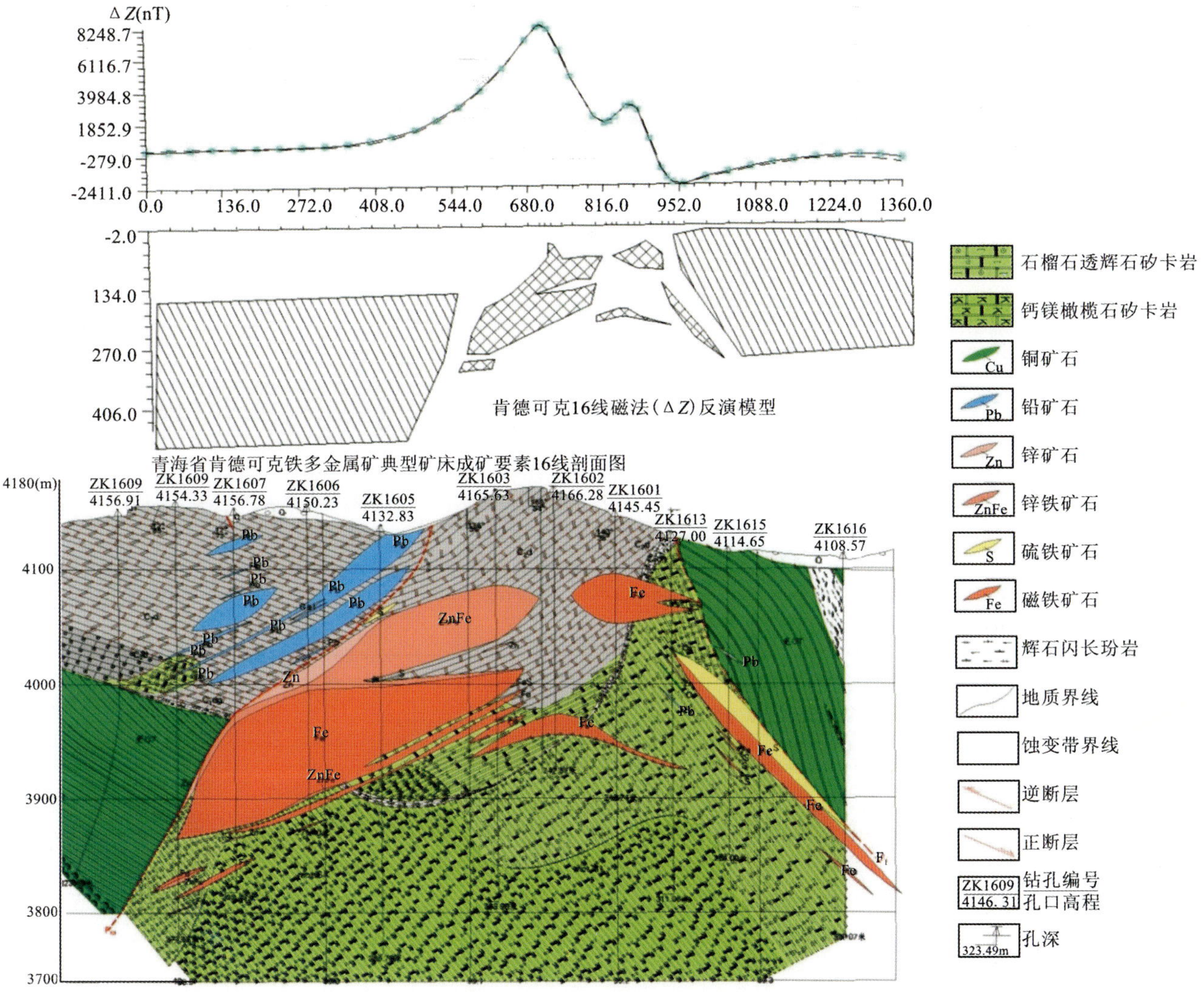

图 2－6　肯德可克矽卡岩型铁多金属矿床预测模型图

表 2－18　木龙沟铁矿预测要素表

预测要素		描述内容	要素分类
特征描述		木龙沟式矽卡岩型铁矿床	
成矿地质环境	含铁建造	燕山期花岗闪长(斑)岩(或岩枝)；震旦亚界蓟县系(Jxx+Jxl+Jxf)白云岩	必要
	成矿时代	岩浆岩同位素年龄 1.38 亿年，属燕山期	次要
	成矿构造背景	燕山期中酸性岩浆活动地带、碳酸盐岩地层分布区，秦岭东段与祁吕贺“山”字形构造东南弧和太行新华夏系南延的交接部位。北北西和北东东向断裂与层间裂隙复合构造及旋卷构造为岩浆侵入有利部位	重要
岩浆建造/岩浆作用	岩石名称	花岗闪长(斑)岩	必要
	岩石系列	钾质中酸性岩系列	必要
	侵入岩时代	燕山期	必要
	岩浆构造旋回	燕山旋回	必要
	岩浆作用影响范围	5～20m	重要
	岩体形态	不规则状、透镜状、长条状等	重要

续表 2 - 18

预测要素		描述内容	要素分类
特征描述		木龙沟式矽卡岩型铁矿床	
成矿地质特征	含矿岩系	镁矽卡岩、蛇纹石化大理岩	必要
	矿体产状	矿体受岩体接触带控制，有露头矿和盲矿两种产出形式，其储量比为 1∶1.6。矿体多数和接触带、断裂产状一致，部分和地层产状一致	重要
	矿体控制深度	700m 标高以上已基本查清，斜深达 545m	重要
	成矿构造	北北西和北东东向断裂、层间裂隙、旋转构造	次要
	矿产组合	外接触带（镁矽卡岩带）具磁铁矿化；内接触带具钼、铜、锌矿化，钼、铜、锌、铼矿化集中于镁矽卡岩带；铅锌矿化集中于蛇纹石化大理岩（最外）。已控制 39 个钼矿体、1 个铜矿体；伴生矿产资源量（远景储量）钼 7967t、铼 3.182t	次要
	组分赋存状态	铁的赋存以磁铁矿为主，其次是褐铁矿；钼、铜、铅、锌赋存状态主要为辉钼矿、方铅矿、闪锌矿、黄铜矿等；铼矿与钼矿共生	次要
地球物理特征	磁异常	航磁异常与半隐伏中酸性岩体（石英闪长岩、二长花岗斑岩）对应良好，其特点是异常显示明显、形态规整。已知木龙沟矿床的含矿母岩二长花岗斑岩，航磁异常反映明显	重要

表 2 - 19　新疆哈密市磁海陆相火山岩型铁矿床预测要素表

预测要素		描述内容	要素分类
地质环境	岩石类型	主要为辉绿岩和矽卡岩，其次是大理岩、长英质片岩等	必要
	岩石结构	鳞片状变晶结构、粒状变晶结构、中细粒全晶质结构	次要
	成矿时代	辉绿岩 Rb - Sr 等时线年龄值为 268Ma，属二叠纪早期产物	必要
	成矿环境	火山活动中心地带，辉绿岩发育部位	必要
	构造背景	早二叠世北山裂谷带内，东西向、北东向和北西向断裂的交会部位，磁海复背斜南翼次级褶皱中	必要
矿床特征	矿物组合	矿石矿物以磁铁矿为主，少量黄铜矿、闪锌矿、黄铁矿、磁黄铁矿。脉石矿物以辉石、石榴石、角闪石为主，其次为斜长石、黑云母、绿泥石、石英、绿帘石、方柱石等	必要
	结构构造	半自形-他形粒状结构、他形粒状结构，块状构造、角砾状构造、浸染状构造	重要
	蚀变特征	蚀变类型主要有矽卡岩化、更-钠长石化、黑云母化、次闪石化、绿泥石化、绿帘石化。其中矽卡岩化、更-钠长石化最发育，且与成矿作用关系密切	必要
	控矿条件	受北东向、东西向区域性大断裂及火山机构的控制，含矿辉绿岩产于火山管道中	重要
	风化特征	磁铁矿体一般呈隐伏－半隐伏状，但磁海南矿区存在磁铁矿转石	次要
地球物理特征	磁异常	铁矿石具高磁特征，矿区高磁异常与铁矿体对应分布，一般大于 500nT	重要
	重力异常	铁矿体对应于布格重力高中剩余重力异常区段，剩余重力异常一般为 $1000\times10^{-8}m/s^2$	重要

178个，占19%；B级预测区348个，占37%；C级预测区417个，占44%（表2-23）。按预测类型统计，海相火山岩型最小预测区共226个，占24%；沉积变质型最小预测区共123个，占13%；沉积型最小预测区共267个，占28%；岩浆岩型最小预测区共117个，占13%；接触交代-热液型最小预测区共210处，占22%（图2-8）。

表2-23　西北地区铁矿预测区不同预测类型最小预测区统计表

序号	预测区名称	所处成矿单元	矿产预测类型	最小预测区数量（个）			
				A类	B类	C类	合计
1	陕西韩城-蒲城铁矿预测区	Ⅲ-61	沉积变质型	1	2	1	4
2	陕西宁强-略阳铁矿预测区	Ⅲ-73	沉积变质型	1	1	2	4
3	甘肃七角井子铁矿预测区	Ⅲ-15	沉积变质型	3	0	1	4
4	甘肃肃北红柳沟铁矿预测区	Ⅲ-15	沉积变质型	1	0	1	2
5	甘肃宽湾井-红泉铁矿预测区	Ⅲ-18	沉积变质型	2	0	0	2
6	甘肃镜铁山铁矿预测区	Ⅲ-21	沉积变质型	9	7	8	24
7	甘肃阿克塞红柳沟-长草沟铁矿预测区	Ⅲ-21	沉积变质型	1	0	1	2
8	甘肃铁成沟铁矿预测区	Ⅲ-22	沉积变质型	1	2	3	6
9	甘肃张家川县陈家庙铁矿预测区	Ⅲ-22	沉积变质型	1	2	2	5
10	青海格尔木-都兰铁矿预测区	Ⅲ-26	沉积变质型	0	2	1	3
11	新疆梧桐沟-天湖铁矿预测区	Ⅲ-11	沉积变质型	2	8	8	18
12	新疆兴地-库鲁克塞铁矿预测区	Ⅲ-13	沉积变质型	6	9	3	18
13	新疆布穹-洛浦铁矿预测区	Ⅲ-17	沉积变质型	3	2	0	5
14	新疆迪木那里克-苏巴里铁矿预测区	Ⅲ-19	沉积变质型	2	10	8	20
15	新疆切列克其-赞坎-黑黑孜占干铁矿预测区	Ⅲ-35	沉积变质型	3	3	0	6
沉积变质型小计				36	48	39	123
16	陕西淳化-三原口铁矿预测区	Ⅲ-60	沉积型	1	0	2	3
17	陕西板房子-赵川铁矿预测区	Ⅲ-66	沉积型	2	4	2	8
18	甘肃迭部县黑拉-武都区角弓铁矿预测区	Ⅲ-28	沉积型	4	6	7	17
19	甘肃查居-柴马山铁矿预测区	Ⅲ-28	沉积型	1	1	15	17
20	甘肃陇南市迷坝-三滩铁矿预测区	Ⅲ-28	沉积型	1	4	3	8
21	甘肃老红山-角弓铁矿预测区	Ⅲ-28	沉积型	0	4	0	4
22	宁夏卫宁北山铁矿预测区	Ⅲ-20	沉积型	0	34	9	43
23	宁夏香山-烟筒山铁矿预测区	Ⅲ-20	沉积型	0	0	31	31
24	宁夏贺兰山北段铁矿预测区	Ⅲ-59	沉积型	0	0	20	20
25	宁夏贺兰山中段铁矿预测区	Ⅲ-59	沉积型	0	0	17	17
26	青海北祁连地区铁矿预测区	Ⅲ-21	沉积型	4	4	4	12
27	青海玉树地区铁矿预测区	Ⅲ-33	沉积型	1	1	15	17
28	青海小唐古铁矿预测区	Ⅲ-35	沉积型	3	5	9	17

续表 2-23

序号	预测区名称	所处成矿单元	矿产预测类型	最小预测区数量(个)			
				A类	B类	C类	合计
29	青海沱沱河铁矿预测区	Ⅲ-36	沉积型	2	5	9	16
30	新疆硫磺沟-大黄山铁矿预测区	Ⅲ-5	沉积型	10	4	4	18
31	新疆额尔宾山铁矿预测区	Ⅲ-12	沉积型	2	5	12	19
沉积型小计				31	77	159	267
32	甘肃向前山-栏门石铁矿预测区	Ⅲ-21	海相火山岩型	0	4	5	9
33	新疆阿巴宫-蒙库铁矿预测区	Ⅲ-2	海相火山岩型	6	15	10	31
34	新疆淖毛湖铁矿预测区	Ⅲ-4	海相火山岩型	3	2	11	16
35	新疆和什托洛盖-铁厂沟铁矿预测区	Ⅲ-4	海相火山岩型	1	16	3	20
36	新疆、甘肃阿齐山-雅满苏-红石山铁矿预测区	Ⅲ-8	海相火山岩型	4	8	14	26
37	新疆式可布台-查岗诺尔铁矿预测区	Ⅲ-10	海相火山岩型	0	1	9	10
38	新疆伊什基里克铁矿预测区	Ⅲ-10	海相火山岩型	23	17	26	66
39	新疆莫托萨拉-库米什铁矿预测区	Ⅲ-11	海相火山岩型	4	18	11	33
40	新疆北山铁矿预测区	Ⅲ-14	海相火山岩型	1	1	5	7
41	新疆巴什考贡-英格布拉克铁矿预测区	Ⅲ-19	海相火山岩型	1	5	2	8
海相火山岩型小计				43	87	96	226
42	陕西华县-丹凤县铁矿预测区	Ⅲ-63	接触交代-热液型	2	0	3	5
43	甘肃古堡泉铁矿预测区	Ⅲ-15	接触交代-热液型	1	0	0	1
44	甘肃四道红山-石板泉铁矿预测区	Ⅲ-15	接触交代-热液型	2	0	2	4
45	甘肃五峰山铁矿预测区	Ⅲ-15	接触交代-热液型	1	1	1	3
46	甘肃夏河县平山-藏布山铁矿预测区	Ⅲ-28	接触交代-热液型	1	2	3	6
47	青海都兰铁矿预测区	Ⅲ-26	接触交代-热液型	11	9	11	31
48	新青祁漫塔格铁矿预测区	Ⅲ-26	接触交代-热液型	14	25	25	64
49	新疆乔夏哈拉-老山口铁矿预测区	Ⅲ-3	接触交代-热液型	3	12	13	28
50	新疆阿克塔斯-阿拉山口铁矿型预测区	Ⅲ-4	接触交代-热液型	5	17	5	27
51	新疆大红山铁矿预测区	Ⅲ-12	接触交代-热液型	3	2	1	6
52	新疆老虎台-黑英山铁矿预测区	Ⅲ-12	接触交代-热液型	6	12	17	35
接触交代-热液型小计				49	80	81	210
53	陕西洋县-石泉铁矿预测区	Ⅲ-73	岩浆型	1	5	0	6
54	陕西紫阳-镇坪铁矿预测区	Ⅲ-73	岩浆型	14	26	27	67
55	甘肃窑泉铁矿预测区	Ⅲ-18	岩浆型	0	1	1	2
56	甘肃高家深沟铁矿预测区	Ⅲ-22	岩浆型	0	2	7	9
57	新疆普昌-瓦吉尔塔格铁矿预测区	Ⅲ-12	岩浆型	4	22	7	33
岩浆型小计				19	56	42	117
西北合计				178	348	417	943

表 2-27　西北地区铁矿按可利用性预测资源量统计表

省(区)	预测资源量(矿石量×10^4t)		可利用比例(%)
	可利用	暂不可利用	
陕西	69 709.61	196 322.54	26.20
甘肃	248 219.60	97 447.50	71.81
宁夏	4 713.97	4 397.80	51.70
青海	25 668.91	170 636.49	13.08
新疆	577 453	107 645	84.29
西北地区	925 765.09	576 449.33	61.63

表 2-28　西北地区铁矿按预测类型预测资源量统计表

省(区)	陕西	甘肃	宁夏	青海	新疆	西北地区	占总量比例(%)
	(矿石量×10^4t)						
沉积型	65 434.81	74 731.25	930.57	5 779.46	14 118	160 994.08	12.68
沉积变质型	42 521.02	157 976.55	0	1 511.41	271 427	473 435.98	37.30
海相火山岩型	0	0	0	164 414.74	356 638	521 052.74	41.05
接触交代-热液型	3 378.47	18 857.97	0	12 339.69	14 517	49 093.13	3.87
岩浆型	21 436.46	14 933.87	0	0	28 394	64 764.33	5.10
合计	132 770.76	266 499.64	930.57	184 045.30	685 094	1 269 340.26	100

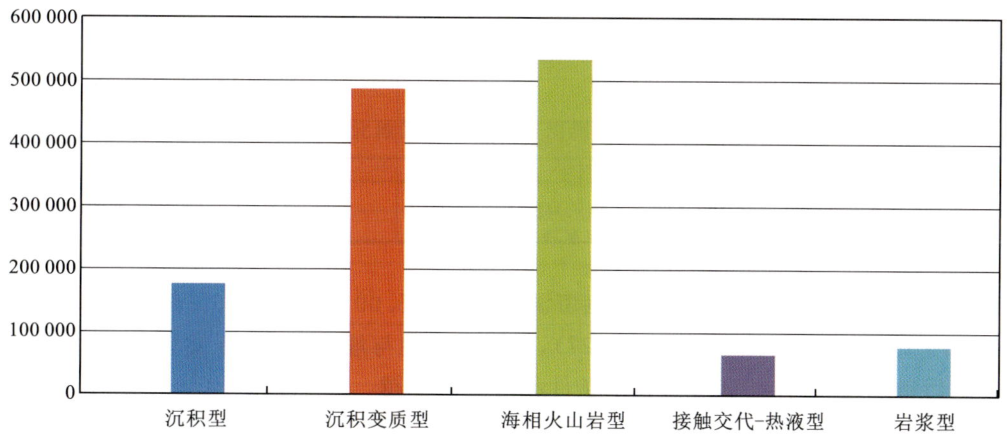

图 2-9　西北地区铁矿预测类型预测资源量统计

第二节　锰

一、矿产预测类型划分

西北地区17个锰矿预测区中，沉积变质型6个，占35%；海相沉积型8个，占47%；海相火山岩型3个，占18%（表2-29，图2-10，图2-11）。

表2-29　西北地区锰矿预测区矿产预测类型统计表

序号	预测区名称	所处成矿单元	矿产预测类型	矿床式	预测评价模型	预测方法类型
1	新疆加曼台锰矿预测区	Ⅲ-10	海相沉积型	昭苏式	沉积型锰矿	沉积型
2	新疆莫托萨拉-库米什铁锰矿预测区	Ⅲ-11	海相火山岩型	莫托萨拉式	沉积型锰矿	火山岩型
3	新疆开孜维克铁锰矿预测区	Ⅲ-12	海相火山岩型	莫托萨拉式	沉积型锰矿	火山岩型
4	新疆黑英山锰矿预测区	Ⅲ-12	海相火山岩型	卡郎古尔式	沉积型锰矿	火山岩型
5	新疆、甘肃大水-玉石山锰矿预测区	Ⅲ-15	海相沉积型	大水式	沉积型锰矿	沉积型
6	甘肃大红山-马鬃山锰矿预测区	Ⅲ-15	沉积变质型	大红山式	沉积型锰矿	沉积型
7	新疆布穹-洛浦锰矿预测区	Ⅲ-16	海相沉积型	杜瓦式	沉积型锰矿	沉积型
8	甘肃肃南县黑河锰矿预测区	Ⅲ-20	沉积变质型	黑峡口式	沉积型锰矿	沉积型
9	甘肃肃北县黑峡口锰矿预测区	Ⅲ-21	沉积变质型	黑峡口式	沉积型锰矿	沉积型
10	甘青北祁连地区锰矿预测区	Ⅲ-21	海相沉积型	清水沟式	沉积型锰矿	火山岩型
11	白银市石照子锰矿预测区	Ⅲ-21	沉积变质型	黑峡口式	沉积型锰矿	沉积型
12	青海乌兰锰矿预测区	Ⅲ-24	海相沉积型	哈莉哈德山式	沉积型锰矿	火山岩型
13	甘肃成县南康锰矿预测区	Ⅲ-28	沉积变质型	沟岭子式	沉积型锰矿	沉积型
14	甘肃文县沟岭子锰矿预测区	Ⅲ-73	沉积变质型	沟岭子式	沉积型锰矿	沉积型
15	陕西东皇沟-天台山锰矿预测区	Ⅲ-73	海相沉积型	天台山式	沉积型锰矿	沉积型
16	陕西汉中褒河锰矿预测区	Ⅲ-73	海相沉积型	天台山式	沉积型锰矿	沉积型
17	陕西镇巴杨家河锰矿预测区	Ⅲ-73	海相沉积型	屈家山式	沉积型锰矿	沉积型

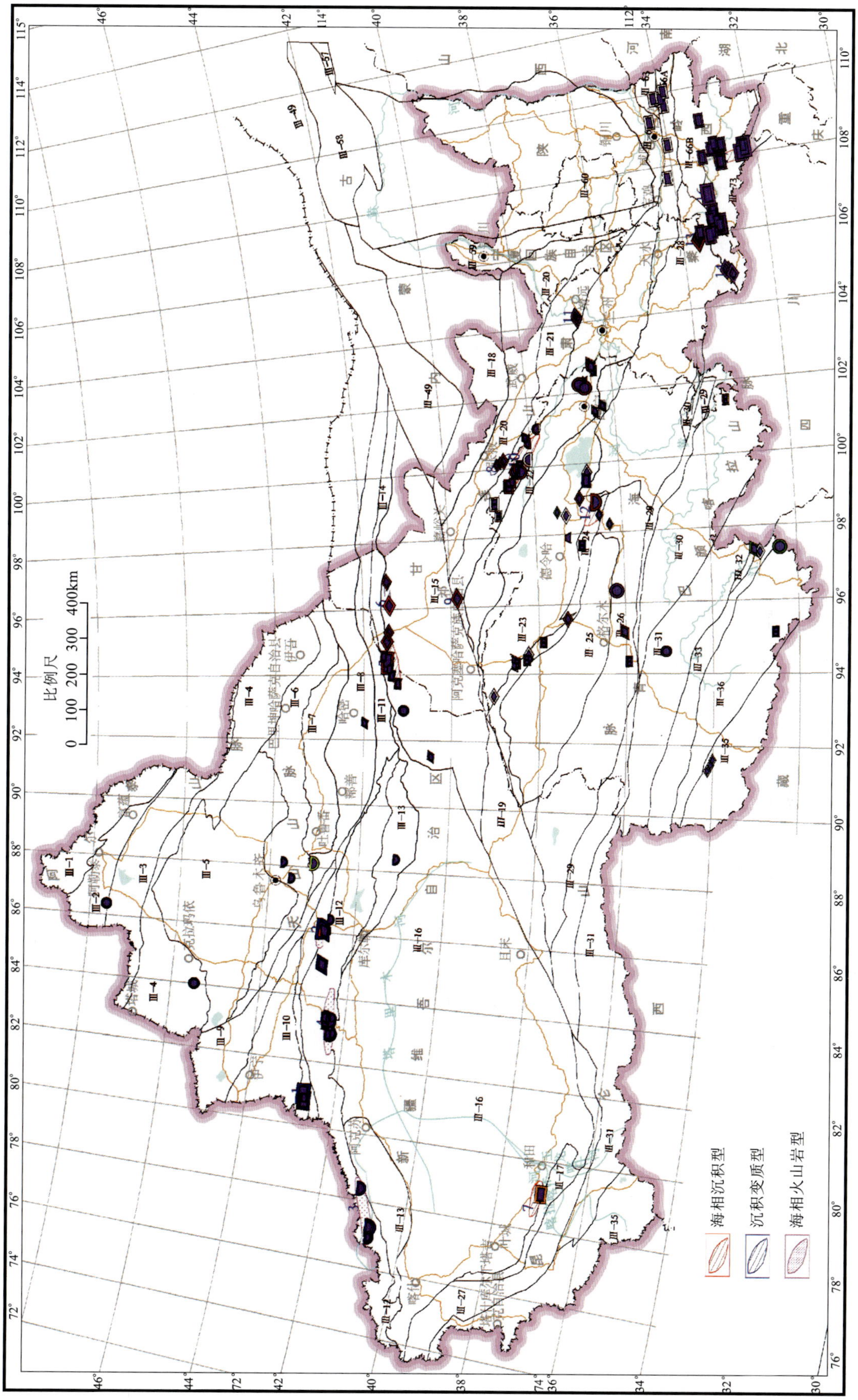

图 2-10　西北地区锰矿预测区分布图[成矿区(带)编号见表1-2]

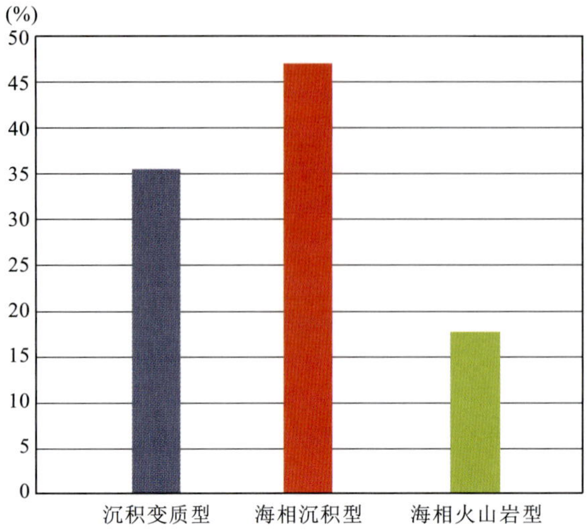

图 2-11　西北地区锰矿预测区矿产预测类型统计图

二、预测要素及预测模型

1. 海相火山岩型

莫托萨拉铁锰矿床预测要素见表 2-30，预测模型见图 2-12。

表 2-30　新疆和静县莫托萨拉海相火山岩型铁锰矿预测要素表

预测要素		描述内容	要素分类
地质背景	成矿区(带)	巴伦台(地块)铁、锰、铅、锌、锶、银、水晶、滑石、萤石、煤矿带(Ⅳ-12-②)	必要
	含矿地层及岩性	早石炭世灰绿色细砂岩、粉砂岩、薄层灰岩	必要
	含矿建造	含锰碎屑岩建造	重要
	成矿时代	含矿沉积岩层中化石时代为早石炭世	必要
	成矿环境	巴仑台岛弧带中石炭纪走滑拉分盆地的洼地，赋矿地层为下石炭统阿克沙克组滨浅海相沉积环境，表现为海浸序列半还原环境	必要
	构造背景	巴仑台岛弧带中的石炭纪走滑拉分盆地	必要
矿床特征	矿化作用	磁铁矿化、褐铁矿化、方铅矿化、闪锌矿化	重要
	蚀变特征	围岩蚀变不发育，仅可见后期小规模热液活动形成的重晶石化、碳酸盐化、硅化、孔雀石化等	必要
	控矿条件	受巴仑台岛弧带中石炭纪走滑拉分盆地中的低凹部位控制	必要
地球物理特征	磁异常	莫托萨拉铁(锰)矿体的地表具有弱磁性异常，一般为 300nT	重要
	激电	具有高极化率特征，极化率值多为 3%～5%	重要

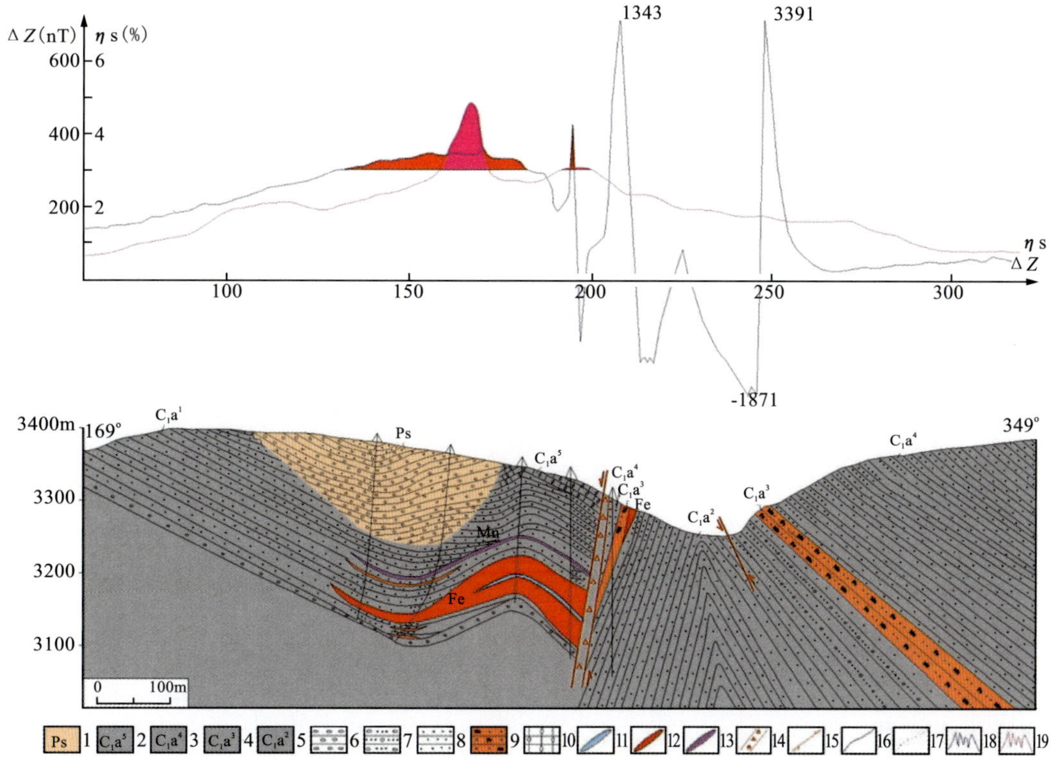

图 2-12 莫托萨拉铁锰矿预测模型图(14 线)

1. 二叠系苏布尔达坂组;2. 下石炭统阿克萨克组第五岩性段;3. 下石炭统阿克萨克组第四岩性段;4. 下石炭统阿克萨克组第三岩性段;5. 下石炭统阿克萨克组第二岩性段;6. 砾岩;7. 砂砾岩;8. 砂岩;9. 铁锰质砂岩;10. 结晶灰岩;11. 硅质岩;12. 铁矿体;13. 锰矿体;14. 构造角砾岩;15. 断层;16. 地质界线;17. 不整合地质界线;18. 磁测曲线;19. 激电曲线

2. 海相沉积型

天台山锰矿预测要素及预测模型见表 2-31。

表 2-31 陕西汉中天台山式海相沉积型锰(磷)矿床预测要素表

预测要素		描述内容	要素分类
地质环境	地层岩性建造	含矿岩系(原勘查报告认为)下寒武统塔南坡组,(综合分析认为属震旦系陡山陀组)一套碎屑岩-碳酸盐岩建造。锰(磷)含矿建造为塔南坡段	必要
	岩石类型	下部为碳质千枚岩、磷块岩矿层、夹白云岩;中下部夹锰矿层,中部为含锰白云岩;上部为白云岩及结晶灰岩,夹少量千枚岩	必要
	结构构造	含锰白云岩为微晶、球粒状结构,块状构造	次要
	成矿时代	勘查报告原划为早寒武世,本次界定为早震旦世陡山陀期(Z_1d)	必要
	成矿环境	早震旦世古陆核边缘地带陆缘裂谷的半封闭状态的浅水盆地,是锰(磷)矿形成的古构造环境	必要
	沉积相	陆棚相	重要
	构造背景	大地构造属南秦岭华力西褶皱带东段南缘	必要

续表 2-31

预测要素		描述内容	要素分类
矿体特征	矿体特征	天台山锰磷矿自东向西划分为雷家山、塔南坡、垭姑山、黎水沟 4 个矿段。锰矿仅分布于塔南坡矿段，有 2 个平行锰矿层(MnⅠ、MnⅡ)，分别圈定锰矿体 5 条、3 条，MnⅠ-1、MnⅡ-1 为主矿体(占总资源量的 47.28%、29.55%)，分别长 900m 和 560m，控制垂深 587.65m、588m，平均厚 2.30m 和 2.00m，Mn 平均品位 17.99%和 19.83%，东部倾向南东，西部倾向北西，倾角较陡，为 65°～88° 褶曲较多。矿体呈层状或透镜状，层位稳定	重要
	矿体规模	锰矿层地表长 3070m，地下长 3514m。锰矿矿体长 250～900m，平均厚度 1.03～1.96m，锰品位 13.17%～17.99%	
	控制深度	单矿体控制垂深一般 187.59～588m。矿区控制最大垂深 684m。其中：MnⅠ-1、MnⅠ-4 深部未圈闭，深部有扩大规模的条件	必要
	矿体倾角	60°～88°，平均 74°	次要
	成矿期次划分	矿床成因为海相沉积受变质型锰矿，成矿期次可分为四期：一是沉积期，主要沉积锰白云石、含锰白云石及胶磷矿等；二是成岩期，主要形成锰白云石、含锰白云石、硫锰矿、褐锰矿；三是受变质期，形成锰铝榴石、褐锰矿；四是表生期，形成兰西锰矿、硬锰矿、软锰矿、水锰矿、褐锰矿、恩苏塔矿、钡镁锰矿、方铁锰矿等	次要
	矿床共生组分	磷矿。锰矿层是磷矿层的直接顶板	重要
	找矿标志	半封闭状态的浅水盆地是锰磷矿沉积环境标志；塔南坡组一套碎屑岩-碳酸盐岩(硅灰岩)为锰磷含矿建造标志；塔南坡组含锰白云岩底部为锰矿层指示标志；锰矿层顶、底板黄铁矿含量高(一般大于 3%，局部高达 10%)，可作为锰矿找矿的间接标志；磷矿层的顶板往往是锰矿层的底板	必要
	氧(风)化	次生氧化锰下部往往存在碳酸锰矿石，二者密切相关。风化后易溶组分流失，Mn 品位增高，氧化带深度受裂隙发育程度控制，变化于 2～98m 之间	次要
综合信息特征	磁法	锰矿层(体)与磁异常特征不明显	
	重力	锰矿层(体)与重力异常特征不明显	
	化探	锰矿层(体)与锰元素异常有关	
	自然重砂	锰矿层(体)与锰矿物自然重砂异常关系不明显	
	遥感	锰矿层(体)与遥感影像、异常关系不明显	

三、最小预测区划分

西北地区锰矿资源潜力评价共划定锰矿预测区 17 个，圈定最小预测区 117 个，其中 A 级预测区 23 个，占 20%；B 级预测区 27 个，占 23%；C 级预测区 67 个，占 57%(表 2-32)。按预测类型统计，沉积变质型最小预测区共 30 个，占 26%；海相沉积型最小预测区共 64 个，占 55%；海相火山岩型最小预测区共 23 个，占 20%(图 2-13)。

表 2-32　西北地区锰矿预测区不同预测类型最小预测区统计表

序号	预测区名称	所处成矿单元	矿产预测类型	最小预测区数量(个)			
				A类	B类	C类	合计
1	甘肃大红山-马鬃山锰矿预测区	Ⅲ-15	沉积变质型	1	3	3	7
2	甘肃肃北县黑峡口地区锰矿预测区	Ⅲ-21	沉积变质型	1	1	1	3
3	甘肃肃南县黑河锰矿预测区	Ⅲ-21	沉积变质型	0	1	3	4
4	甘肃白银市石照子锰矿预测区	Ⅲ-21	沉积变质型	0	4	3	7
5	甘肃文县沟岭子地区锰矿预测区	Ⅲ-73	沉积变质型	2	1	2	5
6	甘肃成县南康锰矿预测区	Ⅲ-73	沉积变质型	1	1	2	4
沉积变质型小计				5	11	14	30
7	陕西东皇沟-天台山锰矿预测区	Ⅲ-73	海相沉积型	3	4	22	29
8	陕西镇巴县杨家河预测区	Ⅲ-73	海相沉积型	2	0	3	5
9	陕西汉中市褒河预测区	Ⅲ-73	海相沉积型	1	0	0	1
10	甘青北祁连地区锰矿预测区	Ⅲ-21	海相沉积型	1	2	6	9
11	青海乌兰县锰矿预测区	Ⅲ-24	海相沉积型	1	1	4	6
12	新疆加曼台一带锰矿预测区	Ⅲ-10	海相沉积型	2	0	0	2
13	新疆、甘肃大水-玉石山锰矿预测区	Ⅲ-14	海相沉积型	4	2	3	9
14	新疆布穹—洛浦一带锰矿预测区	Ⅲ-16	海相沉积型	1	0	2	3
海相沉积型小计				15	9	40	64
15	新疆莫托萨拉-库米什一带铁锰矿预测区	Ⅲ-11	海相火山岩型	1	0	3	4
16	新疆开孜维克一带铁锰矿预测区	Ⅲ-12	海相火山岩型	0	2	5	7
17	新疆黑英山一带锰矿预测区	Ⅲ-12	海相火山岩型	2	5	5	12
海相火山岩型小计				3	7	13	23
西北合计				23	27	67	117

从分布的成矿单元来看，西北地区锰矿主要分布在Ⅲ-10伊犁成矿带、Ⅲ-11那拉提-巴伦台-卡瓦布拉克成矿带、Ⅲ-12塔里木板块北缘成矿带、Ⅲ-14磁海-中坡山成矿带、Ⅲ-15敦煌成矿区、Ⅲ-16塔里木盆地成矿区、Ⅲ-21北祁连成矿带、Ⅲ-24柴达木北缘成矿带、Ⅲ-73龙门山-大巴山成矿带9个Ⅲ级成矿单元中。

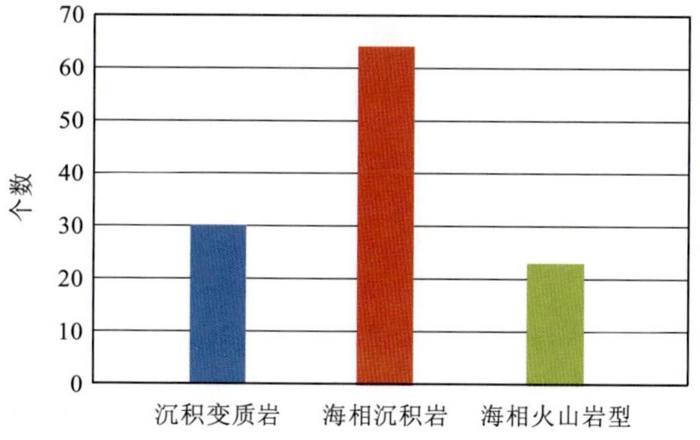

图 2-13　西北地区锰矿预测区不同预测类型最小预测区统计图

四、资源量分析

1. 资源现状分析

西北地区已发现锰矿床22处，其中，中型矿床6处、小型矿床16处。总计探明锰矿石资源储量为3 976.91×10^4t，本次预测锰矿石资源量26 958.44×10^4t。查明的锰矿资源储量仅为本次西北预测资源量的12.86%（表2-33），表明总体查明比例低，有待进一步工作。

表2-33　西北地区锰矿查明与预测资源量统计表

省（区）	陕西	甘肃	宁夏	青海	新疆	西北地区
	（矿石量×10^4t）					
查明资源量	1 669.60	479.46	0	442.27	1 385.58	3 976.91
预测资源量	10 800.06	6 660.10	0	1 905.22	7 593.07	26 958.44
查明比例（%）	13.39	6.72	0	18.84	15.43	12.86

2. 预测资源量分析

通过对各省（区）不同深度预测资源量统计对比来看（表2-34），西北地区锰矿500m以浅预测资源量22 396.68×10^4t，占预测资源量的83.08%；1000m以浅预测资源量26 956.39×10^4t，占预测资源量的99.99%；2000m以浅预测资源量26 96.441×10^4t。由此来看，西北锰矿资源量主要集中在500m以浅。

表2-34　西北地区锰矿按深度预测资源量统计表

省（区）	预测资源量（矿石量×10^4t）			500m以浅比例（%）
	500m以浅	1000m以浅	2000m以浅	
陕西	6 238.30	10 798.01	10 800.06	57.76
甘肃	6 660.10	6 660.10	6 660.10	100
宁夏	0	0	0	0
青海	1 905.22	1 905.22	1 905.22	100
新疆	7 593.07	7 593.07	7 593.07	100
西北地区	22 396.68	26 956.39	26 958.44	83.08

从锰矿预测资源量级别分析（表2-35），预测334-1资源量10 333.51×10^4t，占预测资源量的38.33%；预测334-2资源量4 733.39×10^4t，占预测资源量的17.56%；预测334-3资源量11 891.54×10^4t，占预测资源量的44.11%。西北地区总体高级别和低级别资源量所占比重较大。

西北地区锰矿2000m以浅可利用性预测资源量19 289.73×10^4t，占71.55%，暂不可利用资源量7 668.71×10^4t。从可利用性分析（表2-36），陕西和甘肃锰矿可利用性高，总体矿床经济技术条件相对较为优越；新疆和青海相对较低，可利用性与地质工作程度、埋藏深度和开发条件关系密切。

表 2-35 西北地区锰矿按级别预测资源量统计表

省(区)	预测资源量(矿石量×10^4t)			334-1 比例(%)
	334-1	334-2	334-3	
陕西	5 925.41	2 638.42	2 236.23	54.86
甘肃	2 740.77	1 981.81	1 937.52	41.00
宁夏	0	0	0	0
青海	290.52	0	1 614.70	15.25
新疆	1 376.82	113.16	6 103.10	18.13
西北地区	10 333.51	4 733.39	11 891.54	38.33

表 2-36 西北地区锰矿按可利用性预测资源量统计表

省(区)	预测资源量(矿石量×10^4t)		可利用比例(%)
	可利用	暂不可利用	
陕西	10 800.06	0	100
甘肃	6660.10	0	100
宁夏	0	0	0
青海	290.52	1614.70	15.25
新疆	1 539.05	6 054.01	20.27
西北地区	19 289.72	7 668.71	71.55

西北地区锰矿预测类型共有 3 种，即沉积变质型、海相沉积型和海相火山岩型(表 2-37，图 2-14)。其中，重要类型为海相沉积岩，预测资源量为 18 494.36×10^4t，占总预测资源量比例达 59.18%。应以海相沉积型锰矿为找矿主攻方向。

表 2-37 西北地区锰矿按预测类型预测资源量统计表

省(区)	陕西	甘肃	宁夏	青海	新疆	西北地区	占总量比例(%)
	(矿石量×10^4t)						
沉积变质型	0	6 460.62	0	0	0	6 460.62	20.67
海相沉积型	15 290.17	0	0	1 905.22	1 298.98	18 494.36	59.18
海相火山岩型	0	0	0	0	6 294.09	6 294.09	20.14
合计	15 290.17	6 460.62	0	1 905.22	7 593.07	31 249.07	100

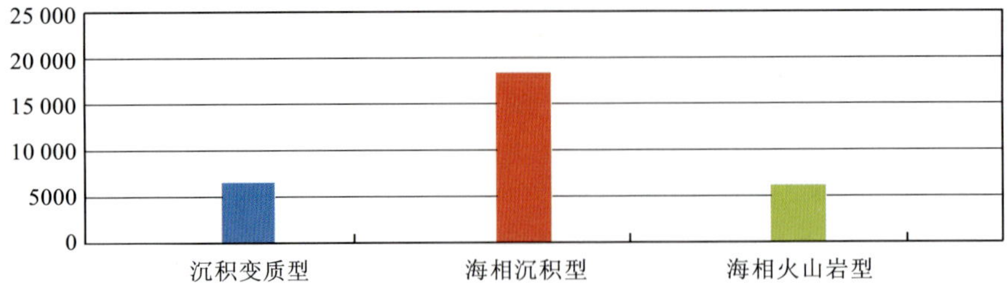

图 2-14　西北地区锰矿预测类型预测资源量统计

第三节　铬

一、矿产预测类型划分

西北地区 12 个铬矿预测区中，蛇绿岩型 10 个，占 83%；非蛇绿岩型 2 个，占 17%（表 2-38，图 2-15）。

表 2-38　西北地区铬矿预测区矿产预测类型统计表

序号	预测区名称	所处成矿单元	矿产预测类型	矿床式	预测评价模型	预测方法类型
1	新疆唐巴勒铬矿预测区	Ⅲ-4	蛇绿岩型	萨尔托海式	与超基性岩有关的侵入岩体型铬矿	侵入岩体型
2	新疆萨尔托海铬矿预测区	Ⅲ-4	蛇绿岩型	萨尔托海式	与超基性岩有关的侵入岩体型铬矿	侵入岩体型
3	新疆清水-拉麦里铬矿预测区	Ⅲ-4	蛇绿岩型	萨尔托海式	与超基性岩有关的侵入岩体型铬矿	侵入岩体型
4	新疆卡瓦布拉克铬矿预测区	Ⅲ-11	蛇绿岩型	萨尔托海式	与超基性岩有关的侵入岩体型铬矿	侵入岩体型
5	甘肃大道尔吉铬矿预测区	Ⅲ-22	非蛇绿岩型	大道尔吉式	基性岩浆岩型铁铬(铜镍银)矿	侵入岩体型
6	青海托莱牧场-野牛沟铬矿预测区	Ⅲ-21	蛇绿岩型	玉石沟式	与超基性岩有关的侵入岩体型铬矿	侵入岩体型
7	青海鹿场-峨堡铬矿预测区	Ⅲ-21	蛇绿岩型	玉石沟式	与超基性岩有关的侵入岩体型铬矿	侵入岩体型
8	陕西留坝县姜窝子铬矿预测区	Ⅲ-28	非蛇绿岩型	楼房沟式	基性岩浆岩型铁铬(铜镍银)矿	侵入岩体型
9	陕西周至县纸房铬矿预测区	Ⅲ-66A	蛇绿岩型	松树沟式	与超基性岩有关的侵入岩体型铬矿	侵入岩体型
10	陕西蓝田县云台山铬矿预测区	Ⅲ-66A	蛇绿岩型	松树沟式	与超基性岩有关的侵入岩体型铬矿	侵入岩体型
11	陕西商南县武关-商南铬矿预测区	Ⅲ-66A	蛇绿岩型	松树沟式	与超基性岩有关的侵入岩体型铬矿	侵入岩体型
12	陕西略阳-勉县铬矿预测区	Ⅲ-73	蛇绿岩型	松树沟式	与超基性岩有关的侵入岩体型铬矿	侵入岩体型

二、预测要素及预测模型

1. 蛇绿岩型

萨尔托海铬矿床直接找矿标志：蛇绿岩带内浅色相带；地势相对低洼带；浅色相带内深色完整地质体。间接找矿标志：低重力带内的相对重力高或其梯度带；低磁或负磁异常带内的相对正磁异常或其梯度带；较为显著的 B 元素异常带。矿床预测要素见表 2-39，预测模型见图 2-16。

托里县萨尔托海式蛇绿岩型铬铁矿区域预测模型见表 2-40。

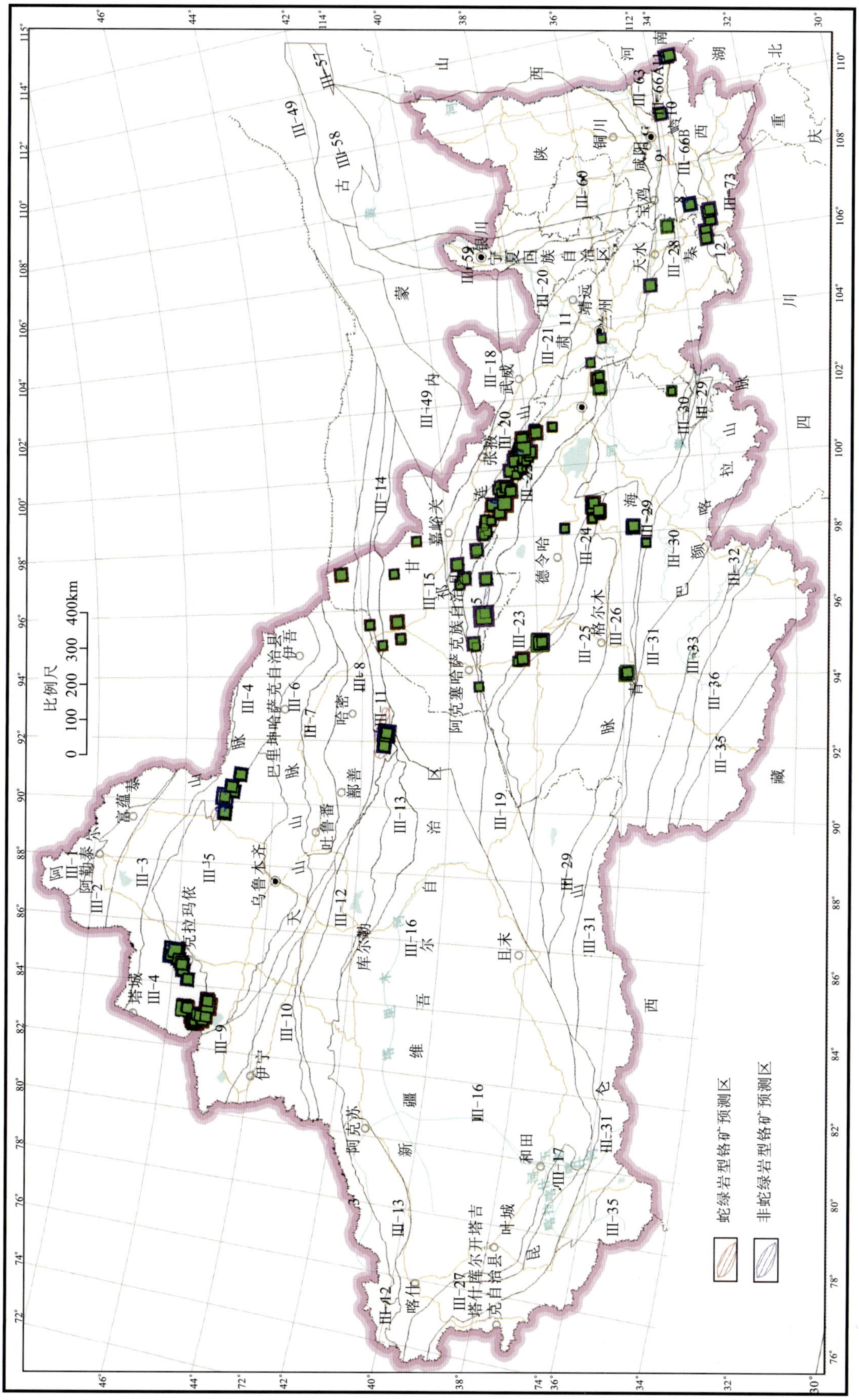

图 2-15 西北地区铬矿预测区分布图[成矿区(带)编号见表1-2]

表 2－39　萨尔托海蛇绿岩型铬矿找矿要素表

预测要素		描述内容	要素分类
特征描述		蛇绿岩型铬矿床	
地质环境	含矿建造	蛇绿岩带中的偏基性斜辉橄榄岩-纯橄榄岩相带	必要
	赋矿岩石	斜辉橄榄岩-纯橄榄岩紧密共生	必要
	成矿时代	华力西期	必要
	成矿环境	弧后洋盆闭合条件下洋壳残片的局部熔融	必要
	构造背景	弧后洋盆闭合条件下逆冲推覆构造岩浆带	必要
	控矿构造	逆冲推覆断裂形成的片理化带	必要
	成矿区(带)	唐巴勒-哈图(复合沟弧带)铬、铜、金、铁、石棉、水晶矿带	必要
矿化特征	矿物组合	铬尖晶石，少量的黄铜矿、针镍矿及微量的磁铁矿、黄铁矿、钛铁矿	重要
	蚀变作用	片理化、滑石化等普遍发育，叶蛇纹石化、菱镁矿化、碳酸盐化、透闪石化、绢石化等不同地段发育程度不同，叶蛇纹石化、菱镁矿化在含矿相带局部相对更为发育，而绢石化则相反	重要
地球物理特征	磁异常	低磁或负磁异常背景条件下的局部高磁异常及其梯度带	次要
	重力异常	相对重力低背景条件下的局部重力高及其梯度带	重要
地球化学特征		以 B 元素为主的地球化学综合异常反映了可能的成矿地段	次要

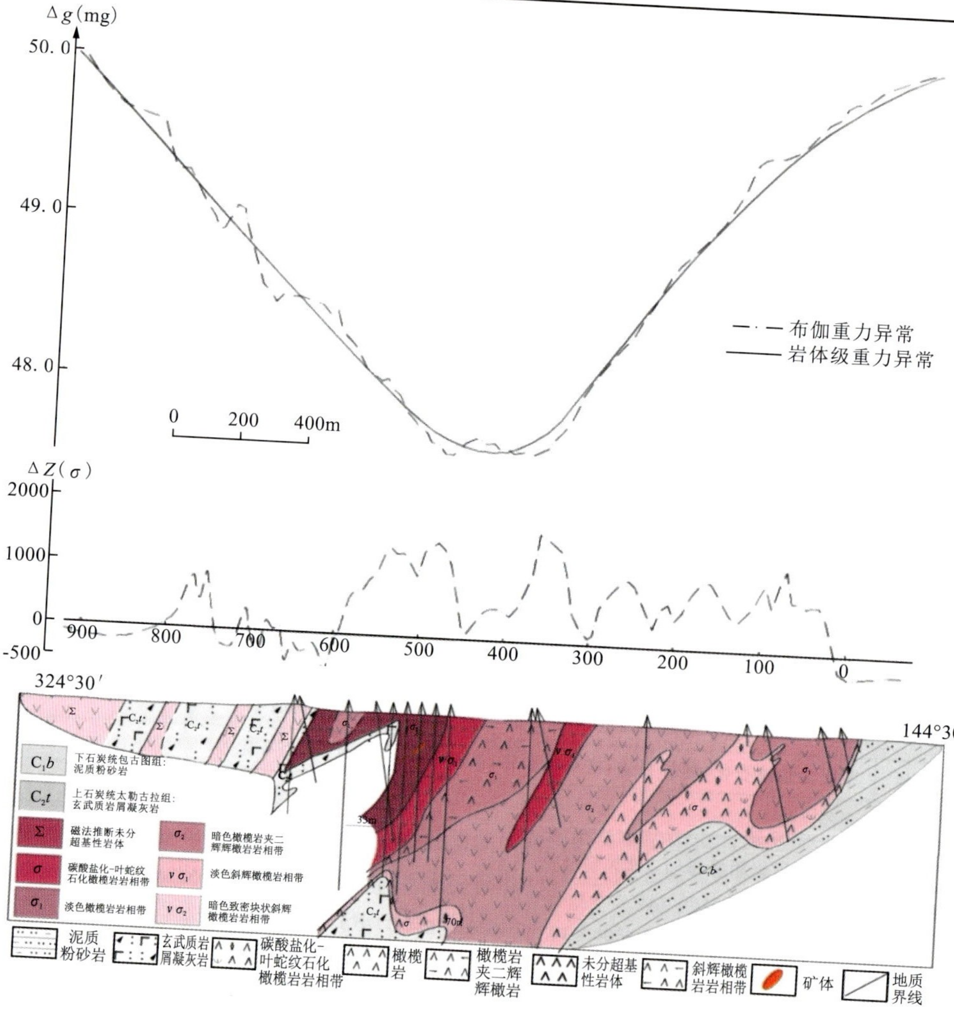

图 2－16　萨尔托海预测模型图

表 2-42　大道尔吉式岩浆岩(蛇绿岩)型铬矿区域预测要素表

区域预测要素		描述内容	要素分类
区域成矿地质环境	大地构造位置	秦祁昆造山系、南祁连弧盆系、党河南山-拉脊山蛇绿混杂岩带	必要
	主要控矿构造	南祁连缝合带党河南山深大断裂构造-侵入岩带	必要
	控矿侵入岩	加里东期蛇绿岩(超镁铁岩)	必要
	岩体侵位围岩	古元古界北大河岩群	重要
	成矿时代	早古生代	重要
	含矿岩相岩石化学	M/F 比值 7.52	重要
区域成矿地质特征	矿体特征	矿体成带成群分布于岩带近上盘，集中于距南矿带上界面 20～80m 地段。形态复杂，总体主要呈透镜状、囊团状、毛条状及不规则枝杈状	重要
	矿物组合	矿石矿物：铬尖晶石、磁铁矿及少量硫化物；脉石矿物：橄榄石，次为辉石，多蚀变为蛇纹石、绿泥石等	重要
	结构构造	自形-半自形粒状结构	重要
	有益伴生元素	铂族元素及钴、镍、金	重要
	围岩蚀变	蛇纹石化、绿泥石化、滑石化、次闪石化、碳酸盐化、绢石化等	重要
	矿床式	大道尔吉式蛇绿岩型铬铁矿矿床	重要
地球物理特征	磁异常	具磁异常，幅值高，梯度陡	必要
	电法异常	电法异常明显	必要
	重力异常	处于布格重力异常梯度带上，剩余重力异常明显	必要
地球化学特征		Cr、Ti、Ni、V、Mn、Fe、Co 等铁族元素组合富集	重要
遥感特征		北西向断裂构造	次要
自然重砂特征		重砂矿物分布集中，铬铁矿重砂含量高出异常下限	重要

三、最小预测区划分

西北地区铬矿资源潜力评价共划定铬矿预测区 12 个，圈定最小预测区 204 个，其中 A 级预测区 17 个，占 8%；B 级预测区 49 个，占 24%；C 级预测区 138 个，占 68%（表 2-43）。按预测类型统计，非蛇绿岩型最小预测区共 16 个，占 8%；蛇绿岩型最小预测区共 188 个，占 92%。

从分布的成矿单元来看，西北地区铬矿主要分布在Ⅲ-4 唐巴勒-卡拉麦里成矿带、Ⅲ-11 那拉提-巴伦台-卡瓦布拉克成矿带、Ⅲ-21 北祁连成矿带、Ⅲ-23 南祁连成矿带、Ⅲ-66 东秦岭成矿带、Ⅲ-73 龙门山-大巴山成矿带 6 个Ⅲ级成矿单元中。

四、资源量分析

1. 资源现状分析

西北地区铬矿分布较为集中。已发现铬矿床 7 处，包括中型矿床 2 处，小型矿床 5 处。总计探明铬矿石资源储量为 520.56×10^4t，本次预测铬矿石资源量 3 370.39×10^4t。查明的铁矿资源储量仅为本次西北预测资源量的 13.38%（表 2-44），表示查明比例低，有待进一步工作。

表 2－39　萨尔托海蛇绿岩型铬矿找矿要素表

预测要素		描述内容	要素分类
特征描述		蛇绿岩型铬矿床	
地质环境	含矿建造	蛇绿岩带中的偏基性斜辉橄榄岩-纯橄榄岩相带	必要
	赋矿岩石	斜辉橄榄岩-纯橄榄岩紧密共生	必要
	成矿时代	华力西期	必要
	成矿环境	弧后洋盆闭合条件下洋壳残片的局部熔融	必要
	构造背景	弧后洋盆闭合条件下逆冲推覆构造岩浆带	必要
	控矿构造	逆冲推覆断裂形成的片理化带	必要
	成矿区(带)	唐巴勒-哈图(复合沟弧带)铬、铜、金、铁、石棉、水晶矿带	必要
矿化特征	矿物组合	铬尖晶石,少量的黄铜矿、针镍矿及微量的磁铁矿、黄铁矿、钛铁矿	重要
	蚀变作用	片理化、滑石化等普遍发育,叶蛇纹石化、菱镁矿化、碳酸盐化、透闪石化、绢石化等不同地段发育程度不同,叶蛇纹石化、菱镁矿化在含矿相带局部相对更为发育,而绢石化则相反	重要
地球物理特征	磁异常	低磁或负磁异常背景条件下的局部高磁异常及其梯度带	次要
	重力异常	相对重力低背景条件下的局部重力高及其梯度带	重要
地球化学特征		以 B 元素为主的地球化学综合异常反映了可能的成矿地段	次要

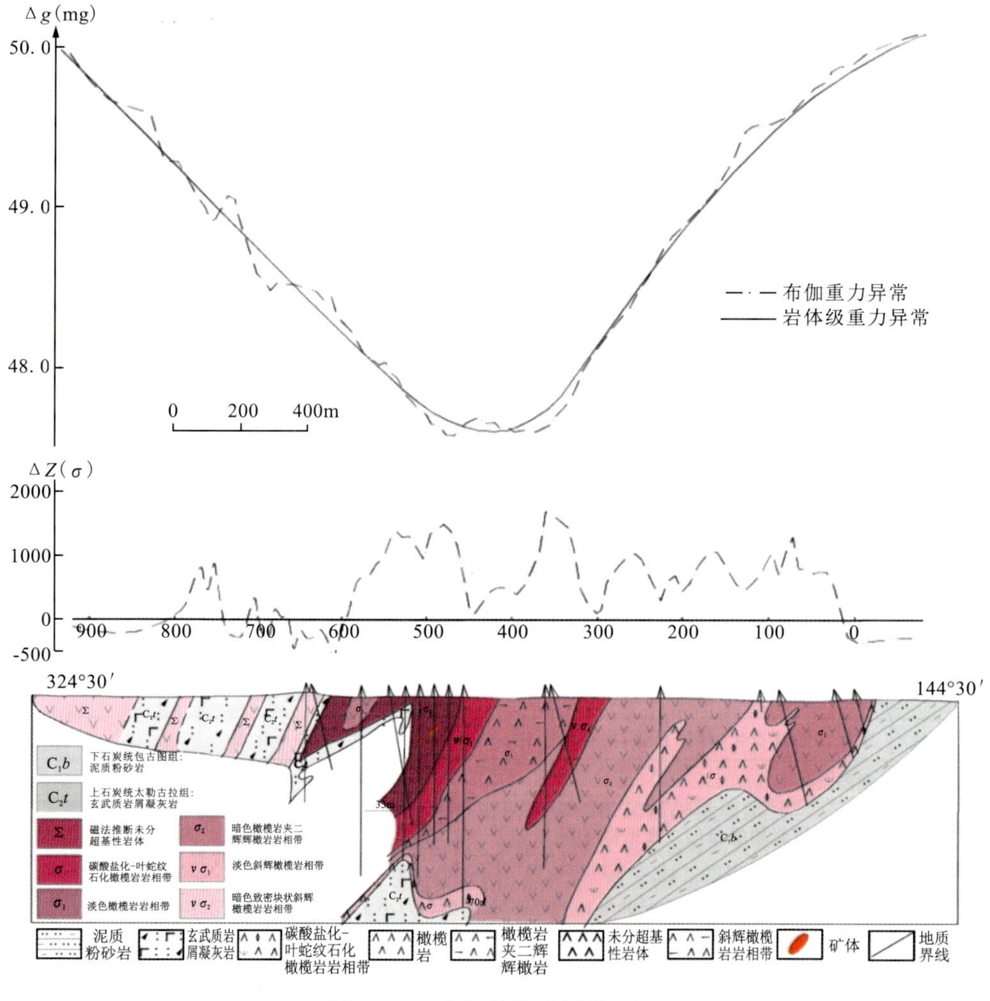

图 2－16　萨尔托海预测模型图

表 2-42　大道尔吉式岩浆岩(蛇绿岩)型铬矿区域预测要素表

区域预测要素		描述内容	要素分类
区域成矿地质环境	大地构造位置	秦祁昆造山系、南祁连弧盆系、党河南山-拉脊山蛇绿混杂岩带	必要
	主要控矿构造	南祁连缝合带党河南山深大断裂构造-侵入岩带	必要
	控矿侵入岩	加里东期蛇绿岩(超镁铁岩)	必要
	岩体侵位围岩	古元古界北大河岩群	重要
	成矿时代	早古生代	重要
	含矿岩相岩石化学	M/F 比值 7.52	重要
区域成矿地质特征	矿体特征	矿体成带成群分布于岩带近上盘,集中于距南矿带上界面 20～80m 地段。形态复杂,总体主要呈透镜状、囊团状、毛条状及不规则枝杈状	重要
	矿物组合	矿石矿物:铬尖晶石、磁铁矿及少量硫化物;脉石矿物:橄榄石,次为辉石,多蚀变为蛇纹石、绿泥石等	重要
	结构构造	自形-半自形粒状结构	重要
	有益伴生元素	铂族元素及钴、镍、金	重要
	围岩蚀变	蛇纹石化、绿泥石化、滑石化、次闪石化、碳酸盐化、绢石化等	重要
	矿床式	大道尔吉式蛇绿岩型铬铁矿矿床	重要
地球物理特征	磁异常	具磁异常,幅值高,梯度陡	必要
	电法异常	电法异常明显	必要
	重力异常	处于布格重力异常梯度带上,剩余重力异常明显	必要
地球化学特征		Cr、Ti、Ni、V、Mn、Fe、Co 等铁族元素组合富集	重要
遥感特征		北西向断裂构造	次要
自然重砂特征		重砂矿物分布集中,铬铁矿重砂含量高出异常下限	重要

三、最小预测区划分

西北地区铬矿资源潜力评价共划定铬矿预测区 12 个,圈定最小预测区 204 个,其中 A 级预测区 17 个,占 8%;B 级预测区 49 个,占 24%;C 级预测区 138 个,占 68%(表 2-43)。按预测类型统计,非蛇绿岩型最小预测区共 16 个,占 8%;蛇绿岩型最小预测区共 188 个,占 92%。

从分布的成矿单元来看,西北地区铬矿主要分布在Ⅲ-4 唐巴勒-卡拉麦里成矿带、Ⅲ-11 那拉提-巴伦台-卡瓦布拉克成矿带、Ⅲ-21 北祁连成矿带、Ⅲ-23 南祁连成矿带、Ⅲ-66 东秦岭成矿带、Ⅲ-73 龙门山-大巴山成矿带 6 个Ⅲ级成矿单元中。

四、资源量分析

1. 资源现状分析

西北地区铬矿分布较为集中。已发现铬矿床 7 处,包括中型矿床 2 处,小型矿床 5 处。总计探明铬矿石资源储量为 520.56×10^4t,本次预测铬矿石资源量 3 370.39×10^4t。查明的铁矿资源储量仅为本次西北预测资源量的 13.38%(表 2-44),表示查明比例低,有待进一步工作。

表 2-43　西北地区铬矿预测区不同预测类型最小预测区统计表

序号	预测区名称	所处成矿单元	矿产预测类型	最小预测区数量(个)			
				A类	B类	C类	合计
1	陕西省留坝县姜窝子铬矿预测区	Ⅲ-66	非蛇绿岩型	0	1	10	11
2	甘肃省大道尔吉地区铬矿预测区	Ⅲ-23	非蛇绿岩型	1	2	2	5
非蛇绿岩型小计				1	3	12	16
3	陕西省周至县纸房铬矿预测区	Ⅲ-66	蛇绿岩型	0	0	5	5
4	陕西省蓝天县云台山铬矿预测区	Ⅲ-66	蛇绿岩型	0	1	2	3
5	陕西省商南县武关-商南铬矿预测区	Ⅲ-66	蛇绿岩型	2	2	26	30
6	陕西省略阳-勉县铬矿预测区	Ⅲ-73	蛇绿岩型	0	5	50	55
7	青海省托莱牧场-野牛沟铬矿预测区	Ⅲ-21	蛇绿岩型	1	6	5	12
8	青海省鹿场一峨堡铬矿预测区	Ⅲ-21	蛇绿岩型	2	10	10	22
9	新疆萨尔托海一带铬矿预测区	Ⅲ-4	蛇绿岩型	2	6	6	14
10	新疆唐巴勒一带铬矿预测区	Ⅲ-4	蛇绿岩型	7	11	0	18
11	新疆清水—卡拉麦里一带铬矿预测区	Ⅲ-4	蛇绿岩型	1	3	8	12
12	新疆卡瓦布拉克一带铬矿预测区	Ⅲ-11	蛇绿岩型	1	2	14	17
蛇绿岩型小计				16	46	126	188
西北合计				17	49	138	204

表 2-44　西北地区铬矿查明与预测资源量统计表

省(区)	陕西	甘肃	宁夏	青海	新疆	西北地区
	(矿石量×10^4t)					
查明资源量	23.76	200.51	0	49.5	246.80	520.56
预测资源量	48.57	540.91	0	243.3	2 537.62	3 370.39
查明比例(%)	32.85	27.04	0	16.91	8.86	13.38

2. 预测资源量分析

通过各省(区)不同深度预测资源量统计对比来看(表 2-45),西北地区铬矿 500m 以浅预测资源量 3 022.30×10^4t,占预测资源量的 89.67%;1000m 以浅预测资源量 3 355.27×10^4t,占预测资源量的 99.95%;2000m 以浅预测资源量 3 370.39×10^4t。由此来看,西北铬矿资源量主要集中在 500m 以浅。

从铬矿预测资源量级别分析(表 2-46),预测 334-1 资源量 494.02×10^4t,占预测资源量的 14.66%;预测 334-2 资源量 1 609.30×10^4t,占预测资源量的 47.75%;预测 334-3 资源量 1267.07×10^4t,占预测资源量的 37.59%。西北地区总体高级别资源量所占比重最小,反映出工作程度低,有待加大找矿评价力度。

表 2-45　西北地区铬矿按深度预测资源量统计表

省(区)	预测资源量(矿石量×10^4t)			500m 以浅比例(%)
	500m 以浅	1000m 以浅	2000m 以浅	
陕西	16.60	33.44	48.57	3.42
甘肃	227.19	540.91	540.91	42.00
宁夏	0	0	0	0
青海	243.3	243.3	243.3	100
新疆	2 535.21	2 537.62	2 537.62	90.91
西北地区	3 022.30	3 355.27	3 370.39	89.67

表 2-46　西北地区铬矿按级别预测资源量统计表

省(区)	预测资源量(矿石量×10^4t)			334-1 比例(%)
	334-1	334-2	334-3	
陕西	23.51	13.02	12.04	48.40
甘肃	180.69	262.71	97.51	33.40
宁夏	0	0	0	0
青海	61.99	0	181.31	25.48
新疆	227.84	1 333.57	976.21	8.98
西北地区	494.02	1 609.30	1 267.07	14.66

西北地区铬矿 2000m 以浅可利用性预测资源量 806.96×10^4t，占 23.94%，暂不可利用资源量 2 563.43×10^4t。从可利用性分析(表 2-47)，西北地区铬矿预测资源量可利用性较低，其可利用性与矿体赋存状态、品位和开发条件关系密切，西北地区有多条构造缝合带，蛇绿岩带非常发育，铬矿作为我国紧缺资源，在西北地区具有一定的找矿前景。

表 2-47　西北地区铬矿按可利用性预测资源量统计表

省(区)	预测资源量(矿石量×10^4t)		可利用比例(%)
	可利用	暂不可利用	
陕西	7.66	40.90	15.77
甘肃	540.91	0	100
宁夏	0	0	0
青海	61.99	181.31	25.48
新疆	196.40	2 341.22	7.74
西北地区	806.955	2 563.43	23.94

西北地区铬矿预测类型划分为蛇绿岩型和非蛇绿岩型两种(表 2－48)。其中,重要类型为蛇绿岩型,预测资源量 2 436.70×10^4t,占总预测资源量的 96.74%。围绕镁质基性—超基性岩带发育地区,以蛇绿岩型为找矿主攻方向。

表 2－48　西北地区铬矿按预测类型预测资源量统计表

省(区)	陕西	甘肃	宁夏	青海	新疆	西北地区	占总量比例(%)
	(矿石量×10^4t)						
非蛇绿岩型	0.002	82.06	0	0	0	82.06	3.26
蛇绿岩型	0.04	0	0	2433	3.66	2 436.70	96.74
合计	0.04	82.06	0	2433	3.66	2 518.76	100

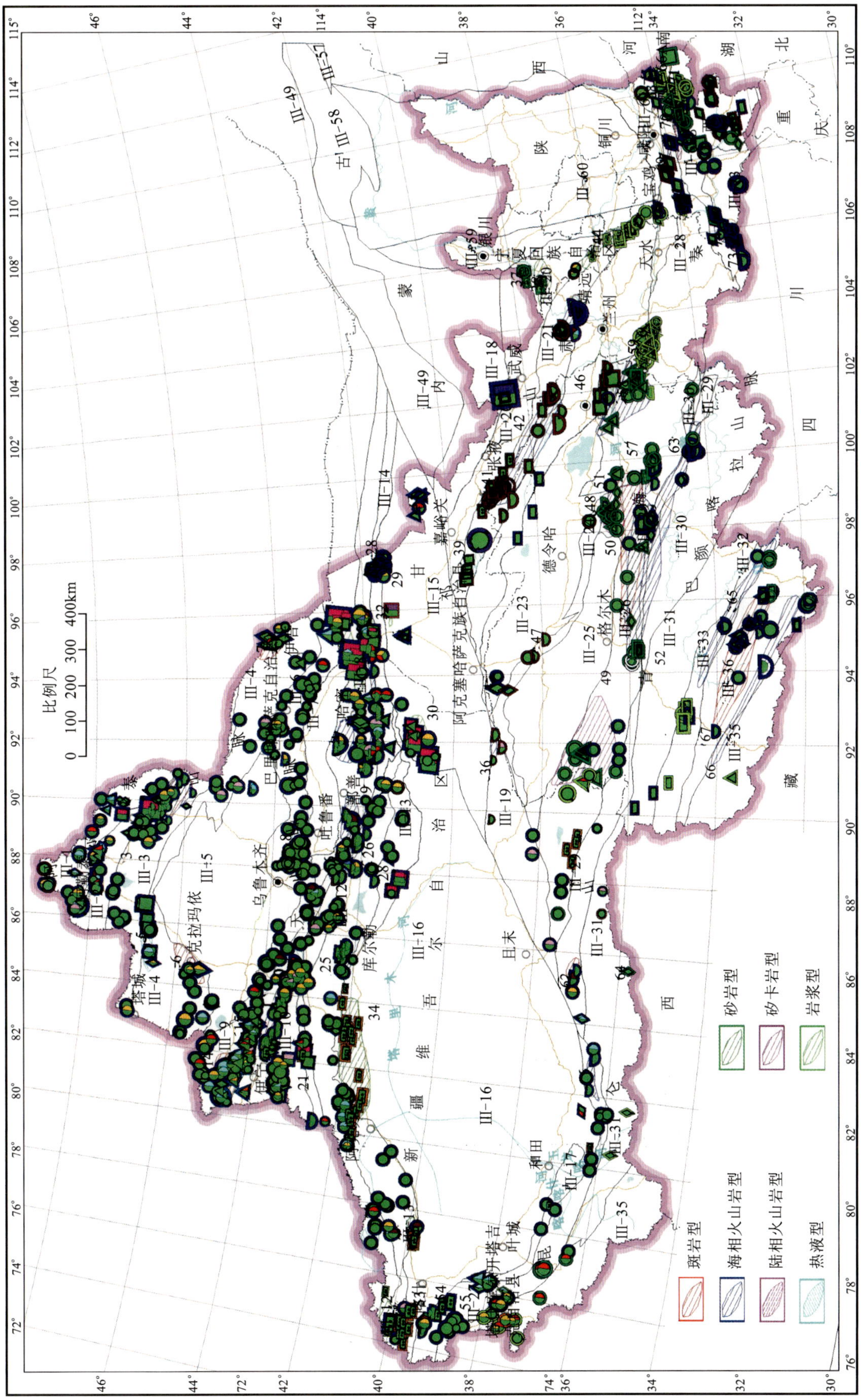

图3-1　西北地区铜矿预测区分布图[成矿区(带)编号见表1-2]

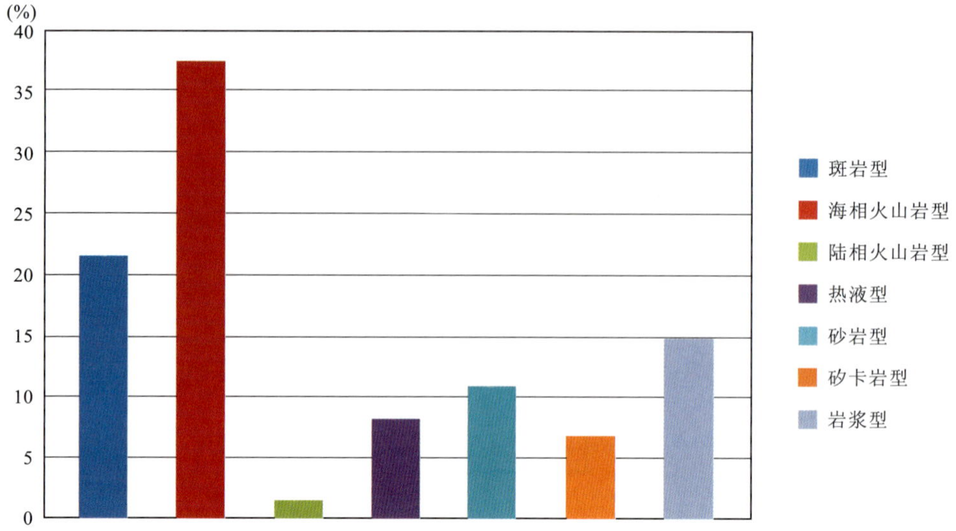

图 3-2 西北地区铜矿预测区矿产预测类型统计图

2)金川铜镍矿

金川岩浆型铜镍矿预测要素见表 3-3,预测模型见图 3-3。

表 3-3 甘肃省金川铜镍典型矿床预测要素表

成矿要素		描述内容	要素分类
特征描述		中-新元古代超镁铁岩浆熔离型铜镍矿床	
地质环境	构造背景	华北陆块区-阿拉善陆块-龙首山基底杂岩带中段	必要
	成矿环境	陆缘裂谷内壳源深大断裂构造-侵入岩带	必要
	成矿时代	中-新元古代	必要
	岩石类型	纯橄榄岩、含辉橄榄岩和二辉橄榄岩等组合的超镁铁岩,围岩为大理岩、混合岩	必要
	岩矿结构	含矿超镁铁岩沿断裂侵位于以大理岩、混合岩为基底的龙首山岩群中,岩体全岩矿化,矿体主要分布于岩体下部及中部,少量产于底盘围岩中,主矿体形态、产状与岩体一致,规模近似正相关	必要
矿床特征	含矿岩性	以纯橄榄岩、含辉橄榄岩、二辉橄榄岩为主	必要
	矿物组合	矿石矿物(原生矿):磁铁矿、铬铁矿、钛铁矿、金红石、镍黄铁矿、磁黄铁矿、墨铜矿、方黄铜矿、黄铜矿、紫硫铁镍矿、白铁矿、针镍矿、红砷镍矿、闪锌矿、方铅矿、赤铁矿等;脉石矿物:镁橄榄石、贵橄榄石、古铜辉石、普通辉石,其次有斜长石、角闪石、黑云母等;次生矿物有:蛇纹石、伊丁石、透闪石、滑石、菱镁矿、绿泥石、方解石、绿高岭石等	重要
	结构构造	主要有自形-他形粒状结构、固溶体分解结构、溶蚀结构;构造以星点状构造、海绵晶铁构造、斑杂状构造、半块状-块状构造及稠密浸染状构造为主	重要
	蚀变	蛇纹石化、绿泥石化、透闪石化、透辉石化、滑石化、碳酸盐化、绿高岭石化、硅化等	重要
	风化	对于矿区而言,风化剥蚀较深,接近中地壳程度。对于矿体而言,风化、剥蚀较浅-中等:Ⅰ矿区地表有氧化矿体,Ⅱ矿区地表见矿化带,Ⅲ、Ⅳ矿区被第四系覆盖	重要
地球物理特征	磁法	超镁铁岩体上航磁异常强度 200~700nT,其北侧伴有明显负磁异常。地磁 ΔZ 异常与航磁异常相似,ΔZ_{max}>(1100~3000nT),ΔZ 曲线南缓北陡,北侧出现负异常	重要
	重力	矿床处于大规模区域重力场的北西向梯级带北缘和北部正磁异常中,含矿岩体具明显的重力高,剩余重力异常 Δg_r 幅度约(0.35~0.45)×10^{-5}m·s^{-2}	重要
	激电	异常呈条带状,南陡北缓,视极化率极大值(η_{smax})>7%~18%	重要
地球化学特征	区域	Cu、Ni、Co、Au、Ag、Mn、Mo、V、La 等元素异常或偏高	重要
	矿区	Cu、Ni、Co、Au、Ag、PGE 及 Se、Te、S、As 等元素异常	重要
遥感特征		具性质不明环状构造影像	重要

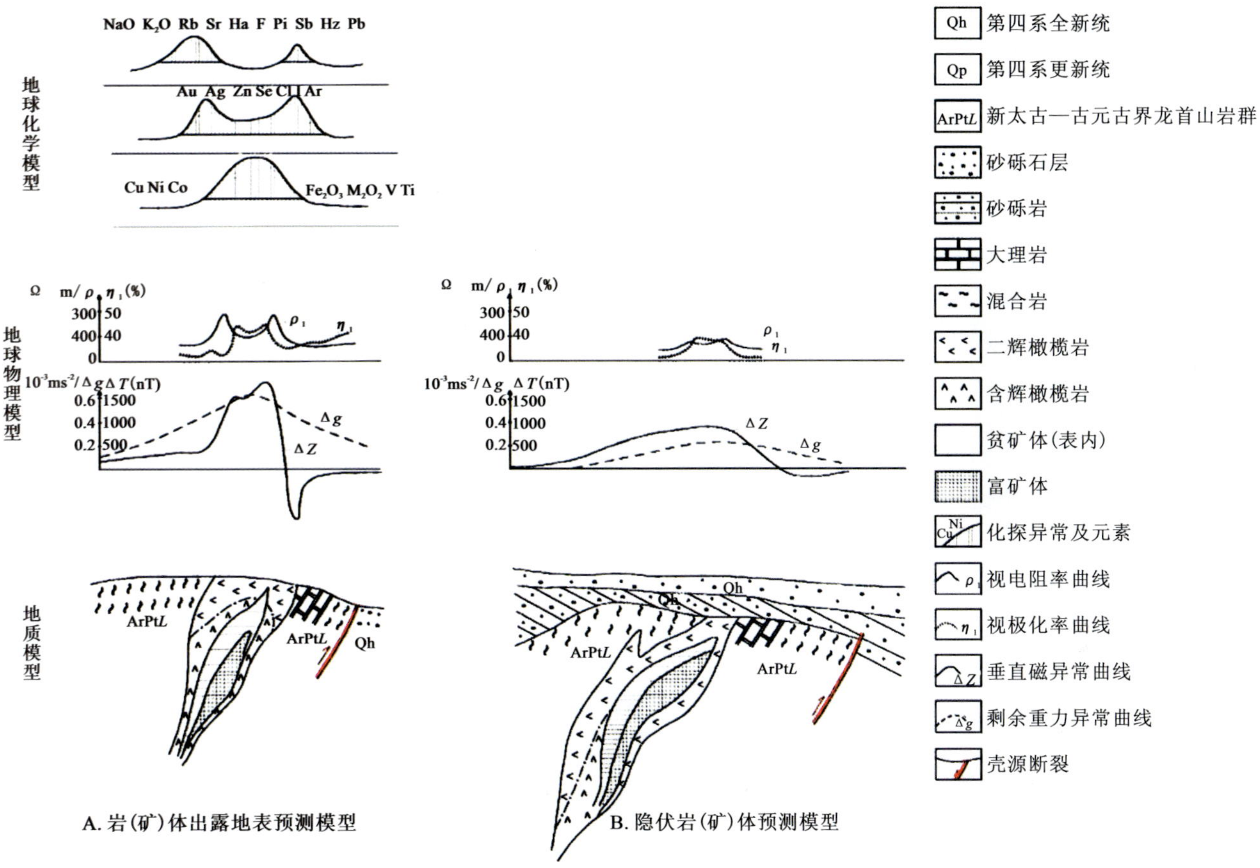

图 3-3　甘肃金川铜镍典型矿床预测模型图

龙首山预测区区域预测要素见表 3-4。

表 3-4　甘肃省龙首山侵入岩体型铜、镍矿区域预测要素表

区域预测要素			描述内容	要素分类
区域成矿地质环境	大地构造位置		华北陆块区-阿拉善陆块-龙首山基底杂岩带中段	必要
	主要控矿构造		陆缘裂谷边缘深大断裂构造-侵入岩带	必要
	控矿侵入岩		中-新元古代超镁铁岩，主要围岩大理岩、混合岩、片麻岩等	必要
区域成矿地质特征	成矿作用和成矿期		中、新元古代超镁铁岩浆熔离成矿作用	必要
	岩浆熔离型铜镍铂族矿床成矿要素	主要赋矿岩体(石)	纯橄榄岩、含辉橄榄岩、二辉橄榄岩、斜长二辉橄榄岩	必要
		容矿构造	北西向区域性断裂之次级断裂、岩体中下部及其接触带、底盘围岩裂隙	必要
		矿石建造	铜镍硫化物-磁铁矿、泗铁矿、钛铁矿建造	重要
		围岩蚀变	蛇纹石化、绿泥石化、透闪石化、透辉石化、滑石化、碳酸盐化、绿高岭石化、硅化等	次要
		矿床式	金川式超镁铁岩浆熔离型铜镍铂族硫化物矿床	重要
地球物理特征	磁法		具航磁异常，强度 200～700nT，伴有明显负异常。地磁异常与航磁异常相似，$\Delta T_{max}>$(1100～3000nT)，并具有负异常	必要
	重力		具明显重力高异常，剩余重力异常 Δg 幅度约 $0.35\times10^{-5}m\cdot s^{-2}$，异常处于大规模区域重力场的北西向梯级带北缘和北部正磁异常中	必要
	激电		有异常，呈条带状，视极化率极大值(η_{smax})>(7%～18%)	重要

续表 3-4

区域预测要素		描述内容	预测要素分类
地球化学特征	区域上	具 Cu、Ni、Co、Au、Ag、Mn、Mo、V、La 等元素异常或偏高	重要
	矿区	具明显 Cu、Ni、Co、Au、Ag、PGE 及 Se、Te、S、As 等元素异常	重要
遥感特征		具性质不明环状构造影像	重要

3)黄山东铜镍矿

黄山东式铜镍矿(伴生银、硫)地质-物探综合预测评价(找矿)模型见表 3-5 和图 3-4。

表 3-5　新疆黄山东式铜镍矿(伴生银、硫)预测评价模型简表

预测要素分类		主要特征
地质成矿条件和标志	成矿区(带)	土屋-黄山(褶皱带)铜、镍、钒、钛、金、银、钼、铅、锌、稀有金属、钠硝石、硅灰石、煤、玉石矿带
	含矿岩体	角闪辉长岩、斜长角闪橄榄岩、角闪橄榄岩
	成矿时代	早二叠世 Sm-Nd 等时线同位素地质年龄法(285Ma)
	成矿环境	基性—超基性杂岩体的围岩地层是中石炭统干墩组,为一套碎屑岩、火山碎屑岩、火山岩;导岩导矿构造为黄山断裂(F9);含矿岩体为基性—超基性杂岩体
	构造背景	准噶尔弧盆系觉罗塔格晚古生代沟弧带,雅满苏晚古生代岛弧带
	围岩蚀变	主要为角岩化、大理岩化、矽卡岩化、硅灰石化、透辉石化
	矿化	褐铁矿化、黄钾铁钒化、孔雀石化
	控矿条件	(F9)及基性—超基性杂岩体中的超基性岩相控制
地球物理标志		基性—超基性岩体明显具有高磁、高极化率的特征
		磁异常长 4500m,宽约 1100m,呈明显带状展布,与基性—超基性岩有关,磁场强度 400～1650 nT
地球化学标志		矿区 1∶5 万化探有明显的 Cu、Ni、Co、Cr 组合异常,异常套合较好,具有明显的共生组合关系。极大值 $Cu\geqslant100\times10^{-6}$,$Ni\geqslant200\times10^{-6}$,$Co\geqslant50\times10^{-6}$
		1∶2 万土壤测量,Cu、Cr、Ni、Co 异常浓集中心明显,伴有 As、Sb、Bi、Au、Ag、V、Mn 等多元素的组合异常。异常与岩体和矿体对应较好

2. 海相火山岩型

1)白银厂铜锌矿

白银厂铜锌矿床的成矿特征及预测要素见表 3-6,预测模式见图 3-5。

白银区域预测要素见表 3-7。

2)阿舍勒铜锌矿

阿舍勒海相火山岩型铜锌矿床预测模型见表 3-8 和图 3-6。

阿舍勒式海相火山岩型铜锌(金银硫)矿区域预测模型见表 3-9 和图 3-7。

3. 斑岩型

1) 土屋-延东铜矿

土屋-延东铜矿床预测要素见表 3-10。

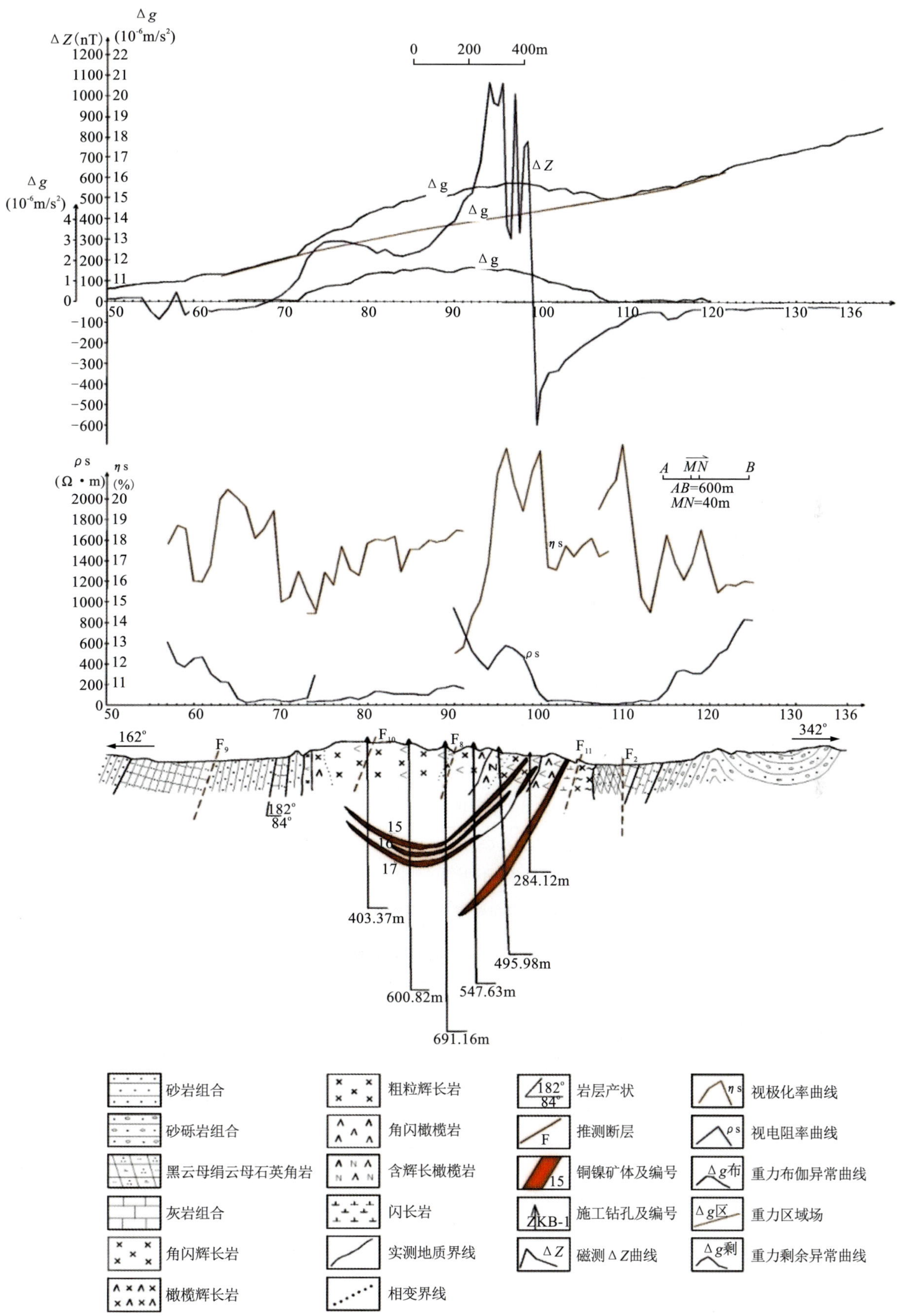

图 3-4　新疆哈密市黄山东铜镍矿预测评价模型图

表 3-6 甘肃省白银厂海相火山岩型铜-锌矿床预测要素表

预测要素		描述内容	预测要素分类
特征描述		早、中寒武世产于海相酸性火山沉积岩系和次火山岩中的铜、锌矿床	
地质环境	构造背景	裂谷-岛孤带	必要
	成矿环境	铜、锌矿化产于海底水岩界面之下火山管道及火山喷口	必要
	成矿时代	中寒武世	重要
	岩石类型	火山岩类：细碧玢岩、细碧岩、石英角斑岩、石英角斑凝灰熔岩、石英角斑凝灰岩（石英角斑碎斑熔岩）、石英角斑晶屑凝灰岩；次火山岩类：石英钠长斑岩；热水沉积岩：铁硅质岩、铁锰硅质结核；正常沉积岩：大理岩、千枚岩、片岩	必要
	岩石结构	斑状结构、变余斑状结构、显微花岗结构、显微晶质结构、显微鳞片粒状变晶结构、变余晶屑结构、变余辉绿结构、变余碎屑结构、细碧结构、隐晶结构	重要
矿床特征	矿物组合	黄铁矿、黄铜矿、闪锌矿、方铅矿、方黄铜矿、磁黄铁矿等	重要
	结构构造	自形-半自形-他形晶粒结构、斑状结构、交代残余结构、固溶体分离结构、角砾破碎结构、变胶结构、晶格状蜂窝状结构，块状构造、浸染状构造、条带状构造、网脉状构造	重要
	蚀变	主要有绿泥石化、绢云母化、硅化、黄铁矿化、重晶石化、碳酸盐化	必要
	控矿条件	古大陆边缘裂谷-岛弧带，发育火山机构并有酸性火山岩产出，断裂构造发育	必要
	风化	块状矿体地表呈现“铁帽”地貌景观，浸染状、网脉状矿体地表呈现“铁染”景观	重要
地球物理特征	磁法	在折腰山Ⅲ—Ⅶ勘探线之间，有一近椭圆形异常，由磁黄铁矿、黄铁矿、黄铜矿、磁铁矿等富集引起	重要
	重力	折腰山矿床主矿体为平均密度 $4.65\times10^3 kg/m^3$ 的块状矿体，矿体中部Ⅲ、Ⅳ剖面有 $2.5\times10^{-5} m/s^2$ 的剩余布格重力异常。地形变化对重力观测结果影响较大，在Ⅲ、Ⅳ线地形较平坦，矿体埋深仅有25～30m，异常反映比较清晰，但在Ⅴ线矿体处埋深垂距达60m，异常减弱为 $1.6\times10^{-5} m/s^2$，故山区重力需进行“曲化平”处理	重要
	激电	白银矿田极化率分布连续，变化稳定，块状和浸染状矿体反映都很明显，极化率均可达5%～30%。以5%的等值线，可以大致圈定矿体的范围和形态，以2%等值线反映整个金属矿化带的地段。折腰山矿床酸性火山岩与矿（化）赋存空间状态；联剖低阻正交点之两异曲线岐离也较明显。在浸染状矿体上方，围岩与矿体电阻率差异不明显，不出现交点，只在矿化集中富集地段有一定低阻反映	重要
地球化学特征	区域	按元素共生组合和空间分布对应关系可圈出7个组合异常，异常元素为Cu、Pb、Zn、Ag、Co、Ni、Mo、Mn、Hg、Au	
	矿区	有两个化探异常。AR_1 异常分布在牌楼沟脑至折腰山采坑间，近东西向长约2500m，宽300～500m，由Cu、Pb、Zn、Hg、Mo、Ag、Au等8个元素组合而成。AR_2 异常分布在火焰山采坑至露天矿矿部一带，东西长2000m，宽800m，由Cu、Zn、Pb、Ag、Hg、Mo、Co等元素组合而成。其中Cu、Zn、Ag分布范围大，连续性好。主体异常东侧，Pb、Zn、Ag、Au形成一个独立异常	必要
遥感特征		具“环形”影像，大环套中环，中环套小环（微环）	

表 3－7　白银海相火山岩型铜矿区域预测要素表

区域预测要素			描述内容	预测要素分类
区域成矿地质环境	大地构造位置		祁连山弧盆系，走廊南山岛弧东段白银裂谷	必要
	主要控矿构造		以火山穹隆构造为主体，以及火山喷口构造、火山喷口斜坡构造和继承性成岩断裂构造	必要
	主要赋矿地层		以中、下寒武统(黑刺沟组)为主	必要
	控矿沉积建造		以海底喷发海相火山岩建造为主，其次是海相碎屑(陆源碎屑-火山碎屑)沉积建造	必要
	控矿侵入岩		加里东期侵入岩-石英钠长斑岩	必要
	区域变质作用及建造		主要为区域低温动力变质作用，变质程度为低绿片岩相，主要有片岩建造，片岩-大理岩建造和变火山岩建造	重要
区域成矿地质特征	海相火山岩型铜矿主要成矿要素	含矿建造	早、中寒武世海相火山岩建造(火山岩具双峰式特征)	必要
		火山构造	火山喷口和火山喷斜坡构造，由若干个排列大体有序的火山喷口组成的火山穹隆构造	必要
		矿石建造	分块状和浸染状两大类，块状矿石有块状含铜黄铁矿矿石，块状铜铅锌矿石和块状铅锌矿建造；浸染状矿石有浸染状铜铅锌矿石和浸染状铅锌矿建造	重要
		围岩蚀变	与成矿作用密切的以绿泥石化、绢云母和硅化为主. 其他还有黄铁矿化、重晶石化、绿帘石化等	必要
		矿床式	属黑矿型白银厂式	次要
地球化学、地球物理、遥感影像特征	地球化学	水系沉积物	石青硐 Pb、Zn 高背景带，白银地区高山—西湾 Cn、Zn、As、Mn 高背景带；黑石山 Cu、Pb、Zn 高背景带；以折腰山、火焰山为中心的 Cu、Pb、Zn 高背景带，它们均处于成矿有利部位，和已知矿床、矿(化)点完全吻合	重要
		岩石测量趋势分析	与矿体和矿化有关。①与矿体有关的高背景区有折腰山、火焰山 Cu、Pb、Zn、Ag、Ma、As 高背景区，Cu (100～600)×10^{-6}(单位以下同，略)，Pb 65～900，Zn 200～1100，它们的形成与矿床有密切关系。②与矿化有关的高背景区有黑石山 Cu、Pn、Mo、Ag、Ni、Co 高背景区；横湾沟 Cu、Pb、Mo、Ni、Co 高背景区；Cu 700～1600，Pb 0.5～0.8(衬值)，Zn 70～130，Ni 6～40，其中 Hy－19 异常 Pb 2000～4000，最高 7000～11 000，Zn 300～700，最高 1000～2000，说明它们与矿化或矿体有关	重要
	地球物理	激电异常	白银地区共发现 38 个激电异常，按其分布可分南、北两带。北带为上湾—折腰山、火焰山采矿场，包括 20 个异常(DHJ－1－20)南带为横湾沟—黑石山，包括 18 个异常(DHJ－21－38)。规模长 300～500m，宽 100～200m 最大规模为 DHJ－2，长 3000m，宽 900m，视极化率 η_{smax} 19.8%，其余 η_{smax} 4.41%～5.13%。全区背景值 2%～4%。引起异常因素主要为黄铁矿化、铜矿化、锰矿化和蚀变矿化，属Ⅰ、Ⅱ类异常；其次为地层岩石和侵入岩，少部分为地下埋设的铁管、水管和暖气管道引起，属Ⅲ、Ⅳ类异常。引人注目的是有一处 DHJ－32、35、37 与岩石测量高背景区相吻合，均处于成矿有利部位	重要
		磁场特征	在白银矿田通过磁法测量，共发现 10 处磁异常，其中 7 处分布于早-中寒武统，3 处分布于下志留统。分布于双洞峡、石照子南及黑石山一带异常梯度变化大，峰值尖锐，起伏频繁，正负交替，无一定规律，大片形成 100～200γ 锯齿状磁场，极值达 600γ，这与含铁质较高的基性—中基性火山岩及凝灰质千枚岩地层相对应。在火焰山、折腰山露天矿则显示较平静的负磁场，强度 50～80γ 负值，这与该地段分布的石英角斑凝灰岩，含集块角砾石英角斑凝灰熔岩等酸性火山岩地层相对应	次要
	遥感影像		主要出现于白银矿田范围内，包括黑石山、折腰山西、折腰山、火焰山、四个圈、小铁山等地，其特征是一个大环套三个中环；中环套小环。大环形态近似圆形，直径东西长大于 10km，南北大于 8km，三个中环大体呈三角形排列其中。环线影像与物化探异常相对应，它们均落入已知矿床或矿(化)点产出范围	重要

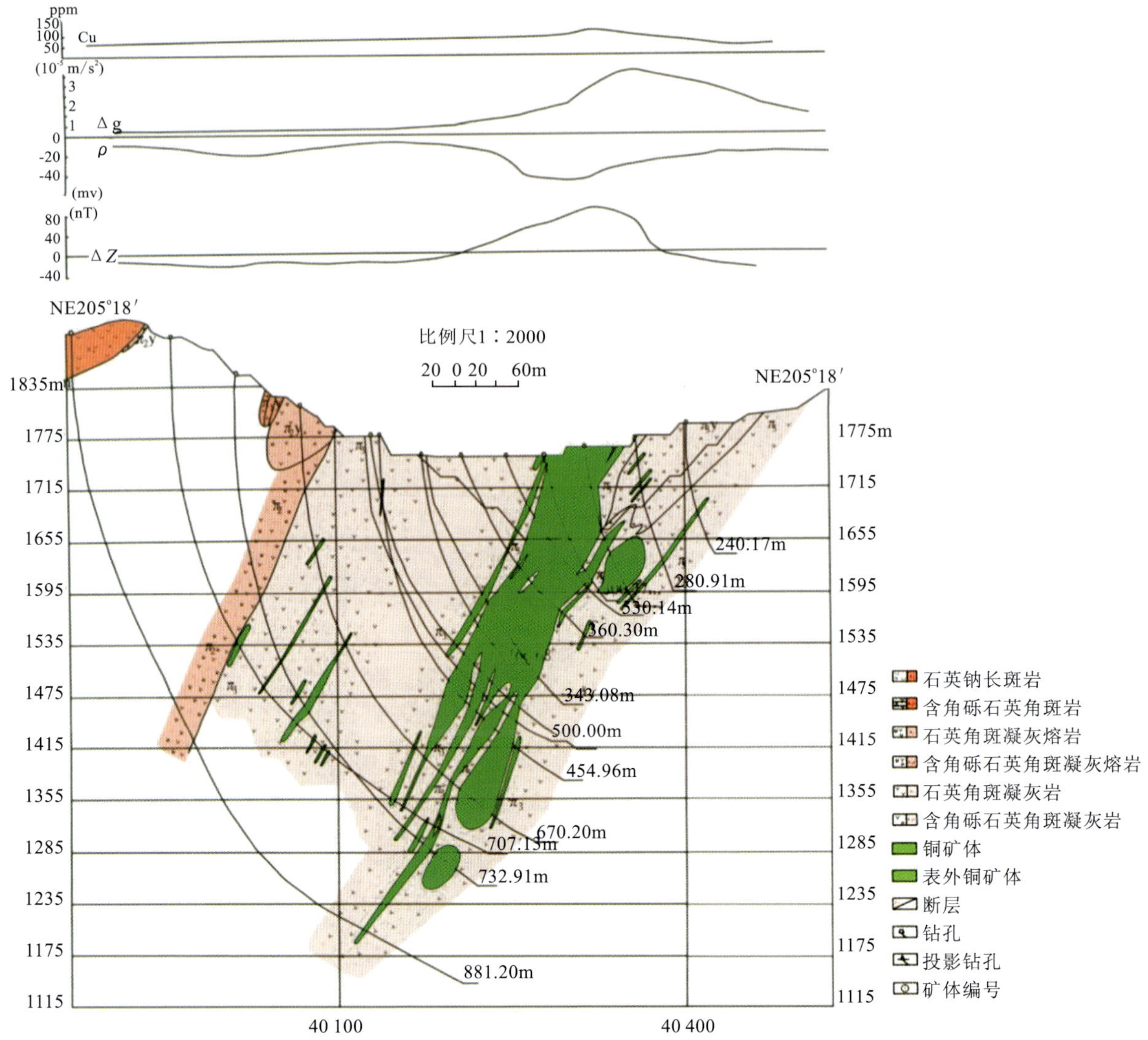

图 3-5　白银厂矿床预测模型图

表 3-8　新疆哈巴河县阿舍勒海相火山岩型铜锌矿床预测模型表

预测要素		描述内容	预测要素分类
特征描述		火山喷气-沉积成因的块状黄铁矿型铜锌矿床	
地质环境	含矿地层	赋矿地层为中泥盆统阿舍勒组，双峰式火山碎屑岩建造	必要
	含矿岩石	英安质-流纹质凝灰岩、沉凝灰岩	重要
	成矿时代	阿舍勒组铁质碧玉岩全岩 Rb-Sr 和 Sm-Nd 等时线年龄分别为 378.3Ma 和 372.7Ma；条纹块状、条带状、角砾状矿石 Rb-Sr 等时线年龄为 364Ma	必要
	成矿环境	古火山边缘洼地或火山斜坡凹地，是主要的控矿构造；强变质变形带，是控制矿化带的构造标志；向斜构造的核部是矿体产出的有利部位	必要
	构造背景	俯冲撕裂型裂谷火山沉积盆地（克兰弧后火山沉积盆地）	必要
	成矿单元	阿舍勒（裂陷盆地）铜、金、铅、锌、重晶石矿带	必要

续表 3-8

预测要素		描述内容	预测要素分类
特征描述		火山喷气-沉积成因的块状黄铁矿型铜锌矿床	
矿床特征	矿物组合	主要为黄铁矿-黄铜矿-闪锌矿-方铅矿-磁黄铁矿等，其次为斑铜矿-辉铜矿-黝铜矿-方铜矿等	重要
	蚀变	主要为硅化、绢云母化、绿泥石化，其次为碳酸盐化、重晶石化、高岭土化、绿帘石化等；呈带状分布	重要
	控矿条件	矿床产于裂谷盆地中“双峰式”火山喷发的间歇期，中酸性和基性火山活动相交替的间歇期最有利于成矿	必要
地球物理特征	区域特征	区域重磁成果显示该区处于高重力和特斯巴汗深大断裂的接触部位，重力高的面积超过上千平方千米	次要
	矿区特征	矿区综合地球物理场反映阿舍勒铜矿体的物探异常组合为“高重力、高极化、低阻、明显 TEM 异常”特征	次要
	物探找矿标志	弱-高重力异常及弱 TEM 异常是深埋藏块状硫化物矿床的标志	重要
		高重力异常、明显的 TEM 中-晚期通道异常和弱激电异常是中等埋深块状硫化物矿床的标志	次要
		低阻、高极化、强负自然电位、高重力异常、明显的 TEM 早-晚期通道异常是浅埋藏块状硫化物矿床的标志	次要
		中-低阻、高极化、较明显的 TEM 异常并位于平静的重力场或重力低值带上，这一组合异常一般与构造破碎带中的矿体、矿化体有关	次要
		高阻、高极化、高重力异常与中-浅埋藏状态稀疏浸染状矿体、矿化体有关	次要
地球化学特征	化探找矿特征	地球化学异常体的空间形态、规模与矿(化)体及蚀变围岩有着密切的空间对应关系。由矿头至矿尾依次出现 Ba、Sb、Hg-Pb、Ag、As、Zn-Au、Bi、Cu-Mo、Co-Sn、W-B 的矿化元素组合分带。矿体埋藏深时无明显原生晕异常；中等埋深时，主要为 Cu、Zn、Pb、Ag、Bi、As、Mo 元素异常；已有矿体出露地表时，以 Cu、Mo、Bi、Sn 高异常强度为特征	重要

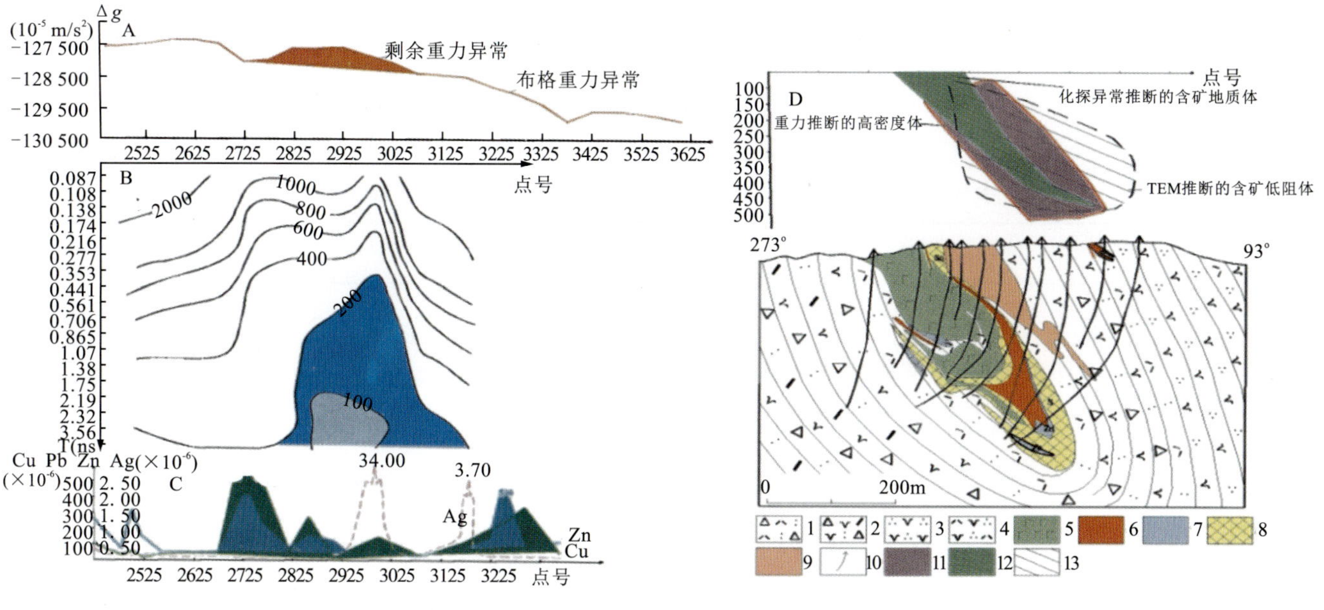

图 3-6　新疆阿舍勒式海相火山岩型铜锌矿预测模型图

A. 重力异常剖面图；B. TEM 中心圈线；ρ_s. 拟断剖面；C. 岩石化探 Cu、Zn、Ag 元素异常剖面图；D. 重力、电法、化探推断含矿地质体示意图；1. 角砾凝灰岩；2. 英安质晶屑凝灰岩；3. 英安斑岩；4. 流纹质凝灰岩；5. 玄武岩；6. 闪锌黄铜黄铁矿矿石；7. 黄铜黄铁矿矿石；8. 铜锌黄铁矿矿石；9. 流纹斑岩；10. 钻孔位置；11. 重力推断的高密度体；12. 化探异常推断的含矿地质体；13. TEM 推断的含矿低阻体

表 3-9　新疆阿舍勒式海相火山岩型铜锌矿区域预测模型表

区域预测要素		描述内容	要素分类
区域成矿地质环境	大地构造单元	阿尔泰南缘增生弧西段	必要
	主要控矿构造	俯冲撕裂型裂谷火山沉积盆地（克兰弧后火山沉积盆地），火山活动中心	必要
	主要赋矿地层	中泥盆统阿舍勒组	必要
	成矿时代	中泥盆世	必要
	控矿侵入岩建造	华力西早中期酸性侵入岩体	重要
	区域成矿类型及成矿期	华力西早中期与火山建造有关的海相火山岩型铜锌矿床	必要
	成矿区带	阿舍勒（裂陷盆地）铜、金、铅、锌、重晶石矿带	必要
区域成矿地质特征	含矿建造	凝灰岩-沉凝灰岩-凝灰质砂岩-玄武岩	重要
	控矿构造	北西向、南北向断裂构造，倒转向斜核部	必要
	矿石建造	黄铁矿-黄铜矿-闪锌矿-方铅矿矿石建造	次要
	围岩蚀变	硅化、绢云母化、黄铁矿（褐铁矿）化、绿泥石化、重晶石化等	重要
	矿床式	阿舍勒式	重要
区域物化特征	化探异常	Cu、Pb、Zn 元素异常形态、规模与矿化体、蚀变带有着密切的对应关系	重要
	重力特征	重力正异常反映了矿体及玄武岩，重力负异常反映了破碎蚀变带及矿化蚀变带	次要

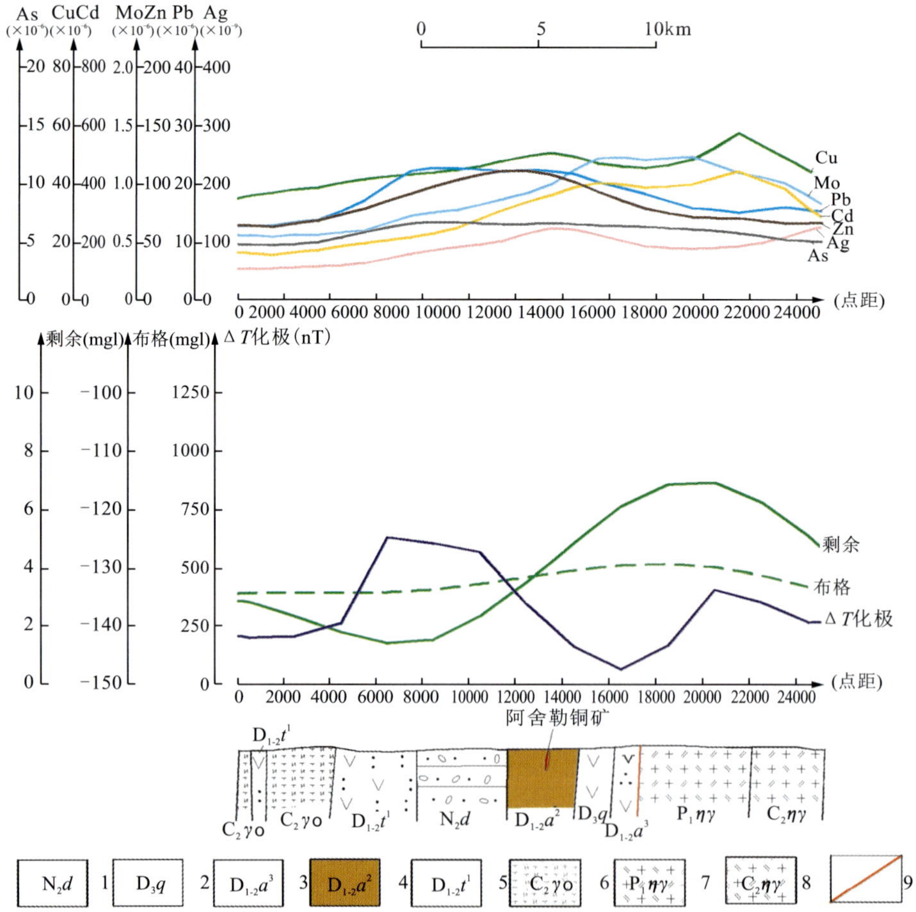

图 3-7　新疆哈巴河县阿舍勒式海相火山岩型铜锌矿区域预测模型图

1. 上新统独山子组；2. 上泥盆统齐也组；3. 泥盆系阿舍勒组第三岩性段；4. 泥盆系阿舍勒组第二岩性段；5. 下泥盆统托让格库都克组；6. 华力西中期英云闪长岩；7. 华力西晚期二长花岗岩；8. 华力西中期二长花岗岩；9. 断层

表 3-10　新疆哈密市土屋-延东斑岩型铜矿田预测要素表

变量名称	变量标记	备注
大地构造环境	觉罗塔格裂陷槽	必要
斑岩体及矿床形成时代	石炭纪	重要
主要赋矿斑岩体	斜长花岗斑岩	重要
斑岩型铜矿产地	作为证据图层，其他预测要素与其对比分析，确定各预测要素对成矿预测的重要性，同时也是未来外围及深部找矿的首选区	重要
化探指示标志	Cu、Mo、Ag、Sb 元素组合异常	重要
围岩及赋矿建造	石炭纪脐山组玄武岩-安山岩建造	重要
重要控矿、导岩构造	近东西向断裂构造旁侧	重要
重砂指示标志	孔雀石自然重砂异常	次要
航磁解释及遥感解译	推断为中酸性侵入岩类	次要
地表标志	孔雀石化及黄钾铁矾带	次要

2)纳日贡玛铜钼矿

总结纳日贡玛斑岩型铜钼矿床预测要素见表 3-11。

表 3-11　纳日贡玛斑岩型铜钼矿预测要素一览表

成矿要素		描述内容	要素分类
成矿时代	沉积地层时代	早古生代；晚石炭世	重要
	成矿时代	喜山期 40.8±0.4Ma	重要
大地构造位置	大地构造单元	杂多晚古生代开心岭-杂多复合弧盆带	必要
	大地构造相名称	昌都-普洱(地块/造山带)	必要
火山建造/火山作用	火山岩相类型	中基性火山岩段	
	火山地层特征	岩层总体走向北西，倾向 240°，倾角约 35°	次要
	接触关系	火山岩与下伏火山碎屑岩段呈整合接触	次要
	岩性特征	暗紫色、灰绿色杏仁状、枕状玄武岩、安山玄武岩，顶部为玄武质(或安山质)角砾熔岩、熔岩角砾岩、凝灰集块岩及凝灰熔岩，夹少量生物碎屑灰岩、泥质粉砂岩和板岩透镜体	次要
	火山岩相带划分	中基性火山岩段、火山碎屑岩段	次要
岩浆建造/岩浆作用	岩石名称	黑云母花岗斑岩、细粒花岗斑岩	必要
	侵入岩时代	喜山期	必要
	接触带蚀变特征	地表呈不规则岩株出露，与火山岩接触带具透辉、石榴石矽卡岩化、硅化绢云母化、青盘岩化等，硅化绢云母化与钼矿关系密切。剥蚀平面上具环状分带特点	必要
	岩石组合	黑云母花岗斑岩、细粒花岗斑岩、闪长玢岩(少)	重要
	岩体形态	不规则岩株状	重要
	岩石结构	斑状结构	次要
	岩石构造	块状构造	次要

续表 3-11

成矿要素		描述内容	要素分类
侵入岩浆构造	区域岩浆构造带边界	西北端位于玛章错钦西侧，为基底构造控制的倾伏部位；东南部与唐古拉山南坡带毗邻，由吉曲之南的热涌(阿保)断裂带分开	重要
	侵位构造	喜山期侵位于下石炭统和下二叠统开心岭群	必要
	岩浆作用范围	岩体顶部500m垂距，水平距岩体接触带2～3km	必要
	岩浆构造旋回	印支旋回	重要
	断裂构造	F1、F3走向北西西，倾向北北东	必要
	侵入岩大地构造环境	陆内叠覆造山	必要
	侵入围岩构造	不整合面、顶垂体、小褶皱等	必要
	侵入接触构造	顶部接触面凹凸不平	必要
	成矿后构造	F2北西西向、F3近东西向	次要
物化探资料	自然重砂	矿床位于QZ_1^{486}钨铜(铅铁钼锌铋)异常，钨异常呈面状，铜异常呈“山”字形，总体呈心形，与伴生矿物铅铁钼锌铋套合紧密，与构造线斜交	
	化探异常	纳日贡玛综合异常(ASO_3)分布于格龙涌曲上游纳日贡玛一带。异常形态半椭圆形，面积大，向西各元素异常均未封闭。该异常以Cu、W、Mo、Ag为主，元素组合复杂，各元素异常相互叠加，具较好的重合性。异常区内岩浆活动强烈，北西部有大面积的喜山早期黑云母花岗斑岩分布，围岩蚀变黄铁矿化、青盘岩化。有两条近平行的北东向断裂穿过异常区	重要
	重力异常特征	矿区内1∶1万的布格重力异常，总体表现为北低南高的变化特征，北侧主要为负的布格重力异常区，间夹极少量的重力高圈闭异常；南侧为正的布格重力异常区并沿32线附近分布有数个重力低圈闭异常，形状多为似长方形或椭圆形，以北西和北西西向展布为主	重要
	重力成果	北侧的负异常是花岗斑岩体的反映，布格异常的零直线大体能圈定花岗斑岩体的边界，区内闪长玢岩脉与布格重力异常对应，在圈定岩体方面有一定效果	
	磁异常特征	M3磁异常位于纳日贡玛地区，异常形态不规则，正负伴生，异常强度在－450～978nT之间，梯度变化大，剖面曲线呈尖峰状、锯齿状，正常场处于火山岩地层，负磁异常位于纳日贡玛黑云母花岗斑岩之内，在地层与岩体之间形成一条变化很大的磁力梯级带。矿床都在负磁异常区，纳日贡玛下游铜矿位于M3负异常边缘磁力梯级带部位	重要
	磁测成果	在ΔT平面等值线图上，图示出磁法推断的岩体的范围，磁法推断的火成岩地层范围，磁法推断的断裂构造位置，划分的远景区范围，圈定的找矿靶区	重要
	电异常特征	高极化率异常基本对应于玄武岩与花岗斑岩的接触带部位，花岗斑岩基本对应高阻异常。中间梯度法在斑岩体周围出现3个激电异常，即斑岩体东接触带JD3异常，西接触带JD2异常，西边界JD1异常。东接触带JD3异常宽约150m，走向长约900m，在峰值点视极化率η_s达15.5%，视电阻率ρ_s为39Ω·m。从等值线形态可以看出极化体在南端有分支现象；西边界JD1异常峰值点极化率高达37.8%，视电阻率为156Ω·m。3个激电异常都为低阻高极化特征。由资料反映，斑岩体及其围岩玄武岩体都有不同程度的金属矿化，但在深部部分地段金属矿化相对富集	次要
	电法效果	斑岩体中η_s高值异常主要由岩体中的多金属矿化引起，推断铜矿体两个，其中Cu_2规模较大，宽20m	次要

续表 3-14

序号	预测区名称	所处成矿单元	矿产预测类型	最小预测区数量(个)			
				A类	B类	C类	合计
3	甘肃阿克塞县龙尾沟铜矿预测区	Ⅲ-24	斑岩型	1	1	2	4
4	甘肃夏河县-尼克江铜矿预测区	Ⅲ-28	斑岩型	4	5	4	13
5	青海祁曼塔格铜矿预测区	Ⅲ-26	斑岩型	7	11	12	30
6	青海都兰-鄂拉山铜矿预测区	Ⅲ-26	斑岩型	1	3	12	16
7	青海沱沱河-然者涌铜矿预测区	Ⅲ-36	斑岩型	1	5	4	10
8	新疆索尔库都克-卡拉先格尔铜矿预测区	Ⅲ-3	斑岩型	2	8	1	11
9	新疆包古图地区铜矿预测区	Ⅲ-4	斑岩型	1	2	7	10
10	新疆琼河坝铜矿预测区	Ⅲ-4	斑岩型	2	0	4	6
11	新疆土屋-赤湖铜矿预测区	Ⅲ-8	斑岩型	2	2	2	6
12	新疆达巴特-喇嘛苏铜矿预测区	Ⅲ-9	斑岩型	2	3	11	16
13	新疆博罗科努铜矿预测区	Ⅲ-9	斑岩型	1	19	6	26
14	新疆群吉地区铜矿预测区	Ⅲ-10	斑岩型	1	4	0	5
15	新疆乌孙山铜矿预测区	Ⅲ-10	斑岩型	0	1	3	4
16	新疆云雾岭地区铜矿预测区	Ⅲ-31	斑岩型	1	0	0	1
斑岩型小计				28	71	69	168
17	陕西柞水县银洞子-山阳县中村铜矿预测区	Ⅲ-66	沉积变质型	3	1	9	13
18	陕西凤县四方山铜矿预测区	Ⅲ-66	沉积变质型	2	6	0	8
沉积变质型小计				5	7	9	21
19	陕西眉县-周至-户县铜矿预测区	Ⅲ-66	海相火山岩型	2	3	1	6
20	陕西岚皋县铜矿预测区	Ⅲ-73	海相火山岩型	2	0	4	6
21	甘肃白银地区铜矿预测区	Ⅲ-21	海相火山岩型	6	4	6	16
22	甘肃文县筏子坝地区铜矿预测区	Ⅲ-73	海相火山岩型	2	1	2	5
23	甘陕筏子坝-东沟坝铜矿预测区	Ⅲ-73	海相火山岩型	5	6	12	23
24	甘青北祁连铜矿预测区	Ⅲ-21	海相火山岩型	8	8	14	30
25	青海苏干湖西-锡铁山铜矿预测区	Ⅲ-24	海相火山岩型	3	3	5	11
26	青海阿尔托茨山北铜矿预测区	Ⅲ-24	海相火山岩型	1	0	3	4
27	青海兴海铜矿预测区	Ⅲ-26	海相火山岩型	2	2	3	7
28	青海布尔汗布达山铜矿预测区	Ⅲ-26	海相火山岩型	2	10	6	18
29	青海阿尼玛卿铜矿预测区	Ⅲ-29	海相火山岩型	1	10	9	20
30	青海同仁铜矿预测区	Ⅲ-28	海相火山岩型	11	7	9	27

续表 3-14

序号	预测区名称	所处成矿单元	矿产预测类型	最小预测区数量(个)			
				A类	B类	C类	合计
31	青海玉树地区铜矿预测区	Ⅲ-33	海相火山岩型	2	4	3	9
32	青海开心岭-扎多地区铜矿预测区	Ⅲ-36	海相火山岩型	4	10	18	32
33	新疆阿舍勒地区铜锌矿预测区	Ⅲ-2	海相火山岩型	1	3	3	7
34	新疆乔夏哈拉-老山口铜金矿预测区	Ⅲ-3	海相火山岩型	3	16	6	25
35	新疆小热泉子地区铜矿预测区	Ⅲ-8	海相火山岩型	1	2	9	12
36	新疆黑尖山-沙泉子铜矿预测区	Ⅲ-8	海相火山岩型	1	5	6	12
37	新疆卡拉塔格铜矿预测区	Ⅲ-6	海相火山岩型	1	2	4	7
38	新疆可可乃克铜矿预测区	Ⅲ-12	海相火山岩型	1	3	1	5
39	新疆柳树沟铜矿预测区	Ⅲ-12	海相火山岩型	1	4	2	7
40	新疆彩华沟地区铜矿预测区	Ⅲ-12	海相火山岩型	1	2	6	9
41	新疆喀腊大湾-拉配泉铜矿预测区	Ⅲ-19	海相火山岩型	0	7	1	8
42	新疆卡特里西地区铜锌矿预测区	Ⅲ-26	海相火山岩型	1	2	4	7
43	新疆乌依塔什地区铜矿预测区	Ⅲ-27	海相火山岩型	1	2	0	3
44	新疆上其汗铜矿预测区	Ⅲ-27	海相火山岩型	1	0	4	5
45	新疆穷布拉克铜矿预测区	Ⅲ-10	陆相火山岩型	1	5	11	17
火山岩型小计				65	121	152	338
46	甘肃镜铁山地区铜矿预测区	Ⅲ-21	热液型	3	0	0	3
47	新疆和布克赛尔铜矿预测区	Ⅲ-4	热液型	1	5	8	14
48	新疆达坂城地区铜矿预测区	Ⅲ-6	热液型	2	4	2	8
49	新疆阿吾拉勒铜矿预测区	Ⅲ-10	热液型	1	0	10	11
50	新疆川乌鲁地区铜矿预测区	Ⅲ-12	热液型	0	1	3	4
51	新疆卡拉玛地区铜矿预测区	Ⅲ-27	热液型	1	1	1	3
热液型小计				8	11	24	43
52	甘肃天老池-鹿角沟铜矿预测区	Ⅲ-21	砂岩型	1	5	0	6
53	甘宁店峡-月亮山铜矿预测区	Ⅲ-21	砂岩型	2	2	38	42
54	宁夏卫宁北山区铜矿预测区	Ⅲ-20	砂岩型	0	0	10	10
55	宁夏香山-烟筒山铜矿预测区	Ⅲ-20	砂岩型	0	0	36	36
56	新疆萨热克铜矿预测区	Ⅲ-12	砂岩型	2	7	0	9
57	新疆伽师铜矿预测区	Ⅲ-13	砂岩型	1	1	8	10
58	新疆库拜铜矿预测区	Ⅲ-16	砂岩型	2	3	22	27

续表 3-14

序号	预测区名称	所处成矿单元	矿产预测类型	最小预测区数量(个)			
				A类	B类	C类	合计
59	新疆盖孜特克里曼苏地区铜矿预测区	Ⅲ-27	砂岩型	1	1	0	2
砂岩型小计				9	19	114	142
60	陕西山阳县铜矿预测区	Ⅲ-66	矽卡岩型	1	2	2	5
61	陕西丹凤县皇台铜矿预测区	Ⅲ-66	矽卡岩型	1	0	2	3
62	甘肃辉铜山地区铜矿预测区	Ⅲ-15	矽卡岩型	1	2	2	5
63	甘肃夏河县德乌鲁铜矿预测区	Ⅲ-28	矽卡岩型	4	5	10	19
64	青海都兰地区铜矿预测区	Ⅲ-26	矽卡岩型	7	5	4	16
矽卡岩型小计				14	14	20	48
65	甘肃肃北县马鬃山铜矿预测区	Ⅲ-15	岩浆型	0	0	1	1
66	甘肃金昌市龙首山铜矿预测区	Ⅲ-18	岩浆型	1	1	2	4
67	甘肃肃北县黑山地区铜矿预测区	Ⅲ-21	岩浆型	1	0	2	3
68	甘肃玉门市-肃北蒙古族自治县香毛山铜矿预测区	Ⅲ-21	岩浆型	0	4	2	6
69	青海日月山-化隆铜矿预测区	Ⅲ-23	岩浆型	1	0	9	10
70	新疆喀拉通克地区铜镍矿预测区	Ⅲ-3	岩浆型	1	0	18	19
71	新疆黄山地区铜镍矿预测区	Ⅲ-8	岩浆型	5	0	7	12
72	新疆白石泉铜镍矿预测区	Ⅲ-12	岩浆型	1	2	5	8
73	新疆菁布拉克铜镍矿预测区	Ⅲ-12	岩浆型	2	0	0	2
74	新疆兴地地区铜镍矿预测区	Ⅲ-13	岩浆型	1	2	1	4
75	新疆坡北一带铜镍矿预测区	Ⅲ-14	岩浆型	2	0	10	12
岩浆型小计				15	9	57	81
西北地区合计				144	252	445	841

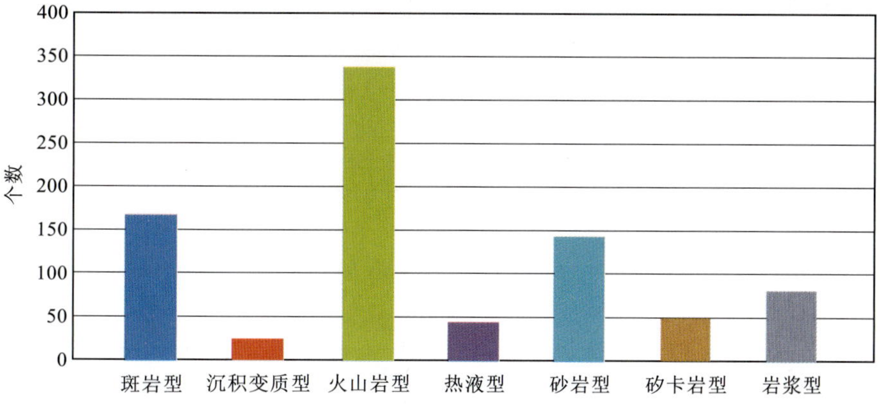

图 3-8　西北地区铜矿预测区不同预测类型最小预测区统计

从分布的成矿单元来看，西北地区铜矿主要分布在Ⅲ－2 南阿尔泰成矿带、Ⅲ－3 北准噶尔成矿带、Ⅲ－4 唐巴勒-卡拉麦里成矿带、Ⅲ－6 准噶尔南缘成矿带、Ⅲ－8 觉罗塔格成矿带、Ⅲ－9 伊犁北缘成矿带、Ⅲ－10 伊犁成矿带、Ⅲ－12 塔里木板块北缘成矿带、Ⅲ－13 塔里木陆块北缘隆起成矿带、Ⅲ－14 磁海-中坡山成矿带、Ⅲ－15 敦煌成矿区、Ⅲ－16 塔里木盆地成矿区、Ⅲ－18 阿拉善成矿带、Ⅲ－19 阿尔金成矿带、Ⅲ－20 河西走廊成矿带、Ⅲ－21 北祁连成矿带、Ⅲ－22 中祁连成矿带、Ⅲ－23 南祁连成矿带、Ⅲ－24柴达木北缘成矿带、Ⅲ－26 东昆仑成矿带、Ⅲ－27 西昆仑成矿带、Ⅲ－28 西秦岭成矿带、Ⅲ－29 喀拉米兰-阿尼玛卿成矿带、Ⅲ－31 南巴颜喀拉-雅江成矿带、Ⅲ－33 金沙江成矿带、Ⅲ－36 昌都-普洱成矿带、Ⅲ－66 东秦岭成矿带、Ⅲ－73 龙门山-大巴山成矿带 28 个Ⅲ级成矿单元中。

四、资源量分析

1. 资源现状分析

西北地区铜矿分布较广，矿床类型多，与邻区相比大规模成型矿床少，成矿条件优越。已发现小型以上铜矿床 193 处，其中大型矿床 11 处，中型矿床 38 处，小型矿床 144 处，另外，还有铜矿点 1999 处。总计探明铜资源储量为 19 134 430t，本次预测铜资源量 92 807 509t。查明资源储量仅为本次西北预测资源量的 17.09％（表 3－15），表明总体查明比例很低，资源潜力巨大，有待进一步工作。特别是西北地区面积最大的青海省和新疆，查明比例不到 20％。

表 3－15 西北地区铜矿查明与预测资源量统计表

省（区）	陕西	甘肃	宁夏	青海	新疆	西北地区
	（金属量：t）					
查明资源量	770 610	5 883 100	14 821	2 755 817	9 710 082	19 134 430
预测资源量	1 895 070	12 493 800	5 145 783	25 474 129	52 429 927	92 807 509
查明比例（％）	28.91	47.09	2.80	9.76	15.63	17.09

2. 预测资源量分析

通过对各省（区）不同深度预测资源量统计对比（表 3－16），西北地区铜矿 500m 以浅预测资源量 62 584 667t，占预测资源量的 67.52％；1000m 以浅预测资源量82 496 082t，占预测资源量的89.00％；2000m 以浅预测资源量92 693 539t。由此来看，西北铜矿资源量主要集中在 500m 和 1000m 以浅，从预测方法角度分析，西北地区铜矿勘查深度较浅，反映了工作程度相对较低，特别是青海省和新疆，地域面积大，成因类型复杂，找矿潜力巨大。

从铜矿预测资源量级别分析（表 3－17），预测 334－1 资源量 31 807 549t，占预测资源量的34.30％；预测 334－2 资源量 19 495 912t，占预测资源量的 21.02％；预测 334－3 资源量41 433 445t，占预测资源量的 44.68％。西北地区总体高级别资源量所占比重约 1/3，青海省相对较低。

西北地区铜矿 2000m 以浅可利用性预测资源量 48 444 890t，占 52.20％，暂不可利用资源量 44 362 448t。从可利用性分析（表 3－18），西北地区铜矿资源量除青海外，可利用性较好，其可利用性与地质工作程度、成因类型、埋藏深度和开发条件关系密切，作为国家战略性资源后备基地，总体矿床经济技术条件相对较为优越。

表 3-16 西北地区铜矿按深度预测资源量统计表

省(区)	预测资源量(金属量:t)			500m以浅比例(%)
	500m以浅	1000m以浅	2000m以浅	
陕西	1 020 700	1 787 600	1 895 100	53.86
甘肃	5 069 500	9 198 600	12 379 800	40.95
宁夏	514 583	514 583	514 583	100
青海	22 755 849	23 790 129	25 474 129	89.33
新疆	33 224 035	47 205 170	52 429 927	63.37
西北地区	62 584 667	82 496 082	92 693 539	67.52

表 3-17 西北地区铜矿按级别预测资源量统计表

省(区)	预测资源量(金属量:t)			334-1比例(%)
	334-1	334-2	334-3	
陕西	954 700	627 500	312 900	50.38
甘肃	7 348 900	3 955 800	1 074 900	59.36
宁夏	81 020	433 560	0	15.74
青海	4 833 497	0	20 684 202	18.97
新疆	18 589 432	14 479 052	19 361 443	35.46
西北地区	31 807 549	19 495 912	41 433 445	34.30

表 3-18 西北地区铜矿按可利用性预测资源量统计表

省(区)	预测资源量(金属量:t)		可利用比例(%)
	可利用	暂不可利用	
陕西	1 895 100	0	100
甘肃	9 325 000	3 168 600	74.64
宁夏	514 583	0	100
青海	692 723	24 781 406	2.72
新疆	36 017 484	16 412 442	68.70
西北地区	48 444 890	44 362 448	52.20

西北地区铜矿预测类型较多，共有7种，即斑岩型、海相火山岩型、陆相火山岩型、热液型、砂岩型、矽卡岩型和岩浆型(表3-19,图3-9)。其中，重要类型为斑岩型和海相火山岩型，预测资源量分别为35 955 659t和36 520 942t，分别占总预测资源量的39.35%和39.97%。目前发现的矽卡岩型铜多金属矿、砂岩型铜矿具小而富的特点，今后找矿应以斑岩型和海相火山岩型铜矿为找矿主攻方向，兼顾矽卡岩型和砂岩型。

表3-19　西北地区铜矿按预测类型预测资源量统计表

预测类型 \ 省(区)	陕西	甘肃	宁夏	青海	新疆	西北地区	占总量比例(%)
	(金属量:t)						
斑岩型	0	653 204	0	13 802 000	21 500 455	35 955 659	39.35
海相火山岩型	1 884 286	4 077 730	0	7 281 000	23 277 926	36 520 942	39.97
陆相火山岩型	0	0	0	0	33 603	33 603	0.04
热液型	0	493 500	12 200	0	727 083	1 232 783	1.35
砂岩型	0	532 600	502 383	0	1 950 492	2 985 475	3.27
矽卡岩型	10 785	491 900	0	4 336 900	0	4 839 585	5.30
岩浆型	0	4 811 316	0	54 300	4 940 366	9 805 982	10.73
合计	1 895 070	11 060 251	514 583	25 474 200	52 429 925	91 374 029	100

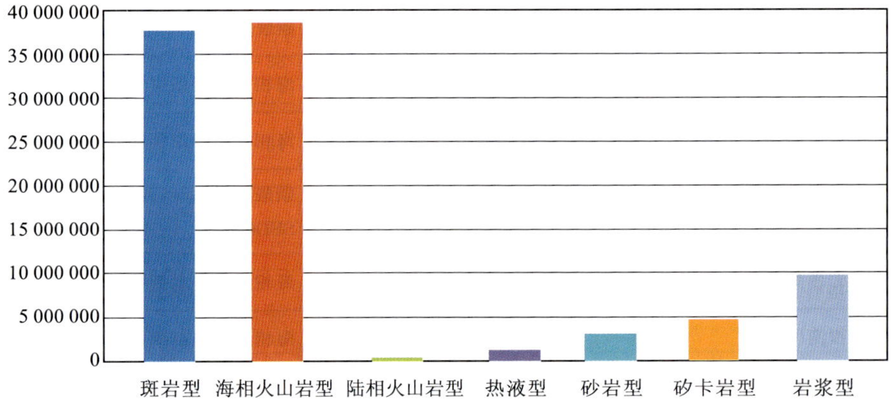

图3-9　西北铜矿预测类型预测资源量统计

第二节　铅锌

一、矿产预测类型划分

西北地区49个铅锌矿预测区中，层控热液型21个，占43%；海相火山岩型17个，占35%；陆相火山岩型4个，占8%；砂岩型1个，占2%；矽卡岩型5个，占10%；岩浆热液型1个，占2%(表3-20,图3-10,图3-11)。

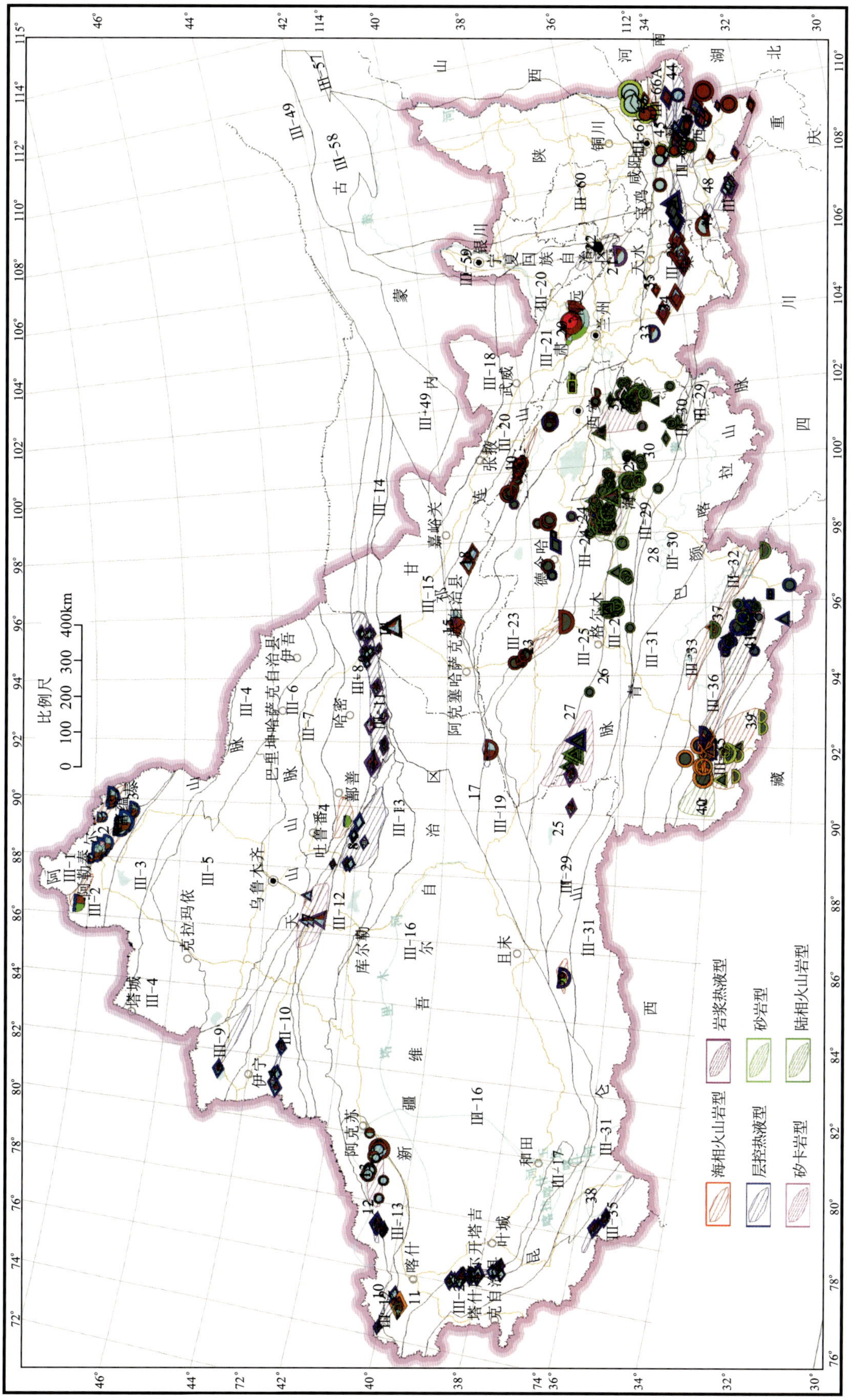

图 3-10　西北地区铅锌矿预测区分布图[成矿区(带)编号见表1-2]

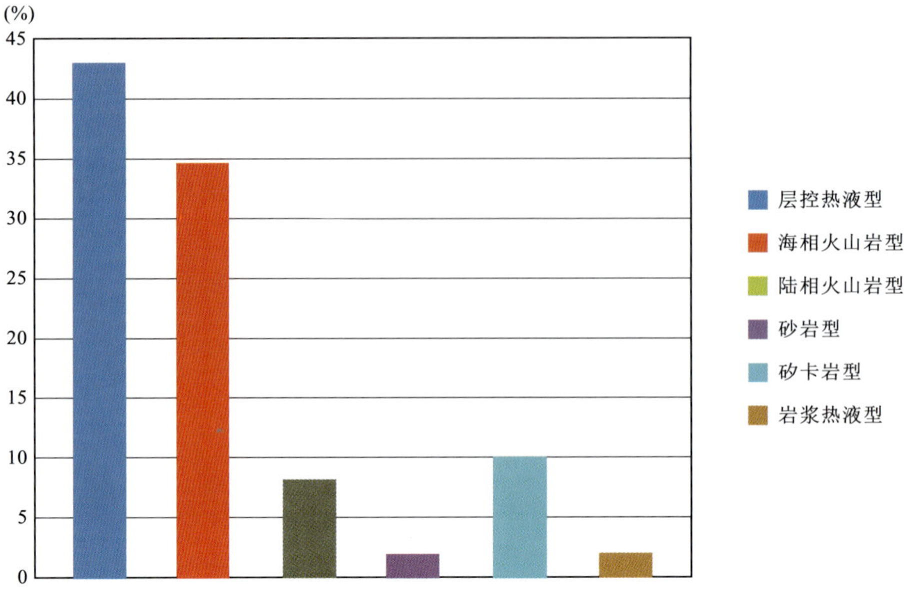

图 3－11　西北地区铅锌矿预测区矿产预测类型统计

二、预测要素及预测模型

1. 碳酸盐岩-细碎屑岩型

1)厂坝铅锌矿

甘肃省厂坝铅锌矿预测要素及预测模型见表 3－21。

表 3－21　厂坝铅锌矿预测要素表

找矿要素		描述内容	预测要素分类
地质条件	构造环境	中秦岭陆缘盆地，受同生断层控制。低序次北东向石鼓子断裂两侧的差异运动形成厂坝-李家沟三级断陷滞流盆地，盆地水体深、封闭条件好，有利于铅锌矿层的沉积与发育	必要
	岩石组合	矿区内赋矿地层主要为下泥盆统安家岔组厂坝层(D_1a^1)，主要由厚层、块状大理岩夹细晶白云岩、含碳生物灰岩组成。依据岩性组不同分为两层：厂坝层上部层(D_1a^{1-2})：以大理岩、黑云母方解石英片岩为主，夹有石英岩。厂坝层下部层(D_1a^{1-1})：以黑云母石英片岩为主	重要
	围岩蚀变	围岩蚀变微弱，未能形成大规模的蚀变体(带)	次要
地球物理标志	磁法	本区仅有部分铅锌矿石、黑云母石英片岩、石英片岩及不纯灰岩具弱磁性，岩矿磁性强弱变化均随磁黄铁矿含量多寡而呈正相关系。工作实践发现，具有磁性的岩石往往是铅锌矿的近矿围岩，也就是说磁性岩石的分布与铅锌矿(化)体有一定空间位置上的联系，因而在铅锌矿体上方或其附近往往有弱的磁异常出现	重要
	电法	自电和激电在矿体上有反应，但由于含碳岩石，异常存在多解性，找矿效果不明显	次要
地球化学标志	区域	泥盆系地层是 Pb、Zn、Cu、Ba 成矿(晕)的有利地层，Pb、Zn 在下泥盆统安家岔组富集系数最大。Pb、Zn 两元素无论在碎屑岩还是在碳酸盐岩中都有较高的丰度	重要
	矿区	铅元素地球化学异常特征：厂坝—李家沟铅锌矿区圈定了 3 个铅元素异常，分别为 Pb－1、Pb－2、Pb－3。其中 Pb－1、Pb－3 分布于厂坝典型矿床之上。异常呈北西向展布，与矿体走向一致，完全覆盖矿体。 锌元素地球化学异常特征：矿区圈定了 5 个锌元素异常，编号为 Zn－1 至 Zn－5。其中，Zn－1、Zn－2、Zn－3 异常分布于厂坝典型矿床上。展布方向呈北西向，与矿体走向一致，并覆盖矿体。规模及强度与矿体分布和规模基本一致，与铅元素异常重合度较高	重要

续表 3-21

找矿要素	描述内容	预测要素分类
遥感信息标志	利用遥感影像识别环形构造和线性构造	重要
地表找矿标志	地层、岩相和岩石组合标志：下泥盆统安家岔组下部，礁后断陷滞流盆地之细碎屑岩、碳酸盐岩组合地段。重晶石、钠长石、硅质岩等热水沉积岩。 构造标志：生长断裂（地层厚度、岩性、岩相突变带）旁侧。 铁帽等氧化标志	重要

2）彩霞山铅锌矿

彩霞山铅锌矿床预测要素见表 3-22，预测模型见图 3-12。

表 3-22　新疆鄯善县彩霞山铅锌矿床预测要素表

序号	变量名称	变量标记	备注
1	大地构造环境	巴伦台-星星峡离散地体	必要
2	围岩形成时代	前寒武纪	重要
3	主要赋矿围岩	白云石大理岩、含碳粉砂岩	重要
4	矿体形成时代	元古代和晚华力西 2 期	重要
5	铅锌矿产地	受区内阿其克库都克断裂（近东西向），捷山子断裂（北东向）、卡瓦布拉克断裂（北西向）的控制，在断裂带附近分布	重要
6	化探指示标志	Zn、Pb 元素低异常区	重要
7	围岩及赋矿建造	海相碳酸盐岩-碎屑岩建造	重要
8	重要控矿、导岩构造	受东西向断裂破碎带控制	重要
9	重砂指示标志	闪锌矿、白铅矿自然重砂异常区	次要
10	重力	高异常区	次要
11	遥感影像	羟基异常和线性构造发育区	重要

2. 海相火山岩型

可可塔勒海相火山岩型铅锌矿床预测模型见表 3-23 和图 3-13。

表 3-23　新疆富蕴县可可塔勒海相火山岩型铅锌矿床预测模型表

预测要素		描述内容	预测要素分类
地质环境	含矿地层	早泥盆世康布铁堡组上亚组第二岩性段	必要
	岩石类型	主要为变流纹质熔岩、变流纹质晶屑凝灰岩、变钙质砂岩、大理岩等	重要
	成矿时代	早泥盆世	必要
	成矿环境	海底火山喷发中心地带	必要
	构造背景	阿尔泰造山带南缘陆缘活动带东部的麦兹泥盆纪火山盆地	必要

续表 3-23

预测要素		描述内容	预测要素分类
矿床特征	矿物组合	金属矿物主要为磁黄铁矿、黄铁矿、铁闪锌矿、方铅矿，少量磁铁矿、白铁矿、毒砂、黄铜矿	重要
	蚀变	主要为碳酸盐化、硅化、绢云母化、绿泥石化等	重要
	控矿条件	受古火山喷发盆地控制，早泥盆世康布铁堡组火山岩夹层中的正常沉积碎屑岩-碳酸盐岩为含矿的有利部位	必要
	风化	矿体地表及浅部已氧化成铁帽，呈褐红色、姜黄色	重要
地球物理特征	激电	3个激电异常分布在矿区的西、中、东部，中段异常突出，为矿体高极化异常特征	重要
	磁法	矿区位于 $\Delta T>500$nT 椭圆形航磁异常带上；在矿体上可以获得中等强度的地磁异常	次要
地球化学特征	水系沉积物测量	区域化探，Pb、Zn、Ag、As、Cu、Cd 组合的化探异常，以 Pb、Zn、Ag 为主，具明显浓度分带，并有水平分带，As、Hg 前缘元素广泛发育	重要
	岩石测量	岩石测量，圈出 Pb、Zn、Ag、As、Cu、Cd、Hg、Mo、Mn 组合的高强度化探异常，Pb、Zn 的极大值为 2000×10^{-9}，Hg 为 1865×10^{-9}	重要

3. 陆相火山岩型

老藏沟铅锌矿预测要素见表 3-24。

表 3-24　老藏沟铅锌矿预测要素表

预测要素		要素特征描述	要素分类
成矿时代		印支期	必要
大地构造位置	大地构造单元	秦岭弧盆系，泽库前陆盆地(T_{1-2})	
	大地构造相名称	火山盆地沉积巨厚层的火山岩	
	区域构造类型	陆缘火山盆地，昆仑-祁连-秦岭火山活动带、同仁-泽库火山活动亚带、多福屯晚三叠世火山喷发带	
火山岩建造/火山作用	地层分区	秦祁昆地层大区-秦岭地层区-泽库地层分区	
	岩石地层单位	华日组第二岩性段第四韵律层(T_3h_{1-4})，日闹热组(T_3r_{1-4})	必要
	岩石类型	安山岩、安山质火山角砾岩	重要
	岩石建造厚度	巨厚	
	岩性特征	安山岩：斑状结构，流状构造；安山质火山角砾岩：火山角砾结构，角砾状构造，角砾主要为安山岩、角闪安山岩及部分英安岩、硅质岩，胶结物为火山灰	
	岩石组合	由下至上各韵律层底部为安山质角砾凝灰岩、安山质火山角砾岩、集块岩、安山质角砾熔岩、安山质隐爆角砾岩；上部为安山岩	重要
	蚀变特征	矿区围岩蚀变主要发生在安山质火山岩中，主要有碳酸盐化、绢云母化、电英岩化，具多期、多阶段混合蚀变的特征	次要
	分布范围	分布于老藏沟—夏卜浪一带	
	沉积建造类型	火山岩建造	
	喷发类型	裂隙式喷发形成串珠状排列的火山链	重要

续表 3 - 24

预测要素		要素特征描述	要素分类
火山岩建造/火山作用	火山构造喷发旋回	多福屯旋回	
	喷发古地理环境	受区域北西西向压性基底断裂和褶皱诱发的南北向、北西向、北东向张性和压扭性断裂或断陷盆地控制	
	火山岩类型	壳源型过铝质高钾钙碱性系列	
	火山作用类型	裂隙式喷发作用类型	
次火山活动/次火山作用	岩石名称	次火山岩、隐蔽爆发角砾岩	必要
	次火山岩活动时代	晚三叠世	重要
	岩性特征	次火山岩相岩性以辉石闪长玢岩、斜长花岗斑岩、次石英安山岩为主；隐蔽爆发相岩性为石英安山质隐爆角砾岩、安山质隐爆角砾岩、斜长花岗质隐爆角砾岩、英安质隐爆角砾岩；次火山岩脉相以电英岩脉为主	
	蚀变特征	电英岩化强烈，形成较多电英岩脉	
成矿构造	褶皱构造	在火山机构间发育背、向斜构造，在各火山口部位发育等轴状"穹隆背斜"	
	断裂构造	火山构造由中心式喷发的火山机构组成，火山机构中次级构造环形、弧形及放射状断裂发育	必要
成矿特征	矿体形态	多为透镜状、似层状、薄透镜状、板状、不规则状	
	矿体产状	矿体产出受火山机构弧形、环状断裂及隐蔽爆发腔的双重因素控制，总体倾向火山机构内部	
	蚀变强度分带	蚀变、矿化以隐爆角砾岩体为中心由近至远分带为绢云母化—碳酸盐化—电英岩化带和绢云母化—碳酸盐化带；以隐爆腔、隐爆角砾岩体、岩脉为中心，蚀变强度从内到外，显示由强到弱的分带现象	次要
	矿石矿物成分	矿石矿物主要有黄铁矿、白铁矿、方铅矿、闪锌矿、砷硫锑铅矿、锡石；脉石矿物主要有电气石、石英、绢云母、白云石、萤石、石膏、重晶石	
	成矿期次划分	矿区具多期、多阶段叠加成矿的特点，主要的蚀变矿化分两大期：第一期为安山质火山喷发及后期的隐蔽爆发阶段，是矿区铅锌主要成矿期；第二期是中酸性英安质岩浆的次火山侵入阶段及后期的隐蔽爆发阶段	必要
	矿床伴生组分	伴生组分主要为 Cu、Ag、Sn、As、S、Cd、In7 种可综合利用，其中 S、Sn 富集时形成单硫、单锡矿体	
	矿床共生组合	Pb、Zn、S、Sn	
	矿床规模	中型，多为矿点、矿化点	
磁异常		指示火山机构的航磁异常	次要
地球化学异常		Pb、Zn 元素异常	重要
		组合异常	重要
遥感异常		线要素、带要素、环要素、色要素	次要
重砂异常		铅族矿物异常、锌族矿物异常	次要

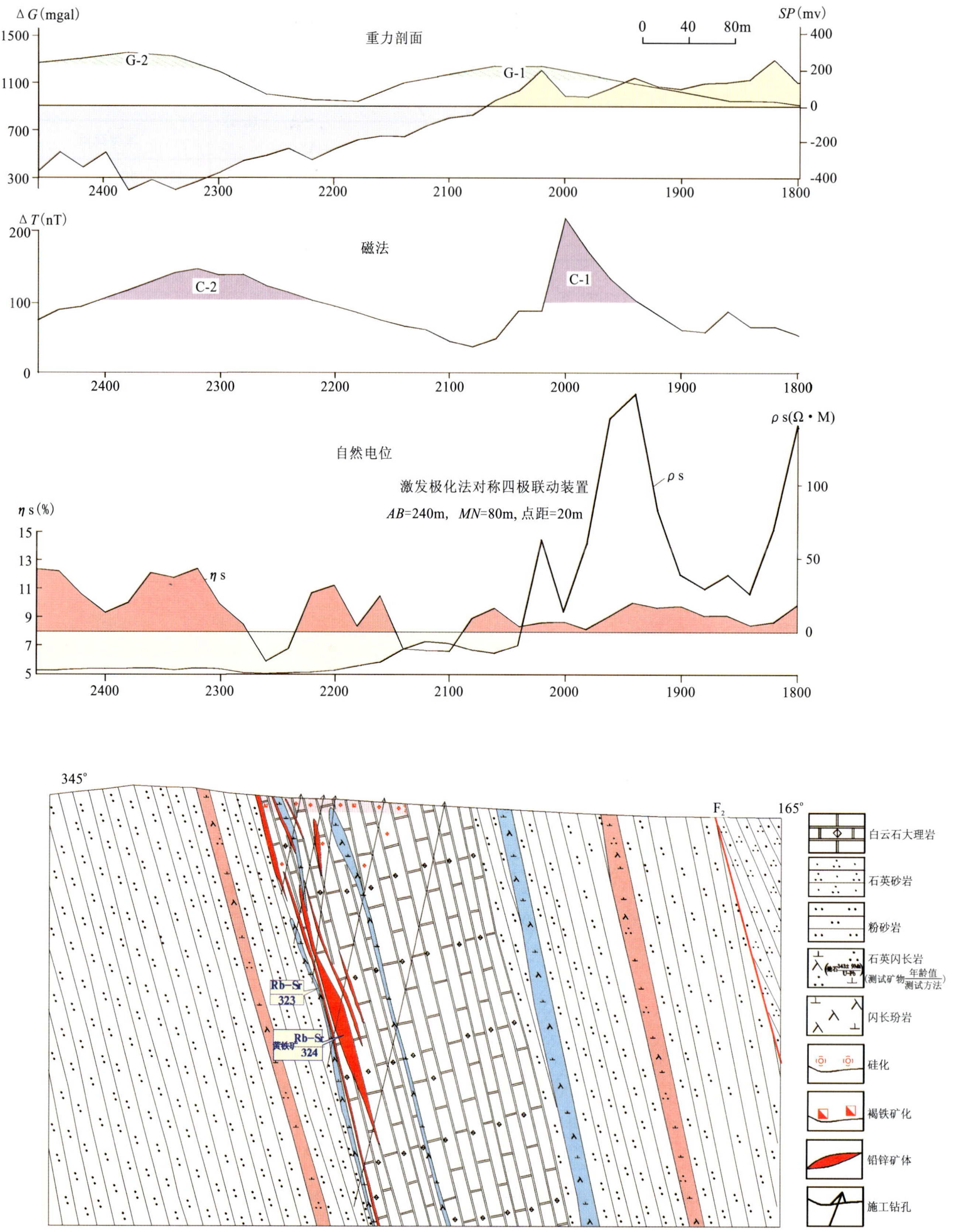

图 3-12 东天山彩霞山铅锌矿床预测模型图

续表 3-25

预测要素		要素特征描述	要素分类
成矿构造	褶皱构造	主要褶皱有北部倾伏背斜，轴向北东东；南部向斜，轴向近北西，北翼为断层切割，并因岩体侵入使之与前述背斜不相衔接	
	断裂构造	主构造线为北西向，次级断层以东西向为主，多条断裂平行产出，规模较大，其次为南北向断层，它们有时错断地层或矿体	
成矿特征	矿体形态	矿体形态多为较规则的似层状、透镜状，少数为脉状	次要
	矿体产状	矿带分布一般与岩层产状一致，并随岩层产状的变化而变化，主矿体走向近东西，倾向北	
	蚀变强度带范围	近矿花岗闪长岩一般都蚀变强烈，接触带矽卡岩普遍发育，主要成分为透辉石，是简单型矽卡岩	
	蚀变带规模	主矿体均赋存于矽卡岩体中，蚀变带规模与矿(体)带规模基本一致	
	矿石矿物成分	主要金属有闪锌矿、方铅矿，其次为黄铜矿、黄铁矿、磁黄铁矿、白铁矿、褐铁矿、铜蓝、白铅矿等，脉石矿物主要为透辉石、石英	
	成矿期次划分	矿床的形成主要经历了矽卡岩形成和金属硫化物形成两个阶段。第一阶段为矽卡岩阶段形成以透辉石为主的各种矽卡岩矿物；第二阶段形成各种金属硫化物	
	蚀变矿物组合	主要为透辉石，其次为透闪石、阳起石、石榴石、绿帘石、硅灰石、方解石、绿泥石、白云母	
	矿床伴生组分	伴生元素有 Cu、Ag、Sn、Cu 局部达工业品位构成工业矿体，Ag、Sn 达到或接近综合利用指标	
	矿床共生组合	Pb、Zn、Ag	
	矿床规模	中型，多为矿点、矿化点	
磁异常		能发现和圈定接触带的航磁异常	次要
地球化学异常		Pb、Zn 元素异常	重要
		组合异常	重要
遥感异常		带要素、环要素、色要素	次要
重砂异常		铅族矿物异常、锌族矿物异常	次要

5. 砂砾岩型

乌拉根铅锌矿床预测模型见表 3-26，区域预测模型见表 3-27。

表 3-26　新疆乌恰县乌拉根铅锌矿预测模型表

预测要素		描述内容	预测要素分类
特征描述		海相碎屑岩系中的层状、似层状或透镜状铅锌矿体	
地质环境	岩石类型	近矿围岩为泥岩、砂砾岩和白云质灰岩	必要
	岩石结构	砂砾结构，微细粒结构	次要
	含矿建造	古新统陆源海相碎屑岩建造	必要
	成矿时代	古近纪古新世早期，同位素年龄 54～45.4Ma	必要
	成矿环境	海水东侵，海峡湖盆沉积环境	必要
	构造背景	属塔里木板块西缘中-新生代喀什坳陷西端	必要
	成矿区(带)	西南坳陷石油、天然气、煤、铅、锌、铜、铀、锶、金、自然硫矿(区)带(Ⅳ-16-⑤)	必要
矿床特征	矿物组合	以方铅矿、闪锌矿、黄铁矿为主，另有少量毒砂和黄铁矿。脉石矿物主要为白云石、方解石、天青石、石英和石膏	重要
	矿化蚀变	蚀变总体较弱，主要有碳酸盐化、石膏化、天青石化和黄铁矿化等	重要
	控矿条件	古新世海峡湖盆沉积环境；古新统陆源海相碎屑岩-碳酸盐岩为赋矿层；弱蚀变与矿分布一致，对控矿有影响；基底隐伏断裂为提供成矿热卤水起构造导矿作用	必要
	风化	形成以菱锌矿、铅钒、褐铁矿为主的氧化矿，深几十米	次要

表 3-27　新疆乌拉根铅锌矿预测工作区区域预测模型表

区域预测要素		描述内容	要素分类
区域成矿地质环境	构造背景	南天山-霍拉山陆缘裂谷	必要
	成矿区(带)	西南坳陷石油、天然气、煤、铅、锌、铜、铀、锶、金、自然硫矿(区)带(Ⅳ-16-⑤)	必要
	主要控矿构造	北西向和北东向断裂	必要
	控矿沉积建造	砂岩、砾岩沉积建造	必要
	主要赋矿地层	赋矿层位于上白垩统顶部碎屑岩与古近系古新统底部碳酸盐岩交接部位，主体含矿层为砂、砾岩层	必要
	区域变质作用及建造	区域变质程度低，主要为浅变质的碎屑岩和碳酸盐岩建造	次要
区域成矿地质特征	区域成矿类型及成矿期	古近纪—白垩纪砂岩、砾岩型铅锌矿	必要
	含矿建造	浅海相碎屑岩和碳酸盐岩建造，主要岩石类型为砂、砾岩	必要
	控矿构造	断裂构造和沉积的层状构造	重要
	矿石建造	方铅矿-闪锌矿-黄铁矿矿石建造	重要
	围岩蚀变	蚀变较弱，主要有白云石化，有时伴有硅化、天青石化、方解石化	次要
	矿床式	乌拉根式(砂砾岩型铅锌矿)	重要
物探、化探、遥感特征	区域化探特征	矿点处铅锌银均具三级分带，但浓集中心均位于矿点的北面，各异常均在南部与矿点部分套合，矿点多位于异常的外中带内	重要
	区域航磁特征	区域为弱磁异常区，值域在$-74\sim121$之间，矿点均位于$-74\sim0$之间负磁异常区内，异常长轴方向与构造线方向大体一致	次要
	区域重力特征	布格重力为低异常区，值域为$-398\sim-272mg/s^2$，由北东至南西，异常值由高变低，矿点位于$-360\sim-354mg/s^2$之间，与构造线方向一致	次要
	区域遥感特征	块要素显示地层走向和展布形态基本一致。线要素显示与构造线及地层界线走向基本一致	次要

三、最小预测区划分

西北地区铅锌矿资源潜力评价共划定铅锌矿预测区 49 个，圈定最小预测区 517 个，其中 A 级预测区 85 个，占 16%；B 级预测区 136 个，占 26%；C 级预测区 296 个，占 57%(表 3-28)。按预测类型统计，层控热液型最小预测区共 200 个，占 39%；沉积变质型最小预测区共 41 个，占 8%；火山岩型最小预测区共 204 个，占 39%；砂岩型最小预测区共 3 个，占 1%；矽卡岩型最小预测区共 60 处，占 12%；岩浆热液型最小预测区共 9 处，占 2%(图 3-14)。

从分布的成矿单元来看，西北地区铅锌矿主要分布在Ⅲ-1 北阿尔泰成矿带、Ⅲ-2 南阿尔泰成矿带、Ⅲ-8 觉罗塔格成矿带、Ⅲ-9 伊犁北缘成矿带、Ⅲ-10 伊犁成矿带、Ⅲ-11 伊犁南缘-中天山-旱山成矿带、Ⅲ-12 塔里木板块北缘成矿带、Ⅲ-13 塔里木陆块北缘隆起成矿带、Ⅲ-15 敦煌成矿区、Ⅲ-17 铁克里克成矿带、Ⅲ-19 阿尔金成矿带、Ⅲ-21 北祁连成矿带、Ⅲ-24 柴达木北缘成矿带、Ⅲ-26 东昆仑成矿带、Ⅲ-28 西秦岭成矿带、Ⅲ-29 喀拉米兰-阿尼玛卿成矿带、Ⅲ-33 金沙江成矿带、Ⅲ-35 喀喇昆仑-羌北成矿带、Ⅲ-36 昌都-普洱成矿带、Ⅲ-63 华北陆块南缘成矿带、Ⅲ-66 东秦岭成矿带、Ⅲ-73 龙门山-大巴山成矿带 22 个Ⅲ级成矿单元中。

表 3-28 西北地区铅锌矿预测区不同预测类型最小预测区统计表

序号	预测区名称	所处成矿单元	矿产预测类型	最小预测区数量(个)			
				A类	B类	C类	合计
1	陕西柞水县银硐子-山阳县铅锌矿预测区	Ⅲ-66	层控热液型	1	0	6	7
2	陕西宁陕县红庙沟-柞水红岩沟铅锌矿预测区	Ⅲ-66	层控热液型	0	3	18	21
3	陕西宁陕县-旬阳县铅锌矿预测区	Ⅲ-66	层控热液型	1	0	28	29
4	陕西旬阳县赵湾-南沙沟铅锌矿预测区	Ⅲ-66	层控热液型	2	0	4	6
5	陕西南郑县马元地区铅锌矿预测区	Ⅲ-73	层控热液型	1	2	8	11
6	陕西宁强阴家山-勉县胡家坝铅锌矿预测区	Ⅲ-73	层控热液型	0	0	15	15
7	甘肃掉石沟地区铅锌矿预测区	Ⅲ-15	层控热液型	1	0	3	4
8	甘肃大东沟地区铅锌矿预测区	Ⅲ-21	层控热液型	1	1	2	4
9	甘肃代家庄-厂坝铅锌矿预测区	Ⅲ-28	层控热液型	7	4	13	24
10	宁夏六盘山铅矿预测区	Ⅲ-21	层控热液型	0	0	18	18
11	青海多才玛-杂多铅锌矿预测区	Ⅲ-36	层控热液型	2	6	9	17
12	新疆库尔尕生地区铅锌矿预测区	Ⅲ-9	层控热液型	1	2	6	9
13	新疆乌孙山铅锌矿预测区	Ⅲ-10	层控热液型	2	3	0	5
14	新疆沙里塔什地区铅锌矿预测区	Ⅲ-12	层控热液型	1	3	0	4
15	新疆霍什布拉克地区铅锌矿预测区	Ⅲ-12	层控热液型	1	1	4	6
16	新疆卡兰古铅锌矿预测区	Ⅲ-17	层控热液型	2	6	0	8
17	新疆若羌县喀拉达坂地区铅锌矿预测区	Ⅲ-19	层控热液型	1	3	1	5
18	新疆维宝地区铅锌矿预测区	Ⅲ-26	层控热液型	1	1	1	3
19	新疆落石沟铅锌矿预测区	Ⅲ-35	层控热液型	0	1	3	4
层控热液型小计				25	36	139	200
20	新疆彩霞山-沙泉子铅锌矿预测区	Ⅲ-11	沉积变质型	4	5	14	23
21	新疆觉东地区铅锌矿预测区	Ⅲ-12	沉积变质型	2	4	12	18
沉积变质型小计				6	9	26	41
22	陕西商州市铁炉子铅锌矿预测区	Ⅲ-63	海相火山岩型	1	0	4	5
23	甘肃蛟龙掌地区铅锌矿预测区	Ⅲ-21	海相火山岩型	1	0	0	1
24	甘肃白银地区铜锌矿预测区	Ⅲ-21	海相火山岩型	3	2	3	8
25	甘肃下拉地地区铜锌矿预测区	Ⅲ-28	海相火山岩型	1	0	1	2
26	甘肃本深沟地区铜锌矿预测区	Ⅲ-28	海相火山岩型	0	1	1	2
27	青海北祁连铅锌矿预测区	Ⅲ-21	海相火山岩型	2	2	7	11
28	青海阿尔茨托山铅锌矿预测区	Ⅲ-24	海相火山岩型	2	2	1	5

续表 3-28

序号	预测区名称	所处成矿单元	矿产预测类型	最小预测区数量(个)			
				A类	B类	C类	合计
29	青海锡铁山-绿梁山铅锌矿预测区	Ⅲ-24	海相火山岩型	3	2	6	11
30	青海索拉沟铅锌矿预测区	Ⅲ-26	海相火山岩型	1	3	2	6
31	青海玉树地区铜矿预测区	Ⅲ-33	海相火山岩型	2	4	3	9
32	青海小唐古拉山地区铁矿预测区	Ⅲ-35	海相火山岩型	2	8	5	15
33	青海开心岭-杂多铅锌矿预测区	Ⅲ-36	海相火山岩型	1	19	8	28
34	新疆诺尔特铅锌矿预测区	Ⅲ-1	海相火山岩型	1	2	4	7
35	新疆铁木尔特-可可塔勒地区铅锌矿预测区	Ⅲ-2	海相火山岩型	6	4	10	20
36	新疆阿舍勒地区铜锌矿预测区	Ⅲ-2	海相火山岩型	1	3	3	7
37	新疆小热泉子地区铜锌矿预测区	Ⅲ-8	海相火山岩型	1	2	9	12
38	新疆卡特里西地区铜锌矿预测区	Ⅲ-29	海相火山岩型	1	2	4	7
39	青海都兰-鄂拉山地区铅锌矿预测区	Ⅲ-26	陆相火山岩型	1	11	7	19
40	青海祁漫塔格地区铅锌矿预测区	Ⅲ-26	陆相火山岩型	0	2	5	7
41	青海同仁地区铅锌矿预测区	Ⅲ-28	陆相火山岩型	4	1	1	6
42	青海沱沱河地区铅锌矿预测区	Ⅲ-36	陆相火山岩型	2	5	9	16
火山岩型小计				36	75	93	204
43	新疆乌拉根地区铅锌矿预测区	Ⅲ-12	砂岩型	1	0	2	3
砂岩型小计				1	0	2	3
44	甘肃花牛山地区铅锌矿预测区	Ⅲ-15	矽卡岩型	2	1	4	7
45	青海祁漫塔格铅锌矿预测区	Ⅲ-26	矽卡岩型	2	9	3	14
46	青海都兰地区铅锌矿预测区	Ⅲ-26	矽卡岩型	6	1	4	11
47	青海同仁地区铅锌矿预测区	Ⅲ-28	矽卡岩型	5	2	2	9
48	新疆巴仑台铅锌矿预测区	Ⅲ-12	矽卡岩型	1	3	15	19
矽卡岩型小计				16	16	28	60
49	新疆坎岭地区铅锌矿预测区	Ⅲ-13	岩浆热液型	1	0	8	9
岩浆热液型小计				1	0	8	9
西北地区合计				85	136	296	517

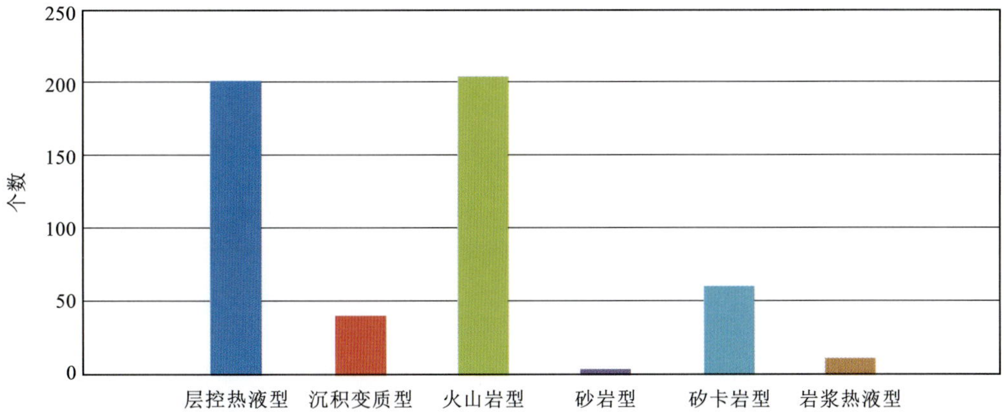

图 3-14 西北地区铅锌矿预测区不同预测类型最小预测区统计

四、资源量分析

1. 资源现状分析

西北地区铅锌矿具有分布较广、类型多、资源潜力大等特点，共确定铅锌矿床 135 处，其中特大型矿床 2 处，大型矿床 16 处，中型矿床 38 处，小型矿床 78 处，另外有矿点、矿化点 609 处。总计探明铅锌矿资源储量为 40 766 483t，本次预资源量 274 054 935t。查明的铅锌矿资源储量仅为本次西北地区预测资源量的 14.88%（表 3-29），普遍低的查明率表明找矿潜力巨大，有待进一步工作。

表 3-29 西北地区铅锌矿查明与预测资源量统计表

省（区）	陕西	甘肃	宁夏	青海	新疆	西北地区
	（金属量：t）					
查明资源量	6 611 000	14 725 900	—	8 838 286	10 591 297	40 766 483
预测资源量	59 240 400	66 209 400	93 584	63 555 246	84 956 305	274 054 935
查明比例（%）	11.16	22.24	—	13.91	12.47	14.88

2. 预测资源量分析

通过对各省（区）不同深度预测资源量统计对比（表 3-30），西北地区铅锌矿 500m 以浅预测资源量 157 262 857t，占预测资源量的57.38%；1000m 以浅预测资源量 238 136 102t，占预测资源量的86.89%；2000m 以浅预测资源量 274 054 935t。由此来看，西北地区铅锌矿资源量主要集中在 500m 以浅，从预测方法角度分析，西北地区铅锌矿以往勘查深度较浅，反映了工作程度相对较低，特别是陕西、新疆和甘肃，深部找矿前景较好。

从铅锌矿预测资源量级别分析（表 3-31），预测 334-1 资源量 116 244 486t，占预测资源量的 42.42%；预测 334-2 资源量32 509 759t，占预测资源量的 11.86%；预测334-3资源量 125 300 590t，占预测资源量的45.72%。西北地区 334-1 和 334-3 级别资源量所占比重大，找矿工作程度低，且不均衡。

表 3-30 西北地区铅锌矿按深度预测资源量统计表

省(区)	预测资源量(金属量:t)			500m以浅比例(%)
	500m以浅	1000m以浅	2000m以浅	
陕西	12 156 800	27 308 700	59 240 400	20.52
甘肃	20 274 500	66 209 400	66 209 400	30.62
宁夏	93 584	93 584	93 584	100
青海	61 242 906	63 555 246	63 555 246	96.36
新疆	63 495 067	80 969 171	84 956 305	27.68
西北地区	157 262 857	238 136 102	274 054 935	57.38

表 3-31 西北地区铅锌矿按级别预测资源量统计表

省(区)	预测资源量(金属量:t)			334-1比例(%)
	334-1	334-2	334-3	
陕西	15 910 200	589 200	42 740 900	59.64
甘肃	52 024 200	9 994 300	4 190 900	78.58
宁夏	0	0	93 584	0
青海	18 428 000	0	45 127 246	29.00
新疆	29 882 086	21 926 259	33 147 960	35.17
西北地区	116 244 486	32 509 759	125 300 590	42.42

西北地区铅锌矿2000m以浅可利用性预测资源量157 476 375t,占57.46%,暂不可利用资源量116 635 560t。从可利用性分析(表3-32),西北地区铅锌矿预测资源量可利用性不均衡,其与矿床品位、矿体赋厚状态和开发条件关系密切,总体矿床开采经济技术条件相对较为优越。

西北地区铅锌矿预测类型共有6种,即层控热液型、海相火山岩型、陆相火山岩型、砂岩型、矽卡岩型和岩浆热液型(表3-33,图3-15)。其中,主要为层控热液型,海相火山岩型次之,预测资源量分别为177 159 515t和62 695 450t,分别占总预测资源量的66.99%和23.71%。因此,西北地区铅锌矿找矿应以层控热液型和海相火山岩型为找矿主攻方向。

表 3-32 西北地区铅锌矿按可利用性预测资源量统计表

省(区)	预测资源量(金属量:t)		可利用比例(%)
	可利用	暂不可利用	
陕西	8 953 800	50 286 400	32.95
甘肃	61 743 200	4 523 400	93.25
宁夏	46 792	46 792	50.00
青海	18 428 000	45 127 246	29.00
新疆	68 304 583	16 651 722	80.40
西北地区	157 476 375	116 635 560	57.46

表 3-33　西北地区铅锌矿按预测类型预测资源量统计表

预测类型＼省(区)	陕西	甘肃	宁夏	青海	新疆	西北地区	占总量比例(%)
	(金属量:t)						
层控热液型	48 874 654	59 536 500	173 800	30 669 800	37 904 761	177 159 515	66.99
海相火山岩型	857 527	5 470 500	0	20 710 100	35 657 323	62 695 450	23.71
陆相火山岩型	0	0	0	2 113 310	0	2 113 310	0.80
砂岩型	0	0	0	0	7 659 817	7 659 817	2.90
矽卡岩型	0	1 203 100	0	9 884 130	294 287	11 381 517	4.30
岩浆热液型	0	0	0	0	3 440 117	3 440 117	1.30
合计	49 732 180	66 210 100	173 800	63 377 340	84 956 305	264 449 726	100

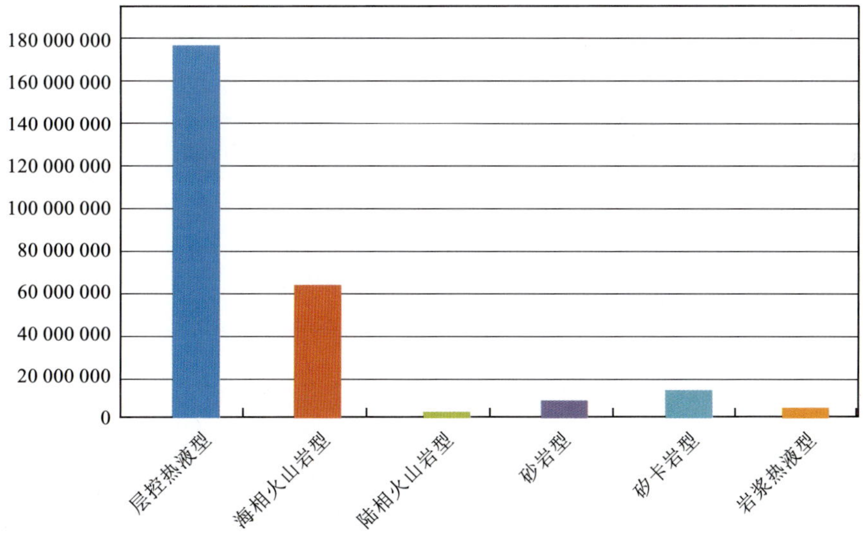

图 3-15　西北铅锌矿预测类型预测资源量统计

第三节　铝

一、矿产预测类型划分

西北地区 5 个铝土矿预测区中，均为古风化壳沉积(碳酸盐岩)型(表 3-34，图 3-16)。

二、预测要素及预测模型

根据区域铝土矿预测特征，建立阿依里式铝土矿区域预测模型表 3-35。

表 3－34　西北地区铝土矿预测区矿产预测类型统计表

序号	预测区名称	所处成矿单元	矿产预测类型	矿床式	预测评价模型	预测方法类型
1	新疆乌什北山铝土矿预测区	Ⅲ－12	古风化壳沉积型(碳酸盐岩)	阿依里式	沉积一水硬铝石型铝土矿床	沉积型
2	甘肃省大台子铝土矿预测区	Ⅲ－59	古风化壳沉积型(碳酸盐岩)	大台子式	沉积一水硬铝石型铝土矿床	沉积型
3	陕西省铜川-韩城铝土矿预测区	Ⅲ－60	古风化壳沉积型(碳酸盐岩)	天桥则式	沉积一水硬铝石型铝土矿床	沉积型
4	陕西省府谷县铝土矿预测区	Ⅲ－61	古风化壳沉积型(碳酸盐岩)	天桥则式	沉积一水硬铝石型铝土矿床	沉积型
5	陕西省西乡-镇巴铝土矿预测区	Ⅲ－73	古风化壳沉积型(碳酸盐岩)	关坪式	沉积一水硬铝石型铝土矿床	沉积型

表 3－35　新疆乌什县阿依里式铝土矿区域预测模型表

区域预测要素		描述内容	预测要素分类
区域成矿地质环境	大地构造单元	阔克沙勒晚古生代陆缘盆地	必要
	成矿单元	Ⅳ－12－④阔克沙勒岭(陆缘盆地)铅、锌、铜、铁、稀土元素、铀、铝土矿、重晶石、石膏、煤矿带	必要
	控矿构造	碳酸盐岩基底抬升形成的古风化壳假整合构造面	重要
	赋矿地层	上石炭统阿依里河组	必要
	控矿沉积建造	含生物屑的碳酸盐岩(结晶灰岩)建造	必要
	区域变质作用及建造	区域变质程度低，发育绿片岩相变质建造	次要
区域成矿地质特征	成矿时代及期次	铝土矿为晚石炭世早期产物，可划分为3个成矿期次，即海侵期前成矿期、海侵期成矿期、后期表生富集成矿期	必要
	主要矿种及共(伴)生矿产	铝土矿矿床共生有石灰岩及硬石膏矿，矿石中伴生有Th、U及Ba，具有放射性异常特征	必要
	矿床类型及矿床式	碳酸盐岩古风化壳原地堆集亚型铝土矿床，为乌什县北山阿依里式	必要
	主要矿石建造	矿石中金属矿物主要为一水硬铝石(50%～80%)，其次为少量三水铝石、褐铁矿、菱铁矿、镜铁矿等；脉石矿物主要为硅质、泥质、高岭土，其次为绿泥石、方解石等	重要
	矿化蚀变特征	无明显矿化蚀变。因区域变质作用，碳酸盐岩有浅变质大理岩化形成结晶灰岩及少量大理岩	次要
	矿化后期变化	①由于矿区褶皱及断裂作用，造成含矿层系重复出现；②铝土矿石受近代表生风化作用，矿石品位有加富的现象，且风化后矿石呈褐红色、紫红色等，作为找矿标志	次要
物探特征	放射性标志	铝土矿含放射性元素Th、U、Ra，与围岩伽马强度有明显区别	重要

三、最小预测区划分

西北地区铝土矿资源潜力评价共划定铝土矿预测区5个，圈定最小预测区41个，其中A级预测区6个，占15%；B级预测区8个，占20%；C级预测区27个，占66%(表3－36)。预测类型全部为古风化壳沉积型(碳酸盐岩)。

从分布的成矿单元来看，西北地区铝土矿主要分布在Ⅲ－12塔里木板块北缘成矿带、Ⅲ－59鄂尔多斯西缘成矿带、Ⅱ－60鄂尔多斯盆地成矿区、Ⅲ－61山西断隆成矿带、Ⅲ－73龙门山-大巴山成矿带5个Ⅲ级成矿单元中。

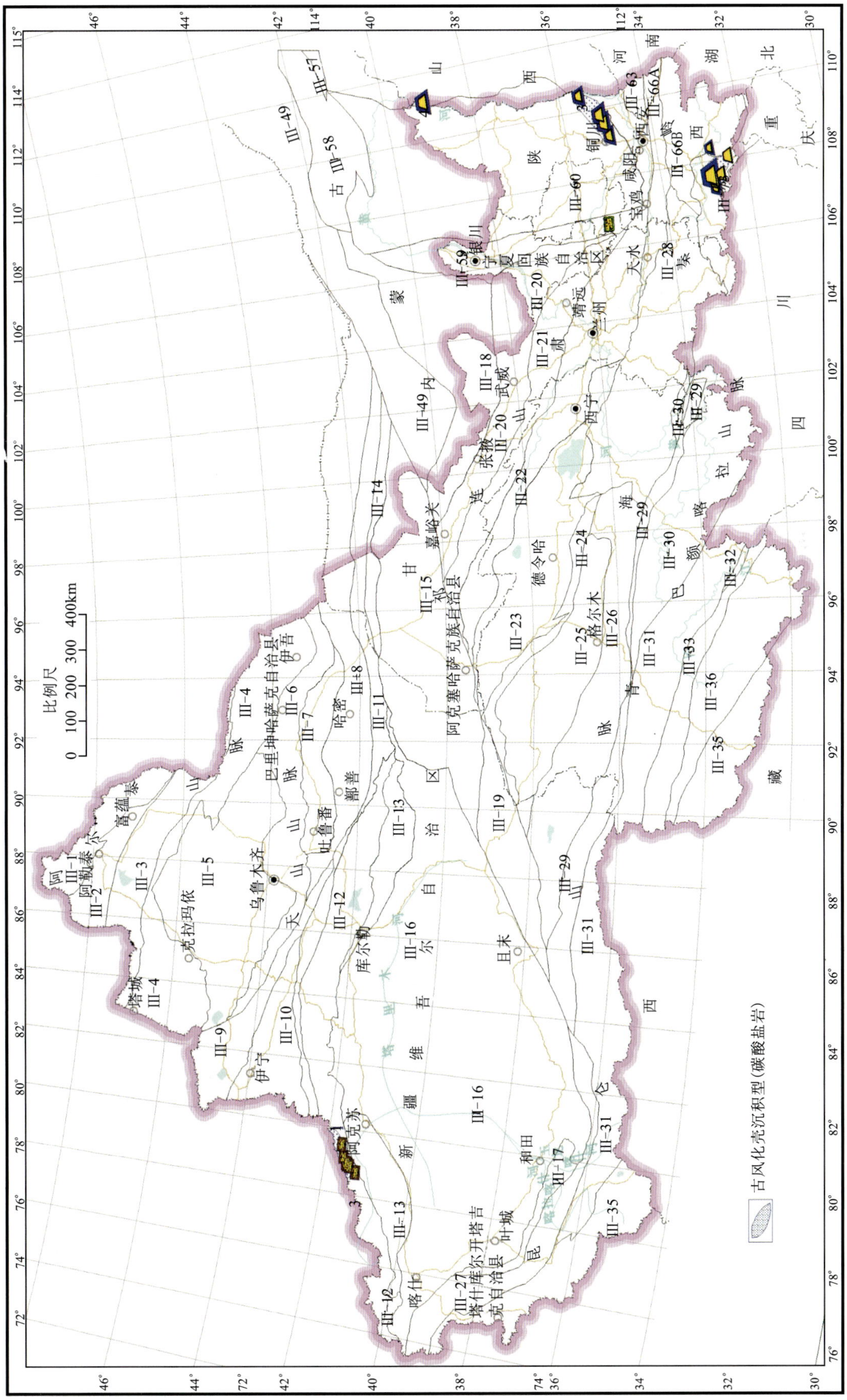

图3-16　西北地区铝土矿预测区分布图[成矿区(带)编号见表1-2]

表 3-36 西北地区铝土矿预测区不同预测类型最小预测区统计表

序号	省(区)	预测区名称	所处成矿单元	矿产预测类型	最小预测区数量(个)			
					A类	B类	C类	合计
1	陕西	铜川-韩城铝土矿预测区	Ⅲ-60	古风化壳沉积型	3	2	7	12
2	陕西	府谷县铝土矿预测区	Ⅲ-61	古风化壳沉积型	1	2	2	5
3	陕西	西乡-镇巴关铝土矿预测区	Ⅲ-73	古风化壳沉积型	1	0	9	10
4	甘肃	大台子铝土矿预测区	Ⅲ-59	古风化壳沉积型	0	2	3	5
5	新疆	乌什北山铝土矿预测区	Ⅲ-12	古风化壳沉积型	1	2	6	9
西北地区合计					6	8	27	41

四、资源量分析

1. 资源现状分析

西北地区铝土矿分布范围小、类型单一，已发现铝土矿产地 8 处，其中中型铝土矿 3 处、小型 5 处、矿点 19 处。总计探明铝土矿石资源储量为 3 523.62×10^4t，本次预测铝土矿资源量 15 250.69×10^4t。查明的铝土矿资源储量为本次西北地区预测资源量的 18.77%(表 3-37)。

表 3-37 西北地区铝土矿查明与预测资源量统计表

省(区)	陕西	甘肃	宁夏	青海	新疆	西北地区
	(矿石量×10^4t)					
查明资源量	3 442.54	11.68	0.00	0.00	69.40	3 523.62
预测资源量	14 314.34	339.23	0.00	0.00	597.12	15 250.70
查明比例(%)	19.39	3.33	0.00	0.00	10.41	18.77

2. 预测资源量分析

通过对各省(区)不同深度预测资源量统计对比来看(表 3-38)，西北地区铝土矿预测资源量 15 250.69×10^4t，全部集中在 500m 以浅的深度范围内。

表 3-38 西北地区铝土矿按深度预测资源量统计表

省(区)	预测资源量(矿石量×10^4t)			500m 以浅比例(%)
	500m 以浅	1000m 以浅	2000m 以浅	
陕西	14 314.34	14 314.34	14 314.34	100
甘肃	339.23	339.23	339.23	100
宁夏	0	0	0	0
青海	0	0	0	0
新疆	597.12	597.12	597.12	100
西北地区	15 250.69	15 250.69	15 250.69	100

从铝土矿预测资源量级别分析(表 3-39),预测 334-1 资源量 7 048.28×10^4t,占预测资源量的 46.22%;预测 334-2 资源量2 618.90×10^4t,占预测资源量的 17.17%;预测 334-3 资源量 5 583.50×10^4t,占预测资源量的 36.61%。西北地区总体高级别和低级别预测资源量所占比重最大。

西北地区铝土矿 2000m 以浅可利用性预测资源量 725.19×10^4t,占 4.76%,暂不可利用资源量 14 525.50×10^4t。从可利用性分析(表 3-40),西北地区铝土矿资源量不大,可利用性不高。

表 3-39 西北地区铝土矿按级别预测资源量统计表

省(区)	预测资源量(矿石量×10^4t)			334-1 比例(%)
	334-1	334-2	334-3	
陕西	6 785.88	2 312.26	5 216.19	47.41
甘肃	0	156.38	182.85	0
宁夏	0	0	0	0
青海	0	0	0	0
新疆	262.40	150.26	184.46	43.94
西北地区	7 048.28	2 618.90	5 583.50	46.22

表 3-40 西北地区铝土矿按可利用性预测资源量统计表

省(区)	预测资源量(矿石量×10^4t)		可利用比例(%)
	可利用	暂不可利用	
陕西	0	14 314.34	0
甘肃	339.23	0	100
宁夏	0	0	0
青海	0	0	0
新疆	385.96	211.16	64.64
西北地区	725.19	14 525.50	4.76

西北地区铝土矿预测类型全部为古风化壳沉积型。预测资源量为 14 687.03×10^4t。今后找矿主要寻找古风化壳沉积型矿床。

第四节 镍

一、矿产预测类型划分

西北地区 20 个镍矿预测区中,矿产预测类型均为基性—超基性铜-镍硫化物型(表 3-41,图 3-17)。

表 3-41　西北地区镍矿预测区矿产预测类型统计表

序号	预测区名称	所处成矿单元	矿产预测类型	矿床式	预测评价模型	预测方法类型
1	新疆喀拉通克镍矿预测区	Ⅲ-3	基性—超基性铜-镍硫化物型	喀拉通克式	基性—超基性岩型铜镍(银铬)矿	侵入岩体型
2	新疆黄山镍矿预测区	Ⅲ-8	基性—超基性铜-镍硫化物型	黄山式	基性—超基性岩型铜镍(银铬)矿	侵入岩体型
3	新疆菁布拉克镍矿预测区	Ⅲ-11	基性—超基性铜-镍硫化物型	天宇式	基性—超基性岩型铜镍(银铬)矿	侵入岩体型
4	新疆白石泉镍矿预测区	Ⅲ-11	基性—超基性铜-镍硫化物型	天宇式	基性—超基性岩型铜镍(银铬)矿	侵入岩体型
5	新疆兴地塔格镍矿预测区	Ⅲ-13	基性—超基性铜-镍硫化物型	兴地式	基性—超基性岩型铜镍(银铬)矿	侵入岩体型
6	新疆坡北镍矿预测区	Ⅲ-15	基性—超基性铜-镍硫化物型	坡北式	基性—超基性岩型铜镍(银铬)矿	侵入岩体型
7	甘肃黑山铜镍矿预测区	Ⅲ-15	基性—超基性铜-镍硫化物型	黑山式	基性—超基性岩型铜镍(银铬)矿	侵入岩体型
8	甘肃马鬃山铜镍矿预测区	Ⅲ-15	基性—超基性铜-镍硫化物型	黑山式	基性—超基性岩型铜镍(银铬)矿	侵入岩体型
9	甘肃龙首山铜镍矿预测区	Ⅲ-18	基性—超基性铜-镍硫化物型	金川式	基性—超基性岩型铜镍(银铬)矿	侵入岩体型
10	新疆秦布拉克镍矿预测区	Ⅲ-19	基性—超基性铜-镍硫化物型	秦布拉克式	基性—超基性岩型铜镍(银铬)矿	侵入岩体型
11	青海日月山镍矿预测区	Ⅲ-23	基性—超基性铜-镍硫化物型	裕龙沟式	基性—超基性岩型铜镍(银铬)矿	侵入岩体型
12	青海拉脊山镍矿预测区	Ⅲ-23	基性—超基性铜-镍硫化物型	元石山式	基性—超基性岩型铜镍(银铬)矿	侵入岩体型
13	青海化隆镍矿预测区	Ⅲ-23	基性—超基性铜-镍硫化物型	拉水峡式	基性—超基性岩型铜镍(银铬)矿	侵入岩体型
14	青海柴北缘镍矿预测区	Ⅲ-24	基性—超基性铜-镍硫化物型	牛鼻子梁式	基性—超基性岩型铜镍(银铬)矿	侵入岩体型
15	陕西凤县岩湾预镍矿测区	Ⅲ-66A	基性—超基性铜-镍硫化物型	煎茶岭式	基性—超基性岩型铜镍(银铬)矿	侵入岩体型
16	陕西周至县纸房镍矿预测区	Ⅲ-66A	基性—超基性铜-镍硫化物型	煎茶岭式	基性—超基性岩型铜镍(银铬)矿	侵入岩体型
17	陕西蓝田县草坪镍矿预测区	Ⅲ-66A	基性—超基性铜-镍硫化物型	煎茶岭式	基性—超基性岩型铜镍(银铬)矿	侵入岩体型
18	陕西商南县金盆镍铜矿预测区	Ⅲ-66A	基性—超基性铜-镍硫化物型	余家山式	基性岩浆岩铁铬(铜镍银)矿	侵入岩体型
19	陕西略阳县镍矿预测区	Ⅲ-73	基性—超基性铜-镍硫化物型	煎茶岭式	基性—超基性岩型铜镍(银铬)矿	侵入岩体型
20	陕西西乡县望江山镍铜矿预测区	Ⅲ-73	基性—超基性铜-镍硫化物型	余家山式	基性岩浆岩铁铬(铜镍银)矿	侵入岩体型

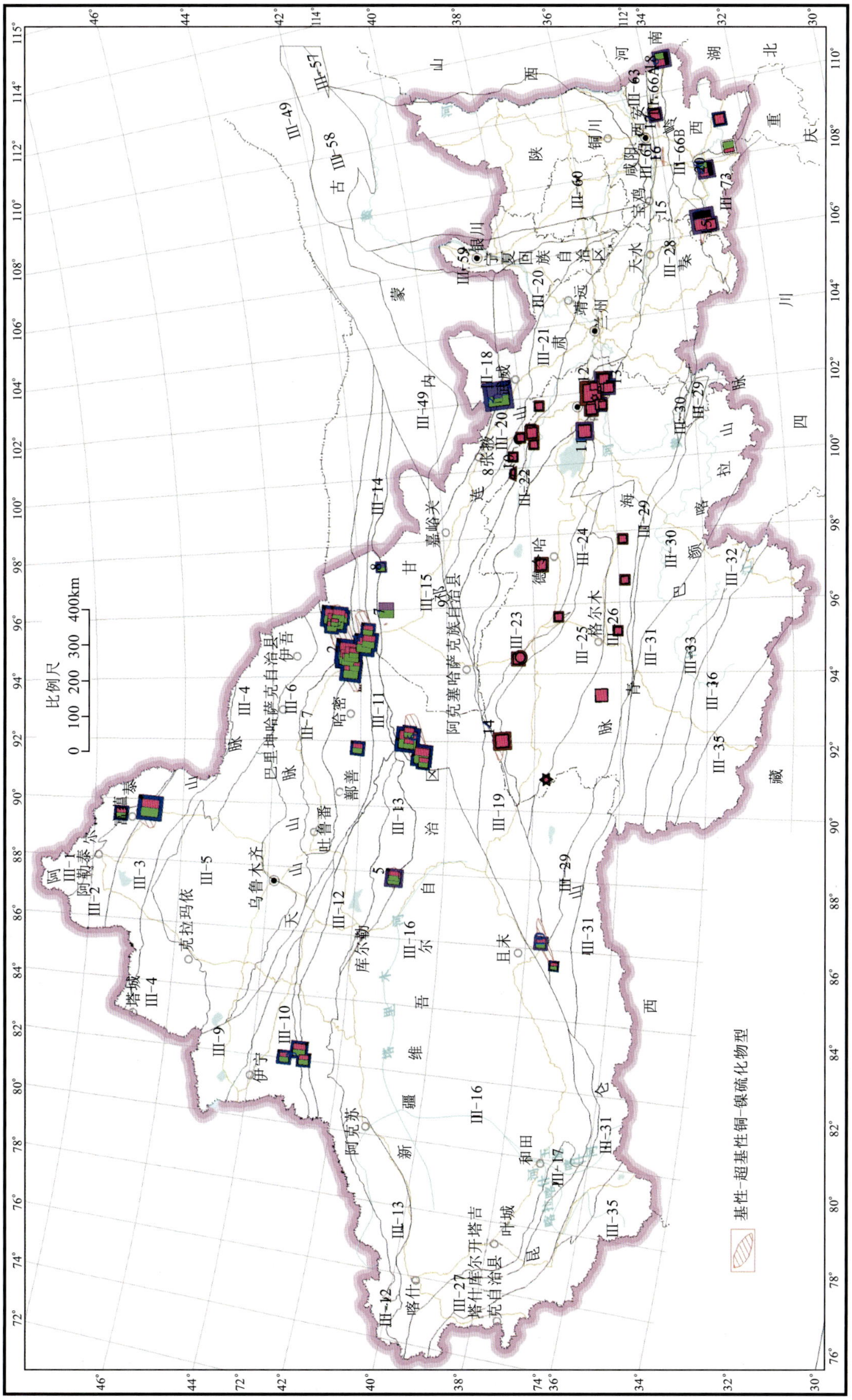

图 3-17　西北地区镍矿预测区分布图[成矿区(带)编号见表1-2]

二、预测要素及预测模型

1. 基性—超基性铜-镍硫化物型

若羌县坡北铜-镍硫化物矿床预测要素如下。化探异常：注意已知成矿带上表现出 Cu、Ni、Co、Cr 组合化探异常，矿体往往赋存在这些异常的浓集中心部位。物探异常：地球物理场上表现的高重、高磁、低阻和高极化的组合异常往往是含矿岩体的赋存部位。白地洼深大断裂控制了杂岩体的展布，应属导岩断裂构造，其旁侧的次级断裂往往是导矿构造，是寻找矿床的主要控矿标志构造。早二叠世侵入基性程度较高的镁铁-超镁铁岩体是主要的赋矿岩相；基性程度较高岩体的底部和岩体的膨大部位往往是矿体聚集的有利部位（表 3－42）。

表 3－42　坡北铜-镍硫化物矿床特征及预测要素表

预测要素		描述内容	要素分类
特征描述		早二叠世岩浆熔离型铜-镍硫化物矿床	
地质环境	构造背景	北山裂谷带	必要
	成矿环境	裂谷	必要
	成矿时代	早二叠世	必要
	岩石类型	辉长岩、橄榄辉长岩、橄辉岩和橄榄岩、橄榄辉长苏长岩、二辉岩、二辉橄榄岩和纯橄岩	必要
	含矿建造	铁质超基性岩	重要
矿床特征	含矿岩性	二辉橄榄岩和纯橄岩	重要
	矿物组合	矿石矿物（原生矿）：镍黄铁矿、黄铜矿、磁黄铁矿，含有少量的墨铜矿、斑铜矿、针镍矿；脉石矿物：贵橄榄石、紫苏辉石、单斜辉石	重要
	蚀变	蛇纹石化、透闪石化、滑石化	
	控矿条件	大断裂和次级断裂交会部位，分异充分的基性程度高岩相的底部，镁铁岩和超镁铁岩的接触部位	重要
物探特征	磁法	高磁异常	重要
	重力	局部重力高	重要
	激电	低阻＋高极化率异常	重要
化探特征	区域	Cu、Ni、Co 明显正异常	重要
	矿区	具有 Cu、Ni、Co 的明显正异常	重要

2. 镁质超基性岩后生热液型

略阳县煎茶岭镍矿床预测要素见表 3－43。

表 3－43　陕西省略阳县煎茶岭镍(钴)矿床预测要素表

预测要素		内容描述	要素分类
特征描述		超基性镍(钴)硫化物型矿床	
地质环境	大地构造位置	区域上位于勉略结合带上（$Ⅳ_{11}$），属勉略阳元古隆起北缘，南邻摩天岭古陆，北接南秦岭裂谷带	必要
	控岩(矿)构造	①构造控矿：含镍主岩体构造形成受何家岩复式背斜及次级褶皱和近东西向主断裂（F_1^8）及其旁侧次级断裂交会复合部位的构造空间制约。②超基性成矿母岩控矿：早期含镍超基性主岩体是成矿基本场所，岩体中部膨大部位是最有利的成矿空间；主矿体走向拐弯处和倾角由陡变缓处是矿体变厚、品位变高因素之一。③中酸性岩脉控矿：对超基性主岩体进行改造，使矿体形态复杂化	必要

续表 3 - 43

预测要素		内容描述	要素分类
特征描述		超基性镍(钴)硫化物型矿床	
地质环境	岩体产出时代	晚元古代(晋宁期)侵入了含镍钴金的超基性岩;加里东至华力西期超基性、基性至中性、酸性岩广泛侵入;印支至燕山期有小规模的基性—酸性脉岩侵入	必要
	岩体侵位围岩	太古界鱼洞子组(Ar*y*)、中元古界接官亭组(Pt*j*)、震旦系断头崖组(Z_1^1d)、九道拐组(Z_1^2j)、石炭系略阳组(Cl)	重要
	含矿侵入体	变质超基性岩,以滑镁岩为主,其次为叶蛇纹岩、透闪岩、菱镁岩。原岩可能为纯橄岩、斜方辉橄岩、辉石岩	必要
	岩石化学特征	属镁质超基性岩,镁铁比值为 8～11	重要
成矿特征	成矿区带	属龙门山—大巴山(台缘坳陷)铁、铜、铅、锌、锰、钒、磷、硫、重晶石、铝土矿成矿带(Ⅲ-73)	必要
	矿体产状	矿体呈陡倾岩墙状产出,总体走向近东西,矿体总体倾向南 172°～202°;倾角 68°～88°,一般为 70°左右	重要
	矿体形态	似层状、透镜状,沿矿体走向两端或矿体倾斜上下部位具分枝现象,矿体中间部位多复合	重要
	矿体规模	圈定参加储量计算矿体 13 个,大都以盲矿体产出,主矿体有 5 号和 4 号矿体。总体上矿体赋存标高为 338～1210m,长 90～1550m,最大延深 795m,平均厚 11.38m。资料统计显示,最大控制垂深为 872m	重要
	矿石类型	矿石工业类型:主要为硫化镍矿石,极少量硅酸镍矿石;矿石主要自然类型:滑镁岩型镍矿石、叶蛇纹岩型镍矿石、菱镁岩型镍矿石、透闪岩型镍矿石。矿石中有用元素是镍,伴生有用元素是钴,其余元素含量极微。矿石为含钴硫化镍贫矿,约 1/3 为富镍矿石。以原生矿石为主,少量混合矿石,氧化矿石全部为表外矿	重要
	矿石矿物成分	主要含镍矿物为镍黄铁矿,其次有针镍矿、辉镍矿、紫硫镍铁矿、辉砷镍矿等。脉石矿物有叶蛇纹石、纤维蛇纹石、胶蛇纹石、绿泥石、透闪石、滑石等;副矿物有磷灰石、榍石和白钛石等	重要
	矿石结构构造	矿石结构有半自形-他形晶粒结构、填隙交代结构、火焰结构、乳浊状结构、结状结构、似海绵陨铁结构、残余结构、网脉状结构、自形晶粒状结构等。 矿石构造主要有浸染状构造、斑点状构造、斑杂状构造、似条带状构造、致密块状构造	重要
	共(伴)生情况	镍为主,伴生钴	重要
地球物理化学特征	地球化学异常	含镍主岩体以高镍含钴低铜为特点;地表原生晕异常呈线状、带状、不规则状,边片成群出现;单个异常多为:长 100～500m,宽 50～200m,元素在异常中含量:Ni 为(3214～4724)$\times10^{-6}$,Co 为(136～259)$\times10^{-6}$,Cu 为(33～226)$\times10^{-6}$,As 为(25～97)$\times10^{-6}$。异常中 Ni、Co 平均含水量差异不大,高 Ni、Co、Cu、S 低 Cr 的异常往往与矿有关,而 Ni 与 Cr 呈正相关时往往与矿无关	重要
	磁异常	组成含镍主岩体的主要岩石,一般都有磁性,叶蛇纹岩上可有 800r 的背景场,滑镁岩及菱镁岩分布区,可出现 200～300r 的背景场,透闪石分布范围小,多见于深部;在主岩体中的含钴硫化镍矿体,一般地面可形成 500r 以上的磁异常;镍矿石 10°剖面内有效磁化强度 J_s 一般在(5000～10 000)$\times10^{-6}$CGSM,有效磁倾角 60°左右	重要
	自电场异常	岩体中,自电零毫伏等值线以下范围均为自电异常区,在异常域内叠加异常一般都有矿体存在;单个矿体在地表一般能引起－150～－50mV 以上的场值。研究岩体内自然电流场的分布,有助于发现隐伏盲矿体	重要

三、最小预测区划分

西北地区镍矿资源潜力评价共划定镍矿预测区 20 个,圈定最小预测区 114 个,其中 A 级预测区 19 个,占 17%;B 级预测区 22 个,占 19%;C 级预测区 73 个,占 64%(表 3-44)。预测类型全部为基性—超基性铜-镍硫化物型。

表 3-44 西北地区镍矿预测区不同预测类型最小预测区统计表

序号	预测区名称	所处成矿单元	矿产预测类型	最小预测区数量(个)			
				A类	B类	C类	合计
1	陕西凤县岩湾预镍矿预测工作区	Ⅲ-66	基性—超基性铜-镍硫化物型	0	0	1	1
2	陕西周至县纸房镍矿预测区	Ⅲ-66	基性—超基性铜-镍硫化物型	0	0	3	3
3	陕西蓝田县草坪镍矿预测区	Ⅲ-66	基性—超基性铜-镍硫化物型	0	1	1	2
4	陕西商南县金盆镍铜矿预测区	Ⅲ-66	基性—超基性铜-镍硫化物型	1	0	0	1
5	陕西略阳县镍矿预测区	Ⅲ-73	基性—超基性铜-镍硫化物型	1	1	10	12
6	陕西西乡县望江山镍铜矿预测区	Ⅲ-73	基性—超基性铜-镍硫化物型	1	0	4	5
7	甘肃马鬃山铜镍矿预测区	Ⅲ-15	基性—超基性铜-镍硫化物型	0	0	1	1
8	甘肃黑山铜镍矿预测区	Ⅲ-15	基性—超基性铜-镍硫化物型	0	0	0	0
9	甘肃龙首山铜镍矿预测区	Ⅲ-18	基性—超基性铜-镍硫化物型	1	1	2	4
10	青海拉脊山镍矿预测区	Ⅲ-23	基性—超基性铜-镍硫化物型	1	0	0	1
11	青海化隆地区镍矿预测区	Ⅲ-23	基性—超基性铜-镍硫化物型	1	9	2	12
12	青海日月山地区镍矿预测区	Ⅲ-23	基性—超基性铜-镍硫化物型	1	0	1	2
13	青海柴北缘镍矿预测区	Ⅲ-24	基性—超基性铜-镍硫化物型	1	0	2	3
14	新疆喀拉通克一带镍矿预测区	Ⅲ-3	基性—超基性铜-镍硫化物型	1	0	18	19
15	新疆黄山一带镍矿预测区	Ⅲ-8	基性—超基性铜-镍硫化物型	5	4	7	16
16	新疆白石泉一带镍矿预测区	Ⅲ-8	基性—超基性铜-镍硫化物型	1	2	5	8
17	新疆菁布拉克一带镍矿预测区	Ⅲ-11	基性—超基性铜-镍硫化物型	1	0	1	2
18	新疆兴地塔格一带镍矿预测区	Ⅲ-13	基性—超基性铜-镍硫化物型	1	2	1	4
19	新疆坡北一带镍矿预测区	Ⅲ-14	基性—超基性铜-镍硫化物型	2	0	10	12
20	新疆秦布拉克一带镍矿预测区	Ⅲ-19	基性—超基性铜-镍硫化物型	0	2	4	6
西北地区合计				19	22	73	114

从分布的成矿单元来看，西北地区镍矿主要分布在Ⅲ-3 北准噶尔成矿带、Ⅲ-8 觉罗塔格成矿带、Ⅲ-11 伊犁南缘-中天山-旱山成矿带、Ⅲ-13 塔里木陆块北缘隆起成矿带、Ⅲ-14 金窝子-公婆泉-东七一山成矿带、Ⅲ-15 敦煌成矿区、Ⅲ-18 阿拉善成矿带、Ⅲ-19 阿尔金成矿带、Ⅲ-23 南祁连成矿带、Ⅲ-24 柴达木北缘成矿带、Ⅲ-66 东秦岭成矿带、Ⅲ-73 龙门山-大巴山成矿带 12 个Ⅲ级成矿单元中。

四、资源量分析

1. 资源现状分析

西北地区镍矿具有分布较广、类型单一、资源潜力大等特点，共发现镍矿床 32 处，包括超大型矿床 1 处，大型矿床 9 处，中型矿床 11 处，小型矿床 11 处。总计探明镍金属资源储量为 8 865 456t，本次预测镍金属资源量 18 080 785t。查明的镍金属资源储量为本次西北预测资源量的 32.90%(表 3-45)。

表 3-45　西北地区镍矿查明与预测资源量统计表

省(区)	陕西	甘肃	宁夏	青海	新疆	西北地区
	(金属量:t)					
查明资源量	343 551	5 587 800	0	187 701	2 746 404	8 865 456
预测资源量	894 993	7 426 220	0	417 056	9 342 516	18 080 785
查明比例(%)	27.74	42.94	0	31.04	22.72	32.90

2. 预测资源量分析

从对各省(区)不同深度预测资源量统计对比来看(表 3-46),西北地区镍矿 500m 以浅预测资源量 7 123 970t,占预测资源量的 19.11%;1000m 以浅预测资源量12 079 955t,占预测资源量的 32.40%;2000m 以浅预测资源量 18 080 785t。由此来看,西北镍矿深部仍有较大的找矿空间。

表 3-46　西北地区镍矿按深度预测资源量统计表

省(区)	预测资源量(金属量:t)			500m 以浅比例(%)
	500m 以浅	1000m 以浅	2000m 以浅	
陕西	380 348	869 505	894 993	42.50
甘肃	934 520	2 261 900	7 426 220	12.58
宁夏	0	0	0	0
青海	402 637	417 056	417 056	96.54
新疆	5 406 465	8 531 494	9 342 516	57.87
西北地区	7 123 970	12 079 955	18 080 785	19.11

从镍矿预测资源量级别分析(表 3-47),预测 334-1 资源量 8 487 329t,占预测资源量的 46.94%;预测 334-2 资源量 2 350 786t,占预测资源量的 13.00%;预测 334-3 资源量 7 242 650t,占预测资源量的 40.06%。

表 3-47　西北地区镍矿按级别预测资源量统计表

省(区)	预测资源量(金属量:t)			334-1 比例(%)
	334-1	334-2	334-3	
陕西	172 373	205 545	517 075	19.26
甘肃	5 186 100	1 937 000	303 100	69.84
青海	102 476	0	314 580	24.57
新疆	3 026 380	208 241	6 107 895	32.39
西北地区	8 487 329	2 350 786	7 242 650	46.94

西北地区镍矿 2000m 以浅可利用性预测资源量 11 702 252t，占 64.72%，暂不可利用资源量 6 378 533t(表 3-48)。从可利用性分析，总体矿床经济技术条件相对较为优越。

西北地区镍矿预测类型主要为基性—超基性铜-镍硫化物型，少量为基性岩浆岩铁铬中伴生。预测资源量为 18 080 765t。以基性—超基性铜-镍硫化物型为找矿主攻方向。

表 3-48 西北地区镍矿按可利用性预测资源量统计表

省(区)	预测资源量(金属量:t)		可利用比例(%)
	可利用	暂不可利用	
陕西	380 348	514 645	42.50
甘肃	2 361 400	5 064 400	31.80
宁夏	0	0	0
青海	102 476	314 580	24.57
新疆	8 857 608	484 908	94.81
西北地区	11 702 252	6 378 533	64.72

第五节 钨

一、矿产预测类型划分

西北地区 22 个钨矿预测区中，石英脉型 7 个，占 32%；矽卡岩-石英脉型 4 个，占 18%；矽卡岩型 4 个，占 18%；矽卡岩-云英岩型 6 个，占 27%；云英岩-石英脉型 1 个，占 5%(表 3-49，图 3-18，图 3-19)。

表 3-49 西北地区钨矿预测区矿产预测类型统计表

序号	预测区名称	所处成矿单元	矿产预测类型	矿床式	预测评价模型	预测方法类型
1	甘肃肃北县红尖兵山钨矿预测区	Ⅲ-8	云英岩-石英脉型	红尖兵山式	与花岗岩体有关的大脉、细脉带、网脉(浸染)型锡(钼)矿床	复合内生型
2	新疆祖鲁洪钨矿预测区	Ⅲ-9	石英脉型	祖鲁洪式	矽卡岩-云英岩型钨锡萤石(银钼)矿	复合内生型
3	新疆大恩别列钨矿预测区	Ⅲ-10	矽卡岩型	大恩别列式	矽卡岩-云英岩型钨锡萤石(银钼)矿	侵入岩体型
4	新疆双井子钨矿预测区	Ⅲ-11	矽卡岩型	双井子式	矽卡岩-云英岩型钨锡萤石(银钼)矿	侵入岩体型
5	新疆忠宝地区钨矿预测区	Ⅲ-12	矽卡岩型	忠宝式	矽卡岩-云英岩型钨锡萤石(银钼)矿	侵入岩体型
6	甘肃敦煌市小独山钨矿预测区	Ⅲ-15	石英脉型	小独山式	与花岗岩体有关的大脉、细脉带、网脉(浸染)型锡(钼)矿床	复合内生型
7	甘肃肃北县华窑山钨矿预测区	Ⅲ-15	石英脉型	玉山式	与花岗岩体有关的大脉、细脉带、网脉(浸染)型锡(钼)矿床	复合内生型
8	甘肃金塔县玉山钨矿预测区	Ⅲ-15	石英脉型	玉山式	与花岗岩体有关的大脉、细脉带、网脉(浸染)型锡(钼)矿床	复合内生型

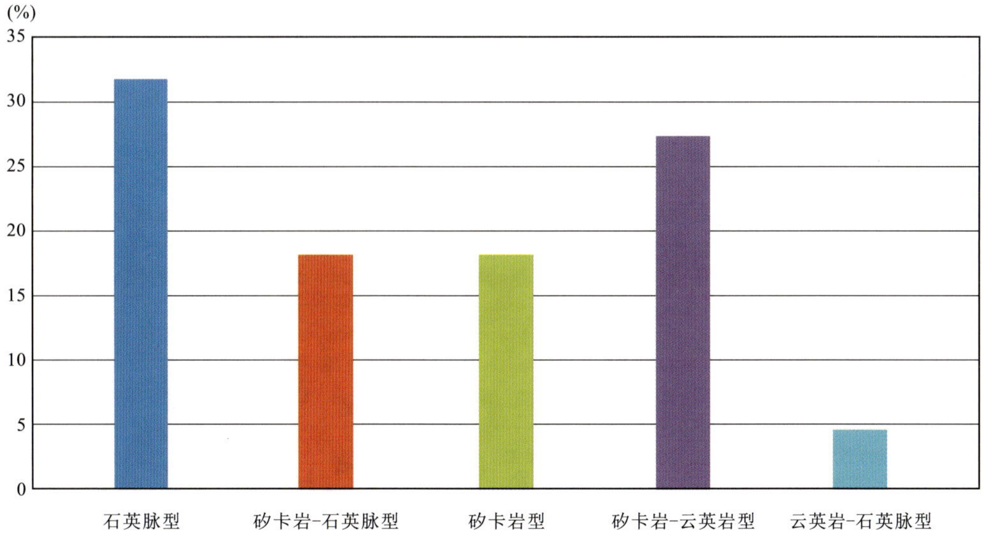

图 3-19　西北地区钨矿预测区矿产预测类型统计

级或派生断裂、裂隙系统和Ⅰ～Ⅳ褶皱是本区主要的导矿、控矿、成矿构造，其经历了由深部到浅部，由中高温到低温、由韧性到脆—韧性的复杂的演变历史。它不仅仅控制了区内地层和蚀变带的分布，还控制了地球物理、地球化学异常的范围，使其沿该带及其两侧呈密集带状分布，它是寻找钨、锡矿的区域性构造标志。

(4)区内侵入岩体为主要热源，促进了变质热液的运移并提供了成矿物质和成矿介质(岩浆热液)，为钨矿形成的矿源层。对矿田(床)、矿体的时空分布、形成和变化具有明显的控制作用，可作为间接找矿标志。

(5)区内出露地层与成矿关系最为密切的为泥盆系，沉积了一套浅海陆相碎屑岩夹碳酸盐岩建造。区域地球化学特征研究表明：Cu-Pb-Zn-Ag-Cd-Au-As-Sb(W、Sn、Bi)是本区最发育的异常组合。大片异常围绕印支期酸性、中酸性侵入体及接触带分布，以岷县—宕昌一线为过渡带，北部以Cu、Au、As、Pb、Zn异常为主，南部异常组合为Sb、Hg、Au。泥盆系—二叠系地层Pb、Zn、Ag具有高丰度，成为区域矿源层。特征明显，为找矿的地层岩性标志。

(6)地表矿体总体出露较差，局部出露较好，地表可见明显石英脉出露；风化剥蚀较强，在地貌上表现为负地形，风化宽度为30～80m，剥蚀深度大于3m，矿体赋存在断裂带中，次生淋滤、氧化程度较高，为找矿的重要直接标志。

(7)沿断裂破碎带呈断续带状分布的浸染状、团块状褐铁矿化、赤铁矿化、黄铁矿化、铁碳酸盐化、绢云母化、硅化、矽卡岩化、角岩化、大理岩化、细脉状、网脉状、团块状方解石化等蚀变地段，是矿(化)体赋存的有利部位，是找矿的重要直接标志。

(8)水系沉积物测量的Pb-Zn-Ag-Hg-As-Sb元素组合异常及土壤测量Pb-Zn-Ag元素组合异常找矿效果较好，是找钨矿的直接标志。

(9)前人采矿老硐，采坑，古采、选遗址，可视为重要的直接找矿标志。

2. 矽卡岩型

托克逊县忠宝钨矿预测要素见表3-50。

根据区域钨预测特征，建立区域预测模型见表3-51。

表 3-50 新疆托克逊县忠宝矽卡岩型钨矿床预测要素表

预测要素		描述内容	要素分类
地质环境	岩石类型	黑云母石英片岩、二云母石英片岩、石英片岩、钙质片岩、角闪片岩、大理岩、二长花岗岩、钾长花岗岩、正长岩、矽卡岩	必要
	含矿建造	阿尔彼什麦布拉克组下亚组沉积变质碎屑岩+碳酸盐岩，晚石炭世偏碱的钙碱性花岗岩及交代矽卡岩	次要
	成矿时代	晚石炭世	必要
	成矿环境	浅海相碎屑岩+碳酸盐岩建造，后期偏碱的钙碱性花岗岩侵入，交代矽卡岩化	必要
	构造背景	位于艾尔宾晚古生代残余盆地库米什背斜核部倾没端，受断裂构造控制	次要
矿床特征	矿物组合	矿石矿物为白钨矿，钨华、黑钨矿、锡石、黄铁矿、赤铁矿等极少量；脉石矿物有石英、透辉石、符山石、绿帘石、硅灰石、石榴石、方解石、阳起石、斜长石、萤石、白云母、方柱石、透闪石	重要
	结构构造	主要有自形晶粒状结构、半自形-他形晶粒状结构、他形粒状结构、交代充填结构。主要为浸染状构造，其次为条带状及斑杂状构造	次要
	蚀变	矽卡岩化、硅化、云英岩化、黄铁矿化、碳酸盐化、萤石化等	重要
	控矿条件	接触带，尤其是外接触带。后期的构造裂隙充填叠加形成裂隙充填加富	必要
	风化	机械风化，有明显的白钨矿重砂异常	次要
地球物理、地球化学特征	磁法	仅有弱的正磁异常或无异常	次要
	重力	位于区域重力低值带中，大比例尺为局部重力高异常显示，强度(300～500)$\times 10^{-8}m/s^2$	重要
	化探	主要指示元素为 W、Sn、Bi、F、Mn，一般指示元素为 Cu、Zn、Mo，Ba 元素的负异常区与矿化区相对应。W、Sn、F、Mn 元素异常与矿化矽卡岩及矿化蚀变岩对应，范围较大，其中 W、F 元素与矿体对应更好，而 Sn、Mo 元素异常往往可以指示整个矿化带范围	重要

表 3-51 新疆托克逊县忠宝矽卡岩型钨矿区域预测模型表

区域预测要素			描述内容	预测要素分类
区域成矿地质环境	大地构造位置		塔里木板块北缘复合沟弧带，额尔宾山-库米什残余海盆	必要
	主要控矿构造		以背斜、断裂和岩体侵入为主的复合构造	次要
	主要赋矿地层		以下泥盆统阿尔彼什麦布拉克组为主，其次为中泥盆统阿拉塔格组、萨阿尔明组、下石炭统干草湖组等	必要
	控矿沉积建造		以浅海陆源碎屑岩+碳酸盐岩及生物碎屑灰岩建造为主	必要
	控矿侵入岩		华力西期二长花岗岩-钾长花岗岩-黑云母花岗岩建造	必要
	区域变质作用及建造		为低—中级变质程度，属低绿片岩-角闪岩相	次要
区域成矿地质特征	区域成矿类型和成矿期		石炭纪矽卡岩型钨矿床	必要
	矽卡岩型钨矿主要成矿要素	沉积环境	海相沉积盆地(浅-滨海盆地)	次要
		控矿侵入岩	以泥盆纪—石炭纪二长花岗岩-钾长花岗岩-黑云母花岗岩为主	必要
		构造	背斜、断裂和侵入体构造	次要
		矿石建造	以白钨矿矿石建造为主，有辉钼矿-白钨矿矿石建造	必要
		围岩蚀变	矽卡岩化、云英岩化、硅化、碳酸盐化、黄铁矿化、萤石化等	重要
		矿床式	矿床式为接触交代矽卡岩型钨矿床(忠宝式)	必要
区域重砂特征			发育白钨矿重砂异常	重要
区域化探特征			1∶20 万化探 W、Sn、Bi、Be、F 元素异常	重要

3. 矽卡岩-云英岩型

红尖兵山钨矿找矿标志如下。

(1)寻找红尖兵山式复合内生型钨矿远景区,应放在天山-兴蒙造山系(Ⅰ)—额济纳旗—北山弧盆系(Ⅰ-9),分属明水岩浆弧(C)(Ⅰ-9-1)这一构造岩浆岩带上,它是寻找钨矿的区域性标志。

(2)该预测区钨钼矿床(点)的展布Ⅰ级成矿区古亚洲成矿域(Ⅰ-1)—Ⅱ级成矿区准噶尔成矿省(Ⅱ-2)—Ⅲ级成矿区觉罗塔格、黑鹰山铜、镍、铁、金、银、钼、钨、石膏、硅灰石、膨润土、煤成矿带(Ⅲ-08)—Ⅳ级成矿区明水、黑鹰山华力西期金铜镍钨(钨锡)成矿带(Ⅳ-8①)—Ⅴ级成矿区红尖兵山华力西期钨(钼锡)成矿带(Ⅴ-8①a)的控制,它是寻找钨钼矿的区域性找矿及成矿标志。

(3)石英脉型钨矿大部分裸露于地表,其岩性特征为石英脉油脂光泽显著,结晶半透明,白色至灰色,致密块状或晶洞状构造,并常为钨质、锰质分解物沿石英裂隙渲染而成棕黑色、褐黑色,是最直接、最明显的找矿标志。如果石英脉石为蛋白色,缺乏油脂光泽,结晶不透明,或呈糖粒状结构,脉内裂隙面又无钨质、锰质分解物的渲染,则一般不含黑钨矿。

(4)矿体的生成与华力西中期小型花岗岩株密切相关,尤与岩株顶部突出部分的岩石关系颇为密切。由于东、西岩体普遍具有W、Mo、Be、Bi、Li等元素背景值的含量高,为矿床的形成提供了丰富的物质来源。

(5)预测工作区赋矿地层为上古生界石炭系下统白山组下段,岩性主要为中酸性火山岩夹大理岩、灰岩沉积建造,厚度约4630.4m。

(6)区域蚀变主要有浸染状、团块状褐铁矿化、赤铁矿化、黄铁矿化、铁碳酸盐化、云英岩化、绢云母化、硅化、矽卡岩化、角岩化、大理岩化、细脉状、网脉状、团块状方解石化,其次可见白云岩化、碳化、黏土化及少量的重晶石化等,蚀变呈面状、线状,蚀变强度中等—强烈。其中与黑钨矿形成有关的主要是云英岩(化)脉、绢云母化、硅化,为找矿的重要标志。

(7)水系沉积物测量的W、Sn、Mo、Bi元素组合异常及土壤测量W、Sn、Mo、Bi元素组合异常找矿效果较好,为找矿的直接标志。

(8)前人采矿老硐,采坑,古采、选遗址,可视为重要的直接找矿标志。

三、最小预测区划分

西北地区钨矿资源潜力评价共划定钨矿预测区22个,圈定最小预测区239个,其中A级预测区29个,占12%;B级预测区61个,占26%;C级预测区149个,占62%(表3-52)。按预测类型统计,石英脉型最小预测区共79个,占33%;矽卡岩-石英脉型最小预测区共13个,占5%;矽卡岩型最小预测区共56个,占23%;矽卡岩-云英岩型最小预测区共86个,占36%;云英岩-石英脉型最小预测区共5处,占2%。

从分布的成矿单元来看,西北地区钨矿主要分布在Ⅲ-8觉罗塔格成矿带、Ⅲ-9伊犁北缘成矿带、Ⅲ-10伊犁成矿带、Ⅲ-11伊犁南缘-中天山-旱山成矿带、Ⅲ-12塔里木板块北缘成矿带、Ⅲ-15敦煌成矿区、Ⅲ-21北祁连成矿带、Ⅲ-22中祁连成矿带、Ⅲ-23南祁连成矿带、Ⅲ-26东昆仑成矿带、Ⅲ-28西秦岭成矿带、Ⅲ-30北巴颜喀拉-马尔康成矿带、Ⅲ-31南巴颜喀拉-雅江成矿带、Ⅲ-35喀喇昆仑-羌北成矿带、Ⅲ-66东秦岭成矿带15个Ⅲ级成矿单元中。

表 3-52 西北地区钨矿预测区不同预测类型最小预测区统计表

序号	预测区名称	所处成矿单元	矿产预测类型	最小预测区数量(个)			
				A类	B类	C类	合计
1	陕西蓝田县清峪钨矿预测区	Ⅲ-66	石英脉型	0	1	30	31
2	陕西商州南台-银洞沟钨矿预测区	Ⅲ-66	石英脉型	1	2	11	14
3	甘肃敦煌市小独山一带钨矿预测区	Ⅲ-15	石英脉型	1	0	3	4
4	甘肃肃北县华窑山一带钨矿预测区	Ⅲ-15	石英脉型	1	1	1	3
5	甘肃金塔县玉山一带钨矿预测区	Ⅲ-15	石英脉型	1	1	2	4
6	甘肃岷县雪花山一带钨矿预测区	Ⅲ-28	石英脉型	1	1	2	4
7	新疆祖鲁洪地区钨矿预测区	Ⅲ-9	石英脉型	1	0	18	19
石英脉型小计				6	6	67	79
8	甘肃酒泉市干巴河脑钨矿预测区	Ⅲ-21	矽卡岩-石英脉型	1	1	1	3
9	甘肃肃南县小柳沟一带钨矿预测区	Ⅲ-21	矽卡岩-石英脉型	1	2	1	4
10	甘肃肃北县野马滩一带钨矿预测区	Ⅲ-22	矽卡岩-石英脉型	1	1	2	4
11	甘肃肃北县塔尔沟一带钨矿预测区	Ⅲ-22	矽卡岩-石英脉型	1	0	1	2
矽卡岩-石英脉型小计				4	4	5	13
12	新疆大恩别列地区钨矿预测区	Ⅲ-10	矽卡岩型	1	5	8	14
13	新疆双井地区钨矿预测区	Ⅲ-11	矽卡岩型	1	2	7	10
14	新疆忠宝地区钨矿预测区	Ⅲ-12	矽卡岩型	1	3	3	7
15	新疆白干湖地区钨矿预测区	Ⅲ-26	矽卡岩型	3	16	6	25
矽卡岩型小计				6	26	24	56
16	青海大黑山-龙王山钨矿预测区	Ⅲ-21	矽卡岩-云英岩型	1	2	8	11
17	青海龙门-嘎子钨矿预测区	Ⅲ-23	矽卡岩-云英岩型	2	0	13	15
18	青海青海湖南山-化隆地块钨矿预测区	Ⅲ-23	矽卡岩-云英岩型	6	6	8	20
19	青海年保玉则-昌马河钨矿预测区	Ⅲ-30	矽卡岩-云英岩型	1	4	10	15
20	青海五雪峰-扎日尕那钨矿预测区	Ⅲ-31	矽卡岩-云英岩型	2	6	6	14
21	青海格拉丹东-龙亚拉钨矿预测区	Ⅲ-35	矽卡岩-云英岩型	0	6	5	11
矽卡岩-云英岩型小计				12	24	50	86
22	甘肃肃北县红尖兵山地区钨矿预测区	Ⅲ-8	云英岩-石英脉型	1	1	3	5
云英岩-石英脉型小计				1	1	3	5
西北地区合计				29	61	149	239

四、资源量分析

1. 资源现状分析

西北地区钨矿分布较广、类型较单一，目前在西北地区已发现钨矿床 18 处，其中，大型矿床 3 处，中型矿床 6 处，小型矿床 8 处。总计探明钨金属资源储量为 461 461t，本次预测钨矿资源量 5 374 253t。查明的钨矿资源储量为本次西北地区预测资源量的 7.91%(表 3-53)，表明找矿潜力很大，有待进一步工作。

表 3－53　西北地区钨矿查明与预测资源量统计表

省(区)	陕西	甘肃	宁夏	青海	新疆	西北地区
	(金属量:t)					
查明资源量	1911	355 818	0	14 120	89 612	461 461
预测资源量	151 010	1 701 300	0	133 160	3 388 783	5 374 253
查明比例(%)	1.25	17.30	0	9.59	2.58	7.91

2. 预测资源量分析

通过对各省(区)不同深度预测资源量统计对比来看(表 3－54),西北地区钨矿 500m 以浅预测资源量 4 178 753t,占预测资源量的 77.76%;1000m 以浅预测资源量 4 612 854t,占预测资源量的 85.83%;2000m 以浅预测资源量 5 374 253t。由此来看,西北地区钨矿资源量主要集中在 1000m 以浅。

表 3－54　西北地区钨矿按深度预测资源量统计表

省(区)	预测资源量(金属量:t)			500m 以浅比例(%)
	500m 以浅	1000m 以浅	2000m 以浅	
陕西	151 010	151 010	151 010	100
甘肃	505 800	939 900	1 701 300	29.73
宁夏	0	0	0	0
青海	133 160	133 160	133 160	100
新疆	3 388 783	3 388 783	3 388 783	100
西北地区	4 178 753	4 612 854	5 374 253	77.76

从钨矿预测资源量级别分析(表 3－55),预测 334－1 资源量 2 494 516t,占预测资源量的 46.43%;预测 334－2 资源量 668 874t,占预测资源量的 12.45%;预测 334－3 资源量 2 208 911t,占预测资源量的 41.12%。西北地区总体高级别资源量所占比重最大。

表 3－55　西北地区钨矿按级别预测资源量统计表

省(区)	预测资源量(金属量:t)			334－1 比例(%)
	334－1	334－2	334－3	
陕西	35 031.5	0	115 978.90	23.20
甘肃	1 235 700	213 400	252 100	72.64
宁夏	0	0	0	0
青海	18 360	0	112 948.58	13.79
新疆	1 205 424.83	455 474.17	1 727 883.55	35.57
西北地区	2 494 516.33	668 874.17	2 208 911.03	46.43

西北地区钨矿 2000m 以浅可利用性预测资源量2 226 539t，占 41.43%，暂不可利用资源量3 147 714t。从可利用性分析(表 3-56)，西北地区各省区钨矿资源量可利用性不均衡。

表 3-56　西北地区钨矿按可利用性预测资源量统计表

省(区)	预测资源量(金属量:t)		可利用比例(%)
	可利用	暂不可利用	
陕西	35 032	115 979	23.20
甘肃	967 723	733 577	56.88
宁夏	0	0	0
青海	18 360	114 800	13.79
新疆	1 205 425	2 183 358	35.57
西北地区	2 226 539	3 147 714	41.43

西北地区钨矿预测类型共有 5 种，即石英脉型、矽卡岩-石英脉型、矽卡岩型、矽卡岩-云英岩型和云英岩-石英脉型(表 3-57，图 3-20)。其中，重要类型为矽卡岩型，预测资源量 3 285 623t，占总预测资源量的 71.86%，是今后找矿的主攻方向。

表 3-57　西北地区钨矿按预测类型预测资源量统计表

预测类型＼省(区)	陕西	甘肃	宁夏	青海	新疆	西北地区	占总量比例(%)
	(金属量:t)						
石英脉型	151 010	439 082	0	0	103 159	693 251	15.16
矽卡岩-石英脉型	0	427 268	0	0	0	427 268	9.34
矽卡岩型	0	0	0	0	3 285 623	3 285 623	71.86
矽卡岩-云英岩型	0	0	0	133 160	0	133 160	2.91
云英岩-石英脉型	0	33 158	0	0	0	33 158	0.73
合计	151 010	899 508	0	133 160	3 388 782	4 572 461	100

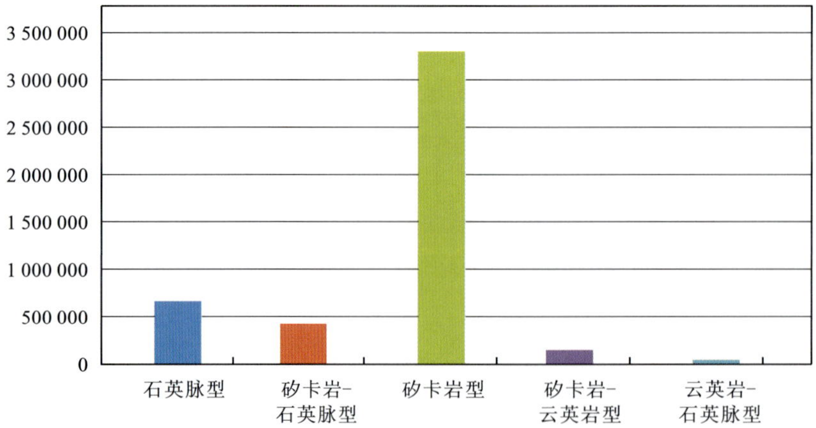

图 3-20　西北地区钨矿预测类型预测资源量统计

按全国预测评价模型归并后，西北地区共有5类钨矿预测评价模型（表3－58）。统计结果显示，西北地区矽卡岩-云英岩型钨锡萤石（银钼）矿和与花岗岩体有关的大脉、细脉带、网脉（浸染）型锡（钼）矿床最为重要，预测资源量分别为3 949 210t和623 250t，分别占总预测资源量的86.37％和13.63％。

表3－58　西北地区钨矿按预测评价模型预测资源量统计表

预测类型＼省（区）	陕西	甘肃	宁夏	青海	新疆	西北地区	占总量比例（％）
	（金属量：t）						
矽卡岩-云英岩型钨锡萤石（银钼）矿	0	427 268.21	0	133 160	3 388 782	3 949 210.21	86.37
与花岗岩体有关的大脉、细脉带、网脉（浸染）型锡（钼）矿床	151 010.46	472 239.96	0	0	0	623 250.42	13.63
合计	151 010.46	899 508.17	0	133 160	3 388 782	4 572 460.63	100

第六节　锡

一、矿产预测类型划分

西北地区8个锡矿预测区中，石英脉型4个，矽卡岩型4个（表3－59，图3－21）。

表3－59　西北地区锡矿预测区矿产预测类型统计表

序号	预测区名称	所处成矿单元	矿产预测类型	矿床式	预测评价模型	预测方法类型
1	新疆萨热什克锡矿预测区	Ⅲ－4	石英脉型	祖鲁洪式	与花岗岩体有关的大脉、细脉带、网脉（浸染）型锡（钼）矿床	复合内生型
2	新疆祖鲁洪钨锡矿预测区	Ⅲ－9	石英脉型	萨热什克式	与花岗岩体有关的大脉、细脉带、网脉（浸染）型锡（钼）矿床	复合内生型
3	新疆双井子小白石头钨锡矿预测区	Ⅲ－11	矽卡岩型	双井子式	矽卡岩-云英岩型锡铜（银钼钨）矿	侵入岩体型
4	甘肃肃北县明锡山锡矿预测区	Ⅲ－11	石英脉型	明锡山式	与花岗岩体有关的大脉、细脉带、网脉（浸染）型锡（钼）矿床	复合内生型
5	新青祁曼塔格地区锡矿预测区	Ⅲ－26	矽卡岩型	白干湖式	矽卡岩-云英岩型锡铜（银钼钨）矿	侵入岩体型
6	青海热水锡矿预测区	Ⅲ－26	矽卡岩型	小卧龙式	矽卡岩-云英岩型锡铜（银钼钨）矿	侵入岩体型
7	青海兴海锡矿预测区	Ⅲ－28	矽卡岩型	日龙沟式	矽卡岩-云英岩型锡铜（银钼钨）矿	侵入岩体型
8	甘肃岷县雪花山锡矿预测区	Ⅲ－28	石英脉型	雪花山式	与花岗岩体有关的大脉、细脉带、网脉（浸染）型锡（钼）矿床	复合内生型

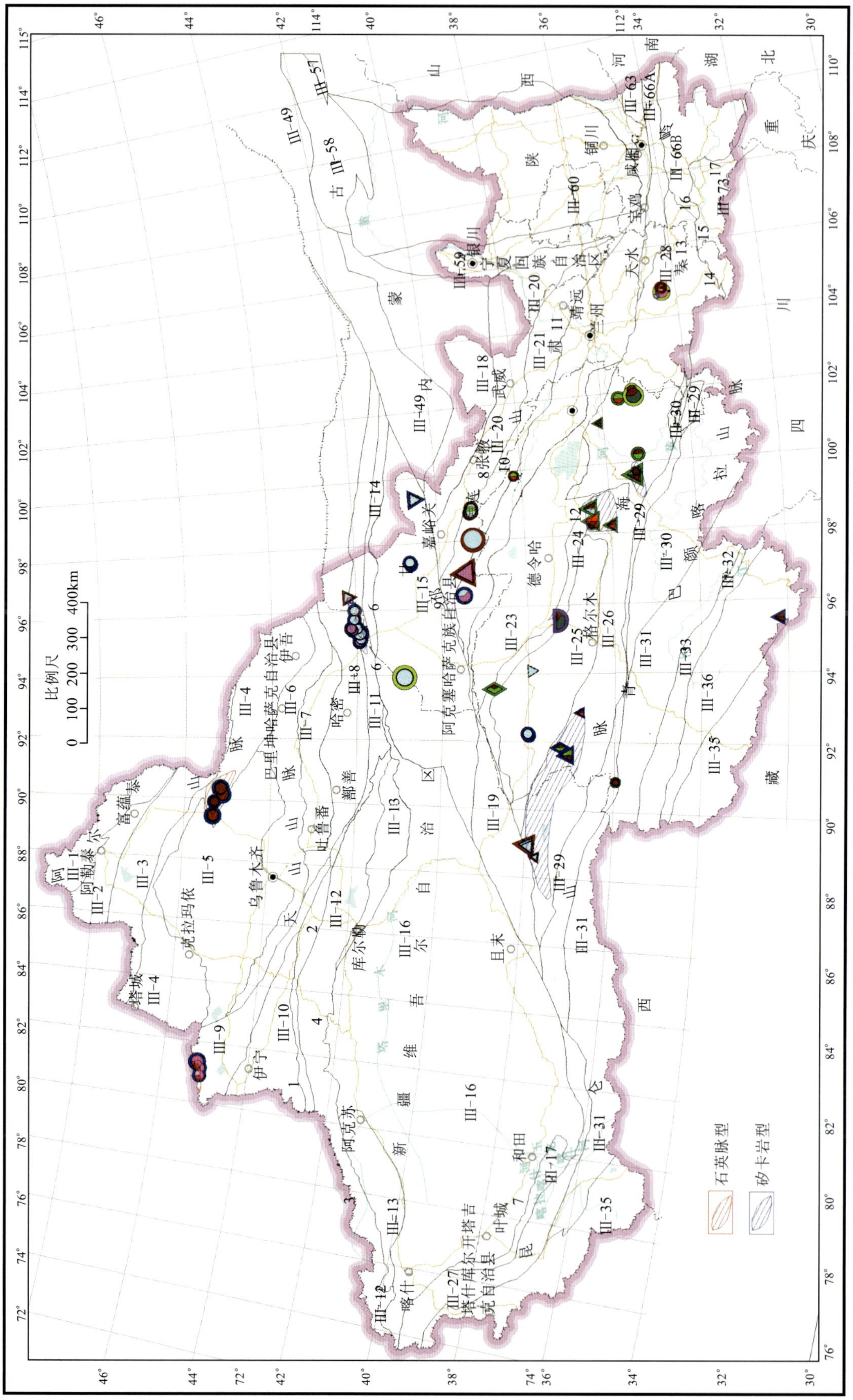

图 3-21　西北地区锡矿预测区分布图[成矿区(带)编号见表1-2]

二、预测要素及预测模型

1. 矽卡岩型

1)柯可卡尔德钨锡矿

若羌县柯可卡尔德矽卡岩型钨锡矿床找矿标志如下。

(1)下元古界金水口群地层中 W、Sn 元素浓集克拉克值分别高达 15.8×10^{-6}、1.3×10^{-6}，背景平均值分别为 20.5×10^{-6}、3.3×10^{-6}，为成矿提供了主要物质来源，是找矿的地层岩石标志。

(2)下元古界金水口群中浅变质岩与加里东期花岗岩接触带内、外，是钨锡矿产出的有利部位。

(3)以 W、Sn 元素异常为主的 Sn、Au、W、Ag、Bi、Mo、Nb、Be 元素组合异常，是找矿的地球化学异常标志。

(4)电气石化、黑钨矿、锡石矿化石英脉为直接找矿标志；矽卡岩和强硅化、孔雀石化的各类岩石及云母线，是找矿的重要间接标志。

新疆若羌县白干湖式矽卡岩型钨锡矿区域预测模型表见表 3-60，区域预测模型图见图 3-22。

表 3-60　新疆若羌县白干湖式矽卡岩型钨锡矿区域预测模型表

区域预测要素		描述内容	要素分类
区域成矿地质环境	大地构造位置	秦祁昆造山系之东昆仑弧盆系之北昆仑岩浆弧	重要
	成矿区(带)	祁漫塔格钨、锡、铅、锌、铁、铜多金属矿带	重要
	区域控矿构造	阿尔金大断裂	必要
	控矿岩浆建造	加里东中酸性岩浆岩	必要
	主要赋矿地层	下元古界金水口群二云石英片岩、绿泥绢云石英片岩、变质石英砂岩夹变玄武岩、砂板岩、大理岩等	重要
区域成矿地质特征	区域成矿类型和成矿期	加里东期矽卡岩型 W、Sn 矿床	必要
	侵入岩浆岩	加里东期闪长岩、二长花岗岩、钾长花岗岩	重要
	地层	下元古界金水口群、志留系白干湖组	重要
	构造	主控矿断裂的次级断裂	必要
	矿石建造	黑钨矿、白钨矿、锡石、黄铜矿、蓝铜矿、辉铜矿	重要
	矿体赋存部位	侵入体的内、外接触带	重要
	围岩蚀变	硅化、碳酸盐化、矽卡岩化、黑钨矿化、白钨矿化	重要
	矿床式	柯可卡尔德式矽卡岩型钨锡矿床	必要
区域地球化学特征		三级浓度分带 W 异常的内带、Sn 异常的中带范围内	重要

2)日龙沟锡矿

日龙沟锡矿预测要素见表 3-61。

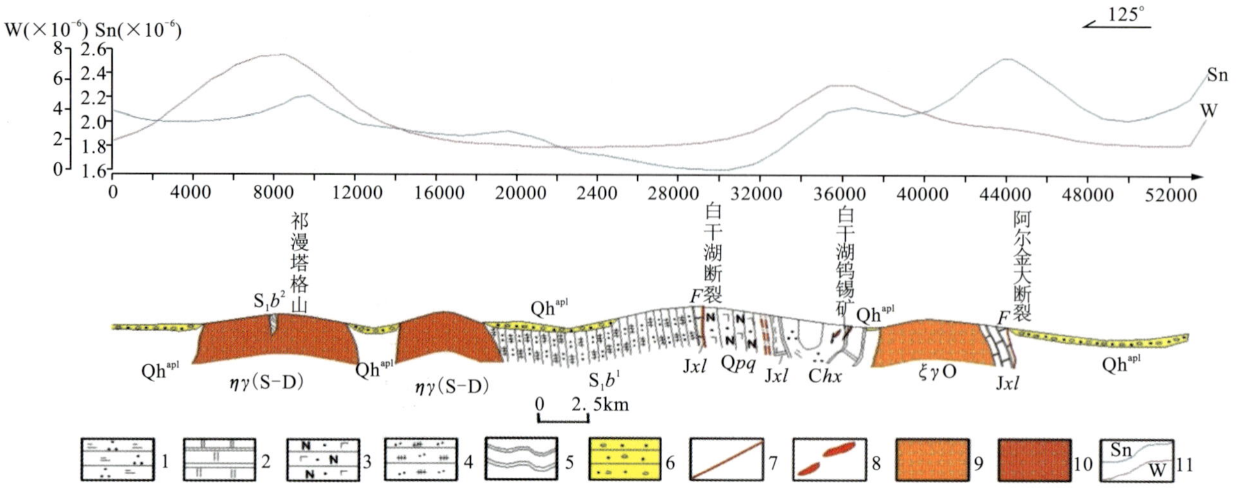

图 3-22 新疆若羌县白干湖式矽卡岩型钨锡矿区域预测模型图

1. 小庙岩组二云母石英片岩；2. 狼牙山组结晶灰岩建造；3. 丘吉东沟组长石石英砂岩、玄武岩建造；4. 白干湖组一段杂砂岩-粉砂岩建造；5. 白干湖组二段杂砂岩-粉砂岩-泥岩建造；6. 第四系；7. 断裂；8. 矿体；9. 正长花岗岩；10. 二长花岗岩；11. W/Sn 地球化学异常曲线

表 3-61 日龙沟矽卡岩型锡矿床地质-地球物理找矿标志(要素)表

标志分类		标志或要素
区域背景	大地构造位置	处于东昆仑弧盆系，祁漫塔格-夏日哈岩浆弧与鄂拉山陆缘弧接合部。鄂拉山多金属成矿带
	区域地球物理场	该区处于北西走向的大航磁异常带的东南端的东侧，矿区东面为平静的负值区，异常强度－10nT 左右。矿区西面濒临航磁异常带的边缘，场值由东往西逐渐增高，从 0 至 50nT 以上。矿区处于重力高向重力低过渡的梯级带上，场值约－455m/s²
地质	地层	出露早元古代、二叠纪、三叠纪、新近纪及第四纪地层
	构造	区域的一级皱褶有雪青龙洼复式背斜，二级皱褶有铜峪背斜、哦任向斜，断裂构造除下古生界与下二叠统之间的辗掩断层之外，主要有北北西—近南北向张性—压性断裂，其次是北西向、北东向的断裂
	岩浆岩	岩性有肉红色粗粒花岗岩(γ_5^{1c})、石英闪长岩(δo_5^{1c})和斜长花岗岩(γo_5^{1b})，脉岩有花岗斑岩、石英斑岩、伟晶岩、石英脉等
	赋矿部位	早二叠世 b 岩组 P_1^{b3} 和 P_1^{b2} 中
	主要矿石矿物	主要为锡石、白钨矿、黄铜矿、磁黄铁矿、方铅矿、黄铁矿、闪锌矿，辰砂等
	直接找矿标志	原生矿产露头、矿体氧化露头及铁帽
地球物理	探测目标物	锡矿(共生磁黄铁矿)
	地表异常特征	由于磁黄铁矿与锡、铜等多金属元素共生而产生明显的磁异常，矿区有 4 个磁异常(C1 至 C4)。C1、C2 和 C4 为弱磁异常 $\Delta Z_{max}<500nT$，C3 为强磁异常，极值>2000nT，矿区内有 3 个激电异常($D\eta_1 \sim D\eta_3$)，电异常背景值较高在 5%左右，异常极大值一般在 10%以上
	干扰异常	碳质板岩具有低阻高频散率性质，是电法勘探的干扰因素

2. 石英脉型

温泉县祖鲁洪石英脉型钨锡矿找矿标志如下。

(1)本矿床位于复式背斜的轴部地带，所以褶皱构造轴部为黑钨矿形成的有利地带。

(2)南北向断裂、东西向断裂和北西向断裂交会处是找矿的有利部位。

(3)北西西向的左旋张剪节理,褐铁矿化含硫化物的不纯石英脉及网状细脉带是找矿的直接标志。

(4)花岗岩体附近章古苏组(C_1z)地层热变质作用出现白云母化、黑云母化、电气石化、硅化、绢云母化、黄铁矿化,并有角岩出现的蚀变矿化带,是找矿有利地带。

(5)Cu、W、Sn 含量高的化探异常和高磁、高重力异常是找矿的间接标志(图 3-23)。

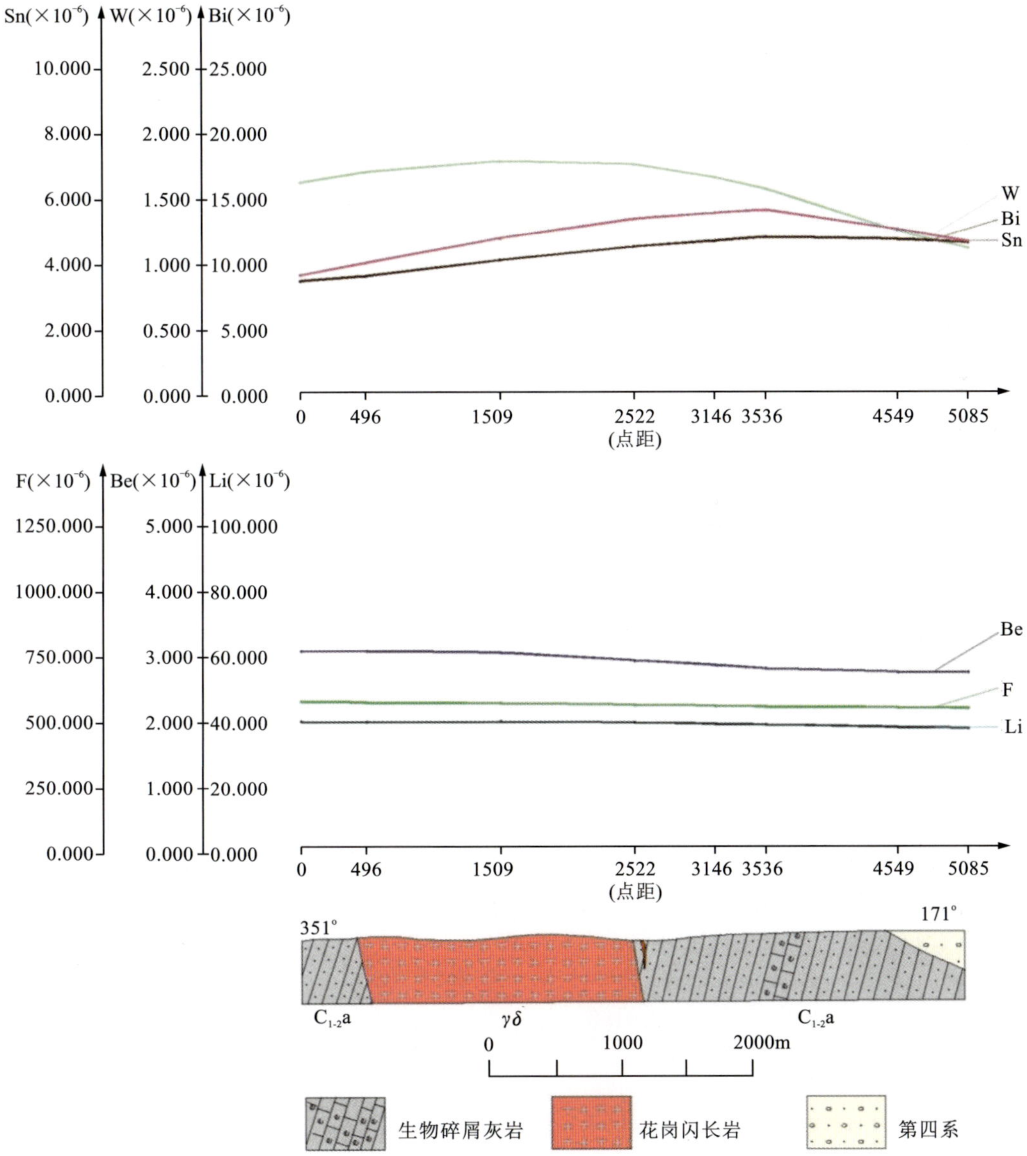

图 3-23 新疆温泉县祖鲁洪石英脉型钨锡矿区域预测模型图

三、最小预测区划分

西北地区锡矿资源潜力评价共划定锡矿预测区 8 个,圈定最小预测区 76 个,其中 A 级预测区 16 个,占 21%;B 级预测区 19 个,占 25%;C 级预测区 41 个,占 54%(表 3-62)。按预测类型统计,石英脉型最小预测区共 23 个,占 30%;矽卡岩型最小预测区共 53 个,占 70%。

表 3-62 西北地区锡矿预测区不同预测类型最小预测区统计表

序号	预测区名称	所处成矿单元	矿产预测类型	最小预测区数量(个)			
				A类	B类	C类	合计
1	甘肃省肃北县明锡山地区锡矿预测区	Ⅲ-12	石英脉型	1	0	1	2
2	甘肃省岷县雪花山地区锡矿预测区	Ⅲ-28	石英脉型	1	0	1	2
3	新疆萨热什克一带锡矿预测区	Ⅲ-4	石英脉型	4	3	5	12
4	新疆祖鲁洪一带钨锡矿预测区	Ⅲ-9	石英脉型	0	4	3	7
石英脉型小计				6	7	10	23
5	青海省热水地区锡矿预测区	Ⅲ-26	矽卡岩型	2	3	5	10
6	青海省兴海地区锡矿预测区	Ⅲ-26	矽卡岩型	1	2	4	7
7	新疆双井子小白石头地区钨锡矿预测区	Ⅲ-11	矽卡岩型	1	5	6	12
8	新青祁漫塔格地区锡矿预测区	Ⅲ-26	矽卡岩型	6	2	16	2
矽卡岩型小计				10	12	31	53
西北地区合计				16	19	41	76

从分布的成矿单元来看,西北地区锡矿主要分布在Ⅲ-4唐巴勒-卡拉麦里成矿带、Ⅲ-9伊犁北缘成矿带、Ⅲ-11伊犁南缘-中天山-旱山成矿带、Ⅲ-12塔里木板块北缘成矿带、Ⅲ-25柴达木盆地成矿区、Ⅲ-26东昆仑成矿带、Ⅲ-28西秦岭成矿带7个Ⅲ级成矿单元中。

四、资源量分析

1. 资源现状分析

西北地区锡矿分布较小、类型较单一,目前在西北地区共发现锡矿床11处,包括中型矿床3处,小型矿床8处。总计探明锡金属资源储量为65 178t,本次预测锡金属资源量1 322 508t。查明的锡金属资源储量为本次西北预测资源量的4.70%(表3-63),查明率低表明找矿潜力很大,有待进一步工作,尤其是新疆查明比例远低于甘肃省和青海省。

表 3-63 西北地区锡矿查明与预测资源量统计表

省(区)	陕西	甘肃	宁夏	青海	新疆	西北地区
	(金属量:t)					
查明资源量	0	1843	0	42 160.02	21 175	65 178
预测资源量	0	2824	0	121 770	11 96 071	1 322 508
查明比例(%)	0	39.49	0	25.72	1.74	4.70

2. 预测资源量分析

通过对各省(区)不同深度预测资源量统计对比来看(表3-64),西北地区锡矿500m以浅预测资源量1 312 124t,占预测资源量的99.21%;1000m以浅预测资源量1 322 508t,占预测资源量的100%;2000m以浅预测资源量1 322 508t。由此来看,西北锡矿资源量主要集中在500m以浅。

表 3-64　西北地区锡矿按深度预测资源量统计表

省(区)	预测资源量(金属量:t)			500m 以浅比例(%)
	500m 以浅	1000m 以浅	2000m 以浅	
陕西	0	0	0	0
甘肃	2824	2824	2824	100
宁夏	0	0	0	0
青海	111 386	121 770	121 770	91.47
新疆	1 196 071	1 196 071	1 196 071	100
西北地区	1 312 124	1 322 508	1 322 508	99.21

从锡矿预测资源量级别分析(表 3-65),预测 334-1 资源量 500 692t,占预测资源量的 37.91%;预测 334-2 资源量 461 249t,占预测资源量的 34.93%;预测 334-3 资源量 358 724t,占预测资源量的 27.16%。西北地区总体高级别资源量所占比重最大。

表 3-65　西北地区锡矿按级别预测资源量统计表

省(区)	预测资源量(金属量:t)			334-1 比例(%)
	334-1	334-2	334-3	
陕西	0	0	0	0
甘肃	1593	0	1231	56.39
宁夏	0	0	0	0
青海	32 129	9572	80 069	26.39
新疆	466 970	451 677	277 423	39.04
西北地区	500 692	461 249	358 724	37.91

西北地区锡矿 2000m 以浅可利用性预测资源量 1 239 364t,占 93.84%,暂不可利用资源量 81 301t。从可利用性分析(表 3-66),总体矿床经济技术条件相对较为优越。

表 3-66　西北地区锡矿按可利用性预测资源量统计表

省(区)	预测资源量(金属量:t)		可利用比例(%)
	可利用	暂不可利用	
陕西	0	0	0
甘肃	1593	1231	56.39
宁夏	0	0	0
青海	41 701	80 069	34.25
新疆	1 196 070	0	100
西北地区	1 239 364	81 301	93.84

西北地区锡矿预测类型共有两种,即石英脉型和矽卡岩型(表 3-67)。其中,重要类型为矽卡岩型,预测资源量 1 222 234t,占总预测资源量的 92.24%。今后找矿应以矽卡岩型锡矿为找矿主攻方向。

表 3-67 西北地区锡矿按预测类型预测资源量统计表

省(区)	陕西	甘肃	宁夏	青海	新疆	西北地区	占总量比例(%)
	(金属量:t)						
石英脉型	0	7205.76	0	0	95 607.04	102 812.80	7.76
矽卡岩型	0	0	0	121 770.11	1 100 463.47	1 222 233.58	92.24
合计	0	7205.76	0	121 770.11	1 196 070.51	1 325 046.38	100

第七节 钼

一、矿产预测类型划分

西北地区 17 个钼矿预测区中,斑岩型 14 个,占 82%;热液型 2 个,占 12%;矽卡岩型 1 个,占 6%(表 3-68,图 3-24,图 3-25)。

表 3-68 西北地区钼矿预测区矿产预测类型统计表

序号	预测区名称	所处成矿单元	矿产预测类型	矿床式	预测评价模型	预测方法类型
1	新疆索尔库都克-卡拉先格尔钼矿预测区	Ⅲ-3	斑岩型	哈拉苏式	与中酸性、酸性浅成或超浅成侵入岩有关的斑岩型铜钼金银矿	侵入岩体型
2	新疆苏云河钼矿预测区	Ⅲ-4	斑岩型	苏云河式	与中酸性、酸性浅成或超浅成侵入岩有关的斑岩型钼矿	侵入岩体型
3	新疆包古图钼矿预测区	Ⅲ-4	斑岩型	包古图式	与中酸性、酸性浅成或超浅成侵入岩有关的斑岩型铜钼金银矿	侵入岩体型
4	新疆土屋-赤湖钼矿预测区	Ⅲ-8	斑岩型	土屋式	与中酸性、酸性浅成或超浅成侵入岩有关的斑岩型铜钼金银矿	侵入岩体型
5	新疆白山-东戈壁钼矿预测区	Ⅲ-8	斑岩型	白山式	与岩浆热液作用有关的脉型钼矿	侵入岩体型
6	新疆达巴特-博罗科努钼矿预测区	Ⅲ-9	斑岩型	北达巴特式	与中酸性、酸性浅成或超浅成侵入岩有关的斑岩型钼矿	侵入岩体型
7	新疆库勒萨依钼矿预测区	Ⅲ-10	斑岩型	库勒萨依式	与中酸性、酸性浅成或超浅成侵入岩有关的斑岩型钼矿	侵入岩体型
8	新疆巴什考贡-英格布拉克钼矿预测区	Ⅲ-19	矽卡岩型	喀腊大湾式	矽卡岩型铁铜硫(钼金银)矿	侵入岩体型
9	甘肃小柳沟一带钼矿预测区	Ⅲ-21	斑岩型	小柳沟式	与中酸性、酸性浅成或超浅成侵入岩有关的斑岩型钼矿	侵入岩体型

续表 3－68

序号	预测区名称	所处成矿单元	矿产预测类型	矿床式	预测评价模型	预测方法类型
10	甘肃锁子峡钼矿预测区	Ⅲ－22	斑岩型	温泉式	与中酸性、酸性浅成或超浅成侵入岩有关的斑岩型钼矿	侵入岩体型
11	青海祁曼塔格地区钼矿预测区	Ⅲ－26	斑岩型	热水式	与中酸性、酸性浅成或超浅成侵入岩有关的斑岩型钼矿	侵入岩体型
12	青海都兰-鄂拉钼矿预测区	Ⅲ－26	斑岩型	热水式	与中酸性、酸性浅成或超浅成侵入岩有关的斑岩型钼矿	侵入岩体型
13	甘肃温泉钼矿预测区	Ⅲ－28	斑岩型	温泉式	与中酸性、酸性浅成或超浅成侵入岩有关的斑岩型钼矿	侵入岩体型
14	青海沱沱河-然者涌钼矿预测区	Ⅲ－36	斑岩型	纳日贡玛式	与中酸性、酸性浅成或超浅成侵入岩有关的斑岩型钼矿	侵入岩体型
15	陕西蓝田县-华县钼矿预测区	Ⅲ－63	斑岩型	金堆城式	与中酸性、酸性浅成或超浅成侵入岩有关的斑岩型钼矿	侵入岩体型
16	陕西蓝田县-洛南县钼矿预测区	Ⅲ－63	热液型	大石沟式	与岩浆热液作用有关的脉型钼矿	复合内生型
17	陕西宁陕县-山阳县钼矿预测区	Ⅲ－66B	热液型	桂林沟式	与岩浆热液作用有关的脉型钼矿	复合内生型

二、预测要素及预测模型

1. 白山钼矿

哈密市白山钼矿预测要素见表 3－69，预测模型见图 3－26。

表 3－69　新疆哈密市白山钼矿床预测要素简表

预测要素		描述内容	要素分类
地质环境	成矿区(带)	康古尔-土屋-黄山(褶皱带)铜、镍、金、钼、铅、锌、稀有金属、钠硝石、硅灰石、煤、玉石矿带	必要
	岩石类型	黑云长英质角岩、似斑状二长花岗岩	必要
	岩石结构	花岗结构、斑状结构、角砾结构	重要
	成矿时代	中三叠世	必要
	成矿环境	觉罗塔格晚古生代陆缘活动区，燕山早期浅成中酸性侵入体	必要
	构造背景	觉罗塔格裂陷槽中的康古尔海槽	必要
矿床特征	矿物组合	黄铜矿、辉钼矿、黄铁矿、磁黄铁矿、磁铁矿、闪锌矿	重要
	结构构造	叶片状结构；以侵染状构造为主，其次为细脉状构造、细脉侵染状构造	次要
	蚀变	钾化、硅化、绢云母化、青盘岩化	必要
	控矿条件	东西向断裂控制主矿体展布方向	必要
地球化学特征		Mo 元素与 Cu 元素套和较好的异常地段	必要
地球物理特征		CSAMT 物探深部电阻率高值异常区，可以预测深部隐伏的与钼矿成因直接相关的花岗岩体	必要

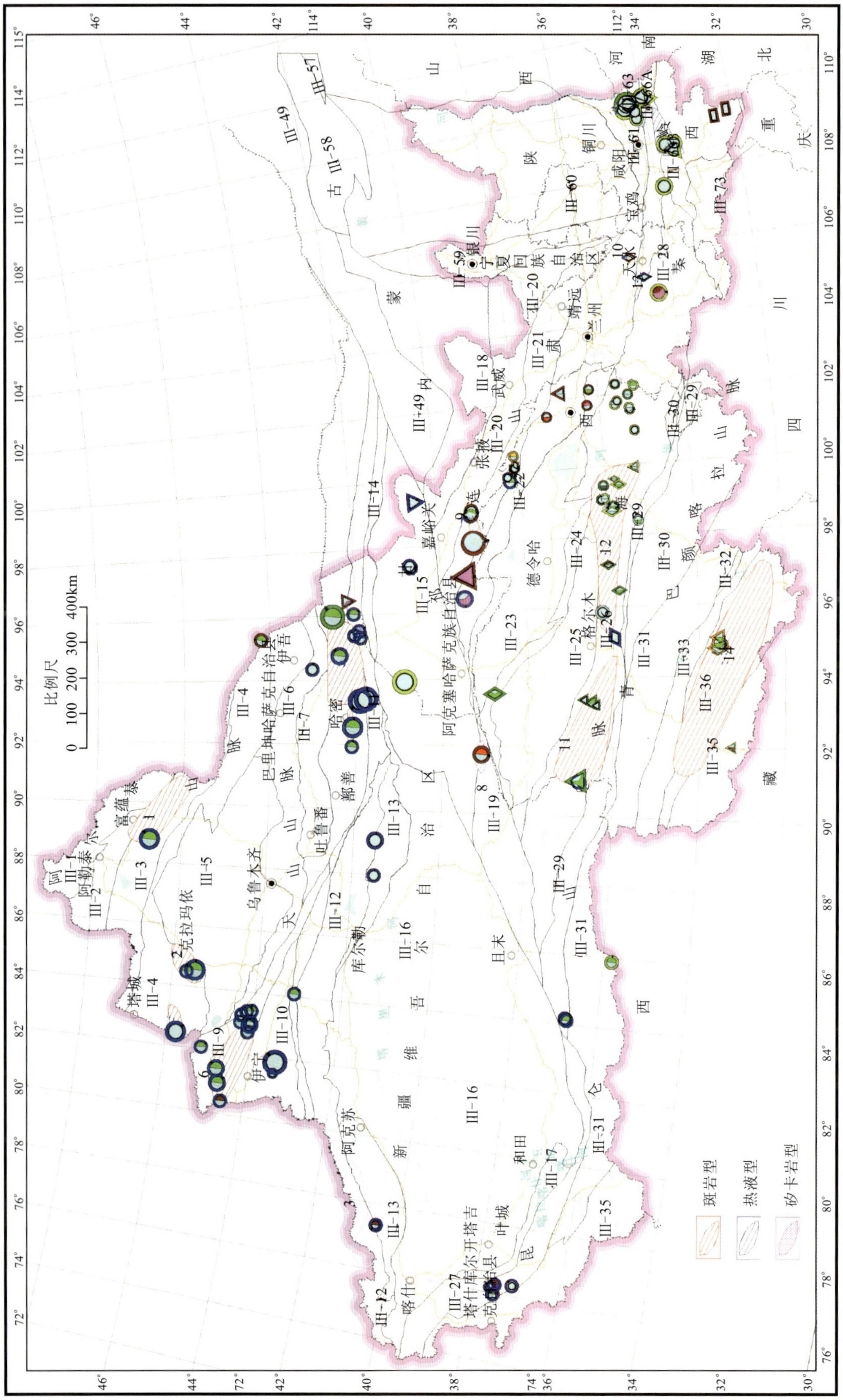

图 3-24　西北地区钼矿预测区分布图[成矿区(带)编号见表1-2]

新疆民丰县黄羊岭式碎屑岩地层中热液型锑矿区域预测模型见表 3－80。

表 3－80　新疆民丰县黄羊岭式碎屑岩地层中热液型锑矿区域预测模型表

区域预测要素		描述内容	要素分类
区域成矿地质环境	大地构造位置	西藏-三江造山带北缘巴颜喀拉地块，可可西里-松潘前陆盆地	必要
	成矿区（带）	Ⅳ－31－②黄羊岭（陆缘活动带）锑、汞、金、铜、镍、多金属、硫铁、煤矿带	必要
	主要控矿构造	以鲸鱼湖-三道河子断裂和碎石山-郭扎错断裂为主控制构造，以次级宿营地、红山顶、黄羊岭、云母山、野马滩南断裂为赋矿断裂构造	必要
	主要控矿地层	下二叠统黄羊岭组下亚组	必要
	控矿沉积建造	海相碎屑岩建造	重要
	控矿侵入岩	三叠纪蚀变花岗斑岩、二长花岗斑岩建造，侏罗纪石榴闪长斑岩、黑云角闪闪长斑岩建造，花岗斑岩建造	必要
	区域变质作用及建造	脆性动力变质作用为主，沿断裂发育岩浆期后低温热液蚀变硅化、碳酸盐化、并与锑矿成矿相关	次要
区域成矿地质特征	区域成矿类型和成矿期	属低温热液充填脉型锑矿；主成矿期为三叠纪—侏罗纪	重要
	沉积环境	海相沉积环境	必要
	含矿岩性	岩屑砂岩-页岩建造、岩屑砂岩、页岩互层建造，喀尔互组砂岩、泥岩夹泥晶灰岩	重要
	含矿部位	沿控制断裂带次级断裂隙蚀变带形成脉状锑矿	必要
	矿石建造	矿石以辉铜矿单一型或辉铜矿-黄铁矿型为主	必要
	围岩蚀变	蚀变主要有硅化，其次为碳酸盐化、泥化、雄黄矿化、辰砂矿化、黄铁矿化、磁黄铁矿化、重晶石化、褐铁矿化、黄钾铁矾化、辉锑矿化等。硅化、辉锑矿化、锑华为本区最直接的找矿标志	重要
	侵入岩体	三叠纪—侏罗纪闪长岩、花岗斑岩	必要
	矿床式	黄羊岭式（低温热液型锑矿）	重要
化探特征	异常特征	成矿元素以低温热液系列 Sb、Hg、As 元素为主	重要
遥感特征	异常特征	中高羟基遥感异常往往和已发现的盼水河、卧龙岗、黄羊岭锑矿对应，表面遥感信息也为预测寻找锑汞矿的较重要的标志之一	重要

三、最小预测区划分

西北地区锑矿资源潜力评价共划定锑矿预测区 10 个，圈定最小预测区 128 个，其中 A 级预测区 25 个，占 20%；B 级预测区 31 个，占 24%；C 级预测区 72 个，占 56%（表 3－81）。按预测类型统计，碎屑岩地层中热液型最小预测区共 84 个，占 66%；碳酸盐岩中热液型最小预测区共 44 个，占 34%。

表 3-81　西北地区锑矿预测区不同预测类型最小预测区统计表

序号	预测区名称	所处成矿单元	矿产预测类型	最小预测区数量(个)			
				A类	B类	C类	合计
1	青海同德-同仁锑矿预测区	Ⅲ-28	碎屑岩地层中热液型	11	3	11	25
2	青海昆仑山口-两湖锑矿预测区	Ⅲ-30	碎屑岩地层中热液型	1	7	11	19
3	青海扎多-巴颜喀拉山锑矿预测区	Ⅲ-31	碎屑岩地层中热液型	1	6	11	18
4	新疆和静县查汗萨拉地区锑矿预测区	Ⅲ-12	碎屑岩地层中热液型	0	2	5	7
5	新疆乌什县卡拉脚古牙地区锑矿预测区	Ⅲ-12	碎屑岩地层中热液型	0	1	5	6
6	新疆乌恰县萨瓦亚尔顿地区锑矿预测区	Ⅲ-12	碎屑岩地层中热液型	1	0	0	1
7	新疆民丰县黄羊岭地区锑矿预测区	Ⅲ-31	碎屑岩地层中热液型	3	4	1	8
碎屑岩地层中热液型小计				17	23	44	84
8	陕西公馆地区沉积改造型锑矿预测区	Ⅲ-66	碳酸盐岩中热液型	5	4	9	18
9	陕西丹凤县蔡凹-商南县锑矿预测区	Ⅲ-66	碳酸盐岩中热液型	2	0	1	3
10	甘肃岷县甘寨崖湾地区锑矿预测区	Ⅲ-28	碳酸盐岩中热液型	1	4	18	23
碳酸盐岩中热液型小计				8	8	28	44
西北地区合计				25	31	72	128

从分布的成矿单元来看，西北地区锑矿主要分布在Ⅲ-12 塔里木板块北缘成矿带、Ⅲ-28 西秦岭成矿带、Ⅲ-30 北巴颜喀拉-马尔康成矿带、Ⅲ-31 南巴颜喀拉-雅江成矿带、Ⅲ-66 东秦岭成矿带 5 个Ⅲ级成矿单元中。

四、预测资源量分析

1. 资源现状分析

西北地区锑矿具有分布较广、类型全、资源潜力大等特点，已发现铁矿产地 102 处，其中大型锑矿 2 处、中型锑矿 9 处、小型锑矿 19 处、矿化点 72 处。总计探明锑矿金属量为 458 065t，本次预测锑矿金属量 2 899 247t。查明的锑矿资源储量仅为本次西北预测资源量的 13.64%(表 3-82)，表明找矿潜力大，有待进一步工作，尤其是青海省和新疆的查明比例远低于西北其他省(区)。

表 3-82　西北地区锑矿查明与预测资源量统计表

省(区)	陕西	甘肃	宁夏	青海	新疆	西北地区
	(金属量:t)					
查明资源量	165 565	192 800	0	5865	93 834	458 065
预测资源量	353 800	1 282 300	0	71 969	1 191 178	2 899 247
查明比例(%)	31.88	13.07	0	7.54	7.30	13.64

2. 预测资源量分析

通过对各省(区)不同深度预测资源量统计对比来看(表 3-83),西北地区锑矿 500m 以浅预测资源量 2 634 467t,占预测资源量的 90.87%;1000m 以浅预测资源量 2 751 247t,占预测资源量的 94.90%;2000m 以浅预测资源量 2 899 247t。由此来看,西北锑矿资源量主要集中在 1000m 以浅,从预测方法角度分析,西北地区锑矿勘查深度较浅,反映了工作程度相对较低,特别是青海省和甘肃省。

表 3-83　西北地区锑矿按深度预测资源量统计表

省(区)	预测资源量(金属量:t)			500m 以浅比例(%)
	500m 以浅	1000m 以浅	2000m 以浅	
陕西	111 400	205 800	353 800	31.49
甘肃	1 282 300	1 282 300	1 282 300	100
宁夏	0	0	0	0
青海	71 969	71 969	71 969	100
新疆	1 168 798	1 191 178	1 191 178	98.12
西北地区	2 634 467	2 751 247	2 899 247	90.87

从锑矿预测资源量级别分析(表 3-84),预测 334-1 资源量 1 053 222t,占预测资源量的 36.33%;预测 334-2 资源量 1 154 507t,占预测资源量的 39.82%;预测 334-3 资源量 691 519t,占预测资源量的 23.85%。西北地区总体高级别资源量所占比重最大,但也反映出青海省找矿潜力最大。

表 3-84　西北地区锑矿按级别预测资源量统计表

省(区)	预测资源量(金属量:t)			334-1 比例(%)
	334-1	334-2	334-3	
陕西	298 900	40 500	14 500	83.42
甘肃	213 800	670 800	397 600	16.67
宁夏	0	0	0	0
青海	1645	0	70 323	2.29
新疆	538 876	443 207	209 095	16.67
西北地区	1 053 222	1 154 507	691 519	36.33

西北地区锑矿 2000m 以浅可利用性预测资源量 2 281 578t,占 78.70%,暂不可利用资源量 617 569t。从可利用性分析(表 3-85),西北地区锑矿资源量潜力很大,但其可利用性与埋藏深度和开发条件关系密切,总体矿床经济技术条件相对较为优越。

表 3-85　西北地区锑矿按可利用性预测资源量统计表

省(区)	预测资源量(金属量:t)		可利用比例(%)
	可利用	暂不可利用	
陕西	205 800	148 000	58.17
甘肃	884 600	397 600	68.99
青海	0	71 969	0
新疆	1 191 178	0	100
西北地区	2 281 578	617 569	78.70

西北地区锑矿预测类型共有两种，即碎屑岩地层中热液型和碳酸盐岩中热液型(表 3-86)。这两种类型预测资源量分别为 1 263 147t 和 1 829 342t，分别占总预测资源量的 40.85%和 59.15%。今后找矿应以碳酸盐岩中热液型锑矿为主攻方向。

表 3-86　西北地区锑矿按预测类型预测资源量统计表

省(区)	陕西	甘肃	宁夏	青海	新疆	西北地区	占总量比例(%)
	(金属量:t)						
碎屑岩地层中热液型	0	0	0	71 969	1 191 178	1 263 147	40.85
碳酸盐岩中热液型	353 842	1 475 500	0	0	0	1 829 342.42	59.15
合计	353 842	1 475 500	0	71 969	1 191 178	3 092 490	100

续表 4-1

序号	预测区名称	所处成矿单元	矿产预测类型	矿床式	预测评价模型	预测方法类型
42	青海赛什克南-叉叉龙洼金矿预测区	Ⅲ-24	破碎蚀变岩型	赛坝沟式	破碎蚀变岩型金矿	复合内生型
43	新疆库木巴彦山金矿预测区	Ⅲ-26	破碎蚀变岩型	克孜勒萨依式	破碎蚀变岩型金矿	复合内生型
44	青海磁铁山-智玉金矿预测区	Ⅲ-26	破碎蚀变岩型	五龙沟式	破碎蚀变岩型金矿	复合内生型
45	新疆木吉金矿预测区	Ⅲ-35	破碎蚀变岩型	木吉式	破碎蚀变岩型金矿	复合内生型
46	新疆苦阿金矿预测区	Ⅲ-27	破碎蚀变岩型		破碎蚀变岩型金矿	复合内生型
47	青海同德-同仁金矿预测区	Ⅲ-28	破碎蚀变岩型	瓦勒根式	破碎蚀变岩型金矿	复合内生型
48	甘肃大水金矿预测区	Ⅲ-28	破碎蚀变岩型	大水式	破碎蚀变岩型金矿	复合内生型
49	甘肃拉尔玛金矿预测区	Ⅲ-28	微细浸染型	拉尔玛式	沉积建造型金矿	复合内生型
50	甘肃坪定-大桥金矿预测区	Ⅲ-28	微细浸染型	大桥式	沉积建造型金矿	复合内生型
51	甘肃李坝金矿预测区	Ⅲ-28	岩浆热液型	李坝式	与侵入岩有关的热液型金矿	复合内生型
52	甘肃花崖沟-大店沟金矿预测区	Ⅲ-28	破碎蚀变岩型	花崖沟式	破碎蚀变岩型金矿	复合内生型
53	甘陕广金坝-马鞍山桥金矿预测区	Ⅲ-28	破碎蚀变岩型	马鞍桥式	破碎蚀变岩型金矿	复合内生型
54	新疆色娥子永滚金矿预测区	Ⅲ-29	破碎蚀变岩型	苦阿-恰克能萨依式	破碎蚀变岩型金矿	复合内生型
55	青海昆仑山口-两湖金矿预测区	Ⅲ-30	破碎蚀变岩型	大场式	破碎蚀变岩型金矿	复合内生型
56	青海达日-年保玉金矿预测区	Ⅲ-30	破碎蚀变岩型	大场式	破碎蚀变岩型金矿	复合内生型
57	青海扎多-巴颜喀拉山金矿预测区	Ⅲ-31	破碎蚀变岩型	大场式	破碎蚀变岩型金矿	复合内生型
58	宁夏贺兰山北段金矿预测区	Ⅲ-59	破碎蚀变岩型	牛头沟式	破碎蚀变岩型金矿	复合内生型
59	陕西潼关金矿预测区	Ⅲ-63	花岗-绿岩型	湘子岔式、桐峪 Q10 式	绿岩建造型金矿	变质型
60	甘肃柴家庄金矿预测区	Ⅲ-28	破碎蚀变岩型	柴家庄式	破碎蚀变岩型金矿	复合内生型
61	陕西周至黑河-涝峪金矿预测区	Ⅲ-66A	破碎蚀变岩型	金牛坪式	蚀变破碎岩型金银矿	复合内生型
62	陕西镇安米粮寺-山阳金矿预测区	Ⅲ-66B	微细浸染型	金龙山式、夏家店式	沉积建造型金矿	复合内生型
63	陕西旬阳小河金矿预测区	Ⅲ-66B	微细浸染型	惠家沟式	沉积建造型金矿	复合内生型
64	甘肃口头坝-阳山金矿预测区	Ⅲ-73	破碎蚀变岩型	安坝式	破碎蚀变岩型金矿	复合内生型
65	甘肃三河坝金矿预测区	Ⅲ-73	碎蚀变岩型	口头坝式	破碎蚀变岩型金矿	复合内生型
66	陕西略阳县煎茶岭-三岔子金矿预测区	Ⅲ-73	破碎蚀变岩型	煎茶岭式	破碎蚀变岩型金矿	复合内生型
67	陕西何家岩金矿预测区	Ⅲ-73	海相火山岩型	东沟坝式	海相火山岩型金银矿	火山岩型
68	甘肃白龙江-让水河流域金矿预测区	Ⅲ-28	砂金型	碧口式	砂金矿	沉积型
69	甘肃镡河西汉水流域金矿预测区	Ⅲ-73	砂金型	碧口式	砂金矿	沉积型
70	甘肃岸门口河流域金矿预测区	Ⅲ-73	砂金型	碧口式	砂金矿	沉积型
48(47-1)	甘肃枣子沟-寨上金矿预测区	Ⅲ-28	破碎蚀变岩型	枣子沟式	破碎蚀变岩型金矿	复合内生型
63-1	陕西石泉两河-平利兴隆镇金矿预测区	Ⅲ-66B	破碎蚀变岩型	黄龙式	沉积建造型金矿	复合内生型

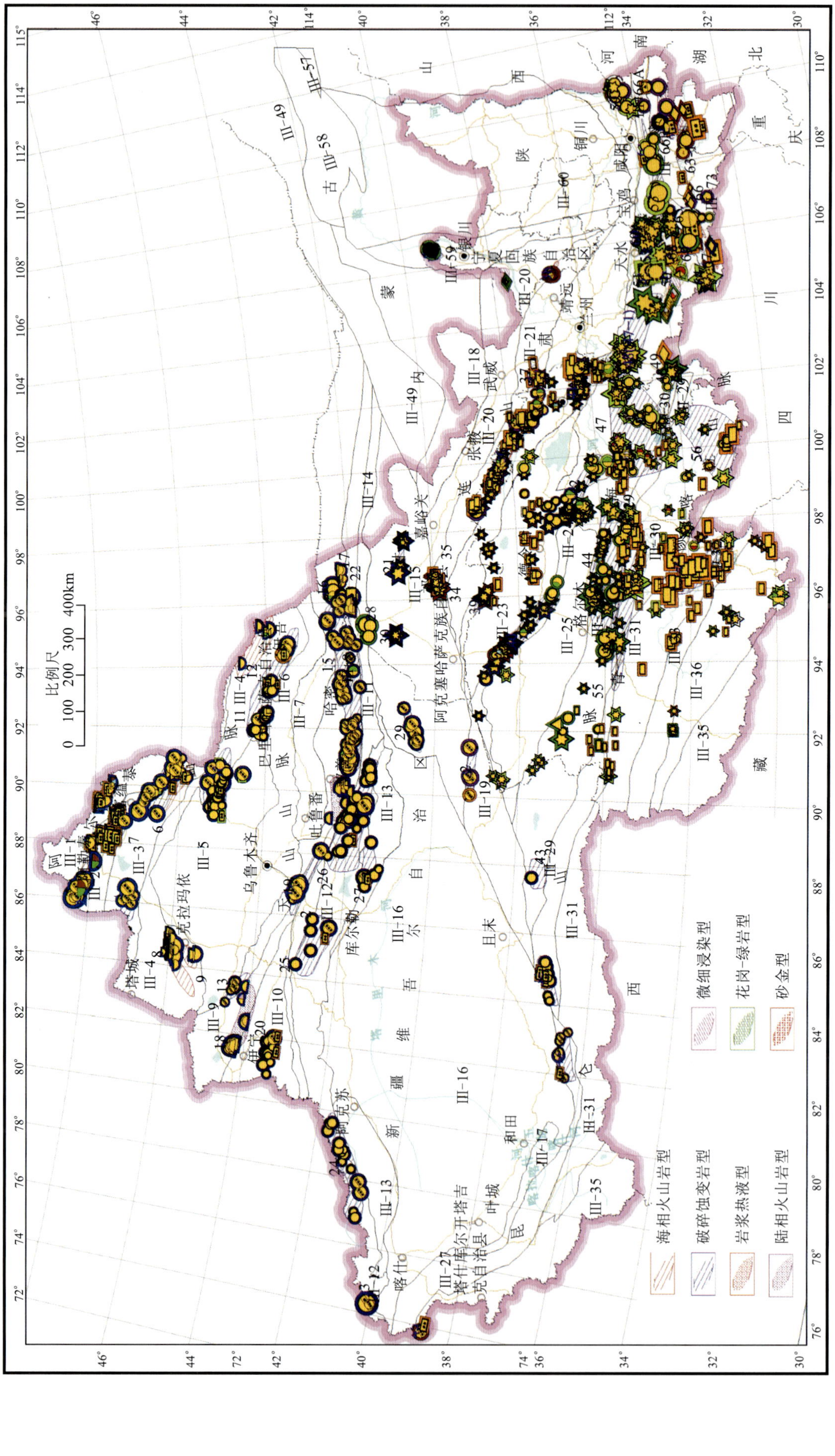

图 4-1　西北地区金矿预测区分布图[成矿区(带)编号见表1-2]

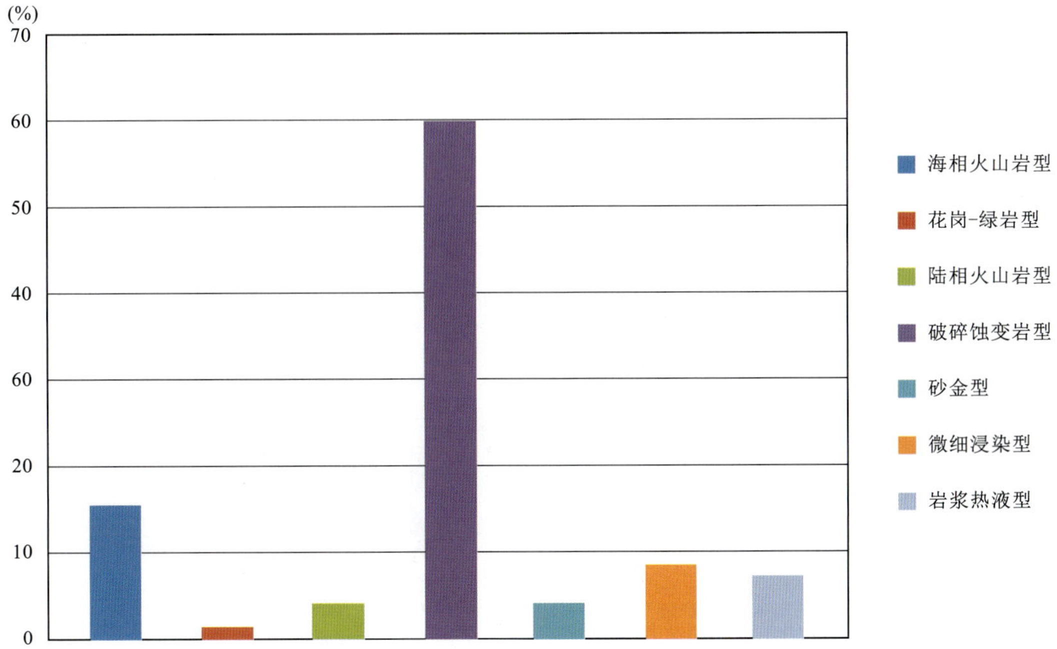

图 4-2　西北地区金矿预测区矿产预测类型统计

二、预测要素及预测模型

1. 海相火山岩型

新疆托里县齐依求式海相火山岩型金矿床区域预测模型见表 4-2。

表 4-2　新疆托里县齐依求海相火山岩型金矿区域预测评价模型表

区域成矿要素			描述内容	要素分类
区域成矿地质环境	大地构造单元		唐巴勒-卡拉麦里古生代复合沟弧带	必要
	主要控矿构造		火山沉积构造和北西向、北东向断裂构造组合	必要
	主要赋矿地层		巴尔雷克组、希贝库拉斯组	必要
	控矿火山沉积建造		海相火山碎屑建造、海相火山碎屑沉积建造	必要
	区域变质建造		低级的动力变质作用、低绿片岩相区域变质作用及建造	必要
区域成矿地质特征	区域成矿类型及成矿期		华力西早期与中酸性火山沉积建造有关的沉积型矿床	必要
			华力西中-晚期与侵入建造有关的各类内生型矿床点	必要
	海相火山岩型	含矿建造	中-晚泥盆世海相火山碎屑建造、早石炭世海相火山碎屑沉积建造	必要
		成矿构造	火山-沉积盆地	必要
		矿石建造	黄铁矿-毒砂-赤铁矿-黄铜矿-自然金	重要
		围岩蚀变	黄铁矿化、毒砂化、硅化、绿泥石化、绢云母化、碳酸盐化	次要
		矿床式	齐依求式	重要
区域地球化学异常特征			存在明显的 Au、As、Hg 异常，异常中心与矿化区套合好	重要

2. 陆相火山岩型

新疆伊宁市阿希陆相火山岩型金(伴生银)矿床预测模型见表4-3和图4-3。

表4-3　新疆伊宁市阿希金(伴生银)矿床预测模型表

矿床预测要素		描述内容	要素分类
地质成矿条件和标志	成矿区(带)	博罗科努(复合岛弧带)金、铜、钼、铅、锌、银、稀有金属、锑、磷、硫铁矿、石墨、宝石、煤矿带(Pt;∈;Vm;Vm-l;Mz)	重要
	构造环境	博罗科努古生代复合岛弧带(Ⅳ级)	重要
	含矿地层	下石炭统大哈拉军山组第2、第5岩性段	重要
	含矿岩系和围岩	英安岩、安山岩和英安质角砾熔岩	必要
	构造	受伴随火山作用而成的破火山机构控制,并产于其形成的近南北向环形断裂中	必要
	控矿条件	晚古生代裂谷,以及东西向和近南北向断裂构造交会处	必要
	围岩蚀变	绿泥石化、黄铁绢英岩化、硅化和碳酸盐化等	重要
	矿体产状和特征	呈脉状或厚板状,产于火山机构中,管道和弧形断裂起着明显导矿和容矿作用。在长1000m、宽200m范围内,有9个矿体,最大的Ⅰ号矿体,长940m,平均厚19.55m,最厚达41.3m,控制斜深450m以上,深部有分支现象,厚度比较稳定,变化系数为66%,产状上陡下缓,向东倾角60°~85°	重要
	矿石特征	矿石自然类型主要为氧化矿石和原生矿石两大类,原生矿石可分为石英脉型、蚀变岩型和角砾岩型3个亚类。矿石主要矿物有银金矿、自然金、黄铁矿、毒砂、白铁矿,其次为黄铜矿、闪锌矿、方铅矿,微量磁黄铁矿、浓红银矿、硫锑铜银矿、硒银矿、锌铜矿等;脉石矿物主要是石英、玉髓、绢云母、斜长石、方解石,其次是少量的白云石、绿泥石、磷灰石和冰长石,矿石具星点浸染状构造,他形微粒结构和显微微粒结构	次要
地质、物探、化探、遥感特征	物探找矿标志	重力场特征为布格剩余重力高、低异常的过渡带,场值$(-1\sim6)\times10^{-5}m/s^2$	重要
		磁异常特征为区内最低磁场,场值$-400\sim-450nT$	重要
	化探找矿标志	1∶20万化探Au、Ag、Hg、Cd、Cu、Pb、Zn等组合异常,且在Au以20×10^{-9}为下限的浓集中心内	必要
	区域遥感特征标志	近东西向与北西向线性构造及交会处,线性构造与环形构造交会处。羟基异常叠加铁染异常	次要

伊宁市阿希式陆相火山岩型金(伴生银)矿区域预测模型见表4-4。

表4-4　新疆伊宁市阿希式陆相火山岩型金(伴生银)矿区域预测模型表

区域预测要素		描述内容	要素分类
区域成矿地质环境	大地构造位置	博罗科努古生代复合岛弧带	必要
	成矿区(带)	博罗科努金、铜、钼、铅、锌、银、稀有金属、锑、磷、硫铁、石墨、萤石、煤矿带	必要
	主要控矿构造	近南北向火山构造凹陷带内的破火山口环状断裂	必要
	主要控矿地层	下石炭统大哈拉军山组第2、第5岩性段	必要
	控矿沉积建造	陆相火山熔岩-火山碎屑岩建造	必要
	控矿侵入岩	华力西中期石英长石斑岩、长石斑岩	重要
	区域变质作用及建造	以区域低温动力变质作用形成的低绿片岩相为主	次要
区域成矿地质特征	区域成矿类型和成矿期	早石炭世陆相火山岩型金矿	必要
		华力西中期(中石炭世)超浅成岩浆热液型金矿	
	含矿建造	早石炭世火山熔岩-火山碎屑岩建造	必要
	火山构造	火山盆地及古火山构造	必要
	矿石建造	银金矿-金属硫化物(以黄铁矿为主)矿石建造	重要
	围岩蚀变	硅化、绢英岩化、黏土化、青盘岩化、冰长石化	重要
	矿床式	阿希式	必要

续表 4-4

区域预测要素		描述内容	要素分类
地质、物探、化探、遥感特征	重力异常	剩余高、低异常的过渡带中，场值(−1～6)×10^{-6}m/s^2	次要
	磁异常	区内最低磁场中，场值−450～−400nT	重要
	化探异常	1∶20 万化探 Au、Ag、Hg、Cd、Cu、Pb、Zn 等组合异常	重要
	遥感异常	近东西向与北西向线性构造及交会处，线性构造与环形构造交会处，羟基异常叠加铁染异常	次要

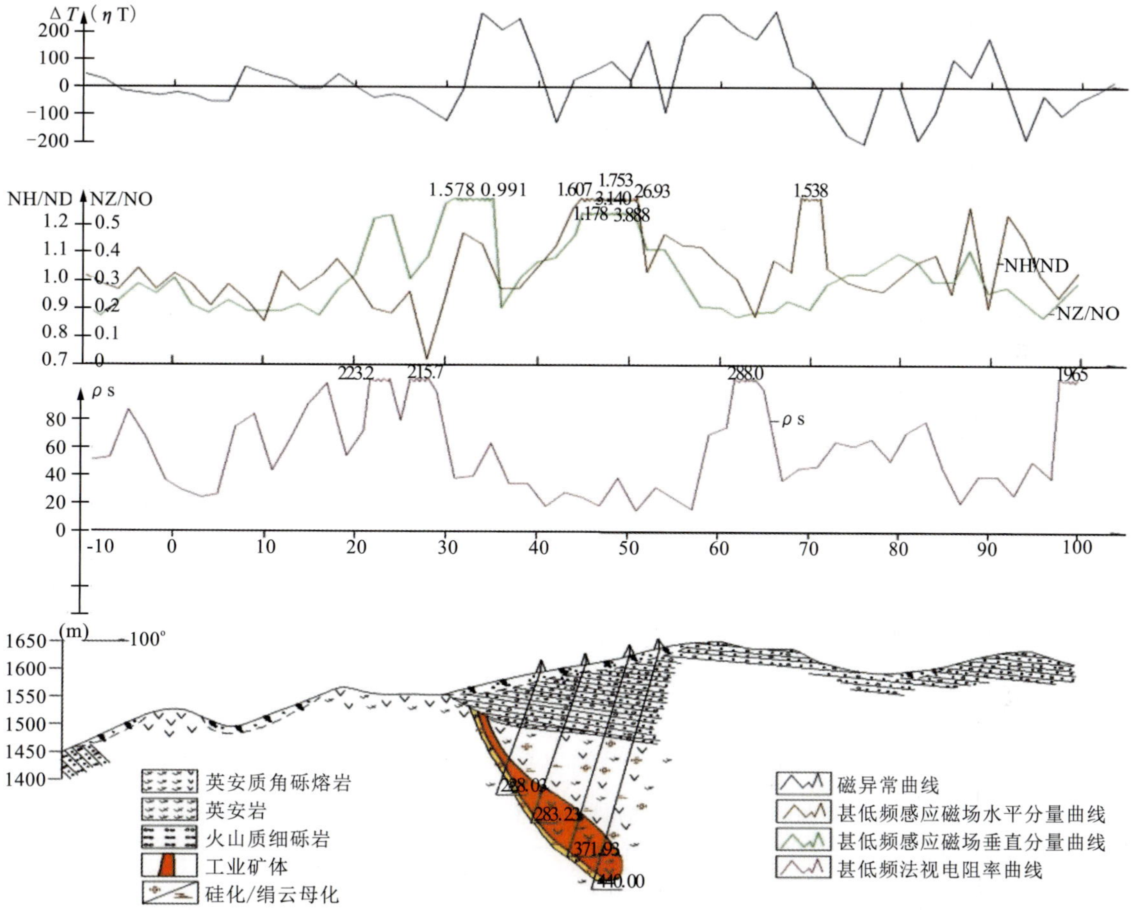

图 4-3　新疆伊宁市阿希陆相火山岩型金矿预测模型图及物探剖面图

3. 破碎蚀变岩型

大水金矿找矿标志如下。

(1)构造标志：区域北西西—北西向断裂构造带控制了矿带及矿床的空间分布；次级北西西—东西向断裂伴(派)生低序级的近南北向、北东东—北东向断裂破碎带，断裂交叉复合处节理裂隙密集发育带，岩脉与围岩接触带等控制了矿体的空间定位。

(2)岩浆岩标志：浅成—超浅成，偏碱性闪长岩、花岗闪长斑岩等小岩体或岩株、岩脉，特别是岩脉发育区，是找寻大水式金矿的一项重要找矿标志。

(3)围岩蚀变标志：硅化、赤铁矿化、碳酸盐化及褐铁矿化、黄钾铁矾化等。特别是经赤铁矿化、硅化的岩石一般呈特别明显的红色、紫褐色，是最直接的找矿标志。

(4)热液脉体：热液方解石(粗晶—巨晶)呈大脉状、不规则的团块，近水平发育地段，是找矿的间接

标志。

(5)金化探异常分布地段是最直接的找矿标志。

(6)矿体主要产于赤铁矿化硅化灰岩、赤铁矿化硅化花岗闪长岩及其接触带中,该类岩石是最直接的找矿标志。

大水式破碎蚀变岩型金矿区域预测要素见表 4－5。

表 4－5 大水式破碎蚀变岩型金矿区域预测要素表

区域预测要素			描述模式	要素分类
区域成矿地质环境	大地构造位置		秦岭弧盆系之西倾山-南秦岭陆缘裂谷带及侵入岩浆岩带	必要
	主要控矿构造		玛曲-略阳、大水弧形区域性断裂构造是重要导矿构造,控制区域金矿床(点)的分布;次级北北西—北北东向、近南北向和北西—北西西向断裂构成总体为北西走向的忠曲-大水断裂带和侵入岩(忠格扎拉、忠曲、格尔括合)为主的复合构造,是容矿构造,控制矿体的分布	必要
	主要赋矿地层		赋矿岩系为二叠系生物灰岩、三叠系灰岩、白云质灰岩及侏罗系灰质砾岩	次要
	控矿沉积建造		二叠系、三叠系为浅海相和碳酸盐岩台地的碳酸盐岩沉积岩建造;在侏罗系局部构造凹地形成陆相火山岩堆积和湖沼相碎屑岩、碳酸盐岩沉积建造	次要
	控矿侵入岩		印支—燕山早期忠格扎拉(二长花岗岩、石英闪长岩、辉石闪长岩)、忠曲(黑云母闪长玢岩)和格尔括合(花岗闪长斑岩、黑云母闪长玢岩)三大岩体及其派生的大量脉岩	重要
	区域变质作用		碎裂变质作用形成角砾—糜棱岩及碎裂岩具导矿和容矿作用	重要
区域成矿地质特征	区域成矿类型和成矿期		燕山早中期大水式构造破碎蚀变岩型金矿床	必要
	破碎蚀变岩型	含矿建造	二叠系、三叠系泥晶白云岩、白云质灰岩、泥晶灰岩地层,夹中基性—中酸性侵入岩脉等是金矿的主要容矿岩石建造	次要
		控矿构造	金矿体严格受近东西向深大断裂和派生近南北向次级断裂及破碎蚀变带控制	必要
		控矿侵入岩	伴随印支期和燕山期大规模构造运动形成的断裂侵位的中酸性岩体及其派生的大量脉岩,为矿床形成提供了丰富的成矿物质来源	必要
		矿体产状	构造破碎蚀变带控制矿体产状	重要
		矿石建造	构造破碎蚀变的花岗闪长岩型和灰岩、白云质灰岩型和交代似碧玉岩型、赤铁矿化硅化碳酸盐岩型	必要
		矿物组合	矿石矿物金属矿物以赤铁矿、褐铁矿、自然金为主,含极微量的黄铁矿、辰砂、雄雌黄、辉锑矿、磁铁矿、白钨矿、菱锰矿等,非金属矿物主要为方解石、长石、石英	必要
		围岩蚀变	类型主要以硅化、赤(褐)铁矿化、方解石化为主,其次为高岭土化、绿泥石化、绢云母化和黄钾铁钒化。其中硅化、赤(褐)铁矿化和方解石化与金矿化关系最为密切	重要
		矿床式	大水式	
物探、化探、遥感自然重砂特征	地球化学特征		化探出现 Au－Ag－As－Hg－Sb 组合异常,且与构造破碎蚀变带分布基本一致,是找金的重要标志	必要
	重力		大水金矿带含矿层位并无重力直接、间接找矿标志	次要
	航磁		区域磁场仅反映了地层、岩体分布情况	次要
	遥感		该区遥感成矿环境独特,处于线环交切、环环套合交切的有利构造部位	重要
金矿产地			大水大型 1 处;恰若、辛曲、忠曲、贡北小型 4 处;格尔托矿点 1 处	重要

4. 热液型

金窝子金矿床预测要素见表 4－6。

表 4－6　金窝子岩浆热液型金矿预测要素表

预测要素		描述内容	预测要素分类
大地构造位置		金窝子金矿区为一复式背斜褶皱，由二叠系下统双堡塘组组成，与华力西期黑云母二长花岗闪长岩为断层接触，金银等成矿元素与岩体有关	
地质环境	构造背景	产于额济纳—北山弧盆系之公婆泉岛弧的马鬃山复背斜西端	必要
	成矿环境	北东向低角度逆冲断层控制蚀变糜棱岩型金矿化，北西西向高角度横张断层控制石英脉型金矿化	必要
	成矿时代	金窝子金矿床形成于印支期，矿化年龄为 240～230Ma	必要
	岩石类型	火山碎屑岩-沉积岩型	必要
	岩石结构	石英脉型金矿石产于岩体近南北向高角度张性断裂和围岩横张裂隙中，层状透镜状蚀变岩型金矿体分布在蚀变糜棱岩化沉凝灰岩中	重要
矿床特征	矿物组合	金属矿物主要有自然金、银金矿、黄铁矿，其次为闪锌矿、方铅矿、白钨矿等；脉石矿物为石英，其次为方解石、绿泥石、绢云母	次要
	结构构造	含金石英脉矿石呈自形-他形粒状结构，块状、星点状构造；含金蚀变糜棱岩化沉凝灰岩，矿石呈自形-他形粒状结构，网脉状、细脉状、浸染状构造	次要
	蚀变	黄铁矿化、绢英岩化、绿泥石化、方解石化，偶见绿帘石化、钠长石化	必要
	控矿条件	北东东向、近南北向、北西向和北东向次级断裂是区内主要控矿构造	必要
	风化	褐铁矿化发育，地表氧化后呈红褐色，外观呈蜂窝状和疏松状	次要
物探、化探、重砂特征	磁法	含金石英脉和含金蚀变破碎带均有微弱磁性，后者稍强，并有氡异常	次要
	激电	含金石英脉、含金蚀变破碎带均属于高阻、高极化率	次要
	区域	本区是 Cu、Ag、Au、Pb、Zn、Sb 等金属矿床形成的有利地区，其中 Ag、Au 等成矿元素异常多与华力西期花岗岩类侵入岩相关	重要
	矿区	金窝子组上部碎屑岩中金的丰度平均为 8.9×10^{-9}，下部火山碎屑岩类金的丰度为 $(7.7\sim10.53)\times10^{-9}$，花岗岩体中金的丰度为 8.5×10^{-9}	重要
	自然重砂	自然金的一级异常较普遍(1～10 粒/20kg)，二级异常很少(11～50 粒/20kg)	重要

5. 微细浸染型

大桥金矿床预测要素见表 4－7，预测模型见图 4－4。

表 4－7　大桥微细浸染型金矿床预测要素表

预测要素		描述内容	预测要素分类
地质环境	构造背景	位于秦祁昆造山系之秦岭弧盆系的泽库前陆盆地内	必要
	成矿环境	陆盆边缘盆地	必要
	成矿时代	同位素年龄为 123～117Ma，推测成矿时代为印支末—燕山期	必要
	岩石类型	碳酸盐岩-细碎屑岩建造，硅质角砾岩属于滑塌和浊流沉积形成的岩石	必要
	岩石结构	金矿体均赋存在三叠系下部建造层(下组)的角砾岩中，含矿岩层的岩石组合以硅质角砾岩和复成分角砾岩为主，夹纹层状硅质岩、碳质板岩、粉砂质板岩及灰岩、泥岩等	次要

续表 4-7

预测要素		描述内容	预测要素分类
矿床特征	矿物组合	金属矿物主要以黄铁矿、褐铁矿等为主，其次有毒砂、黄铜矿、闪锌矿、方铅矿等，少量及微量矿物有铜蓝、赤铁矿、自然金、银金矿等。 脉石矿物主要有石英，少量方解石、白云石、长石、绢云母、绿泥石等	重要
	结构构造	主要有自形-半自形晶粒、他形晶粒、压碎变晶、填隙、交代、残余、假象、包含、皮壳、鳞片花岗变晶、内部环带结构等。主要有浸染状、斑点状、脉状-交错脉状-网脉状、条带状、纹层状、角砾状、胶状构造等	次要
	蚀变	主要有黄铁矿化、褐铁矿化、赤铁矿化、碳酸盐化、硅化、萤石化和高岭土化，硅化与金成矿关系密切	重要
	控矿条件	三叠系下建造层(下组)中的硅质角砾岩，向北东倾伏的背斜褶皱和北东向的脆性断层及北西向的韧性断层，黑云花岗闪长岩脉，与金关系密切的硅化围岩蚀变	必要
地球化学特征	1∶5万水系沉积物测量	Hs-32 异常以低温热液元素 Au、Hg、As、Sb 为主(其中 Au 异常面积 13km^2，异常均值 31.74×10^{-9}，峰值 101.1×10^{-9})，规模达 177.09km^2，异常元素套合好，浓度分带清楚，呈北东—南西向带状展布	重要
	沟系法土壤测量	圈出以金为主的组合异常 6 个，元素组合 Au、Hg、As、Sb、Ag。其中 Au 元素异常呈串珠状，东强西弱，与水系沉积物金异常特征一致。各元素异常相互套合较好，呈北东—南西向带状分布	重要

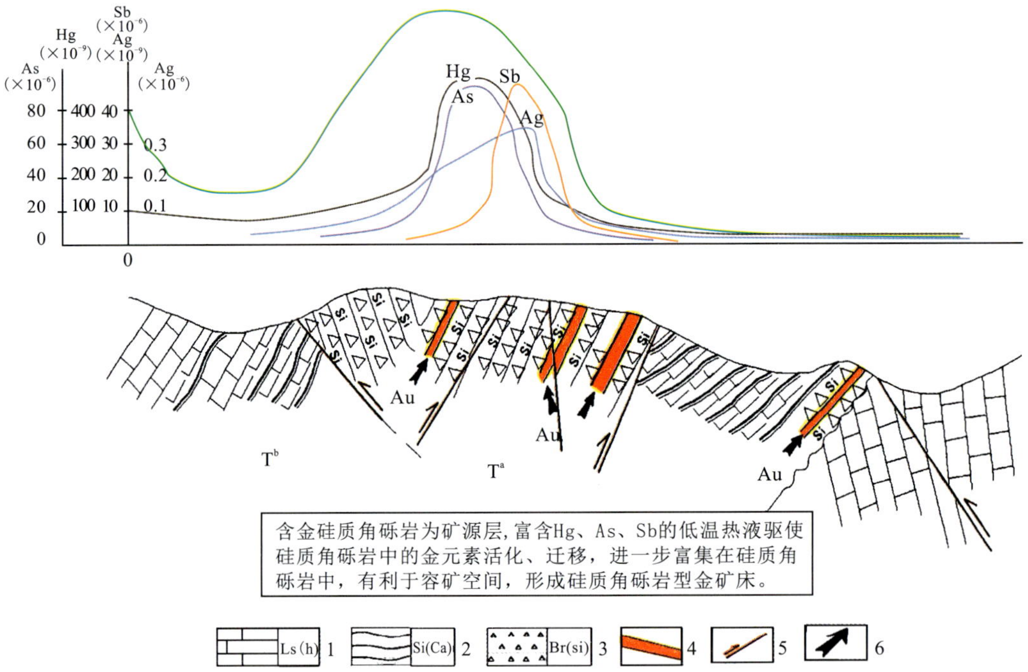

图 4-4 大桥微细浸染型金矿预测模型图

1.厚层灰岩;2.钙质板岩;3.硅质角砾岩;4.金矿体;5.断层;6.热液运移方向

6. 砂金型

文县碧口砂金矿床预测要素见表 4-8。

表 4-8　文县碧口砂金矿床预测要素表

预测要素		描述内容	预测要素分类
第四纪沉积类型与地貌	成矿时代	新生代第四纪全新世	必要
	地层	第四系全新统	必要
	地貌类型	中山区河流地貌	必要
	地貌特征	现代河床、河漫滩(低河漫滩 T_0,高河漫滩 T_1)	必要
	沉积物类型	现代河流冲积砂、砾石	必要
	基底岩性	长城系碧口群阳坝组绿片岩、变质火山岩	次要
砂金矿床特征	砂金形态	以叶片状、板片状为主,其次为浑圆状	重要
	砂金成色	金的成色为 938.7‰,含银 44.80‰	次要
	砂金粒度	巨粒金 19.25%,粗粒金 35.97%,中粒金 42.30%,细粒金 2.82%	重要
	伴生重砂矿物	磁铁矿、赤铁矿、黄铁矿、褐铁矿、磷灰石、绿帘石、石榴石	次要
	控矿条件	现代河床、河漫滩冲积砂砾石层	必要

三、最小预测区划分

西北地区金矿资源潜力评价共划定金矿预测区 72 个,圈定最小预测区 475 个,其中 A 级预测区 104 个,占 22%;B 级预测区 144 个,占 30%;C 级预测区 227 个,占 48%(表 4-9)。按预测类型统计,火山岩型最小预测区共 169 个,占 36%;破碎蚀变岩型最小预测区共 180 个,占 38%;砂金型最小预测区共 19 个,占 4%;微细浸染型最小预测区共 55 个,占 12%;岩浆热液型最小预测区共 52 个,占 11%(图 4-5)。

表 4-9　西北地区金矿预测区不同预测类型最小预测区统计表

序号	预测区名称	所处成矿单元	矿产预测类型	最小预测区数量(个)			
				A类	B类	C类	合计
1	陕西省何家岩金矿预测区	Ⅲ-73	海相火山岩型	1	8	8	17
2	甘肃省双尖山-狼娃山地区金矿预测区	Ⅲ-8	海相火山岩型	1	4	1	6
3	甘肃省南金山地区金(伴生银)矿预测区	Ⅲ-12	海相火山岩型	1	0	3	4
4	青海省北祁连金(伴生银)矿预测区	Ⅲ-21	海相火山岩型	2	3	7	12
5	新疆诺尔特金(伴生银)矿预测区	Ⅲ-1	海相火山岩型	2	3	2	7
6	新疆萨热阔布地区金(伴生银)矿预测区	Ⅲ-2	海相火山岩型	1	6	5	12
7	新疆阿舍勒地区(伴生)金矿预测区	Ⅲ-2	海相火山岩型	2	2	3	7
8	新疆乔夏哈拉-老山口金(伴生银)矿预测区	Ⅲ-3	海相火山岩型	5	12	12	29
9	新疆托里金(伴生银)矿预测区	Ⅲ-4	海相火山岩型	14	2	7	23
10	新疆包古图地区金(伴生银)矿预测区	Ⅲ-4	海相火山岩型	1	3	9	13
11	新疆黑元山-淖毛湖地区金(伴生银)矿预测区	Ⅲ-4	海相火山岩型	1	3	6	10
12	新疆石英滩地区金(伴生银)矿预测区	Ⅲ-8	陆相火山岩型	2	2	9	13
13	新疆阿希地区金(伴生银)矿预测区	Ⅲ-9	陆相火山岩型	2	4	4	10

续表 4-9

序号	预测区名称	所处成矿单元	矿产预测类型	最小预测区数量(个)			
				A类	B类	C类	合计
14	新疆马庄山地区金(伴生银)矿预测区	Ⅲ-12	陆相火山岩型	1	4	1	6
火山岩型小计				36	56	77	169
15	陕西潼关地区金矿预测区	Ⅲ-63	破碎蚀变岩型	10	6	3	19
16	陕西周至黑河-涝峪金矿预测区	Ⅲ-66	破碎蚀变岩型	2	2	1	5
17	陕西石泉两河-平利兴隆镇金矿预测区	Ⅲ-66	破碎蚀变岩型	4	3	4	11
18	陕西略阳县煎茶岭-三岔子金矿预测区	Ⅲ-73	破碎蚀变岩型	4	6	4	14
19	甘肃小西弓地区金矿预测区	Ⅲ-15	破碎蚀变岩型	2	2	4	8
20	甘肃老金厂-黑山金矿预测区	Ⅲ-15	破碎蚀变岩型	2	1	3	6
21	甘肃青分岭地区金矿预测区	Ⅲ-21	破碎蚀变岩型	1	3	2	6
22	甘肃鹰嘴山-寒山地区金矿预测区	Ⅲ-21	破碎蚀变岩型	2	0	3	5
23	甘肃黑刺沟地区金矿预测区	Ⅲ-23	破碎蚀变岩型	2	1	2	5
24	甘肃柴家庄地区金矿预测区	Ⅲ-28	破碎蚀变岩型	5	1	9	15
25	甘肃枣子沟-寨上地区金矿预测区	Ⅲ-28	破碎蚀变岩型	13	12	26	51
26	甘肃花崖沟-大店沟金矿预测区	Ⅲ-28	破碎蚀变岩型	5	2	5	12
27	甘陕广金坝-马鞍山桥金矿预测区	Ⅲ-28	破碎蚀变岩型	9	7	9	22
28	甘肃大水地区金矿预测区	Ⅲ-28	破碎蚀变岩型	3	4	5	12
29	甘肃三河坝金矿预测区	Ⅲ-73	破碎蚀变岩型	0	3	7	10
30	甘肃口头坝-阳山地区金矿预测区	Ⅲ-73	破碎蚀变岩型	2	3	5	10
31	青海拉脊山金矿预测区	Ⅲ-23	破碎蚀变岩型	1	7	3	11
32	青海苏干湖-锡铁山金矿预测区	Ⅲ-24	破碎蚀变岩型	2	9	7	18
33	青海赛什克南-叉叉龙洼金矿预测区	Ⅲ-24	破碎蚀变岩型	2	3	11	16
34	青海磁铁山-智玉金矿预测区	Ⅲ-26	破碎蚀变岩型	3	6	4	13
35	青海同德-同仁金矿预测区	Ⅲ-28	破碎蚀变岩型	13	8	7	28
36	青海昆仑山口-两湖地区金矿预测区	Ⅲ-30	破碎蚀变岩型	7	4	5	16
37	青海达日-年保玉地区金矿预测区	Ⅲ-30	破碎蚀变岩型	2	5	5	12
38	青海扎多-巴颜喀拉山地区金矿预测区	Ⅲ-31	破碎蚀变岩型	0	5	7	12
39	新疆多拉纳萨依地区金矿预测区	Ⅲ-2	破碎蚀变岩型	4	1	3	8
40	新疆布尔克斯台地区金矿预测区	Ⅲ-3	破碎蚀变岩型	2	8	4	14
41	新疆沙尔布拉克金矿预测区	Ⅲ-3	破碎蚀变岩型	8	2	3	13
42	新疆双峰山-苇子峡金矿预测区	Ⅲ-4	破碎蚀变岩型	4	7	16	27
43	新疆卡拉麦里金矿预测区	Ⅲ-4	破碎蚀变岩型	5	8	8	21
44	新疆查汗萨拉地区金矿预测区	Ⅲ-6	破碎蚀变岩型	0	5	6	11
45	新疆康古尔-天木金矿预测区	Ⅲ-8	破碎蚀变岩型	8	9	16	33

续表 4-9

序号	预测区名称	所处成矿单元	矿产预测类型	最小预测区数量(个)			
				A类	B类	C类	合计
46	新疆萨日达拉地区金矿预测区	Ⅲ-9	破碎蚀变岩型	1	2	3	6
47	新疆伊什基里克金矿预测区	Ⅲ-10	破碎蚀变岩型	1	2	6	9
48	新疆鸽形山地区金矿预测区	Ⅲ-12	破碎蚀变岩型	15	8	12	35
49	新疆布隆金(锑)矿预测区	Ⅲ-12	破碎蚀变岩型	0	10	12	22
50	新疆萨瓦亚尔顿地区金(锑)矿预测区	Ⅲ-12	破碎蚀变岩型	1	1	1	3
51	新疆大山口地区金矿预测区	Ⅲ-12	破碎蚀变岩型	1	3	3	7
52	新疆兴地金矿预测区	Ⅲ-13	破碎蚀变岩型	1	3	9	13
53	新疆北山金矿预测区	Ⅲ-14	破碎蚀变岩型	3	3	2	8
54	新疆盘龙沟金矿预测区	Ⅲ-19	破碎蚀变岩型	1	3	4	8
55	新疆库木巴彦山金矿预测区	Ⅲ-26	破碎蚀变岩型	1	1	4	6
56	新疆苦阿-恰克能萨依金矿预测区	Ⅲ-27	破碎蚀变岩型	2	0	8	10
57	新疆木吉地区金矿预测区	Ⅲ-27	破碎蚀变岩型	1	0	1	2
58	新疆色娥子永滚苦阿-恰克能萨依金矿预测区	Ⅲ-29	破碎蚀变岩型	0	6	5	11
破碎蚀变岩型小计				40	53	87	180
59	甘肃镡河西汉水流域金矿预测区	Ⅲ-73	砂金型	1	5	3	9
60	甘肃岸门口河流域金矿预测区	Ⅲ-73	砂金型	1	3	1	5
61	甘肃白龙江-让水河流域金矿预测区	Ⅲ-73	砂金型	1	2	2	5
砂金型小计				3	10	6	19
62	陕西镇安米粮寺-山阳预测区	Ⅲ-66	微细浸染型	4	3	4	11
63	陕西旬阳小河金矿预测区	Ⅲ-66	微细浸染型	3	3	1	7
64	甘肃拉尔玛地区金矿预测区	Ⅲ-28	微细浸染型	1	1	1	3
65	甘肃坪定-大桥地区金矿预测区	Ⅲ-28	微细浸染型	8	7	13	28
66	宁夏卫宁北山金矿预测区	Ⅲ-20	微细浸染型	0	0	6	6
微细浸染型小计				16	14	25	55
67	甘肃 460 -扫子山金矿预测区	Ⅲ-8	岩浆热液型	3	5	5	13
68	甘肃金窝子地区金矿预测区	Ⅲ-14	岩浆热液型	1	2	3	6
69	甘肃车路沟山金矿预测区	Ⅲ-21	岩浆热液型	1	2	3	6
70	甘肃李坝地区金矿预测区	Ⅲ-28	岩浆热液型	4	2	3	9
71	宁夏西华山金矿预测区	Ⅲ-21	岩浆热液型	0	0	7	7
72	宁夏贺兰山北段金矿预测区	Ⅲ-59	岩浆热液型	0	0	11	11
岩浆热液型小计				9	11	32	52
西北地区合计				104	144	227	475

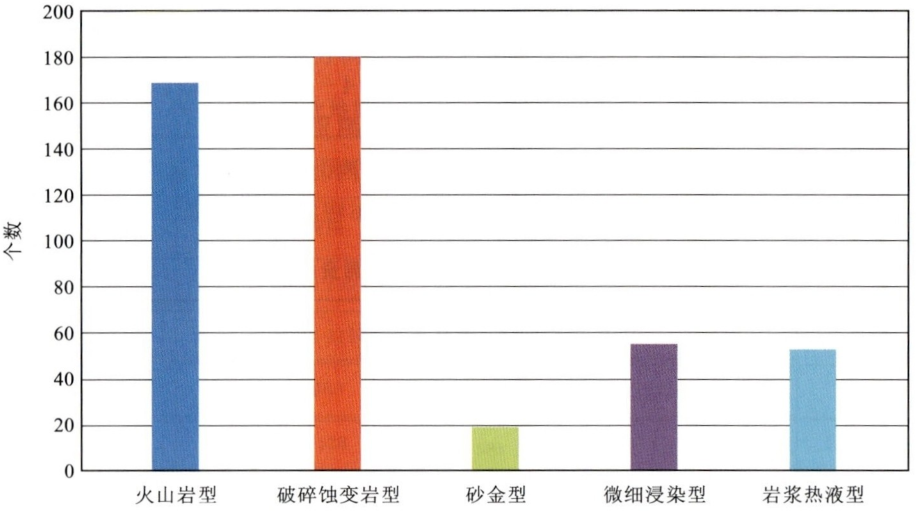

图 4-5　西北地区金矿预测区不同预测类型最小预测区统计图

从分布的成矿单元来看，西北地区金矿主要分布在Ⅲ-1 北阿尔泰成矿带、Ⅲ-2 南阿尔泰成矿带、Ⅲ-3 北准噶尔成矿带、Ⅲ-4 唐巴勒-卡拉麦里成矿带、Ⅲ-6 准噶尔南缘成矿带、Ⅲ-8 觉罗塔格成矿带、Ⅲ-9 伊犁北缘成矿带、Ⅲ-10 伊犁成矿带、Ⅲ-12 塔里木板块北缘成矿带、Ⅲ-13 塔里木陆块北缘隆起成矿带、Ⅲ-14 金窝子-公婆泉-东七一山成矿带、Ⅲ-15 敦煌成矿区、Ⅲ-19 阿尔金成矿带、Ⅲ-20 河西走廊成矿带、Ⅲ-21 北祁连成矿带、Ⅲ-22 中祁连成矿带、Ⅲ-23 南祁连成矿带、Ⅲ-24 柴达木北缘成矿带、Ⅲ-26 东昆仑成矿带、Ⅲ-27 西昆仑北部成矿带、Ⅲ-28 西秦岭成矿带、Ⅲ-29 喀拉米兰-阿尼玛卿成矿带、Ⅲ-30 北巴颜喀拉-马尔康成矿带、Ⅲ-31 南巴颜喀拉-雅江成矿带、Ⅲ-36 昌都-普洱成矿带、Ⅲ-59 鄂尔多斯西缘成矿带、Ⅲ-63 华北陆块南缘成矿带、Ⅲ-66 东秦岭成矿带、Ⅲ-73 龙门山-大巴山成矿带 29 个Ⅲ级成矿单元中。

四、资源量分析

1. 资源现状分析

西北地区金矿具有分布较广、类型全、资源潜力较大等特点，已发现金矿产地 402 处，其中特大型矿床 5 处、大型金矿 22 处、中型金矿 82 处、小型金矿 293 处。总计探明金矿金属量为 2 087 088kg，本次预金矿资源量 11 280 499kg。查明的金矿资源储量仅为本次西北预测资源量的 15.61%（表 4-10），查明比例低表明找矿潜力大。

表 4-10　西北地区金矿查明与预测资源量统计表

省（区）	陕西	甘肃	宁夏	青海	新疆	西北地区
	（金属量单位：kg）					
查明资源量	481 554	974 189	4055	269 610	357 680	2087 088
预测资源量	2 782 990	3 923 759	28 080	1 346 889.7	3 198 780	11 280 499
查明比例（%）	14.75	20	12.62	16.68	10.06	15.61

从分布的成矿单元来看，西北地区银矿主要分布在Ⅲ-2南阿尔泰成矿带、Ⅲ-3北准噶尔成矿带、Ⅲ-4唐巴勒-卡拉麦里成矿带、Ⅲ-6准噶尔南缘成矿带、Ⅲ-8觉罗塔格成矿带、Ⅲ-9伊犁北缘成矿带、Ⅲ-11伊犁南缘-中天山-旱山成矿带、Ⅲ-12塔里木板块北缘成矿带、Ⅲ-15敦煌成矿区、Ⅲ-17铁克里克成矿带、Ⅲ-19阿尔金成矿带、Ⅲ-20河西走廊成矿带、Ⅲ-21北祁连成矿带、Ⅲ-22中祁连成矿带、Ⅲ-24柴达木北缘成矿带、Ⅲ-26东昆仑成矿带、Ⅲ-28西秦岭成矿带、Ⅲ-29喀拉米兰-阿尼玛卿成矿带、Ⅲ-33金沙江成矿带、Ⅲ-35喀喇昆仑-羌北成矿带、Ⅲ-36昌都-普洱成矿带、Ⅲ-66东秦岭成矿带22个Ⅲ级成矿单元中。

四、资源量分析

1. 资源现状分析

西北地区银矿具有分布较广、类型全、资源潜力大等特点，已发现银矿产地129处，其中大型银矿11处、中型银矿42处、小型银矿76处、银矿点314处。总计探明银矿金属量为23 040t，本次预测银矿金属量165 011t。查明的银矿资源储量仅为本次西北预测资源量的12.25%(表4-20)，查明比例低表明，地质工作程度低，找矿潜力大。

表4-20　西北地区银矿查明与预测资源量统计表

省(区)	陕西	甘肃	宁夏	青海	新疆	西北地区
	(金属量:t)					
查明资源量	4458	6899	47	5072	6564	23 040
预测资源量	3142	27 828	234	37 199	96 608	165 011
查明比例(%)	58.65	20	16.74	12.00	6.36	12.25

2. 预测资源量分析

通过对各省(区)不同深度预测资源量统计对比来看(表4-21)，西北地区银矿500m以浅预测资源量131 350t，占预测资源量的79.60%；1000m以浅预测资源量159 306t，占预测资源量的96.54%；2000m以浅预测资源量165 011t。由此来看，西北银矿资源量主要集中在500m以浅，从预测方法角度分析，西北地区银矿勘查深度较浅，反映了工作程度相对较低。

表4-21　西北地区银矿按深度预测资源量统计表

省(区)	预测资源量(金属量:t)			500m以浅比例(%)
	500m以浅	1000m以浅	2000m以浅	
陕西	1732	2839	3142	55.12
甘肃	19 904	27 127	27 828	71.53
宁夏	201	234	234	85.90
青海	36 884	37 199	37 199	99.15
新疆	72 629	91 907	96 608	75.18
西北地区	131 350	159 306	165 011	79.60

续表 4-15

序号	预测区名称	所处成矿单元	矿产预测类型	矿床式	预测评价模型	预测方法类型
17	甘肃龙首山铜镍(伴生银)矿预测区	Ⅲ-18	基性—超基性铜-镍硫化物型	金川式	基性—超基性岩型铜镍(银铬)矿	侵入岩体型
18	新疆喀拉达坂-拉配泉铅锌(伴生银)矿预测区	Ⅲ-19	海相火山岩型	喀拉达坂式	海相火山岩型铜锌(银铅金)矿 VHMS	火山岩型
19	宁夏卫宁北山银矿预测区	Ⅲ-20	热液型	二人山式	与中酸性岩浆热液有关的脉状银金铜矿床	复合内生型
20	宁夏香山银矿预测区	Ⅲ-20	层控热液型	香山式	砂岩型铜(银)矿	复合内生型
21	青海北祁连铅锌(银)矿预测区	Ⅲ-21	海相火山岩型	郭米寺式	碳酸盐岩-细碎屑岩型铅锌银矿 SEDEX	火山岩型
22	甘肃白银铜多金属矿(伴生)预测区	Ⅲ-21	海相火山岩型	白银厂式	海相火山岩型铜锌(银铅金)矿 VHMS	火山岩型
23	宁夏西华山银矿预测区	Ⅲ-21	热液型	西华山式	与中酸性岩浆热液有关的脉状银金铜矿床	复合内生型
24	青海锡铁山铅锌(银)矿预测区	Ⅲ-24	海相火山岩型	锡铁山式	碳酸盐岩-细碎屑岩型铅锌银矿 SEDEX	火山岩型
25	青海阿尔茨托山北铅锌(银)矿预测区	Ⅲ-24	海相火山岩型	沙柳河式	碳酸盐岩-细碎屑岩型铅锌银矿 SEDEX	火山岩型
26	新疆维宝铅锌(伴生银)矿预测区	Ⅲ-26	层控热液型	维宝式	碳酸盐岩-细碎屑岩型铅锌银矿 SEDEX	层控内生型
27	青海都兰铅锌银矿预测区	Ⅲ-26	矽卡岩型	什多龙式	矽卡岩型铅锌银(铜铁)矿	侵入岩体型
28	青海都兰-鄂拉山铅锌(银)矿预测区	Ⅲ-26	陆相火山次火山岩型	鄂拉山口式	次火山热液型金银(铅锌)矿	火山岩型
29	青海兴海铜铅锌(银)矿预测区	Ⅲ-28	海相火山沉积型	铜裕沟式	碳酸盐岩-细碎屑岩型铅锌银矿 SEDEX	沉积型
30	青海兴海县尕科合砷银矿预测区	Ⅲ-28	热液型	尕科合式	与中酸性岩浆热液有关的银铅锌矿	复合内生型
31	青海同仁铅锌(银)矿 预测区	Ⅲ-28	陆相火山次火山岩型	老藏沟式	次火山热液型金银(铅锌)矿	火山岩型
32	甘肃卓尼县-两当县银矿预测区	Ⅲ-28	热液型	赛日欠式	与中酸性岩浆热液有关的银铅锌矿	复合内生型
33	肃北县石洞沟银矿预测区	Ⅲ-22	热液型	石硐沟式	与中酸性岩浆热液有关的脉状银金铜矿床	复合内生型
34	甘陕厂坝-铅硐山银矿预测区	Ⅲ-28	层控热液型	厂坝式	碳酸盐岩-细碎屑岩型铅锌银矿 SEDEX	复合内生型
35	新疆卡特里西铜(伴生银)矿预测区	Ⅲ-29	海相火山岩型	卡特里西式	海相火山岩型铜锌(银铅金)矿 VHMS	火山岩型
36	青海玉树铁铅锌银矿预测区	Ⅲ-33	海相火山沉积型	赵卡隆式	碳酸盐岩-细碎屑岩型铅锌银矿 SEDEX	沉积型
37	青海小唐古拉铅锌(银)矿预测区	Ⅲ-35	热液型	楚多曲式	与中酸性岩浆热液有关的银铅锌矿	复合内生型

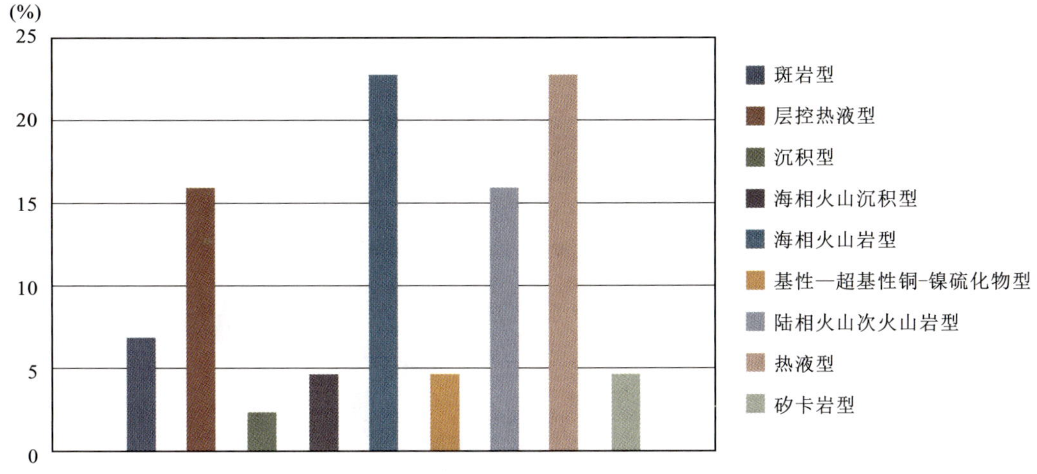

图 4－8　西北地区银矿预测区矿产预测类型统计图

银洞子式沉积型银矿床区域预测评价模型见表 4－17。

表 4－17　柞水县银洞子-山阳县桐木沟银洞子式沉积型银矿区域预测要素表

预测要素		描述内容	要素分类
成矿地质环境	含银建造	中-上泥盆统青石垭组第三段($D_{2-3}q^3$)。含碳千枚岩、千枚岩夹铁白云绢云结晶灰岩、绢云结晶灰岩夹千枚岩	必要
	成矿时代	沉积成矿期为中-晚泥盆世，热液改造期在印支期	次要
	成矿构造背景	南秦岭弧盆系刘岭前陆盆地(Ⅳ9^{3-1})，受青石垭组第三段($D_{2-3}q^3$)和一系列主要以北东向为主的同生断裂联合控制	必要
	沉积相	浅深海—半深海相	重要
成矿地质特征	控矿条件	受青石垭组第三段和系列北东向同生断裂联合控制	必要
	含矿地层厚度	青石垭组第三段，平均厚 2403.6m	重要
	矿体形态及产状	矿体呈层状、似层状。总体走向近东西弧形，倾向 130°～95°，倾角 25～45°，向深部倾角变缓	重要
	矿体控制深度	据对区内 13 号主要矿体坑探、钻探控制，矿体最大斜深大于 1500m，垂深 889m	重要
	矿物组合	矿石矿物主要为方铅矿，黄铜矿，各种含银矿物及银的独立矿物，闪锌矿，黄铁矿，毒砂，砷黝铜矿，磁铁矿，菱铁矿；脉石矿物中最主要的为重晶石和钠长石，较常见的为绿泥石，方解石，含铁白云石，似碧玉和石英	次要
	矿石结构	主要为他形粒状、自形-他形粒状结构，其次为交代、乳浊状、皱纹状结构	次要
	矿石构造	他形中细粒—均粒结构、斑状结构、溶蚀交代结构、交代结构、固溶体析离结构、包含结构、共生边结构、破碎结构和残碎斑结构；以条纹状、条带状构造为主，其次为角砾状构造、斑杂状构造、脉状构造	次要
	矿石类型	条纹、条带浸染状矿石，条纹、条带状矿石，角砾状矿石和斑杂状矿石，其中以前两类矿石为主	次要
	矿化带	呈近东西向展布，长 2100m，宽 150m。矿化以银为主，共伴生铅、铜、锌	次要
	蚀变特征	矿区蚀变作用微弱，仅在矿体的上下盘有弱的绿泥石化、硅化、黄铁矿化及碳酸盐化	重要
综合地质特征	化探异常特征	圈定银单元素异常 23 个，异常下限 0.127×10^{-6}，其中 Ag18、Ag19、Ag20、Ag21 四个异常与目标层对应关系良好；圈定伴生铅元素异常多个，部分与目标层(青石垭组第三段)对应关系良好	重要
	重力推断断裂	与成矿有关的二级、三级断裂各 1 条。北东向断裂推断为控矿生长断裂	次要
	磁法推断断裂	推断与成矿有关的二级断裂 1 条，三级断裂 5 条，其中近南北向断裂 2 条、北东向 1 条、东西向 2 条，推断为生长断裂之次级断裂	重要
	重砂异常特征	全区共圈出铅矿物自然重砂异常 60 个，其中 14 个异常与中-上泥盆统青石垭组第三段对应关系良好	重要
	遥感地质特征	遥感地质特征与银矿化无直接关系	次要

从银矿预测资源量级别分析(表 4－22),预测 334－1 资源量 57 562t,占预测资源量的34.88%;预测 334－2 资源量 36 853t,占预测资源量的 22.33%;预测 334－3 资源量 70 597t,占预测资源量的42.78%。西北地区总体高级别资源量所占比重最大,但也反映出青海省找矿潜力最大。

表 4－22　西北地区银矿按级别预测资源量统计表

省(区)	预测资源量(金属量:t)			334－1 比例(%)
	334－1	334－2	334－3	
陕西	1416	14	1712	45.05
甘肃	19 801	5870	2157	71.16
宁夏	52	0.21	182	22.20
青海	5993	0	31 206	16.11
新疆	30 300	30 968	35 340	31.36
西北地区	57 562	36 853	70 596	34.88

西北地区银矿 2000m 以浅可利用性预测资源量 101 179t,占 61.32%,暂不可利用资源量 63 886t。从可利用性分析(表 4－23),多为共(伴)生,总体矿床经济技术条件相对较为优越。

表 4－23　西北地区银矿按可利用性预测资源量统计表

省(区)	预测资源量(金属量:t)		可利用比例(%)
	可利用	暂不可利用	
陕西	1809	1334	57.56
甘肃	25 164	2 717.60	90.43
宁夏	117.11	117	50.00
青海	5065	32 134	13.62
新疆	69 024	27 584	71.45
西北地区	101 179	63 886	61.32

西北地区银矿预测类型共有 9 种,即斑岩型、层控热液型、沉积型、海相火山沉积型、海相火山岩型、基性—超基性铜-镍硫化物型、陆相火山次火山岩型、热液型和矽卡岩型(表 4－24,图 4－10)。其中,重要类型为海相火山岩型和层控热液型,预测资源量分别为 73 397t 和 44 075t,分别占总预测资源量的42.49%和 25.52%。今后应以海相火山岩型和层控热液型银矿为找矿主攻方向。

表 4－24　西北地区银矿按预测类型预测资源量统计表

预测类型＼省(区)	陕西	甘肃	宁夏	青海	新疆	西北地区	占总量比例(%)
	(金属量:t)						
斑岩型	0	0	0	0	11 468.31	11 468.31	6.64
层控热液型	1614	8998	130	9050	24 284	44 075	25.52
沉积型	1324	0	0	0	0	1324	0.77
海相火山沉积型	0	0	0	11 467	0	11 467	6.64
海相火山岩型	0	12 088	0	10 405	50 904	73 397	42.49
基性—超基性铜-镍硫化物型	0	1607	0	0	4377	5984	3.46
陆相火山次火山岩型	0	0	0	4180	1967	6147	3.56
热液型	204	3762	105	9420	0	13 490	7.81
矽卡岩型	0	0	0	1772	3608	5381	3.11
合计	3142	26 454	234	46 294	96 608	172 734	100

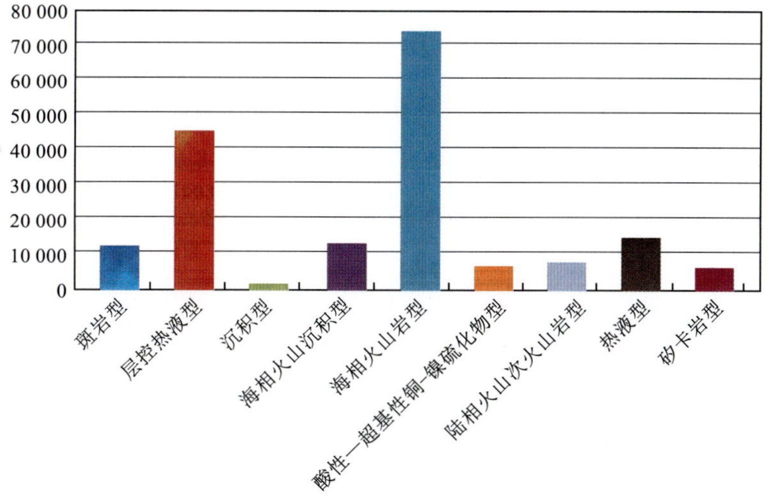

图 4－10　西北地区银矿预测类型预测资源量统计

第五章 稀有、稀土金属矿产

第一节 锂

一、矿产预测类型划分

西北地区8个锂矿预测区中，花岗岩型6个，占75%；现代盐湖沉积型1个，占13%；地下卤水型1个，占13%(表5-1,图5-1)。

表5-1 西北地区锂矿预测区矿产预测类型统计表

序号	预测区名称	所处成矿单元	矿产预测类型	矿床式	预测评价模型	预测方法类型
1	新疆柯鲁木特锂矿预测区	Ⅲ-1	花岗岩型	柯鲁木特式	硬岩型锂矿	侵入岩体型
2	新疆可可托海锂矿预测区	Ⅲ-1	花岗岩型	可可托海式	硬岩型锂矿	侵入岩体型
3	新疆镜儿泉锂矿预测区	Ⅲ-8	花岗岩型	柯鲁木特式	硬岩型锂矿	侵入岩体型
4	青海省柴达木盆地第四纪锂矿预测区	Ⅲ-25	现代盐湖沉积型		现代盐湖型锂盐	沉积型
5	青海省柴达木盆地新近纪、古近纪锂矿预测区	Ⅲ-25	地下卤水型		地下卤水型钽盐	沉积型
6	新疆大红柳滩锂矿预测区	Ⅲ-31	花岗岩型	甲基卡式	硬岩型锂矿	侵入岩体型
7	陕西省太白县锂矿预测区	Ⅲ-66A	花岗岩型	凤凰寨式花岗伟晶岩型	硬岩型锂矿	侵入岩体型
8	陕西省商南县锂矿预测区	Ⅲ-66A	花岗岩型	凤凰寨式花岗伟晶岩型	硬岩型锂矿	侵入岩体型

二、预测要素及预测模型

1. 地下卤水型

南翼山锂矿预测模型如下。

构造环境：在阿尔金F1、东昆仑F3、柴北缘F2断裂基础上盆地整体坳陷，边陷边沉积。

含矿地层：古近纪干柴沟组、新近纪油砂山组。

控矿构造：阿尔金F1、东昆仑F3、柴北缘F2围限成的坳陷盆地。

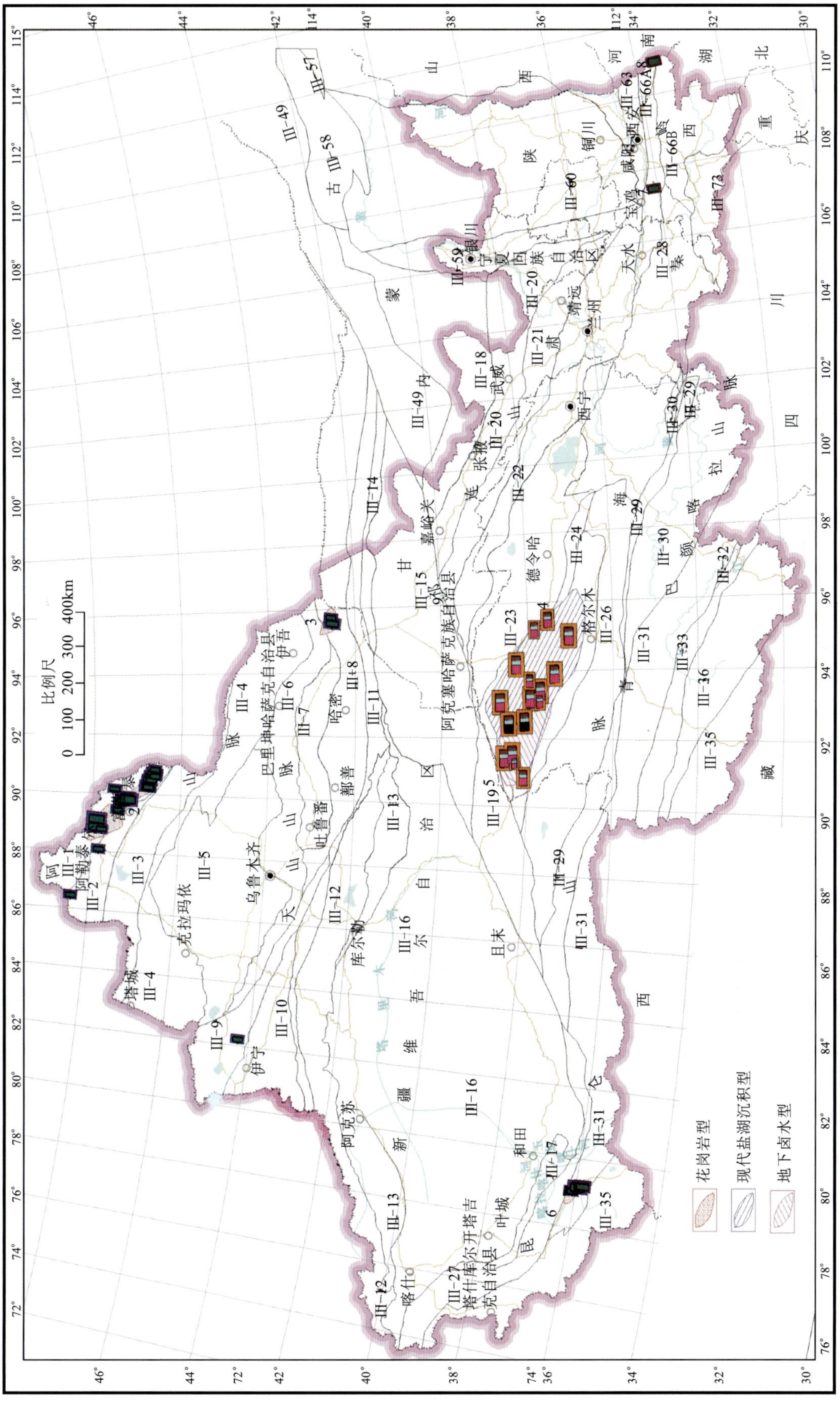

图 5-1　西北地区锂矿预测区分布图[成矿区(带)编号见表1-2]

矿体标志:矿体储量、平均品位。

重力异常:剩余重力异常－6～＋9。

水化学特征:高钙、低镁、氯化物水型、K^+、B_2O_3、Li^+。

找矿标志:油气显示、钾、硼、锂、碘矿化。

2. 花岗伟晶岩型

可可托海花岗岩型锂矿床预测模型见表 5-2。

表 5-2 新疆富蕴县可可托海花岗岩型锂矿床预测模型表

预测要素		描述内容	预测要素分类
特征描述		与早石炭世造山花岗岩有关的伟晶岩型稀有金属矿床	
地质环境	含矿建造	酸性侵入岩(伟晶岩)建造	必要
	含矿岩石	花岗伟晶岩	重要
	成矿时代	主成矿期为华力西中晚期至华力西晚期,可延至印支期	必要
	成矿环境	阿尔泰陆缘活动带哈龙-青河古生代岩浆弧中部	必要
	构造背景	哈龙-青河复背斜中部	必要
	成矿单元	哈龙-青河稀有金属、金、铜、镍、锡、云母、萤石矿带	必要
矿床特征	矿田预测标志	不同地质时期变质程度达绿片岩相-角闪岩相的褶皱变质带中的复背斜等相对隆起区,上述构造单元内同期花岗岩体周围及次级背斜核部以及转折端等伟晶岩集中分布区	重要
	矿物组合	锂辉石、绿柱石、铌锰矿-钽锰矿族,此外还有极少量的铯榴石和铪锆石	重要
	蚀变	主要有硅化、绿泥石化、碳酸盐化	次要
地球物理要素	区域磁法	处于重力梯度带上,其变化梯度大约是每千米 $1.8\times10^{-5}m/s^2$。处于两个北西向磁力高之间	次要
	矿区磁法	伟晶岩脉极值可达 2000～3000nT;伟晶岩脉体及其上、下盘围岩构成双峰的异常可达500～3000nT 以上	次要

可可托海一带可可托海式花岗岩型锂矿区域预测要素见表 5-3 和图 5-2。

表 5-3 新疆可可托海一带可可托海式花岗岩型锂矿区域预测模型表

区域预测要素		描述内容	要素分类
区域成矿地质环境	大地构造单元	阿尔泰陆缘活动带,哈龙-青河古生代岩浆弧中部	必要
	主要控矿构造	哈龙-青河复背斜中部、酸性侵入岩接触带	必要
	主要赋矿地层	中-下奥陶统青白口群,变质基性岩(斜长角闪岩)	重要
	成矿时代	主成矿期为华力西中晚期至华力西晚期,可延至印支期	重要
	控矿侵入岩建造	华力西中晚期酸性侵入岩体	必要
	区域成矿类型及成矿期	华力西中晚期与侵入建造有关的花岗伟晶岩型锂矿	必要
	成矿区带	哈龙-青河稀有金属、金、铜、镍、锡、云母、萤石矿带	必要
区域成矿地质特征	控矿侵入岩	华力西中晚期二长花岗岩及花岗伟晶岩	必要
	控矿构造	哈龙-青河复背斜核部、北西向断裂	必要
	矿石建造	白云母-锂辉石-钠长石-锂云母-绿柱石矿石建造	次要
	围岩蚀变	云英岩化、绿帘石化、绿泥石化、硅化、电气石化等	重要
	矿床式	可可托海式	重要
区域物探、化探、遥感特征	化探异常	明显的 Li 元素异常	次要
	遥感特征	矿产地多分布于北西向线性构造的旁侧	次要
	重力特征	处于重力梯度带上	次要

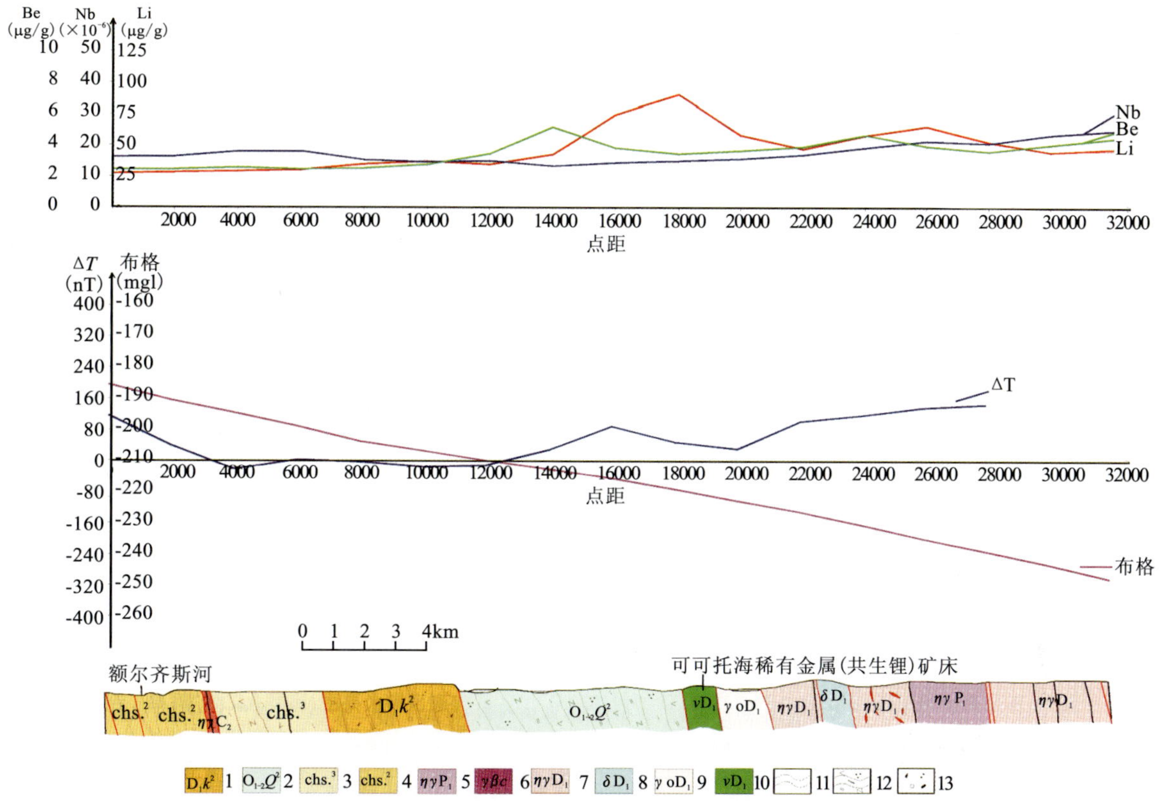

图 5-2　新疆可可托海一带可可托海式花岗岩型锂矿区域预测模型图

1.早泥盆世康布铁堡组第二岩性段;2.奥陶纪青河岩群第二岩组(石英岩-云母石英片岩-斜长角闪岩变质建造);3.长城纪苏普特岩群二岩组;4.长城纪苏普特岩群三岩组;5.早二叠世二长花岗岩;6.石炭纪黑云母花岗岩;7.早泥盆世二长花岗岩;8.早泥盆世闪长岩;9.早泥盆世斜长花岗岩;10.早泥盆世辉长岩;11.变粒岩;12.黑云角闪斜长片岩;13.晶屑岩屑凝灰岩

三、最小预测区划分

西北地区锂矿资源潜力评价共划定锂矿预测区 8 个,圈定最小预测区 98 个,其中 A 级预测区 23 个,占 23%;B 级预测区 29 个,占 30%;C 级预测区 46 个,占 47%(表 5-4)。按预测类型统计,地下卤水型最小预测区共 33 个,占 34%;花岗岩型最小预测区共 46 个,占 47%;现代盐湖沉积型最小预测区共 19 个,占 19%(图 5-3)。

表 5-4　西北地区锂矿预测区不同预测类型最小预测区统计表

序号	预测区名称	所处成矿单元	矿产预测类型	最小预测区数量(个)			
				A 类	B 类	C 类	合计
1	青海省柴达木盆地新近纪、古近纪锂矿预测区	Ⅲ-25	地下卤水型	4	10	19	23
地下卤水型小计				4	10	19	33
2	陕西省商南县锂矿预测区	Ⅲ-66	花岗岩型	0	1	3	4
3	陕西省太白县锂矿预测区	Ⅲ-66	花岗岩型	0	1	0	1
4	新疆可可托海一带锂矿预测区	Ⅲ-1	花岗岩型	4	1	5	10

续表 5-4

序号	预测区名称	所处成矿单元	矿产预测类型	最小预测区数量(个)			
				A类	B类	C类	合计
5	新疆柯鲁木特一带锂矿预测区	Ⅲ-1	花岗岩型	1	5	6	12
6	新疆镜儿泉一带锂矿预测区	Ⅲ-8	花岗岩型	0	4	3	7
7	新疆大红柳滩一带锂矿预测区	Ⅲ-31	花岗岩型	4	3	5	12
花岗岩型小计				9	15	22	46
8	青海省柴达木盆地第四纪锂矿预测区	Ⅲ-25	现代盐湖沉积型	10	4	5	19
现代盐湖沉积型小计				10	4	5	19
西北地区合计				23	29	46	98

从分布的成矿单元来看，西北地区锂矿主要分布在Ⅲ-1北阿尔泰成矿带、Ⅲ-8觉罗塔格成矿带、Ⅲ-25柴达木盆地成矿区、Ⅲ-31南巴颜喀拉-雅江成矿带、Ⅲ-66东秦岭成矿带5个Ⅲ级成矿单元中。

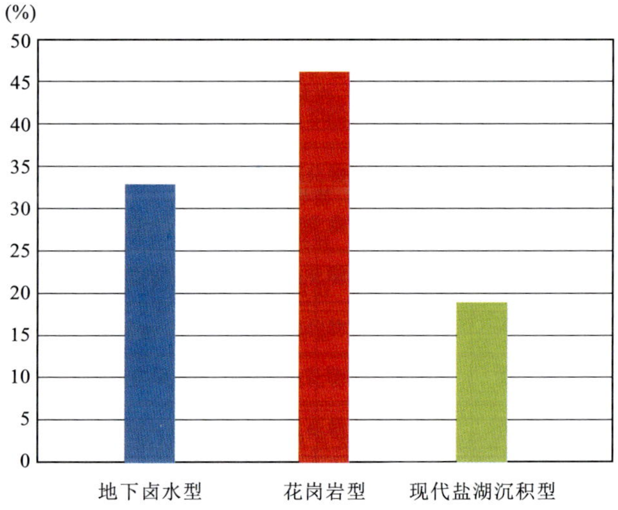

图 5-3 西北地区锂矿预测区不同预测类型最小预测区统计

四、资源量分析

1. 资源现状分析

西北地区锂矿具有分布较广、类型较全、资源潜力较大等特点，已发现锂矿产地20处，其中大型锂矿2处、中型锂矿8处、小型锂矿9处。总计探明锂金属资源储量为18 540 907t，本次预测锂金属资源量72 632 390t。查明的锂金属资源储量仅为本次西北地区预测资源量的20.34%(表5-5)，表明地质工作程度低，找矿潜力较大，特别是新疆和青海省有待进一步工作。

表 5-5 西北地区锂矿查明与预测资源量统计表

省(区)	陕西	甘肃	宁夏	青海	新疆	西北地区
	(金属量:t)					
查明资源量	121	0	0	18 418 200	122 586	18 540 907
预测资源量	149	0	0	72 004 800	627 441	72 632 390
查明比例(%)	44.75	0	0	20.37	16.34	20.34

2. 预测资源量分析

通过对各省(区)不同深度预测资源量统计对比来看(表5-6)，西北地区锂矿500m以浅预测金属

资源量 24 201 860t，占预测金属资源量的 37.52％；1000m 以浅预测金属资源量 24 279 290t，占预测金属资源量的 37.64％；2000m 以浅预测金属资源量 64 507 190t。由此来看，西北锂矿资源量主要集中在 1000m 以浅。

表 5－6　西北地区锂矿按深度预测资源量统计表

省（区）	预测资源量（金属量：t）			500m 以浅比例（％）
	500m 以浅	1000m 以浅	2000m 以浅	
陕西	149	149	149	100
青海	23 651 700	23 651 700	63 879 600	37.03
新疆	550 011	627 441	627 441	87.66
西北地区	24 201 860	24 279 290	64 507 190	37.52

从锂矿预测资源量级别分析（表 5－7），预测 334－1 资源量 34 846 014t，占预测资源量的 47.98％；预测 334－2 资源量 19 071 870t，占预测资源量的 26.26％；预测 334－3 资源量 18 714 506t，占预测资源量的 25.77％。西北地区总体高级别资源量所占比重最大。

西北地区锂矿 2000m 以浅可利用性预测资源量 72 632 241t，占 100％，暂不可利用资源量 149t。从可利用性分析（表 5－8），西北地区锂矿作为国家重要开发基地和战略性资源后备基地，总体矿床经济技术条件相对较为优越。

表 5－7　西北地区锂矿按级别预测资源量统计表

省（区）	预测资源量（金属量：t）			334－1 比例（％）
	334－1	334－2	334－3	
陕西	0	129	20	0
青海	34 661 000	18 803 300	18 540 500	48.14
新疆	185 014	268 441	173 986	29.49
西北地区	34 846 014	19 071 870	18 714 506	47.98

表 5－8　西北地区锂矿按可利用性预测资源量统计表

省（区）	预测资源量（金属量：t）		可利用比例（％）
	可利用	暂不可利用	
陕西	0	149	0
甘肃	0	0	0
宁夏	0	0	0
青海	72 004 800	0	100
新疆	627 441	0	100
西北地区	72 632 241	149	100

西北地区锂矿预测类型共有3种，即地下卤水型、花岗岩型和现代盐湖沉积岩型（图5－4，表5－9）。其中，重要类型为地下卤水型和现代盐湖沉积型，预测资源量分别为40 227 900t和23 648 700t，分别占总预测资源量的62.33%和36.64%。今后应以地下卤水型和现代盐湖沉积型锂矿为找矿主攻方向。

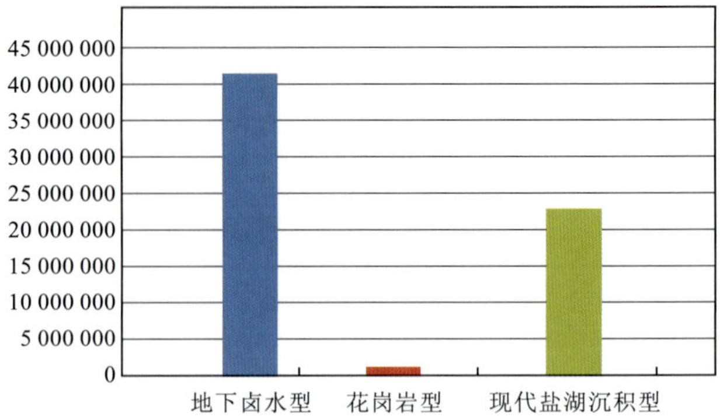

图5－4　西北地区锂矿预测类型预测资源量统计

表5－9　西北地区锂矿按预测类型预测资源量统计表

省（区） 预测类型	陕西	甘肃	宁夏	青海	新疆	西北地区	占总量比例（%）
	（金属量：t）						
地下卤水型	0	0	0	40 227 900	0	40 227 900	62.33
花岗岩型	270	0	0	0	659 624	659 894	1.02
现代盐湖沉积型	0	0	0	23 648 700	0	23 648 700	36.64
合计	270	0	0	63 876 600	659 624	64 536 494	100

第二节　稀土

一、矿产预测类型划分

西北地区9个稀土矿预测区中，矿产预测类型均为岩浆型（表5－10，图5－5）。

表5－10　西北地区稀土矿预测区矿产预测类型统计表

序号	预测区名称	所处成矿单元	矿产预测类型	矿床式	预测评价模型	预测方法类型
1	新疆拜城县波孜果尔地区波孜果尔式稀土矿预测区	Ⅲ－12	岩浆型		岩浆型稀土矿	侵入岩体型
2	甘肃省干沙河干沙河脑式稀土矿预测区	Ⅲ－21	岩浆型		岩浆型稀土矿	侵入岩体型
3	青海省祁连夏拉河稀土矿预测区	Ⅲ－22	岩浆型		岩浆型稀土矿	侵入岩体型
4	青海省拉脊山上庄式稀土矿预测区	Ⅲ－23	岩浆型	上庄式	岩浆型稀土矿	侵入岩体型
5	青海省磁铁山-埃肯德勒斯特稀土矿预测区	Ⅲ－26	岩浆型		岩浆型稀土矿	侵入岩体型
6	青海省曲麻莱-杂多稀土矿预测区	Ⅲ－31	岩浆型		岩浆型稀土矿	侵入岩体型
7	青海省沱沱河地区稀土矿预测区	Ⅲ－35	岩浆型		岩浆型稀土矿	侵入岩体型
8	青海省巴那能-东巴稀土矿预测区	Ⅲ－36	岩浆型		岩浆型稀土矿	侵入岩体型
9	陕西省华县-潼关驾鹿式稀土矿预测区	Ⅲ－63	岩浆型	驾鹿式	岩浆型稀土矿	侵入岩体型

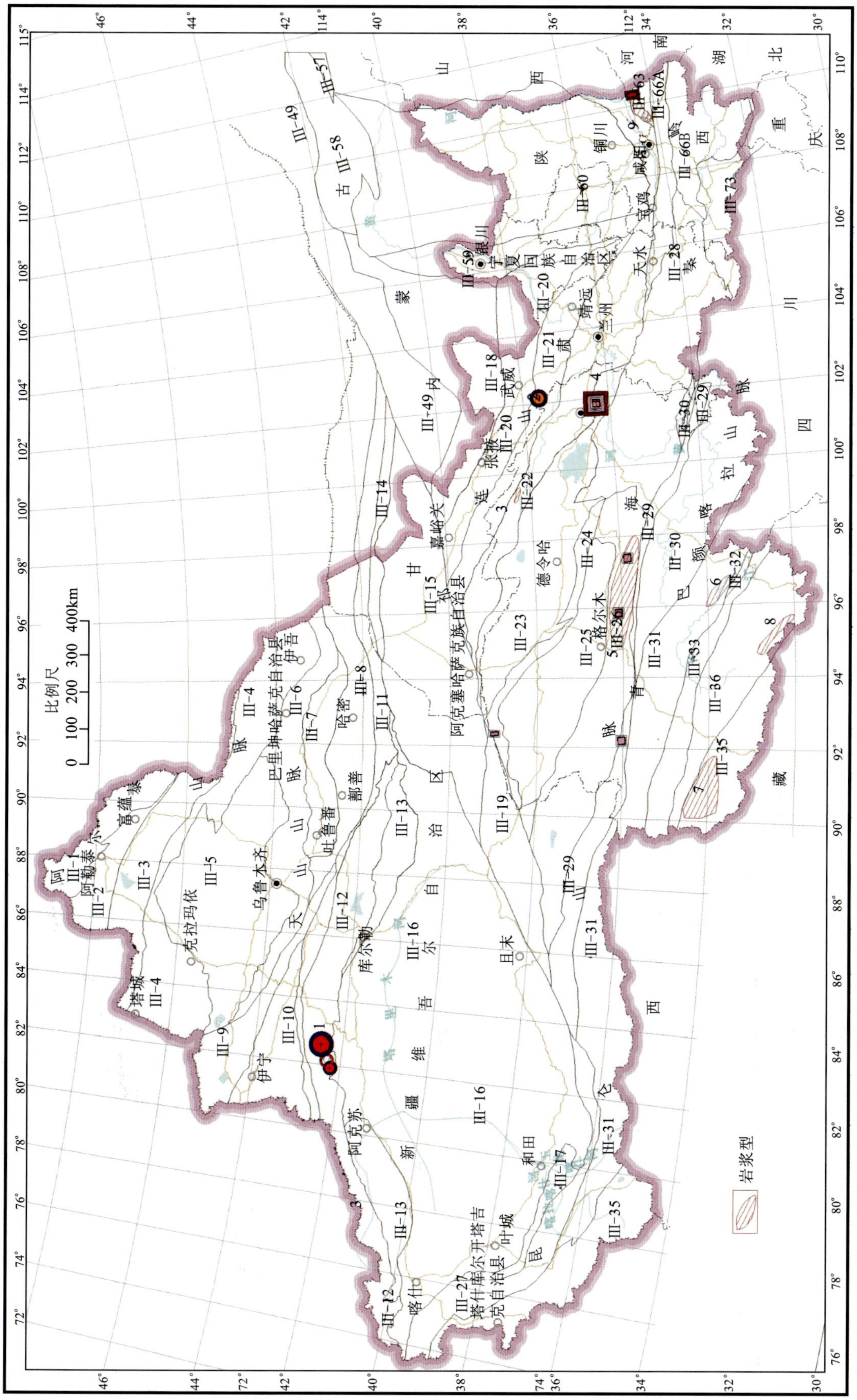

图5-5　西北地区稀土矿预测区分布图[成矿区(带)编号见表1-2]

二、预测要素及预测模型

根据区域稀土矿预测特征，建立区域预测模型见表 5 - 11。

表 5 - 11　新疆拜城县波孜果尔式花岗伟晶岩型稀土(稀有)矿区域预测模型表

区域预测要素		描述内容	预测要素分类
区域成矿地质环境	大地构造单元	东阿莱-哈尔克山弧前增生带	必要
	主要赋矿地层	志留纪科克铁克达坂组白云石大理岩、方解二云石英片岩、白云母堇青片岩、二云石英片岩、含蓝闪石二云斜长片岩；二叠纪正长花岗岩	必要
	控矿沉积建造	绿片岩-钠长绢云石英片岩建造、大理岩变质建造	必要
	控矿侵入岩	二叠纪正长花岗岩	必要
	矿化蚀变	钠长石化、天河石化、霓辉石化、金云母化、方钠石化、碳酸盐化、云英岩化、电气石化	必要
	成矿带	东阿赖-哈尔克山(复合沟弧带)金、锑、锡、稀有金属、稀土元素、锰、铁、铝土矿带	必要
	区域变质作用及建造	浅变质现象，变质岩广泛分布，总体属低压相系，可分为低压低绿片岩相、低压高绿片岩相	次要
区域成矿地质特征	区域成矿类型及成矿期	二叠纪花岗伟晶岩型铌钽矿	必要
	控矿侵入岩	霓石钠长花岗岩、黑云母钾长花岗岩、花岗伟晶岩、碱性伟晶及零星的脱硅伟晶岩和碱基性伟晶岩	必要
	含矿建造	后碰撞型钾质花岗岩-闪长岩-二长花岗岩组合	必要
	矿石建造	主要的矿石矿物为烧绿石和锆石，其次为硅锆钙石、独居石、磷灰石、钍石和硅钙钍矿	重要
	围岩蚀变	碳酸盐化、云英岩化、电气石化	次要
	矿床式	波孜果尔式	重要
物探、化探、遥感特征	重力异常	重力推测中酸性岩体及其内外接触带	次要
	放射性异常	岩株顶部出现面型 γ 异常，异常值为 50～200γ	重要
	化探异常	在水系沉积物化探异常图上 La、Y、Nb、Zr、F 异常明显，它们的等值线图都围绕同一个中心叠合	重要

三、最小预测区划分

西北地区稀土矿资源潜力评价共划定稀土矿预测区 9 个，圈定最小预测区 59 个，其中 A 级预测区 5 个，占 8%；B 级预测区 17 个，占 29%；C 级预测区 37 个，占 63%(表 5 - 12)。预测类型全部为岩浆型。

从分布的成矿单元来看，西北地区稀土矿主要分布在Ⅲ - 12 塔里木板块北缘成矿带、Ⅲ - 21 北祁连成矿带、Ⅲ - 22 中祁连成矿带、Ⅲ - 23 南祁连成矿带、Ⅲ - 31 南巴颜喀拉-雅江成矿带、Ⅲ - 35 喀喇昆仑-羌北成矿带、Ⅲ - 36 昌都-普洱成矿带、Ⅲ - 63 华北陆块南缘(小秦岭)成矿带 8 个Ⅲ级成矿单元中。

四、资源量分析

1. 资源现状分析

西北地区已发现稀土矿产地 20 处，其中特大型矿床 2 处、大型稀土矿 2 处、中型稀土矿 8 处、小型稀土矿 9 处。总计探明稀土氧化物资源储量为 1 006 864t，本次预测稀土氧化物资源量5 388 999t。查明

的稀土氧化物资源储量仅为本次西北预测资源量的15.74%(表5-13),表明资源潜力很大,有待进一步工作,尤其是甘肃省、青海省和新疆地区的地质工作程度低,查明比例远低于西北其他省区。

表5-12 西北地区稀土矿预测区不同预测类型最小预测区统计表

序号	预测区名称	所处成矿单元	矿产预测类型	最小预测区数量(个)			
				A类	B类	C类	合计
1	陕西华县-潼关稀土矿预测区	Ⅲ-63	岩浆型	3	1	1	5
2	甘肃干沙河稀土矿预测区	Ⅲ-21	岩浆型	1	0	4	5
3	青海祁连夏拉河稀土矿预测区	Ⅲ-22	岩浆型	0	5	7	12
4	青海拉脊山稀土矿预测区	Ⅲ-23	岩浆型	0	1	0	1
5	青海曲麻莱-杂多稀土矿预测区	Ⅲ-31	岩浆型	0	2	5	7
6	青海沱沱河地区稀土矿预测区	Ⅲ-35	岩浆型	1	1	1	3
7	青海巴那能-东巴稀土矿预测区	Ⅲ-36	岩浆型	0	5	10	15
8	青海磁铁山-埃肯德勒斯特稀土矿预测区	Ⅲ-31	岩浆型	0	0	0	0
9	新疆拜城县波孜果尔地区稀土矿预测区	Ⅲ-12	岩浆型	0	2	9	11
	西北合计			5	17	37	59

表5-13 西北地区稀土矿查明与预测资源量统计表

省(区)	陕西	甘肃	宁夏	青海	新疆	西北地区
	(稀土氧化物量单位:t)					
查明资源量	412 964	41 300	0	346 100	206 500	1 006 864
预测资源量	188 699	303 900	0	3 581 400	1 314 992	5 388 999.36
查明比例(%)	68.64	11.96	0	8.81	13.57	15.74

2. 预测资源量分析

通过对各省(区)不同深度预测资源量统计对比来看(表5-14),西北地区稀土矿500m以浅预测稀土氧化物资源量5 160 592t,占预测稀土氧化物资源量的95.76%;1000m以浅预测稀土氧化物资源量5 294 392t,占预测稀土氧化物资源量的98.24%;2000m以浅预测稀土氧化物资源量5 388 991t。由此来看,西北稀土矿资源量主要集中在500m以浅。

从稀土矿预测资源量级别分析(表5-15),预测334-1资源量393 762t,占预测资源量的13.59%;预测334-2资源量610 409t,占预测资源量的21.07%;预测334-3资源量1 892 615t,占预测资源量的65.33%。西北地区总体高级别资源量所占比重最大。

表 5-14 西北地区稀土矿按深度预测资源量统计表

省(区)	预测资源量(稀土氧化物量:t)			500m 以浅比例(%)
	500m 以浅	1000m 以浅	2000m 以浅	
陕西	46 799.84	94 099.68	188 699.36	24.80
甘肃	303 900	303 900	303 900	100
宁夏	0	0	0	0
青海	3 494 900	3 581 400	3 581 400	97.58
新疆	1 314 992	1 314 992	1 314 992	100
西北地区	5 160 591.84	5 294 391.68	5 388 991.36	95.76

表 5-15 西北地区稀土矿按级别预测资源量统计表

省(区)	预测资源量(稀土氧化物量:t)			334-1 比例(%)
	334-1	334-2	334-3	
陕西	139 862	23 949	24 888	74.12
甘肃	253 900	0	50 000	83.55
宁夏	0	0	0	0
青海	0	0	1 089 195	0
新疆	0	586 460	728 532	0
西北地区	393 762	610 409	1 892 615	13.59

西北地区稀土矿 2000m 以浅可利用性预测资源量 1 615 692t，占 29.98%，暂不可利用资源量 3 773 300t。从可利用性分析(表 5-16)，可利用性与埋藏深度和开发条件关系密切，作为国家战略性资源后备基地，总体矿床经济技术条件相对较为优越。

表 5-16 西北地区稀土矿按可利用性预测资源量统计表

省(区)	预测资源量(稀土氧化物量:t)		可利用比例(%)
	可利用	暂不可利用	
陕西	46 799.84	141 899.52	24.80
甘肃	253 900	50 000	84
青海	0	3 581 400	0
新疆	1 314 992	0	100
西北地区	1 615 691.84	3 773 299.52	29.98

西北地区稀土矿预测类型为岩浆型，预测资源量 4 963 699t。今后找矿应以海相火山岩型和沉积变质型稀土矿为主攻方向。

第六章 非金属矿产

第一节 磷

一、矿产预测类型划分

西北地区18个磷矿预测区中，沉积变质型5个，占28%；海相沉积型9个，占50%；岩浆型4个，占22%（表6-1，图6-1，图6-2）。

表6-1 西北地区磷矿预测区矿产预测类型统计表

序号	预测区名称	所处成矿单元	矿产预测类型	矿床式	预测评价模型	预测方法类型
1	新疆科古尔琴磷矿预测区	Ⅲ-9	海相沉积型	吐拉苏式	沉积磷稀土矿	沉积型
2	新疆库鲁塔格磷矿预测区	Ⅲ-13	岩浆型	且干布拉克式	岩浆型磷矿	侵入岩体型
3	新疆库鲁克赛-兴地磷矿预测区	Ⅲ-13	海相沉积型	木穹库杜克式	沉积磷稀土矿	沉积型
4	新疆柯坪塔格磷矿预测区	Ⅲ-13	海相沉积型	苏盖提布拉克式	沉积磷稀土矿	沉积型
5	新疆平台山磷矿预测区	Ⅲ-14	海相沉积型	平台山式	沉积磷稀土矿	沉积型
6	甘肃敦煌市方山口磷矿预测区	Ⅲ-15	沉积变质型	方山口式	沉积磷稀土矿	变质型
7	甘肃永昌县马房子沟磷矿预测区	Ⅲ-18	沉积变质型	马房子沟式	沉积磷稀土矿	变质型
8	宁夏香山地区油井山式磷矿预测区	Ⅲ-20	海相沉积型	油井山式	沉积磷稀土矿	沉积型
9	青海祁连夏拉河磷矿预测区	Ⅲ-22	沉积变质型	夏拉河式	沉积磷稀土矿	变质型
10	青海黑沟峡-秀马沟磷矿预测区	Ⅲ-22	沉积变质型	黑沟峡式	沉积磷稀土矿	变质型
11	甘肃天祝县先明峡磷矿预测区	Ⅲ-22	沉积变质型	先明峡式	沉积磷稀土矿	变质型
12	甘肃甘谷县罗家峡磷矿预测区	Ⅲ-22	岩浆型	罗家峡式	岩浆型磷矿	侵入岩体型
13	青海拉脊山磷矿预测区	Ⅲ-22	岩浆型	上庄式	岩浆型磷矿	侵入岩体型
14	宁夏贺兰山中段磷矿预测区	Ⅲ-59	海相沉积型	辛集式	沉积磷稀土矿	沉积型
15	陕西凤县草凉驿磷矿预测区	Ⅲ-66B	岩浆型	九子沟式	岩浆型磷矿	侵入岩体型
16	陕西山阳县天桥乡-漫川磷矿预测区	Ⅲ-66B	海相沉积型	胡家沟式	沉积磷稀土矿	沉积型
17	陕西略阳县-阳平关磷矿预测区	Ⅲ-73	海相沉积型	何家岩式	沉积磷稀土矿	沉积型
18	陕西汉中南泥河磷矿预测区	Ⅲ-73	海相沉积型	天台山式	沉积磷稀土矿	沉积型

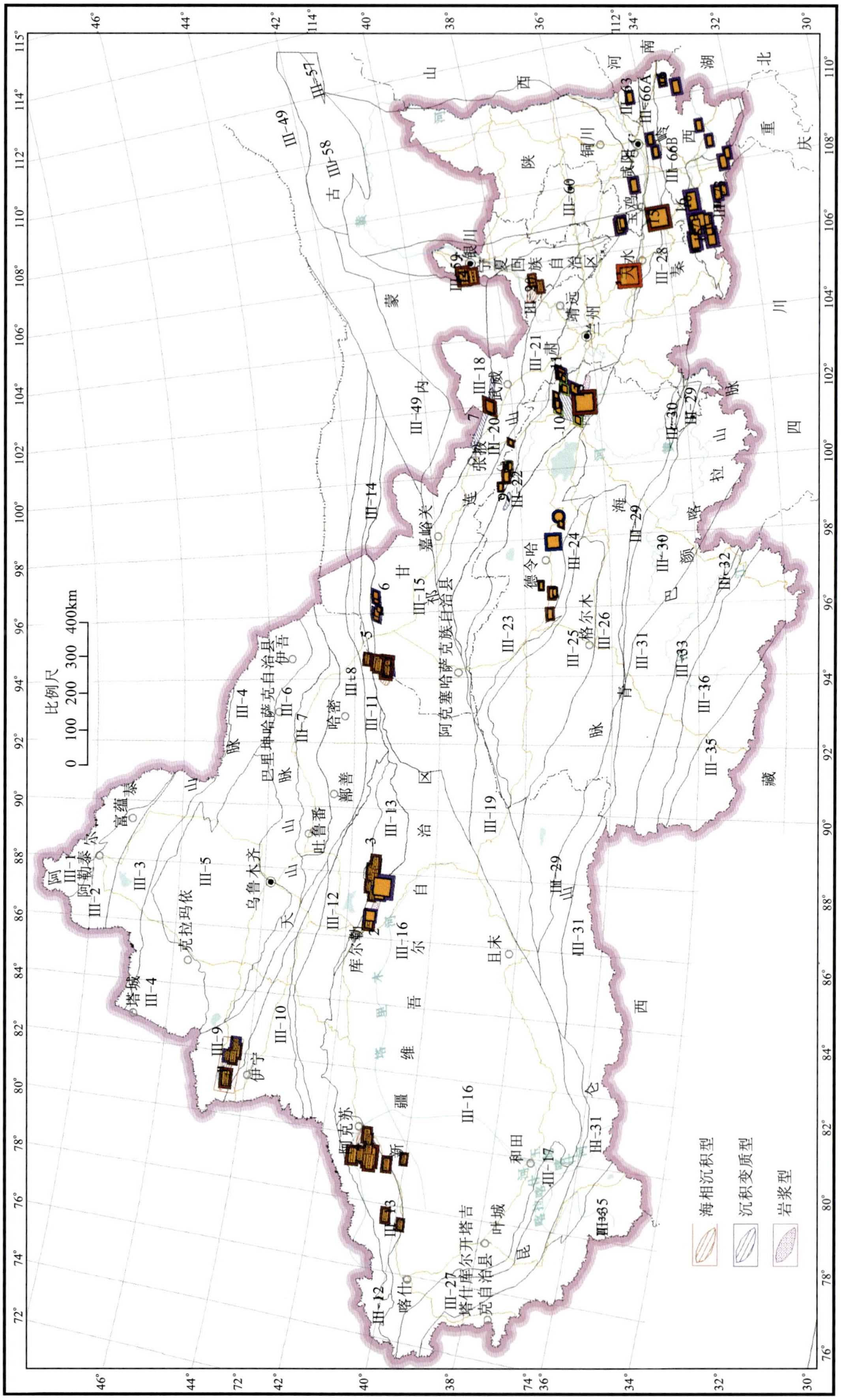

图6-1 西北地区磷矿预测区分布图[成矿区(带)编号见表1-2]

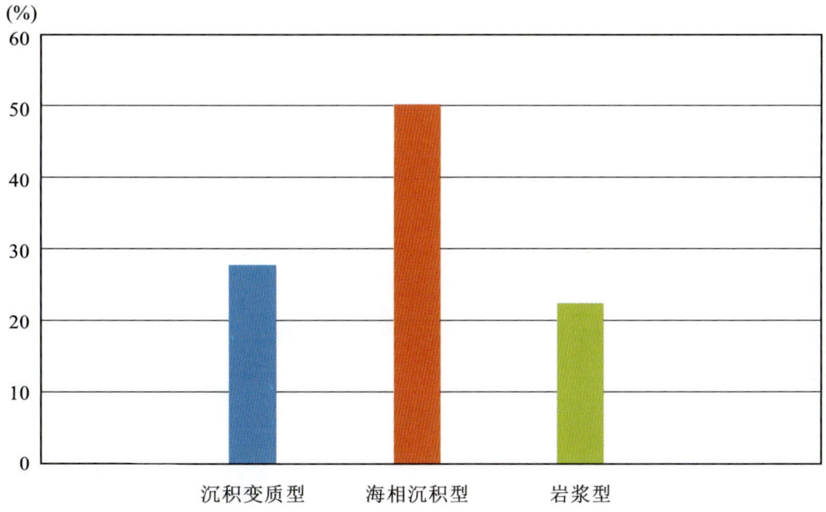

图 6－2　西北地区磷矿预测区矿产预测类型统计

二、预测要素及预测模型

1. 岩浆型

上庄磷矿预测要素见表 6－2。

表 6－2　拉脊山上庄式岩浆型磷矿预测工作区预测要素表

预测要素		要素特征描述	要素分类
成矿时代		加里东中期	必要
大地构造位置	大地构造单元	秦祁昆造山系中-南祁连弧盆系党河南山-拉脊山蛇绿混杂岩带	重要
岩浆建造/岩浆作用	岩石类型	偏碱性超基性杂岩体	必要
	侵入岩时代	加里东期	必要
构造特征	断裂构造	北西向穿壳断裂带	必要
侵入岩大地构造环境		洋中脊扩张环境	重要
成矿特征	矿石矿物组合	磷灰石(稀土)组合及磷灰石(稀土)-磁铁矿组合	重要
	围岩蚀变	有黑云母化、角闪石化、碳酸盐化、黄铁矿化和绿帘石化等，局部还有绿泥石化和蛇纹石化及霓次透辉石化	重要
	成矿期次划分	可分 3 个成矿期：第一期——超基性岩侵入，含少量铁、磷矿物；第二期——超基性岩侵入，富集磷铁；第三期——超基性岩体侵入，富含稀土元素成矿期	重要
代表性矿产地		上庄	
磁测资料	磁异常推断地质体	推断超基性岩体	必要
重力资料	重力异常推断构造	推断断裂构造	重要
化探资料	元素组合	P－La－Y－Ag－Ni－Ba－Fe_2O_3 组合异常	必要
遥感资料	要素类型	块要素(蚀变地质体)	重要

2. 沉积变质型

方山口沉积变质型磷矿预测要素见表 6 - 3，预测模型见图 6 - 3。

表 6 - 3　甘肃省敦煌市方山口式沉积变质型磷矿典型矿床预测要素表

预测要素		描述内容	要素分类
地质环境	构造背景	塔里木陆块区—敦煌陆块—柳园裂谷	必要
	成矿环境	靠近古陆边缘的浅海水域	必要
	成矿时代	早寒武世	重要
	含矿建造	含磷硅质岩-粉砂质板岩-千枚岩建造	必要
矿床特征	矿体特征	矿体呈层状、似层状，随背斜褶皱形态变化而变化	必要
	矿(石)物组合	磷矿：矿石矿物以氟磷灰石为主，胶磷矿少量；脉石以石英为主，其次为方解石、白云石、白云母、绢云母、黑云母等。 钒矿：矿石矿物以含钒云母为主，有少量含钒电气石，脉石以石英为主，其次为碳质和磷灰石、长石、黏土矿物	必要
	结构构造	磷矿：显微鳞片花岗变晶结构，变余砂状结构，泥质结构，致密块状、厚板状、条带状、条纹状构造。 钒矿：显微鳞片花岗变晶结构，变余泥质结构、变余粉砂结构，块状、板状、厚层状、千枚状构造	重要
	控矿构造	被动大陆边缘	重要
	含矿岩系厚度	磷矿：0.7～11.59m，钒矿：0～32.8m	重要
	风化	磷矿：碳酸质矿石，风化后 CO_2 降低 钒矿：风化后呈薄片状、土状、粉末状	次要
物探、化探、遥感特征	遥感	近东西走向带要素	重要
	物探	放射性伽马强度矿层一般在 100～252 之间	重要

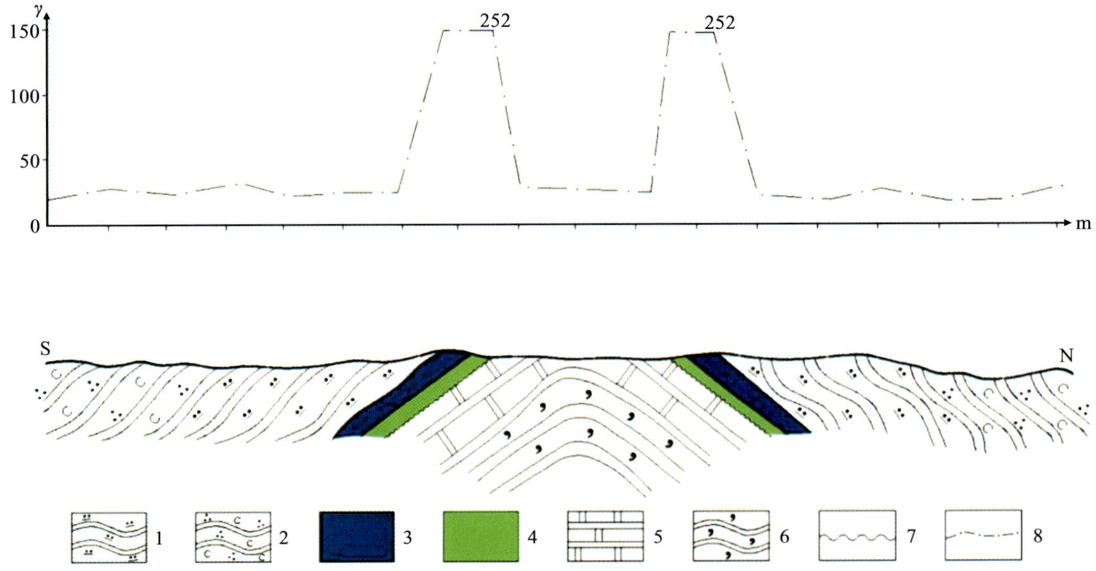

图 6 - 3　方山口沉积变质型磷矿典型矿床预测模型图

1. 早寒武世双鹰山组硅质板岩；2. 早寒武世双鹰山组含碳石英岩；3. 早寒武世双鹰山组钒矿层；4. 早寒武世双鹰山组磷矿层；5. 青白口纪帕尔岗塔格群大理岩；6. 青白口纪帕尔岗塔格群斑点状板岩；7. 不整合界线；8 伽马曲线

三、最小预测区划分

西北地区磷矿资源潜力评价共划定磷矿预测区 18 个，圈定最小预测区 164 个，其中 A 级预测区 26 个，占 16%；B 级预测区 41 个，占 25%；C 级预测区 97 个，占 59%（表 6－4）。按预测类型统计，沉积变质型最小预测区共 43 个，占 26%；海相沉积型最小预测区共 104 个，占 63%；岩浆型最小预测区共 17 个，占 10%（图 6－4）。

表 6－4　西北地区磷矿预测区不同预测类型最小预测区统计表

序号	预测区名称	所处成矿单元	矿产预测类型	最小预测区数量（个）			
				A 类	B 类	C 类	合计
1	甘肃敦煌市方山口地区磷矿预测区	Ⅲ－15	沉积变质型	1	4	2	7
2	甘肃永昌县马房子沟地区磷矿预测区	Ⅲ－18	沉积变质型	3	8	4	15
3	甘肃天祝县先明峡地区磷矿预测区	Ⅲ－22	沉积变质型	2	5	2	9
4	青海黑沟峡-秀马沟磷矿预测区	Ⅲ－22	沉积变质型	1	0	7	8
5	青海祁连夏拉河地区磷矿预测区	Ⅲ－22	沉积变质型	0	0	4	4
沉积变质型小计				7	17	19	43
6	陕西山阳县天桥乡-漫川磷矿预测区	Ⅲ－66	海相沉积型	1	1	0	2
7	陕西略阳县-阳平关磷矿预测区	Ⅲ－73	海相沉积型	6	3	9	18
8	陕西汉中南泥河磷矿预测区	Ⅲ－73	海相沉积型	1	0	0	1
9	宁夏香山地区磷矿预测区	Ⅲ－20	海相沉积型	0	0	27	27
10	宁夏贺兰山中段地区磷矿预测区	Ⅲ－59	海相沉积型	0	1	4	5
11	新疆科古尔琴磷矿预测区	Ⅲ－9	海相沉积型	1	5	13	19
12	新疆库鲁克赛-兴地磷矿预测区	Ⅲ－13	海相沉积型	1	5	2	8
13	新疆柯坪塔格苏盖提布拉克磷矿预测区	Ⅲ－13	海相沉积型	2	3	12	17
14	新疆平台山地区磷矿预测区	Ⅲ－14	海相沉积型	3	3	1	7
海相沉积型小计				15	21	68	104
15	陕西凤县草凉驿磷矿预测区	Ⅲ－73	岩浆型	1	0	3	4
16	甘肃甘谷县罗家峡地区磷矿预测区	Ⅲ－22	岩浆型	1	0	1	2
17	青海拉脊山磷矿预测区	Ⅲ－23	岩浆型	1	0	4	5
18	新疆库鲁塔格磷矿预测区	Ⅲ－13	岩浆型	1	3	2	6
岩浆型小计				4	3	10	17
西北合计				26	41	97	164

从分布的成矿单元来看，西北地区磷矿主要分布在Ⅲ-9伊犁北缘成矿带、Ⅲ-13塔里木陆块北缘隆起成矿带、Ⅲ-14金窝子-公婆泉-东七一山成矿带、Ⅲ-15敦煌成矿区、Ⅲ-18阿拉善成矿带、Ⅲ-20河西走廊成矿带、Ⅲ-22中祁连成矿带、Ⅲ-23南祁连成矿带、Ⅲ-59鄂尔多斯西缘成矿带、Ⅲ-66东秦岭成矿带、Ⅲ-73龙门山-大巴山成矿带11个Ⅲ级成矿单元中。

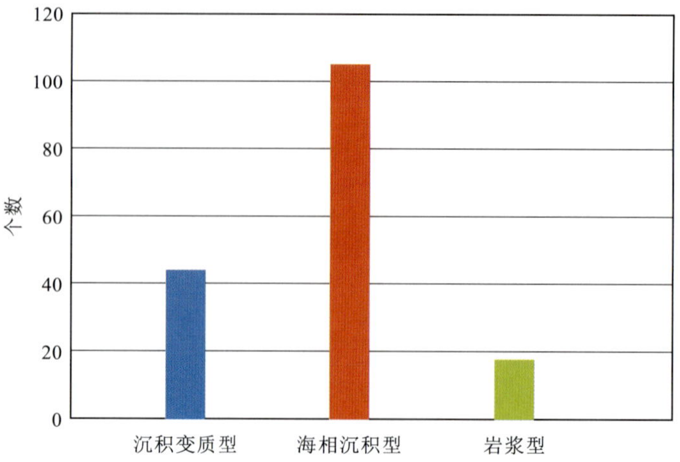

图6-4　西北地区磷矿预测区不同预测类型最小预测区统计

四、资源量分析

1. 资源现状分析

西北地区磷矿具有分布较广、类型较全、资源潜力较大等特点，已发现磷矿产地135处，其中大型磷矿6处、中型磷矿13处、小型磷矿32处、磷矿点84处。总计探明磷矿石资源储量为149 177.90×10^4t，本次预磷矿石资源量332 711.56×10^4t。查明的磷矿石资源储量仅为本次西北预测资源量的30.96%（表6-5），表明找矿工作程度较低，找矿潜力较大，有待进一步工作。

表6-5　西北地区磷矿查明与预测资源量统计表

省（区）	陕西	甘肃	宁夏	青海	新疆	西北地区
	（矿石量×10^4t）					
查明资源量	67 265.04	21 522.76	1 377.50	51 441.48	7571.12	149 177.90
预测资源量	5583.56	50 528.04	2108.44	130 490.05	144 001.47	332 711.56
查明比例（%）	92.34	29.87	39.52	28.28	5.00	30.96

2. 预测资源量分析

通过对各省（区）不同深度预测资源量统计对比来看（表6-6），西北地区磷矿500m以浅预测矿石资源量3 048 919.52×10^3t，占预测矿石资源量的91.64%；1000m以浅预测矿石资源量3 310 893.76×10^3t，占预测矿石资源量的99.51%；2000m以浅预测矿石资源量3 327 115.56×10^3t。由此来看，西北磷矿资源量主要集中在500m以浅，从预测方法角度分析，西北地区磷矿勘查深度较浅，同时反映了工作程度相对较低。

从磷矿预测资源量级别分析（表6-7），预测334-1资源量56 831.63×10^4t，占预测资源量的17.08%；预测334-2资源量69 956.19×10^4t，占预测资源量的21.03%；预测334-3资源量205 923.79×10^4t，占预测资源量的61.89%。西北地区总体高级别资源量所占比重最大。

西北地区磷矿2000m以浅可利用性预测资源量288 26.328×10^4t，占81.38%，暂不可利用资源量65 96.498×10^4t。从可利用性分析（表6-8），可利用性较好，总体矿床经济技术条件相对较为优越。

表 6-6　西北地区磷矿按深度预测资源量统计表

省(区)	预测资源量(矿石量×10^4t)			500m 以浅比例(%)
	500m 以浅	1000m 以浅	2000m 以浅	
陕西	2 891.63	3 961.38	5 583.56	51.79
甘肃	30 048.67	50 528.04	50 528.04	59.47
宁夏	2 027.22	2 108.44	2 108.44	96.15
青海	127 318.45	130 490.05	130 490.05	97.57
新疆	142 605.98	144 001.47	144 001.47	99.03
西北地区	304 891.95	331 089.38	332 711.56	91.64

表 6-7　西北地区磷矿按级别预测资源量统计表

省(区)	预测资源量(矿石量×10^4t)			334-1 比例(%)
	334-1	334-2	334-3	
陕西	987.58	3 559.38	1 036.60	17.69
甘肃	19 597.41	5 763.16	25 167.47	38.79
宁夏	116.61	539.22	1 452.61	5.53
青海	17 753.22	0	112 736.83	13.60
新疆	18 376.81	60 094.43	65 530.22	12.76
西北地区	56 831.63	69 956.19	205 923.73	17.08

表 6-8　西北地区磷矿按可利用性预测资源量统计表

省(区)	预测资源量(矿石量×10^4t)		可利用比例(%)
	可利用	暂不可利用	
陕西	2 205.96	3 377.60	39.51
甘肃	13 487.20	58 550.11	18.72
宁夏	1 381.83	726.61	65.54
青海	127 183.87	3 306.18	97.47
新疆	144 001.47	0	100
西北地区	288 260.33	65 960.50	81.38

西北地区磷矿预测类型共有3种，即沉积变质型、海相沉积型和岩浆型(表6-9，图6-5)。其中，重要类型为地下海相沉积型和岩浆型，预测资源量分别为1 071 223.17×10^4t和522 430.30×10^4t，分别占总预测资源量的65.77%和32.08%。沉积变质型磷矿具大而贫的特点，今后找矿应以海相沉积型和岩浆型磷矿为主攻方向。

表6-9　西北地区磷矿按预测类型预测资源量统计表

省(区)	陕西	甘肃	宁夏	青海	新疆	西北地区	占总量比例(%)
	(矿石量×10^4t)						
沉积变质型	0	31 762.04	0	3 306.18	0	35 068.22	2.15
海相沉积型	4 639.23	0	2 108.44	0	1 064 475.50	1 071 223.17	65.77
岩浆型	944.33	18 766.00	0	127 183.87	375 536.10	522 430.30	32.08
合计	5 583.56	50 528.04	2 108.44	130 490.05	1 440 011.60	1 628 721.69	100

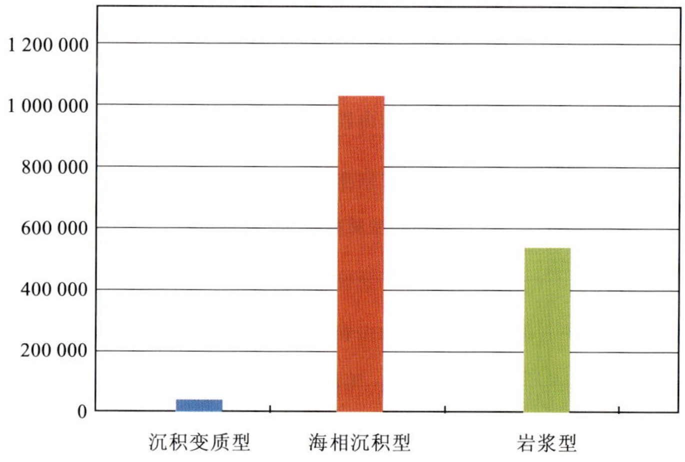

图6-5　西北地区磷矿预测类型预测资源量统计

第二节　硫

一、矿产预测类型划分

西北地区32个硫矿预测区中，斑岩型1个，占3%；沉积变质型5个，占16%；海相沉积型1个，占3%；海相火山岩型13个，占41%；基性—超基性铜-镍硫化物型3个，占9%；矽卡岩型2个，占6%；岩浆热液型5个，占16%；自然硫型2个，占6%(表6-10，图6-6，图6-7)。

个，占11%；矽卡岩型最小预测区共72个，占20%；岩浆热液型最小预测区共24个，占7%；自然硫型最小预测区共9个，占3%(图6-8)。

表6-12　西北地区硫矿预测区不同预测类型最小预测区统计表

序号	预测区名称	所处成矿单元	矿产预测类型	最小预测区数量(个)			
				A类	B类	C类	合计
1	青海沱沱河-杂多地区铜(硫)矿预测区	Ⅲ-36	斑岩型	1	5	4	10
斑岩型小计				1	5	4	10
2	陕西镇安县铁厂铺硫铁矿预测区	Ⅲ-66	沉积变质型	2	6		8
3	陕西紫阳县三台镇硫铁矿预测区	Ⅲ-66	沉积变质型	2	4	2	8
4	陕西镇巴县两河硫铁矿预测区	Ⅲ-73	沉积变质型	2	2	4	8
5	甘肃陈家庙地区硫铁矿预测区	Ⅲ-21	沉积变质型	1	2	2	5
6	新疆彩霞山—沙泉子一带铅锌矿(伴生硫)预测区	Ⅲ-11	沉积变质型	6	6	11	23
沉积变质型小计				13	20	19	52
7	陕西白水县-彬县硫铁矿预测区	Ⅲ-60	海相沉积型	2	0	8	10
海相沉积型小计				2	0	8	10
8	甘肃白银地区铜多金属矿预测区	Ⅲ-21	海相火山岩型	3	2	3	8
9	青海北祁连地区硫铁矿预测区	Ⅲ-21	海相火山岩型	4	6	12	22
10	青海锡铁山-绿梁山铅锌(硫)矿预测区	Ⅲ-24	海相火山岩型	3	2	6	11
11	青海兴海地区铜矿预测区	Ⅲ-26	海相火山岩型	2	2	3	7
12	青海阿尼玛卿铜(硫)矿预测区	Ⅲ-29	海相火山岩型	1	10	9	20
13	新疆阿舍勒一带铜锌矿(共生硫)预测区	Ⅲ-2	海相火山岩型	1	3	3	7
14	新疆铁木尔特—可可塔勒一带铅锌矿(伴生硫)预测区	Ⅲ-2	海相火山岩型	7	4	9	20
15	新疆琼河坝一带硫铁矿预测区	Ⅲ-4	海相火山岩型	1	0	3	4
16	新疆小热泉子-卡拉塔格铜锌矿(伴生硫)预测区	Ⅲ-8	海相火山岩型	3	4	15	22
17	新疆可可乃克一带硫铁矿预测区	Ⅲ-9	海相火山岩型	1	3	1	5
18	新疆彩华沟铜硫矿预测区	Ⅲ-12	海相火山岩型	1	2	6	9
19	新疆喀拉达坂一带铅锌矿(伴生硫)预测区	Ⅲ-19	海相火山岩型	1	3	1	5
20	新疆乌依塔什一带铜硫矿预测区	Ⅲ-27	海相火山岩型	1	0	2	3
海相火山岩型小计				29	41	73	143
21	甘肃龙首山铜镍矿预测区	Ⅲ-18	基性—超基性铜-镍硫化物型	1	1	2	4
22	新疆喀拉通克一带铜镍矿(伴生硫)预测区	Ⅲ-3	基性—超基性铜-镍硫化物型	1	0	18	19
23	新疆黄山一带铜镍矿(伴生硫)预测区	Ⅲ-8	基性—超基性铜-镍硫化物型	5	5	6	16
基性—超基性铜-镍硫化物型小计				7	6	26	39

续表 6-12

序号	预测区名称	所处成矿单元	矿产预测类型	最小预测区数量(个)			
				A类	B类	C类	合计
24	青海湟源县-互助县硫铁矿预测区	Ⅲ-22	矽卡岩型	1	3	4	8
25	青海祁漫塔格地区铁(硫)矿预测区	Ⅲ-26	矽卡岩型	16	26	22	64
矽卡岩型小计				17	29	26	72
26	陕西勉略宁硫铁矿预测区	Ⅲ-73	岩浆热液型	1	8	1	10
27	甘肃肃北县硫磺山地区自然硫矿预测区	Ⅲ-22	岩浆热液型	1	2	0	3
28	甘肃夏河县卡加沙格硫铁矿预测区	Ⅲ-28	岩浆热液型	1	2	0	3
29	宁夏卫宁北山硫铁矿预测区	Ⅲ-20	岩浆热液型	0	0	5	5
30	宁夏南华山硫铁矿预测区	Ⅲ-21	岩浆热液型	0	0	3	3
岩浆热液型小计				3	12	9	24
31	新疆塔格拉克一带硫矿预测区	Ⅲ-16	自然硫型	0	1	5	6
32	新疆玉力群一带硫矿预测区	Ⅲ-16	自然硫型	1	2	0	3
自然硫型小计				1	3	5	9
西北地区合计				73	116	170	359

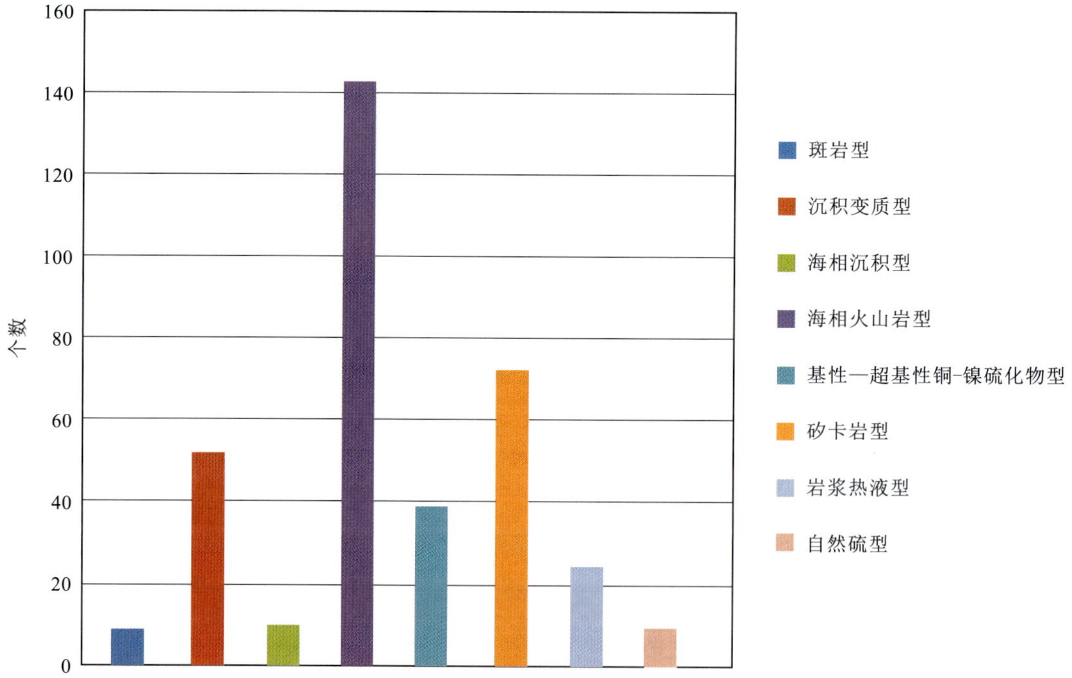

图 6-8　西北地区硫矿预测区不同预测类型最小预测区统计

从分布的成矿单元来看，西北地区硫矿主要分布在Ⅲ-2 南阿尔泰成矿带、Ⅲ-3 北准噶尔成矿带、Ⅲ-4 唐巴勒-卡拉麦里成矿带、Ⅲ-6 准噶尔南缘成矿带、Ⅲ-8 觉罗塔格成矿带、Ⅲ-9 伊犁北缘成矿带、Ⅲ-11 伊犁南缘-中天山-旱山成矿带、Ⅲ-12 塔里木板块北缘成矿带、Ⅲ-16 塔里木盆地(中央地

块)成矿区、Ⅲ-18 阿拉善成矿带、Ⅲ-19 阿尔金成矿带、Ⅲ-20 河西走廊成矿带、Ⅲ-21 北祁连成矿带、Ⅲ-22 中祁连成矿带、Ⅲ-24 柴达木北缘成矿带、Ⅲ-26 东昆仑成矿带、Ⅲ-27 西昆仑北部成矿带、Ⅲ-28 西秦岭成矿带、Ⅲ-29 喀拉米兰-阿尼玛卿成矿带、Ⅲ-36 昌都-普洱成矿带、Ⅲ-60 鄂尔多斯盆地成矿区、Ⅲ-66 东秦岭成矿带、Ⅲ-73 龙门山-大巴山成矿带 23 个Ⅲ级成矿单元中。

四、资源量分析

1. 资源现状分析

西北地区硫矿具有分布较广、类型较全、资源潜力较大等特点，已发现硫矿产地 206 处，其中超大型 1 处、大型矿床 12 处、中型矿床 34 处、小型矿床 37 处，硫矿点(包括矿化点)122 处。总计探明硫矿石资源储量为 21 749.69×10^4t，本次预测硫矿石资源量 211 210.64×10^4t。查明的硫矿石资源储量仅为本次西北预测资源量的 9.34%(表 6-13)，查明率低，表明找矿潜力大，有待进一步工作，尤其是青海省和新疆，查明比例远低于西北其他省区。

表 6-13　西北地区硫矿查明与预测资源量统计表

省(区)	陕西	甘肃	宁夏	青海	新疆	西北地区
	(矿石量×10^4t)					
查明资源量	4 461.80	2 218.92	42.23	4 893.18	10 133.56	21 749.70
预测资源量	10 080.84	4 302.26	133.84	50 674.65	146 019.05	211 210.64
查明比例(%)	30.68	34.03	23.99	8.81	6.49	9.34

2. 预测资源量分析

通过对各省(区)不同深度预测资源量统计对比来看(表 6-14)，西北地区硫矿 500m 以浅预测矿石资源量 179 789.06×10^4t，占预测矿石资源量的 85.12%；1000m 以浅预测矿石资源量204 056.64×10^4t，占预测矿石资源量的 96.61%；2000m 以浅预测矿石资源量 211 210.64×10^4t。由此来看，西北硫矿资源量主要集中在 1000m 以浅。

表 6-14　西北地区硫矿按深度预测资源量统计表

省(区)	预测资源量(矿石量×10^4t)			500m 以浅比例(%)
	500m 以浅	1000m 以浅	2000m 以浅	
陕西	9 434.17	10 071.07	10 080.84	93.59
甘肃	1 359.04	2 259.80	4302.26	31.59
宁夏	96.12	133.84	133.84	71.82
青海	48 298.52	50 674.65	50 674.65	95.31
新疆	120 601.21	140 917.28	146 019.05	82.59
西北地区	179 789.06	204 056.64	211 210.64	85.12

从硫矿预测资源量级别分析（表 6－15），预测 334－1 资源量 54 334.29×10^4t，占预测资源量的 25.73%；预测 334－2 资源量 35 753.76×10^4t，占预测资源量的 16.93%；预测 334－3 资源量 1 211 22.60×10^4t，占预测资源量的 57.35%。西北地区低级别资源量所占比重最大。

表 6－15　西北地区硫矿按级别预测资源量统计表

省(区)	预测资源量(矿石量×10^4t)			334－1 比例(%)
	334－1	334－2	334－3	
陕西	1 828.79	2 015.23	6 236.82	18.14
甘肃	2 721.01	1 361.95	219.29	63.25
宁夏	33.16	0	100.68	24.78
青海	9 365.14	0	41 309.51	18.48
新疆	40 386.18	32 376.58	73 256.30	27.66
西北地区	54 334.29	35 753.76	121 122.60	25.73

西北地区硫矿 2000m 以浅可利用性预测资源量 123 822.24×10^4t，占 58.62%，暂不可利用资源量 87 388.41×10^4t。从可利用性分析（表 6－16），可利用性较好，总体矿床经济技术条件相对较为优越。

表 6－16　西北地区硫矿按可利用性预测资源量统计表

省(区)	预测资源量(矿石量×10^4t)		可利用比例(%)
	可利用	暂不可利用	
陕西	6 140.32	3 940.53	60.91
甘肃	4 194.33	107.93	97.49
宁夏	133.84	0	100
青海	9 365.15	41 309.51	18.48
新疆	103 988.61	42 030.45	71.22
西北地区	123 822.24	87 388.41	58.62

西北地区硫矿预测类型共有 8 种，即斑岩型、沉积变质型、海相沉积型、海相火山岩型、基性—超基性铜-镍硫化物型、矽卡岩型、岩浆热液型和自然硫（表 6－17，图 6－9）。其中，重要类型为海相火山岩型和基性—超基性铜-镍硫化物型，预测资源量分别为 132 059.01×10^4t 和 72 446.50×10^4t，分别占总预测资源量的 50.26%和 27.57%。矽卡岩型和岩浆热液型硫矿具小而富的特点，硫矿多以硫铁矿形式与其他金属矿产相伴生，今后找矿应以海相火山岩型和基性—超基性铜-镍硫化物型硫矿为主攻方向，注意综合评价。

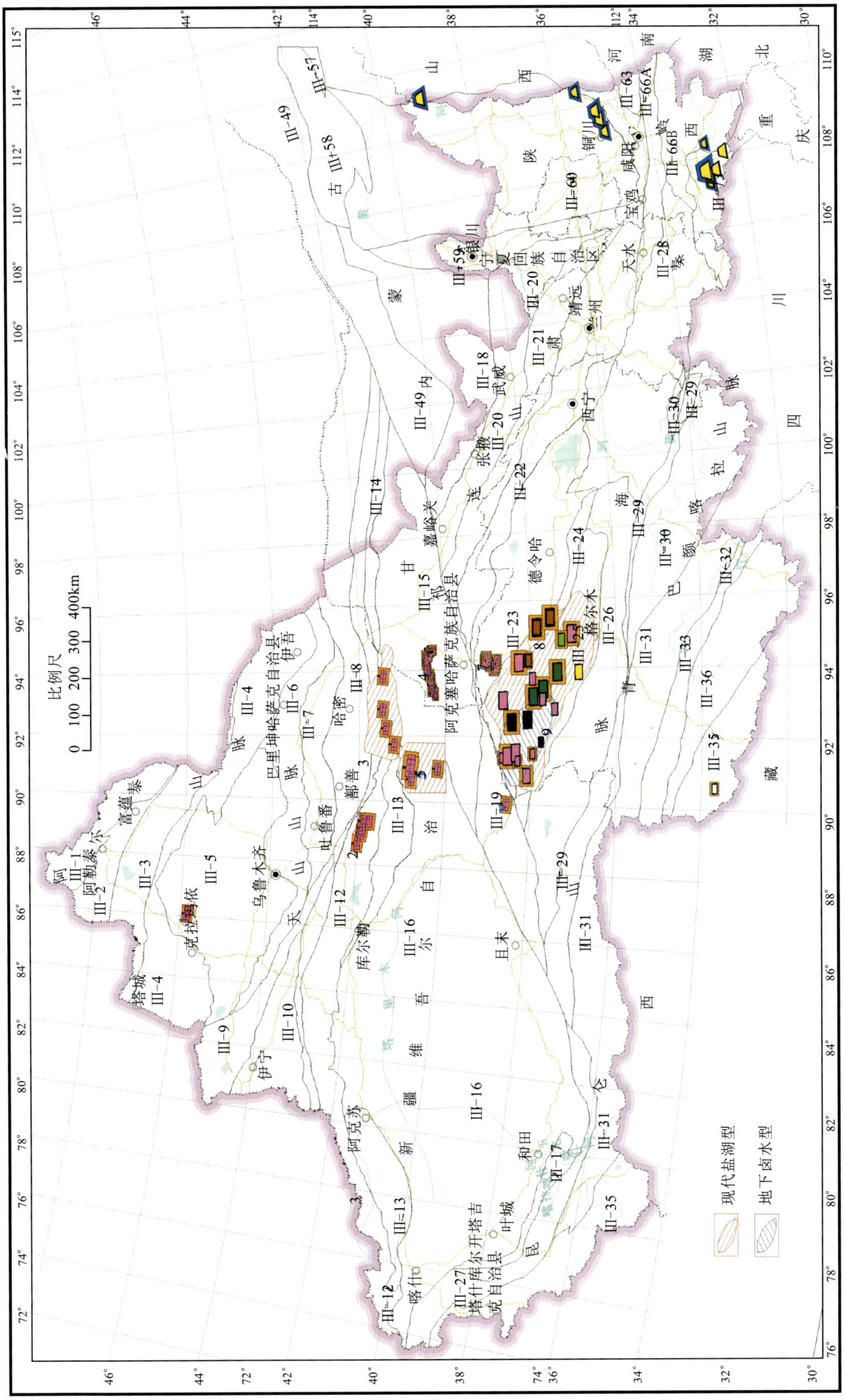

图6-10　西北地区钾盐矿预测区分布图[成矿区(带)编号见表1-2]

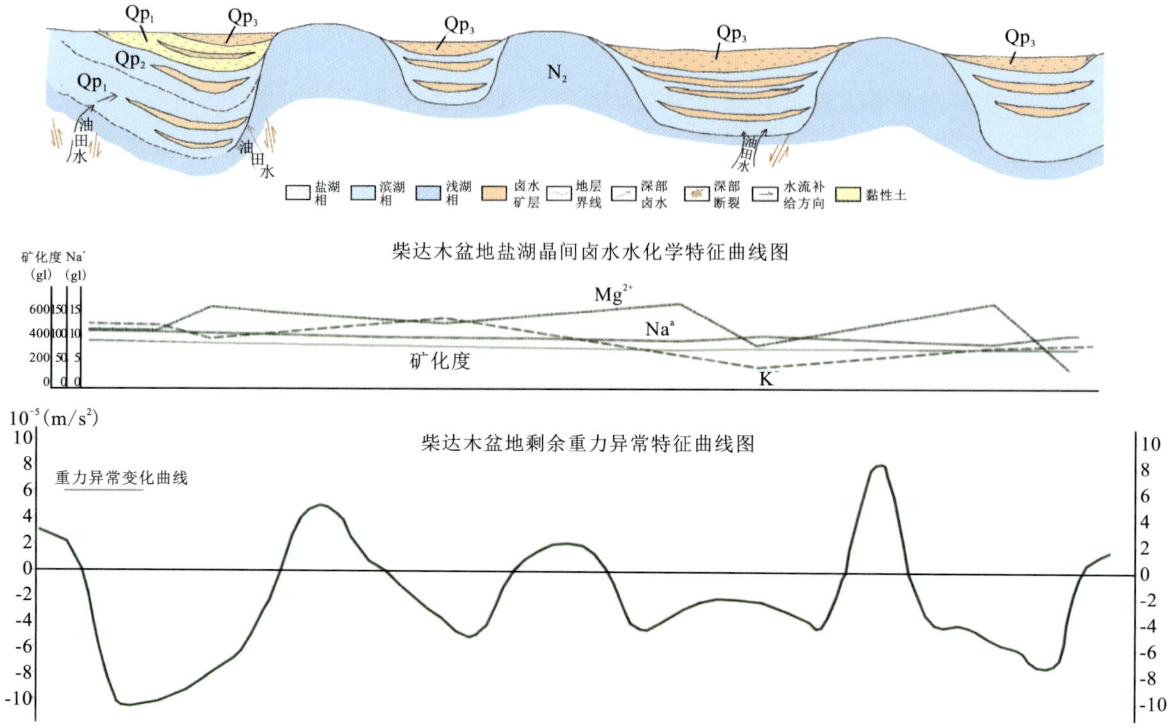

图 6-11 青海省察尔汗钾矿预测模型图

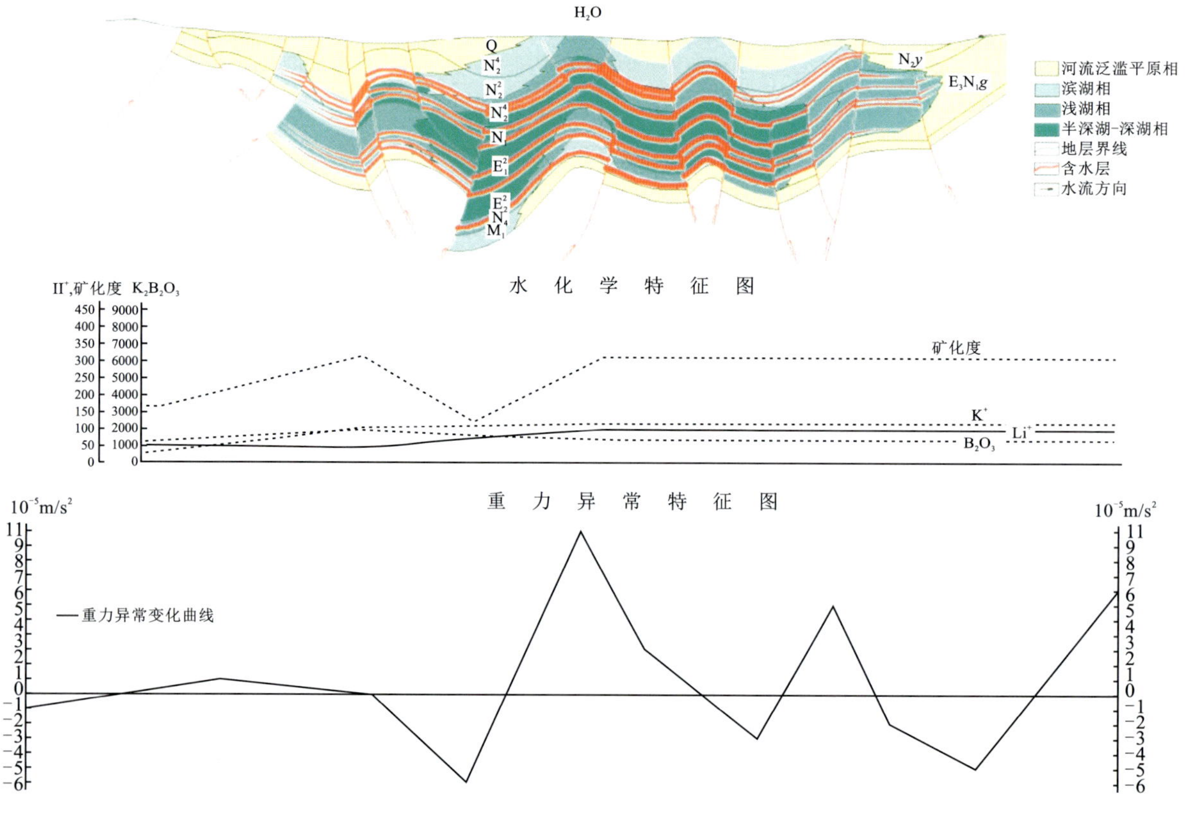

图 6-12 南翼山钾矿预测模型图

三、最小预测区划分

西北地区钾盐矿资源潜力评价共划定钾盐矿预测区 9 个，圈定最小预测区 120 个，其中 A 级预测区 22 个，占 18%；B 级预测区 26 个，占 22%；C 级预测区 72 个，占 60%（表 6－19）。按预测类型统计，现代盐湖型最小预测区共 89 个，占 74%；地下卤水型最小预测区共 31 个，占 26%。

表 6－19　西北地区钾盐矿预测区不同预测类型最小预测区统计表

序号	预测区名称	所处成矿单元	矿产预测类型	最小预测区数量（个）			
				A 类	B 类	C 类	合计
1	甘肃省玉门关地区钾盐矿预测区	Ⅲ－15	现代盐湖型	0	0	24	24
2	甘肃省苏干湖地区钾盐矿预测区	Ⅲ－23	现代盐湖型	3	0	0	3
3	青海省柴达木盆地察尔汗钾盐矿预测区	Ⅲ－25	现代盐湖型	4	11	10	25
4	新疆玛纳斯县钾盐矿预测区	Ⅲ－5	现代盐湖型	1	0	2	3
5	新疆卡拉塔格-东盐湖地区钾盐矿预测区	Ⅲ－12	现代盐湖型	8	1	14	23
6	新疆吐鲁番市乌勇布拉克钾盐矿预测区	Ⅲ－12	现代盐湖型	1	3	2	6
7	新疆若羌县罗布泊地区钾盐矿预测区	Ⅲ－16	现代盐湖型	2	1	1	4
8	新疆若羌县乌苏硝地区钾盐矿预测区	Ⅲ－19	现代盐湖型	1	0	0	1
现代盐湖型小计				20	16	53	89
9	青海省柴达木盆地南翼山式钾盐矿预测区	Ⅲ－25	地下卤水型	2	10	19	31
地下卤水型小计				2	10	19	31
西北合计				22	26	72	120

从分布的成矿单元来看，西北地区钾盐矿主要分布在Ⅲ－5 准噶尔盆地（中央地块）成矿区、Ⅲ－12 塔里木板块北缘成矿带、Ⅲ－15 敦煌（地块）成矿区、Ⅲ－16 塔里木盆地（中央地块）成矿区、Ⅲ－19 阿尔金成矿带、Ⅲ－23 南祁连成矿带、Ⅲ－25 柴达木盆地（地块）成矿区 7 个Ⅲ级成矿单元中。

四、资源量分析

1. 资源现状分析

目前在西北地区共有钾盐矿床 22 处，其中，大型矿床 10 处、中型矿床 7 处、小型矿床 15 处。总计探明钾矿石资源储量为 129 087.50×10^4t，本次预测钾矿石资源量 209 517.90×10^4t。查明的钾矿石资源储量为本次西北预测资源量的 38.12%（表 6－20），表明资源潜力很大，青海和新疆查明及预测资源量位居前列，但新疆的地质工作程度低，查明比例远低于青海，有待进一步工作。

2. 预测资源量分析

通过对各省（区）不同深度预测资源量统计对比来看（表 6－21），西北地区钾盐矿 500m 以浅预测资源量 129 360.88×10^4t，占预测资源量的 85.07%；2000m 以浅预测资源量 152 058.78×10^4t。由此来

看，西北钾盐矿资源量主要集中在1000m以浅。

表6－20　西北地区钾盐矿查明与预测资源量统计表

省(区)	陕西	甘肃	宁夏	青海	新疆	西北地区
	(矿石量×10^4t)					
查明资源量	0	116.00	0	112 852.20	16 119.30	129 087.50
预测资源量	0	350.70	0	146 625.10	62 542.10	209 517.90
查明比例(%)	0	24.86	0	43.49	20.49	38.12

表6－21　西北地区钾盐矿按深度预测资源量统计表

省(区)	预测资源量(矿石量×10^4t)			500m以浅比例(%)
	500m以浅	1000m以浅	2000m以浅	
陕西	0	0	0	0
甘肃	350.68	350.68	350.68	100
宁夏	0	0	0	0
青海	66 468.11	66 468.11	89 166.01	74.54
新疆	62 542.09	62 542.09	62 542.09	100
西北地区	129 360.88	129 360.88	152 058.78	85.07

从钾盐矿预测资源量级别分析(表6－22)，预测334－1资源量55 340.03×10^4t，占预测资源量的36.12%；预测334－2资源量51 767.14×10^4t，占预测资源量的33.78%；预测334－3资源量46 120.83×10^4t，占预测资源量的30.10%。西北地区总体高级别资源量所占比重较大，其中青海省资源量最大，找矿潜力最大。

表6－22　西北地区钾盐矿按级别预测资源量统计表

省(区)	预测资源量(矿石量×10^4t)			334－1比例(%)
	334－1	334－2	334－3	
陕西	0	0	0	0
甘肃	204.40	0	146.28	58.29
宁夏	0	0	0	0
青海	54 484.14	51 715.00	40 423.97	37.16
新疆	651.49	52.14	5 550.58	10.42
西北地区	55 340.03	51 767.14	46 120.83	36.12

西北地区钾盐矿 2000m 以浅可利用性预测资源量 209 283.19×10^4t，占 99.89%，暂不可利用资源量 234.69×10^4t。从可利用性分析（表 6－23），西北地区钾盐矿可利用性好，作为国家开发基地和战略性资源后备基地，总体矿床经济技术条件相对较为优越。

表 6－23 西北地区钾盐矿按可利用性预测资源量统计表

省（区）	预测资源量（矿石量×10^4t）		可利用比例（%）
	可利用	暂不可利用	
陕西	0	0	0
甘肃	116.00	234.68	33.08
宁夏	0	0	0
青海	146 625.10	0.01	100
新疆	62 542.09	0	100
西北地区	209 283.19	234.69	99.89

西北地区钾盐矿预测类型共有两种，即地下卤水型和现代盐湖型（表 6－24）。其中，重要类型为现代盐湖型，预测资源量为 183 585.42×10^4t，占总预测资源量的 87.68%。现代盐湖型钾盐矿为找矿主攻方向，同时重视大型盆地地下卤水型。

表 6－24 西北地区钾盐矿按预测类型预测资源量统计表

省（区）	陕西	甘肃	宁夏	青海	新疆	西北地区	占总量比例（%）
	（矿石量×10^4t）						
地下卤水型	0	0	0	25 787.43	0	25 787.43	12.32
现代盐湖型	0	350.68	0	120 837.68	62 397.06	183 585.42	87.68
合计	0	350.68	0	146 625.11	62 397.06	209 372.85	100

第四节 硼

一、矿产预测类型划分

西北地区 6 个硼矿预测区中，现代盐湖沉积型 4 个，占 67%；海相火山岩型 1 个，占 17%；地下卤水型 1 个，占 17%（表 6－25，图 6－13）。

表 6-25 西北地区硼矿预测区矿产预测类型统计表

序号	预测区名称	所处成矿单元	矿产预测类型	矿床式	预测评价模型	预测方法类型
1	新疆玛纳斯钾盐矿(伴生硼)预测区	Ⅲ-5	现代盐湖沉积型	玛纳斯式	现代盐湖型钾盐	沉积型
2	新疆西西尔塔格硼矿预测区	Ⅲ-6	海相火山岩型	西西塔格式	沉积变质再造型硼矿床	变质型
3	甘肃省西湖地区硼矿预测区	Ⅲ-15	现代盐湖沉积型	西湖式	现代盐湖型钾盐	沉积型
4	新疆乌苏硝钾盐矿(伴生硼)预测区	Ⅲ-19	现代盐湖沉积型	乌苏硝式	现代盐湖型钾盐	沉积型
5	青海省柴达木盆地第四纪硼矿预测区	Ⅲ-25	现代盐湖沉积型	大柴旦式	现代盐湖型钾盐	沉积型
6	青海省柴达木盆地硼矿预测区	Ⅲ-25	地下卤水型	南翼山式	地下卤水型钾盐	沉积型

二、预测要素及预测模型

西西尔塔格海相火山岩型硼矿区域预测要素见表 6-26,预测模型见图 6-14。

表 6-26 新疆西西尔塔格海相火山岩型硼矿床预测要素一览表

预测要素		描述内容	预测要素分类
特征描述		海相火山岩型硼矿	
地质环境	岩石类型	玄武岩、杏仁状玄武岩、安山岩、玄武质角砾熔岩、层凝灰岩、泥灰岩	必要
	岩石结构	斑状结构、隐晶结构	次要
	成矿时代	晚石炭世	必要
	成矿环境	柳树沟组第二亚组北西向次级断裂带是主要的赋矿构造	必要
	构造背景	准噶尔板块博格达晚古生代弧后裂陷盆地	重要
矿床特征	矿物组合	硅硼钙石、石英、方解石及碳酸盐岩矿物等	重要
	结构构造	矿石主要为碎裂结构,球状、球粒状结构次之;矿石中常见网脉状构造、块状构造次之	次要
	蚀变	主要为碳酸盐化、绿泥石化,局部见有褐铁矿化等	重要
	控矿条件	受北西向断裂和晚石炭世柳树沟组地层控制;硼矿化的强度随着岩石的破碎程度和碳酸盐脉发育程度的增高而加强	必要
	风化	硼矿矿体直接出露地表,矿石氧化较强	次要
地球化学特征	元素异常	在晚古生代博格达弧后裂陷盆地内分布有较多的以硼为主的化探异常,异常强度较高,与 F、As 套合较好	重要

三、最小预测区划分

西北地区硼矿资源潜力评价共划定硼矿预测区 6 个,圈定最小预测区 74 个,其中 A 级预测区 17 个,占 23%;B 级预测区 22 个,占 30%;C 级预测区 35 个,占 47%(表 6-27)。按预测类型统计,海相火山岩型最小预测区共 8 个,占 10%;地下卤水型最小预测区共 33 个,占 45%;现代盐湖沉积型最小预测区共 33 个,占 45%(图 6-15)。

从分布的成矿单元来看，西北地区硼矿主要分布在Ⅲ-5准噶尔盆地（中央地块）成矿区、Ⅲ-6准噶尔南缘成矿带、Ⅲ-15敦煌（地块）成矿区、Ⅲ-19阿尔金成矿带、Ⅲ-25柴达木盆地（地块）成矿区5个Ⅲ级成矿单元中。

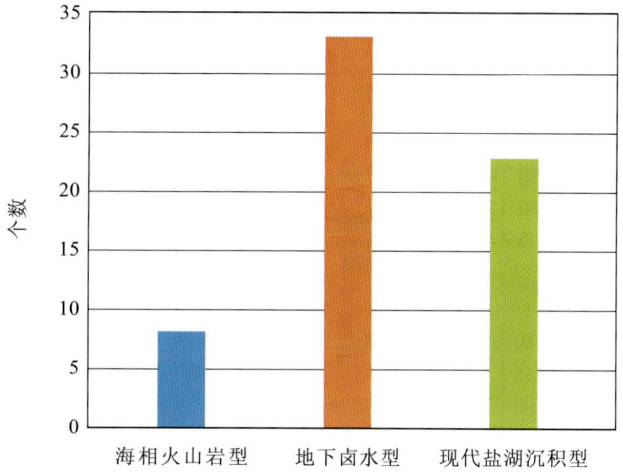

图6-15　西北地区硼矿预测区不同预测类型最小预测区统计

四、资源量分析

1.资源现状分析

目前在西北地区共有硼矿床2处，其中特大型矿床1处、小型矿床1处。总计探明硼矿石资源储量为1 716.23×10^4t，本次预测硼矿石资源量15 059.99×10^4t。查明的硼矿石资源储量为本次西北预测资源量的10.23%（表6-28），查明率低，有待进一步加强工作。

表6-28　西北地区硼矿查明与预测资源量统计表

省（区）	陕西	甘肃	宁夏	青海	新疆	西北地区
	（矿石量×10^4t）					
查明资源量	0	0.01	0	1 708.13	8.09	1716.23
预测资源量	0	0.12	0	14 829.18	230.70	15 059.99
查明比例（%）	0	6.81	0	10.33	3.39	10.23

2. 预测资源量分析

通过对各省（区）不同深度预测资源量统计对比来看（表6-29），西北地区硼矿500m以浅预测资源量2 899.06×10^4t，占预测资源量的24.76%；2000m以浅预测资源量11 708.37×10^4t。

表6-29　西北地区硼矿按深度预测资源量统计表

省（区）	预测资源量（矿石量×10^4t）			500m以浅比例（%）
	500m以浅	1000m以浅	2000m以浅	
陕西	0	0	0	0
甘肃	0.12	0.12	0.12	100
宁夏	0	0	0	0
青海	2 668.24	2 668.24	11 477.55	17.99
新疆	230.70	230.70	230.70	100
西北地区	2 899.06	2 899.06	11 708.37	24.76

从硼矿预测资源量级别分析(表 6－30),预测 334－1 资源量 5 764.25×10^4t,占预测资源量的 38.28%;预测 334－2 资源量 4 417.54×10^4t,占预测资源量的 29.33%;预测 334－3 资源量4 878.21×10^4t,占预测资源量的 32.39%。西北地区总体高级别资源量所占比重较大,其中青海省资源量最大,应加大找矿勘查力度。

表 6－30　西北地区硼矿按级别预测资源量统计表

省(区)	预测资源量(矿石量×10^4t)			334－1 比例(%)
	334－1	334－2	334－3	
陕西	0	0	0	0
甘肃	0	0.06	0.06	0
宁夏	0	0	0	0
青海	5 736.65	4 240.15	4 852.38	38.68
新疆	27.60	177.34	25.76	11.96
西北地区	5 764.25	4 417.54	4 878.21	38.28

西北地区硼矿 2000m 以浅可利用性预测资源量 15 039.69×10^4t,占 99.99%,暂不可利用资源量 20.31×10^4t。从可利用性分析(表 6－31),利用性很高,总体矿床经济技术条件优越。

表 6－31　西北地区硼矿按可利用性预测资源量统计表

省(区)	预测资源量(矿石量×10^4t)		可利用比例(%)
	可利用	暂不可利用	
陕西	0	0	0
甘肃	0.12	0	100
宁夏	0	0	0
青海	14 829.18	0	100
新疆	210.39	20.31	91.20
西北地区	15 039.69	20.31	99.99

西北地区硼矿预测类型共有 3 种,即海相火山岩型、地下卤水型和现代盐湖沉积型(表 6－32、图 6－16)。其中,重要类型为地下卤水型和现代盐湖沉积型,预测资源量分别为8 809.31×10^4t和 3 279.92×10^4t,分别占总预测资源量的 72.65%和 27.05%。地下卤水型硼矿为找矿主攻方向。

表 6-32　西北地区硼矿按预测类型预测资源量统计表

省(区)	陕西	甘肃	宁夏	青海	新疆	西北地区	占总量比例(%)
	(矿石量×10^4t)						
海相火山岩型	0	0	0	0	36.95	36.95	0.30
地下卤水型	0	0	0	8 809.31	0	8 809.31	72.65
现代盐湖沉积型	0	0.12	0	3 270.43	9.37	3 279.92	27.05
合计	0	0.12	0	12 079.74	46.32	12 126.19	100

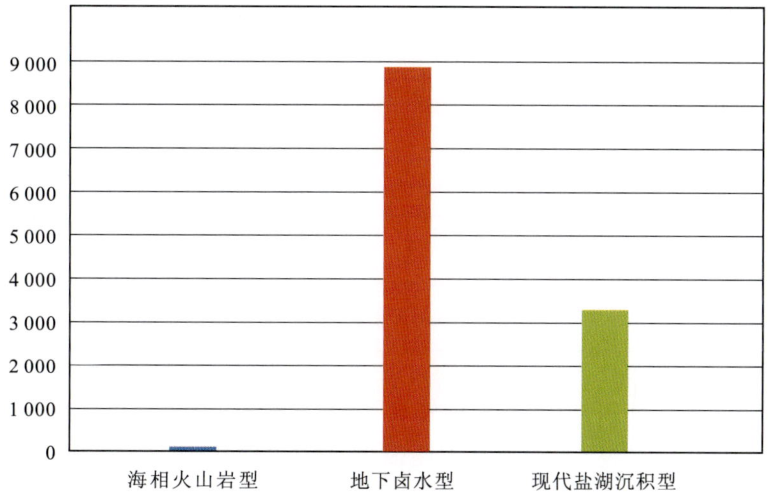

图 6-16　西北地区硼矿预测类型预测资源量统计

第五节　菱镁矿

一、矿产预测类型划分

西北地区 6 个菱镁矿预测区中，沉积变质型 2 个，占 33%；热液型 4 个，占 67%(表 6-33、图 6-17)。

表 6-33　西北地区菱镁矿预测区矿产预测类型统计表

序号	预测区名称	所处成矿单元	矿产预测类型	矿床式	预测评价模型	预测方法类型
1	新疆哈勒哈特菱镁矿预测区	Ⅲ-12	沉积变质型	哈勒哈特式	镁质碳酸盐型菱镁矿	变质型
2	新疆尖山菱镁矿预测区	Ⅲ-12	沉积变质型	哈勒哈特式	镁质碳酸盐型菱镁矿	变质型
3	甘肃省四道红山菱镁矿预测区	Ⅲ-15	热液型	四道红山式	镁质碳酸盐型菱镁矿	复合内生型
4	青海省托莱牧场-野牛沟菱镁矿预测区	Ⅲ-21	热液型	草大坂式	镁质碳酸盐型菱镁矿	复合内生型
5	青海省鹿场-峨堡菱镁矿预测区	Ⅲ-21	热液型	草大坂式	镁质碳酸盐型菱镁矿	复合内生型
6	甘肃省别盖菱镁矿预测区	Ⅲ-22	热液型	别盖式	镁质碳酸盐型菱镁矿	复合内生型

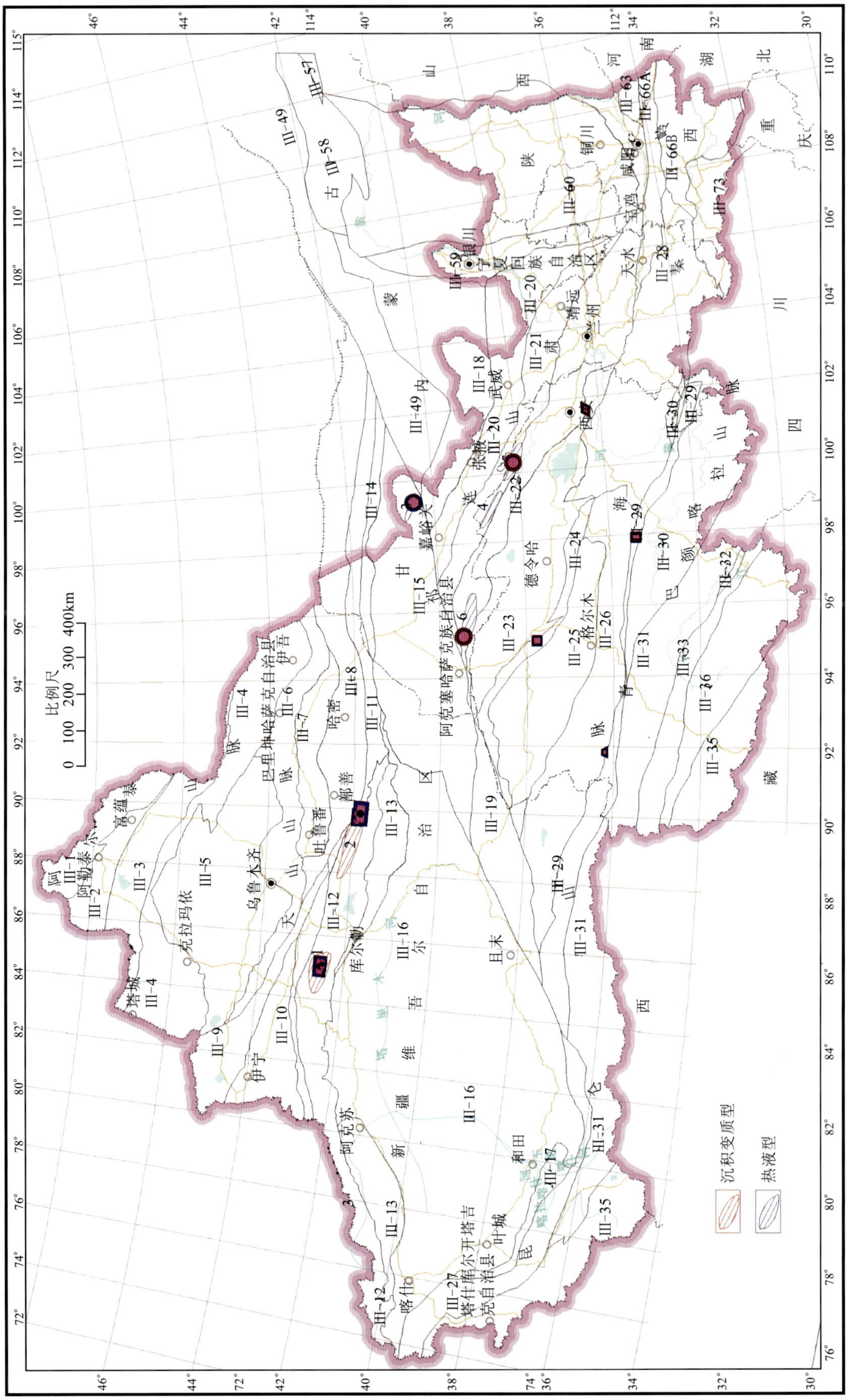

图6-17　西北地区菱镁矿预测区分布图[成矿区(带)编号见表1-2]

二、预测要素及预测模型

1. 沉积变质型

和静县哈勒哈特菱镁矿找矿模型见表 6－34。

表 6－34　新疆和静县哈勒哈特沉积变质型菱镁矿评价找矿模型表

预测要素		描述内容	预测要素分类
地质环境	岩石类型	中泥盆统萨阿尔明组白云岩夹生物碎屑灰岩	必要
	成矿时代	中泥盆世	必要
	沉积环境	滨-浅海潮坪相-潮上带沉积环境	必要
	构造背景	南天山-红柳河缝合带艾尔宾晚古生代残余盆地	必要
	成矿单元	Ⅳ－12－②艾尔宾山(残余海盆)铁、锰、铜、金、钨、铅、锌、稀有金属、菱镁矿、石墨、硅灰石、红柱石矿带	必要
	变质作用	区域变质热液交代作用	重要
矿床特征	矿化组合	菱镁矿化、白云石化、黄铁矿化	重要
	蚀变组合	绿帘石化、蛇纹石化、滑石化、绿泥石化	重要
	控矿构造	控矿构造为北西西向断裂、向斜构造的北翼	重要
地表找矿标志		风化面呈灰白色、红褐色、光滑的浑圆状;菱镁矿转石	重要
遥感信息标志		遥感羟基、铁染蚀变及遥感解译带状要素	次要
地球化学标志		MgO 化探异常	次要

根据区域预测要素特征分析,区域预测模型见表 6－35。

表 6－35　新疆哈勒哈特式沉积变质型菱镁矿区域预测模型表

区域预测要素		描述内容	预测要素分类
区域成矿地质环境	大地构造位置	南天山-红柳河缝合带艾尔宾晚古生代残余盆地	必要
	主要控矿构造	浅海相碎屑岩-碳酸盐岩层海盆成矿构造	必要
	主要赋矿地层	下泥盆统阿尔皮斯麦布拉克组,中泥盆统萨阿尔明组	必要
	控矿沉积建造	白云岩-生物屑灰岩-砾屑灰岩建造	必要
	侵入岩	泥盆纪辉长辉绿岩、二长花岗岩、花岗岩	重要
	区域变质作用及建造	以绿片岩-低角闪岩相区域动力热流变质作用为主,在其上又叠加了后期的接触热变质作用	必要
	成矿区(带)	Ⅳ－12－②艾尔宾山(残余海盆)铁、锰、铜、金、钨、锡、铅、锌、铀、菱镁矿、石墨、硅灰石、红柱石、石棉、滑石、蛇纹岩、硫铁矿、重晶石、盐类矿带(Ce;Ve;Vm－l;Cz)	必要
区域沉积变质型菱镁矿主要预测要素	区域成矿类型和成矿期	与早、中泥盆世海相碳酸盐岩沉积作用有关的菱镁矿床	必要
	岩石类型	黑云石英片岩、绢云石英片岩夹白云石大理岩;绿泥石绢云母石英片岩、结晶灰岩、白云石大理岩互层;厚层白云岩夹生物碎屑灰岩	必要
	构造古地理环境	沉积盆地为滨-浅海潮坪相-潮上带沉积环境	必要
	成矿构造	控矿沉积建造边缘附近的断裂、褶皱构造的翼部	重要
	矿石类型	矿石以菱镁矿-白云石-方解石-黄铁矿-石英-蛇纹石-滑石-绿泥石矿石建造为主;矿石类型以晶质菱镁矿为主	重要
	蚀变特征	黄铁矿化、蛇纹石化、滑石化、绿泥石化蚀变	次要
	矿床式	沉积变质型菱镁矿(哈勒哈特式)	重要
	风化特征	矿体风化面呈灰白色、红褐色,表面呈光滑的浑圆状	次要
	矿石矿物标志	矿石常见粗粒晶质菱镁矿集合体。菱镁矿单矿物呈菱形六面体、粒状、柱状,性脆,玻璃光泽,白色。粗粒菱镁矿物可达 5～8mm	重要

续表 6-35

区域预测要素		描述内容	预测要素分类
化探遥感特征	转石	菱镁矿转石	次要
	化探特征	MgO 元素异常二、三级浓度带范围，MgO/CaO 比值是成矿的主要因素之一，含矿岩石比值均大于 0.72	次要
	重力特征	区域重力场的布格低重力区	
	遥感特征	矿化带呈灰色-灰黑色低山山脉中的灰白色条带状、线型影像；羟基、铁染蚀变带	次要

2. 热液型

别盖热液交代型菱镁矿预测要素见表 6-36。

表 6-36　甘肃省肃北县别盖热液交代型菱镁矿典型矿床预测要素表

预测要素		描述内容	预测要素分类
地质环境	构造背景	中祁连岩浆弧，中祁连山褶皱系祁连山间隆起带	必要
	成矿环境	该区位于野马南山复背斜北翼西段的近东西向西倾不对称向斜，加里东中期伴随大规模的构造运动，受北西西向构造运动影响，热液交代白云石大理岩成矿	必要
	成矿时代	加里东中期	必要
	岩石类型	白云质大理岩夹云母钙质片岩和较多的白云质结晶灰岩薄层	重要
	岩石结构	中细粒、晶粒及少量纤维变晶结构	次要
矿床特征	矿物组合	主要为菱镁矿，其次为白云石，此外偶见极少量霞石、石英、磷灰石、黄钾铁钒和碳质等	重要
	结构构造	结构以全晶质中细粒自形、半自形均粒为主，构造以块状为主，其次为条带状、条痕状	次要
	蚀变	普遍具有强烈的白云石化及褪色作用，其次是碳酸盐化、黄铁矿化、滑石化	重要
	控矿条件	北大河岩群三岩组一、二岩段白云石大理岩，北西西向断裂构造带，中酸性侵入岩体	必要
综合特征	矿化蚀变	强烈的白云石化，其次是碳酸盐化、黄铁矿化、滑石化	必要
	化探异常	Mg 单元异常与矿体或矿带空间关系不密切，只有做为间接的找矿标志	次要
	其他	菱镁矿化现象明显	重要

三、最小预测区划分

西北地区菱镁矿资源潜力评价共划定菱镁矿预测区 6 个，圈定最小预测区 58 个，其中 A 级预测区 4 个，占 7%；B 级预测区 3 个，占 5%；C 级预测区 51 个，占 88%（表 6-37）。按预测类型统计，热液型最小预测区共 37 个，占 64%；沉积变质型最小预测区共 21 个，占 36%。

从分布的成矿单元来看，西北地区菱镁矿主要分布在Ⅲ-12 塔里木板块北缘成矿带、Ⅲ-15 敦煌（地块）成矿区、Ⅲ-21 北祁连成矿带、Ⅲ-23 南祁连成矿带 4 个Ⅲ级成矿单元中。

四、资源量分析

1. 资源现状分析

据各省资料的初步统计，目前在西北地区共确定菱镁矿矿床 11 处，其中大型矿床 1 处、中型矿床 2

处、小型矿床3处。另外又有矿点、矿化点5处。总计探明菱镁矿石资源储量为12 667.91×10^4t，本次预测菱镁矿石资源量142 736.19×10^4t。查明的菱镁矿石资源储量为本次西北预测资源量的8.15%（表6-38），查明率很低，有待进一步加强工作。

表6-37　西北地区菱镁矿预测区不同预测类型最小预测区统计表

序号	预测区名称	所处成矿单元	矿产预测类型	最小预测区数量(个)			
				A类	B类	C类	合计
1	甘肃四道红山地区菱镁矿预测区	Ⅲ-15	热液型	1	0	8	9
2	甘肃别盖地区菱镁矿预测区	Ⅲ-23	热液型	1	0	15	16
3	青海托莱牧场-野牛沟菱镁矿预测区	Ⅲ-21	热液型	0	0	4	4
4	青海省鹿场-峨堡菱镁矿预测区	Ⅲ-21	热液型	0	1	7	8
热液型小计				2	1	34	37
5	新疆哈勒哈特一带菱镁矿预测区	Ⅲ-12	沉积变质型	1	1	9	11
6	新疆尖山一带菱镁矿预测区	Ⅲ-12	沉积变质型	1	1	8	10
沉积变质型小计				2	2	17	21
西北合计				4	3	51	58

表6-38　西北地区菱镁矿查明与预测资源量统计表

省(区)	陕西	甘肃	宁夏	青海	新疆	西北地区
	(矿石量×10^4t)					
查明资源量	0	709.00	0	186.90	11 772.01	12 667.91
预测资源量	0	4 830.00	0	1 898.60	136 007.59	142 736.19
查明比例(%)	0	12.80	0	8.96	7.97	8.15

2. 预测资源量分析

通过对各省(区)不同深度预测资源量统计对比来看(表6-39)，西北地区菱镁矿500m以浅预测资源量133 011.45×10^4t，占预测资源量的93.19%；1000m以浅预测资源量142 736.19×10^4t；2000m以浅预测资源量142 736.19×10^4t。由此来看，西北菱镁矿资源量主要集中在500m以浅，深部具有较大的找矿潜力。

表6-39　西北地区菱镁矿按深度预测资源量统计表

省(区)	预测资源量(矿石量×10^4t)			500m以浅比例(%)
	500m以浅	1000m以浅	2000m以浅	
陕西	0	0	0	0
甘肃	4 830.00	4 830.00	4 830.00	100
宁夏	0	0	0	0
青海	1 898.60	1 898.60	1 898.60	100
新疆	126 282.85	136 007.59	136 007.59	92.85
西北地区	133 011.45	142 736.19	142 736.19	93.19

从菱镁矿预测资源量级别分析(表 6－40)，预测 334－1 资源量 10 658.71×10^4t，占预测资源量的 7.47%；预测 334－2 资源量 40 454.09×10^4t，占预测资源量的 28.34%；预测 334－3 资源量 91 623.39×10^4t，占预测资源量的 64.19%。西北地区总体高级别资源量所占比重较大，其中新疆资源量最大，具有较大找矿潜力。

西北地区菱镁矿 2000m 以浅可利用性预测资源量 131 955.32×10^4t，占 92.45%，暂不可利用资源量 10 780.88×10^4t。从可利用性分析(表 6－41)，可利用性高，西北地区菱镁矿资源量潜力很大。

表 6－40　西北地区菱镁矿按级别预测资源量统计表

省(区)	预测资源量(矿石量×10^4t)			334－1 比例(%)
	334－1	334－2	334－3	
陕西	0	0	0	0
甘肃	3 238.00	0	1 592.00	67.04
宁夏	0	0	0	0
青海	842.46	0	1 056.14	44.37
新疆	6 578.25	40 454.09	88 975.24	4.84
西北地区	10 658.71	40 454.09	91 623.39	7.47

表 6－41　西北地区菱镁矿按可利用性预测资源量统计表

省(区)	预测资源量(矿石量×10^4t)		可利用比例(%)
	可利用	暂不可利用	
陕西	0	0	0
甘肃	4 830.00	0	100
宁夏	0	0	0
青海	842.46	1 056.14	44.37
新疆	126 282.86	9 724.74	92.85
西北地区	131 955.32	10 780.88	92.45

西北地区菱镁矿预测类型共有两种，即沉积变质型和热液型(表 6－42)。其中，重要类型为沉积变质型，预测资源量为 136 007.59×10^4t，占总预测资源量的 95.77%。沉积变质型菱镁矿为找矿主攻方向。

表 6－42　西北地区菱镁矿按预测类型预测资源量统计表

省(区)	陕西	甘肃	宁夏	青海	新疆	西北地区	占总量比例(%)
	(矿石量×10^4t)						
沉积变质型	0	0	0	0	136 007.59	136 007.59	95.77
热液型	0	4 106.20	0	1 898.60	0	6 004.80	4.23
合计	0	4 106.20	0	1 898.60	136 007.59	142 012.39	100

第六节　萤石

一、矿产预测类型划分

西北地区11个萤石矿预测区中，岩浆热液型9个，占82%；层控热液型2个，占18%（表6－43、图6－18）。

表6－43　西北地区萤石矿预测区矿产预测类型统计表

序号	预测区名称	所处成矿单元	矿产预测类型	矿床式	预测评价模型	预测方法类型
1	新疆巴音沟萤石矿预测区	Ⅲ－11	岩浆热液型	巴音沟式	岩浆热液充填型萤石矿	复合内生型
2	新疆铁列克萤石矿预测区	Ⅲ－12	层控热液型	铁列克式	沉积改造型萤石矿	层控内生型
3	新疆三岔口萤石矿预测区	Ⅲ－13	层控热液型	塔提克布拉克式	沉积改造型萤石矿	层控内生型
4	甘肃金塔县神螺山萤石矿预测区	Ⅲ－15	岩浆热液型	神螺山式	岩浆热液充填型萤石矿	复合内生型
5	甘肃高台县七坝泉萤石矿预测区	Ⅲ－18	岩浆热液型	七坝泉式	岩浆热液充填型萤石矿	复合内生型
6	甘肃永昌县头沟-照路沟萤石矿预测区	Ⅲ－20	岩浆热液型	头沟式	岩浆热液充填型萤石矿	复合内生型
7	甘肃天祝县斑阳河萤石矿预测区	Ⅲ－21	岩浆热液型	头沟式	岩浆热液充填型萤石矿	复合内生型
8	青海大通萤石矿预测区	Ⅲ－22	岩浆热液型	花石掌式	岩浆热液充填型萤石矿	复合内生型
9	青海格尔木-都兰萤石矿预测区	Ⅲ－26	岩浆热液型	大格勒式	岩浆热液充填型萤石矿	复合内生型
10	陕西洛南县李塬萤石矿预测区	Ⅲ－63	岩浆热液型	玉石坡式	岩浆热液充填型萤石矿	复合内生型
11	陕西商洛市玉石坡萤石矿预测区	Ⅲ－66A	岩浆热液型	玉石坡式	岩浆热液充填型萤石矿	复合内生型

二、预测要素及预测模型

1. 热液型

头沟-照路沟萤石矿床预测要素见表6－44。头沟-照路沟区域预测要素见表6－45。

三、最小预测区划分

西北地区萤石矿资源潜力评价共划定萤石矿预测区11个，圈定最小预测区97个，其中A级预测区14个，占14%；B级预测区11个，占11%；C级预测区72个，占74%（表6－46）。按预测类型统计，岩浆热液型最小预测区共82个，占85%；层控热液型最小预测区共15个，占15%。

从分布的成矿单元来看，西北地区萤石矿主要分布在Ⅲ－11伊犁南缘-中天山-旱山成矿带、Ⅲ－12塔里木板块北缘成矿带、Ⅲ－13塔里木陆块北缘隆起成矿带、Ⅲ－15敦煌（地块）成矿区、Ⅲ－18阿拉善成矿带、Ⅲ－20河西走廊成矿带、Ⅲ－21北祁连成矿带、Ⅲ－22中祁连成矿带、Ⅲ－26东昆仑成矿带、Ⅲ－63华北陆块南缘（小秦岭）成矿带、Ⅲ－66A北秦岭成矿带11个Ⅲ级成矿单元中。

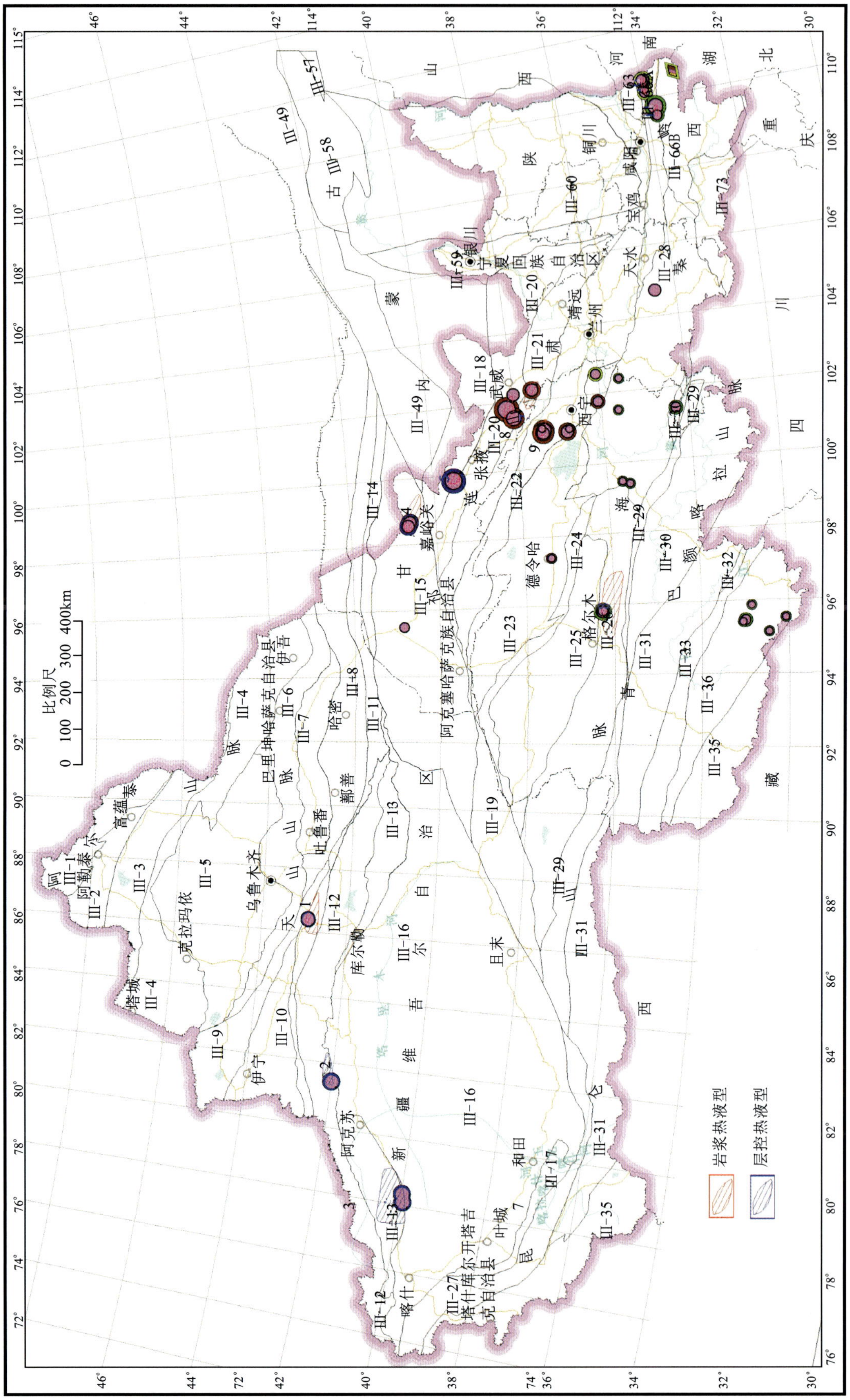

图6-18　西北地区萤石矿预测区分布图[成矿区(带)编号见表1-2]

表 6-44 头沟-照路沟式萤石矿预测要素表

预测要素		描述内容	要素分类
特征描述		产于寒武系大黄沟组变质砂岩内张性裂隙中，与加里东中、晚期岩浆活动形成的成矿热液有关的浅成中低温热液充填型萤石矿床	
地质环境	构造背景	成矿带构造属于昆仑祁连造山系、祁连弧盆系、走廊过渡带上，北与龙首山基底杂岩相接。矿床分布于永昌南山古隆起南北两侧边缘部位寒武系大黄山组地层中	必要
	成矿环境	矿床处于永昌-皇城加里东-华力西期金铜(铅锌)萤石成矿带。加里东-华力西期伴随着大规模的构造运动，使地壳深部的混合岩发生部分熔融，形成地壳重熔花岗岩浆，由此分异出富含挥发分和成矿物质的中酸性、酸性岩浆，沿主断裂由深部向地表迁移，形成了广泛分布的花岗岩体成矿系列，在矿区近东西向断裂及其次级断裂的控矿作用、成矿流体复杂的成矿作用及交代富集作用下，最终形成了头沟-照路沟萤石矿床	必要
	成矿时代	加里东中晚期岩浆侵入后期，中低温热液阶段是区内萤石的主要成矿时期，同位素年龄测定约为 410Ma	必要
	岩石类型	主要为一套变质砂岩夹板岩，局部硅化强烈，有大量石英脉贯入，与萤石矿生成关系密切	必要
	岩石结构	中-细粒变余砂状结构，块状、厚层状构造	次要
矿床特征	矿物组合	矿物组合比较简单，以萤石为主，见少量石英、玉髓、蛋白石及少许方解石	重要
	结构构造	结构主要有交代残余、微晶-细晶、变余斑状结构等；构造主要有致密块状、纹层状和条带状、碎裂-角砾状构造等	次要
	蚀变	常见硅化、碳酸盐化等。其中与萤石矿关系密切的有硅化、方解石化。以矿体为中心，主要发育有硅化、石英-方解石化	重要
	控矿条件	加里东期大规模的构造运动，伴随着地壳深部的混合岩发生部分熔融，形成地壳重熔花岗岩浆，由此分异出富含挥发分和成矿物质的中酸性、酸性岩浆，为矿床形成提供了丰富的成矿物质来源；伴随加里东期造山运动，形成的与区域近东西向主断裂构造配套的次级压性断裂(北西西向—东西向次级断裂)及其裂隙系统(北西向、北北东—南北向断裂和岩溶构造)是容矿构造，成矿热液沉淀充填的良好场所，对矿体起到了定位作用，控制着矿区内矿体的分布。加里东中、晚期岩浆侵入促使裂隙入渗水与岩体发生水岩化学反应形成成矿热液上升成矿，是成矿能量来源	必要
	风化	矿区含矿层风化形成大量裂隙，有利于矿体赋存	次要
综合特征	矿化蚀变	矿体蚀变以与萤石矿关系密切的硅化、方解石化等为主，其中硅化蚀变强烈地段矿化程度较高。蚀变强度与矿体正相关	重要
	化探异常	F 单元素异常矿体或矿带空间关系较密切，其分布区是寻找萤石矿的有利地段	重要
	其他	区内有多个老采坑	重要

表 6-45 头沟-照路沟一带头沟-照路沟式热液充填型萤石矿区域预测要素表

预测要素			描述内容	预测要素分类
区域成矿地质环境	大地构造位置		北祁连弧盆系走廊弧后盆地(Ⅳ-1-1)中部	重要
	成矿区(带)		Ⅳ-11 永昌—皇城加里东期金铜(铅锌)萤石成矿带	重要
	主要控矿构造		北西向、北北西向断裂构造带及低序次断裂、裂隙带及北东向褶皱带	必要
	主要赋矿地层		寒武系大黄山组中、上岩段变质砂岩夹板岩地层中	必要
	控矿沉积建造		滨浅海相砂岩-浊积岩沉积建造	必要
	控矿侵入岩		加里东中、晚期二长花岗岩等中酸性侵入岩	重要
	区域变质作用及建造		区域动力热变质作用,大理岩、石英岩变质建造	必要
	成矿作用		岩浆期后中低温热液循环充填作用	必要
区域成矿地质特征	区域成矿类型和成矿期		中低温热液充填型,成矿时间漫长,主成矿期为印支期末—燕山早期	重要
	中低温热液充填型	含矿建造	滨浅海相砂岩-浊积岩沉积建造	必要
		控矿构造	矿体主要赋存于北东向褶皱带近轴部	必要
		控矿侵入体	加里东中期二长花岗岩体	必要
		矿物组合	矿石矿物组合较单一,主要为纯萤石型,其次为萤石-石英型。脉石矿物为石英、玉髓、蛋白石及少许方解石	重要
		结构构造	矿石结构有压碎结构、半自形-他形粒状结构,其次为文象结构,偶见胶状结构。构造以块状、角砾状构造为主,其次为浸染状、网格状构造	次要
		围岩蚀变	围岩蚀变以硅化为主,伴有萤石化、黄铁矿化、绿泥石化、绢云母化	重要
		矿体形态	脉状、分支复合脉状	次要
		矿床规模	大型萤石矿床	次要
		风化	风化程度较弱,对矿体影响较小	次要
		矿床式	头沟-照路沟式热液充填型萤石矿	重要
物探、化探、遥感特征	重力异常特征		重力异常对其构造单元划分、断裂构造和盆地构造进行了推断,对找矿具有一定的指示意义	次要
	化探异常特征		化探异常对找矿有较好的直接指导意义,绝大多数有规模的异常均与断裂带、侵入岩接触带的分布密切相关,与萤石矿(化)体对应关系良好,异常强弱基本能反映矿体的规模、矿化程度及分布状况。明显的 F 地化异常,是地球化学找矿的重要标志	重要
	遥感异常特征		遥感影像反映的地质、矿产、找矿标志、解译标志等信息微弱,对地质构造解译有一定的效果,矿产地多位于线、环及线环交接部位	次要

四、资源量分析

1. 资源现状分析

初步统计,目前在西北地区共有萤石矿床 16 处,其中大型矿床 2 处,中型矿床 4 处,小型矿床 10 处。总计探明萤石矿石资源储量为 539.52×10⁴t,本次预测萤石矿石资源量 1 027.61×10⁴t。查明的萤石矿石资源储量为本次西北预测资源量的 34.43%(表 6-47),有待进一步工作以扩大查明资源量比例。

表 6－46　西北地区萤石矿预测区不同预测类型最小预测区统计表

序号	预测区名称	所处成矿单元	矿产预测类型	最小预测区数量(个)			
				A类	B类	C类	合计
1	陕西洛南县李塬萤石矿预测区	Ⅲ－63	岩浆热液型	1	4	0	5
2	陕西商洛市玉石坡地区萤石矿预测区	Ⅲ－66A	岩浆热液型	1	1	0	2
3	甘肃金塔县神螺山地区萤石矿预测区	Ⅲ－15	岩浆热液型	2	0	18	20
4	甘肃高台县七坝泉地区萤石矿预测区	Ⅲ－18	岩浆热液型	1	0	12	13
5	甘肃永昌县头沟-照路沟地区萤石矿预测区	Ⅲ－20	岩浆热液型	2	0	9	11
6	甘肃天祝县斑阳河地区萤石矿预测区	Ⅲ－21	岩浆热液型	1	0	6	7
7	青海大通地区萤石矿预测区	Ⅲ－22	岩浆热液型	1	2	2	5
8	青海格尔木-都兰萤石矿预测区	Ⅲ－26	岩浆热液型	1	4	5	10
9	新疆巴音沟一带萤石矿预测区	Ⅲ－11	岩浆热液型	1	0	8	9
岩浆热液型小计				11	11	60	82
10	新疆铁列克一带萤石矿预测区	Ⅲ－12	层控热液型	1	0	2	3
11	新疆三岔口一带萤石矿预测区	Ⅲ－13	层控热液型	2	0	10	12
层控热液型小计				3	0	12	15
西北合计				14	11	72	97

表 6－47　西北地区萤石矿查明与预测资源量统计表

省(区)	陕西	甘肃	宁夏	青海	新疆	西北地区
	(矿石量×10^4t)					
查明资源量	66.48	398.30	0	57.71	17.03	539.52
预测资源量	156.53	498.90	0	243.99	128.19	1 027.61
查明比例(%)	29.81	44.39	0	19.13	11.73	34.43

2. 预测资源量分析

通过对各省(区)不同深度预测资源量统计对比来看(表 6－48)，西北地区萤石矿 500m 以浅预测资源量 1 024.67×10^4t，占预测资源量的 99.71%；1000m 以浅预测资源量 1 027.60×10^4t；2000m 以浅预测资源量 1 027.60×10^4t。由此来看，西北萤石矿资源量主要集中在 500m 以浅。

从萤石矿预测资源量级别分析(表 6－49)，预测 334－1 资源量 542.77×10^4t，占预测资源量的 52.82%；预测 334－2 资源量60.93×10^4t，占预测资源量的 5.30%；预测 334－3 资源量 423.90×10^4t，占预测资源量的 41.25%。萤石矿总体高级别资源量所占比重最大，但也反映出工作程度存在很大的差别，青海、新疆两省区高级别资源量所占比重低于平均数。

表 6-48　西北地区萤石矿按深度预测资源量统计表

省(区)	预测资源量(矿石量×10^4t)			500m 以浅比例(%)
	500m 以浅	1000m 以浅	2000m 以浅	
陕西	153.60	156.53	156.53	98.13
甘肃	498.90	498.90	498.90	100
宁夏	0	0	0	0
青海	243.99	243.99	243.99	100
新疆	128.19	128.18	128.19	100
西北地区	1 024.67	1 027.60	1 027.60	99.71

表 6-49　西北地区萤石矿按级别预测资源量统计表

省(区)	预测资源量(矿石量×10^4t)			334-1 比例(%)
	334-1	334-2	334-3	
陕西	95.60	60.93	0	61.07
甘肃	355.10	0	143.80	71.18
宁夏	0	0	0	0
青海	52.39	0	191.60	21.47
新疆	39.69	0	88.50	30.96
西北地区	542.77	60.93	423.90	52.82

西北地区萤石矿 2000m 以浅可利用性预测资源量 1 027.60×10^4t，占 100%，无暂不可利用资源量(表 6-50)，可利用性好。

表 6-50　西北地区萤石矿按可利用性预测资源量统计表

省(区)	预测资源量(矿石量×10^4t)		可利用比例(%)
	可利用	暂不可利用	
陕西	156.53	0	100
甘肃	498.90	0	100
宁夏	0	0	0
青海	243.99	0	100
新疆	128.19	0	100
西北地区	1 027.60	0	100

西北地区萤石矿预测类型共有层控热液型和岩浆热液型两种(表 6-51)。其中，重要类型为岩浆热液型，预测资源量为 933.22×10^4t，占总预测资源量的 90.82%。今后应以岩浆热液型为找矿主攻方向。

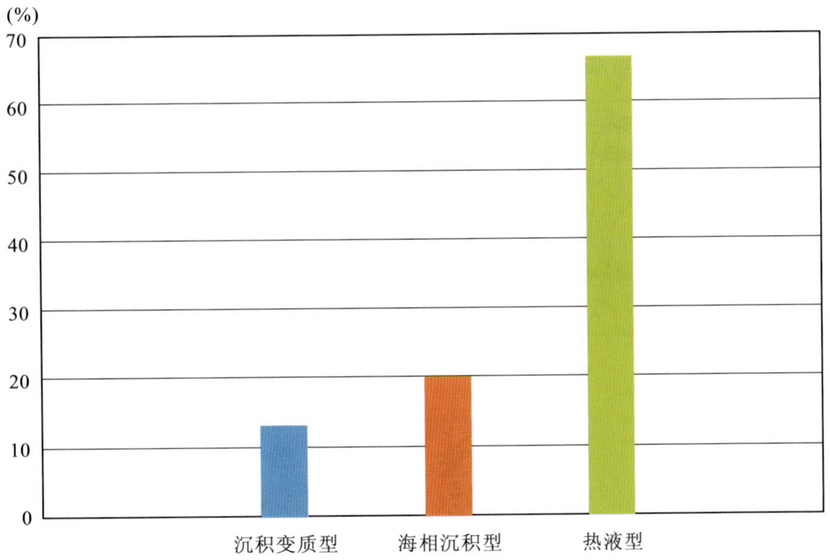

图 6－20　西北地区重晶石矿预测区矿产预测类型统计图

二、预测要素及预测模型

1. 海相沉积型

安康石梯重晶石矿床定性评价的预测模型如下。成矿时代：加里东期（晚震旦世—早寒武世）；大地构造位置：南秦岭裂谷带；岩相古地理：半深海-深海环境；赋矿地层：上震旦统—下寒武统鲁家坪组中段；沉积建造：碳硅质岩-碳酸盐岩建造。石梯重晶石矿床区域预测评价模型见表 6－53。

表 6－53　陕西省旬阳县神河石梯式海相沉积型重晶石矿区域预测要素表

区域预测要素			描述内容	要素分类
区域成矿地质环境	大地构造位置		南秦岭裂谷带	必要
	成矿时代		加里东期（晚震旦世—早寒武世）	必要
	岩相古地理	古地理	缺氧的深海—半深海环境	必要
		沉积相	深海相	必要
		沉积建造	鲁家坪组碳硅质岩含重晶石建造	必要
	含矿地层		鲁家坪组中、上岩段含重晶石碳硅质岩	必要
	控矿条件		受海相深海、半深海沉积盆地控矿，以及海底喷流作用——有利于重晶石矿沉积的还原条件；受碳硅质岩建造层位控制，矿体规模较大，呈层状、似层状产于鲁家坪组地层含碳硅质岩中	必要
已知矿床成矿地质特征	矿体特征		重晶石矿体呈层状，局部分叉，层位稳定，与围岩呈整合过渡关系，产状一致，倾向 30°～50°，倾角 45°～60°，共有 22 个矿体，工业主矿体 9 个：工业主矿体长 115～1370m，已控制最大延深 50～500m，厚度 1.00～5.22m。矿石平均品位（%）：$BaSO_4$ 为 56.44%～87.56%，$BaCO_3$ 为 0.33%～12.36%。在工业矿体中，Ⅱ号主矿体规模最大，Ⅲ、Ⅳ、Ⅴ、Ⅵ、Ⅺ号矿体规模次之	重要
	矿物组合		主要矿物成分为重晶石，其含量一般为 60%～95%，其次为石英、斜钡钙石。其他矿物有方解石、碳质、钡钒云母、铝硅钡石、黄铁矿、金红石等。毒重石易碎，打击有硫化氢臭味	次要

续表 6-53

区域预测要素		描述内容	要素分类
已知矿床成矿地质特征	矿石结构构造	矿石结构以细-粗晶结构为主，其次为颗粒支架结构、充填胶结结构，可见少许不等粒结构；矿石构造以块状构造为主，条带状、纹层状、层状、平行状次之，其他少量	重要
	已知矿床(点)	大型矿床1处，小型4处，以石梯重晶石矿床为沉积类型代表	重要
物探、化探、遥感特征	磁测异常	航磁 ΔT 异常以负磁异常为主，异常强度 $-75\sim100$nT。异常与目的层和矿床点对应较差	次要
	重力异常	布格重力异常值在 $(-132\sim-110)\times10^{-5}m/s^2$ 之间。剩余重力异常由5个椭圆形的异常构成，3个重力高异常，2个重力低异常	次要
	化探异常	Ba异常	必要
	遥感异常	蚀变异常	次要
	重砂异常	重晶石单矿物异常	必要

2. 热液型

甘肃省宕昌县金临重晶石矿床预测要素见表6-54。

表6-54　甘肃省宕昌县金临式热液型重晶石矿典型矿床预测要素表

预测要素		描述内容	预测要素分类
特征描述		矿床产于泥盆系中统西汉水群安家岔组第二岩性段，成矿带位于剪切带内，地层破碎且局部地层倒转，形成规模大小不一的众多小断层，上盘灰岩及白云质灰岩起了屏蔽遮挡作用，下盘千枚岩因挤压而碎裂给成矿填充空间，含矿热液的发源、导出、扩散、封闭、分异沉淀成为矿体，是受中性侵入体、褶皱裂隙带、地层岩性和围岩蚀变4个因素所控制的热液充填型重晶石矿床	
地质环境	构造背景	中秦岭陆缘盆地构造岩浆岩亚带	必要
	成矿环境	区域性断层破碎带和平行裂隙带控制的沉积岩建造，与三叠纪晚期侵入体闪长玢岩有关	必要
	成矿时代	华力西早期	必要
	岩石类型	区域内主要出露有新近纪、古近纪红色砾岩、三叠纪板岩、石英砂岩和泥盆纪灰色砂岩、中厚层灰岩和千枚岩组成的一套沉积岩建造	必要
	岩石结构	自形粒状、共生边、显微文象、似斑状及碎裂结构	次要
矿床特征	矿物组合	矿石矿物组合简单：重晶石单矿物；重晶石＋石英；重晶石＋绢云母＋方解石。在地表出露区及探槽中连续分布，矿体中心部位硫酸钡含量较高，边部次之。次要矿物为少量石英、绢云母、方解石，偶有发现微量硫化物矿物	重要
	结构构造	块状构造，自形粒状结构、共生边结构、显微文象结构、似斑状结构	次要
	控矿条件	平行裂隙带控制的沉积岩建造与三叠纪晚期侵入体	重要
综合特征	矿化蚀变	硅化、重晶石化、绢云母化、褐铁矿化、方解石化	必要
	化探异常	Ba单元素异常与矿体或矿带空间关系较密切，其分布区是寻找重晶石矿的有利地段	重要

表 6-58　西北地区重晶石矿按级别预测资源量统计表

省(区)	预测资源量(矿石量×10^4t)			334-1 比例(%)
	334-1	334-2	334-3	
陕西	928.61	3 100.10	2 886.61	13.43
甘肃	2 437.48	0	2 738.54	47.09
宁夏	33.46	13.68	117.02	20.38
青海	461.23	0	791.49	36.82
新疆	148.54	312.44	72.94	27.82
西北地区	3 080.70	3 426.21	6 606.60	23.49

表 6-59　西北地区重晶石矿按可利用性预测资源量统计表

省(区)	预测资源量(矿石量×10^4t)		可利用比例(%)
	可利用	暂不可利用	
陕西	6 915.32	0	100
甘肃	5 176.02	0	100
宁夏	82.08	82.08	50
青海	1 252.72	0	100
新疆	221.48	312.44	41.48
西北地区	13 647.62	394.52	97.19

表 6-60　西北地区重晶石矿按预测类型预测资源量统计表

省(区)	陕西	甘肃	宁夏	青海	新疆	西北地区	占总量比例(%)
	(矿石量×10^4t)						
热液型	0	107.80	164.16	1 252.72	533.92	2 058.59	10.18
沉积变质型	0	7 366.30	0	0	0	7 366.30	36.43
海相沉积型	10 793.86	0	0	0	0	10 793.86	53.39
合计	10 793.86	7 474.10	164.16	1 252.72	533.92	20 218.76	100

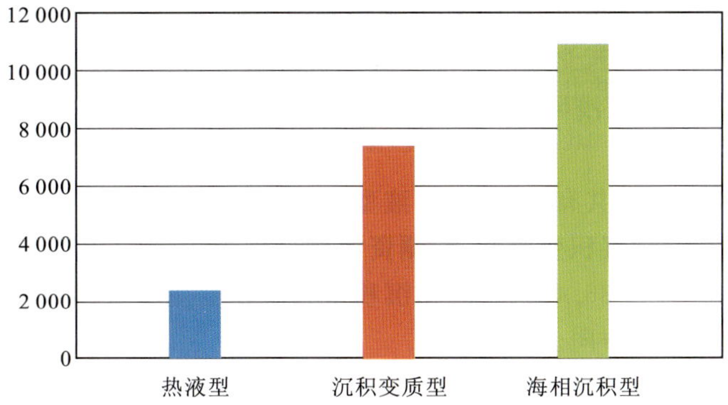

图 6-21　西北地区重晶石矿预测类型预测资源量统计

第七章　矿产勘查部署建议与开发基地预测

第一节　综合预测区

在综合研究的基础上，以Ⅲ级成矿区(带)为单元，分析了区域地质背景、成矿地质条件、物化遥重砂综合信息特征，厘定了重要矿产预测模型，建立了重要矿产典型矿床预测评价模型和区域预测模型，总结了预测要素。根据单矿种预测区优选与定量预测结果，圈定了综合预测区，明确了主攻矿种，按统一的标准和方法，对综合预测区进行了优选、排序、分级和综合评述。西北地区 42 个Ⅲ级成矿区(带)中共圈定多矿种综合预测区 580 个，其中 A 级 205 个，B 级 146 个，C 级 229 个(表 7-1)。

表 7-1　西北地区Ⅲ级成矿区(带)综合预测区一览表

序号	Ⅱ级成矿省	Ⅲ级成矿区(带)	主要矿种	综合预测区			小计
				A 级	B 级	C 级	
1	阿尔泰成矿省	Ⅲ-1 北阿尔泰成矿带	锂、铅、锌、金	3	0	4	7
2		Ⅲ-2 南阿尔泰成矿带	铜、铅、锌、铁、金、银、硫、镍、锂、钼	7	1	0	8
3	准噶尔-伊犁成矿省	Ⅲ-3 准噶尔北缘成矿带	铁、铜、镍、钼、金、银、硫	5	1	11	17
4		Ⅲ-4 唐巴勒-卡拉麦里成矿带	铁、铜、金、银、铬、钼、锡、硫	9	6	11	26
5		Ⅲ-5 准噶尔盆地成矿区	钾盐、硼、金、铁	0	2	3	5
6		Ⅲ-6 准噶尔南缘成矿带	金、银、铜、钼、锂、硫、硼	2	2	5	9
7		Ⅲ-7 吐哈盆地成矿带	钼	0	0	1	1
8		Ⅲ-8 觉罗塔格-黑鹰山成矿带	铁、铜、铅、锌、银、金、镍、钼、锂、硫、钾盐	19	5	4	28
9		Ⅲ-9 伊犁北缘成矿带	铜、铅、锌、金、钨、磷、银、钼、锡、硫、重晶石	6	4	4	14
10		Ⅲ-10 伊犁成矿带	铁、铜、铅、锌、金、钨、锰、钼、重晶石	6	4	3	13
11		Ⅲ-11 伊犁南缘-中天山-旱山成矿带	铁、锰、铬、铜、镍、铅、锌、钨、锡、钼、金、银、钾盐、硫、萤石	12	2	1	15
12		Ⅲ-14 金窝子-公婆泉-东七一山成矿带	金、铜	0	2	0	2
13	塔里木成矿省	Ⅲ-12 塔里木板块北缘成矿带	铅、铁、铜、铅、锌、金、钨、锑、稀土、钾盐、锰、银、硫、萤石、重晶石、菱镁矿	11	9	11	31
14		Ⅲ-13 塔里木陆块北缘隆起成矿带	铁、金、铜、镍、铅、锌、萤石、磷	5	2	7	14
15		Ⅲ-15 敦煌成矿区	铁、铜、镍、铅、锌、金、银、钨、锰、钾盐、磷、硼、萤石、菱镁矿、重晶石	11	5	8	24
16		Ⅲ-16 塔里木盆地成矿区	铁、铜、铅、锌、锰、硫	2	4	2	8
17		Ⅲ-17 铁克里克成矿带	铅、锌、银、铁	1	1	2	4
18		Ⅲ-19 阿尔金成矿带	铁、铜、铅、锌、金、钾盐、银、镍、钼、硼、硫	3	2	2	7

续表 7-1

序号	Ⅱ级成矿省	Ⅲ级成矿区(带)	主要矿种	综合预测区			小计
				A级	B级	C级	
19	祁连成矿省	Ⅲ-20 河西走廊成矿带	锰、重晶石、萤石、铜、金、银、铁、硫、磷	1	2	3	6
20		Ⅲ-21 北祁连成矿带	金、铁、钨、银、铅、锌、钼、铜、锰、稀土、萤石	13	8	11	32
21		Ⅲ-22 中祁连成矿带	钨、银、钼、铁、磷、硫、金、稀土	3	10	6	19
22		Ⅲ-23 南祁连成矿带	金、铁、钨、镍、铜、硼、稀土	4	3	8	15
23	昆仑成矿省	Ⅲ-24 柴达木北缘成矿带	镍、金、硫、铅、铜、锌、锰、钨、锡、重晶石	1	2	2	5
24		Ⅲ-25 柴达木盆地成矿区	钾盐、硼、锂	9	0	6	15
25		Ⅲ-26 东昆仑成矿带	金、银、铜、钼、铅、锌、锡、硫、铁、钨、稀土、萤石	10	14	16	40
26		Ⅲ-27 西昆仑成矿带	铜、铁、金	2	4	2	8
27	巴颜喀拉-松潘成矿省	Ⅲ-29 喀拉米兰(阿尼玛卿)成矿带	金、铜、锌、银、锑、硫	2	2	3	7
28		Ⅲ-30 北巴颜喀拉-马尔康成矿带	金、锑、硫、铜、钨、稀土	1	3	11	15
29		Ⅲ-31 南巴颜喀拉-雅江成矿带	铁、铜、锂、金、锑、锌、钨、稀土	2	2	8	12
30	喀喇昆仑-三江成矿省	Ⅲ-32 义敦-香格里拉成矿带	金、锑、稀土	0	0	1	1
31		Ⅲ-33 金沙江成矿带	铁、铅、铜、锌、银、钼、稀土	1	1	5	7
32		Ⅲ-35 喀喇昆仑-羌北成矿带	铁、铅、铜、锌、银、钼、钨、金、硫、稀土	5	3	13	21
33		Ⅲ-36 昌都-普洱成矿带	铁、铅、铜、锌、银、钼、锑、硫、稀土	4	0	9	13
34	华北成矿省	Ⅲ-18 阿拉善成矿带	铁、萤石、铜、镍、磷、银、硫	1	2	0	3
35		Ⅲ-59 鄂尔多斯西缘成矿带	金、铁、磷、铝	0	1	2	3
36		Ⅲ-60 鄂尔多斯成矿区	铝、铁、硫	0	1	2	3
37		Ⅲ-61 山西成矿带	铝、铁、钨	0	2	1	3
38		Ⅲ-63 华北陆块南缘成矿带	金、钼、钨、铁、稀土	2	2	1	5
39	秦岭成矿省	Ⅲ-66A 北秦岭成矿带	铬、金、锂、磷、钼、镍、铜、钨、萤石、锑	3	7	5	15
40		Ⅲ-66B 南秦岭成矿带东段	铬、金、磷、硫、钼、铅、铁、铜、钨、锌、银、重晶石、锑	7	7	15	29
41		Ⅲ-28 南秦岭成矿带西段	银、金、铜、钼、铅、锑、锡、锌、铬、硫、锰、铁、钨、重晶石	24	14	11	49
42	扬子成矿省	Ⅲ-73 龙门山-大巴山成矿带	铬、金、磷、硫、铝、锰、镍、铅、铁、铜、锌	8	4	9	21

第二节　矿产勘查部署原则

矿产勘查部署是重要成果的体现，在预测靶区(单元)确定、资源量估算和成矿可能性排序的基础上，要从国家对矿产资源的紧缺程度和西北地区矿产资源勘查部署的需求出发，以寻找大型、超大型矿床为目标，兼顾国家急缺矿种和地方经济发展的需要，对矿产资源勘查进行统一部署，为地质找矿工作可持续发展和实现找矿突破提供部署方案。

1. 部署区划分原则

本次矿产预测是采用“矿床模型综合地质信息预测技术”，运用相似类比法在预测工作区内圈定最

小预测区，估算资源量。西北地区综合研究与汇总过程中先圈定了单矿种预测区、多矿种综合预测区，在此基础上提出了矿产勘查部署工作建议。

根据综合预测区圈定结果，结合地质工作程度及矿产勘查开发情况，将矿产勘查部署区分为三类，即A类、B类和C类，划分原则如下。

A类：区内预测资源量大，以往地质工作基础好，在成型的典型矿床或成矿地质条件与找潜力巨大，开采开发条件优越，能够快速取得找矿重大突破的地区。建议部署国家级、省级整装勘查工作，亦可作为重点勘查区。

B类：区内预测资源量大，以往地质工作程度较高，成矿条件好，通过一定的地质勘查工作，能够为将来提供矿产开发基地的地区，为重点勘查区，建议重点部署矿产调查评价与勘查工作。

C类：区内有一定量的预测资源量，工作程度较低，成矿条件较好，通过一定的地质勘查工作有希望形成新的找矿突破的地区，为一般勘查区，建议部署矿产远景调查和一般勘查工作。

2. 工作部署与工作方法选择原则

由于西北地区总体地质工作程度相对较低，而且不同地区工作程度不均衡，工作方法手段的选择充分考虑了主攻矿产预测类型的必要预测要素、资源潜力和矿种在西北地区的重要程度。针对工作程度低一较低，成矿地质条件优越，具大型—超大型找矿潜力地区部署开展1∶5万尺度矿产远景与评价工作，主要包括1∶5万矿产地质调查、化探、地面高精度磁测，在部分特殊地区有针对性地部署开展1∶5万综合物探工作，同时突出异常查证和矿点检查，加强深部验证工作。对部署区内已发现的矿(化)点采用大比例尺地质、物探、化探及地表工程揭露和深部工作控制的综合找矿方法，开展预查—普查—详查—勘探工作，具体方法的选择根据具体情况确定。

由于本次矿产勘查部署建议是在综合预测区基础上进行的，重点部署了矿产远景调查评价和矿产勘查工作，对区域性找矿关键问题研究和基础地质调查工作部署涉及较少。

第三节 勘查部署建议

在综合预测成果研究的基础上，按统一的标准和方法，从整个西北的角度对综合预测区进行优选、分类、排序，确定矿产勘查区级别，并明确其找矿方向及主攻矿种、矿床类型。开展矿产勘查工作部署研究，提出了勘查区矿产远景调查评价、物探、化探、矿产勘查等部署建议。西北地区共圈出矿产勘查部署建议区253个，其中，A类81个，B类98个，C类74个(表7-2)。

第四节 未来矿产开发基地预测

矿业对西北地区GDP的贡献要远高于中国平均水平，表明矿业在西北地区经济社会发展中的重要地位。尽管如此，西北地区矿产资源的发现数量较全国的评价水平要低，这一方面说明西北地区经济基础的薄弱和落后，另一方面也表明西北地区矿产资源勘查具有重要的前景和重大的现实经济价值。西北地区占据全国16个重要成矿区(带)中的6个半，分别为阿尔泰、天山、北山、西昆仑-阿尔金、秦岭、柴周缘和三江北段。根据重要成矿区(带)的空间布局，通过潜力评价成果的综合研究与分析，对可能的矿集区进行排序，预测了西北地区矿产开发基地，并按矿产资源规划区和矿产开发基地两个层次进行了分级，明确了开发主要矿种、矿产预测类型，大致统计了区内已开发矿山。

西北地区共提出45个矿产资源规划区，110个预测矿产开发基地，详见表7-3。

表 7-2　西北地区重要矿产勘查部署建议表

序号	编号	名称	级别	主攻类型	主攻矿种	工作程度	找矿工作部署建议	预期成果
1	Ⅲ-1-1B	新疆柯鲁木特锂辉石矿勘查区	B	花岗岩型	锂	普查—详查	加强对柯鲁木特、库卡拉盖等已知矿床深部及外围的勘查力度，扩大查明资源储量，提高区域资源潜力；开展有针对性的路线地质找矿及大比例尺的综合地质找矿	锂矿 6×10^4t，矿产地 2～3 处
2	Ⅲ-1-2B	新疆可可托海稀有金属矿勘查区	B	花岗岩型	锂、铍、铌、钽	普查—勘探	以花岗岩型锂矿为重点。加强对可可托海、塔拉提、克协库斯等已知矿床深部及外围的勘查力度，扩大查明资源储量，提高区域资源潜力；开展有针对性的路线地质找矿及大比例尺的综合地质找矿	锂矿 5×10^4t，矿产地 2～3 处
3	Ⅲ-1-3C	新疆拜兴锂辉石矿勘查区	C	花岗岩型	锂	预测—普查	以花岗岩型锂矿为重点。在加强对拜兴矿床深部及外围勘查力度的同时，开展有针对性的路线地质找矿及大比例尺的综合地质找矿	锂矿 4×10^4t，矿产地 1～2 处
4	Ⅲ-1-4C	新疆库马苏金铜多金属矿勘查区	C	海相火山岩型	铜、金	普查—勘探	以海相火山岩型铅锌矿、金矿为重点，开展有针对性的路线地质找矿，加强库马苏铅锌矿床、阿克提什坎金矿床等深部及外围的勘查力度，扩大查明资源储量，提高区域资源潜力	铅锌 60×10^4t，金 5t；新发现矿产地 3～5 处
5	Ⅲ-2-1A	新疆克因布拉克铜锌多金属矿勘查区	A	海相火山岩型	铜、锌	普查	以海相火山岩型铜、锌、金、银、硫矿种为重点。开展有针对性的地质矿产调查。对克因布拉克铜锌矿床等深部及外围加大勘查力度，扩大查明资源储量，提高区域资源潜力	矿产地 2～3 处
6	Ⅲ-2-2B	新疆多拉纳萨依-阿舍勒铜金多金属矿勘查区	B	海相火山岩型	铜、锌、金	普查—勘探	勘查对象为铜、锌、金、银、硫等矿种，主要类型为海相火山岩型、破碎蚀变岩型。开展有针对性的路线地质找矿，对发现矿点和已有矿点进行初步评价；对阿舍勒锌矿床、多拉纳萨依金矿和托库孜巴依金矿床等深部及外围加大勘查力度，扩大查明资源储量，提高区域资源潜力	铜 150×10^4t、锌 70×10^4t、金 50t、银 1500t、硫 3500×10^3t；新发现矿产地 3～5 处
7	Ⅲ-2-3B	新疆蒙库-可可塔勒铁铅锌矿勘查区	B	海相火山岩型	铁、铅、锌	普查—勘探	勘查对象主要为铁、铅锌、金、银、硫，兼顾铜、钼、镍矿种。主要类型为海相火山岩型，兼顾破碎蚀变岩型、斑岩型和基性—超基性岩型。开展有针对性的路线地质找矿，对发现矿点和已有矿点进行初步评价；对铁米尔特铅锌矿床、阿巴宫铁铅锌矿床、萨尔阔布金矿、蒙库铁矿和可可塔勒铅锌矿床等深部及外围加大勘查力度，扩大查明资源储量，提高区域资源潜力	铁 10 000×10^4t，铜 150×10^4t，铅 150×10^4t，锌 300×10^4t，金 5t，银 2500t，硫 4000×10^3t，镍 3×10^4t，钼 1×10^4t，锂 1500t；新发现矿产地 5～7 处
8	Ⅲ-2-4C	新疆克因布拉克铜锌多金属矿勘查区	C	海相火山岩型	铜、锌	普查—详查	勘查对象为铜、锌、金、银、硫矿种，主要类型为海相火山岩型。开展有针对性的地质矿产调查；对克因布拉克铜锌矿床等深部及外围加大勘查力度，扩大查明资源储量，提高区域资源潜力	矿产地 2～3 处

续表 7-2

序号	编号	名称	级别	主攻类型	主攻矿种	工作程度	找矿工作部署建议	预期成果
9	Ⅲ-3-1B	新疆喀拉通克-哈腊苏铜镍金矿勘查区	B	基性—超基性岩型、斑岩型、海相火山岩型	铜、镍、铁	普查—勘探	以基性—超基性岩型铜镍矿、斑岩型铜钼矿、破碎蚀变岩型金矿以及火山岩型铁铜(金)矿为重点，在沙尔布拉克金矿、喀拉通克铜镍矿、索尔库都克铜钼矿、哈腊苏铜矿及乔夏哈拉铁铜矿等矿区的深部及外围，开展矿床矿点评价	铜 100×10^4t、镍 50×10^4t、金 20t、钼 10×10^4t、铁 1000×10^4t；新发现矿产地 3～4 处
10	Ⅲ-3-2B	新疆阔真阔腊金铜矿勘查区	B	破碎蚀变岩型	金、铜	普查—详查	以破碎蚀变岩型金矿为重点，兼顾火山岩型金矿、斑岩型铜钼矿、海相火山岩型铁矿，开展调查评价工作，同时开展矿床矿点勘查评价	金 20t；矿产地 1～2 处
11	Ⅲ-4-B	新疆唐巴勒铁铬铁矿勘查区	B	蛇绿岩型	铬	普查—详查	勘查对象为钼、铁、铬铁矿、金矿种，主要类型为斑岩型、海相火山岩型、蛇绿岩型。开展有针对性的路线地质及大比例尺的综合地质找矿，同时加强对苏云河、唐巴勒、萨尔托海、阿克塔什等已知矿床深部及外围的勘查力度，扩大查明资源储量，提高区域资源潜力，对找矿靶区开展大比例尺地质测量、槽探、钻探工程验证等	钼矿 15×10^4t、铬铁矿 3×10^4t、铁矿 1000×10^4t、金 3t；矿产地 5～7 处
12	Ⅲ-4-2B	新疆包古图铜金钼铬铁矿勘查区	B	斑岩型	铜、钼	普查—勘探	勘查对象为金、铜、铬铁矿矿种，主要类型为海相火山岩型、斑岩型、蛇绿岩型。开展有针对性的路线地质找矿及大比例尺的综合地质找矿，对找矿靶区开展大比例尺地质测量、槽探、钻探(硐探)工程验证等；同时加强对托里金矿、萨尔托海铬铁矿、包古图铜钼矿等已知矿床深部及外围的勘查力度，扩大查明资源储量，提高区域资源潜力	金 20t、铬铁矿 200×10^4t、铜 50×10^4t；矿产地 5～7 处
13	Ⅲ-4-3B	新疆双泉金锡铬铁矿勘查区	B	破碎蚀变岩型	金	普查—勘探	勘查对象为金、锡等矿种，主要类型为破碎蚀变岩型、石英脉型。开展有针对性的路线地质找矿，加强卡姆斯特锡矿、萨惹什克锡矿、双泉金矿等已知矿床深部及外围的勘查力度，扩大查明资源储量，提高区域资源潜力	金 50t、锡 4×10^4t、铬铁矿 20×10^4t；矿产地 5～6 处
14	Ⅲ-4-4B	新疆淖毛湖铜铁金矿勘查区	B	海相火山岩型、斑岩型	铁、铜	普查—勘探	勘查对象为金、铜、铁、硫矿种，主要类型为海相火山岩型、斑岩型。开展有针对性的路线地质找矿及大比例尺的综合地质找矿；同时加强对淖毛湖金矿、北山硫铁矿、蒙西铜矿、和尔赛铜矿等已知矿床深部及外围的勘查力度，扩大查明资源储量，提高区域资源潜力	金 10t、铁 600×10^4t、铜 60×10^4t、硫 5000×10^3t；矿产地 4～6 处
15	Ⅲ-4-5C	新疆阿尔木强铜铁矿勘查区	C	热液型	铜	普查—详查	勘查对象为铜、铁等矿种，主要类型为沉积型、热液型。开展有针对性的路线地质找矿，加强阿尔木强铜矿床深部及外围的勘查力度，扩大查明资源储量，提高区域资源潜力	铜 5×10^4t、铁 500×10^4t；新发现矿产地 2～3 处
16	Ⅲ-6-1A	新疆卡拉塔格地区铜多金属矿整装勘查区	A	海相火山岩型	铜、锌	普查—勘探	勘查对象为海相火山岩型铜(银硫)矿。提高黄土坡、梅岭、红石、红山、红海等已知矿床深部及外围的工程控制程度，扩大查明资源储量，提高区域资源潜力	铜 500×10^4t；新发现矿产地 4～5 处

续表 7－2

序号	编号	名称	级别	主攻类型	主攻矿种	工作程度	找矿工作部署建议	预期成果
17	Ⅲ－6－2C	新疆博格达铜铁硼矿勘查区	C	陆相火山岩型	金、铁	普查—详查	勘查对象为金、铁、铜，主要类型为陆相火山岩型、沉积型。针对区内大黄山铁沿走向追索赋矿层位，探寻富集部位；针对西西尔塔格铍、铜加大已发现矿点及矿化线索的勘查程度。针对庙尔沟铜、大河坝林场银、索尔巴斯陶银开展有针对性的路线地质找矿及大比例尺的地物化综合找矿	铜 10×10^4t，硼 150×10^3t，铁 500×10^4t；矿产地 2～4 处
18	Ⅲ－6－3C	新疆查汗萨拉金矿勘查区	C	破碎蚀变岩型	金	普查—详查	勘查对象为金，主要类型为破碎蚀变岩型。开展有针对性的路线地质找矿及大比例尺的地物化综合找矿，进行稀疏的槽探工程揭露。加强对已知矿床的勘查力度，扩大查明资源储量，提高区域资源潜力	金 5t
19	Ⅲ－8－1A	甘肃省 460－红石山铁金矿勘查区	A	海相火山岩型、岩浆热液型	铁、金	普查—详查	以海相火山岩型铁矿、岩浆热液型金矿为重点，开展 1∶5 万基础地质调查与矿产远景调查，开展异常查证和矿点检查；对已知矿床进行勘查评价	大型金、铁矿床各 1 处，中型金、铁矿床各 2 处，小型金、铁矿床各 2 处
20	Ⅲ－8－2A	甘肃省双尖山－狼娃山金铁矿勘查区	A	海相火山岩型	金、铁	普查—详查	主攻海相火山岩型金、铁矿，开展 1∶5 万基础地质调查与矿产远景调查，开展异常查证和矿点检查；对已知矿床进行勘查评价	大型金、铁矿床各 1 处，中型金、铁矿床各 1 处，小型金、铁矿床各 2 处
21	Ⅲ－8－3B	甘肃省双尖山东金铁矿勘查区	B	海相火山岩型	金、铁	普查	主攻海相火山岩型金、铁矿，开展 1∶5 万基础地质调查与矿产远景调查，开展异常查证和矿点检查；对已知矿床进行勘查评价	中小型金、铁矿床各 1 处，金、铁矿点各 2 处
22	Ⅲ－8－4B	甘肃省红尖兵山钨铁矿勘查区	B	矽卡岩(云英岩)－石英脉型、海相火山岩型	钨、铁	普查	矽卡岩(云英岩)－石英脉型钨矿、海相火山岩型铁矿，开展 1∶5 万基础地质调查与矿产远景调查，开展异常查证和矿点检查；择优开展勘查评价	中型钨、铁矿床各 1 处；小型各 1 处
23	Ⅲ－8－5B	新疆小热泉子铜金铁锌银钾盐矿勘查区	B	海相火山岩型、破碎蚀变岩型、现代盐湖型	铜、金	普查—详查	勘查对象为铁、铜、锌、金、银、硫铁矿等矿种，主要类型为海相火山岩型、陆相火山岩型、破碎蚀变岩型、矽卡岩型。开展矿产远景调查工作及矿点检查与异常查证，加强对已知矿床深部及外围的勘查工作力度	铁矿 1000×10^4t，铜 50×10^4t，金 30t；新发现矿产地 3～5 处
24	Ⅲ－8－6B	新疆土屋铜钼金银铁矿勘查区	B	斑岩型、破碎蚀变岩型	铜、钼、金	普查—勘探	主攻铁、铜、钼、金、银、硫铁矿等矿种，主要预测类型为海相火山岩型、破碎蚀变岩型、斑岩型。开展有针对性的路线地质调查及大比例尺的地物化综合找矿。对发现有意义的矿点，可用大比例尺地质测量、综合物探及槽探、钻探工程验证等。加强对已知矿床深部及外围的勘查工作力度	铁矿 5000×10^4t，铜 300×10^4t，钼 50×10^4t，金 10t；新发现矿产地 3～5 处

续表 7-2

序号	编号	名称	级别	主攻类型	主攻矿种	工作程度	找矿工作部署建议	预期成果
25	Ⅲ-8-7B	新疆天木金铜镍银硫矿勘查区	B	破碎蚀变岩型	金	普查—详查	主攻金、铜、镍、银、硫铁矿等矿种，主要预测类型为破碎蚀变岩型、基性—超基性岩型。有针对性的矿产远景调查及异常查证的矿点检查，有针对性的矿产远景调查工作	铜 50×10^4t，镍 30×10^4t，金 10t；新发现矿产地 2～3 处
26	Ⅲ-8-8B	新疆黄山-图拉尔根铜镍钼金银矿勘查区	B	斑岩型、基性—超基性岩型	铜、镍	普查—勘探	主攻铜、镍，兼顾金、银、钼、锂、硫铁矿等矿种，主要预测类型为破碎蚀变岩型、基性—超基性岩型、斑岩型和花岗伟晶岩型。开展有针对性的矿产远景调查异常查证和矿点检查，加强对已知矿床深部勘查工作力度	铜 100×10^4t，镍 100×10^4t，钼 50×10^4t，金 10t；新发现矿产地 3～5 处
27	Ⅲ-8-9B	新疆雅满苏-白山泉铁铜金钼矿勘查区	B	海相火山岩型、破碎蚀变岩型	铁、铜、金	普查—勘探	主攻铁、铜、金，兼顾钼等矿种，主要预测类型为破碎蚀变岩型、海相火山岩型、海相沉积型、斑岩型等。开展有针对性的路线地质找矿及大比例尺的地物化综合找矿；对发现有意义的矿点，采用大比例尺地质测量、综合物探及槽探、钻探工程验证等；加强对已知矿床深部及外围的勘查工作力度	铁矿 $10\ 000\times10^4$t，铜 300×10^4t，金 10t；新发现矿产地 3～5 处
28	Ⅲ-8-10C	甘肃省黑山口钨铁矿勘查区	C	矽卡岩(云英岩)-石英脉型、海相火山岩型	钨、铁	预查	主攻矽卡岩(云英岩)-石英脉型钨矿、海相火山岩型铁矿，开展有针对性的 1∶5 万磁测、路线地质找矿及大比例尺的地物化综合找矿；对发现有意义的矿点采用大比例尺地物化等工作进行评价	钨、铁矿产地各 1 处
29	Ⅲ-9-1B	新疆喇嘛苏铜钼铅锌矿勘查区	B	斑岩型	铜、钼、铅、锌	普查—勘探	以斑岩铜钼矿为重点，以喇嘛苏铜矿、北达巴特铜钼矿、莱历斯高尔钼矿、库尔尕生铅锌矿为重点，开展各矿床矿点评价，此外，选择北达巴特铜钼矿、喇嘛苏铜矿、莱历斯高尔钼矿、果子沟磷矿等开展深部找矿勘查	铜 60×10^4t、钼 20×10^4t、铅 20×10^4t、锌 20×10^4t；新发现矿产地 6～10 处
30	Ⅲ-9-2B	新疆阿希金铜钼铅锌银矿勘查区	B	陆相火山岩型、斑岩型	金、铜、钼	普查—勘探	以陆相火山岩型金矿、斑岩铜钼型矿为重点，以克峡西、塔吾尔别克等金矿、塔北铅锌矿开展矿床矿点评价，同时开展阿希金矿、克峡西、塔吾尔别克等金矿深部找矿勘查	铜 20×10^4t、钼 5×10^4t、铅 20×10^4t、锌 20×10^4t、金 30t；新发现矿产地 4～6 处
31	Ⅲ-9-3C	新疆祖鲁洪钨锡矿勘查区	C	石英脉型	钨、锡	普查—勘探	以石英脉型钨锡矿为重点，开展祖鲁洪钨、锡成矿远景区的矿产资源评价工作，同时开展矿床矿点勘查评价	三氧化钨 5×10^4t、锡 5×10^4t；新发现矿产地 2～3 处
32	Ⅲ-10-1A	新疆西天山阿吾拉勒铁多金属矿整装勘查区	A	海相火山岩型	铁	普查—勘探	重点对查岗诺尔、备战、穹库尔、松湖、诺尔湖等铁矿区开展详查、勘探工作；并对西铁铜多金属矿、依克夏格铁铜矿等开展预查；阿拉斯坦铜矿、波洛果拉北金铜矿、尼新塔格东铁铜多金属矿普详查等评价工作	铁矿 20×10^8t
33	Ⅲ-10-2A	新疆伊犁盆地砂岩型铀矿整装勘查区	A	砂岩型	铀			
34	Ⅲ-10-3A	新疆肖尔布拉克一带铁矿整装勘查区	A	海相火山岩型	铁	普查	重点对确鹿特以北、扎色勒库勒铁矿区开展普查评价工作	详查的铁矿靶区 3～4 处，铁矿 1×10^8t

续表 7-2

序号	编号	名称	级别	主攻类型	主攻矿种	工作程度	找矿工作部署建议	预期成果
35	Ⅲ-10-4A	新疆那拉提一带铁矿整装勘查区	A	海相火山岩型	铁	普查	重点对确鹿特铁金铜矿、吉能坦铁铜金矿、旺琼库尔铁铜矿、阿尔斯泰铁铜金矿等找矿靶区进行普查评价	新发现矿产地 2～3 处
36	Ⅲ-10-5B	新疆库勒萨依金铜铁矿勘查区	B	斑岩型	铜	普查—详查	以乌孙山、阿尔恰勒、尔戈带、阔勒萨依远景区为重点，并对红石沟、塔尔得套、阿尔恰勒、尔戈带、阔勒萨依等铜、铅锌、金等矿点进行普查—详查评价	铜 10×10^4t，金 4t，铁矿 0.2×10^8t，钼 10×10^4t，铅 4×10^4t，锌 5×10^4t，重晶石 100×10^4t；矿产地 6 处
37	Ⅲ-10-6B	新疆穷布拉克铜矿勘查区	C	陆相火山岩型	铜	预查—普查	以穷布拉克、群吉-木斯等远景区为重点，并对穷布拉克、群吉、奴拉赛铜矿及新发现矿点进行预查—普查评价	铜 4×10^4t；矿产地 2 处
38	Ⅲ-11-1B	新疆加曼台-菁布拉克锰铁铜镍矿勘查区	B	海相沉积型、基性—超基性岩型	锰、铜、镍	普查—详查	主攻矽卡岩型钨矿、海相沉积型锰矿、基性—超基性岩型铜镍矿、热液型重晶石矿等。以区内大恩别列、加曼台、菁布拉、阿登套成矿远景区为重点，并对大恩别列钨矿及其周边的钨、锡等矿点和加曼台锰矿、菁布拉克铜镍、阿登套重晶石矿、艾登格来铁矿等进行普查—详查评价	铜 1×10^4t，镍 2×10^4t，锰矿 1500×10^4t，钨（WO_3）1.5×10^4t，重晶石 100×10^4t；矿产地 4 处
39	Ⅲ-11-2B	新疆莫托萨拉-萨日达拉铁锰金矿勘查区	B	海相火山岩型、破碎蚀变岩型	铁、锰、金	普查	以破碎蚀变岩型金矿为重点，开展矿床矿点勘查评价。同时，对望峰金矿、可可乃克铜硫矿等矿床深部进行找矿勘查	金 20t、铜 10×10^4t；新发现矿产地 2～3 处
40	Ⅲ-11-3B	新疆彩霞山铅锌铁铜镍金矿勘查区	B	碳酸盐岩-细碎屑岩型、沉积变质型	铅、锌、铁	普查—勘探	主攻铁、铅锌等，主要预测类型为层控热液型和矽卡岩型。加强矿产远景调查评价，对找矿靶区开展地物化综合找矿。加强对已知矿床深部及外围的勘查工作力度	铅锌 500×10^4t；新发现矿产地 3～5 处
41	Ⅲ-11-4B	新疆磁海-天湖铁铜镍铅锌金银锰钾盐矿勘查区	B	沉积变质型、火山岩型、基性—超基性岩型、破碎蚀变岩型、碳酸盐岩-细碎屑岩型	铁、铜、镍、铅、锌、金	普查—勘探	加强对其外围的矿产远景调查评价，开展有针对性的路线地质找矿及大比例尺地物化综合找矿。加强对已知矿床深部及外围的勘查工作力度	铁矿 2×10^8t，铅锌 500×10^4t，铜 5×10^4t，镍 10×10^4t，钨 5×10^4t，钼 20×10^4t；新发现矿产地 3～5 处

续表 7-2

序号	编号	名称	级别	主攻类型	主攻矿种	工作程度	找矿工作部署建议	预期成果
42	Ⅲ-11-5C	新疆阿拉塔格铁铅锌银铬钾盐矿勘查区	C	碳酸盐岩-细碎屑岩型、矽卡岩型	铁、铅、锌、铬	普查—勘探	主攻铁、铬等，主要预测类型为层控热液型、矽卡岩型和蛇绿岩型铬铁矿。加强对已知矿床深部及外围的勘查工作力度；开展矿产远景调查评价、有针对性的路线地质找矿及大比例尺的地物化综合找矿	铁 1000 × 10^4t，铬 50 × 10^4t；新发现矿产地 1～3 处
43	Ⅲ-12-1A	甘肃省明锡山-南金山金银锡矿勘查区	A	海相火山岩型、石英脉型	金、银、锡	普查—详查	主攻海相火山岩型金、银矿，石英脉型锡矿，开展 1∶5 万地质矿产远景调查，开展异常查证和矿点检查；择优开展大比例尺评价	大型金矿床 1 处，中小型金、银、锡矿床各 1 处
44	Ⅲ-12-2A	新疆巴仑台—哈尔克勒达坂一带铁矿整装勘查区	A	碎屑岩地层中热液型、海相火山岩型、破碎蚀变岩型	锑、金、铜	普查	主攻锑、金、铜，主要类型为热液型-海相火山岩型-破碎蚀变岩型。开展有针对性的区域地质调查和矿产调查评价，对找矿靶区、有意义的矿点开展大比例尺综合找矿	可供开发矿产地 1 处
45	Ⅲ-4-3B	新疆双峰山金矿勘查区	B	破碎蚀变岩型	金	普查—详查	主攻破碎蚀变岩型金矿。开展有针对性的矿产远景调查，对找矿靶区、有意义的矿点开展大比例尺综合找矿	金 30t；矿产地 4～6 处
46	Ⅲ-12-4B	新疆哈勒哈特-大山口金菱镁矿勘查区	B	沉积变质型、破碎蚀变岩型	菱镁矿、金	普查	主攻金、铜、菱镁矿、锑，主要预测类型为破碎蚀变岩型、海相火山岩型、沉积变质型、碎屑岩地层中热液型。开展有针对性的路线地质找矿，对找矿靶区、有意义的矿点开展大比例尺综合找矿；加强哈勒哈特、柳树沟等已知成型矿床深部及外围的勘查工作力度	金 10t，铜 50×10^4t，菱镁矿 6000×10^4t；新矿产地 2～3 处
47	Ⅲ-12-5B	新疆尖山-帕尔岗铜铅锌铁金钨菱镁矿勘查区	B	沉积变质型、海相火山岩型	菱镁矿、铜	普查—勘探	主攻铁、铜、铅、锌、金、钨、菱镁矿等矿种，主要预测类型为海相沉积型、沉积变质型、破碎蚀变岩型、海相火山岩型、碳酸盐岩-细碎屑岩型。开展有针对性的路线地质找矿及大比例尺的地物化综合找矿，针对区内梧桐沟、帕尔岗、鸽形山、硫磺山、彩华沟等，加强对已知矿床深部及外围的勘查工作力度	铁矿 1.2 × 10^8t，铜 50 × 10^4t，金 50t，菱镁矿 2.5 × 10^8t；新矿产地 3～5 处
48	Ⅲ-12-6B	新疆布隆-开孜维克金锰铅锌多金属矿勘查区	B	破碎蚀变岩型、海相火山岩型、碳酸盐岩细碎屑岩型	金、锰、铅、锌	普查—勘探	主攻金矿、铁矿、锰矿、铝土矿、锑矿、铜矿、铅锌矿，预测类型有破碎蚀变岩型、矽卡岩型、海相沉积型、海相火山岩型、碎屑岩地层中热液型、岩浆热液型、碳酸盐岩-细碎屑岩型。对霍什布拉克、阿依里矿产地开展普查，针对其他找矿有利区进行有针对性的路线地质找矿及大比例尺综合找矿；加强对布隆金矿、开孜维克锰矿等已知矿床深部及外围的勘查工作力度	铁矿 300 × 10^4t，金 10t，铅锌 250t；新矿产地 2～3 处

续表 7－2

序号	编号	名称	级别	主攻类型	主攻矿种	工作程度	找矿工作部署建议	预期成果
49	Ⅲ－12－7B	新疆萨瓦亚尔顿-乌拉根金铅锌铜铁矿勘查区	B	微细浸染型、砂岩型	金、铜	普查—勘探	主攻金、铅锌、铜、铁、锑，类型为破碎蚀变岩型金矿、砂砾岩型铅锌矿、碳酸盐岩-细碎屑岩型铅锌矿、砂岩型铜矿、岩浆热液型铁矿、海相沉积型铁矿。对已知矿产地开展普查，针对找矿有利区进行路线地质找矿及大比例尺的地物化综合找矿。加强对萨瓦亚尔顿金矿、乌拉根铅锌矿等已知矿床深部及外围的勘查工作力度	铁矿 2000×10^4t，金 50t，铜 150×10^4t，铅锌 300×10^4t；新矿产地 2～3 处
50	Ⅲ－12－8C	新疆依兰里克稀土铁铜矿勘查区	C	岩浆型	稀土矿	普查	主攻稀土矿，兼顾铁、铜、锰、锑、萤石、重晶石等，主要类型：岩浆岩型、海相火山岩型、矽卡岩型、碎屑岩地层中热液型、层控热液型、岩浆热液型、砂岩型。加强对依兰里克稀土、查汗萨拉锑矿等已知矿床深部及外围的勘查工作力度；对波孜果尔、卡郎古尔、铁列克已知矿产地开展普查；针对找矿有利地段开展路线地质找矿及大比例尺的地物化综合找矿	稀土 50×10^4t，锰矿 100×10^4t，萤石 50×10^4t；新矿产地 1～2 处
51	Ⅲ－13－1B	新疆普昌铁铅锌铜矿勘查区	B	岩浆型-热液型	铁、铅、锌、铜	普查—详查	对区内大—中型重要矿床开展普查—详查工作；对浅部已经过普查—详查且工作程度较高的矿床，开展深部找矿勘查，查清深部远景规模	铁矿 1×10^8t，铜 17×10^4t，铅锌 36×10^4t，磷矿 59 035 $\times10^4t$，萤石矿 34×10^4t
52	Ⅲ－13－2C	新疆库鲁克塞铁铜镍矿勘查区	C	沉积变质型、基性—超基性岩型	铁、铜、镍	详查	对以往工作程度不高，尚未发现大中型矿床的成矿远景区进行初步评价。对已有矿床以深部勘查为重点，对已有矿点以普查为主，对物化探异常以查证为主开展工作	铁矿 2×10^8t，铜 8×10^4t，金 14t，镍 1×10^4t，磷矿 533 158×10^4t
53	Ⅲ－14－1B	甘肃省公婆泉铜镍矿勘查区	B	斑岩型、基性—超基性岩型	铜、镍	普查	开展 1∶5 万地质矿产远景调查，开展异常查证和矿点检查；择优开展勘查评价。开展已知矿床深部及外围找矿勘查工作	中型铜镍矿床各 1 处，小型铜、镍矿床各 2 处
54	Ⅲ－14－2B	甘肃省金窝子金矿勘查区	B	岩浆热液型	金	普查	开展 1∶5 万地质矿产远景调查，开展异常查证和矿点检查；开展已知矿床深部及外围找矿勘查工作	中型金矿床 1 处，小型金矿床各 1 处
55	Ⅲ－15－1A	甘肃省红山铁磷矿勘查区	A	沉积变质型	铁、磷	普查—详查	开展 1∶5 万地质矿产远景调查，开展异常查证和矿点检查；择优开展勘查评价工作	大型铁、磷矿床各 1 处，中小型铁、磷矿床各 1 处
56	Ⅲ－15－2A	甘肃省大红山-双鹰山重晶石铜锰镍磷矿勘查区	A	热液型、岩浆型、沉积-改造型	重晶石、铜、锰、镍、磷	普查—详查	开展 1∶5 万区域地质矿产调查，开展异常查证和矿点检查；择优开展勘查评价工作	矿产地 2～3 处
57	Ⅲ－15－3A	甘肃省辉铜山-花牛山铅锌铜银矿勘查区	A	矽卡岩型	铅、锌、铜、银	普查—详查	开展 1∶5 万区域地质矿产调查及综合物探工作，开展异常查证和矿点检查；开展勘查评价工作。开展已知矿床深部及外围找矿勘查工作	大型铅、锌、铜、银矿床各 1 处，中小型铅、锌、铜、银矿床各 1 处

续表 7－2

序号	编号	名称	级别	主攻类型	主攻矿种	工作程度	找矿工作部署建议	预期成果
58	Ⅲ－15－4A	甘肃省老金厂金铁矿勘查区	A	破碎蚀变岩型、热液型	金、铁	普查—详查	开展1∶5万区域地质矿产调查，开展异常查证和矿点检查；开展勘查评价工作。开展已知矿床深部及外围找矿勘查工作	大型金、铁矿床各1处，中小型金、铁矿床各1处
59	Ⅲ－15－5A	甘肃省小西弓-跃进山金钨矿勘查区	A	破碎蚀变岩型、矽卡岩（云英岩）-石英脉型	金、钨	普查—详查	开展1∶5万区域地质矿产调查及综合物探工作，开展异常查证和矿点检查；开展勘查评价工作。开展已知矿床深部及外围找矿勘查工作	大型金、钨矿床各1处，中小型金、钨矿床各1处
60	Ⅲ－15－6A	甘肃省四道红山-白山堂钨铁铜菱镁矿萤石矿勘查区	A	矽卡岩（云英岩）-石英脉型、热液型、斑岩型	钨、铁、铜、Mg、萤石	普查—详查	开展1∶5万矿产地质远景调查，开展异常查证和矿点检查；开展勘查评价工作。开展已知矿床深部及外围找矿勘查工作	大型钨、铁、铜、菱镁矿、萤石矿床各1处，中小型钨、铁、铜、菱镁矿、萤石矿床各1处
61	Ⅲ－15－7A	甘肃省红柳峡-掉石沟铁铅锌矿勘查区	A	沉积变质型、沉积-改造型	铁、铅、锌	普查—详查	开展1∶5万矿产地质远景调查，开展异常查证和矿点检查；择优开展矿产评价工作	大型铁、铅、锌矿床各1处，铁、铅、锌矿点各2处
62	Ⅲ－15－8A	新疆坡北地区镍（铜）金矿整装勘查区	A	基性—超基性岩型、破碎蚀变岩型	铜、镍、金	普查—勘探	主攻基性—超基性岩型镍（铜）矿、破碎蚀变岩型金矿，兼顾陆相火山岩型铁矿，海相沉积型磷、锰矿等。开展区域地质矿产调查，发现新的更多的重要线索，优选找矿靶区；重点靶区开展矿产资源评价，对已知铜镍矿区和金矿区外围及深部开展普查评价工作，以扩大矿床规模	镍300×10^4t、金100t，大型金矿产地1处；新发现铜镍矿产地6～9处，新发现金矿产地4～6处
63	Ⅲ－15－9B	甘肃省玉石山锰矿勘查区	B	沉积-改造型	锰	普查	开展矿产调查评价、异常查证和矿点检查，择优进行大比例尺综合评价工作	中型锰矿床1处，小型锰矿床1处
64	Ⅲ－15－10B	甘肃省红山五矿区铁锰重晶石矿勘查区	B	沉积变质型、沉积-改造型、热液型	铁、锰、重晶石	普查	开展矿产调查评价、异常查证和矿点检查，择优进行大比例尺综合评价工作	中型铁、锰、重晶石矿床各1处，小型铁、锰、重晶石矿床各1处
65	Ⅲ－15－11B	甘肃省方山口磷矿勘查区	B	沉积变质型	磷	普查	开展1∶5万矿产地质远景调查，开展异常查证和矿点检查，择优开展矿产评价评价工作	中型磷矿床1处，小型磷矿床1处
66	Ⅲ－15－12B	甘肃省五峰山铁矿勘查区	B	热液型	铁	普查	开展1∶5万矿产地质远景调查，开展大比例尺异常查证和矿点检查	中型铁矿床1处，小型铁矿床1处
67	Ⅲ－15－13B	甘肃省小独山钨矿勘查区	B	热液型	钨	普查	开展1∶5万矿产地质远景调查，开展大比例尺异常查证和矿点检查	中型钨矿床1处，钨矿点1处

续表 7-2

序号	编号	名称	级别	主攻类型	主攻矿种	工作程度	找矿工作部署建议	预期成果
68	Ⅲ-16-1B	新疆罗北钾盐矿勘查区	B	现代盐湖型	钾	普查	以现代盐湖型钾盐矿为重点，开展罗北凹地钾盐成矿远景区、罗南钾盐成矿远景区的矿产资源评价工作，同时开展矿床矿点勘查评价	钾盐 4×10^8t；新发现矿产地 4～6 处
69	Ⅲ-16-2C	新疆塔格拉克铜硫矿勘查区	C	自然硫型	硫、铜	普查	以砂岩型铜矿为重点，兼顾自然硫型硫矿，开展黑英山成矿远景区的矿产资源评价工作，同时开展矿床矿点勘查评价	铜 10×10^4t、硫 10×10^3t；新发现矿产地 2～3 处
70	Ⅲ-16-3C	新疆瓦吉尔塔格铁矿综合预测区	C	岩浆型	铁	普查—详查	对区内大—中型重要矿床开展普查—详查工作；对浅部已经过普查—详查且工作程度较高的矿床，开展深部找矿勘查，查清深部远景规模	铁 2×10^8t；新发现矿产地 2～3处
71	Ⅲ-17-1B	新疆卡兰古铅锌铜铁矿勘查区	B	碳酸盐岩细碎屑岩型	铅、锌	详查	勘查对象为铅、锌、银等矿种，主要预测类型为碳酸盐岩-细碎屑岩型铅锌矿(伴生银)。加强对卡兰古、塔木等已知矿床深部及外围的勘查力度；开展有针对性的路线地质找矿及大比例尺的地物化综合找矿	铅锌 120×10^4t；矿产地 2～3 处
72	Ⅲ-17-2B	新疆布穷铁锰矿勘查区	B	沉积变质型	铁	普查	勘查对象为铁、锰、硫等矿种，主要类型为沉积变质型铁矿、海相沉积型锰矿、自然硫型硫矿。加强对布穹铁矿、杜瓦、玉力群等已知矿床的勘查力度；开展有针对性的路线地质找矿及大比例尺的地物化综合找矿	铁矿 1.2×10^8t、硫 2000×10^4t；矿产地 2～4 处
73	Ⅲ-18-1A	甘肃省龙首山铜磷镍铁银矿勘查区	A	基性—超基性岩型、沉积变质型	铜、磷、镍、铁、银	普查—详查	开展 1∶5 万区域地质矿产调查评价及综合物探工作及异常查证和矿点检查。开展已知矿床深部及外围找矿勘查工作	大型铜、镍矿床各 1 处，中小型铜、镍、磷、铁、银矿床各 1 处
74	Ⅲ-18-2B	甘肃省七坝泉铁萤石矿勘查区	B	沉积变质型、热液型	铁、萤石	普查	开展地质矿产调查评价及异常查证和矿点检查	中型铁、萤石矿床各 1 处，铁、萤石矿点各 2 处
75	Ⅲ-19-1A	新疆喀拉达坂-拉配泉铁铜铅锌矿勘查区	A	海相火山岩型	铁、铜、铅、锌	普查—勘探	主攻海相火山岩型铁矿、铜矿、铅锌矿，兼顾伴生金、银、硫等矿种。主要针对喀腊大湾铜多金属矿、拉配泉铜矿、祥云金矿、喀拉达坂铅锌多金属矿深部及外围进行勘查；开展喀拉达坂铁、铜、铅、锌、金、银、硫成矿远景区的矿产资源评价工作，同时开展矿床矿点勘查评价	铁矿 1×10^8t，铜 15×10^4t，金 3t，铅锌 120×10^4t；新发现矿产地 2～4 处
76	Ⅲ-20-1A	甘肃省头沟-照路沟萤石矿勘查区	A	热液型	萤石	普查—详查	开展地质矿产调查评价及异常查证和矿点检查	大型萤石矿 1 处，矿点 2 处
77	Ⅲ-20-2A	青海省祁连县小水沟-小东索铁铜多金属矿勘查区	A	海相火山岩型、蛇绿岩型	铜、铅、锌、金、铁、锰、铬	1∶5 万矿调已完成，1∶5 万航磁部分覆盖	针对走廊南山南坡一带基性—酸性火山岩，利用高精度磁法、深部钻探工程控制深部和发现新矿体；托莱山一带运用大比例尺地质调查、大比例尺物化探及槽探、钻探工程着重开展与早奥陶世有关的铁铜多金属矿产及与镁质超基性岩有关的铬矿及破碎蚀变岩型金矿	预期新发现铁、铜、铅锌、金、铬等矿床
78	Ⅲ-20-3B	甘肃省石灰窑-斜壕重晶石矿勘查区	B	热液型	重晶石	普查	开展地质矿产调查评价及异常查证和矿点检查	中型重晶石矿 1 处，重晶石矿点 1 处

续表 7-2

序号	编号	名称	级别	主攻类型	主攻矿种	工作程度	找矿工作部署建议	预期成果
79	Ⅲ-20-4C	宁夏卫宁北山金银铜矿勘查区	C	沉积型、热液型	金、银、铜	完成了 1∶5 万区调、化探，金场子金矿、二人山银硫铁矿详查，黄石坡沟金矿、土窑铜矿、双圈铜矿普查，其余矿(化)点预查	对已发现的铁、铜、铅矿点进行普查，并进行 1∶1 万化探原生晕勘查及 1∶1 万物探激发极化法勘查	有望找到金、银、铜、铅锌小型矿床 3～5 处、矿点 3～5 处
80	Ⅲ-20-5C	宁夏香山地区铜银矿勘查区	C	热液型	铜、银	1∶5 万区调、航磁；1∶20 万化探，全部覆盖；腰岘子铜银矿详查，其余矿(化)点预查	在香山地区 1∶5 万化探扫面；腰岘子铜银矿区采用地物化综合手段开展勘查评价；对重晶石矿化点分布区进行预查	有望找到银、铜、铅锌矿小型矿床或矿点 2-3 处
81	Ⅲ-21-1A	甘肃省寒山-车路沟金矿勘查区	A	破碎蚀变岩型	金	普查—详查	开展 1∶5 万地质矿产调查评价及异常查证和矿点检查。择优进行评价工作	大型金矿床 1 处，中小型金矿床 1 处
82	Ⅲ-21-2A	甘肃省黑峡口金锰矿勘查区	A	破碎蚀变岩型、沉积-改造型	金、锰	普查—详查	开展 1∶5 万地质矿产远景调查评价及异常查证和矿点检查。择优进行评价工作	大型金、锰矿床各 1 处，中小型金、锰矿床各 1 处
83	Ⅲ-21-3A	甘肃省柳沟峡-大东沟铁铅铜银锌矿勘查区	A	沉积变质型、岩浆型、沉积-改造型	铁、铅、铜、银、锌	普查—详查	开展 1∶5 万地质矿产远景调查评价及异常查证和矿点检查。择优进行评价工作	大型铁、铜、铅、锌矿床各 1 处，中小型铁、铜、铅、锌矿床各 1 处
84	Ⅲ-21-4A	甘肃省羊露河-野牛台铁矿勘查区	A	沉积变质型	铁	普查—详查	开展 1∶5 万地质矿产远景调查评价及异常查证和矿点检查。择优进行评价工作	大型铁矿床 1 处，中小型铁矿床 1 处
85	Ⅲ-21-5A	甘肃省干巴河脑钨钼铜矿勘查区	A	侵入岩型、斑岩型、热液型	钨、钼、铜	普查—详查	开展 1∶5 万地质矿产远景调查评价及异常查证和矿点检查。择优进行评价工作	大型钨矿床 1 处，中小型钨、铜、钼矿床 1 处
86	Ⅲ-21-6A	甘肃省桦树沟-小柳沟钨钼锌铁铅铜矿勘查区	A	侵入岩型、斑岩型、沉积-改造型、沉积变质型、热液型	钨、钼、锌、铁、铅、铜	普查—详查	开展 1∶5 万地质矿产远景调查评价及异常查证和矿点检查。择优进行评价工作	大型钨矿床 1 处，中小型钨、钼、锌、铅、铁、铜矿床各 1 处

续表 7-2

序号	编号	名称	级别	主攻类型	主攻矿种	工作程度	找矿工作部署建议	预期成果
87	Ⅲ-21-7A	甘肃省错沟-石居里铜矿勘查区	A	海相火山岩型	铜	普查—详查	开展1∶5万地质矿产远景调查评价及异常查证和矿点检查。择优进行评价工作	大型铜矿床1处，中小型铜矿床各1处
88	Ⅲ-21-8A	甘肃省猪嘴哑吧铜矿勘查区	A	海相火山岩型	铜	普查—详查	开展1∶5万地质矿产远景调查评价及异常查证和矿点检查。择优进行评价工作	大型铜矿床1处，中小型铜矿床各1处
89	Ⅲ-21-9A	甘肃省石青硐-小铁山铅锌银铜锰矿勘查区	A	海相火山岩型、沉积改造型	铅、锌、银、铜、锰	普查—详查	开展1∶5万地质矿产远景调查评价及综合物探工作，开展异常查证和矿点检查，择优进行评价工作	大型铅、锌、铜矿床各1处，中小型铅、锌、铜、银、锰矿床各1处
90	Ⅲ-21-10A	甘肃省蛟龙掌铅锌矿勘查区	A	海相火山岩型	铅、锌	普查—详查	主要采用大比例尺地质、物探、化探等综合手段开展矿产评价工作	大型铅、锌矿床各1处
91	Ⅲ-21-11A	甘肃省店峡铜矿勘查区	A	陆相砂岩型	铜	普查—详查	开展1∶5万地质矿产远景调查评价及异常查证和矿点检查。择优进行评价工作	大型铜矿床1处，中小型铜矿床各1处
92	Ⅲ-21-12B	甘肃省天鹿铜矿勘查区	B	海相火山岩型	铜	普查	开展1∶5万地质矿产远景调查评价及异常查证和矿点检查	中型铜矿床1处，小型铜矿床1处
93	Ⅲ-21-13B	甘肃省斑阳河稀土萤石矿勘查区	B	岩浆型、热液型	稀土元素、萤石	普查	开展1∶5万地质矿产远景调查评价	中型稀土、萤石矿床各1处，稀土、萤石矿点各2处
94	Ⅲ-21-14B	甘肃省青分岭金铁矿勘查区	B	破碎蚀变岩型、海相火山岩型	金、铁	普查	开展1∶5万地质矿产远景调查评价及异常查证和矿点检查	中型金矿床1处，中小型金、铁矿床各1处
95	Ⅲ-21-15B	甘肃省银洞沟铜矿勘查区	B	海相火山岩型	铜	普查	主要采用大比例尺地质、物探、化探等综合手段开展矿产评价工作	中型铜矿床1处，矿点1处
96	Ⅲ-21-16B	青海省门源县中多拉铜金钨矿勘查区	B	海相火山岩型、破碎蚀变岩型	铜、金、钨	1∶5万矿调已完成	上奥陶统火山岩分布地带利用大比例尺地质调查、大比例尺物化探及槽探、钻探工程开展火山岩型铜多金属矿产评价工作，大坂山断裂带附近运用大比例尺地质调查、大比例尺物化探及槽探，钻探工程着重开展侵入岩体型钨矿和破碎蚀变岩型金矿产评价工作	新发现铜、金、钨等矿床
97	Ⅲ-21-17C	宁夏南西华山金银矿勘查区	C	热液型	金、银	完成了1∶5万区调、化探；马场沟金银矿点、柳沟金银矿点、阳洼沟硫铁矿点普查，其余矿(化)点预查	西华山马场沟金银矿至簸箕掌铜矿一带进行详查	有望找到金、银、铜、铅锌矿小型矿床2～3处

续表 7-2

序号	编号	名称	级别	主攻类型	主攻矿种	工作程度	找矿工作部署建议	预期成果
98	Ⅲ-21-18C	宁夏六盘山地区铜矿勘查区	C	沉积型	铜	完成了1：5万区调、航磁及1：20万化探	在西吉盆地黄土覆盖区进行1：1万化探原生晕勘查	找到铁、铜、铅锌矿床或矿点2～3处
99	Ⅲ-21-19C	青海省门源县浪力克铜矿勘查区	C	海相火山岩型	铜	1：5万矿调已完成	重点针对早奥陶世火山-沉积岩地段利用大比例尺地质调查、大比例尺物化遥及槽探、钻探工程开展火山岩型铜多金属矿产评价工作	新发现铜矿产地1～2处
100	Ⅲ-21-20C	青海省互助县白家坡硫铁矿勘查区	C	矽卡岩型	硫、铁	1：5万矿调已完成	重点针对东岔沟组下部的大理岩与晚奥陶世花岗闪长岩的外接触带，运用大比例尺地质调查、探矿工程开展矽卡岩型硫铁矿找矿工作	新发现硫铁矿床
101	Ⅲ-22-1A	甘肃省塔尔沟钨银矿勘查区	A	侵入岩型、热液型	钨、银	普查—详查	开展1：5万地质矿产远景调查评价及异常查证和矿点检查	大型钨矿床1处，中小型钨、银矿床各1处
102	Ⅲ-22-2A	甘肃省先明峡铁磷矿勘查区	A	沉积变质型、海相火山岩型	铁、磷	普查—详查	开展1：5万地质矿产远景调查评价及综合物探，择优开展异常查证和矿点检查	大型磷矿床1处，中小型铁、磷矿床各1处
103	Ⅲ-22-3A	青海省大通县热水掌钨矿勘查区	A	云英岩型	钨	1：5万矿调已完成	针对宝库河酸性侵入岩及其外接触带开展大比例尺地质调查、大比例尺物化探及探矿工程，重点寻找与酸性侵入岩有关的矽卡岩-云英岩型钨矿	新发现钨矿床
104	Ⅲ-22-4B	甘肃省野马滩钨矿勘查区	B	侵入岩型	钨	普查	开展1：5万地质矿产远景调查评价及异常查证和矿点检查	中型钨矿床1处，中小钨矿床1处
105	Ⅲ-22-5B	甘肃省罗家峡铁磷矿勘查区	B	岩浆型	铁、磷	普查	开展1：5万地质矿产远景调查及异常查证和矿点检查	中型铁、磷矿床各1处，矿点1处
106	Ⅲ-22-6B	甘肃省锁子峡钼铁矿勘查区	B	斑岩型、海相火山岩型	钼、铁	普查	开展1：5万地质矿产远景调查及异常查证和矿点检查	中型钼矿床1处，小型钼、铁矿床各1处
107	Ⅲ-22-7B	甘肃省张家沟铁矿勘查区	B	沉积变质型	铁	普查	开展1：5万地质矿产远景调查及异常查证和矿点检查	中型铁矿床1处，小型铁矿床1处
108	Ⅲ-22-8B	甘肃省硫磺山自然硫矿勘查区	B	热液型	硫	普查—详查	开展1：5万地质矿产远景调查及异常查证和矿点检查	大型硫矿床1处，中小型1处
109	Ⅲ-22-9B	青海省互助县夹道沟磷硫铁矿勘查区	B	沉积变质型、矽卡岩型	磷、硫、铁		针对中元古界长城系湟中群青石坡组及蓟县系克素尔组变质岩系及与其接触的加里东期中酸性花岗岩运用大比例尺地质调查、大比例尺化探及探矿工程，重点开展沉积变质型磷矿和矽卡岩型硫铁矿的找矿工作	新发现磷、硫铁矿床

续表 7-2

序号	编号	名称	级别	主攻类型	主攻矿种	工作程度	找矿工作部署建议	预期成果
110	Ⅲ-22-10B	青海省湟源县曹家湾磷矿勘查区	B	沉积变质型	磷	1∶5万矿调已完成	针对中元古界长城系湟中群青石坡组及蓟县系克素尔组变质岩系，运用大比例尺地质调查、大比例尺化探及探矿工程，重点开展沉积变质型磷矿找矿工作	新发现磷矿床
111	Ⅲ-22-11C	青海省祁连县牙马图磷稀土矿勘查区	C	沉积变质型、岩浆型	磷、稀土元素	完成了1∶5万矿调、1∶5万航磁	针对变质岩区运用大比例尺地质调查、大比例尺化探及探矿工程开展磷矿找矿工作。酸性侵入岩地区开展大比例尺地质调查、大比例尺化探及探矿工程开展稀土矿产的找矿工作	新发现磷、稀土矿床
112	Ⅲ-22-12C	青海省互助县安定磷矿勘查区	C	沉积变质型	磷		针对中元古界长城系湟中群青石坡组及蓟县系克素尔组变质岩系，运用大比例尺地质调查、大比例尺化探及探矿工程，重点开展沉积变质型磷矿找矿工作	新发现磷矿床
113	Ⅲ-23-1A	甘肃省黑刺沟金矿勘查区	A	破碎蚀变岩型	金	普查—详查	开展1∶5万地质矿产远景调查评价及综合物探工作，开展异常查证和矿点检查，择优进行评价工作	大型金矿床1处，中小型金矿床1处，金矿点1处
114	Ⅲ-23-2B	甘肃省红柳沟铁矿勘查区	B	沉积变质型	铁	普查	开展1∶5万地质矿产远景调查及异常查证和矿点检查	中型铁矿床1处，铁矿点1处
115	Ⅲ-23-3B	甘肃省别盖菱镁矿勘查区	B	热液交代型	镁	普查	择优开展异常查证和矿点检查	中型菱镁矿矿床1处，矿点2处
116	Ⅲ-23-4B	甘肃省大道尔基铬菱镁矿勘查区	B	热液交代型、岩浆型	铬、镁	普查	开展1∶5万地质矿产远景调查评价。开展异常查证和矿点检查，择优进行评价工作。开展已知矿床深部及外围找矿工作	中型铬矿床1处，小型铬、菱镁矿矿床各1处
117	Ⅲ-23-5B	青海省平安县元石山磷镍稀土矿勘查区	B	岩浆型	磷、镍、稀土元素	1∶5万矿调已完成	在拉脊山一带，重点运用大比例尺地质调查、大比例尺物化探，发现与铁、磷、稀土、镍有关的基性—超基性岩体，并寻找其相应矿产	新发现磷、稀土矿床
118	Ⅲ-23-6C	青海省天峻县龙门钨矿勘查区	C	矽卡岩-云英岩型	钨	1∶5万矿调大部分已完成	针对中酸性岩体与志留纪巴龙贡嘎尔组的外接触带，运用大比例尺地质调查、大比例尺物化探及探矿工程，开展矽卡岩-云英岩型钨矿找矿工作	新发现钨矿床
119	Ⅲ-23-7C	青海省共和县峪龙沟铜镍矿勘查区	C	岩浆型	铜、镍	1∶5万矿调已完成	在裕龙沟一带运用大比例尺地质调查、大比例尺物探，重点发现与镍矿成矿有关的铁质基性—超基性杂岩体	新发现铜、镍矿床
120	Ⅲ-23-8C	青海省化隆县拉水峡铜镍矿勘查区	C	岩浆型	铜、镍	1∶5万矿调已大部分完成	针对化隆岩块，运用大比例尺地质调查、物化探及探矿工程发现与铜镍矿产有关的铁质基性—超基性杂岩体，并发现新矿体及扩大矿床规模	新发现铜、镍矿床
121	Ⅲ-24-1A	甘肃省苏干湖钾盐矿勘查区	A	现代盐湖型钾盐	钾	普查—详查	开展1∶5万地质矿产远景调查评价。择优进行评价	大型钾盐矿床1处

续表 7-2

序号	编号	名称	级别	主攻类型	主攻矿种	工作程度	找矿工作部署建议	预期成果
122	Ⅲ-24-2A	青海省乌兰县乌达热乎铅外钨锡矿勘查区	A	海相火山岩型、破碎蚀变岩型、云英岩型	金、锰铅、锌、银、铜、钨、锡	1∶5万区调已全部覆盖，1∶5万化探完成70%，哈莉哈德山锰矿床勘探，沙柳河铜铅锌矿点、沙那黑沟脑铅矿点普查工作	全区进行1∶5万化探扫面、1∶5万高精度磁测，已发现矿点处进行普查	新发现铅锌矿床1处，铜矿床1处，锰矿床1处，金矿床1处，锡矿产地1处
123	Ⅲ-24-3B	甘肃省化石沟铜矿勘查区	B	斑岩型	铜	普查	采用大比例尺地质、物探、化探等综合手段进行矿产评价	中型铜矿床1处，小型铜矿床1处
124	Ⅲ-24-4B	青海省大柴旦镇滩金山地区B勘查区	B	破碎蚀变岩型、海相火山岩型	金、硫铁矿、铅、铜、锌	大部分完成了1∶5万区调，极少部分完成1∶5万化探，小赛什腾山铜矿床、红柳沟金矿床、青龙沟金矿床、龙柏沟金矿床矿产普查	全区进行1∶5万区域地质调查、1∶5万化探扫面；1∶5万高精度磁测；围绕冷湖镇野骆驼泉金矿床展开详查工作；已发现矿点处进行普查	新发现金矿床2处，重晶石矿产地1处
125	Ⅲ-24-5B	青海省茫崖镇牛鼻子梁地区C勘查区	B	岩浆型	镍	正在开展普—详查工作	全区进行1∶5万区域地质调查、1∶5万化探扫面；1∶5万高精度磁测；牛鼻子梁矿床附近布置勘探工作，已发现矿点处进行普查	新发现镍矿床1处
126	Ⅲ-24-6C	青海省大柴旦镇锡铁山铅锌多金属矿勘查区	C	海相火山岩型、破碎蚀变岩型、热液型	金、硫铁矿、铅、铜、锌、重晶石	部分完成了区域1∶5万区调；极少部分完成1∶5万化探；锡铁山铅锌矿普查；双口山铅银锌矿、大煤沟铁矿点勘探	全区进行1∶5万区域地质调查、1∶5万化探扫面；1∶5万高精度磁测；已发现矿点处进行普查	新发现铬矿床1处，铅锌矿床1处，铁矿床1处，铜矿产地1处
127	Ⅲ-24-7C	青海省德令哈市小孤山钨矿勘查区	C	云英岩型-矽卡岩型	钨	位于东部的50%完成1∶5万化探	全区进行1∶5万区域地质调查，西部布置1∶5万化探扫面、1∶5万高精度磁测，已发现矿点处进行普查	新发现钨矿点2处

续表 7-2

序号	编号	名称	级别	主攻类型	主攻矿种	工作程度	找矿工作部署建议	预期成果
128	Ⅲ-24-8C	青海省乌兰县沙柳泉钨矿勘查区	C	云英岩型-矽卡岩型	钨	部分完成了1∶5万区调、1∶5万化探;沙柳泉铌钽矿床、阿移项铁矿点勘探	全区进行1∶5万区域地质调查、1∶5万化探扫面、1∶5万高精度磁测，已发现矿点进行普查	新发现钨矿床1处,铁矿床1处
129	Ⅲ-25-1A	青海省格尔木市察尔汗南里滩东陵湖钾硼锂矿勘查区	A	第四系沉积型	钾、硼、锂	察尔汗盐湖工作程度很高	下一步工作建议进行勘探验证,对低品位的固体矿和晶间卤水进行利用。扩大增加钾硼锂矿的利用程度,挖掘矿区潜力	增加矿区储量
130	Ⅲ-25-2A	青海省冷湖镇一里坪东西台吉乃尔红南凹地一里沟大风山碱山碱石山红三旱一号三号钾硼锂矿勘查区	A	第四系、第三系沉积型	钾、硼、锂	东、西太吉乃尔湖工作程度高,已在开发利用,其余地区工作程度低	第四系地区建议详查、勘查验证,第三系建议预查	增加以锂矿为主的大型矿产地1处
131	Ⅲ-25-3A	青海省茫崖镇大浪滩南翼山油泉子开特米里克油墩子尖顶山小梁山钾硼锂矿勘查区	A	第四系、第三系沉积型	钾、硼、锂	大浪滩地区工作程度高,南翼山地区工作程度相对较低	大浪滩地区建议进行详查,南翼山等地区建议普查	增加钾盐4033×10^4t,硼矿274×10^4t,锂219×10^4t;新发现大型矿产地1~2处
132	Ⅲ-25-4B	青海省大柴旦镇大柴旦小柴旦钾硼锂矿C勘查区	B	第四系沉积型	钾、硼、锂	工作程度高	建议勘探验证	增加硼矿38×10^4t,锂9×10^4t
133	Ⅲ-25-5B	青海省冷湖镇昆特依察汗斯拉图马海钾硼锂矿勘查区	B	第四系、第三系沉积型	钾、硼、锂	工作程度高	建议详查、勘探验证	增加钾盐4033×10^4t;硼矿628×10^4t;锂6×10^4t
134	Ⅲ-25-6C	青海省茫崖镇尕斯库勒咸水泉干柴沟狮子沟油砂山红沟子茫崖甘森泉中灶火北钾硼锂矿勘查区	C	第四系、第三系沉积型	钾、硼、锂	尕斯库勒地区工作程度高,第三系地区工作程度低	第四系建议详查,第三系建议预查	增加钾37 965$\times10^4$t,硼矿2758×10^4t,锂108×10^4t

续表 7-2

序号	编号	名称	级别	主攻类型	主攻矿种	工作程度	找矿工作部署建议	预期成果
135	Ⅲ-26-1A	青海省格尔木市祁曼塔格铜铅锌多金属硫铁矿勘查区	A	矽卡岩型、斑岩型、陆相火山岩型	硫铁矿、钼、铅、锌、铁、铜、锡	完成了 1∶5 万矿调、1∶5 万化探、1∶5万遥感，1∶5 万磁法覆盖南部	部署开展 1∶5 万地球化学普查、东昆仑成矿带 1∶5 万遥感地质调查；东昆仑西段祁曼塔格地区铜多金属矿资源评价；部署开展已有矿床(点)外围综合找矿评价工作	新发现矿点 4～5 处、矿产地 2～3 处，提供新增可供开发的矿山 1～2 处
136	Ⅲ-26-2A	青海省都兰县小卧龙铜铅锌多金属矿勘查区	A	矽卡岩型、陆相火山岩型	钼、铅、铁、铜、钨、锡、锌、银、稀土元素	基本完成了 1∶5 万矿调、1∶5 万化探、1∶5 万磁测，局部矿床(点)的预查、普查及详查工作	局部空白地区应投入化探扫面工作。开展异常查证和矿产调查评价工作，对已有矿床(点)及外围开展综合找矿评价工作	新发现可供进一步工作的矿点 1～2 处
137	Ⅲ-26-3A	青海省兴海县很琼沟-铜裕沟铁铜铅锌多金属矿勘查区	A	海相火山岩型、矽卡岩型	金、钼、铅、铜、钨、锡、锌、银、铁、硫、锑	1∶5 万矿调基本覆盖，局部矿床(点)的预查、普查及详查工作	局部空白地区应投入化探扫面工作，开展系统的物探扫面工作。加大已有矿床(点)外围找矿力度。加强物探找矿新方法的应用	新发现矿点 1～2 处，提供新增可供开发的矿山 1～2 处
138	Ⅲ-26-4A	新疆和田东三县铅锌多金属矿产资源远景调查区	A	火山岩型、破碎蚀变岩型、沉积变质型	铜、铅、锌、金	矿产评价	主攻矿种铜、铅、锌、金，主要类型为火山岩型、破碎蚀变岩型、沉积变质型。开展基础性地质调查，逐步提高区域性工作程度；开展成矿远景调查评价，以发现新找矿线索；对已有矿床以深部勘查为重点，对已有矿点以预普查为主，对物化探异常以查证为主开展工作	进一步找矿工作靶区 10～20 处
139	Ⅲ-26-5A	新疆祁曼塔格钨锡铅锌铁矿整装勘查区	A	沉积变质型、矽卡岩型	钨、锡、铅、锌、铁	普查—详查	主攻钨、锡、铁等，对祁曼塔格钨锡铅锌铁矿整装勘查区开展整装勘查。开展基础性地质调查，逐步提高区域性工作程度；开展成矿远景调查评价，以发现新找矿线索；对已有矿床以深部勘查为重点，对已有矿点以预普查为主，对物化探异常以查证为主开展工作	铁矿 10×10^{8}t、铜 600×10^{4}t、金 140t、钨锡 100×10^{4}t、铅锌 280×10^{4}t；矿产地 10～15 处
140	Ⅲ-26-6B	青海省格尔木市磁铁山-都兰县江巴尕日当金铜铅锌多金属矿勘查区	B	矽卡岩型、沉积变质型、陆相火山岩型	金、钼、铁、铜、稀土元素、萤石、钨、硫、铅、锌、锡、银、	基本完成了 1∶5 万矿调、1∶5 万化探、1∶5 万磁法，局部矿床(点)的预查、普查及详查工作	局部空白地区应投入化探扫面工作；加强物探找矿新方法的应用。开展异常查证和矿点检查，加强已有矿床(点)、矿化点的详查、普查及预查的力度，加大已有矿床(点)外围找矿力度	新发现矿点 1～2 处；矿产地 1～2 处
141	Ⅲ-26-7C	青海省玛多县坑得弄舍铁铜多金属矿勘查区	C	海相火山岩型、热液型	硫、铜、铁、银、金、锑、锡	1∶5 万矿调基本覆盖，局部 1∶5 万化探	开展 1∶5 万化探及系统的物探扫面工作	新发现矿点 1～2 处

续表 7-2

序号	编号	名称	级别	主攻类型	主攻矿种	工作程度	找矿工作部署建议	预期成果
142	Ⅲ-27-1B	新疆乌依塔什铁铜硫矿综合预测区	B	海相火山岩型、砂岩型	铁、铜、硫	普查	以海相火山岩型-砂岩型铜矿为重点，兼顾岩浆热液型铁铜矿，以乌依塔什铜矿、盖孜特克里曼苏铜矿、卡拉玛铜矿为重点，开展各矿床矿点评价	铜 5×10^4t，铁 2000×10^4t
143	Ⅲ-28-1A	甘肃省龙得岗铜矿勘查区	A	斑岩型	铜	普查—详查	开展 1∶5 万地质矿产远景调查评价及综合物探工作，开展异常查证和矿点检查，择优进行评价工作	大型铜矿床 1 处，中小型铜矿床各 1 处，铜矿点 2 处
144	Ⅲ-28-2A	甘肃省阿姨山金铜硫矿勘查区	A	破碎蚀变岩型、侵入岩型、岩浆热液型	金、铜、硫	普查—详查	开展 1∶5 万地质矿产远景调查评价及综合物探工作，开展异常查证和矿点检查，择优进行评价工作	大型金、铜矿床各 1 处，中小型金、铜、硫矿床各 1 处
145	Ⅲ-28-3A	甘肃省枣子沟金铜锑矿勘查区	A	破碎蚀变岩型、矽卡岩型、热液型	金、铜、锑	普查—详查	开展 1∶5 万地质矿产远景调查评价。开展异常查证和矿点检查，择优进行评价工作。开展已知矿床深部及外围找矿工作	大型金矿床 1 处，中小型金、铜、锑矿床各 1 处，矿点各 2 处
146	Ⅲ-28-4A	甘肃省德乌鲁金铁铜矿勘查区	A	破碎蚀变岩型、矽卡岩型	金、铁、铜	普查—详查	开展 1∶5 万地质矿产远景调查评价及综合物探工作，开展异常查证和矿点检查，择优进行评价工作	大型金、铜矿床各 1 处，中小型金、铜、铁矿床各 1 处
147	Ⅲ-28-5A	甘肃省下拉地金铅锌矿勘查区	A	海相火山岩型、破碎蚀变岩型	金、铅、锌	普查—详查	开展 1∶5 万地质矿产远景调查评价。开展异常查证和矿点检查，择优进行评价工作。开展已知矿床深部及外围找矿工作	大型铅、锌矿床各 1 处，金、铅、锌矿点各 1 处
148	Ⅲ-28-6A	甘肃省寨上金铅锌矿勘查区	A	海相火山岩型	金、铅、锌	普查—详查	开展 1∶5 万地质矿产远景调查评价。开展异常查证和矿点检查，择优进行评价工作。开展已知矿床深部及外围找矿工作	大型金矿床 1 处，金、铅、锌矿点各 2 处
149	Ⅲ-28-7A	甘肃省李坝金钨铅锌矿勘查区	A	岩浆热液型、沉积改造型	金、钨、铅、锌	普查—详查	开展 1∶5 万地质矿产远景调查评价。开展异常查证和矿点检查，择优进行评价工作	大型金矿床 1 处，中小型金、钨、铅、锌矿床各 1 处，矿点各 1 处
150	Ⅲ-28-8A	甘肃省大店沟金矿勘查区	A	破碎蚀变岩型	金	普查—详查	开展 1∶5 万地质矿产远景调查评价。开展异常查证和矿点检查，择优进行评价工作。开展已知矿床深部及外围找矿工作	大型金矿床 1 处，中小型金矿床 1 处，矿点 2 处
151	Ⅲ-28-9A	甘肃省金山金钨锡矿勘查区	A	岩浆热液型	金、钨、锡	普查—详查	开展 1∶5 万地质矿产远景调查评价。开展异常查证和矿点检查，择优进行评价工作	大型金矿床 1 处，中小型金、钨、锡矿床各 1 处
152	Ⅲ-28-10A	甘肃省拉尔玛金铁矿勘查区	A	微细浸染型、沉积型	金、铁	普查—详查	开展 1∶5 万地质矿产远景调查评价。开展异常查证和矿点检查，择优进行评价工作。开展已知矿床深部及外围找矿工作	大型金矿床 1 处，中小型金、铁矿床各 1 处

续表 7-2

序号	编号	名称	级别	主攻类型	主攻矿种	工作程度	找矿工作部署建议	预期成果
153	Ⅲ-28-11A	甘肃省花崖沟金银矿勘查区	A	破碎蚀变岩型	金、银	普查—详查	开展1∶5万地质矿产远景调查评价。开展异常查证和矿点检查，择优进行评价工作。开展已知矿床深部及外围找矿工作	大型金矿床1处，中小型金、银矿床各1处
154	Ⅲ-28-12A	甘肃省洛大-角弓金铁矿勘查区	A	微细浸染型、沉积再造型	金、铁	普查—详查	开展1∶5万地质矿产远景调查评价。开展异常查证和矿点检查，择优进行评价工作	大型金、铁矿床各1处，中小型金、铁矿床各2处
155	Ⅲ-28-13A	甘肃省代家庄铅锌矿勘查区	A	沉积-改造型	铅、锌	普查—详查	采用大比例尺综合找矿手段开展异常查证和矿点检查，开展已知矿床深部及外围找矿工作	大型铅、锌矿床各1处，中小型铅、锌矿床各1处
156	Ⅲ-28-14A	甘肃省大水金矿勘查区	A	破碎蚀变岩型	金	普查—详查	开展1∶5万地质矿产远景调查评价。开展异常查证和矿点检查，择优进行评价工作。开展已知矿床深部及外围找矿工作	大型金矿床1处，中小型金矿床1处
157	Ⅲ-28-15A	甘肃省邓家山-厂坝银铅锌矿勘查区	A	喷流沉积改造型、沉积-改造型	银、铅、锌	普查—详查	开展1∶5万地质矿产远景调查评价。开展异常查证和矿点检查，择优进行评价工作。开展已知矿床深部及外围找矿工作	大型铅锌矿床1处，中小型铅、锌、银矿床各1处，矿点各2处
158	Ⅲ-28-16A	甘肃省大桥金锑矿勘查区	A	微细浸染型、碳酸盐岩中热液型	金、锑	普查—详查	开展1∶5万地质矿产远景调查评价。开展异常查证和矿点检查，择优进行评价工作。开展已知矿床深部及外围找矿工作	大型金、锑矿床各1处，中小型金、锑矿床各1处，矿点各2处
159	Ⅲ-28-17A	甘肃省头滩子金铁矿勘查区	A	破碎蚀变岩型、淋滤型	金、铁	普查—详查	开展1∶5万地质矿产远景调查评价。开展异常查证和矿点检查，择优进行评价工作	大型金矿床1处，中小型金、铁矿床各1处
160	Ⅲ-28-18A	甘肃省金家坪金铁锰矿勘查区	A	破碎蚀变岩型、沉积-改造型、淋滤型	金、铁、锰	普查—详查	开展1∶5万地质矿产远景调查评价。开展异常查证和矿点检查，择优进行评价工作	大型锰矿床1处，中小型金、铁、锰矿床各1处
161	Ⅲ-28-19A	青海省同德县穆黑沟-石藏寺金锑矿勘查区	A	破碎蚀变岩型	金、锑	局部完成1∶5万区调，石藏寺金矿床勘探工作，浪贝金锑矿点、多嗖朗日金矿点、西哈垄金矿点普查工作	建议全区进行1∶5万区域地质调查、1∶5万化探扫面、1∶5万高精度磁测，采用大比例尺地质、物探、化探及探矿工程对已知矿(化)点进行勘查工作	新发现金矿床1处，锑矿床1处，钨矿产地1处
162	Ⅲ-28-20B	甘肃省卡加沙格铁硫矿勘查区	B	矽卡岩型、岩浆热液型	铁、硫	普查	开展1∶5万地质矿产远景调查评价。开展异常查证和矿点检查评价工作	中型铁矿床1处，小型铁、硫矿床各1处

续表 7-2

序号	编号	名称	级别	主攻类型	主攻矿种	工作程度	找矿工作部署建议	预期成果
163	Ⅲ-28-21B	甘肃省尼克江铁铜矿勘查区	B	侵入岩型、矽卡岩型	铁、铜	普查	开展1∶5万地质矿产远景调查评价。开展异常查证和矿点检查评价工作	中型铜矿床1处，小型铁、铜矿床各1处
164	Ⅲ-28-22B	甘肃省温泉-店子林场钼矿勘查区	B	斑岩型	钼	普查	优选成矿有利地段和找矿综合区，开展异常查证和矿点检查评价工作	中型钼矿床1处，矿点1处
165	Ⅲ-28-23B	甘肃省赛日欠银矿勘查区	B	热液型	银	普查	开展1∶5万地质矿产远景调查评价。开展异常查证和矿点检查评价工作	中型银矿床1处，小型银矿床1处
166	Ⅲ-28-24B	甘肃省鹿儿坝金锑矿勘查区	B	破碎蚀变岩型	金、锑	普查	开展1∶5万地质矿产远景调查评价。开展异常查证和矿点检查评价工作	中型金矿床1处，小型金、锑矿床各1处，矿点各2处
167	Ⅲ-28-25B	甘肃省水眼头金锑重晶石矿勘查区	B	微细浸染型、碳酸盐岩中热液型、热液型	金、锑、重晶石	普查	开展1∶5万地质矿产远景调查评价。开展异常查证和矿点检查评价工作	中型金矿床1处，小型金、锑、重晶石矿床各1处
168	Ⅲ-28-26B	甘肃省谭家河砂金矿勘查区	B	砂金型	金	普查	开展1∶5万遥感解译、1∶5万重砂测量，择优开展异常查证和检查评价工作	中型砂金矿1处，小型砂金矿2处
169	Ⅲ-28-27B	青海省共和县当家寺铜铅锌多金属矿勘查区	B	矽卡岩型、海相火山沉积型、云英岩型、斑岩型	铅、铜、钨、锌	局部完成1∶5万区调，克鲁沟铜矿点普查工作	建议全区进行1∶5万区域地质调查、1∶5万化探扫面、1∶5万高精度磁测，已发现矿点处进行普查，克鲁沟铜矿点附近布置详查工作	新发现铜矿床1处，铅锌矿产地1处，钨矿产地1处
170	Ⅲ-28-28B	青海省兴海县吉浪滩-泽库县夺确壳多铅锌银多金属矿勘查区	B	破碎蚀变岩型、矽卡岩型、云英岩型、热液型	金、铅、钨、锌、锑、银	托头地区金锑钨矿床、夺确壳金砷矿床、加日亥-显龙沟金锑矿点普查工作	建议全区进行1∶5万区域地质调查、1∶5万化探扫面、1∶5万高精度磁测，对已发现矿(化)点进一步勘查工作	新发现金矿床1处，铜矿产地1处，铅锌矿产地1处，锑矿床1处，银矿产地1处，钨矿产地1处
171	Ⅲ-29-1A	青海省泽库县瓦勒根金铜多金属矿勘查区	A	破碎蚀变岩型、陆相火山岩型、矽卡岩型、云英岩型-矽卡岩型、斑岩型	金、铅、锑、铜、钨、锌、银	局部完成1∶5万区调，夏布楞铅锌矿床、双朋西金铜矿床、弯群哇铜矿点勘探工作	建议全区进行1∶5万区域地质调查、1∶5万化探扫面、1∶5万高精度磁测，对已发现矿(化)点进一步勘查工作	新发现金矿床2处，铜矿床2处，铅锌矿床1处，锑矿床1处，银矿产地1处，钨矿产地1处

续表 7-2

序号	编号	名称	级别	主攻类型	主攻矿种	工作程度	找矿工作部署建议	预期成果
172	Ⅲ-29-2A	青海省甘德县恰那格弄金铜多金属矿勘查区	A	海相火山岩型	金、硫、铜、钨、	部分完成1∶5万区调，局部矿床(点)的预查、普查及详查工作	布置1∶5万矿调、1∶5万水系沉积物测量和物探扫面工作，加大已有矿床(点)外围找矿力度	新发现矿点1～2处，矿产地1～2处
173	Ⅲ-29-3B	青海省都兰县琼走-马尼特金铜硫铁矿勘查区	B	海相火山岩型	金、硫、铜、	局部1∶5万化探普查，零星的异常查证工作	开展1∶5万矿调、1∶5万水系沉积物测量和物探扫面工作，加大异常的检查验证工作	新发现矿点1～2处
174	Ⅲ-29-4B	新疆苦阿-卡特里西铜金矿勘查区	B	破碎蚀变岩型、海相火山岩型	金、铜	普查	主攻海相火山岩型铜锌矿、破碎蚀变岩型金矿。开展基础性地质调查，逐步提高区域性工作程度；开展成矿远景调查评价，以发现新找矿线索；对已有矿床以深部勘查为重点，对已有矿点以预普查为主，对物化探异常以查证为主开展工作	新发现矿产地8～10处
175	Ⅲ-29-5C	青海省治多县雪月山钨金矿勘查区	C	矽卡岩型	钨、金	地质评价	全区进行1∶5万区域地质调查、1∶5万化探扫面、1∶5万高精度磁测	通过进一步工作有望取得新的进展
176	Ⅲ-30-1A	青海省曲麻莱县大场金锑矿勘查区	A	破碎蚀变岩型、砂金型	金、锑	1∶5万化探大部分完成，大场-琼走地区金矿普—详查，扎家同哪-阿棚鄂、陇洼、加给龙洼东金矿普	以破碎蚀变型金锑矿为主攻目标。全面覆盖1∶5万化探测量，对发现的异常进行查证。应用高分辨率的遥感解译构造。对大场、加给陇洼矿进行深部找矿	预期在加给陇洼深部有突破，大场可开发利用，通过外围的检查有望有新的突破
177	Ⅲ-30-2B	青海省格尔木市东大滩金锑矿勘查区	B	热液型、破碎蚀变岩型	金、锑	局部1∶5万化探，东西大滩及外围岩锑金矿普—详查	全区覆盖1∶5万区域地质调查、1∶5万化探扫面、1∶5万高精度磁测，对东大滩锑金矿进行勘探，对外围进一步普查	预期在东大滩外围及西大滩一带有望发现锑金矿床
178	Ⅲ-30-3B	青海省玛多县柯尔咱程金矿勘查区	B	破碎蚀变岩型、砂金型	金	大场-琼走地区金矿普查，柯尔咱程矿区中段矿金矿详细普查	全面覆盖1∶5万化探测量，对发现的异常进行查证；应用高分辨率的遥感解译构造；对错尼金矿点进行预查，查清断裂分布特征	发现一批化探异常，有望发现新的矿产地
179	Ⅲ-30-4B	青海省甘德县东乘公麻金钨矿勘查区	B	破碎蚀变岩型、热液型	金、钨	青珍地区汞锑砷铜矿概查，东乘公麻金矿普查	全面覆盖1∶5万化探测量，对发现的异常进行查证。重点对岩体和围岩的接触带寻找钨、铜等多金属矿	通过进一步工作有望取得新的成果

续表 7-2

序号	编号	名称	级别	主攻类型	主攻矿种	工作程度	找矿工作部署建议	预期成果
180	Ⅲ-30-5C	青海省称多县拉浪情曲-多曲金锑矿勘查区	C	热液型、破碎蚀变岩型、砂金型	金、锑	部分完成了1∶5万化探；对砂金矿床普查	全区进行1∶5万区域地质调查、1∶5万化探扫面、1∶5万高精度磁测，两处综合靶区进行预查工作	新发现锑金矿点2处
181	Ⅲ-30-6C	青海省甘德县青珍-西门错金钨矿勘查区	C	破碎蚀变岩型、热液型	金、钨	年宝小煤矿找煤	全面覆盖1∶5万化探测量，对发现的异常进行查证。重点对岩体和围岩的接触带寻找钨、铜等多金属矿	通过进一步工作有望取得新的成果
182	Ⅲ-30-7C	青海省达日县都曲-班玛县吉卡金锑钨矿勘查区	C	热液型、破碎蚀变岩型、砂金型	金、钨、锑	果洛地区地质普查，多卡和吉卡砂金矿床勘探	全区进行1∶5万区域地质调查、1∶5万化探扫面、1∶5万高精度磁测，已发现矿点处进行普查	新发现金锑矿床1处，钨矿点1处
183	Ⅲ-31-1B	新疆大红柳滩锂辉石矿勘查区	B	花岗岩型	锂	普查	以花岗伟晶岩型锂辉石矿为主攻矿种，以大红柳滩、阿合栏杆、大红柳滩4预测区锂矿等最小预测区为重点，开展各矿床矿点评价	新发现矿产地2～3处
184	Ⅲ-31-2B	新疆黄羊岭锑铜矿勘查区	B	碎屑岩地层中热液型、斑岩型	锑、铜	普查	以碎屑岩地层中热液型锑矿、斑岩型铜(钼)矿为主攻矿种，以卧龙岗、盼水河、黄羊岭、宿营地锑矿、云雾岭铜矿最小预测区等为重点，开展矿床矿点评价	新发现矿产地4～6处
185	Ⅲ-31-3C	青海省千万尼哇西钨金矿勘查区	C	矽卡岩型	钨、金	地质评价	全区进行1∶5万区域地质调查、1∶5万化探扫面、1∶5万高精度磁测	通过进一步工作有望取得新的进展
186	Ⅲ-31-4C	青海省称多县扎朵-莫洼涌金锑稀土矿勘查区	C	破碎蚀变岩型、岩浆型	金、锑、稀土元素	局部完成1∶5万水系沉积物，扎朵砂金矿床进行勘探	全区进行1∶5万区域地质调查、1∶5万化探扫面、1∶5万高精度磁测，对扎朵地区进行普查评价	新发现稀土矿床2处，金锑矿床点2处
187	Ⅲ-32-1C	青海省治多县征毛涌-玉树县电协陇巴铁铜铅锌多金属矿勘查区	C	矽卡岩型、岩浆型、砂金型	铁、铜、铅、锌、银、稀土元素	局部完成1∶5万水系沉积物，松莫茸砂金详查，当江乡一带铜多金属矿预查，杨根达金矿点检查	全区进行1∶5万区域地质调查、1∶5万化探扫面、1∶5万高精度磁测，择优开展异常查证和矿点检查工作	新发现多金属矿产地2～4处
188	Ⅲ-33-1B	青海省玉树县挡拖铁铜铅锌多金属矿勘查区	B	海相火山岩型、热液型	铁、铜、铅、锌、银	扎喜科砂金矿详查，赵卡隆铁铜铅锌银矿床普查—详查	全区覆盖1∶5万区域地质调查、1∶5万化探扫面、1∶5万高精度磁测，对赵卡隆矿床外围进行普查	新发现到1～3处矿产地，赵卡隆深部有望突破

续表 7-2

序号	编号	名称	级别	主攻类型	主攻矿种	工作程度	找矿工作部署建议	预期成果
189	Ⅲ-33-2C	青海省尕龙格玛铁铜铅锌多金属矿勘查区	C	海相火山沉积型、矽卡岩型、砂金型	铁、铜、铅、锌、银	玉树区东部地质矿区踏勘，多彩地区 1∶5 万遥感信息提取，多彩地区铜多金属矿普查	全区覆盖 1∶5 万区域地质调查、1∶5 万化探扫面、1∶5 万高精度磁测，对尕龙格玛地区进行普查	新发现矿产地 2～4 处
190	Ⅲ-35-1A	新疆塔什库尔干铁矿整装勘查区	A	沉积变质型	铁	普查—勘探	主攻沉积变质型磁铁矿。开展赞坎铁成矿远景区的矿产资源评价工作，同时开展矿床矿点勘查评价；开展赞坎及已知铁矿床深部和外围勘查工作	铁矿新增资源储量 1.5×10^8t；新发现矿产地 2～3 处
191	Ⅲ-35-2B	青海省格尔木市纳保扎陇-小唐古拉山铁铅矿勘查区	B	海相火山-沉积型、陆相火山岩型、岩浆型稀、矽卡岩-云英岩型	铁、铅	那日尼亚、巴斯湖、楚多曲多金属矿预查，雁石坪-旦荣铜多金属矿评价，部分地区进行了矿产远景调查	开展 1∶5 万区域地质调查、1∶5 万化探扫面、1∶5 万高精度磁测、1∶5 万高精度重力测量，开展异常查证和矿点检查工作	新发现钨矿和稀土矿矿产地、铁铅锌矿床等
192	Ⅲ-35-3B	新疆切列克其铁矿勘查区	B	海相沉积型	铁	普查	主攻沉积型菱铁矿，兼顾破碎蚀变岩型金矿。开展切列克其铁、金成矿远景区的矿产资源评价工作，同时开展矿床矿点勘查评价；开展切列克其铁矿、木吉金矿深部和外围勘查工作	铁矿 5000×10^4t，金 2t；新发现矿产地 2～4 处
193	Ⅲ-35-4B	新疆黑黑孜站干铁矿勘查区	B	海相沉积型	铁	普查—详查	以沉积型铁矿为重点，兼顾碳酸盐岩型铅锌矿。开展黑黑孜站干铁、铅、锌成矿远景区矿产资源评价工作，同时开展矿床矿点勘查评价。开展黑黑孜站干铁矿深部和外围勘查工作	铁矿 6000×10^4t，铅 3000t、锌 6000t；新发现矿产地 3～4 处
194	Ⅲ-35-5B	新疆落石沟铅锌矿勘查区	B	碳酸盐岩细碎屑岩型	铅、锌	普查	以碳酸盐岩型铅锌矿为重点，兼顾沉积型铁矿，开展泉山东铁成矿远景区、阿克萨依湖铅、锌成矿远景区、宝塔山铅、锌成矿远景区的矿产资源评价工作，同时开展矿床矿点勘查评价。开展已知矿床深部和外围勘查工作	铁矿 1000×10^4t，铅 7×10^4t、锌 20×10^4t；新发现矿产地 6～7 处
195	Ⅲ-36-1A	青海省格尔木市茶曲怕查铜铅锌矿勘查区	A	海相火山-沉积型、碳酸盐岩型	铜、铅、锌	基本完成了矿产远景调查，多才玛多金属矿、宗陇巴锌矿预查，开心岭铁矿普查	布置 1∶5 万化探扫面及矿产评价工作	通过对矿点预查区进一步工作能找到普查地 1 处

续表 7-2

序号	编号	名称	级别	主攻类型	主攻矿种	工作程度	找矿工作部署建议	预期成果
196	Ⅲ-36-2A	青海省杂多县东莫扎抓铜铅锌钼矿勘查区	A	斑岩型、碳酸盐岩型	铜、钼、铅、锌	完成了1∶5万化探；纳日贡玛铜钼矿详查，沙泥铅锌银、高涌铜及多金属普查；然者涌-东莫扎抓地区矿产远景调查	1∶5万区域地质调查、1∶5万高精度磁测、1∶5万高精度重力测量，开展矿产调查评价工作	新发现铜矿床2处
197	Ⅲ-36-3A	青海省囊谦县解嘎银矿勘查区	A	热液型	银	东坝地区铅锌铀矿、解嘎银铜铅矿床普查	布置1∶5万化探扫面、1∶5万区域地质调查、1∶5万高精度磁测、1∶5万高精度重力测量，开展矿产调查评价工作	新发现发现银、铜、稀土等矿产地
198	Ⅲ-36-4C	青海省治多县沱沱河-杂多县吉龙铁铜稀土矿勘查区	C	海相火山-沉积型、海相火山岩型、岩浆型	铁、铜、稀土元素	仅局部开展1∶5万化探；阿多地区金矿普查，岗察—宁木特一带金铜矿评价	开展1∶5万水系沉积物测量、1∶5万区域地质调查、1∶5万高精度磁测、1∶5万高精度重力测量	预期取得铜详查区1处，稀土矿矿产地
199	Ⅲ-36-5C	青海省玉树县凶娜银矿勘查区	C	海相火山沉积型	银	考尼曲地区钨锑矿预查，岗钦矿区铜多金属矿预查	开展1∶5万水系沉积物测量、1∶5万区域地质调查，开展矿产调查评价工作，对已发现矿点进行普查	新发现银矿产地和铜矿产地
200	Ⅲ-36-6C	青海省囊谦县冶金山铜铁矿勘查区	C	海相火山岩型、海相火山-沉积型	铜、铁	都兰县多那昂铅锌银多金属矿预查	布置1∶5万化探扫面、1∶5万区域地质调查、1∶5万高精度重力测量，开展矿产调查评价工作	新发现铜矿产地和铁矿产地
201	Ⅲ-59-1C	宁夏贺兰山北段金银矿勘查区	C	热液型	金、银	1∶5万区调、1∶20万化探全部覆盖，牛头沟金矿床、王全口铁矿点普查，其余矿（化）点预查	开展1∶5万化探扫面，对已知矿（化）点进行勘查评价	新发现金、银小型矿床3处
202	Ⅲ-60-1B	陕西省渭北铜川-韩城硫铁矿铝土矿铁矿勘查区	B	沉积型、沉积变质型	硫、铝、铁	铁矿详查、勘探、矿产评价；铝土矿普查、勘探；磷矿调查	在1∶5万区域地质调查、区域物化探基础上，针对新发现的异常及矿（化）点开展异常查证和矿点检查。以沉积铝土矿为主攻目标，针对已知矿（化）点，选择有效的地质、物探、探矿工程等开展硫、铝普查工作	新发现铁、硫、铝等矿产地3～5处

续表 7-2

序号	编号	名称	级别	主攻类型	主攻矿种	工作程度	找矿工作部署建议	预期成果
203	Ⅲ-60-2C	陕西省彬县—旬邑县一带硫矿勘查区	C	沉积变质型	硫	铁矿普查	以硫铁矿为主攻目标，针对已知矿(化)点及含矿地层，选择有效的地质、物探、探矿工程等综合方法开展预查工作	可供进一步开展硫矿普查工作的勘查区块1～2处
204	Ⅲ-60-3C	陕西省麟游县-泾阳县口镇一带铁矿勘查区	C	沉积型	铁	磷矿调查	对已知矿(化)点及含矿地层，选择有效的地质、探矿工程等综合方法开展预查工作	可供进一步开展铁矿普查工作的勘查区块1～2处
205	Ⅲ-61-1B	陕西省府谷大沟村-浪湾铝土矿勘查区	B	沉积型	钨	铁矿普查、勘探、矿产评价；铝土矿普查、勘探	针对已知矿(化)点，选择有效的地质、物探、探矿工程等综合方法实施普查工作	新发现铝土矿矿产地1～2处
206	Ⅲ-61-2C	陕西省临潼区新丰镇一带钨矿勘查区	C	大脉型	钨	矿产评价	针对已知矿(化)点及重要物化探异常，选择有效的地质、物化探、探矿工程等综合方法开展预查工作	可供进一步开展钨矿普查工作的勘查区块1～2处
207	Ⅲ-63-1A	陕西省小秦岭金矿整装勘查区	A	石英脉型	金、钨、稀土元素	金矿普查、详查、勘探	以石英脉型金矿为主攻目标，开展异常查证和矿点检查；针对已知矿(化)点，选择有效的地质、物化探、探矿工程等综合方法实施详查工作	金矿新增储量100t
208	Ⅲ-63-2A	陕西省华县金堆镇钼铁多金属矿整装勘查区	A	斑岩型、接触交代型、石英脉型	钼、钨、稀土元素、铁	金矿普查、详查勘探；银矿普查；钼矿普查—勘探	以斑岩型钼矿为主攻目标，兼顾接触交代型磁铁矿、脉型钨矿，开展异常查证和矿点检查；针对已知矿(化)点，选择有效的地质、物化探、探矿工程等综合方法实施详查工作	钼矿新增储量50×10^4t
209	Ⅲ-63-3B	陕西省蓝田厚镇玉山镇一带金矿多金属勘查区	B	构造蚀变岩型	金、钼、钨、稀土元素	金矿勘探	以构造蚀变岩型金矿为主攻目标，针对已知矿(化)点及重要物化探异常，选择有效的地质、物化探、探矿工程等综合方法开展金矿普查	新发现金、钼、钨等矿产地3～5处
210	Ⅲ-63-4B	陕西省商州牧护关一带铅锌多金属矿勘查区	B	火山碎屑岩型	钼、钨、铅、铜、锌	区内开展过金矿详查；锌矿普查、详查、勘探；银矿普查、详查、勘探	开展1∶5万引镇幅、蓝田幅2个图幅矿产远景调查。以火山碎屑岩型铅锌矿为主攻目标，针对已知矿(化)点及重要物化探异常，选择有效的地质、物化探、探矿工程等综合方法开展铅锌详查工作	新发现铅锌、钨、铜等矿产地2～3处
211	Ⅲ-63-5C	陕西省洛南县崎头山—蟒岭一带钼铜多金属矿勘查区	C	热液脉型、矽卡岩型、热液充填型	钼、钨、铅、铜、锌、萤石	锌矿普查；磷矿调查；银矿普查；钼矿详查	以热液脉型钼矿、矽卡岩型铜矿、热液充填型萤石矿为主攻目标，针对已知矿(化)点及重要物化探异常，选择有效的地质、物化探、探矿工程等综合方法开展预查工作	可供进一步开展普查工作的铅锌、铜、钼等矿种勘查区块3～5处
212	Ⅲ-66A-1C	陕西省云台山金矿勘查区	C	构造蚀变岩型	钨、铬、金、镍	金矿详查；铬矿普查	建议区内开展预查工作，以构造蚀变岩型金矿为主攻目标，针对已知矿(化)点及重要物化探异常，选择有效的地质、物化探、探矿工程等综合方法实施矿产勘查	可供进一步开展普查工作的金、镍等矿种勘查区块2～3处

续表 7-2

序号	编号	名称	级别	主攻类型	主攻矿种	工作程度	找矿工作部署建议	预期成果
213	Ⅲ-66A-2C	陕西省商州秦王山钼钨矿勘查区	C	热液脉型	钼、钨、萤石	区内开展过金矿普查；铁矿普查；铜矿普查；锰矿普查	建议区内开展预查工作，以热液脉型钼矿为主攻目标，针对已知矿（化）点及重要物化探异常，选择有效的地质、物化探、探矿工程等综合方法实施矿产勘查	可供进一步开展普查工作的钼、钨等矿种勘查区块2～3处
214	Ⅲ-66A-3C	陕西省商南县铬矿勘查区	C	蛇绿岩型、基性铜镍硫化物型	铬、锂、镍	锂矿普查—勘探；铬矿勘探；镍矿普查	以蛇绿岩型铬矿、基性铜-镍硫化物型镍矿为主攻目标，针对已知矿（化）点及重要物化探异常，选择有效的地质、物探、探矿工程等综合方法开展预查工作	可供进一步开展普查工作的铬、镍等矿种勘查区块2～3处
215	Ⅲ-66A-4C	陕西省太白县—周至—户县黑虎咀一带金铜多金属矿勘查区	C	构造蚀变岩型、海相火山沉积-改造型、花岗伟晶岩型	铬、金、镍、铜、锂	金、铁矿普查、详查；铜矿详查、勘探；磷矿调查；铬矿普查；锰矿详查、勘探	以构造蚀变岩型金矿、海相火山沉积-改造型铜矿、花岗伟晶岩型锂矿为主攻目标，针对已知矿（化）点及重要物化探异常，选择有效的地质、物化探、探矿工程等综合方法开展预查工作	新发现矿产地
216	Ⅲ-66A-5C	陕西省洛南高多山锑矿勘查区	C	碳酸盐岩热液型	锑	锂矿普查	建议区内开展预查工作，以碳酸盐岩热液型汞锑矿为主攻目标，针对已知矿（化）点及重要物化探异常，选择有效的地质、物化探、探矿工程等综合方法实施矿产勘查	可供进一步开展普查工作的锑矿勘查区块1～2处
217	Ⅲ-66A-6C	陕西省宁陕广货街-核桃坪钼矿勘查区	C	热液脉型	钼	铁矿详查；铬矿普查	建议区内开展预查工作，以热液脉型钼矿为主攻目标，针对已知矿（化）点及重要物化探异常，选择有效的地质、物化探、探矿工程等综合方法实施勘查	新发现矿产地
218	Ⅲ-66A-7C	陕西省凤县龙口镇磷镍矿勘查区	C	岩浆型	磷、镍	金、铁、铅锌、磷、银矿普查—详查；镍矿预查	建议区内开展预查工作，以岩浆型磷矿为主攻目标，针对已知矿（化）点及重要物化探异常，选择有效的地质、物化探、探矿工程等综合方法实施矿产勘查	可供进一步开展普查工作的磷、镍等矿种勘查区块1～2处
219	Ⅲ-66B-1A	陕西省凤县-太白地区泥盆系铅锌金矿整装勘查区	A	碳酸盐岩型、热液型、变质型	金、铅、铜、锌、银	金、铁、铅锌、铜、银矿普查—勘探；锰矿详查	部署区域矿产远景调查；以碳酸盐岩型铅锌矿、热液型金矿为主攻目标，兼顾沉积变质型铜矿，对已知矿区外围及新发现的矿（化）点、化探异常，择优开展检查验证；对已知矿床深部及延伸部位，利用物探及钻探手段开展第二探矿空间（地下500～1000m深度）系统勘查找矿	铅锌新增储量100×10^4t、金新增储量30t
220	Ⅲ-66B-2A	陕西省安康北部志留系金矿整装勘查区	A	构造蚀变岩型、海相沉积型	金、铅、锌、银、重晶石	金、铁、铜、银、重晶石普查—勘探；铬、锰矿普查	部署区域矿产远景调查和重点勘查区金矿勘查。以构造蚀变岩型金矿、海相沉积型重晶石矿为主攻类型，优选五台山、酒店镇、铁佛寺镇金矿、石梯重晶石矿开展矿产勘查，探求矿种资源量	金新增储量30t

续表 7-2

序号	编号	名称	级别	主攻类型	主攻矿种	工作程度	找矿工作部署建议	预期成果
221	Ⅲ-66B-3B	陕西省柞水-山阳多金属矿勘查区	B	沉积-改造型、矽卡岩型	铁、铜、重晶石、锌、银	金、铁、铜、银、锰矿普查、详查；磷矿调查	以沉积-改造型铁铅锌银多金属矿和矽卡岩型铜矿为主攻目标，以大西沟-银硐子外围为重点，采用大比例尺地质测量、物化探及探矿工程等方法开展矿产勘查；开展铅锌、铜普查工作	新发现铅锌、铜等矿产地3～5处
222	Ⅲ-66B-4B	陕西省镇安西部金钼铅锌银多金属矿勘查区	B	沉积改造型、热液型	金、钼、铅、锌、银	钨、稀土、矿、金、铁、矿、锌、铜和银矿普查—详查；重晶石勘探；锰矿普查—详查	以锡铜沟式沉积改造型铅锌银矿为主攻目标，兼顾热液型钼矿。针对已知矿（化）点及重要物化探异常，选择有效的地质、物化探、探矿工程等综合方法实施矿产勘查	新发现金、铅锌、钼等矿产地 4～6 处
223	Ⅲ-66B-5B	陕西省旬阳北地区部金汞锑矿勘查区	B	微细浸染型、热液型	金、铅、锑、银	金矿普查、详查；铁矿普查、详查、勘探	部署开展区域矿产远景调查。以微细浸染型金矿、热液型汞锑矿为主攻类型，已知矿区外围找矿有利地段，采用地质、物化探及钻坑探等综合方法开展矿产勘查，探求资源量	新发现金、锑等矿产地 3～5 处
224	Ⅲ-66B-6B	陕西省旬阳-蜀河铅锌矿勘查区	B	沉积-改造型	金、铅、锌、银	金矿详查；铁、锌、银矿普查、详查	以志留系浅变质碎屑岩内的沉积-改造型铅锌矿为主攻类型，在泗人沟-南沙沟已知矿区外围找矿有利地段，采用地质、物化探及钻坑探等综合方法开展矿产勘查	新发现金、铅锌等矿产地 2～4 处
225	Ⅲ-66B-7B	陕西省紫阳-岚皋铜矿勘查区	B	沉积变质型、岩浆岩型、海相火山岩型、海相沉积型	硫、铁、铜、重晶石	铁、铜普查、详查；重晶石普查、详查、勘探；铬、锰矿普查	部署区域矿产远景调查。以沉积变质型硫铁矿、岩浆岩型铁矿、海相火山岩型铜矿、海相沉积型重晶石矿为主攻目标。在已知矿区外围找矿有利地段，采用地质、物化探及钻坑探等综合方法开展矿产勘查，探求资源量	新发现硫、重晶石、铁、铜等矿产地 4～6 处
226	Ⅲ-66B-8C	陕西省周至县板房子一带金矿勘查区	C	构造蚀变岩型	金、铜	金矿普查；铁、硫矿详查；铬矿普查	以马鞍桥式构造蚀变岩型金矿为主攻目标，针对已知矿（化）点及重要物化探异常，选择有效的地质、物化探、探矿工程等综合方法开展预查工作	可供进一步开展普查工作的金、铜等矿种勘查区块2～3处
227	Ⅲ-66B-9C	陕西省凤县温江寺-留坝庙台子金铅锌银矿勘查区	C	沉积改造型	金、铅、锌、银、铬	金、铁、锌、铜、银、铬、锰矿普查	在勘查区选择找矿有利地段，通过开展大比例尺地质测量、化探等工作，配合较系统的地表槽探工程和稀疏钻、坑探工程，开展预查工作；同时对矿化带延伸地带的化探异常、矿（化）点进行检查	可供进一步开展普查工作的金、铅锌、铬等矿种勘查区块 3～5 处
228	Ⅲ-66B-10C	陕西省镇安县铁厂铺一带金锑矿矿勘查区	C	微细浸染型、碳酸盐岩中沉积改造型	金、铅、锑、银、硫	金、铜、锰矿普查；铁矿普查、详查	以微细浸染型金矿、碳酸盐岩中沉积改造型汞锑矿为主攻目标，针对已知矿（化）点及重要物化探异常，选择有效的地质、物化探、探矿工程等综合方法开展矿产预查	可供进一步开展普查工作的金、锑等矿种勘查区块2～3处

续表 7-2

序号	编号	名称	级别	主攻类型	主攻矿种	工作程度	找矿工作部署建议	预期成果
229	Ⅲ-66B-11C	陕西省山阳银花河地区金铅锌矿勘查区	C	构造蚀变岩型	金、磷、铅、锌、银、锑	金矿普查、详查；铁、铜、银、锰矿普查	以构造蚀变岩型金矿为主攻目标，选择找矿有利地段，通过开展大比例尺地质测量、化探等工作，配合较系统的地表槽探工程和稀疏钻、坑探工程，开展普查评价	可供进一步开展普查工作的金、铅锌等矿种勘查区块2～3处
230	Ⅲ-66B-12C	陕西省镇安县青铜关一带铅锌银矿勘查区	C	碳酸盐岩-细碎屑岩型	锡、铅、锑、银、硫	铁矿普查；硫矿普查、详查	以碳酸盐岩-细碎屑岩型铅锌银矿为主攻目标，针对已知矿（化）点及重要物化探异常，选择有效的地质、物化探、探矿工程等综合方法实施矿产勘查	可供进一步开展普查工作的铅锌、银等矿种勘查区块2～3处
231	Ⅲ-66B-13C	陕西省宁陕县轿顶山金钼锌矿勘查区	C	破碎蚀变岩型	金、钼、锌	铁矿普查	选择找矿有利地段，通过开展大比例尺地质测量、化探等工作，配合较系统的地表槽探工程和稀疏钻、坑探工程，开展预查工作	可供进一步开展普查工作的金、钼等矿种勘查区块2～3处
232	Ⅲ-66B-14C	陕西省安康汉滨区叶坪镇锌矿勘查区	C	碳酸盐岩-细碎屑岩型	锌	铁矿普查	选择找矿有利地段，通过开展大比例尺地质测量、化探等工作，配合较系统的地表槽探工程和稀疏钻、坑探工程，开展预查工作	可供进一步开展普查工作的铅锌矿勘查区块2～3处
233	Ⅲ-66B-15C	陕西省白河县玉皇庙银矿勘查区	C	热液型	银	金矿详查；铁矿普查	以热液型银矿为主攻目标，选择找矿有利地段，通过开展大比例尺地质测量、化探等工作，配合较系统的地表槽探工程和稀疏钻、坑探工程，开展普查评价	可供进一步开展普查工作的银矿勘查区块1～3处
234	Ⅲ-66B-16C	陕西省安康市小沟口金矿勘查区	C	沉积再造型	金	铁矿普查	以沉积再造型金矿为主攻目标，选择找矿有利地段，通过开展大比例尺地质测量、化探等工作，配合较系统的地表槽探工程和稀疏钻、坑探工程，开展普查评价	可供进一步开展普查工作的金矿勘查区块1～3处
235	Ⅲ-66B-17C	陕西省山阳县扁担山附近铅银矿勘查区	C	沉积改造型	铅、银	萤石普查	以东川式沉积改造型铅银矿为主攻目标，选择找矿有利地段，通过开展大比例尺地质测量、化探等工作开展预查	可供进一步开展普查工作的铅锌银矿勘查区块1～2处
236	Ⅲ-66B-18C	陕西省周至县板房子铅锌银矿勘查区	C	碳酸盐岩-细碎屑岩型	铅、锌、银	铁矿普查；铬矿普查	选择找矿有利地段，通过开展大比例尺地质测量、化探等工作，配合较系统的地表槽探工程和稀疏钻、坑探工程，开展预查评价；同时对矿化带延伸地带的化探异常、矿（化）点进行检查	可供进一步开展普查工作的铅锌、银矿等矿种勘查区块2～3处
237	Ⅲ-66B-19C	陕西省栈房一带金矿勘查区	C	破碎蚀变岩型	金	金矿普查；铁矿普查；铬矿普查	选择找矿有利地段，通过开展大比例尺地质测量、化探等工作，配合较系统的地表槽探工程和稀疏钻、坑探工程，开展预查评价；同时对矿化带延伸地带的化探异常、矿（化）点进行检查	可供进一步开展普查工作的金、矿勘查区块1～3处

续表 7-2

序号	编号	名称	级别	主攻类型	主攻矿种	工作程度	找矿工作部署建议	预期成果
238	Ⅲ-73-1A	陕西省勉县-略阳构造混杂岩带金镍等多金属矿勘查区	A	构造蚀变岩型、超基性镍硫化物型	铬、金、磷、锰、镍、硫、铁	金普查—勘探；铁、镍矿普查、详查；硫矿勘探；铬、锰、铅矿、磷矿普查	以破碎蚀变岩型金矿为主攻目标，选择找矿有利地段，通过开展大比例尺地质测量、化探等工作，配合较系统的地表槽探工程和钻、坑探工程，开展金、镍详查	金新增储量 20t、镍新增储量 20×10^4t
239	Ⅲ-73-2A	甘肃省阳坝铜矿勘查区	A	海相火山岩型	铜	普查—详查	开展 1∶5 万地质矿产远景调查评价。开展异常查证和矿点检查评价工作	大型铜矿床 1 处，中小型铜矿床各 1 处，矿点 2 处
240	Ⅲ-73-3A	甘肃省阳山-口头坝金锰重晶石矿勘查区	A	破碎蚀变岩型、沉积-改造型	金、锰、重晶石	普查—详查	开展 1∶5 万地质矿产远景调查评价。开展异常查证和矿点检查评价工作	大型金、锰矿床 1 处，中小型金、锰、重晶石矿床各 1 处，矿点各 2 处
241	Ⅲ-73-4A	甘肃省筏子坝金铜矿勘查区	A	砂矿型、海相火山岩型	金、铜	普查—详查	开展 1∶5 万地质矿产远景调查评价。开展异常查证和矿点检查评价工作。开展已知矿床深部及外围勘查评价	大型金矿床 1 处，中小型金、铜矿床各 1 处
242	Ⅲ-73-5B	陕西省南郑二郎坝-朱家坝地区铅锌矿勘查区	B	碳酸盐岩-细碎屑岩型	铅、锌	锌、铜、银、锰矿普查	以碳酸盐岩型铅锌矿为主攻目标，针对已知矿(化)点及重要物化探异常，开展大比例尺地质测量、化探等工作，配合较系统的地表槽探工程和稀疏钻、坑探工程，开展普查评价；同时对矿化带延伸地带的化探异常、矿(化)点进行检查	新发现铅锌矿矿产地 2～3 处
243	Ⅲ-73-6B	陕西省勉略宁地区铁铜镍金矿勘查区	B	超基性岩型、蚀变岩型、沉积变质型、基性火山岩型	铬、金、磷、锰、镍、硫、铅、铜	金、铁、锌铅、铜、银、硫、镍、铬矿普查—勘探；磷、锰矿普查	以超基性岩型金(镍)矿、蚀变岩型金矿、热液型黄铁矿为主，兼顾基性火山岩型铜铅锌矿，对区内的铜金矿点及化探异常带分层次开展预查、普查工作，同时兼顾镍、铅锌矿点及异常带的查证	新发现铜、金、镍等矿产地 4～6 处
244	Ⅲ-73-7B	甘肃省岸门口金矿勘查区	B	砂矿型	金	普查	开展 1∶5 万遥感解译、1∶5 万重砂测量，择优开展异常查证	中型金矿床 1 处，小型-矿点各 1 处
245	Ⅲ-73-8C	陕西省镇巴县两河口硫铁矿勘查区	C	沉积变质型	硫	普查、详查	以沉积变质型硫铁矿为主攻目标，针对已知矿(化)点及重要物化探异常，部署开展大比例尺地质、化探、探矿等综合找矿工作	可供进一步开展普查工作的硫铁矿勘查区块 1～3 处
246	Ⅲ-73-9C	陕西省镇巴县杨家河一带锰矿勘查区	C	海相沉积型	锰、铝	铁矿普查、详查、勘探；磷矿普查	以海相沉积型锰矿为主攻目标，选择找矿有利地段，通过开展大比例尺地质测量、化探等工作，配合地表槽探和稀疏钻、坑探工程，开展预查评价；同时对矿化带延伸地带的化探异常、矿(化)点进行检查	可供进一步开展普查工作的锰、铝等矿种勘查区块 2～3 处

续表 7-2

序号	编号	名称	级别	主攻类型	主攻矿种	工作程度	找矿工作部署建议	预期成果
247	Ⅲ-73-10C	陕西省洋县桑溪沟铁矿勘查区	C	岩浆岩型	铁	铬矿详查工作	以岩浆岩型铁矿为主攻目标，选择找矿有利地段，采用大比例尺地质、物探等综合手段，配合较系统的地表槽探工程和稀疏钻、坑探工程，开展预查评价；同时对矿化带延伸地带的化探异常、矿(化)点进行检查	可供进一步开展普查工作的铁矿勘查区块2～3处
248	Ⅲ-73-11C	陕西省西乡县桑园铺镍矿勘查区	C	基性铜-镍硫化物型	镍	铁矿勘探；铅矿普查、勘探；磷矿调查；镍矿普查、详查	以基性铜-镍硫化物型镍矿为主攻目标，选择找矿有利地段，采用大比例尺地质、物探等综合手段，配合较系统的地表槽探工程和稀疏钻、坑探工程，开展预查评价；同时对矿化带延伸地带的化探异常、矿(化)点进行检查	可供进一步开展普查工作的镍矿勘查区块1～3处
249	Ⅲ-73-12C	陕西省镇巴县三元镇铝土矿勘查区	C	沉积型	铝	铁矿普查；铝土矿普查	以沉积型铝土矿为主攻目标，选择找矿有利地段开展预查评价	可供进一步开展普查工作的铝土矿勘查区块1～3处
250	Ⅲ-73-13C	陕西省宁强县红庙镇铅锌矿勘查区	C	碳酸盐岩-细碎屑岩型	铅、锌	铁矿普查、详查；铜矿普查；磷矿调查；锰矿普查	针对已知矿(化)点及重要物化探异常，通过开展大比例尺地质测量、化探，配合少量探矿工程，开展预查工作	可供进一步开展普查工作的铅锌矿勘查区块2～3处
251	Ⅲ-73-14C	陕西省勉县胡家坝-铁炉沟铅锌矿勘查区	C	碳酸盐岩-细碎屑岩型	铅、锌	金矿普查、勘探；铁矿普查、详查；磷矿普查	针对已知矿(化)点及重要物化探异常，选择有效的地质、物化探、探矿工程等综合方法开展预查工作	可供进一步开展普查工作的铅锌矿勘查区块2～3处
252	Ⅲ-73-15C	陕西省城固县褒城镇磷锰矿勘查区	C	海相沉积型	磷、锰	磷矿普查、详查	以海相沉积型锰(磷)矿为主攻目标，选择找矿有利地段开展预查评价	可供进一步开展普查工作的锰、磷矿勘查区块2～3处
253	Ⅲ-73-16C	陕西省宁强县干镇金铅锌铜多金属矿勘查区	C	海相火山型	金、铅、铜、锌	金矿、铁矿详查、勘探；铜矿、磷矿、银矿、锰矿普查	以海相火山-侵入改造型铜矿为主攻目标，针对已知矿(化)点及重要物化探异常，选择有效的地质、物化探、探矿工程等综合方法开展预查工作	可供进一步开展普查工作的金、铜、铅锌等矿种勘查区块3～5处

表 7-3 西北地区重要矿产未来开发基地预测简表

编号	地区	规划区	矿产开发基地	矿产预测类型	已有开发矿山
XBJD-1	新疆	北阿尔泰	柯鲁木特锂等稀有金属矿产开发基地	花岗伟晶岩型稀有金属矿	
			诺尔特铅锌金锂矿产开发基地	花岗伟晶岩型稀有金属矿	
			可可托海锂等稀有金属矿产开发基地	花岗伟晶岩型稀有金属矿	可可托海稀有金属矿
XBJD-2	新疆	多拉纳萨依-阿舍勒	阿舍勒-多拉那萨依铜金银锌硫矿开发基地	海相火山岩型铜多金属矿、破碎蚀变岩型金矿	阿舍勒铜锌矿
			克因布拉克铜金银锌硫矿开发基地	海相火山岩型铜多金属矿	
XBJD-3	新疆	阿尔泰南缘	蒙库-可可塔勒铁铅锌银硫矿开发基地	海相火山岩型铁铜矿	蒙库铁矿、可可塔勒铅锌矿
			沙尔布拉克金铁铜矿开发基地	破碎蚀变岩型金矿、海相火山岩型铁铜矿	
			索尔库都克铜钼金铁矿开发基地	斑岩型铜钼矿(伴生银)、海相火山岩型铁矿	
			喀拉通克-哈腊苏铜镍钼铁矿开发基地	基性—超基性岩型铜镍矿(伴生银硫)、斑岩型铜钼矿(伴生银)、破碎蚀变岩型金矿	喀拉通克铜镍矿
XBJD-4	新疆	西准噶尔	阔真阔腊-阿尔木强金铜矿开发基地	破碎蚀变岩型金矿、热液型铜矿	
			萨尔托海铬金铜银矿开发基地	蛇绿岩型铬铁矿、海相火山岩型金矿、斑岩型铜钼矿	萨尔托海铬铁矿
			苏云河-唐巴勒铁钼铬铜矿开发基地	海相火山岩型铁矿、斑岩型钼矿、蛇绿岩型铬矿	
			包古图铜金钼银矿开发基地	斑岩型铜钼(伴生银)矿、海相火山岩型金矿	包古图铜钼矿
XBJD-5	新疆	东准噶尔	双泉金锡铬矿开发基地	破碎蚀变岩型金矿、石英脉型锡矿、蛇绿岩型铬铁矿	
			宝山-蒙西铁铜金矿开发基地	海相火山岩型铁矿、斑岩型铜矿、海相火山岩型金矿	宝山铁矿
XBJD-6	新疆	博罗科努	喇嘛苏-北达巴特铜钼铅锌矿开发基地	斑岩型铜钼矿、碳酸盐岩-细碎屑岩型铅锌矿	
			阿希金银铜矿开发基地	陆相火山岩型金矿(伴生银)、热液型铜矿	阿希金矿
			莱历斯高尔-哈勒尕提铜钼金矿开发基地	斑岩型铜钼矿、破碎蚀变岩型金矿	
XBJD-7	新疆	西天山	库勒萨依铁钼矿开发基地	海相火山岩型铁矿、斑岩型钼矿	
			加曼台锰铁矿开发基地	海相沉积型锰矿、热液型铜矿	
			式可布台-备战铁矿开发基地	海相火山岩型铁矿	铁克里克铁矿、式可布台铁矿、查岗诺尔铁矿、备战、智博铁矿等
XBJD-8	新疆	艾尔宾山	萨日达拉金锌矿矿开发基地	破碎蚀变岩型金矿、碳酸盐岩-细碎屑岩型锌矿	萨日达拉金矿
			莫托萨拉铁锰铅锌矿开发基地	海相火山岩型铁锰矿、碳酸盐岩-细碎屑岩型铅锌矿	莫托萨拉铁锰矿
			哈勒哈特-大山口金铜菱镁矿开发基地	沉积变质型菱镁矿、破碎蚀变岩型金矿、海相火山岩型铜矿	
			忠宝钨银矿开发基地	矽卡岩型钨矿、海相火山岩型银矿	
			喜迎金钨矿开发基地	破碎蚀变岩型金矿、矽卡岩型钨矿	
			尖山-帕尔岗铁菱镁矿开发基地	沉积变质型铁矿、海相沉积型铁矿、沉积变质型菱镁矿	帕尔岗铁矿、梧桐沟铁矿、尖山菱镁矿等

续表 7－3

编号	地区	规划区	矿产开发基地	矿产预测类型	已有开发矿山
XBJD－9	新疆	黑英山	依兰里克稀土锰铜矿开发基地	岩浆岩型稀土矿、海相火山岩型锰矿、砂岩型铜矿	
XBJD－10	新疆	柯坪	布隆-普昌铁金锰铅锌矿开发基地	岩浆岩型铁矿、海相火山岩型锰矿、碳酸盐岩-细碎屑岩型铅锌矿、破碎蚀变岩型金矿	
			坎岭铅锌磷矿开发基地	热液型铅锌矿、海相沉积型磷矿	
XBJD－11	新疆	乌恰	萨瓦亚尔顿-乌拉根金铅锌铜矿开发基地	破碎蚀变岩型金矿、砂岩型铜矿、砂砾岩型铅锌矿	乌拉根铅锌矿、萨热克铜矿等
XBJD－12	新疆	东天山	卡拉塔格铜锌银硫矿开发基地	海相火山岩型铜锌矿(伴生银硫)	红海铜矿、黄土坡铜矿
			石英滩金铜锌银硫矿开发基地	陆相火山岩型金矿、海相火山岩型铜矿	石英滩金矿
			康古尔-维权金铁银铜矿开发基地	破碎蚀变岩型金矿、海相火山岩型铁矿、矽卡岩型银矿	康古尔金矿、维权银矿等
			土屋-天目铜金银铁矿开发基地	斑岩型铜钼矿、破碎蚀变岩型金矿、海相火山岩型铁矿	土屋铜矿
			东戈壁-雅满苏铁钼铜矿开发基地	海相火山岩型铁矿、斑岩型钼矿、海相火山岩型铜矿	雅满苏铁矿
			黄山-图拉尔根铜镍钼金矿开发基地	岩浆型铜镍矿、斑岩型钼矿、破碎蚀变岩型金矿	黄山东、黄山铜镍矿
			铁岭-彩霞山铅锌铁铜矿开发基地	碳酸盐岩-细碎屑岩型铅锌矿、热液型铁矿、海相火山岩型铁矿	铁岭 1 号铁矿和彩霞山铅锌矿
			天湖-白石泉铁铅锌铜镍矿开发基地	沉积变质型铁矿、岩浆岩型钒钛磁铁矿、基性—超基性岩型铜镍矿、碳酸盐岩-细碎屑岩型铅锌矿	天湖铁矿、尾亚钒钛磁铁矿、天宇铜镍矿等
			白山泉-马庄山铁金矿开发基地	海相火山岩型铁矿、陆相火山岩型金矿	白山泉铁矿、马庄山金矿等
XBJD－13	新疆	罗布泊-北山	罗布泊钾盐矿开发基地	现代盐湖型钾盐矿	罗布泊钾盐矿
			坡北-红石山铜镍金矿开发基地	基性—超基性岩型铜镍矿、破碎蚀变岩型金矿	
			磁海铁矿开发基地	陆相火山岩型铁矿	磁海铁矿
XBJD－14	新疆	西昆仑	塔木-卡兰古铅锌矿开发基地	碳酸盐岩-细碎屑岩型铅锌矿(伴生银)	
			布穹-杜瓦铁锰硫矿开发基地	沉积变质型铁矿、海相沉积型锰矿、自然硫矿等	
			木吉-契列克其铁金矿开发基地	沉积型铁矿、破碎蚀变岩型金矿	契列克其铁矿
			老并-赞坎铁矿开发基地	沉积变质型铁矿	老并铁矿
			黑黑孜站干铁矿开发基地	沉积型铁矿	
			大红柳滩稀有金属矿开发基地	花岗伟晶岩型锂、钽、铌矿	
			宝塔山铅锌矿开发基地	碳酸盐岩-细碎屑岩型铅锌矿	
XBJD－15	新疆	卡拉米兰	卡特里西铜锌矿开发基地	海相火山岩型铜锌矿	
			卧龙岗-宿营地锑矿开发基地	热液脉型锑矿	

续表 7-3

编号	地区	规划区	矿产开发基地	矿产预测类型	已有开发矿山
XBJD-16	新疆 青海	祁曼塔格	迪木那里克铁矿开发基地	沉积变质型铁矿	
			白干湖钨锡矿开发基地	石英脉型-矽卡岩型钨锡矿	
			蟠龙峰-维宝铁铅锌矿开发基地	卡岩型铁矿、碳酸盐岩-细碎屑岩型铅锌矿	
			夏日哈木镍矿开发基地	岩浆型铜镍硫化物矿	
			尕林格-肯德可克铁铜铅锌矿开发基地	斑岩-矽卡岩型铁铜多金属矿	肯德可克铁多金属矿等
XBJD-17	青海	三江北段	沱沱河铅锌稀土矿开发基地	碳酸盐岩-细碎屑岩型铅锌矿、岩浆型稀土矿	
			玉树铜铅锌矿开发基地	斑岩型铜钼矿、碳酸盐岩-细碎屑岩型铅锌矿	
XBJD-18	青海	大场-东大滩	大场金锑矿开发基地	破碎蚀变岩型金锑矿	
XBJD-19	青海	都兰县五龙沟	五龙沟金矿开发基地	破碎蚀变岩型金矿	
			清水河铁矿开发基地	沉积变质型铁矿	
XBJD-20	青海	沟里	沟里-果洛龙洼金矿开发基地	破碎蚀变岩型金矿	果洛龙洼金矿
			坑得弄舍金铅锌矿开发基地	海相火山岩型铅锌矿、破碎蚀变岩型金矿	
XBJD-21	青海	赛什塘	赛什塘铜铅锌矿开发基地	火山沉积-矽卡岩型铜多金属矿	
XBJD-22	青海	柴达木	柴达木盆地钾锂硼矿开发基地	现代盐湖型、地下卤水型钾盐矿	大浪滩、察尔汗钾盐矿等
XBJD-23	青海	滩间山-锡铁山	滩间山金矿开发基地	破碎蚀变岩型金矿	滩间山金矿
			锡铁山铜铅锌矿开发基地	海相火山岩型铜矿	锡铁山铜铅锌矿
XBJD-24	甘肃	北祁连西段	小柳沟钼钨矿开发基地	矽卡岩-石英脉型白钨矿	
			镜铁山铁矿开发基地	沉积变质型铁矿	镜铁山铁矿
XBJD-25	青海	北祁连中段	红沟-浪力克铜多金属矿开发基地	海相火山岩型铜(硫)矿	浪力克铜矿
XBJD-26	甘肃	白银	白银厂铅多金属矿开发基地	海相火山岩型铜铅锌银矿	白银厂铅多金属矿
XBJD-27	甘肃	龙首山	金川铜镍矿开发基地	岩浆型铜镍矿	金川铜镍矿
XBJD-28	甘肃	甘肃北山	营毛沱-玉石山铁铜金钨多金属矿开发基地	沉积变质型铁矿、斑岩型铜矿、矽卡岩型铅锌多金属矿、热液型金矿	红山铁矿、花牛山铅锌矿、辉铜山铜矿
			国宝山稀有金属矿开发基地	云英岩型金矿	
XBJD-29	甘肃	夏河-合作	枣子沟金矿开发基地	构造蚀变岩型金矿	枣子沟、早仁道金矿
			德乌鲁铜金矿开发基地	矽卡岩型金矿	德乌鲁金矿
XBJD-30	甘肃	大水-拉尔玛	大水金矿开发基地	构造蚀变岩型金矿	大水金矿
			拉尔玛金矿开发基地	微细浸染型金矿	拉尔玛金矿
XBJD-31	甘肃	礼县-岷县	寨上金(钨)矿开发基地	构造蚀变岩型金矿	寨上金矿
			礼坝金矿开发基地	构造蚀变岩型金矿	礼坝、金山、马泉金矿

续表 7-3

编号	地区	规划区	矿产开发基地	矿产预测类型	已有开发矿山
XBJD-32	甘肃	鹿儿坝-坪定-大桥	鹿儿坝金锑矿开发基地	微细浸染型金矿	鹿儿坝金矿
			坪定金砷锑矿开发基地	微细浸染型金矿	坪定、九原金矿
			大桥金矿开发基地	构造蚀变岩型金矿	大桥金矿
XBJD-33	甘肃	天水南部	娘娘坝-太阳寺金矿开发基地	构造蚀变岩型金矿	柴家庄金矿
			当川-利桥金矿开发基地	构造蚀变岩型金矿	利桥金矿
XBJD-34	甘肃	西和-成县	厂坝-洛坝铅锌矿开发基地	层控热液型铅锌矿	厂坝、洛坝铅锌矿
			小沟里金矿开发基地	构造蚀变岩型金矿	小沟里金矿
XBJD-35	甘肃	文县-康县	石鸡坝-阳山金矿开发基地	构造蚀变岩型金矿	石鸡坝金矿
			筏子坝-阳坝金铜矿开发基地	构造蚀变岩型金矿	筏子坝、阳坝金铜矿
XBJD-36	陕西	勉县-略阳-宁强	勉县-略阳金铁镍矿开发基地	构造蚀变岩型金矿、沉积变质型铁矿	煎茶岭镍矿、鱼洞子铁矿
			杨家坝-铜厂铁铜铅锌多金属矿开发基地	沉积变质型铁矿、火山岩型铜矿	杨家坝铁矿、铜厂铜矿
			青木川-仓社金锰磷矿开发基地	构造蚀变岩型金矿、沉积型锰矿	小燕子沟金矿、黎家营锰矿
XBJD-37	陕西	凤县-太白	铅硐山、二里河铅锌矿开发基地	层控热液型铅锌矿	铅硐山铅锌矿
			双王、八卦庙金矿开发基地	构造蚀变岩型金矿	八卦庙金矿
XBJD-38	陕西	周至-户县	马鞍桥金矿开发基地	微细浸染型金矿	马鞍桥金矿
			铜峪、东流水铜矿开发基地	火山岩型铜矿	铜峪铜矿
XBJD-39	陕西	南郑碑坝	马元-白玉铅锌矿开发基地	MVT 型铅锌矿	楠木树铅锌矿
XBJD-40	陕西	小秦岭	潼关金矿开发基地	石英脉型、蚀变岩型金矿	铜峪金矿
			华县、洛南钼矿开发基地	斑岩型-矽卡岩型、大脉型钼矿	金堆城、黄龙铺、大石沟钼矿
XBJD-41	陕西	山阳-柞水-宁陕	宁陕、柞水钨钼矿开发基地	矽卡岩型钨钼矿	月河、大竹山沟钼矿
			大西沟铁、银多金属矿开发基地	海相沉积型铁矿	大西沟铁矿
			小河口、池沟铜钼矿开发基地	斑岩-矽卡岩型铜钼矿	小河口铜钼矿
XBJD-42	陕西	镇安-旬阳	王家坪-夏家店-中村金、钒矿开发基地	构造蚀变岩型金矿、沉积型钒矿	夏家店金矿、中村钒矿
			金龙山金矿开发基地	微细浸染型金矿	
			公馆、青铜沟汞锑矿开发基地	低温热液型汞锑矿	公馆、青铜沟汞锑矿
			旬北铅锌矿开发基地	层控热液型铅锌矿	南沙沟、泗人沟铅锌矿
XBJD-43	陕西	石泉-汉阴	黄龙、鹿鸣金矿开发基地	构造蚀变岩型金矿	黄龙、鹿鸣金矿
XBJD-44	陕西	北大巴山	官元钛磁铁矿开发基地	岩浆型钛磁铁矿	官元钛磁铁矿
XBJD-45	陕西	府谷	天桥则铝土矿开发基地	沉积型铝土矿	

主要参考文献

陈毓川,裴荣富,宋天锐,等.中国矿床成矿系列初论[M].北京:地质出版社,1998.
陈毓川,王登红,陈郑辉,等.重要矿产和区域成矿规律研究技术要求[M].北京:地质出版社,2010.
陈毓川,王登红,付小芳,等.中国西部重要成矿区带矿产资源潜力评估[M].北京:地质出版社,2010.
陈毓川,王登红,李厚民,等.重要矿产预测类型划分方案[M].北京:地质出版社,2010.
陈毓川,王登红,朱裕生,等.中国成矿体系与区域成矿评价(上、下册)[M].北京:地质出版社,2007.
陈毓川.中国主要成矿区带矿产资源远景评价[M].北京:地质出版社,1999.
李文渊,董福辰,张照伟,等.西北地区矿产资源成矿远景与找矿部署研究[M].北京:地质出版社,2012.
卢作祥,范启香,刘辅臣,等.成矿规律与成矿预测学[M].武汉:中国地质大学出版社,1989.
西安地质矿产研究所.西北地区矿产资源找矿潜力[M].北京:地质出版社,2006.
肖克炎,等.全国矿产资源潜力评价技术要求系列丛书——矿产定量预测方法[M].北京:地质出版社,2010.
徐志刚,陈毓川,王登红,等.中国成矿区带划分方案[M].北京:地质出版社,2008.
叶天竺,夏庆霖,朱裕生,等.固体矿产预测评价方法技术[M].北京:中国大地出版社,2004.
朱裕生,肖克炎,丁鹏飞,等.成矿预测方法[M].北京:地质出版社,1997.
朱裕生,宋国耀,阎升好,等.中国主要成矿区带成矿地质特征及矿床成矿谱系[M].北京:地质出版社,2007.
左群超,杨东来,赵汀,等.全国矿产资源潜力评价技术要求——矿产资源潜力评价数据模型丛书—矿产预测研究数据模型[M].北京:地质出版社,2011.

主要内部资料

国土资源部.技术要求总论,2007.
国土资源部.全国重要矿产总量预测技术要求,2007.
宁夏回族自治区地质调查院.宁夏回族自治区重要矿种矿产预测成果报告,2013.
甘肃省地质调查院.甘肃省重要矿种矿产预测成果报告,2013.
青海省地质调查院.青海省重要矿种矿产预测成果报告,2013.
陕西省地质调查院.陕西省重要矿种矿产预测成果报告,2013.
新疆维吾尔自治区地质矿产局.新疆维吾尔自治区重要矿种矿产预测成果报告,2013.

中国地质调查成果CGS2018-009
西北地区矿产资源潜力评价与综合(1212010881632)项目资助
西北地区矿产资源潜力评价系列丛书
丛书主编 李文渊 王永和

西北地区重要矿产资源潜力分析

XIBEI DIQU ZHONGYAO KUANGCHAN ZIYUAN QIANLI FENXI

董福辰 谭文娟 姜寒冰 肖朝阳 王静雅 等编著

中国地质大学出版社
ZHONGGUO DIZHI DAXUE CHUBANSHE

你好，牵手向前走

WANQIAO
晚乔
/著/
ZHU

百花洲文艺出版社
BAIHUAZHOU LITERATURE AND ART PRESS

晚乔 | 小花阅读签约作者

热衷于美食，画画和文字，汉服日常党，永远在刷游戏追新番。

时刻都是奇怪的想法，惯于用意念和人交流。

一直做梦活在武侠世界里，开始以为正常，后来发现好像只有自己是这样，难怪和人讲话永远跑偏跟不上。

伙伴昵称：乔妹、仓鼠

已上市：《妖骨》《顾盼而歌》《云深结海楼》《烟雨斋》《原来他也喜欢我》

前言

/ 对于喜欢的东西，放弃比继续更难 /

写这个故事的这几个月我瘦了很多，但因为是“不劳而瘦”，所以大概也会慢慢再胖回去。

这段时间发生了一些事情，它们让我以为很多东西都变了，但回头看看，其实什么都没有变，只是看风景的心情和从前不太一样而已。如果要打个比方，那就像是在不同的时段里哭着笑着唱了同一首歌，唱完之后，歌还是歌，你也还是你。

只不过，记忆里多了这么一段。

有些东西是不可避免的。

我从前知道，可是不算明白，现在明白了，但不想接受。或许以后我会学会接受，或许我还会学会控制住自己的倾诉欲，不再把烦恼和感受说给人听，会学会自己消化和自我调节。

可那是未来，很难受，现在的我还做不到。

事实上，在写这个故事的时候，我的状态很糟糕，糟糕到一度让我觉得自己可能没有办法继续写它。连续失眠了一个多月，浑浑噩噩，对什么都提不起兴趣，游戏不想打，没办法画画，看个笑话都觉得它在嘲讽我，而且很丢人的是天天偷偷哭。

我哭着在日记里写：“大家都说相信我能写好，但他们根本不知道现在的我是什么样子。我是最清楚这个故事构思的人，我也是最清楚自己的人，我比谁都知道，现在的我根本写不了这个故事。我不要写了。”

是啊，我犹豫过要不要放弃它。

我对自己说放弃吧，别写了，这是情有可原的，我也不想，可是没办法，做不到就是做不到，这不能怪我。但又隐隐觉得，如果真的放弃了，那我放弃的一定不只是这个故事。

我挣扎了很长一段时间。

也许成长真的是一瞬间的事情，而且是强大到能够被捕捉到的一瞬间。

就像小时候我一哭就坐在原地不动弹，直到后来哭了也能够好好地走路。我不记得第一次哭着往前走是什么时候，但或许就是那一次，新的我代替了旧的我。

而现在，我也要和那个哭着走完一段路的我告别。

这个故事是上一个我和这一个我并肩走过来的，我们一起写完了它。而故事完结的今天就像一条交界线，它会停在这里，接下来的路，大概需要交给另一个我来走了。

和寄居蟹每长大一点就要换一个新的壳子一样，不是喜不喜欢和愿不愿意，是需不需要和适不适合。我一直害怕改变，现在却稍微懂了一点，敢不敢和会不会，它们是两个问题。

前言写到这儿，其实差不多了，但还是想最后说几句话，想谢谢一些人。

谢谢一直鼓励我的亲友们，谢谢每天帮我检查稿子的若若姐，真的超级感谢。如果不是你们，“丧”到那种程度，我真的不一定能这么快缓过来。

还有一个人，他教会我很多东西，他很好。我知道那个人会拿到这本书，虽然他可能不会看——

但如果你看到了这些话，嘿，我就是在说你呢。

谢谢你呀。

不好意思直接和你说，所以写在这里，而你会不会翻开，随缘吧。

其实我一直很固执的，有畏难情绪，有很多不足，很多话明知道是为我好也不听，但最近稍微勇敢了一点点。也想说，身边有这么多温暖的人，真的很幸运。

那么，下个故事再见了。

目录

目录

小条漫（1）

邢枫，你看我削苹果是不是很厉害！
看看嘛！
是不是厉害？
话唠
默默看书
是不是呀？
是不是嘛！
是不是？！
快看看！
我真棒！
自信满满
你看这么长了都没有断哦。
冷漠脸
哼！
生气
是挺厉害的。
依旧冷漠脸

我给你带了东西你过来拿@$%&@#%*……
你过来！
有没有搞错我给你带的还要我给你送过去吗 #%&*$^*(^……
你过来！
小爷才不呢你快点过来顺便请我吃饭外面可太热@#$^%@*……
我等你，挂了！
啪叽挂断
行吧。

第一章

梦里梦见的人在现实出现了

1.

窗外的蝉不知疲倦般叫得撕心裂肺，树叶在炽热的阳光下蔫蔫地耷拉着，世界像是被蒸发出一层白色的雾气。

讲台上，老教授绷着脸，沉默地对着某个方向射出死亡凝视。

一时间，整个教室的目光都齐齐转过去——一个女孩趴在课桌上睡得酣甜。

她枕着手臂，轻纱小广袖铺在桌面。她的头发有些长了，即便是趴在桌上，半披着的头发也散到了腰后。女孩在脑后扎起一半头发，梳了个简单的发髻，髻边斜插了一支带着珠坠的小发梳，衬着这一身襦裙，看上去很是轻灵可爱。

风吹过的时候，鬓发滑过脸颊，大概是有些痒，她动了动，无意识地挠了挠脸，嘴角微微上扬，像是在做什么有趣的梦。

确实很有趣啊。

在梦里，宁星躲在树后，满脸通红地捂着自己的小心脏。离她不远处有两个少年，一个面容俊秀，一个清贵高挺，而此时此刻，俊秀少年可能崴着脚了，正伏在清贵少年怀里。

俊秀少年像是不可置信，微微抬起头，而扶住他的清贵少年无奈地笑了笑：“下次小心。”

他看上去冷淡，声音却很温柔。

毫不夸张地说，在他开口的那一瞬间，宁星整个人都酥麻了。

也就是这时，宁星不小心弄出了一点动静，清贵少年应声望过来：“你是谁？”

——你是谁？

“咻！”

这时，一个粉笔头如出膛的子弹般划破空气，准确地弹到女孩脸上。

身体比意识醒得更快，宁星猛地站起。

“同学很面生啊，怎么，这学期没来过？”

教室里的采光很好，墙壁白得发亮，宁星不适地揉了揉眼睛。大概是睡得太久，她的视线有些模糊，一时间看不清周围情况。

有风牵动她的裙角，宁星呆呆地站着，像一只丢了松果的小松鼠，一脸茫然。

“刚才我讲的那道题，答一下吧。”

那道题？什么题？

宁星背后一麻。

在瞬间清醒的同时，她觉得整个人都不好了，然而下一刻就有人戳了戳她。

她侧头，看见身边的人小动作移过来一本书。

书上用荧光色的标记笔画出了一长段，一只修长的手往那儿一点。

宁星心领神会，赶紧一口气念完。

好在老教授也没有继续为难她，点点头让她坐下了。

得救了。

坐下的瞬间，宁星又想到刚那只闪着“雷锋”般光芒的手：手指纤长白皙却不显瘦弱，骨节分明但也并不让人感觉粗莽——

是恰到好处的一只手。

“谢谢。”

坐下之后，宁星把书移回去，还没来得及看一眼那只手的主人，就先被身后一个女生吸引了注意力。即便她后脑勺没长眼睛，也能感觉到那道不甚友善的眼神。

对了，脸也有些陌生。

宁星正奇怪着，身后的女生便低下头去。

女生按着手机敲字和小伙伴八卦：现在的妹子可以啊！为了勾搭男神还跑来我们专业蹭课各种装傻，不过说真的，类似的戏我都看过八百遍了，就这个打扮得最特别……

“阿嚏——”

宁星揉了揉鼻子，着凉了？这种天气似乎不大可能。她心里纳闷，又或者是有人在骂她？

宁星摇摇头。

虽然经历了这么一遭，但也许是刚才做的那个梦太有冲击力，所以，放松下来之后，她的脑子又转去了那个维度，没能成功回到三次元（现实世界）。

“不用谢。”男生把书收回去，人却靠近了一些，“哎，你不是我们系的吧？”

“什么？”

这个时候，宁星终于开始关注周围的环境。

比如四周不熟悉的同学，比如讲台上没见过的老师，比如眼前根本不属于她专业的课本。再比如，身边的这个人。

等等，这个人？

少年撑着下巴看着她，头发有点儿天然卷，有一小撮“呆毛”翘在头顶，让人很想把它按下去。眼形略圆，眸子黑亮，眉毛很浓，脸颊右侧有一个小梨窝，在说话的时候深深浅浅地动着，看上去阳光兮兮的，有一种动漫人物的萌感。

可宁星的惊讶并不是因为他长得好看，而是因为，她刚才在梦里见到的那两个人，其中有一个和他长得一模一样。

电光石火之间，她飞快地捂住嘴，好不容易才把惊呼咽回肚子里。

“麻麻”，这好像是个梦中梦。

我回不到三次元了。

前一刻还好好的女生在转过来之后秒变蒙圈脸，秦之澜正觉得奇怪，就看见她一副见鬼的表情往自己相反的方向移了个座位——

这是在阶梯教室上的大课，每排都有很多座位，每排都还没有坐满，按理说，是有足够的空间给她移动的。只可惜，她原来所坐的位置，已经是最边上了。

于是秦之澜在宁星要掉下去的前一刻下意识地拉住她的手——

哎呀，脱手了。

宁星重重地摔在地上，讲台上正做着板书的老教授听见声响回过头来：“怎么又是你？你到底要不要上课？”

倒在过道上，宁星捂着被磕着的背疼得龇牙咧嘴，手忙脚乱还踩到了自己的裙子，怎么都爬不起来。这时，左手边有人扶了她一把。

“老师，她不是我们系的。”邢枫在扶起她之后放开手，“大概是走错教室了。”

“不是我们系的？”老教授敏锐地捕捉到一个细节，“那她刚才是怎么答对的题目？”

在老教授看过来之前，秦之澜先一步低下脑袋缩了肩，努力降低自己的存在感，同时别过头，无声地用口型谴责坐在窗边的人。

邢枫背对窗户站着，强光从他的身后洒进来，把他整个人包裹在里面，勾勒出一道淡金色的边缘线。

“你没事吧？”

邢枫个子很高，他低头望她，浓密的睫毛在眼尾交错，让那双眼睛看上去更深更黑，然而因为他的表情淡淡所以并不显锐利，反而隐约透出了几分清疏。

在老辈人的描述里，这样一双眼是很招桃花的。

宁星呆呆地看着他，一时回不过神来。

教室里很亮，她离他很近。

所以，宁星看得非常清楚，连他脖颈左侧小小的一颗痣都能看见。

可即便已经看得这么清楚，她还是忍不住怀疑自己有没有眼花……

怎么会这样？

“这位同学，如果是走错教室，那你现在可以出去了。”

讲台上的发声把宁星扯回现实。

宁星一顿，赶忙道歉，接着简单收拾了东西从后门跑了出去。

当她的身影消失在视线里，邢枫也再次坐下来。

这时，他的手机振动了一下。

秦之澜：喂，姓邢的，成心的吧你！刚才教授问问题你不说她不是我们系的，等到答完才说，你是不是对我有意思？

邢枫的眉头一皱，就看见下一条。

秦之澜：啊呸！垃圾输入法！你是不是对我有意见？

邢枫：“……”

转头，那边的秦之澜趴在桌上冲着他做鬼脸，而他想了想，耸耸肩随后移开视线，再不管那边奓毛的人。

小插曲过后，教室再度平静下来。

只是没平静多久，邢枫就听见后座的两个男生窃窃私语：

“刚刚那个，是美术系的吧？早听说我们学校有个每天穿古装的……”

“古装？不懂了吧，人家那叫汉服。”

“管他呢，反正估计是她就对了。”

“嘿，说起来她还挺有名的，论坛上看见过几个讨论她的帖子。你说，每天穿成这样不奇怪吗？看起来都觉得累。对了，那个好像还挺贵。”

“你管人家呢，也没花你的钱……”

“说是这么说，但这样多引人注意啊……对了，我记得我还看过那个帖子，她叫什么来着？叫……宁星？”

“好像是，我也看过，还挺好记的。宁星。”

宁星。

在转着笔的同时，邢枫在心里跟着念了一遍。

这是他第一次听见这个名字，的确挺好记的。

2.

从理综楼出来之后，宁星的脑子就陷入了宕机状态，怎么都没办法从拧巴的思路里恢复过来。毕竟，不管是谁遇见了这样怪异的事，估计都没办法很快做出反应。

林荫道下，宁星中途停住脚步，周围的学生来来往往，都忍不住多看她几眼。

她今天穿着浅绿色的齐腰襦裙，上襦是米白色的，头发扎了一半，在她站定的时候，有风从身后吹来，把她半披着的头发从背后带到胸前。其间，被枝叶切割过的光斑洒在她的身上，随着树影摇摇晃晃。

然而，背影看上去平和安静，她的表情却十分复杂。

宁星摸出手机打了个电话，那边很快接通，可声音却是迷迷糊糊的。

“这么早打过来干吗啊……”

这么早？宁星的表情有那么一瞬间崩坏，她把手机从耳边拿开，望了一眼屏幕，上面显示着十一点四十分。

“刚才上课，我做了个梦。”

“就叫你不要熬夜，上课犯困了吧？”电话那头的人打了个呵欠，“不过，在你打电话给我之前，我也在做梦。”

“这不是重点！”宁星激动起来，“重点是，我梦见了两个没见过的男生，至少在今天之前绝对没见过……”

“怎么，难道你想和我说，做梦之前没见过，一醒来就见到了？”

“对。”宁星重重点了头。

电话那头的夏也漫不经心，抱着枕头翻个身：“那恭喜你了，如果是这样，那可能是命定的缘分……”

“不不不！”宁星激动起来，“我是见到了两个人，可那两个人，在我的梦里好像是一对……”

“一对？”夏也瞬间清醒，“宁小星啊宁小星，你真是个干大事的人，做个梦也能出本子。”她从床上直接弹起来，原本还懒懒的声音立马变得轻快，“快快快，给我讲讲剧情！”

宁星头痛：“别闹，你不知道当时我有多蒙。一睁眼就看见一个，一转头又看见一个，那么活生生的两个人，说出来就出来了……”

宁星努力想描述出自己的心情，却发现有许多东西是无法用语言表达出来的，尤其是这种连她自己都难以置信的意外。

不过，有人能说一说还是会好受一些，否则，一直这么憋下去，她估计能把自己憋死。

宁星叹了口气，又开始回忆起那个梦——

在最开始的时候，她是飘在一片空白里的，控制不了身体，却能感觉到自己在下落。落地的过程很慢，莽莽白光在这期间化成了氤氲雾气。

雾气里，有许多东西慢慢由疲软状态逐渐成形。

渐渐地，世界终于清晰起来。

茂林修竹，月色散漫。

她低头，脚下是厚厚一层落叶，往前走几步，便看见了人。

她躲在潭边的树后，稍稍探出脑袋……

唔，两个人。

她眨眨眼。

咦，两个男人。

那里有石桌石椅，桌上摆了坛酒，以酒坛为中心，两边镜面似的摆放着杯子、点心，两个穿得一模一样的少年月下对酌。二人长袍绑袖，一个半束发冠，一个绑着马尾，一动一静，一热一冷，气质截然不同，却都有着满满的快意侠气。

几杯之后，也不知道是谁先开始的，抽出腰间佩剑就这么比画起来，宁星看不懂什么剑法，却注意到他们的表情。

这莫不是……

“眉来眼去剑？”

她刚倒吸了口冷气，就看见前边的马尾少年在过招的时候脚下一崴，束着发冠的那个飞快回手收剑挽住他的腰，却也因为惯性把人带进了怀里，动作流利一气呵成。

接着，两个人在对视的瞬间微微笑了——

“嘶……”

那一瞬间，宁星猛地捂住小心脏，倒吸一口气，眼睛晶亮。

这别是要亲上去吧？

与此同时，那边的两人注意到了这儿的动静，于是齐齐转过脸来。

风触动了潭水稍起波澜，一层一层推着月光滚上了岸。

宁星离他们很近，近到甚至能看见其中一个人颈侧的小痣。

随后，那个人开口：“你是谁？”

“然后呢？”

夏也在电话里兴致勃勃地追问。

宁星叹气：“然后我就醒了啊。”

夏也掩饰不住失望：“醒了？这么关键的时候你怎么能醒呢！”

“我……”

没等宁星说完，夏也就打断了她：“哎哎，虽然断在了这个地方，但你说有没有可能这是个连续剧？说不定你还会接着往下梦呢？到时你可一定要把后续告诉我！咦，你不是说他们在现实里也存在？哟哟哟，虽然诡异但很有故事啊……等一下，会不会有可能他们梦到这个，嘻嘻嘻……”

“嘻你个头！”眼看夏也就要编一出大戏，宁星恨不得通过手机钻到夏也面前给她一个栗暴，“你觉得一个梦能这么玄幻吗？哪来的那么多万一可能说不定，最多最多也就是个可怕的巧合而已……”

有句老话叫“举头三尺有神明”。

虽然这是个唯物的世界，但也的确有很多东西解释不清。

你以为只有自己才知道的事情，说不定早被三尺开外的“神明”洞察了个分明。

宁星打着电话从树下走过去，并没有注意到头顶上的动静。

可这并不代表头顶的那个小家伙没有注意到她。

橘猫卧在树杈上，毛茸茸的一大团窝得很舒服，细长的尾巴一甩一甩，从耳朵尖到胡须端都透着一股懒劲儿。它窝在那儿，半睁的眼睛跟着树底的宁星在动，等宁星走过它底下，小团子伸了个懒腰：妙啊！

有风骤起，直直地钻进她的脖子里，很冷。

风中隐约有声猫叫，软软的。

宁星打了个哆嗦：“阿嚏！”

她很纳闷，自己今天怎么了，总打喷嚏。她摸摸微凉的后颈，回头张望，什么异常也没有。

她对着电话讷讷地说：“不知道为什么，刚才那一瞬间，我忽然觉得有点儿冷。”

冷？

夏也挑开了窗帘，又被刺眼的阳光逼得拉了回去，转身默默把空调开低了几度。

在这种温度下叫冷，她是认真的吗？

3.

挂断电话，宁星点开微信在寝室群里控诉她们下课不叫醒自己，一边打字一边往食堂走。

寝室群里炸了锅——

A 说，我让 B 叫你了呀！

B 说，我让 C 叫你了呀！

C 大为惊叹地说，我以为 A 会叫你的！不过我走之前确实拍了拍你，以为你马上能醒没想到又睡过去了啊。

宁星："……"

在玩手机的间隙，宁星抬了个头，只觉得队伍前面的人好像一点儿没减少。

都说一所大学里人最多的地方就是饭点的食堂，这话一点儿都不假。

宁星排了许久队，好不容易排到，掏出餐卡收了手机就等着端饭。

在人多的情况，食堂阿姨都会根据点单提前打好饭菜放在外面一排台子上，让学生们自己端走，大家也都养成了这个习惯，一般不会端错。

食堂的空调在拼命地吐着冷气，然而并没带来多少凉意，宁星只觉得闷热。

她没什么胃口，买了馄饨放在台子上，转头拿酱料，再转回头，习惯性就开始给面前那碗馄饨加醋和辣椒酱。

她加完料后去不远处拿刚出炉的卤蛋，再回来端馄饨时，就听到一个有点儿熟悉的声音。

秦之澜站在不远处对着馄饨一脸蒙："这谁给我加的辣椒酱？"

宁星还没从遇见秦之澜的惊讶里回过神，低头看见台子上的两碗馄饨，一碗多一些一碗少一些。

她一顿，咽了下口水，她刚才眼瞎地给大碗馄饨加了辣椒酱。

这时，秦之澜注意到了她。

“哎哎，是你啊？”

宁星有那么一瞬间的晃神，她尴尬得赶紧一鞠躬：“不好意思……我好像放错了，不然……我重新给你买一份？”

短短一句话说得磕磕绊绊，宁星知道自己在紧张什么——

对着秦之澜，她总忍不住想起那个梦。

“没事儿。”秦之澜摆摆手，接着把加了辣椒酱的馄饨往另一边一推，“喏，跟我换。”

顺着秦之澜的视线看过去，只见邢枫正低头点着自己的东西。

少年气质沉静，不同于周围的人，他的背脊挺得笔直，看起来不近人情，行为却让人觉得随和。

他接过秦之澜的碗，修长的五指撑开托住，把自己的馄饨递过去：“换吧。”

秦之澜冲宁星笑：“行了！”

说完，他又转向邢枫：“快点儿，你好了没有？我看见那边有座位了，走走走！”

邢枫依然是一副生人勿近的表情，对秦之澜却并没有不耐烦。

“嗯。”他应了一声，跟着秦之澜缓步而去。

宁星从看见他们互动的那一刻开始，心里就开始噼里啪啦放烟花。

只是与内心的过分活跃不同，从表面上看去，她已经呆成了一尊木雕。

走了几步，秦之澜回头和邢枫说话，一眼就看到呆愣在原地直直看着他们的女生。他推了推邢枫，不满道：“你看，一定是因为你板着脸太吓人，别人看见你和看见了鬼似的。”

邢枫瞥他一眼：“你怎么不说是因为看见了你？”

“也有可能。”秦之澜拨了拨刘海，“唉，怪我长得太好看。”

邢枫：“……”

秦之澜是个神奇的存在，随时随地都是满血状态。活了二十年，邢枫从没见过比他更没心没肺的人。等等，或许有过，小时候看过一部电视剧叫《阿旺正传》，里面的主角阿旺就是如此。

只是，那个阿旺是个傻子。

坐下放好餐盘，秦之澜对上邢枫的视线。

“你拿什么眼神看我呢？”

“没什么。”邢枫慢条斯理地掰开一次性筷子，“只是在拿看你的眼神看你而已。”

秦之澜：什么？

总觉得这个人在骂我。

学校的食堂很大，大厅空阔，只有六根支撑的柱子。

宁星缩在柱子后，僵硬地一点一点朝左边探出头去，像一只躲猫猫的“喵”。

她其实只能看见秦之澜的半张脸和邢枫的后脑勺，可大概艺术生的脑补能力和共情能力实在太强，此时即便只是看见这些，也能用意念制造出无数个粉红泡泡，活在幻想里，看着不远处的花前月下一壶酒，举杯对影两个人……

有女生端着餐盘从宁星身边走过，匆忙的步履受地面油渍的影响向前一滑，刚好撞上躲在柱子后的宁星背上。

还在神游的宁星受惊过度嗷地一叫……随后赶紧捂住自己的嘴。

在女生那种看傻子的嫌弃目光中，宁星感觉到自己似乎成了焦点，本能地朝邢枫、秦之澜的方向望过去的时候，正好对上秦之澜的目光。

她的耳朵一下子就红了起来，赶紧缩回柱子后，僵成一个雪地里的西瓜，脸色青里透红，青是憋的，红是羞的，整个人的状态难以言喻。

她摸了摸自己的脸。

嗯，烫。

4.

打食堂回来后，直到入睡之际，宁星都一直处于兴奋状态。

也就是这个时候，她冒出一个危险的想法……

咬着被角在床上滚了几圈，一边感叹自己这张床真是扎实安静没噪音，一边呜呜呜嘤嘤嘤挣扎了许久，宁星终于在凌晨三点之前做了决定。

她打开手机的电筒，下床抱了笔记本电脑和手绘板又爬回去，接着拉上几百年没拉起过的床帐，撑起了小桌板，对着电脑屏幕嘻嘻笑。

我要把他们画出来！

——六百年没画过条漫的八十八线业余小画手如是想道。

寝室里黑漆漆的，笔记本电脑的蓝白光打在笑得有几分傻气的少女脸上。画面极其诡异，然而宁星却干劲十足。

周遭很安静，除了室友们均匀绵长的呼吸声，就是触屏笔在手绘板上划出的沙沙声。

从夜深到破晓，宁星几乎熬了一个晚上。

而嘻嘻笑着的诡异少女也终于变成黑眼圈霸占了半张脸的诡异少女。

不过，这不算什么！

她对着电脑屏幕长舒一口气，忽然，双手一展做出撒花的动作——

人设和小剧场一次性完成！

当她打开微博时，却有那么一瞬间的迟疑……

大号加了同学和三次元亲友，发这些有点儿不好意思。好在她以前萌同人画小 Q 版的时候申请过一个小号，说起来，那个小号还有一部分人在关注着。

只是许久没登了，密码是多少来着……

抿着嘴唇试着套了几个常用的密码，与宁星暗沉的黑眼圈相对的是她亮晶晶的眸子。

“‘熬夜画画小咸鱼’，就是这个！”

确认，上传，OK！

像是完成一件大事，宁星伸了个懒腰，压了一晚上没感觉到的困倦也终于席卷而来。她往后一倒秒入睡，并不知道，在她倒下的这一瞬间，电脑上的画面忽然闪了一下，粗粗看去，像是有谁眨了眼睛。

而电脑屏幕上定格着的，正是人设图。

第二章

无意画的小条漫要火了

1.

夏也没有说错，有些梦是有续集的，像是连续剧，开头和结尾咬得死紧。

宁星睁开眼，入眼是熟悉的景色。不同于上次，现在的她清醒地知道这是个梦，可即便如此，激动的心情也没有减少半分。

如果没有记错，邢枫和秦之澜应该就在她身后了。

“你是谁？”

来了！

宁星按捺住心里的激动，停顿、转身，她的动作很慢。

月光通过潭水折射，岸边的光影也随之曳曳。邢枫走近寒潭，微微低首，水光如同冷色轻纱，薄薄覆在他的脸上。

他眨眨眼，似有不解。

整个画面像是精修过的电影截图，光点和位置都布得正好，尤其是这星月水光静洒下来，衬得本就自带闪光灯的少年越发惹眼了些。

“你是谁，来这儿做什么？”

宁星一直被班上的小伙伴们戏称为“被画画耽误的演员”，这个外号流传之广，甚至连系里的辅导员都有所耳闻。原因无他，只是她随时随地都能演上一段，一秒出戏、一秒入戏、自带剧本，足够所有人为她的“棒棒”鼓掌，顺便盖章一个“戏精本精”。

就像现在，在听到邢枫的问题之后，她觉得这样的机会实在难得，毕竟不是每次遇见有意思的事情都有人给你布景，于是戏魂熊熊燃烧。

她干脆演了起来，装出一派淡然的模样，迈出步子不慌不忙地走到邢枫身前。

她轻咳几声，把声音压得很低——

“老身在这儿待了百年有余，方才的问题，或许该是我来问你。”

邢枫：“……”

邢枫：“？”

邢枫：这别是个傻子吧？

宁星读不到他的心理活动，只是默默等着他们搭戏。

“你说，你在这儿待了百余年？”秦之澜像是被勾起了兴趣。

宁星沉稳点头。

“那你是……鬼？”

“哈？”瞎猜什么！宁星差点儿没绷住，“你为什么不猜我是神仙？”

“所以你是神仙？”

宁星嘿嘿笑了：“不，我是鬼。”

秦之澜点头：“哦。”

后知后觉反应过来的秦之澜：“啊啊啊，师兄救我——”

邢枫：“……”

他站在一边，看着身前的两个人聊得起劲，心底莫名生起一阵无奈。

邢枫是想说话的，但要问他想说些什么，其实他自己也不知道。只是最近实在不对劲，比如，这个梦，前几天他就做过一个“前传”。

当时的他便如现在这般，手上执剑，一招一式与秦之澜比画。如果只是这样，那大概只是个奇怪的梦，还称不上多不对劲。

可怪就怪在，从前不论情景多诡异、发展多荒谬，至少梦中的他是有自主权的。

然而，在这个梦里，就像是灵魂被囚禁在了身体里，邢枫发现，自己的一举一动、一言一语，都无法按照意愿进行。

他成了个提线木偶，动作靠那股未知的力量安排，说话也只是机械地张嘴，就连发出的声音都像是谁在配音。

太奇怪了。

还有，这个女生。

梦里一般看不清人脸，即便当时沉浸其中觉得自己看清了，可一旦醒来便再记不得，尤其是这种只在梦里出现，生活里却不认识的人。

虽然，上一次他并没有看清她的正脸。

2.

"哎——"

邢枫还没想完，就听见女生一声惊叫，他的身体难得配合了意识一起转过去，接着，条件反射地接住她。

在和宁星视线对上的时候，邢枫微微顿住。

之前他没怎么认真看过她，只模模糊糊有一点印象而已。可现在认真看看，这个女生果然有些眼熟。

等等，似乎不只是眼熟。

他记得这个名字，很好记，也记得自己见过这个人。

宁星。

刚想再仔细看看确认一下，邢枫的身体便操纵着他将宁星扶好站稳，随即把眼睛移向了秦之澜。

邢枫本人："……"

在此之前，邢枫从没觉得秦之澜这么碍眼过，虽然他是无辜的。

宁星因为之前靠在了树上，衣服上沾了苔藓，也染了点儿潮气。邢枫深呼吸一口，感觉自己指尖一片湿腻，这样的触感让他很不好受。

在感觉到之后，邢枫觉得自己的精神体像是被摁在地上摩擦似的，难受到想找个东西擦一擦。

还好，这次他没有难受太久。

这身体虽然不受控制，却也大概继承了他的性格。

他步子一迈，手搭上了秦之澜的肩膀，友好地拍了几下。

秦之澜眨巴着眼睛冲他笑：“师兄？”

也不知是从哪儿传来的声音，一下子灌进了邢枫的脑海，他在与秦之澜对视的这一眼里，接收到了一些这个世界里关于他们的过去。那个声音告诉他，这儿的秦之澜，因为幼时的变故，偶尔智力会出现问题，理解力和表现都退化至七岁孩童水平。

梦里的邢枫想到这儿，眼底都是疼惜。

而真实的邢枫读到这点，眼底只有一串省略号——

意思是在提醒他这里的秦之澜不正常？

怎么，难道三次元的秦之澜正常过吗？

宁星原本沉浸在戏精的世界，努力秀演技，强行装世外高人，是踩到泥巴差点儿摔倒才勉强止住了她的操作。说起来，她好像应该谢谢扶她的人。

可还没开口道谢呢，就看见邢枫退后一步，靠近了秦之澜一些。

邢枫的表情淡然，却也能让人看出他的戒备：“师弟年少，话难免说得多些。现在时辰不早了，我们也不便叨扰前辈休息，就此别过。”

这一番话把邢枫自己给硌硬得不轻——师弟？谁？秦之澜？他干吗要护着他？

邢枫联想起上个梦里自己揽着秦之澜的腰，背脊忽然一麻……果然，这个梦就没有对劲的地方。

与真实的心境截然相反，邢枫维持着彬彬有礼的模样与宁星道别。

而宁星眼睛一亮：“等一下！”

邢枫回身：“何事？”

宁星犹犹豫豫："那个……你们，就是你们的关系……你们是……"

邢枫的内心冒出一股不好的预感。

"是啊！"秦之澜抢在邢枫之前答道，他一手握住邢枫的手，一手拍了自己的胸脯，"我们从小一起长大的，要说整个师门里我最信任的人，那一定就是师兄了！"

神志和身体做着抗争，邢枫的脖子和背脊僵麻一片，可他到底没敌得过那股莫名的力量，没办法表露出自己的意思。因为抵抗不了，所以只能自我安慰。

——秦之澜的智商才七岁，他不能生气。

不过刚刚想完，他又努力将余光投向宁星——怎么，看她的表情，她也七岁？

并不知道自己的智商正在被人质疑，宁星内心一片满足，脸上甚至露出"果然如此"的慈母笑容。

她欣慰地按了按胸口——

有什么比被自己喜欢的 CP 发糖更美好的呢？

不，不会有了。

她单方面宣布，她圆满了。

在邢枫波澜不惊的外表之下，他的内心大概已经处在了崩溃的边缘。

他确定，这个女生此刻脑子里想的不会是他愿意知道的东西，可即便如此，他还是很想钻进她的脑袋里去看看。

看看她的那份误解，到底会复杂成什么样子。

邢枫在憋闷出内伤的微笑脸后面暗暗咬牙。

这或许不是梦，是鬼压床。

而那只鬼的模样……邢枫余光瞥了一眼宁星。

那只鬼的模样，他记住了。

3.

大概是靠一股子亢奋劲儿熬得太久，宁星这一觉可以说是睡得昏天黑地。当她再次醒来，便见天色沉沉，居然直接睡到了下午，而寝室里一个人都没有。

脑仁儿疼。

她使劲按了按太阳穴。

直到此刻，宁星都觉得邢枫、秦之澜与她梦中的人长得一样是个巧合，虽然这东西有点儿没法解释，不过这又怎么样呢？很多东西都是没有解释的，这不重要。

宁星回忆了一下刚刚的梦，然后一个人坐在床上傻乐了几分钟。

“今天是个好日子，心想的 CP 都能成……”

她笑嘻嘻地哼着歌儿，并不知道，在不远处的另一栋寝室楼里，邢枫环着手臂站在阳台，满脸的若有所思。

“咕叽……”

宁星还没乐完，就听见胃里传出一个声音，在那个声音响起之后，身体里的虚弱小人拖着沉重的脚步走了出来。它无声地开口，根据它的口型，宁星读到了一个“饿”字。

几分钟后，坐在书桌前边，宁星眼巴巴等着泡面泡开。在泡面的特殊香味里，那个盒子边上冒出来的水汽隐约变成了一根手指，在对她做挑衅的动作。

宁星狠狠咽了一下口水。还没熟，再等等。

不过几分钟了来着？宁星拿起手机想看时间，却不小心点开了微博界面。她瞥了一眼，准备关掉，却也就是那一眼之后怔住——

这忽然多出来的几千条“@”和评论是怎么回事？

事实证明，每每发生意料之外的事情，多数人都会习惯性往坏处想。

比如宁星此时就哆嗦着小手点开了“@”，颤颤悠悠在想自己是不是哪里出了问题被人给挂上了“墙头”。

然而，在看见转评内容的那一刻，宁星只觉得时间忽然静止了下来——

泡面很烫，水汽沾在在盖子上，越聚越多，最后变成大颗的水滴落了下去。而宁星也终于眨了一下眼睛。

“妈呀！”

她整个人弹起来，椅子忽然被往后推，发出“刺啦”的刺耳声。

宁星快速滑动着评论，除了画同人时积攒的小部分粉丝在欢迎她回圈、调侃她终于记起微博这个东西了之外，剩下的几乎都在讨论她昨晚发的人设和小剧场。

“萌哭等更新”和“这个坑我跳了，求太太投粮”之类的留言占了大部分，询问这是原创还是同人的占了小部分，而剩下更小的那一部分，则是在讨论剧情走向和不知道从哪儿脑补出来的主角身份背景。

看见自己画的故事被这么多人喜欢认可，自己爱着的CP也被大家夸赞可爱，宁星捧着手机，笑得嘴差点儿要开裂了。

突然，宁星看见一条评论：这个画风好仙气啊，而且还可爱，感觉“太太”一定也是这样的人！

宁星：“……”

她看了一眼自己乱糟糟的书桌上的泡面，又瞥了一下没有整理的床，最后走到了镜子前边，里面一个睡衣皱巴巴、头发凌乱的女孩子以同样的蒙圈状态和她对望。

她打了个哆嗦，以迅雷不及掩耳之势吃完了泡面，之后整理东西的速度也几乎要快出重影……

当一切处理完毕，也打理好了自己，宁星终于再次打开手机，对着那条评论点点头。

她满脸认真：“你说得没错，就是这样。”

在自我肯定了一番之后，宁星重新爬上床、拉起床帐。

她充满了仪式感地把手机放到了边上，随后干劲十足地拿起板子和笔，眼睛也亮成小灯泡。

都说做喜欢的事情是用爱发电不求回报的，或许真是这样，譬如现在的宁星，她已经是“发电站”了。“灯泡”从下午亮到了晚上，室友们陆续回来，而宁星始终保持着这样的姿势，不停地改改画画，直到床边伸进来一个脑袋。

“喂，你今天就没下来过吗？”室友踩着椅子，努力往床帐里面探头，“你在画什么呢……最近不是休息周吗？有作业？”

宁星连忙挡电脑屏幕：“没什么，随便做个结构练习。”

室友的眼神怪异起来：“哦？真的不是背着我们在画什么不可描述的东西？”

宁星干笑几声：“幽默。”

室友们互相交换了一个眼神，表情各种暧昧：“别说了，我们都懂的，你加油哦。”

大多美术系的孩子都把这个当成专业，画画对于他们就是上课，没什么人会把上课的内容特意拍好照修好图发出来，毕竟这个是每天都要做的，太平常了。

也许是受到这样的思路影响，宁星在社交网站上发图总会下意识遮掩，不想给认识的人知道，尤其是同学，否则就会有一种谜之羞耻感。

这天之后，宁星所在的寝室便生出了一股快活的气息。多了一个可以调侃的点，大家总是很开心的，尤其这个点还稳稳落在了身为团宠的宁星身上，逗起来的好玩系数完全是最大值。

与此同时，宁星的生活也发生了很大的变化，在被揶揄得心累之外，床帐一遮，就是另一个世界。

由于被大V接连转载，宁星的条漫还没画多少就有一种要火的趋势，评论区一片坐等催更，私信全是询问故事。

宁星当然是一千万个激动，甚至，最初的几天里，还跟打了鸡血似的一天三更。

热度和更新都没落下，漫画瞬间有了不小的关注度，甚至被转载到了很多论坛。

晚上临睡之前，宁星因为腰疼没办法再坐在床上画画，只能窝在书桌前。

发完最新的一章，刚刚刷新就看见许多评论，她坐在电脑前开心地嘿嘿嘿笑。

室友见状凑过来："咦，你在看这个？这个漫画最近很火啊。"她又看几眼，忽然贴近宁星的耳朵，"你知道吗？我们学校论坛有人转了这组漫画，底下热闹得不行，都说这个原型像邢枫和秦之澜。"

闻言，宁星支支吾吾："啊？是吗……我没注意过。"

"你去看看不就知道了。"室友想起什么似的，摸了摸下巴，"说起来，你有没有发现这个画风和你很像？"

"是吗？可我……"宁星还没来得及往下说，就看见室友一脸惊讶。

"等等！该不会你前几天就在画这个吧？"惊呼完毕，室友秒变八卦脸，她过去箍住宁星的脖子，"怎么样，招不招？"

宁星心底一紧，下意识地出口否认："我画的？怎么可能，你们什么时候看见过我画漫画了！只能说画得好的人都是相似的。"语毕，她毫不心虚地打了个呵欠堵住室友的话，一个弯腰从那只箍住自己的手臂下溜出来，"很困，我先睡了，晚安！"

说完，她逃也似的，飞快地关了电脑上床准备睡觉。

4.

作为大家口中消失许久、低产高质的“同人圈太太”的第一个原创条漫，宁星所画的故事可以说是非常受欢迎了。

同时，随着漫画在网络上的走红，和漫画有关的三个人的生活也在悄然发生着变化。

而这个变化，还要从漫画被转载到宁星所在学校的论坛开始说起。

条漫本来就是小众圈子会喜欢的东西，最开始除了圈子里的人萌得嗷嗷叫之外，并没有多少人知道它。也因为这个，在漫画转载之初，因为楼主没有说清楚，楼里许多人都怀疑这是校内大手好玩画的“枫澜”同人。

因为前一阵子，邢枫和秦之澜靠在一起被偷拍的照片在微博上走红，同时被誉为“不输‘爱豆’的民间小鲜肉”，所以，他们在校内的存在感可以说是很高了。

大概是题材敏感加上关注他们的人本来也不少，因此，那一楼的回复数十分凶残，评论内容全都围绕着这两个名字。

虽然不久之后楼主就解释了漫画来源，但这时大家已经有了带入感，即便不再就那两个名字讨论，追漫画的人也都默认了漫画原型。

雨后春笋一般，论坛里有一个名为“枫澜”的全新 CP 板块，以迅雷不及掩耳之势快速生长了起来，每天的关注度都在翻倍。

这一切，忙于更新的宁星是不清楚的。

可是，话题的主人公们却阴错阳差地知道了。

“喂，我妈旅游路过这儿来看我，顺便帮你家里给你捎了东西，过来取一下呗？”

秦之澜靠在椅子上打着电话：“当然你来拿啊，不然呢，难道你要我给你送过去吗？”

而电话另一头的邢枫皱着眉头，表情看起来有些纠结。

“你……”

邢枫像是想问些什么，却不料刚刚开口就被秦之澜打断了。

“不是吧大少爷，你还真想让我送过去啊？你当我是快递员呢？”秦之澜各种不满，“你以前也不这样啊，怎么了，最近你是不是变懒了？你还年轻可不能这么颓啊，再说了这可是你家里给你带的东西，我……”

邢枫被“秦 · 话痨 · 之澜”弄得脑仁儿疼，想问的话也在这一刻全数吞回了肚子里。

“一人走一半，两栋寝室楼中间见。”

“别啊，我真不想动……喂，喂喂喂？”

秦之澜还在叫着，对面却挂了电话。

“什么嘛。”秦之澜嘟囔一声，伸着懒腰，摸了件 T 恤套上就走。

邢枫和秦之澜是从小一起长大的关系，两个人的成长轨迹有很大一部分是重合的。由于学校离家不近，两个人也偶尔会互相帮对方捎点东西。

按理说，这是一件很正常的事情。

秦之澜一手插着口袋一手提着袋子，远远就看见站在路中间的邢枫。他挥挥手，脸上的笑刚刚扬起就被身边几个女生的眼神给吓了回去，倒也不是说多可怕，只是，这几个女生聚在一起，看看邢枫看看他，又偷笑又偷瞄的，表情十分耐人寻味。

秦之澜虽然迟钝，但也不是傻子，虽然平时也不是没有偷看他的人，但确确实实没见过这样“有内容”的眼神。现在莫名其妙被这么一看，他也就理所当然……

有点笑不出来。

他挠挠头，怎么回事？发生了什么我不知道的变故吗？

邢枫眼看着秦之澜的表情由漫不经心变成满脸困惑，再扫一眼不远处的女生，不知怎的，他一下子想起了那个梦，脸色也瞬间变了。

秦之澜也不知道为什么邢枫忽然就黑了脸，拿了东西丢了一声谢谢转身就走，他只知道，自己原定计划里坑他一顿饭的目标似乎泡汤了……

他今天是怎么了?

秦之澜腹诽着邢枫，心道他这么喜怒无常，该不会是来“大姨夫”了吧?

从外边一直吐槽到寝室，秦之澜刚刚进门就被大喇叭室友抓住，展示论坛里的热门帖子。

而秦之澜也因为看见这个，脸上的表情从郁闷转成震惊。

就在他对着帖子一脸蒙圈的时候，大喇叭室友箍住他的脖子。

“说实话，兄弟贼开明，你们是不是……”

大喇叭室友笑得暧昧，而秦之澜的鸡皮疙瘩抖落了一地。

他颤了颤，冲着大喇叭室友勾勾手指头，在室友凑过来的耳朵上轻轻吹口气：“这都被你发现了，那你要不要和我们一起?”

可怜的喇叭兄被吹得一哆嗦：“告辞！告辞！”

“回来！”秦之澜伸手，“帖子我没看完呢。”

喇叭兄揉着耳朵递过手机，页面上显示的正是论坛漫画下的留言。

热闹是谁都爱看也爱凑的，但如果主角是自己，那就是另一回事了。

喇叭兄紧紧盯着秦之澜，生怕漏了他哪个细微的表情变化，更怕他等会儿一个激动就把自己的手机给摔了。

却没想到，秦之澜看着看着，眉头居然舒展开了……

他捧着手机自个儿乐：“这剧情有点儿意思啊！”

不一会儿，他又换了语气：“只是，这个情节怎么这么熟?好像在哪儿见过……”

同时，邢枫也在同学的提醒下进到学校论坛，找到上面爆红的那个帖子。

和秦之澜的反应截然不同。

在看见漫画的时候，邢枫本就不好的脸色变得越发难看起来。

他没看多少，只看了开头，但也足够让他惊讶了——

这个漫画的场景、人物服饰、开场剧情，居然和他的那个梦完全一致！

这一瞬间，很多东西在他眼前闪了过去，而邢枫从那混乱里捕捉到了一个光点，摘出来，是一张不熟悉却忘不掉的脸。

宁星。

“喂。”邢枫给秦之澜又拨了个电话，“你……”他组织了一下措辞，“你最近有没有做什么奇怪的梦？”

神经大条的秦之澜想了想：“没有吧？”他又努力想了想，“我好像就没做过什么正常的梦，哈哈哈……”

邢枫：“……”

邢枫问：“你在寝室？”

秦之澜的语气忽然热烈起来：“对，在看一个漫画！我跟你说，这个漫画最近可火了，你知道漫画里的人和谁有关系吗，哈哈，我跟你说太……”

“我过来找你。”

秦之澜一呆：“干吗忽然过来？不对啊……你既然要过来，为什么刚才不过来，还让我出一趟门。对，那个东西你完全可以自己来取……喂，喂？”

邢枫干脆地挂断电话。

他的寝室离秦之澜不远不近，一个五栋一个七栋。只不过，在五栋和七栋的中间隔了一个食堂。

他心里有事，走得很快，并没有再留心周围。

穿过食堂的时候，邢枫直觉地转头望向一个地方。

很奇怪，那里只有一根柱子。

他往柱子边上瞟了几下，依然没发现有什么特别的。倒是柱子边站着的女生被这瞟来的一眼弄得心脏跳快了几拍，甚至在不经意对视的瞬间下意识地屏住了呼吸。

可邢枫毫无所觉。

他没多想，也并不知道，在他离开之后，柱子后面又冒出来一个脑袋。

不同于身边捂着心口兀自激动着的女生，宁星长长舒了一口气。

她其实不知道自己为什么要躲，虽然梦里有点交集，但三次元的他们并不认识。

更何况，她也没做什么亏心事……吧？

嗯，应该没有。

但是，女人的直觉告诉她，她应该离他远一点点。

宁星抖了抖，在确定邢枫已经走远之后，灰蔫蔫地溜进了食堂。

第三章

三个世界里的同一个梦

1.

在结束了最新一期的更新之后，宁星松了口气，伸着懒腰往阳台上走。这两天温度越发高了起来，就连晚上都是晴夜。宁星穿着吊带小睡衣站在外边扭腰转脖子，在舒展着僵硬的身体的时候，忽然想起前一天晚上的梦——

“咔！”

于是，一个没留神就把手指崴了。

“嘶……”

宁星倒吸着冷气，也不知道是痛的，还是被自己的回想给吓的。她鼓着腮帮揉着手，不料身边刷着牙的室友忽然兴奋地小声欢呼：“邢枫！”

宁星条件反射似的连忙蹲下身来：“哪儿？”

室友举着手机凑近她：“论坛上有人偷拍的，你看！你看！”

宁星长舒一口气，她还以为他在楼下呢。

室友发现了她的异常：“你怎么了？”

宁星摆摆手：“做噩梦了。”

说完，懒得再解释什么，她直直地走进寝室，坐回书桌前，对着自己的漫画发起呆来。

昨天晚上，她又做了那个梦。

和之前一样，梦的开头仍是咬着前一个梦的结尾。

或许是之前她的演技炸裂，剧情是接着秦之澜和邢枫信了她的那番话延续下去的。他们信了她胡诌的经历，她阴错阳差成了两个少年的师父。

宁星的额头上几乎浮现出一排具象的黑线。

对，她成了他们的师父，以世外高人的身份，教他们修仙。

梦里，她也疑惑过："你之前不是说他是你师弟吗？既然如此，你们不是有师父的吗？"

不问还好，一问这个，秦之澜便顶着一张少年脸哭得像个宝宝。

他抽抽搭搭地抹眼泪："师父已经离开我们很久了，这些年我都跟着师兄相依为命，我们真的很不容易……"

宁星："……"

原本以为他是装哭，却没想到，秦之澜居然真的一把眼泪一把鼻涕哭得万分投入。

"新师父……嗝儿，你活得久不知道，但我们这十几年，嗝儿……真的好苦啊……"

哭得太用力，秦之澜甚至打起了哭嗝。

宁星："……"

她转向邢枫，下意识地等着他的表演。毕竟两个人的经历都一样，那么反应也应该比较像才对。

然而邢枫却是一脸冷静地站在旁边，淡漠人设丝毫不倒，望向秦之澜的眼神里甚至还有那么一点点的……怜爱？

宁星在心里默默点头：是了，作为师兄，邢枫知道秦之澜的神志时而会不那么清醒，他对此已经很习惯了。所以，这一对相依为命的师兄弟，他们的感情真是很深很感人啊。

然而，宁星并不知道，被困在"师兄邢枫"身体里的"正常邢枫"，在看见秦之澜抹眼泪的时候，只想抖掉自己满身的鸡皮疙瘩，然后快点走开。

但没有办法，身体不受控制，邢枫被迫把目光放在秦之澜身上。

心很累，真的。

邢枫长叹一口气。

叹完之后，他忽然一愣。

怎么回事，那口气是他叹的？邢枫试着转了转脖子，他能动了？

为了确定这究竟是巧合还是他真的有了对身体的掌控权，邢枫抬抬手，走两步，跳一跳……

宁星看看哭得越发投入的秦之澜，又看看跑跳怪异的邢枫，表情控制系统在那一刻出了点儿问题。

这两个孩子在这个世界一定过得很苦吧。

不然怎么会没一个是正常的呢？

还没感慨完呢，就看见邢枫终于停止了莫名的运动，沉着脸一秒没耽搁地走向她。

“这是哪儿？”邢枫表情凝重，“你到底是谁？”

宁星一脸呆滞。

“你有什么目的，这是怎么回事？”

刚才发生了什么？中间的剧情是被人按了快进跳过了吗？他这是怎么了？他在问什么啊？在被抓住手腕的这一瞬间，宁星怔住了，脑海里闪过了无数个问题，堵住了她本就不算畅通的思路，整个人也因此僵成呆若木鸡的表情包。

……

一个人自顾自委屈着，一个人自顾自蒙圈着，一个人自顾自分析着。

三个人的脑子里装了三个世界，谁也搭不上谁的弦，一时间，气氛变得怪异起来。

好在没怪异多久，宁星就醒了。

而这次，她醒来后的第一件事，就是把梦里没敢打的寒战打出来。麻麻的感觉从背脊一路顺上去，凉到她的脑子里。

原以为是梦里太入戏才会导致她瑟瑟发抖，不料醒来之后还是感觉邢枫很可怕，尤其是在他抓住她手腕的那一瞬间，她几乎感觉自己要挨打。

这也太真实了……

虽然梦境从来都是没有逻辑的，但诡异成这样也是真的很玄幻。

今天一整天，宁星只要想起邢枫的目光，整个人就不太好。

也许是错觉，但她确实觉得邢枫那些突然冒出来的问题不是在问梦里的她，而是一把撕开了次元壁，走到了她的面前，气势慑人，在问她所没有察觉出来的东西。

宁星不愿意相信这是女人的第六感，因为她并不希望这有多准，但她又忍不住老往那儿想。一整天，她都在不断重复着自己吓自己这件事，导致现在她连那个名字都不敢听。

2.

虽然梦里的情景和他们的变化有那么一丝丝诡异，但漫画还是要更新的，刚养出来了一点点粉丝，可不能随便丢掉。

周末，宁星趁着大家伙儿出去玩，赶紧坐到书桌前整理剧情。

她一直是依照那个连续剧一样的梦在画，但秦之澜和邢枫的抽风却让她有点儿卡住。

宁星咬着笔头，唰唰写了几行——

秦之澜突然的痛哭或许是因为想起了自己身世的凄惨，而邢枫那个异常的反应大概是心疼她弄哭了他师弟？

根据秦之澜那几句前言不搭后语的话，宁星给他们补出一个悲惨的过去。嗯，自幼孤苦是必须的，然后，他们还得经历一些“起起落落落落落”，让他们的关系更加亲密，也让沉稳的越发沉稳，承受不来的越发承受不来却也无可奈何……

她写着写着投入了剧情，慢慢也就忘记了之前对邢枫的在意。

不知过了多久，宁星终于停笔，本子上满满当当都是她脑补出来的身世设定。

“可怜的孩子们啊。”她对着本子长叹一声，“这真是一段不幸的过去。”

叹完之后，宁星又瞬间抽身，抿着嘴笑出来，显然是对自己的改动觉得非常满意，毕竟要让那段抽风的剧情变得合理一点儿都不容易。

放了笔，把本子移到一边，她打了个响指——

这样前后就没有 Bug 了，简直完美！

摆好手绘板，宁星笑嘻嘻地开了工，把秦之澜和邢枫的抽风行为画到了条漫里，在这份不正常过后，又插了一段回忆杀，加了煽情的情节。

虽然现在比不上最开始打鸡血似的日更，但宁星也尽量保持着四到五日一更。作为一个业余画手，这个速度实在算是很快了，加上漫画很萌画工也精良，条漫的热度只增不减，前几天甚至上了热搜。

这次的内容有些多，因为牵扯了过往，要用绘画的语言描述清楚也有些复杂。宁星从早到晚画个不停，熬了两天两夜，终于把这一话完成了。

在画完检查完之后，宁星伸个懒腰，开开心心登了微博把它发布出去。

@熬夜画画小咸鱼：今日份更新，身世解锁！回忆杀预告！

走在回寝室的路上，邢枫忽然听见微博特别关注的提示声。

这几天他一直在研究那个漫画，画手的微博他也在找到的第一时间就加了关注。

这是他唯一的一个特别关注。

停住脚步，掏出手机，他看着这条微博的文案，心中浮出几分不好的预感。带着这样的预感把漫画点开，邢枫边看额角边抽抽。

“呼——”

看完，他做了个深呼吸，握着手机的手背上青筋凸显。

虽然这样的事情说出来很荒谬，但他身处其中，比任何人都明白。这种感觉是说不清楚的，就像不是每件事情都能用科学来解释。那个梦不是梦，而是另一个世界。

他的眼神定了定，脑海里浮现出一张脸。

宁星，又是宁星。

如果他的猜测成立，那么这个画手……

每所大学都有一条林荫道，道边上的两排高树常年茂盛，每到夏天就能遮个日头，给道上洒下一片阴凉。可这条白天看上去充满生机、文艺范儿十足的路，到了夜晚，呈现出来的氛围是完全不同的。

现在是晚上，月色惨白，路灯昏黄，有几盏坏了没修，路面上的影子明明暗暗，加上有风掠过树梢带来些微声响，这实在是月黑风高那啥的绝佳发生地。

邢枫点进画手主页，目光停在屏幕下边的私信上。

微顿，点开，打字，发送。

恰时，有个步履匆匆的大兄弟迎面而来，他本来像是在赶路，却在经过邢枫身边的时候，鬼使神差扭头看了一眼，看完一愣，那位大兄弟转身就抖了个寒战——

这哥们长得不错，表情怎么这么瘆人？

这样的人，怕是不好惹。

晚风吹过，轻却很凉。

它带起地上的落叶，携着落叶飘飘转转，将那片枯黄带离了原来的地方。

3.

宁星将目光从被吹起的落叶上收回来，在呼吸新鲜空气的同时，也享受着刚刚更新完的轻松和愉悦。

她不知道别的画手是怎样的，但她自己每次画漫画都像是憋着一口气，除非这一章画完，否则那口气就出不来。

筋骨舒展得差不多了，宁星悠悠闲闲从阳台回到书桌前，打开主页，美滋滋地看起了评论。虽然只是为了圈地自萌而生出来的条漫，但那也是她用心画的故事，都说作品就是作者的孩子，没有人不喜欢自己的孩子被夸。

看了一圈评论，宁星又点进私信。

——聊聊？

宁星皱了皱眉头，感觉莫名其妙，遂继续往下刷。

可是，刷了几圈再次刷新，首先映入眼帘的又是没有由来的几句话——

“你是S大的吗？”

“见个面吧。”

“你的漫画不是凭空幻想出来的对不对？”

“我觉得我们有必要谈一谈。”

S大？宁星心里“咯噔”了一下，但很快又释然了。

这不是她第一次被问是不是S大学生了。

前几天她在登录微博之后点进了“@”，接着在自己漫画的标签下边看见了几条转载量很高的邢枫和秦之澜的偷拍图。而@她的人用开玩笑的语气说“这么像的吗！咸鱼酱大大好像也是学生，该不会是一个学校的吧，说不定还真是取材现实呢”。

当时的她吓得差点儿原地去世，在捧着自己的小心肝点进去的那一刻，她几乎以为自己掉了马甲。

却还好，那只是读者们的脑补而已。不过是有人觉得这两个少年在气质和感觉上和漫画男主角比较接近，又恰巧不久前他们的照片在微博被转发过一阵子，这才有人挖出来，配的文案是“或许这就是次元壁的突破吧”。

在看见底下读者们讨论的时候，宁星一颗悬起来的小心脏晃晃悠悠许久才落地。

而后，“枫澜”这个标签偶尔也会出现在她漫画的下边，虽然她因为担心，委婉表示过漫画不要涉及三次元，但那几条微博还是被大多数读者默默认可了。

宁星记得，那几张偷拍照里，邢枫穿的是深灰色风衣和牛仔裤。简单的搭配，背景也并不古风，却意外给人的感觉像个侠客。

或许这也是偷拍图能得到那么多人赞同的原因。

她的眼睛还在盯着屏幕，脑子却已经不知道转到哪儿去了。

直到对面又发过来一句话，将她飘忽的思绪给拉了回来。

“或许你会觉得疑惑，但我想，我就是你画的那个人。”

宁星：“……”

宁星：“？”

宁星：“！”

她的目光往左移了一点儿，停在了对方的昵称上。

两个字母，“XF”。

XF？宁星略微疑惑，但很快在脑内拼了两个字出来。

刚刚拼完，她的脑子就是一紧。

“嘶——”

在倒吸一口凉气之后，像是膝跳反应似的，这两个字母变成一个小锤子，轻轻敲了也不知道是她的哪根筋，宁星“啪叽”一下就合上了电脑。

邢枫？

哪能这么巧，他怎么可能知道……

对啊，他们怎么可能会知道？

骗人的。一定是。

4.

坐在书桌前僵了不晓得多久，也不知道回来的室友们聊了些什么，宁星一直都在神游。

直到寝室规定的就寝时间到，室友们提醒她该睡了，她才终于同手同脚地爬到了上铺。

随后，她打了个哆嗦。

刚才那条私信是真的很可怕。

宁星睁着眼睛望着天花板发呆。

上一次做的那个梦，也是真的可怕。

不过，私信的内容十有八九是假的。而那个梦……呸！梦哪有可能是真的！

宁星默默安抚自己：忽略掉就好了，今天一定不会再做那个梦的，一定不会……

在一番自我安慰之后，绷住的神经慢慢放松，随着睡意袭来，她的意识也逐渐变得模糊……

终于，她来到了另外一个世界。

宁星陷入一片黑暗里，接着四周慢慢变亮。

她走在这条路上，心里涌起一阵不好的预感。直到她走到了路的尽头，刺目白光激得她不禁抬手捂住了脸——

陡然间，光线暗了。

宁星放下手，那一瞬间，她听见打雷的声音。

很近，很响，那道雷大概是劈在了她的脑袋上。

有一句话叫天不遂人愿，宁星很久以前就知道这句话，印象却并不深刻。可是，现在深刻了。

她猛地咽了下口水。

“师父，你怎么了？”

秦之澜一脸乖巧地站在她的面前，不像上次哭得呆呆傻傻，看起来是恢复正常了。

“我没怎么。”宁星愣愣回他，边说还边左顾右盼像在找谁。

“师父这是在找师兄吗？”

被说中的宁星赶紧摆手否认“没有没有”之后，她又开始打哈哈：“虽然没有，但既然你提起来了，那你师兄在哪儿？”

秦之澜的眼神闪了闪。

被困在这具身体里的秦之澜细细打量着眼前的人。

他一直都是大大咧咧的性格，就算前几次觉得这个梦和其他梦不太一样，也没怎么把它放在心上。梦嘛，说得再神奇也都是虚的，有几个人的梦是有逻辑有道理的？虽然梦里他好像偶尔会变傻，但傻就傻呗，反正也没人知道。

而且这个发展还怪好玩的，连续剧一样，他偶尔还会好奇后面的剧情。

总之，在邢枫和他谈论起这件事之前，秦之澜压根儿没把这个梦和现实联系起来。

但他只是心大，不是智商不足。

因此，在邢枫拿着漫画与他讨论了一番之后，他也意识到这个梦的问题。

或者，有问题的不止这个梦，还有眼前的这个人。

“师父，你为什么这么关注师兄，都不关心我？”

秦之澜看着自己软绵绵地对眼前人撒娇，心底一阵羞耻。原先不知道还可以当无所谓，但现在晓得了这个场景不止自己一个人能看见，于是各种复杂的情绪便都控制不住涌上来。

宁星对着眼前的人干笑：“没没没，我就随口问问，你不知道就算了，没多大影响。”

秦之澜忽然发现自己的预料有点儿不对。

难道，这个设定不是她安排的吗？如果是的话，她为什么会一脸硌硬？可不是她又会是谁呢？难道他和邢枫都弄错了？他们在梦里对自己的身体没有自主权，说不定她也没有呢？难道，这场异常的背后另有其人？

秦之澜的思维极度发散，他想着自己的事情，并没有看见从一边巨石后带着低气压走过来的邢枫。

可是秦之澜没注意不代表宁星也没注意。

事实上，她在看见石头后面露出脚尖的那一瞬间，心脏就悬了起来。它悬得很玄，像是用一个鱼钩钩住直接钓上去的，而她的心脏被吊起的那个高度，她绷直了腿去跳都够不到。

在这样的心态下，宁星以等待接受审判的表情看着邢枫朝自己走近。

而邢枫也果然没让她失望。

他站在她面前，开口就是一句听不懂的话。

他问："你为什么不回复我？"

宁星蒙圈："啊？"

邢枫冷笑两声："别装了。"

宁星简直弱小可怜又无助："我不是，我没有……你在说什么？"

"我说……"

邢枫又凑近了她一些，近到宁星几乎都能感觉到他的呼吸。

她被悬着的心脏蹦得十分剧烈，剧烈到她甚至产生了错觉，隐约看见那一颗心脏影分身一样分化出一百颗，然后长出了腿，并排在她的头顶上跳着踢踏舞。

可就在邢枫再度开口的那一瞬间，跳动停止了。

"我说。"邢枫眸光一定，"私信。"

宁星猛地从床上弹了起来——私信？什么私信？

站在梦境与现实的交界线中间，她整个人都有些蒙，一时间不知道自己该做什么。

宁星抬手，从额头抹到脖子，发现湿漉漉的全是汗。

接着，她转头望向手机，整个人颤了一下……

不会吧？

不是都说日有所思夜有所梦吗？所以，她梦里的那句“私信”，大概只是因为睡前胡思乱想太多了，绝对不会有什么别的原因。

绝对不会。

宁星在心里念了几遍，接着勉强松一口气。

这两天的梦是真的很恐怖啊！

第四章

你别多想，我没怕你

1.

古人云，祸不单行。

大概是说不好的事情它不会单个儿来，就像女生下课上厕所一样，总是一双一双牵着手去的。所以，一个噩梦的结束，很可能是另一个噩梦的开始。

宁星知道这句话，却是万万没有想到，从小到大都有偏运傍身的她也会遇上这么倒霉的一天。

学期末的课程不算满，因此学生们的自由时间很多，可这并不代表他们就完全没课了。

最近温度很高，阳光充足，即便是早晨也已经能够晒得人头皮发疼。

过了一个休息周再次重返课堂，除了个别爱睡懒觉的同学因为又要早起而有些闹心之外，大家的精神都还不错，路上的大家嬉笑打闹着，仿佛一朵朵走在阳光下的向日葵。

虽然大多数的“向日葵”都撑了伞。

上襦被汗水打湿，长及手腕的袖子被撸到肘上，宁星用手做扇子给自己扇风，试图用这个方法让自己凉快一点。

因为最近睡眠质量太差而精神恍惚的宁星慢悠悠地走在路上，被过强的阳光晒得一阵眼晕。

她用力地揉了揉眼睛，揉完却发现自己眼前的模糊不但没有缓解反而更严重了些，眼晕都变成眼花了。

比如眼前这个人，她心道，在这样的情况下，看起来就很像邢枫。

“宁星？”

声音听起来也很像是邢枫。

刚刚做完判断，宁星忽然打了个激灵——

这该不会就是邢枫吧？

“我觉得我有必要和你谈一谈。”邢枫环着手臂看她，明明没什么表情，却让宁星一阵心惊。

在这一时间，宁星仿佛看见对方的身形在无限放大，而自己无限缩小，直到最后，他一抬脚——

吧唧！

“你有在听吗？”

宁星从想象里抽离出来，对着眼前的人飞快点头：“有有有！”点完头，又立刻小心翼翼地组织语言，“那个，请问……这位同学，你有什么事情吗？”

邢枫若有所思：“你……不认识我？”

宁星一顿，脑海中有什么闪了一下。

对啊，不论那个梦有多奇怪多诡异，在梦里他们是什么关系有多少交集，但在现实世界里，她的确是不认识他的啊！这么想着，她也就顺势演了起来。

宁星一脸为难：“请问你是？”

“我叫邢枫，电工系大三学生。”

宁星没想到他居然真的一本正经地介绍了自己，意外之余，她也没忘记继续演着。

“这样啊，你好。”她露出恰到好处的疑惑，“请问你找我有什么事情吗？如果不是特别重要的话，那么我上课可能要迟到了……”

“很重要。”邢枫开口，“私信、漫画、梦。我有三件事情想问你。”

私信、漫画、梦，这五个字化成三道雷，一道接一道劈在了她的天灵盖上，打得她几乎失去了思考能力，一时间不知道自己该说什么、能说什么。

如果一定要描述她此刻的心情，那么或许是：这一刻，人类想起了被梦境里不知由来的心虚所支配的恐惧。

“那个。”她勉强开口，“我……我可能要先去上个课，不然……”

说是这么说，可宁星的演技实在是一下子跌得太厉害，导致邢枫都用不着多做分析，直接在她脸上就看见了大写加粗的三个黑体字：我想溜。

“好的。”邢枫善解人意地笑了笑。

宁星闻言松了一口气。

可还没等她这口气松完，就听见邢枫更加善解人意地补充：“正好我们专业今天没课，你不介意带我去蹭个旁听吧？”

“我……”

“嗯？”邢枫发出了友好的质疑。

宁星弱弱地咽下了原先的答案，转而强笑道：“不，不介意……”

“谢谢。”

太阳还是很好，空气依然干燥。

不过几分钟而已，周围似乎并没有发生什么改变。

并没有人发现，熙熙攘攘的“向日葵”群里，不知道什么时候……蔫了一朵。

2.

今天的课是艺用透视学。

透视对于美术生而言是很重要的，可上理论课还是有些枯燥，枯燥到许多同学都会在听课的过程中忍不住打瞌睡。

但，今天不是平常。

即便不去注意，宁星也能感觉到女孩子们向她身边的人投来的炙热目光。

宁星当然知道邢枫长得好看，也知道像他这样的人天生就是发光体，想不注意都难。但如果可以，她还是希望能够离他远一点。

宁星坐得直挺挺的，挺得肩膀和腰椎都到了僵硬的程度。这么坐着当然不舒服，可她不敢乱动，生怕某个让人提神的人会注意到她。

瞥了一眼靠在椅背上的人，她稍微又往前倾了一点儿。

按照透视学来说，人眼可见视域有 188 度，但只有双眼重合的 124 度视角之内的东西才有立体感。

她坐在邢枫前边，也就是讲，别说什么立不立体了，他现在所在的位置，是她即便用余光也瞄不到的 188 度之外……

可她分明"看见"了邢枫在看她啊!

宁星的背上冒出一阵冷汗。

他现在应该是朝左轻歪着头，有一根头发落在了右肩上，嘴唇微微抿着，像是在想些什么，而他的眼睛……

他的眼睛，在盯着她。

宁星的心里惶恐，脑袋却背离了意志，咔嚓咔嚓地、缓缓地朝他转过去。

"嘶……"宁星倒吸一口凉气。

一模一样!

邢枫原本在望着宁星在发呆，可她这一回头，不仅把他的发呆打断了，他还被弄得毛骨悚然，几乎觉得自己身后有什么东西。

他下意识地往身后看，不想却对上了一个偷瞄他的女孩害羞的脸。

在对视的下一秒，女孩飞快地把头埋下去，而邢枫则是黑着脸转回来。

他小声问宁星："怎么了？"

干吗无缘无故一副见鬼的表情?

宁星没出声，眼睛却在说话。

如果邢枫没有读错，她大概是想说：没错，见鬼了，那只鬼就是你。

然而，他刚刚读出这句话，就听见她小声开口：“你别多想，我没怕你。”

邢枫：“？”

他有什么好怕的？还是他看起来很可怕？

邢枫放缓了声音，尽量温和地问：“我能问问你在害怕什么吗？”

“宁 · 此地无银 · 星”：“我都说了我没怕你。”说完，她很快别过头去，还往与他相反的地方挪开了点儿。

邢枫：“……”

他之前对宁星没什么了解，今天却给她下了个定义。

邢枫觉得，这个女孩是个让人捉摸不透的人。

因为，你根本不知道，当她面对着你的时候，实际上在脑补一些什么。

3.

紧张地上完两节课，宁星磨蹭着不大想走出教室，总觉得人多的地方才能给她安全感。

邢枫看着，没有催促，只是默默地等着。

他不是没有耐心的人，但是当他看见宁星把“收书进背包”和“拿书出背包”的动作重复了八遍之后，还是没忍住抽了抽眉毛。

下课的十分钟已经过去，而教室里的最后一个人也离开了。

宁星明显心不在焉没注意，依然在继续那个动作。

邢枫退远两步，屈了手指敲敲桌子：“人都走了，上课铃也打过了，看样子这间教室接下来没人。正好，我们可以在这个地方把话说清楚。”

宁星浑身一震，左右环顾……大家什么时候走的？她怎么不知道？

邢枫又退了两步，看起来有些无奈。

“你真的不用这么紧张，我只是有些疑惑想来问问你，没有别的意思。”

或许是感觉到了邢枫的情绪，又或许是已经绷了两节课实在累了，宁星稍微放松了一点儿，心道反正躲不掉了，不如先走着，走一步算一步？

她握了握拳。

再说，邢枫也不是黑社会，光天化日朗朗乾坤又是在教学楼里，他也不能把她怎么样。

“那……那你想问什么？”

在心里硬气了一把，说出来的话却弱弱的。

得到回应之后，邢枫大概整理了一下思路。

其实经过这一上午的观察，从她的反应里他差不多已经得到答案了，可这件事情牵扯很多，他还是希望问一问。即便不会有什么结果，他也希望能够有个明白。

被迫陷在不明状况里的感觉实在是很糟糕。

“首先，我最近在做一些很诡异的梦，梦里有三个人，你是其中之一。而另外一个，我去问过他，很奇怪，他也做了和我一样的梦，又或者说，我们进入的本就是同一个梦。而更奇怪的是，最近网上火起来的漫画，它的内容居然和我们的梦境一模一样。”

说到这里，邢枫眨了眨眼：“如果我没有猜错，你就是那个条漫的作者，对不对？”

邢枫喜欢开门见山，宁星却对毫无铺垫的问题反应不及。

在这样的情况下，她下意识便嘴快否认：“不是！”

否认完了又开始心虚，她这是在干啥啊？

“哦？”邢枫一脸的看破不说破，“真的不是？”

宁星腿一软，几乎就要改口承认了。

可就是这个时候，邢枫眯了眯眼睛，看起来有些危险。

于是她脑内倏地分化出两个小人——

黑裙子的小人对她说：“千万不能承认啊！”

而另一个揪着小辫子的小人犹犹豫豫：“其实没什么好不承认的，那个梦也不是你自己能控制的，而漫画……”

“万一他是想让你停下那个漫画呢！”黑裙子小人环着手臂，“你承认了漫画就等于承认了梦，承认了梦就是承认了原型，而他作为角色原型觉得自己被侵权，要求你停更漫画怎么办！你舍得吗？前天不是还在日记上说画出来的故事就是你的孩子吗，你要放弃自己的孩子吗？”

揪着辫子的小人愣成石像。

“再说，他的意思很明显了，他觉得那个梦是你捣的鬼！要是没有漫画你还能解释解释，但现在漫画摆在那儿，你说你也不清楚那是怎么回事，他能信吗？”黑裙子小人的背后开始发散黑气，“说不准，人家已经拿你当异类在看了，就像巴啦啦小魔仙看黑魔仙的感觉一样！你看看他的眼神，像不像在看敌人？”黑裙子小人气势十足，“你说，在这样的情况下，这件事你能认吗？”

小辫子小人听得眼泪都要出来了，脚步一抬就往黑裙子小人那边跑。然后，她拍了拍黑裙子小人的肩膀：“你说得很有道理！这个不能认！”

两个小人扇着翅膀在她眼前一脸坚决：“不能认啊！”

宁星鼓起勇气：“我不知道你在说什么。”

“好吧，就算你不知道，那你为什么不回我私信？”邢枫一脸的我就知道。

“我没看见！”她嘴快答道。

邢枫忍了忍，终究还是没忍住。

偏偏宁星的脑子里已经是一片糨糊了，什么都领悟不到。

“你笑什么？”

“没什么。”邢枫耸耸肩，“我相信你了。”

宁星“啊”了一声。

电光石火之间，她在内心编了很多谎话，也想了他接下来会问的各种问题。

可是，没想到……

他居然说他信她了？他这样就信她了？

她清了清嗓子，试探道：“那……那我走了？”

邢枫点点头：“再见。”

“再见！”

说完之后，宁星提着包就往门外冲，生怕身后的人会追上来。

虽然她也不知道自己究竟在害怕什么。

第五章 在梦里被抓包

1.

弄清事情是解决事情的前提，但这并不意味着，你把一件事弄清了，就能够彻底解决它。

邢枫坐在电脑前边，把“熬夜画画小咸鱼”的微博从头到尾翻了一遍。

宁星这个号注册了三年，然而，发出的微博总共还不到五十条。他大致看了看，其中一半是最近画的条漫更新，而剩下的一半，是早些时候她画的同人和转发的别人画的同人。

要么是画画，要么是画画相关，没有一条关于三次元的日常。

邢枫皱了皱眉。

虽然他也不知道自己是在为什么而皱眉。

关掉网页，合上笔记本电脑，他往阳台走去。

黑布一样的夜幕里缀了许多星星，因为没有云层遮挡，所以显得很亮。

遇见了这样的事情，大多数人都会觉得意外，也很难不去在意。

虽然说来无法解释，但在没有经历这些事情的人的眼里，那只不过是一个梦，只不过是个漫画，对于他们的生活并没有什么影响。

就像前几天他装作无意和室友简略提及，室友给他的回复一样——奇怪就奇怪呗，反正不是真实的，不去想就好了，再说，弄清楚又能怎么样，弄清就没事了吗？

他当时只是笑了笑，没有反驳。

每个人的想法都不一样，没什么好反驳的。

的确，这件事情很玄，没有办法用常理解释，他未必能够解决，可那又怎么样？他想把事情弄清楚也只是想把事情弄清楚，带着困惑过日子实在很难受。

所以，他今天的心情这么好，大概和得到了一部分答案有关。

大概。

像是浸过水的黑葡萄，宁星有一双黑亮的眼睛。

而现在有一个用得很多的比喻，说好看的眼睛里都存着星星。

邢枫半抬着头，也不知道是想到了什么。

“我没看见？”他一时没忍住，笑出声来，“原来，除了秦之澜，还真有能蠢成这样的人吗……”

蠢成这样的人，真的能造出一个那么玄幻的世界吗？

邢枫若有所思。

还有，平心而论，不看题材，她的漫画其实还不错。

2.

最近几天都没有再做那个梦，宁星觉得很欣慰。

但命运这种东西，它不是人造革，它是真的皮。

也就是当宁星刚刚感觉到这么一点点的欣慰后，她发现，自己的三次元乱套了。

最近，邢枫总是莫名其妙地出现在她面前。上个课能遇见，买个饭能遇见，坐个校车上车之后发现他已经在上面坐着了，出学校逛画材店甚至还能在校门口擦个肩。

在这样的情况之下，宁星只能瑟瑟发抖强行装看不见。

而强行扭头不看路的后果，就是有一次她差点儿在楼梯上踩空，如果不是邢枫拉了她一把，她大概真的能从楼梯上滚下去。

当时的邢枫：“……”

怎么回事？怎么像是他在欺负她似的？还是他真的这么可怕？她的胆子这么小的吗？还是……在他不知情的情况下，她又脑补了一些什么？

所以，她到底在脑补些什么？

不同于邢枫的一头雾水，宁星的精神体缩在一个小角落里自顾自打着冷战。

其实她倒是真没多想什么，只是每次看见邢枫，她都忍不住有点儿情绪上头。久了，就形成了条件反射：看见邢枫→大脑开始准备→神经系统接到指令→发抖。

这是理智所无法控制的东西。

幻想也是。

最近的宁星总是忍不住幻想，如果命运有实体，她一定揪住它的衣领子前后左右来回晃——

皮这一下你真的开心吗？我当初祈祷的话你是不是只听见了一半？如果要牺牲三次元的平静来做代价，那还不如让我每天做那个梦呢！

“这可是你说的哦，还不如每天做梦。”

走在路上，宁星忽然被一句话打断了思路。她停住脚步，前后左右飞快环顾着。

刚才是谁，谁在说话？

“没有人啊，幻听了吗？”她挠挠头，“我已经被折磨到幻听了吗？”

宁星满脸崩溃，却也就是这个时候，她听见“喵”的一声。

顺着声音回头，宁星看见不远处的长椅上卧着一只猫。

宁星不大认识猫的品种，只能通过外表判断这是一只橘猫。

橘猫一般都很胖，就像铲屎官们老喜欢说“大橘为重”，可它倒是小小一只，软萌软萌的，后颈上还有两块奶白色的斑，很特别，像是错开的两个不规则半圆。

它看起来很懒，眼睛悠闲地半眯着，甩着尾巴舔着爪儿，软软地歪着头，仿佛是感觉到了宁星的视线，它对上她的目光。

“喵——”

大概是有了嗲声嗲气一声“喵”的加持，现在的它看起来简直一百分可爱。

宁星眨眨眼，瞬间有一种被治愈的感觉。

于是，她抬起手和小猫咪对喵了一声。

或许是错觉，在她发出“喵”之后，小猫咪的头上仿佛带了几条黑线，与此同时，还滑下了巨大一颗汗珠。

宁星甩甩头，幻听就算了，幻觉不行的。

她走过去：“你好啊。”

小猫抬头看着她，水汪汪的眼睛把她的心都看软了。

过了一会儿，宁星忽然想到什么似的。

她叹一口气：“流浪猫的日子不好过，你等等，我去给你买小鱼干。”她转身嘟嘟囔囔地走了，“大家都是日子不好过的生物，彼此照应一下吧。”

猫咪看着她的背影，像是冷哼了一声，随后踮着脚优雅地走开了。

而它踩出的每一个节奏都仿佛在说：不，我和你不一样。

3.

是夜，带着一颗累到不行的心，宁星躺在床上慢慢进入了梦乡。

都说良好的睡眠可以让身体得到充分的休息，可当她在梦里睁开眼睛的那一刻，就已经注定了今天的睡眠绝对不会良好。

站在邢枫和秦之澜的面前，宁星有点绝望……

“麻麻”，我白天听见的那句话好像不是幻听！

宁星开始了一个人的脑内风暴。

在她的意识里，自己已经倒在了铁栏杆的另一头，双手无力地朝前伸着，死命想要逃离这个地方——

放我出去啊！

“师父？”

秦之澜冲她招手：“你怎么才来？时辰都要到了！”

“时辰？”宁星疑惑，“什么时辰？”

在她这句话出口之后，秦之澜一脸震惊：“师父，你……你忘记了吗？”

宁星：“？”

什么忘记了？她是错过了什么吗？怎么感觉中间有什么重要的情节被跳了过去，还是这个梦的进展真的很皮很随机？

宁星发现一个很诡异的问题。

按以往的经验来说，她的梦应该是接着的才对，每个新梦的开头都该咬着前一个的结尾，像是一幅拼图里相邻的两块。哪怕不是完全契合，也该在差不多的位置。

可这次怎么差得这么多？

她依稀记得，上一次的梦里她刚刚见到邢枫，而且他们该是在一块草坪上，在坪边还有一块人高的石头。

可今天，她睁开眼睛就站在了一扇门前，周围来来往往进进出出的有许多人，大门两边挂着红色灯笼，中间有红绸子悬在顶上，还扎了朵球儿似的大花。

宁星愣愣转头，只见外边不远处还挂着两挂鞭炮，从悬着的地方一直垂到地上，引子也比一般的鞭炮长。

还没仔细观察完周围，宁星就看见一个男人走过来对着秦之澜抱拳：“恭喜，恭喜……”

秦之澜抱拳回礼，和对方客套了几句官方的吉祥话。

宁星一头雾水：这咋回事啊？

来回打量着秦之澜和男人，她越看越觉得奇怪。

秦之澜身上这一身红，怎么这么像喜服？

等等……喜服？

“嘶——”宁星差点儿把下巴都吓掉了，“你这是干什么，别是要成亲了吧？”

秦之澜刚应付完贺喜的人，闻言望向她，脸上的表情比她更加莫名其妙：“今儿个本就是我的大喜日子啊，师父你怎么了？”

或许是惊吓过度，宁星一句话说得结结巴巴：“那，那你是……你是和谁……那个，就是……你知道我的意思吧？”

“师父你说什么呢？”秦之澜的耳朵可疑地红了红，“自然是……”

他话没说完，眼睛倒是往里一瞥，而宁星顺着那个方向一看，顿时整个人都蒙圈了。

如果她没看错，那个地方只有一个人。

邢枫。

这个发现给宁星带来的刺激实在太大，她只觉得自己眼前一黑。

虽然刚才短暂的那几秒钟里，她也不是没有想过这个可能，但当这个画面真的出现在她眼前，她还是觉得反应不过来。

她捂着自己的小心肝儿，发现自己的左右脸想做出的表情有点儿不一样。她的左脸想笑，右脸却哭丧着，复杂得几乎让她的表情控制系统紊乱到抽搐。

不只是表情，她整个人都混乱了。

如果这只是一个梦，只是她一个人的梦，她会很开心的。

可问题就在于，这场景并不止她一个人能够看见……

宁星背脊一凉。

鬼知道这一幕被两个当事人看到之后，她需要承担怎样的后果。

扶着身边不知道什么东西，宁星好不容易把那阵眩晕劲儿缓过来，再睁眼，就看见场景已经换了一个。

她坐在高堂的座位上，而不远处两个熟悉的少年正奉茶向她走来。

从秦之澜扫到邢枫，再从邢枫扫回秦之澜，宁星在这一瞬间仿佛透过两张笑脸识别到了他们心里边，浓得几乎实体化了的怨气。

宁星又不自觉开始哆嗦起来。

以前的梦那么正常，邢枫都一副“这事没完”的样子，还跟着她上课，找她来摊牌……万一让他看见今晚上这个梦该怎么办，他会怎么办？如果他怎么办她了，她又该怎么办？

“师父，喝茶吧。”

秦之澜和邢枫在她身前齐齐躬身，倒是没跪。

这一点让宁星稍稍松了一小口气。

还好没跪。

她的死法应该能好看一点。

然而，这时，邢枫忽然抬头：“师父，为什么不接？”

有些人是很厉害的，嘴里说着一句话，眼睛里却能说出另一句话。并且，这两句话的意思还能差得很大。

宁星对上他的目光，隐约读出了几分危险的味道。

手指一紧，宁星的指甲几乎要抠进扶手里去，她在感觉到疼的时候顺便转了一下脖子，然而刚刚转过去就僵直住了——

在她身边的另一个位置上，坐着一只猫。

一只眼熟的橘猫。

像是感觉到了宁星的视线，小猫顺着回了个头：“喵？”

宁星猛地睁开了眼睛。

躺在床上，她努力地消化着梦里的信息。可即便再怎么努力，她也还是消化不下去。梦里梦外的场景交织着出现在她眼前，宁星在床上咬着被子翻来滚去，觉得自己头都大了……

良久，她抱着脑袋眼泪汪汪地想：完蛋了。

——完蛋了，那个世界原本只是不正常，而现在，它灵异了。

第六章

带你去做恶作剧

1.

这几天，宁星漫画的微博话题下边非常热闹。

起因是一个大粉冒着粉红泡泡发了一条微博，大概意思是说自己梦到了喜欢的 CP 举行婚礼，并且自己还到场参加了。

据她描述，那个场面简直就是锣鼓喧天鞭炮齐鸣，只是不知道为什么，自己无论如何都看不清主角的脸。不过这也不打紧，看不清脸也不影响她被热闹喜气弄得几乎厥过去的激动心情。而她的配图是宁星最开始发的小剧场里两个人舞剑的场景截图，只不过，她后期把衣服给涂成了红色喜服，还加了粉色滤镜和爱心的小边框。

这本来只是一条个人愿望博，却没想到在话题下引发了海啸。

这条微博下面的转评很多，大多数都是——

“我也梦到了！梦到参加了他们的婚礼！我也是看不清脸，但我知道那就是他们！”

“什么？原来我不是一个人？”

“博主描述的那个场景和我梦到的未免太像！”

“天啦！我相信了！他们真的在另一个世界存在着，我们看见的或许是真的！”

……

一时间，整个微博都沦陷了。

对于“梦境中的婚礼”这个话题，参与的人越来越多，大家说得神乎其神，最后甚至走出漫画标签，成了一个独立热门话题。

而不明所以的人在点进那个话题之后纷纷表示这啥玩意儿，也有路人走错“片场”看见这些留言说这一个个怕是都疯了。哪能所有的人都在同一个晚上做相似的梦呢？这也太明显了，一看就是水军。

都说树大招风，这话实在不假。

宁星坐在电脑前一条条翻着评论，心底说不出是什么滋味。

你才是手机用户：又是这个漫画啊？前几天就看见有话题说什么人设原型，我还寻思一个漫画怎么就能找出具体原型了，果然热搜是自己买的。

我不喜欢吃苦瓜：买水军散布这种玄乎的东西不算传播封建迷信吗？炒作狗神烦，也不怕把自己炒煳。

嘻嘻本嘻：那个“原型”不是前阵子被人偷拍发到微博的小哥哥吗？我记得因为长得好看被各个博主转发了好久，当时还讨论他会不会就顺势进娱乐圈了，结果人低调得不行……啧啧啧，可惜了那个热度，现在被某别有用心的十八线画手拿来捧自己了。

嘤嘤怪：楼上真相。路人围观话题看了一眼漫画，也不怎么样嘛，还是纯新人，没炒作能短时间爆红有人信？也就那些脑残粉会跪舔。

哦哟：楼上那些恶意揣测的要不要脸？你们知道我们咸鱼酱有多努力吗？人家可是发着高烧还画画的人呢。还有，谁炒作了？人家明明都是“自来水”，热搜又不是我们想上的，只是大家太优秀了控制不住嘛。

丑七加一怪：楼上那位友军下次记得加个“狗头”，我差点没收住我的意大利炮。

……

屏幕的亮度太大，看得人眼睛疼。

宁星把电脑合了起来，表情有些麻木。

也许他们都是路人，也许他们只是说说，也许这些话在旁人眼里不算过分，可站在风暴里，她和那些旁人的感受是不一样的。

她不过就是想画一个故事，怎么就在他们的眼里变成了这个样子？

条漫粉们很快到达现场，他们与路人兵团你来我往，几乎要撕起来，给人留下很不好的观感。

有一些不理智的粉丝因此说了过分的话，也做了不当的行为，于是整个小圈子都被人骂邪教，火势大到一时间无法扑灭，宁星也因此暂时停更。

寝室里，室友们望一眼捧着奶茶对着电脑发呆的宁星，互相对视一眼，都在彼此的脸上看出了担心的情绪。

宁星从来都是乐天派，情绪鲜明，即便再丧也就是哭一哭了事。她以前说过，理智解决不了的事情就交给眼泪解决，不管再怎么严重，哭一场总能好一些。

可这次，她已经对着电脑发四天的呆了。

她们每回看她，都能看到红红的眼眶和颓得没有一点儿神采的眼睛，可不管瞧着有多难过，她就是没哭出来。那副被抽了魂的样子，真是叫人看得怪不好受的。

“宁小星。”长辫子室友拍了拍她的背。

宁星回头，原本低垂的头慢慢抬起来，原先清透的眼眸现在满是红血丝，黑眼圈也深得很，整个人似乎瞬间憔悴了。

“你……”长辫子室友一时间不知道该说些什么，“你要是有什么事儿别憋着呀，像以前一样，号一号，哭个撕心裂肺的，就算解决不了什么事，发泄一下也好。”她拍着自己的胸膛，“喏，我们的怀抱都能借你。”

“没事……”宁星一句话说得慢慢吞吞：“我就是有点儿没力气，缓一缓就好了。”

“没力气？你这几天就吃了点儿猫食，能有力气才怪了。”

宁星勉强扯了个笑：“不用担心我，我过几天就回来了。”

劝来劝去都是这一句话，室友们交换了个眼神：“行吧，那我们下去买饭，帮你带一份？”

“嗯，谢谢。”

得到回应之后，室友们结伴出了门。

宁星是公认的团宠，个性软脾气好，随便怎么逗都不生气。在此之前，她们是真没想过，这样个性鲜明的女孩子居然也会难受成一个灰色的团子，被抽干了所有情绪一样，蔫蔫地窝在那儿，弄得寝室灰蒙蒙的，叫她们看着也不好受。

于是，在食堂里打着菜，两个人还在讨论着宁星。

“你说她最近是怎么了？每天就对着笔记本发呆，叫她都听不见。”

“谁知道呢？”长辫子室友端着饭，“该不会是失恋了吧？”

“怎么可能！宁星有没有恋可以失你不知道啊？”

原先低头玩着手机排着队的人闻言一顿，他好像捕捉到了两个字：宁星。

邢枫皱了皱眉，她们是在说宁星？

意识到这个之后，他不自觉就对前边的两个女孩上了点儿心，却并没有多去想自己为什么会有这么一份上心。

后来他才明白，很多时候行动和想法都是无意识的，就连注意力也经常自己长着腿儿似的跑到一个地方去。也许，这是意识之外的潜意识的选择。

而这个选择发生的时候，也就是他最开始注意到她的时候。

回到寝室，邢枫的眉头皱得更深了。

那个晚上的梦很奇怪，而他比梦里的所有人都更能看清她的表情。没有新奇和兴奋，也不像现场其他人都在笑。她的脸上，满满当当都是惊恐和不安。

醒来之后，他的第一反应就是继续关注那个漫画。

他想看她是不是又把这个梦画成了自己的剧情，也想通过旁白和画面知道她的想法。却没想到，比更新更先等到的是那个凭空跳出来的热门话题。

关注了漫画的人，没有谁不知道最近发生的事。

不知道为什么，邢枫忽然就生出了点儿自责的感觉。

在看见事件发酵之后，他没有想过她的感受，只是站在自己的角度上疑惑不解。他到底和宁星不算熟悉，所以，在出了这样的事情之后，他第一时间只会觉得莫名其妙。

没有人能预知未来，谁也不知道事情会变成后来的样子。

既然如此，按她的更新速度来说，在这件事恶化之前她不应该已经把这个画下来了吗？在路人观感变差之前，她不应该继续更新漫画吗？

邢枫觉得奇怪，又不好直接问她，于是他发了私信给她。

很短，没什么内容，却很容易被解读出其他意思。

他问：你怎么不更新漫画了？

而她难得回复了他，也很短，就六个字：真的很对不起。

没有辩解也没有别的话。

看见这六个字，邢枫就知道她误会了自己的意思，毕竟，他会这么问并不是在怪她。

他也想过要不要解释，可这种事情没有那么好解释，这么想着，于是他觉得，算了。

2.

最近的天气十分燥热，尤其是临近考试周，每间寝室上空都飘浮着复习的压力，悬在头上的电风扇吱吱呀呀，不但没带来什么凉意，反而叫人更加暴躁了一些。

“我去！”秦之澜忽然喊，“这什么情况？”

“怎么了？”

秦之澜举着手机奔向穿着大裤衩的室友：“你看，你看！这个人说话是不是很过分？一看就是个披着路人皮的黑子！”

“啧啧啧，你管人家呢，网上键盘侠多了去了。”大裤衩室友把视线移回书本，“倒是你，书没看进去多少，微博刷得挺溜。”

“去你的！”

秦之澜薅了室友脑袋一把，回到自己座位上继续刷手机。

不同于邢枫，他关注这个漫画是真觉得挺有意思的，虽然里边的情节他基本上都知道，但自己梦见和重新去看根本就是两回事。

不知道别人有没有这么想过，但他偶尔做了有意思的梦，就是会很想写下来或者画下来。

可惜，小说写不动漫画不会画，技能栏空得太厉害，他也就只能放弃了。

所以在某种意义上，他觉得宁星还挺厉害的。也正是因此，他从一开始对这个漫画就没多反感，只是偶尔想到，会觉得有些神奇和小别扭罢了。

在此之外，秦之澜自己都觉得这个故事好玩。

甚至他还想过，如果他会画会写，说不定他也会开个微博做记录。

毕竟这个“连续剧”是真的神奇。

看见一个人能把自己想做却做不到的事情完成得那样好，秦之澜是真的服气，也是真的打从心底觉得她贼棒。

秦之澜咬着牙望着电脑屏幕，本来就圆的眼睛在这时候鼓得更圆了一些。他抿着嘴唇，颊边那个小梨窝陷得很深，跟着主人咬牙的动作一动一动，明明是在生气，却给人感觉像只撒娇的幼犬似的。

室友路过，顺手撸了一把他头上的呆毛：“哟？什么表情，想吃骨头没吃着？”

“滚滚滚。”秦之澜把他的手挥开，“大爷忙着呢。”

他算不上什么迷弟和粉丝，但怎么说也看了人家这么久的漫画，也清楚这件事情的前后，在看见那个所谓“路人”一口一句难听到无法描述的话之后，当然也会有点儿不舒服。

于是他直接就在话题里和那些说话过分的人撕了起来。

不得不说，虽然秦之澜没有漫画和写文的技能，但他在这种口水战里还是很厉害的。

首先，他思路清晰说话简洁不带脏字；其次，从小打游戏练出的惊人手速让他打字超快；最后，虽然这么做可能很让人生气，但他的确是回完一个拉黑一个，让人想骂他都没有办法回复，十分难受。

对方难受，他当然就爽了。

可万万没想到，这还没撕多久没爽多久，他就掉了马甲。

秦之澜的私信差点儿被刷爆。

——你是不是那个 S 大的秦之澜，你也追咸鱼太太的漫画？天啊！你知道有人说你是这个漫画的原型吗？

——捕捉！在话题下看见的时候还以为是我眼花了，不过翻了一圈你的微博……对了，我看见你微博里的照片了，说实话自拍还没偷拍好看……

——你居然也在看这个漫画，还为这个漫画说话！忽然很感动……有一种被正主认可的感觉……

……

盯着屏幕一天刷新八百遍的宁星也看见了这些。

她愣了一下，假的吧？

这怎么可能是秦之澜？如果这真是他，他怎么会帮她说话？他不应该和邢枫一样，恨不得抓住她这个罪魁祸首，让她赶快停止吗？

在话题里把这个微博 ID 搜了一遍，又没忍住点进主页去看了一圈。在刷到笑得灿烂的秦之澜抱着篮球对着镜头比“耶”的照片时，宁星的脑子有点儿蒙。这个微博貌似是他用来记录日常的，都是琐碎的小事，但能让人看到他每天都过得很开心的样子。

还真的是他。

从这件事爆出来一直到前几分钟，宁星一直被外界言语攻击，私信、转发、评论，她被骂了很多天了。

没有人是不在乎外界评论的，可她的回应很无力，解释也很无力，这个漩涡太深，她所有的努力到了最后都会化成无力。在这样的环境里待得久了之后，难免会生出些自我厌恶的情绪。

邢枫一直不清楚她是在害怕什么，不明白为什么她一看见自己就想逃，在这件事爆发之前，宁星自己也不明白，还以为自己就是下意识在怕他。

但其实不是。

她是心虚，她觉得自己做了对他而言不好的事情，可即便意识到了，她也还是不想停止。

也许这个漫画大家只是看个乐子，也许更新漫画在外人眼里是不务正业和浪费时间的事情，但她真的很喜欢画漫画，她不想放弃它。

一边觉得自己似乎伤害到了别人觉得不对，一边又不想停止，让她在某种程度上有些自我鄙夷。

表现在生活里，就是她不敢见他。

宁星鬼使神差戳进了秦之澜的私信框里，意外地看见了他的很多留言。

都是最近才留的，满满一屏幕全是安慰。

室友们其实每天都在变着法儿安慰她，她不是不感动，只是触动没有很大。可秦之澜这些话，却让她看得眼酸。

他说自己最开始也就是因为新奇随便看个故事，看到后面却发现画这个故事的人有点可爱。或许就像她在某次更新时所说的那样，她是真的喜欢这个漫画，也是真的喜欢这个故事。

分享出来，只是单纯地希望能把自己所喜欢的东西和别人分享而已。

他说，她没有做过什么过分的事，过分的是那些不明真相却咄咄逼人的人。

还有，那个梦。

他说，自己在最开始对她有过怀疑，但最近忽然改观了。他觉得，那个梦，他们不愿意看见，她也未必是自愿的。

最新的一条私信是一个小时前的。他说：你别太难过，有的人确实太过分了，我帮你骂他们。

“我帮你骂他们”——在看见这句话的时候，她差点一个没忍住直接哭出来。

她没想过秦之澜会说这些话，没想过会是由他告诉她，其实她没有错，甚至她还很棒。

QZL 被注册了：哎，你在看私信啊？我看见前面全都已读了。

宁星吸了吸鼻子，犹豫半天，回了一句谢谢。

QZL 被注册了：不用客气，咱俩谁和谁啊，对吧，师父？

前几天积压下来的坏心情被这声“师父”冲淡了一些，心里堵堵的感觉也稍微淡了下去。

熬夜画画小咸鱼：你别这么叫我，感觉怪怪的。

QZL 被注册了：怪吗？哈哈哈，我以为你应该习惯了，我不一直这么叫你的吗？

两个人一来一回聊了许多，大多数是没有意义的废话。说起来很神奇，明明在三次元里也就见过一两面的交情，而且那一两面还很短，不过就几分钟的时间，昨天两个人还陌生着，今天就聊得像相识很久的朋友。

真是很神奇。

QZL 被注册了：你吃饭了吗？时间差不多了，不然一起去吃呗。

宁星想了想，发现自己的确已经几天没出门了，于是敲了两个字：好啊。

QZL 被注册了：那行，校门口见！

3.

宁星已经很久没有好好吃饭了。

难以想象，明明上午还在被负面情绪包裹着，一个人缩在角落，自闭又难受，连倒水都不想起身……几个小时以后，她居然会在外边和秦之澜一起吃烤肉。

“这家店怎么样？”

秦之澜本来穿的就是短袖，然而吃着吃着，他习惯性把袖子撸了上去，布料皱皱巴巴堆在他的肩膀上，再加上他吃得满身是汗，看起来有点儿……不精致。

至少和网上红起来的偷拍图里的不像一个人。

“嘶……烫烫烫……”秦之澜咋咋呼呼地把刚塞进嘴里的烤肉又吐出来，接着吐着舌头喝饮料，“这家店味道还行，就是空调不够劲儿，夏天来吃有点折磨人。”

喝完之后，烤肉也凉得差不多了，他吹几下再次塞进嘴里：“你不热吗？袖子可以撸……哦，对了，你是女孩子。哎，等等，你今天怎么没穿你平时穿的那种衣服？”

“你是说汉服和汉元素吗？”

“对，就是那个。”秦之澜笑得爽朗，“你怎么没穿它们？你穿那个很好看。”

宁星笑了笑不说话。

她是真的很喜欢汉服，但想到是和秦之澜出来，她在出门之前临时翻出了衣柜深处的这条小格裙。

学校里有很多人因为她的穿着而经常讨论她，她身边的人也都支持她穿自己喜欢的。但她也明白，很多人是不喜欢被人讨论和被人用异样的眼光看着的。

所以平时上下课的大多数时间她都是独来独往，长久以来也习惯了，不用想太多去迁就谁，也不用担心身边的人因为自己而感觉不习惯，虽然她不觉得自己有错，但和别人在一起，总要照顾一下对方的感受。

除非是很熟的朋友，否则，约人见面的话，她就会有意识地收一收。

“哎，我前几天去查了一下汉服，很棒啊，又有意义又好看，不知道为什么生活里穿的人那么少。说起来，如果不是你，我可能都不会了解这些东西。”秦之澜说完，补充一句，“虽然现在也没有多了解，不过有点喜欢。”

没有多了解，却有点喜欢。

这样一句话听上去有点儿轻率，但由秦之澜说出来，却意外的真诚和讨人喜欢。

“等等，你是不是怕我会觉得什么，所以才没穿的？”秦之澜盯着她的眼睛，像是从里面看出了答案，“别吧，还真是这样啊？下次我们再出来，你就照你喜欢的呗，你看，我不也是和平常一样。”

说着说着，秦之澜就开始给宁星展示自己的T恤，甚至还转身给她看背后的卡通图案。那是一个倭瓜，一只眼睛鼓鼓的一只眼睛半眯着，舌头吐得很长。

“他们老说我的T恤幼稚，但我管他呢，我喜欢就行。”

宁星被逗笑了：“好啊，那下次我按自己喜欢的来。”

秦之澜的话很多，不管在什么时候都能叽叽喳喳，邢枫曾经说过他的嘴就和福特林机关枪似的，吧啦吧啦一张一闭就是八百个字。邢枫还说，秦之澜的存在，也许是有必要的，比如他能极大地促进耳塞的销量。

“师父，你明明刚才都笑了，怎么还显得这么低落？”

秦之澜努力翻动着烤肉，自己一片宁星一片，烤好一片紧接着放下一片，烤盘上总是满满的，宁星的碗里也是满满的。

“我和你说，其实这家店啊，卖的不是普通的烤肉，这里的烤肉是有生命和魔力的。”秦之澜说着说着把声音压低了些，一脸神秘地凑过来，“比如，它能让你忘记不开心的事情。怎么样，神不神奇？”

现在是傍晚，夕阳眷恋着天空不肯被黑夜取代，燃出了一大片火烧云。坐在窗户边上，宁星看见橙红的光映亮了对面少年的半张脸，甚至还有火星燃在了他的眼睛里。

在夏天谈温暖也许有点可笑，因为夏天的温暖换个名字就是燥热。

但宁星不一样，最近她的心一直在冰窖，她实在很需要这种东西。

宁星夹了一片烤肉。

秦之澜调的酱汁有点甜，但他夹给她的那些都沾了辣椒粉。

“我记得你吃辣的对吧？其实邢枫也很能吃辣，但那天你那碗馄饨是真的厉害，居然能把他吃得整个人狂冒汗，哈哈哈！”秦之澜笑得前仰后合，“对了，你要是觉得这个味道不够，喏，我还给你弄了一碟辣椒酱，试试？”

宁星顺着他的话夹起碟子里的肉。

“那件事你还记得啊？”

“不然呢？这辈子第一次有人往我碗里放那么多辣椒。”在说“那么多”的时候，秦之澜夸张地比了比，“不记住也太难了。”

宁星有点不好意思，低着头笑。

“不过你那次错得很棒，多亏了你，哈哈哈……你是不知道，那家伙当时多狼狈。我本来偷偷给他拍了一张，后来不知什么时候他趁我不注意给删了，让人生气。不过不要紧，问题不大，我以后再找别的机会拍回来就行。”

笑完之后，他挠挠头：“是不是我话太多了？你别在意啊，师父，我收着点儿。”

宁星低了低眼睛，脸上被霞光映得有点红。

“没有啊，你不用收，挺好的。”她眼睛弯弯，“还有，你别叫我师父了，叫我名字吧。”说完，她想起来什么似的，“我叫宁星。”

秦之澜一愣，笑了：“我知道你叫宁星。不过既然你这么正式地介绍了一遍，那么，你好，我是秦之澜。”

他一字一句抑扬顿挫说得十分正式。

宁星被他逗得差点儿笑出声。

窗户外边，天色一点一点暗了下来。

可星星却越来越亮。

闪闪烁烁，昭示着旧的一天已经过去。

4.

S大的面积很广，从校门口到宁星所在的寝室，走路需要二三十分钟，回程要经过一条小路，大家都叫它“淑女路”。

之所以会有这么个名字，是因为那条路按照固定距离铺着长条石板，可每块石板的相隔距离非常微妙。就像大多数男生所说的，这个路啊一步一走太娘，两步一跨扯裆。

宁星本以为像秦之澜这种风风火火的男孩子应该会很不喜欢这条路。

“不着急的话，慢悠悠地在这儿散步其实挺好的。”

不想身边的人这么回答她。

“尤其是像我们现在刚刚吃完饭，往这儿走，正好消消食不是？”

说这话的时候，秦之澜给人的感觉像是个老大爷，半眯着眼睛，拿着刚刚接来的传单当折扇，另一只手还在揉着肚子。

“哎，这段路的灯坏了？”

淑女路的尽头有一条不算窄的小道，小道两边种着树，夏天树冠茂密，挡住了星月的光。宁星望着黑漆漆的路面皱眉。

“我打个手电筒吧。”

秦之澜惊讶道：“哟，你还随身带手电筒呢？”

“手机自带的。”宁星说着就要掏手机，却不想，有一只手按住了她。

“别别别，多好的机会啊。”

秦之澜的手心有点潮，很热，盖在她的手背上，有一种很鲜明的存在感。

宁星蒙了蒙，转向他，四周一片黑暗，没有什么光。

可他的眼睛很亮，亮得能让她清楚看见他眼底的笑意。

不知道为什么，宁星觉得自己的耳朵有点热。

“多好的机会，你想啊，现在在这个地方，就算是迎面走过来一个人，我们也彼此看不清。”秦之澜笑得开心，“你信不信，就蹲在这儿。”

他松开按住她的手，往一边指了指。

“等会儿看见哪个走过来的人，我们和他打个招呼，就说‘嘿，你也在这儿啊’，那个人肯定会回应我们！绝对不会怀疑我们其实是不认识的！”

宁星：“……”

她的耳朵忽然又凉下去了。

“怎么样，玩不玩？是不是听起来就觉得有意思？”

明明是一件听起来就有点蠢的事情，可大概是秦之澜太有感染力，宁星居然对这么一个恶作剧有点期待了起来。

“其实很幼稚。”宁星语重心长，但是刚刚重完长完，又很快跳脱起来，“不过好像真的挺好玩的！”

秦之澜拍拍她的肩膀：“绝对好玩！来来来，蹲下！”

说完他就拉了她走到路边，两个人望着东面，一副跃跃欲试的样子。

东面是一座桥，下边的湖面隐隐泛着光。

而在那片水光里，有一个人慢慢走过来。

“来了！准备好了吗？”秦之澜摩拳擦掌。

宁星被他的语气带得也激动起来：“准备好了！”

随着那个人越走越近，秦之澜小声倒数——“一，二，三！”

数完，他牵着宁星缓步走了出来，他们默契地抬起手：“嘿，这么巧！你也在这儿啊？”

那个人影微顿。

“秦之澜？”

闻言，宁星一怔。

四周没有光亮，在这个地方，他们对着站都看不清彼此的脸，但这个声音实在很熟悉，熟悉到不需要佐证就能够知道对方的身份。

“哎，怎么是你啊？”秦之澜掏出手机，打着光就往对方脸上照。

邢枫遮了遮眼睛。与此同时，他也借着微弱的光线瞥见了秦之澜身边的人。

是她？

他们怎么在一起？

邢枫正疑惑着，忽然发现宁星看见是自己的时候下意识地往秦之澜身后退了一步。

他不自觉地皱了皱眉。

他们两个怎么认识的，看起来还这么熟？

5.

短短的时间里，邢枫生出来很多疑惑。

等到把宁星送回寝室，他也就这么对秦之澜问了出来。

"啊？你说我们吗？"秦之澜挠挠头，"其实也不算很熟，除了梦里，我们真正说上话还是今天下午，不过不都是这样吗？认不认识的，吃顿饭也就熟了呗！"

"你们晚上一起吃的饭？"

"对啊，就是那家烤肉，咱们经常一起去的那家。"秦之澜伸了个懒腰。

晚风徐徐，吹得人很舒服。

"你知道吧，最近她在网上不是很太平，我下午上微博，看见很多人骂她骂得很厉害。"秦之澜叹一口气，"人家一个女孩子，没招他们也没惹他们，不知道那些话是怎么说出来的，怪过分的。"

"所以你就帮她骂了回去？"

"那可不，我是多有正义感的一个人啊！"秦之澜嘚瑟地拍了下胸膛。

也不知道这一拍让他想到了什么，他忽然停住了脚步："哎，对了。"

邢枫也跟着秦之澜停了下来，回头，他看见秦之澜一脸的傻笑。

"你觉不觉得，她还挺可爱的？"

都是男生，这句话和这个表情代表什么，邢枫不是读不出来。可是，他读出来了秦之澜的想法，却读不懂自己听见这句话之后心里冒出来那一点点微妙的不快是什么意思。

过了一会儿，邢枫点点头："大概吧。"

"啧！"秦之澜撞撞他的肩膀，满脸懊恼，"你说她怎么这么想不开，明明是三个人的梦，怎么她就把我和你凑一对了？她怎么就没想过……"

"没想过什么？"

秦之澜眨巴眨巴眼睛。

"你说呢？"

邢枫扯下他搭在自己身上的手，然后认认真真地望向他："我说，你最近看书了吗？不怕挂科？"

这句话像是施了魔法，让听见的人瞬间僵化。

见状，邢枫稍微满意了一点儿。

"加油。"

说完，他转身就走，再没有管身后的人。

"喂，你这个人怎么这么残忍啊？"

完全不理会秦之澜的哀号，邢枫背对着他摆了摆手，往自己的寝室楼走去。

有风吹过，不似白天燥热，晚风带了点儿夜间的凉意，直钻进人的脑子里，搅得他头疼。邢枫按了按太阳穴，心里有些烦躁。

今天晚上的风还真是有点儿凉。

第七章

你觉不觉得，她还挺可爱

1.

情绪是个奇怪的东西，它能够影响你的眼睛、耳朵和心。

一旦心里生出了难过，看什么都是灰蒙蒙的，听见的东西也像是被过滤过，好像这个世界上从来没有什么好消息，也根本回忆不起原先开心的感觉。就算知道自己有能力重新笑出来，却也不知道那个能力什么时候能回来，这种感觉真的很让人绝望。

还好，她现在好像稍微走出来了。

站在阳台上，宁星踢着腿做着伸展运动。

在读大学之前，宁星给自己制订了很多计划，然而没有一个成功实行的。反而是大一体育课练了太极之后，爱上了在阳台上做做伸展运动，早晚各一次，偶尔坐累了也要起来这么动上一圈。

起初室友发现她这个习惯，还会站成一排围着看，都说仿佛透过宁星看见了老家的爷爷，久了也就见怪不怪了，除了偶尔会拿着手机对着动作奇怪的宁星拍一下做个表情包之外，就没有了别的表示。

只是，她许久没有这么活动过了。

室友一个戳一个，整整齐齐地站在寝室里，带着欣慰的眼神望着她，心底齐刷刷地冒出了“不容易”三个字，这样的心情，就像是老母亲看见了好不容易走出困境的女儿。

“真好啊。”室友 A 握住室友 B 的手。

室友 B 配合地拍了拍她的肩膀：“孩子终于活过来了。”

而室友 C 点了几点口水在眼角，开始假装抹眼泪："回来就好，回来就好。"

说起来，也不知道学校是怎么分的寝室，或许是天意，这个寝室里就没有正常人。

只有一群戏精。

三个人在背着宁星小小演了一轮之后抽离出来，随后，她们对视着笑了几声——宁小星活过来了，"麻麻"再也不用担心我的业余生活枯燥乏味、没人给逗了。

许是心情终于放松下来，宁星这晚睡得也特别好，前半夜什么梦都没做。

是的，只限于前半夜。

睡到一半，她迷迷糊糊地爬起来上了个厕所，再爬回来，事情就不对了。

宁星一脸蒙圈地坐在椅子上，身边的猫儿伸着爪子有一下没一下自顾自舔毛。

还是上次的场景，但很奇怪，本该热闹的场合此时却空无一人。

秦之澜站在离他们稍远的地方，宁星面前是穿着红色长袍的邢枫，他手上端着茶，正缓步走向她。

不远处有花枝摇曳，日光晃在枝上叶上，光影投在他的眼睛里。那双眼又深又黑，眸子却很是清亮，能融进一切似的。

宁星在里边看见了花，看见了光，看见了周围的缩影，也看见了自己。

"师父，喝茶。"

宁星愣愣地接过。

不得不说，即便是心情稍微好些了，再进入这个梦，她还是不自觉会有些慌。就像是深海恐惧症的患者被强架上了潜艇，她的心里也随之涌起骇浪，它们一滚一滚卷上了天，接着风暴骤起，黑云漫天，厚重的水汽朝她袭来……

就在宁星几乎要窒息的时候，有人按住了她的手。

“你怎么了？”

宁星抬头，看见的是一张毫无波澜的脸。

虽然没有什么表情，但不知道为什么，宁星从他身上读到了关心。

邢枫把她的手握得更紧了一些：“你在发抖。”

宁星吓得往里一缩。

“我没什么，没什么……嘶——”

缩手的动作太过突然，那杯子一个不稳就落在了她的身上，滚烫的茶水直接渗过了衣服，她疼得五官都变形了。

邢枫见状连忙把杯子拂开，接着，几乎是下意识就把人从椅子里拉了出来，绕过她的膝盖把她抱起，头也不回就往一边的房间走去。

秦之澜在后边满脸蒙圈，他想问这是什么情况，却无论如何都开不了口。

被困在身体里，秦之澜可以说是非常着急了。

毕竟这个剧情有点儿太过于出人意料。

而更加出人意料的是，在梦里着急着着急着，秦之澜就醒了。

醒来之后，躺在床上，秦之澜更蒙了——

什么情况？这咋回事？不对劲啊！

于是他连忙闭上眼睛开始数羊，满心期待着快点儿回去那个梦，然而很不凑巧，几个室友开始接连着打起了鼾。

鼾声之大，让人绝望。

另一边没有中断的梦里。

邢枫在把宁星抱进屋子之后就转身离开，再回来的时候手里拿着冰块。前后时间相隔不久，宁星也不知道他是从哪里找来的冰块，她想问，被他打断了。

“你自己处理一下，拿这个冰敷一敷。”

其实腿上也就是被烫着的那一会儿很疼，宁星接过冰块，犹豫着说了“谢谢”。

说完之后，她像是想到了什么：“其实这不过是个梦，不用这么细心处理的。”

“这个梦这么诡异，谁知道醒来之后你的腿上会怎么样？万一梦里发生的会影响到现实呢？”

邢枫的样子有些严肃，宁星看着，没忍住缩了缩肩膀。

“那，那好……谢谢。”

邢枫抿了抿唇，他其实不想说明，但宁星表现得实在是太明显了。她很怕他，太明显了。

走到门口，邢枫没忍住回了个头。

在他回头的那一瞬间，果不其然看见了宁星被吓一跳的表情。

“你就这么怕我？”

邢枫的眉头皱得发疼。他一直就是这个样子，不大喜欢说话，也不大愿意表达自己，再加上总是一副没什么表情的样子，在生活里，他实在是被人误会过很多次。

说起来也有点习惯了，反正知道他的自然会知道。

可他不希望她误会，尤其是现在。

他想了想：“我这么可怕？”

宁星连忙摇头：“不不不，你别多想，我没有这么觉得。”

“是我多想还是你不敢承认？”

邢枫问完，察觉到自己的语气不善，半晌，叹了口气：“算了，是我的问题。”

说完，他略作停顿：“或许这么讲有点晚，但如果当时在微博上，我帮你说过话就好了。”

宁星愣住了。

明明是这么简单的一句话，她却听得眼睛有点酸。

她很感谢秦之澜在微博上帮她说话，更感谢他事后过来用自己的方式开解她，可她并没有因此就觉得邢枫不好，对于不同的事情，每个人的反应本来就是不一样的，她能看得出他不喜欢。

对啊，邢枫明明是不喜欢的。

可是，他刚才说这句话，他的意思……

原来在微博上他是想帮她说话的吗?

正在宁星呆呆望着邢枫、心里乱七八糟想一堆的时候，忽然，她眼前一黑，仿佛这个世界的光在一瞬间被抽离了干净。

今晚上的梦断在了这一刻。

他们好像说了很多，又好像什么都没说。

邢枫躺在床上按了按自己的眉心，那里皱得太久，有些疼。

他叹了口气，眼前浮现出来的是梦醒之前他看见的宁星的表情。

不可置信、惊讶，还有不晓得从哪里来的感动。

她的那个表情实在是很复杂，复杂到叫人难忘。

说起来，今天的梦真的很奇怪。

邢枫心道。

这个晚上，他没受到半点儿控制和压迫，他想说的、想做的，全都是出自内心。

邢枫忽然想到回寝室之前秦之澜傻子似的笑着说那句话，他说，你觉不觉得，她还挺可爱的?

原本的思绪被这突然蹿出来的一句话给打断，邢枫若有所思。

现在是五点半，天边刚刚有那么一丝光亮，裂缝似的想把周围的星星给吞噬掉。时间还很早，足够他再睡个回笼觉。

可爱吗?

有点吧。

不久，邢枫的呼吸变得均匀绵长，唇边带着不知哪儿来的一抹笑，在不甚明朗的光线下，莫名像是在发光。

2.

第二天，宁星顶着两个大大的黑眼圈坐在书桌前啃苹果。

虽然即便继续梦下去，她大概也不敢问什么，但那个梦实在断得太突然了，突然得让她的疑惑都不上不下梗在了心里，梗着梗着就琢磨到了现在。而醒得太早心里有事又睡不着的后果就是什么都干不了。

不过她也已经好一阵子没干过什么事情了。

坐在椅子上对着阳台放空，宁星整个人就是大写的“呆滞”。

偏偏这时，有个电话接了进来。

宁星树懒一样慢悠悠接起电话：“喂？”

“啊啊啊啊啊！”

寝室外，学生们的哄闹声吓飞了电线杆子上的小鸟，寝室里，被电话那边的尖叫声吓到的宁星与小鸟们神契合地一起摔了下去。只可惜，小鸟有翅膀，她没有。

“啪！”

在宁星落地之前，她的手机先磕到了瓷砖上。

宁星瞬间清醒，一声惊叫与对面的夏也隔着屏幕形成了二重奏。

“你没事打电话过来鬼喊鬼叫什么？”

夏也被吼得委屈巴巴：“宁小星，我可能要死了……”

宁星扭着身子拍拍睡裙上的灰：“怎么了？”

“你是不知道，我最近都要变成陀螺了……”

宁星动作一顿：“你被抽了？”

“别闹，我最近真的要死了。”夏也委屈巴巴，“忙死了，而且我昨天边哭边修片，修了一个通宵。”说着说着，她居然真的带上了哭腔，“还有，我每天都在掉头发，刚刚梳头又掉了好大一把……”

“想开点儿，古话说得好，江山代有才人秃。”

夏也直接在床上打滚哀号：“我不我不啊，本才人已经无发可脱了……”

“收！”

宁星抓了一把空气，电话另一头的夏也立刻像是被捏住了嘴一样安静下来，然而眼神还是湿漉漉的，她趴在床上揪枕头，像只受了委屈的小奶狗一样，“呜嘤呜嘤”号了很久。

“说吧，这次又是什么事？”

夏也从床上弹了起来：“既然你这么爽快，那么……你们专业最后一门考试是后天上午对不对？听说叔叔阿姨最近出去旅游了，反正你在家也是一个人，不如过来陪我呗？”

“是陪你还是给你打杂？”

夏也一副拒绝正面回答的样子：“我一个死宅，多不容易啊……”

宁星叹了一口气，隔着电话都能想象出夏也此时的样子。

说起来，夏也真是很传奇了。

作为一个动漫宅，夏也是真的懒，她最开始接约拍摄影只是因为没钱买手办和周边，不想后来因为技术太好，拍出了名气，一不小心成了知名摄影师。再接着，小夏也成了“夏大大”，于是变得非常忙。

恐怕没几个人知道，在同学和老师眼里有想法有能力的优秀榜样夏也，实际上每天都是边哭边工作，动不动就哀号着不干了、要出家、不想活了。全年除了上课摄影之外都在宅，人情世故一窍不通，全赖着朋友帮她打理日常才能勉强活下来。

而那个朋友基本上专指宁星。

“行了，行了，我后天下了课直接去你那儿。”宁星继续啃苹果。

“嗷，等你！”夏也兴奋地怪叫，叫完很快又想起什么，语气也变得小心翼翼起来，“对了，你那个漫画还更新吗？”

宁星不大喜欢和三次元的朋友们说漫画的事情，但夏也是个例外。只要是她的事情，没什么事不能和她说的。

“漫画……”

“我知道因为漫画的事情你心情很不好，前几天看你那样子也不敢说太多。抛开那些键盘侠，画画是你的爱好，如果因为他们让你难受，你就先放着别去管，事情早晚会淡下去。本来你也是因为开心才去做的，不要让它变成枷锁铐上你，你最近都不像你了。”夏也叹了口气，“我最开始好像不是想这么说的，哎……我最开始想说的是什么来着？”

宁星被她逗笑了：“你不就是想安慰我吗？”

“说是这么说，但我没发挥好，很难受。”夏也撇嘴，“不过你今天心情好了很多，是有什么开心的事情吗？”

开心的事？

宁星第一个想到的是梦里邢枫最后的那句话。

相比较于秦之澜做了那么多，邢枫明明只是说了一句话。

但不可否认，就是那句话，她听了真的很开心。

“算是吧，后天来了和你说，电话里讲不清楚。”

“好！”

“还有，我像是需要安慰的人吗？那个漫画，我今天就要恢复更新！”

夏也握着拳头挥了挥：“咸鱼太太加油，搬着小板凳坐等。”

“嗯！”

刚刚挂断电话，手机就传来了信息提示声。

是昨天刚刚存下的号码，来自秦之澜。

秦之澜：有人托我给你带个话，没头没脑要我给你说加油，不过正好我也想和你说这个，那就一起啦！

她没有问那个“有人”是谁，也没有说什么太多的话，只是心底一暖，觉得前一阵子盘旋在头顶的乌云，仿佛片刻就散去了。

今天真的很多人给她加油。

宁星拿出有段时间没用了的手绘板，接着打开电脑，调整出战斗的状态，重新开始燃烧自己的小宇宙——

“那就加油吧。”

3.

不像之前天天盯着私信和评论，这两天，宁星除了爬上微博更新了一次漫画，就再没有上去过。也许是潜意识里有些不愿意面对，但更多的原因，还是要准备考试。

今天要考的科目，课程在学期中就结束了，很多同学都把内容忘了大半，所以考试前拼命复习。本来宁星也应该是他们中的一员，可惜她前一阵的复习效率很低，所以对这次的考试担心得要死。

虽然在室友们看来，她们实在不知道每次都稳拿校级奖学金的人考试有什么好担心的，只能纷纷感叹，或许这就是大佬吧。

在出门之前又检查了一遍。笔、橡皮、准考证，宁星一样一样点着，点完之后，看了眼时间，她又拿上了书。

现在离考试还有一个小时，走过去还能看一会儿书。这么打算着，宁星早早来到考场。

前一场考试还没结束，宁星按照自己的打算，刚刚打开书就瞥见教室里走出一个人。大学不比高中，没有那么多的死规矩，一般来说，大家写完了就能交卷，交完卷就能离开，很正常。

但是这个人出门之后一直停在她的身边，这就不那么正常了。

宁星抬头向着人影望去。

邢枫见她看向自己，先是微微一愣，接着点头示意：“你也在这儿考试吗？”

“嗯。”宁星愣愣地回应，“好巧啊。”

从表面上来看，两个人都很平静，但如果能够透过现象看本质，那么，这两个人的心跳就都有点儿过分活泼了。

邢枫轻咳了一声。

因为是考试期间，教学楼里除了几间用作考场的教室里有学生在答卷之外就没有人了，四周很静，除了教室里电风扇的转动之外，就只能听见笔尖在纸上划过的沙沙声。

意识到自己蹲在这儿和他说话不大像样，宁星站了起来，然而站起来之后依然不知道该说什么。如果对面是秦之澜，或许不说话也不会尴尬。可她遇见的偏偏是邢枫，是她一见到就会莫名紧张的人。

“你们考什么？”他问。

“艺用解剖学，就是这个。”宁星举起书给他看。

邢枫有些意外：“美术系还要学这个？”

“嗯，人体骨骼和肌肉走向都是要背的，人物要按照这个来画。”

“挺不容易。”

“是有一点。”

解剖学是不大容易，但比它更不容易的，是他们没话找话的“尬”聊。

两个人齐刷刷在心里叹了口气。

聊是聊不下去的，走又不想走。邢枫忽然有点儿郁闷。

秦之澜是怎么和人套近乎的来着？

走廊的尽头有个窗子，窗外的小道对面有一棵树，很高，某根树杈上还有个鸟窝。鸟窝所在的那根树杈上，趴着一只猫。

它懒懒摆着尾巴，有一下没一下逗着窝里的雏鸟，逗了会儿大概是觉得没意思，于是转了个身，往对面的教学楼看去。

呵，人类。

真是愚蠢啊，连话都不会说。打招呼要获得回应是一件多简单的事情，上去蹭一下，“喵”几声不就好了，这都不会吗？

它打了个呵欠，困困地眯了眯眼，接着灵活地起身在树枝间跳了几下，落到地面上。

“喵儿……”

它对着天空发出了很轻的声音，随后踩着猫步就离开了，在它离开之后，不知从哪儿来了几朵乌云，盘旋在教学楼附近。

不久，有雨丝从窗户里飘进来，原本干燥的空气里带上了水汽。

“下雨了。”宁星刚把视线从窗户那儿收回来，又投向邢枫，“你没带伞吗？”

邢枫欲言又止，稍稍移开了目光：“嗯。”

宁星想了想，把自己的伞递过去：“你先拿去用吧，等会儿我可以和室友一起回去。”

邢枫本想拒绝的，但在开口的时候却变成了“谢谢”。

“那我先走了。”邢枫拿着伞冲她摆手。

宁星点点头：“再见。”

说完之后，邢枫果然转身离开。宁星看着他的身影消失在楼梯拐角，有一种松了口气的感觉。她靠着墙蹲了下来，继续看自己的书，并不知道他没走几步就停在了那儿。

楼梯上，邢枫反手摸了一下自己的包，包里其实有一把折叠伞。

这个季节的阵雨很多，他有在包里放备用伞的习惯。

所以，为什么要说谎呢？

邢枫稍稍郁闷了一下。

但没郁闷多久，他很快又想开了。大不了等会儿过来还给她。

回寝室放个东西，然后过来把伞还给她。

他是因为撒谎良心不安，不是故意要这么做的。

这么想着，邢枫走进了雨里，水珠从伞上滑了下来，水花溅在他的身后。

某个小角落里，有条尾巴扫来扫去，优哉游哉，看起来舒服得很。

4.

嘴里说着紧张，但真正做起卷子来，宁星还是写得飞快。

写完之后，刚松口气就接到室友的求救信号，她低着头左右看了看，正准备把卷子挪过去，眼前就站过来一个身影。宁星抬头，监考老师低头冲她笑。

“这位同学，如果你写完了，现在可以交卷离开了。”

监考老师看起来很温柔，但在那轻声细语的背后，宁星仿佛读出了她的意思——别以为我不知道你们想干什么，写完了赶紧走，还在找什么机会呢?

宁星咽了咽口水。

等她再反应过来，卷子已经被收上去了。

室友们见状，纷纷向她投来哀怨的目光，而宁星只能夙蔫蔫地冲她们眨眨眼：我也不想，相信我。

然而眼睛还没眨几下，宁星就被一只手挡住了视线，她抬头，依然是监考老师笑得温柔的一张脸。

这种情况，宁星只能跟着傻笑，但她还没笑多久，就被监考老师请了出去，其间各种防着她们进行眼神交流，生怕她们能靠脑电波传递什么信息似的。

阴雨天，天气有点闷，宁星往走廊的尽头走，直到走到窗边。

外边的雨唰唰下得越来越大，地上积出了小水坑。宁星低头看一眼自己的裙子，有一点小纠结。

她今天穿的是半臂和齐腰襦裙，裙子有点儿长，裙底挨着她的脚背。想都不用想，这条裙子肯定要打湿了。

“你考完了？”

楼梯上来一个人，他手里拿着两把伞，两把都在滴着水。

“你怎么回来了？”

邢枫朝她走过来：“还你伞。”说完又补充一句，“你们女生的伞都挺小的，两个人撑一把够呛，所以觉得还是回来还你比较好。”

在宁星接过雨伞之后，邢枫像是随口问的：“正好现在差不多午饭时间，要不要一起去吃饭？”

大概是没想到邢枫会说这个，宁星有些怔，随即立刻脑补出两人单独相处的尴尬场景，于是拒绝的话也就这么浮了上来。宁星刚想说自己和室友约好了，不料窗外忽然刮了一阵大风，卷着雨水就往窗户里灌。

站在窗边被风雨糊了满脸，宁星本能地往后退了几步，踩着了裙角，脚底一扭就要摔下去——

邢枫反应敏捷地抓住她的胳膊，力道之大几乎把她整个人给提起来。

这么一来，她倒是没有摔倒，脚却还是有些崴着了。

“没事吧？”

“没事……嘶……”宁星试着想自己站起来，然而脚踝处却传来一阵刺痛感。

邢枫追问：“真的没事？”

眼看藏不住了，宁星咬了咬牙：“可能……有点儿事。”

邢枫有些无奈。

“我送你回去吧。”

“你不是还要去吃东西吗？”

“暂时还不饿，再说午休时间长，送你回去也不耽误。”邢枫背对着她半蹲下，“上来吧。”

他的动作很坦然，她也不好再扭捏。

“那麻烦你了。”

邢枫身材颀长，平时的他总是站得笔直，高高瘦瘦像是被拉直了的藤蔓，看上去略显单薄。在伏上他的背之前，宁星其实有那么一瞬间的担忧，担忧自己会不会有点重，万一他背不起岂不是很尴尬。

带着这么点小心思，她小心翼翼地伏上去，因为不敢去搂他的脖子但是又怕掉下去，于是紧紧抓住他的肩膀，这才发现，他的肩膀居然还挺宽的。

隔着一层薄薄的布料，手掌下的触感厚实温热，有一种少年专属的血气方刚，莫名让人觉得可靠。

“你别这么抓着我，容易摔。”

邢枫转头，而宁星下意识地看着他。

她夹在耳边的头发滑下来擦过他的脸颊，这时两个人才发现他们的距离有点太近。宁星连忙把身子往后仰，可是动作幅度太大，邢枫手上一个不稳，差点儿没让她仰着摔下去。

“你这是要在我背上站起来还是怎么样？”邢枫把腰弯得更下了一点，“你配合一点儿，我也能早些把你送回去，否则像你现在这么一直往后缩，我都不敢走。”

“不好意思。”宁星无地自容。

“没什么。”邢枫想了想，“你还是环着我脖子吧。”

宁星也不敢再多话，乖巧地伏了下去，双手绕过邢枫的脖子，交叉握住。

她的手臂细白，触感温温软软的，再加上她滑下来的鬓发扫着他的脖子，弄得他有些痒。

邢枫干咳一声，这才反应过来自己要求了些什么。

不得不说，宁星看似软萌，手劲却不小。邢枫心道，这哪是环着他的脖子，简直就是锁喉。

他稍微调整了一下，低头，迈开步子就往前走。

这天气真热。

邢枫的鼻尖冒出了点儿汗。

太热了。

5.

理综楼靠近学校后门，离宁星的寝室很远，走回去需要跨一座桥。

现在虽然临近假期，但校内来来往往的学生还是很多，而发光体这种存在，哪怕什么都不做也是很引人注目的。

迎面有一个女生撑着伞走过来，宁星伏在邢枫背上，微微把脸侧过去了一些。她已经数不清这是自己第几次被人拿微妙的目光扫射了。

“我现在觉得好多了，不然你放我下来我自己走？”

眼见着邢枫走到了桥中段，宁星这么问他。

她撑着的是邢枫的伞，他的伞很大，足够遮住他们两人，因举着把伞，宁星说话就离他更近，近得他都能感觉到她的呼吸。如果他这时候转过头……

“怎么样？”

邢枫定了定神：“别逞强了，崴脚哪那么容易缓过来。你就好好待着，不要老往后动就行。你裙子这么长，弄脏了也不好洗。”他的话忽然多了起来，也不晓得是在掩饰什么，“况且路也不远，这都走了一半了，再走几步也没什么差别。”

宁星“嗯”了一声，重新安静下来。

这一路上他们的交流都不多。

不同于秦之澜有事没事都能扯出一堆话来，邢枫其实是一个很不会聊天的人，别说主动找话题了，他连应答的话都不多。而宁星保持着这个姿势，手上把人搂得很紧，心里却早就乱成了不整齐的毛线球，比邢枫更不知道该说什么。

也不知道巧是不巧，身后传来一个声音——

“喂！”

顶着一片大叶子在头上挡雨的秦之澜就站在他们身后，那叶子绿得发亮，说是很大，但也就勉强能遮住他半个脑袋，秦之澜的衣服淋得半湿，手上和脸上也挂着亮晶晶的水珠，头上常年飘着的呆毛被雨水捋平，看起来有些狼狈。

“你们也今天考试？”秦之澜问。

“嗯。”宁星应了一声，反手从包里摸出自己的伞递过去，“没带伞？”

秦之澜接过撑开，一脸感激：“谢啦，没看天气预报……哎，对了，你们这是怎么回事？”

邢枫把宁星往上托了托：“她脚崴了，我送她回寝室。”

“脚崴了？严不严重？回什么寝室啊，不用去医务室吗？”

“不不不，已经不疼了，其实也不是什么大事。”

“这样啊。”

秦之澜说着，心里冒出一种莫名其妙的感觉。他看一眼叠在一起的两人，再看一眼捏在手上还没扔的叶子……

邢枫明显看出了他的想法：“这叶子挺配你，继续顶着呗。”

“去你的。”

秦之澜笑骂着把叶子朝邢枫一扔，叶尖上的一点泥正巧溅着了邢枫，灰黑色的泥巴水挂在他的脸上接近下颌的地方。大概是感觉到了脸颊上的湿润，邢枫有些不适地偏头，想用肩膀把它蹭掉。

“我有纸。”宁星反手准备摸包。

然而秦之澜先她一步走了过来，伸手往邢枫脸上一揩，接着搓了搓手指头。

“用什么纸，喏，这不就擦掉了吗？”秦之澜得意地举着手，歪着头咧出一口小白牙，硬生生在阴雨蒙蒙的天气里笑出了阳光明媚的感觉。

邢枫不说话，无奈地叹了口气。

虽然知道不恰当，但是作为旁观者，宁星忽然觉得……

他们两个的相处方式，就算不在梦里，也还是有点萌。

“我看了你最新更的漫画！”秦之澜吹了个口哨，“不错嘛，但这次的内容不像是我们上次的梦啊。”

宁星下意识瞥了一眼邢枫。她记得邢枫对这个是很在意的，所以她也下意识想要避开谈到这个话题。

像是猜到了宁星的想法一样，邢枫偏头看她，不带什么情绪地说：“我也看了那个更新，还不错。”

只是一句还不错而已，和任何小粉丝的夸奖都比不上。但因为是他说出来的，宁星觉得很开心。她自己都没有发现，同样一句话由邢枫说出来和由别人说出来，她的内心给出的反应差别这样大。

“谢谢。”她说完才回复秦之澜，“对啊，不大像。”

那个梦的发展是有点奇怪，尤其是梦境最后邢枫对她的态度和他所说的话。

“其实我一直想知道这个梦到底是怎么回事。”秦之澜走路并不老实，踢踢脚下的石子，转头望着宁星，“在梦里我根本没办法控制自己，也不能说我想说的话……”

宁星一愣。

不能控制自己的行动，也不能说想说的话？

“就像是有一种莫名的力量，只能照被安排的剧本来走。”秦之澜郁闷，“你们也是这样吗？”

宁星心里一惊，本能地看向邢枫，那么他在梦里说的那些话……

“以前和你一样。”邢枫淡淡开口，“但上一次不是。”

“上一次？就是我无缘无故醒来的那次？对了，你们之后怎么样了，和我一起醒了吗？”秦之澜对于自己被差别对待很不爽。

邢枫回忆了一下，发现自己在把宁星抱进房间之后就没看见秦之澜。

“差不多。”邢枫说，“和你离开的时间差不多。”

是离开，不是醒来。

三个人都没有意识到这个措辞有什么不对。

要认真说，那的确只是一个梦，可时至今日，梦里的三个人没有一个会把它当成简单梦境。那个世界和三次元唯一的区别就是时间和地点，除此之外，他们大概已经习惯了现实之外的另一种“生活”。

秦之澜似乎被忽悠住了，吁了一口气，像是啃到了骨头的小狗：“那我就放心了，我还以为你们背着我走了多少剧情呢。”

邢枫睥他一眼：“有什么好担心的。”

秦之澜咋咋呼呼：“这不就和追连续剧一样吗？要是你漏了几集，后面再看觉得接不上，你不着急啊？”他哼了一声，“算了，算了，像你这种不看电视的人是不会理解的。”

说完，秦之澜寻求认可似的转向宁星：“对吧？”

而宁星沉默了一会儿。

她满脸诚恳：“其实我也不太看电视。”

邢枫很不给面子地笑了出来。

他没笑出声，也不像秦之澜那么夸张，但秦之澜从他的眼睛里看出了很多内容。那些内容，每条单拎出来都叫人生气。

秦之澜咬咬牙。

“对了！”正气着，他想到一件事，“既然你的漫画都不按照梦里的剧情走了，那我能不能提个建议？”

“什么？”

“改一下漫画的设定呀！”秦之澜满脸的跃跃欲试，“别的什么我都没意见，但是为什么我在漫画里的形象这么软？”

宁星一脸为难：“这个我可以解释……”

“你就加个武功超群的大侠一眼看中我，然后把我从现在的样子改造成武林第一高手，硬汉形象的那种！”秦之澜沉浸在自己完美的幻想中，“等我功成名就，然后一剑一个坏蛋，这样的话，我和他的地位就能顺理成章地换一下。”

宁星：“……”

“我能接受漫画里我的对象不是女孩子，但我至少要在上面啊！”他做出一副痛心疾首的表情，“你想啊，我这么厉害，哪能被他……”

他嘟囔两声没说全，一副一切尽在不言中的表情。

邢枫瞥他：“你的打算还挺多的。”

“那可不，剧本我都写好了！我还想要八块腹肌，然后再加一场血性十足的打戏！”

他笑嘻嘻拉住宁星的手：“你觉得怎么样？是不是很带感？要不要试一试？”

邢枫：“……”

宁星：“……”

“怎么样啊？”秦之澜眼睛亮亮的，里面装满了期待。

邢枫不动声色地错开一步，秦之澜原本拉着宁星的那只手就这么落了下去，而宁星从始至终只是沉默。

面对这样的“提议”，她除了选择沉默，还能干什么呢？

“那我也有一个建议。”邢枫云淡风轻，“把他改成那样可以，既然他也不太介意，那就改成他的单恋吧。”

秦之澜一副无语的样子：“你要不要脸？”

邢枫不搭理他，只是转向宁星：“然后你可以再把你加进去。”

宁星一脸蒙：“啊？”

“反正你本来也在故事里，加进去也不违和。如果你愿意，就让他喜欢着我，然后让我来喜欢你。”

秦之澜：震惊！

为什么这种套路他没想到？

而宁星更是僵成冰块，整个人连呼吸都暂停了。

邢枫倒是平静得很，他勾出一抹看不出是笑容的笑："开个玩笑，都这么紧张做什么，只是想告诉你不用管他瞎说而已。"

宁星伏在邢枫的背上，看不见他的表情，只能听到他的声音。声音微冷，却给她温柔的感觉。

"你的漫画当然应该由你自己决定，即便我们都是梦里的人。但梦境之外，这个故事是你创造的，你可以不必管任何人的想法，无论是欣赏还是无感，你觉得合适才最重要。"

平心而论，邢枫的确不喜欢被安排和秦之澜组 CP，可是一码归一码，他从头到尾都只是想弄清楚自己所疑惑的，却并不认为自己可以去左右她的想法。

他的话不多，却也足够她听明白。

宁星心底一暖，陡然发现这个看起来冷淡疏离的男生原来这么体贴。

可与此同时，她又忍不住想他刚刚说的那句话，她总是忍不住去想他对她说过的每一句话。

宁星心底明白，邢枫会打断秦之澜，会说这些话，都只是为了给她解围。

而用来解围的话……

就像邢枫说的，玩笑而已。

玩笑话是不能当真的吧？

第八章

和你有关的不现实脑洞

1.

坐在夏也的房间里，宁星有一下没一下地撸着她的垂耳兔，整个人呈现放空状态，连眼神都是木木的。

不远处，夏也对着电脑揉眼睛，修片修到脑壳疼。

“你魔怔了？在想什么呢？”夏也穿着小睡裙，伸着不秀气的懒腰走过来。

宁星分出了点注意力给她：“修完了？”

“没有，休息一下。”夏也把兔子抱过来，举到和自己齐平的地方，“你说宁小星怎么这么懒啊？刚醒过来没多久，眼睛又眯起来了。”

宁星翻了个白眼，去逗那只垂耳兔：“夏小也，听见了吗？她又说你懒，你快咬她。”

夏也把垂耳兔抱在怀里，冲她吐舌头：“所以你到底是怎么了？一动不动地坐在这儿发了两个小时的呆，零食摆你手边都不吃。”她想到什么，八卦兮兮地凑过去，“恋爱了？”

宁星毫不留情一巴掌把她的脸推开：“思考剧情呢。”

“漫画？”

宁星支支吾吾“嗯”了一声。

“不想说就算了。”夏也鼓着脸撸兔子，“对了，你那个梦怎么样了？有继续做吗？上回你和我说那个结尾很奇怪，是怎么奇怪了？”

想了许久也没有想出个答案，反而让脑海里的东西变得更加复杂，想到的东西也越发多了起来。

在与夏也对视的那一瞬间，宁星想到“当局者迷”这四个字。

如果她自己没办法想通，那问一问会不会好一些？

“我问你……”

夏也眨眨眼：“爱过，不约，写我的名，保小，救我妈。”

“别闹，我问你。”宁星纠结了一会儿，“如果一个人用听起来不像是玩笑的语气对你说了一句会让你有点在意的话，然后和你说这只是玩笑，你会怎么想？”

“是好话还是坏话？”

宁星顿了顿：“算是好话吧。”

“哦——”夏也把尾音拖得很长，语调暧昧，“那个人是怎么想的我不知道，但你会为了一句话想这么久，听上去问题很大，你真的不是谈……”

“你这组片子怎么样了？”眼看着夏也兴起，宁星连忙扯开话题。

夏也一秒被转移注意力，她哀号一声：“预设调不出来。”

随后，她拉着宁星来到电脑前，指着屏幕：“我希望这张照片有视觉冲击感，想调成胶片的感觉，可如果那么调就噪点太多，和画面所表达的内容又有点违和，看起来会破坏整体效果……”

“那你有没有想过减弱噪点，然后把明度和曲线，像这样……”

明明是她找的话题，但顺着夏也的话，宁星也开始把注意力投入到修片里。

这么一转移，她也就慢慢忘记了自己之前的纠结和疑惑。

两个女孩子开始认真工作起来，被忽略的垂耳兔终于能够好好睡一觉。它趴在地上，享受着空调送来的凉风，鼻子一抽一抽。

可也许是之前被蹂躏得太久，它的睡意都被揉没了。

垂耳兔不满地睁开眼睛，一蹦一蹦冲着窗边跳，打算啃个草球。

不料刚刚来到窗边，它就对上了一双眼睛。

一般情况下大学禁止校外租房，但夏也因为摄影有了一定知名度，已经在筹备开工作室，有学校的特批，所以她一直是自己住在小公寓里。她所在的楼层不高，但普通一只猫也是跳不上来的。

小垂耳的耳朵一颤一颤，眼神略显惊恐。

从出生到现在，它还是第一次在电视之外看见非人类的生物。这个生物毛茸茸的，和它一样，但它们长得却是一点都不像。

等等，这个样子的生物它貌似在电视里看见过……

它是狮子吗?

隔着一层落地窗，两个小毛团大眼瞪小眼——

小垂耳的身子像个球，尾巴也像个球，整体看起来就是凑在一起的两个大小白毛球。

舔着爪子，尾巴在身后一摆一摆身形不大的猫忽然把身子伏在地上饶有兴味地与它对视。

小垂耳如果能做出表情，此时一定是一脸惊恐——它记得，这是狮子捕猎之前的准备动作。

外面的日头很晒，晒得人发困。门外的生物眼睛一眯，打了个呵欠。等再睁开眼睛，就看见玻璃后面的小垂耳整个团成团子滚了回去，正好蹭到宁星。

宁星弯腰把它抱了起来："哎，夏小也怎么了？发着抖呢。"

"宁小星发抖了？冷吗？"夏也把垂耳抱过来，一下一下地顺毛，"'麻麻'抱抱，不冷了哦……"

窝在主人怀里，小垂耳稍微有了点儿安全感。

它借着这胆子再往外看去，可玻璃外那可怕的生物不见了。小阳台上空空荡荡，只有几盆晒着太阳的绿植，随着风摇摇晃晃，看起来十分无奈。

熬了个通宵后休息了一整天，夏也和宁星总算是活过来了。

夏也最近计划出一套汉服的片子，这次找宁星也主要是为了这个。

“明天？这么快？”宁星抱着半个西瓜，一勺一口，“不是说 18 号拍吗？”

“是 18 号啊，可今天就是 17 号，你没看日历吗？”夏也抱着另外半个一起啃，“你不是看中了一套魏晋风的大袖套吗？等你陪我拍完……”

“说了不用你给。我也不是专业模特，也不一定能拍好，你包我一个暑假的吃住足够了，那一整套买下来也不便宜。”

被称为“破产三姐妹”之一的存在，汉服的价格从来没有让人失望过，虽然白菜价的也有，但是一分钱一分货的道理放在哪儿都适用。也正因如此，宁星常常为了攒一套汉服吃土喝风。

“这可不行，你肉体上的便宜，我只占晚上不占白天的。再说这次不是我的个摄，是要商用的，我一个人拿全款多黑心。而且，你自己买，买完之后怎么办，不活了？”夏也放下西瓜，抱起小垂耳寻求认同似的，“宁小星，你说是不是呀？”

宁星笑弯了眼睛，带着一嘴西瓜汁就亲上去：“既然你这么坚持，那我就给你一个机会帮我买了吧！”

“啊——”夏也拼命擦脸，“我反悔了！我不买了！”

“这可由不得你了。”宁星慢悠悠地抱回西瓜。

夏也磨牙：“是你逼我的！”说完连忙塞了几口西瓜，把自己糊了一脸汁水，噘着嘴对着宁星冲过去。

两个女孩子闹成一团，只有小垂耳忧心忡忡，嚼着甜草时不时望一眼窗外。

自从看见了狮子，白团子整个兔都忧伤了，完美地诠释：弱小，可怜，又无助，但能吃。

2.

摄影是个很辛苦的工作，夏也一直觉得自己还算幸运。

比起幸运的有了一点名气的她来说，很多小摄影师其实更累却没机会出头。因为知道这个，所以她在拍摄的时候做得很多却很少抱怨。

背着厚重双肩包的夏也顶着太阳扛着单反，右手还拿着反光板，汗水从头发丝里冒出来，流到下巴上滴下去。

宁星也没好到哪儿去，在接近四十摄氏度的高温下，她穿着一套三绕曲裾，布料非常良心，领子也包得严实，就连里边打底的交领上襦都厚实得不行。

今天的模特不止宁星一个，还有一个男模特，只是对方在路上出了点儿意外，要晚些才能到，并且因为今天的要求比较高，东西也多，所以夏也还约了一个后勤。

却没想到，在她们到达目的地等了一个半小时之后，后勤忽然打电话来说自己有急事，来不了。

夏也急了："那你能帮我联系谁来替替你吗？喂？喂……"

"怎么样？"天气实在太热，衣服又太闷，宁星的汗把妆都打花了，她贴心地先给夏也擦了擦脸，"还能找到人吗？"

夏也沮丧摇头："不知道，我试试。"

这里是景点区，离市区不算近，就算临时能找到人，也未必能在预约的时间之内拍完。而且她们的拍摄地点是个景点，需要提前预约，约好了今天就是今天，根本不可能推后重拍。

宁星内心替夏也急得可以熬熟一锅粥。

清风拂过，枝叶发出"沙沙"的声音，就在光点和碎影交错着轻晃的时候，有人踩了上去。那个人微微低了眼睛，浓密的睫毛如同鸦羽似的又深又黑，眼瞳在这样的对比下显得更加清澈。

那个人微微惊讶："宁星？"

在抬起头看见邢枫的那一瞬间，宁星想起一句话——"天无绝人之路"。

邢枫先是看到了宁星这一身与温度不符的装束。

这么热的天，她就这么站在没开门的商户前边，努力缩在那小块的阴影下稍微挡着不至于被阳光直射，额头上的汗一道道滑过脸颊，滴在衣襟上，领口湿了一小片，整张脸也红红的。

顿了顿，邢枫把刚买来的冰水递过去："在干什么？"

"谢谢。"宁星把水接过来，欲言又止，看起来有些犹豫。

"你是有什么想和我说的吗？"

宁星像是一咬牙下了什么决心似的："想请你帮个忙。"

邢枫猜到她现在需要帮忙，可他没想到她会直接和他说。毕竟她和他相处总是紧张，放在平时她连和他说话都是几个字几个字地蹦，能让她这么开口……他想，她大概是实在没有办法了。

邢枫点头："你说。"

宁星鼓起勇气克服一见到他就心虚到说话吭哧吭哧的毛病，简单地说明了情况。

这期间，夏也一直在努力联系着认识的人，可实在不凑巧，假期里大家大部分已提前做了安排，没有安排的那几个离这里又实在很远，一时半会儿赶不过来。

夏也正焦头烂额之际，感觉到肩膀被人戳了戳。

"我们有救星了。"宁星汗涔涔的脸上带着明朗的笑意。

"什么？"夏也一愣，顺着宁星的目光看见不远处的人。

那个男生看起来冷淡疏离，即便是站在眼前，也给人一种很远的感觉。

这个人她没见过，夏也疑惑，宁星是什么时候认识的？怎么好像没有和她讲过？

邢枫走过来，言语礼貌："你好，我叫邢枫。虽然没当过后勤，但有什么需要帮忙的你都可以和我说，我努力做到。"

夏也疑惑地看了宁星一眼，宁星眼睛闪亮朝她点头示意。

把手机揣好，夏也大致把后勤的工作讲了一下。

“那就麻烦你了。”

“不麻烦。”邢枫接过夏也的包和反光板，“帮她嘛。”

眼见后勤搞定，宁星忙着整理妆发准备拍摄，并没有注意到邢枫这一句话。可夏也听得清清楚楚，她在宁星和邢枫之间来回扫了几眼，眼神完全不一样了。

虽然这么比喻不太恰当，可她给人的感觉的确是瞬间从小摄影变成了老母亲，看邢枫跟看女婿似的，十分仔细。

宁星的手边爬过一只小虫，她下意识地想去挥开，可她站在店门边上，挥手的方向有一根突出的钉子。夏也刚要叫出声，就看见邢枫伸手捂住了那个凸起，而宁星完全没有注意，甚至没去看自己的手挥到的是什么东西。

帮她挡了这下之后，邢枫再次低下头，什么都没发生过似的，继续整理地上放得有些乱的杂物。

夏也欣慰地露出了慈母笑。

这人虽然看起来冷漠，可给人的感觉还不错，长得也好看，从刚刚的细节上她能看出来，他对宁星还是比较上心的。

在接触到夏也的眼神的时候，邢枫一怔。

“怎么了？”

夏也意味深长地叹了口气：“没什么，我刚才联系了那个男模特，他说走的另一条路，已经到了林区门口，可以准备拍摄了。那么我先去和林区的负责人打个招呼，等她整理完你们就过来吧。”

可惜宁星完全没有领悟到夏也的意思：“我整理完了，一起走吧。”

夏也瞥她一眼，满脸都是苦心被辜负的无奈。

“那行吧。”夏也叹口气，“你们走我后边。”

宁星想起自己拿了邢枫的水他就没了，有些尴尬，不好意思道："林区里没有买东西的地方，我先去买几瓶水，等会儿拍摄可能要很久。"

"我去吧，你不方便。"邢枫把包放在一边的长椅上，"等我一会儿，很快。"

"哎，不用，不用……"

宁星还没来得及拒绝，邢枫已经大步地走向了对面的冷饮店。

"这多不好意思啊。"

夏也扶额："你真是凭自己本事单的身啊。"

宁星没明白："什么？"

"我说，你有没有找过自己的原因？"

这个问题来得太突然，宁星反应你过来："什么原因？"

"你找不到男朋友的原因啊。"

"那不是因为你吗？我有你就够了呀。"

这傻孩子没救了！夏也叹了口气。

等邢枫买水回来，夏也看他的眼神已经默默带上了点点怜爱。

这孩子也不容易，喜欢一个那么傻的。

邢枫完全不知道在这段时间里发生了什么，他试图用眼神询问宁星，可惜对方并没有接收到他的信号。

邢枫于是沉默了。他想到了人以群分，一个人能和另一个人玩到一起，不是没有道理的。

这两个人的脑补怕是都不简单。

3.

林区离他们所在的地方不远，走路也就是三分钟。

等夏也他们走到那儿，果然看见男模特已经等在门口了。男模是个Coser，少有的不"照骗"好脾气，虽然名气不大，但在圈子里口碑很好。

“你就是我今天的搭档吗？”他大大方方地对宁星伸手，“我是折酒。”

“你好。”宁星和他握了个手。

折酒笑嘻嘻递过去一根很粗的皮筋：“喏，看你好像挺热的，先把头发扎一下吧，等拍摄再放下来。这个皮筋不容易把头发绑出印子，还算好用。”

宁星有些意外，接过来一边低头绑头发一边感谢：“谢谢。很少看见有男生这么细心的。”

折酒耸耸肩：“细心算不上，只是因为经常有类似的拍摄工作，眼见着天热了受不了，所以买了一根随身带着而已。”说完他冲宁星眨眨眼，“不过因为这个被好看的小姐姐夸，看来这根皮筋买得很值。”

折酒很会说话，几句话就逗得人很开心。

邢枫背着双肩包在一边看着他们一来一去聊得热闹，默默咬了咬牙。

他偶尔会羡慕会说话的人，比如秦之澜和折酒。

虽然很多人都说沉默是一种涵养，话不多才可贵，但在现实生活里，不会说话的人还是很吃亏的。

比如，他也希望宁星能这么随和地和他说话，而不是看到他开口就战战兢兢恨不得马上哭出来……

他不擅长聊天也不会找话题，类似折酒刚才说的那些话，他大概这辈子都想不到。

有一股莫名的火燃起来，他第一次觉得自己原来这么差。

“好了，好了，我们进去吧，可以准备拍摄了。”夏也抱着相机蹦回来。

刚过来，她就敏锐地发现了邢枫身上微妙而复杂的气场。

怎么了？她不过就是离开了一会儿，这两个人之间发生了什么？

夏也用眼神询问折酒，然而折酒并没有读懂她的疑惑。他一脸纯良：“进去吗？”

“走吧，走吧。”

夏也走在宁星身边，时不时地看看邢枫又看看她。

邢枫一肚子心事的样子，宁星这货也一门心思关注着某一处……等等，她怎么总盯着邢枫提着的那袋水？

怎么，她渴了吗？

4.

在拍摄方面，折酒十分专业，宁星却很业余。

平时夏也心血来潮偶尔会给她拍几张，修完发到网上，也有很多人夸她好看说她表现力不错，可那到底只是玩玩而已，除此之外，宁星可以说是毫无经验了，尤其今天还要和人搭档，就更显出她的拘束和紧张。

“你和他对视，眼神不要闪避。”夏也举着相机满脸是汗，不断地从镜头后探出头来指挥，“折酒你扶一下她的肩膀，对，从背后，就是那种要拥抱上去的感觉。”

邢枫盯着那只手。

“宁星，不然你低一低眼睛，别看他了，对，眼睛往这边偏一点儿……稍微转个身，扶住他的手，不用握住，搭着就行了！”

邢枫的眼神稍微偏离了一点儿，从两个人牵着的手上转向宁星的脸。

女孩的脸颊微粉，嘴唇微微抿着，眼帘低垂，额头半倚靠在高大男生的肩上。

这个动作，其实完全可以借位，不需要凑得这么近。

“咔！”

邢枫拧开一瓶水，面无表情地灌了一大口。

一定要抱得这么满吗？

刚拧紧瓶盖，抬头又看见两人换了个姿势，从面对面变成了折酒从背后拥着宁星。于是邢枫一顿，再次拧开盖子又灌了一大口。

这天气……

真热啊！

“好了！”抓拍了几张，夏也抹一把脸，“宁小星，你休息一会儿吧，我先拍折酒单人的。”

她翻着照片走去另一处取景地，折酒也跟着她走。

宁星站在原地，心情有些复杂。

虽然夏也不说，可她知道自己的表现是不到位的，不同于平时的玩闹，她第一次经历这样的专业拍摄，真的找不到感觉。她也很着急，可越着急越是放松不下来，循环往复，就成了个死结。

“喏，喝点水。”邢枫走近她。

“谢谢。”宁星低迷地接过。

邢枫大概能够猜到她在想些什么，他什么也没说，只是抽出个本子扇了起来，像个人力小风扇，每一下的力道都是均匀的。

宁星低着头闷闷喝水，可这时，燥热得几乎让人要窒息的空气忽然流动了起来。她回头，身后有个人在帮她扇风。

对上宁星的目光，邢枫怔了怔，但并没有停下手上的动作：“这瓶水大概不冰了，你看起来挺热的。”

“谢谢。”宁星握着水，“我刚才是不是表现得很糟糕？”

邢枫没有直接回答，聊天似的轻描淡写：“刚才你们站在那个地方拍远景，我和摄影聊了几句，连我这么不专业的人都能看出你的问题，我想她不会看不出。所以我问她，既然是商用为什么要找你拍。她说，很多人拍古风和汉服都不生动，因为专业模特有模板，所以很多成片都会刻意且单一，她认为你能打破这个模板。”

宁星一愣，夏也从没有和她说过这些。

“所以你是最适合的。”邢枫终于总结，“唯一的问题，只是你不相信自己。”

“我……”

“啊——”

宁星想说些什么，然而不远处忽然传来一声惊叫。

夏也震惊过度地捧着折酒的脸："没事吧，怎么办，都肿起来了……"

比起快哭了的夏也，折酒倒是淡定得很，他对闻声赶来的邢枫和宁星摆摆手："没事，没事，蜜蜂而已。喏，就是我脚边上这只。"

邢枫在低头的瞬间拧紧了眉毛。

"不是蜜蜂。"他严肃起来，"看起来像马蜂，要尽快处理。"

在邢枫的帮助下把马蜂刺弄出来，宁星在旁边倒水给折酒冲洗伤处，不久，林区的负责人也过来，把折酒接走就医。

大家都很担心，毕竟马蜂不比其他，谁知道大意了会出什么事情。

折酒离开之后，夏也像蔫了一般，整个人有些无力，叹着气喃喃自语："这下完了，拍摄该怎么办啊……"

这时，邢枫忽然开口："你看我行吗？"

夏也闻声抬头——

少年的刘海微微晃着，风里有青草的味道，眼前的一切看起来干净又纯粹。

宁星也很意外，这个冷冰冰看上去不友好不愿意与任何麻烦打交道的邢枫，居然内里是个这么热心的好人。

拍摄能不耽误就是救命，夏也也来不及去思考太多，邢枫的个人条件确实很好，身高、长相、气质也都符合这次拍摄的主题，她立刻拍板。

"那拜托你了，下面只有一些双人的合照部分，可能需要一些互动什么的……你不介意吧？"涉及专业的事，夏也还是例行公事地交代。

邢枫对上宁星装满感激和意外的眼睛，嘴角短促地勾了勾："没问题。"

天气太热，折酒脱下来的衣服其实已经半汗湿了，轻度洁癖的邢枫其实不大愿意接受，但在看见宁星的时候，他又觉得这个问题可以稍微克服一下。

夏也比了个“OK”的手势，表示拍摄准备到位。

“等等。”邢枫突然叫停。

“怎么了？”

他轻咳一声：“这个怎么穿？”

“这……”夏也急吼吼刚想教他，开口之际却话锋一转，“宁星你帮他穿一下。”

宁星并没有觉得不妥，立刻应下：“好。”

可面对着邢枫的时候，她却一下子紧张起来。

宁星强装镇定，努力压制下内心的颤动开始帮他穿汉服。

这件直裾并不难穿，三处系带一处腰带，绑完套上外搭的大氅就好了。可好巧不巧，这一套和梦里邢枫所穿的婚服制式是一样的，除了颜色哪儿都像。

之前穿在折酒身上宁星没怎么注意，但现在帮邢枫整理的时候，她一下子就发觉了。然后，宁星的脑子里一下涌进来许多东西。

“等等。”

宁星一边手上不停一边胡思乱想，并没听到头顶邢枫出声。

“等等。”他抓住她的手迫使她停下，“腰带绑太紧了。”

宁星的手很小，几乎是被他的手整个儿包住。

像被火燎到似的，宁星往后一跳，涨红着脸头都不敢抬，颤声道：“不好意思，我给你松一松。”

邢枫看着自己胸前那个努力垂着头的小可爱，她脸上的红晕渐渐晕染到耳根，心中顿时如清风拂过，仿若置身在炽热阳光下也不是那么难受的事了。

不断在调整镜头的夏也一抬头就看见这一幕。

她微顿，连忙抓拍了一张。

拍完倒回去看，她感觉有些意外。

明明没调光线也没有刻意找角度，但这张照片她居然很满意。

画面里的男女相对而立，竟然有点儿古时新婚小夫妻的感觉，丈夫要出行，妻子帮他整装。

夏也越看越满意，太自然了！

如果没有对比，那么前边的也可以，可一旦有了对比，这张照片的配合度和感染力比之前的好太多。

夏也摸摸下巴，瞟一眼邢枫。

人的问题？

5.

拍摄在火热进行。

日头偏移，温度却没见有啥变化，夏也掏出手帕仔细擦着镜头上沾染的汗渍。

中午晒得要命，现在倒是有层云压过来遮住烈阳，偶尔在云层破开的地方能看到太阳漏洒出来的金色的光。

宁星大喘着气："是不是要下雨了？"

"好像是。"夏也把关注点移回到相机上，"拍得也差不多了，我们再来几张就回去吧。"

有风吹过，树叶沙沙作响。

当宁星转向邢枫的时候，她看见他也在看着她。

明明是暖意丛生的夏天，他却被光线勾出冷白色的一道轮廓线，大概他自带的气场太强烈，宁星有一种错觉，觉得他手上拿着的笛子也像是武器，举起来就能"嗖嗖嗖"射出银针。

同样一套衣服，折酒穿上像书生，而邢枫穿上却像个侠客——单枪匹马仗剑江湖，数载古道漂泊，不留名姓也不会为谁停住脚步，冷淡清疏的一位侠客。

比起宁星内容颇丰的表情，邢枫倒是自然得很。

“你头发上有东西。”他说，“我帮你弄下来吧。”

“好，谢谢。”宁星乖乖低头。

随着邢枫走向她，她感觉到他的影子投在自己身上。这种感觉很微妙，分明影子是没有重量的，宁星却好像被什么压得想往后退。

“别动，有根小树枝钩住你的头发了。”

“小树枝？”

问完之后，宁星感觉到自己的头发被扯了几下，但是不疼。

“喏，就是这个。”邢枫从宁星的头发里拈出半根小指长的细枝，“不知道怎么钩上的。”

邢枫很高，宁星被迫抬头。

她顺着他的话抬头，从他脖颈左侧那颗小小的痣一路看到他的眼睛。

邢枫的瞳色偏浅，近看是透明的金棕色，仿佛尚未凝结的琥脂，清透地倒映出她的影子。

“可能是风带来的。”

宁星匆匆移开视线，生怕再看几眼就要被那双眼睛吸进去。

在宁星和邢枫说话的时候，夏也已经抓拍了很多张。

“哎，你们有没有感觉到水滴在头上？”夏也抱着相机，从包里摸出把伞，努力遮住三个人的头，“正好拍得差不多了，走吧，万一等会儿下大了就不好了。”

感谢老天和夏也！宁星宛如遇见救兵一样，赶忙接话：“今天的照片拍够了吗？”

两个女生脑袋碰脑袋凑一起看照片，邢枫看这把伞遮三个人实在勉强，于是后退一步走了出去。

女孩子淋雨对身体不好，但他没什么关系，回去洗个头就行。

“够了，你看，这几张我都超级满意！喏，你和他，又是你和他，还是你和他……”

夏也一张张数着："而且这只猫也还挺上相……咦？这只猫哪儿来的，我拍的时候怎么没看见它？"

夏也和宁星同时一顿。

"喵儿——"

像是在回应一般，原先趴在一旁安安静静的小猫忽然发声，吸引了三个人的注意。

在看见它的那一刻，宁星整个人震了一下。

"这只猫……"

她诧异地指着它——

"它怎么这么眼熟？"

夏也没觉得有什么，猫嘛，大概都长得差不多。她还是很满意自己今天的拍摄，一边看一边在心里啧啧赞叹。

可是邢枫的表情也变了，他沉声道："这只猫我也见过，在学校里，还有……"

他和宁星对望一眼，还有那个梦。

如果没有记错，这就是坐在高堂上的那只猫。

宁星试探着开口："高堂？"

邢枫点头。

"所以我没记错？"

"应该不会，它的后颈有两块印记，很特殊。"

两个人一言一语，像是在对什么暗号，夏也听得一头雾水："你们在说什么呢？"

"没什么。"宁星对她笑了笑，接着犹豫了一会儿，向小猫走去。

猫儿一脸懒散看着她，丝毫没有流浪猫对人类的警惕和畏惧。不仅如此，它还扫了扫尾巴，站了起来，走到宁星脚下，用尾巴撩了撩她的小腿："喵儿——"

这一声又软又嗲，叫完之后，它直接躺倒在了她的脚背上。

夏也先是对这个操作表示蒙圈，蒙完之后忍俊不禁：“你大概是被它碰瓷了，哈哈哈……”

夏也蹲下身，指了指宁星冲小猫问道：“你是想跟她回家吗？”

橘色的小猫睁着一双圆溜溜的眼睛，眨巴眨巴歪歪头，回应似的又“喵”一声。夏也看得心都化了。

“太可爱了！要不我们先带它回去怎么样？”

“这……”宁星歪歪头，“你的家，你说了算。”

而邢枫就这样看着宁星，在她转过头去的时候，对她眨了眨眼睛。

夏也不动声色地将两个人的互动收入眼底，悄悄地在心底“哦”了几声，这才把一脸温顺的小猫抱了起来。

她抱兔子抱习惯了，对抱这种小家伙很顺手，小猫也没有反抗，眯着眼睛舒服地窝在她怀里，换了几个舒适的姿势。

“我送你们回去。”邢枫已经背好了双肩包，手里提满她们带来的东西，他看上去充满正气，“东西多。”

夏也看看宁星看看他：“那就麻烦了，我先去前面联系车，你们在后边慢慢走吧，不着急。”

“急”字的尾音被她转了不知道多少个圈儿，听上去颇有深意。

宁星读出来了，也猜到了夏也的想法。如果是在平时，她大概会直接冲过去给她来一记锁喉，可现在毕竟身边还有个邢枫，所以她只能寄希望于用眼神杀一杀她，警告她收敛点儿。

太阳雨说停就停，云层后边的光越来越亮，几乎能把云层撕破。

邢枫走在宁星身边，低头就看见阳光下边她脸上细细的绒毛。

粉粉绒绒带着点儿孩子气，却又被精心描过的妆给遮住了些许，将孩子气蒙成了少女感。

“干吗这个表情？”邢枫笑。

宁星原本一脸的气鼓鼓却迫于什么按捺不发，只死死盯着夏也，在听见邢枫的声音之后，她转头，脸上的表情秒转，颜色也红了一点。

“没什么。”她哼唧，“就是有一个人在乱开脑洞。”完了又补充一句，“特别特别不现实的脑洞。”

“哦……多不现实？”

“……”

宁星反应过来，赶紧把快要溜出嘴的话咽回去。

她挣扎了会儿：“你不会想知道的。”

邢枫挑眉：“你怎么知道我不想知道？”

他故意追问：“和我有关？”

邢枫给人的感觉一直很不好接近，这个挑眉的动作在宁星看来是天大的突破了，这大概也是她在他脸上看到的除了敛眉外第二个幅度比较大的表情，她于是盯了他好一会儿。

“怎么了？”邢枫不明所以，收住笑。

“你刚才那个表情有点不像你。”

邢枫耸耸肩：“在不熟悉的情况下，我会比较慢热。”

语言是很丰富的，一句话可以表达出很多种意思，就看你怎么理解、想怎么理解。宁星在这句话之后顿了顿，想到什么似的，她问：“所以我现在能看见这样的你，是因为你和我熟了吗？”

说这句话的时候，宁星的眼睛亮亮的，然而邢枫一眼看见她隐隐的小期待。

“嗯。”邢枫应。随即得到了她弯着眼睛的愉快回应。

她总是没办法藏住自己的情绪，对于她，邢枫总能一眼看透。

在这之后，两个人走得稍微近了一点，没有说话，没有更多交流，但和之前相比轻松了很多，一个不再紧张，一个不再淡漠。

同时，也有什么不一样的东西，在悄悄发生着改变……

门锁打开的那一刻，小垂耳听见动静，迈着四条短腿就往门口跑，可它万万没想到，首先迎来的并不是主人，而是毛茸茸的一只大了自己三倍的团子——

“喵儿——”

夏也对着小垂耳招手：“来，你们熟悉一下吧，这是你新的小伙伴哟。”

小垂耳从头到脚每一根毛都写着拒绝，可夏也并没有看懂。

不止没看懂，她甚至还过来抱住了它，把它往猫那儿凑。

这一瞬间，小垂耳觉得自己心态快崩了。

它僵硬着身体，在明白主人是不会懂自己之后，眼泪汪汪地把目光移向宁星。但天不遂兔愿，另一个主人居然连看都没看自己一眼，从头到尾在和一个陌生人类说话。

年幼的它忽然明白了什么是心如死灰。

也就是这时，对面的“狮子”凑近它，闻了闻。

小垂耳浑身紧绷到极限，陡然腿间一热——

“天啦，宁小星尿了！”

夏也一阵狂叫，宁星和邢枫双双表情复杂。

可是，因为自己引起了怎样的慌乱，小垂耳已经感觉不到了，它只觉得天旋地转。

在昏倒之前，它最后看了一眼两个主人。

——希望她们不会因为自己被吃掉而难过。

——也希望来世不要再遇见“狮子”。

——阿门。

第九章

兔子急了会咬人

1.

也许是感觉到了小垂耳的害怕，接下来的日子，夏也大多时间都把橘猫单独关在房间里，只偶尔找机会让两个小团子远远见一面，希望它们能熟悉起来。

然而，每次见面，都只是橘猫单方面表现出对小垂耳很感兴趣，小垂耳却每每被吓得缩成毛球，可劲儿往宁星怀里钻，几乎摆出了打洞的架势。

宁星努力把小垂耳薅出来："夏小也是真的很怕它啊。"

原本就垂着的耳朵几乎黏在了脸侧，小垂耳努力把整只兔缩紧，扁扁地贴在宁星手上，恨不得这辈子都不下地。

"叮咚——"

可惜，在门铃响起的下一刻，它就被放了下去。

它知道来的人是谁，这个人已经连续来了很多天了。

是一个短头发的人类。

因为主人最近在忙着建立工作室，又是选址又是招人，事情非常多。这人起初是来帮忙，后来就成了主人的学徒，说是对摄影感兴趣，但根据它的观察，他感兴趣的对象似乎不是摄影，而是它的另一个主人。

肚皮贴在地面上凉凉的，小垂耳感觉到了一道目光，那是从不远处橘猫的眼睛里发出来的。可怜的小垂耳觉得自己需要一个怀抱。

由于夏也待在橘猫所在的房间里，小垂耳抖了抖，决定跟着宁星。刚刚做了这个打算，它噌地蹿到她的脚边，可顾着给邢枫开门的宁星并没有注意，在后退的时候差点儿就踩着它，还是邢枫眼尖拉了她一把。

被邢枫拉住手臂往前拽，宁星毫无防备就跌进他的怀里。

重心不稳，宁星的双手本能地拉住他的衣服，而邢枫则直接单手揽住她的腰。这个姿势从闻声出来的夏也的角度看上去，嗯，有点像投怀送抱。

夏也转身捂住橘猫的眼睛。

橘猫："？"

夏也："小孩子不要看。"

橘猫："……"

宁星赶忙站好，一时间紧张得连手都不知道该怎么放。

邢枫放开她，顺势弯腰把小垂耳从地上捞了起来，径直走进去。

宁星摸了摸他刚刚碰过的地方，忽然有些疑惑，从看见他就紧张到现在能够在一个屋檐下亲近着说话，他们是怎么熟悉起来的？算一算，时间似乎也并没有过去很久。

半个暑假而已。

"今天有什么需要我帮忙的吗？"

邢枫把包挂在衣帽架上，小垂耳稳稳趴在他的臂弯里。

他长得高，趴在他怀里能离地面更远，自然也更有安全感，所以小垂耳很喜欢黏着邢枫。

这样的改变，一度让夏也吃醋。

"老婆"要被拐跑了，"儿子"也要被拐跑了，拐跑他们的还是同一个人。这日子没法过下去了。

"没什么需要帮忙的。"夏也戴上口罩，平复了一下心情，"我关门换个猫砂，你们在外边聊着吧。"

说完，她关上了门。

在邢枫到来之前，宁星一直在做漫画分镜草稿，笔记本电脑放在桌上没有关，邢枫注意到了。

“你在准备更新？”

到底是和他有关的漫画，宁星有些不自在，把笔记本电脑转向一边，但邢枫已经看见了大部分。

“原来漫画在初期的时候都是这样的吗？”他笑，“我前阵子有看一些插画步骤，但很多都看不懂，尤其是从轮廓到细化的部分……”

宁星对此表示惊讶：“你不是想和夏也学摄影吗，怎么又看这个了？”

“也许是好奇心比较旺盛。”

“也就是现在听你说这句话才不觉得违和。以前我一直以为你是那种对什么东西都无所谓、什么东西都没办法吸引到你的人。”宁星说着，递过去一只梨。

邢枫接过就准备咬下去，却被宁星拦了一下。

“你不问问我洗没洗吗？”

“没洗的话，你不会递给我。”

宁星松开手，嘟囔：“你又知道了。”

邢枫轻笑：“不然这段时间我是白来的吗？”

他来的目的难道是这个吗？他明明是来学摄影的。宁星想到了，却没有说。

“我们还是说回你看的插画步骤吧。”宁星拿起另一只梨，咬了一口，“你对这个很感兴趣吗？”

“我对很多东西都感兴趣，包括……”邢枫把后面的字吞了下去。

“包括？”

邢枫耸肩：“包括它。”

他一下一下撸着小垂耳。在邢枫的手下，小垂耳舒服地眯着眼睛，耳朵一抖一抖。

“还有那只橘猫。”

宁星戳了一下小垂耳的短尾巴，像是戳到了一个毛球球：“它们是很可爱。”

“你有没有发现，在那只橘猫出现之后，我们就再也没有做过那个梦了？”

今天的邢枫敞开穿着件浅格子衬衫，里边是一件白色T恤，半靠在沙发上看起来放松又舒适，他一手拿着梨一手抱着小垂耳，眼睛却看向她。

夏也怕热，白天经常把窗帘拉得严实，只在客厅开一盏暖白色的灯。坐在这样的灯光里，宁星与他对视的那一瞬间，忽然就生出了一种他们两个人在过日子的错觉。

这时候，宁星想起昨晚上夏也和她说过的话。

昨天邢枫有事没来，夏也终于能够抱回“儿子”，于是心满意足撸了一天的猫和兔子，尤其是小垂耳，她从早抱到晚几乎不舍得放下去。

宁星提醒她该修片了，却被她哼哼唧唧转移话题：“那个邢枫，你对他什么感觉？”

宁星问：“什么什么感觉？”

夏也凑到她的面前笑得眉眼弯弯：“他看起来挺喜欢你啊，从你们俩的相处方式来看，我觉得你对他也不是无感的。”

当时宁星被她这一番话说得一怔，引得夏也过来撞她肩膀：“你在想什么呢？”

“你在想什么呢？”邢枫伸手在她眼前晃。

宁星立刻回神：“没什么。”

她掩饰地咳几声：“在想那只猫。”

邢枫点头：“除了在梦里，现实中我也见过几次那只猫。第一次见它，是你走错教室的那个中午。”他回忆道，“我下课的时候路过林荫道，原本好好走着，秦之澜却拽着我去看一棵树。”

“看树？”

“嗯，当时那只猫就趴在树杈上，看起来懒懒散散，却一直看着我们。”邢枫望向被关起来的门，“学校里有许多流浪猫，所以平时我也不会多注意。但它给我留下的印象很深，像是冥冥中有一种预感。我觉得它不大简单。”

宁星问：“怎么不简单？”

“说不上来，但总觉得它不像普通的猫。”

邢枫这句话说得清清淡淡，然而被宁星脑补得瘆人。

橘猫的影像浮现在她的脑海里，一点一点慢慢变大，先是大过了人，再是大过了树，最后大过了房子。接着，它咚咚咚从远方朝她走过来，低头，诡异地勾起了嘴角……

宁星被自己的想象吓得背后发凉：“别吧？建国之后不是不能成精的吗？”

她把抱枕箍得死紧，一看就是想到了什么了不得的东西。

邢枫没忍住弹了她的额头：“谁说它成精了？”

“不是你说它不简单的吗？”宁星捂着额头反驳，刚说完，就看见夏也提着被层层包裹住的垃圾袋一脸视死如归地出来了。

“铲屎官真的好辛苦啊。”她拽下口罩，“我出去扔个垃圾。”

在她身后，橘猫乖巧地探出小脑袋，满脸单纯无害。

“喵儿——”

在听邢枫说过一番奇怪现象以及自己脑补了一出惊险恐怖片后，宁星看见小橘猫都有点下意识地害怕，她试图通过摸摸小垂耳来缓解紧张，然而在捞小垂耳的过程中，先碰到了邢枫的手。

有时候，动作会先于思考。

比如现在，宁星没碰到预想中的毛茸茸，却还是握住了那只手。

邢枫微愣，没有抽开，反而顺势也握住了她。

在门口扶着墙壁换鞋的夏也不过随意一瞥就受到了暴击——

如果没记错，这好像是她的家，沙发上坐着的是她“老婆”，在她“老婆”身边趴着的毛团是她“儿子”……吧？

她有些凌乱地想。

可是为什么站在这个地方她觉得自己才是多余的呢？

2.

邢枫的来去时间很固定，因为住得离这儿不近，所以他每天五点左右就会离开。他走后，宁星和夏也吃完晚饭，各自抱着电脑坐沙发上开始忙。

夏也今天修的是给宁星拍的那组片子，她一张张选过去，最后停在邢枫摸宁星的头的那张上。

当时光线不是太好，加上是抓拍的缘故两人还是背光，照片上也有噪点，不是很符合成片要求。可即便有这么多的缺点，她仍然很喜欢这张照片的感觉。

夏也对着屏幕开始纠结。

宁静、祥和，莫名让人联想到“长久”这两个字。

略作沉思，夏也留下了它。

宁星在手绘板上一笔笔画着，夏也在图片库里一张张选着，两个人很认真，所以完全没注意到家里另外两个小家伙的动静。

橘猫从没关好的门里跑了出来。它脚步很轻，直线朝着啃甜草的小垂耳前进，而小垂耳浑然不觉，只是趴在白色地毯上舒舒服服嚼呀嚼……直到它感觉到自己被一片阴影笼住了。

小垂耳吓得耳朵都竖了起来，它缓缓地、僵硬地转头，和橘猫四目相对。

橘猫看了看白团子，接着低下脑袋凑过去舔了一下小垂耳，带倒刺的舌头钩下来一片兔毛。

小垂耳：“！”

嘴里的甜草就这么掉在地上，被钩走兔毛的地方很疼，兔兔非常委屈。

这一刻，它想起这段时间里的担惊受怕和之前的无忧无虑，它突然觉得日子没法过了！

如果注定要有一死，那它至少得做些反抗。

于是它抬头，恶狠狠地瞪了橘猫一眼，接着向上一蹦，一口咬在了它的腿上——

“喵嗷！”

身后传来凄厉的一声惨叫，夏也和宁星同时起身回头，两个人就这么撞上了。

“哎哟……”

“嘶……”

她们面对面捂额头，边揉边往那边走。

“怎么了？”夏也一把抱起小垂耳，“发生什么事了？”

“你这是指望它们回答你吗？”宁星蹲在橘猫身边。

虽然下午被自己的想象给吓着了，但那也不过是一时的，等那一阵过去，现在想想，宁星自己都不知道自己胡思乱想了些什么可笑的事情，那个梦的确奇怪，但这到底不是个灵异故事。

脑补嘛，当时深信不疑，但大多数在事后回忆起来总是很瞎的。

“它的腿怎么回事？”宁星握着橘猫的前爪，“这里怎么有伤？”

“伤？”夏也满脸意外，“怎么会无缘无故……还真有。”

橘猫靠在宁星身上，一只前爪被宁星握着、一只搭在她的脚背上，小小的脑袋垂下去，看起来很失落的样子，完全就是一只无助的小猫。

夏也问：“这是怎么回事？”

她福至心灵地瞥向怀里的小垂耳，果不其然，它的三瓣嘴一动一动，嘴边还有几根橘色毛发。

宁星：“……”

夏也："……"

"不是吧？"宁星安抚着橘猫。

夏也满脸不可置信："宁小星没这么狂躁过啊，今天晚上是怎么了？"她把小垂耳举平到了自己眼前，"你怎么了？你不是一直很怕它的吗？"

"可能是怕到了一个极致？"宁星猜测道，"实在是害怕得不行，于是一下爆发了……所以兔子急了真的会咬人？"

橘猫瞪她一眼，她仿佛读出了它的意思，于是从善如流地改口道："对不起，咬猫。"

改完口，宁星发觉有点不对劲，它不是刚才还可怜兮兮的吗？

再去看它，橘猫却又是之前的样子，委屈巴巴地低着眼睛，一副"生活终于对我这只小猫咪下手了"的模样。

"坏孩子。"夏也轻轻拍了一下小垂耳的屁股，"怎么能咬小伙伴呢！"

"算了，算了，看来以后还是把它们隔开吧，注意一点比较好。"宁星把橘猫抱了起来，"要不要带它去医院看看？"

"去看看比较安心。"

宁星喊住要去换衣服的夏也："宠物医院不远，我自己去就行了，你继续修片。"

夏也想了想："那你路上注意点儿。回来给我带个冰激凌，要巧克力脆皮的！"

宁星摆手："行了，行了。"

夏也坐回沙发上，轻轻捏捏小垂耳的耳朵。

小垂耳的耳朵很薄，白色的绒毛下能看见一点点的粉色。

"你呀，不乖。"

3.

收养橘猫的时候，宁星和夏也带它去打过针，知道附近一家宠物医院离这儿不远，走路也就二十分钟不到。

她有一下没一下撸着猫，橘猫在她的怀里舒服得发出“呼噜噜”的声音。

红紫色的彩光投射在云层上，很难看见星星，除非那颗星很亮。宁星喜欢看着天走路，也曾经因为这个习惯而摔过几次，这真的不好，挺危险的，可她一放松下来就会忘记这件事情。

比如现在。

宁星慢悠悠走在路上，抬着头数星星。

当她数到第十几颗的时候，灌木丛里有一个黑影噌地蹿了出来。

“哎……等等，别跑！”

先是被吓了一跳，但很快，宁星发现那个黑影是一只……有点看不出品种的大型犬类。此时，它正撒着欢朝她这儿跑来，脖子上还挂着一根牵引绳。

它后边跟着个少年，少年跑得气喘吁吁，一直在努力追它。

在黑影跑过脚边之前，宁星忽然看清了那个少年。

“秦之澜？”

秦之澜急忙喊：“快快快！帮我抓住那根绳子！要过去了！”

宁星眼疾手快弯腰一捞，在拽住牵引绳的同时，她也被它的力道带得往前一扑，差点儿摔倒。宁星怀里的橘猫被这一颠吓着，立刻从她的怀里蹦了出去，好巧不巧地直直用脸撞上了往这边跑的秦之澜。

路灯下，一人一猫都被撞得不轻，狗狗也被牵引绳勒得吐舌头，宁星最幸运，踉跄了几步好险才站稳。

可以说在场的每个生物都非常狼狈了。

从宁星手上接过牵引绳，秦之澜揉着被橘猫撞击的胸口：“谢谢啊。这是你的猫？”

宁星说：“不算我的，只是暂时和我一起住我朋友家。”

他们的脚边，橘猫对着大狗弓着背已经奓毛；大狗不过几秒就恢复了活力，很快把注意力转移到这个小家伙身上，然后，为了表示友好，它笑出了一口白森森的牙齿。

它是一只哈士奇。

宁星沉默了一阵。

按照越蠢越纯的说法，这只哈士奇的血统应该很纯正了。

“喂喂喂，别对人家龇牙。”秦之澜把二哈往自己这边拽。

而宁星回过神来，赶紧抱回了橘猫。

先是被小垂耳咬了腿，然后被秦之澜撞到脸，紧接着被二哈吓到，橘猫的这个晚上过得不可谓不坎坷。

“你怎么在这边？”宁星抱着橘猫问秦之澜。

秦之澜正认真地一圈一圈地把牵引绳缠在手腕上，闻言，拽着绳子冲她笑：“在网上看见这边有家宠物医院，听说也做宠物美容，我看评价还挺好的，想带它来洗个澡修个毛。之前在家里，它的毛被我妈修坏了，好不容易才长出来。”

二哈吐着舌头，满脸都是哈士奇专属的邪魅单纯的表情，秦之澜拍拍它的脑袋，把它的头往右边扒拉了一下。

“你看，就这个地方还秃着，有些地方毛厚有些地方薄，我还得去问问能不能修好。”

“还真是。”宁星看着也笑出声。

“我妈给它剃毛的手法和小时候给我剃头的手法真是完全一样。”秦之澜心有余悸似的，“还好它没有人类世界的审美，才能在被剃毛后这么不懂人间疾苦地不挠她。”

宁星又没忍住笑：“你是要去哪家？”

“这家。”秦之澜掏出手机，上面是一个地址。

“正好我也去那儿，可以一起走。”

“那就太好了，我对这边不熟，刚刚还问路来着。”

“这边的小路比较多，可能不大好走。”

“是挺多的，对了……所以你是住在这边吗？”

“不是，我家人出去旅游了，这个假期我都和朋友住……”

两个人一边走一边聊，气氛轻松愉悦。

可一猫一狗却一点儿都不和谐：二哈仗着身高优势，不停地往橘猫的方向蹭，连累着秦之澜走几步就要被牵引绳绊一下；被抱在怀里的橘猫也不老实，喉咙里发出“咕噜咕噜”的威胁声。

“别绕了，哎，别再绕了！”秦之澜几乎是小步跳过绳子，“怎么回事？”

“它喜欢猫吗？”

“它喜不喜欢猫我不知道，但我妈挂在包上的一个毛球差点儿被它吞了。”秦之澜咽了一下口水，“那个毛球，是橘色的。”

宁星：“……”

她默默走远了些：“你不要过来，别等会儿有什么意外。”

秦之澜忙拽绳子：“不会吧！虽然它蠢，但也不至于……”

刚说到“不至于”，就见二哈站起来对着橘猫蹭了过去——

虽然它并没有再龇牙咧嘴，可因为有被吞掉的毛球在先，两人一猫还是吓得够呛。

二哈在被拽回去之后一脸无辜，它不过是想和那个团子表达一下友好而已，错了吗？

在场的生物没有谁知道二哈是怎么想的，尤其是宁星怀里的橘猫。

窝在宁星怀里，橘猫眯着眼睛看了一眼牵着二哈稍稍退后的秦之澜，眼神明亮犀利，颇有一种“这个人我记住了”的味道。

当天回家之后，秦之澜久违地回到了那个梦。

只是，这一次的梦很不对劲。

他仍在上次的地方，可梦里没有宁星也没有邢枫，找了一圈什么人也没见到，倒是涌出来了无数鬼怪，甚至还有丧尸。每一只都在追他，死命地追……

秦之澜就这么在梦里跑了一晚上。路上，他摔了无数跤，被绊倒许多次，差点儿就要被它们追上，上演了一出死亡逃生……

这一晚，可以说是过得很心惊肉跳了。

次日醒来，他接到邢枫的电话：“喂，干吗？”

“我妈叫你今天来吃个饭。”

“不了，不了，帮我谢谢阿姨……”秦之澜翻个身，黑眼圈重得像是被墨染出来的，“昨晚上那个梦做得我差点儿累死，我今天得睡一天……”

邢枫敏感地追问：“什么梦？”

“我们之前那个梦。”秦之澜无精打采，脑子里一片糨糊，“不过很奇怪，没按照原来的走向发展……”

他呵欠连天：“不行，不行，我现在没办法思考，等我补个回笼觉再和你说，太困了……”

说完，也不管对面有什么误会，直接挂了电话。

邢枫握着手机，看上去若有所思。

直到穿着围裙的温柔妇人走过来：“阿澜什么时候过来？”

“他不来了。”邢枫想了想，“妈，我出去一趟，晚上回来。”

他并没有发现，房门口的爷爷在经过的时候对他投来的思索眼神。

那个眼神很有内容，不过真要概括，也就是一句话——按照过来人的经验看，他孙子是不是瞒着他们有对象了？

4.

宁星挂了电话，夏也凑过来：“又是他吗？”

“嗯，他说下午过来一趟，给你看看他的作业。”宁星把手机往沙发上一丢，“还说前天你给他的几张片子他修好了，但是调不出他想要的预设，想问你怎么弄。”

夏也起初以为邢枫只是随便找个借口过来，然而这么长的时间过去，他居然还真的认认真真学起了摄影和修片，的确让她意外，当然她也认真教了起来。

可是……

“虽然我也觉得他挺刻苦，但如果真的只是要看作业的话直接网上发我就好了。我最开始学摄影也是报的网络课程，方便省事还不用出门。所以你说他……”

“停，我知道你想说什么。”宁星打断她。

夏也挑眉：“哦？你心里有数？”

宁星被她拖进这个话题里。

她当然知道，夏也是想说邢枫喜欢她，她已经明里暗里揶揄过她很多次了。偏偏她自己也是这么想过的。远的不说，单说最近发生的事情和邢枫对她的态度，就已经足够说明许多情况。

可这不是漫画，不是一个人就能确定的事。

自作多情是很难受的，在他明白地表示之前，她不想过多猜测。

夏也在一边努力扇风，像是每个班上都有的喜欢看热闹给人凑对的同学——

“宁小星抓紧时间呀，你看大学都过去三年了，你还是一只单身狗。”

宁星瞥她：“你不也是单身狗？”

夏也被噎住，很快回她：“谁说的？我有它啊！”

被举起的小垂耳无辜地嚼着甜草与宁星对视，满脸都是“我什么都不知道”的茫然。

宁星爱怜地揉了揉它的脑袋。

“那你要这么说，我还有它呢。”宁星往屋子里指，一抹橘色甩着尾巴走过去，“你认为这能算吗？”

夏也哼哼：“不算就不算呗，这种事谁说得准，说不定我开学就有小哥哥了呢？而且还是特喜欢我对我特别好的小哥哥。”

“等你有了再说。”宁星戳了戳她鼓起的脸颊，不得不说，手感很好，“在解决自己之前少担心点儿别人。”

橘猫迈着优雅的步子从房间里走出来，有一道阳光从没拉紧的窗帘缝隙处投射进来映在它的毛发上，它仿若瞬间金光大盛。

它舔舔爪子歪歪头，大而圆的眼睛直盯着夏也，像是在思考着什么。

不远处的白色毛团噌地蹿出来挡在橘猫前边，试图用小小的身体遮住橘猫望向自家主人的视线。

在咬完橘猫之后，小垂耳的胆子见长，慢慢不怕它了，可内心的提防还是在的。第六感告诉它，这只“狮子”虽然不会吃人，但还是很危险。

而糟糕的是，这个家里，除了它之外，没有人意识到这一点。

小垂耳的心里生出无限的勇气——所以，它要保护这个家！

然而，就在小垂耳豪气万丈的时候，橘猫却只是睥它一眼，没什么别的动作，步子缓缓地走了。

小垂耳不甘心地追在它的身后，在担心的同时，心里也隐约有些疑惑：这只“狮子”为什么突然就不理自己了？它原来不是一有机会就跟着它的吗？

一下子变得这么冷漠，真是让兔不习惯。

夏也忽然想到一件正经事。

虽然她是以开工作室的名义对系里申请的校外租房，可其实她并没有真正启动这个“工作室”。

在暑假之前她一直一个人住在这儿，只偶尔会让宁星来帮帮忙，大多时候工作内容都是一个人搞定。可随着现在名气越来越大、接到的单子越来越多，她的时间也越发不够用，无奈之下，她只能开始招人。

夏也的摄影风格很有个人特色，不管是构图还是用色都很有想法，而她最为偏爱的是古风摄影，偶尔也接一些 COS，她最开始的名气也就是在这个小圈子里攒起来的。所以，她的招聘启事也不想用太普通的形式来写。

宁星在知道她的想法之后，自告奋勇：“这还不简单？我帮你画不就得了！”

两个人很快开始就条漫的广告展开了激烈的讨论。

只是，从前天一直讨论到现在，死活没动笔。

赖在沙发上喝着“肥宅快乐茶”，最近沉迷动漫的宁星实力演示什么是脱水咸鱼。

“所以那个广告你现在打算画了吗？”夏也带着求人办事的自觉，低眉顺眼递过去一包薯片。

“再休息一会儿？”

“一会儿是多久？”

宁星拆开薯片：“五分钟。”

“可你前天也是这么说的。”

宁星想了想：“我们这种小仙女都是天上一天地上一年的。”

夏也一把夺回薯片：“你再说一遍？”

被磨了好一阵儿，宁星终于起身，嘴里念着“算了算了”，继而打开电脑插上手绘板。

宁星的电脑桌面是她自己的画，画的是月下竹影一双人。

那是漫画里最开始的一幕。秦之澜背对着这边，而邢枫转头看她。

宁星画得模糊，并没有仔细把五官描出来，只是在轮廓处用与月光同色的浅蓝勾出了一道晕开的边。

夏也“咦”了一声。

“怎么了？”

“没什么。”夏也往她肩膀上靠，“虽然这张图看了很久，但我今天才发现，你这两个人画得很不平均嘛。”她指着邢枫的衣袖，“明明两个人的衣服是一样的，但你怎么只给他画了暗纹？”

宁星打开软件，画面瞬间被挡住。

“他离得近，当然要画得精细一点。”

“是吗，可我怎么看着他们位置没差多少？”夏也嘟囔，没再多问。

宁星也没再说些什么。

她的内心并不像表面这么平静。

其实，不止这张图，从一开始，她就在邢枫的身上着墨更多，投入的注意力也更多。

不比秦之澜性格鲜明热烈，邢枫话少，举止内敛，在故事里这样的人或许有魅力，但并不那么好描述，一没注意就会变成单面的符号。

正因如此，在做漫画设定的时候，宁星的笔记本上，记录邢枫的内容就比秦之澜多出一倍，在梦里她也会更加偏向于观察邢枫。

可当时做这些的时候，她是没有察觉到的，直到刚刚夏也无心戳破。

从初中到现在一直在学美术，宁星大半青春都泡在画室里，对她而言，画画已经成为一种本能，尤其是已经想好了该怎么画的一个不需要多费脑子的广告。所以，即便脑子里忽然炸开，但她握笔的手还是很稳，画出的线条没有迟疑。

可思路到底不是线条。

宁星对自己产生了怀疑。

如果说每个人都有一些东西是自己所看不清的，那么，她对邢枫只有这点没察觉到吗？会不会还有一些别的什么？

可如果还有别的，又会是什么呢？

5.

反正也找不出答案，宁星索性抛开纠结投入漫画，修修改改，一口气画下来就到了晚饭时间。

坐了整个下午，宁星坐得脊椎都僵硬了，她站起来舒展筋骨。

天色渐暗，夏也终于拉开了窗帘。

余晖把天空染成红紫色，云层镶着金边，像一幅画。

或许摄影师都喜欢“美色”，夏也看见这片天空的第一反应就是拿起相机拍下来，她调光调快门，连续拍了好几张。

“邢枫不是要来吗？”对着照片，夏也忽然想起，“邢枫不是要来吗？怎么还没过来？”

宁星愣了愣，她也完全忘记了这个事：“我给他打个电话。”

白色小团子缩在窝里有一下没一下地啃甜草，三瓣嘴一动一动，眼睛始终盯着橘猫。

橘猫似有所感，回头和它对视一眼。小垂耳啃甜草的动作一顿，也不知道是在和什么赌气，扭回窝里背对着外边，只留下一坨小圆尾巴偶尔抖抖。

可它没背多久，又转回来。

在看见橘猫并没有继续关注自己的时候，它再度转回去。

反复几次，橘猫注意到了它的动静，于是踮着肉爪走了过去。

当它停在草窝前，小垂耳正巧又转过来。

大概没想到原先还站在茶几上的橘猫瞬移似的过来了，白毛团吓了一跳，连嘴里的甜草掉在地上都不知道。

橘猫望一眼那根甜草。

它好像总在吃这个。

这个看起来很好吃。

在小垂耳愣神的过程里，橘猫从容不迫叼走甜草，学着它的样子一嚼一嚼。

小垂耳表情不明地就这么盯着它，余晖从窗外洒进来，洒在了草窝上，白色的绒毛被夕阳染得粉粉的，看起来软软萌萌，让人忍不住想去抱一抱。

“电话打不通。”

宁星拨了好几次，每次都是接通但无人接听的状态。

“怎么回事……”夏也抱着相机走过来，“不会是路上出什么意外了吧？”

“呸呸呸！快呸三声！”宁星急了，而夏也意识到这不是能随便说的话，于是赶忙照做。

呸完之后，夏也急忙补救：“可能是临时有事情耽搁了，不然你给他发个信息？说不定他忙完就会回你。”

“嗯。”

宁星低头编辑短信。

也许他真是有事在忙。

发完之后，她这么想。

可是他真有忙到连回一条信息的时间都没有吗？

握着手机，向来习惯开静音的宁星把铃声开到最大，也不像平时那样随手放，从发完信息到吃完晚饭，手机被她握得发烫，但邢枫一直没回她信息。

笔记本电脑的屏幕上是她没画完的漫画，这一格是邢枫的特写，但她只画了个草稿。

良久，宁星叹一口气。

橘猫和小垂耳听见之后对视一眼。

实在是太明显了，她现在的心情，就算是它们都能轻易看出来。

这种情绪叫担心。

小垂耳不太明白，那个人类不过是没来而已，它在这儿已经住了很久了，他原本也不是每天都来的。

一个并不住在这里的人今天没有出现不是很正常吗？

小垂耳不明白，于是它用眼神询问橘猫：你明白吗？

橘猫“喵”一声，很轻，轻得只能让它面前的小垂耳听见。

白团子听不懂这一声“喵”，但它的脑子里莫名窜进来一句话，那个声音在问它：橘猫也不是一开始就在这儿的，如果它走了，你是不是也无所谓？

小垂耳小小的心脏跳快了些。

如果是这种心情，那么它大概稍微能懂一点了。

小条漫（2）

想再要两万根甜草。
甜草碗
空空如也
你会帮我摘甜草吗?
人家都是要摘月亮，你只要摘甜草。
唔……
如果你能摘月亮也可以。
……
……
那我摘你，你比月亮好看。

第十章

两个人扑通扑通的心情

1.

夏季的天亮得很早，六点不到的时间，太阳已经很大了。

宁星临睡前忘记关窗帘，于是阳光毫不留情占据了一整个屋子，她迷迷糊糊翻个身，手机就这么滑了下去，落在窗边的地毯上。

宁星醒了过来。

在睁眼的瞬间她拿手挡了挡刺眼的光，脑子里暂时一片空白，没缓多久，她就开始找起了手机。

他还没给她回信息吗？

她看见了一条回复。

邢枫：不好意思，昨天出了点事情，没顾上回你。

揪了那么久的心因为这简单的一句话而放了下来。

宁星：没关系的。能问问是什么事吗？

因为在假期里，本以为时间还早他还没醒，没想到他回得很快。

邢枫：没什么大事，就是在路上出了点小意外。

意外？

宁星想到昨天夏也那句话，右眼皮不由自主地跳了几下。可他还能给她回信息，应该不是什么大的意外。

说是这么对自己说，但她的心还是不受控地拎了起来。而且，这一次她的信息没有得到回复。

女孩子总是很喜欢想太多，而且会越想越可怕，宁星就立刻陷入了这种因不确定而焦灼的情绪。

她找出秦之澜的联系方式：邢枫昨天是出了什么事情吗？

秦之澜秒回。

秦之澜：咦？你怎么知道的？他昨天下午出去，在路上似乎是被车撞了，也不算是撞了吧，就是被蹭着了，人没多大事，但是右手现在打着石膏，挺不方便来着。

宁星满脸焦急地坐在床上，啪啪啪地打字。

宁星：被车撞了？没事吧？

秦之澜：应该没事。但昨晚上他是睡医院里的。

宁星：哪个医院？

秦之澜：好像是附二。

丢下手机，宁星飞快洗漱，套上一条连衣裙抓着包就往外跑。

夏也起床上厕所，眯着眼看宁星："你今天起这么早吗？"

"嗯，有事出去一趟。"

夏也打个哈欠："回来给我带份饭吧，午饭，我要多睡会儿。"

"好！"

伴随着一道巨大的关门声。

随即，又是钥匙插入锁里开锁的声响。

夏也愣愣地看着冲出去的宁星又冲进来。

"忘记拿手机了！"

风风火火鞋子都没脱冲进房间抓到手机，一阵风似的又冲了出去，"砰"的一声，门再次关上。

夏也摇头叹息。

现在的年轻人啊，真是风风火火的。

不能慢点儿吗？

叹罢，她龟速挪到洗手间，解决完之后又龟速挪回了房间。

不一会儿，呼吸就变得均匀绵长起来。

今天也是个适合睡觉的日子呢。

2.

拎着一袋子苹果、葡萄，宁星站在附二医院门口。

也不知道是太热还是着急，她的脸又烫又红。

宁星抹一把额头，手上全是汗。

她在路上随手绑了个马尾，来时没注意，但现在对着玻璃门看一看，头顶一堆碎毛，右边掉了一缕，整个人看起来乱糟糟的。

她把塑料袋往手腕上挂，反手扯下皮筋，一下一下把头发捋顺，最后扎了个高马尾。对着玻璃左右照照，终于能看过去了。

在前台问到了病房号，宁星上了电梯，就在这时候，她忽然觉得自己这个病探得是不是有点突兀。第一，邢枫没和她说；第二，她也没有告诉邢枫自己要来……

“叮——”

走出电梯门，宁星想了想，掏出手机打算给邢枫发个信息。可就是这个时候，她收到了他的回复。

邢枫：刚才又有点儿事，没看见短信，真的不用担心。对了，你今天起得这么早?

宁星：嗯，起得是早了点儿……我问了秦之澜，他说你是被车撞了，真的没事吗?

病房里，邢枫半靠在床上，胸前横着一根石膏手。

“秦之澜……”他叹一口气，艰难地打着字。

邢枫：本来怕你担心不想告诉你的，不是什么大问题，只是手上不方便而已。

宁星：那我来看看你可以吗?

窗帘被风吹开，外边有管理草坪的老人在给草地浇水，风里也带来了水汽和青草的味道。

邢枫往窗外看去。

他坐在床上，只能看见天，天很蓝，白云一丝一丝，晴却也很热。如果他没有记错，宁星好像很怕热，他弯了弯嘴角，对了，她还很宅。

在这样的天气里，要让她出一次门，真是不容易。

邢枫：好啊。

他回复完又继续编辑地址，然而字还没有打出一半，就听见门被敲了三下。

邢枫以为是回家准备早餐的妈妈回来了，说完“请进”之后，抬头却看见了宁星。

“当！”宁星清楚看见邢枫脸上的意外，吐吐舌头，“怎么样，惊不惊喜意不意外？”

邢枫放下手机，配合着她做出惊讶的表情：“惊喜又意外！”

病房里飞进来一只小蝴蝶，在窗边绕了几下，又扇着翅膀从宁星身边出了门。两个人原本互相望着，但在小蝴蝶飞来之后，他们同时看了过去。

宁星站在门口目送了小蝴蝶飞过走廊，再转头，重新对上邢枫的眼睛。

像是清晨的湖面，波光粼粼，那双眼睛又清又亮，很容易让人沉进去。宁星看着看着，忽然觉得自己下一个更新的开头可以画一个这样的镜头，第一格是有着涟漪波光的湖水，然后把画面做一个模糊处理，转到他的眼睛上。

“站在门口做什么？”

“愣了会儿神。”宁星顺手关门进来。

她提着塑料袋晃：“喏，你吃早餐了吗？要不要来一个苹果？”

可邢枫的注意力却在她的手腕上：“这是怎么回事？”

宁星是那种稍磕一下就会青红一块的体质，她身上也经常出现一些小小的青紫，看起来吓人，但其实一点儿感觉都没有。

顺着邢枫看了眼自己的手腕，那儿有被塑料袋勒出的一圈红痕，大概是她挂着袋子扎头发的时候弄的。

“没什么，就是提了一些水果而已。”

“很重吗？”

邢枫习惯性伸出右手想去接，忘记自己右手被绑住了，扯得他忍不住“嘶”了一声，赶紧换了左手。

“不重的。”

宁星想往回抽，可已经被人接了过去。

“挺重的。”邢枫把它们放在床头柜上，回头看她，“谢谢。”

他说话的时候习惯看人眼睛，目光专注。

宁星挠了挠脸，居然有点害羞。

“我去给你削个苹果吧！”

邢枫看出了她的不自在，轻笑：“嗯。”

宁星连忙拿了两个苹果就跑去洗，洗完回来，邢枫已经把水果刀找好了。

“你会削皮吗？”邢枫挺不放心的样子。

宁星一手苹果一手刀：“应该会吧？削皮不就是这样……”

她比画了下，但这一下可以说是十分惊险了，皮没有削掉多少，果肉倒是削下来一块挺厚的，刀刃擦着拿着苹果的手划过去，吓得邢枫差点儿被水呛着。

放下杯子，邢枫艰难地开口：“算了，其实我吃苹果都不削皮的，不是说水果的营养都在皮上？”

他话音刚刚落下，门外探进来一个脑袋。

秦之澜嬉笑：“哟，你爱吃皮啊，我怎么才知道。”

“宁小星也在呀？”他对着宁星打了个招呼，步子轻快走进来，“你别说，这石膏白白地挂在那儿，还真有一点反光板的感觉，瞧瞧，衬得脸多白。”

秦之澜挑了一下邢枫的下巴：“啧啧啧，一天而已，怎么就憔悴了？”

邢枫一脚踢过去。

然而秦之澜一个矫健的扭腰：“没踢着！”随手接过宁星手上的苹果，“看着啊！哥哥给你示范什么叫刀工。”

“洗手。”邢枫冷着脸提醒他。

“就你讲究。”

吐槽归吐槽，但秦之澜还是放了包乖乖出门洗手。

邢枫的心情瞬间晴转多云，尤其是在看见偷笑的宁星的时候。

“你笑什么？”

“没什么，没什么。”宁星连忙摆手，“只是觉得你们感情挺好的。”

“毕竟从小一起长大。”邢枫说完，感觉哪里不对，“但不是你想的那种好。”

宁星微愣，很快反应过来：“漫画是漫画，现实是现实，我觉得那样的情节很萌，但你们这样也很让人羡慕。”她低了低眼睛，“我分得清的。”

有时候喜欢CP，不是因为真的要让他们在一起，就像偶像明星什么的本质也是人设贩卖，满足一下粉丝的小心理，因为现实中不存在，才希望把美好的东西寄托在他们身上。

而她也正是因此想画一个干干净净、没什么复杂情节的故事。故事里的两个人也许有些地方会让人捂着脸心脏跳得怦怦怦，但那也不是刻意而为，而是相处过程里很自然的事情。

她是真的喜欢这两个人。

3.

女孩低着头的样子让他想起那只白团子。软软糯糯，低头的时候会露出淡粉色的耳朵，让人想抱一抱。

这种感觉实在是很像。

“我没有怪你。”邢枫摸了摸她的头，“我大概能明白你的意思。”

宁星惊讶抬头：“你能明白？”

“嗯，我看过你的漫画。你不是都把你的想法画在故事里了吗？”

明明室内的光线和之前没有变化，但因为这一句话，宁星整个人明显比之前“亮”了一些，像是有一道光打在了她的身上。她睁大了眼睛：“你真的能明白吗？”

也许很多人只是看个热闹，她也知道这算不上什么艺术性的创作，就连她自己给这个漫画的定位也只是看个开心的小故事。可其实她也是有想法的。

她放在故事里的重点，是情谊，是江湖。

那是她所向往的、理想中的世界。

“我和他虽然在很多地方都不对付，但感情一直在。所以关于那个梦或者漫画，我们都只是因为没接触过不适应……”

门口响起掌声。

“感人，感人。谢谢你把我当成兄弟。”秦之澜走进来，满脸惭愧，“可惜我一直没能做到，毕竟我一直都只把你当儿子。”

邢枫：“……”

气氛突然发生变化。

宁星：“……”

宁星：“噗！”

在宁星努力忍笑的过程里，邢枫慢慢黑了脸。

秦之澜什么都没意识到似的，拿过水果刀站在邢枫和宁星中间：“来来来，现在看我表演的时间到了！这位美丽的小姐，请问能麻烦你一件事情吗？”

秦之澜眨眨眼，如同舞台上的表演者，虚虚做了个摘帽的动作。

“什么？”宁星配合地站了起来。

“喏，等会儿我削了皮，你捏住开端，别让它掉在地上。”

“意思是你要削一个完整不断的苹果皮？”

秦之澜满脸严肃：“要回答这个问题，就要追溯到宇宙的起源了……”

邢枫冷淡拆穿：“他小时候看电视，觉得能削一圈皮还能不断显得特别帅，一个人偷偷练了很久，很还‘中二’地把皮都留了下来……”

“他偷偷练，你怎么知道的？”宁星秒抓到重点。

邢枫略顿：“因为他偷的是我们家的水果刀，藏苹果皮的地方是我床底下。”

“你一个被车撞了的人能不能少说点话？”秦之澜恼羞成怒，“这都过去多少年了，有什么好提的，让往事随风你不知道吗？”

邢枫一皱眉，伸手把宁星拉过来：“手上拿着刀乱挥什么？”

“我……”

秦之澜立刻㞞了：“我没注意，对不起啊……咳咳，好了，我要开始表演了。”

秦之澜不说话的认真样子很能糊弄人，给人的感觉像是一下子从热烈的朝阳变成了安静的月亮。在宁星手上不听话的水果刀，到了他那儿立刻乖巧起来。

他的手很好看，手指白细，削苹果的时候，手背上的筋随着动作一起一伏，不一会儿，他得意地冲宁星弯了弯眼：“叮！”

邢枫很不给面子：“你以为自己是微波炉？”

秦之澜哼了一声，用戏剧腔高声道：“看看这个人的嘴脸吧民众们，这样你们就会知道何为嫉妒！”

邢枫：“……”

宁星：“噗！”

邢枫："？"

秦之澜捏着一长条苹果皮歪着头邀功似的转向宁星，眼底都是得意："怎么样？"

不得不说，秦之澜削皮的技术的确好，薄薄的一层宽窄薄厚均匀得仿佛用尺量过。

宁星由衷地佩服："厉害。"

"那是！"秦之澜的尾巴都要翘上天了，"对了，刚才是不是有个人说水果的皮有营养来着？来来来，这儿正好有新鲜的，来一条？"他把苹果皮晃着晃着甩过去。

邢枫偏头躲过，刚要说话就被对方又抢过去："或者你不喜欢苹果，'爸爸'还给你带了香蕉，要不要吃那个？"

宁星站在一边看他们一唱一和，几乎要当成相声来看了。

正看得津津有味，门口传来一个女声。

"小澜来了？"

秦之澜回身："阿姨好啊。"

一位提着保温饭盒，穿着一身素色衣裙，一头黑发轻绾脑后的美丽妇人走了进来。她脸上的笑意让她整个人都散发着柔和的光，让人很愿意去亲近。

应该是个很温柔的人，宁星心道，看上去真的很温柔。

而且，宁星望一眼邢枫，邢枫和她长得很像。

"你们这是？"

"邢枫想吃香蕉皮，我阻止他来着。"

邢枫妈妈知道秦之澜的性格，也没当真，笑着说："来来，喝粥吧。"

宁星从她进来就一直缩在角落，所以，邢枫妈妈眼带笑意特意问："这位小姑娘是？"

"阿姨好，我是邢枫的朋友。"到底是第一次见面，对方又是长辈，宁星赶紧介绍自己，并且拘谨地冲着邢枫妈妈鞠了一个躬。

邢枫没忍住笑了笑，引来妈妈别有深意的一眼。

“你是特意过来看他的吗？”邢枫妈妈热情地笑，“你住的地方离这儿远吗？远的话等会儿让他送你回去？”

“啊？不用了。”对于邢枫妈妈的热情，宁星有些受宠若惊，“他不是需要休息吗？”

“他？他等会儿做个检查就能走了。”邢枫妈妈回头，“嗯，石膏打得挺好的，看起来不会有什么问题。”

说完，邢枫妈妈向他确认：“对吧？”

邢枫倒是没啥表示，只意味不明地点点头，接着他妈妈开始招呼大家：“喝粥。”冲宁星笑眯眯，“正好我多熬了一点儿，你也来一起喝。”

邢枫妈妈熬的是鸡丝青菜粥，放了一点儿碎蘑菇，上面撒了葱花。粥熬得很烂，入口香软，对比起外卖来真是太走心。

宁星满足得眯起了眼睛。

“好喝！”

从未受到过如此真诚且夸张赞美的邢枫妈妈顿觉欣慰：真是个可爱的小姑娘啊。果然还是女儿更可爱。

“你多喝点儿，这里还有。”

邢枫端着勉强装了一小碗的粥，看着眼前两个人的互动。

而秦之澜在一边搭着他的肩膀：“喂，你这表情怎么这么一言难尽？是不是有一种被夺宠的感觉？”

“很好。”邢枫唇边噙着笑，一下子回想起来在夏也家的时候——

夏也大多时间都待在橘猫所在的房间里，客厅中，是他们一起坐在沙发上，宁星在那儿画漫画，而他在一边修照片，小垂耳在他们身边跳来跳去，毛茸茸的，经常惹他们分心逗它。

因为各自都有事情要做，所以他们的交流其实不算多。

可即便那样也不尴尬，反而让人觉得很好。

像盛夏烈日里的冰可乐，像寒冬里递过来的围巾，像暮春时落了一肩的樱花，像秋天顺风落到手心的枫叶……

像清澈溪水里游过去了一群小鱼，在粼粼水光下摆着尾巴，活泼的鱼蹿出水面蹦一蹦，然后，有人指着那一尾："你看见没有！它蹦出来了！"

而把它指给你看的，是你最在意的人。

你可以顺着她手指的方向看过去，看完牵住她："嗯，我看见了。"

说完继续往前走，继续一起看更多的风景，而牵着的手不必放开。

是这样的很好。

第十一章

醒来就应该去找你

1.

暑假很快过去，邢枫也终于拆掉了石膏，虽然还提不了重物，但已经没什么问题了。

在开学的前一天，两个人久违地又入了同一个梦。

对，没错。就他们两个人。

最近的秦之澜可以说是非常惨了，要么不做梦，一做就是噩梦，即便是在梦里，动不动被追个十万八千里的也还是很让人崩溃。

他问过宁星和邢枫，可得到的答案却让他觉得气愤而绝望。

他果然是一个人，这大概就是传说中的天选之子吧。

这次的梦已经断了很久，剧情也并没有接在一起，邢枫和宁星回到了初次见面的地方——

这是夜里的小竹林，抬头能看见一轮圆月，不远处是石桌、石凳，桌上放着酒盏、糕点。宁星睁开眼睛，首先看见的就是眼前的树。

如果真的和从前一样，那么，她探出头就能看到比肩练剑的两个人。

带着一点说不清道不明的小期待，宁星深深呼吸，从树后探出身子——

“啊！”

映入眼帘的不是那两张熟悉的脸，而是一堆长得奇奇怪怪的不明生物：眼球半掉不掉烂了半边脸的僵尸、头顶露着白骨下巴被削了一半的骷髅、蓝色皮肤穿着血衣的鬼魂……

宁星受惊过度本能地闭上眼睛，踉跄着往后退去，直直落入一个怀抱。

这个怀抱居然带着梦里也能感受到的暖意，扶在她肩膀上的那双手很稳。

不用回头，她也知道他是谁，原本被吊得高高的心脏终于放下来了一点。

“你来了？”

邢枫点点头：“不要怕，我来了。”

鬼怪们面面相觑，在那些连五官都看不清楚的脸上，居然浮现出一种叫“尴尬”的情绪。只可惜，宁星和邢枫谁也读不懂。

邢枫挡在了宁星身前，做出防卫的姿态。却不想她扶住他的手臂，拖着一双还在发抖的腿毅然站在了他的身边。

这是个梦，他们都知道。可身处其中的那种恐惧感也是真实存在的，就像在深夜里看恐怖片，知不知道和害不害怕从来都是两回事。

“你右手受过伤。”宁星咕咚咽了一下口水，明明就在打着战，却仍要强行镇定站在他的身边，“所以我来站在你的右边。”

邢枫没有阻止，也没有说什么“这是梦里，我的手没事”。他握住她的手，和她一起正视那些鬼怪。

宁星则是一直在心底给自己打气。大不了就是和秦之澜一样被追一晚上，再大不了，也就是被吓醒一次。他们有两个人，有什么好怕的。

两个人勇气满满对上那些鬼怪，可鬼怪们一步也没有往前走，反而在看清了他们之后默契地一起退了一步，颇有种“不好意思，哥几个走错片场了”的既视感。

月光由模糊慢慢变亮，鬼怪们的身影也随着变亮的月光渐渐透明，直至消失不见。

“这是怎么回事？它们消失了？”宁星的脸上是大写的“蒙”。

“嗯，消失了。”

“不会再出现了吧？”

邢枫突然笑笑：“不会。”

“你怎么这么确定？”

邢枫耸耸肩：“我想，它们大概是来错了地方。它们要去的是另一个人的梦。”

而这里的“另一个人”，即便他没说出口，宁星也猜了个大概。

“你是说……”

“对，是这样。”

宁星拍着胸口松了一口气，但很快又想起来：“你说他是不是得罪谁了？之前听他的描述时觉得吓人，但也没想过是这样的……”边说边绷紧身子打了个寒战，她满脸不可言喻，“真是瘆得慌。”

“得罪人？”邢枫不由自主地想到那只猫，但那不是瞎扯嘛。

邢枫是无神论者，即便他也会相信这世上存在着科学无法解释的事情，但大多数时候，他还是更加倾向于唯物论而不是鬼神论。

在离他们不远处的树上，一只橘猫摆着尾巴，眸光微敛看着他们。

随着风过轻轻，藏进云层里的月亮由一个白玉盘化身成一只通体白色的猫，跟着星子一起蹦了下来。

它落在橘猫身边：“喂，这就是你说过的好玩的东西？”

“嗯。”

“有什么好玩的？明明看起来很蠢。”白猫不屑道，“而且还弱小。”

橘猫瞥了它一下，没有说话。

“你到底是因为什么要留在这样一个地方？”

橘猫不搭理它，懒懒地伏下身去。

“喂，干什么不理我？”

等白猫问到十几遍的时候，橘猫才懒懒开口：“我今天才发现，你也是个白团子。”

白猫："喵喵喵？"

橘猫弓起身子伸个懒腰："只可惜，你是个不好看的白团子。"

这个世界上只有一个白团子是好看的。

白猫："？"

白猫："你别走！等等，你把话给我说清楚——"

枝叶乱晃，竹林里"沙沙"一片。

"你有没有听见什么……像是猫叫的声音？"

"没注意。"邢枫摇摇头。

宁星四顾一番，什么也没发现。

"那大概是我听错了。"她不好意思地笑。

"等等……"刚一低头，宁星就发现了不对劲。她怎么穿着梦里秦之澜那身衣服？像是师门装，长袍绑袖，从材质到暗纹都一模一样。

邢枫倒是没变。

正纳闷着，宁星的手上出现了一把剑。

"这……"

她想要说话，然而声音像是被关闭了，全部堵在了喉咙里。宁星被困在身体里，眼睁睁看着自己说话动作，却完全无法控制。

这种感觉很奇妙，但更多的是惊讶。

他们正在上演的情节很眼熟，是漫画里秦之澜和邢枫的第一话，也是她做过的第一个梦，从台词到动作找不出一点儿区别。

唯一不同的是秦之澜不见了，属于他的"戏份"，全部换成了她。

当宁星脚下一扭，摔倒在邢枫怀里的时候，她这么想到。

在漫画里，第一话就停在这一刻。

这一秒过后，宁星恢复了对身体的掌控权。

她和邢枫对视一眼："你刚才的行动都是自主的吗？"

邢枫摇摇头。

“这是怎么回事？”宁星一手握着剑，另一只手还拽着他的衣袖。

仿佛过了很久，又像须臾之间，邢枫给了她一个回复。

“也许这是梦境要我们重来一次，也许是故事在什么时候发生了改变。也许，这从一开始就不该是我和秦之澜的故事，而应该是我和你的故事呢？”

邢枫的话音落下，云层散去，莽光从月亮里生出，以爆发的态势骤然袭来，将四周笼在了一片苍茫里。

宁星从床上弹起来，正巧和推门进来喊她起床的夏也打了个照面。

“哟，今天这么准时？”夏也笑意朗朗，“快换衣服，快点，快点，要去学校了！说好了我陪你去辅导员那儿打证明和我一起开工作室，然后你就可以一直住我这儿了，这个貌似有点麻烦，要签好多字……哎，你快起来，别又倒下去了呀！”

宁星不管不顾往后一栽，仰躺在床上：“让我缓个五分钟。”

夏也撇嘴：“行吧，行吧，你可快点啊。”说完带上门就出去了。

另一头同时醒来的邢枫对于这个梦也很惊讶。

梦里“剧情”开始到结束，他全是不由自主的，包括最后那段话。可那段话又实在就是他想说的，只是以他的性格，不会说得这么直接而已。

这种感觉，像是有另一个他，看不惯他的温吞，于是帮他做了决定。

邢枫叹一口气，很快又笑了起来。

这样也很好。

有些话耽搁了这么久，的确是该说了。

只是三次元的事情，还是该放在三次元来解决才是。

两个人各有各的心思，但回味起来都是甜的。

不像秦之澜……

双眼紧闭满头是汗，秦之澜在与梦里大大小小的不明生物努力斗争。

“别，你们别过来……不要过来，老子跑不动了……”

精疲力竭地狂奔在崎岖小道上，秦之澜挥汗如雨。

今天……今天怎么也是这个梦？这个梦到底还要做多久？

2.

开学第一天按理应该是最轻松的一天，只要去报个到就好。可宁星跟着夏也在系里学校里转了一圈，然后满世界找辅导员、书记、院长签字，从美术楼到办公楼再到美术楼，全部忙完已经是中午了。

从六月到九月，树上的蝉不知疲倦地叫了一整个夏天。

因为今天早上温度不高，所以宁星穿了一件长袖上襦和及踝的齐腰下裙，可没想到她们刚到学校就遇见了云开雾散，太阳高挂。坐在树荫下的长凳上，宁星把衣袖撸起来，和夏也一起没形象地啃着冰棍。

夏也吃冰棍喜欢一次买两根，照她的说法，吃冰棍一定要一手一根一边一口，这才是人生。从前宁星对这个言论嗤之以鼻，但是现在，她对此表示深深的认同。

是真的很爽啊。

两个人正吃得爽的时候，宁星的手机铃声响了起来。

“帮我拿一下。”宁星把冰棍递给夏也。

宁星接通电话：“喂，你好？”

是生疏礼貌的语气。

她刚刚说完，很快换了个态度：“学长？你换号码了吗？”

夏也大大咬了一口冰棍，被冰得直吸气。

“嗯嗯，嗯嗯，我知道的，后天社团招新我会准备的……那你今年也还来吗？”

夏也勉强把冰棍嚼碎吞进去，被冻得疯狂吐舌头。

“好，那就到时候见了！”

宁星正要挂电话，就听见那边问了一句什么。

她咳了一声，很快换上一脸憋笑的表情："对，边上是有只小狗……是的，是宠物，一直在喘气。没办法，天热嘛。"

夏也："？"

"好的，学长再见！"

"我掐死你——"

"注意冰棍！"

千钧一发之际，宁星一把夺过夏也手上融得快要滴下来的自己的那根冰棍。

夏也愤愤："你说谁是狗呢！"

"不是我说的。"宁星摇了摇手机，"学长听见动静问的。"

"那你不会说不是吗？"

宁星一脸无辜："嗯……我说不是，说其实是人，那你岂不是更尴尬？"

"我……算了。"夏也一时气结，"这个学长就是你说过的那个吗？"

"对，苏则学长。如果不是有他赞助，汉服社还真是很难维持下来。"

太阳烤着冰棍，有那么一滴挂在包着它的塑料纸上，眼看着就要滴到她的裙子上。夏也眼疾手快捡起凳子上的落叶过去接，恰好把它接住。

"厉害吧！我觉得自己刚才那下特别帅！"夏也一脸骄傲，"我记得你说过这个学长人很好？"

"是真的很好。"宁星点头，"听说我们学校的汉服社是学长建立起来的，他在这上面投了不少时间和精力，一直到毕业了也在关心。挺难得的。"

夏也终于吃完了，她把棍子和塑料袋卷在一起捏着。

"你以前经常提起这个学长，我还以为你们俩能在一起呢。不过现在我不这么觉得了。"

"什么？"

夏也凑过去："你不是有邢枫了吗？"

宁星一怔，难得地没有立刻反驳。

“你怎么不说话？”夏也用肩膀推她，“该不会……被我说中了吧？你们真的在一起了？”

“倒也不是。”宁星的脑子里浮现出昨晚梦境的最后一幕。

完毕之后，又慢慢浮现出从前的许多幕。

走马灯似的，画面接连闪过，每一帧上面都有他。

“但我好像是真的有点儿喜欢他。”

夏也眨眼：“你才发现？”

“我以前没喜欢过别人，所以，即便我在开始的时候认为自己对他有好感，可我对这种感觉也并不确定。”

“那是什么让你确定下来的？”

是什么？

宁星想说是那个梦，可真要论起来，又好像在那个梦之前她就已经有了这个意识。又或者，真要追溯起来，甚至可以说到初遇。

第一次见面的时候，她就看见邢枫的脖子上有一颗小小的痣，可她却没有发现，秦之澜的侧脸上也有。

也许“确定”从来都不是一个瞬间的事情，它本就是由这些一点一点的小事慢慢堆砌起来的。从最开始多投入的那一点点注意力，到后来多上的一点点心，都是一点点而已，可把它们全部加起来以后，“一点”就变成了“许多”，而那个人也就成了最特别的存在。

仔细观察着宁星的表情，夏也小心地问：“你该不是还不确定吧？”

“我确定的。”宁星反驳。

“那你……”

“我只是在想，”宁星皱了皱眉，“我要不要告诉他？”

“当然要告诉他！”夏也特别兴奋，“这种事情就和买衣服一样，如果你是真的喜欢、真的打算买，那就早点儿买，不然万一被别人买走了或者下架了，那该多难受啊。你说是不是？”

这都是什么奇怪的比喻?

宁星弹了一下她的额头:“是你个头!”

夏也“嗷”了一声，抬手就要弹回去。

清风拂过，从枝叶的间隙里投在地上的细碎光影也开始晃动，长凳上的两个女孩闹来闹去，闹得她们身后树上原本叫得欢畅的蝉都没忍住飞去了另一棵树。

在另一棵树上，它继续叫着，和不远处玩闹的人组成了二重奏。

奏出来的，是夏天的声音。

3.

沙发上，宁星的左边是小垂耳右边躺着橘猫，两只毛团子都翻着肚皮睡得香甜。宁星死死盯着手机，也不知道是在发什么呆。

“还在想该怎么说吗?”夏也问。

宁星心不在焉地应了声。

她这一下午都在重复同一个动作，明明什么也没干，手机的电量却这么被她耗完了。导致她完全离不开插线板，一边充电一边继续开关手机。

夏也看不下去了:“别发呆了,不然你去帮我拿一块西瓜,就在冰箱里。”

“你自己怎么不去?”

“你去帮我拿一下嘛，我的腿被黏在沙发上了。”夏也咬着牙努力搬自己的腿，演得格外逼真，“你看！搬不动，根本搬不动！”

宁星送了她一个白眼，恋恋不舍地放下手机，起身往冰箱那边去。

而夏也则是飞快蹿到两只毛团子中间，拿着手机快速解锁，果不其然亮起的页面就是和邢枫聊天的编辑框。

夏也摸了摸下巴,该怎么说呢?不然,开门见山吧,开门见山总没错的。

“有一句话，我一直想和你说，我喜……”

“夏也!”

犹如惊雷炸响，两只团子被吓醒，尤其是橘猫迷迷糊糊之间下意识奓了个毛，小垂耳原地蹦起三尺高，还没落下就看见宁星举着西瓜朝这边奔过来。夏也被惊得手一抖，宁星的手机在她手中蹦了几下，最后落在了宁星手里。

“你在干什么？”

夏也“咕咚”咽了口口水，气势虚弱：“就是，就是想给苗苗施个肥，让它长快一点嘛。”

宁星连忙去看手机屏幕，屏幕上是夏也没打完却已经发送出去的那句话，它停在“喜”字上。

她额角的青筋一跳一跳，连忙想要撤回，却因为情绪太激动，不小心按成了删除。

“……”

令人窒息的操作。

被她这波操作惊得目瞪口呆站起来的夏也拍了拍她的肩：“也许这就是命运，不然你直接说了吧。”

宁星还没说话，屏幕那边先来了回复。

邢枫：什么?

夏也摸了摸下巴：“需不需要代笔？”

她刚问完，对面的电话就打了过来。

比起宁星，夏也可以说是兴致勃勃了：“需不需要代脑？这种情况下你肯定没办法思考问题，当局者迷嘛，但我……”

宁星的眼神像是镭射光一样，直直投向夏也：“消失！”

夏也立刻闭嘴不发一言，电光石火间已经奔回自己房间，并且还锁了个门。只是，这层并不隔音的门板后面立刻贴上一个壁虎一般趴着的人。

宁星深深呼吸一口气，接通了电话。

她想等对方先说话，不料对面也是这么想的。

于是在双方共同安静了四十秒之后，宁星先忍不住了。

“你怎么不说话？”

“那你呢？”

宁星不满地哼哼：“可这是你打过来的。”

“那既然这样，我就先问了。”

邢枫在那端沉默之后冷静下来。不得不说，欲言又止的话真让人揪心，尤其是她刚才发过来的那一句话。

邢枫站在寝室阳台上，右手搭在围栏，问：“你喜欢我吗？”

其实邢枫觉得自己应该问得委婉一点，但他担心自己一婉约，对方不一定能接收到他的意思，于是，一句直白到不会带一丁点别的意思的句子就这么问了出来。

“喜欢。”

确定自己想要什么的宁星第一次如此勇敢，她红着脸仍然把自己想要说的话一口气说了出来：“其实我就是想告诉你我喜欢你。你呢，你喜欢我吗？”

宁星的表情看上去冷静又严肃，但是脑袋里其实被羞涩涨满了，脱口而出的告白纯粹是靠热血上头在完成。

对着空调吹得脸颊冰冷，但宁星的背上全都是汗，她追问：“你回答我一下？”

距离她告白完毕才过去三秒钟，时间很短，短得邢枫都没回过神来。

这不像是平时的宁星，宁星应该是小垂耳一样的白团子，但是马上又想到她握着拳头画更新时的那股干劲……

这就是宁星，她的确有这样的一面。

倒是他，居然接二连三反应不及，根本不像他。

“嗯。”夜风吹了进来，带来了楼上阳台种的一片三叶梅花瓣。

粉色的一片，不像寻常花瓣柔嫩，带着叶子的纹理。很特别。

邢枫拿着那一瓣在手上，透过它看向远方："我喜欢你。"

小垂耳看着自家主人一会儿笑一会儿捂嘴，一会儿噤声比着口型"啊啊啊"的样子，它满脸疑惑地转向橘猫——主人这是怎么了？

橘猫看它一眼，又看宁星一眼，再看它一眼，毛茸茸的肉爪搭上小垂耳的头，本来是想摸一摸，然而白团子太小太轻，生生被它推远了几步。

橘猫："……"

它强行装作什么也没发生，用眼神对小垂耳解释：这叫恋爱。

小垂耳似懂非懂，迷迷糊糊又蹭到了橘猫身边。它没有继续问什么是恋爱，因为，它下意识觉得这是个和自己无关的词。

对于它而言，能够一直这样吃吃睡睡就很好了。

眯起了眼睛，靠在橘色毛团上，小垂耳睡得舒舒服服。

这样就很好了。

宁星在经过一阵无声发泄之后，冷静下来。

"所以我们现在算是在一起了吗？"

"还不算吧。"邢枫笑了笑，把声音压低了些，像是在诱导什么，"应该要等我问过你啊，宁星，你愿意和我在一起吗？"

宁星脸上一热。

他这是故意使坏，他明明知道答案的！她都说了喜欢他了！

宁星试图给自己的脸降降温，可她发现，再往空调的风口靠，自己就没办法呼吸了。

她揉了揉自己的脸，可嘴角还是控制不住地疯狂上扬："愿意啊。"

对面传来一声轻笑。

"所以现在我们在一起了吧？"宁星低下头捂着脸，"那你，嗯……如果你不喜欢我了，我就画死你。"

说完之后整个人卡壳，宁星的心里翻江倒海，这不是她想说的！

邢枫被她逗笑了："这样看来，为了能活得久一点，我要更加认真地好好喜欢你了。"

"我不是那个意思。"宁星秒怂，"刚才那句话……你能不能当作没有听见？"

邢枫非常配合："什么，你刚才说了什么话吗？"

宁星没忍住，嘴角再次疯狂上扬。

"嗯，没有。"她揪着衣角，"我只是想说，我真的很喜欢你。"

夜幕星河璀璨，亮得像对方的眼睛。

两个人有一句没一句聊了很久，邢枫忽然很想见她。

刚刚生出这个念头，他就拿上钥匙走出寝室。现在时间还很早，寝室关门的时间是十一点，见一面也不耽误什么。

他步子轻快地朝着美术系的寝室楼走去。

S大分寝室是按照院系来的，从一栋到十五栋，文科和理科隔得本来就不近，好巧不巧，邢枫所在的寝室距离宁星所在的还要经过文综楼和食堂。如果是吃完饭散步，这段距离或许不算什么，可如果要找人，步行的速度就会让人觉得很慢。

尤其那个人，他很想见到她。

正走着，邢枫听见电话那边传来一声猫叫。

小道上，他停住脚步，忽然想到暑假里，宁星和他说过，以后她会住在夏也家。

"你现在在哪儿？"

"我在沙发上。"宁星一手撸猫一手打电话，"怎么了？"

邢枫顿了顿："没什么。"

他叹一口气，轻喃一声："脑子啊。"

"什么？"

邢枫转身往回走，带着一脸甜蜜的笑："秘密。"

没能在这个当下见到她，有些遗憾。

但转念一想，真要见面也不一定非要这一时，他们的时间还有很多，明天、后天、大后天。

以及今后的每一天。

宁星被他勾起了好奇心："什么秘密啊？"

"你那么想知道吗？"

"对啊。"

邢枫舒一口气："好吧，那个秘密就是我很想你。"

沙发上，好不容易平缓下来的宁星瞬间又涨红了脸。

这个人今天很不对。

非常不对。

原来他是会说这样的话的人吗？

宁星满心的"嗷呜嗷呜嗷呜"，嗖地栽倒在沙发上，把脸埋在小垂耳的白毛里。

虽然意外，但很喜欢。

半晌，她对着手机哼哼几声。

"那我也想你一下好了。"

说完，她自觉有点傻气，于是弯着眼睛吐舌头，偷偷瞟一眼周围，确定没有人看见自己才稍微安心。

客厅的灯很亮，窗帘上挂着她们前几天心血来潮买的星星灯，一闪一闪，在墙上映出暖白色的光。

从冰箱里拿出来的西瓜被放在桌子上，夏也没有吃。

空气里全是它清甜的味道。

4.

这个世界上，从来都是有人欢喜有人忧的。

当夜，秦之澜“又双叒叕”陷入了那个噩梦。

可这一次他实在是忍不了了。

被石子绊倒，秦之澜拖着两条腿爬了一阵子，心里满满的恼怒和气愤。他心道凭什么啊，这声“凭什么”一出来，他长长出了口气，抓了把石子往地上一摔——

“我不跑了，你们吃了我吧！”

没想到身后的鬼怪们面面相觑，一副不知道应对的模样。

对着这么多张鬼脸不是不恐惧的，但秦之澜一时气急竟也忘了害怕：“我说你们每天这么追着我图什么啊？打卡上班似的准点准时跟我这么跑，你们不累吗？”

一个挂着碎肉的骷髅从鬼群里走出来，它嘴巴一张一合，也不知道是从哪儿发出的声音，嘶哑得仿佛在地上拖行的枯木：“我们也……不想啊……”

那一声“啊”简直就是噪音。

秦之澜揉了揉耳朵。

骷髅拉住他的手拍了拍：“我们也累啊……你跑，就是喘点儿……而我呢，我……这条腿，已经掉了……好几次了……”它指一指身后，“还有，老白的脑壳……老九的胳膊……小燕的手，也掉了好多次……”

秦之澜被这么一番话给哽住了。

他一时间竟然不知道自己该回答什么。

愣了好久，他才反拍回骷髅的手：“大家都不容易。”

后面一片鬼哭狼嚎的附和声：“不容易啊——”

对于这个变故，秦之澜是没想到的……

他居然和这些鬼跑出了点儿感情？

哽了一会儿，秦之澜问了个关键的问题："既然你们也不想，那干吗要每天追着我啊？"

鬼怪们相互瞟了几眼，没一只鬼说话。

可秦之澜的痞气激起来，是一定要找个说法的。

"怎么了？"他放低了声音，"是不是有人逼你们？"

骷髅支支吾吾着，一会儿看月亮，一会儿抠抠自己手臂上残存不多的肉块。

"别抠了，再抠就没了！"秦之澜满脸着急，"你们说，是谁让你们这么干的？"

骷髅狠一狠心："你，想一下……你在梦里，见过，谁啊……"

秦之澜一蒙。

见过谁？

宁星？宁星应该不可能……

那就是邢枫了？

他试探问道："邢枫？"

骷髅蒙圈脸，刚想问"那是谁"，秦之澜便陡然消失了。

这小子醒了？

鬼怪们嘀嘀咕咕，今天醒得这么快？

不过，他刚才说的那个名字，到底是谁啊？

这时，月光大盛，一个影子从后边投了下来，鬼怪们缓缓回头，脸色被银辉映得更加惨白。

"喵儿——"

橘猫踩着朵云，微微低头看向它们，依然是软萌可爱的样子，却让鬼怪们齐刷刷抖了抖。

那一声"喵"谁也听不懂，可在声音响起的时候，有一个信息直直传入它们的脑子里。

那个声音在说：好了，今天是最后一天，以后放过他吧。

全体静默三秒，接着，大家都露出了森森的笑。看上去诡异，但它们的心情其实是很激动的——

哈哈，我们以后再也不用这么没命跑了！

5.

女生寝室是有闭寝时间的，可男寝的大门不关，会开一宿。

所以，经常会有男生钻空子在查完寝后串寝通宵打游戏。

报到时间有两天，很多人都会赶在最后的时间过来，这是开学报到的第一天，邢枫所在的寝室只来了他和另一个小兄弟。

晚上，两个人睡得好好的，突然被一阵拍门声惊醒了。

邢枫脾气不好："谁？"

"我！"外边的回答理直气壮。

邢枫："……"

他当然听得出这是秦之澜，可深更半夜，他来这儿干什么？

"有事？"

"有！"秦之澜喊完之后又敲了一下门，"让我进去，我有话问你。"

眼见着室友被这突如其来的变故弄醒，邢枫道了声"抱歉"之后黑着脸下去开门。

"干吗……"

邢枫一句话还没问完就被顶着黑眼圈的秦之澜霸气地拉住了。

"你是不是在捣鬼？我不管，我要和你一起睡！"

"嘶……"

邢枫的室友闻言倒吸一口冷气。

宁星画的那个条漫很红，学校论坛常年被人工置顶；"枫澜"CP很火，可以说是周周爆红，再加上动不动就有其他系的女孩跑过来看邢枫……这样的架势，即便他不关心也不可能一点儿都不知道。

室友虎躯一震，爬下床拿着手机精神地出了寝室：“你们继续，继续。我今晚就不回来了，去隔壁睡，你们慢慢聊。”说完，还贴心地给他们带上了门。

邢枫：“……”

秦之澜问：“他怎么了？”

邢枫回答：“可能脑子抽了。”

“抽了？”

秦之澜想了会儿没想出来，于是烦躁地摆一摆手。

“算了，算了，不管那个。”他环着手臂，“你就没有什么话要对我说吗？”

邢枫一滞。

睡到一半被吵醒，也没有前情提示，他并不知道秦之澜这次过来究竟是为了什么。他所能想起的第一件事情是关于宁星的。

都是男生，又是一起长大的，他能看得出来秦之澜对她也有好感。

“你想要我说什么？”

秦之澜强行严肃脸：“我想要你说什么，你自己心里不清楚吗？”

“你知道了？”

“当然。”

邢枫顿了顿：“嗯，我喜欢她。”

秦之澜一脸蒙，眼前浮现的是那群鬼怪的脸。

“你……你说……什么？”

邢枫感觉到了不对：“你这是什么表情？”

“不不，你让我捋一捋。”秦之澜扶着头，“你喜欢……”他一想到那些和他跑了这么多天的兄弟，就觉得整个人有点儿打战，即便知道它们不是什么邪恶的存在也还是没办法直视那些姑且能被称作“脸”的骨头，“我去，认识这么多年了，原来你的口味这么不清淡的吗？”

邢枫皱了眉头。

说着说着，秦之澜也感觉到了不对劲。

“等等，你在和我说什么？”

邢枫没有多话，只简简单单回答了一句——

“我说的是宁星。”

夜里很安静，除了风吹草木动，就只能听到外边树丛里的虫鸣，一声一声叫着，带着自己的节奏。

秦之澜站在那儿，像是被什么定住了。

良久才开口，他发出一个呆愣的单字：“啊？”

邢枫顿了顿，继续说：“我说，我喜欢她。我们在一起了。”

第十二章 怎么样？我们打一架吧

1.

邢枫从秦之澜的身边走过，到了寝室门旁按下开关，头顶灯管在“刺啦”一声之后亮了起来。

秦之澜揉了揉眼睛，他摇摇头，想了想，转身。

“那祝福你们。”

说话的时候，秦之澜回头看着邢枫，随即挠挠头，呵笑一声：“不过，我怎么觉得心里怪不爽的。”

因为睡得不好又是临时跑过来，秦之澜的黑眼圈很重，头发也没整理，刘海乱糟糟地搭在额头上。

他问：“你这副表情，是不是因为看出来我对她也有好感？”

邢枫没有回答，只是站在那儿看着他。

秦之澜抬了抬眼皮，上翻着眼睛吹了下自己的刘海，可这一下没能吹动，他有些烦躁地用手拨了拨。

“其实没什么必要，我又没和她在一起，你这副样子，啧，像是你‘三’了我似的。”秦之澜有点心乱，他知道邢枫不说话是不知道还能说什么。他虽然话多，但这瞬间也不知道能说什么。

现在这样，和电视剧里的决裂很像，一不小心就要惹出一段狗血剧情。

他的确爱演，可这段不行。

所以秦之澜说：“没什么，别往心里去。”

可说完之后，他又不得不承认自己确实是不舒服的。

闷了一会儿，他很快很重地叹了口气，或者，更准确地说，应该是吐出了一口气。

“不过，我能打你一拳吗？”他的右手搭在邢枫肩膀上，“我们的感情肯定不会变，你放心，但我心里有点儿过不去。要是没地方发泄，你知道的，我这几天可能不用睡了。”

邢枫点点头：“你打……”

邢枫话还没说完，秦之澜的拳头就扬了上来，打人不打脸的道理他懂，更何况他们也没仇，不止没仇还是兄弟，所以他打的是邢枫的肩膀。打完之后，两个人同时“嘶”了一声。

邢枫站在门边，寝室的门很轻，轻得让人一度怀疑里边是空心的，只是外边的铁皮厚点儿，往上一撞，声音就很大。秦之澜那一拳很实，打得他往后一倒，右手撞到了铁门。

邢枫的右手还没有完全康复，当即便疼得抽了一下，可他只是不动声色地背过了身子，没发出任何声音。

在“砰”的一声之后，铁门还“嗡”了好一阵子。

秦之澜那一拳打在了邢枫的骨头上，手指疼到抽搐，脸上的表情比被打的邢枫还扭曲。

但他吸完气以后，心底的燥气散了几分，情不自禁就喊了声“爽啊”。

完了，他咧牙：“我能再打一拳吗？”

说完，他又想到什么：“不对，其实我这么打你也没道理，这件事我从来也不占理，你这干站着不还手，我心里也挺过意不去的……不如我们打一架吧？”

他凑近邢枫：“怎么样？我们打一架吧！”

邢枫抚着右手，忽然笑了：“你以为这还是初中？”

秦之澜瞬间就明白了他说的是哪一回事儿：“喂喂喂，你这可不仗义，说好那件事不提了啊！”

2.

初中，十三四岁年纪的男孩子都很皮，一言不合就要打上一架，好像拳头永远都比嘴巴更能说清道理。

那年秦之澜半大不大，刚刚认识妈妈挂在嘴边的别人家的孩子。

听说那个孩子的爷爷和他爷爷是至交，两家人的关系向来不错，只是后来那家人搬走了，最近才因为家里工作调动又搬回来。

他们同年出生，但邢枫早出生几个月，性格又稳重，秦妈妈经常会看着小皮猴儿秦之澜叹气，让他学学邢枫哥哥。久而久之念得多了，秦之澜只要听到“邢枫哥哥”这几个字就忍不住要吐。

以至于在青春期的最初期里，秦之澜都对邢枫抱着不小的敌意。

直到某天，他们之间出现了一个意外。

那天，秦之澜和隔壁班一个同学闹矛盾，本来不是什么大事，但在同学的起哄下，两个少年放学后提着书包就往操场走，大有一决生死的味道。

邢枫恰好路过，看着一脸戾气恨不得弄死对方的秦之澜，停下脚步，叹口气提醒道：“学校不能打架。”

本就处在气头上的秦之澜看见了他，肚子里的火烧得更旺了。

“怎么，我们就打了，你要去告老师还是告家长啊？”

邢枫闻言愣住，不知道该怎么回答，低着头又走了。

见他那样，秦之澜的气出去了一半，转头就和那个男生继续往操场上走。只可惜，他的气势也就到操场而已，那场架他打输了。

在回家的路上，秦之澜龇牙咧嘴地揉着红肿的脸颊，满心郁闷。

正郁闷着，他就遇见了邢枫。邢枫的手上拿着一盒红花油，看见了他，直接就递过去，之后一言不发转身走。

“喂，你干吗给我这个？”

邢枫脚步一顿：“你不是需要吗？”

叛逆期的秦之澜远不如后来明朗温和，他那时很冲也不太知好歹，硬生生从人家关怀的话里挑出来了不存在的刺，觉得邢枫是在嘲讽自己。

“你怎么知道我就会打输？”秦之澜跑过去，“我跟你说，我这是一时没注意，我……哎哎哎，你别走，你等等！”

秦之澜一把拽住了邢枫：“我们打一架！”

邢枫明显没懂他的脑回路。

不过，正常人都不会懂“中二”少年的脑回路。

他送药给他，没得到一句谢谢，反而听见对方想打他。

但他没问为什么，他问的是：“你先还是我先？”

这会儿换秦之澜蒙了：“什么？”

“你先动手还是我先？”

秦之澜呆了那么一瞬，很快反应过来：好啊，我就知道你这好学生的样子都是装出来的！

“既然你这么上道，那当然是……”秦之澜眼珠子一转，拳头直接挥了过去——

“那就我先吧！”

没想到邢枫脑袋一偏躲了过去，同时手肘直接往秦之澜肚子上捣，把人打得捂着肚子倒在路边躺了好久。

等秦之澜再缓过来，邢枫已经不见了，只剩下那瓶红花油躺在他身边，盒子被压扁了，像是也被打了一拳。

在同一个下午被同一个人这么“居高临下”地看了两次，他心里十分不爽。

尤其这个人还是邢枫。

以至于晚上回家，在老妈问他今天又和谁打架了的时候，秦之澜眼也不眨地就说出了邢枫的名字。

“邢枫怎么会和你打架？”秦妈妈半信半疑。

秦之澜信誓旦旦："真的！他打得可凶了，我都打不过他！喏，你看我的衣服，就是因为被他打到地上才弄脏的！"

秦妈妈狐疑地看他几眼，可还没等再问，他家门铃就被按响了，接着就看见了走进来的邢枫。

到底刚刚说完人家坏话，一抹笑容僵在脸上，秦之澜干咳几声，缩在门后一时间紧张得手心里全是汗。

然后就听见邢枫开口："阿姨，秦之澜在吗？"他顿了片刻，"我是来道歉的。"

门板后的秦之澜一蒙。

道歉？

邢枫为什么道歉？

秦之澜是个拎得清的人，他的确是被打了，但打架也是他提的，虽然他也不服气，但江湖规矩在那儿，输了就得认，这不是很正常吗？

想到前一刻还在抹黑他，秦之澜摸摸鼻子，看一眼邢枫想一想自己，想到自己刚才和老妈说的话，一时间觉得这心里头真是虚得慌。

也就是那一次，小小的秦之澜发现，原来邢枫平时的样子不是装的，他还真就是这么认死理也这么无聊的人。

正是那次之后，秦之澜对邢枫的敌意完全消退。到了最后，两个人居然还真成了兄弟。

周围的人分分合合，有聚有散，就他们俩一起走了这么多年。

但是那一年，真是幼稚得让他觉得丢脸。

走在回寝室的路上，黑暗里有一只老鼠从秦之澜面前蹿过去，他一停，很快又往前走。

他抬了抬头，发现星星很亮，和那个晚上很像。

站在这儿，秦之澜停住了脚步。

也是那个晚上，也在这个地方，他们在送宁星回寝室之后一起离开，然后，他走在前边，心情愉悦地踮着脚半转了个圈儿："你觉不觉得，她还挺可爱的？"

当时邢枫微愣，没有答话，却像是在想些什么。他从前没有细想，现在却大概知道他当初在想什么了。

秦之澜半抬着头，他看着星星，忽然笑了。

真是很可惜……

秦之澜收回目光，一步一步走得很慢。

有些东西努力就能得到，而有些需要运气才可以。而类似于"喜欢的人也恰好能喜欢自己"这样的事，很可惜，他没有这个运气。

3.

新生入学的时间比老生开学的时间要晚两天，很多人都在准备迎新。

宁星有没有把状态调整回学习上，夏也看不出来，不过宁星这两天的不对劲倒是有点明显。

吃饭盯着手机笑，画画盯着手机笑，和她走路的时候也盯着手机笑。难得不盯着手机了，一转头，发现等的人来了，她开始盯着人笑笑笑，而那个人的表情和她如出一辙。

站在他俩旁边，夏也觉得自己亮亮的也饱饱的。

起初知道了宁星和邢枫在一起，夏也是很为宁星开心的，现在却有那么一点点吃醋，原本天天黏在一起的人忽然就有了别人，她的心里空落落的。

夏也噘着嘴，坐在沙发上，看着宁星忙得不可开交。

宁星在竭尽全力捣鼓自己。

"已经很好看了，还要怎么弄嘛。"夏也嘀嘀咕咕。

"是吗？"宁星比画着，"那你觉得这个夹子好看还是这个？"

夏也随手一指："左边的。"

“这个啊？”宁星比了又比，“那就这个吧。”

夏也随手把蹭过来的小垂耳抱到怀里：“原来女孩子约会之前真的会一件一件换衣服、一样一样试首饰啊。我能采访一下‘大大’您吗？请问您最近的心情如何？”

宁星被她逗得差点儿掉了发夹。

但她很快进入角色：“首先我要感谢……”

“停。”夏也比了个“噤声”的手势，小垂耳顺势一滚，蹭到了橘猫的身侧。

橘猫扫过去一眼，正好看见小垂耳一动一动的三瓣嘴。

很可爱。

它低头帮它舔毛。

被橘猫舔毛其实有点疼，可它听说，这是它们表示友好的方式，小垂耳这么想着，于是眯起了眼睛，乖巧地待在原地不再动弹。

“感谢的话就不要说了，说来说去都是那么一些。”

“才不是呢。”宁星皱了皱鼻子，“我要感谢的东西特别得很。一个是梦，还有一个，喏，在那儿趴着。”

夏也顺着她指的方向看过去，橘猫正一脸严肃地给小垂耳舔毛，一下一下，认真严谨。

“不是吧，你还真觉得这个和它有关啊？”夏也当她胡说。

“有没有都信一信吧。这么说起来，我得给它多买点儿罐头……哎，等等，它怎么在给夏小也舔毛？还舔得挺用力的。我就说为什么夏小也最近有点儿秃……”

夏也条件反射地摸上自己的发际线。

“别转移话题！你现在什么感觉？”

宁星愣了：“什么感觉？”

“你和他在一起啊，是什么感觉？”

阳光透过半拉住的窗帘落在宁星的裙摆上，因为她微低着头，裙摆泛出的点点银光又折射在她光洁的脸上。她脸色粉红，像是想到什么害羞而高兴的事，微微抿了抿嘴角。

今天的宁星穿了一条月白色的金丝薄棉褶裙，系带是同布料的米白，外边套了一件浅灰色仿真丝的长褙子。光从上面打下来，就会有一点点闪，有一种流动中的浅海的感觉。

她很喜欢这一套，但很少穿，因为材质特殊不大好洗。

“感觉？”宁星低了眼睛，眼底有弯弯的睫毛的投影，“这么说吧。我很早以前就想过，如果未来有了喜欢的人，想和他干什么。那时候想了很多，想去看电影，想去游乐场，想和他牵着手在街上走，想在人挤人的地铁里被他抱着，然后在对视的时候笑笑，说‘我就知道你在看我’，如果他害羞，我就主动点。”

宁星说得自己都笑了。

“以前真的想得很多，恨不得把所有偶像剧的情节都套一遍。但那时候，我其实没有喜欢的人。”

夏也用手撑着脸：“然后呢？”

“然后？在喜欢上他之后，以前的那些期待一下子填满了。你知道吗，一瞬间而已，那个只能用虚线勾边画个人形的存在，忽然就有了实体。我能清楚看见牵着我的那只手，也知道他的笑是什么样子。”

她说：“可相比较于那些曾经脑补过的场景，我发现，更重要的其实是在一起。我现在的幻想里，只要身边有他，只要能在一起，干什么都没有关系。因为光是彼此陪伴就已经很足够了。”

宁星整个人看起来都是满足的：“我可能说得抽象了点儿，但感觉就是这样。你懂了吗？”

夏也沉重地点点头："懂……是没懂，但是饱了。嗝儿。"她往沙发靠背上一瘫，"我果然就是狗粮养大的。"

宁星对她笑了笑："你这不是自找的吗？"

"好了，好了。快走，快走，去找你的感觉去吧。对了，早点回来啊，晚了不给你开门。"

"我有钥匙啊。"

"我会反锁的！"

宁星最后检查了一下自己的包，确认没有东西没带，再看一眼时间，连忙跑到门口换鞋。

"好了，好了，回来给你带'可爱多'。"

"等等，帮我把客厅的灯先开一开，等会儿我懒得下沙发！"

"懒死你算了。"宁星嘴上嫌弃，却还是帮她打开了灯。

夏也探出头去："不管哪个时间，只要天黑了就让他送你回来啊！"

"知道了！"

宁星离开，夏也缩回沙发，点开了照片所在的文件夹却没有开始修图，反而对着空气纠结着。

夏也满脸不解："所以那到底是什么感觉呢？"

——你想知道？

"想……谁在说话？"夏也背后一凉。

她四顾了一番，身边空无一人。

这是怎么回事？

"喵儿——"

夏也麻着胆子抱起橘猫："你刚才听见有人说话了吗？"

橘猫一脸无辜，再次"喵"一声。

夏也叹一口气："可能是幻听，算了，不想了。"

她把脸埋进橘猫蓬松的毛毛里，左手伸过去撸了一把小垂耳，瞬间又恢复了活力——果然啊，毛团子最棒啦！

“好了，好了，打起精神修片吧！”

夏也把橘猫放走，搬来笔记本电脑，给自己比了个加油的手势，很快投入到工作里。

橘猫摇着尾巴，有一下没一下地舔着爪子，正在看她。

灯光从头顶洒下来，它舒舒服服地卧在白色的沙发巾上，被光一衬，橘猫看起来像是在发光一样。

第十三章 情话是学来的，手还是要牵的

1.

要从假期的状态恢复过来，大家普遍觉得两天是不够的。

比如夏也，她一直坚持认为脱完水的咸鱼要再打起精神起码需要半年的恢复时间，如果她是校长肯定就这么办。

“半年？你怎么不干脆说一年？”宁星收拾着要带去学校的东西，“不对，按你的想法，半年的暑假完了就该接着半年的寒假是吧？想得还挺周全。”

夏也一个“咸鱼”打挺，然而起床失败，视觉效果就像只是在原地躺着蹦弹了两下。

“对啊！你想想，这样的生活是不是美滋滋？”

宁星摊手：“的确美滋滋，但如果你真是校长，这样的学校肯定没有人去。”

“为什么啊？”

“全年都在放假，人家凭什么还要给你交学费？”

夏也：“……”

她翻了个身：“这是个问题，那么在想出解决办法之前，这个学校我就先不开了。”

宁星动作麻利地把一包东西收拾完毕：“既然如此，能不能麻烦未来的夏校长先起个床？”

夏也开始耍赖，整个人脸朝下趴成扁扁的一片：“校长很累，需要休息。”

“校长是打算逃课吗？”

“我上午没课啊！”夏也装死，“本校长今天唯一的行程就是去参加你们社团的招新，但你们不是十一点才开始吗？”

宁星给装得满满的塑料袋打了个结：“你不和我一起去学校？”

夏也哼哼：“又不是没人来接你，你早就不需要我了。”

“空气里什么味道，是不是有人吃醋了？”宁星今天穿的是一件广袖，十分方便她的表演。

“那我问你！”夏也一骨碌从床上爬起来，盘腿坐着，“我和邢枫同时掉进水里的话……”

“我陪你们一起死，溺水之前我尽量扑腾到你身边去，争取死得和你更近一点。”

宁星一脸认真，夏也忍不住扑哧笑了。

——还算有丁点良心，姑且放过她。

可她口不对心地说：“我才不信你，就算你要跳下去，你肯定也扑腾到他身边的。”

宁星做出痛心的表情：“你不相信我吗？真的不相信我吗？你是不是一定要我把心挖出来给你看？”

“你挖，最好挖给我看！不挖就不是真心的！”

“好，那我挖给你看！”

宁星提着裙子就往餐桌那儿走，夏也坐在床上，只能勉强看见宁星在桌前挑挑拣拣貌似拿了个东西，捂在衣服里就走回来。

夏也赶紧收回视线，假装继续高冷地看她表演。

只见走回来的宁星弯着腰，极其痛苦似的蹲下，紧接着从怀里掏出了一只水灵灵的油桃。她高举着油桃朗诵：“这是我对你的真诚之心，请收下它吧。”

夏也的表情有一丝丝的崩坏：“洗了吗？”

“洗了，洗了，接住我的心哦！”宁星一秒出戏，把油桃往上一抛，“刚刚他发信息给我说快到了，我先走了，你等会儿过来，记得不要迟到。”

话音一落，她提着东西就往外跑。

夏也接住宁星抛过来的“心”，一口咬了上去。

好酸。

“果然对我不是真心的。”

吃完把核扔进了垃圾桶，夏也找了张纸擦擦手，很快又倒下去。

在倒下去的过程中，她只觉腹部一抽，与此同时，感觉到一股热流。

夏也难受得皱了眉头，拿过手机看了看日期。

“不会吧，是今天吗？”

她一直不大记得自己的周期，只隐约知道快了，现在看来真有点儿不凑巧。

夏也捂了捂肚子。

她体质不好，每个月都很疼，甚至有时候会疼得瘫在床上一整天。

夏也有点担心，可宁星这儿已经答应好了……

不过就是去拍个照，应该不会有什么问题吧？

2.

宁星原本以为邢枫会在楼下等她，却没想到刚走到电梯门前，她就看见了他。不是玩着手机等人的无聊模样，而是一直认真地看着这个方向，直到她出现。

他走上前，自然地伸手接过她手里的大包小包。

“不用了，你帮我提这个就好，剩下的我自己可以提。”宁星赶紧不好意思地去抢。

邢枫一本正经：“有我在还要你提，那我存在的意义是什么？”

宁星很是诧异：“什么？难道你存在的意义就是帮我拿东西吗？”

刚一说完，宁星就觉得自己这句话可能讲错了。她这个回复实在是太不解风情。

邢枫认真地看着她："分时候，在你需要有人帮忙提东西的现在，我存在的意义大概就是这个。"

宁星两只手拎着的东西，全被他提在了左手上，那只手苍劲有力、骨骼分明。

她忽然想到了什么，戳了戳邢枫的背："是不是受过伤的手还没恢复好？"

邢枫活动了一下右手，表示已无碍，随口答："不是，只是这只手要留着牵你。"

宁星的表情看起来有点儿难以言喻。

她挣扎了一会儿，开口："你是不是被什么附身了？说话风格怎么这么不像你……"

邢枫："……"

半晌，他叹口气："搜来的东西就是不实用。"

宁星问："什么？"

邢枫回答："没什么，走吧。小心点儿，别踩着裙子。"他低头，"你这裙子有点长，走路注意一些。"

把裙摆又提高了些，宁星点头。

"嗯！"

宁星一步一步跟在他的后边，电梯到了，两个人走了进去。

电梯里的光线不太明亮，两个人并排站着，随着层层往下走，电梯里的人也越来越多，到了最后，两个人挤在了一起。

宁星觉得有人牵住了自己的手。

她抬起眼，邢枫也微低头望着她，说："虽然话是学来的，但手该牵还是要牵。"

学来的？宁星震惊了会儿，很快笑弯了眉眼。

邢枫看起来总是笃定，这样的一个人也会有不擅长应对的事情吗？

宁星捂着嘴笑得很开心："可别告诉我这几天晚上你都在百度情话。"

邢枫略尴尬，移开了视线。

他从来都是清清淡淡给人冷漠感的，现在这样子实在是太难得了，宁星越看越不想放过他。

"不会吧，你真的在学情话？"

因为身边的人太多，她被他护在角落里，而邢枫背对着人群，把移开的目光转回来，眼里只有她一个。

她踮起脚，压低了声音在他耳边诱导："你说嘛，我又不会笑你，说吧，说吧，你是不是在……"

邢枫忍无可忍，转身把她堵在电梯一角，偏头亲了上去。

唇上触感温软，呼吸近在咫尺，宁星呆在原地。她看不清他的模样，却能看见他轻颤的睫毛。

眼见着他睫毛轻颤要睁开了，宁星㞞得连忙把眼睛闭紧。因为太过紧张，连眼尾都狠狠抽了一下。

……

这一幕被他们身侧一个穿着黄色 T 恤的男生看见。

男生默默转了过去，掏出手机，打开微博在编辑框输入：九月二十三号，外面的太阳很大，然而电梯里的我觉得心很冷。今天还是没找到小姐姐，需要孤单一个人出去工作，回家也没有人在等我，即便已经这么惨了，老天还觉得不够，硬要给我塞狗粮……我恨！

邢枫的吻就像蜻蜓点水一般，一触即走，但是宁星却羞成了一颗西红柿。她缩在角落里，根本不敢抬头。

"乖。"邢枫摸摸她的头，又隔着自己的手亲了一下，提醒道，"下电梯了。"

从夏也的住处到学校的路程步行大概二十分钟，这一路上被他牵着，宁星光顾着关注和他牵在一起的手，踉踉跄跄差点踩到裙摆。

邢枫挠了挠她的掌心：“走路不看路在想什么？”

宁星的脸更红了，想抽回自己的手，却被抓得更紧了。

邢枫叹气：“真叫人不放心啊！你以前都是怎么走过来的？”

宁星想争辩几句，话到嘴边又吞了回去。

她想说“以前可没人这么让我分心”，可这也只是想想，真要说出来，还是不好意思。

她欲言又止的愤愤表情把邢枫逗笑了。和她在一起这几天，他觉得自己笑的次数比这些年加起来都多。

于是，他忍不住心软：“算了，看来是我的错。”

宁星耳朵发热，心里却在嘀咕：就是你的错。

透过她的眼睛，邢枫像是读到她内心的嘀咕，他手掌一翻和她十指相扣：“嗯，我会负责的。”

邢枫说得认真，像是在做一个庄重的承诺。

“你说的？”

“嗯，我说的。”

“那我记住了。”

后来，宁星每每想起这个时刻，都仿若闻见那天空气里的味道。

那是一种很难说清楚的甜味，像是撒上了糖粉的糕点，清清浅浅，没有腻人的香，很舒服。这个味道分明很淡，可它居然萦绕了一整段回忆，多大的风都吹不散。

3.

S大有一个湖，湖上有一座桥，桥两边的围栏外都镶有暖白色的灯带。到了晚上，灯光被投在湖面上融在水波里，星星点点的光随着晚风在湖里晃晃荡荡，看起来很浪漫，被 S 大的学生誉为“情侣桥”。

社团迎新的地点就在这座桥上。

和晚上不同，白天很晒，走在桥上像是走进了炼钢炉。

没有树荫遮阳，还要承受湖面的反光，可以说是很折磨人了。

汉服社的迎新点在桥尾那边，有柳枝掩映，看上去稍显凉快一点。

“学长！”

顺着宁星热情招呼的方向看去，邢枫一顿。

这就是她和他说过的那位学长吗？

宁星的描述里，学长苏则是一位热衷于汉文化的文艺青年，不止在校期间创建了汉服社，毕业之后也一直在资助社团，每年招新或活动只要他有时间，就会回来帮忙。

加上“苏则”这个略带些文弱感的名字，邢枫听完宁星的话，在脑海里勾勒出的是一个纤细的青年模样。

可是……

他默然不语。

眼前这个人，和他想象的貌似不大一样。

苏则学长穿着身黑色圆领长袍，袖口和胸前用金色绣线绣着唐风的纹案，腰上是镶着圆形铜块的革带，头发全部往后梳着，露出饱满的额头和利落的五官。他的个子很高，他们看到他的时候，他正在架着遮阳用的塑料棚。

天气太热，苏则把袖子挽起露出精壮的手臂，在使劲的过程中，手臂上块状分明的肌肉也随之跳动了几下。

带着黑帮老大的傲然和威势，苏则开口，声音低沉：“你来了。”

即便认识了这么久，宁星见到他，还是禁不住被这份气势给压了一头。

“学长来了很久吗？辛苦了。”

“还行。”苏则继续去搭架子，“天气热，我给你们买了水在边上，你先休息会儿，那边有凳子。”

说完，他看了眼邢枫。

邢枫不自觉地挺直了背脊。

“你……”苏则拿钢管指了指他，“帮我搭把手。”

“好。”邢枫应着，差点儿就想脱口喊一声“大哥”。

这时，宁星凑到耳边安抚他：“学长只是看起来脾气不好，实际上很好说话的。”

邢枫颔首，摸摸她的头：“我知道。”

苏则没听清楚他们在说什么，只是看见了两个人咬耳朵似的小动作，于是贴心地把身子侧过去了些，假装没看见，继续勤勤恳恳地做事。

小年轻谈恋爱好像都是这样，一时一秒也分不开，就算天天腻在一起，也有无数的悄悄话。

苏则手上不停，心里默默感叹，校园真好啊。他也开始想念读书时的时光了。

邢枫走到苏则身边，自发找事做。

苏则直起身，安排：“那边和这个一样的两根管子，你拿个扳手，拿个螺丝钉，把它们拧起来，像我这样。”说着做了个示范，“懂了吗？”他的嗓音天生低沉，即便是大声说话也像是压着嗓子吼。

“知道了。”

邢枫按照他说的过去捡地上的钢管，刚一弯腰就被人从上而下拍了下肩膀。

“嘿！”

邢枫抬头，看见的是挂着两个黑眼圈的秦之澜。

“我在桥那头就看见你们了，你们在搭东西？要不要帮忙？”

阳光很大，打在他脸上显得他有些苍白，不像平时给人的明朗阳光。

他表情看上去像是什么也没有发生过，甚至还能打趣地叫宁星一声“嫂子”。

宁星望一眼他又望一眼邢枫，赶紧接话：“你怎么在这儿？”

“别提了，喏，我刚从那边图书馆出来。”秦之澜满脸沮丧，“上次期末在图书馆借了一本书，结果满脑子都是放假忘记去还，等再想起来时已经闭馆了。这不见着开学赶紧来还书和交逾期款嘛。唉！这些钱都够我再买一本了……”

他念念叨叨的同时接过邢枫手上的钢管：“我来吧，你这手……”

秦之澜说着，瞥一眼宁星，到底没说清楚：“你的手不方便，我帮你弄。”

宁星急了，他这吞吞吐吐的一定有问题啊，转头问邢枫：“你的手还没恢复？不是说好了吗？”

“不是。”秦之澜帮他答道，“就前几天，他不又撞门上了吗……”

的确是撞门上了，不过是因为被他打了那一拳才撞门上的。

秦之澜咽了一下口水，没敢说清楚。

“不小心撞上的，不碍事。”邢枫活动了一下右手，“不过有人帮忙总是更好一些。”

苏则从秦之澜过来就一直在听他们说话，因为不认识也没去插话。现在接到了邢枫的眼神，大概读懂了意思，于是他对秦之澜点点头：“那麻烦你了。”

在此之前一直没注意还有个人的秦之澜，被苏则这自带的大哥气场给镇住了，他不自觉地退后一步，语气里明显带上了恭敬：“不麻烦，大哥。”

苏则：“……”

他表面上静如止水，心里有些挫败——

今天也是被人害怕的一天吗？

4.

背过身去继续装着钢管，在拧螺丝的间隙，苏则摸了摸自己的脸——鼻梁高挺，眉骨突出，眼窝深邃，下颌角分明。

苏则长得并不难看，把他的五官单拿出来，实在应该是俊美的。可不知道为什么，拼在一起之后那么不怒而威，甚至自带了一种类似于“滚开，你这个垃圾”的气场，让人不敢靠近。

三个人就在这沉默的气氛里组装完了遮阳棚。

“辛苦了。”

把折叠的桌椅全部摆好，苏则递了两瓶水给邢枫和秦之澜。他们接过，道了声谢就开始大口灌水。穿着长袍的苏则其实比他们更热一些，热到头发丝里都冒出了“烟”，可他只是挽着袖子继续收边上的杂物。

周围不晓得什么时候围过来了许多女生，几个几个站在一起，装作看社团介绍实则偷偷打量正大口喝水的两个少年。

上午的温度很高，他们的衣服都被汗水打湿了，宁星拆了包纸分给他们擦汗。秦之澜一顿乱擦，有纸屑黏在脖子和额头上，宁星笑着对他指出来，他却只抹掉了额头上的。

邢枫像是看不下去，伸手从他脖子后边一绕，摘下来一块纸屑。

“喏，左边是这边，不是那边。”

简简单单的陈述语气，秦之澜却从里边听见了嫌弃。

“喂喂喂，什么意思？我这不是和你站的反边吗？谁知道你说的是哪儿？你是以为我分不清左右吗？”秦之澜伸手，“喏，这是左手，这是右手，看不起谁呢！”

“嗯，了不起。”邢枫很给面子地拍拍手，“给你鼓掌？”

宁星大概摸清楚了他们的相处方式，所以也没插进去，反而乐呵呵地在一边看两个人互怼。她正看着呢，苏则突然从后边走出来，停在邢枫和秦之澜身前。

“学长？”宁星看他严肃的表情以为他要安排什么事情。

苏则开门见山地问：“能不能麻烦你们帮一个忙？”

邢枫比秦之澜先反应过来：“什么？”

“学弟车票没买到，来不了招新了，所以我们人手不太够。本来我以为没什么影响，但现在看来，她们好像怕我。”他朝边上望了一圈，果然那些原本兴致勃勃张望着的女生都避开了视线，“所以能不能请你们帮忙当一下模特？”他顿了一下，继续说，“如果可以的话，我正好带了两套备用的汉服，是我的码子，但你们穿应该也差不多。”

邢枫点头：“我没问题。”

秦之澜也拍胸脯：“行啊，我还没穿过汉服，难得有个机会，还挺想试试。”他说完又犯难，“不过，这怎么穿啊……”

“我帮你们！”宁星举手，笑意明媚，“我们去那边教室里换吧。”

苏则把包递给他们：“快去快回。”

咽下了后一句话。

他怕他们不快点儿，这边的人只看见他，可能直接就跑了。

宁星带着人赶忙往边上的教学楼里赶。

而后，就和苏则预料的一样，在他们离开之后，他一个人坐在招新的牌子后面，边上的人数开始以肉眼可见的速度减少。

开始冷场。

等他们再回到汉服社招新的遮阳棚下，苏则见着两个少年装扮完毕的模样，再看一下周围的反应，不由得开始感慨，人和人之间真是不一样啊。

邢枫穿米白色直裾，腰间简单系着同色腰带，外边套了一件浅灰色大袖衫，没有过多的装饰，清爽干净，配合着他的气质，端的是一派君子如风。而秦之澜身上是一套墨色短打，襟口有着浅金色暗纹，袖口处有两根枣红绸带交替系了个绑袖，颇有几分少年侠气。

不得不说，他们很适合这两套衣服。

不知道是谁发现了他们，一堆小姑娘围过来，叽叽喳喳不知道在讨论什么。

苏则慢慢退到边上，站在人群外，他隐约听见前面的女孩说他们像“漫画男主”“一模一样”“破次元”……

这几个词，分开他都知道意思，可凑在一起……她们在说什么呢？

随着周围的人越来越多，苏则也从起初站在圈子内里被挤到了人堆外边。如果不是身高优势，恐怕他都看不见那块“汉服社招新”的牌子。

被宁星邀请过来拍摄宣传的夏也也被堵在外面。

她小心护着相机，踮脚往里看，可是，除了密密麻麻的人头之外什么都看不见。

夏也觉得奇怪，汉服社不是小众社团吗？怎么这么多人？

她抽出一只手想给宁星打电话，就是这时候，几个闻讯赶来的女生满脸激动往她这边跑，一不留神撞到了她的肩膀。

她们说着话自顾自便挤了进去，夏也却被推搡得差点儿摔倒——

幸好有人扶住了她。

苏则长了一张大佬脸，足够让任何第一眼看见他的人感到害怕。

夏也倒在他的怀里，刚松口气，想向见义勇为接住自己的人道谢，可她这一抬头差点儿没哭出来。

夏也内心 OS：“麻麻”，这个人看上去想打我……

当对上怀中女孩怯怯的表情，下一秒，苏则直接愣住。

微风和煦，到处都是阳光热辣的味道。在看着她的当下，苏则仿佛看见了河畔草地上开得正好的小雏菊，看见了天上绵软的白云，看见了甜甜圈，看见了巧克力……

在现实之外的另一个世界里，苏则也分化成另一个自己，不同于表情冷静扶着夏也问“你没事吧”的自己。

那个世界里，苏则捂住心口，满脸的难以置信。

糟糕，是心动的感觉。

第十四章

这个学长好凶凶

1.

汉服社的招新进行得很顺利，现场填表的人比他们准备的报名表还要多。到了最后，他们只能用一个小本子记下没拿到表的人的信息，准备回去先拉了群再一一细说。

苏则心里明白他们不是因为对汉服感兴趣才来的，可这也算是一个良好的开始，不论是出于什么原因，只要他们愿意来了解就好。

活动结束，大家都累得不行，即便有遮阳棚，捂在厚厚的衣服里的几人还是差点儿被焖熟。

在收拾摊子之前，苏则大手一挥说收工请大家吃饭。

站在人群里抢拍的照片效果不是很好，夏也边翻照片边皱眉。

“嘿！”宁星从她背后直接抱了过去。

然而夏也一脸嫌弃：“走开，走开，你抱得我好热。”

“你这么说我就更不能走了！”宁星箍住她的腰，“不能我一个人热！”

夏也怕痒，被她这么一蹭整个人都不好了，于是奋力反抗，反手就去挠她。

就在夏也得逞之前，宁星机智地松开了手往后跳了一步，一脸公事公办的表情道：“不闹了。学长说他请客吃饭，要我来问你去不去。”

“学长？”夏也闻言望向一旁，正好对上苏则的眼睛。

两个人都是一愣。夏也连忙移开视线，苏则却只是稍微侧了侧身子，眼睛依然看着她。因为站得有点远，听不清她们说话，他的心里很紧张。

他脑子里不断自动回放他们遇见的片段，越想心越乱。

然而，大佬就是大佬，即便是心里紧张，脸上也还是保持着专属于大佬的表情，什么情绪都看不出来。

“我就不去了吧，我和他也不熟。”

夏也为难的小表情让宁星一秒猜出她的想法。

她凑过去：“你该不会是在害怕学长吧？”

夏也没承认也没否认，她“嗯”了很久，直到气息耗尽才小心翼翼地开口：“这个学长是干什么的啊？”

“不大清楚，好像是在自家的企业上班。”

夏也有些担忧似的：“那个，学长家的企业……应该不涉及黑道吧？”

宁星扑哧一笑：“你在想什么呢？”

夏也凑过去小声说：“我之前来的时候撞到他了，看他的那个表情，我觉得他想打我，只是碍于人多没有动手。”

察觉到夏也不是开玩笑而是真的这么认为，宁星哭笑不得：“你到底在想些什么呢？”

“虽然我这么说你可能不懂，但当时真的是那样的。”夏也着急地想证明什么，“一个人的眼神和表情是不会骗人的。”

“我想你可能是误会了。”宁星语重心长，“学长人很好，也很好说话，至于表情……我只能说他天生就是那样。”

“是吗？”夏也将信将疑。

“对啊，学长很友好的。”

这时，友好的学长走了过来：“你们谈好了吗？我们准备走了。”

苏则带着自以为温柔的表情，实际效果却是半笑不笑。

他佯装无意地望向夏也：“今天拍摄辛苦了，等会儿你可以多吃点儿。”

夏也小退了两步：“不，不用了吧？”

苏则瞥过去：“嗯？”

虽然他只是在表达自己的疑问，但这张脸怎么看怎么像是在威胁人。

夏也咕咚咽下口水：“大哥您说什么就是什么……”

苏则个子很高，而夏也不高，她感受着莫名其妙的压迫感又不敢逃避得太明显，于是半抬着头看他。在这样的角度下面，夏也本就圆的眼睛显得更圆了几分，看起来像一只小动物，站在那儿既无辜又可怜。

仿佛受到了一份可爱暴击，苏则没怎么听清楚夏也说的话，他只是面无表情地看着她。

“走吧。”

夏也硬着头皮跟在他的身后，向宁星投去一个眼神，两个人用意念交流。

夏也：这就是你说的友好吗？

宁星：虽然学长今天是严肃了一些，不过我想他大概是因为累吧？你这也太尿了，说几句话至于吗？

夏也：敢情他刚才瞪的不是你！

宁星耐心解释：学长不是在瞪人，他是在认真和你说话。他认真说话的时候就是这样的。

夏也：？

这句话是认真的吗？有人认真说话是这样的？这是对“认真”有什么误解吗？

夏也还没来得及把剩下一句话灌输到自己的目光中传递过去，就被一个闪过的身影把她的目光给切断了。

等他从她们之间走过，宁星也没再看她，夏也只听见“啪叽”一声，两个人的脑电波断了连接，意念交流程序突然死机。

邢枫已经换回了自己的衣服，短袖衬衫牛仔裤，眉眼间带着温柔的笑意，看起来清清爽爽，他走过来自然而然牵住了宁星的手。

“晒不晒？”

宁星摇摇头："有一点儿，出门忘记带伞了。"

邢枫摸摸她的头："头发都被晒烫了。"

说完，他换了一边。

现在是下午，太阳逐渐偏西，邢枫站在了阳光晒来的那一边，手上拿着块板子挡在她头侧方。

宁星有些惊讶："你这是干什么？"

"人工太阳伞。是不是很智能？"

宁星失笑："这也是学来的吗？"

"不是。"邢枫摇摇头，"这是连接着你的那根天线自己感应到的，它告诉我现在应该这么做。"

把这个对话听了个清楚的夏也抖了抖身上的鸡皮疙瘩，默默站远了一点儿。

与此同时，有谁也走到了她的左边，她下意识望过去，心脏骤然一停，把差点儿脱口而出的惊呼努力咽回去。夏也礼貌地喊："学长好。"

苏则带着因为不善言辞而显出来的冷淡："嗯。"

与前面两个人甜得发腻的气氛截然不同，夏也和苏则之间弥漫着浓稠得几乎要化成实体的尴尬。

夏也内心：很害怕，总觉得这个人会吃小孩。

苏则内心：她为什么总是偷看我？她在想些什么？是不是也和我一样？如果真的和我一样，那她是在害羞吗？

想到这儿，苏则没忍住看了她一眼。

夏也被这个眼神弄得一激灵："学长？"

看来没猜错，苏则心道，小夏也害羞的样子很可爱。

这一刻，他又闻到了阳光里清甜的味道。

然而，即便内心活动再丰富，苏则表现出来的也永远只是一张没表情的严肃脸。

他没做别的回应，只是又“嗯”了一声。

气氛再次陷入冰点。

夏也懵懵懂懂之间好像在他的眼睛里捕捉到了些奇怪的情绪，只是捕捉到了，她却没有读懂。

她的第六感告诉她，这个人怕是误会了些什么。

九月的骄阳似火，草地被晒得枯黄。

秦之澜一个人走在后面，手上提着帮邢枫拿的东西，袋子很重，勒成细条的提手陷进他的掌心。

他带着笑走路，带着笑看他们，也带着笑发呆。

阳光洒在他脸上身上，也洒进他的眼里。秦之澜的瞳色很浅，蜜糖一样干净透亮，像是无忧无虑的少年。你能想象出他奔跑的样子，能想象出他流汗打球，能想象出他亮晶晶的望着你眉毛和眼睛都是弯的。

这样一个人，你对着他这张脸，根本想象不出他也会难过。

有路过的女生偷偷瞄他，秦之澜发现了，大方地送过去一个笑，惹得女生害羞地抿嘴微笑，他的眼神专注，女生甚至产生了自己很特别、他会记住自己的错觉。而他转过来，脸上的弧度却没有变化和波动。

有些人，只是看起来在笑而已。

2.

去饭店的路上，坐在车里，宁星刷了一会儿微博。

把评论转发逛了一圈，宁星点进漫画的标签里，最新最热门的一条居然是刚才的活动照片。照片中心是秦之澜和邢枫，宁星站得离他们比较近，但是也被圈了进去。

而那条微博的文案是：“我最近追的条漫里的男主跑出来了！这个对视简直萌一脸！我的次元壁被打破了 QAQ！ 还有，边上的小姐姐有点可爱。”

这条微博是一个半小时之前发的，可是转发量已经达到了上千，所有的转发都不好好说话，全是“啊啊啊”和“嗷嗷嗷”，再不然就是数不清的一连串感叹号。里面也有零星的几条提到了宁星，夸她颜值高。

还有更零星的是在评论里，有人弱弱地发问：“没有人觉得那个广袖小哥哥和这个小姐姐很配吗？感觉他在看小姐姐的样子。”

这条评论沉得很彻底，一个点赞都没有。

他在看她吗？宁星刚刚准备返回去看图片，邢枫却突然凑过来。

“这条评论应该被赞一下。”

他说着，伸手直接在屏幕上一点，评论右下角的大拇指跳动一下，变成了红色。

“我的确在看你。”邢枫手指往上滑，“喏，只是中间隔着个人。”

照片是抓拍的，有些模糊，在邢枫侧着头看她的同时，秦之澜正巧转向另一边给一个姑娘递申请表。如果不仔细看，这个画面里他们就像是在对视，就像大部分带着粉丝滤镜大呼“萌翻”的孩子所认为的那样。

误会大了。

此时的宁星完全想不到，“熬夜画画小咸鱼”的这一个赞居然会在后来的微博上引起那么大的风浪。

车是苏则开来的，副驾驶坐着秦之澜，后排宁星坐中间，夏也、邢枫坐在两边。

可是，在夏也看来，宁星这个叛变的家伙已经快靠在邢枫身上去了。

夏也郁闷地撑着脸，早知道坐在后面要被这么喂狗粮，还不如坐前面让她被大佬吓死。

她并不清楚，她害怕的那位大佬实际上也非常紧张。

苏则握着方向盘，嘴唇紧抿，像是要去执行一件非死即伤的任务。

秦之澜本来还在为内心不可说的少年心事伤感，但一撇头看见苏则的表情，脑子忽然就空白了那么几秒，接着，他低头检查自己的安全带。

“你怎么了？”苏则开口，声音里有自带的威严。

秦之澜双手紧紧拽着安全带，紧张地回：“没什么。”

等绿灯的间隙里，苏则望向他，同时也借着这个侧头的姿势用余光往后看。

他随口说：“你看起来很紧张。”

秦之澜：“……”

他的确有点儿紧张。

可他又能怎么办呢？

前座的对话吸引了后面的三个人。

夏也的座位往前看，只能看见苏则逆着光的侧脸：半张脸被掩在阴影里，眼睛里却有光，锋芒毕现。

感受到了夏也的注视，苏则握着方向盘的手更紧了一些，手背上的青筋跳了几下，看起来怪瘆人的。

他想用跟秦之澜聊天转移自己的紧张：“你……”

可惜秦之澜那颗苦不堪言的小心脏也怦怦跳，看见红灯跳绿，激动地赶紧提醒：“大哥，绿灯了。”

苏则吞下一肚子苦水，面无表情地启动车。

不用再提心吊胆和苏则对话，秦之澜松了口气。这是他第一次体会到什么叫“此时无声胜有声”，虽然他所体会到的意思和这句诗表达的意思有些出入。

从上车到下车，车里的人说的话总共不超过三十句。

到了饭店，作为最熟悉苏则的人，宁星有意打破沉默。可今天也不知是为什么，学长除了开车还算专心外其余时候整个人都心不在焉的，很多时候，她说话他都接不上。每次苏则不回，邢枫又不想她太尴尬，就会接着她的话说几句，说着说着，到了后来就变成了他们两个一直在聊，其他人都插不上嘴。

夏也嘟着嘴玩筷子，一会儿看宁星一会儿看邢枫，满脸不开心；苏则在一边悄悄地看夏也，边看边揣测她的心情，怎么猜也猜不到她在想什么。

比起宁星和邢枫的默契，这两个人完全就是“没头脑和不高兴”，而他们和动画片的差别，只在于这个“没头脑”看上去比较凶而已。

“唉……”

环顾四周，秦之澜叹了口气。回想这几天，他觉得自己失眠失得都快疯了。

可其实又有多大的事儿呢？真要说起来，连失恋都算不上。

夏也注意到了他：“你怎么了？”

“我……”秦之澜欲言又止，接着，他对上邢枫的目光，忽然戏精上身，捂着肚子倒在了桌子上，“我好饿啊。”他哀号道，“师父不管我，师兄也不管我，我可能要饿死了……”

邢枫勉强压住突突直跳的太阳穴，把面前的花生米推到他那边：“吃吧。”

秦之澜难以置信：“你就给我吃这个？”

“快饿死的人还挑？”

夏也不禁笑出来，她常年混迹于论坛、微博等各个地方，自然也知道秦之澜在学校里的人气和形象。但因为宁星的缘故接触后，发现他怪好玩的。

只是不知道他那些迷妹看见这样会不会幻灭。

一直正襟危坐却偷看夏也的苏则，在发现她对秦之澜的每一句话每一个表情都展现出笑容后，有点坐不住了。

他心里着急，却不知道怎么表现。

无措中，他反手敲了敲圆桌上的旋转玻璃，弄出了清脆的一声。

“菜。”

苏则掷地有声，只一个字就让秦之澜弹了起来。

望着坐直了身子的秦之澜，苏则继续说："马上就来了。"

"好的，好的，其实我也没那么饿。"秦之澜赶紧答，坐得板板正正生怕引起大佬不满，殊不知其实大佬已经看他很不爽了。

夏也也学着秦之澜挺直腰板坐好，小学生一样眼巴巴等着上菜。

苏则看她和看秦之澜的眼神完全不同。

在座的人恐怕谁也看不见藏在这位冷峻大佬内心里的柔软小人。

躲在没有人看见的角落里，柔软小人撑着脸怔怔地望着夏也。

——她好像怎么样都很可爱啊。

3.

吃完饭之后，苏则本打算送他们回家，但五个人中间那对小情侣正处于恋爱初期，是越黏糊越不嫌黏糊的阶段，拒绝和他们单身狗同行。

邢枫和宁星牵着手走了。秦之澜和夏也恭恭敬敬地道着谢上了车。

"你们回哪儿？学校还是家？"苏则发动着车子，随口问。

秦之澜老实又乖巧地坐好，努力把存在感降低："我回学校。"

夏也看起来像是不舒服，蜷成一团缩在后面："我回住的地方吧。"

她拿手机打了几个字："就是这个小区。"

夏也手腕上戴了条浅金色手链，上面吊着个小小的坠子，小拇指指甲盖儿那么大的一只卡通兔子。

苏则被她那白腻的肌肤刺得有点心跳不稳，他稳住心神顺着她的手腕望过去。

"你没事吧？"他顿了顿，补充，"你脸色不大好。"

即便是关心的话由他说出来也不像关心，反而像在发出"你别给我找麻烦"的警告似的。

夏也再度往后缩了缩："没什么，谢谢。"

"嗯。"苏则通过后视镜偷偷看她，那苍白的小脸看得他一阵心焦。

“那我先送你。”他对秦之澜说，“正好过去顺路。”

他说的话，他们当然没有意见。

于是安排完毕之后车里再次陷入沉默。

很快，秦之澜下了车，随后车子到了夏也住的小区。

苏则停车回头，发现夏也的脸色更白了一点。

“你真的没事吗？”

“没什么。”夏也挣扎了一下，努力把话说得委婉，“我就是……肚子有点儿疼，休息一下就好了。”

“肚子疼？”苏则完全没读懂夏也的意思，“吃坏东西了吗？”

夏也：“……”

这让她怎么解释呢？

好在苏则只是一时没反应过来，并不是没有常识。几秒之后，看见她为难的表情，他大概也就懂了。

苏则略显尴尬：“要不要我扶你回去？”

夏也本想拒绝，但这痛感来得突然又猛烈，她的确有点儿走不动路。

“那就麻烦了。”

“不麻烦。”

苏则下车走到后座，打开车门把人扶了下来。夏也半弯着腰软软地靠着他，鼻尖额上冒出细密的汗珠。他皱着眉头，看了一眼怀里的人，揽着她肩膀的手更紧了一些。

“不然我抱你怎么样？看你走路好像很困难。”

夏也被问蒙了，她该怎么回答？拒绝会不会被打？

看怀中的她明显僵硬了一瞬，苏则才发现，对于刚刚认识半天不到的人来说，他们的姿势似乎太过亲密了。电光石火之间，他回顾了一下之前发生的事情，猛然间产生了自己在占小女孩便宜的错觉。

苏则于是也陷入窘境。

他慌忙解释："我没有别的意思，只是你这样……真的不大方便。"

人在慌乱的时候，是越努力越无法顺畅表达自己的想法啊，特别是苏则这个本就带着些不可言说的想法的人。

支吾几声，苏则终于放弃。

他问夏也："你觉得呢？"

——你觉得呢？

夏也眼里的苏则是没多大情绪波动的，仿佛天生如此。这样的人，就像传说中的冷酷帝王，似乎根本不会在意旁人。

但很奇怪。

眼前的人明明带着一张不怒自威的大佬脸，可也许是他们离得太近，她感受到了他的手足无措，也因此意外感觉到了……可爱？

夏也在心里迟疑着用上这个词。

"怎么样？"苏则小心翼翼地问。

"那麻烦了。"夏也小声回答。

在得到答案的下一秒，苏则就直接把她打横抱了起来。

他的动作不快、很轻，生怕弄疼了她似的。

如果说刚才夏也读到的是"可爱"，那么这个动作里，她看见的大概就是"温柔"。两个在表面上和苏则丝毫不沾边的词。

"往哪儿走？"

夏也指了方向，苏则点点头，却是刚刚迈开步子就又刻意慢了下来。

"我走慢点儿，如果你还是不舒服就叫我，我们停一停。"

"嗯。"夏也有气无力地应了一声。

小区的绿化不错，石子路两边是修剪整齐的矮树，矮树后有草坪和小池塘，阳光轻纱般盖在上面，把周围的一切都蒙成了暖色调。

草地上有小孩子跑来跑去，不知道在玩什么，笑声传得很远。

在苏则抱着夏也经过的时候，一个小女孩停了下来。

女孩五六岁的样子，双马尾蓬蓬裙，看上去童稚可爱。她盯了他们一会儿，然后拽住拿树枝当马骑的小男孩，糯糯开口："我也要玩那个，抱抱！"

男孩二话不说丢了树枝："来！"

小女孩开开心心地抱住了他，但因为两个人年纪太小，小男孩尝试了很久也没能完成公主抱。半晌，他灰心地低头，小手拽着衣角："抱不了。"

女孩想了想："那你长大了再抱我！"

"好！"小男孩眉开眼笑，牵着小女孩到另一个地方玩去了。

夏也扒在苏则的肩膀上往后看，不知道为什么，就想说"真好"。

像是为了那对小孩子，又好像不是。

"怎么了？"

苏则没注意周遭，他的注意力全放在怀里的人身上。

他于是停下脚步："是不是我走太快了？你不舒服？"

"没有。"

夏也轻轻回答了一声。也许是看到了大佬可爱温柔的一面，她发现，这个长得距离感十足的人，好像也没有那么可怕。

夏也真心实意感叹了一句："学长，你人真好。"

苏则一愣，抿了抿唇……

难道，这就是传说中的好人卡吗？

4.

把夏也送到家门口，苏则本想看着她进门再走，却不料，这一等就是很久。

他看了眼手表，距离她站在门口找钥匙已经过去十分钟了。

“你……是不是没带？”

“不对啊……”夏也白着脸蹲在地上翻包，“我明明带出来了的。”

苏则也蹲下来：“你还好吗？”

“好一些了。”实在翻不到，她摸出手机想打电话给宁星。

在等电话接通的间隙，她不好意思地对苏则说：“学长你先回去吧，今天麻烦你很久了。”

“没关系，我很闲。”苏则睁着眼睛说瞎话，说完又补充一句，“我最近看了很多新闻很可怕，你又不舒服，不看着你进去我不放心。”

夏也不好意思，又说了几声“谢谢”。

她想叫宁星快点儿回来，可电话打了几通都没打通。

“怎么回事……”

她不死心又拨了邢枫，依然没打通。

夏也：“……”

什么情况，他们干什么去了？

这时候，里边传来一阵挠门声。

挠门声之后，门外两人听见了“喵”的一声。

苏则浑身一震，下意识地起身退了两步。

夏也把手贴在门上，开始思考让橘猫帮忙开门的可能性有多大。几秒之后，她认命地低了头，此路不通。

“学长？”她转身看见苏则僵住的样子，疑惑道，“你怎么了？”

苏则勉强镇定下来，想扯出一抹温柔的笑，却依然只是一副面瘫的样子：“没什么。”

然而，他刚刚镇定完，门里又传来一声猫叫。

苏则控制住了脚步不退，身子却再度僵直。

看见这样的苏则，夏也有了一个猜测：“学长……你是怕猫吗？”

苏则背后一凉，轻咳几声：“不，没有。”他的声音坚定有力，表情却透露出了心虚。

蹲在地上的夏也："……"

对视上仿佛看透了真相的夏也，苏则明显不自在起来。

夏也也背过身子，偷偷捂住脸。

怎么办，好想笑，大佬会不会弄死她？

每个人都有害怕的东西，这很正常，可是苏则居然会怕猫……

这个问题，夏也怎么想怎么觉得想笑。

她整个人都颤了起来，像是被上了发动机的小玩具，可没过多久，她又捂着肚子抽了口气。在这种时候忍笑，真的是精神与肉体的双重折磨无疑了。

"怎么了？又开始痛了吗？"

夏也忍痛点头。

苏则抿唇："一直蹲在这儿也不是办法，不然你先去我家？等你好一点儿，或者你室友回来，我再送你过来。"

夏也虽然看上去迷糊，但其实是一个防备心很强的人，不要说才认识一天，就算认识了很久，要在这样的情况下单独去一个男生家里，她也会考虑良多，哪怕对方真的是出于好意。这是一种下意识的自我保护。

可今天不知道是为什么，她虽然害怕苏则，却下意识地愿意去相信他。

"好。"她的声音细若蚊蚋，"谢谢学长。"

苏则听见，不知怎的，突然笑了。

他低头就看见夏也的疑惑，她眼里明晃晃写着"你在笑什么"，他赶紧解释："才认识一天，已经数不清你对我说了多少'谢谢'和'麻烦了'，我也不想总回答'没关系'和'别客气'。所以你可以不用说，听起来怪生疏的。"

虽然他们的确没有多熟悉。苏则说完才意识到这个问题。

好在她只是乖巧点头："我知道了。"

夏也扶着墙想要站直，腹部的坠胀疼痛却让她一阵发软。还好苏则眼疾手快，立刻把人扶住，随即打横抱了起来。

就像来时那样，苏则的步子依然很轻很稳，动作里满是细心体贴。

夏也一上车就倒在了副驾驶座上，连安全带都是苏则帮她系的。

在靠近她的时候，他的脸有点儿热。明明他不是什么小男生，在商场上摸爬滚打也游刃有余，却会为了给一个人系安全带而紧张。

真奇怪。

在开车的途中，苏则经过了一个药店。

“还是很疼吗？”他问。

夏也“唔”了一声：“好些了。”

苏则想了想，转了个弯，把车停在药店门口。

“你在车上等我一会儿，我很快出来。”

夏也没问他想去干什么，只是点点头应了“好”。

他速度很快，不一会儿就买完止痛药回到车上，右手还端了杯一次性纸杯装来的温水，那杯水一点儿也没洒出来。

可夏也已经睡着了。

苏则见状，看了一眼手上的水，没有喊醒她。他把药放在了身边，却为这杯水感到为难。车要开起来难免会不稳，这杯水似乎没地方放。

经过一小会儿的纠结后，他一仰头把水喝了，然后把杯子丢在了垃圾桶里。

接着，他驾车离开，就像这杯水从来没有出现过。

5.

——想去看电影，想去游乐场，想和他牵着手在街上走，想在人挤人的地铁里被他抱着，然后在对视的时候笑笑，说“我就知道你在看我”……

这是宁星曾经对夏也说过的话，她说，这是她从前有过的恋爱幻想。

但其实，除了这些，她还想过很多。

在那些“很多”里，其中有一项就是电玩城。

站在抓娃娃机的面前，宁星端着一个装满游戏币的小筐子，眼底全是兴奋的光。

她盯着机器里萌态可掬的娃娃，趴在玻璃上点：“我想要这个。”

也许是偶像剧给她留下的印象太过深刻，宁星总觉得和男朋友一起抓娃娃是恋爱中必须要做的事，重要性甚至超过了看电影。

邢枫颇无奈，他抓起几个游戏币：“你一路上都在期待的就是这个？”

“嗯！”宁星重重点头，点完之后又想起什么，“对了，你玩过吗？”

“中学同学聚会时来过。”邢枫在熟悉操作杆的灵活度，“当时秦之澜也是吵着要玩这个，然而他把所有游戏币都喂了进去，最后一个娃娃也没抓到。”

宁星笑：“这么惨啊！”

“对。后来他抢了我的一些游戏币，依然没中。”

邢枫说着把游戏币投了进去，娃娃机启动时的灯光映在他的脸上，他对宁星偏了偏头：“我当时心想，这个东西有这么难吗？于是也试了试。”

“结果呢？”

邢枫操纵着小爪子对准一个躺着的娃娃，按下按钮——

“结果，抓到了。”

小爪子晃了晃，落下，牢牢卡在了娃娃的头和腰上，把它提了起来，投进出口。

宁星鼓掌惊呼：“抓到了！”

她飞快蹲下把娃娃捡出来，抱着那只绿色的小恐龙，满脸都写着激动：“这么厉害？一抓就中？”

邢枫耸耸肩，看上去有些小得意：“天赋吧。”

宁星将信将疑：“真的？”

“又或许是运气。”邢枫拿了个币在手上抛了一下，他眨眨眼，“不然我们再试试？”

“好！我要那个！那个好可爱！”宁星欢喜地蹦到另一台娃娃机前，趴在玻璃上手指朝里戳。

邢枫失笑，果然她和那只小垂耳并没有什么区别。

邢枫拿了几个币在手上，若有所思。

“如果这次又抓中了，我能得到什么奖励吗？”

“奖励？”宁星原本晃得欢快的尾巴停住了，“你想要什么奖励？”

电玩城里的灯光一闪一闪打在邢枫的脸上，巧克力糖霜融化在他的眼里，又通过他脸上的笑意流淌出来。周围的喧嚣在这一刻尽数消失，整个世界只剩下他们两个人。

游戏币在邢枫的手上转了个圈儿，他拉长了调子对她说：“秘密。”

看见这样的邢枫，宁星的心跳不由得一再加快，到了最后，甚至和隔壁的跳舞机搭成了一个节奏。

和之前一样的程序，投币，启动，操控抓手，按下按钮——

虽然程序是一样的，可是和刚才的轻松随意完全不同，这次邢枫十分认真，表情凝重严肃。

宁星想着，脸上一热。又或许，她是知道的。

为了那个“秘密”的奖励。

邢枫表情专注，嘴唇微微抿着，冷白光映在他脸上，她从上面看出了暖意。

宁星玩过无数次娃娃机，可这次和从前的哪一次都不一样。尤其是在爪子落下去的那一刻，她屏住呼吸有种错觉，那个小爪子抓住的根本不是底下的娃娃，而是她的心——

抓到了。

周围不知道什么时候来了许多围观的少女，邢枫抓娃娃太认真并没有注意，直到他回过头……

被女生们簇拥在娃娃机前的少年简直是鹤立鸡群的存在，尤其是邢枫捡起娃娃回头的那个瞬间，那眉眼间的温柔简直杀倒了一片。宁星清楚地听见身边小女生吸气的声音。

少年带着笑意转身，却没有第一时间找到目标，有那么一瞬的茫然。

但很快，邢枫望向蹲在地上的她，朝她走来。

“喂。”他拿娃娃轻敲她的头，“怎么离我这么远？”

这个惊艳所有人的少年，是专属于她一个人的。

邢枫不知道宁星在想什么，但他在她的眼里看见了月亮。

对，就是月亮，是深夜里的沙漠上空明晃晃的月亮。

“我是被人挤出来的。”宁星瘪着嘴，“这不能怪我。”

她眼波流转，带着一点点的醋意和一点点的得意，这个表情可爱得要死，让他很想把她藏起来。这么想着，邢枫顺从心意把她圈在怀里，带回娃娃机前。

“让我着急很好玩吗？”

宁星心道你还讲不讲理，能有多着急？

“不过，如果你能抓到，我就原谅你了。”

他的声音带着笑意，温热的气息扑在耳朵上，宁星又有些脸热，可还没等她挣开，就感觉到锢着自己的手臂一紧。她被他围在胸前，背后就是他的胸膛。

贴得紧，邢枫说话的时候，胸腔的震动连着她的后背，带来微妙的酥麻。

“可我不会啊！”宁星抗拒。

“那你给我一点诚意，我教你。”

宁星疑惑：“什么诚意？”

“你转过来。”

宁星乖顺地转过脸去，只感觉到唇上一软。

周围也有带男朋友来抓娃娃却一个都没抓着的女生，看见这一幕，满脸的恨铁不成钢，握着拳头就开始捶自家男朋友——

看看人家啊！

那位被捶的大兄弟很是无辜。

这不能怪他，要怪只能怪那边的兄台开了挂啊！

宁星站在娃娃机前，一手捂住自己的脸，一手提着刚抓的娃娃，只感觉自己像是被从炼钢炉中捞出来一般，浑身燥热。

她想起刚才他握着她的手操作控制杆，当时她的注意力全在娃娃机镜子里映出的他的脸上，专注、认真，还带着几分宠溺。

他的眼睛半低着，上下睫毛交错，显得更加浓密了些，挺直的鼻梁下是微微抿着的双唇……镜子里的人抬了抬眼，对她笑。

“你在看什么？”

宁星小声嘟囔：“看我男朋友。”

引来邢枫一阵轻笑。

他按下按键，爪子下去，果不其然又夹到了一个。

这个娃娃掉出来的瞬间，身边又围来几个人，有许多面颊微粉假装看热闹的小女生，也有一对闹着别扭的情侣。

可是视线中心的这对小情侣，旁若无人地肆意撒着狗粮——

“怎么了，脸这么红？”他摸摸她的脸，“很热？”

“嗯。”宁星顺着台阶下，“想喝可乐，要冰的！”

邢枫转身去了柜台给她买饮料。

按理说，他们的表现已经很明显了，很明显他是喜欢她的，很明显他们才是情侣。

但还是有那么多少女的目光集中在他身上，宁星心里有点儿不是滋味。

邢枫不知道短短的时间里宁星经历了怎样复杂的心理斗争，他只知道，自己回来之后，他家小朋友忽然就转了性，挽住他的手臂不放，就像是护食的小动物只差在脸上写一行字：他是我家的！

周围依然有很多人在看邢枫，可他从头到尾只含笑看他家酸溜溜的小朋友，甜得让人羡慕。然而宁星没有发现，毕竟她正忙着用眼神劝退一个犹豫着要不要来要号码的女生。

说起来那个女生真的很奇怪，她是看不见她吗？

邢枫饶有兴味：“吃醋了？”

宁星下意识地后退一步，却被他一把揽住了腰不给退路。

她往后仰头，眼神闪躲：“没有啊。”

“真的没有？”

“没有，没有，别再问了！”宁星拿着娃娃艰难地比出个枪的手势，“好了！你死了！”

“我死了。”邢枫闭上眼睛，把头一歪，同时松开手，刘海斜斜地晃下来，“可我现在怎么还有意识？奇怪，我是活在梦里吗？”

宁星终于能够后退一步。

“那你在梦里看见了什么？”她戳着他，“是不是有很多小姐姐？”

“嗯，很多。”

眼见宁星要生气，邢枫一脸认真：“你的影分身真的好厉害。”

宁星：“……”

她勉强把不停上扬的嘴角压下来：“你到底背着我百度了多少情话？”

“这个不是学来的。”邢枫笑，“大概是融会贯通？”

宁星小声嘟囔：“别融了，你这个样子，我很不习惯。”

“哦？”

“你以前都不会这么说话……”

邢枫想了想：“以前的确不会，毕竟以前我没有喜欢的人，我也没想过有了喜欢的人以后，自己会是这个样子……你不喜欢吗？”

“不是！”宁星飞快反驳，“只是不习惯。”

“没关系，以后多习惯习惯就好了，这个不着急。”他说完，又低下头，“不过有一件事情，在情侣的关系里，你大概需要先习惯一下。”

“什么？”

“是时候给奖励了。”他偏过头去，指了指自己的脸颊，“总不能我一亲你你就害羞，这样不好。这个进度可以加快一些。”

嘴角的笑意终于再压不住，宁星红着脸踮脚仰头——

邢枫适时侧扭过头——

“啾！”

边上的孩子被稍大一些的哥哥捂住了眼睛，带离了娃娃机区域。

在娃娃机投映出来的白色灯光里，也不知道是谁的耳朵，又重新红了起来。

第十五章

糟糕，是心动的感觉

1.

夏也一路睡得沉，苏则原以为自己需要抱她进去，却不料刚到小区门口她就醒了。在前边带着路，苏则的心里有一点点说不清道不明的小遗憾。

“就是这儿了。”

苏则打开门，扶着夏也慢慢走进去。

屋内陈设很简单，大块浅灰和白交错着，黑色是装点，窗台上放着几个亮色装饰，看上去沉稳而不沉闷。

领着夏也来到沙发前，苏则显得有些紧张。他的住处没有什么生活气息，也没来过什么人，好在招呼客人的水杯拖鞋是有的，这才不至于太过局促。

夏也看着苏则忙前忙后，最后给她端来了一杯茶。

“喏，半路买的，刚才用温水泡了泡，你看看烫不烫。”

夏也这才发现手里端着的不是什么茶，而是一杯红糖水。她一愣，笑了。

如果不是今天这一下午，夏也怕是永远都没办法把这种细心操作和苏则联系起来。

“谢谢学长。”

“不用客气。”

温热的一杯红糖水下肚，夏也觉得稍好了一些，放松下来，随之而来的就是困意。处在特殊时期的夏也好像永远都睡不够。

苏则在厨房用两个杯子倒来倒去想把刚刚烧开的水弄凉，也许再喝一杯红糖水她会更舒服一点？不料，第二杯水送来，看见的是倒在沙发上熟睡的她。

苏则微顿，忽然有那么一瞬间的小担忧。

她这么没有警惕心的吗？

下午七点半，天色微暗。

夏也出了很多汗，苏则不知道她是热的还是疼的，他开了空调调好温度，想了想，又从房间拿了被子给她盖上。

做完这一切，他终于松一口气，本想去煮个粥，却不料原本熟睡的人忽地醒了过来。

夏也眼皮一动，在迷迷糊糊里挣扎了一会儿。

“你醒了？”原本打算出去的苏则重新走回来。

“嗯……”

应完之后，夏也觉得不对，猛地坐起身来。

刚刚睡醒的她觉得自己有点儿蒙，满脸都是“我是谁？我在哪儿？我要干什么？”的疑惑。

她环顾四周，她不是睡在沙发上的吗？什么时候到房间里来的？

刚刚想完，她又一捶脑袋。这个问题根本不用想，一定是学长把她抱进来的。

她非常不好意思，想说“谢谢”和“麻烦了”，又想起苏则让她不用说这些。

憋了小半天，夏也终于找到了个开头：“学长吃饭了吗？”

“正打算去做。”苏则顺手递过来一杯水，“你饿了吗，想吃些什么？”

夏也接过那杯水，是温的，不冷不烫，刚刚好的温度。

“学长自己做吗？”

“嗯。”

夏也正要赞美，可是腹部突然一紧，疼得她五官都缩成一团。

苏则很紧张："疼？"

夏也看了他几眼，挣扎半晌："那个……这附近有什么商店吗？"

"商店？"

苏则并不明白夏也的意思，但夏也死活不肯说了。

拉锯战似的，磨了好半天，他才终于从她的支支吾吾里知道她在说什么。

超市门口，苏则往下压了压帽檐走了进去。

这个超市是离他住处最近的一家，他来过很多次了，买生活用品买菜。这次只不过要买的东西不太一样而已，没什么好不自在的。

苏则走了进去，若无其事地逛了一圈，在手推车里加了一些水果和巧克力，还有几盒包装看上去很小女生的饼干。

推着车在超市里走着，苏则看似悠闲，心里却有点儿着急。

她要的东西在哪个区域来着？

又逛了一圈无果，苏则终于认命，他找到售货员。

"你好。"

售货员阿姨一回头就看见那张被帽子遮了一半的脸，吓了一跳。

"请问。"苏则咳了几声，"请问卫生巾在哪儿？"

半张脸藏在帽檐下，半张脸被笼罩在阴影里，他站得笔直，头却微微低着，给人一种慑人的威势感。售货员阿姨被这架势弄得一愣，一下子没听清他说什么。

"啥？"

苏则："……"

他觉得有点儿热，于是把帽檐往上一推——

苏则往前走了一步，声音又压低了一些，完全一副买卖枪支弹药的架势："麻烦帮我拿几包卫生巾。"接着补充，"要最好最贵的那种。"

售货员阿姨没有说话，只是退后一步。

“怎么了？”

“没啥，没啥。”售货员阿姨领着他往货架那边走，一边介绍，一边给他把卫生巾放进篮子，“你看啊，这个牌子是最好的，这是日用，这是夜用……”

售货员阿姨大概是紧张，声音也大。苏则把帽檐压回去，心里尴尬着，脸上却始终严肃，眼神也没往篮子里瞟。

也就没有发现，售货员阿姨慌乱之下丢进去了一盒水蜜桃味的杜蕾斯。

2.

夏也给宁星打了许多电话，可是不知道那边在干什么，就是没人接。

她一边吓自己说他们会不会出什么事了，一边又在心里“呸呸呸”。

当然不会，宁星的身边有邢枫！

夏也握着手机敲字，叫宁星看见以后给她回个信。

敲完发送之后，听到开门的声音。

“学长回来了？”

苏则刚进门就看见卧室门口探出的小脑袋。她身上有一种神奇的力量，只需要看一眼，就能让他的心底一片柔软。

靠在墙边换鞋，苏则提着袋子回应：“回来了。”

明明是第一次有这样的感觉，但在她迎出来的那一刻，两个人都红了脸，有点像是丈夫回到家，小妻子出来迎接的感觉。

夏也跑过去接过袋子，脸上有些发热，她掩饰似的低下头开始看袋子，却意外地被一件东西吸引了注意力。

苏则顺着她望过去：“是不是这个牌子不……”

“好”字还在嘴里没来得及出来，苏则就看见夏也翻出来的小盒子。

夏也一脸蒙：“学长？”

而苏则的脸色也一瞬间变了。

这是哪儿来的？他没拿这个啊！

他的背上冒出冷汗，整个人瞬间绷紧，盯着那个小盒子宛如盯着一枚手榴弹。

明明长着一张大佬脸，却在一盒小小杜蕾斯面前差点儿停止呼吸。

两人面面相觑间，夏也忽地笑了。

那是不属于苏则的表情，几分窘迫、几分无措，带着一点点害羞，她似乎看到了别人没见过的苏则。

夏也这一笑弄得苏则更紧张了，高高大大的男人像个小媳妇一样，结结巴巴地解释："那个，我不知道这是哪儿来的……"

"嗯，应该是不小心掉进来的。"夏也安慰他，把小盒子扔进袋子里，"谢谢。"

弯弯的月牙眼里洒落许多小星星，她的笑被灯照得明晃晃的，苏则看着看着就跟着笑了。

苏则握拳在唇边轻咳："饿了吧，我先去做饭。"

他是有意在避开之前的话题，夏也也识趣地停止，拿了袋子去卫生间解决问题。

她听见厨房里有了锅碗碰撞的响动，那是红尘俗世中烟火的味道。

让她有一种家的感觉。

苏则在厨房忙碌，不让她过去帮忙，夏也就无聊地在客厅里晃着。

餐边桌上有一个手掌大小的相框，看造型应该是有些年代了，照片里的苏则还是中学生的模样，青涩稚嫩，表情却像个小大人。

这是一张全家福，可里面没有一个人在笑。

夏也看得入神，耳边突然响起苏则的声音。

"拍照的那个人和我们说全家福应该要笑，可我照做之后，发现他们都没有笑，于是我也收起了表情。果然，最后他们打印出来的是这一张。"

夏也认真听着。

他说："我家里人都很严肃，小时候他们不让我出去玩。他们说，时间宝贵生命短暂，不能被浪费。他们还说，有没有趣不重要，重要的是有没有用。可每一步都走在既定的道路上……"

没有把这句话说完，他像是忽然从这种情绪里清醒过来。

灯光下，他眨眨眼望向夏也，话题一转："吃饭吧，随便做了一些，也不知道你吃不吃得惯。"

"学长。"夏也拽住他的袖子，"学长是因为这样才不喜欢笑吗？"

苏则犹豫了一下，点点头又摇摇头："或许吧，更重要的是，我长得和父亲很像。"

夏也觉得"父亲"这个称谓很奇怪，毕竟一般的人提起家人不会用这么正式的称呼。

"我从小到大见他笑的次数不超过两位数，而且每一次，他都笑得很可怕。"

苏则默默道："我不希望自己也像他那样。"

"虽然我不知道叔叔是什么样子，但学长笑起来很好看。"夏也的语气认真，声音温柔。

"刚才在那个地方，我看到了。"夏也指了指门口，"学长笑起来很好看。"

苏则家有个巨大的落地窗，从这儿能看见下边星星点点的车灯在路上流淌，就像剪得细碎的夕阳被洒在了夜晚的河里，距离让速度变得缓慢。

苏则对上夏也的视线，内心有个巨大的声音发出一声叹息。

他微微低头，在她额头落下一个吻。

夏也没料到这个发展，耳朵尖尖迅速变红。

然后，她被拥进一个怀抱，听见耳边他的声音。

他说："谢谢。"

含着许多的喜欢。

3.

因为回来得晚，宁星一直以为夏也早就睡下了，于是没打扰她。直到早上去敲门，才发现夏也的床上空空如也，她顿时又慌又急，打夏也电话也关机。

正在不知道怎么办的时候，她想起昨天最后送夏也回家的苏则。

抱着一点点的小希望，宁星拨了电话过去。

蜷在窄窄的沙发上被手机铃声吵醒，一晚上没睡舒服的苏则摸过手机：“喂？”

“学长，请问你知道夏也在哪儿吗？”

苏则还处在刚刚醒来的意识模糊之际：“夏也？”

他第一反应是夏也不是好好睡在屋里吗？

“对，夏也不见了！”宁星着急道，“我一早上醒来就没看见她，学长昨天送她回来了吗？”

苏则在听见那句“不见”之后，心里莫名惊了一下。很奇怪，他分明是知道她在这儿的，但情绪却很容易就被这个词撩动了。

苏则完全醒了，赶紧解释：“你别着急，她在我这儿。”

他简单解释了夏也没带钥匙又身体不适的情况，电话那边宁星稍稍安心了些。

“学长可以让她接个电话吗？”

“好的，等一下。”苏则边说边去叩门。

“学长？”夏也还带着睡意，声音软软糯糯像是哼出来的。

苏则隔着门，声音很是温柔：“你的电话打不通，宁星在找你。”

“电话？”

夏也眯着眼找拖鞋，可就在起身的那一刻，她感觉到了一丝丝不对劲。

她猛地摸了一把裙子后边，接着转身看床单，整个人都要僵了，宛如一只被丢到炭火上的小龙虾，整个人以肉眼可见的速度飞快变红——

“啊！”

“怎么了？”苏则吓到了，敲门声更急更重。

“没什么，学长你先别进来！等等，等一下……”

房间里的人慌到窒息，结结巴巴地喊。那种情绪，宁星隔着电话都能听出来。

“好好，我先不进来，你没事吧？”苏则在门外干着急，握着手机的手十分用力，挂掉了电话都不自知。

宁星：“……”

她这是被忽略了吗？

宁星随即给邢枫打了个电话，自己都不知道是怎么把这件事说清楚的，最后却也落在了重点上。

“你说，这该怎么办？”

“怎么办？”

宁星听见对面轻笑一声：“如果昨天有机会，我也想把你带在身边。”

酥酥麻麻的感觉从耳朵边一直蔓延到了心尖尖上，宁星揉了揉脸，脑洞不受控制地增大增大，增到了无限大。然后，洞里跳出了一个小人，她翻腾着到处在追那颗扑通扑通乱跳的小心脏，却怎么都抓不到。

不是小人不努力，只是……那颗小心脏真是蹦跶得太厉害了。

4.

外边的阳光盛到让人睁不开眼，车里有空调还是很凉快的。

夏也右手拽紧了安全带，左手抱着一个小袋子，袋子里是被她弄脏了的床单。从苏则家到这儿，她一直把袋子抱得很紧，生怕别人看见似的，不知道的人怕是会以为她揣着什么宝贝。

窗外的路在后退，夏也不时偷瞄一眼认真开车的苏则。当苏则没有表情的时候，他的嘴角是向下的，配上他的气质，就像是在板着脸，随时准备凶人。

可在等红灯的间隙，夏也看见他握着方向盘的手指收紧，样子居然有点紧张。

苏则的欲言又止并不明显，但也不是看不出来。

像是忍了许久，苏则终于开口："要不要吃完早点再回去？"

这么简单的一句话，需要想那么久的吗？夏也觉得好笑，眼睛也弯了起来。

"好啊，那学长等会儿右转在前边路口停一下，那边有一家早点还不错。"看着那只青筋毕露的手，夏也仿佛抓到了大佬的破绽，萌得恨不得过去摸摸他的头，"学长喜欢吃清粥面点还是米粉面条？"

"都可以，我不挑食的，看你喜欢吃什么。"苏则的嘴角微扬，语速比平常略快，飞快看她一眼立刻把目光移开。

他这样，给人的感觉就像是一只酷帅冷淡到让人不敢靠近的"黑背"忽然冲你摇尾巴，还试图传递出"我很好养很好相处"的信息。

这或许就是传说中的凶萌吧，夏也心道。

早餐店就在夏也住的小区门口。

"因为离得近，味道也不错，我和宁星经常来这儿吃。"夏也一边介绍一边往店里走，"只是这里没有空调会有点儿闷，等会儿我们找个挨风扇的座位。"

夏也分明走在前边，可到了店门口，却是苏则长腿一迈，帮她掀开了塑料帘。

高高大大的男人弯腰走进店里，原本就不大的空间更显逼仄了些，老板娘先是被那份气势给煞了一下，很快又注意到笑眯眯的夏也。

"哟，阿夏来了？来来，正好这个座没人。"老板娘热情地指了指风扇边那张桌子。

“还是一笼蒸饺一碗粥吗？”

“嗯！”夏也转头望苏则，“学长要点什么？”

“和你一样。”

看上去凶巴巴，说话还挺轻的。老板娘了然地笑了笑：“马上就来。”

因为店小，东西又多，所以只能摆下四张桌子还挤挤的，苏则尽量收着自己一双长得过分的腿，坐得有些局促。

老板娘很快端着饺子走过来，看见苏则的模样，她略显惊讶：“你怎么不把椅子往后放放？”

苏则老老实实：“后面还有桌子，等会儿有人不好坐。”

老板娘闻言笑出声：“现在不是饭点，没什么人来，你先坐着。”她放下托盘，麻利地把苏则后面那张凳子抽走，“来来来，往后退点儿。”

“谢谢。”

“不用客气。”老板娘说完望一眼夏也，正好看见她掰着筷子在对苏则笑。

在两个人之间打量一圈，老板娘打趣似的：“男朋友人很好嘛，就是呆了点儿。”

夏也和苏则都是一愣，还没来得及解释，老板娘就转身走开了。

“刚才那个……”

“刚才老板娘那句话……”

夏也急急忙忙想要解释什么，可她刚一开口就被苏则打断了。

“其实我从昨天就有一句话想问你，可一直没有找到机会。”苏则微微低着眼，硬生生把手里的勺子拿出了玉玺的架势，严肃认真得像是在做什么重要的决定。

他抬起眼睛，直直地看向夏也，说：“我可以追求你吗？我想当你的男朋友。”

吊扇吱呀吱呀仍在转着，店外还有车流喇叭说话声……可夏也却什么都听不见了。她的耳边是怦怦怦的心跳声，一声比一声巨大，大到盖过老旧吱嘎的吊扇声。

她捂住胸口，别跳啦，别跳啦！学长会听见。

“我没有要你现在就回答我，我这么贸然提出来，你肯定需要考虑，而且我们认识的时间确实也还不长，我看起来……也没有那么好。不过我希望你能够给我机会。”苏则趁着激动全说了，临了却担心自己没有表达清楚，恨不得时间倒退，打个草稿再来一遍。

苏则没什么底，语气越来越软：“你觉得怎么样啊？”

女孩子应该要矜持一点，当下就答应，看上去似乎不大好。

夏也脑子乱乱的，却还是想到了这个。

可她开口却是雀跃的一声：“好啊。”

说完也并没有后悔。

于是夏也又想，也许在“喜欢”的面前，矜不矜持也没什么。

能和喜欢的人在一起才最重要。

5.

当宁星给夏也开门的时候，外边的人是蹦跶着进来的，门一关上就扑到了她的怀里，还要蹭过来亲她。

“停——”

宁星把她往外一推：“发生了什么事情让你这么开心？昨天你在学长家睡的？没有什么事情吧？对了，你拎着的这个是什么？还要……”

宁星唠唠叨叨问了许多，但夏也只是哼着歌丢下一句先去洗澡换睡衣就进了浴室。

并没有想到夏也是处在生理期不舒服才赶忙洗漱，宁星站在后边，像个老母亲一样开始了自己的担忧。

在学长家住，一晚上没回，一回来就洗澡……

她的脑洞开得有点儿可怕。

很快甩甩头扔开那些乱七八糟的想法，她往回走，弯腰把夏也带回来的袋子捡起来放好，却不小心把里边的东西抖落了出来。

宁星：“……”

宁星：“？”

宁星：“！”

“夏也你听得见吗？”宁星拍着浴室的门，“你昨天晚上和学长干什么去了？这个袋子里的床单怎么回事？这上面……”

夏也没反应过来宁星的意思：“床单？对，你帮我把床单放桶里泡着就行。”

宁星秒速切换茫然脸：“泡着？你不是要留着作纪念才带回来的吗？”

“纪念？”夏也比她更茫然，“我要纪念什么东西……”她瞬间意识到宁星误会了些什么。

花洒下边，夏也的脸涨得通红，气急败坏地喊：“不是你想的那样！”

遂在浴室里隔着门就把昨天发生的事情讲了一遍。

宁星长长舒了一口气，她靠在墙上，手里还拎着床单：“那你洗快点儿，这种时候不好碰水，别着凉了，我先去帮你接桶水泡着……”

“等一下。”

“怎么了？”

里边的人犹犹豫豫半天不开口，随即水声停了，下一秒，湿漉漉的夏也套着睡衣开门了。

忙完，两个少女躺在了宁星的床上。

床上零散摊着一堆娃娃，都是昨天邢枫给她抓来的。

夏也哼哼唧唧挨个用力捏着娃娃，听着宁星讲昨天他们发生的故事，脑子里却不自主浮现出苏则的脸。学长不像是会去电玩城的样子，不知道如果他去了那里，能不能抓中娃娃。

想着想着，夏也就笑了出来。

“笑什么呢？”宁星推了她一下。

夏也做个鬼脸：“不告诉你！”

其实抓不中也没什么，本来也就是玩，娃娃机的乐趣从来都不是能抓中多少。夏也抿了抿嘴唇。

——它的乐趣，在于陪着你抓娃娃的人是谁。

宁星观察着她的表情，读出来的全是小甜蜜，试探道：“所以你们是在一起了吗？”

“算是。”夏也傻笑着，可笑了一会儿又忧虑了，“你说，我们是不是太快了？”

宁星知道夏也的顾虑，可学长很好，夏也很好，他们在一起其实不错。如果相识短暂，把相处放长一点就好了。

“如果遇见的是对的人，那么我希望我们从婴儿时期就开始，不要有一分一秒的浪费。我希望，我们从出生到死去，可以一直在一起。”

感情如果要生根发芽，那么，它所需要的养料，本来就只有一个眼神而已。

宁星说道：“只有时间可以证明感情，有些人认识十几年也只是普通朋友，有些人一面两面就能携手一生……”

她的眼前浮现出一张脸，现实与梦境交替着，各个形象各种打扮，但都是那一个人。

“又或者，我们前世就认识了，前世就说好了要在一起，所以这一辈子，我们能够那么快相认。短暂不代表轻率，反而是我们早就浪费过时间，所以更想珍惜。”

“是吗？”夏也闭着眼睛，唇边的笑意约发深刻，“也许是吧。”

她们遇见过很多人，走了很长的路，不是没有见过优秀的男孩子，但动心的感觉，夏也只从苏则身上得到过，宁星和邢枫也是这样。

床头的娃娃因为没放稳而掉了下去，落在床边的地毯上，滚了几滚，最后停下。它脸朝上躺在那儿，笑得明朗又灿烂。

床上躺着的两个人，聊着聊着，不知道什么时候睡着了。

她们带着笑，在梦里见到了自己的他。

小条漫（3）

参加婚礼的垂耳兔和橘猫
嫌弃——
真可爱~
现在新郎可以亲吻新娘了！
??
你在干什么呀？
小孩子家家，有些东西不能看。

第十六章

“麻麻”！我的 CP 被拆了

1.

昨晚下了一场雨，有坑洼的地面上布满大大小小的水坑，人行道松动的砖块下积了泥水，一踩就溅一身。

宁星刚走到校门口，就看见站在那儿等着她的人。

今天的空气闻上去带着些水汽，清新舒服。邢枫就站在那片晨光下，头发被朝阳染成了金棕色，他朝她招手，眉眼带笑，清暖温和。

宁星几乎是跳到他面前的，脚下踩着水花，泥巴点儿溅上脚踝，她毫不在意。

“不是说文综楼门口见吗？”

邢枫顺手接过她的包：“想早点看见你。”

学校有一个演讲，安排在文综楼礼堂里，每天会排三个系的学生去听，分为上午下午两场。而邢枫和宁星的系正好在一个组合里。

原本夏也是要和宁星一起来的，可临出门她接到消息要加急出片，于是请了假在家。

“喏，早点。”

如果不是邢枫伸手，她还真没发现他提着一袋吐司。

“你吃了吗？”宁星接过，拆开，拿出一片递过去，“我猜你没有。”

邢枫低头叼住：“你猜对了。”

宁星又给自己拿了一片。

校门口面包店里的红豆吐司很好吃，尤其是刚刚出炉的时候，面包绵软红豆甜糯，每次才出炉就被卖空，要排队提前预约。

并肩走在小道上，宁星和邢枫一人一片吃着面包。

宁星一边自己啃，一边掰着面包屑在喂路上的小麻雀，大概是看出了她的无害，小麻雀们一路蹦蹦跳跳跟着她。

邢枫含笑走在后边，看着这样的宁星，就像是看见了一位误入人间的小仙子。

这时候，“小仙子”想起什么：“你知道美术楼到理综楼有一条近路吗？就是那片没人打理过的‘原始森林’边上那条小道。”

S大有几片林子，其中三片都被打理得很好，很多人都会去那几片拍照。却唯独有一片林子，藤蔓几乎蔓延到了路边，入眼只能望见密密麻麻的树藤和杂草，没什么人清理过的样子。

那个林子，是S大恐怖故事发源地，每个月都有人去里边探险，去的人多了，那儿也就慢慢被踩出一条小道。大家都戏谑说，那条小道可以通往另一个世界。

可这到底只是说说而已，事实上，那条小道通不向另外的世界，进去之后拐个弯，也只能从美术楼的后面走到理综楼的西门而已。

“探险的那条？”

“对！”宁星兴致勃勃，“我们就是去冒险的时候发现的。我们不只发现了这个，还在里边看见了一个轮胎，是个单独的汽车轮胎，怎么说都不该出现在这儿。后来我们聊天有说过这个，于是同系学长给我们说了一件事情。”

宁星边说边比画，没扎好的袋子里散发出面包的香气。

邢枫很喜欢她边说边笑的样子，每次看见，他都会忍不住想抱着她。

“这是一个恐怖传说。”宁星说着，背过身子倒着走，“我们学校不是新校区吗，建好到现在也不超过五年，听说这块地方曾经是一片荒地，有一个货车司机在某个晚上因为太困太累不小心出了意外，侧翻进了这片小树林……”

宁星一口气说下来，缓了一会儿：“按理说，是一桩车祸，可离奇的是，那一场车祸完全找不到遇害者，甚至找不到那辆货车。”她故意把声音压低，营造恐怖的气氛，“可是学校建好之后，大家时不时能从小树林里捡到货车相关的零件。”

这样的传说很玄乎，每个学校都有，但都大同小异，邢枫并不害怕，却在看见她恶作剧的小表情时选择了假装害怕。

他调整了表情，做出瑟瑟发抖的模样：“真的吗？”

“对啊！”

邢枫顺势弯下腰靠在宁星的肩膀上：“很可怕。”

宁星一蒙，心道这是什么操作？她下一步是不是该女友力爆发将他抱在怀里安抚，就像所有男朋友带女朋友看恐怖片的流程一样？

还没想完，她就听见邢枫在她耳边问：“然后呢？”

“然后……”宁星眼珠一转，“哇”了一声张开五指做爪，“这就告诉我们，疲劳驾驶是不对的！”

说完，她像是被自己的笑话逗乐了，一个人笑个不停。

换个人来说，邢枫也许能指出一堆不合逻辑且一点儿不精彩的地方，但是，只要是宁星说的，他都觉得故事里散发出甜，甜到他的心里。

“嗯，所以这是一个有教育意义的鬼故事？”

“对啊！”

邢枫揽着她的肩膀，宁星也顺势牵住绕过自己肩膀的那只手。

“可我还是很害怕怎么办？”

“害怕？”宁星挂着明晃晃的笑意踮脚在他的脸颊吻了一下，“这位同学，你的表情可不是这么说的。”

邢枫拉住她做动作挥起来的另一只手：“那我的表情在说什么？”

“在说……”

风打着旋儿吹过来，带起她的头发落到胸前。

宁星牵住他的手，轻轻晃了两下：“在说我是你的小可爱？”

“没错。”邢枫反扣住她的手指，“小可爱。”

时间尚早，阳光不烈，叶片上还挂着水珠，将滴未滴。枝上有小鸟儿探头探脑，最后飞到地面，和小麻雀们蹦到了一起。他们一路走来，有不少面包屑掉在路上，在他们的身后，鸟儿叽叽喳喳，不停地点头在啄着。

大概是面包屑太多，等到邢枫和宁星走过了这条小路，鸟儿也没有散。直到又来了几个人，他们小步往前冲，把鸟儿们吓得四处乱飞，然后郎朗大笑，几人打趣着继续往前走。

走着走着，他们就看见了前边说说笑笑贴在一起的两个人。

——震惊！

女孩子们一个推一个，那不是邢枫吗？

是邢枫吧！原来他是有女朋友的吗？

邢枫和宁星并不知道，当天晚上，他们同行的背影照就登上了校内论坛。

在邢枫迷妹“活不下去了”的刷屏声里，偶尔也掺杂着几句插科打诨。

比如——

“什么？邢枫的另一半居然不是秦之澜？”

“‘麻麻’！我的 CP 被拆了！”

大学的生活总是很热闹。

2.

礼堂里坐了很多人，演讲开始之前，大家都三三两两聊着天。

因为这不是课程，也只是每个班选了一些学生，并没有规定每个人必须要来，宁星扫了一圈没看见同学，所以也就在系里点完名之后顺理成章地和邢枫坐在了一起。

只是没想到她刚刚坐下，班级群里就出来了一个“@”让她过去。宁星打开手机，看了一眼屏幕，回头，坐在后边不远处班上的小伙伴们一个个朝着她使眼色。

她挣扎了一会儿，戳了戳邢枫。

“我去一下同学那边。”

“嗯。”邢枫把包放在了宁星的座位上。

她刚刚离开，邢枫的室友就走了过来。

穿着黑T恤的室友用手肘捅了一下邢枫的手臂：“哎，你今天一大早出去，就是……”他朝那边努了努下巴，“嗯？”

邢枫顺着他的目光望过去，再转回来，笑着点头：“嗯。”

“什么时候的事情？也没说一声，还是不是兄弟了？”黑T恤室友抱着手，“怎么，你还记得我是谁吗？”

“不好意思。”邢枫瞥他一眼，“你是谁？”

黑T恤室友被噎了一下。

一米八的汉子强行捂胸口装柔弱：“不仗义啊，邢枫，没想到你这么不仗义啊。”

“行了。”邢枫捶过去，“下次请你们吃饭。”

“下次是什么时候？”

邢枫略作思索：“她没时间的时候。”

“你——”

“停。”

邢枫往后一指，黑T恤室友往那儿看去，高马尾背带裤的女生对上他的目光，甜甜一笑。黑T恤室友瞬间呆住，好半天才回了个傻愣愣的笑过去。他老老实实、安安静静地回到座位上，眼睛却不住往那边瞟。

真漂亮啊！原来邢枫的女朋友这么好看。

被“盘问”了一顿的宁星走回来，一眼就看出盯着她的邢枫眼底很有内容。

“怎么了？”

“没什么。”她的头发有些乱，邢枫为她拨了拨，“就是过几天可能要请室友吃个饭。”

宁星把脸贴在他的手上：“吃饭？”

“嗯，作为寝室第一个有女朋友的人，是该请一顿了。”

宁星满脸惊讶：“不会吧？”

“理工科女生少，正常。”邢枫挠了挠她的下巴，逗猫似的，“你看，那边都是我们系的，全部……啊，还有一个女生，真不容易。”

宁星把下巴搁在他手心点点：“真的不容易。”接着凑近他一些，“不过我忽然放心了一点。”

邢枫挑眉：“你以前不放心什么？”

宁星移开脸，有些小傲娇：“不告诉你。”

他们沉浸在属于他们的小世界里，并没有发现，自己的身上多了娘家人和婆家人的“关怀 BUFF”。

走道里，老师把这一切默默收入眼底。他推了推眼镜，假装没看见，心里却感叹了一句：年轻人啊！

3.

在互相爱着的时候，关乎对方的任何小事都是很重要的。

宁星和邢枫都这么认为。

茶几上摆着笔记本电脑和画着分镜设计的速写本，边上是喝空了的杯子，宁星坐在地毯上，抱着手绘板一笔一画很是认真。

大四课程不多，类似英语类的文化课早结束了，他们只有两门专业还没修完。

这周没课，如果是以前，宁星应该会抓紧时间和邢枫待在一起，可这几天她都没有出去，每天起得比上课还早，一起床就开始画，几乎没有停过。

宁星画着画着有点渴，想去拿杯子却摸了个空。

她抬头，夏也不知道什么时候站在了她的身边，正端着水往她这儿递。

宁星接过杯子，灌了一大口。

“你的信息。”夏也把她的手机抛过去，“已经画三个小时了，要不要歇一歇？”

宁星伸个懒腰：“这么久了？难怪脖子痛痛的。”

她接过手机，滑开屏幕，对着信息沉默下来。

这是一家出版公司发来的，事实上，在这个故事刚刚红起来的时候，就有编辑联系她出版，她一直犹豫，说需要想一想。如果是其他故事，她一定会开开心心答应，毕竟能够看见自己的画被印刷成册真是很令人期待的。

但这个故事不一样。

宁星犹豫了一会儿，回复过去，措辞委婉，拒绝得却很坚决。

“谁的信息？”夏也凑过来。

宁星锁上屏幕：“小读者的私信，催更新的。”

她把手机放到一边。

“你呢，每天抱着手机在看什么？”宁星走过去，不出意外看见夏也一把捂住了手机，宁星嗤笑，“你以为你挡着我就不知道了？”

“我不听。”

宁星软软靠在她的肩膀上：“你和学长怎么样了？”

夏也拧了眉头：“他最近很忙。”

“谁问这个了？”宁星坐起身来，“我问的是你们到底有没有在一起。”

“这个。”夏也犹豫道，“算在一起吧？”

“什么是‘算’？”

夏也看上去很苦恼：“按照相处方式来看，我们应该是在一起的，可他那时候问我，问的只是‘能不能追求’而不是‘能不能在一起’。没有一个说明的话，我就会默认这是一件不确定的事情。”

“那你为什么不问他？”

“我想问来着，但总觉得这样的事应该要两个人见面说，在电话里说太不正式了。”

“所以你们什么时候见面？”

“约了下周六。”夏也推搡她，“行了，行了，你快画去吧，不然今天又要通宵。黑眼圈都蔓延半张脸了。”

“知道啦。”

“不过你这几天怎么了？画得这么认真，饭也不吃觉也不睡的，这是要干什么？”

“哪有那么夸张？”宁星往后一靠，坐得太久背脊僵直发痛，她顺手拿来放在一边的老年人按摩槌开始捶自己的腰背，“只不过是漫画该完结了而已。”

“完结？”夏也有些疑惑，“这个很着急吗？需要这么赶吗？”

“嗯，很着急。”

她很爱这个故事，所以不能停更，然而继续更新又显得对自己的男朋友怪不负责的。所以，快点儿完结大概是她能想到的最好的方法。

夏也不解：“是画不下去了吗？”

宁星摇头：“不，我还是很喜欢这个故事，虽然画到中间改变了走向，和我最初的打算有些不一样了，但我还是很喜欢它。只是这个故事也的确到了该结束的时候，它很完整，只差一个结尾。”她顿了顿，“而有一些话要到了结尾才能说，我很想说出那些话。”

夏也似懂非懂。

她觉得宁星在说的似乎不只是那个故事。

“那你加油，昨天睡得那么晚，今天别熬夜啦。”

“嗯！”

“我先去睡了，晚安。”

“晚安。”

宁星答应得好好的，但怎么说是一回事，怎么做又是另一回事。

事实上，这天她几乎是熬了个通宵。

4.

第二天，漫画完结的消息飞快占据热搜。

虽然有赶工的痕迹，但故事一如既往地精彩，所以大多数粉丝都还是沉浸在剧情里哭哭笑笑，也各种在评论私信里抒发着自己的不舍。但在此之外，更引人注意的还是作者发的这么快完结的理由。

熬夜画画小咸鱼：谢谢大家喜欢这个故事。我知道大家有猜测过漫画里的人设原型，会突然完结，和那些事情也有一部分关系，不过更重要的是故事的剧情已经很完整了，所以就让它停在这里吧。在这之后，我会画一个新的故事，和这个没有什么关系。如果喜欢，欢迎大家继续来看；不喜欢的话，也很感谢大家陪着我一起走过的时光。再见啦。

许多读者都对“漫画完结和猜测人设原型有一部分关系”感到疑惑，与此同时，因为不舍漫画完结，有大批读者开始翻以前的粮，也就是在翻粮的过程中，他们看到了某条微博里一个被原作者赞了的评论。

那条微博和漫画本身没有关系，配的是一张照片。

是 S 大汉服社招新时，邢枫望着宁星的那张照片。

起初在圈子里听见这个消息，大部分粉丝都是震惊的，尤其是这个时候，有人挖出来，说照片里那个女生是咸鱼大大本人——震惊值 max。

于是，许多忠实的小粉丝开始化身福尔摩斯推测博主的另一半就是上一个连载中的男主角，也就是传说中被猜测的漫画原型。

大家的行动非常快速，一个小时之内，宁星的微博已经被攻陷了，甚至有小读者直接留言这个问题。

宁星醒来，打开评论，正好就看见了那一条。

她想了想，回了一个字。

“是。”

威力接近于原子弹的一个字。

这下子，整个话题都沸腾了。

一整个上午，宁星都在看私信和评论，从起床看到中午。

邢枫的电话打了过来。

宁星情绪激动地把整件事和邢枫说了个大概，并不知道邢枫其实一起床就看见了，打过来也正是因为这个。

宁星絮絮叨叨东一句西一句无比激动，邢枫时不时应一声，听得很是认真。

他家小可爱的事情，他从来都是很在意的。况且，她还是他的特别关注，从开始到现在，一直没有取消过。

终于把事情说完，宁星平复了一下心情：“那……你是怎么想的啊？”

邢枫的眼底是满满的宠溺：“我很期待。”

他说：“我很期待，我们的故事。”

不管是漫画还是现实，他都很期待。

宁星摸了摸自己的脸，她的声音小小：“我也很期待。”

窗边，橘猫蹲在软软的海绵垫上，抬头望着天空。小垂耳睡得没心没肺，不知道做了个什么梦，圆溜溜地往一边滚了滚。

橘猫伸出爪子挡住它，又把它滚回来。

小垂耳睁了睁眼，在看见橘猫之后，两只小爪子抱住它的腿，又安心地睡了起来。

橘猫低头，蹭了蹭它的脸颊。

毛茸茸的，有几根小胡子。

还有甜草的味道。

第十七章

你会带我吃雪花冰吗

1.

夏也不敢确定自己和苏则的关系。

可事实证明，她的担心完全是多余的。

苏则完全没想过小女生会有这些细腻的心思，在听说了之后，他的第一反应是笑了。虽然这样的担心看上去有点幼稚，但证明她也是真的喜欢他。

两个人互通心意之后，决定仪式化地做个纪念。

于是，就有了这一幕——

KTV 的包厢里，以秦之澜为中心，分成了两边。

左边是宁星和邢枫，右边是夏也和苏则。

秦之澜一个人坐在长沙发的中间，握着话筒把一首伤情的老歌唱得毫无感情。如果不是他头顶上的呆毛萌感不减，那么静坐在那儿的他看上去已经是一个冷酷的杀手了。

秦之澜靠在沙发上，往左移了移眼珠。

“啧！”

又往右移了移眼珠。

“呵！”

他果然还是瞎了的好。

想起来上午问邢枫去不去打篮球，得到回复说他要来唱歌，当时的秦之澜一脸兴奋：“唱歌？带上我！”

邢枫说："还有别人。"

秦之澜一拍胸脯："没问题啊！我这么开朗活泼人见人爱，哪个别人不喜欢？"

如果时间能倒回，秦之澜一定会毫不犹豫把自己抓成鸭子嘴，或者直接把自己的嘴照着包子那样捏个褶儿，让声音死死封在肚子里。

"你什么表情？"

邢枫递给秦之澜一罐啤酒，收获的却是一脸怨念。

"没什么，吃多了。"

可不是吃多了吗？秦之澜内心跳出来个小人，蹲在角落捧着自己的小心脏，尾巴蔫蔫地垂在身后。从进来到现在，两边的人一边给他塞一嘴，狗都要撑死了。

邢枫很不厚道地笑了。而秦之澜连和他生气的力气都没了，只是给自己灌了口啤酒，继续 COS 一个没有感情却带着呆毛的杀手。

这时，宁星发出一声惊呼。

"怎么了？"

秦之澜跟着邢枫一起转过去，却只看见邢枫的背影，宁星被他挡得严严实实。他低了眼帘，笑得很轻，带着点儿啤酒的苦味。

宁星一手拿着洒了一半的水果罐头，一手拿着纸拼命擦着头发和裙子："糖水洒了，弄到头发上了。"她皱着眉头嘟嘟囔囔，"好黏啊，我出去洗一洗。"

邢枫跟着站起来："我陪你。"

两个人一前一后出了包厢。

夏也看宁星出去了，张嘴说了几句话都淹没在嘈杂的音响声里，她闷闷靠回苏则的怀里，不出意外地感觉到了他身子一僵，好半晌才稍微放松下来。

虽然长了这样一张脸，但相处下来，夏也惊讶地发现，苏则的性格和他的外表其实是完全不搭的，在某些方面甚至能够用“纯情”来形容。

比如，她每次抱他，都能够感觉到他条件反射似的僵硬。

“学长。”

夏也抬起头，顶上那张脸表情平淡，可耳边的心跳声真真切切，一下比一下快。

“嗯？”

“学长以前有喜欢过其他人吗？”

她知道苏则在她之前没有找过女朋友，可她不知道自己是不是他第一个喜欢的人。也许在别人看来不重要，可夏也一想到学长或许也用这样的眼神看过别人、为了另一个人心跳加快，就会有点儿计较。

或许相爱的人就是这样，一点点细节都在意得要死。

怀里的人软软地趴着，眼巴巴地望着自己，虽然苏则的脸上依然是那副万年难变的表情，可事实上，他被萌得心肝儿直颤，脑子一时也就转不动了。

于是，他说：“我初中的时候，很喜欢奥特曼。”

夏也：“……”

偷听中的秦之澜：“……”

秦之澜一个没忍住：“噗！”

苏则慢慢转过头，半张脸被笼在阴影里，充满威胁。

秦之澜咕咚咽了一下口水，迅速低头。

真是活见鬼！一到苏则面前就犯怵，自己这种见到老大的小弟心态是怎么来的？接着脑子一抽，自个儿给自个儿接了一句，或许是爱情吧。

接完之后，秦之澜成功被自己给冷到了。

当苏则再转回去，怀里的小夏因为他的答案乐开了花，一双圆眼弯成了月牙状，她说：“所以我是学长喜欢过的第一个人吗？”

苏则轻咳一声，有些不好意思直接回答。

“是吗？是吗？”夏也闹着他，非要他说。

被闹得心软成了一片，苏则终于开口：“是。”

苏则认真地对上夏也的眼睛：“从以前到现在，我只喜欢过你。以后也是。”

拿着话筒的秦之澜慢动作捂住脸。

这个包厢，他待不下去了。

2.

宁星在洗手间里整理自己，邢枫等在门外。

白炽灯从头顶打下来，空气里的灰尘看上去很明显，几颗几颗浮着，却也像是在发光，透过它们，邢枫忽然想起来从前的一个上午。

那是在教室，粉笔灰飘成小光点，落在一个女生的睫毛上。

她趴在桌上睡着了，就在离他不远的位置。

他坐在窗边，窗帘被风吹开，阳光洒了进来，把她脸颊上的小绒毛照得清清楚楚，感觉世界都柔软下来。

他原本在写笔记，却因为不经意的一瞥，被她吸引了。

可没过多久，她就被教授发现了，还被叫起来回答问题。他当然知道她不是他们专业的，他也当然可以直接告诉教授。但如果他说了，她不仅会尴尬，还会离开。

很奇怪，他居然是因为这个而没说。

更奇怪的是，在不久之后，他为了帮她解围，这么和教授说了。

也是那时，他从后座的两个男生那儿，听到了她的名字。

宁星。

那是他第一次听见这个名字。

他心想，还不错，很好记。

并没想到，自己这么一记，就记了很久很久。

“邢枫？”

被这一声从过去唤回了现实，邢枫回头，颇为惊讶：“哥，你也在这儿？”

对面来的男生穿着衬衫牛仔裤，模样和邢枫有几分相似，看起来没比他大多少。他是邢枫的堂哥，因为这一辈只有他们两兄弟，所以从小到大他们关系一直不错。

“和朋友出来放松一下。”堂哥搭着他的肩膀，“你站在这儿干什么？”

邢枫浅笑：“等我女朋友。”

堂哥没见过这样的邢枫，那满满的笑意从眼底蔓延到了睫毛尖儿上，几乎要滴下来。

可更让人惊讶的是那句话。

“女朋友？什么时候找的？看你的样子……认真的？和家里说了吗？”

“嗯，说过了，但还没有带她回去过。”

“带回去？”堂哥问，“你是想和她结婚？”

“如果可以，我希望我们能永远在一起。”

这时，宁星走了出来。

糖水黏糊糊的，她把出门时候扎好的发髻给拆了，用水冲完又在烘手机那儿吹了许久，于是一头长发半干半湿地披在肩上，遮了些脸，在她一身浅色襦裙的映衬下，看上去颇有几分恐怖片的味道。

可邢枫并没有意识到这一点。

他见宁星出来，于是牵着她给堂哥介绍。

“哥，这就是我女朋友，她叫宁星。”接着，他转头对宁星轻声道，“这是我堂哥。”

堂哥?

宁星一愣。

虽然已经和邢枫在一起了，可听见他用“女朋友”这个称呼向家人介绍自己……

等等，她这算是见家长了吗?

宁星一个大鞠躬：“堂哥好。”

在她弯腰的同时，披散的头发从两边滑落下来，挡在面前，堂哥直接被这长黑发白森森的影子吓得退了一步。

他很快镇定下来：“你好。”

堂哥伸出手，宁星也直起身子，她把散在前边的头发捋到耳后，露出一张笑吟吟的脸，握住他的手。

看清宁星的模样，堂哥悬着的心放下去大半。

这个“小女鬼”长得还挺好看的。

“那我不打扰你们，先回去了。”堂哥转头对邢枫说，“朋友还在等我。”

邢枫应了，和堂哥道别。

等到堂哥的背影消失在了走廊拐角，宁星才终于松了口气。

“很紧张？”邢枫为她整理了一下落下的鬓发。

宁星用手指比出小小一段：“有一点。”

邢枫挑了挑眉头，没有拆穿她。

“不过，你就这么直接和你家人说了吗？”宁星的语速很慢，不知道是犹豫更多还是开心更多，“说我是你女朋友？”

“难道不是吗？”

“当然是了！但是……”

“没有什么但是，如果可以，我也很想告诉全世界。”邢枫牵住她的手，“这样，你跑到哪儿，别人都知道你是我的。”

他的眼睛微微眯着，细密的睫毛在眼尾交错，因为背光，瞳色看起来更深，目光认真又专注，真和宣告所有权似的。

宁星踮了几下脚，低头笑笑，直接环上他的脖子。

“我是你的，那你呢？”

邢枫抱住她，宁星的腰肢细软，一手就能环过去。

“嗯，我也是你的。”

她在他的怀里蹭了蹭，发顶上的小碎毛蹭过他的下巴，微微地痒。

秦之澜因为受不住包厢里的甜腻气息，想出来透个气，不料还没走几步就看见了这甜度不逊于包厢的一幕。

他默默退后两步，捂住眼睛，叹了口气。

日子没法过了。

“秦 · 努力保持微笑 · 之 · 保持不下去了 · 澜”心道。

可他又做错了什么呢？

3.

美术系的学生选择专业相关的兼职，要么就是插画墙绘，要么就是去培训班当助教。

这天，宁星一个关系不错的同学因为临时有事，没办法去培训机构，于是想找她代两节课。那个同学拉着她的衣袖说得可怜兮兮，搅得宁星只得答应下来，然后硬着头皮打给邢枫。

电话另一头的邢枫抓住重点。

“所以你是说不能和我出去了？”

“也不是，只是可能要晚一些。那边的课是下午两点到四点半，我们上完课正好可以一起吃晚饭呀。”

“听起来不用多久。”邢枫想了想，“那如果我陪你一起去，会打扰到你上课吗？”

宁星蒙：“你陪我去干什么？”

邢枫笑："想看宁老师上起课来是什么样子。"

所有关乎于她的、他没见过的样子，他都想看一看。

宁星捂住听筒，问了身边那个同学，同学非常干脆："可以啊，以前我也有带过小伙伴去，主教老师很好说话的。"

于是，这个下午，他们的安排就这么从约会变成了上课。

培训机构有几个班，宁星来代的是高中。

比起小学和初中，高中是最好教的。因为坐在这儿的孩子大多是为了梦想在努力，他们知道手上的纸笔对于他们而言意味着什么，所以大部分都认认真真，只是偶尔会出于孩子心性皮几下。

毕竟是任教，宁星难得穿了T恤和牛仔短裙。这样的打扮，和白T牛仔裤的邢枫站在一起，看上去有点儿像情侣装。

宁星走进教室，看见因为被画架画板画箱堆挤着而显得空间不大的教室，心底一下生出了亲切感。在艺考之前，她的青春也是在这样的小画室里度过的。

"咚——"

宁星被脚边的动静吓了一跳，一低头就看见石膏像的头滚在了地上。

这怎么回事？

"哇！你是来代课的老师吗？"蘑菇头小女生边拿橡皮擦虎口的铅灰边走过来，"老师你完了，刚来就把小卫的头弄掉了，得赔的！"

宁星一蒙："我弄掉的吗？"

跟在她身后的邢枫即便不走到前边，也能想象出宁星的表情。一定是眼睛睁得圆圆的，眼睛里大写着惊慌。想着想着，他就笑了出来。

"老师别听她的，小卫的头早就掉了，拼一下放在那儿不去动就行，我们一直这么画。"戴着眼镜的男生过来解释。

宁星刚刚松口气，就被蘑菇头小女生抓住了衣袖。她顺着小女生的意思低头，对方在她的耳边嘟嘟囔囔："老师，外边那个是你男朋友吗？"

靠在门边的男生正歪头看她，宁星刚转头，就对上了他的视线。

大概是没想到她会忽然转过来，邢枫一顿，很快朝她笑笑。

明明是逆光的，可她看他还是很清楚。

和第一次一样，连他脖子左侧那颗小小的痣都能看见。

教室里的小女生们时不时偷瞄一眼门口的人，有几个拿起了手机偷拍，有几个假装镇定目不斜视格外刻意，还有几个聚在一起嘀嘀咕咕，有一种很微妙的激动感。

边上的小男生听了几句，却听不懂——她们在说什么漫画？什么咸鱼太太？为什么一条咸鱼也能有太太？

就在教室即将掀起小风波的时候，主教老师进来了。

他只是简单说了几句，学生们就按捺住小激动，回到自己的座位上。宁星知道，这节课是人物素描，她读书的时候，是全班轮流当模特的，不知道现在是怎么样。

她正想问，就听见有人说今天当模特的同学请假了。

“那怎么办？”

蘑菇头小女生鬼精地提议：“老师，不然……可以让你男朋友当当模特吗？”

这话一出，立刻得到了全体女生的附议。

宁星为难地望一眼邢枫，却见他直接走进来：“我没问题。”

她凑近他小声道：“很累的，要坐两节课，一动都不能动，最好不要有表情，眼珠也要固定住，只能看一个地方……”

邢枫看着她：“你做过吗？”

“嗯，高中的时候都要轮着做。”

“那我也想试试。”

怎么什么都想试？宁星冲他皱了皱眉。随后就看见邢枫在同学们的指引下坐上了模特台。

画室里没有空调，吊扇的风也不大，可为了光影明显，都会给模特打一盏大灯。这样的灯又刺眼又热，看着都磨人。

但他都坐上去了，宁星只能抱着画板在前边，开始做范画。

她画过很多次邢枫，不止漫画，偶尔自己摸鱼的时候也会涂一涂他。

就像以前上课那样，宁星认认真真边画边讲。

框架、宁方勿圆、明暗交界线……

她讲课很专注，也习惯了被邢枫用那样的眼神看着，同学里却有开小差的。

不得不说，模特台上那一动不动却含情脉脉的眼神让全班都受到了暴击——

这是上课吗？这明明就是来给他们喂狗粮的！

宁星画到了精细之前的一步："还有什么问题吗？"

"老师，我有问题！"

这一声出来，因为话里的歧义引得哄堂大笑。

可提问的女生却没管："老师，我想问考上大学就能找到这么好看的男朋友吗？"

宁星原本认认真真听着，却在听见这句话的时候一愣。周围的笑声更盛了，甚至传到了隔壁画室里。

"这个……"宁星与邢枫对望一眼，不出意外，从他的眼睛里看见了笑意。然后，她肯定地点点头，"可以的，而且越好的大学里，好看的男生会越多。"

她歪着头笑："还有什么别的问题吗？"

人群里有男生小小声问："那像老师这么好看的女孩子呢？"

邢枫的目光雷达一样立刻定在了问问题的男生那儿。

"大学里好看的女生很多，但像这个老师这么好看的不多，而她已经有家属了。”邢枫开口，声音清朗有力，成功地把所有目光都吸引到了自己身上。

“不好意思，抢了老师的话。”邢枫无辜地对着宁星眨眼，“老师不会怪我吧？”

宁星脸上一红：“这位模特，请专业一点。”说完用口型和他示意：这是在上课呢！

邢枫闻言点头闭嘴，立刻专业了起来，看上去听话又乖巧。

全班同学的内心：暴击值 max！

做完范画，就是同学们自己动笔的时间。

宁星走了几圈挨个儿指点了一下，接着就抱起了速写板，站在所有人的后边开始在各个角度画起了邢枫。她画得很简单，神态却捕捉得很好。

邢枫偶尔会动一动眼珠望一望她，但很快又会转回去。

她说的话他都记得，做模特，眼珠都是不能动的。

他要专业一点。

两节课的时间不长，但也足够让模特腰酸背痛。

在走出教室之后，宁星有问过邢枫感觉怎么样。邢枫叹了口气：“我一个男生都这么累，你高中的时候一定更累。”

他回头望一眼画室：“艺术生真的很不容易。”

“还好，喜欢嘛。”宁星笑得满足。

做喜欢的事情，再怎么累也是开心的。

邢枫摸摸她的头，眼神柔软得像是在看一只小动物：“宁老师出汗了，想喝奶茶吗？”

“想吃雪花冰。”宁星挽着他，“所以这位模特先生会带我去吃吗？”

“那就要看宁老师的表现了。”

此时已经出了画室大楼，邢枫弯下腰，指了指自己的脸颊。

宁星往后看一眼，没有看见学生，她皱皱鼻子，直接扳过邢枫的脸，吻在他的嘴唇上。

她刚想气派地问——这样的表现怎么样?

就听见楼上一片暧昧的“哦——”声，此起彼伏，引得街道上的路人都因此驻足。

宁星一脸蒙，转身抬头，楼上的窗户边趴了一圈学生，每个脸上都带着笑。

她握着拳头往上挥：“回去画画！再趴那儿小心我告诉你们主教老师！”

“可是老师，这是下课时间啊！”

“对啊，对啊，哈哈哈……”

“老师你们继续啊！当我们不存在就行了！”

身边的人像是一只奓毛的白团子，邢枫也忍不住低头笑了出来。

宁星抿着嘴捶他：“还笑！”

邢枫冤枉地看着她：“没忍住。”

宁星哼了一声转身就走，邢枫在后边追着拉她的手，没几下就牵住了。

“老师也没有怎么反抗嘛。”

窗边的学生啧啧继续看。

“女孩子都这么好哄的吗？”

和看热闹的不同，之前念着“咸鱼太太”的几个小女生，她们在宁星和邢枫离开之后，飞快地扑向宁星之前拿着的速写板。

宁星画了四五张，每一张上边都有两三个角度。

明明是简单到不能再简单的线条，明明只是铅笔勾勒出的轮廓而已，很奇怪，她们就是在这上边看见了些不一样的东西。

女生们一张张翻着，最后一张，宁星画的是全身，在人物之外，她在空气里画了几颗小心心，边上写了小小的两个字——

我的。

当天晚上，这张画就出现在了微博上的“咸鱼酱”这个话题里，并且引来了无数粉丝在底下疯狂呐喊。

顺便，期待咸鱼酱在完结时提到过的新漫画的粉丝又多了一波。

第十八章 跑啊笑啊爱啊，过完一生吧

1.

十月末，天气渐渐凉下来。

这是一个乱穿衣的季节，有穿短袖的和穿毛衣的擦肩而过，而后，两个人都觉得对方穿得不正常。

夏也的生日在农历九月二十六，算下来在今年是十一月三号，距离现在不到一周了。

“这会不会太快了？”宁星惊讶道。

苏则顿了顿：“虽然我们认识的时间不长，可是……”

“不不不，我不是这个意思。”宁星对着手机摆手，“我是想说，学长你确定吗？只剩一周了。”

“嗯。”电话另一边的苏则头一次表现出紧张。

“这……”宁星犹豫了一会儿，“真的来得及吗？”

“事实上，我早就有准备了，只是一直没有找到机会。”

苏则坐在办公室里，单手打开一个暗红色丝绒小盒，里面静静地躺着一枚戒指。白金的指环上有一个造型独特的戒托，戒托中间镶着浅蓝色的钻石。

很难得也很特别的戒指，苏则的脸上浮出淡淡的笑。

很适合她。

“我想过很多日子，可圣诞节和二月十四号好像都有很多这样的活动。”苏则认真分析，看起来像一个在分析黑道派系的大佬，“她也一定猜得到。”

宁星刚想说，那生日就猜不到吗？便听见苏则淡淡道：“可是，她似乎还不知道我知道她的生日是哪一天。”

宁星一愣。

苏则说夏也不知道他知道她的生日，然而，真要说起来，或许连她自己都不知道自己快过生日了。因为夏也的家里喜欢过农历生日，而夏也不会算，所以经常到了那天接到父母电话才知道自己原来生日。

“所以这是一个秘密的重要行动吗？”

苏则沉吟片刻：“可以这么说。”

“收到！请组织放心。”

宁星在画室里对着电话信誓旦旦，刚刚笑出声就被班上同学偷拍了一张做成表情包发在了班级群。

配字：嘻嘻嘻嘻嘻。

接下来这几天，夏也对于宁星进进出出、忙来忙去、不理自己的行为很是不解。

她的漫画不是已经完结了吗？这么还每天抱着电脑敲敲写写的？

夏也借着去冰箱拿零食的空隙偷偷瞄了一眼屏幕，可只来得及瞄见几张图片。她眯了眯眼睛，刚刚想说这看起来像是场景布置的设计图，就被脑袋后面长了眼睛似的宁星侧身挡住。

宁星回头开口捂屏幕的动作一气呵成：“你在那儿干吗？”

她警觉的模样，反而弄得夏也一愣。

“我，我……”夏也举起手里的小零食，“我来拿吃的。”

说完，夏也赶忙走开，可她刚一走开就反应过来：不对啊？我这么心虚干什么？我又没有做什么见不得人的事情！

这么想着，夏也挺起胸膛又转回来，可宁星早就背着自己的笔记本电脑跑回房间了，并且还关上了门。

站在门口，夏也皱着眉头。

所以她最近到底是怎么了？

2.

宁星站在酒店里，半抬着头转了一圈。

空间很大，四周都是暗蓝色的，顶上吊着星星点点大小不一的彩色玻璃灯，从门口到这儿是用白玫瑰和香槟玫瑰交错的花海划分出的走道，那一簇簇玫瑰有半人高，中间放了许多拇指大的小灯，上边笼罩着硬挺有形状的浅蓝薄纱。

茶白色的地毯上铺了许多花瓣，而地毯的尽头，是威势不减拿着捧花的苏则。

“学长，你稍微笑一笑？”

苏则闻言牵动了一下嘴角。

宁星被这皮笑肉不笑的表情弄得心底一慌。

苏则很快也意识到了，他收回笑意，沉了口气：“我有些紧张。”

“学长别紧张，你可以的！”

这时，进来一条信息，她激动地挥挥手：“夏也到门口了！”

邢枫拍了拍苏则的肩膀：“加油。”

苏则点头，很轻的一下，却让宁星看出了郑重的味道。

宁星和邢枫往后退了几步。

因为灯光不强，现场的主题色又是深蓝，所以光线并不太好，除却中间那条走道，边上都有些暗。

这个场景和那些粉粉亮亮的求婚场景实在不太像。

“布置得很特别。”邢枫凑近宁星，“像是星空。”

“嗯，夏也很喜欢星空喜欢银河也喜欢宇宙。”宁星悄声说，“大二的时候，她甚至差点儿要和摄影协会一起去漠河拍星星和极光。”

“差点儿？那是没去？”

“出发之前她犯了肠胃炎，后来就一直没有再找到合适的时间和机会过去。”

邢枫点头：“挺可惜的。”

“是有一点儿。”

宁星抬头，顶上有不同颜色的薄纱被钢丝交错着拉过，就着灯色的映衬，竟然有几分极光的味道。

“不过她已经有了属于自己的星空，也有了可以随时陪她一起去漠河的人。”宁星感叹。

她欣慰的表情落在邢枫的眼里，有几分动容。

女孩子似乎都很喜欢这样的小惊喜。

或许，她也是喜欢的。

“如果你有什么想看的风景和想去的地方，我也希望能陪在你身边。”

宁星回头，对上他的眼睛。

身边的人在暗淡灯光下对她浅浅一笑，恰好这时，头顶一块飞来的薄纱正从他们中间穿过。纱尾随风划过宁星的脸颊，她的视线从清明到模糊再到清明。

不过几秒钟的时间，她眼里的人又开始发光了，仿佛全场所有的亮色都集中在了他的身上。

明明是人造的星星，落在他的眼睛里却变成了真的。

她的确是为了学长的用心而感动，但要说羡慕，其实也未必。

毕竟，最重要的，她已经得到了。

“我也希望。”她抱住他，“不管以后要去哪里，我都希望你陪着我。”

忽然，全场爆发出热烈的欢呼声，夏也已经进来了。

大门敞开在她身后，烈烈日光从那儿照进来，中间的通道和大门成一条直线，于是那一道光顺着这条线全铺在了地毯上。

而苏则就这么朝着怔住的夏也走去，踏过一地花瓣，路过围观的朋友，路过星星一样的碎灯，他的目光从头到尾都只落在她的身上。

他停在她的面前，庄重地把花束递给了她。

隔得远，宁星听不清苏则和夏也说了什么，但她看见了夏也因为惊讶和感动而睁大的眼睛，也看见她闪着泪光扑进苏则的怀里。

宁星吸了吸鼻子，分明在为夏也开心，眼睛却莫名变得湿湿的。

邢枫看在眼里，不发一言，拿出纸巾给她擦眼泪。

然后，握住她的手。

宁星像是一下被触动了什么机关，转过身抱着他就开始哭，嘴里念着“真好真好”，肩膀却一抽一抽的，看上去像个孩子。

3.

“喂？所以你就是为了这个大半夜把我叫起来的？”寝室楼外的小阶梯，秦之澜一屁股坐在台阶上，“过分了吧！”

邢枫把手里拎着的烧烤递过去，又从包里摸出一罐可乐。

秦之澜果然飞快被转移了注意力：“为什么不是啤酒？”

“听你们寝室的人说你上次喝了酒在寝室哭。”邢枫面无表情拆穿他，“还是抱着他们，把鼻涕、眼泪抹在他们衣服上的那样哭。”

秦之澜一时哑口无言，他张了张嘴想要辩解，最后却只挥了挥手：“行吧，行吧。”

他打开易拉罐，喝着可乐：“那个大哥的求婚现场是什么样子我不知道，不过从图片上来看，还真是挺梦幻的。”他想起什么，“所以你打算复制？”

邢枫摇头：“我想要特别一点。”自个儿拿出一罐啤酒。

秦之澜咬着烧烤：“特别？怎么特别？”

“没想到。”邢枫坐到了他的身边，打开啤酒，“所以想找你帮忙。”

秦之澜直勾勾地盯着那罐啤酒，一时有些食不下咽。

一边嫌弃他的酒后状态，一边拿着啤酒在他面前喝，怎么？这是找人帮忙的态度？

“那怎么办？我也没什么经验，不如你去看些电视？”秦之澜移开目光，“电视里这样的东西挺多的，你可以去借鉴一下。”

邢枫想了想，再次摇头：“那样的的确很多。”

“所以？”秦之澜歪着头。

邢枫说：“所以不行。”

“……”

秦之澜挠头：“那不如这样，你们反正已经在一起了，趁着哪次约会的时候，你假装无意和她提出来，然后在她惊讶的当下，安排一堆人过来……”

听完了秦之澜的构想，邢枫再次摇头：“幼稚。”

秦之澜气结：“那你让她在哪儿站着，找九十九个人给她送玫瑰花，等他们送完了，你拿着最后一朵单膝跪下！”他说着说着演了起来，举起手里的烧烤签，深情款款地望向邢枫，“对她说，我爱你。”

恰巧这时候有一个男生抱着篮球经过，他没听见前因，却被这一声能让人起鸡皮疙瘩的“我爱你”给吸引了注意。男生在转头的一瞬间被眼前的画面惊得脚下一崴，他保持着震惊的表情赶忙稳住脚步，却一个不小心把篮球给甩了出去，正投向邢枫和秦之澜——

被砸中的秦之澜龇牙咧嘴地揉头：“哥们儿，小心点啊！”

他喊完，把球抛过来。

男生接住球，憋了半天憋出一句“谢谢”。在离开之前，终于忍不住回头，大声喊：“别在乎其他人的眼光，祝你们幸福！”

……

邢枫和秦之澜瞬间蒙了，可那个男生却完全没意识到转身就走，只留下端着烧烤的秦之澜和拿着啤酒的邢枫面面相觑。

嘿，我说哥们儿！你是不是有点儿什么误会？

“咳咳，我们继续之前的话题。”秦之澜挥舞着烧烤签，“你觉得怎么样？”

邢枫单手按下那根签子：“不行。”

“喂，这也不行那也不行，你到底要怎么样啊？”秦之澜烦躁地挠头嘟囔，“深更半夜叫人出来，虐狗也不带这样的。”

和我喜欢的人在一起了还要我给你们想求婚想告白……

他越想越气：“你怎么不去复制梦里的场景啊？”

邢枫喝啤酒的动作一顿，像是被这句话点醒了似的。

“我……我不过随便说说，你不会当真了吧？”秦之澜愣住。

邢枫郑重地按了按他的肩膀：“谢了。”说完，他拿起啤酒碰了碰秦之澜的可乐，眼里带上了笑意。

4.

窗外的绿植被阳光覆上一层暖光，橘猫懒洋洋在窗口扫着尾巴晒太阳。

今天，宁星和夏也难得都不在家，它并不知道她们干什么去了，只知道她们貌似一大早就出了门，和平常不同，这次是夏也拉着宁星出去的。

橘猫眨眨眼，总觉得要发生什么事情。

忽然，外边刮起了风，天上的云团在慢慢变化，最先发现的是地面上望着天发呆的小女孩。

小女孩奶声奶气指着那朵云：“妈妈，那团云，好像猫！”

女孩的母亲顺着看了一眼，不免惊奇。

还真像，简直就是一只猫的剪影。而且，那朵云真是意外的低。

橘猫眯起眼睛，对着云团歪歪头，它感应到了对方用意念传来的一句话。云团在问它：为什么不回去，是不是当宠物当习惯了？

小垂耳动了动粉粉的鼻子凑近橘猫，好奇它在看什么。

“喵儿——”

橘猫发出短短的一声，那一声里包含的意思却很长。

它说：你在想什么？人类那么愚蠢，我是不会接受他们的驯养的。

云团的形状产生了变化，那只猫从半蹲到看起来像趴下。

——那你在这儿干什么？

橘猫高傲地扬了扬头。

——游历，也顺便给他们一个面子供养我。

刚刚高傲完，橘猫的表情就变得温柔起来。

——还有，有一个白团子很可爱。就是上次我和你说过的，比你好看了不知道多少倍的白团子。

云团：“……”

——那你就准备待在这儿一辈子？

橘猫低了低眼睛，腿边上的小白团水灵灵地望着它。

它想，虽然地球不怎么样，但待在这儿也没那么坏。

那么，一辈子就一辈子了。

在无数人的视线里，云团慢慢变淡，也不知道是错觉还是怎么，在它散去的时候，大家听见了很轻的一声“喵”。

错觉吧。

小垂耳看看天看看地看看橘猫，依然不知道发生了什么。

它试图发出疑问，可橘猫只是舔了舔它。

“喵儿——”

——我拒绝它了，我不会离开了。

动了动耳朵，小垂耳没有听懂。

橘猫叹一口气，刚想再喵一句，就听见门被打开的声音。

“妈呀，差点儿忘了。”夏也风风火火地冲进来，直奔向房间，拎出个袋子就往橘猫和小垂耳这儿跑，跑着跑着还差点儿摔一跤。

她一手抱起橘猫，一手抄起小垂耳，把它们放在沙发上，接着打开袋子开始捯饬。

橘猫看着她拿出来的迷你粉色蓬蓬公主裙，看着她给小垂耳套上，看着小垂耳的头上被戴上同色蕾丝缎带，也看着小垂耳从始至终一脸无措的表情，终于忍不住扭头……

笑了出来。

可它没笑多久就被抱了过去。

——不，我拒绝，这太蠢了。

“喵！”

“别动，别动，我轻一点儿，很快就好了……”

小垂耳还在眼巴巴看着它，橘猫望一眼自己身上被套上的黑西装，连想死的心都有了。但很快它又安慰自己——

好歹，这不是粉色的。

一切准备完毕，夏也叫着“搞定”，抱着两只小团子就往外冲。

很快，房间里又恢复成之前安静的样子，只是沙发上一片凌乱。

5.

这是邢枫和宁星第一次见面的阶梯教室。

和平时上课时不同，这里明显被布置了一番，一看就知道用心准备过。

教室里的人一身长袍，腰边佩剑，如果看过咸鱼酱的漫画，那么就会知道，这个装饰和漫画里某一幕男主的打扮一模一样。

橘猫被抱来的时候几乎傻眼。

作为那场梦境的“策划人”，看见这样的邢枫，它比谁都惊讶。

橘猫和小垂耳被放在了讲台上，毛茸茸地靠在一起。

没多久，它们就看见了从门口走进来的宁星。

虽然橘猫自己也才刚刚从惊讶中缓过来，但看见宁星这副模样，它还是很得意。

地球人，果然容易被惊到。

邢枫喜欢简洁，讨厌麻烦，她知道的。

她没想过他会准备这个。

宁星站在门口，身边全是拍照围观的同学，而邢枫就这样一步一步朝她走来。

他踩过了梦里的月色，也踩过了现实中的暖阳。

梦境和现实在这一刻有了交叠。

“虽然我们已经在一起了，可告白这种事，似乎还是应该当面进行。”

他们会在一起，是因为宁星的那一通电话，在最初的时候，他们所有的感情都是通过电波传递的。这样的方式正常，但邢枫一直觉得不正式。

因为最能传达心意的并不是语言，而是眼神和心意。在传递心意这件事情上边，说得再多也抵不过拥抱。

宁星怔怔地问：“可我们不是每天都见面，每天都‘当面’吗？”

“你在漫画里说过，感情这件事，偶尔也需要一点仪式感。”

宁星明明是感动的，却口不对心地说：“那句台词是因为剧情需要。”

“是因为剧情，但我想，你也是这样认为才会那么写。”邢枫牵住她的手，“我不会说什么表白的话，即便准备了很久，也的确背了一篇很长的稿子。”

宁星目不转睛地看着他，手心传来他的温度。

“明明想得很充分，我走到哪儿应该说什么，在哪个时候应该做什么，但我居然忘词了。”他低头轻笑，“我只知道要走向你，也只想说我喜欢你。宁星，我很喜欢你，你能和我在一起吗？”

宁星点点头：“一直在一起的那种吗？”

“当然。”邢枫说，“我不会放开你的。”

邢枫话音刚落，宁星就揽住了他的脖子。

也许周围有很多人，也许教室里还有摄像头，但她很想这么做，她管不了那么多了。

她很想吻他。

外边的吃瓜群众热烈地鼓起掌来，其中不乏拍照摄像传微博的，也有几个小女生激动到抓紧身边的人“呜呜嘤嘤”……

唯一平静的，只是讲台上的橘猫。

它反应很快，在宁星吻上邢枫的那一刻，飞快地伸出爪子挡在了小垂耳眼前。

小垂耳：“？”

橘猫的想法其实很单纯：孩子太小，有些东西还不能看。

和目光焦点的邢枫宁星一样，橘猫和小垂耳也被拍了下来。

这一组照片，当夜就刷爆了校园论坛。

邢枫和宁星当然是话题中心，但与此同时，也有人捂着脸指着两个团子说它们也简直不能更可爱！

而再之后的不久，咸鱼酱开了漫画新坑。

那是一个关于校园的小故事，故事里有一橘一白两个毛团，一度被评价为二次元里最受欢迎的萌宠。

不过，这都是后话了。

在告白完毕的当天晚上，邢枫就带着宁星回了家。

邢枫的妈妈早就见过宁星，也早听宝贝儿子说过这个女生，她喜欢宁星喜欢得不得了，一整个晚餐时间都在给她夹菜。邢枫的爸爸也和蔼可亲。坐在主位上的爷爷表面严肃，心底也是高兴的。

虽然还没过门，但宁星在这儿，就是给他们一种一家人的感觉。

晚饭过后，邢枫送宁星回家。

邢爷爷对儿子儿媳知会了一声就进了房间。

刚一进去，就拨了个电话出去——

他中气十足："秦老头儿？"

"怎么？"

电话那边，秦之澜的爷爷刚刚吃完饭，正遛弯儿呢。

"你说怎么！"邢爷爷的语气里带着点儿得意，"还记得咱俩以前打过的那个赌吗？我孙子带女朋友回家了，这次，我铁定比你先抱曾孙！"

秦爷爷悠闲的脚步瞬间停了："啥？"

"我说，我孙子带女朋友回家了！那个姑娘机灵可爱有礼貌，我们都喜欢。这事儿差不多就定了。"

秦爷爷："……"

邢爷爷更加得意："怎么？咋不说话？喂……"

"嘟嘟嘟……"

邢爷爷对着被挂断的电话"啧啧"两声："这脾气，还是这么臭。"

另一头，秦爷爷不服气地哼了好多次。

都说人是越老越幼稚，这话不假，可当事人并不觉得这是幼稚。

他们觉得，这是一件重要的事情。

是尊严。

秦爷爷气急地拨通另一个电话。

寝室里，打着游戏的秦之澜毫无准备地接起手机，并没有预料到自己即将经历怎样的雷电暴风雨——

他满脸纯良："爷爷，怎么了？"

6.

宁星的新漫画开坑了，反响比上一个还要热烈。

夏也真的趁着寒假去了漠河。冬天的漠河接近零下四十摄氏度，白天都让人受不了，更别提在深夜的室外拍照。夏也被冻得够呛，可她回来，和宁星说起这个的时候，眼里却放着光。

她说，虽然那儿冷，但最冷的不是她，而是苏则。

因为，在她叫冷的时候，是苏则把大衣敞开，把她包在衣服里的。

宁星听着夏也的描述，一边用枕头砸她说她秀得过分，一边自己也生出了些小期待。

邢枫在听说之后，搜了很多攻略，整理完了拿来问她："冬天有点儿冷，我怕你受不住，不如我们夏天去怎么样？虽然它还不在北极圈看不见极昼，但那儿在夏至之后，白天会变得很长，我们可以去看看。"

宁星听得心动，当然立刻叫好，忍不住开始期待夏天。

这一次，便换成了夏也捶宁星。

最近天气越来越冷，说话都能看见白雾，还好没有下雨。太阳悬在天上，不烈不晒，照得人暖融融的。

橘猫在阳光下懒洋洋地趴着，爪子底下压着啃甜草的白兔。

它往窗外看，小区的草坪上有许多人。

有跑来跑去的孩子，有过路的行人，还有一些人围在那儿津津有味地看着接受采访的热门漫画师。

不远处，苏则宠溺地揽着夏也的肩膀，而夏也兴奋地和他叽叽喳喳，顺着记者的问题偷偷爆料——

"哇，居然有脸说自己作息规律！啧啧，明明画漫画的时候我经常看见她熬通宵。”

邢枫站在边上，微微皱眉。

“不过这个的确是，她画橘猫和小垂耳会把它们抱在身边对着画，有时候画着画着还喂一喂揉一揉。”

“为什么不画古风了这也是一个问题吗？”夏也不解地望向苏则，“画手想画不同的题材不是很正常？”

苏则轻轻吻了一下她的脸颊：“是很正常。”

而接受采访的宁星顿了顿：“因为这个故事不纯属虚构，它发生在我们身边，古风也就不合适了。”

“哦？”

宁星把目光从记者身上移开，她望向摄像机后边，望向邢枫，定定地和他目光相交。

“会有这个漫画，是因为我喜欢的人，我想画一画我们的故事。”

她说：“我很喜欢很喜欢他。”

明明有点儿跑题，但小记者也没有打断她。

眼前的咸鱼酱笑得那样幸福，眼睛亮得像是存了一整片星空。她直直望向一个地方，小记者顺着她的目光看去，那边站着一个很耀眼的男生，和咸鱼酱一样，他也在看着她。

专注又认真，仿佛这个世界上，只有他们两个人一样。

这个采访没做多久，很快就结束了。宁星在和工作人员道完辛苦之外，一蹦一跳就往邢枫那边跑去。

风声在她的耳边呼过，她直直地蹦到了他的怀里。

“冷不冷？”他问。

“还好，你呢？”

“我？”邢枫挑了挑眉。

你站在那儿用那样的眼神看我，我怎么会冷？

“我很冷。”邢枫抱住了她，“需要咸鱼太太抱一抱才能暖起来。”

宁星小声嘀咕“哪儿学来的这么无赖”，却还是环住了他。

一边的夏也偷偷地做鬼脸，却也被苏则一把抱进怀里。

周围的行人看完热闹很快散开，没过多久，这里就只剩下了他们。

抱了一会儿，宁星松开邢枫：“好饿，今天模特先生会带我吃什么呢？”

“模特先生？”夏也有些疑惑，“这是什么称呼？”

宁星回头：“秘密。”

夏也不服气地哼哼哼地去挠她：“不行，你的秘密必须和我分享，你说不说，说不说！”

“就不！就不！你打我啊！”

“那我打你了……”

邢枫和苏则看着她们闹成一团，两个人对视一眼，同时从对方的眼里看见了宠溺和无奈。

好在没闹多久，两个人又跑了回来。

“不行，我更饿了。”宁星牵着邢枫。

“我也是。”夏也回到苏则身边，“所以我们吃什么？”

“谁要和你一起吃！”宁星推了她一下。

夏也不服气：“反正我就跟着你了！”

宁星拉住邢枫，小声道：“我数一二三，数完了我们就跑，甩开他们。”

邢枫笑着点头。

宁星：“一，二，三！跑！”

夏也：“快追上他们，别让他们跑了——”

这一路上，满是他们的笑声。

两对小年轻笑着闹着跑着，散步健身的大爷看着他们目光温暖。

路边有孩子们学着他们追逐嬉戏，圆滚滚的小脸堆满了笑。

就这么跑啊笑啊闹啊爱啊，过完一生吧！

什么都在走，什么都在变，唯一不变的，是他们一直一直在一起。

牵着彼此的那只手，始终没有松开过。

番外一 我陪你去喝酒

1.

秦之澜的酒量不说很好，但也不差。

他一个人走在路上，想起邢枫吐槽他喝醉了抱着室友哭，当时他是想反驳的，但末了也没说话。因为，真要扯下去，他喝醉的那天，就是他从KTV回来的那天。

本来还好好的，却在路过商店的时候鬼使神差跑进去买了个酒，喝完之后，也不知道想到了什么，他在酒精的刺激下心底一阵难过。

其实当时的秦之澜并没有完全糊涂，甚至于可以说是很清醒的。

他原本并不希望被人发现，然而事与愿违，那么要无赖似的扒着室友哭，总比一个人坐在那儿哭，要显得不那么严重一些。虽然这样不怎么爷们，但比起他想藏住的心思，不爷们也就不爷们吧。

风里有枯叶飘下，落在他的脚边。

枝上霜雪重重，路边的人裹着厚厚的大衣，秦之澜在拉拢围巾的时候，忽然想起来，他第一次喝醉，也是这样的天气。

那还是高中。

比起每天逞能打架的十三四岁，十七岁的秦之澜已经初步有了自己的判断，也开始嫌弃起自己曾经的“中二”。高二的秦之澜常以“成熟男人”自居，总觉得即将成年就等于已经长大了。

可那也只是自以为，少年的冲动也许会慢慢淡化，但不会在这么短的时间之内完全消失。

那天，风大雪大，秦之澜在校内看见几只被纸箱子装着的小猫。

那箱子被放在垃圾堆边上，猫妈妈不知道哪儿去了，小猫们在箱子里发出微弱的叫声，半融化的雪水沾湿了它们短短的毛。

那天，秦之澜逃了一整节晚自习在不远处等猫妈妈，可他等到小奶猫的叫声都快没了，猫妈妈都还没来。最后，秦之澜心一横，抱起纸箱就准备往回走，可纸箱底下早被冰水浸湿了，根本不能承重，他刚刚拿起箱子就发现了这个问题。

秦之澜想了想，最后把里边的四只奶猫都揣进自己的校服里。

他将衣服扎进裤子，又把拉链拉开了些，一路上被风雪冻得直打哆嗦，却还是小心翼翼护着奶猫，一路上对它们说话："你们再忍忍，再忍一下，我回去就给你们整热水袋……"

打着战的秦之澜就这么念念叨叨走了一路，好不容易回到寝室想安置安置小猫，就看见那个被同学们公认为"魔鬼"的宿管阿姨带着人在查寝。

之所以叫她"魔鬼"，就是因为这位阿姨在某些方面实在蛮不讲理。

比如，她对待秦之澜带回来的奶猫的态度。

颧骨高耸的阿姨指着他："你这是怎么回事？谁准你带这些东西回寝室的？"

秦之澜知道带小动物回来是违反规定的，他也没想和阿姨起冲突，于是低着头认错："阿姨对不起，我明天就把它们送走。"

可那阿姨倒竖着眉头："明天？你还要留这些东西到明天？万一它们有什么病传染了学生你负责吗？"

秦之澜目瞪口呆："这能传染什么病？它们连动都动不了了！"

"动不了？"那个阿姨非常讨厌被质疑，即便很多时候她才是不讲理的那个，"动不了不就是死了？死猫你还往回带？你有没有脑子？"

秦之澜强忍火气："它们哪里死了？"

阿姨用食指狠狠戳着秦之澜的肩膀：“你不是你自己说的吗？动都动不了，即便没死也活不过今天晚上！你自己想，要么你带着它们滚出去，要么把它们扔了再进来！”

秦之澜当时只觉得火气从脚底蹿到了头顶上。

“你才死了呢！大不了老子今天晚上不回来了！”

说完，他就揣着满怀的奶猫跑出去。

那时，门外挤了一堆看热闹的人，当秦之澜推开他们，跑到楼梯口的时候，他看见了因为复习而回寝较晚的邢枫。

看见怒气冲冲的秦之澜，邢枫也是吓了一跳。他的眼睛很红，牙齿紧咬着，下颌角那儿的肌肉绷得死紧。

“你怎么了？”

秦之澜没有回答，只是拽着他：“是兄弟就陪老子出去喝酒！”

而阿姨在后边跟着吼：“你们要出去了就记处分！”

“记就记！你记好了！老子还怕你记处分吗？”秦之澜吼回去。

阿姨“嘁”了一声：“你是个没救的，但那边那个同学，你也要和这个人一起没救吗？”

邢枫抬头，平淡到有些冷漠。

在那个年代，记处分是一件很可怕的事情，邢枫也并不了解事情始末，可他看了阿姨一眼，拉着秦之澜就往外走。

那是模范生邢枫第一次违反校纪校规。

他对秦之澜说：“行，我陪你去喝酒。”

2.

事后想想，秦之澜觉得自己的确是有些冲动，可他并不后悔。

那个阿姨实在是太过分了。

当时因为太晚，校门已经关了，没有走读生校牌是出不去的。

于是，翻墙出去吃烧烤是邢枫第二次违反校规。

秦之澜把奶猫从怀里掏出来，小心翼翼地从护栏的间隙递给邢枫。

邢枫抱着这些柔软的小毛团，脸上的表情和刚刚见到毛团的秦之澜一样不知所措。他学着秦之澜，将衣服扎进裤子，拉开拉链把它们放进校服里。而秦之澜等到确认了毛团被放好才放心爬出去。

那天很冷，时间又晚，护栏上都结了冰，两个人爬完以后都是手心冰凉。

他们直奔校外的烧烤摊子，叫了些肉又叫了啤酒。那一年，他们还是半大的少年，没怎么喝过酒，是以，几罐下去，秦之澜就醉得趴在了桌上。而邢枫护着怀里的毛团，没喝多少，好心的老板还送了纸箱和不要的衣服安顿好了小猫。

说巧也巧，老板家里是养猫的，于是，当秦之澜趴在桌上嘟囔胡话的时候，邢枫拿着老板给的猫粮，给它们喂食。临走前还把奶猫暂时托付给了老板，付钱的时候也多给了些，说等周五放学再来找它们。

秦之澜醉成这样，学校是回不去了。

邢枫看着身上最后一点钱，就近找了个便宜的旅馆打算对付一晚上，谁知道秦之澜抱着他就开始号。

“我……我不想被处分啊……可是那个阿姨太过分了！我该怎么和我妈说啊……”

也不知道秦之澜哪来的野力气，硬生生压得邢枫不能动弹：“嗝儿……我不想被处分，怎么办啊……”

饶是邢枫脾气再好，但被一个醉鬼压在床上，耳边还360度回荡着噪音，也还是差点儿没忍住想和他同归于尽。

“你……你先给我下去！”邢枫憋得满脸通红。

“哎？下去？”秦之澜醉眼蒙眬往边上看了看，“想骗我去地上？老子才不下去！要去你自己去！”说完抱着人一翻就滚到了地上。

邢枫没想到秦之澜会忽然这么一滚，等他反应过来，想抓住床单的时候，已经来不及了。

“咚——”

小旅馆的地板又冷又硬，秦之澜躺在下边，身上还压着一个后掉下来的邢枫。秦之澜疼得龇牙咧嘴，后脑勺都肿起了不小的一个包。

而邢枫也没好到哪儿去，他怕压着秦之澜，于是用手撑在身侧，可因为力的作用，他听见手腕上“咔”的一声，接着，就是一阵钻心的疼。

于是，前半夜的闹剧结束，他们的后半夜，直接在医院里过的。

也是那天之后，学校里多了一个传说。

说有一对小情侣干柴烈火，大半夜的在小旅馆闹出很大动静，激烈到甚至引来了救护车。也有人听了说这也不算特别奇怪，这时候，讲述的那个人就会一脸怪笑地补上一句——

“可是，那对小情侣，是两个男孩子啊。”

3.

医院里，处理好伤口的秦之澜乖巧坐在边上等着医生给邢枫接骨。而邢枫始终冷冷看着他，衣服上、脸上全是被秦之澜熏来的酒气。

秦之澜稍微醒了一些，但对之前发生的事情也不是全无记忆，于是他小媳妇一样，乖巧地坐在一边。

“嘶……”

这时，邢枫因为接骨而疼得倒吸一口冷气。

秦之澜眼见机会来了，立刻上去表现。

他撸起袖子就把自己的胳膊递到邢枫嘴边：“痛吗？痛吗？来来来，你痛的话就咬着我的手！”

半大的少年在镁光灯下笑得一脸灿烂，呆毛立在头顶飘飘晃晃，阳光得不得了。

而邢枫见状，毫不客气地咬了下去——

“啊……”

等到就医结束，两个人走在回小旅馆的路上，秦之澜的酒原本只醒了一半，但这下子，经着冷风一吹，差不多就完全醒了。

他们当时聊了许多，从小奶猫到寝室，从高考志愿到未来。

最后，秦之澜挠挠头：“今天不好意思啊。”

邢枫瞥他一眼：“算了。”

秦之澜挑眉：“我就知道你不会怪我的！我就知道你爱我！”

邢枫毫不犹豫和他拉开距离：“滚。”

“说真的。”秦之澜稍微正经了一点儿，“万一我们今天真的被记了处分怎么办？”

邢枫皱皱眉头：“那也没办法，记了也就记了。”

“你不会怪我？”

“我自己和你出来的，怪你干什么？”邢枫回忆起小奶猫，表情柔软了几分，“而且，你也没错。”

如果不是秦之澜，也许那些小奶猫真的活不过这个风大雪大的冬夜。

“你真不怪我啊？这么大度？”

邢枫烦了：“干吗？这处分可还没下来呢。”

“哎，就冲你今天这行为！我和你说，以后有我一口饭吃就有你一口，我们这辈子都是兄弟了！正好我没有弟弟，以后我就是你哥了！”

邢枫：“……”

“不过，你说啊。”秦之澜背着手装老成，“现在说是这么说，但未来谁也讲不准，你说我们以后还能这样吗？记了处分你不怪我，那别的事呢？我们会闹掰吗？”

“还能有什么事？”

每个年龄段能承受的压力都不一样，在高中生的眼里，记处分已经是天大的事了。

秦之澜想了想，随即打了个响指：“万一，以后我们喜欢上了同一个人呢？”

万一，以后我们喜欢上了同一个人呢？

当时不过随口说说，没想到居然成真了。

秦之澜从回忆里抽身出来。

他停住脚步。

如果没有记错，当时的邢枫顿了顿，然后扬起了笑。

他说：“如果真是这样，我不会让给你的。”

而那时秦之澜笑着捶他：“谁要你让了？”

走在回寝室的路上，秦之澜把手插进口袋。

天很冷，还是很冷。

他呵出一口气，又从自己呵出的白雾里穿了过去。

然后叹了一声。

也许事情也没那么坏，虽然预料中了，可至少有一件还是好的。

——现在说是这么说，但未来谁也讲不准，你说我们以后还能这样吗？记了处分你不怪我，那别的事呢？我们会闹掰吗？

秦之澜的脚步轻快起来，那个问题，他得到了答案。

他们不会。

番外二 如果你愿意，我们的未来会很长

1.

宁星很久没有来过这个地方，也很久没有做过这个梦了。

她晃了晃邢枫的手：“这是怎么回事？”

在她的面前，邢枫穿着一身红衣，四处人声鼎沸，府门上挂着红绸。宁星转了一圈，感觉这个场景有些似曾相识。

或者说，和她曾经做过的某个梦很像。

“我们这是又回到上次了吗？”很明显，她指的是从前秦之澜和邢枫的“婚礼”。

“应该不是。”邢枫习惯性牵住拽着自己的那只手，“秦之澜不在。”他用另一只手指指她，“嫁衣穿在你身上。”

宁星这才发现自己也是一身红。

她一怔，忽然有点儿蒙。

即便知道这是个梦，可当宁星以这样的装扮和邢枫并肩，她还是不自觉心跳加快，颇有点不知所措的意思。

“怎么，很紧张？”

“也不是。”

他们现在站在门口，人声是从门内传来的，如果和上次一样，那么里边应该都是宾客，都是来见证他们的人。宁星忽然一滞，想到了些不好的东西。

也是那一次，她被全网挂，挂了很多天。

和从前读不懂宁星、觉得她难以捉摸的那个邢枫不同，现在的邢枫，他只要看她一眼，就能猜到她在想些什么。

“我们不进去了。”

他凑近她，眨眨眼，笑得神秘。

“我们私奔吧。”

“私奔？”

宁星还没来得及惊讶，就被他牵着往外跑去。

他们并没有注意到，在他们身后有一只橘猫。

橘猫看上去有些困惑。它回头看了看热闹的门内，眨眨眼，他们不喜欢吗？

那他们喜欢什么呢？

2.

穿过街道，穿过城门，他们一直在朝相反的地方跑着。

也是这个时候，宁星忽然发现，在这之前，他们从始至终都只是在接受梦境带给他们的东西，这是他们第一次反抗梦境的安排，在这个特殊的世界里做出自己的选择。

同时，这也是他们在一起之后做的第一个梦。

耳边的风声顶替了人声喧闹，他们跑得很快也很累，可心底却是说不出的满足和畅快。好像，只要有彼此在身边，就这样跑到天荒地老也没有关系。

最后，他们停在了湖边的小山坡上。

风清草绿，水光漾在脚边，太阳暖而不晒，他喘着气，为她整理头发。

“累不累？”

宁星摇摇头，喘到说不出话。

“这还叫不累？”

“不是。”宁星努力地平复着气息，“摇头的意思是，累，但是我愿意继续。”

邢枫失笑：“不要继续了，这里没有人，我们可以好好休息一会儿。你再这么跑下去，我也舍不得。”

宁星微微做了个鬼脸。

“其实我以前有想过，如果能穿越就好了，我很想看看古代是什么样子。”她转了一圈，“这个梦也算是实现了我的幻想。”

不止实现了她的幻想，还给了她很多惊喜。

比如，让她遇见了她。

“我有想过，如果我在湖边，我就要去叉鱼，就用树枝，叉到了，就直接在湖边烤。感觉很恣意、很帅。”

宁星说着，在他们身边凭空出现了一根削尖的树枝。

邢枫一愣，过去捡起来：“看来我们现在可以叉鱼了。”

宁星也是意外：“这是怎么回事？”

不远处，橘猫卧在高树上，微微眯着眼睛。

人类有一个词叫“心想事成”。

既然是最后一个梦，那么，橘猫想，就让他们成一成吧。

3.

而这只是一个开始。

接下来，宁星和邢枫发现，他们几乎说出什么就能看见什么。

不论是叉鱼时随口说出的小木屋、烧烤完念了一句的梅子酒、喝完酒之后心生好奇说想骑马，还是骑在马上，宁星嘟囔“如果现在有风筝就好了，我一直想知道骑马放风筝是什么感觉”之后，立刻出现在他们手上的纸鸢。

每个人都期待过心想事成，但这件事的难度太大，又或者，就算是难度不大，但谁都没经历过这么离奇的一遭。

玩乐过后，宁星被邢枫抱下马背。

她揉着腰，觉得还是坐车好。

没骑过马的人偶然骑这么一次，真的颠得整个人都是疼的。

“对了！”宁星想到什么，她忽然转向邢枫。

而邢枫也顺势望向她。

没有不耐烦也没有觉得无趣，事实上，只要和她在一起，不管干什么，他都觉得很有意思。

邢枫笑了笑：“又想到什么了？”

“我想……”

宁星犹豫了一会儿，还是说了出来：“我想看看我们老去之后的样子。”

老去之后？

邢枫微愣，很快牵住她：“嗯，就算老了，你也一定很可爱。”

风声呼啸，周遭的一切植物都开始以极快的速度枯萎。

而宁星和邢枫面对面站着，仿佛没有受到外界半点儿影响，他们的眼里只有对方。

草木从枯黄到青绿再到枯黄，树叶也在短时间零落了几轮。

他们眼里的对方，容貌在一点点发生改变。

周围原先开得很好的几簇花儿谢去又重开，谢去又重开，直到某一个瞬间，它们终于完全失去了生命，原先娇艳的地方被草地覆盖，嫩绿的草儿随风飘摇，就像是从来没有开过什么花。不过很快，青草也变得枯败。

他们看着对方老去，在很短很短的时间内。

时光在他们的眼前流逝，宁星甚至舍不得眨眼，生怕错过了哪一个瞬间。

最后，风速减缓，四周的荣枯变慢，而当风停下，原先站着的人也变成了老头儿和老太太。

4.

“你看。”

老去的邢枫声音沙哑，没有了少年的清朗，却仍带着最初的温柔。他满头白发，脸上布满皱纹，牵着她的手也皱皱巴巴。

可他从来没有松开过她。

他说：“我说得没错，就算老了，你也还是很可爱。”

邢枫想走上前，腿脚却已经有些不利索了。

原以为只是外貌发生了变化，不成想，“老去”带给他们的感觉居然也这样真实。

“走不动吗？”

宁星想上前，没想到脚步比他更加蹒跚。

“没关系，我也走不动。我们的速度依然是一样的，我们还是可以一起走。”

边说，他们边向对方靠近。

最后，他们抱在了一起。

宁星把脸埋在他的胸膛，不知怎么，鼻子就是一酸。

她当然知道这是个梦，她也知道，即便看上去再真实，这也都是假的。可感情不管放在哪里都是感情，他们的心情是真的。

“你也是，即便老了，你也是最好看的那个老头儿。”

她环住他的腰身。

邢枫的背稍微有点儿驼了，即便依然站得挺直，但脊椎的自然弯曲还是让他比年轻时候看起来矮了一些。

不过这样也很好。

宁星心想，他本来就很高，现在这样，她可以更方便亲到他，还不用踮脚。正好，这么大的年纪，她每天踮脚也怪费劲的。

正好。

宁星抬头，吻上他的脸颊。

她笑着对他说："正好。"

"嗯。"邢枫也低头，在她的额角亲了一下。

"很好。"

他感叹道："这样也很好。"

也许离奇，也许只是梦境而已，可不管感动还是欢笑都是他们共同的经历，这不是一个人的回忆。而只要他们在一起，那么是梦境还是现实又有什么关系呢？

是啊，真的很好，如果他们能够一直一直走下去的话。

宁星微顿……

可是，他们真的能够一直这么在一起，一直一直走下去吗？

对上她的眼睛，邢枫摸了摸她的头。

明明是两个老人，却给人热恋中小情侣的感觉。

"我不知道你在不安什么，但你信我，那些不会发生。刚才一切都发生得太快，我想陪你在现实里慢慢再老去一次。宁星，我知道你老了有多可爱，我不能放你去到别人身边，我会吃醋的。"

邢枫说得认真。

"梦里或许虚幻，可如果你愿意，我们的未来很长。"

在他说这句话的时候，这个世界也在逐渐瓦解。

原本的景物慢慢变得模糊，他的身体也逐渐变得透明。

他们要醒来了。

“在小区门口等我，我来找你。”

最后，他这么说，话音刚落，身形就消散了。

而宁星大概比他醒得要晚一点儿，她看着他身影散去，看着他离开，也看着这个世界从清晰变得朦胧。她站在原地，见着一切消失，却并不害怕。

因为她知道，这不是结束，梦醒之后才是真正的开始。

而他也就在这场梦的外边等她。

5.

当宁星睁开眼睛，外边的天已经大亮了。

她不知道邢枫是什么时候醒来的，但一定比她要早。

趿着拖鞋冲到卫生间拧开水龙头，宁星用最快的速度洗漱完，接着随便抓了两把头发，径直就往外边跑去。冲出电梯，她还穿着粉色的家居服，棉质的裙边有一个地方稍稍脱线，线条被风带着飘在她的身后，像一根小尾巴。

宁星当然知道他们的时间还很长，他们的未来还有很久。

可那是以后，是没有发生。

对于现在而言，当下才是最重要的，而这个当下，她一分一秒都不想浪费。

她现在就要见到他。

风声和着心跳，一下一下打在她的脑子里，震耳欲聋。

宁星跑过林荫道，跑过了小小的球场，跑到了小区门口。

在那儿，她看见了对面同样朝着她所在的方向奔跑着的人。

一瞬间，梦境和现实重合。

他们都跑了很远的路，看过了许多风景，也遇见过许多人。

周围草木荣枯，鲜花一簇一簇开败。

阳光下，宁星几乎是蹦进了邢枫的怀里。
然后，她听见他说。
“你看，我来找你了。”

图书在版编目（CIP）数据

你好，牵手向前走 / 晚乔著. -- 南昌 : 百花洲文艺出版社, 2018.11
ISBN 978-7-5500-3058-9

Ⅰ. ①你… Ⅱ. ①晚… Ⅲ. ①长篇小说 - 中国 - 当代
Ⅳ. ①I247.5

中国版本图书馆CIP数据核字(2018)第247984号

你好，牵手向前走

晚乔 著

出 版 人　姚雪雪
责任编辑　余丽丽
特约编辑　欧雅婷　杨吉晨
封面设计　刘　艳
内页设计　孙欣瑞
特约绘制　Miya
出 版 者　百花洲文艺出版社
社　　址　江西省南昌市红谷滩世贸路898号博能中心A座20楼　邮编：330038
电　　话　0791-86895108（发行热线）　0791-86894790（编辑热线）
网　　址　http://www.bhzwy.com
E-mail　bhzwy0791@163.com
经　　销　全国新华书店
印　　刷　长沙鸿发印务实业有限公司（长沙黄花工业园三号　邮编410137）
开　　本　880mm×1230mm　1/32
印　　张　9
字　　数　233千字
版　　次　2018年12月第1版
印　　次　2018年12月第1次印刷
书　　号　ISBN 978-7-5500-3058-9
定　　价　38.00元

赣版权登字：05-2018-452